U0774792

【同治】丰城县志点校本

(清)王家杰等 修
(清)周文凤等 撰

丰城市党史地方志工作办公室 编
毛静 周明 点校

學苑出版社

图书在版编目（CIP）数据

《（同治）丰城县志》点校本 /（清）王家杰等修；（清）周文凤等撰；丰城市党史地方志工作办公室编；毛静，周明点校．—北京：学苑出版社，2023.9
ISBN 978-7-5077-6752-0

Ⅰ．①同…　Ⅱ．①王…　②周…　③丰…　④毛…　⑤周…　Ⅲ．①丰城—地方志—清代　Ⅳ．① K295.64

中国国家版本馆 CIP 数据核字（2023）第 171050 号

出 版 人：洪文雄
责任编辑：周　鼎
出版发行：学苑出版社
社　　址：北京市丰台区南方庄 2 号院 1 号楼
邮政编码：100079
网　　址：www.book001.com
电子信箱：xueyuanpress@163.com
联系电话：010-67601101（营销部）、010-67603091（总编室）
印 刷 厂：廊坊市印艺阁数字科技有限公司
开本尺寸：787 mm×1092 mm　1/16
印　　张：56.25
字　　数：1334 千字
版　　次：2023 年 9 月第 1 版
印　　次：2023 年 9 月第 1 次印刷
定　　价：800.00 元

点校说明

一、本书据同治十二年（1873）《丰城县志》点校（以下简称“同治本”）。

丰城现存嘉靖、康熙、乾隆、嘉庆、道光、同治及民国（志稿）七种县志，嘉靖、康熙、乾隆、道光、同治等刻本，已在《剑邑文库》中影印；其中同治本编撰于清代中后期，所反映的政治、军事及地方社会等内容较为完备，流传较广，因此选为本次点校的底本；同时，参以乾隆、道光等本进行校勘；嘉庆本将作仿古线装影印，读者可以参校阅读。

二、原文中的缺字或漫漶无法识别之处，以□标识；讹字径改，以〔 〕标识原文；脱字，以〈 〉标识；衍文，以[ ]标识；疑有讹误者，以[?]标识。正文中的（ ），原文为双行小字注。

三、本书采用简化字进行整理。对异体字、旧字形、俗字、繁体字，以《现代汉语词典（第七版）》《印刷通用汉字字形表（2013 版）》《辞源》《汉语大词典》等辞书为基本依据，进行规范、统一。

（1）对异体字，将常用的词义，规范为常用的简化字，对专有名词用字，尽量保留异体字形。对超出《现代汉语词典（第七版）》《印刷通用汉字字形表（2013 版）》的异体字，除专有名词用字之外，规范为常用的繁体字。如：“徐穉”为人名，不改为“徐稚”；“陈自俛”为人名，不改为“陈自俯”；“熊穀”为人名，不改为“熊谷”。

（2）对繁体字，以《印刷通用汉字字形表（2013 版）》收录的简化字为准，对超出此表的繁体字，保留其字形，不做无限类推简化。

（3）对通假字，本着“不替古人改文章”的古籍整理宗旨，一律保留。如：“沈此水”，不强改为“沉此水”。

（4）对旧字形，改为通用新字形。

四、为方便读者，对原总目、分目进行了适当的调整合并。《艺文》中的个别文章，有目录而无对应的文章，整理时也进行了标注，不另出校记。

五、由于历史时代的局限，同治本中将农民起义领袖及个别历史人物称为“贼”，将太平军称为“粤匪”“发逆”“长毛”等，均保留原文，请读者注意。

六、对原书的避讳字，或由于史实与刊刻错误的字形，本次整理时径改而不出校。如“崇祯”避为“崇正”，“弘治”避为“宏治”，“玄”避为“元”等；人名、地名错误，如明代丰城知县、名宦汤兆京，误作“阳京兆”；洪武二年富州恢复丰城县，各志均误为八年或九年，在整理时一并进行校正。

目　录

《续修丰城县志》序 …… 1

卷之首

纂修姓氏 …… 5
主修 …… 5
督修 …… 5
纂修 …… 5
分修 …… 5
总理 …… 6
协理 …… 6
议修 …… 6
参校 …… 6
采访 …… 6
誊录 …… 8
劝捐姓氏 …… 8
目录 …… 10
丰城县志卷之首 …… 10
卷之一 …… 10
卷之二 …… 10
卷之三 …… 10
卷之四 …… 10
卷之五 …… 10
卷之六 …… 10
卷之七 …… 11
卷之八 …… 11
卷之九 …… 11
卷之十 …… 11
卷之十一 …… 11
卷之十二 …… 11
卷之十三 …… 11
卷之十四 …… 11
卷之十五 …… 11
卷之十六 …… 12
卷之十七 …… 12
卷之十八 …… 12
卷之十九 …… 12
卷之二十 …… 12
卷之二十一 …… 12
卷之二十二 …… 12
卷之二十三 …… 12
卷之二十四 …… 12
卷之二十五 …… 13
卷之二十六 …… 13
卷之二十七 …… 13
卷之二十八 …… 13
原序 …… 14
《丰水志》序 …… 14
《丰水志》序 …… 14
《丰水志》序 …… 14
《丰水志》序 …… 15
《丰水志》序 …… 15
《丰水志》序 …… 16
《丰水续志》序 …… 16

《马湖志》序 16
《丰乘》序 17
《丰乘》序 18
《丰乘》序 18
《丰乘》序 19
《续丰乘》跋 19
《丰城县志》旧序 20
《丰城县志》旧序 21
《丰城县志》旧序 21
《丰城县志》旧序 22
《丰城县志》旧序 23
《丰城县志》旧序 23
《丰城县志》旧序 24
《丰城县志》旧跋 25
《丰城县志》旧序 25
《丰城县志》旧跋 26
《丰城县志》旧序 27
《丰城县志》旧序 28
《丰城县志》旧序 28
《丰城县志》旧跋 29
《丰城县志》旧序 30
《丰城县志》旧序 30
《丰城县志》旧跋 31
前修姓氏 32
康熙三年修《丰城县志》 32
乾隆十七年重修 32
嘉庆十三年重修 33
总理 33
道光五年重修 33
总理 34
凡例 35
绘图 37

卷之一　地理志一

星野 47
象纬图说 47
气候（附） 51
疆域 51
沿革 52
山川 53
治东山 53
治东南山 53
治南山 54
治西山 55
治西北山 55
治北山 56
治东北山 56
诸水 56
诸洲 57
都图（乡里墟市附） 58
乡里 61
区 62
墟市 63
一坊 63
二坊 63
三坊 63
四坊 63
五坊 64
六坊 64
七坊 64
八坊 64
九坊 64
河渠上 65
石堤 73
土堤 73
县治下土堤 73
小港口堤（嘉庆六年筑） 74
河西土堤 75

卷之二　地理志二

河渠下 （津梁陂堰附）…… 79
录县尹满岱详请复夫、均役、革弊、保堤酌定全书 …… 79
县上河东一坊土堤 …… 80
县下河东六坊土堤 …… 82
河西六坊土堤 …… 85
河西七坊土堤 …… 86
瑞河八坊土堤 …… 86
瑞河九坊土堤 …… 87
附论 …… 89
津梁 …… 90
县要津 …… 90
邑东 …… 90
邑南 …… 90
邑西 …… 91
邑北 …… 91
邑中 …… 91
邑东 …… 91
邑南 …… 92
邑西 …… 94
邑北 …… 94
陂堰 …… 95
登仙乡 …… 95
梅仙乡 …… 95
剑池乡 …… 95
长乐乡 …… 95
长安乡 …… 95
奉化乡 …… 96
富城乡 …… 96
大顺乡 …… 96
广丰乡 …… 96
正信乡 …… 97
长丰乡 …… 97
宣风乡 …… 97
兴仁乡 …… 97
归德乡 …… 98
湖 …… 98
风俗 …… 99
土产 …… 101
古迹 …… 103

卷之三　建置志

城池 …… 109
衙署 …… 111
祠祀（寺观附）…… 113
坛 …… 113
祠庙 …… 113
寺观 …… 114
各乡 …… 115
坛 …… 115
祠庙 …… 115
寺观 …… 117
公廨（坊表附）…… 119
附记　宾兴会新旧店业共十三所 …… 121
附记　城内育婴六文会店业 …… 122
附记　县城试馆 …… 122
附记　省垣祠宇公廨试馆 …… 122
附记　京师会馆（义园附）…… 123
坊表附 …… 125
邑中 …… 125
附郭 …… 126
各乡 …… 126

卷之四　食货志

户口 …… 131
田赋 …… 131
田地山塘八则图式 …… 132
一、户口 …… 133
一、人丁 …… 133
一、妇女 …… 133
一、优免人丁 …… 133
一、田产 …… 134
一、原书编载折色起运 …… 141
一、停办本色物料 …… 142
甲字库 …… 142
丁字库 …… 143
一、本色起运漕粮 …… 143
一、随漕各项银数 …… 144
一、本色原解江南仓米抵本省兵粮 …… 145
一、裁兵余剩折色米 …… 145
一、解给各衙门经费 …… 145
一、存留本县支给各项银数 …… 147
一、驿站项下 …… 147
附载 …… 147
起运 …… 147
存留 …… 147
附载分征 …… 147
附考 …… 148
明户口田地山塘税粮科则 …… 148
附录　减浮稿案题疏 …… 148
分巡道查培继乞免浮粮疏 …… 150
巡抚裴徕度乞减浮粮疏 …… 150
部议减浮疏 …… 151
部准《减浮疏》…… 152
部议减浮疏 …… 152
部议减浮疏 …… 154
大学士朱轼谢表 …… 156
漕米 …… 156
随漕银 …… 157
地丁银 …… 157
杂税 …… 157
仓储 …… 158
社仓 …… 158
义仓 …… 158

卷之五　学校志

学宫 …… 163
历朝修建学宫纪略 …… 163
学制 …… 165
圣谟 …… 165
御制卧碑文颁勒各学（顺治九年）…… 165
钦颁训饬士子文（康熙四十一年）…… 166
钦颁训饬士子文（乾隆十年）…… 166
圣籍 …… 167
崇圣祠 …… 168
历代封号考 …… 168
圣藻 …… 169
御制《至圣先师赞并序》（康熙二十五年）…… 169
御制颜子赞（康熙二十八年）…… 169
曾子赞 …… 170
子思子赞 …… 170
孟子赞 …… 170
御制四贤赞并序（乾隆十三年）…… 170
享祀诸制 …… 171
颁定祀典 …… 171
乐章 …… 171
迎神乐奏《昭平之章》（无舞）…… 171

初献乐奏《宣平之章》（有舞）…… 171
亚献乐奏《秩平之章》（有舞）…… 171
终献乐奏《叙平之章》（有舞）…… 172
彻馔乐奏《懿平之章》（无舞）…… 172
送神乐奏《德平之章》（无舞）…… 172
崇圣祠祭文 …… 172
文庙祭文 …… 172
庙祀及陈设各图 …… 172
名宦祠祀 …… 175
乡贤祠祀 …… 175
学额 …… 176
学田 …… 176
学业 …… 177
附　护理巡抚孙奏稿 …… 179
户部奏稿 …… 179
书院（社学附） …… 180
书院旧田 …… 180
续置书院田 …… 180
社学 …… 181

卷之六　武备志

兵制 …… 187
武事 …… 187
团练纪略 …… 191

卷之七　职官志

文职 …… 195
后汉 …… 195
三国吴 …… 195
晋 …… 195
县令 …… 196
唐 …… 196
县令 …… 196
县丞 …… 196
主簿（姓名无考）。…… 196
县尉 …… 196
县令 …… 196
县丞（姓名无考）…… 196
主簿 …… 196
县尉（姓名无考）。…… 196
宋 …… 197
县令 …… 197
县丞 …… 199
主簿 …… 200
县尉 …… 201
主学 …… 202
监税 …… 202
赡军 …… 203
元 …… 203
州尹 …… 203
达鲁花赤 …… 203
县尹 …… 203
县丞（无考）…… 204
教谕（无考）…… 204
州尹 …… 204
同知 …… 204
州判 …… 204
吏目 …… 204
教授 …… 204
直学 …… 205
明 …… 205
知县 …… 205
县丞 …… 207
教谕 …… 209

训导 …… 211
主簿 …… 214
巡检 …… 215
驿丞 …… 215
典史 …… 216
税课大使 …… 218
国朝 …… 218
知县 …… 218
县丞 …… 222
教谕 …… 224
训导 …… 225
巡检 …… 226
典史 …… 228
驿丞 …… 230
武员 …… 231
经制把总 …… 231
外委把总 …… 231
名宦 …… 232
目录 …… 232
【晋】…… 232
【唐】…… 232
【南唐】…… 232
【宋】…… 232
【元】…… 232
【明】…… 232
【国朝】…… 232
列传 …… 233
晋 …… 233
唐 …… 233
南唐 …… 233
宋 …… 233
元 …… 234
明 …… 234
国朝 …… 237
附　郡守张政绩 …… 238

卷之八　选举志一

科目（文科、赐衔、武科）…… 241
文科 …… 241
唐 …… 241
南唐 …… 241
宋 …… 241
太平兴国七年壬午解试 …… 241
至道年间解试 …… 242
大中祥符元年戊申姚煜榜 …… 242
宝元元年戊寅吕溱榜 …… 242
庆历六年贾黯榜 …… 242
熙宁三年庚戌叶祖洽榜 …… 242
熙宁九年丙辰徐铎榜 …… 242
元丰八年乙丑焦蹈榜 …… 242
元祐三年戊辰李常宁榜 …… 242
元祐六年辛未马涓榜 …… 242
元祐八年癸酉解试 …… 242
绍圣四年丁丑何昌言榜 …… 242
元符二年己卯解试 …… 242
元符三年庚辰李釜榜 …… 242
大观三年己丑贾安宅榜 …… 243
政和二年壬辰莫俦榜 …… 243
重和元年戊戌王昂榜 …… 243
宣和三年辛丑何涣榜 …… 243
宣和五年癸卯解试 …… 243
宣和六年甲辰沈晦榜 …… 243
靖康元年丙午解试 …… 243
建炎二年戊申李易榜 …… 244
建炎四年庚戌解试 …… 244
绍兴五年乙卯汪应辰榜 …… 244
绍兴十二年壬戌陈诚之榜 …… 244
绍兴十五年乙丑刘章榜 …… 244
绍兴二十一年辛未赵逵榜 …… 244

绍兴二十四年甲戌张孝祥榜 …………… 244
绍兴二十七年丁丑王十朋榜 …………… 244
隆兴元年癸未木待问榜 ……………… 245
乾道二年丙戌萧国梁榜 ……………… 245
乾道四年戊子解试 ……………… 245
乾道五年己丑郑侨榜 ……………… 245
乾道七年辛卯解试 ……………… 245
乾道八年壬辰黄定榜 ……………… 245
淳熙元年甲午解试 ……………… 245
淳熙二年乙未詹骙榜 ……………… 245
淳熙四年丁酉解试 ……………… 245
淳熙五年戊戌姚颖榜 ……………… 245
淳熙八年辛丑黄由榜 ……………… 246
淳熙十一年甲辰卫泾榜 ……………… 246
淳熙十四年丁未王容榜 ……………… 246
绍熙四年癸丑陈亮榜 ……………… 246
庆元五年己未曾从龙榜 ……………… 246
开禧元年乙丑毛自知榜 ……………… 246
开禧三年丁卯解试 ……………… 246
嘉定元年戊辰郑自诚榜 ……………… 246
嘉定三年庚午解试 ……………… 246
嘉定四年辛未赵建大榜 ……………… 246
嘉定六年癸酉解试 ……………… 247
嘉定七年甲戌袁甫榜 ……………… 247
嘉定九年丙子解试 ……………… 247
嘉定十三年庚辰刘渭傍 ……………… 247
嘉定十五年壬午解试 ……………… 247
嘉定十六年癸未蒋重珍榜 ……………… 247
宝庆元年乙酉解试 ……………… 247
宝庆二年丙戌王会龙榜 ……………… 247
绍定元年戊子解试 ……………… 247
绍定二年己丑黄朴榜 ……………… 247
绍定四年辛卯解试 ……………… 247
绍定五年壬辰徐元杰榜 ……………… 248
端平元年甲午解试 ……………… 248
端平二年乙未吴权吉榜 ……………… 248
嘉熙元年丁酉解试 ……………… 248
淳祐三年癸卯解试 ……………… 248
淳祐四年甲辰留梦炎榜 ……………… 248
淳祐六年丙午解试 ……………… 248
淳祐七年丁未张渊微榜 ……………… 248
淳祐九年己酉解试 ……………… 248
淳祐十年庚戌方逢辰榜 ……………… 248
淳祐十二年壬子解试 ……………… 249
宝祐元年癸丑姚勉榜 ……………… 249
宝祐三年乙卯解试 ……………… 249
宝祐四年丙辰文天祥榜 ……………… 249
宝祐六年戊午解试 ……………… 249
开庆元年己未周震炎榜 ……………… 249
景定二年辛酉解试 ……………… 249
景定三年壬戌方山京榜 ……………… 249
景定五年甲子解试 ……………… 250
咸淳元年乙丑阮登炳榜 ……………… 250
咸淳三年丁卯解试 ……………… 250
咸淳四年戊辰陈文龙榜 ……………… 250
咸淳六年庚午解试 ……………… 250
咸淳七年辛未张镇孙榜 ……………… 250
咸淳九年癸酉解试 ……………… 250
咸淳十年甲戌王龙泽榜 ……………… 250
元 ……………… 251
延祐元年甲寅乡试 ……………… 251
延祐二年乙卯张起岩榜 ……………… 251
延祐四年丁巳乡试 ……………… 251
延祐七年庚申乡试 ……………… 251
泰定三年丙寅乡试 ……………… 251
泰定四年丁卯李黼榜 ……………… 251
天历二年己巳乡试 ……………… 251
至顺三年壬申乡试 ……………… 251
元统元年癸酉李齐榜 ……………… 251
至正五年乙酉张士坚榜 ……………… 252
至正七年丁亥乡试 ……………… 252
至正十年庚寅乡试 ……………… 252
至正十三年癸巳乡试 ……………… 252
至正十六年丙申乡试 ……………… 252

明 …… 252
洪武三年庚戌乡试　解元吴伯宗 …… 252
洪武四年辛亥吴伯宗榜 …… 253
洪武五年壬子乡试 …… 253
洪武十七年甲子乡试解　元程以善 …… 253
洪武十八年乙丑丁显榜 …… 253
洪武二十六年癸酉乡试　解元吴清老 …… 253
洪武二十九年丙子乡试　解元黎让 …… 253
洪武三十年丁丑陈䢿榜 …… 253
永乐元年癸未乡试　解元刘子钦 …… 253
永乐二年甲申曾棨榜 …… 253
永乐三年乙酉乡试　解元张叔豫 …… 253
永乐四年丙戌林环榜 …… 254
永乐六年戊子乡试　解元钱习礼 …… 254
永乐九年辛卯萧时中榜 …… 254
永乐九年辛卯乡试　解元曾鼎 …… 255
永乐十二年甲午乡试　解元陈循 …… 255
永乐十三年乙未陈循榜 …… 255
永乐十五年丁酉乡试　解元尹凤岐 …… 256
永乐十六年戊戌李骐榜 …… 256
永乐十八年庚子乡试　解元徐富 …… 256
永乐十九年辛丑曾鹤龄榜 …… 257
永乐二十一年癸卯乡试　解元王修 …… 257
永乐二十二年甲辰邢宽榜 …… 258
宣德元年丙午乡试 …… 258
宣德二年丁未马愉榜 …… 258
宣德四年己酉乡试　解元吴节 …… 258
宣德七年壬子乡试　解元王鉴 …… 258
宣德十年乙卯乡试　解元陈文 …… 258
正统三年戊午乡试　解元刘观 …… 258
正统四年己未施槃榜 …… 259
正统六年辛酉乡试　解元李庸循 …… 259
正统七年壬戌刘俨榜 …… 259
正统九年甲子乡试　解元陈律吉 …… 259
正统十年乙丑商辂榜 …… 259
正统十二年丁卯乡试　解元胡灌 …… 259
正统十三年戊辰彭时榜 …… 260
景泰元年庚午乡试　解元张业 …… 260
景泰二年辛未柯潜榜 …… 260
景泰四年癸酉乡试　解元彭序 …… 260
景泰五年甲戌孙贤榜 …… 261
景泰七年丙子乡试　解元易居仁 …… 262
天顺元年丁丑黎淳榜 …… 262
天顺三年己卯乡试　解元彭教 …… 262
天顺四年庚辰王一夔榜 …… 262
天顺六年壬午乡试　解元计礼 …… 262
天顺八年甲申彭教榜 …… 263
成化元年乙酉乡试　解元黎宪 …… 263
成化二年丙戌罗伦榜 …… 263
成化四年戊子乡试　解元彭纲 …… 263
成化五年己丑张昇榜 …… 264
成化七年辛卯乡试　解元万廷凤 …… 264
成化十年甲午乡试　解元罗奎 …… 264
成化十三年丁酉乡试 …… 265
成化十四年戊戌曾彦榜 …… 265
成化十六年庚子乡试　解元季源 …… 265
成化十七年辛丑王华榜 …… 265
成化十九年癸卯乡试　解元李素 …… 265
成化二十年甲辰李旻榜 …… 266
成化二十二年丙午乡试　解元江潮 …… 266
成化二十三年丁未费宏榜 …… 266
弘治二年己酉乡试　解元汪俊 …… 266
弘治五年壬子乡试　解元罗钦顺 …… 266
弘治八年乙卯乡试　解元彭应奎 …… 267
弘治九年丙辰朱希周榜 …… 267
弘治十一年戊午乡试　解元欧阳云 …… 267
弘治十四年辛酉乡试　解元刘节 …… 267
弘治十五年壬戌康海榜 …… 267
弘治十七年甲子乡试　解元尹襄 …… 268
正德二年丁卯乡试　解元夏良胜 …… 268
正德三年戊辰吕柟榜 …… 268
正德五年庚午乡试　解元刘泉 …… 268
正德六年辛未杨慎榜 …… 269

正德八年癸酉乡试　解元王昂 …… 269
正德九年甲戌唐皋榜 …… 269
正德十一年丙子乡试　解元郭鹏 …… 269
正德十四年本省以逆濠变罢试 …… 269
正德十六年辛巳杨惟聪榜 …… 269
嘉靖元年壬午乡试解元陈昌积 …… 269
嘉靖二年癸未姚涞榜 …… 270
嘉靖四年乙酉乡试　解元魏良政 …… 270
嘉靖五年丙戌龚用卿榜 …… 270
嘉靖七年戊子乡试　解元谢应岳 …… 270
嘉靖八年己丑罗洪先榜 …… 270
嘉靖十年辛卯乡试　解元欧阳杲 …… 271
嘉靖十一年壬辰林大钦榜 …… 271
嘉靖十三年甲午乡试　解元周儒 …… 271
嘉靖十四年乙未韩应龙榜 …… 271
嘉靖十六年丁酉乡试　解元张希举 …… 271
嘉靖十七年戊戌茅瓒榜 …… 271
嘉靖十九年庚子乡试　解元王渤 …… 272
嘉靖二十年辛丑沈坤榜 …… 272
嘉靖二十二年癸卯乡试 …… 272
嘉靖二十三年甲辰秦鸣雷榜 …… 272
嘉靖二十五年丙午乡试　解元易宏器 …… 272
嘉靖二十六年丁未李春芳榜 …… 273
嘉靖二十八年己酉乡试　解元何涛 …… 273
嘉靖二十九年庚戌唐汝楫榜 …… 273
嘉靖三十一年壬子乡试 …… 273
嘉靖三十二年癸丑陈谨榜 …… 274
嘉靖三十四年乙卯乡试　解元闵文卿 …… 274
嘉靖三十五年丙辰诸大绶榜 …… 274
嘉靖三十七年戊午乡试　解元习孔教 …… 274
嘉靖三十八年己未丁士美榜 …… 274
嘉靖四十年辛酉乡试　解元黄文炜 …… 274
嘉靖四十一年壬戌申时行榜 …… 275
嘉靖四十三年甲子乡试　解元祝眉寿 …… 275
嘉靖四十四年乙丑范应期榜 …… 275
隆庆元年丁卯乡试　解元蔡贵 …… 275
隆庆二年戊辰罗万化榜 …… 276
隆庆四年庚午乡试　解元孙希夔 …… 276
隆庆五年辛未张元忭榜 …… 276
万历元年癸酉乡试 …… 276
万历四年丙子乡试　解元王命爵 …… 276
万历五年丁丑沈懋学榜 …… 277
万历七年己卯乡试　解元饶位 …… 277
万历八年庚辰张懋修榜 …… 277
万历十年壬午乡试　解元刘应秩 …… 277
万历十一年癸未朱国祚榜 …… 277
万历十三年乙酉乡试 …… 277
万历十四年丙戌唐文献榜 …… 278
万历十六年戊子乡试　解元刘文卿 …… 278
万历十七年己丑焦竑榜 …… 278
万历十九年辛卯乡试　解元陈幼良 …… 278
万历二十年壬辰翁正春榜 …… 279
万历二十二年甲午乡试　解元张以化 …… 279
万历二十三年乙未朱之蕃榜 …… 279
万历二十五年丁酉乡试 …… 279
万历二十六年戊戌赵秉忠榜 …… 279
万历二十八年庚子乡试　解元江和 …… 279
万历二十九年辛丑张以诚榜 …… 280
万历三十一年癸卯乡试　解元龚而安 …… 280
万历三十二年甲辰杨守勤榜 …… 280
万历三十四年丙午乡试解元陈良佑 …… 280
万历三十五年丁未黄士俊榜 …… 280
万历三十七年己酉乡试　解元蔡士芹 …… 280
万历三十八年庚戌韩敬榜 …… 280
万历四十年壬子乡试　解元傅朝佑 …… 281
万历四十三年乙卯乡试　解元王绩灿 …… 281

万历四十四年丙辰钱士升榜 …………… 281
万历四十六年戊午乡试　解元张斌 …… 281
万历四十七年己未庄际昌榜 …………… 281
天启元年辛酉乡试　解元李国球 ……… 282
天启二年壬戌文震孟榜 ………………… 282
天启四年甲子乡试 ……………………… 282
天启五年乙丑余煌榜 …………………… 282
天启七年丁卯乡试元孔大德 …………… 282
崇祯三年庚午乡试　解元刘逵 ………… 282
崇祯四年辛未陈于泰榜 ………………… 283
崇祯六年癸酉乡试　解元刘星耀 ……… 283
崇祯九年丙子乡试　解元黄腾达 ……… 283
崇祯十年丁丑刘同升榜 ………………… 283
崇祯十二年己卯乡试　解元刘渤 ……… 283
崇祯十五年壬午乡试　解元鄞岳寿 …… 284
崇祯十六年癸未杨廷鉴榜 ……………… 284
国朝顺治三年丙戌乡试　解元
罗绍虞 ………………………………… 284
顺治四年丁亥吕宫榜 …………………… 285
顺治五年戊子 …………………………… 285
顺治八年辛卯乡试　解元邓际逵 ……… 285
顺治九年壬辰邹忠倚榜 ………………… 285
顺治十一年甲午乡试　解元张士骥 …… 285
顺治十二年乙未史大成榜 ……………… 286
顺治十四年丁酉乡试　解元陈以远 …… 286
顺治十五年戊戌孙承恩榜 ……………… 286
顺治十六年己亥徐元文榜 ……………… 286
顺治十七年庚子乡试　解元曾寅 ……… 286
顺治十八年辛丑马世俊榜 ……………… 286
康熙二年癸卯乡试　解元邹度镛 ……… 286
康熙三年甲辰严我斯榜 ………………… 286
康熙五年丙午乡试　解元潘翘生 ……… 286
康熙六年丁未缪彤榜 …………………… 286
康熙八年己酉乡试　解元刘锡爵 ……… 287
康熙九年庚戌蔡启僔榜 ………………… 287
康熙十一年壬子乡试　解元彭恪 ……… 287
康熙十五年丙辰彭定求榜 ……………… 287
康熙十七年戊午乡试　解元王笔珩 …… 287
康熙二十年辛酉乡试　解元梅之珩 …… 287
康熙三十三年甲子乡试　解元
魏方泰 ………………………………… 287
康熙二十六年丁卯乡试　解元
徐日暄 ………………………………… 287
康熙二十九年庚午乡试 ………………… 287
康熙三十二年癸酉乡试　解元朱轨 …… 287
康熙三十五年丙子乡试 ………………… 287
康熙三十八年己卯乡试 ………………… 288
康熙三十九年庚辰汪绎榜 ……………… 288
康熙四十一年壬午乡试　解元
陈言吉 ………………………………… 288
康熙四十二年癸未王式丹榜 …………… 288
康熙四十四年乙酉乡试　解元陶成 …… 288
康熙四十七年戊子乡试　解元李绂 …… 288
康熙五十年辛卯乡试　解元何人龙 …… 288
康熙五十一年壬辰王世琛榜 …………… 288
康熙五十二年癸巳乡试　解元
周宏勋 ………………………………… 288
康熙五十二年癸巳王敬铭榜 …………… 288
康熙五十三年甲午乡试　解元
任际虞 ………………………………… 288
康熙五十六年丁酉乡试　解元刘寅 …… 288
康熙五十七年戊戌汪应铨榜 …………… 288
康熙五十九年庚子乡试　解元
晏斯盛 ………………………………… 289
雍正元年癸卯乡试　解元周学健 ……… 289
雍正二年甲辰乡试　解元涂学烜 ……… 289
雍正四年丙午乡试 ……………………… 289
雍正七年己酉乡试　解元解韬 ………… 289
雍正八年庚戌周霈榜 …………………… 289
雍正十年壬子乡试　解元鲁游 ………… 289
雍正十三年乙卯乡试　解元黄冈竹 …… 289
乾隆元年丙辰乡试　解元陈仁 ………… 289
乾隆六年辛酉乡试　解元熊为霖 ……… 289
乾隆七年壬戌金甡榜 …………………… 290

乾隆九年甲子乡试 解元龚奏绩 …… 290
乾隆十年乙丑钱维城榜 …… 290
乾隆十二年丁卯乡试 解元陈奉兹 …… 290
乾隆十七年壬申恩科乡试 解元史班 …… 290
乾隆十七年壬申恩科秦大士榜 …… 290
乾隆十八年癸酉乡试 解元王元 …… 290
乾隆二十一年丙子乡试 解元刘芬 …… 290
乾隆二十四年己卯乡试 解元周肃文 …… 290
乾隆二十五年庚辰恩科乡试 解元李睿 …… 290
乾隆二十七年壬午乡试 解元何飞熊 …… 290
乾隆三十一年丙戌张书勋榜 …… 291
乾隆三十三年戊子乡试 解元张书绅 …… 291
乾隆三十五年庚寅恩科乡试 解元熊枚 …… 291
乾隆三十九年甲午乡试 解元龚应麟 …… 291
乾隆四十二年丁酉乡试 解元刘绍廷 …… 291
乾隆四十四年己亥恩科乡试 解元陈上理 …… 291
乾隆四十五年庚子恩科汪如洋榜 …… 291
乾隆四十五年庚子乡试 解元黄元铎 …… 291
乾隆四十八年癸卯乡试 解元郭缙光 …… 291
乾隆五十一年丙午乡试 解元刘起鹍 …… 291
乾隆五十三年戊申乡试 解元朱光宇 …… 291
乾隆五十四年己酉恩科乡试 解元陈希曾 …… 291
乾隆五十七年壬子乡试 解元刘巘 …… 292
乾隆五十九年甲寅恩科乡试 解元邹家燮 …… 292
乾隆六十年乙卯乡试 解元黄旭 …… 292
嘉庆三年戊午乡试 解元黄锺奏 …… 292
嘉庆五年庚申恩科乡试 解元关敏文 …… 292
嘉庆六年辛酉顾皋榜 …… 292
嘉庆六年辛酉乡试 解元李观立 …… 292
嘉庆九年甲子乡试 解元梁昆 …… 292
嘉庆十二年丁卯乡试 …… 292
嘉庆十三年戊辰会试吴信中榜 …… 292
嘉庆十三年戊辰恩科乡试 解元李炳春 …… 292
嘉庆十五年庚午乡试 …… 293
嘉庆十八年癸酉乡试 解元罗宜诰 …… 293
嘉庆二十一年丙子乡试 解元欧阳炳章 …… 293
嘉庆二十三年戊寅恩科乡试 解元赵致和 …… 293
嘉庆二十四年己卯乡试 解元夏清和 …… 293
嘉庆二十五年庚辰会试陈继昌榜 …… 293
道光元年辛巳恩科乡试 解元吴廷珪 …… 293
道光二年壬午会试戴兰芬榜 …… 293
道光二年壬午乡试 解元胡增瑞 …… 293
道光五年乙酉乡试，解元夏淳镛 …… 293
道光八年戊子乡试 解元甘立淞 …… 293
道光九年己丑会试李振钧榜 …… 294
道光十一年辛卯恩科乡试 解元刘宗美 …… 294
道光十二年壬辰乡试 解元陈常 …… 294
道光十三年癸巳会试汪鸣相榜 …… 294
道光十四年甲午乡试 解元游凌翰 …… 294
道光十五乙未会试刘绎榜 …… 294
道光十五年乙未恩科乡试 解元魏崇基 …… 294

道光十六年丙申会试林鸿年榜 …… 294
道光十七年丁酉乡试　解元胡承焕 …… 294
道光十九年己亥乡试　解元徐朝玺 …… 294
道光二十年庚子恩科乡试　解元刘朝昇 …… 294
道光二十三年癸卯乡试　解元辛斌 …… 295
道光二十四年甲辰恩科乡试　解元崔斌 …… 295
道光二十五年乙丑会试萧锦忠榜 …… 295
道光二十七年丁未会试张之万榜 …… 295
道光二十九年己酉乡试　解元锺声远 …… 295
道光三十年庚戌会试陆增祥榜 …… 295
咸丰元年辛亥恩科乡试　解元李镜华 …… 295
咸丰二年壬子乡试　解元潘先珍 …… 295
咸丰九年己未恩科并补行乙卯乡试　解元许廷桂 …… 295
咸丰十年庚申会试锺骏声榜 …… 295
同治元年壬戌恩科并补行戊午乡试　解元卢炳炎 …… 296
同治二年癸亥会试翁曾源榜 …… 296
同治三年甲子科并补行辛酉乡试　解元许崇鼎 …… 296
同治六年丁卯乡试　解元胡友梅 …… 297
同治九年庚午乡试　解元聂明景 …… 297
补遗 …… 297
元至庚戌科会榜 …… 297
明嘉靖乡试 …… 297
景泰癸酉科乡试 …… 297
赐衔 …… 297
武科 …… 298
明 …… 298
顺治三年丙戌乡试 …… 299
顺治八年辛卯乡试 …… 299
顺治十一年甲午乡试 …… 299
顺治十五年戊戌会榜 …… 299
顺治十七年庚子乡试 …… 299
康熙五年丙午乡试 …… 299
康熙十七年戊午乡试 …… 299
康熙十八年己未会榜 …… 300
康熙二十年辛酉乡试 …… 300
康熙二十三年甲子乡试 …… 300
康熙二十四年乙丑会榜 …… 300
康熙二十六年丁卯乡试 …… 300
康熙二十九年庚午乡试 …… 300
康熙三十五年丙子乡试 …… 300
康熙四十一年壬午乡试 …… 300
康熙四十四年乙酉乡试 …… 300
康熙四十七年戊子乡试 …… 300
康熙五十三年甲午乡试 …… 300
康熙五十六年丁酉乡试 …… 301
康熙五十九年庚子乡试 …… 301
雍正元年癸卯乡试 …… 301
雍正二年甲辰乡试 …… 301
雍正四年丙午乡试 …… 301
雍正七年己酉乡试 …… 301
雍正十年壬子乡试 …… 301
乾隆十二年丁卯乡试 …… 301
乾隆十五年庚午乡试 …… 301
乾隆二十一年丙子乡试 …… 301
乾隆二十四年己卯乡试 …… 301
乾隆二十五年庚辰恩科乡试 …… 301
乾隆二十七年壬午乡试 …… 301
乾隆三十年乙酉乡试 …… 301
乾隆三十三年戊子乡试 …… 301
乾隆三十六年辛卯乡试 …… 301
乾隆三十九年甲午乡试 …… 302
乾隆四十二年丁酉乡试 …… 302
乾隆四十四年己亥恩科乡试 …… 302
乾隆四十五年庚子乡试 …… 302
乾隆四十八年癸卯乡试 …… 302
乾隆五十一年丙午乡试 …… 302
乾隆五十四年己酉恩科乡试 …… 302

乾隆五十七年壬子乡试 …… 302
乾隆五十九年甲寅恩科乡试 …… 302
乾隆六十年乙卯乡试 …… 302
嘉庆三年戊午乡试 …… 302
嘉庆五年庚申恩科乡试 …… 302
嘉庆九年甲子乡试 …… 303
嘉庆十三年戊辰恩科乡试 …… 303
嘉庆十五年庚午乡试 …… 303
嘉庆十六年辛未会榜 …… 303
嘉庆二十一年丙子乡试 …… 303
嘉庆二十三年戊寅恩科乡试 …… 303
嘉庆二十四年己卯乡试 …… 303
道光元年辛巳恩科乡试 …… 303
道光五年乙酉乡试 …… 303
道光八年戊子乡试 …… 303
道光十一年辛卯恩科乡试 …… 303
道光十二年壬辰乡试 …… 303
道光十四年甲午乡试 …… 304
道光十七年丁酉乡试 …… 304
道光十八年戊戌会榜 …… 304
道光二十年庚子恩科乡试 …… 304
道光二十四年甲辰恩科乡试 …… 304
道光二十五年乙巳会榜 …… 304
道光二十六年丙午乡试 …… 304
道光二十九年己酉乡试 …… 304
同治元年壬戌恩科并补行戊午乡试 …… 304
同治三年甲子科并补行辛酉乡试 …… 304
同治六年丁卯乡试 …… 304
同治九年庚午乡试 …… 305
同治十年辛未会榜 …… 305

卷之九 选举志二

辟荐 …… 309
唐 …… 309
南唐 …… 309
宋 …… 309
元 …… 311
明 …… 312
国朝 …… 316
诸贡 …… 317
明 …… 317
国朝 …… 326
恩贡 …… 326
拔贡 …… 327
副贡 …… 328
岁贡 …… 329
优贡 …… 333
援例 …… 334
明 …… 334
国朝 …… 342

卷之十 选举志三

勋爵 …… 353
晋 …… 353
宋 …… 353
元 …… 353
武职 …… 353
元 …… 353
明 …… 354
国朝 …… 355
掾考 …… 357
明 …… 357
国朝 …… 384
补遗 …… 385
元 …… 385
封赠 …… 386

元 …… 386
明 …… 386
国朝 …… 392
补遗 …… 407
宋 …… 407
元 …… 407
明 …… 407
荫袭 …… 408
宋 …… 408
元 …… 408
明 …… 408
国朝 …… 409
乡饮 …… 410
明 …… 410
国朝 …… 412

卷之十一　人物志一

仕绩一 …… 421
目录 …… 421
唐 …… 422
王季友
宋 …… 422
李秉、何延世、李登、孙发、孙伯温、黄得礼、江端本、孙文柔、范璿、袁抗、黄诚、邹扬、雷观、徐升、李惟深、王枢、陆筠、曾光、徐如晦、刘德秀、邓元、孟程、王衡仲、范仲武、范应铃、王武子、袁渐、徐应云、涂应雷、张宏毅、徐经孙、范严、王义端、李龙庚、徐思立、范寿、范宜损、王定孙、李嗣俊
元 …… 430
熊介、鄢至善、龚国祥、徐智、甘朝举、于有信

卷之十二　人物志二

仕绩二 …… 433
目录 …… 433
明 …… 433
刘秩、孙予初、徐铎、黄德润、黄宗载、丁维南子侃、孙錬、錬孙精附、吴叔润、熊槩父直、孙曰良、刘显、雷诚、胡轸、孙泾、徐孔奇、熊观、夏希纯、聂用乂、弟好谦、熊昱、李元凯、范衷、子镛、锳、徐正、杨时习、孙昌、甘瑛、范再昌、孙兆祥、丁俊、弟倬、从子璐、范谟、聂如斌、孙俨、刘华甫、涂谦、弟观、观子昇，昇子楗、黄节、杨崇、毛琼、李椷侄金、金侄彦、曾孙逢、遂、元孙橡、栻、游明、李裕、子槩、侄汉、元孙贵、毛伦、族子松龄、李述、熊怀、黄琥、子思、曾孙国华、族孙国用、涂棐、黄谅、傅实

卷之十三　人物志三

仕绩三 …… 447
目录 …… 447
明 …… 447
杜礼，从子洞、袁祯、熊绣、李延、熊一定弟一中、涂晦、江潭弟淙，从子鱼、袁黝、雷述子贺孙映、熊卓、李缙、游潜、

叶钊、吴祺、涂敬、李克辉、邓镛、朱槩、聂元济、陆时通，弟时望，任梦麟、梦豹、喻茂坚、李廷琸、杨铨、丁袍、高宇、袁光儒、李浙、李瑞芳、黄浔、李梓芳、孙世祐、朱冕、雷礼子瀚、刘建、黄炯、李大章、李玑、范庆子谦、杜拯弟播、徐南金、杜子麟、雷逵、黄进、涂铉、陆于嘉、吴金、徐正之、李东华弟东苹、华子右谏、苹子右说、胡杰、黄朏从子翰、赖守中、孙耀、张益、夏栻、赖梅、胡师、王国光、李瓒子廷观、廷谟、孙启美、金鱼、鄢高、曾可立

卷之十四　人物志四

仕绩四 …… 463

目录 …… 463

明 …… 463

范惟恭、黄虞臣、周汝德、熊秉元、孙樾、蒋机、黄时济、涂梦桂、鄞一相、樊城、黄焯　胡绪、范梅、李琯、李复旸、熊鸣夏、弟鸣岐、陆应川、蒋汝瑚、罗栋、杨惟相季弟惟标附、熊尚文父廷用子汝学、喻三元、傅宗皋、袁懋谦、徐鉴、王檄、熊剑化、宋良翰、罗宪凯、邱士毅、蒋杰、唐大章父良臣、孙举海、鄢鼎臣、李维乔、黄大受、文可纪、雷化鳞、余有敬、丁序琨、游允达、熊培元、左侍、邓邦荣、甘大绶、罗大任

国朝 …… 470

熊明遂、范谡、涂象震、唐金旭、李郁、黄炳启、金玉书、熊之翰、黄叔鈜弟锎、余配乾弟配元、李基子铨雯、唐金栋、陆鸿渐、万姓苏、丁序珙、丁蕙孙峙、徐天德、李遇陛、雷鉽弟曾、李云会、戴之霈、刘承祥、范华、李绍庭、李景运、杜名世、朱干、甘兴仁、袁守定、游方震、唐光云、毛凤雏子士洁、黄河清、何器弟新、徐肇裕、李台莲、杨其谟、徐秉霖、雷耀、熊懋奖、熊仪柬、万光岚、罗拔、敖宗瑚、丁猷骏、李庆云、任安邦、袁矩、万光泰、李鲲化、李恭元、聂守显、高逵、万朝宗、吕溶子式古、万时敏、万启心、杨赞襄子石渠、袁铭泰侄以敦、易佩珩、徐锌庚、徐维缙、万向荣子启台、文炳沄、毛隆辅、李浚源、吕克仪、李联镳、涂贤彭、丁劭经

卷之十五　人物志五

儒林 …… 485

目录 …… 485

宋 …… 485

邹蕴、高彦达、徐时动、李修己子义山孙瀛、王允文、盛温如、于革、刘充、范士衡、熊恪、徐鹿卿子子端、王孝友弟孝恭、徐伯琛子纯钦、熊汝垕、熊钧正、陈雄飞、陈焕、蔡恂如

元 …… 489

熊朋来弟召子、子大古、陈仲易、朱隐老、朱本

明 …… 490

朱善、李旭、邹黄裳、胡全子宁、孙裕升、徐贯、杨琏、杨廉、徐衮、李锺、刘迴、李材、徐即登、李光祚、余世昭、李廷止、李大昭、丁梦阳、丁醇

国朝 …… 493

丁灵长孙复、甘师盘、朱尚文、熊源、罗坚、甘绂、于兆遇、卫学达、杨其义、何梅、蔡宪谟、毛辉凤

卷之十六　人物志六

文苑 ······ 499

目录 ······ 499

宋 ······ 499

周谔、孙承弼、孙褒从子奇、孙羲伯、袁陟、揭伯徽、熊方、揭飞雄、黄竑、甘同叔、徐璿族弟伦、刘履、王休、陈斗月、黄千能、徐端方、甘茂荣、陈杰、熊彬、孙素、徐可久

元 ······ 501

熊炎、揭傒斯父来成子汝孙云、洪渊、熊自得、李克家、熊师贤、熊坦

明 ······ 503

陈会、徐益、曹寿、徐懋昭、孙曰恭、丁僟、熊茂、徐州牧、李臭、杨惟休、胡学泱、王来善

国朝 ······ 504

傅铨彦子沛仁、李予玮、甘汝亨、黄炳召、陆履敬、马士骥、胡之甡、熊宇鹤、夏日至、陆绍贇、万俨、徐启统、鄢大年、金玉、丁奭、杨州鹤、熊履廷族人时晟、陈布琅、丁正模、徐文弼、匡晋定、蒋兆元孙象贤、、卢熙载、万锦、葛蘧、陆希濂、陆斐章、熊岐、徐士穀、吕光焕、文炳汉、龚文亮、袁成均

补遗 ······ 508

元 ······ 508

揭祐民

国朝 ······ 508

张泰来、苏光谱、杨如龙、何倬、黄希灏、罗惠、李濒、袁学容、金仕诰、傅启沃、雷乃发

卷之十七　人物志七

忠贞 ······ 513

目录 ······ 513

唐 ······ 513

傅祁

南唐 ······ 513

王子邳

宋 ······ 514

黄端卿、汤长卿、陈友沅、徐子中、雷宜中子国乘、国武

元 ······ 514

徐彦威

明 ······ 514

史安、丁铉、杨瑄子源、黄芸、丁时魁、郭希颜、邓子龙、唐士凤、史垂誉、刘逢盛

国朝 ······ 518

甘文奎子日进，附甘文焜、周尚功、卢文魁、卫学纯子宗诰，附余铨、罗澄鉴、徐传薪、周运鲲、袁如筠、倪波、刘士奇、丁方镇、丁方成、李廷荣、黄锡龄、熊芳麟、金桂林、李步、余澍霖、刘士义、熊启昌、邹立模、熊克六、张遥茂、李有愉、周炳章、熊效八、阵亡兵弁、阵亡殉难绅民附

阵亡兵弁附 ······ 521

阵亡殉难绅民附 ······ 522

补遗 ······ 527

卷之十八　人物志八

孝友 …… 531
目录 …… 531
宋 …… 531
过昱、范飞卿、徐定子颀，曾孙傅霖，霖子正常、范仕衡
元 …… 532
廖立孙、李廷瑞
明 …… 532
刘孙孙、刘志清、涂寿、涂秀、徐涛、袁坡、涂质焕、叶香、李汝善、邓汉、李颎、袁均治、丁时选、黄国靖、孙贯、黄烜弟烇、杨嗣尧
国朝 …… 533
游华甫、熊培赤、熊州俊、孙天凤、余友芳、黄士宏、徐良彦、徐良琦、邹明滚、李遇春、徐宗焕、魏伯宁、陆为彩、周道埈、葛奇菽、刘镃弟铭、罗堂、熊翰述、蒋启发、蒋连云、蒋曰宽、余尚训、万宾赓、徐文豹、杨维矩、吕钤、熊治经、杨日炳、宋九坎、鄢福岐、李同富、熊登轨、罗克章、周兆煌、熊正英、傅岩、甘继益、熊叨赉、张廷柱、余尚典、李清麟、白孝子、万斯蕃、杨世昌、金纶章、涂攀桂、袁杰、毛翰、徐乐府、敖功远、周文龙、孙立达、黄光霱、何鸣凤、吕继华、范接宗、徐启楼、周家凤、李曰星、雷立端、李省身、蔡德懋、龚源吉、辛庭侍、张昕、张承组、张祖明、黄宙瑚、陆运枏、徐致方、黄烈、徐声荣、万启茂、李其元、孙金、万光岱、林逵、酆韫辉、周承志、鄢禄钦、万养礼、周汉仁、雷必超、赵庆发、李谦、苏振桂、张正景、黄德润、鄢钦之、涂世茂、邹有一、陈舜诰、涂修璜
补遗 …… 542
宋 …… 542
吕思忠
元 …… 542
汤霖
国朝 …… 542
傅雄略、袁文铮、袁文铠、涂葆甡、杨懋识、聂洪谦、周模全、范荧、李九德、周心敬
高行 …… 543
目录 …… 543
汉 …… 544
徐穉
晋 …… 545
罗文通
南唐 …… 545
毛炳
宋 …… 545
胡大训、揭道孙
元 …… 545
黄淳、甘惟寅
明 …… 545
丁杰、黄铎、李南溟、李万平、鄢见、范鲁公
国朝 …… 546
甘豫亨、余景新、刘瑞甲、涂述祖、李兆锦

卷之十九　人物志九

善士 …… 549
目录 …… 549
宋 …… 549
李从、孙俨、雷璲、胡仲伯、何穆子章、

熊如渊

明 …… 550

李与同、涂泱、丁果、杜士希、万化

国朝 …… 550

毛宇衡、毛沇、涂丛桂、杨维韬、雷沸、史垂万、周才俊、吕仕麟、于世效、虞汝贵、于世敬、蔡时辅、熊来澍、吕仕桂、王鼎、曾廷仑、徐城、余思启、雷清琦、周之桂、杨琦、熊裕兴、邹曰义、任元蕃、熊琴、聂良洽、涂元祖、蒋长寿、聂守轼、李甫、余陈广、陆毓珩、朱国榦、万寅禺、金名标、吕忠稷、涂必松、熊起璋、朱光诏、熊起禄、李锺喆子海麟、李樊、熊懋壁、熊正盛、熊廷芬、王遨、谢安卿、熊扬铨、万曰齐、徐兆谨、盛朝澜、涂昌璘、涂懋兰、胡际泮、谢国潆、徐兆课、胡献隆、吕文光、熊作宾、杨学镠、杨尚位、陆庚遂、吴世邦、邹凌霄子人彦、涂廷选、李馨、万育官、万育宦、涂修瑄、李振基、罗绍伦、于科振、黄永泰、陆光诰、涂昌珣、任灿英、鄢诏糈、胡致远、胡守哲、曹迎凰、李佩兰、周堂和、涂贤锡、刘志光、谢光禧、邱绪瑞、辛勤、熊材

卷之二十　人物志十

善士二 …… 565

明 …… 565

义捐 …… 565

义赈 …… 565

国朝义赈 …… 565

捐修围垱 …… 566

拾金不昧 …… 566

乾隆壬申、嘉庆戊辰义捐 …… 567

道光甲申义捐 …… 572

卷之二十一　人物志十一

寿民目录 …… 583

方技目录 …… 583

寓贤目录 …… 583

寿民 …… 584

国朝 …… 584

葛承环、李经邦、邹玉书、徐兆瑛、陈尚礼、熊文麒、熊士藩、熊履恒、徐声焕、欧阳正绪、龚邵盛、吕仁、曾廷伦、夏朝隆、曾廷秀、傅沛裘、朱式鉴、袁文炯、邹学璘、甘万煇、甘万坤、罗兴济、罗允昆、王步元、张睹学、袁慧文、胡克贵、朱学源

方技 …… 585

宋 …… 585

铎长老

元 …… 586

孙子宪、雷友谅附

明 …… 586

何冶云、族孙德宏，附熊铁史、万育炫、杨应祥、熊显、邹大绶

国朝 …… 586

万国宁、周应骥、李智、董鹤舒、黄梦吉、周松、丁焕、任迪柏、涂学中、李之实、陈世宏、周善长、刘维祺、杨行遥

寓贤 …… 587

汉 …… 587

梅福

唐 …… 588

陈陶
宋 …… 588
胡安国、姚勉
明 …… 588
锺甬、罗洪先
国朝 …… 588
陈上善

卷之二十二　人物志　列女传一

烈女 …… 591
元 …… 591
明 …… 591
国朝 …… 591
汇记烈女 …… 592
贞女 …… 592
明 …… 592
国朝 …… 592
汇记贞女 …… 593
孝女 …… 593
国朝 …… 593
烈妇 …… 594
元 …… 594
明 …… 594
国朝 …… 595
汇记烈妇 …… 601
补遗 …… 603
国朝 …… 603
节妇 …… 604
宋 …… 604
元 …… 604
明 …… 604
国朝 …… 607

卷之二十三　人物志　列女传二

汇记节妇 …… 627
附年例未符，待请旌表节妇 …… 663
孝妇 …… 664
明 …… 664
国朝 …… 664
寿妇 …… 666
补遗 …… 669
明 …… 669

卷之二十四　艺文志一

书目 …… 673
四库馆简明录集评 …… 681

卷之二十五　艺文志二

文类 …… 685
目录 …… 685
疏表 …… 686
荐徐穉等疏 …… 686
御书味书阁遗安堂谢表 …… 686
记 …… 687
敕书楼记 …… 687
智度院记 …… 687

丰城县儒学记 …… 688
观巷堤记 …… 688
龙光书院心广堂记 …… 689
宝气亭记 …… 690
社稷坛记 …… 690
味书阁记 …… 691
水东驿记 …… 691
龙泽宗贤祠记 …… 692
重修学记 …… 692
贞文书院记 …… 693
同文书院集义堂记 …… 694
蒨冈义塾记 …… 695
重修儒学记 …… 695
重筑县城南堤记 …… 696
新埽记 …… 697
三贤祠记 …… 697
重修县城记 …… 698
丰城县治记 …… 699
杨忠愍祠记（按《明史》，源，谥忠怀） …… 699
北泽观风行台记 …… 700
新筑剑江堤记 …… 701
重修儒学记 …… 701
重建仙坛石埽记 …… 703
剑东义馆记 …… 704
漕政解悬记 …… 704
启圣祠记 …… 705
重建龙光书院记 …… 706
永便仓记 …… 707
重建县堂记 …… 708
重修儒学记 …… 708
学田记 …… 709
均甲碑记 …… 709
白公堤记 …… 710
龙山书院记 …… 711
沙湖访旧记 …… 712
重建学宫记 …… 713
丰邑城内沟濠记 …… 714
徐孺子读书台记 …… 714
改建关帝庙记 …… 715
蒋氏义捐学田记 …… 715
七星埽记 …… 716
邑侯满明府清理钱粮积弊记 …… 717

卷之二十六　艺文志三

文类 …… 721
目录 …… 721
增补艺文目录 …… 724
记 …… 725
春风楼记 …… 725
秋雪记（乾隆三十四年） …… 725
移建龙山书院记 …… 725
增建豫章考棚记 …… 726
南昌府学文昌后殿记 …… 727
迁建南昌府学崇圣殿记 …… 727
古剑匣记 …… 728
姜溪范氏捐田修学记 …… 729
徐孺子读书台记 …… 729
龙头山记 …… 729
重修南昌府学志道堂记 …… 730
狮山义学记 …… 731
泰气岭记 …… 731
丰城重修学宫记 …… 732
新创文昌宫记 …… 732
丰城新考棚记 …… 733
重修莲溪书院记 …… 734
序 …… 734
送江任之丰城序 …… 734
送习文质赴辟富州吏序 …… 735

前吏部主事熊利宾赴京序 …… 735
送潘叔愚知丰城序 …… 736
白鹤观志序 …… 736
城丰颂德序 …… 737
龙光书院志序 …… 738
革编录序 …… 738
仁丰录序 …… 739
龙洲志序 …… 740
邑侯新安刘安吾令君北上德政序 …… 740
邑侯朱明府解组序 …… 741
碑 …… 741
梅先生碑 …… 741
豫章都督义宁郡公庙碑 …… 741
尧岭重建碑 …… 742
重建熊坊石堤碑 …… 742
狮山义塾乐捐碑 …… 743
铭 …… 743
太阿剑铭 …… 743
晋征君罗山隐居铭 …… 743
跋 …… 744
罗山志跋 …… 744
跋特建龙泽书院本末 …… 744
富州蠲金纪事 …… 744
书 …… 745
上庙堂论楮盐书 …… 745
与苏伯诚书 …… 746
上薛侯论宽赋书 …… 746
文 …… 748
招剑江被溺诸魂文（乾隆十六年清明日）…… 748
赋 …… 748
剑池赋（并序）…… 748
斗牛间有紫气赋 …… 748
宝剑赋 …… 749
丰城剑赋（过丰城作）…… 749
丰水赋（省志误为徐鹿卿作）…… 749
龙山书院赋（以潜见飞跃霖雨苍生为韵）…… 750
广学额碑记 …… 751
九都学舍记 …… 752
登楮山记 …… 753
桂花相公记 …… 753
十一月视印于南康境上闰十二月到司谢表 …… 754
疏二 …… 754
万寿圣节疏略（并箴）…… 754
乞进览《大学衍义》补疏 …… 755
书二 …… 757
上李秦公书 …… 757
答胡汲仲书 …… 758
答李克斋翁书 …… 758
碑铭二 …… 759
敕赐贞文先生揭君之碑 …… 759
熊与可墓志铭 …… 760
序八 …… 761
送王司议季友赴洪州序 …… 761
周圣任诗序 …… 761
《丰城洪先生文集》序 …… 761
《范左司松溪诗集》序（节）…… 762
《送熊太古诗》序 …… 762
《杨氏父子靖忠录》序 …… 762
《纪忠录》序 …… 763
《斗间宝气集》序 …… 764
南湖桥记 …… 764
《四川乡试录》序 …… 765
与县尹杨明斋书 …… 765
引一 …… 765
圣瑞兴谣诗册引 …… 765
《心经注解》序 …… 766
题跋二 …… 766
题《斗酒集》…… 766
跋李宗明诗 …… 767
赋一 …… 767
兆启三洲赋（少年应太守试作）…… 767

辞一 …… 768
吁天辞（并小序） …… 768
上王相公书 …… 768
改建雷公脑石堤记 …… 769
改建汤家巷接连螺蛳街石堤记 …… 770
捐廉改建大巷口石堤记 …… 771
重修龙头山三贤祠记 …… 771
重修文明塔记 …… 772
重修朱子访盛杰士处碑亭记 …… 772
徐邑侯德政记 …… 772
创建淇湖围石闸记 …… 773
枫林聂黄氏义捐龙山书院膏火记 …… 773
重建剑匣亭记 …… 774
书姚赞府朱子访盛温如碑记后 …… 774
增广龙山书院膏火记 …… 774
逢原书院记 …… 775
重修城垣记 …… 776
重修县治记 …… 776
望堤阁记 …… 777
复图记 …… 777
沟渠故道记（节） …… 778
增补艺文 …… 778
甘露赋 …… 778
古函谷关铭（并序） …… 779
广己赋 …… 779
与李巡抚书 …… 780
重修西仓碑记 …… 781
丰城南馆记 …… 781
驭夷操纵事宜札子 …… 782
疏通水利论 …… 783
重订龙山书院膏火记 …… 784
凤山书院记 …… 784
于家洲义渡记 …… 785
矜济堂义冢记 …… 785
移建大港口普济桥记 …… 785
枫林桥记 …… 786
重修城隍庙碑记 …… 787
重修儒学记 …… 787
丰城新馆记 …… 788
小港闸记 …… 789
荷湖育婴会记 …… 789
重修李见罗先生祠记 …… 790
龙山义渡记 …… 790
育婴六文会碑记 …… 791
筹给育婴六文会善后经费谕 …… 792
兴复育婴六文会启 …… 792
先师诞辰祀田记 …… 792
陈相渡等处堤记 …… 793
节孝总坊记 …… 793
宾兴会记 …… 794
六团育婴会记 …… 794
重修金华山仙院记 …… 795
罗湖闸记 …… 795
育婴会记（一坊义字段） …… 796
重修罗湖闸记 …… 797
备育仓记（义智信三段） …… 797

卷之二十七　艺文志四

诗类 …… 801
目录 …… 801
五古 …… 808
丰城剑 …… 808
杂咏 …… 808
宝剑诗 …… 808
剑池驿 …… 808
剑池 …… 808
宝剑 …… 809
宝气亭 …… 809
景福院 …… 809
登罗山 …… 809

徐孺子读书台分得高字 …………………… 809
胡文定墨池分得风字 ……………………… 809
发曲江矶山楼亭 …………………………… 809
龙山书院训勉 ……………………………… 810
游梅仙山 …………………………………… 810
舟过丰城 …………………………………… 810
月夜泊舟曲江 ……………………………… 810
三贤祠（并序）…………………………… 810
新堤告成志喜 ……………………………… 810
文明塔 ……………………………………… 811
读丰城县志得六十四韵柬同门
　唐萃亭兼寄志局诸君子 ………………… 811
游槠山（山在五坊距城八十余里）……… 812
自黄埠脑至拖船埠途中作 ……………… 812
姑殂 ………………………………………… 812
飞蛾 ………………………………………… 812
山中赠韦子春十四秘书 ………………… 812
别李季友诗 ………………………………… 812
送王季友赴洪州幕 ……………………… 812
潼关使院怀王七季友 …………………… 813
丰城高安之间憩民家景趣幽邃为之
　慨然怀归 ………………………………… 813
忆澹台墓寄王邵二藩臬 ………………… 813
孤山 ………………………………………… 813
槠山 ………………………………………… 813
初霁仗兴游罗山与濬儿潜儿 …………… 813
从柘陂登招云山 ………………………… 814
袁易斋诗集题辞 ………………………… 814
还山留别长安知己 ……………………… 814
古塞曲 ……………………………………… 814
滑中赠崔高士瓘 ………………………… 814
玉壶冰（试帖）…………………………… 815
京城闲居杂言八首 ……………………… 815
四友诗 ……………………………………… 816
和刘录事春雪二十韵 …………………… 817
丰城勘堤回上陈芝楣中丞 ……………… 817
小港闸成放水 …………………………… 817
小港观涨有感（闰月十四日）…………… 817
诸工报竣寄呈陈芝楣中丞二十韵 ……… 818
苦雨叹 ……………………………………… 818
苦竹洲闻雁 ………………………………… 818
初秋游飞旆山登楼远眺 ………………… 818
泰气岭 ……………………………………… 819
晚次丰城（踏莎行）……………………… 819
七古 ……………………………………… 819
观于舍人壁画山水 ……………………… 819
代贺枝令誉赠沈千运 …………………… 819
宝剑篇 ……………………………………… 819
可叹 ………………………………………… 819
宿东溪李十五山亭 ……………………… 820
发丰城县 …………………………………… 820
游曲江分韵得月字 ……………………… 820
剑江驿楼（旧日宝气亭，今撤而为楼）·· 820
剑江驿楼 …………………………………… 820
月夜登曲江楼识别诸君子 ……………… 820
剑迹（在密岭）…………………………… 821
游感山海慧寺（时自章门放舟归县）…… 821
游龙光书院 ………………………………… 821
张真人象山图 ……………………………… 821
截臂行 ……………………………………… 821
题临江同知问流民事迹 ………………… 822
囊荷山 ……………………………………… 822
寄开士禅友 ………………………………… 822
梅仙观 ……………………………………… 822
孝子行（并序）…………………………… 823
密泉篇（有引）…………………………… 823
大水歌 ……………………………………… 823
酬李十六岐 ………………………………… 823
丰城叹 ……………………………………… 824
明月行（题鹤村杜节母）………………… 824
恭纪恩谕饬广学额并奖叙 ……………… 824
灵槎庙碑词 ………………………………… 824
剑池歌 ……………………………………… 825
五律 ……………………………………… 825

经丰城剑池 …… 825
送丰城王少府 …… 825
宝剑诗 …… 825
复过盛家洲 …… 825
同温如竹国舟中晚眺 …… 825
过丰城作 …… 826
龙雾洲雪 …… 826
望罗山 …… 826
清明登曲江亭阁 …… 826
丰城夜泊 …… 826
雨泊丰城 …… 826
游东门白云寺 …… 826
望罗山 …… 826
登矶上楼同傅敬初分赋 …… 826
宝气楼燕集 …… 827
游白云寺和罗念庵韵 …… 827
药湖 …… 827
东门白云寺次罗念庵韵（时同丁伯厚围棋） …… 827
剑池 …… 827
游莲湖（即平港湖） …… 827
游龙山（省志） …… 827
梅仙坛 …… 827
暮春游海慧寺宿洞明寒碧轩 …… 828
宿丰城访徐古皇同年 …… 828
金花潭 …… 828
丰城曲江亭 …… 828
水草园（偕唐又程、彭小范、袁象西、蒋德章、周秉文宿此分赋） …… 828
高原 …… 828
剑池次阴铿韵 …… 828
孤山 …… 829
登三角山 …… 829
访宝气亭 …… 829
过海岚寺 …… 829
登香山阁赠无学上人（省志） …… 829
过仙姑岭（山在五坊出东门七十余里） …… 829
丰城剑池即事 …… 829
赠温如竹国 …… 829
别乡友徐明初 …… 829
梦蕉亭写兴 …… 830
过元贞寺 …… 830
苦竹洲闻雁 …… 830
自丰城抵万安江水大涨 …… 830
游招云山寺 …… 830
赠孤山友人 …… 830
北宸山 …… 830
始至都天寺示同学 …… 830
送于沧岩夫子谢病归里 …… 831
七律 …… 831
酬王季友题半日村别业兼呈李明府 …… 831
送宇文迁明府赴洪州张观察追摄丰城令（时长卿在州） …… 831
赠王允文 …… 831
宝剑诗 …… 831
宝剑诗 …… 831
梅仙观留题道士杨智远 …… 831
宝剑诗 …… 831
曲江亭 …… 832
甘露台 …… 832
甘露台 …… 832
华严院 …… 832
海觉寺 …… 832
海觉寺次李文溪壁间韵 …… 832
荥塘烟雨 …… 832
尧峰西峙 …… 832
剑池夜月 …… 832
梅仙峰 …… 833
曲江观涨咏怀 …… 833
过正法寺 …… 833
密岭晴岚 …… 833
游感山寺 …… 833
丹霞福地 …… 833
盛家洲书院 …… 833

乌石观 …… 833
游感山寺 …… 833
曲江亭（春日同南沙太尹游此，喜高苔阶，至自李克斋香社寺）…… 834
挽史公安死难交趾 …… 834
题龚公楼 …… 834
丰城阻风（前岁遇难于此，得北风，幸免）…… 834
重登黄埠脑 …… 834
尧山 …… 834
回澜阁同陆池山观涛 …… 834
月夜登曲江亭饯人之京 …… 834
感山寺和江惟化韵 …… 834
冬日游感山 …… 835
登曲江亭同刘兑阳 …… 835
过始丰山睹刘海蟾真迹 …… 835
游感山 …… 835
剑池 …… 835
游曲江从卢使君夫子 …… 835
紫府观 …… 835
龙山秋望 …… 835
瀚楼新成陪宗明府登览 …… 835
密岭 …… 836
竹林庵次韵 …… 836
读邓武桥先生《横戈集》…… 836
桃花岩 …… 836
游龙山并至感山寺 …… 836
登曲江文昌阁 …… 836
和吴邑侯游感山 …… 836
过感山寺 …… 836
和黄质昭游槠山 …… 837
春日过瓘山访熊效先州丞寿先文学游斗门福地旋憩于绿野别墅即景漫赋 …… 837
送家驭麟叔掌教龙山书院 …… 837
秋过感山（偕周秉文、李采衡赴本缘上人约）…… 837
龙头山登高 …… 837
游正悟寺题壁 …… 837
舍菜宗贤请合祠王季友 …… 837
梅仙观 …… 837
丰城龙光书院（旧误甘惟寅作，今据省志重录，俟考）…… 838
望罗山柏塔 …… 838
题熊太古画 …… 838
张君寿鹄山隐居 …… 838
送孙竹轩国子博士致仕 …… 838
丰城九龙山双髻峰 …… 838
过富州赠权伯文 …… 838
送丰城杜少府谪滇南 …… 838
和万象山登钟城山用元虞学士韵 …… 838
游感山用老杜韵 …… 839
爵帅鲍超两度至丰平寇功最巨嗣是寇熄作长句二章纪之 …… 839
九日登梅仙岭 …… 839
三至龙山留别 …… 839
次韵张郡伯三至龙山留别 …… 839
宝气亭怀古 …… 839
四言 …… 840
云涧三章赠毛霆甫 …… 840
白莲诗（并序）…… 840
五绝 …… 840
感山寺杂咏（三首）…… 840
遇丰城访肇庆守黄莹之 …… 840
登仙坛 …… 841
小石山（在药湖中间）…… 841
奇童诗（为陈会作）…… 841
题熊太古画 …… 841
七绝 …… 841
剑池 …… 841
怀厚郭胡正卿 …… 841
罗山徽君隐居 …… 841
梅仙观 …… 841
梅仙坛 …… 841
梅先生故居 …… 841

过丰城 …… 841
广慈院 …… 842
宝气亭 …… 842
访盛温如至盛家洲 …… 842
经赤冈望远山 …… 842
次林择之韵 …… 842
盛家洲四景 …… 842
清都观 …… 842
白鹤观 …… 842
诗书阁 …… 842
梅仙坛 …… 843
过丰城 …… 843
乌石观 …… 843
城南书屋 …… 843
金墩朝阳 …… 843
过丰城 …… 843
泊龙头山 …… 843
楂村望超山 …… 843
凤山口占 …… 843
题始丰山仙林观 …… 843
始丰山和句 …… 843
平丰堤 …… 844
题寿昌寺 …… 844
送熊士选侍御 …… 844
访徐孺子读书台，归捡思贤集，重加校刊，即集集中句书后 …… 844
赠鲍春霆爵帅 …… 844
狮山文昌阁八景 …… 844
狮山北障 …… 844
枧水南还 …… 845
柳岸莺声 …… 845
支天宝阁 …… 845
射斗龙光 …… 845
泥湾古塔 …… 845
罗石怒涛 …… 845
枫岑风韵 …… 845
雷公脑堤成志喜 …… 845

卷之二十八　杂类志

仙释 …… 849
晋 …… 849
隋 …… 849
宋 …… 850
明 …… 850
晋 …… 850
唐 …… 850
宋 …… 851
明 …… 851
国朝 …… 851
茔墓 …… 852
汉 …… 852
吴 …… 852
晋 …… 852
唐 …… 853
宋 …… 853
元 …… 853
明 …… 853
国朝 …… 854
祥异 …… 854
晋 …… 854
南朝宋 …… 855
唐 …… 855
宋 …… 856
元 …… 856
明 …… 856
国朝 …… 858
杂说 …… 859

后记 …… 869

《续修丰城县志》序

丰城志，创自宋宝祐元年，元明迭有修纂，书多散佚。国朝二百余年，凡四修。岁戊辰，上台纂修《通志》，檄各属先修《县志》。时宰斯土者，平江王君吉士，裒赀开局，遴邑贤任之。考旧订新，悉心纂校，俱各称其事。未几，吉士调省，淮川唐君梓臣摄篆，概修旧辙。壬申春，吉士复任。秋，捐馆舍，邑贤惜之，谓志事失师承矣。比余至，六越月而书成，邑贤以序言乞，不获辞。

爰思丰城为剑名干将、莫邪，后皆以龙化，是丰固宝气所见地也。论者谓吉士既腾空而化，梓臣又膏泽南行，其俱成龙之剑欤？余，尺蠖耳，无足比，奚敢以两君之经画艰难，并诸贤之搜辑矜慎，擅掠其美乎？虽然，昔之人有龙头、龙腹、龙尾之称，两君无愧固已，余竟附尾，非掠，仍掠也。都人士其不笑余以铅刀比利于干、莫否？

同治癸酉春三月，钱江汪绶之叙。

卷之首

纂修姓氏

主修

同知、直隶州丰城县知县王家杰，吉士，湖南平江县，辛亥举人。
运同衔、赏换花翎、代理丰城县知县唐先霖，梓臣，湖南浏阳县，辛亥举人。
同知衔、署丰城县知县汪绶之，芍卿，浙江钱塘县，乙卯举人。

督修

同知衔、湖南兴宁县知县万时若，虚谷，后万里人，举人。

纂修

举人周文凤，翙臣，阳坊牛轭人，举人。
乐安县教谕李庚，梦白，大水人，举人。

分修

举人傅锟，六吉，派前人。
举人聂模宽，厚生，竹溪人。
咨选教谕陆如照，沁香，邑郛人，恩贡。
恩贡李含英，蕴卿，清溪人。
候选训导甘树垣，心竹，儒源人，副贡。
副贡孙谋，诒生，孙家渡巍里人。
岁贡吕先淮，净庵，洛溪人。
增贡李培本，泉生，邑郛人。
增贡黄瑞南，芝云，门楼人。
州同衔涂笏，象臣，赤坑人，附贡。
附贡李增辉，凤冈，筱塘人。
附贡邹师曾，子鲁，横山下坊人。
附贡张炳照，达斋，塘边人。

附贡周朝冕，藻吾，城田垄人。
廪生周莲，爱吾，卿塘人。

总理

吉安府训导、委用教谕李福亨，云衢，筱塘人，廪贡。

协理

六品衔陆鳌，驾山，邑郛人，武生。

议修

知府衔升用直隶州、署湖南龙阳县知县陆运景，典臣，邑郛人，廪贡。
署永宁县教谕孙懋修，省斋，同造人，举人。
候选教谕范思乐，震初，槎村人，举人。
大挑教谕杨春台，熙卿，邱塘人，举人。
举人陈滋荣，德树，落鹭口人。
举人杜扬，小香，三溪津人。
汉云锦，汉阶，县塘人。
举人涂湘，春帆，北下人。
举人吕鸣岐，凤冈，北湖人。
太常寺博士衔王亮，湘生，屯溪人，拔贡。
附贡刘士俊，卓峰，合水人。
优廪生文学韩，梦丹，邑郛人。
熊元瑞，兰亭，塘头人。

采访

举人周泰禧，鸿宾，卿塘人。
高安县训导甘绍，子振，上坊人，副贡。
署南康县训导涂绶，小渭，北下人，增贡。
候选训导涂增荣，莲生，北下人，岁贡。
附贡金用砺，幹臣，田南人。
附贡吕绍爱，寅谷，洛溪人。
中书科中书衔傅叶梦，岩生，派前人，附贡。

附贡辛性，静山，柿溪人。
附贡熊景芬，芸台，南湖人。
附贡任文炳，藜照，吴城人。
詹事府主簿衔徐士绂，黼屏，青兰人，附贡。
附贡徐维容，虚谷，杨树塘人。
附贡熊际飞，子渭，长山人。
例贡黄用中，吉周，邑郛城南人。
例贡张启文，小轩，洞坑湖头人。
廪生李茂春，树滋，上舍人。
廪生周朝升，平阶，城田垄人。
廪生邓荣椿，懋哉，落星桥人。
廪生杨龄，锡九，秋源人。
增生喻济川，子舟，富山人。
增生徐鼎，小佩，高埂人。
生员何人凤，祝冈，溪头人。
生员孙光远，思源，同造人。
生员黄桂馨，一山，泗塘人。
生员胡镜祥，靖尘，旗塘人。
生员余士拔，芝田，前村人。
生员范兆兰，芝厓，槎村人。
生员徐庚曜，西垣，月塘人。
生员杜焕南，小圃，三溪津人。
生员何鸿昌，左泉，楼下埠人。
生员潘星照，晓山，鲸源人。
生员黄茂，芝生，荷塘人。
生员龚立志，龙雾洲人。
生员朱还真，液成，茅园嘴寺前人。
生员金舒芬，莲庄，田西人。
生员丁蓬，少峰，邑郛沙湖人。
监生袁惠行，畹香，钟山人。
花翎游击衔李时伦，睦堂，邑郛南湖人，武举。

誊录

生员万浥，梓青，后万人。
生员刘韶，九成，雩上人。

候选县丞徐扬言，伯庚，三塘人。
监生张馨，兰谷，黄埠脑人。
监生涂希济，惠臣，北下人。

劝捐姓氏

王邦谨，鲁璠，村头人，举人。
叶传芳，静山，叶家巷人，举人。
熊甲，子旷，陆溪人，举人。
李含英，蕴卿，清溪人，恩贡。
李时逢，实圃，上石人，恩副贡。
葛合帆，仙舫，塘下人，岁贡。
李培本，泉生，南湖人，增贡。
陆运会，虞臣，仙音人，附贡。
蒋叔培，讱卿，楼下人，附贡。
金用砺，幹臣，田南人，附贡。
周梦龄，锡堂，周家山人，附贡。
周朝冕，藻吾，城田垄人，附贡。
熊际飞，子渭，长山人，附贡。
涂笏，象臣，赤坑人，附贡。
徐骏发，惕斋，白湖人，例贡。
敖拔群，萃生，花园人，例贡。
李印福，五城，矶湾人，廪生。
周起渭，渔滨，沙溪人，廪生。
蒋之燧，薪奥，邑郛人，廪生。
金邦献，子贤，滕坊人，廪生。
傅炳炎，荚生，王田人，廪生。
喻济川，子舟，富山人，增生。
熊芷文，冕堂，下鳌头人，增生。
甘泉，菊潭，社里人，增生。
王宝善，楚村，万坊墟人，增生。
林际芳，芾堂，寺前人，附生。
孙光远，思源，同造人，生员。
余士拔，芝田，前村人，生员。
刘赟，子厚，阳池人，生员。
顾铎，念生，泉井人，生员。
周泰禧，鸿宾，卿塘人，举人。
江怀清，洗心，长塘人，举人。
陆如照，沁香，仙音巷人，恩贡。
陈畴，农生，东边人，训导。
邬文和，养权，大港口人，岁贡。
吴实镛，雁门，白土人，增贡。
吕先淮，净庵，洛溪人，岁贡。
聂汉章，倬夫，村前人，附贡。
李灿蓉，镜吾，北港洲人，附贡。
于京，敏生，于家洲人，附贡。
邹师曾，子鲁，横山人，附贡。
徐维容，虚谷，杨树塘人，附贡。
饶继皋，破冈人，附贡。
熊景芬，芸台，南湖人，附贡。
周铨选，幼曾，伏坪冈人，例贡。
涂开元，沁泉，低山人，例贡。
万桢，树南，田团人，廪生。
周朝升，平阶，城田垄人，廪生。
萧高銮，兰坡，石滩人，廪生。
周莲，爱吾，卿塘人，廪生。
谢绂，子书，山背人，增生。
卢俊，鹤楼，瑶里人，增生。
陈显忠，弼臣，荣塘人，增生。
熊瑞年，士田，枧溪人，增生。
熊元瑞，兰亭，塘头人，生员。
金舒芬，莲庄，田西人，生员。
范兆兰，芝厓，槎村人，生员。
傅思恭，澄心，源溪人，生员。
何人凤，祝冈，溪头人，生员。
袁儆，惕吾，袁坊人，生员。

张瑞光，寅宾，吉塘人，生员。
刘韶，九成，雩上人，生员。
李茂林，复心，上舍人，生员。
吕璜，渭臣，大康人，生员。
黄桂馨，一山，泗塘人，生员。
徐启泰，拔臣，西坊上人，生员。
金湘，晓帆，斜溪人，生员。
熊继志，小川，大屋人，生员。
陈雨润，愚堂，远冈人，生员。
李树玉，碧山，南湖人，生员。
赵向荣，东生，泸田人，生员。
鄢维屏，柱臣，故里人，生员。
赵焕然，蓉生，白土人，生员。
王克仁，恬生，城陇人，生员。
熊维纲，范轩，旧墟人，监生。
胡大中，子和，旗塘人，生员。
龚镜蓉，子宝，南保人，生员。
龚兆瑞，芝生，龙雾洲人，生员。
林翅秀，陇城人，生员。
邹崇峄，湖塘人，生员。
余映甲，雁溪人，生员。
涂人瑞，石溪人，生员。
黄茂，芝生，荷塘人，生员。
邹立藩，东垣，横山人，生员。
陆鳌，驾山，仙音巷人，职员。
徐云龙，白湖人，武生。
游源浣，松涛，石上人，县丞衔。
何溪，对山，河湾人，监生。
叶怀青，春圃，泸田人，监生。
龚逊，虞书，新冈人，童生。
张开翎，展如，洞坑人，童生。
于凤翔，桐臣，七里人，廪生。
熊艺林，仁山，湾头人，附贡。
杜湘，朗亭，三溪津人，生员。
詹树，曰润，井门人，生员。
辛焕，星辉，柿溪人，生员。
曾绍传，省吾，西坊上人，生员。
于炳燮，震如，兰溪人，生员。
甘映奎，星垣，佛楼人，生员。
刘浚源，少泉，荷蒲塘人，生员。
陈燮，千步冈人，生员。
袁嘉麟，瑞生，西原人，生员。
袁焯，仙壶，西源人，监生。
唐锡章，子达，唐坊人，生员。
傅秉榦，三奇，傅坊人，生员。
范思韶，夔典，槎村人，生员。
李瀛春，霓仙，大水人，监生。
罗玉树，瑶阶，尚庄人，生员。
胡汉章，显庭，龙雾洲人，生员。
管（兆？），龙雾洲人，生员。
胡映华，石友，松湖人，生员。
熊腾藻，春舲，雄庄人，生员。
傅春霆，王田人，生员。
涂桂林，小山，寺背人，生员。
徐元贞，吉生，夫岭人，生员。
李映庚，彬园，乌冈人，武举。
朱朝栋，杭溪人，武生。
鄷式仪，彬臣，云庄人，布理问。
金耀南，砺堂，老塘人，运同衔。
张馨，兰谷，黄埠脑人，监生。
熊应飞，渔村，枧溪人，监生。
吴遇宾，吴家坊人。
赵思定，寅清，兰田人，附贡，主事衔。
周兴麟，绂臣，旺林山人，增生。

目录

丰城县志卷之首

首卷　序　纂修姓氏　旧序　前修姓氏　总目　凡例　绘图

卷之一

地理　星野　疆域　沿革　山川　都图（乡里墟市附）河渠

卷之二

地理　河渠（津梁陂堰附）风俗　土产　古迹

卷之三

建置（城池附）衙署　祠祀（寺观附）公廨（坊表附）

卷之四

食货　户口　田赋　仓储

卷之五

学校　学宫　学制　学田（学业学额附）书院（社学附）

卷之六

武备　兵制　武事

卷之七

职官　文职　武员　名宦

卷之八

选举　甲科赐衔武科附

卷之九

选举　辟荐　诸贡　援例

卷之十

选举　勋爵（武职附）掾考　封荫　乡饮

卷之十一

人物　仕绩

卷之十二

人物　仕绩

卷之十三

人物　仕绩

卷之十四

人物　仕绩

卷之十五

人物　儒林

卷之十六

人物　文苑

卷之十七

人物　忠贞

卷之十八

人物　孝友　高行

卷之十九

人物　善士

卷之二十

人物　善士

卷之二十一

人物　寿民　方伎　寓贤

卷之二十二

人物　烈女

卷之二十三

人物　烈女

卷之二十四

艺文　书目

卷之二十五

艺文　文类

卷之二十六

艺文　文类

卷之二十七

艺文　诗类

卷之二十八

杂类　仙释　茔墓　祥异　轶事

原序

《丰水志》序

丰为邑且千载，而图志犹未大备。盖闻见狭而无以证，事迹散而艰于聚也。虽幸而卒就于胡令君琏、萧赞府宾，为一时采掇，未遑序正，或者不无毫发之恨。

孝友生为邦民，访求差易，窃尝过不自料，因其缺而搜补之。经涉一纪，仅能仿佛。若题名，若诗话，若人物，则前此未是有也。胡令之言曰：自有天地，至于今日，不知其几千万年。向之蛟龙百仞之渊，今或为蔓萝蘩薄之地；而云城金垒，跛牂游焉。其变化无常如此，独贤愚是非、得失成败〈乎〉？虽荛童牧儿，有能道其陈迹之实若目前事，盖出于人心微之显，诚之不可掩也！是故好古博雅之士，观城郭废置、壤地迁革、世殊事异之不齐，反求于心，知有贯天地、亘古今，岿然常存，不与物化波流而茅靡者，于以推而放、卷而怀，如庖丁之刀，无适而不有余地也！

自萧赞府续经既出，此序不存。慨前懿文无传也，故录于篇。胡令君，字宗伟，建安人，盖文定之犹子也。

宝庆乙酉二月望日，邑人王孝友谨序。

《丰水志》序

丰城双剑所蟠，气钟人杰，旧矣！彦约承乏分阃耳，染心敬已，顿有两玉人。窃意星芒紫烟，蓄泄汗漫，是不一姓也。然视诸故府，曾不一少概见，岂信然耶？

邑人王孝友始溯而考之，以裨丘聚。文约事核，自当传信百世。于是尽释所疑，而叹人物之果不乏也。故喜为之卒业，而书此以归之。至于酌风俗之本原，辨户口之登耗，识万物之聚散，相与表章而敷棻之，使悠悠千载，有所考证，则长吏事也。

王君诚佳士，虽未欲广其书，可乎哉？彦约行矣归田，当阅成书于滕阁之上。

宝庆丁亥上巳，大中大夫、新除兵部尚书兼侍读、都昌县开国男、食邑三百户、赐紫金鱼袋：曹彦约书。

《丰水志》序

嘉定戊寅，宗旭入西江计幕，以檄至盱。时史君乃邑曹王仲平。燕语之次，适赵宪蹈中驰驿，诏史君所上具狱。明毅有守，班一道以为准，宗旭心甚敬之。其犹子孝友，又为宗旭客。一旦，出《丰水志》相示，昌谷曹文昌亦为之品题矣。

独念邑曹墓草已宿，而家传犹未立，因谄孝友："盍续成之？不可以私废也。"端平丙申、仲冬既望，右谏议大夫李宗旭书。

《丰水志》序

九州之志，古也。自时厥后，凡有民有社者，必志，所以考风土、明因革也。豫章为江右会府，而丰城为壮哉县。一旦紫气腾踔，上薄斗牛，而物华天宝、人杰地灵，尝望益翕赫炳焕，不志得乎？前载远矣。丁未南渡，更两甲子。绍、淳间，凡再修纂，而既往未详，方来未续。邑士王君孝友好学，鲜嗜欲，著述颇多，《丰水志》其一也。其于时之令佐、乡之耆俊，屡书不一。书尤备于前，异时为令尹者，矻矻于常经细故，方爬梳剔抉之不暇，暇为久计哉？虽有是书，犹无是书也。

王君殁四年，当淳祐乙巳岁，三山刘公以儒英敏手，来惠兹邑，疏滞如决渠，剸繁如摧枯；靡政不举，靡敝不补。按图考籍，顾有遗阙，则从后林李公，因王君之旧，稍加论次，托梓以传。书来谂予，俾叙其端，予曰："此鄭侯入秦第一义也。时俗何足以知之？"后之观是书者，其必曰："仕于邑者几？某为贤，某为不肖；家于邑者几？某为贤，某为不肖。皆于是有考焉：风土云乎哉？因革云乎哉？

《诗》曰："岂弟君子？民之父母。"请以是告居官者。又曰："维桑与梓，必恭敬止。"请以是告居乡者。侯之意，倘在兹乎？王君又尝为《丰水赋》，愿并刻之。侯名卿月，字昇叟。

明年丙午二月既望，邑人徐鹿卿叙。

《丰水志》序

图志之成，亦难矣。讨论会萃，在下者之事也；搜访表章，有位者之职也。二者相须而不相值，盖有旷百十年而不一逢者。闻见异辞，文所莫证，非偶然也。

祥符中，天子笃意文治。蒐辑方志，幅帧毕载。于时，丰城获在一千一百五十三邑之数。年运而往，求之故府，殆不复见。厥后再纂于绍兴胡令君，而邑士何章文成，乃其属笔重修于淳熙萧赞府，而寓士甘同叔、叔异，实所授简。由后视前，宜无遗憾。今甲癸七周，非惟时异事殊，沿流溯源，犹多缺焉。至若巨公闻人，磊落相望，乃不得与楚国先贤、襄阳耆旧并传，兹非缺典之大者与？

王君顺伯，笃学有志，遗文轶事，悉力讨究。余亦每荐所闻，垂二十年，粗为成书。昌谷曹公谓其"文约事核，可以传信百世"，非溢美者。不意删润未竟，而君绝笔矣。合沙刘公来长兹邑，发铏方新，百废具举。不鄙诏余，颇询故实，是编始得转闻。既又属余论次，以俟锓刻。会迫行，弗克详。乃与顺伯之弟孝恭子学裘，考证旧闻，傅益近事，使成一家之言。

余闻郡国上图志，必以闰岁。春朝会同，图籍毕陈。倘得由此备职方氏之采择，则斯人斯文不为不遇矣！辄书卷尾，以识岁月。

淳祐乙巳日南至，邑人李义山书。

《丰水志》序

洪都壮邑，厥水维丰，池山跃龙，芙蓉浴日，而品翼以三洲，故人才多伟特；章水北来，西江东汇，而旁带以双流，故风俗务质厚；天宝产灵，紫气红光，而上贯乎牛斗，故士气尚激昂。涪翁谓："处士有岩穴之雍容，文章有江山之秀发。"其信然矣！

淳熙前，图志凡一再诠次，而网罗未备，久且不传。卿月昉视事，请于后林李公，公曰："吾友王顺伯手所雠定，昌谷曹公尝品题之，然笔早绝而书无完，每为太息。今其子学裘，能世其家，且相与办此者，非大夫事乎？"卿月辞弗获，因以比年政役之沿革、财计之盈虚、城池风物之变迁，稍附益之，纂成三卷，从学裘是正于后林，文献于是乎足证矣。

窃谓：自有天地，则有此山川。其炳灵发秀，固不以古今异也。自周通真、黄吏部、王西坡、孙敷山而下，歌词赋颂不止一家。今骚人逸士，词藻交绚，夫岂无以振其响？自甘伯武、梅福、王季友、李君仪而下，勋名事业，不知几人，今巨公闻人，风节相望，夫岂无以昌其传？甘露、凤凰、神丹、金粟，阐珍现美，夫孰非数？今岂无以宣其秘？雷裴柳张、朱冯程孟，流风美化，代不乏人，今岂无以新其政？则是志也，何足以尽富、丰之奇哉。

学裘其益讨理之后林，其转从臾之，而今而后，将大书特书，且不一书。千载而下，当与宝锷璇玑相为光明矣。

淳祐六年丙午孟夏，奉议郎知龙兴府丰城县、主管劝农营田公事、兼弓手寨兵军正刘卿月谨书。

《丰水续志》序

王顺伯修《丰水志》之六十有三年，已升为富州。又二十五年，李君肖翁典乡校。居五年，乃辑淳祐以来城池、人物、时政之迹，及前志所未备者，为《续志》六卷。条敷类析，穷搜极简，将以垂信方来。

惟东南物产，豫章为下。故班孟坚曰："物之所有，取之不足以更费，盖自古然矣。"是书于贡赋之变，未尝不再三致意，使为政者戚焉有动乎中，思复其旧；政教所施，必录其善，而遗其不善。此居其乡，不非其大夫之意，亦作志者之法也。

君以硕学粹德，起文献之家，居儒师之位；祠先贤，育人材，无所不用其道。犹惓惓是书，而岂徒哉？君子尚求李君之志。

邑人揭傒斯叙。

《马湖志》序

成周之制，职方氏掌天下之图；而邦国四方之志，则又以小史、外史领之。于其山川之流峙、疆域之广袤、风俗之淳漓、人物隆替之类，无不登载，其亦为为治者之具一耳。此后世郡邑之有志也，抑亦本诸此与？

丰城实为江右之壮县，志其可无乎？旧虽有志，而所载有失实者焉，有过略者焉，若夫其为至要者，如户口、租赋，代有不同，则又不可不因其时之损益以书之也。于是山西参政、邑人熊公观既致政，乃谋之于邑知县繁昌朱瑄、县丞会稽余谧、琼山谢环、主簿括苍周宗贵、典史武昌刘忠、儒学教谕会稽柴璘、训导石首齐士馨，各竭所知，复极搜访，因以旧志而厘正之。至一邑之所宜书者，既核而详，条分绪列，俾一览之，顷于所欲知，靡不瞭然如指诸掌。盖有不特为为邑者之助，而邑之士庶亦不为无助焉。

书成，参政熊公驰书请余序其首。余惟是志也，备古述今，登载之懿，诸公其亦勤矣。然不有作之于前者，则今之修者无以知其源；不有修之于后者，则前之作者无以演其流。是知前作后述，曷可无其人哉？虽然，邑之有志，犹家之有谱。谱以世更代，易于所已谱者；子孙有远近亲疏之不同，邑之有志，世更代，易于所已志者。有建置沿革之或异，故识者必当其时而修改之：斯谱之所以为谱、志之所以为志也。惟此志之修，良亦诸公有见于此，而同心协力以修之，斯宜其不忝为成书也与！是可嘉也，是可嘉也！余故不辞参政熊公之请，而序其首简云。

正统十年，岁在乙丑，七月既望，通议大夫、南京吏部左侍郎、萧山魏骥仲房序。

《丰乘》序

古者入国问俗，非徒以博闻见、资游谈、周旋人情世故而已也，君子将有志于经世焉：俗奢则示之以俭，俗俭则示之以礼，此其大都也。孔子适卫，见其民庶，则思富而教之：谓齐可使变鲁，谓鲁可使至道。其他所之之邦，必闻其政；至于父母之国，则尤用情。哀公志欲加赋，有子笃信师说者，劝以盍彻。季康子患盗，欲杀无道以就有道，仲尼则教以无欲，而树风至于其君。或用田赋，或作台门，或游观盟会，必谨书、特书、不一书，诚有意乎？变而易之，以庶几文武、周公之盛也。故曰："吾岂匏瓜也哉？焉能系而不食！" 盖圣贤家国天下之志如此。

我明之有天下，制仿成周。小大之政，括以宪纲，详以会典：斯亦文武、周公建官分职、树大夫师长、纳民轨物之意也。岁久治极，蛊蠹日滋，而其患通乎天下。余读李太史《丰乘》，而重有感焉。夫丰之俗，考《隋书》旧志，若阮曾二子所称：纪尝美矣；贤人君子之生，盖庶矣，而又多先民往哲之治。宜蒸蒸向治，而风俗日敝，至民数、版图、田亩、赋税，益诡以耗。殆不可诘，则胡以言理？乃沟渠坊陂，尤民生衣食大计，而皆阙而不讲，余甚病之。比尝与诸监司议：乘令尹新政，以相从事于方田核赋而未皇也。乃今太史具言之，盖有意乎？其经之矣！而他日献替调燮之略，不亦居可识耶？

志为纪一、表五、志八、传五，其体古而则，其文雅而驯，其事典而核。盖星野疆域、营建食货、祠祀人文，三才之道毕兹矣。太史公自各有序，足征览，而属予为弁其端。予重有感于古贤圣仁人之业，于今为急，将与良令长交勖云尔。

嘉靖癸亥、钦差巡抚江西等处地方兼理军务、兵部右侍郎兼都察院右佥都御史胡松撰。

《丰乘》序

余奉天子命，按部豫章。至剑江，求龙阿故墟，视张雷所称光耀之气，见于斗牛间，宛然未散，岂宝锷之精，犹若是夫？其无亦人文之盛，珠骈绣错，贲灵腾祥之故与？

比索邑志阅之，则自宋、元，迄国初熙、宣之间，皆邑人王、熊二三君所传。正统以后，则今太史文麓李公所续，是为《丰乘》。邑令宗子宏暹既梓以传，因以请余弁其端。余读秩官、人物诸传，山川、沟洫诸志，体式典则，辞华古雅。熙、宣以前，悉加斧藻。而宦迹乡哲、泉流原隰，班班可考，即以贤人君子、忠孝节概之事论之，或强御而不畏，或独行而端方，或留咏于儒林，或发伏于逆藩，或昌明乎圣学，或剀论乎权奸，或曲顺乎母心，或就义于施园，浩气英风，足与金岭、罗峰、龙湫、花潭争高论长矣，其他又不胜殚述焉。故凡举章缝荐绅之美，巨宗著姓之富，名山浚川之丽，田赋庸调之多。人无论远近，必曰“丰城”云。

昔子安叙洪都，亟称“物华天宝、人杰地灵”之胜。丰隶于南昌故郡也，文物呈茂，从古若兹夫！虽然，公是非而昭鉴戒，修史者之意也。乘以纪盛，亦以垂训，振举轨范，其机又在大夫、师长、有官守者责耳。敦本实，崇清约，数劝相修，举职业，庸臻治理，而慎固封守、裒益图税诸务，又各以时举焉。俾后之续乘者，将大书特书，是予重有望耳。

昔文王作丰，肇苍姬八百之箓，风人美之曰：“丰水东注，维禹之绩；四方攸同，皇王维辟。”溯其所以善丰者，则讲学行礼，纲纪作人，科条炳炳，以表率开导之源，在上不在下也。故邑之美否，视令郡，视守省，视监司。然最亲民则莫如令矣。予忝观风兹土，故于序也，求与良令长交，勖庶史氏之作，非托诸空言，将与风人之歌并美也，岂不伟与？岂不伟与！

嘉靖癸亥、赐进士、文林郎、巡按江西、监察御史、莆阳陈志撰。

《丰乘》序

《丰乘》十卷，丰之旧章，备载是已：曰纪、曰表、曰志、曰传，体不同而同主于载故，统之曰“乘”。夫诸体昉诸太史氏。丰固邑尔，曷昉焉？是亦外史之所掌，予不敢忘也。

自外史之职废，而四方之政不足征已。丰幸有先哲，能世修之。王顺伯作《丰水志》，宋事足征已；李肖翁作《续丰水志》，元事足征已；正统间，熊用学复作《续志》，而国初事足征已。由正统迄今，百余年矣，政俗之升降，图籍之登耗，文物之繁殷，非其旧矣。不有续也，后何稽焉？《乘》之作，不可已也。

贵方除服，王侯天诰，檄修邑乘，且致抚院胡公、按院陈公及韩文宗公之命。予以铅椠久荒，三辞焉，不获。乃罄其愚，同诸文学搜辑旧章，汇为《丰乘》。书成，宗侯晋甫实代之，上其牒于诸公，佥命梓之。而胡公加惠，鼎言以弁诸端。顾惟体要失典，辞采失工，有大惭焉。聊以志邑之事，则可矣。若夫信今而传后，以俟大方君子云。

嘉靖癸亥仲春之吉，邑人李贵识。

《丰乘》序

夫志以纪事者也。古昔惟国有史，汉撰作“风俗”；而郡邑始自为志，国家一统志备矣。而省府州邑，亦各因其所辖而志之。其间纤悉备举，而国史实有赖焉。嗟乎！志诚不可废矣！

江右以文献甲天下，而丰城为著。旧有志，盖英宗朝大参熊用学氏所修者，今百年弗续矣。猷之被命于丰也，辄首志事。而当闽广叛兵震动江省，继而永泰樟镇巨寇压境，益之以城役，加之以水涝，患难劳苦，与民共之。盖不能以竟日休焉，乃其心固未始须臾置也。间谋诸太史李浣所曰：“昔孔子作《春秋》，明王之大法，而其文则固鲁史之旧。盖鲁，孔子所生之国也。朱子守南康，辄考郡志，固为政者之先务也。猷虽不敢自附于朱，而公史官也，例得以专纪载之。事乃邑志缺焉，岂孔子本鲁史，以作《春秋》之意乎？”太史氏曰：“此吾与君责也。”于是殚精竭思，询今考古，而复召邑庠学行之优者：万生化、徐生正之、余生世范、高生杏，相与雠校而订之。

书且垂成，而猷有武昌之命矣。乃太史则益自综辑，既脱稿，而使使入楚，以问于猷。展卷而叹曰：“丰城当益有光乎？”夫以杞宋不足征夏商之礼，而齐鲁二大臣，史乃失其姓名，君子不无憾焉。何则？文献不足故也。丰志之不修也，百年矣，中间事逸人亡，宁无不足征者乎？又丰故多贤能，无失其姓名如齐鲁之大臣者乎？是书作而文献存矣。故曰：“丰城当益有光也。”今披志而观之，体昉诸史而义折诸经。故考沿革则感兴亡，睹封爵则思报效，论风俗者，痛时势之殊，稽食货者，求盈缩之故。迨夫名宦人物，各有列传。则仕其地而生其乡者，又宁不惕然惧而翻然省哉？君子亦可以观政矣。昔丰城宝剑，精气彻天，然非张氏，莫之知，非雷焕氏，莫之显。乃今之名公巨卿，布列朝著，寅亮天工，秉礼诘戎，谳狱侍从，动皆可为世法。而宣猷陈力、含英毓秀者，又日升而川至，其发山川之精光，固不啻宝剑已也。而又得太史氏表章之，吾知其益显于世矣！则猷之获与兹举也，亦与有荣哉！

志凡三帙，为纪者一，为表者五，为志者八，总十卷，名之曰“丰乘”。就馆于壬戌之秋八月既望，即冬而竣事。

嘉靖癸亥，赐进士第、奉直大夫、武昌府同知、前丰城令、晋江王徽猷书。

《续丰乘》跋

丰之乘，昔厎事于肃庙？时壬戌秋，既今三十余授历矣。于间秩授文物、登序俊良，得而嗣新者不一种。顾残蚀毁蠹，即原简亦散其五十余策。于更代之先，每尔披对，三自拊掌。谓中经之续，将委之谁？今幸省大志更修于台司诸名笔，下檄郡邑采访，类具以详，而文也，非五胜其才，曷貂足为？以遽自品评于濛汜之次哉！仅仅指旧本而补锓之，再为全书云。他则概以属之二三弟子员：万生缜、夏生榕、丁生煃、徐生镔、高生臣勋。据所闻为报，别为一帙。良以证殊题介，朱紫炯然，阳秋又自有在也。而念固不敢后矣，用跋之末简。

万历岁在辛卯、一阳月之候，知丰城县事、句吴韩文谨跋。

《丰城县志》旧序

余自奉命抚兹江右，敷政宣教，历有五年，而复有督江之命。江右夙称文献巨邦，凡一十三郡，属之纪载，有关治理，可取信于今日，以示来兹者，余例得广搜而博览之，宁止区区一邑而已哉！虽然，例得而览之，不止区区一邑之纪载，倘一邑之纪载阙略而不修，其能已于广搜博览之怀乎？

若夫丰城，名邑也。自晋武帝太〔大〕康元年而得名，至雷焕令丰城，得古剑于其地，而邑之名于是乎大著。盖有一邑，必有一志。邑之有志，凡一邑之内事，无不集，欲其可征而可信、可久而可传也。上自天文，下自地理，以及古迹相沿，人事兴废，种种备具，按籍而求，班班眉列，是前此之志，今之取信者系焉。今之有志而后此之取信者，亦莫不系焉。丰邑之志，自明时万历辛卯，以迄于今，七十年余，尽为废阙。然皆沧桑变更、陵谷迁换，兵燹之后，继以凶荒。我皇清御宇，念载以来，深仁渥泽，遐迩蒙庥。而江右之水旱频仍，厄运难挽。官兹属邑者，牧民治赋，水陆供亿，鞅掌为劳，莫遑或处。邑志阙略，不独一丰邑为然也。即一丰邑，事剧赋繁，较他邑倍难任，非有理繁治剧之才，鲜克胜任而愉快，安望其政务之外，搜罗典故，参酌见闻，而令数十年中绝之邑志，一旦为之重修乎？兹盖难言之矣，以故斯邑之志阙焉而未修也。

严濑何君士锦，以进士释褐，来令是邑。其时首重催科，兼其邑之赋额倍广，积逋独多。何令具有明敏之才，催科不扰，刃有余游，慨然有志。深念邑志之未修，又恐修之之有未备也，于是稽之旧府，采之舆论，毅然有纂修之举。上其事于余，余曰："邑之志，是不可以不修也。"若不志其星野，何以知龙光之气，上接乎斗牛？若不志其疆〔强〕域，何以知春秋之季，递更乎吴楚？若不志其封爵职官，何以知朝廷之上，重有功而任有能？若不志其赐封恩荫，何以知公忠之士，光乎前而裕乎后？若不志其乡饮善类，何以知从来硕德可尊、懿行堪录？若不志其山川风俗，何以知境内之气脉钟灵、俭勤罔斁？若不志其营建，何以知城郭津梁，颓圮之有自、修举之为劳？若不志其圮典，何以知宫庙祠宇，俎豆之有由、对越之如在？若科名之不志，何以知时异世殊，选士遴才如一辙？若人物之不志，何以知鸿儒伟彦，比肩接踵有同符？若节孝之不志，何以知忠君爱亲之心，异代而油然以生？若艺文之不志，何以知嘉言格语之类，易世而焕然以传？若征而物产之不志，何以知天覆地载之广，亘古而秩然无穷？然而不特此也，如户口之有消长，若不有以志之，何以知盛衰之所由始、爱养残虐之所由分？如田赋之有盈诎，若不有以志之，何以知疆土之高下、课纳之科条，而租庸之所由出？种种宜志，书不胜书。何令删繁就简，尚质略文，有今日之志。而前此之志，可以晓然于是邦之后世，而后此之志又可继今日之志，而今日之志，亦可晓然于是邦之后世也！是志之修，非为一时而修，实继前此而修，并令后之征文考献，得以踵事增华。越千百年，屡纂屡修，皆取法乎此，而又递传乎此，愈久而愈足信也！故志有阙，不可以不修，况明之万历以迄于今，七十余年之间，其所以废坠者，不知凡几，而可以略焉而不修乎？纂修之举，诚不可以已也。

何令政务之暇，志书有成，是亦具吏才而兼史职者。江右属员之中，岂能多觏也乎哉！余于是乐为之序，以风励乎属邑之未能修乎志者。若谓因区区一邑之志而为之序焉，则又非余序此志之意也。

康熙三年、岁次甲辰、季冬月之上浣、总督江西、兵部尚书、三韩张朝璘撰。

《丰城县志》旧序

丰邑前此有志乎？曰“有”。有则曷为乎修之？此何令取法乎述也。丰志前此有名乎？曰“有”。有则曷为易彼前名？此何令述而兼作也。前志名《丰乘》者何？邑人李浣所先生，于明嘉靖间，上纂前志，备诸纪载，迄今百余年所，时异势殊，不无有望于后之作者。何君以博洽循良，兴废举坠，删葺而更新之。其事近述，其实一本于作也。

书成，广索弁言，而及于予，且以成书见贶。予庄诵元序，见我总督张公所著，其核论山川、土田、风俗、人物，炳炳煌煌，光史册而寿金石。盖张公由抚军西江，荷帝简，特开督府，与我抚宪董公，悉皆骏业鸿文，为寰区所瞻仰。乃董公暨二三同寅诸君，亦未闻以序授剞劂，予则何敢言文？何令必再索弗已，予虽弗文，谊弗容辞。但念予以《春秋》起家，由作李而代狩，以至车尘帆影，遍历边陲。今秉臬西江，无一不本《春秋》赏罚以行之，何独丰邑？何独丰邑之志，区区用予序为哉？

遍览丰志，见其分为志者十有四，为传者惟七，为别志者惟一，条分而缕晰，纲贯而目张。仰观天文，俯察地纪，而中备乎人事，美恶存焉，鉴戒寓焉。志者，志也。孔子曰：“我志在《春秋》。”又曰：“其义则某窃取之矣。”推此志也何？莫非《春秋》以补《诗》亡之不及乎？予独怪雷孔章以邑宰兼精星纬，能识双剑于犴狴之中，至今称为美谈。予则俨然叨宪兹土，其能使贯索氛销，欃枪气熄，俾凡有司百执，悉体斯志，则寇贼不兴，讼狱衰止，祯祥之瑞，上烛乎天。虽双龙久跃延津，而九凤复雏竹里，物华天宝，蔚蔚蒸蒸，将见光射斗牛者，仅张雷之物色已哉！后之作者，览丰志而悟是非赏罚，与《春秋》相表里，当不止作丰志观可也。予敢不揣，谨厕诸公后尘。若云能文，则予岂敢！

江西按察使司按察使瀛海苏铣撰。

《丰城县志》旧序

岁癸卯，予承乏江右典漕事。兢兢率属奉公，修废补弊，冀少裨益于民生国计，以无瘝厥官。虽雅颂物华天宝之章，而网罗旧闻，犹未遑也。适丰令何君修邑志成书，而请余序。展卷则制台张公弁其端，其于纪载之关系、纂修之贤劳，详哉其言之矣。余不敏，何能赞一辞？虽然，《禹贡》任土成赋，而《周礼》，小史、外史所掌。则其土之山川人物，与夫因革风俗之殊也，吏兹土而采风以献。且以余之未遑者，踵前志而为之，是乌可以无述焉？

古称王道之要，本乎人情，宜乎土俗。其大者，昭示于《诗》《书》之文，而其详则散见于郡邑之志。此古之人主所以不出户庭，而周知天下之故也。特以世非承平，仕非优暇，上操下，如束湿薪；而下应上，亦惟簿书、期会是急。又遑咨故老、按图籍、高论绳墨之外乎？今国家生聚教训二十年矣，而又当圣神英敏，四方无事，捧版图以求隶于大司徒者，尽海内外。故镇抚诸大臣，承流宣化，振兴文治，使贤守宰得出其心力，以驰驱古作者之林，将敷陈王会，润色鸿业，其在于此，独丰邑也乎哉！予谓是乃可以志矣。文章之道与政事通，典谟诰誓昭昭矣。《易》之志物象也，而事在近取;《诗》之志正变也，而事归劝惩;《春秋》之志灾祥也，而事贵修省。载道存乎文，行道存乎质，一文一质，王者承天之制具焉。制也者，志也。然则新是志也，而举所当修复者几何地，当振救者几何人，当厘革者几何事，与之去故，与之更始，则斯志不独为文吏之守，而王道备矣。由是以尊主庇民、兴道致治，使朝廷收实言实行之效，而草野无披文相质之疑。文所志也，质所以志也。所以志者不传，而仅传所志，岂吾君吾相之心哉？又岂何君之心哉？

予故于是志之成有幸，而又于新是志者有望焉。后之观览者，不徒瞻斗间剑气，而以为职方氏一郡一邑之书，则予之志云尔。

督理江西税粮、布政司参政、薛联桂撰。

《丰城县志》旧序

世有今古，治道同揆，其所恃以为征信者，国史以外，则有郡邑之志。志岂稗官家流哉？盖辅正史而行远者也。大之如辨方正俗，可参于《禹贡》《国风》。而丁庸物产，纤屑毕陈，亦进与《沟洫》《食货》诸篇，并显经世之用。至于时代迁流，新故嬗续，则前者创始之烈，与后人补葺之勤，能事亦相等焉。

予自辛丑秋出守南昌，身历文献之邦，每怀靡及。时以修举残缺，望诸属邑之贤有司。适丰城令何君昼生，出其所辑新志贶予，而深有当于予心也。丰之有志，自南宋宝庆以迄于明，茂宰硕儒，代擅著作。嘉靖时，出《丰乘》一编，始称大备。然自万历辛卯重订，及今又七十余年矣。其间生齿之消长、财赋之盈缩、风习之污隆，不知去古何等。苟非得通达治体之才，为之搜罗逸事，斟酌时宜，以继夫前书之后，将文献中绝，后来奚观？此何君愸然于中，而新志所为作也。然而上下古今，取裁匪易。间尝论前代著述之士，所在称雄。而究夫志之可传，仅推许州、武功数帙，号为大雅。其他非野则夸，虽充〔克〕栋连床，亦奚足贵？若夫何君之书，规模丰乘，纬以心裁，彬彬乎质有其文，详而不杂，洵撰述之良矣。何君治丰数年，凡夫革故取新，悉本乎明体适用之学，其最著者，如均徭定赋、缮埤浚隍，建学宫、理书院，以及修筑堤堰，水不为沴。从前之美，无弗复弊，无弗更治，行卓然一时，独以撰述见能云尔哉！

抑予闻之：君子立言，非独自明所学而已，亦期与后世共由斯道，以底于寡过也。何君著书之旨，有旧政必告之，盛心焉！况乎一方之事，可推诸天下；已成之效，可券于将来。由此坦步庙堂，左右天子，以管持天下之政，则其谋断先资，取之是书，无不足矣！昔周、朱两夫子以旷代大儒，皆从豫章之州县奋迹，而恺弟为怀，泽及百世，至今尸祝不衰。古之经世有本者，其食报不爽。如此，予愿何君之更有进于斯焉。聊为引数言，以附诸先生之后。

布政司参议、分守南瑞道、溧阳宋之绳序。

《丰城县志》旧序

邑之有志也，亦犹古国风遗意也。凡一邑内事，靡不备载。而大利大害，为邦本、民命所系者，则尤三致意焉。故是非赏罚之权，略与史异；而劝惩美恶之旨，实与史同。是以史为信史，志亦为信志，不可诬也。粤稽所始，自汉儒撰风俗、地理诸编，而郡国因之。以至岩疆小邑，罔不详纪事迹，网罗旧闻，各成一书，以待作史者之采择论定焉。而况宝气所钟，人文攸萃，于豫章称为巨邑如吾丰者，顾令数十年间，闻见湮没，俾后有作者考古征今，致憾于荒残莫考，则亦孰从而传其信，以垂不朽哉？

邑侯何君，莅兹土凡六载，邦本、民命，兢兢不去于怀。而窃虑夫文献缺略，考镜无自。于是政事之余，兼优古学，毅然以修明为己任。维时请之诸上台，而鸿文典册，弁冕牍端；谋之诸士大夫，而博识鸿才，簪笔研讨，煌煌乎称盛事矣！上以继往，下以开来。作述之义，均于是乎备焉。然予闻："志者，志也。"一邑之事具备，而修明者之志不彰，其谓之何？是以邑之分星配野，古志之，今亦志之无异；邑之城郭山川，古志之，今亦志之无异。科名之著望，古盛而今尤盛焉；艺文之繁富，古略而今尤详焉。孝节逸行之奇踪，古有大书特书，而今且不一书焉。质文并茂，典则昭垂，然而志不仅在此也。

丰所最患惟水，春涨横发，以一城当五郡之冲，几虞倾覆。次则田赋差徭，较他邑为倍。时异势殊，能保干止如故乎？斯二者，丰之大利大害也！何以坚其防而巩其居？何以苏其困而乐其业？此在今日之治是邑与居是邑者，固已朝夕补救，克底辑宁。而更欲后之治是邑与居是邑者，相与似续图维，以迄于无穷，是则此书之志也。夫若乃今之以言见志者，如是后之以意逆志者，不复如是，则是以民命、邦本所系，而仅同于邑之奇观胜迹，扬厉铺张，以博传信耳。夫岂修明者之盛心耶？祛弊除害，革故鼎新，读是志也，可以兴矣。嗟乎！岂独一邑之志为然哉？

郡人谌名臣撰。

《丰城县志》旧序

古之为国志者，权舆于《禹贡》及《周礼》之职方，乃经之裔、史之翼也。班孟坚因之作《汉·地理志》，其后代，郡自为纪，邑自为载，皆名之曰"志"。然志亦取其赜，而不杂质，而可稽条分焉；而有典要，如山川人物、节义文章，例宜并载，胪列成编。真有揭曦曜而不刊、垂琬琰而不朽者矣！

锦于著雍阉茂之良月，飞凫剑水，以樗材而叨花治者，五载于兹矣。稔知丰之置县，始于后汉，曰"富城"。而丰城之名，实始于晋，以地有丰、富二水，故名焉。原富城在富水之西；其雷孔章获剑处，又在丰水之西。自唐永徽始，迁于今之丰城，乃在章水之东也。大江绕其后，二水汇于前；众山环朝，势若星拱，泽媚山辉。山川之秀，指不胜屈；地灵人杰，人物之异，代不乏人。

锦固拙于催科，劳于抚字。从退食时，考厥旧志，自明万历辛卯，迄今七十余年矣。阙文之憾，不仅在鱼鲁亥豕间也，修志之责，时亟于衷。不敢自专，乃备文申请各上台，俱沐允详，且示嘉与鼓舞之意。但志关一邑风教：泥于独，则虑管窥之难以测海；稽于众，则又虑筑舍之淆于道旁。爰同荐绅名硕，暨文学之士，广搜焉，严核焉。搜罗贵广者，勿致遗珠于海也；考核贵严者，勿致溷玉于石也。星野疆域，以及历朝封爵，大都率由旧章，而更加详备焉。至于官阶有志，科第封荫有志，山川风俗、营建赋役有志，学校、秩祀、沟洫、物产、艺文有志，庶几灿若列眉，判如指掌也。且职官有传，人物有传，逸行、节孝、仙释有传，使百世而下，读其书，如见其人。尤有别志以存遗逸、人瑞、天庥，种种备载，庶几称完书矣乎！而亦赜而不杂、质而可稽、条分焉而有典要也。此书之成，虽以纪盛，亦以垂训，岂徒以存文献而已哉？盖欲后之览者，观感而有所兴起云尔。但锦菲才末学，自愧露不广海，尘不增山，实借诸公之力，告竣于上台。乃荷颁发鸿篇，为志冠冕，如龙文凤采、玉韵金声，垂千载而同日星之焕焉。至于谬膺奖誉，则又惶悚而不敢当者矣。

康熙三年、甲辰岁、中秋月，丰城县知县、富春何士锦撰。

《丰城县志》旧序

今国家肇造方隆，皇风暇暨，举百度而新之，炳炳麟麟，蔚然盛矣。层累而下，为郡、为州、为邑，莫不有陈风贡俗、献数上国之义焉。志恶可以忽乎哉？粤稽宋元以来，志丰城者，亡虑数家。虽言人人殊，总之不越详慎者近是。明万历辛卯而后，载笔湮芜，中更兵燹，旧闻放失，识者忧之。忧夫后之为治与待治者，无所考衷而取信也。

岁壬寅，为今上龙飞之首岁。使君东浙何侯，莅兹土几三载余矣。当游刃之暇，毅然谋取邑志而重修之。上其事于督抚两台，暨藩臬道府厅各上台，具得允行。侯乃以伟裁抒其渊识，征文献于邑人士，谬及予。予辞弗获，因从陆君履敬、丁君序珙、李君肇陞、李生予玮、罗生人文、胡生学浃、丁生灵长、蒋生廊诸君子之后，参佐末议。盛举哉！亦巨任哉！

予惟郡邑之有志，国之有史，一也，而义例少异。史以垂百王之典，大要在于正是非、昭法戒，故例俭而义严。志以备一方之纪载，大约考分星、辨封井山川之胜，于是乎在人物之奇、勋名之炳；于是乎传城池、道里、祠宇、津梁之修废；于是乎书民风、吏治之奢俭、烦简；于是乎寄艺文之富；于是乎存故例，博而义，详志之，所以微别于史也。又若学校以兴民贤，堤防以固民命；逸行之违群而表愫；节孝之励俗而维风，我何侯皆欲旁搜而广记之，于以宏训保治，章潜德、发幽光。此其义例，直与国之修史者等重矣哉！昔李吉甫著《元和郡国志》，谓“持此可以治天下”。志之为道，实与治通，由来尚矣。曩晞旸范公来守豫章，适巨浸杀稼。方图徽惠以佐岁，而故府无可考，遂驰书洪阳、两溪诸先生，取阖郡图志编辑焉。他日抗疏台垣，管筹大部，举桐乡之风土谣俗、利弊赢诎，轻重布之，了如指掌，咸于此志乎得之，不诚重矣哉？

抑予尤有感焉。丰邑土瘠民劳，物无异产。百余年来，户口能无耗乎？租税能无逋乎？丁壮之弃产而逃者，能如往昔之户安井里、家服先畴乎？问其故，则曰条漕之积困也，差役之倍烦也。考宋额税，苗米止叁万伍千叁拾石有奇，后至拾贰万贰千柒百石有奇矣。宋额图差止壹百柒拾里有奇，后至三百陆拾里有奇矣。凡兹类者，不有志也，孰从而稽之？是邑志之修，良有关于国计民生之大，俾后之为治与待治者，有所考衷而取信焉，不滋重矣哉？是役也，局有专所，贵一也；叙述有加严，昭遗直也；体裁次第，多依《丰乘》，示不敢专也；讹者订，而阙者因，存疑而示慎也；各上台丕绩嘉谟，未能殚纪者，以上有《郡志》，有《通志》也；署篆不列职官者，以尊朝选兼政绩，原有专见也；诗文无关于地方名胜者，不录，凡以重丰也。操觚于壬寅之夏，竣事于癸卯之秋。刻本不无一二见者，而终于甲辰冬月。所订为传书，求详且备，兼以时久而论益定也。卷帙既正，爰奉总督张公颁发瑶篇，冠之志首，云汉天章，鸿猷星灿；而各上台并锡嘉言，扬载其盛，称百年良会矣！至二三人士，区区严慎之求，愧不能少效高深之助云。

邑人余配元谨序。

《丰城县志》旧跋

丰城有志，旧矣。宋曰《丰水志》，王顺伯之所纂也；元曰《续丰水志》，李肖翁之所纂也；明正统《续志》，大参熊用学之所纂也；嘉靖《丰乘》十卷，太史李文麓之所纂也。始或略而未详，继或详而未备。纲举目张，体裁独得，其《丰乘》乎！然足以信当时、传后世者，莫不各有在也。

今百年弗续矣。幸皇清定鼎，百度维新。矧志在邑，犹国有史，称巨典哉！我富春何侯，器识端凝，学问渊博，治丰五载，美政备举。游刃之余，遂毅然以修辑为己任，上其事于各上台，皆报可。于是诹吉开馆，征文考献，阙者补之，散者集之，疑者存之，讹者正之；编卷十二，分类二十，零星者以附见。凡历岁一周而书成，庶几哉，详而不略，备而有体，称集大成矣。虽然，班、马之文，能无异同与？仁孝之情，能尽周与？至德纯行，岂无如吴泰伯其人？虽欲称之，乌得而称之者与？惟侯之言曰："广搜焉，勿致遗珠于海；严核焉，勿致溷玉于石。"其与前数君子之心，所谓"足以信今、传后"者，当旷代如相见也。

侯今当奏最之期，行将膺异数超擢，文章事业，彪炳中外。而治丰修志，特其先见者耳。敬自惭荒陋，谬附貂续，缘得述其原委，以告后之作者。若高深之助，则曷能竭其万一云。

邑人陆履敬谨识。

《丰城县志》旧序

丰城之志凡六：宋《丰水志》，元《丰水续志》，明正统间《马湖志》，嘉靖间《丰乘》，万历间《续丰乘》，俱久毁无存。其存者，康熙三年志耳，迄今近九十年未之续。岁庚午，两江制宪黄公，檄下诸郡邑修志。余适自瑞金调任兹土，辄念志者，上资采风，下裨吏治，虽一邑事，固经世之书也。非获博雅君子，未足与谋尔。时方惴惴焉难之。居既久，乃知罗峰、金岭之胜，翠洒千行；花潭、龙湫之奇，碧摇万顷。其间喷薄淖澜，钟萃蒸变，当有含今茹古、腾茂蜚英，其人如曩昔之方家作者，无俟越境借才，自足为征文考献之借。

越明年，辛未暮春，以礼延邑名宿唐君光云及甘君绂、涂君丛桂、李生吐萼、李生渭、周生书、夏生荣莲、熊生承运，开馆而属笔焉。犹计续自康熙三年以后，而前此可无费词。已而登堂投牍者，日纷然遝至，叩其所执，多以补缺订讹为言，爰取前志，按之良然。夫一行通显，系迹河山。只字流传，等声金石。碧草青燐之憾，鲁鱼帝虎之差，乌容置而不论？矧我朝百余年来，重熙累洽，文教崇隆，仁风浩荡，事事远轶前模，实普天所共戴。而丰城地广赋繁，水患孔棘，屡叨皇恩，减免浮额，增建石堤，尤拜有加无已之赐。其他因革举废，不胜枚举。设非穷原竟委，条敷缕陈，将后先异同，分途岐出，曷以较然画一，展卷而昭于列眉？此续志者，转而重修前志，岂得已哉？于是提挈纲领，区分义例，唐君主之；各抒所长，求详且备，诸君任之；而相与裁是非、酌可否，余虽谫陋，亦不敢辞。顾余闻之：君子之著书也，有心于劝戒，而无意于好恶，然后可以施当今、传来裔，而况于志乎？是志，阅岁一周，授梓竣事，得书二十二卷。自天文、舆地，以迄贤达文物，类皆本诸列朝史传、当代典要、省郡二志，或采之别郡宦迹与家乘、行状、一切名流文集。非有摅臆，寻间以图，别张一帜者也。且非有徇意行私，不可以盟幽独、对鬼神者也。昔宋敏求撰《河南志》，以韦述《西京记》为未备，演之为《长安河南志》，司马温公为之序，以为较之韦记，其详不啻十倍。开编灿然如指诸掌，真博物之书。余不能必是志得如司马温公所称道否，惟是“广搜罗、严考核、缺者补、讹者订”，今昔异制者，一一而厘定，则是志也，非独康熙三年后，恃以传信，即宋元明以来诸志，亦因之而成完书矣！夫莫前弗彰，莫后弗传，作者述者，劳固相埒。

余幸生圣明休暇之世，又赖各上宪多方整率，加惠激扬，获从簿书期会之余，与诸君子商榷补缀，而报厥成，奚敢言功？聊欲明其意于通邑人士，与后来文吏，留心经世之书者，有以知是志之良费匠心焉，故撮颠末而序其首云。

乾隆十七年端午日，知丰城县事、长白满岱书。

《丰城县志》旧跋

国有史，邑有志，家有谱，等重也。而志者，史之所采，谱之所征，则所系较重。且志者，详史之所略，略谱之所详。而稍涉于文，类史；稍近于俚，类谱。斟酌于史与谱之间，则载笔愈难。居恒阅各邑志，而窃叹体裁之得之不多见。毋亦身其事者，或情面之徇，易牵于私；又或意气之逞，难免于鄙乎？柳子厚云：“参之太史，以著其洁。”洁之一字，著书类然，尤莫切于修志。倘修志而不洁其心，思以洁其笔墨，其何以博而不滥、刻而无遗耶？

长白满侯，由瑞金调莅吾丰，洁己爱民，早孚于上下。庚午之秋，奉督宪黄公修志之檄，爰集邑士大夫谋曰：“以政体言之，修志宜先；以丰之事势言之，修堤为急。权缓急，审后先，吾其修堤于冬，修志于春也可。”阅明年春暮，侯复谓余曰：“修堤修志，相为始终。修堤，令之责，修志非乡先生责乎？闻见确而是非公，惟君领之。”余辞不获命，乃随余师甘公暨同局诸君，仰体满侯详慎之意，以从事于其间。别类分门，发凡起例，不惟后者续，而且前者修焉。又与诸君约：志不越乎土地、人民、政事，而何以免钞胥之讥？而何以免滥觞之诮？是必录及纤琐，不入鄙俚；参以议论，不同浮文，悉根于大公无我之怀。凡徇情面而逞意气，更凛然鬼神左右之也！稿三易，犹未敢定，辄取裁于满侯。侯辄色喜，谬以范蔚宗体大思深相况。夫其才其学，余于王顺伯、李肖翁、熊用学、李浣所、陆止敬诸先辈未能为役，而稽之史册，质之谱乘，采之传记，于以补前人之漏，订前人之讹，余亦不敢过自菲薄也。其博而不滥、刻而无遗，庶有当于“洁”之一字，而为史与谱之所资乎？若与前志不无抵牾之处，并非独行其是，不过存古今人之共是尔。

是书也，非满侯之集思广益，不及此；非诸君之洁清自好，不及此。余窃幸借是得告厥成。如以为功，奚其敢，奚其敢！

邑人唐光云谨识。

《丰城县志》旧序

志乘之道，昉自《周礼》。职方氏掌天下之图，而邦国四方，则以小史、外史别之。迨班孟坚作《汉·地理志》，后代郡自为纪，邑自为载，犹国有史、家有谱也。然是非赏罚之权，略与史异；而劝惩善恶之旨，实与史同。志岂稗官家流云乎哉？

举凡星野沿革、山川河渠、疆域建置、学校风俗、人物民赋、祠祀封爵、职官名宦、选举节义、艺文仙释、方技烈女，莫不登载，一以纪盛，亦以垂训也。而况豫章为江右会府，丰邑为壮哉县。章缝荐绅之美，巨室著姓之富，田赋庸调之多，必推丰邑为最。其县乃洪都壮邑：厥水维丰，池山跃龙，芙蓉浴日。宝剑精映斗牛，非张氏，莫之知，非雷氏，莫之显。其志始于后汉，曰“富城”。而丰之名，实始于晋。宋曰《丰水志》，王顺伯著；元曰《续丰水志》，李肖翁成；以及前明正统、嘉靖、万历间所纂《丰乘》，俱久毁无存。迄本朝康熙三年，陆履敬作之。乾隆十七年，唐光云修之。其间名公巨卿，秉礼诘戎，宣猷陈力，含英毓秀，日升而川至者，固不乏人。但越今五十余年，正恐文献不足，则不征不信，不信不传，即传，亦不久耳。倘非昌明乎圣学，剀论乎权奸，补前人之漏，订前人之讹，搜罗典故，参酌见闻，条分缕晰，纲贯目张，将来事逸人亡，废坠者不知凡几，谓可略焉而不修、修焉而不详乎？嘉庆丙寅，丰邑诸友，倡举文庙、考棚、学田、埤隍，议以事势言之，修堤为急；以政体言之，修志为先。操觚于丁卯，开馆属笔；竣事于戊辰，锓刻成书。

是岁，余奉命查勘南河，恩予归省。乡先生等请序于余，余迫于行，弗克详核。适吾叔若斋主讲龙山，先后十余年，于风土人情，闻之备悉。余得闻所闻，以撮颠末，而弁其端。

赐进士及第、诰授光禄大夫、经筵日讲起居注官，太子少保、协办大学士、户部尚书兼翰林院掌院学士、文渊阁直阁事、南书房供奉、军机大臣，世袭云骑尉、加五级、随带加一级戴衢亨撰。

《丰城县志》旧序

古者輶轩之使，采风问俗，不遗乡邑。矧丰城北连章水，东接洪都，人杰地灵，物华天宝，固西江之奥区，南昌之巨邑也哉！余自仲夏承乏兹土，即拟考其山川，按其图记，以询风土而厚风俗，乃以圣天子轸念民瘼、勤慎庶狱，特命各直省清厘积案，故中丞于各郡县词讼，尤兢兢焉。余以菲材，忝邀宪眷，时留省会，剖决他邑疑难讼狱。半载以来，席不暇暖，而于本邑图志，转未暇详。倘所谓有志未逮者，非耶！

兹于重九之前二日，甫自省旋署，适邑绅以续修县志，呈请稽核。查本邑志书，自乾隆十七年重修后，距今五十余年。历时既久，而又于四十五年，奉前府宪吊取板片发回时，遭风漂失，迄今又廿六年。不早为修纂，将历代之制度典章、人物艺苑，荡然无存。后之莅兹土者，漠然徒见山高而水清，欲问其事，而文献无征，可不惜欤？兹幸诸绅士旁搜博采，续旧增新，焕然成帙。洵足以继述夫往古、传述于将来矣。

考之《周礼》：小史掌邦国之志，外史掌四方之志。故人情风土，至今可稽。斯志也，成于罗明府、毛外翰、丁学博、杨明经诸公之手，择焉必精，语焉必详。吾知罗峰金岭之胜，剑水龙泽之奇，人以地传，亦地以人传，当与职方氏之小史、外史并垂不朽，岂不伟欤？是为序。

例授奉政大夫、候补同知、知丰城县事、郑垲撰。

《丰城县志》旧序

《周礼》，邦国之志，以小史、外史领之。盖輶轩下采，则太史陈诗以观民风；负版上贡，则邦国图籍之献于王者也。故郡邑皆得有志。丰于豫章为繁剧邑，地大物博，文献之渊薮也。往时如王顺伯之《丰水志》、李肖翁之《丰水续志》、熊参政观之《马湖志》、李太史贵之《丰乘》，虽未见其全编，然遗文逸事，典型存焉。本朝文教诞敷，邦典世守，一修于康熙三年，再修于乾隆十七年，固彬彬其大备矣。距今五十余年，有司失守，版片无存。苟文献无征，固居是邦、生斯土者之责也。

丙寅岁，沁水窦太史来宰是邑，慨然有意是举，以忧去，弗果行。靖海朱公继之，亟召绅耆集议，且并重修□学宫、兼筹焉。自夏徂秋，未有定议。是时，骏游幕粤东未归也，迟回者久之。秋间，骏自粤归，朱邑侯召至署，以大义责之。骏自揣绵力弗胜任，恐陨越以贻士夫羞。第重以邑父母命，谢弗得。乃以是年十月，偕同辈开局。甫定章程，而朱邑侯又以他案诖吏议矣。幸而御史台慎简贤能，郑司马以宰吾丰，下车则举是二者而振作之。由是费不劝而自输，工不督而自奋，纲举目张，志成有日，而各工亦举矣。

昔江文通曰："修史莫难于志。"诚以志者，宪章所系，非老于掌故者不能。况骏以饾饤末学，而欲网罗前代，动形捉襟肘见之弊，余滋愧矣。然是志也，是非之公，当事主之。其取正体例、采访旧闻，惟日与同局诸君子斤斤焉。矢公矢慎，悉心讲求。质之古人之书，而参以己意。初未尝与古异也，语云："闭门造车，出而合辙。"体不同，而表章前人之意则同。如曰“与前志异也”，乌乎敢？

嘉庆十三年，岁次戊辰，孟春月，邑人丁猷骏撰。

《丰城县志》旧跋

前人谓志与史相表里，其视史差易者三，而其陋者有五。盖书约则易殚，地狭则易稽，人近则易辨，非如史之为书，掌之太史，修于异代：善恶纷呈，褒讥互见；书成奏定，流播海隅；权贵不能匿其世奸，子孙不能讳其祖父；於戏，严矣！若夫郡邑志乘，官非左、董，义爽笔削：颂长吏则谀，传先达则夸，纪名胜则傅会，摭文辞则浮芜，论星野、沿革则混淆。书取速成，事多踳驳，甚且论符众口，一人矫喙。板藏于室，改窜潜加。无他，牵制之患中于心，回惑之情形于外。借非有道能文、周咨独断，平情折衷，其是非鲜不谬于圣贤，此择人善任，端有赖于贤有司。

吾丰之志，由来旧矣。兹距壬申之修，已五十七年。物换星移，旧章既多散佚，往迹复渐沦亡。屡奉功令檄催，因循未果。岁乙丑，欣逢沁水窦庶常来莅兹土，百废俱举。下车日，即召邑绅士倡议重新，事未集，遽以忧去。丙寅，靖海朱明府继轨，毅然以修复自任。规模甫定，又缘白简脱簪，当轴乃特擢候补司马高平郑公摄斯篆，复加振作，以观厥成。维时，纂修有人，协修有人，分校有人。拔以目盲，委以督修重任，深惧弗克称厥职。开馆之初，即与诸同人约曰：“今日之志，即他日国史之征，甚弗视以为易也。毋自用，毋欲速。其难其慎，惟和惟一。尚勉旃！”夫鉴水知貌，鉴古知今。未有不师古而能善其事者。于是先取《南昌郡志》《江右通志》《大清一统志》《会典》《广舆记》诸书，沉潜熟复，以备参稽。如是者数月，乃取前修作底本，逐类分疏，补其残阙，正其谬讹，辨其疑似。要皆根据群书，未敢少为臆断。若壬申以后事，半取资于六房之掾史，不废胥钞；半征信于四乡之故老，匪同耳食。若自行陈情，多属子虚；即节取片长，亦必采之舆论。非敢遗珠，实恐乱玉。吾宁为其刻，不为其滥。如是者又数月，乃取前志目录，参互考证，略加变通。循节次，无失其因；别体裁，不嫌其创。或益之，或损之，详略适宜；若分焉，若合焉，正附有体。如是者又复数月，锥不惜秃，稿不吝涂。往复更翻，不遗余力。务俾阅者瞭然于目、了然于心。无骑墙之见，而有列眉之观。然后授之梓人。分甲乙，辨鲁鱼，以收功于末路者，正复匪朝伊夕矣。

吾因之有感焉。古之良史，龙门而下，群称班、范两《汉书》。然以余考之：前汉托始于马迁，而要终于大家。其间上资贾逵、刘歆、陈宗、尹敏、孟异为中权；《后汉书》先有谢承、薛莹等七家引其端，后则晋秘监司马彪竟其绪，终又得刘珍、蔡邕等扬其烈。二子特掠取众长，以收其美名。是知一人一手，必难勒成一书。今此书之成，实出于众人之手，群策群力，各奏尔能。我不敢知曰：“若卷之成于若手，其妍媸奚似也？”我亦不敢知曰：“若人之所司，若任其优劣居何等也？”惟是吾党之用才，惟其称，弗惟其备；君子之立节，见其大，尤窥其微。亦既风雨连床，两更裘葛。时以久而难假，人以习而见真。我不敢以不肖待人，人自不肯以菲薄自待。又况内凛于同事之纠绳，外惕于旁观之指摘。渎婪之私，我知免矣。董子云：“不谋其利，不记其功。”庶几可共信焉。顾余以扪籥之愚，自憙一得，因敢披肝裂胆，历陈于卷帙之余，以告世之知我罪我者。

是役也，始于嘉庆丙寅夏五，成于戊辰秋中。其资费悉出于邑之殷彦，已登之乘、勒之石矣，其内外赞襄厥事者，若举人熊谦、酆致逵、熊象麟、武举黄光裕、州同王家经、廪生徐瀚、朱云直、黄嘉善、熊骏、增生蒋梯、附生蒋沂、唐鉴、葛正茂、丁有仁、何岚、蒋光国、蒋景文、邹聘、吴大业、余景旸、李之培、于世华、金光燮、李怀栻、陈元善、朱兰、邹元、刘光华、胡执礼、熊荣麟、监生黄之峻、甘一敬、孙岑、涂必达、李芳抝、黄登荣、罗衣彩、罗克纹、熊正翔、李敏元、于衍祥、周学儒、李印迪、罗景星、熊正乐、职员吕恭，例得备书。

嘉庆十三年、戊辰孟秋，白沙、墨墨老人、罗拔识。

《丰城县志》旧序

余自鹤城调丰，凡有关吏治者，一一举行。恐后窃思吏治所敷，邑被之志，即记之。是志，尤作吏者所宜究心也，明甚。丰志修自嘉庆戊辰，以古甲子计之，距岁星一纪有奇耳。剞劂未久，楮墨犹新，不旧之是仍，而断断然谋搜辑，恐以选事蒙臧大夫嗤矣。然余当政暇，稽前志所称，丰士民佥敦本业，慎名检礼义之俗，不因时而变。即古准今，必有足裨吏治者，可供采择。矧奉上宪文檄，取邑志汇为通志。此际而不议续，异时征文考献，其不至以近今之轶事，而传闻异辞也几希。

缘是署榜四境，谕诸有力者，醵金襄其事。议甫定，余以卓荐入京师。比返，启局已浃月。采访呈牍者，趾交错庭下。而纂辑诸君，复日缮稿就质。余详为审定，甄其可去可留者，相与商榷，取其事增于前，名副其实，不失“善善从长”大旨。凡以一邑之掌故，实吏治所权舆耳。曩余奉讳里门，应泾阳张治堂郡伯、海盐陈珠泉邑侯之命，修《巴陵志》，查邑志残阙，已历百二十年，散佚既多，补辑匪易。比时秉笔桑梓，颇具阳秋，业业兢兢，不肯苟下一字。诚惧或遗或滥，鬼责人非，森然心目。噫嘻！盖其难也。兹丰志之辑，视吾曩所修者，年代远近虽殊，体裁繁简虽异，而矜慎则大略相同。试综其大纲，旿旿然明焉；挈其小纪，井井然不紊焉。若宜张，若宜弛，若宜旌，若宜别；若者苏闾阎疾苦，若者资风俗劝惩。其于丰政缓急先后之序，可一目而了然矣。继此宰斯邦者，即以为吏治之嚆矢也可。

道光五年、岁次乙酉、季春月，敕授文林郎、丰城县知县、充辛巳恩科同考试官、加七级、记录八次、卓异加一级、回任候升，巴陵徐清选序。

《丰城县志》旧序

岁癸未，贤父母徐侯莅丰之三年，奉宪檄：通志重修，各属其汇志呈核。时，侯集绅谋修志。甲申五月，侯以异荐入都。河间李父母自瑞昌来摄丰，闰七月，偕赞府姚公，以侯成议，召众举任事者设局。先是，县志修自嘉庆戊辰，距今十有七载。方议应增者，分类以续。八月，众受事，检旧刻，漫漶残缺十之三，势宜易板。时上台檄催益迫，各公务费不赀，议数日始定。既望，与同志诸先生，酌体例，捡校旧本，付佣书者书。重九后，侯旋自京，稿以时质。十月，募刊工兴事。十一月，旧稿毕，乃续应续者，而邑中已记载，投牍县庭，积盈尺。侯饬发局诸同志，次第核之，继参以众论，终则惟宪裁是断。越月，续稿毕。今年二月，刊工毕。夏四月，书成，费钱贰千缗有奇。

丰志自昔厓略，见旧序。今志条件，凡例详之，无俟言。窃有云者：志，志其实也。实则公，公则可信，然公綦难。在事者，心为主，才分以副之，时势以成之，非是则否。斯志之修，可曰无憾哉。顾区区之心，各有以自质焉。

邑人毛辉凤识。

《丰城县志》旧跋

志以传信，不信，失则诬；以考典，不典，失则俚。诬非所以昭来兹，俚非所以绳曩轨。

我湘浦徐侯下车以来，留心文献。适程大中丞议修《通志》，檄所属各以志呈。侯乃下教邑中，谓丰志纂葺，虽距今仅十数载，然官师人物、水利农田，旁逮幅员建置、兴革乘除之数有加焉。尾续纪载，以备政要。维风俗守土者不得辞；诸君子居桑梓之邦，亦与有责。邑士夫禀承风旨，奏记典签，以毛君辉凤、熊君起凤暨各坊隽士膺其选，而汉亦获参末议。汉惟笔削之体，诸先达具有典型，岂后人所能津逮？第年代久则事增，修葺频则帙富。若徒学步邯郸，而茫无弃取，摛华错俎，而未协体裁，非特以俚且诬者取讥后人，将积至数千百年，必且充栋汗牛，而庋置无地。故取材不得不严，征词不得不简，所患严而或苛，简而弗核；诠次违其实，步趋诡于时。又如承祚作志，纵见赏河汾，恐世无裴松之，一一代为补注也。且丰境三百八十里，岂区区数人之见闻所能兼综而广揽？是秉笔者陟荆峤而弃连城，罗溟澥而遗照乘，亦往往在所不免。然邓定宇曰："无所以不朽，书无益；有所以不朽，不书无损。"三复斯言，又足解嘲矣。夫靡涯者，学也；纷出者，才也；极不齐者，识解也。前人所定，今或从而订其讹；今日所编，能保后之不摘其谬？惟不狃偏私，不徇请托；根据确，采择公，则参众论而非苟同，出独见而非立异。

书成，人我予焉，可，即我訾焉，亦无不可也。汉学殖荒落，于诸君子，无能为役，然握三寸不律，以仰体徐侯搜罗文献至意，敢遂谓"无千虑之一得"？如云诬矣，而信不足传；俚矣，而典无可考，则仕林固有真鉴在。

时劝捐若知县丁劭经、教谕朱炳德、辛运泰、举人熊觐光、武举罗亨贵、拔贡杨日襄、附贡唐珪璋、廪生黄嘉善、熊立定、熊藻、袁士立、吕克仪、增生万承曾、黄槐茂、生员熊显学、熊祥炜、何锐、吕调阳、黄继善、辛光照、周中吉、熊立德、杜思台、蒋蔚、刘家修、崔洪烈、李登云、黄克家、徐三垣、雷士俊、李春芳、龚光裕、金光燮、管平、朱兰、熊飞渭、金应诰、熊典、金瑶、李立中、熊维、金式、徐学纯、鄢诏稰、戴谟、雷士琳、丁溶、李显程、州同熊阳谦、州判任光昌、监生万光峻、陈华纲、熊显涛、于世祥、何家骏、曾溥、朱云骧、罗允维、熊运麒、蒋久侃、夏雨田、李凰、徐步程、李尚高、丁猷耀、李时庆、职员谢彪、谢发牟、胥义和、武生熊泰来、熊飞、黄光浣、丁猷宽、徐斯杰，例得备书。

道光五年四月，邑人文炳汉跋。

前修姓氏

【宋】

王孝友，顺伯，邑东山人，著《丰水志》。

【元】

李克家，肖翁，邑湖茫人，辽阳〈儒〉学提举，著《丰水续志》。

【明】

熊观，退庵，邑马湖人，参政，著《马湖志》。

李贵，浣所，邑郭南湖人，解元、进士，四川副使，著《丰乘》。

万缜，生员。

夏榕，生员。

丁熣，生员。

徐镔，生员。

高臣勋，生员。

五人俱于万历辛卯辑《续丰乘》，兹据旧跋增入。

【国朝】

康熙三年修《丰城县志》

陆履敬，止敬，邑郭仙音巷人，进士。

余配元，檀西，邑前村人，进士，襄阳知县。

丁序珙，石公，邑郭东禅巷人，进士，西安知县。

李肇陞，元达，邑南湖人，举人。

李予玮，伯伟，邑湖茫人，岁贡。

罗人文，右我，邑城西人，岁贡。

胡学浃，悦之，邑旗塘人，生员。

丁灵长，万祚，邑沙湖人，生员。

蒋廊，汝亮，邑阳夏坊人，迁城内，生员。

乾隆十七年重修

唐光云，萃亭，邑郭北门人，进士，长宁知县。

甘绂，曜园，邑郭大街人，拔贡。

涂丛桂，秋圃，邑郭城东人，副贡。

李吐萼，改名台莲，邑郭南湖人，举人，兴宁知县。

李渭，引璜，邑南湖人，增生。

周书，西充，邑郭人，生员。
夏荣莲，益清，邑郭学前人，生员。
熊承运，元美，邑杭桥人，生员。

嘉庆十三年重修

罗拔，抑斋，邑白沙人，进士，黄陂知县。
毛士洁，雪溪，邑龙雾洲人，举人，瑞州府教授。
丁猷骏，健庵，邑郭沙湖人，举人，江浦知县。
杨其义，朗峰，邑郭太平巷人，岁贡。
李恭元，敬修，邑筱塘人，举人，南城教谕。
吕新，蔚前，邑塘下人，举人，教谕。
徐绍文，怀周，邑流溪人，岁贡，国子监学正。
杨道南，杏门，邑太平巷人，拔贡。
雷缉，绍周，邑曲源人，岁贡。
熊浩，汝谦，邑枧头人，岁贡。
熊彩麟，蔚云，邑瓘山人，增生。
欧阳勋，居仁，邑南溪人，生员。
熊联瑚，夏钦，邑密岭人，生员。
任福谦，显廷，邑吴城人，生员。

总理

李显秩，清华，邑北港洲人，居邑郭，附贡。
余步梅，和羹，邑郭人，生员。
丁揆先，希亭，邑郭沙湖人，武举。
黄光谕，启庵，陡溪人，居邑曾家巷，职员。

道光五年重修

毛辉凤，梧生，邑大塘人，举人，巴县知县。
文炳汉，红蘅，邑郭城隍巷人，举人，泰和教谕。
熊起凤，丹崖，邑塘头人，廪贡，署赣州教授。
万时敏，逊之，后万人，廪贡，吉水训导。
胡执礼，敬亭，邑胡家岭人，廪生。
周承志，令生，邑郭城西人，增生。
李燮，敛斯，邑清溪人，增生。
黄希灏，浚泉，邑沧溪人，增生。
朱云汉，小眉，邑源岭人，例贡。
黄光典，西山，邑门楼人，生员。

熊学海，灵区，邑睦溪人，生员。
鄢华国，文圃，邑芦荻人，生员。
余景阳，煦亭，邑铜湖南溪人，生员。
熊联瑚，昆山，邑密岭人，生员。
游云鹗，秋山，邑苦竹洲人，生员。
陈景椴，锡堂，邑汕田人，生员。
杨起凤，丹山，邑乌桕上点人，生员。
李杰，豪轩，邑筱塘人，生员。
熊骏，毅堂，邑塘头人，拔贡，署宁都州学正。
余肇甲，苓肄，邑铜湖南溪人，副贡。
葛正茂，戢轩，邑郭务前人，附贡。
夏琮玉，朗山，邑郭学前人，生员。
余俊，乂斋，邑郭大井人，生员。
刘懋经，勉亭，邑艾冈人，生员。
黄谟，显哉，邑郭城南人，监生。
丁猷蘅，蔼亭，邑郭沙湖人，监生。
黄光斗，璇次，陡溪人，居邑曹家巷，监生。
黄先玘，巳三，陡溪人，居邑曹家巷，监生。

总理

唐鉴，秋湖，邑郭北门人，附贡。
丁揆先，希亭，邑郭沙湖人，武举。
黄先逵，云谷，陡溪人，居邑曹家巷，武举。
夏文蔚，霞轩，邑郭学前人，武举。
余景鳌，魁显，新州人，居邑务前巷，州同。
蒋沂，毓川，邑郭着棋巷人，生员。
范祥，锦溪，邑郭智林巷人，武生。
史光奎，辉垣，邑郭着棋巷人，职员。
吕克瑞，玉圃，邑洛溪人，职员。
傅金鳌，冠山，邑九里灌上人，〈武〉进士，候选都司。
黄元谷，曙轩，邑门楼人，举人。
袁名松，友竹，邑荷塘人，武生。
丁猷添，锡龄，邑郭沙湖人，监生。
唐泰开，晦村，邑郭北门人，监生。
万启茂，松坡，邑后万人，监生。
杨绪芝，聘卿，邑太平巷人，监生。
涂贤锡，名扬，邑城东人，监生。

凡例

一、邑志：国朝自康熙三年以来，凡经四修，体例悉备。兹遵省志，分地理、建置、食货、学校、武备、职官、选举、人物、艺文、杂类十门，各自依次编入，不漏不支，都为全帙。

一、星野：前志过略，兹参取嘉庆十三年旧志节录，增补其疆域、沿革、山川、都图、风俗、土产，古迹则仍之。

一、河渠为“地理志”中巨目，况丰为泽国，堤防为大，津梁、陂堰次之，皆当详载，俾留心水利者得资采择。前志系于“官政”，兹改归“地理”，以符体制。

一、墟市为货财聚集、人民辐辏之所。兹于前志所列外，增入三十有七，以见一邑生聚之盛焉。

一、前志无“建置”一门，城池、衙署、祠祀、公廨悉系于“官政”，不知城池为都会之地，衙署为统驭之区；祠祀则祀典攸关，公廨则办公所系。特立专门，以昭慎重。考棚、寺观、坊表之在“建置”类者，附之。

一、元至元二十三年，以丰城户满五万，升为富州。丰之户口繁盛，由来久矣。前志有田赋，无户口，未免遗漏。兹照省志，以户口列田赋，先明田赋所自出，田赋则悉照《赋役全书》登载，而蠲免缓征，尤见皇仁叠沛，谨书之，以志不忘。

一、仓储，仿常平而设，所以备一邑凶荒，本朝良法也。前志未列其目，兹并归“食货志”，以补前缺。但名存实废，积蓄无余。书仓廒，亦告朔饩羊之意。

一、学校：前志系于“官政”，兹遵省志，立“学校”一门，而学宫、学制、书院，依次备载，其学额、学田、社学，亦具焉。

一、武备之目有二：曰兵制，曰武事。兵制则依旧登载，武事则取各坊团练，防堵发逆事实著于篇。

一、职官：前志举冠本邑人物之首，以治丰之人，侪于受治之人，恐未允协。兹特立职官一门，文武备载，其有政绩可纪者，列“名宦”传后，既以示尊，亦以便览。

一、史家体裁，选举、人物，其例各别。前志以科目辟荐诸贡、掾考援例、勋爵武职、封荫乡饮诸目系“人物志”，体裁未合。兹仍分诸目，归“选举”一门，庶纲领秩然不紊。

一、人物：前志分目汇编，深得循名核实之意。兹照旧汇登，应增者，依类增之。惟仙释，则遵省志，改入杂类。

一、各列传，经前志增益节损，均归至当。惟各类应增者，照例增入。

一、忠贞：前志所载，代不数人。今独倍于前者，自发逆窜扰以来，邑中团练守御、捐躯、阵亡与骂贼而死，所在皆然。其经奏明赐恤祔祀忠义祠者，千有余人。可立传者，为之编传；余俱依死事先后汇登，益以见国家厚泽深仁，死生共戴，即田夫野老，亦知见危授命云。

一、列女：前志惟奇行苦节、有实事堪纪者，方为立传；余只载其姓氏及守节年例，以避繁冗。兹照旧分别增辑，而寿妇孝女附焉。凡以彰阴教、维风化云尔。

一、艺文：前志书目一卷，文类二卷，诗类一卷，艺文补录一卷。兹仍旧列，书目、文类、诗类，而以其所补录者，依年代补入，并为四卷。至时贤所作，有关系者，亦间登一二。其他著述，概不收入。

一、前志"杂说"一卷，今改为"杂类"一门，而以仙释、茔墓、祥异、轶事系之。与前九门共分五十目。全书之成，具在是焉。

一、此志距前志之修，四十有九年。成书具在，择精语详，无烦赘述。其有以纲系目，间为更正者，俱遵照省志，以期画一，非妄逞臆见也，览者谅之。

绘图

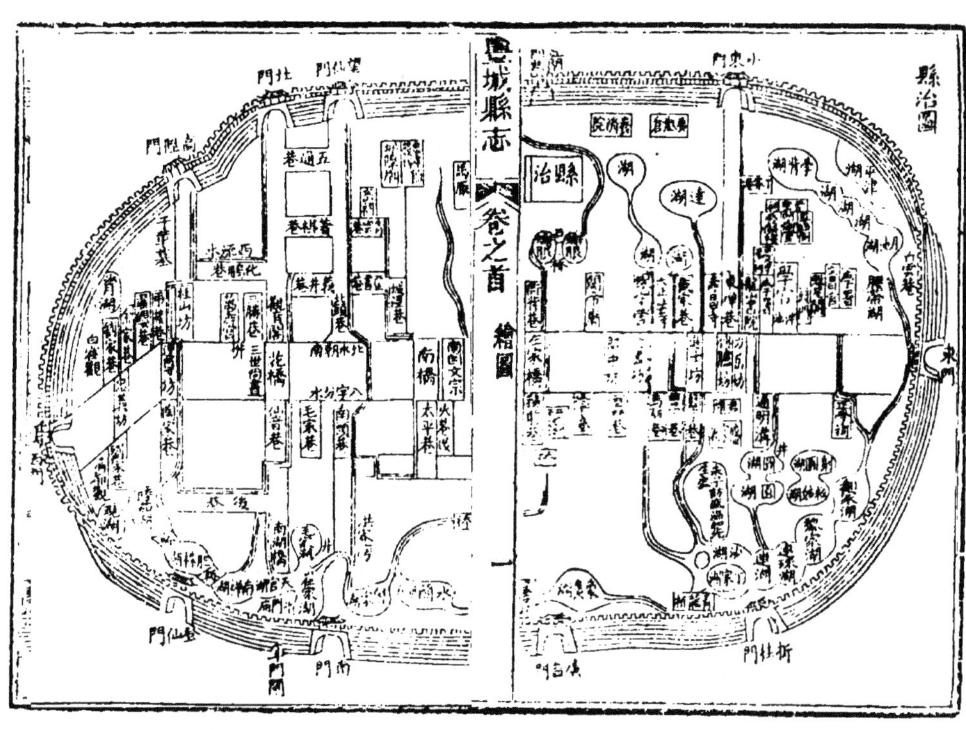

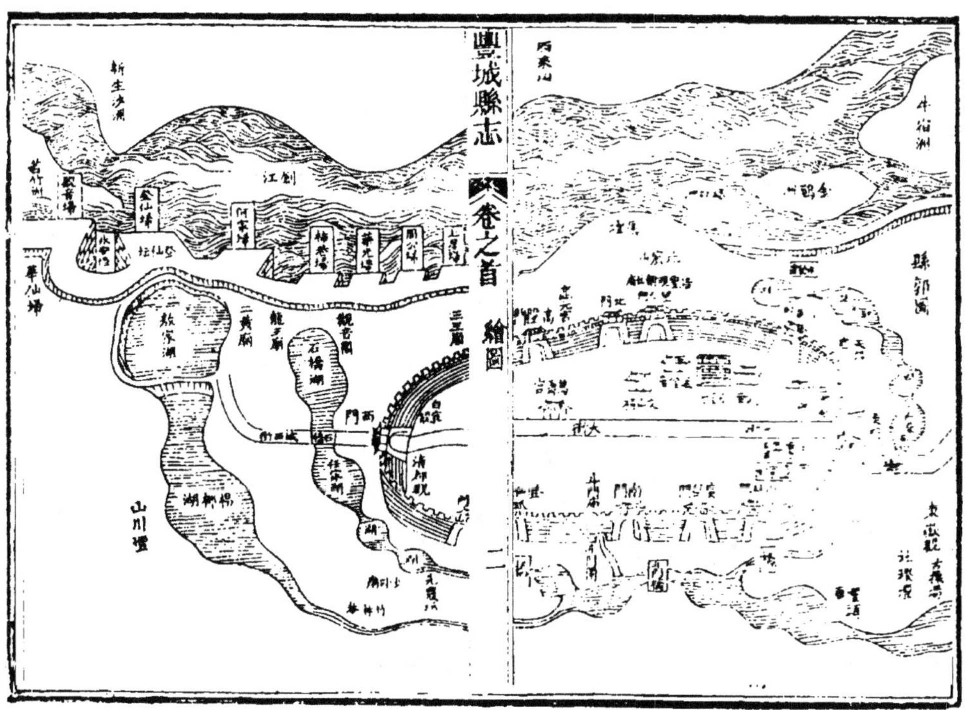

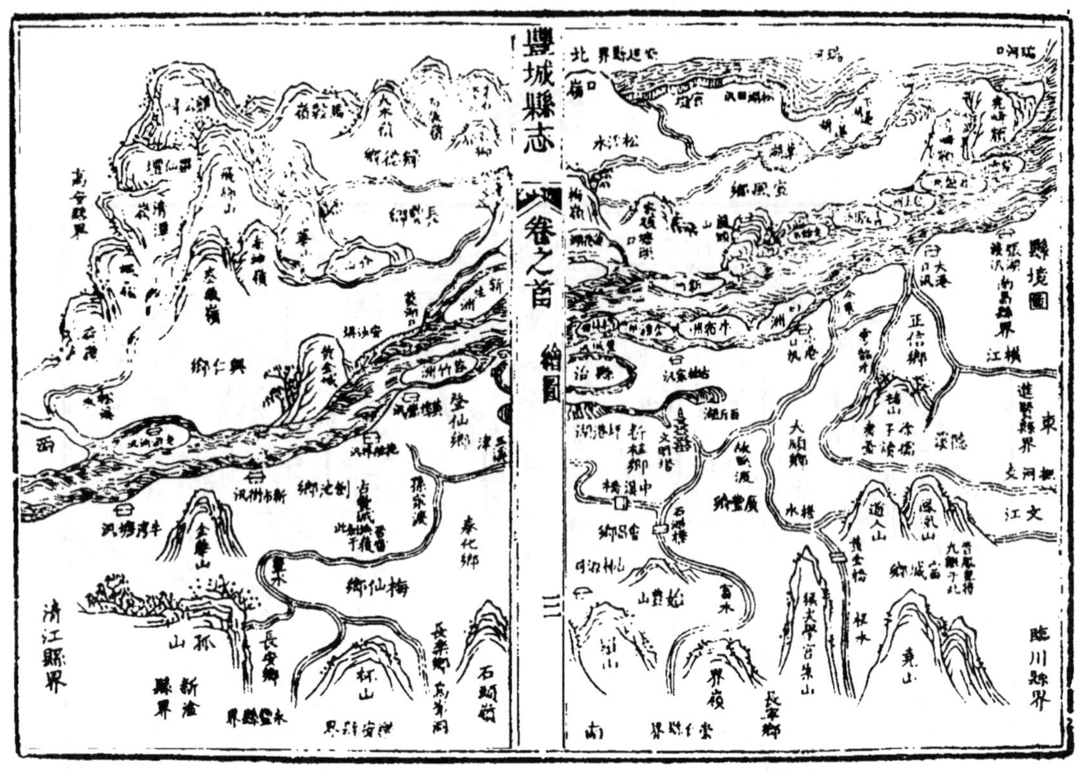
豐城縣志
卷之首
繪圖
三
縣境圖
北
南
東
西
清江縣界
臨川縣界

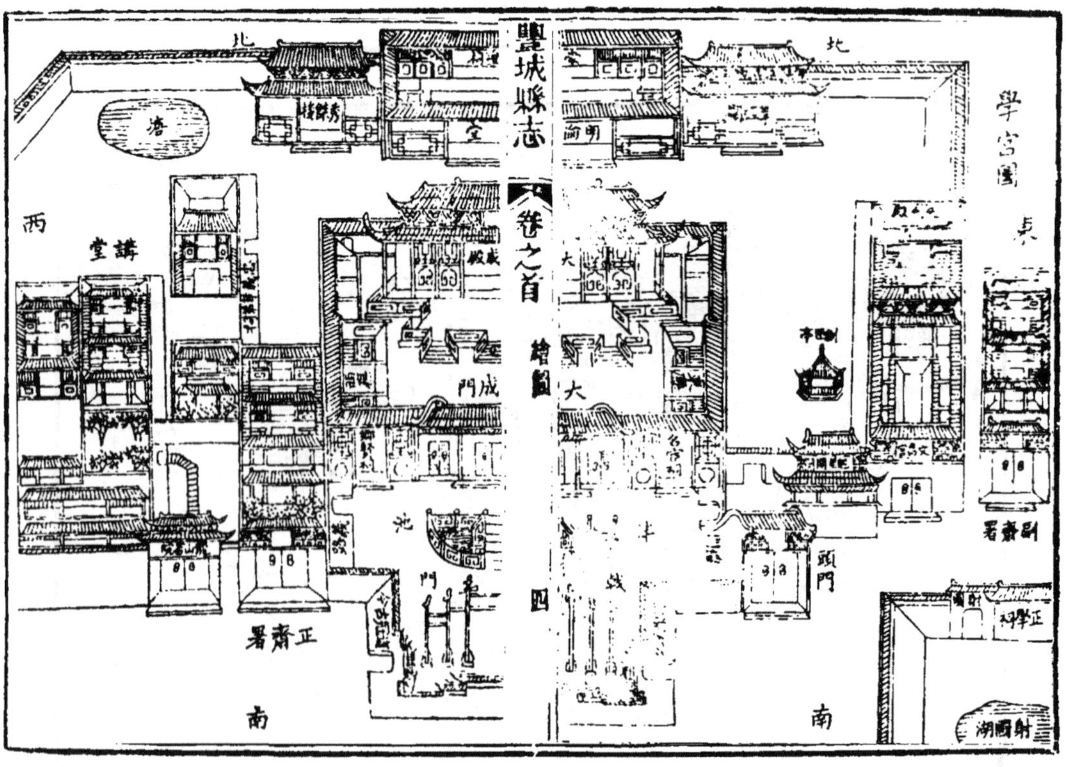
豐城縣志
卷之首
繪圖
四
學宮圖
北
南
西
講堂
正齋署
副齋署

豐城縣志
卷之首
繪圖
五
龍山圖
金華潭
白洲
南山岸
新生洲

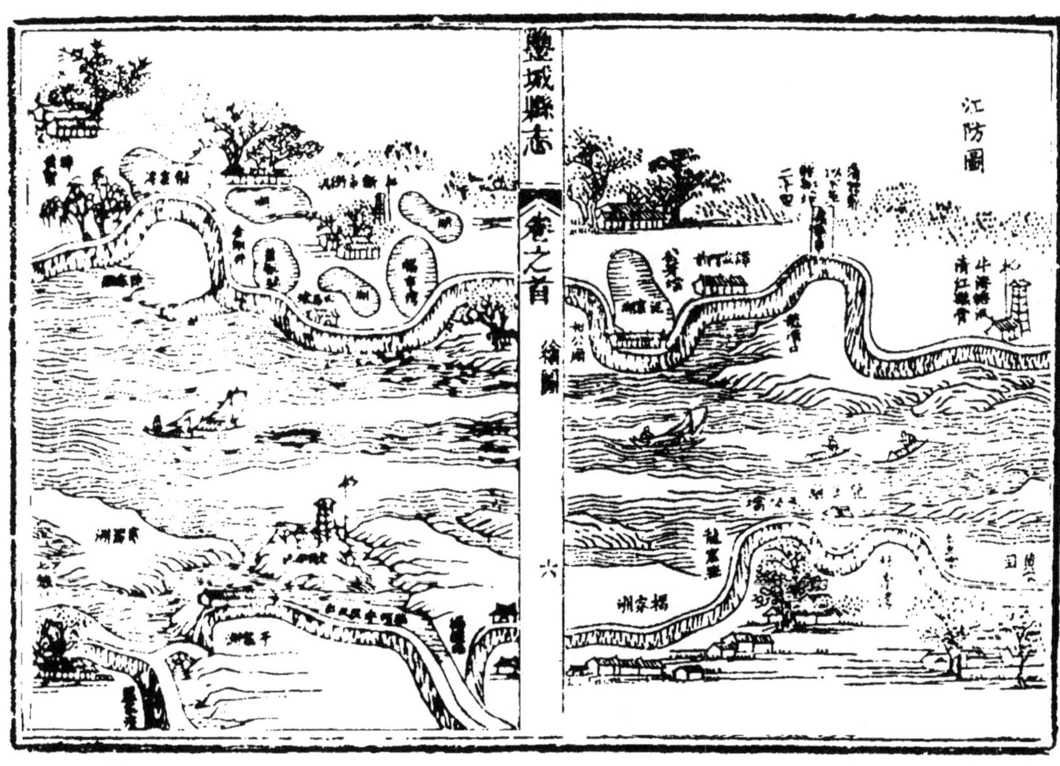
豐城縣志
卷之首
繪圖
六
江防圖
楊家洲

豐城縣志
卷之首
繪圖
七
黄金城

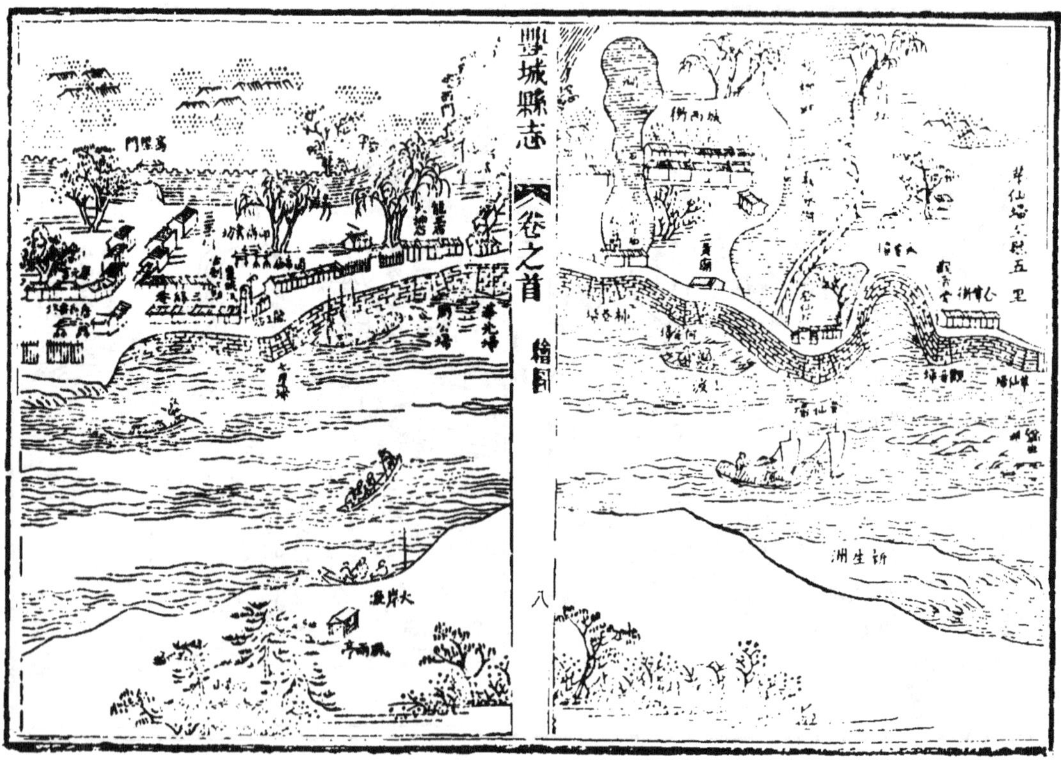
豐城縣志
卷之首
繪圖
八

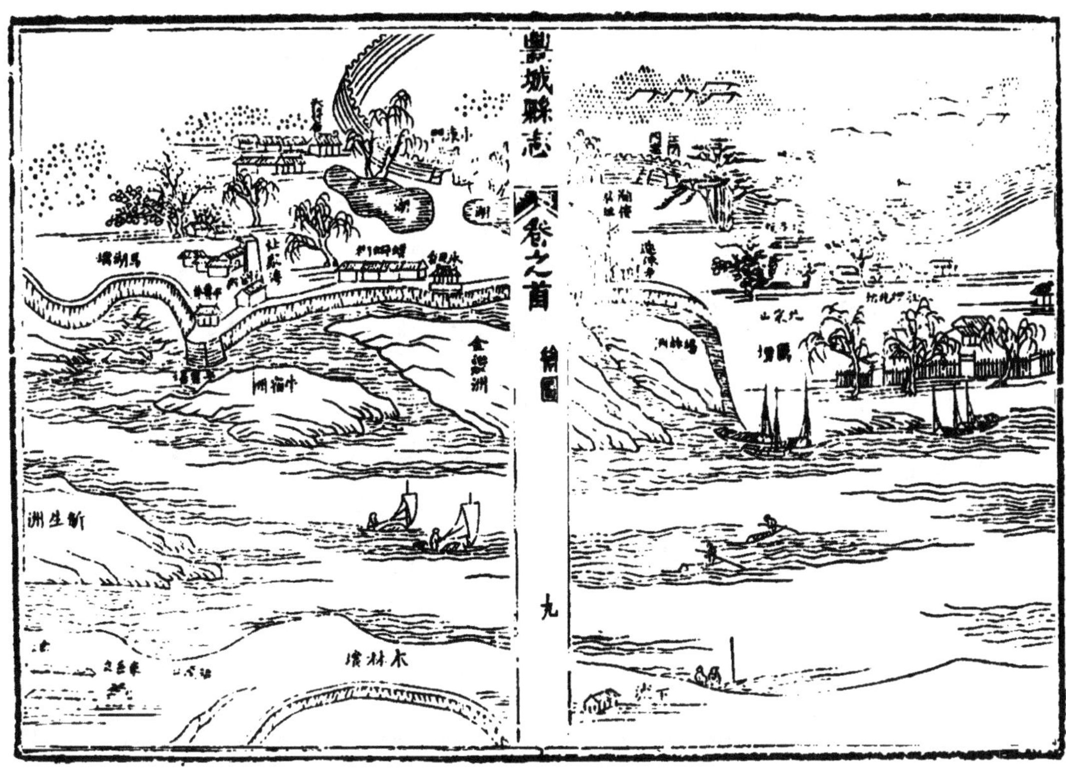
豐城縣志
卷之首
繪圖
九

豐城縣志
卷之首
繪圖
十

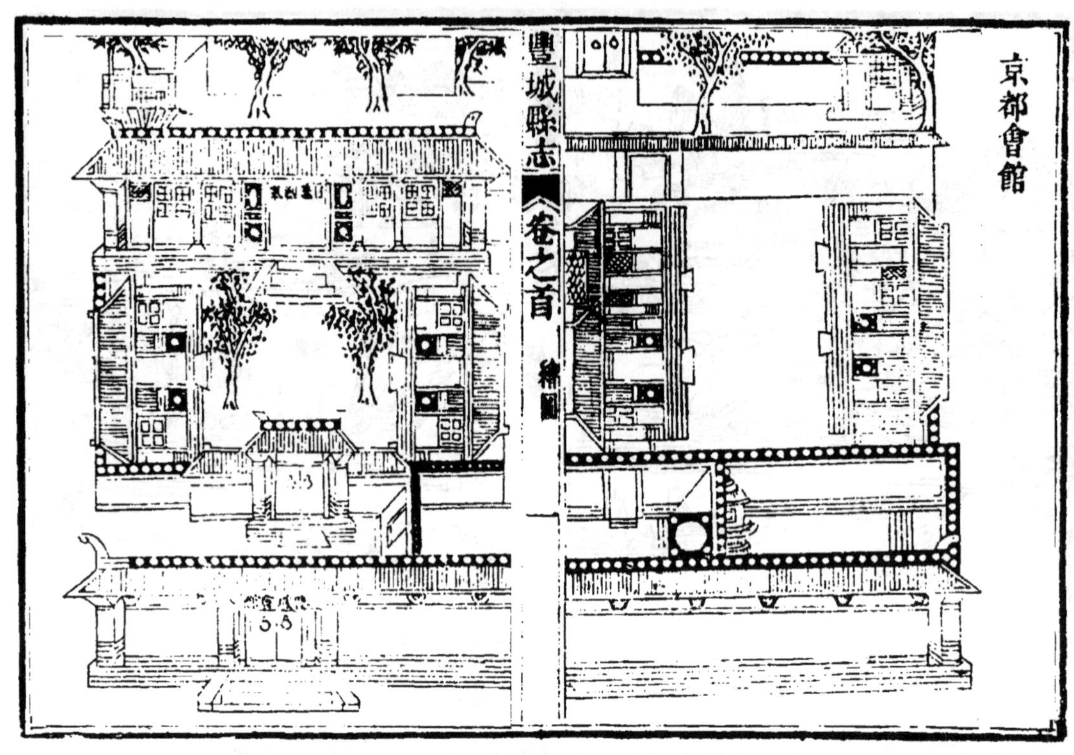
京都會館
豐城縣志
卷之首
繪圖

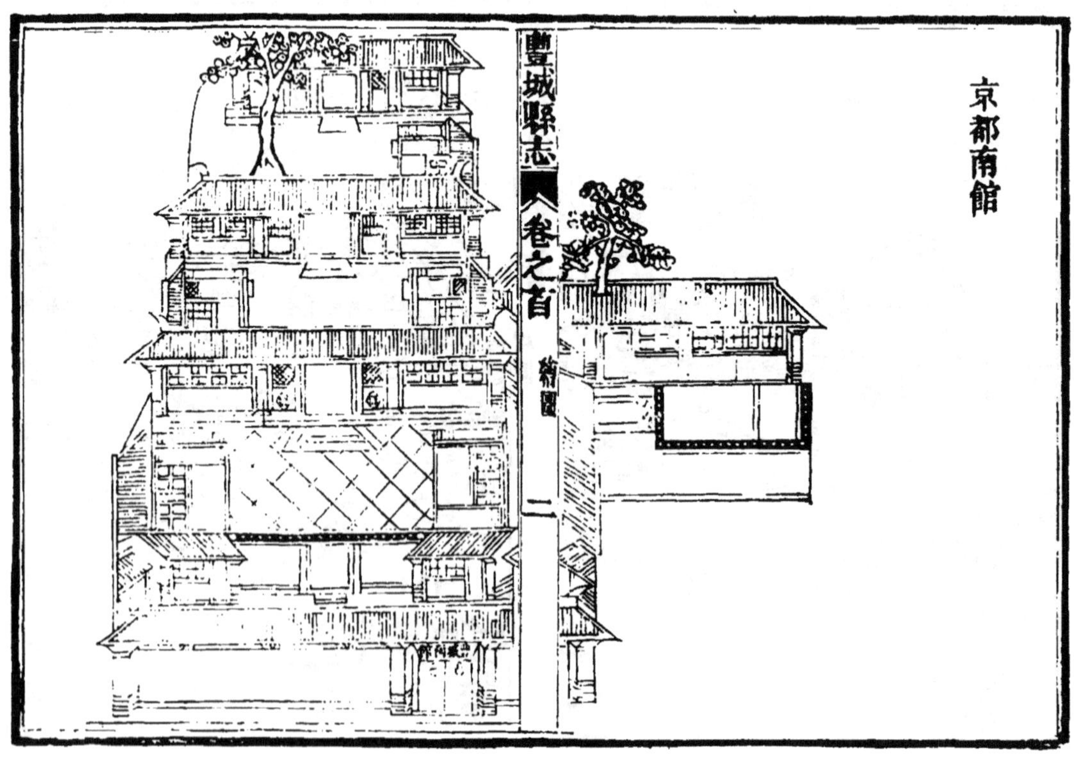
京都南館
豐城縣志
卷之首
繪圖
二

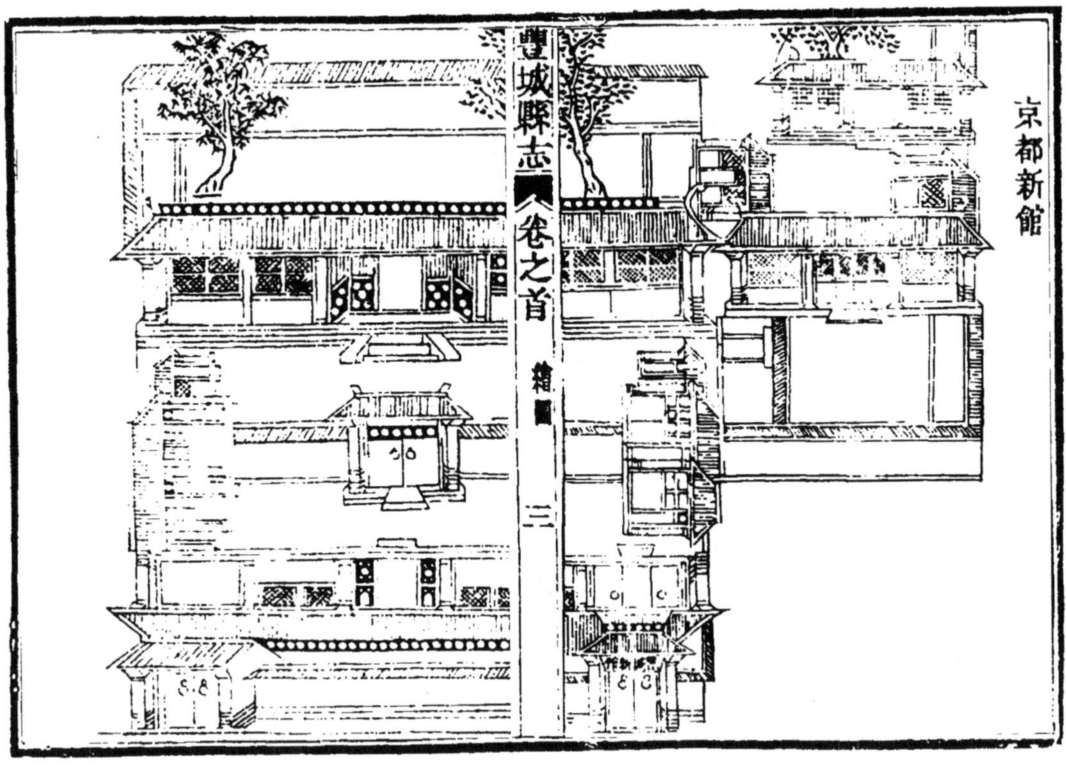
京都新館
豐城縣志
卷之首
繪圖
三

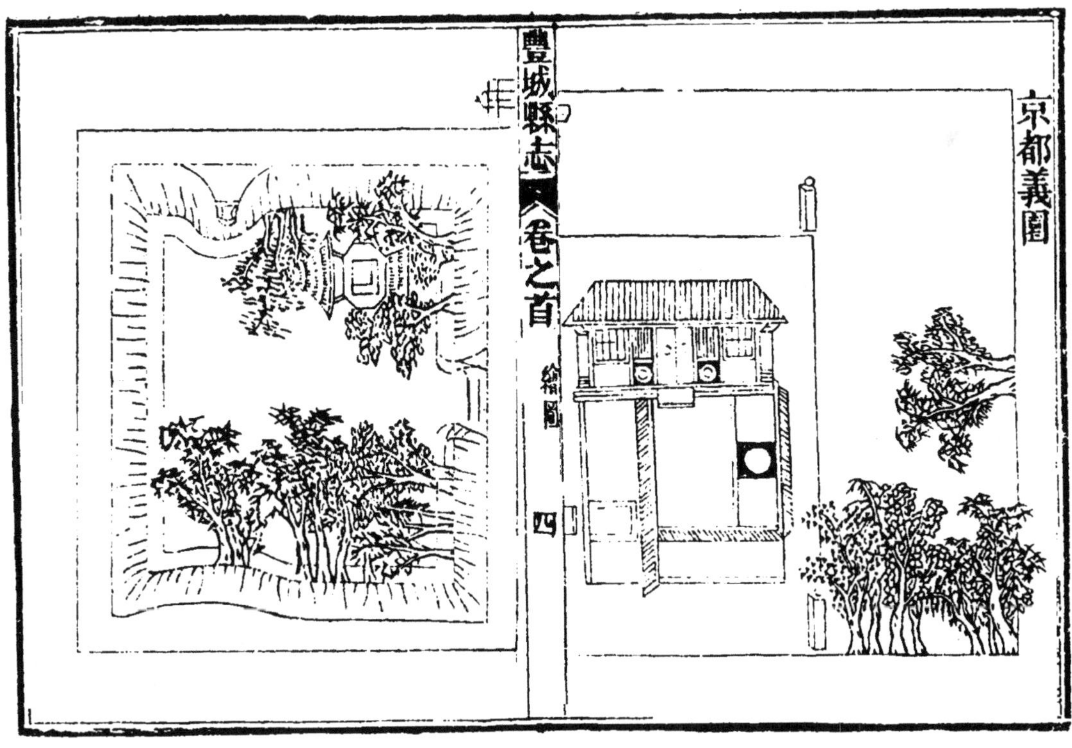
京都義園
豐城縣志
卷之首
繪圖
四

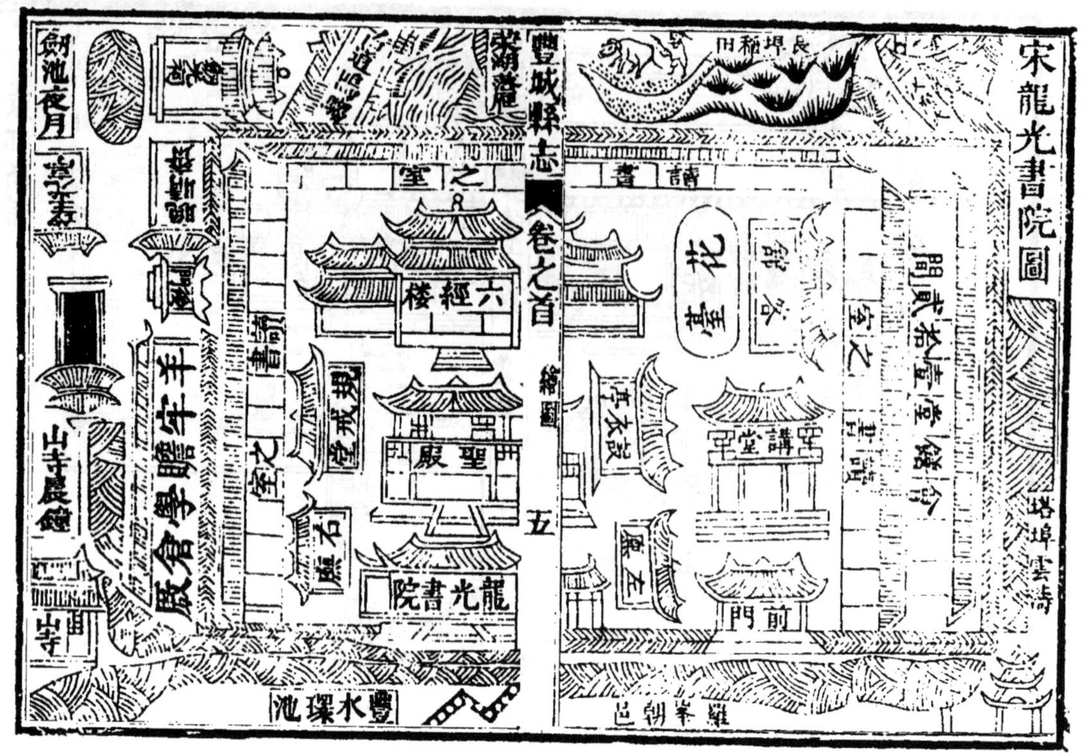
宋龍光書院圖
豐城縣志
卷之首
繪圖
五
六經樓
聖殿
龍光書院
豐水環池
劍池夜月
山寺晨鐘
劍光亭
讀書
之室
前門
講堂
左廡
右廡
敬業堂
長埠稻田

卷之一　地理志一

星野　疆域　沿革　山川　都图（乡里墟市附）
河渠（津梁、陂堰附）风俗　土产　古迹

湖丰置县，自孙吴始。
星系斗分，七曜顺轨。
沿革殊名，穷原竟委。
丰富环流，槠罗秀峙。
坊市都图，鳞次栉比。
河防堤工，尤关要理。
陂堰津梁，虽微必纪。
物产充盈，风俗茂美。
名流胜迹，深入仰止。
具著于篇，昭兹来许。

——作《地理志》。

星野

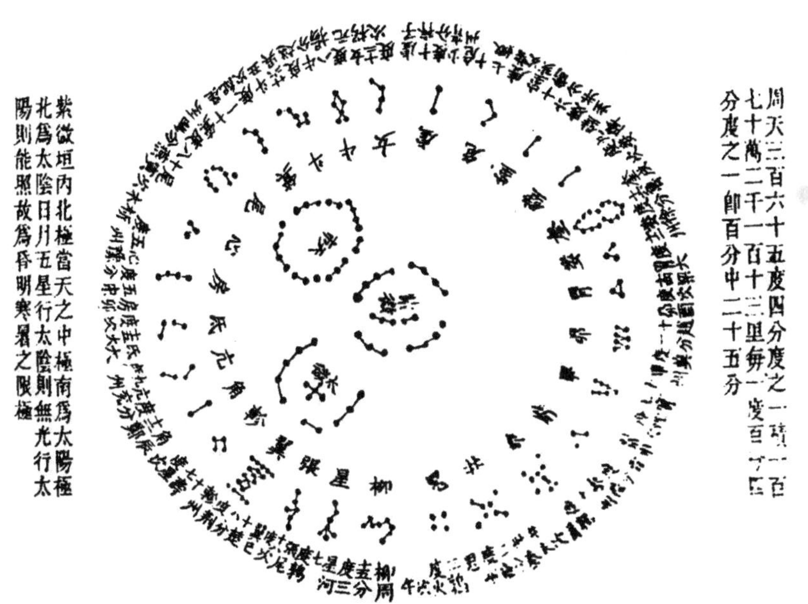

象纬图说

郑樵《通志》云，无图有书，不可用者，天文是其一也。而历世天文志徒有其书，无载象之义。故后世但识星名，不可以仰观；虽有其书，茫如也。丰邑隶豫章郡，《禹贡》为扬州域，地属吴，占星斗分野。《史记正义》又云：“吴地，斗牛之分野。”则专言“斗分野”，与兼言“斗牛分野”者，固自不侔。且天文诸书及各志所载，入斗度数复有异同，不图考焉，方位几不可识。然繁星丽天，图义类难详于邑乘，因增吴兴。郑元庆《廿一史》编象纬一图，以著景象而考星躔。是图内分三垣：紫微、太微、天市居焉，外列四维，二十八宿居焉。紫微北斗四星曰权，为时主水，其分为吴。太微三台六星：上台上星主兖、豫，下星主荆、扬。天市二十二星分列国，东藩十一星，第六曰吴越。二十八宿斗二十五度，天庙也，占于南斗星，盛明主天下和平，爵禄行。南斗六星，第一主吴，二主会稽，三主丹阳，四主豫章，五主庐江，六主九江。拟其方位，殆可按图而占矣。丰故豫章邑，占南方之星，远在斗牛间，而近测则专在斗。文曜丽乎天，星精本乎地，列居错布，各有攸属，测验家历历言之。兹图略为辨方观象之一助，而详录诸家之说及前志考辨于后，备掌故焉。

“黄帝分星次”：自斗七二度至婺女七度，曰“星纪”。又“星纪”，吴越也。

《周礼·保章氏》注云：斗、牛、女，扬州。

《尔雅》云：星纪：斗牵牛，吴分野。

《广雅》云：扬、荆，主斗玉衡星。

《石氏星书》云：北斗第一曰正星，二曰法星，三曰令星，四曰伐星，五曰煞星，六曰危星，七曰部星，亦曰应星。一主天，二主地，三主火，四主水，五主土，六主木，七主金。一主秦，二主楚，三主梁，四主吴，五主赵，六主燕，七主齐。

《史记·天官书》云：吴楚之疆，候在荧惑，占于鸟衡。

《史记》云：南斗牵牛星，吴越之分野；吴地，斗牛之分野，即今豫章诸郡。又曰：斗：江、湖。以江北有巢湖，江南有丹阳、彭蠡等湖，故以江、湖括之。又云：丙丁：江淮海岱也。丰邑隶豫章，属江，占丙丁。

马融《尚书注》云：北斗七星，各有所主。第一曰主日，法天；第二曰主月，法地；第三曰命火，荧惑也；第四曰煞土，填星也；第五曰伐水，辰星也；第六曰危木，岁星也；第七曰罚金，太白也。

《汉书·天文志》云：戌吴越与戌降娄，属鲁之说不同，盖以日辰言，非以方位言也。

《汉书·分野》云：斗江、湖；牵牛、婺女、扬州、吴地；斗分野，今之会稽、九江、丹阳、豫章、庐江、广陵、六安、临淮郡，尽吴分也。茅鹿门云：“此言分野，较《史记》特详。”

《春秋·文耀钩》云：蒙山以东，至江南会稽、震泽、徐扬之州，属权星。

《论语·摘辅象》云：兖、豫属上台，荆、扬属下级。下级、上台：下星也。

费直《星历》云：南斗之十度，属豫章。

《晋志·州郡躔次》云：九江入斗一度，庐江入斗六度，豫章入斗十度，丹阳入斗十六度。

《晋史》王导云：南斗，扬州分野。

贾公彦云：雍州属魁星，冀州属枢星，兖州属玑星，徐扬属权星，荆州属衡星，梁州属开旸，豫州属瑶光。

章潢《星纪说》云：古者历纪日月五星，皆起于牵牛之次，故曰“星纪”。后汉《郡国志》，乃自南斗十二度至须女七度，为“星纪”之次。

唐《天文志》云：南斗二十五度，每一星得四度一分分之六有奇，豫章起斗十二度六分，终十六度六分有奇。

宋两朝《天文志》云：天市垣二十二星，东西各十一星。东垣第一星曰宋，第二星曰南海，第三星曰燕，第四星曰海，第五星曰徐，第六星曰吴越，第七星曰齐，第八星曰中山，第九星曰九河，第十星曰赵，第十一星曰魏。西垣第一星曰韩，第二星曰楚，第三星曰梁，第四星曰巴，第五星曰蜀，第六星曰秦，第七星曰周，第八星曰郑，第九星曰晋，第十星曰河间，第十一星曰河中。

苏轼《辰次图》云：南斗十度为吴之头，轸十度为楚之尾。

黄庭坚云：勾吴之区，维斗所直。半入于楚，终蚀于越。

梅文鼎云：崇祯初，测得京省北极出地度分，北京四十度（周天立算），南京三十二度半，江西二十九度。

又曰：东西偏度，以京师子午线为中，而较各地所偏之度，凡气节之早晚，月食之先后，胥视此。今据《广舆图》计里之方，约略条例：江西南昌府，偏西二度半。

又云《晋·天文志·分野》：始角亢者，以东方苍龙为首也。唐始女虚危者，以十二支子为首也。今始斗牛者，以星纪为首也。古言天者皆由斗牛以纪星，故曰星纪是之。取尔斗三度至女一度，星纪之次也。江西布政司所属皆斗分。

《天文秘诀》云：南斗牵牛，星纪之次。初斗十一度外；末女七度内。于分为吴越，于辰在丑，于野在扬。

元郭守敬《天文志》云：星纪，起斗三度七十六分八十五秒，终女二度六分三十八秒。

《经星过度考》星纪：旧斗十二度过丑；今斗二度过丑。

《万年新书》云：箕三度过丑，入星纪之次。

明《天文志》云：南斗六星，全体合距杓为度，今历家以距魁四星为度，杓二星入于箕。

明《列郡分野纪》云：江西南昌府，古扬州，斗分野，春秋战国时，为吴越之交，秦属九江郡，汉置豫章郡。

于大吉《秘诀》云：九江入斗五度，豫章入斗十度，彭蠡入翼十五度。

《天文志》云：斗六星去极一百十九度，赤道二十五度二十分，黄道二十三度四十七分。黄道自斗三度七十六分十五秒入丑，赤道自斗四度九分二十六秒入丑。

朱子《十二辰次说》云：一岁日月十二会所，会为辰，如十一月，辰在元枵子位，十二月，辰在星纪丑位之类是也。然此特在天之位耳，若以地言之，则南面而立，其前后左右，亦有四方十二辰之位。但在地之位一定不易，而在天之象运转不停。惟天之鹑火于地之午位，乃与地合，而得天运之正耳。

《过宫图》云：斗三在寅，斗四过丑。

国朝钦定《万年书》：顺治元年，日躔箕四，自箕四度入丑，至斗二十四度（南昌府属测验箕入度）。

康熙三十三年甲戌，日躔箕三，自箕三度入丑，至斗二十三度（南昌府属测验箕七度)。

乾隆二十六年，日躔箕一，自箕一度入丑，至斗二十一度。(南昌府属系箕五度，即康熙三十三年，日躔箕三，箕七属南昌。明清类《天文志》斗入，元郭守敬斗入，度宋之斗十，唐之斗十三，晋时之斗十六。度蔡邕与魏太史时斗十。后汉《郡国志》斗十六。周末躔牵牛，时之牛躔女三，时之女七，尧躔虚七，时之虚末。黄帝躔危宿之危。此随岁差，天运动，星躔有易，测验之度也。若夫地平，不动之方位。吴越扬州之域，星纪之次于宿，历千百世。总之，属斗牛女。俱据《万年书》)。

旧志云:《周礼·大司徒》以土宜辨十二土，未言所辨何土；保章氏以星土辨九州，未言所辨何星。郑康成乃释以十二国，分配十二次。嗣是，或系北斗，或系五星，或系三台天市，或系二十八宿，诸家不一。《汉书》分十二次，度数最详。魏太史令陈卓，更立郡国所入宿度。而《晋书·天文志》缘此参定州郡度法，故郡邑旧志，咸以《晋书》豫章入斗十度为断。夫越不可伐，士墨占于星纪，晋人是居。董固测于实，沈星见夫辰，而宋国火；岁淫元枵，而楚子凶：分野之验，自不敢略。细考《唐书》，山河存于两戒，固知星土以气相属，而不系夫方隅。可无惑于吴越，南而星纪北斗牛，北而谓之扬州矣。复征《扬吴往事》，若唐贞元十九年，荧惑入南斗，色如血，明年江浙旱。宋绍兴十七年，荧惑入南斗，明年江西盗起。二十三年，月犯南斗，是岁江西水。乾道三年，月入南斗魁，是岁，江西大水、旱。豫章属斗分野，信已！窃有疑者，《晋书》谓在斗十度；唐书谓起斗十二度四分，终十六度六分；西士南怀仁谓在斗七度；江西旧志引《分野图说》，又谓在斗八度之数。说者将孰是而孰非耶？姑就《晋志》论之，已云九江入斗一度，庐江入斗六度，豫章入斗十度。而所列星纪之次，又起斗十二度，终女七度，则豫章十度，当在析木之津，不在星纪。星纪属吴，析木属燕。以吴为燕，可乎？又据《地球图说》，天三百六十五度，余四分之一为地，一周每度约地二百五十里。豫章距九江不越三百里，乃至差九度之多。经以江汉，则九江南、庐江北；界以彭蠡，则九江北、豫章南。由九江一度至庐江六度，自南入北；由九江一度至豫章十度，又自北入南。揆诸地舆远近、星度顺逆，抑何大不相协乎？按十二次中分，隶二十八宿，每次得宿度三十分、四十三分七十五秒，此盖古法，而过宫度数，古今不同，则宋志王奕有曰:"《帝王世纪》、费直《周易》、蔡邕《月令》与《三统历》，殊少或差一二度，多至差六七度，是何也？每岁有差，故日月所会之次，分度亦异是也！"王奕又曰:"二十八宿未始有度，不过因日行躔度，而假星象著明者以计耳。"如井斗度阔、觜鬼度狭，要以日躔相值分之。其数多寡，于是焉生。但赤道天度、黄道日度，均以各宿分配而两道度不相等。有言宿度当于赤道为法，推黄道不合度；或言欲知日月五星之行，必先审黄道之度，而后可推诸分野。及查各宿本度，类多增损，亦靡有定。今且参觜互易其位，多寡悬别其数。然则度固不可以胶执者也，且二十八宿虽曰经星，附天不动，未有不与天同运者。天运三十岁一小变，百年中变，五百载大变。《天官书》尝备言之，宁有在天运度，与时推迁，而郡邑所入之度，犹得拘守前经者欤？魏晋以来，千五百载，天运凡三大变。占步之家，一行、王朴、郭守敬最著。自利玛窦西法图出，蔑视一切，是知一代之法，自有一代之见。彼瞻异气于斗牛、决宝剑于丰城者，不必假之以相横折矣。况我朝功德，际天蟠地，上下同流，海隅日出，罔不率俾；幅员之广，为隆古所未有。而郡邑旧志，乃凭往代偏隅所测宿度以律之，安见其能吻合哉！

按旧志征引驳辨，精核的当，无沿习颠错之讥，盖其慎哉！要知善言天者，必有合于人。故天垂象，见吉凶。天固予人以恐惧修省之端，而诚动天和致祥，则人亦当以无敢戏渝者，敦克谨天戒之实。分候占星，守常知异，则七曜三垣二十八宿，亘千古不易焉。《书》曰："明用庶征"。《礼》曰："承天之福。"其在是夫！

气候（附）

分野之星度既殊，各土之气候自异。丰于南郡为水乡，气多蒸湿。然东北多水，西南复多山，寒温不常，物候迟早稍异。惟风不暴烈，雨以时行，则疾疫不作。大有年，民足衣食。春月，东风多雨，气寒；至二月，渐退晨雾，则晴。晴则暖，雨则寒。清明前，浸谷种，多风雨。三月三日前后，多狂风雨，俗传为"剑风"，并称"双龙朝故匣"。谷雨后，郭公鸣；维扬以端阳鸣，淝淮以六月鸣，气候不同也。夏四月，西风多雨。四月，梅雨蒸溽，俗称"烂霉天"。地石砖础，润即雨，衣尚重绵。四五月间，大雨不止，辄河流湍激，山溪漫涌，坏圩堤，为稼害。秋潦亦然。最宜者，谷雨、小满、夏至、立秋日雨。五月二十六日分龙雨，十月内霜汁雨。凡连日雨，则防水浃，旬晴复忧旱，亦其地沙多而土薄故也。六月炎热少雨，秋前宜种豆。秋初，南风多雨，热益燥，呼"秋老虎"。处暑种荞麦。八月犹热，白露宜种菜。九月宜种油菜。冬月东风多雪，十月气暖如春。《尔雅疏》云："十月曰阳月"，俗呼"小阳春"，可种花木。恒数夜霜，民喜，豫卜有年。小雪前后，宜种麦。仲季二冬喜雪，不雪则来岁虫害稼。自小暑节后，至立冬后，早晚诸稻，随时收登。附郭及平原，早田稻或再收登。牡丹、芍药开放，先中州一月。桐、菊花开后一月；冬或久晴，桃李开花不为异。

疆域

丰城县隶江西省南昌府。府八州县，丰城次新建。县在府西南境，距省，水路百二十里，陆路同。

距京师三千二百四十九里。

东抵辜家渡七十里，进贤界；自界至进贤县治九十里。西抵槎炘市七十里，清江界；自界至清江县治三十里。南抵界下源一百三十里，乐安界；自界至乐安县治九十里。北抵松湖镇六十里，新建界；自界至新建县治七十里。东南抵黄檗岭一百里，崇仁界；自界至崇仁县治四十里。西南抵黎山一百一十里，新淦界；自界至新淦县治五十里。西北抵马鞍山七十里，高安界；自界至高安县治二十里。东北一抵殷家渡四十里，南昌界；自界至南昌县治八十里。一抵尧峰岭四十里，新建界；自界至新建县治八十里。

东西广一百四十里，南北袤一百八十里。

旧按云：旧志皆坐西乡为西，而略其为北。准此以推，是不据县治为向至也。今按县境全图，并加采访，悉订正之。

沿革

《禹贡》：淮海唯扬州。

《周礼》：东南曰扬州。

《春秋》：豫章，吴楚分属。周元王四年，越王勾践灭吴。时，豫章地属越。显王三十六年，楚威王熊商破越，杀王无疆，尽取故吴地。豫章地遂属楚。

秦，豫章地隶九江郡。始皇二十四年，王翦灭楚，虏负刍。明年，建九江郡，豫章地属焉。及天下叛秦，吴芮为番君，时，豫章属芮。西楚项羽徙芮王衡山，封英布为九江王。时，豫章属布。后举九江兵归汉，击楚。

汉豫章郡更隶不一。（城南松阳门有大樟树，郡名以此。《水经注》云：豫章以水名郡。一云：豫章树生庭中；一云：赣县，豫章水出西南，因水名郡。）高皇帝五年，灭楚，封英布为淮南王。六年，颍阴侯灌婴定江南，筑豫章城，始置郡，属淮南国。十一年，布反，诛；封子长为淮南王，治布故地。又立兄子濞为吴王，割淮南之豫章郡，属吴。景帝三年，濞反，诛，国除。改豫章为郡，领县十八，其一曰南昌。元封五年，始置州刺史，以豫章隶扬州郡。莽篡汉，更名九江郡。

东汉复名豫章郡，仍隶扬州，领县二十二。建安中，孙权据吴，析南昌地，置富城县，县建富水西，属豫章郡，隶扬州。故址在今富城乡（建县始此）。

晋泰康元年，移治丰水西，改名丰城，属豫章，仍隶扬州。

惠帝元康元年，割豫章，隶江州，丰城属焉。

宋，丰城隶江州如故。

齐，丰城隶江州如故。

梁，豫章郡隶江州，领县如故。武帝大同二年，割丰城东境立广丰县，别属巴山郡。（巴山在抚州崇仁县南，以山有豫章太守栾巴祠，故名。）

陈，县隶江州如故。

隋，洪州总管府。开皇九年，罢豫章、巴山、豫宁三郡，改置洪州。并丰城入广丰县，初隶抚州，后属洪州。仁寿二年，避炀帝讳，复名丰城。大业十二年，林士宏陷豫章，县治废。（凡六年）

唐，洪州总管府又为都督府。后以洪州隶江南道，又隶江南西道，复称南昌军，更为镇南军。武德五年，复置丰城县，暂寄广丰残治，隶洪州。高宗永徽二年，移丰城县治于章水东，今治所自始。

昭宗天祐二年，改丰城为吴皋县。时，锺传镇江西，受唐节制。梁玉朱全忠将篡唐，传因其父名“诚”，遂改丰城为吴皋。天祐三年，传卒，子匡时立。九月，吴杨渥将秦裴，以兵克洪州，执匡时，归于广陵。吴以裴为江西置制使，洪州遂为吴有。至徐知诰篡吴，州属南唐，垂四十年。

后唐同光元年，为南唐保泰二年，复改吴皋为丰城。

宋太祖开宝八年，置镇南军于洪州，隶江南西路，丰城属焉。建炎四年，合江东、西为江南路。绍兴初，复分置江南西路。

隆兴三年，以孝宗潜邸遥领镇南军，故升洪州为隆兴府，丰城属如故。

元至元十二年，改隆兴府为隆兴路，设行都元帅府及安抚司。共领八县，丰其一。二十三年，以丰城户满五万，升丰城为富州，隶隆兴路。

明太祖五年，改隆兴为洪都府，更为南昌府。改富州为丰城县，隶本府。

国朝，县如明制。

山川

治东山

槠山，距县六十里，高三百余丈，产槠木。巅有盘石，平敞可坐百人。有游记及诗文，见《艺文》。

桃花岩，在槠山读书台西，石屋容百人。中有石床，无斧凿迹。岩上多桃花，悬泉滴沥，清旷为一山之胜。

三角山，距邑六十里，与槠山相联峙，状如三髻，故名。相传浮邱、王、郭三仙，尝往来于此。

佛岭，距邑七十里，在槠山北。近有招云岭，乡人望其顶隐见，以验晴雨。

治东南山

钟城山，距邑四十里，前为城冈山。下有瀑泉数十泓，大旱不竭。相传有龙伏其下，仙人以塔镇之。又前为冀山，里人游潜有诗，见《艺文》。

囊荷山，在澄源。揭傒斯有诗，见《艺文》。

凤凰山，距县七十里，在槠山南。晋昇平四年，凤凰将九雏于此，故名。

鹄仙山，距邑九十里。俗传旧有道人，金冠氅衣，诵经于此，后乘黄鹄飞升，乡人立庙祀之。有诗，见《艺文》。

龙门山，距邑八十里。相传马祖驻锡于此。前为七宝峰，下有龙湫。

道人山，距邑八十里，在龙门山西北，马祖尝驻锡于此。

尧山，距县一百里。其东北为蛟岭，为抚、建孔道。

连珠岭，距县八十里，高低联络如珠，故名。

回峰岭，距县九十里。上为敷山，北为两髻山、上界岭、中界岭。

两髻山，距县八十里，在敷山东，回峰岭北。双峰并峙，故名。

白马山，距邑三十里。相传晋时，有三神乘白马于此，乡人祀之。

治南山

罗山，距县八十里。原名池山，其巅有池，冬夏不竭。晋罗文通学道于此，因改名罗山。高二十七里，周回百九十里。跨抚、洪、吉三州境，端秀秾丽，自省谯望之，如初出芙蓉，亭亭江水。《太平广记》云：“山有石人，在社公陂。乡人沐者，置垢衣臂上。天大雷雨，折臂，石人立山畔，人异之，立祠祀焉。”吴虎臣有诗，见《艺文》。

欧石岩，在罗山，境幽绝。岩上石如龙首，泉悬滴出舌间。岩下有石洞，广可二尺许。昔有人执烛行数里，风劲烛灭返，莫穷其底。

猴峰，距县七十里，尖秀耸拔。一名猴尖，为学宫文笔峰。

界岭，距县一百三十里，岭下为乐安县界，故名。山势高峻，横亘如堑衢，通抚、建，南境咽喉，旧置柿源司，今废。

始丰山，距县七十里，高三百丈。有诗，见《艺文》。

杯山，距县一百里，形如覆杯，周回百里。邑治地势，发脉于此。上有金牛池。

黄金岭，距县八十里，旁为芦峰山，又上为雷峰山。

耸峰山，距县五十里，山峰耸峭，故名。

狮山，距县三十里，巉岩峭立，形如狮。其麓为一方义塾，今改为书院。

金华山，距县六十里。

三峰山，在长乐乡，距邑百五十里，有市。

定慧山，在长乐乡，距邑百十里，有庵。

青砀山，在长安乡，距邑百十五里，有寺。

宏愿山，在长安乡，距邑百十里，建有宏愿堂。

寓仙山，在长安乡，距邑百二十里，建有宫。

孤山，即澄山，亦名升华山。距县九十里，自鸡峰蜿蜒而来。高数千仞，耸拔霄汉，尖如玉笋，上有浮邱、王、郭三仙祠，历朝屡著灵应。朝拜者络绎不绝。下有水澄澈。土人汲以造曲，色如丹砂。

陀头山，距县三十里，高五十丈，周回八里。

徐家脑，距县六十里。山势高峻，为清、丰二邑山龙祖。山产煤，乾隆年间，清、丰两邑会勘，禁止开取。

丽城山，距县五十里，山势平衍，袤延五六里。

赋棋岭，距县六十里。相传宋淳熙中，有二仙坐石上奕，因名。

凤山，距县六十里，状如飞凤。其麓为二坊启文书院，邑侯王明璠有记。

蟠龙山，距县六十里。上有真人庙，屡著灵应。

卢峰山，在二坊艾湖墟西偏，层峦耸翠，与孤、罗二山鼎峙，为西南名胜。父老相传，卢仝曾结茅数椽，憩息于此。宋初，有卢仝观，久废。明隆庆间，南湖太史李文麓购买建造，始改今名，置有旱田二十余亩，招僧住持。

治西山

梅仙岭，距县二十里，原名盛山，又名飞鸿山。汉南昌尉梅子真尝修炼于此，因名。

密岭，距县十五里，又名仙姑岭，高二百丈，为邑屏蔽。上有招云石剑迹；石下有密泉，清洌香美。有诗，见《艺文》。

望城岗，距县五里。登其上，县城毕见。

赤岗山，距县二十里，一名黄金城。耸拔巉岩，壁峙江畔。朱子过此有诗，见《艺文》。又二十里为金墎山。旧志云：山微有土城故址，相传旧建吴皋县，考朱梁时避讳，改丰城为吴皋，仍属今治，是改名并未改地也。又考：元至元间，移剑江驿于此，寻废。前志以建驿为建县，殊误。

南神岭，距县四十里。自荷岭分脉，至此耸峙。上有祠，曰南神，故名。

五龙山，在长丰乡，距县四十里，高数十丈。五山并峙，故名。

石龙山，在长丰乡，明御史邹元标读书于此。现存“续焰初传”书额。

泰气岭，在八坊，高约三里许。每春秋二分，里人望其气，占年岁丰歉，故名。又曰雷王岭。有木母树叶，可愈疾；金公泉水，可明目。吴居阀记，见《艺文》。

洛伽山，在八十二都，高出众山，林木茂美。

治西北山

雷王岭，在九坊，距县六十，高二百余丈，与飞旆山东西遥峙。

乌石岗，距县四十里。许旌阳炼丹于此，以剑劚泉，泉水流丹。

飞旆山，距县七十里，山自荷岭折而南，兀然拔起，高为西乡诸山最。相传旧有红旆飞至，卓立山巅。时有自武当归者，云某月某日，武当失其红旆一，因名。又曰：祖师岭。前有香炉峰，东为飞鹅岭。

罗仙坛，北界高安。罗真人尝炼丹于此，后飞升去。药灶、丹井尚存。

鸡股峰，距县七十里，山自荷岭折而东，众山囷聚，唯此峰最尊。西北界高安，东为丰城，形如鸡股并峙，故名。

清潭岭，北界高安，山峻峭。寺僧雪竹，凿石开道，遂为丰高两邑通衢。

荷岭，距县七十里，高三百余丈。西北为高安界，东北为丰城界。相传丁、王二仙，栖真于此。旁两池，秋冬不涸。产荷花，艳异凡品，故名。

马鞍山，距县七十里，延袤百里，状如马鞍，巉岩险崎。邑人陆叔祥，凿石开道其上。

小华山，距县六十里。山自飞旆山奔注，危峰卓立。明大学士朱善、姜曰广皆有诗。

米狮岭，在归德乡。

治北山

龙头山，距县十里，如龙昂首，故名。邑下流砥柱。山多石少土，有两矶与水激，故又名矶山。李梦阳有诗，见《艺文》。

感山，距县十里，山势平衍，江流环抱。北五里为老蛤石，又二十里为鳜鱼岭。有诗，见《艺文》。

尧峰岭，距县四十里，为一邑水口镇山。因山巅有尧帝祠，故名。明嘉靖间，南昌张鳌有记。山产煤，历奉官禁止采取。

治东北山

大神岭，距县三十五里，旁为回龟岭，石势嶙峋。天将雨，山顶出云。上有祖师庵，左有演教寺。

龙岭，距县四十五里。其近山，为伏岭，为金牛峰，为月岭。

诸水

剑江，即赣江，自章贡达虔、吉，入清江境，会袁州水，绕樟树镇，逶迤至邑治。折而东北，径会省，汇于彭蠡，合于荆江。春夏洪涨，势甚湍急。

丰水，源发永丰界，出杯山，历长安、长乐，绕梅仙、剑池，迤逦约一百五十里，旧由长乐港入江。每春涨，江水逆入为患。明永乐间，耆民杨长和疏请设堤障之，导其流入三溪津，达中溪，环邑南与富水合，至小港口入赣江。丰邑内水，惟丰水源最远，其支流为多。迩来长安、长乐二乡，山阜皆童，雨骤沙流，尽入一线之港。故河道日塞，各围堤工日兴，稍不坚固，即为暴涨冲决，下流粮田，变为沙洲矣！向日流沙，尚在孙家渡以上。今直至三溪津以下，水患日急。抚斯土者，能无留意哉？

富水，源自罗山，历角陂、双乘桥、沇江，至石滩下，与丰水合，绕故县，达吴城，出小港口，入赣江。

西港水，发源新淦玉笥山，径清江，入丰城界，由丽城、下铜钉，过北湖，至枫林垱。旧自枫林，径潭埠，入坪港湖，绕学宫，下与丰、富水会。明万历间，筑典琴陂，更凿孙家渡，至三溪津，合丰水，与富水会。

雩韶水，自抚盱分，入三江口，出大江口，入赣江，俗呼抚河。春夏水涨，可通舟楫；秋冬多涸。

槎溪，发源猴峰西，流经黄金桥，入文江，过黄沙，达乌石岗、雷家埠，至赤石、昌溪、左埠，纳范家桥。以上诸水，会大江口，水入赣江。晋太守范宁，得灵槎于白石墓，移载沈此水，故名。

隐溪，东流经湖茫、温沙墩，合雩韶水，达邬家渡，至大江口，入赣江。

杭溪，源发介山、清潭两处，中历洪石，至此达药湖，又合锦水，入赣江。

清潭水，源出荷岭、飞旆二山间，南流至高安独城镇，历唐溪、潭埠，转而东流入泉港，出老浒口，入赣江。

松溪水，源出飞旆山之东，东北流经潦溪、泸田、新溪，转而东流，历松湖；又转而东南流，汇于药湖，今杭溪水出城雄汊，入�河，与赣水合。

芦花港，一源发五龙山，经横山；一源发凤凰峡，经清溪；一源发车路冈，经清溪；一源发成坑，经傅陂；一源发上秋，经秋坑，俱过故里，汇于文溪、坪湖，出芦花港口，与赣江合。

曲江，邑东北十里，形如半月，中分三潭，岸旁市镇村落，榆柳缭绕。薄暮波平，如荡金碧，水乡佳处。

化龙潭，邑西南七十里。岁旱祷雨，多应。旧传有乡人化龙居其中。

龙湫，在龙门山下，众峰坳处，有蛰龙积雨。枯旱，水无消长。中有石，色青黑，可作砚。

沙湖，城东南隅，汪洋百亩，为东城众水所钟，北岸为盛家洲。

诸洲

磨盘洲，在南门外，坪港湖侧，三面滨水。

杨梓洲，县西岸而十五里，唐赠司空李承鼐战死于此。

苦竹洲，县西十里许，旧多竹，今成膏壤。梁将欧阳颜尝军于此。国朝王士正有《苦竹洲闻雁》诗，见《艺文》。

白洲，县东北十五里，为邑水口。上多种瓜橘，植李万余株。花时一望如雪，为春游胜境。

三洲，在县北小港外，上杨林；中金鸡；下牛宿。古谶云：“三洲相连，必出状元。”

龙雾洲，县东北四十里，有上洲、中洲、下洲，袤二十里。望之，烟雾苍茫，故名。洲为县内诸水与赣水所汇。万历间，建塔未成，塔址尚存。或曰：“三洲连”指此。西有螺蛳石，屹立水中，若底柱。春涨泳漫，石没水中，舟行甚惧。

青脑洲、新生洲、乌土洲、杨盘洲、青翼洲，皆邑拱卫，若叠嶂然。

都图（乡里墟市附）

壹坊，在城坊下，凡十甲，在乡图下，凡九都三十七图三百七十甲。

壹都，一图、二图、三图。

贰都，一图、二图、三图、四图。

叁都，一图、二图、三图、四图、五图、六图。

肆都，一图、二图、四图。

伍都，一图、三图、四图、五图、六图、七图、八图。

陆都，一图、二图、三图、四图、五图。

柒都，一图、二图、三图。

捌都，一图、二图、三图。

玖都，一图、二图、三图。

贰坊，在城坊下，凡十甲，在乡图下，凡十六都三十八图三百七十甲。

拾都，一图、二图。

拾壹都，一图、二图。

拾贰都，一图、二图、三图。

拾叁都，一图、三图、四图、五图。

拾肆都，一图、二图、三图。

拾伍都，一图、二图。

拾陆都，一图。

拾柒都，一图、二图。

拾捌都，一图、二图。

拾玖都，一图、二图、三图。

贰拾都，一图、二图。

贰拾壹都，一图、二图。

贰拾贰都，一图。

贰拾叁都，一图、二图。

贰拾肆都，一图、二图、三图。

贰拾伍都，一图、二图、三图、四图。

叁坊，在城坊下，凡十甲，在乡图下，凡十五都三十八图三百八十甲。

贰拾陆都，一图。

贰拾柒都，一图、二图。

贰拾捌都，一图、二图、三图。

贰拾玖都，一图、二图、三图、四图、五图。

叁拾都，一图、二图、三图、四图。

叁拾壹都，一图、二图、三图、四图。

叁拾贰都，一图、二图、三图、四图。

叁拾叁都，一图、又一图。

叁拾肆都，一图、二图。

叁拾伍都，一图、二图。

叁拾陆都，一图、二图。

叁拾柒都，一图。

叁拾捌都，一图、二图。

叁拾玖都，一图。

肆拾都，一图、二图、三图。

肆坊，在城坊下，凡十甲，在乡图下，凡十六都三十八图半三百八十五甲。

肆拾壹都，一图、二图。

肆拾贰都，一图。

肆拾叁都，半图、二图。

肆拾肆都，一图、二图。

肆拾伍都，一图、二图、三图。

肆拾陆都，一图、二图。

肆拾柒都，一图、二图。

肆拾捌都，一图。

肆拾玖都，一图、二图、三图、又三图。

伍拾都，一图、二图。

伍拾壹都，一图、二图、三图、四图。

伍拾贰都，一图、二图。

伍拾叁都，一图、二图、三图。

伍拾肆都，一图、二图。

伍拾伍都，一图、二图、三图、四图。

伍拾陆都，一图、二图、三图、四图。

伍坊，在城坊下，凡十甲，在乡图下，凡十都三十八图三百八十甲。

伍拾柒都，一图、二图、三图。

伍拾捌都，一图、二图。

伍拾玖都，一图、二图、三图。

陆拾都，一图、二图。

陆拾壹都，二图、三图。

陆拾贰都，一图、二图、三图。

陆拾叁都，一图、二图、三图、四图、伍图、六图、七图、八图、九图，新增十图，系临邑寄庄。

陆拾肆都，一图、二图、三图、四图、五图。

陆拾伍都，一图、二图、三图、四图。

陆拾陆都，一图、二图、三图、四图、五图。

陆坊，在城坊下，凡十甲，在乡图下，凡七都三十九图三百九十甲。

陆拾柒都，一图、二图、三图、四图。

陆拾捌都，一图、二图、三图、四图、五图、六图。

陆拾玖都，一图、二图、三图、四图。

柒拾都，一图、二图、三图、五图、六图。

柒拾壹都，一图、二图、三图、四图。

柒拾贰都，一图、二图、三图、四图、五图、六图、七图、九图。

柒拾叁都，一图、二图、三图、四图、五图、六图、七图、八图。

柒坊，在城坊下，凡十甲，在乡图下，凡五都三十一图三百一十甲。

柒拾肆都，一图、二图、五图、六图、八图、九图。

柒拾伍都，一图、三图、四图、五图、六图、七图、八图、九图、十二图。

柒拾陆都，一图、二图、三图。

柒拾柒都，一图、二图、三图、四图、五图、六图。

柒拾捌都，一图、二图、三图、四图、五图、六图、七图。

捌坊，在城坊下，凡十甲，在乡图下，凡五都三十五图三百五十甲。

柒拾玖都，二图、三图、五图、六图、七图、八图。

捌拾都，一图、二图、三图、四图。

捌拾壹都，一图、二图、三图、四图、五图、六图、七图、八图。

捌拾贰都，一图、二图、四图、五图、六图、七图、八图。

捌拾叁都，一图、二图、三图、四图、五图、六图、七图、八图、九图、十图。

玖坊，在城坊下，凡十甲，在乡图下，凡六都四十图四百甲。

捌拾肆都，一图、二图、三图、四图、六图、七图、八图、九图、十图，

捌拾伍都，一图、三图、五图、六图。

捌拾陆都，一图、二图、又二图、三图、四图、五图、六图、七图、八图、九图。

捌拾柒都，一图、二图、三图、四图、五图、六图、七图、八图。

捌拾捌都，一图、二图、三图、四图、五图、六图、七图。

捌拾半都，一图。

丰邑均差法，自明天顺间一行后，积年既久，坊图户口耗减不一，差役遂失其平。至。国朝顺治十八年，知县何士锦始酌定：坊甲宜均者若干，图甲宜均者若干，图空虚无全甲者若干，甲逃绝无一丁者若干。调剂一时，而民称便。今国家休养生息，百有余年，昔之创者起、瘠者肥，颇有不安于帮图帮甲之名，遂或以复图复甲成讼。相其机宜而善处之，是在贤父母。

康熙年间，乡里竞立义图，赋分十限，按月走输。底冬十月，辄为报完。继则城中亦相率为义甲，自立期限，踊跃输将，官诚便也，而民之得便尤多。何则？义图义甲，未立之时，当社保者，一年写差，一年正役，一年经催。加之顽户拖欠，比较无时，十年输，克之一年，拖累不仅三载。自义图义甲法行，依限报完，年清年款。胥吏追呼，不及闾里，其视游图游甲，利害天渊矣！今已为义图义甲者，固不可逞刁灭义。其尚为游甲游图者，盍亦因利乘便，亟思改图，既以急公，亦复便己！夫何惮而不为此？以上节录“旧志”。

乡里

乡凡一十有七，俱因旧名，今无改易。里详后。

登仙乡，县西，所属七都三十四图：一都三图，二都四图，三都六图，四都三图，四都三图，五都七图，六都五图，七都三图。

梅仙乡，县西，所属三都八图：八都三图，九都三图，十都二图。

剑池乡，县西，所属七都十九图：十一都二图，十二都三图，十三都四图，十四都三图，十五都二图，十六都一图，十七都二图。

长乐乡，县西南，所属三都七图：十八都二图，十九都三图，二十都二图。

长安乡，县南，所属四都九图：二十一都二图，二十二都一图，二十三都二图，二十四都三图。

奉化乡，县南，所属三都十图：二十五都四图，二十六都一图，二十八都三图。

折桂乡，县南，所属四都十八图：二十九都五图，三十都四图，三十一都四图，三十二都四图。

会昌乡，县东南，所属四都九图：二十七都二图，三十三都二图，三十四都二图，三十五都二图。

长宁乡，县东南，所属八都十四图：三十六都二图，三十七都一图，三十八都二图，三十九都一图，四十都三图，四十一都二图，四十二都一图，四十三都二图半。

富城乡，县南，所属四都七图：四十四都二图，四十五都三图，四十六都二图，四十八都一图。

大顺乡，县东，所属六都十一图：四十七都二图，四十九都四图，五十都二图，五十一都四图，五十二都二图，五十三都三图。

广丰乡，县东，所属五都十三图：五十四都二图，五十五都四图，五十六都四图，五十七都三图，五十八都二图。

正信乡，县东，所属十都四十七图：五十九都一图，六十都二图，六十一都二图，六十二都三图，六十三都十图，六十四都五图，六十五都四图，六十六都五图，六十七都四图，六十八都六图。

长丰乡，县西北，所属四都十二七图：七十都五图，七十一都四图，七十二都八图，七十三都八图。

宣风乡，县北，所属八都五十七图：六十九都四图，七十四都六图，七十五都九图，七十六都三图，七十七都六图，七十八都七图，七十九都六图，八十半都一图。

兴仁乡，县西北，所属五都四十一图：八十都四图，八十一都八图，八十二都七图，八十三都十图，八十四都九图。

归德乡，县西北，所属四都二十九图：八十五都四图，八十六都十图，八十七都八图，八十八都七图。

坊，旧名里，明洪武二年，分为八坊，后复增为九坊。

壹坊，去县治西一里许，旧属一都至九都。

贰坊，在县治西河街，旧属十都至二十五都。

叁坊，在县治西偏仙音巷，旧属二十六都至四十都。

肆坊，在县治北门半里许，旧属四十一都至五十六都。

伍坊，在县治南三百步，旧属五十七都至六十六都。

陆坊，居县中，旧属六十七都至七十三都。

柒坊，去县治东二百步，旧属七十四都至七十八都。

捌坊，去县治东一百步，旧属七十九都至八十三都。

玖坊，去县治东一里余，旧属八十四都至八十八都，又八十半都。

旧按云：明洪武二年，建置坊、里、都、图，赋税徭役，家户各自输将。而每坊置长，以为催督。法久弊生，乡里重困。国朝均编图甲，坊不辖图，公家之令，始均平如一矣。

区

凡一十有七，旧名“廒”，洪武十八年改为“区”，后废。所属计三百五十九里。

在城区：所属三十五里。

登仙区：所属二十三里。

剑池区：所属二十八里。

长乐区：所属二十四里半。

长安区：所属五里。

会昌区：所属二十八里。

富城区东：所属十七里，西：所属十九里。

正信区：所属三十三里。

广丰区：所属二十三里半。

长丰区东北：所属十四里，西南：所属十五里。

长丰西北区：所属十二里。

宣风区东：所属二十五里，西：所属二十一里。

归德区南：所属十八里，北：所属十八里。

《丰乘》曰：侯国胙封，俭于百里。阅丰壤土，视侯国而四之，而役者常不满其三。问其故，曰彼籍绝矣。曰□某者，逋租而窜也。如某如某者，以役繁流徙四方者也。夫地大而不耕，非其地也；民不著于土，非其民也。务治者，贵来远而迩且携焉。林林赤子，使之轻其乡土、弃其陇墓，转而之四方以墟吾疆域，予甚慨焉！是故均图以济虚，毋失所便；弛征以平察，毋易所宜。爱境内者，宜究心焉！

墟市

一坊

拖船埠，县西三十里。

黄墓街，县西南二十五里。

北湖墟，县西南二十里。

荥塘墟，县西南二十五里。

唐家墟，县西南四十里。

孙家渡，县西南十里。

夏阳冈，县西南二十里。

新市街，县西四十里。

二坊

漆家墟，县南六十里。

荷湖墟，县西南六十里。

艾湖墟，县西南七十里。

南江墟，县南六十五里。

丁桥墟，县西南四十里。

楼下墟，县西南九十里。

铁炉头，县西南八十里。

焦坑墟，县西南百十里。

新墟，县西南百十里。

三坊

水口庙，县南三十五里。

桥东墟，县南三十里。

洛湖桥，县南五十里。

秀才埠，县南六十里。

杜家围，县东南五十里。

四坊

石滩市，县东南二十里。

淘沙墟，县东南七十五里。

荀芳墟，县东南七十里。

白马寨，县东南三十里。

邓家墟，县东八十里。

瓘山墟，县东五十里。

富冈墟，县东八十里。

卫坊墟，县东九十里。

潘桥墟，县南八十里。

枫树墟，县东六十里。

旸墟，县东九十里。

五坊

筱塘墟，县东三十里。

仕溪墟，县东三十里。

白土墟，县东四十里。

谢坊墟，县东四十里。

大港口，县东三十里。

段公潭，县东四十里。

西州墟，县东五十里。

张家巷，县东南三十里。

袁家渡，县东五十里。

佛岭墟，县东五十里。

三江口，县东五十里，南昌县交界。

六坊

边街，县东十里。

侯塘冈墟，县西二十里。

白湖墟，县西三十里。

槎熼市，县西七十里滨江，清江、高安交界。

小港市，县东北二十里，滨江。

七坊

尚庄墟，县北十五里。

曲江镇，县东北十里，滨江。

八坊

石溪墟，县西北四十里。

泉港墟，县西四十里，滨江。

松湖镇，县北六十里，近瑞河。

蓝塘墟，县西六十里。

九坊

泸田墟，县西北六十里。

隍城墟，县北六十里。

河渠上

唐永徽间，始迁县治，即筑堤。由张家埠至宝气亭、阳灵观，周回十余里。宋天圣八年，秘书郎毛恂、校书郎邹严、著作郎张宿，易以石堤。至明道三年，博士徐绍龄始成之。堤凡三级，级高一丈，袤一百五十丈。（黄庠有记）

绍兴十六年，县令胡连再加修治，高四尺，广袤各二十丈。（王正己有记）

淳熙五年，帅阃辛弃疾建二埽于宝气亭前、濯缨巷口，以杀奔湍。

淳熙六年戊戌，上流之观港垱、下流之聂家垱等堤皆大溃。

庆元二年丙辰，林尹仲懿创税亭石埽一，并筑观巷堤七十丈有奇、聂家垱三十五丈，别增子堤十八处。（刘德秀有记）

嘉定五年壬申，运干李燔、县令叶廷、邑人苏致政等筑敖家垱二十余丈。

嘉熙二年，江岸多圮。邑人徐鹿卿请于漕使曾用虎，补埽五级。

淳祐五年，堤溢。县令刘卿月属邑人朱用、马韶、李徵、刘洽自东庵寺至县治西北，筑土堤二百六十丈，高八尺。又自张埠至问津馆改砌石堤，更增两级，凡三百五十丈有奇。（徐鹿卿有记）

淳祐七年，敖家垱决，邑人赵汝仁等重筑。

元大德初，达鲁花赤阿剌威筑马湖垱三百丈，又修坏堤六十四处。

延祐二年，州尹江从善、必守兀等砌北堤。

元统七年，北堤复决，乡民重修。

明洪武三十年，知县姚瑾、县丞何昭善，重增二埽。

永乐二年，水入城，坏民庐舍，知县范约、县丞何昭善修斗门堤，增高五尺，修安沙等堤百三十余丈，又修穆湖圩。（《明史・河渠志》补）

宣德三年，安沙、绳湾堤坏，巡按御史许胜奏请发民夫修筑。

宣德六年，修城西北临江石堤。（《明史・河渠志》补）

正统改元，水复冲堤，县丞周亶重修。

正统六年，筑沙月诸河堤。（《明史・河渠志》补）

正统九年，堤坏，知县朱瑄重修。

景泰间，水决外堤，徐参政之宅皆成湖沼。（即今石桥湖）

成化二年，内堤决；五年，石堤倾圮殆尽。

时布政使侯，以功大难修，欲迁治曲江，请于抚按，将允之。邑尚书李裕在朝，具疏陈请行藩司措石修理，不得迁治。复移书于抚院李及镇巡诸公，条悉利害，且言迁邑不若修堤之费省而逸也，议遂寝。知县李廷聪委主簿黄璲，用钱万缗修筑，起水口，抵龙王垱，凡三百余丈。

黄有心计，管辖人夫有千、百长，各执旗号，整整不乱，或自担荷负土，杂众中以察勤惰，故其甃石甚固，邑人祀之名宦。

弘治三年，寺巷口堤圮。

四年，知县俞振英修二十五丈。

七年，知县刘璲修城西至仙坛垱，皆砌石。又捐俸并筑沿城堤一千四百丈。（尚书李裕有记）

十一年，知县何洽增一埽于水口。即今之横巷口。

十七年，知县祝瀚增置水口石埽一、敖家垱土埽一。（尚书杨廉有记）

正德元年，知县朱谏因江关门倾于河，自阳灵观起，至新庙（今连珠寺）止，修沿河石堤数百丈。又以涂质萃，请自新庙起，东至马家埠止，增修以石。复筑龙潭垱，自龙王庙起西至杨林洲止，凡数百丈。

七年，吴尹嘉聪修补旧垱。因筑城，是年于水口新埽之东筑新垱，北至普庵堂。其后，民居环之，今毁。

十五年，大水决敖家垱。时，巡抚王阳明莅丰，相度地势，欲官置数舟，载苦竹洲之土，以实敖家湖，使水趋于西，毋东激。东得西土，堤垱益固，诚至计也。后不果载，顾尹佖复承其面命，于敖家湖、杨柳湖之间，筑一土堤以内固，并创石埽一于仙坛，以遏外激，至今赖之。

嘉靖六年，沈尹熺修各堤，增高二尺。

十五年，马湖垱倾，胡典史桂竭力修之。

十九年，大水决堤。时，抚院王克斋方莅丰图之。邑人黄贡士进上书，欲开西河以杀其势，凿安沙坝导水西行，入莲花湖，达长溪，会于江。其见亦远矣。后当事者惧损西之税田，议遂寝。

二十五年，孙佥宪督修寺巷垱至乌陂湾一带。

二十八年，韩尹弼增石埽于鸦鹊垱（即今观音堂）。

三十三年，葛尹慈继修之。三十四、五两年连涨，瓦窑湾、鄢安濠垱皆倾，曹尹大川修瓦窑以西及狗颈垱之半。是年，大修马湖垱、雷公脑诸处。

四十一年，精怪潭诸垱，冲决二百三十丈；敖家、平丰诸垱及临内河诸垱，共倾塌八百三十丈。署篆胡同府璞方修葺之。

隆庆元年，王通府士性移筑马湖内堤。

万历二年，水决南沙岸堤，顾尹九思修筑。

十四年，熊坊垱倾。吴尹达可、韩尹文相继修筑。

三十四、五两年，堤垱大坏，卢守廷选，檄张尹廷拱，增建石埽于仙坛，并条善后八议。事详“李瑄碑记”。

按：郡守卢公与邑侯张公条上八议：一曰定堤垱之公私，二曰量冲坏之缓急，三曰酌地方之远近，四曰严工匠之赏罚，五曰画地以专责成，六曰申请以便岁修，七曰均夫银以明劳逸，八曰立石碑以垂永久。八议凿凿可行，勒诸贞珉，原以垂久远而定遵守。今邑治头门丰碑，尽行撤去，遂使良法美意，存其纲而逸其目，后人行之，鲜所依据，可慨也夫!

三十八年，江尹朝宾增建石埽于平丰堤。

四十三年，马湖垱倾圮，徐尹扬先甃以石。

崇祯九年，谢尹龙文修马湖垱。

国朝

顺治八年辛卯，宗尹彝修上熊坊垱。

十三年丙申，宗尹彝筑乌陂湾及沿河各垱，增高二尺。

十七年庚子，何尹士锦修鸡婆畲上垱，建龙王庙镇之。

十八年辛丑，大水决鸡婆畲下垱，何尹上其事于各宪，委赵丞逵于蒋家廒、何家脑、宋坊圩一带修葺坚固，长二百余丈，广十丈余（时，丞在垱，多方劝督，与人夫同劳苦者凡五月。）

康熙二十六年丁卯，大水决泊濂泥沙堤四十余丈；拖船埠横岸头堤四十丈，杨市湾堤三十余丈，彭家脑堤九十余丈，镇平堤百余丈，及柿树湖、彭家井、邱家廒俱决，杨尹森竭力修筑。

二十七年戊辰，倾泥坑堤二十余丈，杨尹森修固。

四十年辛巳，水决鸦鹊堤七十余丈，泊濂、上泥沙堤七十余丈，薛尹景莹修筑。

四十三年甲申五月，水。鸦鹊堤复决数十丈，白马垱决五十余丈，黄埠脑垱决六十余丈，薛尹景莹修筑。

四十四年乙酉，水决鸦鹊堤一百八十六丈，坏徐姓屋十七幢〔重〕，淤塞田数百亩。查丈除粮，薛尹景莹殚精竭虑，朝夕相度，谋众迁筑于内，名“永安垱”，至今赖之。时小港官渡口、马爷庙、萧家园各垱俱倾，薛尹因患多夫少，借提次年民夫凑筑。

五十二年癸巳五月，大水浮堤数尺，决堤数十处，其最著者蒋家廒，决一百二十三丈，坏蒋姓屋数十幢〔重〕，地化为潭；茅园嘴决百余丈，马湖垱决六十余丈，大巷口决四十余丈，淤田百余亩；龙潭垱决二十余丈，南沙岸决五十余丈，今迁筑于内；宋坊圩决百十余丈，鮀背树决八十余丈。卢尹佐斌修筑。

雍正四年丙午八月，水决萧家脑堤百十余丈，孟公垱百余丈，汪尹雲鹏用民夫修葺，将孟公堤迁筑二百余丈。

十年壬子五月，水决熊坊堤一百五十四丈，牛脚潭宋坊、雷家廒、殷家巷三处共决百十余丈，淤田伤稼不可胜计。刘尹象贤念熊坊大患，亟欲于倾处筑塞，奈河流横冲，决口深阔，桩不能下，始议将熊姓住居，迁筑在外。

十二年，刘尹象贤因堤工屡年倾圮，损坏太甚，上其事于各宪，大中丞常恻念功大费繁，民力难支，奏请动盐规项下银五千八百两，官领修筑，委员傅润、程士锦、裘忠通、程懋泓、蒋省吾及本邑胡谕可久、卫丞镒监筑修补。自驿前下首起，及周公埽、刘公埽、华光嘴、柿巷口、普民堂、观音埽、蒋家廒、二王庙、华仙埽、虞家屋背各处石堤，共一百七十三丈有奇。又华光嘴及官湖垱、何家屋背、雷公脑、长乐垱、黎家湾、白马垱、萧家脑各处土堤，八百二十八丈有奇。

乾隆二年丁巳六月，水决熊坊垱二百六十余丈，曾子垱四十余丈，萧家脑二十余丈，鸵背树二十余丈，王尹调上其事。大中丞岳巡视丰城，亲见各处堤工坍坏，为长远计，奏请动盐规项下银四千两，委员汪宗礼、廖宁退、程振、程士廉、叶霖、梁廷椿、陆圣祥、沈濂、沈宗涧，同邑尹分修监筑。自李家园起，及畴西垱、大南堤、白马脑、精怪潭、殷家巷、熊坊垱、阙巷口、漏灌垱、石潭垱、七娘巷、杨新口各处土堤共九百九十七丈。又砌杨柳口石碚一座。是年筑熊坊垱，将熊姓住居复围垱内，建龙王庙镇之。邑人甘绂纪其事于石。

四年，大中丞岳，又巡视丰城，阅各处石堤坍陷，复奏请动盐规项下银八千余两，杨尹志道及东乡尉叶霖监修拆砌，自周公堤起，及普明堂、登仙坛、虞家屋背、观音埽、熊坊垱，各石堤共长一百二十八丈，高二丈，并请题免里夫、每年动支盐规项下银一千五百两为岁修，永著为例。

九年癸亥四月，水决马湖堤二十余丈，朱尹怀栻动公抢修。

十年乙丑，朱尹怀栻因石堤膨裂崩坍，详请动项修砌。大中丞塞奏请，嗣后土工归民，照旧例派夫修筑。石工浩大，归官承办，将危险工程，借支乾隆十一年、十二年、十三年，合本年岁修，共银六千两，拆修营房前周公埽、华光埽、柿巷口、龙王庙、二王庙、观音埽、毛家巷、虞家屋背各石堤，共一百三十余丈，高二丈。县尉傅绳祖监修。

十一年丙寅四月，浃旬大雨如注，水涨外堤，深二丈许，漫过老石堤，坍卸倒坏八段，实属险要。大中丞塞，复题借支乾隆十四年至十七年止、四年公项岁修银六千八百余两，委傅尉绳祖董其事。自白马家园起，及二王庙、官湖垱、登仙坛、合掌街、虞家屋背，砌各石堤共七十丈有奇，高一丈八尺。

十五年，县尹满岱因营房下首一带，水刷河岸，几逼县城，议建石堤三十二丈以障之。又于熊坊土堤顶冲，添砌石堤八丈。以乾隆十四年存留民夫折银一千两，详请动用，不足者，捐俸为倡。暨合邑绅衿士民所捐，共得银一千九百两有奇，购备工料，同傅尉绳祖监砌，阅三月堤成。

十六年四月，营房前旧石堤坍塌。五月，旧堤及馆驿前新堤尽陷。闰五月，内土复陷，连及堤尾沙洲俱陷，共计宽五丈，长五十余丈。县尹满上其事，驿宪李、府宪图、分府方，亲临踏勘。大中丞舒，奏请动盐规银七千六百余两，于营房前建立石埽，斜长十二丈五尺，高二丈二尺，并建护堤，长十二丈五尺，高六尺。又接新埽下首建石堤，长四十二丈五尺，高二丈二尺，县尹满岱监砌。

旧按云：剑江水势迁改不一，而营房前及馆驿前，尤汕削日甚。盖缘对岸沙洲日长，湍流愈迫而东。今所坍陷处，故老相传为古河道。其或沧桑变易，水将复行故道与？但此地逼近县城，为患最剧。非大防捍、善经画，则城廨田庐，俱不可保。

十八年癸酉、十九年甲戌，连年水决永安垱等土堤四十余处，经县尹满岱详请修筑，蒙抚宪鄂，委驿宪王、府宪朱，驻工监督，各委员分段修筑，并将通邑圩堤加高倍厚，至今赖焉。

二十一年，熊坊垱石堤坍塌，县尹孟毓蕃，详请拆修二十七丈，又拆修仙坛埽石堤七丈。

二十六年辛巳，水决角公嘴，县尹钟光豫，详奉抚宪汤，准于角公嘴建立石埽一座，长八丈，并于埽之上下建石堤五丈。

二十八年，县尹何焜煌，详奉抚宪明，题请熊坊垱石堤上下，共添建石堤二十三丈，并请文昌阁改建石堤三十丈。

二十九年甲申，水决马湖垱二十九处，共长一千零一丈五尺。蒙府宪李，督同署县陈育敷，修筑坚固，并议迁筑马湖垱土堤。

三十年，县尹李纪详奉抚宪吴，题请于熊坊垱石堤上首，添建石堤十八丈，雷公脑土堤改建石堤十五丈。

三十一年，县尹李纪详奉抚宪吴，题请邹家脑土堤改建石堤二十五丈，并于角公嘴埽上下添建石堤七丈。

三十五年，县尹于崇敕，详奉抚宪海，题请角公嘴土堤改建石堤二十二丈。

三十六年，县尹于崇敕，详奉抚宪海，题请邹家脑土堤添建石堤二十四丈，左家渡土堤改建石堤十三丈。

四十四年，县尹郑枢，详奉抚宪郝，准于连珠寺土堤改建石堤十二丈。

五十二年丁未，水坏堤，县尹李培改建镇平堤三十二丈。

五十六年辛亥，水决堤，县尹王赓炜改建甘家湖石堤五十丈。

五十七年壬子，大水决二黄垱、官湖垱数十丈，漂没庐舍，淤塞粮田数千亩。县尹刘逢奇，申请上宪堵筑、修建石堤五十四丈五尺。

按：乾隆五十七年壬子，阴雨浃旬，章江盛涨，邑城二黄垱、官湖垱石堤，贴近县城，外江内湖，最关险要。顶冲处所，堤身鼓裂，决口五十四丈五尺。附近田园庐墓，冲决不计其数。当经邑令王赓炜，署令蔡万年，详请修筑未果，以致决口刷成深潭。连年田庐浸灌，积水不消。五十八年，始据本邑绅耆人等具呈上台，蒙藩宪岳，视民如伤，单骑诣勘。以小舟系绳，测量河底，冒险舟覆，岳公被溺，当经土人捞救得生。《礼》云“以死勤事”，岳公有焉！岳公旋即告病，欣逢县尹刘逢奇莅任，始以灾情具禀，并请于官湖垱、杨柳湖先建子堤，集夫趁筑，以护田庐，乃获有秋。当蒙抚宪陈，具奏二黄垱、官湖垱石堤，关系民生利害，吁奏动帑兴修，派委正杂各员，莅工董率筑做，拦〔栏〕水于口门内外，先筑排桩夹坝一道，钉席填土，截断江水，不使灌入。后将坝内积水车涸，则堤脚始克下桩，外用碎石堆做坦水护堤，更征巩固矣。但所云于苦竹洲开挑引河，则属纸上空谈，未尝见之实事。昔王阳明先生云：“载苦竹之土，以实敖家湖。”虽属难行，而先贤之言，确有实据，未始非他日治水之准绳也。

嘉庆十六年，知县陈昌祚，详请改建杨家湖石堤三十三丈，湖头脑土堤八十三丈，改建石堤七十二丈。

十八年，知县华希高，详请土堤改建石堤一百四十丈，改建文昌阁石堤一十四丈。

道光二年，知县徐清选，详请雷公脑土堤七十三丈改建石堤，又改建汤家巷接螺蛳街石堤五十七丈。

三年，水决平丰垱土堤四十余丈。知县徐清选修复、改建石堤四丈，大南堤修复六十一丈五尺。

七年，水决花园垱堤九十七丈五尺，改建石堤七十五丈。

八年，水决上下乌陂湾土堤一百八十丈，牵湾改筑。上精怪潭决八十五丈五尺，底刷成潭，知县高以本修复。

九年春，决松树垱堤三十五丈，知县武穆醇兴修。

十年，水决徐坊垱土堤二百零四丈，决龙潭湾堤九十五丈，知县武穆醇迁湾修筑。

十二年春，大水，堤多冲决。知县王之道详请先后修复。

十三年，水决任坊垱土堤一百九十八丈，杜家门首甘家角土堤决一百余丈，知县王之道详奉抚宪周题请改建石堤七十三丈。周公埽、剑池庙石堤冲塌，详请动用里夫银修砌。花园垱石堤冲决，改修土堤一百零三丈，杨林口修复九十六丈。

十四年，水决南沙岸土堤一百四十八丈，黎家湾二百十六丈，萧家脑四百丈。知县王之道详请动用里夫银，一律修固。

十六年，知县程灿策因小港口土堤久圮，河水灌入两围，湮没民田八千余亩，详奉抚宪陈题请修建石闸一座，府宪张亲临勘工，水分二道：一由小港口入大河；一由枫口中洲至大港口入大河。闸高二丈三尺，长七丈五尺，宽三丈。闸有三门，各宽八尺五寸，高一丈三尺。闸首修土堤一道，长三十二丈，宽三丈。经费数万，协同绅耆劝捐。修砌雷公脑、船行门首、灰堆下等处石堤。因十四年大水冲决，详奉抚宪陈题请，府宪张亲临踏勘雷公脑迤南熊坊垱石堤一十五丈，迤北邹家脑石堤一十七丈，添建雷公脑石堤五十七丈，高三丈有奇，面宽八尺，脚宽一丈七尺；添建熊坊垱石埽一座，长九丈，阔三丈；船行门首、灰堆下，添砌护埽石堤四十二丈，经费五万余两。十六年兴修，十九年工竣。委员吴鸣凤、姚敏德、应奎、沈圻，协同绅耆劝捐督修。凡捐输者，详请议叙，奖励有差。

十七年，水决文昌阁土堤三十余丈，王家桥堤一百五十丈，知县王之道补修。

十八年，水决聂家碚土堤八十二丈五尺，知县王之道修复。

二十一年，水决鸡婆畲堤三百八十五丈，金刚井二百八十四丈，秤钩嘴一百六十丈，李家廒一百二十丈，彭家井二百五十七丈。知县陈继思详请动用岁修银，先后修复。

二十二年，小港口闸脚坍卸，知县叶济英捐廉购石修砌。又于文昌阁堤内添筑护堤一道，底宽一丈二尺，面宽五尺，候补县丛占鳌监修。郭公嘴决数十丈，叶尹详请动用里夫银添建石埽，下首加建石堤三丈。二十四年冬，工竣。二十六年春，被水冲陷三十余丈。闰五月，水复涨，被陷尤多。叶尹济英捐廉赔修。

二十三年，水决大南垱土堤三十四丈五尺，改建石堤；小港口闸脚冲塌，购石补修；泥坑湖决二百四十一丈，叶尹济英迁湾修复。

二十四年夏，大水决雷公脑、文昌阁土石二堤二百四十一丈；长安堤决三百五十八丈；志益脑决一百一十六丈；镇龙庵决一百一十五丈五尺；麦园垱决一百一十丈；湖头脑决九十九丈；左家渡、公牙垱、朱家湾、车巷口、牛峙湾等堤决二百余丈；七娘口、谢家廒决二百六十丈；白沙堤决六十九丈五尺；璠埂垱、金坊垱、大桥垱、篱下脑、龙潭垱、卢丁垱、陈家脑等堤，决二百六十余丈；熊坊垱、平坊垱、芳下脑等堤决二百五十九丈；

瑞河下、莲湖决四十丈；营房前至灰堆下土堤，加高三尺；叶尹济英集绅劝捐，一律修复。经费三万余两，凡捐输者，详请议叙。

二十五年，水决黄家廒土堤二百一十丈，叶尹济英修复。

二十六年，水决芳下脑、角公嘴等堤，叶尹济英捐廉赔修。冲塌杜家门首、灰堆下石堤三十丈；璠埂垱、严家湾、金坊垱等堤决一百四十丈。陈尹官乂一律修复。决邬家廒、涂家垱、夏家廒、杨家巷、漕仓背等堤一百五十余丈，陈尹捐廉修筑。湾修子垱九十六丈，漕仓背至下天符庙迁修土堤二百一十五丈，委员李廷楷监修。

二十七年夏，水决杜家门首、甘家角石堤三十余丈，郑尹长昕详请动用里夫银修砌。

二十八年，水决漕仓背、邬家廒等堤，阮尹克峻详请动用里夫银修筑。

二十九年，水决杜家门首、甘家角石堤前，郑尹长昕捐廉赔修。邬家廒、涂家垱、漕仓背等堤决二百余丈，陈尹继思捐廉补修，并增修南沙岸、李家廒、夏家廒、连珠寺、杜家口等处。

三十年，水决漕仓背土石二堤，甘家角石堤坍卸四十余丈，杜家门首、灰堆下、邬家廒等堤屡修屡决，章尹裕善捐廉，一律修复、加高、培厚，修筑完固，至今赖之。

咸丰元年春，水决涂家垱土堤五十余丈，邬家廒决二十余丈，牵陷杜家门首、甘家角石堤十余丈，南沙岸决三十余丈，饶家廒决二十丈，罗家嘴决三十余丈，余家廒决四十丈。张尹鸣岐详请动用里夫岁修银，一律修复。

三年夏，大水决杜家口石堤四十一丈，湾修九十七丈五尺，徐家廒决四十八丈，湾修九十八丈五尺，牛峙湾决二十余丈，湾修决六十四丈，张家角决四十丈，湾修六十一丈五尺，余家廒、龙潭湾、石盘头、镇平堤、郑家廒、麦园垱、南沙岸、饶家廒、罗家嘴等堤决六百三十余丈，黄尹荣庚集绅劝捐，一律兴修。四年三月，蔡尹应嵩工竣。凡捐输，俱邀奖叙。

四年，水决柿巷口等处石堤，蔡尹应嵩集绅劝捐，修复左家渡、下天符庙，创建石埽。

五年，龙潭湾堤决，改建石堤六十五丈。

六年，南沙岸添修石埽一座，劈分水势。

七年春，水决尚书垱六十余丈，牵湾改筑九十丈零三尺；冲塌二王庙、横巷口、灰堆下石堤，决熊坊垱土堤，蔡尹廷兰劝捐修复。

八年夏，大水冲塌周公埽、馆驿前石堤，决平丰埽、张家角、罗家嘴、杨家廒、长湖口等土堤一千四百余丈。冲塌苏家廒石堤二十五丈，湾修土堤九十五丈；杨家湖石堤三十三丈，修复土堤一百零三丈；枫树垱决三十二丈，湾修四十二丈五尺；决瑞河横垱头、陈相渡数十丈，沙塞八十八都六图一、二、五、八等甲粮田六百八十余亩。蔡尹廷兰先后劝捐修复。

九年春，冲塌二王庙石堤二十余丈，下及周公嘴石埽，并南沙岸土堤、大桥垱，决七十八丈，牵湾改筑一百四十五丈。五月，护城龙王庙石堤冲决十三丈，系紧要之处。知县哈尔葛尚阿，集绅劝捐修复。

十一年，水决陈相渡八十余丈，陈相渡堤外沙洲与新建葛姓相连，各以旧管地面为界。周尹溯贤集绅妥议迁湾改筑，加高培厚，计一百五十余丈，倡捐修筑完固。

同治元年夏，大水决马湖垱堤七十五丈，底刷成潭，牵湾改筑三百九十二丈。决观音埽、合掌街土堤，牵湾修复。堤旁添修石埽一座，长阔各六丈，高二丈。陈相渡决堤八十余丈，淤塞八十八都六图一甲粮田二百二十一亩，淤塞二甲粮田四十七亩，淤塞五甲粮田并改垱脚二百零三亩；王家廒、邬家廒、彭家井、永安垱、横垱头、蛟塘垱等处皆决；罗湖石闸、小港口石闸，俱被冲塌。县尹毕亮劝捐，先后修竣。

二年春，水决罗湖石闸，牵塌大桥垱。官绅妥议：按田派费修复。左家渡添修石脚四十丈，陈相渡决堤百余丈，是堤当瑞河之冲，关系新、丰两邑生命。自咸丰八年，屡修屡决。张尹师亮移会新建，新尹邓会勘，妥议派修。

三年，水决漕仓背堤，湾修三十六丈。南沙岸添建石埽一座，改建石堤三十丈。决长安垱、黄贤埠等堤，小港口闸脚塌卸，牵决土堤，张尹师亮倡捐修砌。

四年，水决官湖垱一百七十六丈，湾修一百九十丈。仙坛脑决一百二十五丈，湾修一百四十五丈五尺。合掌街决一百一十五丈，湾修一百二十丈。璠埂垱决三百三十八丈，湾修三百四十五丈。严家湾决一百零四丈，湾修一百一十丈。彭家湖决一百四十二丈，湾修一百六十丈。车巷口决七十丈，湾修八十一丈。傅家坊决一十三丈，照旧修复。龙舟垱决二百五十丈，湾修二百八十四丈。大港口决四十丈，湾修五十八丈。淤塞粮田三百八十余亩，张尹师亮动用里夫银兴修。五年，陈尹汝霖修竣。

五年春，大水决官湖垱，堤脚刷成深潭。详请各宪筹费兴修。湾筑一百七十二丈，脚宽十丈有奇，面宽二丈二尺，高二丈七尺，砌石以护堤身，筹借帑银五千两济修。璠埂垱决五十丈，严家湾决四十丈，芳下脑决一十五丈，牵湾改筑一百一十七丈。金坊垱决二十丈，志益脑决五十余丈，湖头脑决十六丈，七娘口决二十三丈，卢丁垱决十八丈，仙苗寺背湾决四十丈，风堰垱决十一丈，天符垱决二十丈，陈家脑决十八丈，一律修复。陈相渡决七十余丈，仙坛脑土石二堤决五十余丈，黄埠脑决二十丈，南沙岸决二十五丈，马湖垱决十五丈，大港口、小港口、高埂围等堤决二百五十余丈，经费数万。张尹师亮、陈尹汝霖前后倡捐兴修，协同绅耆一律补筑完固。凡出力官绅，详请奖叙有差。委员孙毓秀、毕亮等监修，六年始告竣。

七年，水牵塌漕仓背石堤三十七丈五尺，冲塌莲珠寺石堤九十八丈五尺。八年，王尹家杰动用里夫银修砌。

九年，南沙岸堤冲塌，王尹家杰添修石堤十丈，补修土堤数处。

八年四月，瑞河横垱头决一口，又横垱头与新邑堤连属处决半口，陈相渡决一口，猪头湾决一口，滕家垱决一口，历比年次年各决口，筹费维艰，未能补筑。嗣十年，邑尹侯唐公先霖禀请抚宪、藩宪拨款八百六十六两六钱七分倡修。又各圩民自筹赀费，于是年十月间兴工，委员杨公葆宸、大江司潘金安监督，十二月间修筑完固，工竣。

旧案云：丰邑三面滨江，外隆中洼，恃堤作障。偶一冲决，阖邑垫溺，所关最大。每年用公项岁修银，并里夫岁修银协筑，与他圩岸不同，故名官垱。其患口急者堤以石，缓者堤以土〔士〕，而湍悍扼要之处，则用石埽以截之。兹列官垱名目于左。

石堤

馆驿前（新砌）	七星埽（新砌）	马家园
周公埽（险）	横巷口	华光埽险
柿巷口（险）	观音阁（外河内湖，最险）	龙王庙（外河内湖，最险）
何家埽（险）	普明堂	二王庙
官湖垱（外河内湖，最险）	仙坛埽（为邑治最要之处，迎冲顶溜，五水总汇）	
永安垱（土堤）	观音埽（险）	合掌街
瓦窑湾　虞家屋背	蒋家廒（险）	华仙埽（险）

此沿河以上石堤，计程五里许。为县治保障，工最巨。

土堤

蒋家廒（险）	彭家脑（险）	鄢家濠（险）
茅园嘴	曾子垱	精怪潭（险）
乌陂湾	斗母阁（内外皆湖，最险）	土地巷
应家巷	李家湾（内外深潭，最险）	杨家脑
黄埠脑营前	剑池庙大巷口（险）	
邹家脑雷公脑（外河内湖，最险）		文昌阁（险）
长乐垱	外熊坊（土石堤，内湖外河，迎冲，最险）	
上熊坊	黎家湾	鸡婆畲
左家渡（最险）	上下天符庙	长安垱（险）
傅家脑（险）	黄贤埠（险）	上湖口陈家脑（险）
龙窟湾	秤钩嘴	金刚井
萧家脑（内湖外河，最险）	白马垱（内湖外河，最险）	相公庙
杨市湾	周园	邹婆园
泥湖坑	公牙垱	谭家门首
龙潭口	横岸头	

以上自蒋家廒起，至清江交界横岸头止，共计程四十五里。

县治下土堤

连珠寺	漕仓背（崩卸逼近仓后楼，最险要）	
邬家廒	涂家垱	夏家廒
杨家巷	螺蛳街	龙潭湖（外河内湖，最险）
杜家门首	甘家角（险）	滨江门（险）
南寺湖（外河内湖，最险）	平丰埽（险）	马湖垱

王家廒	郭公嘴	镇平堤
南沙岸（三处俱外河内湖，又迎冲，最险）		杨婆湖
聂家琀	徐坊	李家廒
任坊	王家桥	向阳湖
廖家井	王家圳	猪婆湖
秋塘	曾家廒	落鹭口
镇龙庵	牛峙湾	余家廒
龙潭湾	麦园	郑家廒
陈家湖	熊家廒（内外皆湖，最险）	曾家廒
彭家井	丁坊	石龙庵
麻园	白沙湖	龙潭琀
张家角	雷公垱	邱家廒
周头湖	黄泥窟	
甘家湖（内湖外江，迎冲，最险）		松树垱
柿树垱	曹家湖	涂家井（逼临大江，最险）
孟公垱（逼临大江，最险）	甘家廒	沙湖垱（临江，最险）
官渡口（最险）	大南堤（迎冲，最险）	余家潭（险）
黄竹坑（险）	李家廒（险）	畴西垱（险）
丁家嘴	小港营坊前	双圳垱
百件垱	皮家廒	枫树垱
陈家廒（险）	尚书垱（内湖外江，最险）	花园垱
杨林口（险）	饶家廒（险）	罗家嘴（迎冲，最险）
苏家廒（险）	杨家廒	李家园
长湖口	朱家湾	车巷口（险）
彭家湖	大港口	傅家坊
龙潭垱		

以上自连珠寺起，至龙潭垱南昌交界止，共计程三十里零。

斗门南堤，在治南，以障丰、富二水之逆入者。明永乐甲申，范尹约修筑。

长乐港堤，在治南十里许，丰水出江之故道。元尝塞而复决。明永乐间，耆民杨长和言于朝，令工修筑，两月讫工，民受其利。

小港口堤（嘉庆六年筑）

按：丰、富二水，历来古道，原由大港口直达大河。自小港口开后，每逢大河盛涨，东西两围湖田八千余亩，巨浸无涯，深受其害。嘉庆六年，始据东围孙雨三、西围张海十等，以水患不休，吁请堵筑小港，以御外涨，开枫口，以泄山水。经县详宪，饬令本县诣勘，相度情形，妥议详覆。随经县尹王履勘，议得东西两围水患，宜将小港支河坚固堵筑，则外河之水不致灌入为害，开复枫口中洲，而山水亦可宣泄无虞，实属乐利无疆之计。详覆兴工，自嘉庆七年堵筑成功后，外河之水不致灌入，东西两围湖田连年咸属有秋。此筑小港、开枫口之明效大验也！苟外河之堤诚能保固不决，则此举变瘠土为沃壤，其利赖为无穷矣！

河西土堤

木林垱　程家廒

菱湖口（迎冲，险。旧名绳湾垱，明洪武辛未，耆民陈唯德建言修筑）

安沙坝　鸦乂口　洋新口

天符庙　风掩垱　卢丁垱

仙妙寺背湾　七娘口（险）　履须口

朱家湾　湖头脑（险）　志益脑（险）

金坊　斗门堤　吕家口

聂家潭　芳下　篱下脑

陈家脑　李家口　严家湾

璠埂垱　棋盘垱　石潭垱

漏灌垱　曾公脑　旗头脑

皮家脑　建湾垱　熊树湾（迎冲，险）

李家湾　谢家廒　麻园

朱坊（险）　白沙堤　社里湾

龙王庙　土主潭　大塘湾

济埠垱　黄家园　缺港口

龙潭垱

以上自木林垱起，至龙潭垱清江交界止，计程六十五里。

上下莲湖（新建交界）　廖家廒　邬家湖

胡家廒　柞树垱　霍家湾

熊家埽头　邬家廒　熊家廒

熊家屋背　陈家垱　朝神庙（险）

汪家垱（险）　熊家屋后　喻家廒

横垱　吴家廒　邹家垱

镇堤　上下滕家垱　夏家廒

天符庙（滕坊滨瑞河，险。明正德间，县尹朱瑄尝修葺，随圮。俗传中有水怪，乃铸铁牛三以镇之。典史刘忠专司其事，堤遂成）

猪头湾　熊金屋后（险）　蛟潭（险）

陈祥渡（险）　横垱头石山（险）

以上自莲湖起，至横垱头止，计程二十里。

旧按云：丰邑派夫之法，旧例共三百三十二图，每图十甲。每甲出夫一名，内除残缺不派外，共得二千九百七十四名。又旧例，十夫之内折夫二名，每名折价五钱五分八厘，共扣夫五百九十五名，折交价银三百三十二两一分，以为抢修桩埽之费。实存夫二千三百七十九名，派拨各垱修筑土堤。每一夫做土五方，每方长广各一丈，厚一尺。凡应修堤垱，估计丈尺，俱照此积算。

《丰乘》曰：丰受五郡之水所冲，势若建瓴，故其害先被之。每遇洪涨，溃裂四出，邑民往往惧有倾覆之患。其漂庐舍、湮田土、划坟墓、伤禾稼，不可胜算。宜当事者必殚心焉。微堤，丰其沼矣。不有埽也，堤宁无泐乎哉？昔人以治水譬诸治兵，堤为正，埽为奇，堤以防其溃，埽以遏其冲，诚要术也。今之要害，上流莫急于瓦窑湾，下流莫急于平丰堤。《汉书》曰："右堤强，则左堤伤，左右俱强，则下方伤。"苦竹洲日生于西岸，激水东泐，直奔瓦窑湾：是右强而左伤矣。自观音堂诸埽以下，左亦强矣。而西洲若游鱼日趋而上，平丰堤则下方也，能无伤乎？是故救左伤，则阳明先生运苦竹洲之土，以实东岸，其策及今可行焉。又于乌陂湾建石埽，以强其左，斯可无虞矣。救下方之伤，宜易平丰以石堤，每数级而上，则小却毋大峻；与水争尺寸，使水不得下啮，丰之水患或可少纾矣乎。堤为邑之利害甚巨，故备论其事。

明守卢廷选论曰：先朝剑江稍溢，辄欲徙县治；今持之数十百年，使江如带，邑若覆盂者，堤垱之力也。议者欲尽去用夫，但征银募役，见为目前小省。然畚插并起，积猾揽充强半，皆疲弱虚应。奸胥出没侵渔，功什而不得一，此坐费之道也。夫惩噎者不废食，若以豪强影占人夫为虑，在县长吏筹之熟、执之坚：以画地责都图以赴。工分远近，缓急有准：期会有时，劳逸有量。如汤令兆京，兼征夫银之法，近来勘定患额之议，皆丰邑世世当遵勿变者。惟是迎流设埽，尤为治水第一诀。约一石埽之费，不下千余金，而长堤岁免楗薪，所省亦不赀。今仙坛埽、平丰埽业已次第举矣。由唐永徽至今，垱名稍易，然不出县治上下。倘于剑江一带，伐石以障土，增埽以捍流，尽数十里金堤，屹若砥柱之固，虽李冰、史起复出，何以加哉！

旧志曰：丰，泽国也。五郡水发，巨浸交流，其不没者，仅斗大孤城，及沿河堤垱一线耳。波涛汹涌，一望无际，洞庭、彭蠡不足以拟其状。故从来治丰者与志丰者，莫不以及时用夫筑堤为首务。奈何沿流渐失，始以堤而用夫，继用夫而不于堤。愚者出货，以偷手足之安，黠者射利，自贻腹心之害。势不至沦胥以没不止也。今策惟以丰城之里夫，修丰城之堤垱，患大则大修，患小则小修，其不在要害者，不得呈请，则堤垱固而民力纾矣。

旧志曰：堤以备患。而备患卒无善策，自岁修里夫之法坏，变而折银，则奸胥蠹役侵收耽延之弊滋，策愈坏而不可支矣。迩者国帑频颁，所以策石工也。将来保无浮销粉饰之弊，与此土石二堤，诚不可不思行法之难，而立善后之策也。夫邑为诸水之交，倚堤为命，苦决难塞。今虽田庐仓库，幸稍稍无虞，然培薄增卑一疏，足败百密。策之不善，患且立至。偶一冲决，良田变为江湖，穷檐沦于鱼鳖；哭声满野，炊烟断村。国赋民生，两无所借。堤之患，重且巨哉！患之备，危乎艰哉！愿莅兹土者，按实稽费，循旧用夫，建万世永赖功，毋为三年苟且计。

按岁修之例，尽善尽美之法也。盖水之决堤，刷堤脚而决者十之一，漫堤面而决者十之九。要皆堤之低薄故耳。若使岁修之费竭于堤工，则老堤薄者日厚，低者日高，水虽暴涨，亦相安于常。度不能为堤防之患，惟不为桑土绸缪之计，而狃厝火积薪之安。有岁修之名，无岁修之实。无怪乎水灾叠告，而官修民修，勴襄拮据，纷纷日起也。语云："有治人，无治法。"信夫！

卷之二　地理志二

河渠下（津梁陂堰附）　风俗　土产　古迹

河渠下（津梁陂堰附）

治水之策，疏瀹为上。河自赣、袁直下，亘数百里。每临春涨，巨浸汪洋。疏浚綦难，则莫如固堤。丰受五水之冲，恃堤为保障。县治三面滨江，洪水泛滥，阖邑垫隘。贤父母关心民瘼，保国富，厚民生，建石堤以御之，培土堤以防之，瘠土变为沃土，皆堤之力也。迩来河道淤塞，水患频仍。其最险者，二王庙、漕仓背等处，治属攸关。仙坛埽据邑上游，五水总汇，砌石埽，劈矶流，余堤庶免冲决。且岁修有费，救时之策，善后之方，胥准此矣。第拯溺将然，促民抢筑，其事难；而防患未然，雇夫补修，其事易。顺水之势，弭水之灾，一以行所无事云尔。《书》云：“有备无患。”水有所归，民不为害，其即思患预防之意也，夫爰纪其略于此。

录县尹满岱详请复夫、均役、革弊、保堤酌定全书

乾隆十八年，县尹满，据呈加看申详，略云：丰城当上流众水之冲，两岸堤工最长最险。前志按图按甲，额设里夫，协力护堤，相友相助，取民自卫之义也。惟是夫有远近，工有险易，力役不均。黠者观望推卸，弱者效尤虚应。更而为折银募夫，以均力役。而所募之夫，究非视为己事，以致日久弊生，积猾揽充，奸胥侵没，补偏救弊，未有成模。加之近年以来，屡遇大工，土石并兴，民力不支。雍正十二年，前抚宪常奏请动支盐规银五千八百两，修砌石堤一百七十三丈有奇，修筑土堤八百二十八丈有奇。乾隆二年，前抚宪岳，又请动支盐规银四千两，修筑土堤九百九十七丈。乾隆四年，又请动支盐规银八千余两，修建石堤长一百二十八丈，高两丈，并请每年支给盐规银一千五百两，以为岁修，免征里夫。乾隆十年，石堤倾圮过多，前抚宪塞，请将石埽归官承办，借支岁修银四千五百两，合本年岁修共银六千两修砌，仍复里夫土堤，听民自修。厥后，乾隆十一年，借支岁修银六千八百余两，乾隆十六年，借支岁修银七千六百余两，皆以修建石堤，而土堤仍责民修，遵行在案。今岁初夏，上流异涨。两岸当冲险要土堤，多被倾泻。荷蒙宪恩，廑念民瘼，查勘抚恤，虑里夫一时难齐，预借公项，委员分筑，仍于本年里夫征收还项。田畴得以及时布种、收获，万民戴德之下，更思善后之方，佥称里夫之设，实为堤工良法。而派夫不立成模，势难遵守。向因力役不均，更而折银，而折银之弊更甚。探本寻源，惟于不均者均之，则良法可复。据绅耆士民唐际、何大海具呈前来，卑职公同细为酌议：其两岸堤工，除石堤外，丈明土堤共二万六千六百七十八丈。通县额设里夫，二千九百七十四名，每夫管堤十丈，共二千六百六十八名，余夫三百零六名。其各堤当冲及内外皆河者为险要，共长四千五百七十九丈，每十五丈加夫一名，共夫三百零六名。此就现今险要而言，若日后水道迁改，或此完彼缺，或风水不常，偶有大

工，临时通融办理。又查县属，区分九坊，内一坊坐县上。河东各堤共长七千九百五十一丈，用夫七百九十五名。内险要十四处，长二千九百零七丈，加夫一百九十四名，共夫九百八十九名。本坊里夫三百五十八名，实少夫六百三十一名，应于二坊、三坊就近拨协。查二坊、三坊均无堤，共里夫六百九十七名。除拨协一坊外，尚余三坊三十七都至四十都里夫六十六名，应与无堤之四坊、五坊里夫六百三十一名，就近拨协六坊。其六坊坐县下、河东及河西各堤共长一万三千五百四十九丈，用夫一千三百五十五名。内险要十七处，共长一千五百八十一丈，加夫一百零六名，共夫一千四百六十一名。本坊里夫三百七十三名，实少夫一千零八十八名，除三坊余夫及四坊、五坊之夫共六百九十七名拨协外，尚少夫三百九十一名，应以七坊、八坊、九坊余夫就近拨协。七坊亦坐河西，各堤共长一千一百六十丈，用夫一百一十六名，本坊里夫二百九十二名，余夫一百七十六名。八坊坐瑞河，各堤共长一千四百一十九丈，用夫一百四十二名。本坊里夫三百一十九名，余夫一百七十七名。九坊亦坐瑞河，各堤共长二千五百九十九丈，用夫二百六十名；内险要一处，计长九十一丈，加夫六名，共夫二百六十六名；本坊里夫三百四名，余夫三十八名，同七坊、八坊余夫共三百九十一名，拨协六坊。再查各坊均夫内，有堤工丈尺盈余、短缩不齐，为数无多，酌给夫一名，以便拨派赴工。如此定制，则远近、多寡、险易适均，民心悦服。趋事赴工，土堤方可责以自修，永除折银募工之弊。自此而夫有一定之堤，专守责成，虽子孙，奉为世业。堤有一定之夫，通力合作，即狡黠，无可推延。既免临时派拨之烦，积猾之钻营规避，与包揽而潜消，更无积岁征银之累。奸胥之縻费、侵渔，同追呼而尽革。民出力以自卫，视公事如家事，则事无不勤。官循制以督察，鸠群工如一工，而工归实用。庶里夫永绝弊端，而堤防大有裨益。请于乾隆十九年甲戌为始，土堤照册归民自修，按里征夫，免其折银。仍为勒石，以垂久远。谨将土堤名目、丈尺、险要及坐坊拨夫清数，开列于后：

县上河东一坊土堤

馆驿前垱起，至横巷口：长一百一十四丈。用夫一十一名四分，坐落一都一图。

横巷口至官湖垱，长二百一十五丈，用夫二十一名五分，坐落一都一图。

官湖垱至永安垱，长一百九十四丈，用夫一十九名四分，坐落一都一图。

永安垱至文家脑，长二百六十丈，用夫二十六名，坐落一都一图（当冲）。

文家脑至瓦窑湾，长五十五丈，用夫五名五分，坐落一都一图。

瓦窑湾至蒋家廒，长六十六丈，用夫六名六分，坐落一都一图。

蒋家廒至彭家脑，长一百六十四丈，用夫一十六名四分，坐落一都二图。

彭家脑至鄢家濠，长六十五丈，用夫六名五分，坐落一都二图。

鄢家濠至茅园嘴，长六十三丈，用夫六名三分，坐落一都二图。

茅园嘴至下精怪潭，长八十八丈，用夫八名八分，坐落一都三图。

下精怪潭至曾子垱，长一百一十二丈，用夫一十一名二分，坐落二都一图。

曾子垱至上精怪潭，长三百三十七丈，用夫三十三名七分，坐落二都一图（当冲）。

上精怪潭至上下乌陂湾，长八十八丈，用夫八名八分，坐落二都一图。

上下乌陂湾至斗母阁长一百四十八丈，用夫一十四名八分，坐落二都一图。

斗母阁至土地巷，长六十六丈，用夫六名六分，坐落二都一图（内外皆湖）。

土地巷至应家巷，长九十一丈，用夫九名一分，坐落二都一图。

应家巷至李家湾，长二十四丈，用夫二名四分，坐落二都一图。

李家湾至杨家脑，长三百一十八丈，用夫三十一名八分，坐落二都一图（内外皆潭）。

杨家脑至黄埠脑，长一百二十七丈，用夫一十二名七分，坐落二都四图。

黄埠脑至剑池庙，长四百六十丈，用夫四十六名，坐落二都四图。

剑池庙至大巷口，长四十二丈，用夫四名二分，坐落二都四图。

大巷口至邹家脑，长三十三丈，用夫三名三分，坐落二都二图（当冲）。

邹家脑至雷公脑，长七十丈，用夫七名，坐落二都四图（当冲）。

雷公脑至文昌阁，长一百六十五丈，用夫一十六名五分，坐落二都二图（内外皆湖）。

文昌阁至长乐垱，长一百六十丈，用夫一十六名，坐落二都四图（当冲）。

长乐垱至上熊坊垱，长九十五丈，用夫九名五分，坐落二都四图。

上熊坊垱至黎家湾，长二百二十丈，用夫二十二名，坐落二都二图（迎冲）。

黎家湾至鸡婆畲，长二百一十丈，用夫二十一名，坐落二都二图。

鸡婆畲至左家渡，长一百四十五丈，用夫一十四名五分，坐落二都三图。

左家渡至下天符庙，长五百五十九丈，用夫五十五名九分，坐落三都一图（当冲）。

下天符庙至上天符庙，长二十一丈，用夫二名一分，坐落三都一图。

上天符庙至长安垱，长一十六丈，用夫一名六分，坐落三都一图。

长安垱至黄贤埠，长二百六十五丈，用夫二十六名五分，坐落三都一图。

黄贤埠至傅家脑，长一百四十丈，用夫一十四名，坐落三都六图。

傅家脑至上湖口陈家脑，长一百六十五丈，用夫一十六名五分，坐落三都六图。

上湖口陈家脑至龙窟湾，长一百九十九丈，用夫一十九名九分，坐落三都六图（当冲）。

龙窟湾至金刚井，长三百一十七丈，用夫三十一名七分，坐落三都六图。

金刚井至萧家脑，长三百五十三丈，用夫三十五名三分，坐落三都三图。

萧家脑至秤钩嘴，长二百六十八丈，用夫二十六名八分，坐落三都三图（内外皆湖）。

秤钩嘴至白马垱，长一百五十七丈，用夫一十五名七分，坐落三都五图。

白马垱至相公庙，长二百二十五丈，用夫二十二名五分，坐落三都五图（内外皆湖）。

相公庙至杨市湾，长一百一十九丈，用夫一十一名九分，坐落三都五图。

杨市湾至周园邹陂园，长一百三十六丈，用夫一十三名六分，坐落三都五图。

周园邹陂园至泥坑湖，长二百七十丈，用夫二十七名，坐落三都五图。

泥坑湖至公牙垱，长一百一十丈，用夫一十一名，坐落三都五图。

公牙垱至谭家门前，长二百一十丈，用夫二十一名，坐落三都四、五图。

谭家门首至龙潭口，长七十四丈，用夫七名四分，坐落三都六图。

龙潭口至横岸头，长一百二十五丈，用夫一十二名五分，坐落三都四、六图。

横岸头止长二十七丈，用夫二名七分，坐落三都六图（当冲）。

以上共七千九百五十一丈，用夫七百九十五名，内险要一十四处，共二千九百零七丈，加夫一百九十四名。

县下河东六坊土堤

连珠寺起至漕仓背，长一百一十丈，用夫一十一名，坐落六十九都一图。

漕仓背至邬家廒，长四十丈，用夫四名，坐落六十九都一图。

邬家廒至涂家垱，长五十三丈，用夫五名三分坐落六十九都一图。

涂家垱至夏家廒，长四十三丈，用夫四名三分，坐落六十九都一图。

夏家廒至汤家巷口，长四十一丈，用夫四名一分，坐落六十九都一图（当冲）。

汤家巷口至螺蛳街，长七十三丈，用夫七名三分，坐落六十九都一图。

螺蛳街至杜家口龙潭垱，长三十五丈，用夫三名五分，坐落六十九都一图。

杜家口龙潭垱至杜家门首，长七十七丈，用夫七名七分，坐落六十九都一图（内外皆河）。

杜家门首至甘家角，长四十八丈，用夫四名八分，坐落六十九都一图。

甘家角至滨江门，长五十丈，用夫五名，坐落六十九都一图（当冲）。

滨江门至南寺湖，长三十一丈，用夫三名一分。坐落六十九都一图。

南寺湖至平丰垱，长三十二丈，用夫三名二分，坐落六十九都一图（内外皆湖）。

平丰垱至马湖垱，长五十一丈，用夫五名一分，坐落六十九都一图。

马湖垱至王家廒，长七百一十丈，用夫七十一名，坐落六十九都一、二图。

王家廒至郭公嘴，长二百丈，用夫二十名，坐落六十九都二图。

郭公嘴至镇平堤，长一百五十六丈，用夫一十五名六分，坐落六十九都二图。

镇平堤至南沙岸，长二百四十丈，用夫二十四名，坐落六十九都二图。

南沙岸至杨婆湖，长二百三十五丈，用夫二十三名五分，坐落六十九都二图（内外皆湖）。

杨婆湖至聂家琀，长四十丈，用夫四名，坐落六十九都二图。

聂家琀至徐家垱，长六十六丈，用夫六名六分，坐落六十九都二图。

徐家垱至李家廒，长二百丈，用夫二十名，坐落六十九都二图。

李家廒至任坊垱，长七十五丈，用夫七名五分，坐落六十九都二图。

任坊垱至王家桥，长一百八十丈，用夫一十八名，坐落六十九都二图。

王家桥至向阳湖，长八十五丈，用夫八名五分，坐落六十九都二图。

向阳湖至廖家井，长六十四丈，用夫六名四分，坐落六十九都二图。

廖家井至王家圳，长四十四丈，用夫四名四分，坐落六十九都二图。

王家圳至猪婆湖，长二十四丈，用夫二名四分，坐落六十九都二图。

猪婆湖至秋塘垱，长三十丈，用夫三名，坐落六十九都二图。

秋塘垱至肖家廒，长五十丈，用夫五名，坐落六十九都二图。

肖家廒至落鹭口，长六十丈，用夫六名，坐落六十九都二图。

落鹭口至镇龙巷，长一十八丈，用夫一名八分，坐落六十九都二图。

镇龙巷至牛时湾，长一十五丈，用夫一名五分，坐落六十九都四图。

牛时湾至徐家廒，长三十八丈，用夫三名八分，坐落六十九都四图。

徐家廒至余家廒，长六十二丈，用夫六名二分，坐落六十九都三图。

余家廒至龙潭湾，长八十五丈，用夫八名五分，坐落六十九都三图。

龙潭湾至鄭家廒，长九十丈，用夫九名，坐落六十九都三图。

鄭家廒至麦园垱，长八十丈，用夫八名，坐落六十九都三图。

麦园垱至陈家湖，长三十八丈，用夫三名八分，坐落六十九都三图。

陈家湖至熊家上廒，长二十九丈，用夫二名九分，坐落　六十九都三图。

熊家上廒至熊家下廒，长三十七丈，用夫三名七分，坐落六十九都三图（内外皆湖）。

熊家下廒至曾家廒，长三十五丈，用夫三名五分。坐落六十九都三图。

曾家廒至彭家井，长九十丈，用夫九名，坐落六十九都三图。

彭家井至丁坊垱，长六十丈，用夫六名。坐落六十八都一图。

丁坊垱至石龙庵，长八十丈，用夫八名。坐落六十八都一图。

石龙庵至麻园垱，长四十二丈，用夫四名二分，坐落六十八都一图。

麻园垱至白沙湖，长六十七丈，用夫六名七分，坐落六十八都一图。

白沙湖至龙潭硲，长八十丈，用夫八名，坐落六十八都一图。

龙潭硲至张家角，长二十五丈，用夫二名五分，坐落六十八都一图。

张家角至雷家垱，长七十一丈，用夫七名一分，坐落六十八都一图。

雷家垱至邱家廒，长七十丈，用夫七名，坐落六十八都一图。

邱家廒至周头湖，长三十三丈，用夫三名三分，坐落六十八都一图。

周头湖至黄泥窟，长五十五丈，用夫五名五分，坐落六十八都一图。

黄泥窟至甘家湖，长七十二丈，用夫七名二分，坐落六十八都一图。

干家湖至松树垱，长六十三丈，用夫六名三分，坐落六十八都一图（内外皆湖）。

松树垱至柿树垱，长三十七丈，用夫三名七分，坐落六十八都一图。

柿树垱至曹家湖，长八十丈，用夫八名，坐落六十八都一图。

曹家湖至涂家井，长九十丈，用夫九名，坐落六十八都一图。

涂家井至孟公垱，长一百一十八丈，用夫一十一名八分，坐落六十八都一图（当冲）。

孟公垱至甘家廒，长一百一十丈，用夫十一名，坐落六十八都一图。

甘家廒至沙湖垱，长四十八丈，用夫四名八分，坐落六十八都一图。

沙湖垱至官渡垱，长五十四丈，用夫五名四分，坐落六十八都一图（当冲）。

官渡垱至陆家潭，长八十丈，用夫八名，坐落六十八都六图。

陆家潭至官园嘴，长一百八十丈，用夫一十八名，坐落六十八都六图。

官园嘴至黄家廒，长一百丈，用夫一十名，坐落六十八都六图。

黄家廒至罗家廒，长一百八十丈，用夫一十八名，坐落六十八都六图。

罗家廒至踏埠港，长一百三十丈，用夫一十三名，坐落六十八都六图。

踏埠港至朱湖渡，长二百八十丈，用夫二十八名，坐落六十八都六图。

旧按云：陆家潭、官园嘴，旧属官垱，拨夫修筑。前尹朱裁归私堤，不准拨夫。乾隆十七年，县尹满将行《均夫法》，亲履各堤勘视，以此二处及向不拨夫之黄家廒、罗家廒、踏埠港、朱湖渡四处，紧接官渡口，堤身确属官垱，均应照拨里夫修筑。故兹篇所载，较堤防内垱名，实增六处。

官渡口对岸大南堤至徐家潭，长四十一丈，用夫四名一分，坐落六十八都二图（迎冲）。

徐家潭至黄竹坑，长三十九丈，用夫三名九分。坐落六十八都二图。

黄竹坑之上李家廒，长四十五丈，用夫四名五分，坐落六十八都二图。

上李家廒至下李家廒，长二十七丈，用夫二名七分，坐落六十八都二图。

下李家廒至畴西垱，长一十六丈，用夫一名六分，坐落六十八都二图。

畴西垱至丁家嘴，长二十三丈，用夫二名三分，坐落六十八都二图

丁家嘴至营房边，长七十六丈，用夫七名六分，坐落六十八都二图。

营房边至双圳垱，长六十丈，用夫六名，坐落六十八都二图。

双圳垱至百件垱，长五十九丈，用夫五名九分，坐落六十八都三图。

百件垱至皮家廒，长五十八丈，用夫五名八分，坐落六十八都三图。

皮家廒至枫树垱，长八十丈，用夫八名，坐落六十八都三图。

枫树垱至陈家廒，长三十六丈，用夫三名六分，坐落六十八都三图。

陈家廒至尚书垱，长三十九丈，用夫三名九分，坐落六十八都三图。

尚书垱至花园垱，长九十二丈，用夫九名二分，坐落六十八都三图（内外皆湖）。

花园垱至杨林口，长一百一十丈，用夫一十一名，坐落六十八都三图。

杨林口至饶家廒，长九十丈，用夫九名，坐落六十八都三图。

饶家廒至罗家嘴，长九十丈，用夫九名，坐落六十八都三图。

罗家嘴至苏家廒，长五十三丈，用夫五名三分，坐落六十八都三图（迎冲）。

苏家廒至杨家湖，长二十八丈，用夫二名八分，坐落六十八都三图。

杨家湖至李家园，长三十六丈，用夫三名六分，坐落六十八都三图。

李家园至长湖口，长五十三丈，用夫五名三分，坐落六十八都三图。

长湖口至朱家濠，长六十八丈，用夫六名八分，坐落六十八都三图。

朱家濠至车巷口，长八十丈，用夫八名，坐落六十八都四图。

车巷口至彭家湖，长九十丈，用夫九名，坐落六十八都四图。

彭家湖至大港口桥，长一百零六丈，用夫一十名六分，坐落六十八都四图。

大港口桥至傅家坊，长一十四丈，用夫一名四分，坐落六十八都四图（迎冲）。

傅家坊至龙潭垱，长七十丈，用夫七名，坐落六十八都四图。

龙潭垱止长三十六丈，用夫三名六分，坐落六十八都五图。

已上共七千五百八十丈，用夫七百五十八名。内险要一十五处，共一千零五十七丈，加夫七十一名。

河西六坊土堤

龙潭垱至缺巷垱，长二百三十丈，用夫二　十三名，坐落七十都五图。

缺巷垱至黄家园，长六十七丈，用夫六名七分，坐落七十都五图。

黄家园至济埠垱，长一百一十丈，用夫一十一名，坐落七十都五图。

济埠垱至大塘湾，长一百一十丈，用夫一十一名，坐落七十都五图。

大塘湾至土主潭，长一百八十丈，用夫一十八名，坐落七十都五图。

土主潭至龙王庙，长五十丈，用夫五名，坐落七十都六图。

龙王庙至社里湾，长四十八丈，用夫四名八分，坐落七十都六图。

社里湾至白沙堤，长七十五丈，用夫七名五分，坐落七十都六图。

白沙堤至朱坊垱，长一百一十丈，用夫一十一名，坐落七十都六图。

朱坊垱至麻园垱，长五十丈，用夫五名，坐落七十都六图。

麻园垱至桑园垱，长五十二丈，用夫五名二分，坐落七十都六图。

桑园垱至谢家廒，长四十二丈，用夫四名二分，坐落七十都六图。

谢家廒至李家湾，长八十二丈，用夫八名二分，坐落七十都六图。

李家湾至熊树湾，长七十五丈，用夫七名五分，坐落七十都六图。

熊树湾至建湾垱，长一百八十丈，用夫一十八名，坐落七十都六图。

建湾垱至皮家脑，长八十三丈，用夫八名三分。坐落七十都六图。

皮家脑至旗头脑，长一百一十丈，用夫一十一名，坐落七十都六图。

旗头脑至曾公脑，长二百丈，用夫二十名，坐落七十都六图。

曾公脑至漏灌垱，长一百七十丈，用夫一十七名，坐落七十都六图。

漏灌垱至石潭垱，长二百丈，用夫二十名，坐落七十都六图。

石潭垱至棋盘垱，长一百丈，用夫一十名，坐落七十二都一图。

棋盘垱至璠埂垱，长四十五丈，用夫四名五分，坐落七十一都一图。

璠埂垱至严家廒，长三百九十七丈，用夫三十九名七分，坐落七十一都一图。

严家廒至李家口，长九十五丈，用夫九名五分，坐落七十一都一图。

李家口至陈家脑，长七十五丈，用夫七民五分，坐落七十一都一图。

陈家脑至篱下脑，长二百三十丈，用夫二十三名，坐落七十一都一图。

篱下脑至芳下脑，长一百七十丈，用夫一十七名，坐落七十一都一图。

芳下脑至聂家潭，长三百三十丈，用夫三十三名，坐落七十一都一图。

聂家潭至吕家口，长一百五十丈，用夫一十五名，坐落七十一都一图。

吕家口至斗门堤，长一百五十丈，用夫一十五名，坐落七十一都一图。

斗门堤至金坊垱，长一百一十丈，用夫一十一名，坐落七十一都一图。

金坊垱至志益脑，长一百七十丈，用夫一十七名，坐落七十一都一图。

志益脑至湖头脑，长五十四丈，用夫五名四分，坐落七十一都一图。

湖头脑至朱家湾，长一百一十丈，用夫一十一名，坐落七十一都一图。

朱家湾至履须口，长六十丈，用夫六名，坐落七十一都四图。

履须口至七娘口，长五十丈，用夫五名，坐落七十一都四图。

七娘口至卢丁垱，长一百零五丈，用夫一十名零五分，坐落七十一都四图。

卢丁垱至枫掩垱，长一百一十五丈，用夫一十一名五分，坐落七十一都四图。

枫掩垱至天符垱，长一百三十丈，用夫一十三名，坐落七十一都四图。

天符垱至仙苗寺背湾垱，长一百六十丈，用夫一十六名，坐落七十一都二图。

仙苗寺背湾垱至洋新口垱，长一百一十丈，用夫一十一名，坐落七十一都二图。

洋新口垱至鸦乂垱，长一百六十丈，用夫一十六名，坐落六十七都三图。

鸦乂垱至安沙坝，长一百四十五丈，用夫一十四名五分，坐落六十七都三图。

安沙坝至菱湖口，长一百八十丈，用夫一十八名。坐落六十七都三图。

菱湖口至莲花桥，长三百四十四丈，用夫三十四名四分，坐落六十七都三图（迎冲）。

已上共五千九百六十九丈，用夫五百九十七名，内险要二处，五百二十四丈，加夫三十五名。

河西七坊土堤

莲花桥垱至程家廒，长一十丈，用夫一名，坐落七十七都五图。

程家廒至木林垱，长三百九十丈，用夫三十九名，坐落七十四都二图。

木林垱至川桥口，长四百二十五丈，用夫四十二名五分，坐落七十四都一图。

川桥口至大桥垱，长三十丈，用夫三名，坐落七十四都五图。

大桥垱至龙须菱湖垱，长一百二十丈，用夫一十二名，坐落七十四都五图。

龙须菱湖垱至市尾垱，长一百七十丈，用夫一十七名，坐落七十五都一图。

市尾垱止长一十五丈，用夫一名五分，坐落七十六都二图。

已上共一千一百六十丈，用夫一十六名。

瑞河八坊土堤

下莲湖垱至上莲湖垱，长三百五十丈，用夫三十五名，坐落八十都一图。

上莲湖垱至廖家廒，长一百一十丈，用夫一十一名，坐落八十都三图。

廖家廒至邬家湖，长一百一十丈，用夫一十一名，坐落八十都三图。

邬家湖至胡家廒，长一百三十丈，用夫一十三名，坐落八十都一图。

胡家廒至柞树垱，长一百四十丈，用夫一十四名，坐落八十都一图。

柞树垱至下霍家湾，长一百五十丈，用夫一十五名，坐落八十都一图。

下霍家湾至上霍家湾，长一百一十丈，用夫一十一名，坐落八十都一图。

上霍家湾至熊家埽头，长三十六丈，用夫三名六分，坐落八十都一图。

熊家埽头至邬家廒，长四十四丈，用夫四名四分，坐落八十都一图。

邬家廒至熊家廒，长四十二丈，用夫四名二分，坐落八十都一图。

熊家廒至熊家屋背，长二十七丈，用夫二名七分，坐落八十都一图。

熊家屋背至陈家垱，长四十丈，用夫四名，坐落八十都一图。

陈家垱至朝神庙，长四十三丈，用夫四名三分，坐落八十都二图。

朝神庙至汪家垱，长四十丈，用夫四名，坐落八十都一图。

汪家垱至熊家屋后堤，长四十七丈，用夫四名七分，坐落八十都二图。

已上共一千四百一十九丈，用夫一百四十二名。

瑞河九坊土堤

熊家屋后至喻家廒，长一百八十丈，用夫一十八名，坐落八十八都三、七图。

喻家廒至横垱，长九十丈，用夫九名，坐落八十一都一、二图。

横垱至吴家廒，长九十丈，用夫九名，坐落八十一都一、二图。

吴家廒至镇堤垱，长一百一十五丈，用夫一十一名五分，坐落八十八都七图。

镇堤垱至邹松垱，长三百八十丈，用夫三十八名，坐落八十八都一图。

邹松垱至邹家垱，长七十丈，用夫七名，坐落八十八都七图。

邹家垱至滕家垱，长一百四十丈，用夫一十四名，坐落八十八都六图。

滕家垱至夏家廒，长八十丈，用夫八名，坐落八十八都六图。

夏家廒至天符庙，长二百丈，用夫二十名，坐落八十八都六图。

天符庙至滕坊垱，长八十丈，用夫八名，坐落八十八都六图。

滕坊垱至猪头湾，长九十一丈，用夫九名一分，坐落八十八都六图（当冲）。

猪头湾至熊金屋后，长二百一十丈，用夫二十一名，坐落八十八都六图。

熊金屋后至蟜潭垱，长三十三丈，用夫三名三分，坐落八十八都六图。

蟜潭垱至陈相渡，长一百丈，用夫一十名，坐落八十八都六图。

陈相渡至新邑葛姓堤，长四百二十丈，用夫四十二名，坐落八十八都六图。（此堤以上俱属新邑堤，同治十年砌。有石界，界上方是横垱头。）

横垱头（旧载长三百二十丈，用夫三十二名，坐落八十八都五图。后屡决屡筑，纡者直之。同治八年，决新丰交界处。二县会禀，抚宪修复。遂砌石界：界下游属新邑，界上游至山，属丰邑。今长与旧不符。）

已上共二千五百九十九丈，用夫二百六十名。内险要一处，长九十一丈，加夫六名。

额夫

丰城县区分九坊，计八十八都有半，共三百三十二图。每图十甲，每甲出里夫一名，除贫疲不派外，实额夫二千九百七十四名。

拨夫

一坊自一都至九都，计三十七图，里夫三百五十八名。内一都二都三都，坐县上河东各堤，共长七千九百五十一丈，用夫七百九十五名。内永安垱、曾子垱、斗母阁、李家湾、大巷口、邹家脑、雷公脑、文昌阁、熊坊垱、左家渡、陈家脑、萧家脑、白马垱、横岸头十四处险要，共长二千九百零七丈，加夫一百九十四名，连前共夫九百八十九名，除本坊里夫三百五十八名外，少夫六百三十一名。应就近于二坊三坊之夫拨协。

二坊自十都至二十五都，计三十七图，里夫三百三十七名。此坊无堤，里夫拨归一坊。

三坊自二十六都至四十都，计三十七图，里夫三百六十名。此坊无堤，将里夫二百九十四名，同二坊里夫三百三十七名，共六百三十一名归一坊外，其三坊尚余三十七都至四十都里夫六十六名，分拨六坊。

四坊自四十一都至五十六都，计三十九图，里夫三百三十四名。此坊无堤，里夫就近拨归六坊。

五坊自五十七都至六十六都，计三十八图，里夫二百九十七名。此坊无堤，就近拨归六坊。

六坊自六十七都至七十三都，计三十九图，里夫三百七十三名。内六十八都六十九都，坐县下河东各堤，共长七千五百八十丈，用夫七百五十八名；又六十七都七十都七十一都七十二都，坐河西各堤，共长五千九百六十九丈，用夫五百九十七名；共夫一千三百五十五名。内河东堤险要：漕仓背、夏家廒、龙潭湖、甘家角、南寺湖、南沙岸、熊家廒、甘家湖、涂家井、孟公垱、沙湖垱、大南堤、尚书垱、罗家嘴、大港口共十五处，长一千五十七丈，加夫七十一名；又河西堤险要：熊树湾、菱湖口二处，长五百二十四丈，加夫三十五名。共加夫一百零六名，连前共夫一千四百六十一名。除本坊里夫三百七十三名外，少夫一千八十八名。应就近拨三坊余夫六十六名及四坊余夫三百三十四名、五坊余夫二百九十七名，共六百九十七名，尚少夫三百九十一名。应以七坊余夫一百七十六名、八坊余夫一百七十七名、九坊余夫三十八名共三百九十一名拨协。

七坊自七十四都至七十八都，计三十一图，里夫二百九十二名。内七十四都、七十五都、七十六都、七十七都，坐河西各堤，共长一千一百六十丈，用夫一百一十六名。余夫一百七十六名，拨协六坊。

八坊自七十九都至八十三都，计三十五图，里夫三百一十九名。内八十都、八十一都，坐瑞河各堤，共长一千四百一十九丈，用夫一百四十二名。余夫一百七十七名，拨协六坊。

九坊自八十四都至八十八都半，共计三十八图，里夫三百四名。内八十八都坐瑞河各堤，共长二千五百九十九丈，用夫二百六十名；又滕坊垱当冲，险要，计长九十一丈，加夫六名，共夫二百六十六名。余夫三十八名，拨协六坊。

旧按曰：里夫之系于丰也，重矣！顾考诸前志，原委弗详，法制未备，稽古者憾焉。庚午夏，县尹满，以廉能调繁来丰。下车之初，问民疾苦。知丰所恃者堤，堤所恃者夫。自折银募工之法立，而弊不胜穷，慨然以复夫为己任。越岁癸酉，遂从士民请，申详各宪而举行之。又念先王均人之设，所以均力役也。役而不均，法则斯坏。于是悉心筹画，勒为成书。为之分坊以拨夫，则远近分矣；裒多以益寡，则劳逸均矣；加夫于滨江迎冲之地，则险易均矣。其间缕析条分，较若列眉指掌，岁有兴作，开卷了然。诚前代未有之鸿猷、后世不易之良法也。异时贤令长遵而守之，仿而行之，毋惑于胥吏而改弦易张焉，则所以保堤以保丰者，行法之功与立法之功不朽，正相等也。司民牧者，幸垂意焉。

按：丰邑堤工，额设里夫。按图出夫，以均力役。原以县治滨河，城池仓库，恃堤为卫。水淹图分，固当出夫；无堤高乡，亦应均役。通县筹画，如以子弟急父兄，手臂捍头目。不得谓高乡无水患，借口避役也。自唐迁县治，即有堤工。至宋水患愈亟，派夫修筑，良法相沿五百余年。而日久弊生，狡黠者推卸观望，疲弱者效尤虚应。不得已而更为折银募夫。而所募之夫图利玩工，以致积猾揽充，奸胥侵没，其弊更甚。自乾隆十八年水患频仍，丰民咸抱覆盆之忧。邑侯满岱视犹己溺，详请上宪，聿兴大工。民力不支，屡蒙发帑，助民修建土石各堤；继给岁修银两，豁免里夫。后又因石堤倾坏过多，归官承办。仍复里夫，端司土堤。是里夫之征，万不可废。满邑侯与邑父老讲求利弊，始据邑绅唐际、何大海等，呈请仍复里夫。凡土堤责民自修，不得折银募工，使夫归实用。如虑远近不齐，请以远者附于近者，共成段落，则地有一定，民心不移。如虑险易不一，请以远图里夫之多者，拨于各堤工程之险者，则力役均而工易举。详请立法，泐有成书。行之未久，乾隆二十二年，县尹孟毓蕃，遽议更张，详奉抚宪胡，奏请将丰邑里夫每年额征银一千六百五十九两四钱九分二厘，附于漕粮脚耗项下征收，批解司库。修堤时具领，请发募夫修筑，工竣造册报销。不数年，即两变其法，是治水终无善策也。但土堤归民修，而变为折银募夫之法。其权则操之于官，不得不假手吏胥。每年领银到县，差传各图里社。催夫银既克扣无多，里社夤缘为奸，不过以撮土抵塞。委官查验，则又巧为欺蔽，而土堤日见卑薄矣。石堤归官，每有急工，即照例通详于盐规项下支领，兴工抢修。但水患无常，坍塌者多，透支动逾数载。是借支已有不给之处，且使费多端，银到工匠，盖无几矣！不得不减偷工料，做不如式。一遇水发，旋即倾颓，而石堤又不可恃矣！是非立法之不善，行法之不善也！夫以邑治外隆中洼，当袁临吉赣南五水之冲，堤身一决，沉灶产蛙，比屋炊烟，百里断绝。为民司牧，能勿恻然？苟以实心行实政，先未雨而绸缪，毋及溺而观望。为百姓造福，即为子孙造福。他日循良纪绩，其垂泽宁有穷哉？（旧志）

附论

丰城之水，径县中而过者，江为大，其患为冲突，为逆入，东西两乡受之；西则有瑞河，其患为横决，西乡受之；东则有抚河，其患为溢流，五、六坊受之；内则丰、富、槎、雩韶四水，其患为停污，东乡俱受之。治江冲突之方，除西乡睦湖专恃堤垱外，则开安沙、挑苦竹洲、浚莲花桥、达曲江以安东乡，此为上策。议者谓："弃捐粮地，非便。"不知河趋于西，东乡堤内之田可保。以其所全，偿其所弃，得失可相抵。议者又谓："非常之原，黎民所惧。"夫人情莫不好逸而恶劳、舍艰而图易。顾计目前，开河倍难于固堤；计永久，则固堤不如开河之事变大而成功巨。省岁修堤工之银，为一时浚筑之费，明哲之见，自古有之已。计不出此，则惟恃堤为命；而堤又恃埽，以成其功。堤以当水之冲，埽以截冲堤之势，故堤恒因埽而保。譬之于兵，堤则其营也，埽则其卫也；堤则其正也，埽则其奇也。然今日置埽之处积久，埽下洲生，异日必将增埽，故堤可常而埽无常。于其可常者，倍筑以固之；于其无常者，度其势而更设之。备御有方，所谓坚守之策，贤父母勤劳抚字，应力行之。逆入之患，议者谓："堵小港口以遏其外，而开枫口达大港口，以泄其内。"不思堵截，小港患不在外而在内。槎、雩二水会于大港口，其流不深，猝以丰富二水入之，势不能以兼受。不能兼受，则必汇为巨浸。渟而不得泄，是医家交肠之谓也。且万一河堤溃决，百里之内，垫隘无时可除，又必开小港口而后可。以数千金之工，一旦弃之他口，复议更筑，劳民伤财，讵有穷乎？又谓："小港置闸，出入两便。"愚窃以为非计。闸非石工不可，石工必费数万金。科派谁应？讼衅日生。且启闭之时，不无偏累；彼此牵制，械斗频仍；至江水骤至，艰于闭：孤、罗发源百余里之水，势如建瓴，艰于启。亦事势之不可不预计也。愚谓小港口江水之出人，听之而已。沿口而上，凡外水逆入，所到之处，悉令厚其圩垱，以固其圉；谨其硞口，以杜其隙。至各围内潴之水，宜冬月共力，挑湖浚渠，以土培圩，以湖受水，以渠引水通硞。通力合作，民不告劳。外水之逆无几时，内水之浸，亦无几时，此长久通行之计也。西乡瑞河之水，相其横决之势，培堤坚厚可也。东乡抚河之水，度其逆入之道，私围保固可也。今开河之说，鲜不疑诧，众所信者，修筑一事耳。愚以修筑之法，于岁冬檄令受功。官堤则以里夫，不须折银；私圩则责成各围人户，召其里长，俾之催督。至抢筑猝应，则拨附近人夫：先固官堤，后及私圩。如是而冲突、横决、逆入、溢流之患，皆可以有备，而民不忧其鱼矣！一得之见，附论于此。至详悉之，方是所望于当事之计周而虑远者。

津梁

县要津

大岸渡，在剑江驿前，江阔而险，通邑要津。每阴晦风狂，浪如山涌。舟子贪钱多载，屡遭覆溺。知县满尝议添渡船四只，勒石限载人数，大风则张旗止之，然未举行。

上渡，在西门外横巷口。

下渡，在大北门外灰堆下。

邑东

故县渡，距邑十五里，渡富水，今建石桥。

昌溪渡，距邑二十里。

吴城渡，距邑二十里。

左埠渡，距邑二十里。

株湖渡，距邑十五里。

铜湖渡，距邑三十里。

小港渡，距邑十五里，丰富二水出江所经，今修石闸。

大江口殷家渡，距邑三十里，今建石桥。

柿头陂渡，距邑三十里。

袁家渡，距邑六十里，抚河水支流。

邑南

枫林渡，距邑十里，今建桥。

熊墓渡，距邑二十里。

黄墓渡，距邑二十里。

孙家渡，距邑十里，今建桥。

三溪津渡，距邑十里。

花湖渡，距邑二十里，今建桥。

邑西

安沙渡，距邑十里，在二黄垱外。

赤冈渡，距邑二十里。

穆湖渡，距邑三十里。

于家洲渡，距邑四十里，江阔而险。同治十年，八坊泉港谢继明创修义渡，捐银二千两、店一所，为每年舟子工赀及篷篙杂费。县尹唐先霖有《义渡记》，见《艺文》。

泊濂渡，距邑四十里。

邑北

龙山义渡，距邑十里，咸丰十年，东岸，都司衔李佩兰劝捐，并西岸，增贡生龚兆金、廪生金锡简、附贡熊尚忠等倡捐立。

老蛤石渡，距邑十五里。

石下渡，距邑十五里。

白沙渡，距邑三十里。

松湖渡，距邑五十里，松溪水所经。

邑中

南湖桥，在仙音巷，通西南各渠水，上为天卿坊。

象牙桥，在象鼻湖旁，通东南各渠水，知府韩弼建。

花桥，在观音阁，通西北各渠水，达仙音巷。

虹桥，在东门外，跨洪濠。

斗门桥，在斗门外，跨坪港湖。

石桥，在西门外，跨湖，今为土堤。

邑东

昌溪桥，距邑二十里，跨昌溪水。

铜湖桥，距邑三十里，邑人刘日玫等捐建，从圮。道光四年，十方重建。

左埠石桥，距邑二十里，赤郭饶启雷倡捐修。

赤石桥，距邑二十五里，跨槎水，圮。

故县石桥，距邑十五里，曾廷茂捐石，跨富水。

点山溪石桥，长六丈。

柿头溪石桥，距邑三十里，长四丈，邑人袁伯明建。

槎陂桥，距邑六十里，跨槎水。

固寨桥，距邑七十里，跨藻陂。

黄沙桥，　距邑六十里。

文冈桥，距邑八十里，跨槎水。

筱塘窑下石桥，距邑三十里，李以明修，圮。咸丰四年，封职李廷兰移建。

衢塘石桥，距邑三十里，鲸源潘嘉焕捐建。

渣溪石桥，距邑四十里，湖茫翰林李云会捐建。

沙郭石桥，距邑三十里，温飞万兄弟捐建。

李家桥，距邑五十里，跨沇溪。

双乘桥，距邑六十里，跨富水。

永安桥，距邑九十里，乡人孙世庆等建。

东溪石桥，距邑七十里。

故槎石桥，距邑七十里。

陡溪石桥，距邑六十五里。

杜家围石桥，长十六丈，监生邹学源、卫学行、甘良材等倡捐建。

龙溪石桥，熊鸣璞建。

乌胫石桥，熊鸣璞建。

万家桥，熊鸣璞建。

枧桥，距邑四十五里，熊张世建。

小港口石闸，道光十六年，奉宪详请劝捐修。

官洲下石桥，原在温家圳。咸丰十年，温惠福移建于此。

大港口殷家渡普济石桥，距邑三十里，长十六丈五尺，前桥水圮。咸丰八年，五坊职员涂朝选兄弟捐修。

横塘虹桥。

大桥，距邑四十三里，俱李与蕃捐建。

邑南

荷塘桥　距邑十里。

中溪桥，距邑十五里，跨富水。明宣德年，邑人罗怀宪、怀玉修。

石滩桥，距邑二十里，跨富水。元僧严约庵建。

黄湫港桥，距邑十里。

黄坊桥，距邑七里。

小桥，距邑五里，跨小溪。邑人李纬建，学博梁大厦记。

孙家渡桥，距邑十里。

花湖渡桥，距邑二十里。

三溪津桥，距邑十里，跨丰水。

熊梦桥，距邑二十里。

北湖桥，距邑二十里。

望丰桥，距邑十里。

枫林桥，距邑十里，枫溪聂黄氏捐建。

河湾桥，距邑十里。

鱼湖桥，距邑十里。

望郭桥，距邑三十里。

洑溪桥，距邑四十里，跨丰水，抚建通衢。里人吕兆宪、兆寿修。

清丰桥，距邑三十里，地界清、丰。里人徐惟𧃍捐修石墩、石岸。

茅头桥，距邑五十里，东西二桥。

三溪港桥，距邑六十里。

南庄桥，距邑六十里。

荷湖石桥，距邑六十里。

南溪石桥，距邑四十五里。

莲塘石桥，距邑四十里。

蓝溪石桥，距邑四十里。

杨柳溪石桥，距邑四十五里。

谷塘桥，在十一都一图，罗兴文建。

高桥，距邑六十里。

桥东桥，距邑三十里。

门楼石桥，距邑四十里。

陈埠桥，距邑三十里。

朱坊石桥，距邑三十里。

荼蘼桥，距邑三十里。

秀才埠石桥，距邑六十里。范鑫庆、陈绂、熊瑞章倡修。

新桥，距邑六十里，跨富水，生员陈宗球倡修。

桐车上石桥，潮溪范鑫庆捐修。

津头石桥，曾廷仑修。

陈冈石桥，黄钟诰修。

雷家埠桥，距邑四十里。

根竹桥，距邑六十里。

西方桥，距邑七十里。

乱石港桥，距邑七十五里。

锣鼓皂桥，距邑八十里。

龙潭桥，距邑八十五里。

大水桥，距邑九十里。

中港桥，距邑七十里。

广上桥，距邑七十里。

八石桥，距邑百里。

柿溪石桥，距邑百二十里，二坊州同衔辛象瑞捐建。

小司源石桥，距邑百十五里，州同衔辛象瑞捐建。

大兴桥，距邑八十里。前范见章、黄履吉修，圮。辛丑，范元敬、范华德、曾昆山同捐建。

长生桥，距邑四十五里，瓘山熊奇章捐建。

凤山石桥，距邑四十里，前屡修未竣。同治九年，甘棠运同衔涂朝选兄弟捐建，计长十丈余。

潘桥，跨觉溪，徐大礼捐修，茶坑监生谢安卿重修。

龙化石桥，距邑三十里。

双桥，距邑三十五里，在漆家墟，跨两水之间。

七家桥，距邑六十里。

秋港石桥，曾廷仑修。

邑西

莲花桥，距邑五里，跨莲花湖。

田南桥，距邑五十里，跨南溪。

熊庄桥，距邑六十里，跨熊溪，熊谟虞重修。

洪石桥，距邑五十里，跨洪石溪。

谭城桥，跨谭城溪。

三公桥，跨王田溪。

古井桥，距邑三十里，跨横山溪。

官陂桥，距邑三十里，跨北坑溪。

庵前新石桥，距邑三十里，跨芦荻溪。

蓝坊桥，距邑四十里，合乡捐建。

石路，在镇龙寺侧，泉港谢国礼修。

邑北

嵩溪桥，距邑十里。

聪塘桥，距邑十五里。

乌溪桥，距邑四十里。

万福桥，距邑四十五里。

洛溪桥，距邑四十里，跨洛溪。

旗塘桥，距邑十里，跨旗川，邑人胡文穆修。

杭桥，距邑四十里，跨杭溪。

朱坊大桥，距邑三十里，跨斜溪。

小河桥，距邑六十里。

泗汾桥，距邑六十里，跨清溪。

龙门桥，在隍城大庙。

富佳桥，在松湖，距邑六十里，跨大洛湖。

严埠桥，距邑六十里。

陂堰

《丰乘》曰:“锺水丰物，古之制也。”陂泽者，水之锺也。丰固瘠壤矣。溪善泄，沙善涸，庳善盈。不有所锺，物何由殖焉？浚之，使毋湮，封之，使毋陁，斯旱涝有备矣！

登仙乡

墨湖	泉湖	锺陵塘	新塘陂	龙窟
杨坊港	林塘	乌陂	城头湖	孙家港渡
张车湖	降湖	车马湖	东湖	赵家塘
淑湖	车湖	湖东湖	枥湖	泥坑湖
西塘陂	蛟湖	敖公陂	典琴陂	万家陂
硕路陂	黄湖	松湖	花陂	山字桥陂
朱姑陂	铁炉陂	大率湖	骄湖	道士井陂
小鄱湖	钱塘	璜溪	太仙河	河间闸

梅仙乡

金家陂	吕潭溪	南圳溪	小池陂	枫源新陂
观陂	大水潭	花湖陂	团塘陂	长老连陂
汪家陂	潭头陂	黄溪堨	汉口圳	松树塘陂

剑池乡

梅溪	张家陂	鱼薮陂	南市港	高严陂
龙窟陂	丁公陂	烈陂	扶山陂	石陂
芜陂	土桥陂	教塘陂	虎冈陂	刘家陂
大桥陂	笃陂	白陂	万家陂	萧家陂
桐江陂	陈家陂	苏陂	迷湖陂	潭头陂
官店陂	长坑陂	漆家陂	富石陂	夏冈陂
浩口陂	茶山陂			

长乐乡

官陂	杨林陂	枫树陂	何家陂	杨湾塘
白侃陂	秋陂	余公陂	罗陂	熊家陂
史家陂	油榨陂	竹沙陂	石盘陂	湖陂
黄家陂	新陂	源头水圳	富陂	

长安乡

庵陂	芦陂	横桥陂	西牢陂	羊牯陂
白竹陂	石桥陂	卸源陂	上坑陂	桥上陂
伞陂	牛头陂	衙前陂	欧山陂	猛屋陂
蒋家陂	柏叶陂	陈公陂	雷山陂	东罗陂

莱子陂　沙港陂　后思陂　夏家陂　余源陂

奉化乡

孤桥陂　老鸦陂　周虚陂　袁陂　橙树陂
陈陂　枫陂　穴陂　黄家陂　韶湖陂
白陂　官陂　哑陂　吴陂　沙陂
罗陂　甘陂　松陂　流陂　越陂
安善陂　车槽陂　良陂　长陂　沇江陂
大塘陂　九工陂

富城乡

隔陂　匡行陂　范家陂　油陂　张家陂
王家陂　泉陂　芦复陂　舞陂　荒陂
芜陂　甘家塘　佛座塘　雷公塘　蟾塘
陈陂　石陂　党溪　咸陂　中陂
竿山塘　永安陂　孙家塘　船弦溪　黄师溪
牛路溪　远溪　低溪　范付陂

大顺乡

寿山陂　捍陂　严家陂　率陂　杨柳陂
官庄陂　泽口陂　黄墓陂　新塘陂　玗溪丁陂
白陂　玗陂　黄家陂　石陂　篚竹陂
杜林陂　鼓楼陂　张家陂　倪家陂　党陂
陡溪　上南陂　巢湖陂　福陂　荷塘陂
李家陂　埸坪陂　蔡塘　杨家陂　文冈横陂

广丰乡

檀溪　龙陂　高陂　何陂　罗家桥港
下塘　奉乡塘　杨塘　彭家塘　三塘
左埠港　屯陂　徐家陂　秋陂　赤墎上塘
徐家陂　畲下陂　同湖　南岸陂　里长埠港
鄢家陂　李家陂　石家塘　鸦鹊湖　潭头小港
逢婢陂　芦陂　朱陂　上洛陂　赤石桥港
野陂　下陂　东陂　南被　赤埸陂
连陂　庙前陂　天塘　徐润塘　潭塘
拏陂　瓘塘　沙漠陂　洪塘　泉水南湖
黄泥塘　后门塘

按：洪塘、瓘塘、沙漠陂，旧流直趋拏陂，由左埠至小港口入江，未有注蓄也。邑熊御史侪鹤倡筑私圩，旁开小渠，永为官圳，溉田百顷，村民赖之。

正信乡

上引陂 下引陂 乌薮陂 上大陂 城冈塘
古陂 檀陂 吴倪圳 新作陂 叶家桥陂
勺陂 晴陂 大陂塘 蛟头湖 城山塘
小陂塘 湖茫塘 东湖塘 螭稍湖 炉下堰塘
屯陂 锦水塘 枫树塘 梅陂隩 刘家港
大塘湖 西塘湖 孝序陂 牛陂 墟湖
溪湖 斗湖 赤角湖 土桥陂 双溪湖
龙窟 娄陂沥 城门塘 章陂 圩塘
泉水湖 吴塘港 萧塘港 茫湖 流澌塘
张九圳 万斗塘 小伏塘

长丰乡

港口湖 滩头港 平沙湖 蓝家圳 菖蒲湖
大家湖 泉湖 黄笋溪 官陂 龙泉塘
枫林溪 舟长圳 懒客陂 高埠陂 桑洲陂
刘家陂 城下陂 大桥陂 竹篆陂 伏鸠坪圳
泉下陂 莲塘陂 坪仙塘 文溪坪

宣风乡

长溪 洪濠 乌鳙塘 甘谷湖 罗溪水圳
马湖 茶漏湖 李家湖 黄橙陂 割茅湖
石头港 莱子湖 旗塘 药红塘 管坊南塘
胡芦塘 赤冈陂 泉水陂 杨木塘 罗湖
洪阳塘 安陂塘 三角塘 大桥陂 菱湖
禄塘 阔塘 甘家塘 爵塘 神仙桥塘
黄第塘 黄婆塘 藕湖塘 嵩塘堰 坞社陂
卿塘 袁塘 黄家塘 鹊塘 贺家桥陂
叶家塘 甘塘 新塘 上三塘 中三塘
下三塘 龚家陂 田西陂 泉陂 从陂
罗坊陂 冯家陂 住塘 泉水陂 郭家井圳
矩塘 塔头塘 缺塘 皮湖 鸭卵湖
阔塘 白竹塘 梅林塘 黄坊陂

兴仁乡

洛溪 荆塘 罗湖 急宝湖 石合龙陂
搭桥湖 丁家塘 傅家陂 高家塘 檀陂
壕陂 湖陂 耸冈陂 官桥陂 睦塘陂
枥陂 雄庄 对陂 官大陂 富陂

弓塘	竹家陂	金鸡塘	白马塘	植梓冈塘
洪石陂	朱坑塘	官塘	石溪池塘	胡家塘
桑古陂	杨河塘	梓陂	南溪	泉溪
城塘陂	小俨陂	吴山陂	斗陂塘	沙石水陂
铁炉陂	唐坊塘	大堨陂	山堨陂	枫树桥陂
刁江陂	拖泥陂	刺倒陂	乌臼塘	莲塘
小陂塘	龙会塘	梨树陂	杨树陂	泉塘
大泉塘	羊肝塘	楼魁陂	厢塘	后塘
赤塘	枫树塘	官溪	王田溪	潭埠溪
陆溪	燕山塘	中山塘		

归德乡

老塘	禾冈塘	乌塘圳	黄土塘	长坑圳
板桥陂	枫树陂	横陂	新陂	中陂
檀陂	河杉陂	福溪	泉圳	余家陂
彭古陂	九曲陂	交湖	小港	义方塘
壬湖塘	马头塘	舍头圳	远江	

湖

坪港湖，县南城外。邑内水自斗门闸出，钟聚于此。下出黄湫港，与富水合，溉田数百顷。

药湖，县北五十里，周回四十余里。旧传许旌阳经此，水蛭粘其马足。投药湖中，蛭遂绝，故名。

百斤湖，邑东十里。约广百余顷，溉田五百余顷。

株湖，邑东十五里。旧系学湖，约长十余里，溉田千余顷。

铜湖，邑东二十五里。上通富、丰二水，下接抚河，绵亘三十里。

莲花湖，邑西五里。多莲花，故名。溉田百余顷。

赤湖，邑东二十里，广约二三里。溉田二百余顷。

蛟湖，邑西南十五里。约长五里，溉田二百余顷。

敖家湖，县西城外。广袤百亩，今名官湖，鱼利归儒学。外为敖家垱，最为要害。

杨柳湖，登仙门外。广袤百亩，滨里垱，最为要害。

龙潭湖，县东门外里许。溉田百余顷。

荣塘，邑西南二十五里。南北两区，周回数里，溉田百余顷。

筱塘，邑东三十里。周回五里余，堰之则深数尺，溉田百顷。

莲塘，县东二十里。广百三十余亩，溉田三百余顷。

新塘，邑东三十里。广二百余亩，秋冬不竭，溉田百余顷。

湾塘，邑东四十里。地名甘塘，广五亩，溉田百余顷。

尚塘，邑西三十里。广百余亩，溉田六百余顷。

结塘湖，在折桂乡。结堆系徐邹杨周袁公湖，溉田一千数百顷。

大泉塘，在故里。芦荻有本原，泉四时不竭，溉田千余亩。

浆窟湖，灌田三百余亩。

大茨湖，溉田四百余亩。

青湖，溉田四百余亩。

栗湖，溉田二百余亩。

头畱洲，长安垱外屏。

破口湖，邑西南十五里。系巍里孙姓湖，溉田五百余亩。

风俗

《汉志》注曰："豫章人好经学。"

旧志云：晋范宣家于豫章，以诵读为业，谯国戴逵等皆闻风宗仰，讽诵之声有若齐鲁。大原中，顺阳范宁为豫章太守，亦儒雅博综，在郡立乡校，教授生徒。由是，豫章人士并好经学。又云：宋阐性理之学，邑有三杰，与朱子讲贯。元如揭文安、明如朱文恪、杨月湖、李见罗、徐匡岳诸前辈，皆有功经学者。

黄山谷《道院记》曰："有泰伯虞仲之风，故处士有岩穴之雍容，有屈原、宋玉、枚皋之笔，故文章有江山之秀发。"

朱子《心广堂记》曰："诵诗读书，以识圣贤之志趣；弹琴鼓缶，以歌先王之风化。"

旧志云："邑有龙光书院、龙泽书院、贞文书院，皆先正聚徒讲学之所。近世亦知辟塾会文，而士气不古。有志者，能勿循名而核实耶？"

黄幹曰："故家遗俗，皆知尚气节、畏清议。"

范志序云："自澹台子躬不由径之风，游学此方，以进退辞受，明示诸侯，其品清超，从之者既三百人矣。嗣是学士缙绅，世敦操履。"

旧志云："丰邑前辈典型，士皆重名节，羞奔竞，耻干谒，故名可得闻，人不可得而见。今则奔竞成风矣。儒行曰：不克诎于富贵，不陨获于贫贱，儒之所以为儒也！若贫贱而跃冶，其能免羊质虎皮之讥哉？"

陆敬斋论曰："昔阳城居晋鄙，熏其德而善良者几千人。陈实居乡，人每叹曰：'宁为刑罚所加，勿为陈君所短。'士为四民之首，一言一动，固为乡闾之表帅也！"

旧志云："俗贵长厚，里仁所以为美也。近世文人雌黄锋起，甚至播歌谣、腾谤议，最为薄俗。孔子曰：'恶称人之恶者，可不惧哉？'"

《汉书·地理志》曰："男子务耕种，女人勤织绩。"

《周礼》云："三农生九谷，园圃毓草木。无旷土，无游民，斯可以敦本善俗矣！"丰邑士女勤于耕织，殆职思其居云。

曾巩《云峰记》曰："南昌所领八州，其境方数千里，其田宜粳稌，其赋粟输于京师，为天下最。"

旧按：丰条漕，甲于江右。从前催科颇烦。有司近年城乡联为义甲义图，自行立限，输纳全完者赏，逾限者罚；官无逋赋，吏鲜追呼；民乐急公，一举而三善备焉。愿世守之，以为俗劝。

陆梭山正本《制用篇》云："好丰者，妄用以破家；好俭者，多藏以敛怨。"

旧按：丰水乡之民逐末者，多无积聚而好奢用。每当祈年报赛、迎神演剧、鳌山台阁，夸多斗靡，非美俗也。山乡之民，多纤啬。积聚谷石，典质取息，春放秋敛，贫民赖之以济荒欠。而里巷不轨之民，反以私典持其短长，开告讦之门。是在有司者持其平而已。

王士晋《宗规》云："保甲之法，所以除盗贼、安善良也。"近乃虚应故事，甚非守望相助之义。

旧志云："宵小潜踪，恃有窝囤。窝囤在四境联界地尤多。捕盗窝通同一气，盗白昼鲜衣美食，征逐街市；夜则为害地方，公然无忌。所贵厘保甲以清盗源也。"

冠礼久阙，惟各姓有族派，男子年十六，即于祖祠揭行派次序授之，略存遗意。

婚　纳采、纳币、请期，尚如古。亲迎礼，久不行，惟夫家以彩舆迎妇，妇至门外，夫携簪诣轿插妇首，还取妇簪曰"交簪"。有似于迎而非迎，不免俟堂俟著之刺。

丧　疾病迁居正寝。　立丧主、属纩、易服、不食、治棺、讣告僚友亲戚、入哭、小敛、大敛　俗：亲殁，九族皆至。敛设饭，谓关风饭。贫者苦之；富者以丰厚相夸，最为薄俗。

成服　吊、奠、赙、择地葬、择日开茔域、祀后土、穿圹作灰隔（今俗：父母死，信堪舆，图吉穴，殡诸野，至有累世不窆者。村夫学究，人人自命郭璞，主家信之，惑亦甚矣。）刻志石、作主、迁柩。

朝祖、遣奠、发引、及墓、下棺、祀后土、题木主。

成坟、反哭、虞祭、卒哭、小祥、大祥、祔、释服。

祭　清明扫墓、冬至祠堂祀祖（俗皆同）。

邑俗之美者有四（参取《丰乘》）。

一曰尚儒术。夫儒者之术，内以善身，外以善世。鲁国执简垂绅者比屋矣。称儒者一人，其道宏也。今之儒，徒效执简垂绅者乎？修辞立诚正谊，明道朴茂，应不少沦也，慎毋溺于文。

二曰敦本业。夫民之趋利，如水之就下，操赢不择地也。业农者利农也，苟弃农逐末，则日走四方，土其旷矣。作劳以尊生，爱土以奉上，是丰民之行也。慎毋趋于末。

三曰务节俭。夫俭德之共也，谨藏简费，近于正焉。仕厉清约，民安朴陋，节俭之教得也。乃者丽服击鲜，夸靡斗异；受聘索厚采，聚妇责重奁。俗殊匪旧矣！慎毋竞于奢。

四曰慎名检。夫圣王所以纳民于善道者，名检存焉耳。名检废，推中人于恶；名检存，引驵诈于诚。丰人大率跼蹐畏议，偊偊惜身，进不敢干国常，退不忍慁有司。闺门严肃，即役隶佃仆，犹且知凛，是以鲜淫僻之罪，慎毋流于荡。

邑俗之不美者亦四。

一曰嗜巫。荒礼索鬼神，古昔或有，末俗流为嗜巫。赛祷丧诞，遂至破产以供。且败礼违法，而莫知其失。宜亟易之，以归于正。

二曰喜争。昔淳熙旧经载：邑日数十百辈，持牒公堂待判，类多琐琐亡豚失菜细事。尤有悍者，一朝之忿，举梃相加。荡产亡身，悔何追焉？宜亟省之，以返于淳。

三曰溺女。扬州之民多女，风气使然也。旧则相习于溺女，再育者鲜，甚且一举即溺之。夫断一草、折一木，仁者犹且弗为。既属于毛，亦离于里，此何人也？举蠕蠕之息，置之死地而口不能争。天谁为呼？地谁为抢？惨哉！怆哉！今虽渐涤此习，宜急广之，以保其慈。

四曰暴葬。葬者，藏也，藏亲之魄质于地，是以人子尽心焉，太宰李古濸《正家条约》以停柩为大不孝，非徒伤末俗，实以发至性也。今有数十年不葬者，有终身竟不葬者，律以五刑之属，其罪实不容诛。礼，亲未葬，虽禫不除服，将以故兴物也。宜亟图之，以全其孝。

《丰乘》曰：俗有美恶，齐鲁为然。美者因之，不美者，毋效尤焉，斯可矣。呰窳以累厥美，积溺而忘其非。习心日结，真性日漓。虽有馨兰，渐之滫矣！谁服之哉？是故君子慎所习。

土产

谷之属：稻、麦、大麦、小麦。　荞麦、稷（似粘者黍，不粘者稷）、粟（不粘者粟，粘者秫）、菽、绿豆、白豆、赤小豆、蚕豆、脂（麻）。

以上西乡为多。

货之属：纻布、葛布棉布（女红此为最。茶山乡处处有之，出孤山、密岭者佳。）、煤（俗呼石炭，固足利民；但凿山湮谷伤地脉，又为民害）、豆豉、石灰出（泉塘诸处。）

蔬之属：芥（有数种）、苋（别有细苋、灰苋、冬苋、马齿苋）、苦荬、莴苣、蕹菜、莙荙、菠薐、葱、韭、薤、蒜、莱菔、姜（出孤、罗山者佳）、茼蒿、蒝荽、芹、芋、蕨、茄、瓠、冬瓜、南瓜、越瓜、黄瓜、丝瓜、苦瓜、甜瓜、笋、豇豆、扁豆、刀豆（似皂荚，扁如剑，脊酱食，蜜饯佳）、葵、苏、木耳、薯蓣（皮黄肉白，扁而大者为土薯。）、甘薯、百合、黄花菜、（蕹）菜、芸薹、菘、白菜、辣椒。

果之属：桃、李（出白洲者佳）、杏、梅、枣、石榴、栗（有板栗、山栗、锥栗、茅栗）、槠（实有苦甜二种，可食亦可作粉）、银杏、梨、桔、柑、橙、柚、枇杷、樱桃、沙果（花红变种）、柿（有红柿、黄柿、椑柿数种。）、棠梨、山楂（士人呼为棠杭子）、葡萄（又有山葡萄）、莲藕、芰实（俗呼菱角）、芡实、西瓜（瓤有红白，红者味胜。取仁，生食、熟食俱佳。皮可蜜饯酱藏。出河西及苦竹洲）、雪瓜（出筱塘诸地者佳。）、荸荠、柧、土木瓜（俗名蓬蓬子，形如木瓜，堕水中即冻。味甘，俗呼凉粉）。

花之属：牡丹、芍药、桂、兰蕙、罂粟、海棠、瑞香、菊、绛桃（又有碧桃）、夹竹桃、紫荆、玫瑰、蔷薇、月季花、李花（白洲最盛）、绣球、蜀葵、向日葵、玉簪、凤仙、紫薇、栀子、木槿、玉兰、芙蕖、杜鹃、芭蕉、剪春罗、迎春花、旋覆花（今呼金钱花）、荼蘼、红梅、绿萼梅（不多得）、腊梅、茶花、铁线莲、倒垂莲、木芙蓉、芸（俗云七里香）、茶药、雁来红、鸡冠、木笔、萱草。

草之属：苎、箬、芦、蓝、蓼、芒、苕、茅、萍（有三种）、烟叶。

木之属：松、柏、柳、柽柳、杨（无白杨，只水杨、赤杨诸种）、榆、桑（不及吴中）、柘（叶饲蚕取丝，可作琴瑟弦）、乌桕木、棕榈、槐、楝、桐（又有荏桐子，可作油）、梓（有三种椿。）、樗、樟（大者数抱，又豫亦樟类，生七年乃可分别。）、杉、栎（有二种：不结实者曰棫木。心赤，结实者曰栩，其实曰橡，捣浸，可取粉作食。）柞（丛生，有刺，实如耳珰，紫赤可啖）、黄杨、枫（叶圆作岐，有三角，开白花，着实成球，有刺。）、桧、冬青、橧（子可榨油，俗呼茶子）。

竹之属：水竹、茅竹（一名笛竹）、筀竹（可织器）、斑竹、紫竹、黄竹、实竹

药之属：菖蒲（水、石二种）、艾、山栀子、五加皮、桑葚、枳壳、陈皮、香附子（莎草根）、金樱子、何首乌、钩藤、茱萸、薄荷、紫苏、青葙、枸杞、菟丝子、夏枯草、麦门冬（出龙雾洲者佳）、香薷、贯众、芣苜、茺蔚、豨莶、土茯苓、麦芽、金银花、百合、木瓜、山药、丁香、旋花、女贞实、商陆、蒲公英、肥皂荚、蓖麻子、虎耳草、龙须草、石胡荽（即鹅不食草）、酸浆（即灯笼草）、泽兰、仙人掌、萹蓄、藿香（近始有之）。

禽之属：鸡、鹜、鹅、鸽、雁、鹳、鹰、鹊、乌鸦、鹁、雉、斑鸠、鸤鸠、雀、燕、鹧鸪、鸲鹆、百舌、莺、鹭、鸳鸯、竹鸡、画眉、啄木、杜鹃、鸮、练鹊、鸥、鹡鸰、白头翁、山凤。

兽之属：豕、犬、羊、牛、马、骡、驴、猫、鹿、獐、麂、兔、狐、豺、狼、狸、豪猪鼠、水獭。

鳞之属：鲤（矶山下金花潭，金丝鲤味绝佳）、鳠、鲥、鳙、鳜、鲂、鲫（鲒）、青鱼、鲩、白鱼、鳆、鳡、鲙、鳝、鳗鲡、鲵、鳟、鳑、黄颡、鳢、银鱼、麦鱼（出药湖，长不及半寸，其色如麦，四五月间始有。相传许仙投麦所化，故又名仙鱼）、墨染鱼（宋朱子讲学龙光书院，尝洗砚剑池，鱼吞墨，色黑如染。今其地池港中，每年夏至时出此鱼，味极鲜美）、虾、河豚（不可食）。

《稗乘》云：丰城曲江鱼最肥美。陈友谅喜食玉叶羹，以西山罗汉菜、曲江金鱼为之。

介之属：龟、鳖、蟹、蚌、蚬、田螺、蜗螺。

虫之属：蛙、蜜蜂、蚕、蠮螉、蝉、蝼蛄、萤火、蟋蟀、蝙蝠（余不尽详）。

古迹

富城旧县，在富城乡、富水西。

丰城旧治，在登仙乡、丰水西，曰荣塘。距今治二十五里，即雷焕获宝剑之所。

广丰旧县，在广丰乡，今名故县。

吴城，在县东南三十里，俗传吴主孙权祖锺居此。据《府志》增。

古情城，建置始末未得其详。据《豫章古今记》云：在邑东一里许。

剑池，在荣塘，即旧丰城县狱基，距今治二十五里。秦始皇见东南有王气，埋宝剑镇压之。晋县令雷焕掘狱基，得双剑。久之，址陷为池。每三月三日，池上风雨迷离，相传剑归朝故穴。岁旱，掘其池，辄兴雷雨。名人题咏甚多，俱见《艺文》门。

剑匣，先是，剑在剑池上草莽中。知县韩弼异置学宫。嘉庆十三年，移尊经阁东，为亭覆之，旋圮。道光四年，县丞姚敏德重建。

旧按云：前志载剑匣没入池中，考《龙光志》，与今匣所在吻合。旧志讹为洗墨池，固非。抑石函有底盖，存者其盖，没者其底与？

祭风台，在二都二图，酆姓楼前巷口。明王阳明先生征宸濠、求北风所建，今废。

义井，在县治西北，留书巷对巷，元以前名孙家巷，自陈友谅部将陷丰，抢肆淫虏，妇女投井死者不下数十人。因此不忍食其水，故湮其井圈，遗踪尚在，巷得名义井始此。

观星台，在剑池西北里许。晋雷焕筑此观星象，即今龙光山。

徐孺子读书台　在槠山南石崖高处。

九子池，在苦竹村。晋穆帝时，凤凰将九雏饮于此。

蛟穴二，一在县东二里许。中积水，四时不竭。旧传蛟精蛰此，许旌阳以符咒之，蛟遂遁去。一在县城北，今湮为镇北庙。《一统志》及《府志》以为在县西者，误。

折弓坛，在飞旆山。晋许旌阳逐鹿于此。箭殪其母，子返顾，遂折弓挂于婆娑树而去。

望夫石，在县西三十六里，高二十丈。相传昔有人远商者，其妻望之，遂化为石。

让栗亭，在龙泽寺。旧传浮邱翁与其徒王郭二仙，尝夜坐盘石，食栗相让，故名。

罗征君隐居，在罗山绝巘，旁有柏塔。虞集有诗，见《艺文》。

半边槐，在松湖，滨江。相传许旌阳所植，树干半枯朽，枝叶如故。乾隆三年，水决无存。

敕书楼，在治前。宋庆历间，县令郑修辅建，邑人周谓作记。苏东坡北归，过读，击节称叹。记见《艺文》。楼今废。

金花潭，在龙头山下。宋隆祐太后舟行至此，金兵追之，急投金花于潭以祈风。王士正有诗，见《艺文》。

金钟口，在龙雾洲。瑶华御舟经此，钟没于水。后渔人于断岸得金钟一，因名。

孝感泉，在道人山圣乘院内。宋绍兴元年，曹少卿戬，奉母寓此。母喜茗，苦院无井。戬虔祷，即院侧凿地尺余，泉忽涌出。取以瀹茗，味甘美，因名。

文箫吴彩鸾炼丹处，在始丰山，为道书第三十七福地。有药臼、洗药石池，池旁石有鹿马犀牛迹，东壁有棋盘石，上有白玉蟾剑划“江右福地，始丰名山”八大字，旁题“丁亥花朝日，玉蟾子书”。

宝气亭，在邑西北，滨江。宋黄山谷尝登此赋诗。嘉定间，县令唐容重建。中有二碑，刻唐李德裕《剑池赋》、宋黄长善《石堤记》。元时改为剑江驿楼，崇仁吴澄及邑人熊朋来有诗，俱见《艺文》。

洗墨池，在槠山读书台侧，胡文定公寓智度院注《春秋》，常临池洗砚，至今池水间墨点，夏鲜蛙鸣。

给事泉，在槠山智度院，清浅甘洌。宋绍兴间，胡给事安国与子寓此，尝汲此泉，故名。

补史玉隐堂，在邑内。宋参军熊方，尝补《东汉年表》，遂名。

雪坡书屋，在感山。宋状元姚勉读书处。

盛家洲，在沙湖，邑人盛温如所居。有书院，朱子过此作诗，见《艺文》。

心广堂，在龙光书院，夏阳熊世基兄弟建。朱子命名曰“心广”，并作记。见《艺文》。

味书阁，在东山，宋侍郎徐清正鹿卿读书处。潘子贱命名，袁广微书额，刘克庄作记，御书“遗安堂味书阁”六字。鹿卿谢表见《艺文》。

朝斗坛，在梅仙岭。纵横各十尺，古松列植。相传汉梅子真寓此，筑以朝斗，旁有雨花石、甘露台，坛后为梅公丹井。

甘露台，在感山海慧寺。宋淳熙中，寺作经藏落成，甘露降。僧云卧，因作台，纪其瑞。

相农楼，在令署后，跨子城为之。宋陈容有记，今废。

水东驿亭，在县城东，近虹桥，与宝气亭东西并列。雷尚书宜中记，见《艺文》。

曲江亭，在龙头山，后改三贤祠。国初建龙山书院，道光四年，复修建为三贤祠。

画松亭，在松湖镇，晋许旌阳画松于此。

栖碧轩，在邑东泉岭。罗自强建，大学士朱善记。

瑞芝堂，明成化四年，芝产学宫，建以纪瑞，盱江张昇记，今废。

濯缨亭，在濯缨巷口江干，旧为阅税之所，今废。

爱学堂、思政堂、醉香堂、清樾堂（俱在令署，宋庆元间，邑令刘鼎孙建，今废）。

四雨亭、凝碧亭、诗亭、览秀亭（俱在令署，宋淳祐间，邑令刘卿月建，今废）。

简静堂、景清堂、绿净亭、哦松轩（俱在丞署，今废）。

委蛇阁、华亭（俱在旧簿署，今废）。

教忠堂、景梅亭（俱在尉署，今废）。

月湖，在城内西北隅。明尚书杨文恪廉园居所浚，少傅唐龙有记。

瓷窑园，在邑东北。旧为种花所，竞出奇品，后废为蔬圃，惟山茶、三巷名存。

宝气楼，在文明门城上。署县事陶以诗建为课文之所，今废。

文明塔，在故县瓦子堆。万历间，署县事陶以诗经其始，知县张昌辰、徐扬先、冯起纶，继成之。道光四年，三江口万省斋裔孙重修，知县徐清选有记，见《艺文》。

宝翰楼，在城南。唐大宗伯大章致政归建，藏宸翰，面坪港湖。(今圮)

七星井，在县治，味俱清冽：白鹤观前一；三胜巷口一；仙音巷口一；阳灵观前一；马家巷口一；城隍庙前一，今湮；寿昌寺前一。

泣冰池，在八十都二图松湖，元孝子汤霖泣冰处。今为汪氏宅。

雌雄井，在县治西南，肥株湖弦一，双龙巷口一,二井相去百步许，水清冽。汲时，彼此应声。正德间，有独脚灵官者，除夕偷葬一冢于两井相去之间，不起邱。井忽坏混，臭不可饮。近地居民不解其故。后寻知，将坟起迁，满柩红筋，灿若鳞甲。湖弦复清，至今共汲，巷口终坏，故湮。但巷口阳沟，每当冬月清晨，有气自沟中涌出，高三尺许，朝饔时方息，今尚如是。

泊濂亭，在新市街下半里许。宋周濂溪先生尝泊舟其地，后人建亭志之。

卷之三　建置志

城池　衙署　祠祀（寺观附）　公廨（坊表附）

建邑设险，首重城隍。
会归四境，屹若金汤。
宅中立署，肃穆堂皇。
于焉出治，万民所望。
祠宇坛庙，祀典煌煌。
为民祁福，为国迓祥。
考棚试士，有若胶庠。
坊表寺观，在城在乡。
凡兹规制，载录其详。
后有兴作，不愆不忘。

——作《建置志》。

城池

【唐】永徽二年，迁今治，历七百余年无城。（旧志作九百余年）

【元】延祐初，州尹江从善创筑土城，下甃以石，以遏江涨。周回十里，环郭六门：东曰正信，西曰折桂，南曰剑池、天宝，北曰通江、望仙。内有子城，一里二百步，岁久圮。至正十六年冬，省臣火你赤平李明道复命筑土城，寻溃。（壬申志）

【明】正德七年，知县吴嘉聪重筑土城，高丈余，广四里，寻圮。

嘉靖四十年，广闽寇警，将逼境。抚院张、按院段，檄知府韩弼来城丰，令邑民富者受功，乡民富者佐费。知县王徽猷赞其事，三月城成。广一千三百六十丈有奇，高一丈七尺五寸，内缩四之一；址阔六尺，上杀三之一。城傍堤者，下甃以石，约袤三百二十九丈。城内涂广六尺，城外涂广八尺。

正门四：曰大东，曰大西，曰大南（一曰斗门），曰大北（一曰星拱）。

小门八：东南曰文明（上为宝气楼），曰折桂，曰广益，西南曰登仙，西北曰皇华（今改高升），东北曰望仙，曰江关（今塞），曰小东（大理卿万寀有记，李贵有《颂德序》）。

万历十四年洪水，城圮若干丈。知县韩文修之。三十六年，知县张廷拱重修城四十余丈。

旧按云：邑城西北滨江，东南临湖。淫雨巨浸，皆足为城患。建置以来，或为洪水冲决，或为雨水灌坍，其患不一。其地亦不同。志修补者，自应详明地段丈尺，庶几冲洼要害，展卷了然。当事者，得以先事防备。

旧志相沿，缺略殊失作志之旨。

崇祯〔正〕十四年己卯，知县郝锦奉旨增修城堞，拓四门，逾旧制有半。

【国朝】顺治十二年乙未，淫雨坏东门、广益门、耿家湖等处，知县宗彝补修。十六年己亥春闰三月，雨坏城一百三十五丈有奇，垛口六百三十所。十七年春，淫雨坏小东门内城一丈五尺。十八年春二月，雨坏小东门涂家屋背城六丈二尺、沙湖下内城三丈六尺；三月坏耿家湖外城四丈、腰带湖内城五丈五尺、大东门内城六丈，皆知县何士锦捐修。

康熙元年壬寅，知县何士锦修补内城六十二丈五尺。

三年，奉文帮阔修砌周围城垛。知县何士锦、县丞赵逵并邑绅耆，各捐助有差。

乾隆四年，城大坏，知县杨志道详请咨部，动帑兴修。

九年，知县朱怀栻领帑银六千四百两，监修、折砌皇华门，改名曰"高升"。

十一年夏四月、五月，积雨倾城七十四处，知县朱怀栻详请更筑。

十二年，知县顾锡鬯估勘报部。

二十五年，知县锺光豫劝绅士民人捐赀急公，得三百五十二人，计捐银六千九百四十六两有奇。修筑积久坍塌城垣九十五段，共长五百四丈五尺。工竣，知县锺分别士民急公人等，详请议叙。时民人任元蕃捐银一千六百两，奉旨准授七品职衔；武举于世敬捐银四百两，授六品职；监生蔡时辅捐银三百两，授八品职；民人李儒辉捐银二百五十两，胡济泰捐银二百两，俱巡抚匾奖；杜梦鲤捐银一百二十两，吕先拔捐银一百两，俱布政使匾奖；金世镆捐银八十两，许以仁、程奕锦捐银五十两，俱知府匾奖；其余数两以上，至三十两以上者，三百四十二人，知县分别给予花红、匾额。

乾隆二十五年，邑人改作大东门，于旧门北偏百十武。

旧志云：邑人为形家所惑，因迁是门。而士气民财，愈不如昔。擅更制者鉴之。

嘉庆五年，知县龚果捐廉银二百两，倡复大东门之旧。在城监生涂裕元之妻万氏，捐银二百两；民人邵景先捐银一百两。

旧志云：明嘉靖时，石城修砌之法：直墙一丈，必联络横墙三尺，内外曲折交合。中筑坚土，上盖大石，使雨水不致渗入，以故可垂久远。后稍倾圮，设法补砌。率多苟简，既不用内之横墙，又尽撤上之盖石，积雨土胀，石缝裂开，毋惑乎旋修旋圮，并旧未裂之墙，亦牵动而不可支矣！今修建之法，似应参当日之旧制而经营之，方为善策。

嘉庆五年至嘉庆二十四年，知县华希高劝捐议修，共计内外坍塌四十余处。兴工补砌，未几中止。道光四年，知县徐清选复劝捐续修，邑绅输助有差。

道光十四年，洪水冲刷，知县王之道修补。

道光二十四年夏，河水暴溢，坍塌十余处。知县叶济英捐廉千缗，合邑劝捐修筑，于二十五年九月兴工。筑未半，次年复大水。滨河一带，多被冲圮，并新筑者牵塌多段。二十九年，知县陈继思劝捐续修。咸丰间，连年大水，屡修屡塌。嗣因缺费，停工至今，未获告竣。

城内濠沟

治东北水，自甘家湖绕而前，历砚池湖，达曾家湖（渠约长一百六十六丈，深四尺，广三尺），东自达湖历蓝家巷，达丁家湖，汇于沙湖（约长六十余丈，深广杀于前渠），又东出东禅巷，由学背湖、月池湖、腰带湖，出东门沟（约长四十丈，深广杀于前渠），达郗家湖，并通明沟、连珠湖，入莲湖、沙湖、象鼻湖，会于曾家湖，达邵家湖（约长一百三十二丈三尺，广五尺，深如之），泄于斗门闸，入于坪港湖（以上皆知府韩弼清浚，并甃石）。

治西北水，自相杨湖，历务前（约长一百四十四丈，深广旧志未载），达曾家湖；又西自阳灵观、左家桥、南桥，历火巷、南巷，达曾家湖；又西自花桥，历陆家井、井右沟，内有分水石，左七分归仙音巷，右三分归后巷，达李家湖；观音阁以西、西门以东，历陶家巷（约长四十丈，广二尺，深四尺），会于陆笳湖（约长二十丈，广五丈）、肥珠湖（约长三十丈，广六尺）、南禅湖（约长四十丈，广十丈）、历南桥湖（约长一丈，广如之，深七尺），达崔家湖，泄于斗门闸，入于坪港湖（知县杨志道有《濠沟记》，邑人丁逢年有《沟渠记略》，俱见《艺文》门）。

同治十一年夏，境内疫疠盛行。九月，知县汪绶之履任，接见绅耆，论及致疫之原，佥称：城内濠沟，历久淤废。每值淫雨，泛滥盈衢，积旬阻塞，霾气郁蒸，民多疾病。职是之故，遂倡首捐钱壹百千，禀奉各宪批准，援照成案，抽取城厢行店赁租，集费千五百缗，遴选绅士董司其事。是役也，监修官为教授胡苏亭、训导刘振邦、粮厅胡兆景、巡检潘金安、典史陈廷熙。规复沟道，劝谕捐户，为附贡葛成章、例贡周宣礼、州同任灿英、从九品崔恢慧、例贡周焕仁、附贡李灿蓉、同知唐增荣、武生范煊、例贡丁联甲、武生夏炳林、武生葛合鹏、州同黄锡铨、生员邱泽林、廪生蒋之燧、廪生文学韩、生员周宗瀚、从九品潘秉学、例贡汤崇福等，俱自筹资斧，局不举薪。经始于十一年冬孟，迄成于十二年夏仲。凡九越月工竣，例得附载。

斗门石闸一（通城水道总汇斗门，门下建闸，合邑泄水之大关也。袤六丈六尺，高一丈四尺，阔五尺，甃以石。万历十四年，知县韩文修）。

《丰乘》曰：邑之势，外隆中洼，水难泄而易盈。矧万室所在，泄于数尺之闸，其势尤难。不有湖以潴之、沟以疏之，则没途淹庐，坏垣圮城，为民患无虚日矣！恤民者，宜以时导之。

城外水道，东自洪河湖，历虹桥、折桂桥而南，入于坪港湖。西自石桥湖，绕登仙门而南，达于斗门桥，入于坪港湖。

衙署

县治大堂（在县正中，址近北。唐永徽二年，迁县创建。元至正十二年，毁。十六年重建，明末毁。国朝顺治八年，知县宗彝新建。康熙五十四年，卢佐斌重修。乾隆三十六年，于崇敕借廉修。四十二年，郑枢借廉复修。五十六年王赓炜改迁大堂，徙前一尺。六十年，唐仁值借廉修。嘉庆十二年，郑垲捐廉改修。十九年，华希高又改修。道光元年，徐清选改迁，近前二十丈。十六年，圮。次年程灿策修。咸丰年间，发逆陷城，毁衙署，蔡廷兰重修。大堂为向明莅治之所，因详纪修建。至内署及堂左右各公廨，改造不常，不备志。）

堂后为宅门、后堂、楼、内署，右为西书院，最后为海棠庙、望堤阁（道光二年建）。堂东为龙亭库，神祠，为架阁库，迤东列承发吏、户粮仓总房（皆西向，知县华希高改修）。

堂西为公贮库、神祠、班房，迤西列招兵、柬、工、礼、房（皆东向，知县华希高改修）。

堂南为月台、甬道（旁有两池，今湮）、官戒亭（旧署“公生明”碑，雍正九年，知县杨芊易以木坊，今更为官戒亭，书“尔俸尔禄，民膏民脂，下民易虐，上天难欺”四语于坊额）。又南为仪门，仪门内东为县丞署，西为马号（主簿廨旧址）前为狱（旧有女监、新监，今止存老监）。仪门外东为公所、土地祠、典史署，西为管押公所，为架房。又南为头门，上为谯楼，头门外东为逻卒舍（旌善申明亭故址），西为急递铺、关帝庙，中为甬道，旁为蟹眼池，又前为官街，跨街为左右二坊。

正南为屏墙，屏南为砚池湖（久为居民湮塞。明嘉靖辛酉，知府韩弼清复故迹，甃为池，广袤各二丈。后渐塞。国朝乾隆五年，知县杨志道复清浚之，池迹稍存，而直街为店舍所堵塞，故道失矣）。

教谕署（在学宫西，乾隆八年建。乾隆五十七年，教谕薛亭表重修）。

训导署（在学宫东，即房公讲堂。嘉庆九年，训导朱霞暨邑绅重修）。

县丞署（在知县署仪门内之东，中为正厅，厅前东为神祠；西为书役舍。二门、头门皆西向。厅后为宅门，为后厅，为内廨；厅西为书房。明县丞何昭善，国朝县丞赵逵、张应征、王镁、黄汝源、王云鹏、姚敏德，屡修建）。

主簿署（在知县署仪门内之西。康熙年间奉裁，今为马号）。

典史署（在知县署头门内之东，即义仓旧址，中为正厅，厅前西为关帝庙，连尉遗爱祠，有二门、头门，皆西向，厅后为后厅，东为内幕，有亭；西为书房，为内厅。国朝典史傅绳祖、梁耀祖、杨式玉、冯倚斗、姚承俞，屡有修建。）

巡检署（旧在柿源庙。乾隆二十二年移驻大江口。三十六年建署，中为大堂，堂左右为书房，后为住房。堂前左右为书役班房，又前为头门，环以垣墙。日久圮废。后莅任者常僦居县城内。道光十六年，移驻小江口建署。寻亦废，有址。今仍僦居县城内）。

把总署（在治东，即察院公馆故址为之）。

外委把总（无署，僦居各祠庙）。

祠祀（寺观附）

坛

社稷坛，在大东门外。宋嘉定间，县令唐容、剑邑人刘充记。明洪武中，知县齐景明重建。岁春秋二，仲月上戊日，祀豕二、羊二，余品如规。

先农坛，在登仙门外。雍正五年，知县高岑奉旨建。祀先农神，祭坛一座，神库三间，陪房二间，瘗地一口。坛前置耤田四亩九分，岁仲春行耕耤礼，祭用羊豕各一，余如规。

风云雷雨山川坛，在登仙门外、杨柳湖北。明洪武中，知县齐景明创。每岁春秋二仲月上巳日，祀羊豕各三，余如规。

厉坛，在小北门外，知县齐景明建，岁清明日、七月望、十月朔日祀，祭品如山川坛。

祠庙

城隍庙，在治西百步。明洪武中，知县林弼初建，正德八年毁。知县吴嘉聪重建，嘉靖间知县曹大川修。国朝康熙四十二年，知县薛景莹重修。嘉庆十三年，知县郑垲同合邑复修。后园地一片，僧月澄置。殿后石墙，僧光斗捐修。

关帝庙，在治东三十步。前殿祀关帝，即剑江书院故址。中殿祀文昌先代，旧系通坊十里，当差公所。后为春秋阁，阁后祀关帝先代。俱乾隆七年知县朱怀栻改建，自为记。每岁神诞，及春秋二仲月上戊日致祭，祀釐习仪，朔望读法，悉于此。监生杨国栋捐浙江坑早晚田九弓半。贡生范兰、生员丁林共捐赛头晚田十九弓半，又后秋官田十二弓半，新垦马湖垱官田八弓，通共田四十九弓半，付主持收管。同治五年，知县陈汝霖捐廉倡首重修，绅民捐助有差。

东岳庙，在大东门外，邑人熊世宏施建。明洪武中，知县林弼改建，有记。国朝康熙元年，知县何士锦重建。每岁立春，迎祀勾芒神于此。

龙王庙二,一在西门外垱上，明成化间主簿黄璲建，一在高升门外，新砌七星埽侧，乾隆十七年知县满岱建。

火神庙，在高升门外河街，乾隆间知县李培建。

忠孝节义祠，旧在城隍庙左，即布政司行署址。祀唐义士傅祁、宋忠臣徐子中、黄端卿、明忠臣丁铉、史安、杨瑄、杨源、邓子龙、义夫杨琏、孝子涂寿、徐涛、杨嗣尧、熊州俊、熊培赤、孙天凤、叶香、国朝忠臣甘文奎、周尚功、孝子黄士宏、余友芳、周道埈，凡二十一人。雍正三年，知县汪云鹏奉旨建。同治四年，移建城隍庙右，即府馆旧址，额曰“忠义节烈祠”。仍祀唐义士傅祁以下二十一人，而以邑人之团防殉难者附享焉。

节孝祠，旧在城隍庙左、忠孝节义祠后。雍正四年，知县高岑奉旨建。同治四年，移建城隍庙右，即忠义节烈祠后进，六年以历代贞孝节烈妇女题准崇祀于此。

文公祠，旧在小北门外，祀宋信国文天祥。元初，公子孙自吉徙此，立祠。明嘉靖间巡按朱豹、巡抚陈察，疏请岁春秋祀。今迁建城隍巷。

武当行宫，在细彩湾。庙庑雷神，素称灵应。明天启间，有巨樟压于河，梗流坏舟，商人苦之。居民率百余人挽不能起。知县冯起纶祷于庙，越日，风雨大作，若雷自殿庑出，挈樟至岸。冯上其事，定于六月二十日祭。

吴公祠，在西门外，祀明知县吴达可。今圮。

张公祠，在登仙坛旁，祀明知县张廷拱，今圮。

江公祠，在平丰垱。祀明知县江朝宾，今圮。

陶公祠，在戴家巷口临街。祀明署知县陶以诗，今圮。

徐公祠，在登仙坛旁，祀明知县徐扬先，今圮。

冯公祠，在西门外，祀明知县冯起纶，今圮。

沈公祠，在治前右偏，祀明知县沈斯栋，今圮。

刘公祠二,一在北门外，祀明知县刘璲，正德间即普庵堂为之，每岁后山川坛祭，仪品如名宦祠。一在高升门外，滨江。今圮。

韩公祠，在治东寿昌寺旁，祠明知府韩弼。

报公祠，在县治仪门外，架房前。祀晋令雷焕，唐令柳浑，明知县韩弼、曹大川、徐子器。万历间知县吴达可建，明末毁，址为民房。

刘徐二公祠，在华严寺侧。明嘉靖间，巡抚刘光济、知县徐子器丈粮清税，因立祠祀之，今圮。

华公祠，在平丰垱。祀明知县华士标，今圮。

汤公祠，在大东门外大路口。祀明知县汤兆京，李琯、徐即登有记。今废。

天符庙，旧在小东门外，邑人涂具质建。咸丰元年，合邑商民移建于儒学西数十武。

三王庙二,一在高升门外，一在正法寺东。

二王庙，旧在西门外官垱。乾隆壬子堤决漂没。同治十年，合邑商民移建于西门外石桥湖。

斗门庙，在城南石闸上，为水口镇。

沙冈庙，在登仙门外。

令公庙，在馆驿前，新建。

坛头庙，在折桂门外。

寺观

寿昌寺，治东，唐马祖建。邑人潘清隐施，僧闻修募修。旧时祝釐习仪于此。寺东有关帝庙，署知县高培建。

正法寺，在治东。晋时邑人傅士华施地，南塔涌禅师建，内分十院。顺治庚子，知县何士锦同邑绅创师表堂，僧如初以贮全藏经。

白云庵，东门内城隅。明罗洪先寓此，有诗，见《艺文》。今废。

西禅寺，城西，旧名胜因，唐时建，今废。

南禅寺，登仙门外，今废。

竹林庵，登仙门外，杨柳湖侧。今废。

华严堂，大东门外，沙白亭寺外，石路僧月澄募修。

连珠寺，小北门外。邑人杨、范、蒋三姓公建，僧泰钦重修，后移建城隍庙内左侧。道光二年，僧光斗重修。

广慧寺，折桂门外。

青云庵，登仙门外，今废。

能仁寺，斗门外，今废。

白衣庵，斗门外，今废。

万寿宫，治西大井头。祀晋真人许逊。雍正十年，知县刘象贤即蔡公讲堂改建。

清都观，在西门内阙家山。晋真人甘战升仙，飞篁坠地，遂生丛竹。每风和露澄之夕，空中有箫管声，道士黄绍宗因建飞篁观。宋末废，存址。明初，南湖李氏撤新创建，始改今名。

白鹤观，在西门内严家山。晋真人甘战飞升于此。族人建飞仙庵，后改广福观。唐高宗封禅，见白鹤飞翔，诏天下未赐观额，皆称白鹤，故名。今废。

高原福地，斗门外仁里坊。

应元宫，高升门外，旧名金凤山。道士唐丹霞募族地基创建，乾隆八年毁。道士江太陋重建，今复毁。

阳灵观，小北门外。邑人涂文昭、杨三荣施建地。旧有蛟穴，因创观祀真武像镇之。

北宸山，小北门外，滨江。旧名普庵堂，圮。嘉庆二十三年，道士陈复贵募重修。

登仙坛，城西官垱头，为堤埽镇。

普明堂，西门外官垱。

以上皆附郭。

各乡

坛

里社坛，凡三百二十四所，建于各里，今废。

乡厉坛，凡三百六十所，亦各里建，并废。

祠庙

剑池庙，即古龙津庙，在登仙乡荣塘。祀晋司空张华、县令雷焕，旧名剑池庙。宋绍兴中，赐额“龙津”。嘉庆丙寅，土人重修，仍额曰“剑池庙”。西改“龙津”为僧舍，东建天符庙。

太仙庙，在北湖，旧名龙光庙，祀晋张华、雷焕，唐李白。

宿冈庙，在登仙乡钱塘，旁为文昌阁、汇善庵。

尚山庙，在九都，宋时里人掘井，得沉香木，众异之，因肖像建庙。水旱疾疫，祷则应。旧为乡约所，外有义图石碑。

老天师庙，在巍里，祀汉真人张道陵。

灵惠庙，在长安乡，祀唐庐陵黄元二子□、烨。

寻毂庙，在三十四都二图，祀刘先帝孙北地王。

谌母庙，在罗山，旱求雨辄应。

张睢阳庙，在郭坑。

壶山庙，在三坊莲花桥，距县二十五里。明孙世佑有记。

彭塘庙，在贞文书院北，祀唐清源妙慧真君。

城山庙，在折桂乡，祀宋岳武穆、文文山、谢叠山。

灵槎祠，在广丰乡故县，晋时富城乡白石墓有大木，民伐以献，次独楮津，木忽逆流至此。江鱼数万拥护，人异而祀之，号泛槎神。太守范宁奏闻敕封，宋绍兴中，赐今额。

湘舍庙，在四十三都二图上溪。

超山庙，在富城乡。晋范登云尸解于此，因祀之。

河头庙，在石滩桥。

东泽庙，在大顺乡，明永乐二年建。

高埂庙，在小港口。

厚郭庙，在正信乡。唐义士傅祁御寇，战没于此，乡人立庙祀之。张自明、彭教有记。

宗贤祠，在楮山。祀汉徐孺子、唐王季友、宋胡安国以下凡十有二人。咸淳中，尚书雷宜中即龙泽书院改建，元范登有记，见《艺文》。

谌公祠，在焦坑墟。咸丰八年，候补知县谌汝楫追剿败匪，战没于此，乡人立祠祀之。汝楫，瑞州高安人。

以上河东

三贤祠，在龙头山巅。祀朱子及邑贤李义山、寓贤姚勉，即旧龙山书院。明李梦阳有记，查慎行有诗，见《艺文》。道光四年，知县徐清选倡捐重修。

大桥庙，在曲江矶湾。明嘉靖二十三年，旱。典史王栋祷雨有验。

威显庙，在宣风乡杨梓洲，唐李承鼐战没葬此，著灵异，土人即墓侧立庙祀之。南唐徐铉有记；宋绍兴二年，敕封今额。

雷祖庙，在雷王岭，旱可祷雨。下为近鹤寺。

南神庙，在清潭。山神甚著灵异，乡人祈祷立应。咸丰十一年，经兵燹，庙尽毁。同治十年，阖〔间〕团捐赀重建。

罗湖庙，在罗湖水口。

聂公庙，在九坊兴仁乡，十四团公建。

三渡祠，在松湖旌阳三渡处，其地有杖井、仙亭、晋枫诸迹。

天符庙，在九坊兴仁、归德二乡，八团公建。

清潭庙，在九坊兴仁、归德二乡，八团公建。

萧仙庙，在九坊美狮岭。唐时建，明清溪李佥宪重修。
隍城庙，在九坊归德乡，旧名仰山庙。明知县谢龙文以其里名易之。
周德威庙，在皮湖螺溪。公为后唐名将，父子死于王事，后裔立庙祀之。
以上河西。

寺观

龙沂庵，在登仙乡，滨堤。上有斗母阁。
梵慧寺，在北湖，唐马祖建。
苏山寺，在剑池乡十五都。
资善寺，在二坊曾家山，唐马祖建。
青果寺，在长安乡蒋家楼。
大明寺，在大坑蒋家楼，今废。
瀑水寺，在二坊大街，甘姓建。
寿圣院，在长宁乡，宋祥符间建。
圣乘院，在龙门山西。
定慧寺，在下蓝溪，祀晋时本乡女仙。
连珠寺，在长宁乡四十都，宋时东湖邹伯宗建。
元贞寺，在流溪。
北屏庵，在广丰乡五十六都，杨姓建。
白云寺，在广丰乡。
槠山寺，在广丰乡。
石滩寺，在石滩桥侧。
七宝寺，在龙门
靖氛寺，在故县。熊明璞建，今废。
圆觉寺，在正信乡。
云中寺，未详。
龙泽智度院，在槠山，宋僧广照建，胡寅记。
白塔阁，在同造。孙缉有诗，见《斗间宝气集》。
镇龙庵，在落鹭口。李坊李大岐建。
永福寺，在长乐乡。
紫霄观，在登仙乡五都。许真君尝炼丹于此。
紫府观，在剑池乡。晋曾亨洗药处。
崇仙观，在梅仙乡十都。晋真人曾亨炼丹于此，宋道士朱肖庵建。
金华院，在金华山巅。
吴珠塔，在长宁乡，祀浮邱、王、郭三仙。
仙林观，在会昌乡三十四都，旧名兴元，晋尹真人道场。
丹霞观，在富城乡，晋王、郭二仙经游处。梁道士黄空洞建。

胜灵观，在大顺乡，晋浮邱公经游处，宋道士张庆斋建。

尧坛观，在尧山。

景福观，在钟城山。

招云观，在正信乡，王、郭二仙经游处，宋道士张坚建。

大陂庆云庵，在城东六十四都二图，明吴康斋先生曾讲学其中。

普惠寺，在茅园嘴垱内。

湖东观，在二都五图旁有罗□□□□，历年甚远。

以上河东。

西来山，在治西大安渡口，周围数里为李裕牧马洲。明孝宗时，裕致政归里，捐建西竺庵。正德间，裕子概复于西偏构数椽，为李裕享堂，至国初，改今名。

宣妙寺，在株林桥头。

方广寺，在赤冈。

无为寺，在兴仁乡塘坊，唐建。

华严寺，在兴仁乡，马祖建。

光福寺，在兴仁乡八十三都，马祖建。

清潭寺，在兴仁乡清潭岭下，僧枯木募建。

莲花寺二,一在槎熩市，一在西乡莲花桥。

香社寺，在宣风乡，宋僧明霞建。

正悟寺，在宣风乡。

法忍寺，在曲江，今废。

海慧寺，在感山，宋僧云卧建。顺治间，僧洞明重修。宋姚勉尝寓此，前有止蛙池。

水草园，在宣风乡枣梨冈，即古法华寺，邑人唐金星施建。僧犊如重修，寺东建拜经台、四宗堂。雍正间，知县高岑与僧犊如结松莲诗社于此。

香社院，在宣风乡，宋时建，今废。

海觉院，在龙雾洲，东有睢阳庙，西为文昌阁。

慧灯寺，在宣风乡，马祖建。

凝福寺，在七坊奇峰山。

回龙寺，在八坊南溪里，欧阳炳有记。

正觉寺，在枫树下。

益龙庵，在兴仁乡吴山里。

洛伽古刹，在洛伽山。

定明寺，在长丰乡，马祖建。

金凤寺，在九坊归德乡坪塘围，公建。

普照院，在长丰乡。

正宗寺，在归德乡，宋僧空庵建。

净住寺，在归德乡，马祖建。明进士吴道南尝读书其中。寺外有观音峰、马迹泉，石凳、石门、无字碑、蒲团山、活埋处诸胜。寺门双柏塔，苍然出翠微上，相传为前千年物。

近鹤寺，在归德乡，旧名慈观寺。

莲池寺，在归德乡飞凤山。

三圣寺，在小华山巅。寺前有一笑桥、伏虎石、寒牛洞、玉几峰。明大学士朱善、姜曰广皆有诗。

林泉寺，在归德乡。

东岳观，在曲江。

梅仙观，在宣风乡。汉梅福修炼于此，后立梅仙庵。

冲灵观，在兴仁乡，道士游希元建。

成仙观，在兴仁乡。许旌阳手植杉树，唐道士喻立建。

兴云观，在兴仁乡。许旌阳经游处，元道士邬自闲建。

乌石观，在宣风乡乌石冈，旧名至德，晋许旌阳修丹于此。唐道士万石泉建。

悬履观，在归德乡。一名集虚，许旌阳尝憩此履悬，故名。下有剑泉。道士傅仲义建。

道坛观，在云庄。

以上河西。

旧按云：丰之神，列祀典者备矣。其香火崇祠，仙佛广院，无虑数千。自非芥子、壶公，施必有主。顾其先祖若父，破悭囊，布净宇，以为功德地。迨年湮世远，子孙争檀樾名，至于宗亲为狱、乡里成仇。积岁时，倾赀业而不自顾者，相属也。吁，亦愚矣哉。

公廨（坊表附）

公馆，在治东武庙后，乾隆七年，知县朱怀栻建。

察院署，在治东二百余步，明洪武二年建。明末废，存址。前至街，后至湖。前阔四丈，后阔九丈八尺。今为城守营署，前有熊尚书解元坊。

布政分司署，在治西城隍庙左，明正统九年知县朱瑄建。明末废，存址。直深一十三丈，前阔四丈三尺，后阔二丈。雍正三年，知县汪云鹏，奉旨建忠义节孝祠，后又废，存址。同治五年，改建历代贞孝节烈总坊。

南昌道署，在治东，正法寺西，今废。

府馆，在治西城隍庙右，明成化间知县李廷聪建。寻毁，知县吴嘉聪重建。明末废，存址。直深十三丈，前后横广四丈五尺。同治四年，改建忠义节烈祠。

考棚，在盛家洲后。嘉庆十二年，筱塘李海麟捐建。基址纵一十八丈，横一十四丈。系购得涂、黄、朱、夏数姓地契，券存公门。外至屏墙，空地一片，系盛姓公捐，为应试士子站立之所。其制：前头门，次二门，中大堂、暖阁，后为阅卷内署，分列东西考棚，各计十六架、十五间，试案坐板，共计一千八百号，庖湢皆具，周以垣墙。邑人杨道南有记。咸丰八年，因墙垣倾圮，号板残缺，阖邑派费修理。

支应局，在县治仪门内，今废。东入县丞廨内，西为班房。

税课局，在治西、刘公祠北。洪武二年，州尹强立创于云津坊。七年，知县齐景明同局副使朱文华，迁治右五十步。正德八年毁，后复改建，今废。

旌善申明亭，治前二所，今废。各乡八十九所，地未详。

操场，明弘治前，设于仙坛垱，旋迁瓷窑湾。沈佥宪复购虹桥外民田为之。崇祯间，知县谢龙文修，寻废。

铺舍　县前总铺：铺司一名，铺兵四名。梅冈铺：距县十里，铺司一名，铺兵二名。丁坊铺：距县二十里，铺司一名，铺兵二名。新店铺：距县三十里，铺司一名，铺兵二名。黄埠脑铺：距县二十里，铺兵二名。

拖船铺：距县三十里，铺兵二名。泊濂铺　距县四十里，铺兵二名。

汛十（旧派兵，属水师营，今归城守兼辖）：丰城县汛（生员唐仁杰等捐地建）、黄埠脑汛、拖船埠汛、新市街汛、老浒洲汛、曲江汛、杨梓洲汛、大江口汛、小江口汛、古杜家汛。

剑江驿，距北门西半里许，滨江。初建县治北，因宝气亭为之。至元二十五年，移黄金城。越二年，仍建旧所，名水东驿。大德八年，州尹刘民则增建楼。洪武初，州尹强立迁今所，崇祯末废。康熙甲辰，知县何士锦复建，今废。

马驿二,一在马驿巷，一在洪河桥侧，俱废。

养济院，在治东北广惠仓之右。

育婴堂，初名救超亭，在西门外二王庙侧，今废。康熙壬子岁，举人黄锎捐百八十金，增生陆三奇捐百八十金、谷百石，倡立育婴会。今遗业岁收存礼科，备书院束脩、官课奖赏及荐举花红等费。咸丰九年，知县哈尔噶尚阿，兴复育婴旧典，立六文会，按月倡捐五千股，共费千余金。邑绅捐助有差。购买西门内清都观巷口店房五所，又于地丁项下每两拨钱五文，按月向内署帐房算领，设立育婴堂于万寿宫之右，并撰记二首，勒碑大堂，记附《艺文》。同治六年，邑绅将历年余积，会同长春质生息成本壹仟伍百串；同治九年，职员任灿英捐后街店房四所，为育婴善后之资；知县哈尔噶尚阿除拨款外，前后捐钱壹仟贰拾壹串；同治元年，知县毕亮除拨款外，捐廉贰百壹拾串；同治三年，知县张师亮除拨款外，捐廉伍百零肆串；同治五年，知县陈汝霖除拨款外，捐廉叁百陆拾串；同治七年，知县王明璠除拨款外，捐廉贰百壹拾陆串；同治十一年，知县汪绶之以经费不充，限于定额，每逢续有举报致极贫者，多所向隅，除拨款贰百肆拾余千文外，复捐廉银壹百两；并署内友丁乐助钱壹百贰拾千文，首为之倡。继据邑绅曹春荣捐钱壹百千，连旧存之款发商生息。其余绅民乐书计，每月续股分已及乙千贰百股有奇。扩充旧额，除以前倡首邑绅、泰和教谕、举人文炳汉，湖南署龙阳知县陆运景、湖北候补县丞陆运升、浙江长林盐大使陆际元、代理湖南桂阳州判涂焕新、历署南康吉安府教授周文郁、游击衔刘炳、州同衔刘志光、附贡陆运会、李嘉植、廪生蒋之炯、例贡邱炳南、生员雷炳离、监生万光国、丁人骥、黎辉廷外复延，附贡葛成章、增贡李培本、例贡周宣礼、运同衔唐增荣、州同李林魁、任灿英、例贡汤崇福、附贡李灿蓉、从九崔恢慧，双月从九陆际培、生员邱泽林、例贡黎中淮、监生雷浚源，双月县丞陆昌经、监生任芳华、从九余学海、州同涂仁寿、监生刘滋槐、例贡刘经畬、武生葛合鹏、例贡李曰林、职员陆鳌、武举周定邦、教职陆如照、生员周宗瀚等，按年轮月，董司其事。禀奉大宪批准立案，以垂久远。复查：据前县唐先霖扎论廪生蒋之燧、文学韩，生员李树玉，监生刘美善等，襄理其事，例得并书。

漏泽园二：一在县北金鸡洲对岸，明知县汤兆京置。又一在大东门外羊埂口，明知县谢龙文置。

矜济堂义冢二：一在小北门外莲花湖地，道光二十八年知县叶济英、余干张敦裕倡首捐置。邑绅陆光诰、范时杰、陆运楠、李嘉植、李培本、廖展绳等各倡捐助有差。收埋浮尸路毙。知县阮克俊记，见《艺文》。一在小北门外镇北庙旁，同治七年，盛廷槐捐。

医学，在县治谯楼外西偏，明弘治间，王尹本俭建，今废。

阴阳学，在医学旁，旧在隍庙左，明从此。今废，

僧会司，旧在寿昌寺，今无定所。

道会司，旧在清都观，今无定所。已上四条补遗。

附记　宾兴会新旧店业共十三所

一、在县城南头上首，坐北朝南，相连并列，店面三间，左右俱三进，中二进。

一、在县城南头上首，坐北朝南，前后共计四进。

一、在县城陆家巷，坐东朝西，系旧张鼎元典内，旁店一所，花厅一所，厨房一所。

一、在县城城隍巷口，坐北朝南，前后共计三进，又后园厂一片。此系慎德典房遗址，变价所买，今归书院收租。

一、在县城治前上首，坐南朝北，一连二进，靠东边廒，堂屋一重，店后园场一段。

一、在县城治前上首，店房后重一所，三扇两间，廒屋一间，围场一角。二店系道光四年，瓘山熊杨铨所捐，以为文昌宫岁修之费，今归宾兴会管业。

一、在省垣洗马池大街，坐西向东，店面二：左前后共二进；右前后共五进，后至总镇署箭道墙为界。

一、在省垣洗马池大街，坐东向西，前后共计四进。

一、在省垣洗马池大街，坐东向西，斜对抚台辕门口，店面二：左一进；右前后共计三进。

一、在省垣洗马池大街，坐西向东，计三进；又连栈房一所。

一、在省垣洗马池大街，坐东向西，前后共计三进。

一、在省垣洗马池大街，坐东向西，前后共计三进。

一、在省垣按察司前大街旺子巷口，坐北向南，前有店面，后有栈房，前后共计四进。

一、在大港口桥头北岸，店房十一所，坐东向西四所，坐西向东七所，岁收租金四百

余串。系同治十一年甘棠职员涂廷选兄弟捐其赁赀，为每届文武新生开门礼等费。有付约界，至存宾兴公匣。

附记　城内育婴六文会店业

一、在西门内清都观巷口。坐南向北，周围石墙。一连五所：左两所共三进；中两所共四进，并后有大园场；右一所共两进。系局绅公置，契三纸存育婴公匣。

一、在后街黄姓屋左。坐北向南，周围石墙。一连四所，俱三进。系任灿英捐出，契存育婴公匣。

一、在东路大街北头巷下首。坐北向南，店房一连两进。

一、在北头巷口。坐东向西，大小相连二所，右园地一小片。

一、在西关外。坐落普明堂，坐东朝西，一连两进，及后拖步，园场、马房各一所，披厝二重。

附记　县城试馆

喻义试馆，在蓝家巷，一坊公建。

广益试馆，在象牙桥，二坊公建。

彦兴试馆，三坊公建。

同人试馆，在丁氏家庙前，四坊四十四都一图公建。

大屋试馆，在黄家巷口，九坊熊节山公建。

附记　省垣祠宇公廨试馆

水次仓，在进贤门右，临河。明知县冯起纶建，后改便兑仓，废，存址。

崇圣殿，在府学大成殿北，北湖吕林育捐建。

五贤祠，在文昌先代殿后西，六坊公建。

文昌先代殿，在府学东北，田西金名标捐建，督学李有记，见《艺文》。

邵公祠，在先代殿西，在城公建。

忠义孝悌祠，在先代殿东，二坊公建。

志道堂，在大成殿东，合邑公建。东为明德堂，茶坑谢安卿建，为本县儒学送考公所。西为瓘山熊杨铨捐建。

明德堂，见前。

李见罗先生祠，在状元桥东，湖北护国庵东。咨部创建，每岁春秋戊祭，由县造具祠四至。册存礼科，再存留本县，支给项下春秋戊祭银：叁两陆钱贰分肆厘。

春秋课试馆，在毛家园。城内文课，公建。

秀斋试馆，在洪恩桥。城内陆姓建。

南湖试馆，在百花洲旁。城内南湖李姓建。

眉庄书屋，在黄家巷。城内南湖李睦堂建。

尚义试馆，在董家塘，一坊公建。

沙湖试馆，在新巷。城内沙湖丁姓建。

梯云试馆，在百花洲旁。三坊桥东公建。

交岭试馆二，俱在火神庙。三坊洛湖桥公建。

荆南试馆，在瓦子阁。三坊三十都南荆段公建。

集义试馆，在万子祠街。四坊石滩公建。

浴室寺，在道德观。四坊瓘山熊姓建。

翘材试馆，在毛家园西。六坊七十三都建。

春风楼，在见罗祠左。李奂建，曹学佺有记，今圮。

五凤试馆，在百花洲前，七坊建。

逢原试馆二，一在傅家坡；一在毛家园：俱八坊公建。

斗北试馆，在状元桥，七坊公建。

聚星书舍，在磨子巷，八十三都六、七、八、九、十图建。

奎光书屋，在磨子巷，上九坊建。

大屋试馆，在状元桥，大屋熊姓建。

附记 京师会馆（义园附）

东馆，在京城前门东长巷下头条胡同，现存头门三间，门之右三间，今为神堂；门之左三间，今为客厅。左右厨房小院各一所。直头门，稍进为二门，内悉废址。周以垣墙，横广如屋，袤倍之。后有巷，有后门，眉有石额，额曰“丰城馆后门”。

旧按云：东馆建置无考。明万历间，尚书范谦、给事罗栋、御史蒋汝瑚等重建时，丰城知县汤兆京内升御史，书堂额曰“日边剑气”。后复圮。国朝顺治，邑绅、进士黄叔铉、余配元、束鹿知县杨于廷、江都知县熊明遂首重新之。余各捐赀有差。其制：前为大门，中为厅，后为堂。堂祀关帝，其左右小厅房及厢廊厨舍备具。堂后为园地，有巷有门抵元帝庙街。康熙时，登莱道丁蕙重新后堂，吏部员外郎李云会重新头门，旧馆一新。历年既久，日就朽塌，废基为居民侵占。后熊介庵乃谋之同乡客长，买回西边前段朱姓罩占之业。徐西屏相与捐修厅房，押赎长班任盗典文契。馆舍既不如昔，馆地且失其十之二三。雍正甲寅，知府饶佺解己囊钱一百贯有奇，并存款二十余贯，因旧椽改造，增置二门，修筑围墙，寻圮。署南皮知县杨其谟、举人郭名达、丁揆元、熊铎、余尚训、敖宗瑚倡议复修，各捐赀斧。邑商文华、熊濂、邹烈士等募捐董事。凡京城内外贸易，及后先来京绅士，并皆乐助，经营重建，渐复旧观。嘉庆六年夏淫雨，馆塌墙圮，屋不一处。时经理馆事、省举人吕新修葺如旧式，存留款项罄尽，费且不敷。寓京举人万光泰、熊际飞、朱炳德、谒选知县敖宗瑚、兵部差官陈祖槐、拔贡杨道南，又各捐助有差。计通费元银一百八十余两。近馆宇及馆后围墙不时坍塌，朽椽废址，旦夕可虞。所望邑豪杰有力者，举隙地而尽屋之，斯世业可复旧观，而宾至亦如归矣。

南馆在京师宣武门外米市胡同保安寺街东口路北，头门三间，二门内东西厢四间，中正厅三间，厅后西厨房一间，后为住房三间。房后小院一所，周围有墙，中层东有小巷。

乾隆甲申年，龙岩州知州金世麟捐金购买杨姓业契，载馆志。永川知县徐文弼、保定知县杨其谟，相继经理。乾隆丁未年，镇平知县敖宗瑚、举人丁猷骏同邑绅重修。道光二年，户部主事吕溶、刑部主事万启心、驻京提塘傅金鳌、会试举人余景昌、文学震、毛辉凤、坐监副贡余兆甲、优贡徐宝书、监生万启茂、供事金锴、夏鼎，共议捐建，万启心题捐五百金为倡，余捐有差。然需费甚大，计现捐不足五之一。道光四年，县重兴各大工。公议拨款重建，众志佥同。急公事者，不可失此机宜也。

新馆在京师保安寺街，坐北向南，共计二十七间，大小亘厂五所。

同治三年，宾兴会购买邑人蔡起凤之业，其地原属官房。咸丰五年十二月十二日奉上谕，准御史宗稷辰奏请，将空旷官房变价备用。咸丰六年，蔡起凤认买。户部给有执照，今宾兴会转买，执照寄京傅大章收存。

丰城义园，明宣德间置，在京师南城沙窝门内、火神庙街细米巷南口外。东为义园，袤广详馆志；西为看坟长班住屋二间，坐北向南，有门有围墙。墙之南有空地，有界石。

义园置自前明。为商京者旅瘗之所。年久几失其业。乾隆间，邑人敖宗瑚、丁猷骏等密访附近居民，得实，清还故业。乾隆五十八年，吕新、袁椝、杨筠、李庆云、陈祖槐、熊礼阳、杜珩、李显谷、高光照、高化龙、郭培德、罗福松等共捐金于园中建义塔，收藏暴骸。

同治九年，五坊万启琛捐银五十两，三坊邹在胜、四坊杨亨各捐银贰拾两，四坊李镛捐银拾伍两，四坊范正明、范作楫、范思质、范思斐、范思永、万益之、熊金镛及三坊桥东各捐银拾两，四坊杨黼堂、五坊杨作舟各捐银五两，傅大章经手修理。

附录京师买地契卷二：

立卖坟地契人班文鳞，大兴人。今因无钱使用，只得将祖遗坟地一片，坐落细米厂，计东西长六丈六尺，南北长四丈四尺，东至孟姓，西至官道，南至孟姓，北至丰城义园，房屋墙为界。其地四址开明，托中出卖于江西丰城会馆名下承买为业，当日三面言议，时值价银九两正。自卖之后，任凭买者永远管业，或葬坟，或取土，均无得异说，其地并无当契含混及重契不明。如有不明，出卖人自理。明白不干买者之事。买卖二家情愿，并无贪谋勒逼等情，恐口无凭，立契永远存证。

一批价银当日交讫。

一批内有古坟一冢，只许祭扫，不许再葬。

一批老契一纸，年久遗失，无从缴出。

大兴县印一百五十三号。代笔人唐德山，凭中人朱永顺、唐德山。

同治八年五月十六日，立卖坟地契人班文麟同前立卖地契人陈子山，今因乏用，将自置铺面房后院地一段，南北东三面墙脚，东至河间会馆，北至河间会馆，南至出业人店，房西至丰城会馆为界，地内有大树一棵，此地坐落北城日南坊、五铺果子巷内、驴驹胡同西头，路北油盐店后身。今凭知底中保人说合，情愿卖与丰城会馆　　　老爷等名下，承买永远为业。三面言定，实卖地价京平纹银贰拾两正，其银笔下交足，并不欠少。自卖之后，倘有远近亲族长幼、弟男子侄争及，重复典卖来路不明等情，均有卖地主同知底中保人一面承管，恐后无凭，立此卖地契为证。　再批此地，业已在老契内批明。

中保人王升　　崔升

宛平县印四百四十七号

同治四年四月初二日立卖地契人陈子山

坊表附

邑中

忠义（为丁尚书铉立）、世列堂卿（为游府尹季勋立，圮）、宫保尚书（为尚书李遂立，圮）、达尊（为尚书李裕立）、桂山坊（为赠尚书杨崇等立）、进士（为甘勋立，圮）。

大宗伯（为尚书杨廉立，圮）、三世尚书（为尚书范谦三代立，圮）、六国旬宣（为布政使熊鸣岐立，圮）、青宫元辅（为尚书范谦立，圮）、南国文宗（为御史徐鉴立，圮）、奕世楚命（为主事熊汝学立，圮）、历代继美（为御史李琯立，圮）。

天官大夫（为吏部郎中万寀立，圮）、解元（为尚书熊尚文立）、纶浩同褒（为封郎中万芹万洪立）、登瀛（为翰林曹寿立，圮）、青琐世臣（为给事夏栻立）、科第传芳（为通判雷述巡抚贺立）、金殿传胪（为知府涂铉立）、方岳（为参政夏希纯立）、涂山丛桂（为知府涂铉立）、二大夫第（为万氏立，圮）司马第（为通判黎汴立）、直道匡时（为知府范梅立，圮）、天卿坊（为尚书李裕立）、大京兆（为府尹杨铨立，圮）、奕世济美（为员外杨惟相立，圮）、五经科第（为侍读孙曰恭兄弟立，圮）、二卿坊（为少卿黄节立）、多士（为沙湖丁氏立，圮）、金榜流芳（为沙湖丁氏立，圮）、三聘儒宗（为征士丁杰立，圮）。

会魁（为少卿丁炼立）、金瓯鼎望（为尚书邱士毅立）、尚书第、宝翰楼、世列天卿（为尚书唐大章三代立）、鼎甲宗工（为探花孙曰恭立）、司空（为尚书雷礼立，圮）、进士（为御史涂畴立，圮）、豸绣（为御史夏环立，圮）、腾蛟起凤（为通判雷述立，圮）、同台四柱史（为御史鄢懋卿、黄国用、徐南金、喻时立，圮）、一科双解元（为本省解元李贵南、雍解元孙溥立，圮）、大司寇（为尚书丁铉立，圮）、秋官（为郎中高宇立，圮）、青云（为赠进士高洁立，圮）、都谏（为都给事李汉立，圮）、都宪（为都御史孙曰良立，圮）、尚书（为尚书喻茂坚立，圮）、进士（为郎中刘巽立，圮）、方伯（为布政任礼立，圮）、豸绣（为御史喻时立，圮）、天衍蜚音（为北畿乡进士丁余庆立，圮）。

孝子坊二（一为杨嗣尧立，前明建，今圮，一为副贡余有芳立）。

节妇坊二十有五：一在城上，为生员黄翾妻雷氏立。一在寿昌寺前，为黄汝鲸妻熊氏立。一在水口街，为任夔妻孙氏立，圮。一在城上，为黄季逊妻吴氏立，圮。一在东禅巷，为丁绅妻范氏立，圮。以上俱前明建。一在西门内城隅，为熊大秀妻褚氏立。一在余家巷，为甘日焜妻陆氏立。一在桂山坊巷，为甘城妻余氏立。一在大井头，为余钦爵妻聂氏立。一在仙音巷，为陆浚濂妻雷氏立。一在仙音巷，为陆宗道妻杨氏立。一在留书巷，为生员何岳妻张氏立。一在小北门城隅，为匡懋贤妻崔氏立。一在智林巷，为主簿朱熿妻杨氏立。一在城上，为黄承芳妻杨氏立。一在大东门内，为万伯埙妻任氏立。一在后巷，为孙志学妻李氏立。一在太平巷，为杨肇龙妻谌氏立。一在仙音巷，为陆跃龙妻李氏立。一在大北门，为唐秉泰妻涂氏立。一在大北门，为万光旭妻杨氏立。一在学前，为李绍宗其熊氏立。一在学宫西大街，为涂山蕡妻陆氏立。一在象牙桥，为监生黄曰山侧室汪氏立。一在观音巷口，为徐光宗妻陆氏立。

历代贞孝节烈总坊　在城皇庙左，即布政司行署，址同治。五年题请敕建。

百岁坊三（一在沙上，为刑部员外郎杨惟相母李氏立。一在曾家湖，为夏廷恩妻陆氏立。一在智林巷，为沙湖丁猷　蒋氏立。）

附郭

世进士（为杜氏立）、专城（为知府杜礼立）、两部侍郎（为侍郎杜拯立）、豸绣（为副使杨瑄立）、进士（为杨瑄父子立）。

各乡

双豸（为按察使范镛、御史锳立）、翰苑流芳（为检讨范兆祥立）、大中丞（为侍郎孙世祐立）、大中丞（为都御史李遂立）、进士（一为李彦立，一为李延立，一为李金立）、大学师儒（为祭酒李玑立）、豸史（为御史李崴立）、盛世逸才（为封郎中李万苹立）、谏垣（为给事李逢建）、乔梓流芳（为长史李镛、郎中浙立）、双桂（为都谏李东华、长史东苹立）、世进士（为苦竹游氏立）、宪台风纪（为御史黄国用立）、方岳（为参政黄琥立）、五马（为知州黄浔立，圮）、御史（为御史罗鹄立，圮）、进士（为雷城立）、大司空（为尚书雷礼立）、黄扉司谏（为给事中张益立，圮）、世代名贤（为朱氏立）、内台总宪（为都御史鄢懋卿立）、翰林坊（为大学士朱善立）、太史（为编修胡杰立）、青宫赞善（为赞善郭希颜立）、少卿（为光禄少卿胡洁立）、绣衣济美（为御史涂棐立）、进士（为御史熊卓立）、天官（为吏部郎中胡绪立）、世进士二（一为旗塘胡氏立，一为苦竹周氏立）、棠棣联芳（为知府熊廷相、知州廷栋立）、三世尚书（在九坊，为喻茂坚立）、双桂联芳（为瓘山知州熊一定、推官一中立），亚魁（为瓘山知县熊明遂立）、进士第（为白沙罗拔立）。

孝子坊三（一在三坊苦竹，为周道埈立；一在五坊古沂塘，为举人黄士宏立；一在一坊潭埠为监生熊明赉立）。

节妇坊六十六。一在楂村，为范岍妻孙氏立。一在湖茫，为赠尚书李与镐妻林氏立。俱前明建。一在乌溪，为生员龚珩妻郭氏、龚定远妻甘氏姑媳双节立。一在湖北，为生员熊伟妻酆氏立。一在北湖，为丁朝印妻徐氏立。一在蛟湖，为徐之轫妻何氏立。一在桥头，为袁应楫妻蒋氏立。一在桥门，为揭镇妻丁氏立。一在侗车上，为邹维秀妻魏氏立。一在金墈，为罗兴元妻毛氏立。一在溪上，为陈愈藩妻揭氏立。苦竹二：一为游洪甲妻李氏立；一为游焕章妻甘氏立。一在乌石为周惟正妻张氏立；一为周廷相妻傅氏立。一在湖茫，为生员李寿妻熊氏立。　筱塘二：一为李樒妻胡氏立；一为李敬妻刘氏立。一在塘栗山，为邬汝权妻刘氏立。一为周光叶妻郑氏立。一在艾冈，为刘文汉妻李氏立。一在香炉坑，为叶锡宗妻徐氏立。一在瞿塘，为潘非谅妻熊氏立。一在密岭，为熊元宧妻胡氏立。一在游家山，为游洪兰妻熊氏立。一在东坑，为魏邦遴妻任氏立。一在罗舍，为周永圣妻邓氏立。一在陇城，为林欲华妻王氏立。一在瓘山，为熊明达妻余氏立。一在高桥，为熊高李妻杨氏立。一在露溪，为文童杨浹之妻袁氏立。一在北湖，为吕钟玉妻徐氏立。一在荣塘，为陈汉度妻聂氏立。一在陇城，为林象明妻余氏立。一在板桥，为傅沛桂妻鄢氏立。一在浒溪，为杨应栋妻熊氏立。一在泊濂，为朱其惟妻杨氏立。一在流溪，为萧仕福妻熊氏立。一在故里，为鄢维康妻周氏立。一在秀才埠，为于世启妻熊氏立。一在湖北，为熊嗣掞妻葛氏立。一在冈上，为王遴妻徐氏立。瓘山二：一为赠朝议大夫熊杨铨妻李氏立；一为贡生熊绍魁妻余氏立。乌桕塘二：一为赠儒林郎杨尚广妻刘氏立；一为职员杨际岱妻詹氏立。一在金坊，为金至慈妻林氏、金安招妻黄氏合立。一在高桥，为熊景经妻徐氏立。一在高桥，为熊运琏妻杨氏立。一在源岭，为朱光诰妻陈氏立。一在筱塘，为李允刚妻袁氏立。甘棠北下二：一为涂懋槐妻陈氏立，一为涂希耀妻周氏立。一在大窠口，为范霞先妻朱氏立。一在门楼，为黄道城妻罗氏立。前村二：一为熊国璋妻游氏立；一为熊炳元妻李氏立。甘棠齐家园二：一为涂劲妻雷氏立；一为涂隆蒲妻李氏立。一在筱塘，为李以周妻潘氏立。一在同造，为孙光族妻黄氏立。袁坊三：一为袁道庚妻吴氏立；一为袁孔训妻夏氏立；一为袁孔巽妻王氏、袁道缉妻熊氏、袁叔光妻范氏、袁克澄妻闵氏、袁云凤妻饶氏、袁克桂妻龚氏、袁克东妻吴氏、袁文松妻王氏、袁文金妻吴氏、袁绍梅妻詹氏、袁克福妻周氏立。一在六坊里西，为鄢国选妻谢氏立。

百岁坊八：一为林桥秩妻管氏立。一为长史游丽立。一为知县刘文炳妻卢氏立。俱前明建。一为李孟咸妻雷氏立。一在道塘，为葛承环立。一在庄前，为熊衍扩妻李氏立。一在青蓝，为徐有松妻傅氏立。一在莜塘，为李清国妻潘氏立）。

五世同堂坊一：在南槎，为邹学逵妻熊氏立。

乐善好施坊：一在枫溪，为监生聂因翥继配黄氏立。一在北湖，为徐兆谨立。一在太阳庙，为熊开泰立。

卷之四　食货志

户口　田赋　仓储

圣式负版，为重民数。
丰于元时，已称既庶。
生聚日繁，用多田赋。
三则升科，秋粮夏税。
胜国横征，闾阎罔诉。
圣世深仁，征收有度。
蠲税减浮，咸沾雨露。
仓仿常平，守国先务。
纵值凶荒，备之有素。
食德饮和，民生以裕。

——作《食货志》。

户口

原额人丁妇女共柒万伍千叁百伍拾捌，丁口自康熙元年起至五十五年，各届编审，共新增人丁叁百陆拾贰丁，妇女壹百贰拾贰口。自康熙五十五年，至乾隆三十六年，各届编审，共新增人丁柒百叁拾柒丁，妇女贰百肆拾贰口。

嘉庆十四年，核通县土著烟户，共壹拾万玖千陆百肆拾叁户，男妇大小共伍拾叁万肆千捌百肆拾伍丁口。

道光三年，核通县土著烟户，与嘉庆拾肆年同，男妇大小共伍拾陆万零柒百壹拾捌丁口。

同治十年，核通县土著烟户拾壹万壹仟陆百肆拾伍户，男妇大小共伍拾陆万贰千柒百贰拾丁口。

田赋

顺治二年，诏丁粮依明万历初年则例，蠲免三饷。

一户肆万肆百肆拾。

一口叁万肆千玖百五拾肆。

一官民田地山塘共壹万肆千伍百柒拾贰顷伍亩玖分柒厘捌毫。

顺治九年四月，裁改编款解部银两有差。

顺治十年，题准开除荒塞入官田地山有差。

顺治十一年二月，题准开除逃亡人丁有差。

顺治十二年四月，复裁解部银有差。

顺治十四年，编审人丁妇女。

顺治十六年，《赋役全书》成。

雍正二年，奉世宗宪皇帝准，减南昌七州县浮粮银共柒万伍仟伍佰肆拾玖两零，丰城县实减去浮粮银贰万壹仟壹佰叁拾叁两柒钱玖分零。

乾隆二年，高宗纯皇帝再减浮粮银壹万伍佰陆拾陆两捌钱玖分。

乾隆三十三年，特恩蠲免漕米一次。

乾隆三十六年，皇太后八旬，蠲免条银一次。

乾隆四十三年，皇太后升遐，蠲免条银一次。

乾隆四十七年，高宗纯皇帝七旬，蠲免漕米一次。

乾隆五十七年，高宗纯皇帝八旬，蠲免条银一次。

嘉庆二年，仁宗睿皇帝受禅，蠲免条银一次。

嘉庆四年，高宗纯皇帝升遐，蠲免漕米一次。

道光十四年，南昌、丰城等二十二县水灾，奉旨豁免道光十年以前正杂民欠一次。

道光二十五年，奉恩旨豁免道光二十年以前正杂民欠一次。

咸丰元年，奉恩旨豁免道光三十年以前正杂民欠一次。

同治元年，奉恩旨豁免咸丰玖年以前正杂民欠一次。

国赋在民，民生不易。列圣轸念民瘼，屡赐蠲除。隶宇者，此何如厚幸欤！因敬书简端。

田地山塘八则图式

一则上田　每亩原编粮差并加增，共银柒分柒厘伍豪陆丝捌忽伍微肆纤，内除先后清减浮银外实编银肆分柒厘叁毫贰丝捌忽陆微陆纤。本色米伍升捌合玖勺伍撮贰圭捌粟。

二则中田　每亩原编粮差并加增，共银柒分肆毫柒丝陆忽捌微陆纤，内除先后清减浮银外实编银肆分叁厘壹忽陆微肆纤伍沙本色米伍升叁合伍勺壹抄柒撮陆圭柒粟。

三则下田　每亩原编粮差并加增，共银陆分贰厘玖毫伍丝伍忽肆微陆纤，内除先后清减浮银外实编银叁分捌厘肆毫壹丝贰忽肆微伍纤伍沙。本色米肆升柒合捌勺叁撮陆圭。

四则湖田　每亩原编粮差并加增，共银贰分贰厘贰毫贰丝柒忽陆纤内除先后清减浮银外实编银壹分叁厘伍毫陆丝壹忽玖微伍沙本色米壹升陆合捌勺陆抄壹撮玖圭。

一则地　每亩原编粮差并加增共银贰分叁厘伍毫玖丝贰忽肆纤，内除先后清减浮银外，实编银壹分肆厘叁毫玖丝肆忽柒微肆纤伍沙。本色米壹升陆合贰勺捌抄肆撮陆圭贰粟陆颗。

一则山　每亩原编粮差并加增共银陆厘叁毫捌丝陆忽玖纤，内除先后清减浮银外，实编银叁厘捌毫玖丝陆忽肆微玖纤伍沙。本色米肆合捌勺伍抄壹撮伍圭柒粟。

二则山　每亩原编粮差并加增共银叁厘叁毫捌丝贰忽伍纤，内除先后清减浮银外，实编银贰厘陆丝叁忽伍微陆纤伍沙。本色米贰合伍勺陆抄玖撮叁圭柒粟。

一则塘　每亩原编粮差并加增共银叁分叁厘壹毫伍丝柒忽叁微壹纤，内除先后清减浮银外，实编银贰分贰毫叁丝壹忽壹纤伍沙。本色米贰升伍合壹勺捌抄玖撮陆圭肆粟。

一、户口

原额人丁妇女共柒万伍仟叁百伍拾捌，丁口内优免人丁贰仟叁百玖丁伍分，各派征不等。原编起存各款银共伍仟玖拾玖两贰钱柒分捌厘捌毫，内于顺治拾壹年题准开除逃亡人丁壹万捌仟叁百贰拾伍丁，该减银贰仟贰百肆拾捌两五钱玖分伍厘叁毫，复于顺治拾肆年编审新收人丁抵足外，自康熙元年起，至五十五年止，各届编审共新增人丁叁百陆拾贰丁，妇女壹百贰拾贰口，共增丁口银肆拾伍两叁钱柒分伍毫，见在原编完赋，男妇共柒万伍仟捌百肆拾贰丁口，共应编银伍仟壹百肆拾肆两陆钱肆分九厘叁毫。

一、人丁

原额叁万捌仟玖拾肆丁伍分（每丁编银壹钱贰分贰厘柒毫陆忽肆微叁纤）。

原共编银肆仟陆百柒拾肆两肆钱肆分。

原逃亡壹万捌仟叁百贰拾伍丁，减银贰仟贰百肆拾捌两伍钱玖分伍厘叁毫，即于顺治拾肆年编审新收人丁抵足讫。

又节届编审新增人丁叁百陆拾贰丁，增银肆拾肆两肆钱壹分玖厘捌毫。

见在人丁叁万捌仟肆佰伍拾陆丁伍分。

计编银肆仟柒百壹拾捌两捌钱伍分玖厘捌毫。

一、妇女

原额叁万肆仟玖百伍拾肆口（每口编银柒厘柒毫玖丝叁忽陆纤）。

原共编银贰百柒拾贰两叁钱玖分捌厘陆毫。（又节届编审新增妇女壹百贰拾贰口，增银玖钱伍分柒毫）

见在妇女叁万伍仟柒拾陆口。

计编银贰百柒拾叁两叁钱肆分玖厘叁毫。

一、优免人丁

原额贰仟叁百玖丁伍分（每丁编银陆分陆厘伍忽柒微），计编银：壹百伍拾贰两肆钱肆分贰毫，又于顺治拾肆年奉文补征免外扣解、不准绅衿优免丁银壹拾肆两贰钱陆分四厘叁毫。

共计丁口银：伍仟壹百伍拾捌两玖钱壹分叁厘。于雍正五年奉文摊派通省地粮内均匀带征，现应增征银：壹百柒拾贰两陆钱壹分陆厘。

实征银：伍仟叁百叁拾壹两伍钱贰分玖厘（仍俟五年，将升减各数，照例均摊）。

又康熙五十二年，钦奉恩诏：以五十年丁册定为常额，续生人丁永不加赋。自康熙五十五年起，至乾隆三十六年，各届编审除新收抵补开除外，实共盛世滋生人丁柒百叁拾柒丁，妇女贰百肆拾贰口，俱遵恩诏，永不加赋（其妇女于乾隆十一年、人丁于三十七年，先后奉文停止编审）。

一、田产

原额官民田地山塘，共壹万肆千伍百柒拾贰顷伍亩玖分柒厘捌毫。（各派征不等）原编起存各款，并加增玖厘地亩银，共捌万壹仟叁百壹拾伍两陆钱伍分伍厘叁毫。

于雍正二年闰四月内，题准比照邻府高安县科则，酌减一半浮粮银贰万壹仟壹百叁拾叁两柒钱玖分壹厘伍丝。

又于乾隆二年拾月内，题准于前存未减一半之中，再减一半浮粮银：壹万伍百陆拾陆两捌钱玖分伍厘伍毫贰丝伍忽，二共减浮银叁万壹仟柒百两陆钱捌分陆厘伍毫柒丝伍忽。

实编各款银：肆万玖仟陆百壹拾肆两玖钱陆分捌厘柒毫贰丝伍忽。内除逃绝米：捌拾叁石玖斗贰升，原该派四差银壹拾两玖钱叁厘贰毫。内除先后清减浮银外，仍存免银：陆两陆钱伍分贰厘陆毫壹丝柒忽不征外，又绅衿优免米：贰仟三百贰拾柒石伍斗，该派三差银壹百陆拾陆两玖钱壹分柒毫陆丝陆忽叁微贰纤。内除先后清减浮银外，实该优免银壹百壹两捌钱肆分壹厘伍丝玖忽。

于顺治十四年奉文扣解，不准绅衿优免（应仍入实征），实共征银肆万玖仟陆百捌两叁钱壹分陆厘壹毫捌忽。

又于顺治十年，题准开除荒塞入官田地山，共柒拾陆顷伍拾伍亩陆分陆毫，该减银肆百叁拾伍两柒钱玖分陆厘伍毫。除浮外，实荒银贰百陆拾伍两玖钱贰厘肆毫伍丝。

续于雍正十一年，题准开除沙荒田地塘：壹拾陆顷陆拾柒亩捌分七厘壹毫肆丝伍忽，原荒银陆拾伍两贰钱壹分贰厘叁毫伍丝陆忽肆微叁纤，除浮外，实减银伍拾叁两柒钱陆分贰厘贰毫。

又于乾隆六年，题准开除坍陷沙塞田地塘壹拾壹顷陆拾柒亩壹分肆厘柒毫陆丝捌忽伍微，实减银贰拾玖两九钱陆分壹厘玖毫捌丝捌忽。

又于嘉庆十九年题准坍塌田地塘壹百玖顷陆拾柒亩肆分捌厘，实减银壹百捌拾伍两壹钱贰分贰厘。

又于嘉庆二十二年题准坍塌田地叁拾柒顷陆拾贰亩捌分贰厘，实减银壹百壹拾陆两柒钱伍分壹厘。

又于道光二年题准坍塌田地塘叁拾捌顷捌拾玖亩贰分贰厘，实减银壹百肆两肆钱陆分陆厘。

以上原荒续荒田地塘，共壹百肆顷玖拾亩陆分贰厘伍毫壹丝叁忽伍微，除浮外，共实荒银叁百肆拾玖两陆钱贰分陆厘陆毫叁丝捌忽。

节年开垦原荒田地山肆拾捌顷壹拾柒亩贰厘壹毫壹丝伍纤，除浮外，共升补银壹百伍拾伍两叁钱叁厘贰毫陆丝。尚共实荒田地塘伍拾陆顷柒拾叁亩陆分肆毫叁忽肆微伍纤，共实荒银：壹百玖拾肆两叁钱贰分叁厘叁毫柒丝捌忽。又开垦首垦认垦额外新生田地山塘伍拾伍顷伍拾柒亩伍分肆厘捌毫陆忽陆微陆纤，除浮外，共实增银捌拾玖两伍分壹厘。

见在成熟田地山塘壹万肆仟叁百捌拾肆顷柒拾捌亩捌分玖厘陆毫。除免差外，实征银，肆万玖仟捌拾柒两柒钱伍厘。

原额漕南正副耗米，捌万贰仟伍拾叁石壹斗叁合柒勺，题留改抵江南仓正副米贰万陆百陆拾石捌斗叁升柒合壹勺贰抄。征银不征米外，原编米陆万壹仟叁百玖拾贰石贰斗陆升陆合伍勺捌抄。

除原荒米叁百贰拾玖石捌斗肆升肆合陆勺伍抄，续于雍正十一年，题报沙荒缺米陆拾伍石玖斗柒升捌合肆勺伍抄捌撮贰圭陆粟。

又于乾隆六年，题报坍荒米叁拾陆石贰斗玖升柒合捌勺玖抄贰撮陆圭。

又于嘉庆十九年，题报坍荒米贰百贰拾玖石伍斗叁升柒合柒勺。又于嘉庆二十二年，题报坍荒米壹百肆拾肆石伍斗伍升壹勺。

又于道光二年，题报坍荒米壹百贰拾玖石捌斗肆升柒合壹勺。

节年开垦原荒升补米壹百玖拾贰石壹斗壹升叁合玖勺陆抄。

尚共实荒米柒百肆拾肆石叁斗肆升柒合玖勺肆抄捌圭陆粟。

又开垦首垦额外新生增米玖拾贰石伍斗叁合壹勺柒抄贰撮玖圭

实征米陆万柒百肆拾贰石柒斗肆升陆合肆勺。原额田分为四则，共壹万壹仟伍百捌拾柒顷伍拾柒亩捌分陆厘伍毫。又节年开垦首垦额外新生田壹拾捌顷叁拾玖亩捌厘伍毫贰丝陆忽。共田壹万壹仟陆百伍顷玖拾陆亩玖分。

原编银柒万伍仟肆百陆拾陆两玖钱壹分。

共汰减浮银贰万玖仟肆百贰拾两伍钱陆分玖厘贰毫柒丝伍忽。

计应编银肆万陆仟肆拾陆两叁钱肆分柒毫贰丝伍忽。原荒银肆百壹拾玖两玖钱叁厘捌毫。除浮外，实荒银贰百伍拾陆两贰钱伍厘伍毫。

续于雍正十一年，题报沙荒银，除浮外，实缺银肆拾伍两贰钱捌分柒毫柒丝。

又于乾隆六年，题报坍荒银贰拾壹两壹钱肆分贰厘贰毫陆丝捌忽。

又于嘉庆十九年，题报坍荒银壹百柒拾捌两柒钱捌厘。

又于嘉庆二十二年，题报坍荒银壹百壹拾两贰钱伍分捌厘。

又于道光二年，题报坍荒银壹百叁两壹钱玖厘。

节年开垦原荒升补银壹百肆拾肆两柒钱捌分捌厘陆毫壹丝。

尚共荒银伍百柒拾柒两玖钱玖厘玖毫贰丝捌忽。

又开垦首垦额外新生田，实增银叁拾壹两叁钱伍分玖厘伍毫伍丝。

实共征银肆万伍仟伍百柒两柒钱捌分伍厘叁毫肆丝。

原共编米伍万柒仟叁百肆石捌斗壹升肆合贰勺伍抄。

原荒米叁百壹拾捌石捌斗叁升捌合陆勺陆抄，续于雍正十一年，题报沙荒米伍拾陆石叁斗伍升叁合肆勺贰撮壹圭伍粟。

又于乾隆六年，题报坍荒米贰拾陆石叁斗壹升壹合肆抄壹撮壹圭。

又于嘉庆十九年，题报坍荒米贰百贰拾贰石贰斗伍升柒合柒勺。

又于嘉庆二十二年，题报坍荒米壹百叁拾柒石贰斗肆合伍勺。

又于道光二年题报坍荒米壹百贰拾捌石贰斗玖升叁勺。

节年开垦原荒升补米壹百捌拾石壹斗捌升贰合伍勺叁抄壹撮陆圭。

尚共实荒米柒百贰拾玖石柒升叁合柒抄壹撮陆圭伍粟。

又开垦首垦额外新生田，增米叁拾捌石玖斗玖升捌合壹抄肆撮。

实共征米伍万陆仟陆百叁拾肆石柒斗叁升玖合肆勺玖抄壹撮叁圭伍粟。

一则上田，伍仟叁百陆拾肆顷叁拾陆亩捌分壹厘玖毫，又节年开垦首垦额外新生田，捌拾壹亩叁分柒厘伍毫玖丝叁忽。共田伍仟三百陆拾伍顷壹拾捌亩壹分玖厘肆毫玖丝叁忽。（每亩原编粮差并加增，共银柒分柒厘伍毫陆丝捌忽伍微肆纤，内除先后清减浮银外，实编银：肆分柒厘叁毫贰丝捌忽陆微陆纤。本色米伍升捌合玖勺伍撮贰圭捌粟。）

原编银肆万壹仟陆百壹拾两陆钱贰分玖毫。

共汰减浮银壹万陆仟贰百贰拾壹两柒钱捌分柒厘贰毫。

计应编银贰万伍仟叁百捌拾捌两捌钱叁分叁厘柒毫。

原编米叁万壹仟伍百玖拾捌石玖斗陆升壹合。

前田原报未垦荒塞田：壹拾陆顷壹拾肆亩捌分贰厘叁毫；原荒银壹百贰拾伍顷贰钱伍分玖厘伍毫。除浮外，实荒银柒拾陆两肆钱贰分柒厘肆毫伍丝；实荒米玖拾伍石壹斗贰升壹合陆勺。

续于雍正十一年，题报沙荒田：贰顷玖拾伍亩叁分壹厘陆毫陆丝叁忽。除浮外，实荒银壹拾叁两玖钱柒分陆厘玖毫肆丝；实荒米玖拾伍石壹斗贰升壹合陆勺。

续于雍正十一年，题报沙荒田贰顷玖拾伍亩叁分壹厘陆毫陆丝叁忽，除浮外，实荒银壹拾叁两玖钱柒分陆厘玖毫肆丝；实荒米壹拾柒石叁斗玖升伍合柒勺捌撮柒圭柒粟。

又于乾隆六年，题报坍荒田叁拾玖亩肆分肆厘叁毫柒丝肆忽，除浮外，实荒银壹两捌钱陆分陆厘捌毫贰丝叁忽；实荒米贰石叁斗贰升叁合肆勺肆抄肆撮伍圭。

又于嘉庆十九年，题报坍荒田：玖顷肆拾叁亩伍厘，除浮外，实荒银肆拾肆两陆钱叁分叁厘；实荒米伍拾伍石伍斗伍升陆勺。

又于道光二年，题报坍荒田壹顷贰拾玖亩叁分叁厘，除浮外，实荒银陆两壹钱贰分壹厘；实荒米：柒石陆斗壹升捌合贰勺。

节年开垦原荒补足讫。

尚共实荒田壹拾肆顷柒亩壹分肆厘叁丝柒忽；共实荒银陆拾陆两伍钱玖分柒厘柒毫陸丝叁忽；共实荒米捌拾贰石捌斗捌升柒合玖勺伍抄叁撮贰圭柒粟。

又开垦首垦额外新生田，实增银三两捌钱伍分壹厘叁毫玖丝；（实）增米：肆石柒斗玖升叁合肆勺柒抄贰撮。

见在成熟田，伍仟叁百陆拾顷伍拾亩壹分肆毫伍丝陆忽。实征银贰万伍仟叁百贰拾陆两捌分柒厘叁毫贰丝柒忽；实征米叁万壹仟伍百贰拾石捌斗陆升陆合伍勺壹抄捌撮柒圭叁粟

二则中田贰仟壹百玖拾陆顷玖拾柒亩柒厘贰毫；又节年开垦、首垦额外新生田柒拾亩柒分陆厘伍毫叁丝壹忽，共田：贰仟壹百玖拾柒顷陆拾柒亩捌分叁厘柒毫叁丝壹忽。（每亩原编粮差并加增，共银柒分肆毫柒丝陆忽捌微陆纤，内除先后清减浮银外，实编银：肆分叁厘壹忽陆微肆纤伍沙。本色米伍升叁合伍勺壹抄柒撮陆圭柒粟。）

原编银，壹万伍仟肆百捌拾叁两伍钱伍分玖厘捌毫。

共汰减浮银陆仟叁拾陆两贰钱贰分三厘伍毫柒丝伍忽。

计应编银玖仟肆百肆拾柒两叁钱叁分陆厘贰毫贰丝伍忽。

原编米壹万壹仟柒百伍拾柒石陆斗柒升伍合肆勺。

前田原报未垦荒塞田叁顷贰拾陆亩玖分肆厘壹毫。

原荒银贰拾叁两肆分壹厘捌毫。除浮外，实荒银，壹拾肆两伍分玖厘伍丝；实荒米，壹拾柒石肆斗玖升柒合壹勺贰抄。

续于雍正十一，题报沙塞田贰顷叁抄捌亩柒分叁厘玖毫叁丝。除浮外，实荒银壹拾两贰钱陆分陆厘壹毫捌丝；实荒米壹拾贰石柒斗柒升陆合柒勺柒抄壹撮柒粟。

又于乾隆六年，题报坍荒田，贰顷肆拾玖亩叁分捌厘玖毫肆丝叁忽玖微，除浮外，实荒银壹拾两柒钱贰分肆厘壹毫伍丝叁忽；实荒米壹拾叁石叁斗肆升陆合柒勺肆抄壹撮柒圭。

又于嘉庆十九年，题报坍荒田壹顷壹拾贰亩伍分捌厘。除浮外，实荒银肆两捌钱肆分壹厘；实荒米陆石贰升伍合。

又于嘉庆二十二年，题报坍荒田伍顷陆拾肆亩肆分柒厘。除浮外，实荒银贰拾肆两贰钱柒分叁厘；实荒米叁拾石贰斗玖合。

又于道光二年，题报坍荒田壹拾壹顷贰亩贰分陆厘。除浮外，实荒银肆拾柒两叁钱玖分玖厘；实荒米伍拾捌石玖斗玖升肆勺。

节年开垦原荒补足讫。

又开垦续荒田捌分贰厘叁毫叁丝叁忽，实升补银叁分伍厘肆毫；实升补米肆升肆合陆抄贰撮柒圭。尚共实荒田贰拾贰顷陆拾陆亩陆分壹厘伍毫肆丝玖微，共实荒银玖拾柒两肆钱陆分柒厘玖毫叁丝叁忽；共实荒米壹百贰拾壹石叁斗叁合捌勺伍抄柒粟。

又开垦、首垦额外新生田，实增银叁两肆分贰厘玖毫玖丝；实增米三石柒斗捌升柒合壹勺玖抄肆撮叁圭。

见在成熟田，贰仟壹百柒拾伍顷壹亩贰分贰厘壹毫玖丝壹微。实征银玖仟伍百伍拾贰两玖钱壹分壹厘贰毫捌丝贰忽；实征米壹万壹仟陆百肆拾石壹斗伍升捌合柒勺肆抄肆撮贰圭叁粟。

三则下田，贰仟叁百壹拾叁顷柒拾陆亩壹分玖厘（每亩原编粮差并加增，共银：陆分贰厘玖毫伍丝伍忽肆微陆纤。内除先后清减浮银外，实编银：叁分捌厘肆毫壹丝贰忽肆微肆纤伍沙。本色米肆升柒合捌勺叁撮陆圭）。

原编银：壹万肆仟伍百陆拾陆两叁钱玖分肆厘伍毫。

共汰减浮银伍仟陆百柒拾捌两陆钱陆分玖厘贰毫伍丝，计应编银捌仟捌百捌拾柒两柒钱贰分伍厘贰毫伍丝；原编米壹万壹仟陆拾石陆斗壹升肆合捌勺肆抄。

前田原报未垦荒塞田叁拾玖顷捌拾玖亩叁分捌厘贰毫；原荒银贰百伍拾壹两壹钱伍分叁厘肆毫。除浮外，实荒银壹百伍拾叁两贰钱肆分壹厘玖毫伍丝；实荒米壹百玖拾石柒斗陆合捌勺贰抄。

续于雍正十一年，题报沙荒田伍顷肆拾陆亩肆分伍厘柒毫陆忽，除浮外，实荒银贰拾两玖钱玖分柒毫伍丝；实荒米贰拾陆石壹斗贰升贰合陆勺壹抄肆撮柒圭壹粟。

又于乾隆六年，题报坍荒田壹顷玖拾捌亩贰分柒厘壹毫陆丝伍忽，除浮外，实荒银柒两陆钱壹分陆厘九丝捌忽；实荒米玖石肆斗柒升捌合玖抄捌撮陆圭。

又于嘉庆十九年，题报坍荒田叁拾贰亩贰分壹厘，除浮外，实荒银壹两贰钱叁分柒厘；实荒米壹石伍斗叁升玖合柒勺。

又于嘉庆二十二年，题报坍荒田壹拾玖顷陆拾亩捌分叁厘。除浮外，实荒银柒拾伍两叁钱贰分；实荒米玖拾叁石柒斗叁升肆合柒勺。

又于道光二年，题报坍荒田伍顷玖拾肆亩伍分肆厘，除浮外，实荒银贰拾贰两捌钱叁分捌厘；实荒米贰拾捌石肆斗贰升壹合壹勺。

节年开垦、首垦原荒田壹拾顷捌拾伍亩柒厘贰毫伍丝叁忽伍纤，除浮外，实升补银肆拾壹两陆钱捌分贰毫；实升补米伍拾壹石捌斗柒升伍勺肆抄玖撮肆圭。尚共实荒田陆拾贰顷叁拾陆亩陆分壹厘捌毫壹丝柒忽玖微伍纤；共实荒银贰百叁拾玖两伍钱陆分叁厘伍毫玖丝捌忽；共实荒米贰百玖拾捌石壹斗叁升贰合肆勺玖抄叁撮玖圭壹粟。

见在成熟田贰仟贰百伍拾壹顷叁拾玖亩伍分柒厘壹毫捌丝贰忽伍纤；实征银捌仟陆百肆拾捌两壹钱陆分壹厘陆毫伍丝贰忽；实征米壹万柒百陆拾贰石肆斗捌升贰合叁勺伍抄。

四则湖田　壹仟柒百壹拾贰顷肆拾柒亩柒分捌厘肆毫，又节年开垦、首垦额外新生田壹拾陆顷柒拾柒亩柒厘肆毫贰忽，共田壹仟柒百贰拾玖顷叁拾肆亩柒分贰厘捌毫贰忽（每亩原编粮差并加增，共银贰分贰厘贰毫贰丝柒忽陆纤。内除先后清减浮银外，实编银：壹分叁厘伍毫陆丝壹忽玖微伍沙。本色米壹升陆合捌勺陆抄壹撮玖圭）。

原编银叁仟捌百陆两叁钱叁分肆厘捌毫。

共汰减浮银壹仟肆百捌拾叁两捌钱捌分玖厘贰毫伍丝。计应编银贰仟叁百贰拾贰两肆钱肆分伍厘伍毫伍丝；原编米贰仟捌百捌拾柒石伍斗陆升叁合壹抄。

前田原报未垦原荒田玖顷贰拾亩壹厘。原荒银贰拾两肆钱肆分玖厘壹毫。除浮外，实荒银壹拾贰两肆钱柒分柒厘伍丝；实荒米壹拾伍石伍斗壹升叁合壹勺贰抄。

续于雍正十一年，题报沙荒田，叁亩肆分伍厘柒分毫玖丝伍忽。除浮外，实荒银肆分陆厘玖毫；实荒米伍升捌合叁勺柒撮陆圭。

又于乾隆六年，题报坍荒田陆拾捌亩玖分伍厘柒毫陆丝壹忽。除浮外，实荒银玖钱叁分伍厘壹毫玖丝肆忽；实荒米壹石壹斗陆升贰合柒勺伍抄陆撮叁圭。

又于嘉庆十九年，题报坍荒田玖拾肆顷叁拾柒亩玖分玖厘。除浮外，实荒银壹百贰拾柒两玖钱玖分柒厘；实荒米壹百伍拾玖石壹斗肆升贰合肆勺。

又于嘉庆二十二年，题报坍荒田柒顷捌拾陆亩肆分肆厘。除浮外，实荒银壹拾两陆钱陆分伍厘；实荒米壹拾叁石贰斗陆升捌勺。

又于道光二年，题报坍荒田壹拾玖顷柒拾贰亩伍分叁厘。除浮外，实荒银贰拾陆两柒钱伍分壹厘；实荒米叁拾叁石贰斗陆升陆勺。节年续垦原荒补足讫。

又开垦续荒田，捌亩柒厘捌丝叁忽。实升补银壹钱玖厘肆毫陆丝；实升补米壹斗叁升陆合捌抄玖撮伍圭。尚共实荒田壹百贰拾贰顷陆拾壹亩叁分肆毫柒丝捌忽；共实荒银壹百陆拾陆两贰钱捌分伍厘陆毫叁丝肆忽；共实荒米，贰百陆石柒斗肆升捌合柒勺柒抄肆撮肆圭。

又开垦、首垦额外新生，实增银贰拾肆两肆钱陆分伍厘壹毫柒丝；实增米叁拾石肆斗壹升柒合陆勺肆抄柒撮柒圭。

见在成熟田壹仟陆百柒顷捌拾柒亩肆分壹厘叁毫贰丝玖忽。实征银贰仟壹百捌拾两贰钱柒分肆厘贰毫；实征米贰仟柒百壹拾壹石贰斗叁升壹合捌勺捌抄叁撮叁圭。

原额一则地，贰仟壹百柒拾贰顷捌亩玖分贰厘捌毫。又节年开垦、首垦额外新生地，贰拾壹顷伍拾肆亩贰分柒毫捌丝玖忽叁微陆纤。共地贰仟壹百玖拾叁顷陆拾贰亩贰分肆厘捌毫捌丝玖忽叁微陆纤。（每亩原编粮差并加增，共银贰分叁厘伍毫玖丝贰忽肆纤。内除先后清减浮银外，实编银壹分肆厘叁毫玖丝肆忽柒微肆纤伍沙。）

本色米壹升陆合贰勺捌抄肆撮陆圭贰粟陆颗。

原编银伍仟壹百贰拾肆两肆钱壹厘柒毫。

共汰减浮银壹仟玖百玖拾柒两柒钱叁分肆厘伍丝。计应编银叁仟壹百贰拾陆两陆钱陆分柒厘陆毫伍丝；原编米叁仟伍百叁拾柒石壹斗陆升陆合壹勺陆抄。

前地原报未垦荒塞地，陆顷伍拾壹亩柒分陆厘。原荒银壹拾伍两叁钱柒分陆厘叁毫；除浮外，实荒银玖两叁钱捌分壹厘捌毫伍丝；实荒米玖石贰斗玖升伍合肆勺肆抄叁圭陆粟。

又于乾隆六年，题报坍荒地陆顷柒亩玖厘贰毫叁丝壹忽陆微。除浮外，实荒银捌两柒钱叁分捌厘玖毫叁丝玖忽；实荒米玖石捌斗捌升陆合贰勺柒抄壹撮壹圭。

又于嘉庆十九年，题报坍荒地肆顷叁拾壹亩柒分捌厘。除浮外，实荒银陆两贰钱壹分伍厘；实荒米柒石叁斗壹合肆勺。

又于嘉庆二十二年，题报坍荒地肆顷伍拾壹亩捌厘。除浮外，实荒银陆两肆钱玖分叁厘；实荒米柒石叁斗肆升伍合陆勺。

又于道光二年，题报坍荒地捌拾壹亩叁分肆厘。除浮外，实荒银壹两壹钱柒分壹厘；实荒米壹石叁斗贰升肆合陆勺。节年续垦原荒补足讫。

又开垦续荒地伍拾陆亩捌分叁厘，实升补银捌钱壹分柒厘柒毫；实升补米玖斗贰升伍合肆勺叁抄伍撮肆圭。尚共实荒地壹拾壹顷贰拾壹亩捌厘肆毫玖丝捌忽陆微。共实荒银壹拾陆两壹钱叁分捌厘壹毫；共实荒米壹拾捌石伍升陆合肆勺柒抄陆撮陆粟。

又开垦首垦额外新生地，实增银肆拾伍两捌钱玖分贰厘肆毫壹丝；实征米伍拾壹石玖斗壹升捌合。

见在成熟地贰仟壹百捌拾叁顷壹拾壹亩捌分壹厘叁毫玖丝柒微陆纤。实征银叁仟壹百肆拾贰两伍钱肆分叁厘；实征米叁仟伍百伍拾伍石壹斗贰升陆合壹勺柒抄捌撮捌圭肆粟。

原额山分为二则，共陆百陆拾叁顷肆拾壹亩肆分肆厘。又节年开垦、认垦额外新生山叁顷贰拾亩肆分伍厘伍毫陆丝叁忽，共山陆百陆拾陆顷陆拾壹亩捌分九厘伍毫陆丝叁忽。原编银贰百叁拾两叁钱柒分肆厘伍毫。

共汰减浮银捌拾玖两捌钱壹分柒毫。计应编银，壹百肆拾两伍钱陆分叁厘捌毫；原荒银伍钱壹分陆厘肆毫。除浮外，实荒银叁钱壹分伍厘壹毫。节年续垦原荒，补足讫。又开垦额外新生增银，柒钱肆分玖厘陆毫肆丝。

实征银壹百肆拾壹两叁钱壹分叁厘肆毫肆丝；原编米壹百柒拾伍石壹升柒合叁勺叁抄。

原荒米叁斗玖升贰合叁勺贰抄。节年续垦原荒补足讫。又开垦额外新生，增米九斗叁升贰合捌勺伍抄叁撮。

实征米壹百柒拾伍石玖斗伍升壹勺捌抄叁撮。

一则山，壹拾玖顷玖拾捌亩柒分捌厘肆毫。又开垦额外新生山肆拾捌亩。共山贰拾顷肆拾陆亩柒分捌厘肆毫。（每亩原编粮差并加增，共银：陆厘叁毫捌丝陆忽玖纤。内除先后清减浮银外，实编银叁厘捌毫玖丝陆忽肆微玖纤伍沙。本色米四合捌勺伍抄壹撮伍圭柒粟。）

原编银，壹拾贰两柒钱陆分肆厘肆毫。原编米玖石陆斗玖升柒合贰勺肆抄。

共汰减浮银肆两玖钱柒分陆厘壹毫。计应荒银柒两柒钱捌分捌厘叁毫。

又开垦额外新生，增银壹钱捌分柒厘；增米贰斗叁升贰合捌勺。实征银，柒两玖钱柒分伍厘叁毫；实征米玖石玖斗叁升肆抄。

二则山，陆百肆拾叁顷肆拾贰亩陆分伍厘陆毫。又节年开垦额外新生山贰顷柒拾贰亩肆分伍厘伍毫陆丝叁忽，共山，陆百肆拾陆顷壹拾伍亩壹分壹厘壹毫陆丝叁忽。每亩原编粮差并加增，共银叁厘叁毫捌丝贰忽伍纤。内除先后清减浮银外，实编银贰厘陆丝叁忽伍微陆纤伍沙。本色米贰合伍勺陆抄玖撮叁圭柒粟。

原编银贰百壹拾柒两陆钱壹分壹毫。

共汰减浮银捌拾肆两捌钱叁分肆厘陆毫。

共应编银壹百叁拾贰两柒钱柒分伍厘伍毫。

原编米壹百陆拾伍石叁斗贰升玖抄。

前山原报未垦荒塞山壹顷伍拾贰亩陆分玖厘，原荒银伍钱壹分陆厘肆毫，除浮外，实荒银叁钱壹分伍厘壹毫；实荒米叁斗玖升贰合叁勺贰抄。节年续垦原荒补足讫。

又开垦、认垦额外新生，实增银伍钱陆分贰厘陆毫肆丝；实增米柒斗伍抄叁撮。

见在成熟山陆百肆拾陆顷壹拾伍亩壹分壹厘壹毫陆丝叁忽。实征银壹百叁拾叁两叁钱三分捌厘壹毫肆丝；实征米：壹百陆拾陆石贰升壹勺肆抄叁撮。

原额一则塘，壹百肆拾捌顷玖拾柒亩柒分肆厘伍毫。又节年开垦首垦额外新生塘壹顷壹亩叁分叁厘陆毫贰丝捌忽叁微，共塘壹百肆拾玖顷玖拾玖亩捌厘壹毫贰丝捌忽叁微。（每亩原编粮差并加增，共银叁分三厘壹毫伍丝柒忽叁微壹纤。内除先后清减浮银外，实编银：贰分贰毫叁丝壹忽壹纤伍沙。本色米贰升伍合壹勺捌抄玖撮陆圭肆粟。）

原编银，肆百玖拾叁两玖钱陆分玖厘壹毫。

共汰减浮银壹百玖拾贰两伍钱柒分贰厘伍毫伍丝。计应编银叁百壹两叁钱玖分陆厘伍毫伍丝；原编米叁百柒拾伍石贰斗陆升捌合捌勺肆抄。

前塘于雍正拾壹年，题报沙塞塘壹拾叁亩柒厘柒毫肆丝叁忽。除浮外，实荒银贰钱陆分肆厘伍毫捌丝；实荒米叁斗贰升玖合肆勺壹抄伍撮柒圭伍粟。

又于乾隆六年，题报坍陷沙塞塘叁亩玖分玖厘贰毫玖丝叁忽。除浮外，实荒银捌分柒厘捌丝壹忽；实荒米壹斗伍勺捌抄肆圭。

又于嘉庆十九年，题报坍荒塘玖亩捌分柒厘。除浮外，实荒银壹钱玖分玖厘；实荒米：贰斗肆升捌合陆勺。

又于道光二年，题报坍荒塘玖亩贰分贰厘。除浮外，实荒银壹钱捌分陆厘；实荒米贰斗叁升贰合贰勺。共实荒塘叁拾陆亩陆厘叁丝陆忽；共实荒银柒钱叁分叁毫陆丝壹忽；共实荒米：捌斗玖升柒勺玖抄陆撮壹圭陆粟。

节年开垦首垦额外新生塘，实增银贰两肆分玖厘捌毫。实增米贰石伍斗伍升贰合伍勺壹抄壹撮。

见在成熟塘壹百肆拾玖顷陆拾叁亩贰厘玖丝贰忽叁微；实征银叁百贰两柒钱壹分伍厘玖毫捌丝玖忽；实征米叁百柒拾陆石玖斗叁升伍勺伍抄肆撮捌圭伍粟。

以上丁田二项，除清减浮银并免差荒缺外，应编各款及续奉扣解、不准绅衿优免丁粮，并按粮带征丁银、节年垦升新增，共实征银伍万肆仟肆百壹拾玖两贰钱叁分肆厘。又匠班改归地粮编征正脚银叁百肆两叁钱陆分陆厘；折色时价增征正脚银壹百肆拾肆两壹钱壹厘；本色时价会议，增征正脚银肆两肆钱柒分叁厘；又核减本色新增时价银捌百叁拾玖两壹分肆厘外，杂办贾税正脚银陆拾陆两贰钱柒分捌厘。通共额征、起存、正杂等银，伍万伍仟柒百柒拾柒两肆钱陆分陆厘（遇闰加银肆百捌拾叁两叁钱陆分肆厘）。

一、原书编载折色起运

户礼兵工四部共原额银，叁万捌仟叁百伍拾柒两伍钱肆分伍厘内，先后题准减浮银，壹万陆仟陆百叁拾贰两叁钱壹分肆厘。原荒亡银并雍正拾壹年沙荒共银贰仟陆拾叁两玖分壹厘。除浮外，实荒亡银贰仟伍拾壹两陆钱肆分壹厘，实征银壹万玖仟陆百柒拾叁两伍钱玖分。

又原书刊载改抵兵饷银贰万陆仟陆百玖拾陆两玖钱叁分玖厘。裁改解部银壹百玖拾贰两；会议裁解银伍百两捌钱；匠班改归地粮银叁百肆两叁钱陆分陆厘；本折色时价及核减原价正脚银玖百捌拾柒两伍钱捌分捌厘；又先后奉裁官役、俸工杂支、驿站等款，共银壹万玖百肆拾两伍钱捌分陆厘外，扣解不准绅衿优免丁粮银：壹百捌拾壹两壹钱柒分伍厘；增征丁口银，壹百柒拾贰两陆钱壹分陆厘；杂办贾税正脚银陆拾陆两贰钱柒分捌厘。以上自改抵起至杂办贾税止，共额银肆万肆拾贰两叁钱肆分捌厘内，先后题准减浮银，壹万肆仟玖百柒拾肆两玖钱捌分贰厘，实征银贰万伍仟陆拾柒两贰钱陆分。通共四部并裁解各款，共额银柒万捌仟叁百玖拾玖两捌钱玖分叁厘内，先后清减浮银叁万壹仟陆百柒两贰钱玖分陆厘；原逃亡并续荒，共银贰仟陆拾叁两玖分壹厘，除浮外，实荒亡银贰仟伍拾壹两陆钱肆分壹厘。节年抵补并新增丁口银贰仟伍拾两捌钱贰分陆厘；又节年垦补及额外新生增银陆拾叁两捌钱伍分叁厘；乾隆六年题准沙塞银，贰拾伍两捌钱壹分肆厘；嘉庆十九年题准荒银壹百伍拾捌两捌钱玖分壹厘；嘉庆二十二年题准荒银壹百两贰钱叁分贰厘；道光二年题准荒银捌拾玖两陆钱贰分捌厘。

实征银肆万陆仟肆百捌拾壹两叁分肆厘。内办解本色物料银叁百贰拾肆两伍分肆厘；原编并新增文昌帝君品仪归入经费驿站项下银：捌百陆拾两壹钱外，实解起运地丁银肆万贰仟伍百伍拾玖两伍钱，玖厘（遇闰加银叁百肆拾壹两玖钱叁分壹厘）；起运驿站银，壹仟玖拾陆两（遇闰加银，柒拾两伍钱伍分），脚耗银，叁百陆拾叁两柒钱贰分贰厘（遇闰加银伍钱伍分）；起运折色物料正垫脚银，壹仟贰百柒拾柒两伍钱玖分玖厘。

一、停办本色物料

甲字库

银硃〔珠〕肆拾叁斤壹两。（每斤价银：肆钱陆分；该银：壹拾玖两捌钱捌厘柒毫伍丝；铺垫银肆两柒钱叁分陆厘捌毫柒丝伍忽；水脚银伍钱伍分肆厘陆毫肆丝伍忽；共银贰拾伍两壹钱贰毫柒丝。）

添办银硃壹百肆拾玖斤柒两。（每斤价银肆钱陆分，该银陆拾捌两柒钱肆分壹厘毫伍丝；铺垫银……伍忽，水脚银壹两玖钱贰分肆厘柒毫伍丝伍忽；共银捌拾柒两壹钱肆厘壹毫叁丝。）

又添办银硃壹百肆拾玖斤柒两。（每斤价银：肆钱陆分。该银陆拾捌两柒钱肆分壹厘贰毫伍丝；水脚银壹两玖钱贰分肆厘柒毫伍丝伍忽；共银柒拾两陆钱陆分陆厘伍忽。）

又添办银硃贰百贰拾肆斤贰两伍钱。（每斤价银：肆钱陆分。该银壹百叁两壹钱壹分壹厘　捌毫柒丝伍忽；水脚银贰两捌钱捌分柒厘壹毫叁丝贰忽伍微；共银壹百伍两玖钱玖分玖厘柒忽伍微。）

五棓子贰拾壹斤壹拾壹两。（每斤价银叁分伍厘。该银柒钱伍分玖厘壹丝伍忽伍微；铺垫银贰钱叁分捌厘伍毫陆丝贰忽伍微；水脚银贰分壹厘贰毫伍丝叁忽柒微伍纤；共银壹两壹分捌厘捌毫柒丝捌忽柒微伍纤。）

添办五棓叁拾陆斤柒两柒钱陆分贰厘叁毫。（每斤价银叁分伍厘。该银壹两贰钱柒分陆厘玖毫捌丝叁纤壹沙贰尘伍埃。水脚银叁分伍厘柒毫伍丝伍忽肆微肆纤捌尘柒埃伍渺。共银：壹两叁钱壹分贰厘柒毫叁丝伍忽肆微柒纤贰沙壹尘贰埃伍渺。）

又添办五棓子贰拾玖斤陆两壹钱柒分。（每斤价银叁分伍厘。该银壹两贰分捌厘肆毫玖丝陆忽捌微柒纤伍沙。水脚银贰分捌厘柒毫玖丝柒忽玖微壹纤贰沙伍尘。共银壹两伍分柒厘贰毫玖丝肆忽柒微捌纤柒沙伍尘。）

复办紫草壹拾壹斤陆两。（每斤价银叁分壹厘。该银叁钱伍分贰厘陆毫贰丝伍忽。铺垫银壹两贰钱伍分壹厘贰毫伍丝。水脚银玖厘捌毫柒丝叁忽伍微。共银陆钱壹分叁厘柒毫肆丝捌忽伍微。）

丁字库

桐油壹百肆拾捌斤肆两。（每斤价银叁分。该银肆两肆钱肆分柒厘伍毫。铺垫银壹两壹钱捌分陆厘。水脚银壹钱贰分肆厘伍毫叁丝。共银伍两柒钱伍分捌厘叁丝。）

改办桐油叁拾伍斤玖两。（每斤价银：叁分。该银壹两陆分陆厘捌毫柒丝伍忽。铺垫银贰钱捌分肆厘伍毫。水脚银贰分玖厘捌毫柒丝贰忽伍微。共银壹两叁钱捌分壹厘贰毫肆丝柒忽伍微。）

添办桐油柒百肆拾柒斤叁两。（每斤价银：叁分。该银贰拾贰两肆钱壹分伍厘陆毫贰丝伍忽。水脚银陆钱贰分柒厘陆毫叁丝柒忽伍微。共银贰拾叁两肆分叁厘贰毫陆丝贰忽伍微。）

以上本色物料项下正垫脚，共银叁百贰拾肆两伍分肆厘。

一、本色起运漕粮

原额兑军攒运正米：贰万肆仟肆百石。内：原荒米：壹百叁拾壹石玖升肆合玖勺；又雍正十一年续荒米：贰拾陆石贰斗贰升贰合捌勺；又乾隆六年续荒米：壹拾肆石肆斗贰升陆合肆勺；又嘉庆十九年续荒米：玖拾贰石柒斗叁升贰勺；又嘉庆二十二年续荒米：伍拾捌石贰斗柒合陆勺；又道光二年续荒米：伍拾贰石柒斗壹升伍合；节年升补米：壹百伍石肆斗柒升陆合；又额外新升米……叁勺。实征米：贰万肆仟壹百叁拾捌石叁斗壹升柒勺。

原额淮安仓改米：柒仟捌百叁拾壹石陆斗柒升。内：原荒米：肆拾贰石柒升柒合伍勺；又雍正十一年续荒米：捌石肆斗壹升陆合柒勺；又乾隆六年续荒米：肆石陆斗叁升肆勺；又嘉庆十九年续荒米：贰拾玖石柒斗伍升伍合；又嘉庆二十二年续荒米：壹拾捌石陆斗捌升贰合玖勺；又道光二年续荒米：壹拾陆石玖斗贰升；节年升补米：叁拾叁石捌斗陆升捌合壹勺；又额外新升米：叁石贰斗；实征米：柒仟柒百肆拾捌石叁斗伍升贰合玖勺。

原额兑军并淮安仓副米：壹万柒仟捌拾贰石柒斗捌升伍合壹勺。内：原荒米：玖拾壹石柒斗捌升壹合肆勺；又雍正十一年续荒米：壹拾捌石叁斗伍升捌合玖勺；又乾隆六年续荒米：壹拾石壹斗壹勺；又嘉庆十九年续荒米：陆拾肆石玖斗贰合捌勺；又嘉庆二十二年续荒米：肆拾石柒斗伍升贰合；又道光二年续荒米：叁拾陆石玖斗陆合伍勺；节年升补米：柒拾叁石捌斗伍升贰合肆勺；又额外新升米：陆石伍合叁勺；实征米：壹万陆仟捌百玖拾玖石捌斗肆升壹合壹勺。

原额脚耗米：叁仟贰百贰拾叁石壹斗陆升柒合；内：原荒米：壹拾柒石叁斗壹升柒合贰勺；又雍正十一年续荒米：叁石肆斗陆升叁合玖勺；又乾隆六年续荒米：壹石玖斗伍合柒勺；又嘉庆十九年续荒米：柒石捌斗壹升壹合陆勺；又嘉庆二十二年续荒米：肆石捌斗叁升壹合；又道光二年续荒米：肆石叁斗柒升伍合叁勺；节年升补米：壹拾叁石陆斗壹升陆合肆勺；又额外新升米柒斗贰升叁合柒勺；应编米叁仟壹百玖拾柒石壹斗陆升壹合陆勺；内于一件奏明漕米协济事案内，题准核减米：叁百叁拾伍石肆斗玖升伍合捌勺免征外，实征米：贰仟捌百陆拾壹石陆斗陆升伍合捌勺。

以上本色漕粮共米：伍万贰仟伍百伍拾叁石捌斗陆升玖合陆勺。内：原荒米：贰百捌拾贰石贰斗柒升壹合；又雍正十一年续荒米：伍拾陆石肆斗陆升贰合叁勺；又乾隆六年续荒米：叁拾壹石陆升贰合陆勺；又嘉庆十九年续荒米：壹百玖拾伍石壹斗柒升贰合陆勺；

又嘉庆二十二年续荒米：壹百贰拾贰石肆斗柒升叁合伍勺；又道光二年续荒米：壹百壹拾石玖斗壹升陆合捌勺；节年升补米：贰百贰拾陆石捌斗壹升贰合玖勺；又额外新升米：壹拾柒石玖斗壹升叁合陆勺；应编米：伍万壹仟玖百陆拾柒石柒斗叁升玖合贰勺；内于一件奏明漕米协济事案内，题准核减脚耗米：叁百叁拾伍石肆斗玖升伍合捌勺免征外，实征米：伍万壹仟陆百肆拾捌石壹斗柒升伍勺。

一、随漕各项银数

原额兑军叁陆轻赍银：肆仟叁百玖拾贰两，内：原荒银：贰拾叁两伍钱玖分柒厘；又雍正十一年续荒银：肆两柒钱贰分；又乾隆六年续荒银：贰两伍钱玖分陆厘；又嘉庆十九年续荒银：壹拾陆两陆钱捌分柒厘；又嘉庆二十二年续荒银：壹拾两肆钱柒分柒厘；又道光二年续荒银：玖两肆钱捌分玖厘；节年升补银：壹拾捌两玖钱捌分柒厘；又额外新升银：壹两伍钱叁分肆厘；实征银：肆仟叁百肆拾肆两玖钱陆分叁厘。

原额淮安仓贰升折银：柒拾捌两叁钱壹分陆厘，内：原荒银肆钱壹分壹厘；又雍正十一年续荒银：捌分肆厘；又乾隆六年续荒银：肆分柒厘；又嘉庆十九年续荒银：贰钱玖分柒厘；又嘉庆二十二年续荒银：壹钱捌分柒厘；又道光二年续荒银：壹钱陆分玖厘；节年升补银：叁钱叁分玖厘；又额外新升银：二分玖厘；实征银：柒拾柒两肆钱柒分玖厘。

原额芦席板木银：贰百贰拾壹两捌分柒厘，内：原荒银：壹两壹钱捌分捌厘；又雍正十一年续荒银：贰钱叁分柒厘；又乾隆六年续荒银：壹钱叁分壹厘；又嘉庆十九年续荒银：捌钱肆分；又嘉庆二十二年续荒银：伍钱贰分捌厘；又道光二年续荒银：肆钱伍分捌厘；节年升补银：玖钱伍分肆厘；又额外新升银：柒分柒厘；实征银：贰百壹拾捌两柒钱伍分壹厘。

原额脚耗银：贰拾捌两壹钱肆分捌厘，内：原荒银：壹钱伍分壹厘；又雍正十一年续荒银：叁分；又乾隆六年续荒银：壹分陆厘；又嘉庆十九年续荒银：壹钱柒厘；又嘉庆二十二年续荒银：陆分柒厘；又道光二年续荒银：陆分壹厘；节年升补银：壹钱贰分；又额外新升银：壹分壹厘；实征银：贰拾柒两捌钱肆分柒厘。

原额过湖银：壹仟伍百伍拾叁两贰钱贰厘，内：原荒银：肆百壹拾两肆钱叁分玖厘；又雍正十一年续荒银：壹两陆钱六分玖厘；又乾隆陆年续荒银：玖钱壹分玖厘；又嘉庆十九年续荒银：伍两玖钱壹厘；又嘉庆二十二年续荒银：叁两柒钱伍厘；又道光二年……伍厘节年升补银；贰百贰拾玖两壹钱叁分；又额外新升银：伍钱陆分陆厘；实征银：壹仟叁百伍拾陆两玖钱壹分。

原额协济各卫所漕运旗军月粮仓米银：柒百肆拾叁两陆分陆厘，内：雍正十一年续荒银：柒钱玖分玖厘；又乾隆六年续荒银：肆钱叁分玖厘；又嘉庆十九年续荒银：贰两叁钱玖分玖厘；又嘉庆二十二年续荒银：壹两伍钱伍分伍厘；又道光二年续荒银：壹两叁钱陆厘；节年升补银：叁钱伍厘；又额外新升银：壹钱玖分肆厘；实征银：柒百叁拾柒两陆分柒厘。

原额浅船银：伍百壹拾肆两捌分，内：原荒亡银：贰百肆拾叁两壹钱柒分陆厘，业已续收补足讫。实征银：伍百壹拾肆两捌分。

以上随漕项下共银：柒仟伍百叁拾贰两玖分柒厘，原荒亡银：陆百柒拾捌两玖钱柒分贰厘（内：除浮外，实应荒亡银：伍百玖两柒分捌厘捌毫伍丝；查漕运各款钱粮，未奉汰浮，只缘该邑原报荒缺，俱系漕项之款。除节年升补外，仍存荒银。以各则田亩编征扣算，先后共应汰荒浮银，捌拾玖两壹钱肆分贰丝。但漕项原未奉减所有前项浮银应俟该县报垦荒芜新生之日，一并查抵足额，业于减汰册内登明。）又雍正十一年续荒银：柒两伍钱叁分玖厘；又乾隆六年续荒银：肆两壹钱肆分捌厘；又嘉庆十九年续荒银，贰拾陆两贰钱叁分壹厘；又嘉庆二十二年续荒银，壹拾陆两伍钱壹分玖厘；又道光二年续荒银，壹拾肆两捌钱叁分捌厘；节年升补银，肆百玖拾叁两叁分壹厘，内：抵熟浮银，捌拾贰两肆钱贰分柒厘肆毫陆丝；实补银，肆百壹拾两叁钱伍厘陆毫；又额外新升银，贰两肆钱贰分；实征银，柒仟贰百柒拾柒两捌分叁毫。

一、本色原解江南仓米抵本省兵粮

除柒分折银外，实存本色叁分南米改充兵粮，捌仟捌百伍拾肆石陆斗肆升肆合伍勺，内：原荒米，肆拾柒石伍斗柒升叁合陆勺；又雍正十一年续荒米：玖石伍斗壹升陆合贰勺；又乾隆六年续荒米：伍石贰斗叁升伍合叁勺；嘉庆十九年续荒米：叁拾叁石壹斗柒合叁勺；嘉庆二十二年续荒米：贰拾壹石贰斗捌升肆合叁勺；道光二年续荒米：壹拾捌石玖斗叁升叁勺；节年升补米肆拾壹石陆斗肆升贰合柒勺；实征兵米：捌仟柒百陆拾石陆斗肆升贰勺，内：坐给镇标防兵月米：贰百石。又乾隆四十七年，奉准部文：于南赣二镇外属各营养廉内，抽拨兵丁叁百叁名，归入抚标左右两营，收补应增月米：壹仟玖拾石捌斗内，将省会抚镇城守水师陆营删除公费柒拾柒名多余米：贰百柒拾柒石贰斗，抵放外尚不敷米：捌百壹拾叁石陆斗伍升；丰城县额征裁兵折色米内，复回本色，照数征解，运省凑放。嘉庆二十年奉文裁兵，节省米：贰百伍拾石；又道光十二年奉文裁兵，节省米：壹百肆拾肆石；变价仍解省米：肆百壹拾玖石陆斗。

一、裁兵余剩折色米

柒仟柒百肆拾肆石壹斗伍升玖合捌勺；每石折银陆钱，共该折银，肆仟陆百肆拾陆两肆钱玖分陆厘。前件详前项折色兵米，柒仟捌百柒拾陆石柒斗玖升肆勺，业于乾隆四十九年，因南九信三卫所减征余租缺额，奉文自乾隆四十八年为始，每石加价银壹钱玖分贰厘捌毫玖丝贰忽贰微陆纤，共加增银，壹仟伍百柒两柒钱玖分捌厘，内除节年豁升外，实在加增兵折抵补余租银，壹仟肆百玖拾叁两柒钱贰分捌厘。

一、解给各衙门经费

督粮道项下：

俸银：壹百伍两；门子四名工食银：贰拾叁两陆钱；皂吏二十二名工食银：柒拾两捌钱；快手二十二名工食银：柒拾两捌钱；轿伞扇夫七名工食银：肆拾壹两叁钱；听事吏二名工食银：壹拾壹两捌钱；铺兵二名工食银：壹拾壹两捌钱；以上督粮道项下俸食共银：叁百叁拾伍两壹钱。

盐法道项下：

俸银：壹百伍两；门子四名工食银，贰拾叁两陆钱；快手二十二名工食银，柒拾两捌钱；皂隶一十二名工食银，柒拾两捌钱；轿伞扇夫七名工食银，肆拾壹两叁钱；听事吏二名工食银，壹拾壹两捌钱；铺兵二名工食银，壹拾壹两捌钱；以上盐法道项下俸食共银，叁百叁拾伍两壹钱。

布政司经历项下：

俸银：陆拾两。门子一名工食银，陆两；皂隶四名工食银，贰拾肆两；马夫一名工食银，陆两；以上经历项下俸食共银，玖拾陆两。

布政司理问项下：

俸银，陆拾两；门子一名工食银，陆两；皂隶四名工食银，贰拾肆两；马夫一名工食银，陆两；以上理问项下俸食共银，玖拾陆两。

按察司经历项下：

俸银肆拾伍两；门子一名工食银，陆两；皂隶四名工食银，贰拾肆两；马夫一名工食银，陆两。以上经历项下俸食共银，捌拾壹两。

按察司知事项下：

俸银，肆拾两；门子壹名工食银，陆两；皂隶四名工食银，贰拾肆两；马夫一名工食银，陆两；以上知事项下俸食共银，柒拾陆两。

督粮道库大使项下：

俸银，叁拾壹两伍钱二分；皂隶贰名工食银，壹拾贰两；库子四名工食银，壹拾捌两（遇闰加银壹两伍钱）。以上库大使项下俸食共银，陆拾壹两伍钱贰分（遇闰加银壹两伍钱）。

本县知县项下：

俸银，肆拾伍两；门子二名工食银，壹拾壹两捌钱；皂隶一十四名工食银，捌拾贰两陆钱；仵作一名学习仵作二名工食银，壹拾壹两捌钱；马快四名工食银，肆拾柒两贰钱；民壮一十九名工食银，壹百壹拾贰两壹钱，又增给置备器械银叁拾捌两，共银，壹佰伍拾两壹钱；看监禁卒八名工食银，肆拾柒两贰钱；轿伞扇夫七名工食银，肆拾壹两叁钱；库子四名工食银，贰拾叁两陆钱；斗级四名工食银，贰拾叁两陆钱；以上知县项下俸食共银，肆百捌拾肆两贰钱。

本县县丞项下：

俸银，（肆）拾两；门子一名工食银，陆两；皂隶四名工食银，贰拾肆两；马夫一名工食银，陆两，以上县丞项下俸食共银，柒拾陆两。

本县典史项下：

俸银，叁拾壹两伍钱贰分；门子一名工食银，陆两；皂隶四名工食银，贰拾肆两；马夫一名工食银，陆两；以上典史项下俸食共银，陆拾柒两伍钱贰分。

本县儒学项下：

教谕一员，一、训导一员，俸银各肆拾两共银，捌拾两；斋夫三名工食银，叁拾陆两；门斗三名工食银，贰拾叁两陆钱；以上儒学项下俸食共银，壹百叁拾柒两陆钱。

大江口巡检项下：

俸银，叁拾壹两伍钱贰分；皂隶二名工食银，壹拾贰两；以上巡检项下俸食共银，肆拾叁两伍钱贰分。

一、存留本县支给各项银数

县学廪生二十名廪粮银：肆拾两（遇闰加银叁两叁钱叁分叁厘）文庙朔望香烛银：壹两捌钱（遇闰加银壹钱伍分）；春秋祭祀银：捌拾伍两捌钱捌分玖厘捌丝（内文庙祭银肆拾壹两贰钱肆分肆厘肆毫；崇圣祠祭银陆两；名宦乡贤二祠各祭银贰两壹钱壹分叁毫肆丝；忠义节孝二祠各祭银贰两；社稷坛祭银捌两；山川风云雷雨城隍坛祭银捌两；邑厉坛祭银拾两捌钱；李公见罗先生共祭银叁两陆钱贰分肆厘。）

备祭关帝品仪银：肆拾两；新增备祭文昌帝君品仪银贰拾陆两；春冬乡饮酒礼银壹拾两；岁贡酒礼银贰两伍钱；孤贫四十五名粮布银壹百陆拾贰两（遇闰加银壹拾叁两伍钱）；大江口巡检弓兵一十名工食银：壹拾捌两（遇闰加银壹两伍钱）；改编吹鼓手六名工食银：贰拾玖两伍钱（遇闰加银贰两肆钱玖分玖厘陆毫）；以上存县支给项下共银：肆百壹拾伍两陆钱捌分玖厘（遇闰加银贰拾两玖钱捌分叁厘）。

以上自督粮道起，至吹鼓手止，共银，贰仟叁百伍两贰钱肆分玖厘。

一、驿站项下

原书编载裁递夫工食银贰百叁拾柒两陆钱，差马工料银贰百壹两陆钱，马夫工食银，叁拾贰两肆钱，剑江驿夫工食银壹拾肆两肆钱，廪给口粮银，壹拾两，水驿红座船水手工食修造工料等银陆百两，共原归解司起运银壹仟玖拾陆两（遇闰裁银柒拾两伍钱伍分），现存走人夫三十二名工食银叁百肆拾伍两陆钱（遇闰加银贰拾捌两捌钱），差马肆匹工料银壹百壹拾伍两贰钱（遇闰加银九两陆钱），马夫一名工食银：壹拾两捌钱（遇闰加银玖钱），铺司兵一十九名工食银壹百贰两陆钱（遇闰加银捌两伍钱伍分）。

以上驿站项下共银：壹仟陆百柒拾两贰钱内，归解司起运银壹仟玖拾陆两（遇闰裁银，柒拾两伍钱伍分）存留本县支给银：伍百柒拾肆两贰钱（仍扣除小建，归入起运，遇闰加银肆拾柒两捌钱伍分）。

附载

起运

田房税契（原无定额，例系尽收尽解），当税银贰拾两；牛税银壹拾伍两；牙税银壹百陆两；以上共银壹百肆拾壹两（此银编征，如有增减，据实报解）。

存留

一、漕粮实征官兑，全书附载漕粮耗费银陆拾壹两。不敷支给赠耗，奉准部文刊人由单内编征凑足赠耗银捌百玖拾伍两贰钱柒分玖厘。印官征收，为兑漕给军之用。

附载分征

南昌前卫

原编完赋屯丁五十丁（每丁编银：壹钱贰分贰厘柒毫陆忽肆微叁纤），计编银陆两壹钱叁分伍厘贰毫玖丝叁忽伍微柒纤。

南昌左卫

原编完赋屯丁五十丁（每丁编银：壹钱贰分贰厘柒毫陆忽肆微叁纤），计编银陆两壹钱叁分伍厘贰毫玖丝叁忽伍微柒纤。

以上二卫屯丁银两，业于雍正五年奉文摊派，有屯粮属县带征，各届俱无滋生。

旧志云：丰邑南北二米，先是民收民解，节年轮甲。照粮数编役，始未尝不善。后法寖坏，致值役者亡身破家，并误国计，比比矣！崇祯己卯，邑人余直容疏奏于朝，请为民收官解，以苏其累，时，李侍御右说，暨邑中士杨惟标、蒋复隆、范茂柽、黄师贤等力成之。载《解悬录》。未几，法复坏。国朝顺治初，万崇仰条陈其弊，按院张公嘉、邑侯宗公彝，谋诸绅士力请于朝，为官收官解。时，熊御史侪鹤甫举于乡，甚伟其议，载革编仁丰二录。旧志：漕南分兑，民苦征比。宗侯彝始合征之，又以省运烦苦，并请为便兑，而民力益少苏矣！盖漕南军国之重务，编签利害之大关，便兑官民之永赖。故详书之，以冀良法美意之长存云。

附考

宋户口田地山塘税粮科则（主客户：伍万捌仟叁百陆拾伍，口：壹拾贰万肆仟肆百捌拾壹。），税苗米：叁万伍仟叁拾石柒斗壹升。

元户口田地山塘税粮科则（主客户：柒万捌仟肆百壹拾，口：壹拾叁万玖仟玖百柒。），秋税苗米叁万叁仟贰百石捌斗。

明户口田地山塘税粮科则

洪武拾肆年（户：叁万伍仟壹百陆拾叁，口：壹拾伍万柒仟肆百伍。），官民田地山塘壹万伍百柒拾玖顷叁拾亩陆分。

万历三十六年（户：陆万玖仟肆百捌拾贰，口：柒万伍仟叁百捌拾伍。），官民田地山塘壹万肆仟伍百柒拾贰顷伍亩玖分柒厘捌毫。上田伍仟叁百陆拾肆顷叁拾陆亩捌分壹厘玖毫，每亩科官民米：壹斗壹升陆合玖勺玖抄零。中田贰仟壹百玖拾陆顷玖拾柒亩柒厘贰毫，每亩科官民米：壹斗陆合贰勺叁抄零。下田贰仟叁百壹拾叁顷柒拾陆亩壹分，每亩科官民米：玖升肆合贰勺捌抄零。湖田壹仟柒百壹拾贰顷肆拾柒亩柒分捌厘肆毫，每亩科官民米叁升叁合肆勺陆抄。地贰仟壹百柒拾贰顷捌亩玖分贰厘捌毫，每亩科官民夏税米：叁升伍合玖勺零。

官山壹拾玖顷玖拾捌亩柒分捌厘肆毫，每亩科官米玖合陆勺叁抄。民山陆百肆拾叁顷肆拾贰亩陆分伍厘陆毫，每亩科民米伍合壹勺。塘壹百肆拾捌顷玖拾柒亩肆厘伍毫，每亩科民米伍升。

万历四十二年增辽饷，每亩玖厘。时，高安贿藩书，每亩洒银肆厘，入丰城。邑人杨惟相，疏奏除之。

崇祯十二年增练饷，每亩征银壹分。

崇祯十六年增剿饷，每亩征银壹分。

附录　减浮稿案题疏

为遵例敬陈南昌浮粮遗累事。康熙二年三月初五日，准户部咨开江西清吏司案，呈奉本部送户科抄出。该本部题覆江西总督张，题前事等因。康熙元年十一月初十日题，十二月十九日奉旨："该部知道，钦此钦遵。"于本日抄出到部。该臣等查得右布政使王庭奏称：南昌府属为伪汉陈友谅窃据，钱粮加征，浮于宋元。志书为南昌之民苦累具陈。臣部以南昌府属既系浮粮，应于瑞袁二府汇题，何迟至今始行具奏？其各项钱粮编征已久，无容再议等因，具覆奏有南昌府浮粮，果否与瑞袁二府相同？着察明再议。具奏之旨，臣部无志书可稽，难以悬议。请敕该督抚备查元季、明季编科缘由，果否与瑞袁二府同事同情？有无确据？备查明白具奏，以凭覆请定夺，等因具覆，奉有"依议行"之旨，钦遵行文在案。

今据总督张、巡抚董疏称：南昌府属，除武宁县系陈友谅生身之地，原无浮粮外，其余一州六县共浮折色银一十九万伍仟一百二十二两零；本色米一十四万九仟一百三十一石零。此有志书开载，凿凿可据。将志书送部覆查，等因具题前来。臣部备查志书，内载南昌府属南昌、新建、丰城、进贤、奉新、靖安、宁州等六县一州，宋时原定征米共一十五万九仟二百一十五石二斗五升零，元季因陈友谅浮加派征米三十万一仟五十四石三斗六升零，二项共米四十陆万二百六十九石六斗一升零，内折银三十万三百三十三两六钱九分零。又派征本色米二十二万九千柒百五十一石五升。旧志书明季征米折银，与宋额磨对。浮米折银一十九万五仟一百二十二两九钱捌分零。浮本色米：一十四万九仟一百三十一石零。案查瑞袁二府浮粮，先经前抚蔡覆查题奏，臣部具覆：奉旨减免，钦遵在案。今南昌府属浮粮，查与瑞袁二府事同一体，其所浮银米似应清减。但历年旧额相沿已久，事关钱粮，臣等未敢擅便，伏乞睿裁，恭候命下。臣部遵奉施行等因，康熙元年十二月二十六日题。

本月二十八日奉旨："瑞袁二府浮粮既经减免，这南昌府浮粮，也着照二府例行，钦此钦遵。"抄出，到部送司，奏此相应咨行，案呈到部，拟合就行。为此合咨前去，烦为查照。本部覆奉旨：内事理钦遵榜示，晓谕士庶。仍将南昌等六县宁州一州减免浮粮数目，备细造册题报，以凭核查。其江省赋役全书，另行刊刻进呈。颁行各衙门遵照施行等因到臣。臣与抚臣随即大张榜示，通行晓谕，务令六县一州绅衿士庶，咸使周知，普沾恩惠。并备行司道府县，查造减浮细册呈缴，以凭题报去后。今据布政司左布政使余应魁详称：奉臣与抚臣牌行前事，行据南昌、新建、丰城、进贤、奉新、靖安六县、宁州一州，各将应减浮粮细数，开报前来，本司逐一覆核，汇造各款清册，并将各属田地山塘、原编银米、减浮除荒、实征数目，另造简明揭帖，听候查核外，该本司查看得：南昌府属六县一州丁田二项，原共额银三十三万五千二十八两二钱二分七厘三毫，内汰浮除南新丰三县，各色免银二十两四钱八分七厘七毫五丝。连靖安县新升田该减银三钱六分七厘九毫，实共减银一十九万五千一百二两八钱六分六厘八毫五丝。又除荒芜缺丁，共银九千二百二十五两八钱三分八厘二毫，实征银一十三万六百九十九两五钱二分二厘二毫五丝，内户礼兵工四部本折共实征银：四万五千七百六十五两二钱六厘二毫七丝八微。随漕项下，共实征银：五千七百一两七钱四毫一忽九微八纤。存留兵饷及经费各项，共实征银：七万七千二百三十两零八钱八分四毫二丝七忽八微四纤。裁解各款，共实征银：二千一两七钱三分五厘一毫四丝九忽三微八纤。原编本色并靖安新升，共米：二十二万九千七百五十一石五斗六升九合八勺九抄，汰浮连靖安新升田，该减米：二斗六升四合三勺八抄，共减米：一十四万九千一百三十一石二斗七升一合三勺八抄。荒芜除新建新升米抵外，实减米：二千四百一十五石八斗八升一勺一抄。各州县实征漕南米：七万八千二百四石四斗一升八合四勺，俱备细分析。各部寺钱粮款项，造具清册。并将武宁县仍照原数开造，以备查考，合就详缴。本部院俯赐核明具题外，仍俟覆允，至日照刊全书进呈，分送各部寺备照施行等因到臣。据此，该臣等会看得南昌府属浮粮小民，苦累三百余年，感沐皇恩浩荡，准与瑞袁二府一例豁免。六县一州，白叟黄童，欢呼载道，不啻出诸汤火，而登之衽席也！臣等一准部文随即榜示，晓谕士民，迎遵俞旨之日为始，一应钱粮，照额减浮，普沾实惠。不许奸胥猾吏里豪，有溷征作弊。并取减免浮粮细数造册呈报去后，今据布政司逐一汇造细册前来，臣等覆核无异。第州县钱粮数目款项繁多，不敢概列疏内，烦渎宸聪。悉于各册分析明白，并造简明揭帖，听候部臣覆核。至日照数刊正全书，另疏进呈，以垂千万世不朽之鸿恩也。除将减浮册揭分送户礼兵工四部查考外，臣谨会同江西抚臣董合词具题，伏乞皇上敕部核覆行，臣等遵奉施行。康熙□□年八月初一日题，九月十三日奉旨："该部知道。"

分巡道查培继乞免浮粮疏

题为江西浮粮积困已极，仰求一体减免，以广皇仁，以免向隅事。

臣以员外代藩入觐，临行之时，南昌一府七州县士民攀辕号吁，皆为南昌府浮粮事。以臣代觐天颜，欲臣代陈苦累。臣查此事始末，自故明因陈友谅苛征之额，南昌袁瑞三府田壤比之，邻壤一倍，加征三倍，甚是偏枯。国朝定鼎以来，顺治九年，有藩司庄应会之条奏，而袁瑞二府蒙恩减豁矣。彼时南昌一府，志册无据，不及同邀减免。至我皇上御极，康熙元年，藩司王庭入觐，特行具题。康熙十三年，藩司刘健入觐，又行具题。部覆藩司王庭条奏：奉有"袁瑞二府浮粮既经减免，这南昌府浮粮，也着照袁瑞例行"之旨，已经奉恩准减矣，嗣因部覆以浮米石太多，征之年久，遂尔中止。但据南昌合郡士民呈称：该府七州县米，原旧志额载税苗米：一十五万九千一百一十五石零。因陈友谅窃据横征，故明相沿不改。《赋役全书》额载官民米：共四十六万二百六十九石零。故至今分编本色漕米，共二十二万九千七百五十一石零，计浮米一十四万九千一百三十一石零。分编折色、粮差、地亩等银，共三十万三百二十三两零，计浮银一十九万五千一百二十二两零。夫以区区一府人民田土、浮银浮米，每年至于如此之多，民力岂能堪此。况同一故明，洪武所行甚久之事，而袁瑞既邀免于前，南昌不得邀免于后。且已经奉旨，又复停行，此南昌之苦在倒悬。而数十年之呼号痛切，无时暂已也。

臣咫尺天颜，又奉条陈地方利弊之谕，舍此不言，无可言者。且从前入觐之员，无不以此条陈再三恳切。臣若知而不言，是仰负皇上采访之圣心，兼负此一藩入觐之大典矣。不揣冒昧，激切上陈。伏乞敕部确议查蠲，则亿兆再生、万年颂圣矣。

巡抚裴徫度乞减浮粮疏

为奏闻事。该臣看得南昌府属浮粮一案，蒙皇上特恩敕部议覆行令，比照邻府州县征收银米，酌量减免，其应裁征银米数目，造册具题，到日议行，等因到臣。臣即檄行布政司、粮道遵照去后。今据布政使石成峨、督粮道费金吾详称：南昌府七州县原额地亩等银三十万三百三十三两六钱零，内加浮银一十九万五千一百二十二两九钱零。原额漕米二十二万九千七百五十一石五斗零，内加浮米一十四万九千一百三十一石零。今遵部行查邻府，瑞州最为切近，且系奉减浮粮之郡。应将南昌、新建、丰城、进贤、奉新原浮数多五县，比照瑞属高安之例酌减。宁州、靖安原浮数少之二州县，比照瑞属上高之例酌减，七属通共该减银一十五万一千九十九两七钱，共减浮银虽系比则核算，但为数太多，应请减一半：银七万五千五百四十九两八钱零，外存实征银二十二万四千七百八十三两八钱零。共减米一十一万五千四百七十三石八斗三升零，其减浮米石虽系照则核算，但为数太多，应请减一半米五万七千七百三十六石九斗一升零，外存实征米一十七万二千一十四石一斗三升零，等因造册，援例请豁前来。臣查瑞袁二府加浮银米，虽奉全免在案，但额赋银两，关系重大。臣何敢比照全请减免？应如该司等所议，酌减浮银一半，共银七万五千五百四十九两八钱零。至漕米，岁有常供，更难冒昧。请减所浮米石，仍照旧征输，庶国帑与仓储无缺，而小民之积困均苏。仰恳皇上特沛恩纶，俾南昌郡七属黄童白叟，世世子孙，顶祝皇恩于亿万斯年矣。

部议减浮疏

户部为奏闻事。江西清吏司案呈，江西巡抚裘徫度，奏前事于雍正元年十月十九日，奉硃批俞旨："该部议奏，钦此钦遵。"该臣等查得江西巡抚裴徫度奏称：南昌府粮额加浮，起自陈友谅窃据南昌、袁州、瑞州三府时，除武宁一县系友谅生地未曾加派，其余三府均有浮粮。顺治二年，按臣吴赞元题明请减；顺治十年，瑞袁二府先经士民呈诉，督抚据题，已邀减免在案。南昌续请于康熙元年，蒙圣祖仁皇帝谕令，照袁瑞二府一例减免，已钦遵榜示后，内部驳漕米加浮，无凭稽查，又议不准，相沿至今。恭逢皇上御极之初，士民纷纷环吁，佥称："圣主体恤穷民，剔除积弊，无微不周。此事无由上达天听，仰邀一视同仁。臣伏思：钱粮重大额赋，岂易更张？但南昌浮粮，实与瑞袁一例，当此皇恩浩荡，破格施恩，等因前来。查顺治十年，据江西右布政使庄应会奏称：瑞袁二府科粮，独重议清减浮粮与各府相准一案，部覆具题。奉旨："这浮粮积久，重困一方，应从原额清汰，着该督抚饬该府县官确遵减免，毋得踵弊混征，有辜德意。"钦遵在案。

康熙元年，据江西右布政使王庭疏称："南昌府属为陈友谅窃据，钱粮加征，浮于宋元志书，除武宁县系友谅生身之地，原无浮粮，其南昌、新建、丰城、进贤、奉新、靖安、宁州等一州六县，共浮折色银一十九万五千一百二十二两零；共浮本色米一十四万九千一百三十一石零。此志书开载，凿凿可据"等语。部议：南昌府属浮粮与袁瑞二府，事同一体，其所浮银米，似应请减，等因题覆，奉旨："袁瑞二府浮粮既经减免，这南昌府浮粮，也着照袁瑞二府例行，钦此"在案。续据该督抚将免过粮米细数造册，题报部驳漕粮，陈友谅之时原无，系明季始行起解，何云陈友谅加增米石？等因题覆。奉旨："系自洪武时所行甚久之事，这减免不准行。"遵行在案。

又康熙十三年，据江西布政使刘楗奏称：南昌一郡浮粮奉部驳查，漕粮一项，虽不始于友谅，但友谅加浮之时，银米俱增，彼时加米，用以养兵，故明因之，用为漕粮，名虽不同，而加浮则一。是漕粮名色不起于友谅加浮之时，而实在友谅加浮之内等语。部议：各项编征钱粮，《赋役全书》俱照万历年间例开征，并无加浮。将“布政使刘楗所奏无庸议”，等因题覆在案。

今江西巡抚裴徫度奏称：南昌浮粮实与瑞袁一例，当此皇恩浩荡，破格施恩等语，是南昌府浮粮与袁瑞二府事同一例，自应均邀减免，但康熙元年江西右布政使王庭奏称：南昌等一州六县，共浮银一十九万五千一百二十二两零；共浮米一十四万九千一百三十一石零。今备查：南昌府属现在实征地亩银三十万七千三十八两零，正改兑米一十三万六千九百九十石零，加四耗米五万四千七百九十六石零。若减去浮粮，只剩下地亩银一十一万二千余两。若减去正改兑漕米，则加四耗米亦随减免，而南昌府一州六县以致漕米全无。况武宁向无浮粮之县，尚有应征漕米。其南昌等一州六县岂可漕米尽无？且该抚折内并未将应征银米若干、应减银米若干之处，明白分析，不便遽议。应令该督抚比照邻府州县征收银米、酌量减免，其应减应征银米数目，分析造册具题，到日议行可也。奉旨：“依议。”

部准《减浮疏》

户部为奏闻事。江西清吏司，案呈江西巡抚裴徫度题，前事于雍正二年三月十九日题，四月十七日奉旨：“该部议奏，钦此钦遵”。该臣等查得江西巡抚裴徫度以南昌府属浮粮一案，据布政使石成峨、督粮道费金吾详称：南昌府七州县原额地亩等银三十万三百三十三两六钱九分零，内加浮银一十九万五千一百二十二两九钱捌分零。原额漕米二十二万九千七百五十一石零，内加浮米一十四万九千二百三十一石零。今遵部行，查邻府瑞州最为切近，应南昌、新建、丰城、进贤、奉新五县比照瑞属高安之例酌减，宁州靖安二州县比照瑞属上高之例酌减，通共该减银一十五万一千九十九两零，但为数太多，应请减一半银七万五千五百四十九两零，外存实征银二十二万四千七百八十三两零。共该减米一十一万五千四百七十三石零，但为数太多，应请减一半米五万七千七百三十六石零；外存实征米一十七万二千一十四石零，等因造册，具豁前来。臣查瑞袁二府加浮银米虽奉全免，但额赋银两关系重大，何敢比照全请减免？应如该司等所议，酌减浮银一半，至漕粮岁有常供，更难请减所浮米石，仍旧征输，庶国帑与仓储无缺，而小民之积困均苏等因，会同江南江西总督查，具题前来。查该抚既称南昌府属之南昌、新建、丰城、进贤、奉新五县，比照瑞属高安之例酌减；宁州、靖安二州县，比照瑞属上高之例酌减，但为数太多，应请减半。至漕粮，岁有常供，更难请减。所浮米石，仍旧征输等语，应如该抚所请，除所浮米石仍旧征输外，其南昌等七州县所减浮银一半七万五千五百四十九两零之处，相应准其减免，以雍正二三年为始行。令该抚饬南昌等七州县遵照奉行，毋得混行苛敛，并遍示晓谕，使穷乡僻壤，叠沐皇恩，永歌乐土。仍将南昌等七州县额征科则，每亩应减起存若干，实征若干，逐一分析造册，送部查核可也。奉旨：“依议。”

部议减浮疏

臣等议得江西巡抚俞兆岳奏称，南昌府属浮粮一项，已蒙世宗宪皇帝覃恩减免。而此内尚未尽豁除者，谨剖析原委，伏祈圣明洞鉴。

自昔陈友谅窃据南昌、袁州、瑞州三府，除武宁县系其本籍，未曾加派，其余尽有浮粮，加为养兵之用。明季相沿为额，银归起运，米作漕粮。恭遇我朝顺治年间，袁州、瑞州二府士民先行呈诉，督抚具题，随将袁属浮银七万八千八百五十一两零，浮米六千八百八十六石零；瑞属浮银五万七千二百一十七两零，浮米五万五千三百九十石零；照数全豁讫。惟南昌属之南昌、新建、丰城、进贤、奉新、靖安、宁州等七州县共浮银一十九万五千一百二十二两零，浮米一十四万九千一百三十一石零，未经减免。至雍正元年，经前抚臣裴徫度奏称减免。部议：令该督抚比照邻府州县，征收银米，酌量减免其应减应征数目，分析造册具题，到日再议等因，当即行。据前布政使臣石成峨、前粮道臣费金吾会查：南昌之邻府，惟瑞州府最为切近。应将南昌、新建、丰城、进贤、奉新五县，比照瑞属高安之例酌减，宁州、靖安二州县，比照瑞属上高之例酌减，七州县通共该减银一十五万一千九十九两零，该减米一十一万五千四百七十三石零之内，再行酌减一半银七万五千五百四十九两零，减一半米五万七千七百三十六石零，等因造册，详送抚臣裴徫度，仅如该司道等所请，减浮银一半，其米石照旧征收。会同督臣具题，经部覆准减免一半浮银七万五千五百四十九两零。于雍正二年闰四月十八日，奉旨“依议，钦此”在案。是南昌府属既已减去浮银七万余两有奇，臣何敢冒昧再为陈请？但查南昌与袁、瑞二府，则壤成赋均宜一例。今田亩耕作无异，粮赋多寡悬殊。彼此相形，难免向隅之叹。仰请圣慈比照雍正二年高安、上高酌定之数，将南昌等七州县前次未免一半浮银七万五千五百四十九两零，恩赐全免。至于漕米，关系粮运，未便轻议全免。似应请照前议，只减一半米五万七千七百三十六石零，余仍征输兑运。抑臣更有请者，臣自入境以来，士民遮道攀诉，指称大江坍陷，沙粮赔累艰难。臣即宣扬圣谕，言圣天子无微不烛，早知沙地有赔粮之苦，谕令督抚查明豁免。百姓皆欢声震地，鼓舞而散。查此项应免之额，如蒙恩允，臣即亲身丈量，核实确数，另行题报，理合一并奏闻，等因前来。查康熙元年，江西布政使臣王庭，请将南昌府属浮粮，比照袁、瑞二府一例酌减一案，经臣部议覆，以加浮银米年远，无凭稽查等因具题，奉旨：“系自洪武时所行甚久之事，这减免不准行，钦此。”遵行在案。

后于雍正元年，前抚臣裴徫度奏称减免，臣部议覆行，令该督抚比照邻府州县征收银米，酌量减免。旋据督抚奏称：南昌府属之七州县，比照瑞属高安上高之例，按则核算酌减，通共该减银一十五万一千九十九两零，米一十一万五千四百七十三石零，为数太多，应清减一半银七万五千五百四十九两零，一半米五万七千七百三十六石零。但漕粮岁有常供，更难请减，所浮米石仍旧征输等因，经臣部以所浮米石有关粮运仍旧征输外，其所减一半浮银七万五千五百四十九两零，准其减免，等因题覆，奉旨：“依议。”钦遵在案。

今该抚奏称：南昌与袁、瑞二府则壤成赋均宜一例，田亩耕作无异，粮赋多寡悬殊，彼此相形，难免向隅之叹！仰请圣慈比照雍正二年高安、上高二县酌定之数，将南昌等州县前次未免一半浮银七万五千五百四十九俩零，恩赐全免。至于漕米，关系粮运，未便轻议全免，似应请照前议，只减一半米五万七千七百三十六石零。余仍征输兑运等语。查南昌府属米石，业经前抚题请减免浮粮案内，以漕粮岁有常供，饬令仍旧征输。今若复行减半征收，是于岁需之项，必致亏缺。应将该抚所请减免浮米之处，无庸议。至浮银一项，前抚臣裴徕度题请比照高安、上高二县科则，业经酌减一半浮银七万五千五百四十九两零，其余一半浮银七万五千五百四十九两零，归入正额征收在案。今该抚虽称未免一半浮银，比照邻近州县粮赋尚有悬殊，奏请全免。但事关额征帑项，不便轻议减免，应令该抚会同该督，将如何酌减之处，详细确核，具议具题，到日再议再。该抚奏称：大江坍陷，沙粮赔累艰难。此项应免之额，如蒙恩允，臣即亲身丈量核实确数，另行题报等语。查雍正元年，臣部议覆内阁交出密陈，内称濒江近海之区，坍涨固所不免。定例十年清丈一次。原为坍者须豁，涨者当升，便不致有赔累之苦、隐占之弊，应请嗣后若遇有坍者，即行豁免，涨者，即行升科等因。奉旨："依议。"钦遵通行在案。今该抚既称"大江有坍陷、沙粮赔累艰难之处"，亦应令该抚即行查丈核实确数，照例具题可也。

部议减浮疏

臣等查得升任江西巡抚俞兆岳疏称：江西南昌府属浮粮一案，据布政使、革职留任刁承祖详称：南昌所属七州县，原共浮银一十九万五千一百二十二两零，迨雍正元年，照高安等县科则计算，应减银一十五万一千九十九两零，内减去一半银七万五千五百四十九两零。民力固已舒徐，而比之瑞、袁等府，现征之数，尚属多寡不一。民未免犹存望减之思，但国帑所关，从中筹酌，请于前次减存一半数内，再酌减银三万七千七百七十四两零，其余仍令征输，庶所减于正额无多，闾阎愈觉宽裕。应请题准之后，另造减征细册，送臣部查核，于乾隆元年为始减征。至各属坍陷沙粮，前值禾苗在地，须于秋收之后，方可丈量。不能四个月限内回报。今现在饬差查丈，并题明宽限，俟告竣之日，另行造册，呈送核题等因，与臣会核无异，相应一并具题，统听部议。臣谨会江南督臣赵宏恩，合词具题，等因前来。查南昌府属浮银一项，于雍正元年，经前抚臣裴徕度奏请减免，臣部议覆，行令该督抚比照邻府州县征收银两，酌量减免。旋据该督抚将南昌府属之七州县，比照瑞属高安、上高之例，按则核算，通共该减银一十五万一千九十九两零，为数太多，请酌减。经臣部议奏，蒙世宗宪皇帝格外施恩，已减去七万五千五百四十九两零。其余一半银两，编定额数，照旧征输在案。复于乾隆元年四月内，据升任巡抚俞兆岳，以南昌府属七州县实征银两，比照邻近州县，粮赋尚有悬殊。其未减一半浮粮，奏请全免。经臣部议覆：事关额征帑项，不便轻议减免。行令该督抚：将如何酌减之处，详细确核妥议。具题去后，今升任巡抚俞兆岳，虽称请于前次减存一半数内，再酌减一半银三万七千七百七十四两零，其余仍令征输，庶所减于正额无多，而闾阎愈觉宽裕等语。但查减免钱粮，攸关国帑，自应详细核明，以凭定议。今疏内并未将南昌府属七州县田地之肥瘠、科则之轻重，与邻近之州县粮赋如何悬殊，并作何按则酌减之处，分析声叙，摊减银两各款细数，又未确核造报，臣部难以悬议。应令该抚岳浚会同该督，将南昌府属浮粮银应否酌减之处，确查妥议，分析造册具题，到日再议。至所称"坍陷沙粮"，不能依限查丈之处，应如所请，准其宽限，俟查丈清楚之日，照例题报可也等因。于乾隆二年三月初七日。本月初九日奉旨："依议。"

具呈：南昌府属南昌、新建、丰城、进贤、奉新、靖安、宁州七州县士民龚英、周长庚、毛沇等呈，为沥诉浮粮积困，吁请循例具题，上邀新恩，下苏民困事，钦惟圣明御极，百度维新；礼士恤民，施仁布德；赃款悉蒙宽免，积逋正敕查蠲。既沐普济之洪恩，当陈一郡之偏苦。缘伪汉陈友谅寇踞南、瑞、袁三府。地狭兵多，粮少食众。惨将粮额一年倍取三年。独南郡武宁一县为友谅生身之地，仍照原额未浮，余邑尽遭毒焰。爰稽宋元旧额，《南郡通载》苗税米一十五万九千二百一十五石有零。明按伪册“通载”：官民米四十六万二百六十九石，计共浮银一十九万五千一百二十余两，共浮米一十四万九千一百三十余石。有明因怒地豢寇，遂尔相沿未改，被浮苦累万状难形。顺治四年，按院吴洞悉民艰，首以南、瑞、袁三府浮粮，特疏入告。比奉“有俟赋役告成，另行减免”之旨。迨后顺治九年，布政使庄入觐，陈言，尔时南郡又遭金逆屠变，人民逃散，哀鸿未集，控诉无人。止据袁瑞条揭，条奏请减。久奉世祖章皇帝恩允，至今钦遵在案。及顺治十八年，钦奉上谕：“户部：故明有仇怨地方，或一处，钱粮科收甚重。此明朝仇怨于民，我朝并无仇怨，何得踵行？尔部详察具奏。”康熙元年，又奉圣祖仁皇帝恩谕：“凡前朝仇怨地方或一处，增粮甚重等弊，许即陈言，查豁比蒙。”布政使王入觐，据士民呈诉，复将南昌浮苦，循例具题。奉旨：“这南昌府浮粮，果否与袁瑞相同，着查明再行具奏，钦此。”节经前督宪张、巡抚董：“遵即查明题覆，并将宋元旧志缴部，又蒙部堂宁核实回奏。”奉旨：“袁瑞二府浮粮既经减免，这南昌府浮粮，也着照袁瑞二府例行。”仰邀减免，钦遵在案。当即颁发由单，改正赋役，造册报部。业奉核实，减以二年为始。讵料康熙三年，户部苏纳海挟欲未遂，驳查粮米，顿令永行之纶恩，改为暂停之俞旨。可怜被驳，而后六十年来，七邑复罹倒悬，万姓了无生日，新征旧欠交迫。一时以致卖鬻既空，妻儿莫保，逋赋波累于里族，流亡转徙于四方，总因本年正供未完，来年遂为压欠，来年复有正项，压欠更多。一年甚至以一人之身，积三、四、五年之欠。在官则征比日繁，在民则追呼日扰。官不免参、罚之例，民终无完额之期。岂官守斯邦皆无才力，而民生南郡尽属刁顽？实以小民之膏血既枯，无怪有司之智勇俱困。惟有横加酷比，那顾民命难堪？积受杖之驱，高于匡庐之顶；收鞭笞之血，多于彭蠡之流。至于焦头烂额，终不能偿！究竟仍归之于赦蠲而已矣。不知与其赦蠲于敲骨炙髓之余，民受其苦，何如豁免于残喘尚存之日，户庆更生，乃今之持筹而司会计者，未知浮额如此之多、穷民如此之惨，且家鲜再传之亩，户多无米之丁。终岁勤劳，不足一年之食用，四方营趁，难保八口之饥寒。向非明季征不全科，民以六分完额，官以六分考成，久已逃亡于异域。近惟我朝恩赦叠沛，五年一次减免，十年一次蠲除，何以苟延于今时？民等恭遇宪天大老爷，盛世皋夔，熙朝稷契，宠膺帝简，福曜西江；一事可以造苍生之福，片言足以垂史册之光；决不以此大利大害，更望之于后圣后贤。现奉制宪大老爷咨询利弊，已蒙藩宪大老爷首以南郡浮苦条陈。况今圣天子龙飞首御，严饬查蠲，继饬九卿科道督抚，各陈利弊，毋得瞻徇顾忌。正可因事而上言，并非无端而入告。伏乞大沛仁慈，效郑监门之绘图，等贾长沙之陨涕；乘机作福，恳切具题；俾得照袁瑞豁免之洪恩，并依宋元正收之旧额；则皇仁宪泽，上下与天地同流，而万姓群黎，死生皆衔结无既矣！民等情切陷溺，冒死上呈。

大学士朱轼谢表

钦惟我皇上盛德同天，至仁育物；抚万方之版籍，无时不念其艰难；运四海之枢机，每事必图其久大。重农贵粟，惟藏富于穷檐；给复蠲租，频推恩于稔岁。犹念江右，素称瘠壤。南郡复有浮粮，计亩升科数，独逾于他郡；按图考赋事，实起于前明。特沛新纶，酌裁旧额。宽四百年之成赋，垂亿万载之洪仁。减惟正之供，留诸百姓；饰非常之德，惠此一方。嵩祝喧天，欢声遍野。涵濡帝泽，与章水而同深；瞻仰天颜，比庐峰而更峻。臣等身依北阙，籍隶西江。诏令传于禁中，欣喜出于望外。乾坤怙冒，尽天地以无私；雨露栽培，惟此邦为尤渥。欢忭靡极，歌诵难名。输葵藿之微忱，常随化日；率枌榆之旧里，共乐淳风。谨合词奏谢以闻。

具呈：南昌府属南昌、新建、丰城、进贤、奉新、靖安、宁州七州县士民龚英、周长庚、毛沆、朱景岱、余如洲、刘大鹏、张梦兰、熊韬、邹天佑等为顶谢天恩豁减浮赋，兆民感悦，恳赐代题事。钦惟我皇上天纵承天，圣功继圣，缵顺人而治之绪，八十年恺泽滂流，广康乂惟熙之休，千百国讴歌风动，科增甲乙，连茹悉咏，菁峨捷奏，边陲革心，咸舞干羽。崇临雍之典礼，奎璧联辉；扩庠序之搜罗，章缝蔚起。人歌舜日，户乐尧天。诚所谓咸五登三，颂美莫罄，超王迈帝，扬扢难摹者也。

兹有南昌府浮粮重累已久，特蒙俞旨允赐减除。恩沛自天，欢呼动地。温纶如温风解愠，直从九陛吹来；德泽如德雨纷披，欣自五云垂下。苏三百八十载之积困，免七万五千余之浮征。一时沐浩荡之恩膏，共颂一人有庆；万世沾生全之乐利，惟赓万寿无疆。但葵倾七属，末献下忱；而华祝九重，恳求上达。庶黼扆之座，俯彻蔀屋舆情；而云日之瞻，仰伸率土孺慕矣。为此上呈。

漕米

原额漕米伍万叁仟壹百柒拾壹石捌斗叁升陆合。

嘉庆十九年，奉部准豁免坍没田地粮米壹百玖拾肆石陆斗壹升壹合肆勺，实征米伍万贰仟捌百柒拾柒石贰斗贰升肆合陆勺。

嘉庆二十二年，奉部准豁免淤塞田地粮米壹百贰拾贰石叁斗陆升捌合叁勺，实征米伍万贰仟柒百伍拾肆石捌斗伍升伍合叁勺。

道光二年，奉部准豁免沙塞田地至道光叁年豁除米壹百壹拾石玖斗叁升玖合玖勺，实征米伍万贰仟陆百肆拾叁石玖斗壹升伍合肆勺。

道光三年，奉文准张家洲地升科米壹石陆斗伍升玖合，除豁连添，实征米伍万贰仟陆百肆拾伍石伍斗柒升肆合肆勺。

道光四年，额征毛粮壹拾贰万零伍百贰拾陆石零捌合肆勺陆抄，实征正改米叁万壹仟捌百柒拾伍石玖斗柒升壹合贰勺。副米壹万陆仟捌百玖拾肆石贰斗陆升肆合捌勺。坐给防营兵米贰百石。南粮省仓兵米捌百壹拾叁石陆斗，兵耗米叁拾柒石肆斗贰升伍合陆勺，脚耗米贰仟捌百贰拾肆石贰斗零柒合玖勺，里民津贴米壹斗零肆合玖勺，以上共额征实米伍万贰仟陆百肆拾伍石伍斗柒升肆合肆勺，每年编征漕粮耗费银陆拾壹两。

随漕银

原额随漕银柒仟叁百叁拾贰两贰钱肆厘，兵折银肆仟陆百玖拾两贰钱陆分伍厘，加兵银壹仟伍百柒两捌钱壹分陆厘。

嘉庆十九年，奉部准豁免坍塌田地随漕银贰拾陆两贰钱叁分壹厘，兵折银壹拾玖两捌钱伍厘，加兵银陆两叁钱捌分陆厘。

嘉庆二十二年，奉部准豁免淤塞田地随漕银肆拾叁两柒钱伍分，兵折银叁拾贰两陆钱叁分陆厘，加兵银肆两壹钱伍厘。

道光二年，奉部准豁免沙塞田地随漕银壹拾肆两捌钱叁分捌厘，兵折银壹拾壹两叁钱伍分捌厘，加兵银叁两陆钱伍分壹厘。

道光三年，奉准张家洲地升科应添随漕银贰钱壹分玖厘，又兵折银壹钱陆分柒厘，又加兵银伍分肆厘。

实在额征随漕银柒仟贰百柒拾肆两捌钱叁分伍厘，兵折银肆仟陆百肆拾柒两肆钱玖分陆厘，加兵银壹仟肆百玖拾叁两柒钱贰分捌厘。

地丁银

原额编征地丁，共银陆万零捌百贰拾贰两柒钱肆分伍厘。

嘉庆十九年，奉部准豁免坍没田地粮银贰百零肆两玖钱捌分陆厘。

嘉庆二十二年，奉部准豁免淤塞田地粮银壹百贰拾玖两伍钱贰分贰厘，又奉文减征丁口银壹拾捌两零壹分陆厘。

道光二年，奉部准豁免沙塞田地粮银壹百壹拾伍两捌钱贰分肆厘，又奉文减征丁口银壹拾壹两肆钱柒分壹厘。

道光三年，额征地丁共银陆万零叁百肆拾贰两玖钱贰分陆厘，奉准张家洲地升科添银壹两捌钱伍分玖厘，实征银陆万零叁百肆拾肆两柒钱捌分伍厘。

道光四年，遇银添征闰月银肆百捌拾叁两叁钱陆分肆厘，实征银共陆万零捌百贰拾捌两壹钱肆分玖厘。

杂税

每年额征牛税银壹拾伍两，牙税银壹百零陆两，当税银肆拾两，地租银肆两。

仓储

漕仓二：一在小东门外厉坛右，为永便仓廒屋壹百三十二间（明崇祯年间，谢尹龙文因便民，鄢家二仓既坏，捐赀购买民地，并建于此。滨江便兑，公私赖之。唐尚书大章有记。）；一在曲江，地方距县十里，为西粮仓，廒屋二十三间。广惠仓。（在治东察院北共六十八间储谷贰万伍仟伍百石。）

社仓

一、在附城小桥，储谷五百陆拾肆石肆斗。
一、在附城庄前，储谷陆百柒拾柒石玖斗。
一、在附城高原，储谷五百贰拾捌石。
一、在附城竹林庵，储谷五百捌拾捌石壹斗。
一、在附城鹤村，储谷五百贰拾贰石叁斗。
一、在区栗村，储谷贰百壹拾石柒斗。
一、在铁炉头，储谷伍百柒拾捌石柒斗。
一、在秀才埠，储谷贰百柒拾伍石捌斗。
一、在同造，储谷叁百叁拾石叁斗。
一、在张家巷，储谷贰百陆拾伍石陆斗。
一、在三江口，储谷叁百壹拾陆石叁斗。
一、在碎头，储谷贰百玖拾陆石玖斗。
一、在冈上村，储谷叁百叁拾伍石叁斗。
一、在畬上村，储谷叁拾伍石陆斗。
一、在坞社，储谷叁百玖拾壹石贰斗。
一、在芦田，储谷贰百玖拾肆石柒斗。
以上社仓十六处，共储谷陆千陆百伍石陆斗。

义仓

在县治头门内东偏。（今废，址为典史廨，头门。）
东粮仓，在大东门外山茶巷。（明正德丁丑，为洪水啮其址，仓废。）
便民仓，在剑江驿前。（今废）
鄢家仓，在小北门外。（今废）

预备仓，东在五十五都，西在七都，南在二十五都，北在八十二都。（明洪武二十四年，并正德八年重建，今俱废。）

按：各处仓廒年久倾圮，社谷出，不闻入，即按册牒追欠，户有名无人。其侵没于胥役者，数十年积弊相沿，不可根究。志之，以俟复兴者。

卷之五　学校志

学宫　学制（学田、学业附）　书院（社学附）

学以明伦，三代共之。
大哉孔子，为万世师。
千秋崇祀，庙貌崔巍。
题赞联额，宸翰淋漓。
明礼备乐，享用多仪。
造士选士，咸出于斯。
四境向学，竞设皋比。
考课如式，膏火优资。
良法美意，茂矩隆规。
必恭敬止，斯文在兹。

——作《学校志》。

学宫

历朝修建学宫纪略

【唐】永徽二年，迁县治于章水东，建学于治东南。

【宋】绍兴〔熙〕十三年，县令雷继远迁建治东，即今所，黄次山记。胡令琏、余令畲增修，刘令卿月购范氏地广其后。

【元】至元二十三年，升为州学。州守陈元凯修之。大德二年，姚守用中复修，揭傒斯记。皇庆元年，李学授克家增修。元末毁，惟大成殿存。

【明】洪武元年，州尹强立重建。二年，复改州〈学〉为县学，知县林弼作棂星门。知县朱瑄、张敬及杨誉，先后增修。宣德四年，布政使陈智命郑子明、聂伯埙重修，胡俨记。成化二年，主簿王燧加修。十四年，副使洪，下檄知县周芳、县丞朱萱重建，基视旧高增六尺，广增四尺有奇，张元祯记。弘治七年，知县刘燧复修，知县何洽改浚泮池。嘉靖间，巡抚盛应期、参政徐赞檄知县李章重新，杨廉记。十年，奉旨撤像易以木主。万历间，知县吴达可、韩文相继修葺。四十二年，通判陶以诗购民居拓地增修，吴道南记。明末圮。

【国朝】顺治十二年，知县宗彝重建，有记。十七年，知县何士锦增新，陆履敬记。康熙年间，知县房廷桢、莫风鲲、蔡毓华、王镐、薛景莹、卢佐斌、王履仁，雍正年间，知县杨芊、刘象贤均修葺。乾隆四年，教谕盛逢澜暨邑绅谋重建，知县杨志道倡率合邑捐银伍千两，邑绅、金华府通判李堡捐银一千两，悉撤旧新之，盛逢澜记。乾隆四十年，职员吕仕麟复捐二千四百余金修葺。嘉庆十一年，知县朱如金劝谕合邑撤旧重新。道光五年复修。二十六年重修大成殿及两楹。同治三年九月，准给事中王宪成奏，敕各直省勘修学宫。四年，合邑奉宪，各坊照旧分修大成殿。(八架二十六楹，周回磨砖夹柱石。廊二十六楹，南面牌坊，上竖大成殿匾，基址高三尺五寸，直五丈八尺，横八丈。柱高三丈九尺六寸。雕云飞檐，黄瓦龙吻，如制，方向壬丙兼亥巳。殿前露台，三面石扶栏。旁二道，中三道，级九。高三尺，直一丈七尺，横五丈零。木石工料，视旧有加。邑绅朱国幹、万寅昺、金礽衍、陆毓珩四人修，记见《艺文》。道光二十六年，三江口万介璋、万杰、万锺禄重修。同治四年，城内陆姓、一坊朱姓、五坊万姓重修。殿前露台朱陆二姓重修。)

两庑，在殿东、西翼，各六架十二楹，列祀先贤、先儒。七坊修。同治四年，合坊劝捐重修。

两廊，在殿东、西翼，各四架八楹。同治四年五坊重修。

棂星门，在露台前，四架十二楹。四坊瓘山熊懋塈熊正盛修；同治四年，合坊劝捐重修

名宦祠、乡贤祠，两祠分列棂星门东、西，各四架十二楹，并礼门、义路两门。九坊修；同治四年，合坊劝捐重修。

戟门，在泮池前，自大成门阶下及泮池并宫墙，悉铺红石。三坊修；同治四年合坊劝捐重修。

黉墙，周回十八丈五尺，高一丈六尺，东西为门匾，曰“德配天地”“道冠古今”。道光二十六年，一坊辛姓修；同治四年辛姓重修。

崇圣殿，旧在学宫西北隅，后迁建大成殿、明伦堂后。四架十四楹，前四石柱，重檐宏厂，高广相称；东西两庑，三面围墙。方向如礼殿。二坊修；同治四年合坊劝捐重修。

明伦堂，在大成殿后，明洪武二年，知县林弼建。后屡有修葺。国朝乾隆五十六年，吕林盛复修。嘉庆十二年，在城涂必松重新其制：四架二十二楹，周回围墙环卫巩固。同治四年涂贤香重修。

尊经阁，旧合秀杰楼为一，后增建。四架十六楹。高阁耸峙，周以石垣。五坊修；同治四年重修。

江山秀杰楼，旧在明伦堂后稍东，元州尹陈元凯并建，用朱子诗“江山多秀杰”名楼。下为三杰祠，祀邑贤盛璲、于革、刘充。乾隆四十年，徙建明伦堂后。正中五十六年，在城盛元鉴、六坊于合宗重修葺。嘉庆十二年，复迁新修崇圣祠之右，四架十六楹，层楼雕栏如式，仍于、盛二姓合修；道光四年，于兰若、于万全复修；同治四年，刘姓捐赀重修，于、盛二姓帮助修费。旧志云：楼建于元州守陈元凯。皇庆间，教授李克家改塑王季友，增徐孺子于东序，左右列祀名贤，曰达尊祠。改塑朱文公，增胡安定像，曰景行祠，元末毁。明洪武年，知县姚瑾复建。楼五间，祀文昌。正统五年，陈佥宪撤文昌神像，刻先师貌于上，更名“正谊”。弘治时，知县刘燧新之，复曰“秀杰楼”。东南有“文林堂”“瑞芝堂”，岁久圮。国朝康熙元年，知县何士锦复建。

魁星阁，旧在学门内，后买刘姓地，移建学门内之东。四架十六楹，阁高三丈一尺，

广二丈四尺，直二丈四尺。八坊洛溪吕忠稷修；同治四年，八坊复公修。

儒学门，在旧所，高二丈一尺，广直相称，磨砖护柱。吕忠稷修；同治四年，合邑公修。

忠义孝弟祠，雍正元年，命各省学官建忠义孝弟祠。旧未创立，是年始补建。即崇圣祠旧址，四架十六楹，周回石垣，二坊源岭朱光诏修；同治四年合坊劝捐重修。

文昌宫，在文庙东，瓘山熊扬铨新建。址前街后湖，东至刘姓祠。其制：享堂、先代神寝、头门，凡三重，及两廊，共八十八楹。同治四年，四坊劝捐重修。

正学祠，旧在治东，省牲亭北。祀朱子，以邑贤李材、徐即登配。康熙十年，知县房廷桢建。同治九年，五坊教职李福享专修，移于尊经阁之左。

学制

圣谟

御制卧碑文颁勒各学（顺治九年）

朝廷建立学校，选取生员，免其丁粮，厚以廪膳，设学院、学道、学官以教之，各衙门官以礼相待，全要养成贤才，以供朝廷之用。诸生皆当上报国恩，下立人品。所有教条，开列于后：

一、生员之家，父母贤智者，子当受教；父母愚鲁或有非为者，子既读书明理，当再三恳告，使父母不陷于危亡。

一、生员立志，当学为忠臣清官，书史所载。忠清事迹，务须互相讲究；凡利国爱民之事，更宜留心。

一、生员居心忠厚正直，读书方有实用；出仕必作良吏。若心术邪刻，读书必无成就；为官必取祸患，行害人之事者，往往自杀，其身常宜思省。

一、生员不可干求官长、交结势要，希图进身。若果心善德全，上天知之，必加以福。

一、生员当爱身忍性，凡有司官衙门，不可轻入。即有切己之事，止许家人代告；不许干与他人词讼，他人亦不许牵连生员作证。

一、为学当尊敬先生，若讲说皆须诚心听受；如有未明，从容再问。毋妄行辨难；为师长者，亦当尽心教训，勿致怠惰。

一、军民一切利病，不许生员上书陈言。如有一言建白，以违制论，黜革治罪。

一、生员不许纠党多人，立盟结社，把持官府，武断乡曲。所作文字，不许妄行刊刻，违者听提调官治罪。

钦颁训饬士子文（康熙四十一年）

国家建立学校，原以兴行教化，作育人才，典至渥也。朕临御以来，隆重师儒，加意庠序，近复慎简学使，厘剔弊端，务期风教修明、贤才蔚起，庶几棫朴作人之意。

乃比年士习未端，儒效罕著。虽因内外臣工奉行未能尽善，亦由尔诸生积锢已久、猝难改易之故也。兹特亲制训言，再加警饬，尔诸生其敬听之。

从来学者，先立品行，次及文学学术事功，原委有叙。尔诸生幼闻庭训，长列宫墙，朝夕诵读，宁无讲究？必也躬修实践，砥砺廉隅。敦孝顺以事亲，秉忠贞以立志。穷经考业，勿杂荒诞之谈；取友亲师，悉化憍盈之气。文章归于醇雅，毋事浮华；轨度式于规绳，最防荡轶。子衿佻达，自昔所讥。苟行止有亏，虽读书何益？若夫宅心弗淑，行己多愆，或蜚语流言胁制官长，或隐粮包讼出入公门，或唆拨奸猾欺孤凌弱，或招呼朋类结社邀盟。乃如之人，名教不容，乡党弗齿。纵幸脱褫扑，滥窃章缝，返之于衷，宁无愧乎？况夫乡会科名，乃抡才大典，关系尤巨。士子果有真才实学，何患困不逢年？顾乃标榜虚名，暗通声气，夤缘诡遇，罔顾身家；又或改窜乡贯，希图进取，嚣凌腾沸，网利营私。种种弊端，深可痛恨！且夫士子出身之始，尤贵以正。若兹厥初拜献，便已作奸犯科。则异时败检逾闲，何所不至？又安望其秉公持正，为国家宣猷树绩，膺后先疏附之选哉？朕用嘉惠尔等，固不禁反覆惓惓。兹训言颁到尔等，务共体朕心，恪遵明训；一切痛加改省，争自濯磨；积行勤学，以图上进国家，三年登造，束帛弓旌，不特尔身有荣，即尔祖父亦增光宠矣！逢时得志，宁俟他求哉？若仍视为具文，玩愒勿警，毁方跃冶，暴弃自甘，则是尔等冥顽无知，终不能率教也！既负栽培，复干咎戾。王章具在，朕亦不能为尔等宽矣！自兹以往，内而国学，外而直省乡校，凡学臣师长，皆有司铎之责者，并宜传集诸生，多方董劝，以副朕怀。否则职业弗修，咎亦难逭。勿谓朕言之不预也。尔多士尚敬听之哉！

钦颁训饬士子文（乾隆十年）

士为四民之首，而大学者教化所先，四方于是观型焉。比者聚生徒而教育之，董以师儒，举古人之成法规条，亦既详备矣。独是科名声利之习，深入人心，积重难返。士子所为，汲汲皇皇者，惟是之求；而未尝有志于圣贤之道。不知国家以经义取士，使多士由圣贤之言，体圣贤之心，正欲使之为圣贤之徒，能岂沾沾焉文艺之末哉？

朱子《同安县谕学者》云："学以为己。今之世，父所以诏其子，兄所以勉其弟，师所以教其弟子，弟子之所以学，舍科举之业，则无为也！"使古人之学止于如此，则凡可以得志于科举斯已。尔所以孜孜焉爰，日不倦以至于死而后已者，果何为而然哉？今之士，惟不知此以为苟，足以应有司之求矣，则无事于汲汲为也，是以至于惰。游而不知反，终身不能有志于学，而君子以为非士之罪也。使教素明于上，而学素讲于下，则士子固将有以用其力，而岂有不勉之患哉？诸君苟能致思于科举之外，而知古人之所以为学，则将有欲罢不能者矣！观朱子此言，洵古今通患。夫"为己"二字，乃入圣之门。知"为己"，则所读之书，一一有益于身心。而日用事物之间，存养省察，暗然自修。世俗之纷华靡丽，无足动念，何患词章声誉之能夺志哉？况即为科举，亦无碍于圣贤之学。朱子云："非是科举累人，人累科举。"若高见远识之士，读圣贤之书。据吾所见，为文以应之，得失置之度外，虽日日应举，亦不累也。居今之世，虽孔子复生，也不免应举。然岂能累孔子也？朱子此言，即是科举中"为己"之学。诚能"为己"，则四书、五经皆圣贤之精蕴，体而行之，为圣贤而有余。不能"为己"，则虽举经义治事，而督课之，亦糟粕陈言，无裨实用，浮伪与时文等耳。故学者莫先于辨志：志于"为己"者，圣贤之徒也；志于科名者，世俗之陋也。国家养育人才，将用以致君泽民、治国平天下。而囿于积习，不能奋然求至于圣贤，岂不谬哉？朕膺君师之任，有厚望于诸生。适读朱子书，见其言切中士习流弊，故亲切为诸生言之。俾司教者知所以教，而学者知所以学。

圣籍

康熙五十三年，御制《周易折衷》暨《朱子全书》成，颁行各学。

雍正五年，命将圣祖钦定《书经汇纂》、《诗经汇纂》、《春秋传说汇纂》、御制《性理精义》刊版颁行各学。

颁学现存书（未详年月，道光四年查载）：钦定《周官义疏》、钦定《仪礼义疏》、钦定《礼记义疏》、《周易述义》、御制《日讲四书解义》、御批《通鉴纲目》、《明史》、《纲鉴正史约》、《评鉴阐要》、《大学衍义》、《授时通考》、上谕（雍正年颁发）:《学政全书》。

国朝崇儒巨典（《历朝封号考》附）

顺治二年，祭酒李若琳奏加孔子谥号"大成至圣文宣先师孔子"。疏下礼臣议，奉圣旨，加称"大成至圣文宣先师孔子"。

康熙五十一年，奉旨，以先贤朱子特升配大成殿十哲之次。

康熙五十四年，从江南学政余正健请，以宋儒范仲淹从祀。

雍正元年，诏追封木金父公为肇圣王、祈父公为裕圣王、防叔公为诒圣王、伯夏公为昌圣王、叔梁公为启圣王，改启圣祠为崇圣祠。

命各省学宫建忠义孝弟祠，仍建节孝祠于学宫之外。

雍正二年，奉旨，以改祀于乡之林放、蘧瑗、郑康成、范宁及罢祀之秦冉颜、何俱，复祀。孔子弟子县亶、牧皮；孟子弟子乐正克、公都子、万章、公孙丑，汉诸葛亮，宋尹焞、黄榦、陈淳、何基、王柏、魏了翁，元金履祥、许谦、陈澔、赵復，明罗钦顺、蔡清。本朝陆陇其十六人，俱增祀。宋张载之父张迪，增祀崇圣祠。

五年，奉上谕：先师诞辰一日，斋戒，讳名加"耳"为"邱"。

乾隆二年，诏以元儒吴澄从祀。

三年，升有子为十二哲。

道光二年闰三月，从御史马步蟾请，以明儒刘宗周从祀原西庑，今移东庑，位列先儒吕楠之次。

三年二月，从通政使参议卢浙请，以原任尚书汤斌从祀原东庑，今移西庑，位列先儒黄道周之次。

五年，以先儒黄道周从祀西庑，位列先儒吕坤之次。

六年，以先儒吕坤从祀西庑，位列先儒王守仁之次；又以先儒陆贽从祀东庑，位列先儒范宁之次。

八年，以先儒孙奇逢从祀原西庑，今移东庑，位列先儒刘宗周之次。

二十三年，以先儒文天祥从祀原西庑，今移东庑，位列先儒何基之次。

二十九年，以先儒谢良佐从祀东庑，位列先儒司马光之次。

咸丰元年，以先儒李纲从祀原西庑，今移东庑，位列先儒罗从彦之次。

二年，以先儒韩琦从祀原东庑，今移西庑，位列先儒胡瑗之次。

三年，以先贤公明仪从祀原东庑，今移西庑，位列先贤秦冉之次。

七年，以先贤公孙侨从祀原西庑，今移东庑，位列第一，又以先贤孟皮配飨。

崇圣祠

九年，以先儒陆秀夫从祀西庑，位列先儒王柏之次。

十年，以先儒曹端从祀原东庑，今移西庑，位列先儒许谦之次。

同治二年，以先儒毛亨从祀东庑，位列先儒伏胜之次。又以先儒方孝孺从祀东庑，位列先儒陈澔之次。又以先儒吕楠从祀原西庑，今移东庑，位列先儒罗钦顺之次。

七年，以先儒袁燮从祀西庑，位列先儒吕祖谦之次。

历代封号考

【汉】平帝元始元年，追谥褒成宣尼公。

【东汉】和帝永元四年，封褒尊侯。

【北魏】孝文帝太和十六年，改谥文圣尼父。

【后周】静帝大象二年，封邹国公。

【隋】文帝赠先师尼父。

【唐】太宗贞观二年，尊为先圣，十一年尊为宣父。

高宗显庆二年尊为先师，乾封元年追赠太师。天授元年封赠为隆道公。

元宗开元二十七年，追谥为文宣王，南向坐。

【宋】真宗大中祥符元年，加谥元圣文宣王；五年，改封至圣文宣王。

徽宗崇宁元年，诏追封孔鲤泗水侯，孔伋水侯。

【元】武宗大德十一年，诏加封大成至圣文宣王。

文宗至顺元年，加封齐国公为启圣王，颜母为启圣夫人。

【明】太祖洪武初年，封爵仍旧。

嘉靖九年，诏从张璁请，改称至圣先师孔子，余各封谥，不备志。

圣藻

康熙二十三年，御书“万世师表”匾额，颁悬各学。

雍正四年，御书“生民未有”匾额，颁悬各学。

乾隆二年，御书“与天地参”匾额，颁悬各学。

嘉庆四年，御书“圣集大成”匾额，颁悬各学。

道光元年，御书“圣协时中”匾额，颁悬各学。

咸丰元年，御书“德齐帱载”匾额，颁悬各学。

同治元年，御书“圣神天纵”匾额，颁悬各学。

御制《至圣先师赞并序》（康熙二十五年）

盖自三才建，而天地不居其功；一中传，而圣人代宣其蕴。有行道之圣，得位以绥猷；有明道之圣，立言以垂宪；此正学所以常明，人心所以不泯也。粤稽往绪，仰溯前徽，尧舜禹汤文武，达而在上，兼君师之寄，行道之圣人也。孔子不得位，穷而在下，秉删述之权，明道之圣人也。行道者，勋业炳于一朝，明道者，教思周于百世。尧舜文武之后，不有孔子，则学术纷淆、仁义湮塞，斯道之失传也久矣，后之人而欲探二帝三王之心法，以为治国平天下之准，其奚所取衷焉？然则孔子之为万古一人也，审矣！朕巡省东国，谒祀阙里，景企滋深。敬摛笔而为之赞曰：

清浊有气，刚柔有质。圣人参之，人极以立。

行著习察，舍道莫由。惟皇建极，惟后绥猷。

作君作师，垂统万古。曰惟尧舜，禹汤文武。

五百余岁，至圣挺生。声金振玉，集厥大成。

序《书》删《诗》，定礼正乐。既穷象系，亦严笔削。

上绍往绪，下示来型。道不终晦，秩然大经。

百家纷纭，殊途异趣。日月无逾，羹墙可晤。

孔子之道，惟中与庸。此心此理，千载所同。

孔子之德，仁义中正。秉彝之好，根本天性。

庶几夙夜，勖哉令图。溯源洙泗，景躅唐虞。

载历庭除，式观礼器。摛毫仰赞，心焉遐企。

百世而上，以圣为归。百世而下，以圣为师。

非师夫子，惟师于道。统天御世，惟道为宝。

泰山岩岩，东海泱泱。墙高万仞，夫子之堂。

孰窥其藩？孰窥其径？道不远人，克念作圣。

御制颜子赞（康熙二十八年）

圣道早闻，天资独粹。约礼博文，不迁不贰。

一善服膺，万德来萃。能化而齐，其乐一致。

礼乐四代，治法兼备。用行舍藏，王佐之器。

曾子赞

洙泗之传，鲁以得之。一贯曰唯，圣学在兹。

明德新民，止善为期。格致诚正，均平以推。

至德要道，百行所基。纂承统绪，修明训辞。

子思子赞

於穆天命，道之大原。静养动察，庸德庸言。

以育万物，以赞乾坤。九经三重，大法是存。

笃恭慎独，成德之门。卷之藏密，扩之无垠。

孟子赞

哲人既萎，杨墨昌炽。子舆辟之，曰仁曰义。

性善独阐，知言养气。道称尧舜，学屏功利。

煌煌七篇，并垂六艺。孔学攸传，禹功作配。

御制四贤赞并序（乾隆十三年）

圣门弟子三千，其贤者七十有二人。《史记》《家语》各为纪其姓氏，考其事迹，以垂之后世。而能契夫子之心传、得道统之正脉者，则惟颜、曾、思、孟四人。颜子得“克己复礼”之说。曾子与闻一贯之传，亲炙一堂，若尧舜禹之相授受，夐乎尚矣！子思师事曾子，发明中庸之道而归其功，于为己谨。独孟子当战国横流之时，私淑子思距杨墨、闲圣道而养气之论，为前圣所未发。昌黎韩子以为其功不在禹下，有以也！庚戌秋，偶阅有宋诸儒传，因思宋儒所宗者，孔子之道，赖颜、曾、思、孟而传，今圣庙祀典，四子升配堂上，为百代之楷模。因各系以赞，用志景行之私云尔！

复圣赞曰：贫也者，吾不知其所恶；寿也者，吾不知其所慕。德以润身，孰谓其贫？心以传道，孰谓难老？箪瓢陋巷，至乐不移。仰高钻坚，三月无违。夫子有言，克己成性，用致其功，允成复圣。

宗圣赞曰：宣圣辙环，在陈兴叹。孰是中行？授兹一贯。曾子孜孜，惟圣依归。唯而不疑，以鲁得之。会友辅仁，任道重远。十传释经，超高轶偃。念彼先子，沂水春风。渊源益粹，笃实春容。临深履薄，得正以终。三千虽多，独得其宗。

述圣赞曰：天地储精，川岳萃灵。是生仲尼，玉振金声。世德作求，孝孙维则。师曾传孟，诚身是力。眷兹后学，示我中庸。位天育物，致和致中。夫子道法，尧舜文武。绍乃家声，述乃文祖。

亚圣赞曰：战国春秋，又异其世。陷溺人心，岂惟功利。时君争雄，处士横议。为我兼爱，簧鼓树帜。鲁连高风，陈仲廉士。所谓英贤，不过若是。于此有人，入孝出弟。一发千钧，道脉永系。能不动心？知言养气。治世之略，尧舜仁义。爱君泽民，惓惓余意。欲入孔门，非孟何自？孟丁其难，颜丁其易。语默故殊，道无二致。卓哉亚圣，功在天地。

享祀诸制

颁定祀典

岁春秋二仲月，以上丁日祀。先师大牢一、豕七、羊五、乐六奏、舞六佾。先日，释奠于崇圣祠，祭毕，祀名宦、乡贤二祠。

康熙三十八年，诏各学设乐器。

雍正三年，奉部颁礼乐图籍。

乾隆九年，颁祭乐二器。

礼器（旧贮西庑库房，簠、簋、尊、爵、铏、鼎，皆磁制，自撤库房后，器遂残缺不备。）

簠（数：百一十五、簋数：百一十五）、笾（数：二百四十八、豆数：二百四十八）、登（数：六）、俎（百三十三）、牺尊（数：六）、象尊（数：十）、大尊（数：二）、山尊（数：二）、壶尊（数：六）、著尊（数：二）、罍（数：二）、爵（数：百十八）、洗（数：二）。

坫（数：二十八）、勺（数：二十八）、云雷尊、篚（数：二十）、龙幂笾巾（数：二百四十八）、尊幂（二十八）、铏（三足）、盥盘架、盥盘、帨巾、烛台、鼎、祝版。

乐器（旧贮西庑库内，今更破坏，无一可陈列者。）

麾幡（二架）、升龙降龙、应鼓、鼗鼓、笛、箫、搏拊、柷、敔、编磬、编钟、笙、凤箫、琴、瑟、篪、埙、管、旌（设东西两阶，舞生执之以导舞）。

乐章

春祭，夹钟为宫，倍应钟起调；秋祭，南吕为宫，仲吕起调。

凡乐以月律为宫，下羽起调。毕曲，春夹钟宫。二月卯律也。秋，南吕宫，八月酉律也。

迎神乐奏《昭平之章》（无舞）

羽宫商角	羽徵角商	宫商徵角	羽徵角角
大哉孔子	先觉先知	与天地参	万世之师
角徵宫商	宫徵羽徵	宫商羽角	宫商宫羽
祥徵麟绂	韵答金丝	日月既揭	乾坤清夷

初献乐奏《宣平之章》（有舞）

羽宫商角	徵宫羽徵	商宫徵角	宫商角商
子怀明德	玉振金声	生民未有	展也大成
角徵羽角	商商角商	羽徵宫羽	宫商宫羽
俎豆千古	春秋上丁	清酒既载	其香始升

亚献乐奏《秩平之章》（有舞）

羽宫商角	徵角宫羽	徵角宫商	角徵角羽
式礼莫愆	升堂再献	响协鼗镛	诚孚罍献
角角商商	宫羽徵羽	徵角宫商	角商宫羽
肃肃雍雍	誉髦斯彦	礼陶乐淑	相观而善

终献乐奏《叙平之章》（有舞）

羽宫角商　徵角宫商　角徵宫羽　徵角商宫

自古在昔　先民有作　皮弁祭菜　于论斯乐

角徵羽角　宫徵宫商　角角徵羽　徵角宫羽

惟天牖民　惟圣时若　彝伦攸叙　至今木铎

彻馔乐奏《懿平之章》（无舞）

羽宫商角　羽徵羽角　宫羽角徵　宫商宫羽

先师有言　祭则受福　四海黉宫　畴敢不肃

角徵羽角　宫商宫羽　角徵宫羽　角商宫羽

礼成告彻　毋疏毋渎　乐所自生　中原有菽

送神乐奏《德平之章》（无舞）

羽宫商角　徵羽宫商　徵角角徵　宫商角商

凫绎峩峩　洙泗洋洋　景行行止　流泽无疆

角徵宫羽　羽徵宫商　羽角羽徵　宫商宫羽

聿昭祀事　祀事孔明　化我烝民　育我胶庠

崇圣祠祭文

维王奕叶钟祥，光开圣绪。圣德之后，积久弥昌。凡声教所覃敷，率循源而溯本。宜肃明禋之典，用申守土之忱。兹届仲春秋，聿修祀事。

文庙祭文

维先师德隆千圣，道冠百王。揭日月以常行，自生民所未有。属文教昌明之会，正礼和乐节之时。璧雍钟鼓，咸恪荐于馨香；泮水胶庠，益致严于笾豆。兹当春、秋仲，祗率彝章，肃展微忱，聿将祀典。

庙祀及陈设各图

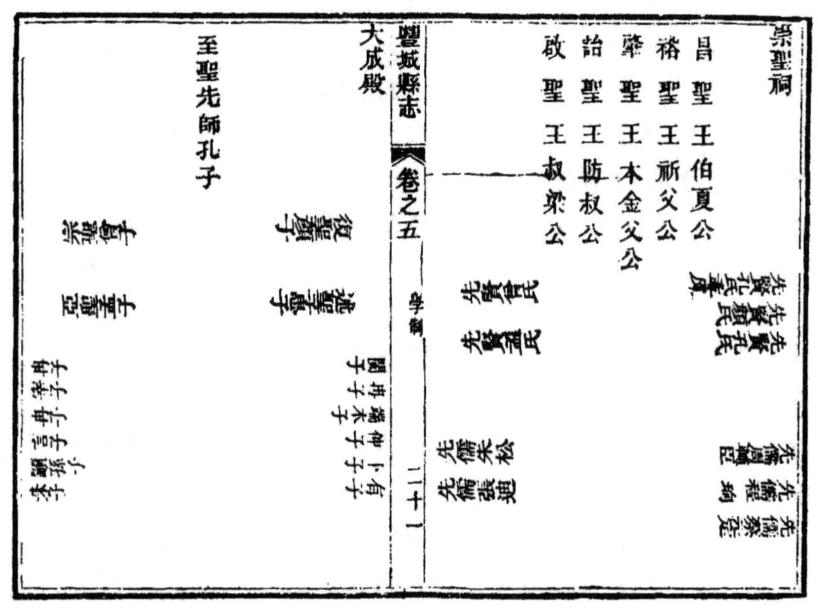

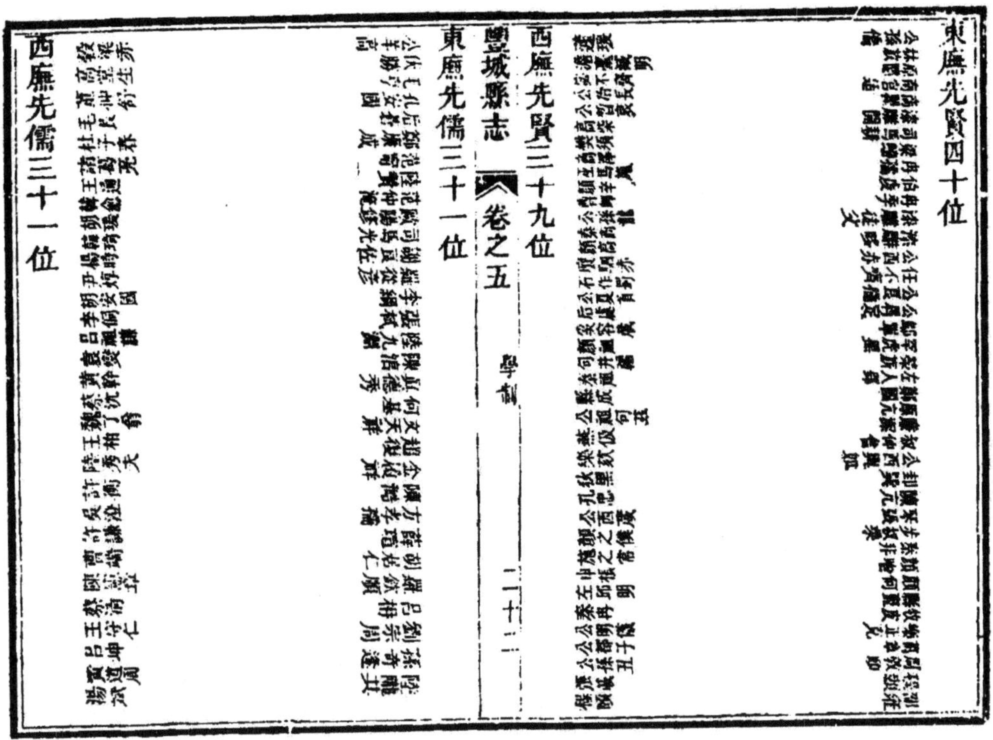

東廡先賢四十位

西廡先賢三十九位

東廡先儒三十一位

西廡先儒三十一位

豐城縣志　卷之五　學宮　二十二

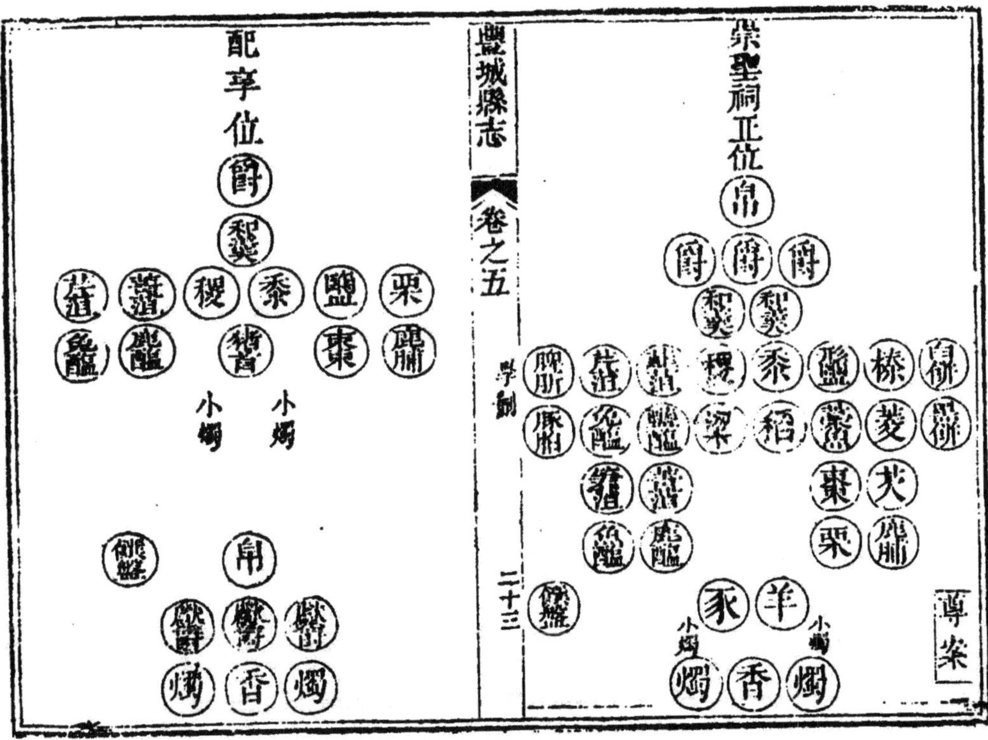

崇聖祠正位

帛

爵　爵　爵

豕　羊

小燭　小燭

燭　香　燭

尊案

豐城縣志　卷之五　學宮　二十三

配享位

爵

帛

燭　香　燭

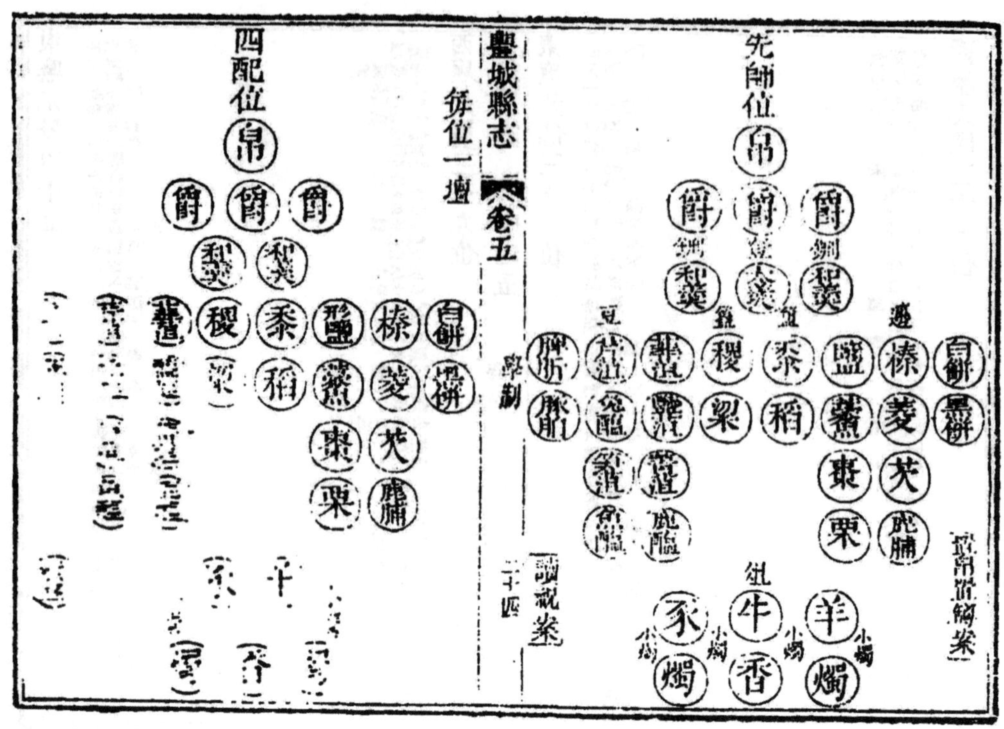
先師位
四配位
每位一壇
豐城縣志
卷五
學制
二十四
讀祝案

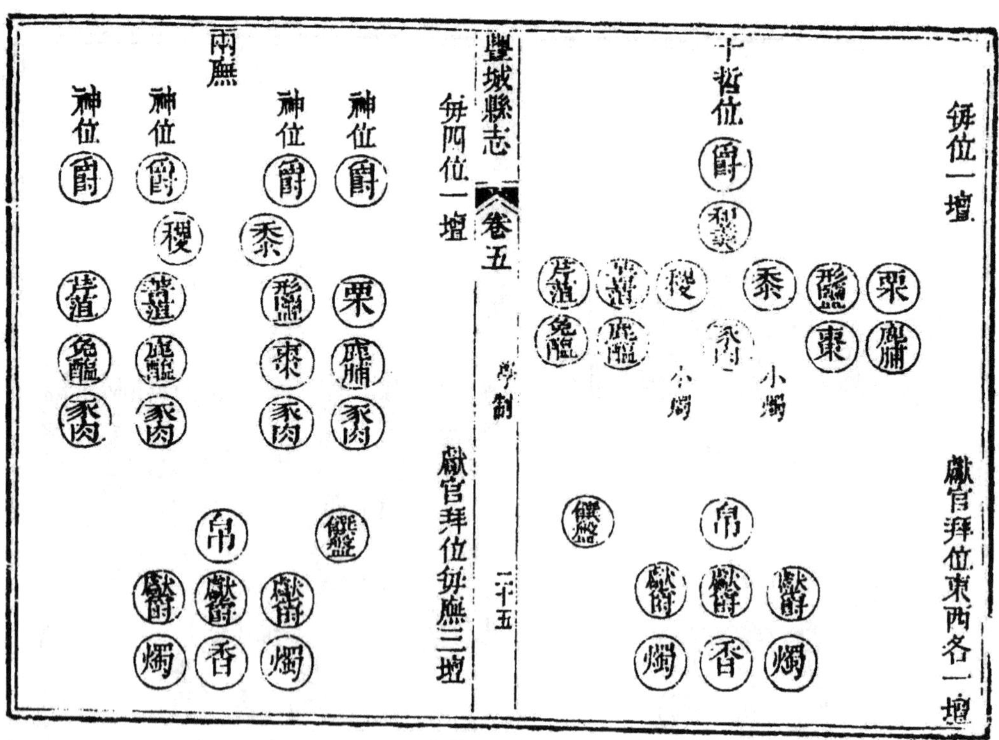
每位一壇
十哲位
獻官拜位東西各一壇
豐城縣志
卷五
學制
二十五
每四位一壇
獻官拜位每廡三壇
兩廡
神位

名宦祠祀

【晋】雷焕（县令）。

【唐】柳浑（县令）。

【宋】程璠（县令）、杨告（主簿）、宋咸（县尉）、雷继远（县令）、胡琏（县令）、刘韐（县尉）、刘卿月（县令）。

【元】贾全（州尹）、陈元凯（州尹）、高竹復礼（州尹）。

【明】史彬（吏目）、林弼（知县）、何昭善（县丞）、郑子朝（知县）、柴璘（训导）、郑嘉（教谕）、黄燧（主簿）、尚禠（知县）、刘燧（知县）、周鸣鹤（训导）、沈熺（知县）、顾佖（知县）、王天性（府判署知县）、李国士（知县）、冯起纶（知县）、谢龙文（知县）、王英（知县）、朱谏（知县）、吴嘉聪（知县）、李廷聪（知县）、何洽（知县）、徐扬先（知县）、顾九思（知县）、曹大川（知县）。

【国朝】白潢（大学士，前巡抚江西）、何士锦（知县）、陶澍（两江总督）。

乡贤祠祀

【汉】徐稚（高士）。

【唐】王季友（御史）。

【南唐】王子邳（御史）。

【宋】刘充（提刑司干）、陆筠（参议）、盛温如（奉节郎）、于革（知州）、胡大训（乡进士）、江端本（御史）、孙发（崇仁尉）、揭来成（乡贡，赠学士）、徐鹿卿（礼部尚书，据府志补入）。

【元】揭傒斯（集贤学士）、甘惟寅（处士）。

【明】朱善（大学士）、刘秩（知州）、黄宗载（吏部尚书）、熊直（翰林）、史安（礼部郎中）、罗贵素（按察佥事）、孙曰良（副都御史）、丁铉（刑部尚书）、夏希纯（藩参）、雷诚（知府）、徐懋昭（翰林）、丁倬（知县）、范衷（知州）、孙曰恭（侍读学士）、曹寿（修撰）、孙昌（助教）、丁俊（御史）、甘瑛（知府）、杜参（知州）、孙俨（按察司签事）、刘华甫（知府）、黄节（太仆少卿）、涂谦（按察使）、丁杰（征士）、杜立（府同知）、范镛（按察使）、李瓛（副使）、杨崇（知府）、李裕（吏部尚书）、杨瑄（按察使）、涂观（知府）、熊怀（刑部侍郎）、涂棐（副使）、丁璐（参政）、游明（督学副使）、黄琥（参政）、江潭（工部郎中）、杨廉（礼部尚书）、黎芳（学正）、李汉（都给事）、范兆祥（检讨）、熊卓（监察御史）、叶钊（员外郎）、朱概（参政）、吴琪（巡抚）、雷述（通判赠给事中）、杨琏（赠府尹）、杨铨（府尹）、高宇（知府）、杨源（灵台郎）、郭希颜（中允）、李万平（赠尚书）、李遂（兵部尚书）、雷礼（工部尚书）、孙世祐（侍郎）、李玑（礼部尚书）、范庆（按察副使）、徐南金（巡抚）、胡杰（太常寺卿）、黄时济（知县）、李栻（御史）、李东华（都给事）、夏栻（太仆寺少卿）、李瓒（知县）、李贵（按察副使）、李材（都御史）、游季勋（府尹）、徐燧（赠副使）、徐即登（副使）、范谦（礼部尚书）、李万清（赠知县）、李琯（按察佥事）、熊廷相（知府）、李复阳（通政）、李启美（翰林检讨）、熊惟广（赠给事）、熊鸣夏（给事）、熊廷用（赠侍郎）、熊尚文（工部尚书）、范梅（知府)、黎汴(通判)、李右谏(太仆寺卿)、罗栋(给事)、唐良臣(赠尚书)、唐大章(礼部尚书)、熊鸣岐(布政)、徐缟(赠御史)、徐鉴(太仆寺卿)、邱士毅(礼部尚书)杨惟相(员外郎)、李维乔(知县)、黄大受(兵部职方司)、罗宪凯(知县)、朱道光(知县)、雷化麟(大参)、杨惟休(通判)、罗文炳(赠中允)、罗大任(祭酒)、国朝甘文奎(光禄寺卿)、熊骏(赠同知)、陆履敬(进士)、丁文达(赠参议)、丁蕙(参议)、李深(赠郎中)、李云会(郎中)、毛辉凤(知县)

清查祠中木主三十人，据名另补：

宋　周鹗(参政)、李秉(刺史)、邹扬(知县)、邹迈(佥判)、李修己(知州)、李恕己(知州)、李义山(丰城男)、徐经孙(丰城伯)、邹祥正(司户)、汤体仁(廉访)、周彦约(参政)、熊汝垕(主簿)、熊发(经历)

元　揭汯(翰林直学士)

明　袁海(知府)郇在恭(御史)、任礼(布政)、任简(教授)、袁祯(御史)、李延(广西副使)、周相(知县)、熊一定(知州)、熊一中(推官)、李逢(知府)、雷贺(巡抚副都御史)、涂铉(知府)、黄桧(封员外郎)、黄焯(按察副使)、熊培元(知县)、温润(教谕)、李彬未知何据入祀。或认其曾爵丰城侯，因摭为丰人欤?姑存之，并识于此。

学额

县旧额：入文武学各十五名。雍正二年，呈请增广文学五名，共入文学二十名，武学十五名。

咸丰七年，邑绅民捐输炮船经费，奏请加永远文武定额各一名，又广一次学额四名。

九年，邑绅民捐输军饷，奏请加永远文武定额各四名，又广一次学额四名。

同治二年，邑绅民捐输团练经费，奏请加永远文武定额各五名，共入文学三十名，武学二十五名；又广一次学额九十五名。

三年，邑绅民捐输军饷，奏请加广一次学额三十五名；又邑流寓湖南绅商捐输，奏请广一次学额十六名。

学田

旧学田(宋阃帅辛稼轩，以腴田五百七十余亩，施于龙兴路学。岁来征租者多被溺。因付本学令、学甲五人掌之。后逋负甚多，复付本县征输。召民佃种，粮归各户。每田一亩，载官粮租七斗四升九合，输纳于县。及县令胡琏增养上田，以后代有捐者。至万历间，议毁书院、变学田，则前田俱卖。所存者惟杨文恪廉，捐上田三十九亩七分八厘四毫二丝、丁上舍果，捐上田七十四亩二分八厘七毫一忽，共一百一十四亩，计一百五十三弓。在二坊金华山地方，分坐　竹山、考坑、李坊、下岭四处，儒学，存册户籍：二坊十三都五图丁孔庠、杨孔庠。粮归佃户完纳，租归学书经收。每年每工折收租钱二百文，除开销往来盘费、及丁杨后裔考试册费外，实存钱二十一千文。学书每逢科岁两考，易银封固，请学用印申解。学宪散给廪生、贫士膏火。乾隆五十六年，学书欠解银两，经儒学教谕薛、训导漆，禀请学宪饬县经收经解，归礼房承办。

修学田九十八工四分（坐落地方，乾隆十三年，蒋一宗以所施大明寺业归学，为修理文庙之费。乾隆十六年，蒋复以留赡大明寺田十七工五分，并归修学两学奖义，免其束脩册费）。

又修学田三十七亩六分（座落地方系二坊姜溪，范昌珍于乾隆五十二年、五十三年捐为修理文庙之费）。

又修学田九亩叁分（系五坊徐芝化于嘉庆二年，捐为帮修学宫之费。后变卖修学宫墙）。

又修学田十六亩零（座落六坊九都围内梅冈地方。乾隆五十一年，在城生员万石亭捐入修学。嘉庆二十一年，契粮并归修学户）。

学田十四亩六分（座落于三江口湘岐湖地方，五坊袁生于乾隆三十六年捐）。

又学田九工三角（座落界桥罗坑地方，四坊李羽老于乾隆四十三年捐）。

又学田四十三工三角（座落四坊杜家围之东源坑。邑人吴章化于道光十九年捐）。

又学田二十四亩肆分（座落三江口之鱼池口。南昌监生蔡献廷于道光二十一年捐）。

又学名堂旱田十八工一角（在东关外准提庵地方，道光三十年，邑郛南湖节妇、李绍宝之妻、增贡生培本之母丁氏捐于学名堂，为门斗办公经费。计漕米三斗玖升七合，过入学名堂户内，契存学名堂）。

文昌宫祀田五十二亩六分（座落二坊胥家山。庄屋一所，太阳庙熊廷芬捐。道光四年，厘册归书院经管。嗣因院斗侵蚀，其田几归乌有。同治十年，龙山书院首事陆如照等清出，公同酌议并归先师诞辰、文帝诞辰，及文庙、文昌宫、书院香火洒扫之费。每年收租，书院首事带管，另立簿据核算。如有赢余，仍归书院。膏火料理、香火洒扫，院斗兼司。附近绅衿首事，朔望轮值，往各处礼敬，借稽料理者之勤惰）。

学业

斋舍（旧有“居仁”“由义”二斋，列明伦堂东西。明成化时，知县王本俭建东号舍十余间。宏治七年，知县刘燧增建。嘉靖三十七年，知县曹大川修葺西号舍。景泰三年，知县张敬购西边民居刘姓地，广袤计二十三丈有六尺，建学舍三十二间。余为蔬圃外，塘约广二亩，匾名曰“兴贤浚渠”，通水泮池，郑嘉记。弘治十一年，知县何洽重建。今俱圮）。

旧按云：丰学自宋绍兴迁建以来，先后贤令增养上之田，恢学宫之地，广设斋舍，训课殷勤，是以宋时春秋补试者二千人。有明一代尤为人文辈出。兴学造士之效，洵不爽矣！今斋舍虽久圮废，犹仍旧志存名。

殿南屏墙外地（直抵连珠湖岸，横广十数丈）。

儒学门前地（乾隆四年，购自夏姓。直长四丈有奇，横广三丈有奇）。

儒学西偏地（前抵街，后抵学背湖，西庑缭垣。外约广十五丈，右建龙山书院，左即教谕署）。

射圃亭（明洪武十年，知县齐景明建。正统二年，徙学前五十步。弘治元年，增建厅，俱圮。初建遗址在学东南隅，前街后湖，横广五丈，前为知县房廷桢所建。正学祠后为丁祭宰牲所。徙建射圃遗址，即今学前空地）。

连珠湖（在学前，直抵城下，横广十亩许，俗名莲湖，乃文水汇聚处。明嘉靖间，当事误开闸于湖，左为邑风水害，雷太保礼力请吴达可堵塞，并浚通明沟，科第复盛。后有从城下开渠灌田，致泄元气，宜禁止。近又洪水淤塞，变湖为田，以致公车连年不利，为风水大患。有心培植者，须呈请当道开沟浚湖，则造福靡既矣）。

鱼塘二（在学前、连珠湖北）。

射圃湖（在旧射圃南正中）。

学背湖（在学宫后，三湖连络如珠丝结网，俗名蜘蛛湖）。

敖家湖（即官湖。在城西，右界河堤，左界杨柳湖。鱼利归学）。

株湖（在宣风乡，地名吴城赛头。溉田千亩，历来鱼利归学）。

考试卷费二项：

一、元银叁千两，筱塘李棠于嘉庆十九年捐，为合县文童县、府、院三试卷价。旋因知县华希高借填民欠。道光二年，邑士呈明知县徐清选，详请上宪摊派垫补，发典生息。以原捐市平元银，七五兑扣库平纹银，贰千贰百伍十两，周年壹分贰厘行息。计每年该息库平纹银贰百柒拾两，四季清交，以备考费，案存礼科。

一、足钱一千千文，筱塘李翔千于道光三年八月捐，为武童试卷及乡场文武科生试卷，案存兵科。同治二年，职员周堂和捐钱三百串，办本年卷价。按：文武卷价并书院膏火，旧原分存恒源、复善、鼎元、慎德、协吉、万兴六典生息。咸丰年间，发逆窜扰，各典歇业回籍，惟恒源、复善缴还原本。咸丰八年，修理贡院派费，并本县考棚及卷价等款，用俱绌。因各坊分敛足钱六百千文，并恒源、复善所缴，支给各款，余赀买本城南头上首店房四所，今归宾兴会管业。余典经邑绅禀请，关追鼎元，以原典房花厅、旁店、厨房，共三所抵缴，今概归宾兴会，慎德亦以秀才埠典房抵缴。咸丰十一年，屡遭兵燹，遂以遗址变价，得足钱六十千文，归书院给领。惟协吉、万兴二典迭经关追，未缴分文。同治二年，合邑经理团防，余费并各坊劝捐有差，遂立宾兴会。自后，文武卷价俱于宾兴会给发。

宾兴会（同治三年，合邑团防。余赀并各坊劝捐，倡立购买本城及省垣各店房，重建忠义节烈祠，并京都新馆，详“建置门”。每年各款支给及轮流管理，俱有定章。详“宾兴会簿记”。）

附　护理巡抚孙奏稿

为丰城县绅民办理团练捐输防剿经费，请旨敕部分别议叙，并加广文武学额，以昭激劝，恭折具陈，仰祈圣鉴事。窃查前准户部咨钦奉上谕，嗣后各省捐输团练，各官绅只准议给虚衔、封典、加级纪录等项，不得再请实在官阶，以示限制；捐项照现行常例加四分之一核算；并由该督抚先将捐赀若干、勇数若干、起止日期、支销数目报部核销，再行奏请给奖，等因钦此。兹查丰城县绅民自逆匪窜扰江境以来，捐助经费，募集壮勇，随同官军收复城池，并越境攻克崇仁县城，杀贼立功，历著成效，非仅自卫村庄可比。所有支给勇粮，及制造军械等项，共用银二十九万七千九百九十八两零，业经该县将团练勇数，起止日期，暨支销细数，造册送局，详经抚臣沈咨达户部核销在案。兹据该县将捐输各户，造具清册，呈由总局司道核明详请，具奏前来。臣查丰城县绅民募勇团练，收复城池，并越境攻克崇仁县城，所需经费，概由绅富捐办，并未动用正款，洵属好义急公，深堪嘉尚。其捐输各户，愿得贡监职衔，封典加级者，自应钦遵谕旨，照常例，银数各加四分之一请奖。臣谨将合例应叙各捐生，开列清单恭呈御览，至所捐经费除外，属绅民捐数不计外，本邑绅民共捐二十九万一千四百六十三两零，内以五万两加广南昌府学永远文武学额各五名，以十万两加广该县永远文武学额各十名，又以十四万两加广该县一次文武学额各七十名，以广皇仁而作士气。其岁科两试应如何分届进取，听候部示遵办。余银一千四百六十三两零，容候该县续有别项捐输，归并办理。除将绅民捐输数目及年貌籍贯履历清册送部处理，合会同协办大学士、两江总督臣曾恭折具奏，伏乞圣鉴敕部核覆施行。谨奏！

户部奏稿

臣等查团练捐输核奖，经臣部于同治元年十二月十四日酌拟新章奏，奉谕旨，只准议给虚衔、封典、加级、纪录，不得专请实在官阶。捐项照现行常例，加四分之一核算，并由该督抚先将捐赀若干、勇数若干、起止日期、支销数目、报部核销，再行奏请给奖，等因钦此钦遵在案。今据江西署抚臣孙将丰城县绅民捐输团练，共银二十九万余两，开单奏请给奖前来。臣等督饬司员，逐一核算报销数目，与请奖银数，均属相符。所有该绅民等捐请各项职衔、封典、贡监生银数，与例亦属相符，自应准照所请，优予奖叙，以昭激劝。谨缮清单，恭呈御览。如蒙俞允，即由臣部移咨吏、兵二部暨国子监，迅缮执照，发交该县文武学额，再由臣部会同礼兵二部，另行核办覆奏。谨将臣等核覆捐赀、请奖缘由，理合恭折具奏。伏乞皇上圣鉴！谨奏。奉旨：“依议。钦此。”

书院（社学附）

龙山书院（旧在曲江矶头山。宋，朱子及李义山、姚勉，讲学其地。康熙三年，知县何士锦撤旧新之。前为讲学，后为文昌阁，李基记其事。乾隆三十七年，知县于崇敕以其地隘，劝邑绅耆捐赀，于儒学教谕署、西龙门书院故址重建，仍颜曰“龙山书院”。礼部主事袁守定有记，见《艺文》）。

书院旧田

一、赖塘早田：壹百捌工壹分肆厘（租：壹百陆拾叁石贰斗贰升玖勺），晚田：叁拾叁工柒分柒厘（租伍拾壹石贰升捌合伍勺）。

一、朱溪上竹园二处早田：肆拾伍工贰角半（租玖拾肆石柒斗伍升），晚田：拾工贰角半（租：贰拾贰石贰斗伍升）。

一、缑坑泽上下山三处早田：柒拾伍工贰角（租壹百肆拾叁石陆斗），晚田：捌拾伍工（租壹百陆拾肆石捌斗玖升）。

查此项学田规制、号亩，悉载《学田纪略》。雍正十二年，知县刘象贤酌定：每岁田租，令岁科一等三名生员，收管缴存公署。为延请书院掌教俸资及岁科两试奖赏、大比年舟车卷价、并龙山任持僧饭食。乾隆十六年，知县满以经收有名无实，详归官收，销算悉照旧例。

续置书院田

一、枫岩早田：伍拾工零陆分肆厘（租：柒拾叁石柒斗肆升肆合），晚田：玖拾伍工玖分贰厘（租：壹百叁拾柒石壹斗叁升叁合）。

一、水西早田：四十伍工肆分柒厘（租：肆拾柒石伍斗壹升柒合），晚田：柒拾叁工陆分（租：柒拾捌石肆斗柒升）。

一、中村早田：贰拾肆工肆分（租：叁拾肆石壹斗陆升），晚田：贰拾玖工玖分（租肆拾壹石捌斗陆升）。

一、瓦屋早田：贰拾壹工捌分（租：贰拾捌石叁斗肆升）晚田：拾玖工捌分（租贰拾伍石贰斗贰升）。

一、余坊早田：肆拾叁工伍分（租：伍拾捌石零伍升），晚田：肆拾工零叁分（租伍拾壹石壹斗壹升）。

一、高楼溪早田晚田荒田共：柒拾壹工伍分壹厘（共租伍拾柒石肆斗柒升伍合）。

以上早晚田通计伍百壹拾余工，系乾隆年间改建书院续置。嘉庆二年租簿载明：早晚租谷陆百余石，迩因院斗侵蚀，多生弊端，致租有名无实。同治十年，首事陆如照等收用联票，略有起色，惟积重难返。尚望贤有司留心整饬，各绅士协力维持，庶有济耳！

一、根篾洲官地贰顷玖亩伍分零（旧额收租钱壹百千零伍百陆拾文，为山长束脩。近洲地日生，又当丈亩核实，以杜欺隐，以给公费）。

一、屈家洲官地贰百零肆亩（租银：廿肆两肆钱捌分，扣钱拾玖千伍百捌拾肆文）。

一、铁炉头晚田叁亩柒分（每岁分禾谷　石　斗，并庄屋园地，同治癸酉李日柏捐）。

一、温家圳港东中洲田壹百捌拾余亩，港西斫草洲肆拾余亩，共田贰百贰拾伍亩零。

此田系两岸潮生新洲。胡源聚等与温永泰、周的三等互争致讼。经审，以公地私垦断归书院。署任知县龚复审，断令温周二姓缴价银捌百两，以陆百两存典生息，为书院公费。余银修堤田归温周二姓为业。胡源聚上控布政司，司批府委员覆勘。提刑断令此田仍归书院充公，饬将温永泰呈缴存典银陆百两解府给令领回。其开销垱工余银，俟召佃承种后，即于田租内分作两年给还。但案悬未结，承佃无人，不能无望于贤有司之区处耳。

一、七坊金坊金后八义捐早田拾工半（系得买江轩七业，粮未过割，现在清厘）。

一、一坊六都五图四甲西边早田叁号：叁石伍斗；贰工：贰石柒斗；又晚田壹号：叁石叁斗。（道光四年，一都聂功美捐。）

龙山书院存留膏火钱肆千贰百千文（道光四年，合邑士民义捐，交贮典商，按月壹分生息，不计闰。案存礼科，知县徐清选有记）。

按：书院膏火，旧原与文武卷价分存六典。后遭兵燹，追缴有差，详卷价条。内惟慎德典房以遗址变价，得足钱二百六十千文，归书院收领。现于城内购买店房一所，以助膏火。同治三年，合邑新立宾兴会，酌议每年会给膏火□钱壹百伍拾千文。又县尹每年于地丁项下杂款内，每两拨钱五文以助膏火。邑侯张有记。

社学

一在府馆北，即城隍庙西（今废）。

一在清都观西（今废）。

房公讲堂（在儒学东。康熙八年，知县房廷祯建）。

近圣楼（在房公讲堂旁。顺治十二年，知县宗彝建，会诸生，课学其中。今移房公讲堂后，即训导署）。

龙门书院（在儒学西。明崇正间知县谢龙文建，圮。今建龙山书院）。

龙光书院（在儒学西二百步，有讲堂，扁曰“圣学心传”。有室，有廊庑，有仪门，有坊牌。嘉靖徐督学一鸣命知县沈熺创建。二十八年，知县韩弼重葺，今改为韩公祠）。

剑浦书舍（在正法寺东，圮。按《通志》：有“宝修书堂”，在正法寺左，明隆庆间，参议徐用检建，疑即此处)。

蔡公讲堂(在治西大街，为知县蔡毓华建。今改为万寿宫)。

剑江书院(在治东。康熙年间，知县何士锦讲学之所。乾隆七年，知县朱怀栻为建关帝庙)。

盛家洲书院(在治东蓝家巷，宋盛温如建。朱子过访，有诗，见《艺文》。久圮。嘉庆十三年，邑人于洲前建亭，志其遗迹。道光四年，县丞姚敏德修葺，立碑篆“朱子访盛杰士处”七字，并勒朱子诗，自为记)。

徐孺子书院(在槠山南，一名“读书台”)。

莲溪书院(在筱塘，宋李琮建，延邑贤周谔讲学于此。院临莲池，故名。李南素有记)。

古龙光书院(在荣塘剑池庙侧。宋绍兴间，邑人陈自俯创，高宗赐额。前立头门，中设大殿，祀先师像。后建六经楼、仰止堂，左为讲堂，右为规戒堂。四方就学者三百余人，悉廪之。朱子过书院，留居一月。元至正间，裔孙陈必强、宗强修，欧阳元篆额。明末燹后，陈氏重新之)。

龙泽书院(在槠山。旧为王季友祠，南唐王子邳建。宋雷宜中改建书院)。

石峰书院(在梅仙乡石牛峰下，大霄观侧。里人陈友沅创，为讲学之所)。

敷山书院(在同造里。宋邑人孙余庆建，揭傒斯记。道光三年，生员孙金等移建敷山下)。

贞文书院(在长宁乡。揭傒斯请于朝，为父来成立制如学宫，选学官为山长，主之。欧阳元记，见《艺文》)。

蒨冈义塾(在长宁乡，元揭惠建，制如贞文书院。吴澄记，见《艺文》)。

橙溪书院(刘汉广建)。

同文书院(在湖茫。元李克家、王季常建，赵文记，见《艺文》)。

城南书屋(在荷塘。罗怀玉建，金幼孜记。圮)。

荷塘书院(在荷塘。黄得中建，黄宗载记，圮)。

剑东义馆(在袁坊，明嘉靖四十年，袁伯明建。前为乐育堂，后为养善堂，又后为号舍四；左右翼以号舍十二，庖廪舍十五，井釜皆具。捐腴田二百二十亩，给学者费)。

罗山书院(在湖茫，明嘉靖间李遂建)。

莲槎书堂(在槎熄莲花寺内，李材建)。

吴皋清墅(李材讲学之所)。

狮山书院(在县西南一坊八都一图。乾隆三十三年，本坊公建，敖宗瑚记，见《艺文》)。

麟山义塾(在四坊石滩里长埠)。

绿野别墅(在四坊瓘山龙溪头松山下。处士熊正盛建，邑人罗拔记。督学汪廷珍书后)。

九都义塾（在一坊九都三图，公建，有赡学田，吕新记）。

兴贤义塾（在四坊邵坊）。

逢原书院（在八坊八十一都三图熊庄，道光三年，本坊义士捐建，碑勒书院，知县徐清选有记）。

梅庄义塾（在县治西南三湖舫侧，李仲止建，今圮）。

南湖书院（在县治西南陆茄湖，明李裕建，今圮）。

凤山书院（在县西南六十里，二坊公建。坊绅曾廷楹倡捐足钱壹千串。中有文昌宫，坊绅曾廷梁捐建。知县王明璠有记）。

狮麓书院（在县西南五十里，三坊洛湖桥，合乡捐建）。

鹏搏书院（在二坊十八都。同治六年，副贡李时逢、把总李时融、聂金镛倡首捐建）。

象山义塾（在二坊长乐乡，二十二都公建）。

西堂遗韵（在四坊槎村，范正明、范时修建）。

义庄遗范（在四坊上郊，范展也建）。

卷之六　武备志

兵制　武事

圣治建中，文不废武。
参设营汛，整饬卒伍。
丰地平易，迹绝豺虎。
二百余年，兵革不睹。
小丑跳梁，横来外侮。
保卫是资，守望相助。
忠信甲胄，礼义干橹。
众志成城，居然却虏。
烽燧永销，闾阎安堵。
长享承平，衢歌巷舞。

——作《武备志》。

兵制

经制把总一员，专防县汛，驻札县城。管辖各塘汛务，巡缉奸匪，训练兵技，隶镇标前营管辖。

外委把总一员，协防县汛，驻札县城，与经制把总巡缉奸匪，协办汛务，隶镇标前营管辖。

防守城汛弓箭鸟枪兵丁名数，乾隆十七年间，额设兵丁六十四名，内字识一名。乾隆四十年后，添设兵丁十名，共计七十四名。内弓箭战兵三名，守兵三十三名；鸟枪战兵二名，守兵三十五名；字识一名。

武事

【汉】高帝五年，灌婴渡江，破吴郡长，遂定豫章、会稽郡（《灌婴传》前志云：按，会城，号曰灌城。豫章，名郡。自此始，领县十八，南昌其一。丰时尚未析县，是即南昌县南境）。

兴平二年冬十二月，孙策击刘繇于曲阿，破走之。繇攻豫章，笮融走，死。以华歆为豫章太守（《通鉴纲目》）。

建安四年冬十一月，孙策徇豫章，太守华歆降（《通鉴纲目》）。

《吴书·江表传》曰："华歆为豫章太守。孙策讨黄祖旋军，欲过取豫章。使虞翻径到郡，谓歆曰：'讨逆将军，智略超世，用兵如神。今欲守孤城，自料赀粮已知不足，不早为计，悔无及也。今大兵已至椒邱，明日日中，迎檄不到者，与君辞矣！'翻既去，歆明旦出城，遣使迎策。策即定豫章，引军还吴。策明年薨，弟权代。至建安十五年，仍析南昌南境，置富城县。"

【晋】咸宁五年冬十一月，晋大举兵，分道伐吴（《通鉴纲目》）。

太康元年春三月，吴主皓降晋，吴亡（《通鉴纲目》）。

《武帝纪》云："孙皓面缚舆榇，降于军门。王濬送之京都，收其图籍，克州四、郡四十三、县三百一十三，富城属焉。即命移治丰水之西，改曰'丰城'。"

【梁】太平二年春二月，梁萧勃起兵广州，次于南康。丞相陈霸先使周文育击勃，获其将欧阳頠、傅泰，勃为其下所杀（《通鉴纲目》）。

《周文育传》云：萧勃举兵逾岭，诏文育督师讨之。时，新吴洞主余孝顷举兵应勃。别将欧阳頠顿军苦竹滩，傅泰据蹠口城（在南康郡之北），为犄角之势。文育于豫章立栅，会食尽，使人遗周迪书，约为兄弟（迪时为临川内吏），迪喜，许馈以粮。文育分遣老小乘舫沿流俱下，烧栅，佯为逃遁状。孝顷信之，不设备。文育由间道信宿达盱韶，筑城飨士。頠大骇，因退入泥溪。文育遣严威将军周铁虎等袭擒之。遂至蹠口城攻泰，泰亦败。萧勃在南康军，为其将谭世远所杀。夏侯明彻持其首降。（前志云：苦竹滩即苦竹洲，在大江中，距今县西南三里许；平衍广袤，约可容万余人。按《黄法氍传》：太平元年，割江西四郡：临川、安城、豫章、巴山置高州。以法氍为刺史，镇巴山。后萧勃、欧阳頠来攻，法氍破之。则二年之起兵者，专意以攻豫章也。頠据邑苦竹洲，以驻师控上游，以扼豫章之吭，诚得地利。使傅泰由蹠口城相应，上下合兵夹击，虽有金汤，夫孰能御耶？其所以取败者，以周迪受文育之绐，而余孝顷不为设备所致。夫用兵之法固在据险，而虚实情伪，尤不可不精研详察。若頠勃者，非苦竹洲之险负彼，实彼有以负斯洲之险也。然文育亦才将也哉。）

【隋】大业十二年冬十二月，鄱阳林士宏称楚帝，据江南（《通鉴纲目》）。

《江西大志》云：冬十月，鄱阳贼帅操师乞自称元兴王，建元始兴，攻陷豫章郡，以其乡人林士宏为大将军。诏治书侍御史刘子翊将兵讨之，师乞中流矢死。士宏代领其众，与子翊战于彭蠡湖。子翊败死，士宏兵大振，众至十余万人。二月，士宏自称皇帝，国号楚。豪杰争杀守令，以郡县应之。其地北自九江，南及番禺，皆为所有。（前志云：按士宏蹂躏杀戮极为惨烈，丰邑受害尤酷，邑治几废。自此陷于寇者数年。）

【唐】武德五年，林士宏卒，其众遂散（《通鉴纲目》）。

《林士宏传》云：弟鄱阳王药师，以兵二万围循州。总管王世略破斩之。士宏请降，王戎（士宏党）亦献南昌地。士宏寻卒，党乃解散。

按：高祖既得南昌，于是年复置丰城县。至高宗永徽二年，始命移治章水之东，即今之治所。

乾符五年，王仙芝余党陷洪州，过丰城，傅祁率五百义士与战，师溃死之（《纲鉴》参省志）。

天祐三年夏四月，镇南节度使锺传卒，子匡时为留后。秋九月，杨渥取洪都（《通鉴》）。

时有李承鼐者，招讨陇西李神福子也，年二十三，英烈过人，为淮南节度使杨渥部将。渥遣从秦裴攻钟匡时，取洪州，履立战功。转战至邑杨梓洲，救不至，败死。士人哀其忠武，即其墓侧立庙祀之。宋绍兴中，赐额“威显”（杂见省志）。

【南唐】庄宗时土寇四起，王子邳与弟子邙、子邦率众卫乡井。寇至，子邳独与战，救不至，子邳死之。（省志本传）

【宋】建炎三年十一月，隆祐太后如虔州，江西州军多陷。（续编）

《豫章书》云：兀术分兵，一自滁入江东，一自蕲黄入江西。滕康、刘珏闻金兵至，奉太后出城，由丰城舟行（舟过龙雾洲，失金钟于江，又祈风，投金花于潭），次吉州方五日，兀术提兵于丰城沿江追之。太后仍舟行至泰和县，由万安县陆行如虔州。十二月，金人屠洪州。

绍兴二年，韩世忠统师二十万，道出丰城。五月，世忠至洪州（《宋史》参《前志·何穆传》）。

德祐元年，江西提刑文天祥起兵勤王。夏四月，总统张敏与元兵战丰城，死之。（《宋史·帝显纪》）

【元】至正十二年，红巾贼渡江据州治，万户熊某率众破之（《丰乘》）。

十三年，李明道集兵据州境，学正毛铎死之（旧志）。

冬十一月，江西右丞火你赤以兵平富州、临江，遂复瑞州（《豫章书》）。

十八年，陈友谅寇隆兴路，江西诸郡俱陷。富州亦没（元史）。

二十一年，明兵分取江州诸路，十一月伪汉左丞邓克明遣其员外罗天赐以分省印及抚州、建昌、临江、汀州四路，南丰、宁都、富州三州，乐安、临川等十八县印，诣邓愈降（《豫章书》）。

【明】正德十四年六月十四日丙子，宸濠反，都御史孙燧、副使许逵死之。时，抚虔都御史王守仁奉勅往勘福建军乱。十五日，道经丰城，县尹顾佖亟白宸濠反状，且请讨贼。守仁易服潜还，至临江，几为逻盗所及。乃驻吉安，檄诸郡兵，兵大集。秋七月十八日，过丰城，师甚整。二十日攻南昌，破之。二十四日，战于黄家渡，贼大溃。二十六日复战于樵舍，濠就擒（《豫章纪事》）。

嘉靖四十年八月，闽越寇数千压邑境，径长安，趋临江民居，汹汹四窜。巡抚胡松檄按察佥事卢岐嶷提兵击贼，败之于杨湖，贼遁去（《郡志》）。

【国朝】顺治二年，大兵至江西。南昌归附，丰城属焉（前志）。

十二月，土寇入城焚掠，旋遁去。请兵讨平之（前志）。

八年，突有贼入城横恣屠杀，邑治几空。大家世族遭毒尤酷！随入乡剽掠。除夜，分部入四、五坊村落，任意杀戮。明日元旦，更肆惨虐，尸骸枕籍，积二十余里。自有丰以来，罹祸之惨，无有甚于此者！至今传为高兵云（前志）。

时有廖文化、茅里钻者，大家之仆佃也。性悖鷔，颇有勇力。乡中不法子弟，多附之。各付一札，积至数千人。白日淫杀，莫敢谁何。各乡鼠盗即非其党，亦自称廖贼帐下。由是县境骚然，任贼所毒，居民苦之。乃共设为“穿都法”，约：村有贼，则并一村之力讨诛之，舁其尸示各村；村有贼而不诛者，则合通乡共戮其村。彼此互防，远近交剿。一年之间，贼乃靖（前志）。

旧按云：邑东南紧邻抚州，乡寇窃发自乐安者，恃楼下为遮蔽；自崇仁来者，以同造为捍御。二处完固，直北村落，即保无虞。而两姓居民，亦极激义，坚守至有捐躯不悔者。同造以山为障，楼下则以堡为依。蒋姓所筑土垣，藩篱周密，隐若金汤。分立四门，绕以濠堑，井井有法。顺治己亥、康熙甲寅，贼兵两次冲击，卒不能破。巡抚董、提督赵亲阅其地，称为一方重镇。并给文奖其义勇，勒石至今犹存。

咸丰三年五月，粤逆由九江逼省会，大宪檄各属团练。七月朔，逆分寇县城，召乡勇击之退。时，淫雨浃旬。水骤涨，稻尽漂。邑无赖子，煽饥民倡乱。黄尹荣庚署县事，廉得其情，立擒祸首，用重典惩之，嚣纷以定（以下新增）。

六年二月，逆渠石达开率匪十数万，由临江趋抚州。二十日分陷县城。四月，江军统领刘于浔帅师援丰，张尹韶南督团勇助之，二十二日克复。五月，贼扰荷湖。时，临、抚皆陷。贼自是数入境，往来靡定，团勇迭败之。

七年四月，太史吴嘉宾统建武军驻丰筹饷。闰五月，进攻乐安，不克，退，贼袭之。转战于仙山坑，败绩。六月，贼队卢包营踞白马寨，肆荼毒益甚。建武军趋战复失利。初，团勇遇枭贼辄怯，至是愤甚，皆极力捍御，贼所至辄摧。七月，协戎周凤山率援师至丰，抚州之贼三路至，荷湖、黄蘖界、桥东皆告警，团勇分御之。刘士奇大破贼于荷湖；周协戎移驻杜家围，趣团练助剿；坪阴乡勇争先击贼，夜袭之，贼逸去。十月，石逆率匪十数万由抚州趋临江。二十五日，径桥东。团勇御之，力不敌，溃。贼大肆焚杀去。二十六日，复合团勇追击之。十二月，临江余匪窜松湖，乡勇环击歼之。新淦余匪扰蜜蜂墟，十六日入石港，团勇御之、以大雾迷道失声，援溃。抚州之贼扑坪阴，乡勇不及备，溃。贼大肆焚杀，遂复踞白马寨；除夕袭县城。水师提督黄翼升趣队登岸，会长左宝后诸营，设伏要击，贼大败，擒戮无算。

八年二月，总戎李定泰击贼于大鸿岭，民远近争饷之，遂大破贼。余匪入抚州。八月，吉安余匪窜蕉坑。大守江忠义帅师援金溪，道出桥东，留请移剿，遂合乡勇战于蒋家楼，贼逸，追抵崇仁。

十一年二月，贼将李秀成窜抚州。绕邑西南境，踞樟树，迭出拖船埠，窥县城。官军迎剿，贼败走新淦。四月陷瑞州，越邑西北境，大肆焚杀，乡勇战败之。七月，分窜河东西两岸。爵督鲍超驻军陈家冈，迎击西岸贼，尽歼之。东岸贼大窘，窜荷湖，径杜家围、三江口遁。

同治三年四月，金陵余匪踞崇仁，官军合围剿之。六月，贼分强队，取间道，趋秀才埠，欲寇县城。适爵督鲍超奉调援抚，次桥东。趣队截击，战于石下，锋锐不可当，贼惊溃。七月，官军入崇仁，复大破贼，俘其魁，江境肃清。

团练纪略

丰邑自高兵后，承平二百余年矣。发逆窃发粤西，蔓延两湖，破皖江，据金陵，东南大震。江右各属，奉大宪檄，仿坚壁清野法，团练乡勇，互资捍卫。

咸丰三年五月，贼由九江直逼省会，丰邑戒严。七月初一日，河大涨，贼乘巨舰扑县城。文炳汉等召乡勇防遏，贼仍由水道遁去。

五年冬，伪翼王石达开由湖北入江右，率匪众十数万，瑞、临、袁、吉相继陷，逼近丰境。张尹韶南集绅董，谕令乡城，各设团局，募精壮，制器械，逐日训练。遇警，由各团绅董召集，分防守隘；河西毗连瑞临，防逆偷渡；造战船，募水勇，号剑江营。时未请帑，富捐赀，贫出力，相协以济。河东为临抚通衢，邑隘口，惟二坊保安、三坊定安、永安团局，尤当贼冲。

六年二月二十日，石逆由吉安窥伺抚、建。周協戎凤字营，溃于新淦。贼蜂拥四窜，扑县城，以众寡不敌，猝陷。张尹督各团，并江军水师炮船轰击，于四月二十二日克复。五月，贼由新淦复入荷湖，保安团总刘士奇等，身先团勇击退。十二月，抚逆窜黄塘，和安团总孙裕佐，带勇奋击，大败之。

七年春，蔡尹廷兰札饬各团，再加整顿。适官军合围瑞、临，贼蹙甚。伪指挥黄、巢二逆，由县境赴援。定安团总陈定元，邀各团堵御马岭庙。二月，伪逊天侯率逆队由湫溪桥趋临。陈定元带勇追剿，陈厚贵阵亡。瑞、临贼以援至，由鹦哥岭窜境。为接应计，刘士奇截杀颇多。全安团何勋煌带勇助剿，瑞、临贼遂孤。闰五月，吴太史嘉宾统建武军，进讨乐安，谕长安团总辛勤、刘笏等随同助剿。官军失伍，贼氛复炽。

六月，粤东卢包贼踞白马寨，大肆荼毒。杨行雲、杨晖临遇害。比分扰石滩，石安团总熊焕、熊景芬、邹培基等堵御凉伞欜、大脑、窑湾等处，团长熊效八、裴学本、陈正胜、徐书元死焉。复窜五坊张家巷，五常团总李福亨、涂绶、李增辉、涂赓、傅启沃、潘星照邀集克谐。团总王亮、吴实镛等督战，葛山桥团长、熊礼祥、雷童郎等十余人俱战死。四坊傅秉乾督战滩冈，奋身杀贼，前后御敌，溃伤亦多。据抚逆犯邑边境，雷士琳、袁嘉麟，王喜声力守佛岭隘口东北界，贼毋敢侵越。二十八日，贼窜荷塘，欲扑县城，蔡尹饬团总文炳汉、黄先逵、陆运景、李培本、葛成章、陆鳌督勇，随宝后营助剿；并饬李时伦带剑江营同江军水师，往来曲江、泉港，以防西渡贼焚掠牌楼等村遁。七月，周协戎凤山统援师至丰，抚逆分三路扰境，救援临吉。窜荷湖者，经刘士奇、杨春台、刘士俊、杨孟贵等督勇战紫源岭小挫，团长范旬六阵亡。复战大康、城上二村，堵御十七昼夜，杀贼七百余人。窜黄柏界及桥东者，和安团范正芬、朱振纲会同永安团徐彦楠等，随同周协戎进剿坪阴。团长曾刚、徐拨等邀集乡勇，各带鸟枪，夜袭贼，贼遁。九月，复击余匪于潘桥，士气倍奋。十月，贼掠邑西南境。刘士奇率勇往剿，擒一贼，目检有援临伪札，当通函各团严防。二十日，石逆率匪十数万援临，取道邓家埠，分掠县境。定安团黄相玉、黄志诚、雷继燿御杜家围；永安团徐士绂、酆达辉御马铃庙；大安团、鼎安团绅董，督勇御三溪津。二十五日，贼径桥东。徐彦楠、高谦、徐士绂、赵思定等，御朱坊大桥。黄瑞南分御龙化桥，力不敌，溃，罗允功、蔡茂辉、熊芳麟战殁。全安团吕慕韩、杨濬源，保安团张丙照、张启文、杨孟贵，平安团熊司治、文炳沅等，会御城冈山，贼遂窜峡江。十一月，坪阴乡勇击贼于崇仁之三山庙，杀贼五十余人。十二月初六日，临江余匪窜松湖，扰雄庄，乡勇环击歼焉。又新淦余匪扰蜜蜂墟，刘士奇带勇击退。大宪以刘士奇迭著战绩，赏加五品军功。十六日，贼复突入石港，刘士奇率勇御之，大雾，为贼所陷。黄永兴、刘士义、曾尚林力战死，截去团丁数百，贼势愈张。抚逆扑坪阴，突至不虞，被戕乡勇五十余人，焚劫无算。由蛟岭窜踞白马寨，乘除夕潜袭县城，经水师提督黄翼升带剑江营，李时伦率队登岸，会同长左、宝后等营并各团勇，设伏南门外，分击歼之。

八年二月，总戎李定泰驻军镇上，饬令各团以助声威，移军直捣贼巢，杀获千余。贼收余匪入抚郡。八月，精捷营江公忠义统师，道出桥东。初，徐彦楠等从新字营进攻崇仁，适吉安余匪扰境。固留精捷营与保安团、杨春台定安各团助战，于蒋家楼大败之。追抵崇仁，复其县城。阵亡团丁：徐大勋、蔡秉忠等百余人，徐彦楠、陈定元、杨春台、刘士俊等，均蒙保奏奖叙。

十一年二月，伪忠王李秀成由抚窜拖船埠，意图扑城。经江军水师协同剑江营轮环炮击，即窜清江。三月，李逆窜河西枧头等处，掳掠焚杀。先是，瑞陷；邑边境数被扰。蔡尹札委举人周运鲲，督办团练未成遇害。众绅接办，集乡勇数万，缉毙多名，贼飏去。七月，李逆回窜小岭等处，谍知有伏，迂道由泉港上游，结筏潜渡东岸；旋分股西岸，沿河夹窜，唐坊、石溪、尚庄、横山、故里等村，受害尤剧。时，爵督鲍超驻军陈家冈进剿，乡勇数万协力助阵，大败贼，杀伤溺死，尸骸蔽野数十里。贼从泉港竞渡，窜拖船埠，径荷湖等处，刘士奇堵截要路。复折入杜家围，直走三江口，大肆焚掠。哈尹尚阿于上渡造浮桥，济鲍军门，师次小港。贼侦知，昼夜鼠窜，畏如虎焉。

同治三年四月，金陵余匪窜崇仁。孙懋修禀县，详请调精捷、精毅等营，驻磻桥防剿，奉札筹饷。六月间，鲍军门由河西进讨，张尹师亮造浮桥于黄埠脑济师，次桥东，遇贼歼灭之。

吾丰蹂躏数载，或合门殉节，或临阵捐躯，或毁家纾难，或遇贼不屈，或裹胁未回，或逃亡失所，版图三百里，不堪问矣！幸鲍军门两次移剿，不旬日间，全境肃清。虽古名将，亦不是过。邑人士谓发逆肆虐，酷于高兵，而感德生全，未有如鲍公者也！

卷之七　职官志

文职　武员　名宦

维丰疆域，视古侯封。
建官莅治，今昔佥同。
令丞簿尉，其秩匪崇。
官斯土者，缕述难终。
唐宋以往，稽考无从。
具有案牍，悉纪籍中。
名宦政迹，传信为工。
或铭其德，或表其功。
甘棠芃黍，郇伯召公。
等诸勒石，传之无穷。

——作《职官志》。

文职

后汉

建安十五年，始置富城县，职官姓名无考，止载官制。

县令（一人，秩六百石）、县丞（一人）、主簿、县尉（二人）、诸曹掾史、廷曹监乡、五部掾、乡有秩（一人）、三老（一人）、游徼（一人）、乡佐属乡、亭长。

三国吴

按：吴官制仍汉，不重列。

晋

县令（一人）、主簿、录事史、记室史、门下书佐干游、徼议生、循行功曹小史、廷掾功曹史小史、书佐干户曹掾史、干诸曹门干、金仓贼曹掾史、兵曹史、吏曹史、狱小史、狱门亭长、都亭长、贼捕掾。

县令

雷焕（豫章人，永平间任，有传）。

裴稚（河东人，出《刘氏世说》）。

宋、齐、梁、陈、隋五代，职官姓名，俱无考。

唐

县令（一人，从六品上）、县丞（一人，从八品下）、主簿（一人，正九品下）、县尉（二人，正九品上）、录事（二人）

司户（佐四人，史七人，帐史一人）、司法（佐四人，史八人）、

仓督（二人）、典狱（十人）、问事（四人）、白直（十人）

市令（一人）、经学博士（一人）、助教（一人）、学生（四十八人）

县令

朱元谨（开元二十七年，以朝散郎为江西道采访判官任，见《吉州青原靖居寺碑》）。

丁深（宏道癸未，由贞观丁未进士任，因家于邑市。据庐陵《萧维桢文集》补。）

张忭（曲江人，九龄侄）。

柳浑（襄州人，大历间任，有传）。

县丞

李景伯（字元伯，宗室子，有惠政）。

宋（逸名）。

王（逸名）。

主簿（姓名无考）

县尉

郑光辅（荥阳人，见《宰相表》）。

录事（姓名无考）。

南唐官制仍前。

县令

冯仪（有传）。

刘虚己（据《南唐书》补）。

县丞（姓名无考）

主簿

孟宾于（涟上人，进士，李璟时任，入宋知本县）。

县尉（姓名无考）

宋

县令（一人，以京朝官为之，有戍兵则兼兵局、都监，或监押之职）、县丞（一人，熙宁四年增设。）、主簿（一人）、县尉（一人）、学主学（一人，景定二年设）、监税、赡军（各一人，寻俱废）。

县令

孟宾于，涟上人，隐玉局山，号玉峰，建隆间任，升水部郎中。

袁逢吉，字延之，以知洪州王明荐，由清江尉升。明年，转运使张华条上治状，以春秋博士召，有传。

凌简，大中祥符四年，以大理寺丞任。见《罗汉碑》。

赵炎，大中祥符六年，校书郎任。

毛恂，字子仁，吉水人，天圣八年，以校书郎任。

邹严，以校书郎任

张宿，天圣元年，以著作佐郎任。

徐绍龄，明道二年，以国子博士任。

孟虚舟，明道年间，以太常博士任，见《夏英公集》。

萧，缺名，以著作佐郎任。

雷俨，定康元年，以大理寺丞任，见《白鹤观记》。

郑修辅，庆历八年，以大理寺丞任，见《敕书楼记》。

陈肃，皇祐间以都官郎中任，见李泰伯文。

何辟非，嘉祐间，以朝请著作郎任，见《灵槎庙碑》。

程璠，嘉祐中任，明道先生诸父有传。

董嘉祐，嘉祐间，以职方郎中任，见《过郎中昱诗序》，有善政。

张崇，元丰七年任宣德郎，见《海觉院碑》。

江任，临川人，元丰间任，有善政。

应昭若，正和元年以承议郎任，见《地藏碑记》。

林选，字元举，福塘人，政和间任，有善政。

朱素，政和间任，游梅仙坛有诗，后家邑东门。

朱粹，政和中任，游梅仙坛有诗。

李熊，从政郎，绍兴二年任，有革弊十条。

韩，缺名，绍兴四年任。

严相龄，《府志》作恒龄，绍兴五年任，祷雨至梅仙坛，有诗。

富沔，字朝定，绍兴八年任。

朱权，素之叔，绍兴间任，后家邑大井巷。

雷继远，儒林郎，绍兴十年任。迁建学宫于今所，邑科目自此盛。后卜居城东。

熊彦琦，绍兴十四年任。
胡琏，建安人，绍兴十五年任，有传。
丁绰，从政郎，绍兴十九年任。
王觉，从政郎，绍兴二十年任。
宋绶，青社人，文林郎，绍兴二十三年任。
段植，文林郎，绍兴二十六年任。
陆侯，从政郎，绍兴二十七年任。
吴千乘，字子国，文林郎，隆兴二年任，俱见《黄次山记》。
李愿，从政郎，乾道二年任。
马光裕，从政郎，乾道七年任。
汪若愚，从政郎，淳熙元年任。
赵不惕，字坦夫，从政郎。淳熙四年任。
朱升，从政郎，淳熙七年任。
张煜，从政郎，淳熙十年任。
萧尹躬，文林郎，淳熙十一年任。
杨万里，存疑。
解禧，文林郎，淳熙十五年任，有传。
白彦蕃，文林郎，绍熙二年任。
陈纠，直承郎，绍熙四年任。
林仲懿，字文子，从仕郎，庆元二年任。
刘鼎孙，承直郎，庆元五年任。
董仁泽，字惠叔，四明人，府志作“黄仁泽”。
郑裒然，字汉卿，括仓人。
王孝称，字君美，星渚人。
朱镗，霅川人，庆元间任。
谭斯义，新建人，由孝廉任邑令，后家邑枫溪。
叶庭，字景扬，永嘉人，从政郎，嘉定五年任。府志作“董庭”。
黄简，莆田人，通直郎。嘉定八年任。
林涣之，莆田人，宣教郎，嘉定九年任。
汪绶，字仲章，新安人，通直郎，嘉定十二年任。
唐容，字可大，零陵人，承议郎，嘉定十五年任。
赵汝约，字可约，莆阳人，通直郎，宝庆五年任。
余畲，字景万，衢州人，绍定元年任。
李尚，字同之，新安人，绍定四年任。
周钥，湖州人，奉议郎，端平元年任。
钟鉴，字平清，建昌军人，嘉熙元年任。

陈可，字元直，南康人，嘉熙四年任，奉议郎，府志作“任可”。

洪惕，字子威，鄱阳人，朝奉郎，淳祐三年任。

刘卿月，合沙人，淳祐四年任，有传。

陈纶，字伯经，天台人，承仕郎，淳祐七年任。

叶振文，字时起，江陵人，奉议郎，淳祐十年任。

赵嗣嘉，字迪卿，江陵人，奉议郎，淳祐十二年任。

朱杰，字子俊，金华人，奉议郎，宝祐二年任。

李钲，字懋之，修江人，宣教郎，宝祐六年任。

秦丙，字伯高，晋州人，宣教郎，景定元年任。

刘惠祖，字若翁，庐陵人，景定二年任，宣教郎。

黄吾老，景定中任，政为江西第一。宋亡，不仕。

县丞

李夷仲，绍兴中任。

赵伯鲤，毗陵人。

蒋异，绍兴中任。

韩淳，乾道中任。

赵不阈，乾道中任。

萧宾，临江人，淳熙中任。

赵不疚，淳熙中任。

韩冗，淳熙中任。

李克，淳熙中任。

赵不砦，淳熙中任。

张总总，一作冲，淳熙中任。

周待问，庆元中任。

毛伯熊，蕲春人，庆元中任。

张嘉绩，嘉定中任。

刘棣，衢州人，嘉定中任。

梅存，平江人，嘉定中任。

梅彦寅，衢州人，嘉定中任。

赵必取，福州人，嘉定中任。

郑伯骥，温州人，嘉定中任。

黄友谅，信州人，嘉定中任。

吴珦，湖州人，府志作雪川人，宝庆中任。

方梦中，福州人，绍定中任。

黄师卨，福州人，绍定中任。

施粢，湖州人，府志作雪川人，绍定中任。

赵时授，福州人，端平中任。
赵晔夫，天台人，淳熙中任。
曾克宗，永嘉人，淳祐中任。
李濬，严州人，淳祐中任。
刘敏学，新淦人，淳祐中任。
余瑄，衢州人，淳祐中任。
曹大同，永嘉人，宝祐中任。
曾烈，绍兴人，郡志误入知县。

主簿

赵可言，建隆中任。
徐舜俞，建隆中任，见《罗汉院碑》。
元舜英，苏州人，建隆中任。
马同，雩川人，太平兴国中任。
赵汝彦，兴国人，太平兴国中任。
刘参，太平兴国中以校书郎任，见《白鹤观碑》。
张补之，太平兴国中以校书郎任，见《飞篁观碑》。
徐简，大中祥符中以校书郎任，见《灵槎庙碑》。
杨告，绵竹人，大中祥符中任，有传。
陈浚，天圣中任，见《地藏院记》。
刘确，天圣中任。
戴重熙，字宋吴，庐陵人，天圣中任。
陈粢，天圣中任。
郭璟，一作景，天圣中任。
孔琯，明道中任。
张汝翼，明道中任。
何炜，字季华，婺州人，明道中任。
杨迪，明道中任。
罗全材，庐陵人，明道中任。
舒烈，四川人，一作明州人，明道中任。
王涛，康定中任。
何范，崇仁人，康定中任。
赵善侣，吉州人，庆历中任，一作善邵。
邓约礼，字文范，盱江人，庆历中任。
洪材，一作林，皇祐中任。
赵希焄，嘉祐中任。
张绅，嘉祐中任。

吴植，嘉祐中任。

赵希恭，嘉祐中任。

刘丙，星子人，嘉祐中任。

李公行，嘉祐中任。

黄以尧，字祖尧，崇仁人，嘉祐中任。

伍章，韶州人，嘉祐中任。

孙之宏，字伟夫，余姚人，嘉祐中任。

陈会，字正夫，崇仁人，元丰中任。

赵与忽，庐陵人，元丰中任。一作与兴。

郭逖，字德远，临江人，元丰中任。

许简，元丰中任。

李修，字念祖，崇仁人，政和中任。

张惟清，一作段姓，永新人，政和中任。

易子炎，字天祥，瑞州人，政和中任。

郑伟，字叔常，玉山人，政和中任。

郭同，字同叔，绍兴中任。

赵必寓，字居安，合沙人，绍兴中任。

胡发，字仲华，四明人，绍兴中任。

张桂龙，字彦方，乐安人，绍兴中任。

县尉

宋咸，进士，建隆中任，有传。

宗强，太平兴国中任。

刘韐，崇安人，进士，元丰中任，有传。

门孝恭，太平兴国中任。

朱珣，太平兴国中任。

赵善郯，太平兴国中任。

倪仲斌，太平兴国中任。

林方卢，太平兴国中任。

樊三英，太平兴国中任。

田传震，建宁人，太平兴国中任。

刘扬祖，吉州人，大中祥符中任。

王洪毅，严州人，大中祥符中任。

林天与，建宁人，大中祥符中任。

赵崇点，瑞州人，天圣中任。

李喆甫，建宁人，天圣中任。

赵汝玑，建宁人，天圣中任。

夏武，广德人，天圣中任。
赵师务，婺州人，天圣中任。
祝庆洽，衢州人，明道中任。
张鼎臣，眉山人，明道中任。
李时，新安人，明道中任。
董松年，字茂先，临安人，明道中任。
赵彦涟，严州人，明道中任。
姜育，字孟洋，富州人，康定中任。
洪正学，字粹一，鄱阳人，庆历中任。
赵时纶，台州人，庆历中任。
黄凤祥，台州人，皇祐中任。
陈震炎，字叔达，崇仁人，皇祐中任。
陈萬里，字冲翔，高安人，嘉祐中任。
何梦龙，字钦天，萍乡人，嘉祐中任。

主学

刘履，本邑人，入《人物传》。

监税

刘允迪，建隆中任。
姚渭，建隆中任。
马弥高，建隆中任。
张玗，建隆中任。
傅起居，建隆中任。
杨珽，太平兴国中任。
董淏，太平兴国中任。
王大明，太平兴国中任。
王攒，太平兴国中任。
朱天锡，太平兴国中任。
刘鹗，高安人，太平兴国中任。
李作哲，太平兴国中任。
张国维，太平兴国中任。
张霖，大中祥符中任。
黄友龙，大中祥符中任。
谭松年，大中祥符中任。
傅梦雷，大中祥符中任。
吴起岩，大中祥符中任。
刘惠祖，大中祥符中任。

何梦龙，大中祥符中任。

黄凤翔，天圣中任。

赡军

孔万顷，临江人，建隆中任。

文榏，平江人，建隆中任。

高子诜，吉州人，建隆中任。

陈韡，福州人，太平兴国中任。

邓汝贤，蕲州人，太平兴国中任。

李楠，饶州人，太平兴国中任。

叶秀发，台州人，太平兴国中任。

周得之，建昌人，大中祥符中任。

袁球，绍兴人，大中祥符中任。

赵崇涂，温州人，大中祥符中任。

赵时临，大中祥符任。

浙浚卿，字深甫，莆田人，天圣中任。

曾贵卿，字同然，乐安人，天圣中任。

元

至元二十三年，以本邑户满五万，改升为富州，故职官悉从州制。

达鲁花赤（一员，初仍为县，从六品，俸二十贯，职田二顷。掌县印，号曰监县兼劝农事。后升为州，秩增从四品，俸五十贯，职田五顷）。

州尹

与达鲁花赤并设，亦掌县事，无劝农事，初称县尹，后升州尹，品俸职田悉与达鲁花赤同、同知（一员，正六品，俸二十五贯，职田二顷）、判官（一员，正七品，俸一十八贯，职田二顷）、吏目、提控案牍（各一员，俸十一贯，职田一顷）、学教授（一员）、直学（一员）。

达鲁花赤

捌儿，回回人，至元间任，有传。

阿剌威，河西人，大德初任，有传。

必守兀，延祐二年任，有传。

买哥畏，兀儿人，一作买哥，有传。

县尹

奥剌汉

贾全，甄城人，至元十二年任，有传。

吴公介，至元中任。

县丞(无考)

教谕(无考)

州尹

陈元凯,河东人,至元二十三年任,有传。

陈荣祖,至元中任。

赵守志,元贞元年任。

完颜铎,曹州人,大德元年任,有传。

靳仲礼,大德元年任。

姚用中,大德二年任。

刘秉懿,大德中任。

权伯文,大德中任。

高复礼,河南人,大德中任,有传。

江从善,延祐二年任。

萧云峰,梁昭明太子之裔,后至元间任,子孙家于洁溪。

管淳祖,黄陂人,后至元中任。

强立,祥符人。

同知

燕琳琳,至元中任。

陆贤甫,大德中任。

李淑,大德中任。

兀颜完,女真人,延祐中任,善抚民。

州判

明理,色目人,至元中任。

王建孙,金陵人,至元中任。

孙万锺,大德中任。

张毅,大德中任。

吏目

董恕,至元中任。

刘大章,巴陵人,大德中任。

史彬,获鹿人,进士,由户部郎中调任,入《人物传》。

教授

熊介,字元静,本州人,至元中任,有传。

洪渊,本州人,有传。

刘沅,杭州人,元贞中任。

杜唐臣,大德中任。

曾福升,庐陵人,大德中任。

陈明之，清江人，大德中任。

冯德秀，遂宁人，大德中任。

李克家，本州人，延祐中任，有传。

陈会，后至元中任。

毛铎，南昌人，后至元中任，有传。

夏益朝，四川人，后至元中任，有传。

匡宪可，浙江人，后至元中任。

直学

范沆，至元中任。

孙龙定，元贞中任。

徐智，本邑人，大德中任。

明

初仍元制，以知州强立、吏目史彬同治之。洪武二年复改为丰城县，称知县。

知县（一员，正七品，月俸七石五斗）、县丞（一员，正八品，月俸六石五斗）、主簿（一员，正九品，月俸五石五斗）、典史（一员，未入流，月俸三石）、儒学教谕（一员）、训导（二员，俱未入流，月俸三石）、柿源巡检司（一员）、江浒巡检司（一员，寻废）、税课司大使（一员）、剑江驿丞（一员，未入流，月俸三石）。

知县

林弼，龙溪人，洪武二年任，有传。

齐景明，字文哲，蠡县人。洪武八年任，刚果正直。

李思鲁，洪武十五年任。

祝天禄，洪武二十年任。

彭基，澧州人，洪武二十一年任。

杨，失名

薛阿灵，无锡人，由人才荐，洪武二十六年任。

石刚，金坛人，由人才荐，洪武二十六年任。历升兵部职方司郎中。

姚瑾，字楚石，桐庐人，洪武中任。葺县治，修学宫，筑堤防，浚沟洫。平易近人，有知人之明。

范约，山西汾水人，永乐二年由户部员外郎谪任。有才力，善决断，后升太仆寺丞。

薛坚，永乐八年任。

姚庸，广东人，永乐间任。

周文郁，字可尚，长州人。永乐九年任，有剸剧才。

郑子朝，慈溪人，永乐十七年任，由人才荐。工书，善吟咏。

李宗海，广东人，永乐十九年任。能诗。

梁用，广东人，永乐二十年任。

王英，仁和人，正统元年任，有传。

陈景，望江人，正统五年任。

朱瑄，字廷贵，繁昌人，举人，正统七年任。

张敬，虹县人，景泰三年任。清廉刚介。

尚褫，罗山人，天顺末任，有传。

贝明，苏州人，成化二年任，平易近民。

李廷璁，益阳人，成化四年任，府志作“聪”。

周芳，山阴人，举人，成化八年任。

郑瓘，南海人，举人，成化十四年任。

王本俭，字节之，麻城人，进士，成化十五年任，刚方有守，德政及民，升刑部主事，历广西佥事。

石塘，余姚人，进士，成化二十年任。

樊玺，新乡人，举人，成化二十三年任，公平勤政。

周纪，字廷理，嘉善人，进士，成化中任。

余振英，字仲美，浙江新昌人，进士，宏治四年任。刚正不阿，历升尚宝寺卿。

刘燧，麻城人，宏治七年任，有传。

郑铉，慈溪人，举人，宏治九年任。

何洽，富阳人，宏治十年任，有传。

王裕，铜陵人，举人，弘治十五年任。

朱谏，乐清人，弘治十八年任，有传。

郭浃，字从仁，兴国人，进士，正德三年任，以御史左迁。

谢显，字文谟，上虞人，进士。正德五年任。

吴嘉聪，山西振武卫人，正德七年任，有传。

沈教，字敬敷，慈溪人，进士。正德中任，历升都御史。

顾佖，成都人，正德十二年任，有传。

李章，字民俊，长寿人，进士，嘉靖元年任，历升参政。

潘颖，宁海人，嘉靖三年任，有传。

沈熺，字鸣重，乌程人，进士。嘉靖七年任，官至知府。

朱篚，字守賁，山阴人，进士，嘉靖十一年任，历升副使。

胡汝翼，字伯璘，绵州人，进士，嘉靖十二年任，历升知府。

周乾，字一清，昆山人，举人，嘉靖十八年任。

欧礼，字汝和，郴州人，举人。嘉靖十九年任，亲民勤事，历升副使。

王俸，字守道，杭州人，嘉靖二十二年由进士任。

韩弼，平湖人，嘉靖二十六年任，有传。

郑佶，字元健，黄陂人，进士。嘉靖三十年任，历升知府。

葛慈，字伯止，江陵人，进士，嘉靖三十二年任，历升知府。

曹大川，巴县人，嘉靖三十六年任，有传。

王徽猷，字天诰，晋江人，进士，嘉靖四十一年任，历升江西佥事，捐俸购买学田。

宗宏暹，字晋甫，嘉兴人，进士。嘉靖四十二年任，历升礼科给事中。

徐子器，字贵卿，东阳人。进士，嘉靖四十四年任。丈粮清税，升工部主事。

商大节，钟祥人，进士，嘉靖中任，有传。

张正道，字可守，潼川人，进士。隆庆二年任，重修县治，作兴学校，历升佥事。

顾九思，长州人，隆庆六年任，有传。

李国士，字汝志，亳州人，进士。万历五年任，精明浑厚，吏畏民怀。擢给事中，历山西左布政。

吴达可，宜兴人，万历十一年任，有传。

韩文，字元质，无锡人，进士。万历十四年任，学优行洁，重士抚民。历升知州。

汤京兆，宜兴人，万历二十年任，有传。

华士标，字英甫，无锡人。万历中任，历升郎中。

傅宾，字见大，诸暨人。进士，万历二十九年任。

陆典，字以建，崇德人。进士，万历三十二年任。

张廷拱，字尚宰，同安人。进士，万历三十五年任。捐资筑城，西石埽以捍上流。士民即其地建祠祀之。

江朝宾，字藜峰，福清人，进士。万历三十七年任，捐资建平丰石埽，士民即其地建祠祀之。

徐扬先，江宁人，万历间任，有传。

徐复扬，字见初，武进人，进士。万历四十六年任，考选御史。

张昌辰，字汉民，临海人。进士，万历四十七年任。刚正不挠，鼎建文明塔。有传。

冯起纶，慈溪人，天启间任，有传。

沈斯栋，字子上，仁和人，进士，天启六年任。

谢龙文，琼山人，崇祯间任，有传。

郝锦，字絅乡，六安州人。进士，崇祯十三年任。政清讼简，礼士爱民，擢南台御史。

黄鹤仙，号练庵，番禺人。崇祯十五年，由进士任。

吴中奇，字偶子，西华人，进士，崇祯十六年任。

县丞

林孔孙，镇江人，洪武二年任，升光泽知县。

张公孙，沙县人由人才荐　洪武中任。

相叔方，浙江人，进士，洪武二十六年任，果敢有为。

王子中，北平人，由人才荐，洪武中任。

任幹，浙江人，由人才荐，洪武二十六年任。

王礼，丹阳人，由人才举，洪武中任。

何昭善，淳安人，洪武中任，有传。

程琰，字公琰，江山人，由楷书举，洪武中任，有守有为，内升兵部主事。

汤伯渊，永乐八年任。

梁，失名，永乐中任。

刘忠，永乐十九年任，政绩详典史。

阎本，永乐中任。

史仲暹，永乐中任。

孙得初，永乐二十年任。

李子文，永乐中任。

张溢，正统元年任。

张子华，宣德四年任。

胡敏，正统中任。

沈友直，华亭人，监生，正统中任。

赖任，上杭人，监生，景泰三年任。

李贯，临桂人，景泰中任，廉敏有为，转江西布政司都事。

周亶，余姚人，贤能举，成化中任，有政声。

俞谧，上虞人，成化八年任，以文学才行荐，能诗，善楷书。

谢环，琼山人，成化十五年任。

黄敬中，武昌人，监生，成化中任。

颜辉，合肥人，监生，成化二十三年任。

张昌，无为州人，成化中任，持躬清谨。

辛辉，汾州人，监生，弘治四年任。

朱瑄，桐乡人，举人，弘治中任，守官清慎。

陶怀，会稽人，弘治九年任。

刘湘，香山人，监生，弘治十年任。

萧绍，仪封人，监生，弘治十五年任。

戴景隆，南锦衣卫人，监生，弘治十八年任，勤于职。

陆普，平湖人，监生，正德中任。

张赞，灵璧人，监生，正德五年任。

王道，山东人，正德中任。

陆文博，平湖人，监生，正德七年任，有传。

林钟，正德中任。据《府志》增。

蒲月，贵州人，正德十二年任。

沈廷用，嘉靖元年任。

陈吉猷，字良谋，昌化人，监生，嘉靖三年任，有清操。

刘宽，麻城人，嘉靖十一年任。

陆璋，无为州人，监生，嘉靖十二年任。

刘廷贵，麻城人，监生，嘉靖二十六年任。

顾望，华亭人，监生，嘉靖三十年任。

张汉，泗州人，岁贡，嘉靖三十二年任。

刘体乾，霍城人，岁贡，嘉靖三十六年任，升知县。

李烶，太平人，监生，嘉靖四十一年任。

洪良忠，鄞县人，吏员，嘉靖四十二年任。

向良弼，汉川人，监生，嘉靖四十四年任。

牛继武，虹县人，贡士，隆庆二年任。

俞霈，歙县人，岁贡，隆庆中任。

王国任，麻城人，岁贡，万历元年任。

史守忠，丹阳人，万历中任。

陈御，长乐人，恩贡，万历五年任。

赵文林，黄安人，选贡，万历中任，升知县

刘一鸾，绥宁人，岁贡，万历中任。

王奇，荆山人，岁贡，万历十四年任。

蔡明阳，长泰人，万历二十二年任。

陈鹦，山阴人，万历中任。

胡学文，天长人，万历二十九年任。

黄炜，江夏人，万历中任。

徐中藏，青阳人，万历三十二年任。

薛起凤，会稽人，万历中任。

袁呈祥，潮州人，岁贡，万历三十五年任。

陈嘉义，琼崖人，岁贡，万历中任。

甘守允，麻城人，万历三十七年任。

叶涵，苏州人，岁贡，万历中任。

阮晋亨，慈溪人，儒士，万历中任。

刘风远，定远人，吏员，万历四十六年任。

蔡一琦，长泰人，岁贡，万历中任。

戴调元，六合人，选贡，万历四十七年任。

徐景芳，山阴人，吏员，天启中任。

教谕

朱善，本邑人，洪武二年任，后升大学士，有传。

揭渐，字伯羽，本邑揭源人，洪武年间任。

李简，洪武十五年任。

刘子彦，泰和人，通五经，典京闱福建文衡，洪武间任。

张德，字子明，洪武二十六年任，善造士。

潘吉，字惠迪，宜兴人，洪武中任，师道尊严。

柯祐，晋江人，举人，洪武中任。

袁文，合肥人，岁贡，洪武中任。

何廷贵，荆山人，岁贡，洪武中任。

王鼎，句容人，岁贡，永乐八年任。

庄恭，东莞人，岁贡，永乐中任。处己以清，教人以正，善为古文。

叶余忠，分水人，岁贡，宣德四年任。

郑嘉，漳州人，举人，正统中任，有传。

江振，开化人，岁贡，景泰三年任。

柴璘，余姚人，景泰中任，有传。

马普，龙溪人，贡生，成化中任。

徐辅，崇德人，贡生，升长史，成化中任。

李孜，保昌人，举人，成化十五年任。

章廷益，临海人，升助教，成化中任。

李灿，东莞人，成化二十一年任。

陈瓛，江陵人，贡生，弘治四年任。

杨深，一作“琛”，博野人，弘治中任。

李问，上元人，举人，弘治十年任，学优教立，升博士。

俞士俊，一作“喻”，石首人，贡士，正德三年任。

梁大厦，字景周，新会人，正德五年任。

高应祯，字贞甫，闽县人，进士，正德中任，历官郎中。

沈瑄，华亭人，举人，正德十二年任。

汪峻，祁门人，举人，嘉靖中任，升知县。

潘明，婺源人，岁贡，嘉靖中任。

刘恒，字贞一，大冶人，嘉靖七年任，升至府同知。

李中僎，字仕贤，饶阳人，举人，嘉靖十八年任，历升户部员外郎。

王鸣鹤，连江人，岁贡，嘉靖二十二年任。

吴以旃，莆田人，岁贡，嘉靖中任。

洪挺，字廷瑞，歙县人，嘉靖三十年任，升国子监典簿。

黄骅，六合人，举人，嘉靖三十三年任，升知县。

洪一贯，巴陵人，举人，嘉靖中任，升知县。

汪希武，字学周，歙县人，举人，嘉靖四十一年任。

潘献卿，永春人，岁贡，嘉靖中任。赒贫士，修祭器。

陆九逵，临桂人，举人，嘉靖四十四年任，升知县。

陈汝讷，青田人，贡生，隆庆中任，升教授。
陶维垣，字子翰，南海人，举人，隆庆中任，升知县。
张衮，瓯宁人，岁贡，万历中任，升知县。
刘钟，南海人，举人，万历中任，升知县。
孙孔廉，连江人，选贡，万历中任。
温如春，郧阳人，举人，万历五年任。
沈心法，昌化人，选贡，万历中任。
蒋烜，全州人，选贡，万历十四年任。
顾可耕，海盐人，举人，万历中任，升知县。
吴之诚，武进人，举人，万历中任。
徐诚，临川人，万历二十九年任，升学正。
章应奎，淮安人，万历三十二年任，升学正。
邹启元，宜黄人，举人，万历中任，升知县。
龙为霖，庐陵人，万历中任，升推官。
祝汝元，上饶人，万历三十七年任，升教授。
谭二策，龙门人，举人，万历中任，升知县。
孙应岳，大庾人，万历中任，有传。
汪章，慈溪人，岁贡，万历四十六年任。
徐际旦，永丰人，万历中任，有传。
刘伯洋，字瞿父，庐陵人，举人，万历中任。
康良献，泰和人，举人，天启中任，升同知。
张叔锷，新淦人，岁贡，天启六年任。
邹淑献，字泰岳，临川人，举人，天启中任，升知县。
邓林翘，石城人，岁贡，崇祯十三年任。

训导

朱仲仁，本邑人，儒士，洪武八年任。
周监，本邑人，儒士，洪武十五年任。
刘伯和，本邑人，秀才，洪武二十年任，升教谕。
郑泳，福建人，秀才，洪武中任。
徐涣章，本邑人，儒士，洪武中任。
孔昌言，本邑人，辟荐，洪武中任，言一作年。
聂希允，本邑人，儒士，洪武中任。
程式，蕲州人，洪武中人。尽心教诱，多所造就。
谭文彦，蕲州人，永乐中任。
卓闰，福建人，进士，永乐十九年任。勤于教诲，多士怀之。
季庸，永乐中任。

聂伯埙，本邑人，举“通经”，永乐廿五年任。
沈友直，华亭人，正统元年任，公平清谨。
齐士馨，石首人，正统中任，有清操。
史浚，金坛人，正统中任。浚一作璇。
翟谦，字子逊，东莞人，以“通经”举，成化四年任，文行卓然。
戴鲁，字子瞻，当涂人，举人，成化十五年任。才敏学优，立心平恕。
崔永，闽县人，举人，成化二十一年任。
赵本，彭山人，弘治四年任。
金垕，山阴人，弘治中任。
江朝立，铜梁人，举人，弘治七年任。
方正，桐庐人，弘治十年任。
王凯，应山人，举人，弘治十五年任。
许邦赞，莆田人，弘治十八年由举人任。有学善教，精《朱子家礼》，士大夫尊之。
蒋聪，东莞人，举人，正德三年任。
林瑞，东莞人，正德中任。
张玑，字舜钦，长清人。正德五年，捐修文庙遗像。
许显，闽县人，正德中任。
王濂，慈溪人，正德十二年任。
杨守鄮，鄞县人，正德中任。
江深，字其渊，徽州人，嘉靖元年任。
周鸣鹤，吴县人，嘉靖中任，有传。
韩珏，贵州人，嘉靖中由举人任，升推官。
莫迁，字谦伯，石城人，嘉靖中任。
孙瑮，字国贤，当涂人，嘉靖十一年任。
李钦，太仓人，嘉靖十二年任。
吴京，凤阳人，嘉靖中任。
朱昕，应天人，嘉靖十八年任。
陈大器，浔州人，举人，嘉靖中任。
萧宏德，广东人，岁贡，嘉靖十九年任。
童承祐，沔阳人，岁贡，嘉靖二十二年任。
司马骃，庆安人，嘉靖二十六年任，升教谕。
石显宗，云南人，岁贡，嘉靖中任。
郭襄，莆田人，岁贡，嘉庆三十年任。
王应春，盱眙人，岁贡，嘉靖中任。
李中，闽县人，岁贡，嘉靖中任。
廖言，福建人，岁贡，嘉靖中任。

朱舜臣，海宁人，岁贡，嘉靖二十六年任。
湛心，增城人，岁贡，嘉靖中任。
邓天骐，字大祥，黄梅人，岁贡，嘉靖中任。
周望，赣州人，岁贡，嘉靖中任。
钱廉，字子贞，岁贡，嘉靖中任。
邵有邻，字德卿，新城人，嘉靖中任。
高才，华亭人，岁贡，嘉靖二十四年任。
陈量，无锡人，岁贡，隆庆二年任，升教谕。
彭辙，全椒人，隆庆中任。
王继程，西安人，隆庆中任。
黎奇，广西人，岁贡，万历元年任，升教谕。
杨檀，海澄人，岁贡，万历中任。
滕伯棠，瓯宁人，岁贡，万历中任。
汪汝鱼，临湘人，岁贡，万历五年任。
曹天祯，浮梁人，举人，万历中任。
何汉臣，德化人，选贡，万历中任。
梁梦雷，顺德人，举人，万历十一年任，升知县。
蒋练，大庾人，选贡，万历中任。
王应桂，嵩明人，岁贡，万历中任。
谯洞清，华容人，岁贡，万历二十二年任。
简御繁，清江人，万历中任。
陆云程，巴陵人，岁贡，万历二十九年任。
朱表，字文光，德化人，万历三十二年任，升知县。
唐尧智，天长人，岁贡，万历中任，升知县。
梁伟爊，萍乡人，万历中任。
刘伯秀，鄱阳人，万历三十七年任，升教谕。
李仲策，东乡人，岁贡，万历中任。
蔡学和，安仁人，恩贡。
江光斗，鄱阳人，万历中任。
刘用中，清江人，万历四十七年任。
朱大治，赣县人，天启中任。
朱藻，仪真人，岁贡，天启六年任。
况世美，高安人，岁贡，崇祯中任。
萧近高，泰和人，岁贡，崇祯中任。
柴树声，万年人，岁贡，崇祯中任。
余天祥，乐安人，岁贡，崇祯中任。

尹颂尧，贵州人，岁贡，崇祯中任。
丁襆，醴陵人，恩贡，崇祯中任。
陈一缵，贵州人，岁贡，崇祯中任。
罗国佐，安义人，崇祯中任，升知县。
文士恭，德化人，岁贡，崇祯中任。
汪望竑，弋阳人，岁贡，崇祯中任。
王修意，安仁人，岁贡，崇祯中任。
田芳，云南人，崇祯中任，升教授。
漆士纲，新昌人，岁贡，崇祯中任。
文斗，贵州人，岁贡，崇祯中任。
武继铉，山阳人，崇祯中任。
按：明代教职以举人、岁贡任，或由辟荐，年次久近，间有未详，一遵府志。

主簿

张礼，洪武八年任。
李祥，枣阳人，由人材举，洪武十五年任。
李仁，山东人，洪武二十一年任，廉而有为。
张敬，山东人，吏员，洪武中任。
楼良材，萧山人，监生，万历元年任。
周锦，海宁人，监生，万历中任。
沈麒，桃源人，监生，万历五年任。
赵国典，兰溪人，监生，万历中任。
王凤韶，江陵人，选贡，万历十一年任。
张应，华亭人，万历二十二年任。
刘原东，庐江人，万历中任。
孙昌允，华亭人，万历二十九年任。
张梦傅，秀水人，万历中任。
余伭，铜陵人，万历三十二年任。
陈大敬，鄞县人，万历中任。
金应召，山阴人，万历三十五年任。
徐梅，泾县人，万历中任。
郑汝俊，万历三十七年任。
赵之栋，苏州人，岁贡，万历中任。
彭继贤，万历中任。
白云程，山西人，万历四十六年任。
胡拱文，绍兴人，万历中任。
赵嘉璘，浙江人，万历四十七年任。

林叔春，福建人，天启中任。
杨应徵，溧阳人，附监，天启中任。

巡检

李榦，河南人，洪武二年任。
马全，洪武八年任。
安康，洪武十五年任。
于逵，洪武二十年任。
薛聪，洪武二十年任。
武清，洪武中任。
林廷瓒，洪武二十六年任。
刘岳，颖川人，洪武中任。
毛子亨，虹县人，永乐八年任。
吴时行，歙县人，永乐中任。
曹元明，永康人，永乐中任。
王光前，浙江人，永乐中任。
杨，失名，永乐中任。
王法，四川人，永乐中任。
董，失名，吴江人，正统元年任。
王翰，四川人，永乐中任。
曾晟，湖广人，正统中任。
孙奇，正统中任。
艾廷玺，随州人，正统中任。
钱赈，嘉兴人，正统中任。
蒋尚训，灌阳人，正统中任。
冯德昊，绩溪人，正统中任。
孙仍宠，嘉兴人，正统中任。
邝大箕，琼山人，景泰中任。
王锡贤，嘉兴人，景泰中任。
胡应贡，奉化人，成化中任。
曹文龙，绩溪人，成化四年任。

驿丞

林本萃，广东人，洪武二年任。
袁善，钱塘人，洪武八年任。
虞时，山阴人，洪武中任。
李厚，寿州人，洪武二十年任。
王篪，洪武二十年任。

岑杰，洪武中任。

李忠，洪武二十六年任。

贾珊，广西人，洪武中任。

李升，永乐八年任。

潘陵，永乐中任。

解廷章，汉阳人，永乐十九年任。

许一元，合肥人，永乐中任。

吴立阶，大田人，永乐二十年任。

贡翼鼎，宣城人，永乐中任。

费文芳，平湖人，正统元年任。

庄宏麟，凤阳人，正统中任。

典史

邓荣，洪武八年任。

张棨宗，浙江人，洪武十五年任。

贺固，固始人，监生，洪武二十年任。

杨文兴，浙江人，吏员，洪武二十一年任。

赵庄，山东人，监生，洪武二十六年任。

杨信，监生，洪武二十六年任。

方周，崇安人，生员，洪武中任，历升御史。

陆，失名，浙江人，吏员，永乐中任。

江安，浙江人，吏员，永乐中任。

赵中，武城人，永乐二十年任，有治才，升照磨。

王贤，六合人，吏员，宣德四年任。

刘忠，江夏人，举人，正统元年任。

叶浩恂，处州人，正统中任。

李圯，开化人，景泰三年任。

奂礼，汝州人，举人，景泰中任。

林淦，古田人，监生，成化四年任，政得民心。

李玉，新会人，成化八年任。

魏用质，福清人，成化十四年任。

沈显，浙江人，成化中任。

熊釪，湖广人，成化二十四年任。

张荣，上海人，弘治十年任。

黄仁，福建人，正德五年任。

陆奎，正德中任。

翁荣，正德十二年任。

陈镜，浙江人，嘉靖元年任。

邱本，黄冈人，嘉靖三年任。

戴安，嘉靖十八年任。

傅卓，嘉靖中任。

祝观，嘉靖十八年任。

胡桂，平湖人，吏员，嘉靖中任。筑平丰堤，勤于劝相，民德之。

王栋，福建人，嘉靖二十六年任，竭诚祷雨，有应。

朱元，福建人，嘉靖三十年任。

王都，字世宁，杭州人，嘉靖二十三年任。

洪廷相，建德人，嘉靖三十六年任。

余秉远，嵊县人，嘉靖四十一年任。

谭震，字汝鸣，衡阳人，吏员，嘉靖四十二年任。

黄明贤，字汝希，余姚人，嘉靖中任。

徐篪，善化人，吏员，隆庆二年任。

许志学，石门人。

陈烶，侯官人，万历元年任。

陈升，芜湖人，吏员，万历中任。

陶世安，汉川人，升大使。

唐宪章，衡阳人，万历中任。

霍万里，顺德人，吏员，万历中任。

王一学，山阴人，吏员，万历中任。

郑儒，黄冈人，万历二十二年任。

黄椿，大田人，万历中任。

柯大荣，繁昌人，万历中任。

徐铭，常熟人，万历二十九年任。

袁景伟，建宁人，万历中任。

朱应明，常熟人，万历三十二年任。

王良凤，金华人。

吴一熑，浙江人，万历中任。

徐应仕，贵池人，万历三十五年任。

徐文勉，常山人，万历中任。

金玉章，金华人，万历三十七年任。

胡甫豪，漳州人，万历中任。

胡尚华，贵池人，万历中任。

王世德，湖广人，万历四十六年任。

锺仕魁，衢州人，万历中任。

方大济，杭州人，万历四十七年任。
吴时用，贵池人，天启中任。
丁梁，绍兴人，天启中任。
税课大使
宋福，金坛人，洪武二年任。
周益，洪武八年任。
柳文焕，宜兴人，洪武十五年任。
张翼，单县人，洪武二十年任。
沈圭，归安人，进士就教职，正统九年改任。
吴志贵，正统中任。
罗汝清，正统中任。
白尚章，安化人，正统中任。
马文质，仪真人，正统中任。
朱文华，正统中任。

国朝

知县，一员，正七品，俸薪共四十五两。县丞，一员，正八品，俸四十两。

教谕，一员，初未入流，雍正年间定为正八品，俸四十两。

训导，一员，初未入流，雍正间定为从八品，俸四十两。大江司巡检，一员，从九品，俸三十三两一钱一分四厘，驻柿源庙，乾隆二十二年改建大江口。典史，一员，未入流，俸三十两五钱二分。

江浒司巡检，一员，今裁。剑江驿驿丞，一员，今裁。

知县
师儒英，字朴存，三原人，举人，顺治三年任。慈祥浑厚，重士爱民。
张奕，字无奕，华亭人，顺治年间任，以投诚题授。
宗彝，字有六，大典人，进士；顺治七年任，升太原府知府，陕西驿传道副使。
佟庆年，字辅萱，辽东人，贡士，顺治十四年任。
何士锦，建德人，顺治年间任，有传。
房廷桢，号慎庵，关中人，康熙年间由进士任，居官贤能有声，升兵部主事。

莫风鲲，广西人，举人，康熙十一年任。时，三藩不靖，土寇乘隙起，多方抚恤，民赖以安。

蔡毓华，三韩人，康熙年间任。
王永义，号维庵，上元人，康熙中任。
杨森，正红旗人，康熙二十四年由恩荫任。
沈惟芳，英山人，康熙二十八年任。

王镐，三韩人，康熙二十九年由难荫任。

薛景莹，号石峰，四川苍溪人，康熙三十九年任。修筑堤坮，民甚感之。

周光斗，浙江海宁人，康熙四十七年任，有传。

卢佐斌，字周臣，正黄旗人，例贡，康熙五十一年任。

王履仁，江都人，康熙五十八年任，有传。

罗世清，山东人，举人，雍正二年任。

汪云鹏，字图南，举人，四川人，雍正三年任，饥岁施粥。

高岑，号岘亭，商邱人，雍正五年由教习任。解组寓丰，与邑绅士结“秋宜诗社”。

杨芊，字青谷，湖广钟祥人，雍正五年任，升同知。

李空凡，山西人，进士，雍正九年任。

刘象贤，金台人，雍正十年任，有传。

蔡如杞，字隰有，拔贡，湖广光化人，雍正十二年任。

朱怀栻，字易林，山东高唐州人，雍正十三年任，乾隆六年复任，十一年升正安州知州。

王调，子燮均，举人，江南大仓州人，乾隆元年任。

杨志道，字圣阶，监利人，贡士，乾隆三年任，痛革漕弊，颗粒不多取。

高尚礼，乾隆三年署任，才具精敏，有传。

梁坦，字桐坞，正定人，乾隆十一年任。

顾锡鬯，字孝为，浙江钱塘人，进士，乾隆十二年任。

满岱，字鲁青，正白旗人，举人，乾隆十五年任，有传。

孟毓蕃，长州人，议叙，乾隆十九年任，二十年复任。

汪丙谦，金溪县丞，乾隆二十年署任。

锺光豫，宛平人，乾隆二十五年田举人教

陈星聚，本县丞，乾隆二十五年署任。

何焜煌，莆田人，明通，乾隆二十六年任。

潘经驭，新建知县，乾隆二十八年兼署。

陈育敷，试用知县，乾隆二十八年署任。

高琦，武进人，举人，乾隆二十九年任。

达勇，试用知县，乾隆二十九年署任。

李纪，中江人，乾隆三十年任。

黄荣镇，代州人，举人，乾隆三十二年署任，清廉勤干。

吴文正，德化知县，乾隆三十二年署任。

胡万年，高密人，进士，乾隆三十四年任。

黄应超，试用知县，乾隆三十四年署任。

黄汝源，本县丞，乾隆三十四年署任。

于崇敕，新城人，举人，乾隆三十五年任，有传。

沈起恩，本县丞，乾隆三十九年署任。

张念淳，祥符人，举人，乾隆四十年任。

郑枢，文水人，举人，乾隆四十一年任，四十八年复任，和易近民。

胥绳武，试用知县，乾隆四十四年署任。

孟大年，东乡县丞，乾隆四十四年署任。

常维炳，新淦知县，乾隆四十七年署任。

李培，贵州定番州人，举人，乾隆五十年任。

丁如玉，江苏清河人，举人，乾隆五十三年任，严明有声。

蔡燮，江苏阳湖人，监生，乾隆五十三年，由本县县丞署任。

孙大椿，浙江仁和人，进士，乾隆五十四年署任。

王赓炜，浙江会稽人，举人，乾隆五十六年署任。

蔡万年，浙江仁和人，举人，乾隆五十八年任。

刘逢奇，望江人，举人，乾隆五十八年任，修筑堤垱。

唐仁埴，江都人，进士，乾隆五十八年任。

李清栻，陕西长安人，举人，嘉庆元年署任。

王缵祖，济宁州人，嘉庆二年由举人任，六年复任。

龚果，江苏金匮人，监生，嘉庆三年署任。

李煦，天津静海人，嘉庆九年任。

窦心传，沁水人，翰林院庶吉士，嘉庆十年任，留心课士。

宁瑞，汉军人，举人，嘉庆十年任。调新建，升同知。

朱如金，靖江人，嘉庆十一年署任，倡修学校、邑志。

郑垲，溧水人，举人，嘉庆十二年以贵溪县调任，候补同知。

李衢，湖北监利人，举人，嘉庆十五年署任。

陈昌祚，湖南祁阳人，举人，嘉庆十六年任。

章耀曾，浙江乌程人，举人，嘉庆十八年署任。

华希高，江苏金匮人，监生，嘉庆十八年任，十九年复任，二十四年卓异复任，勤劳垱工，赒恤贫士。

蒋方增，江苏武进人，附监生，嘉庆十九年署任。

牛廷炤，山西安邑人，举人，嘉庆二十四年署任。

许夔，江苏昭文人，举人，嘉庆二十五署任。

孟汝明，福建浦城人，廪贡生，嘉庆二十五年署任。

徐清选，湖南巴陵人，举人，嘉庆二十五年任，道光元年调帘复任，四年卓异复任，有传。

王驷，陕西韩城人，官学教习，道光元年署任。

姚敏德，安徽贵池人，道光四年由本县县丞署任，十年代理、十七年代理、十八年代理、十九年代理。

李培绪，直隶任邱人，进士，道光四年署任。

张景，河南人，进士，道光五年署任。

邹山立，山东人，监生，道光五年署任。

高以本，顺天举人，祖籍浙江，道光六年署任，八年复任。

殷思濂，江苏人，附监，道光七年署任。

武穆淳，河南人，举人，道光十年署任。

王之道，安徽人，进士，道光十一年任，十二年复任。

杨灏，道光十二年代理。

张师吉，顺天监生，道光十五年署任，十六年复任。

程灿策，山东人，进士，道光十七年署任。

梁之儒，云南人，进士，道光十八年署任。

叶济英，直隶附生，道光二十年任，二十三年复任。

陈官义，山东人，进士，道光二十二年署任，二十六年复任。

郑长昕，江苏人，举人，道光二十七年署任，有传。

阮克峻，浙江人，监生，道光二十八年署任。

陈继思，河南人，进士，道光二十九年任，咸丰二年复任。

章裕善，浙江人，举人，道光三十年署任。

张鸣岐，福建人，进士，咸丰元年署任。

向先照，咸丰二年代理。

黄荣庚，福建人，进士，咸丰三年署任。

蔡应嵩，广东人，进士，咸丰四年署任。

周祖诰，咸丰五年代理。

张韶南，河南人，进士，咸丰五年署任。

周尊彝，贵州人，举人，咸丰六年代理。

蔡廷兰，福建人，进士，咸丰六年署任。

李辅，咸丰九年代理。

哈尔噶尚阿，满州人，举人，咸丰九年任。

王文玮，咸丰九年代理。

周溯贤，字葭浦，广西临桂人，举人，咸丰十一年署任。

毕亮，字云卿，云南人，进士，咸丰十一年署任。

费兆镕，字伯元，江苏阳湖人，同治元年署任。

张师亮，字谨甫，贵州人，进士，原籍安徽，同治元年任。

陈汝霖，字赉臣，广东人，进士，同治五年任。

王明璠，字朴夫，湖北人，举人，同治七年署任。

王家杰，字吉士，湖南平江人，举人，同治八年任，十一年复任。

张辅宸，字紫垣，江苏铜山人，监生，同治九年署任。

唐先霖，字梓臣，湖南浏阳人，举人，同治九年代理。
黄寿英，字菊秋，湖南善化人，同治十一年代理。
汪绶之，字芍卿，浙江钱塘人，举人，同治十一年署任。

县丞

周俊，麻城人，监生，顺治三年任。
林钟，字仲吕，南平人，选贡，顺治中任，升知县。
许奇遇，石楼人，拔贡，顺治七年任。
任一龙，介休人，岁贡，顺治十四年任。
赵逵，字伯鸿，绍兴人，岁贡，顺治七年任。
周三进，康熙中任。
沈如铨，浙江山阴人，康熙十一年任。
刘懿，大城人，康熙中任。
鲍鸿，歙县人，康熙中任。
邱五典，康熙二十四年任。
张应徵，字叙五，监生，康熙二十八年任。
方瑛，武缘人，岁贡，康熙二十九年任。
卫镃，山西人，岁贡，康熙二十九年任。
王镆，号振庵，关中人，附监，康熙四十七年任，升知县。
顾鲲，会稽人，吏员，乾隆九年任。
陈星聚，字东五，泰州人，乾隆十四年任。
朱惟忠，润陂司巡检，乾隆二十一年署任。
郭正嘉，奉新县丞，乾隆二十一年署任。
朱若烜，试用县丞，乾隆二十三年署任。
李世储，试用吏目，乾隆二十六年署任。
刘高奇，试用县丞，乾隆二十六年署任。
傅世杰，渚溪司巡检，乾隆二十八年署任。
袁修权，试用县丞，乾隆二十八年署任。
黄汝源，吴江人，监生，乾隆二十八年任，历任知府。
许冯，试用吏目，乾隆二十九年署任。
邓廷辑，试用知县，乾隆三十四年任。
陈敬傅，大江司巡检，乾隆三十五年署任。
沈起恩，山阴人，监生，乾隆三十六年任。
惠麟基，试用府经历，乾隆四十年署任。
钱汝弼，试用吏目，乾隆四十一年署任。
何浩，会稽人，监生，乾隆，四十一年任。
沙献修，试用布照，乾隆四十二年署任。

陆成楷，试用吏目，乾隆四十三年署任。

许祥圭，闽县人，监生，乾隆四十四年署任。

叶永昌，通远驿丞，乾隆四十五年署任。

张元任，试用县丞，乾隆四十五年署任。

张瓒，长州人，监生，乾隆四十五年任。

蔡燮，江苏阳湖人，监生，乾隆四十九年任，五十四年复任。

秦沅，江苏金匮人，监生，乾隆五十四年署任。

王宜，江苏镇洋人，附监生，乾隆五十六年署任。

高景业，顺天怀柔人，吏员，乾隆五十八年署任。

李煦，直隶静海人，监生，乾隆五十八年署任。

嵇承恂，江苏无锡人，监生，乾隆五十九年署任。

于诰，江苏震泽人，监生，乾隆五十九年署任。

朱溶，浙江嘉善人，吏员，嘉庆元年署任。

王云鹏，镶蓝旗人，议叙，嘉庆元年任，迄后屡任。

徐坤，正蓝旗汉军，监生，嘉庆元年署任。

锺玉成，浙江分水人，议叙，嘉庆二年署任。

马倚斗，浙江会稽人，供事，嘉庆二年，由本县典史署任。

汪金浩，顺天通州人，职员，嘉庆五年署任。

周景璜，直隶衡水人，监生，嘉庆九年署任。

姚承俞，江苏元和人，监生，嘉庆十一年由本县典史署任。

殷思铨，江苏江阴人，附监生，嘉庆十六年署任。

姚令绩，江苏娄县人，职员，嘉庆十八年署任。

张梦芝，山西芮城人，监生，嘉庆二十年署任。

郭琎，山西安邑人，廪贡生，嘉庆二十一年署任。

陈立德，浙江山阴人，吏员，嘉庆二十三年由本县典史署任。

程端本，安徽旌德人，监生，嘉庆二十五年署任。

姚敏德，安徽贵池人，监生，道光元年任，九年复任，十五年复任，二十年复任。

霍陈猷，道光五年代理。

潘埏，顺天人，监生，道光五年署任。

管贻英，顺天大兴人，附生，道光五年任。

潘鈖，浙江人，监生，道光九年署任。

伍联芳，道光十二年代理。

苏云程，江苏人，监生，道光十二年署任。

冯嘉瓒，道光十九年代理。

沈圻，道光二十一年兼理。

杨煜，四川，供事，道光二十一年署任。

李开荣，安徽人，附监，道光二十一年任，二十九年复任。
锺瀚，道光二十九年兼理。
汤思钊，道光三十年代理。
谭思淮，广东人，廪贡，咸丰四年署任。
张照晟，河南人，供事，咸丰八年任。
何然光，广东人，监生，咸丰十一年署任。
徐秉华，浙江武康人，监生，同治二年任。
何大昌，同治七年兼理。
杨嗣源，湖北人，贡生，同治七年署任。
胡兆景，湖南人，监生，同治八年任。

教谕

刘渐生，字鸿公，德化人，顺治三年任，升知县。
黄一鼎，德安人，岁贡，顺治中任。
王演元，字克长，彭泽人，顺治七年任。
刘玉铉，字荆源，大庾人，岁贡，顺治十四年任。
张，失名，顺治中任。
王言纶，鄱阳人，举人，康熙中任。
徐珩，高安人，举人，康熙十一年任。
陈闻升，安福人，举人，康熙中任。
晏德祺，新喻人，举人，康熙中任。
万映川，字又月，德安人，康熙二十四年任。
罗克成，字右文，临川人，举人，康熙二十八年任。
周文焕，字暗山，吉水人，举人，康熙二十九年任。
刘乃牧，字吁尔，金溪人，举人，康熙二十八年任。
魏权，字星渠，广昌人，举人，康熙四十七年任。
胡可久，字道乃，高安人，举人，康熙五十一年任，升知县。
盛逢澜，号其亭，永新人，辟荐，雍正十三年任。
杨镳，南城人，举人，乾隆二十五年任。
吴廷标，南城人，举人，乾隆三十六年任。
毛腾蛟，乾隆四十一年署任。
陈规中，字位伯，高安人，举人，乾隆四十二年任。
何圣传，乾隆四十六年署任。
刘鸣鹤，南丰人，举人，乾隆四十六年任。
胡德新，新昌人，举人，乾隆五十二年任。
王元驹，金溪人，举人，乾隆五十二年任。
赖灏，广昌人，举人，乾隆五十五年任。

薛亭表，新城人，举人，乾隆五十六年任。

徐思含，龙南人，廪贡，嘉庆十九年署任。

吴光斗，南丰人，举人，嘉庆十九年任

谭昌霖，德化人，廪贡，嘉庆二十四年署任。

卢文成，泸溪人，举人，嘉庆二十五年任。

罗安邦，瑞州人，举人，道光八年署任。

潘成宪，建昌人，举人，道光九年任。

应奎，道光十七年署任。

谢廷斌，宁都人，廪贡，道光十七年署任。

刘光曙，建昌人，举人，道光十七年任。

吴垂烈，瑞州人，举人，道光二十二年署任。

龚作孝，临江人，举人，道光二十八年任。

李同经，道光二十六年兼理，二十九年兼理，三十年兼理。

周廷栗，吉安人，附贡，道光二十七年署任。

王观冕，九江人，举人，道光二十七年任。

刘梦朱，吉安人，附生，道光二十九年署任。

李秉梅，吉安人，举人，道光二十九年任。

周之冕　广信人，廪贡，道光三十年署任。

陈恩洋，临江人，举人。道光三十年任。

周桂，吉安人，增生，咸丰三年署任。

萧祖琛，瑞州人，举人，咸丰三年任。

刘振邦，同治元年兼理。

胡苏亭，字水心，南康人，举人，同治二年任。

训导

方期星，字日生，顺治三年升知县。

刘乾生，字生生，德化人，岁贡，顺治中任。

鲁毓圣，顺治七年任。

徐孟浩，顺治十四年。

江如环，贵溪人，岁贡，顺治中任。

徐象鼐，康熙中任。

郭逢盛，赣州人，岁贡，康熙十一年任。

周尚中，吉水人，拔贡，康熙中任，有传。

谢奋珠，号庸庵，永宁人，康熙中任。

袁嘉兆，分宜人，岁贡，康熙二十四年任。

萧玉振，号浑斋，金溪人，岁贡，乾隆四年任。

胡尚诏，上高人，岁贡，乾隆八年任。

余正卿，安仁人，岁贡，乾隆十一年任。
锺麟子，字石赞，龙南人，廪贡，乾隆十六年任。
周祐，万安人，岁贡，乾隆十九年任。
周丕显，新昌人，岁贡，乾隆二十七年任。
罗逵生，乾隆三十七年署任。
陈世辉，临川人，岁贡，乾隆三十七年任。
漆奎光，新昌人，廪贡，乾隆四十五年任。
黄节，广昌人，副榜，乾隆五十九年任。
谢馨，信丰人，优贡，乾隆六十年任。
周如兰，上饶人，拔贡，嘉庆七年署任。
朱霞，鄱阳人，拔贡，嘉庆八年任。
江心镜，新城人，廪贡生，嘉庆十三年署任。
杨瓛，崇仁人，举人，嘉庆十四年署任。
刘士登，彭泽人，岁贡，嘉庆十五年任。
邱裕和，新城人，廪贡生，嘉庆十七年任。
黎献琛，新喻人，岁贡，嘉庆十七年署任。
黄凤池，清江人，廪贡生，嘉庆十八年任。
陈文瑞，铅山人，优贡，嘉庆十八年任。
乐毓元，乐安人，举人，道光三年署任。
赖池，宁都州人，举人，道光三年署任。
潘梧生，新城人，廪贡，道光四年署任。
伍廷锡，安福人，廪贡，道光四年任。
陈敬曾，建昌人，副贡，道光五年署任。
喻增高，袁州人，拔贡，道光七年任。
谢廷斌，宁都人，廪贡，道光十二年任。
锺廷扬，赣州人，廪贡，道光十三年署任。
应奎，抚州人，廪贡，道光十四年任。
李同经，南安人，增生，道光二十四年任。
萧祖琛，瑞州人，举人，咸丰六年兼理。
胡英焕，瑞州人，举人，咸丰七年署任。
刘振邦，字小笏，吉安人，增贡，咸丰九年任。
张任义，字子质，南安上犹人，廪贡，同治十二年任。

巡检

李芳萱，蕲水人，顺治三年任。
锺培，仁和人，顺治中任。
许文岐，大名人，顺治七年任。

范志冲，顺治十四年任。
李之麟，顺治中任。
倪继儒，浙江人，康熙中任。
王之佐，遵化人，康熙十一年任。
李彩，河内人，康熙中任。
黄懋修，大兴人，康熙中任。
马之龙，宛平人，康熙二十四年任。
王棫，淄川人，康熙二十八年任，
俞继铨，大兴人，康熙二十九年任。
杨之桂，康熙三十九年任。
高金铉，清苑人，康熙四十七年任。
翁珏，康熙五十一年任。
程懋宏，康熙五十八年任。
贾若山，嵩县人，吏员，乾隆三年任。
冯士俊，慈溪人，供事，乾隆十年任。
汪宏培，字肇西，婺源人，乾隆十五年任。
陈敬传，顺天通州人，供事，乾隆二十二年任，本年改移大江口。
陈星聚，本县丞，乾隆二十四年兼署。
倪珩，本县典史，乾隆二十七年兼署。
李自富，试用吏目，乾隆二十八年署任。
许世长，试用吏目，乾隆三十年署任。
许炎，试用州判，乾隆三十三年署任。
丁名敦，试用，未入流，乾隆三十三年署任。
楼煇，试用，未入流，乾隆三十四年署任。
章履道，试用经历，乾隆四十年任。
邓世禄，试用，从九品，乾隆四十七年署任。
杨兆鳣，城步人，拔贡，乾隆五十年任。
董国器，曲沃人，监生，乾隆五十一年署任
董九畴，山西介休人，监生，乾隆五十三年任，自后复任者屡。
胡鉴彰，福建侯官人，吏员，乾隆五十七年署任。
劳方山，浙江山阴人，供事，嘉庆元年署任。
沈楠，顺天宛平人，吏员，嘉庆四年署任。
龚御，江苏阳湖人，监生，嘉庆五年任，十四年复任。
江肇栋，江苏宜兴人，监生，嘉庆六年署任。
沈滢，江苏吴县人，吏员，嘉庆九年署任。
胡殿魁，湖南桂东人，附贡生，嘉庆十一年署任。

林中柏，顺天宛平人，监生，嘉庆十五年署任。
杨筠，顺天宛平人，吏员，嘉庆十五年任。
汪骥，安徽桐城人，吏员，嘉庆十九年署任。
嵇文芳，顺天宛平人，嘉庆十九年任，自后复任者屡。
吴万斯，江苏如皋人，监生，嘉庆二十年署任。
汪播，浙江钱塘人，监生，嘉庆二十三年署任。
张蕴渝，浙江乌程人，监生，嘉庆二十五年署任。
冯紫绶，顺天大兴人，吏员，道光二年署任。
吴岩，江苏江阴人，监生，道光三年任。
陈立德，道光七年代理。
汪骥，安徽人，吏员，道光七年署任。
闵杰，顺天人，监生，道光十年任。
洪治，浙江人，供事，道光十年任。
王学彭，直隶人，监生，道光十二年署任。
喻克昌，浙江人，监生，道光十三年任，十四年复任。
叶瑜，道光十四年代理。
秦澧，道光十五年兼理。
孙廷桂，顺天人，监生，道光十五年署任。
沈圻，顺天人，监生，道光十六年任，二十年复任，二十三年复任，二十七年复任。
杨煜，道光二十一年兼理。
汪锺，道光二十一年兼理。
陶廷夔，道光二十三年兼理。
蒋清，湖南人，附生，道光二十三年署任。
李开荣，道光二十六年兼理。
方祖武，安徽人，吏员，道光二十六年署任。
袁培德，道光二十八年兼理。
锺瀚，浙江人，监生，道光二十八年署任。
傅世鼎，顺天人，供事，道光二十九年任，咸丰元年复任，五年复任。
张宗高，咸丰元年代理。
柳先傅，咸丰五年兼理，七年兼理。
胡绍谦，顺天人，供事，咸丰八年署理。
潘金安，直隶人，监生，咸丰九年任，同治四年复任。
姚星浦，浙江人，监生，同治四年署任。

典史

成裕国，苏州人，顺治三年任。

沈秉炤，海宁人，顺治中任。
何国治，会稽人，顺治七年任。
孙世达，黄州人，顺治十四年任。
王建，山阴人，顺治中任。
陈以念，字在兹，黄冈人，康熙中任。
连文焲，字剑冲，榕城人，康熙十一年任。
王天爵，顺天人，康熙中任。
王化新，大兴人，康熙中任。
许光表，浙江人，康熙二十四年任。
方增彩，顺义人，康熙二十八年任。
姚彬，浙江人，康熙二十九年任。
单良臣，浙江人，康熙三十九年任。
傅绳祖，子振裔，山阴人，乾隆四年任。
巨廷佐，字亮工，成都人，监生，乾隆十七年任。
李正伦，汉军正白旗人，乾隆十九年任，三十八年复任。
吴渊，罗坊司巡检，乾隆十九年署任。
柯楫，周坊司巡检，乾隆十九年署任。
张元勋，乾隆二十四年署任。
倪珩，仁和人，乾隆二十五年任。
梁耀祖，济源人，乾隆二十七年任。
李玉林，市汊司巡检，乾隆二十七年署任。
章履道，宛平人，供事，乾隆四十年署任。
杨式玉，宛平人，供事，乾隆四十年任，勤慎诚朴。
汤升，湖南巴陵人，监生，乾隆五十五年署任。
黄缵扬，广东镇平人，监生，乾隆五十七年署任。
冯倚斗，浙江会稽人，议叙，乾隆五十八年任。
锺玉成，浙江分水人，议叙，嘉庆元年署任。
王孙宝，顺天大兴人，监生，嘉庆四年署任。
张珩，顺天宛平人，监生，嘉庆六年署任。
梁珍，顺天宛平人，监生，嘉庆六年署任。
卢燮，浙江山阴人，监生，嘉庆七年署任。
姚承俞，江苏元和人，监生，嘉庆七年任，十九年复任。
李仁长，广东河源人，监生，嘉庆十五年署任。
祝东曙，顺天大兴人，监生，嘉庆十五年任。
张官，山西夏县人，监生，嘉庆十九年署任。
沈宗寅，浙江秀水人，监生，嘉庆二十二年署任。

陈立德，浙江山阴人，吏员，嘉庆二十二年任，道光四年复任。
林中柏，顺天宛平人，监生，道光二年署任。
周振基，江苏江都人，监生，道光四年署任。
范建荣，河南人，监生，道光七年署任。
沈厚田，浙江人，供事，道光七年任，十二年复任。
洪治，道光十二年兼理。
李元善，道光十二年代理。
张应陛，道光十二年代理。
秦澧，江苏人，监生，道光十五年署任。
孙徵，浙江人，□生，道光十六年任。
沈圻，道光十八年兼理，二十二年兼理。
杨胜桂，湖北人，贡生，道光十八年署任。
尹世卿，顺天人，书吏，道光十九年任。
江锺，江苏人，监生，道光二十一年任。
陶廷燮，广东人，监生，道光二十三年署任。
袁德培，顺天人，监生，道光二十三年任。
嵇锷，江苏供事，道光二十九年任，咸丰二年复任。
傅世鼎，咸丰二年兼理。
傅惠，浙江人，附监，咸丰二年署任。
王效曾，咸丰四年代理。
柳先傅，湖北人，书吏，咸丰四年任。
徐照，浙江人，职员，咸丰十年署任。
童庚，浙江人，书吏，同治元年任，二年复任。
王果玉，江苏人，监生，同治四年署任。
程坤，监生，直隶人，同治十年任。
何大昌，浙江人，监生，同治四年任。
陈廷熙，浙江会稽人，吏员， 同治十一年任。

驿丞

宁起鸿，宛平人。
樊遴，清苑人。
冯伯秋，深州人。
张翊凤，新郑人。
王路坦，清苑人。
李有德，宛平人。
毛仁英，万泉人。
平坦，许州人。

武员

旧志缺“武职”一门，故历朝职官姓名俱失考。今就乾隆十九年后可考者分列。

经制把总

李文诰，南昌人，武举，乾隆二十年任。
钱奎，饶州人，由将材，乾隆二十四年任。
魏淑成，广昌人，由将材，乾隆二十九年任。
马廷佐，临川人，由将材，乾隆三十一年任。
高永福，南昌人，由将材，乾隆四十五年任。
谢廷选，本县人，由将材，乾隆四十五年任。
陈贵华，会稽人，由将材，乾隆五十年任。
董上升，会稽人，由将材，乾隆五十三年任。
王殿鳌，南昌人，由将材，嘉庆五年任。
周元恺，本县人，由难荫，嘉庆九年署任。
许麟，饶州人，由将材，嘉庆十年任。
邓韬，南昌人，武举，嘉庆十一年任。
吴定魁，南昌人，武举，道光元年署任。
王得彪，新建人，由将材，道光元年任。
赵安邦，南昌人，行伍，道光三年任。
丁庆扬，乐平人，武生，道光二十六年任。
萧立成，南昌人，行伍，咸丰三年任。
宛世雄，南昌人，行伍，咸丰四年任。
吴飞鹰，南昌人，行伍，同治十二年任。

外委把总

朱英，新建人，由将材，乾隆十九年任。
黄泰，铜鼓营人，由将材，乾隆四十三年任。
彭阮，饶州人，由将材，乾隆五十年任。
锺之韶，南昌人，由将材，乾隆六十年任。

刘攀凤，南昌人，由将材，道光三年任。

张光恕，南昌人，行伍，道光十一年任。

尹士寅，永新人，行伍，道光二十一年任。

潘玉龙，南昌人，行伍，道光二十八年任。

黄金，南昌人，行伍，同治二年任。

徐兆熊，南昌人，行五，同治十年署任。

张星照，永新人，行伍，同治十一年任。

道会司，旧名氏无考。

黎高攀，邑人。

名宦

目录

列传

【晋】

雷焕

【唐】

柳浑

【南唐】

冯仪

【宋】

袁逢吉—程璠—宋咸—刘軨—杨告—解禧—胡琏—刘卿月

【元】

贾全—夏益朝—创兀儿—陈元凯—高復礼—完颜铎—买歌畏—阿剌威—毛铎

【明】

林弼—史彬—何昭善—王英—尚褫—李廷聪—黄燧—刘璲—何洽—陆文博—朱谏—吴嘉聪—顾佖—潘颖—柴璘—郑嘉—周鸣鹤—商大节—韩弼—王天性—曹大川—顾九思—吴达可—汤兆京—徐扬先—张昌辰—冯起纶—谢文龙—孙应岳—徐际旦

【国朝】

何士锦—周光斗—王履仁—周尚中—刘象贤—高尚礼—满岱—于崇敕—徐清选—郑长昕

列传

晋

雷焕，字孔章，豫章人。妙达象纬，张华荐补丰城令。至县，掘狱基，入地四丈余，得古剑二。丰名宦可纪，自焕始。

唐

柳浑，字惟深，襄州人。先为永丰令，有成绩。观察使表为丰城令，政如永丰。后拜平章事，封宜城伯。

南唐

冯仪，丰城令，性廉明，抚民有方。有田父诣，求决事：凌晨饭蕨，稍饥，至食肆求面，久不至，乃去肆家坚索值。不与，讼于县。仪饮以茶，而密置桐油其中。田夫尽吐所食，惟蕨耳。肆家乃伏罪。

宋

袁逢吉，字延之，鄢陵人，进士。为清江尉，知州王明荐其能，任丰城知县。明年，转运使条上治状，以春秋博士召，累官至鸿胪少卿。（据《宋史》补）

程璠，字仲韫，明道先生诸父。令丰城，适水环城。人大饥，邑豪吴氏藏粟闭粜，璠召谕，不从。谓曰："民饥且死，令亦不敢自保禄位，当杖尔取之！"吴大惧，于是富人争出粟，民赖以济。璠资识过人，凡山川、道途、人民、姓字，一见阅，年久不忘。为令三年，识其民且半矣。

宋咸，字贯之，天圣进士。任丰城尉，昼治夜计，推行弥密。公暇且勤学，好吟咏，有《剑池识方》，游景文为之序。

刘韐，字仲偃，一字梦衮，〈福〉建之崇安人，宋元祐进士。绍圣时为丰城尉，属岁饥，多盗。他邑率以捕杀希赏，韐曰："此饥民，救死尔！"率豪右出谷赈济，躬自收恤，多所全活。官至资政殿学士。使金，不屈死，谥"忠显"。

杨告，字道之，汉州绵竹人。同学究出身，调卢江尉，改丰城主簿。邑有贼杀人，投尸于江。人知主名，畏不敢言。告闻亲往擒贼，有言"贼欲报怨者"，告不为动。既而乘夜欲刺告，告捕得，致于法，境内肃然。时号能吏，仕至右谏议大夫。

解禧，字公和，吉水人。知丰城县，增筑新堤，水不为灾。以荐擢知贺州，陛辞陈二事，曰君德，曰役法。朝论嘉之。

胡琏，字宗伟，建安人。绍兴间为丰城令，筑堤捍江，六乡皆免水患。采辑邑志，时以博雅称。尝宏奖风流，矜式多士，特祀王季友于学东序。

刘卿月，字昇叟，合沙人。淳祐间，宰丰城，介洁简易，以辨名分、尚礼义、谨教化为先务。至之日，新南维门，浚堙濠，建粟社，广学校，百废具举。筑堤五百丈，至今赖之。

元

贾全，濮州甄城人。宋德祐时，隆兴运判刘槃以城降元，谕属邑顺附。市民惧而徙者什九，井邑萧然。明年，元帅府铸丰城县印授全。全为政，一本仁恕，慰安抚恤，民以还定。未几，盗发临抚，越境驱掠。全单骑往救，得脱蹂躏者万计。南征师过境，哨骑横出。全百方护卫，居者安堵。省徭役，兴学校，民食其德。建祠清都观左，以志遗爱。

夏益朝，字德全，重庆籍，宋咸淳进士。元世祖初得江南，用益朝为富州教授，月与诸士督课程、较优劣、立班次、均劳逸，上司嘉其才。时，徐汝士、黄菊庄、张昇等，皆出门下，后先登科第。尝捐俸修葺学宫；诸士贫不能娶与葬者，捐助之。当道廉其行，屡荐馆选，力辞不就。致仕留家州之南巷，与揭学士傒斯为忘年交。晚节益坚，灭迹公室，州守屡请询民瘼〔膜〕，不赴。家食二十余年，卒。（从仕绩移入）

捌兀儿，回回人，丰城县达鲁花赤。明恕廉介，为政有方。尝有军人舟行过境，死于盗。事闻省路，委同知郑某会郭招讨出捕。郭欲尽屠滨江民，兀儿曰："吾检覆知为河寇，民何与？"乃直前辨白，谓不得请，则将入奏。郭敛兵去。邑四面皆水，连岁增堤防。民不告匮，户口日增，升县为州。就授州达鲁花赤，兴学崇化，政教一新。

陈元凯，字时举，号损斋，河东人。丰城初升州，元凯以行省郎中为尹。立纪纲，崇教化，经理学宫，改铸祭器。公退，即单车诣学，训勉诸生；从遗老讲求民瘼，一时善政翕然。

高复礼，字仁卿，河南人。先以兵部侍郎使日本，授中顺大夫，尹富州。屏谢请谒，户庭阒然，一小苍头给事左右而已。其治狱如山，公退闭户读书。清俭自守，饘粥外，无异味，始终如一。以疾卒于官。

完颜铎，字振之，曹州人。由隆兴路同知除富州尹。优于为治，处僚寀，断是非，意见杰出。改筑公厅，新文庙，皆不烦民。

买哥畏，兀儿人。富州达鲁花赤，尝从学鲁斋许公，手不释卷。性简直，临民不事鞭朴，不以请嘱易是非。

阿剌威，河西人。大德初，授武略将军、富州达鲁花赤。州境岁受水患，马湖垱冲决，损田四十顷。剌威至，筑堤三百丈，又修境内坏堤六十四处，甃石御冲，水复故道，岁有秋。

毛铎，字仲声，龙兴人。至正间，行省署为富州学正。时，土寇李明道集众据州治，胁为从事，铎曰："我故士人，肯从尔为乱乎？"明道曰："若屈膝于我，富贵立致。"铎抗色曰："我宁折首，断不屈膝！"遂遇害。

明

林弼，字元恺，福建龙溪人。元进士，任吏部主事。洪武初，奉使安南。还，任丰城知县。以文学饰政事，孜孜爱民。士民颂其德，时比之卓鲁云，有文集。

史彬，字文质，获鹿人。元进士，明初由户部郎中调富州吏目。值流民啸聚，彬设方略赞知州，强立擒斩招降，民得安。修学校，筑堤垱，以勤劳卒于官。子孙遂家邑郭着棋巷，世为丰人。孙安傅见《忠贞》。（从仕绩移入）

何昭善，字宪章，浙江淳安人。洪武时，由人材任丰城县丞。营缮公廨，学舍、桥梁、堤垱，多其经画，时称良吏。升奉新知县。

王英，字士杰，浙江仁和人，由监生知县事。守己廉静，平易近民。以疾卒官。江西按察使石璞特设奠，为文祭之。

尚褫，字京福，河南罗山人。由进士授监察御史，左迁丰城知县。刚毅敢为，不畏权势。时，镇守者恃恩恣横，假进贡名，民不堪命，多弃产，以避其害。独县赖褫不扰，后升广东佥事。

李廷聪，湖广益阳人。景泰举人，知县事，儆颖有治才。成化丙戌，洪水冲石桥垱，诸堤殆尽。劝赀募力，采石兴工，委主簿黄燧董其役；指画详密，卒成坚堤。性坦易，乐与民洽。识县民几半，见即呼姓名，无一讹者。

黄燧，直隶蠡县人，县主簿。督修石桥堤垱，有方略。管辖人夫，设立千、百长，各执旗号，整整不乱。董役合于治军法。时荷担戴笠，杂众中察勤惰。堤成，为久远利。燧居官，不受民一钱，诸劳役，每以身先之。

刘璲，字士约，湖广麻城人。由进士授丰城知县，临政严明，庭无私谒。凡民间均徭征银等项，以花栏票帖载数给民，令依期致帖以输，吏胥里长不得干没。县给引钱，每岁不下数千，故入令私囊，璲悉贮所有，以筑河堤。任未久，卒。

何洽，字允仁，浙江富阳人，由进士任闽藩照磨。弘治间，来知丰城县。首修学宫，拓泮池，创东西楼舍六十余间。造桥梁，建亭馆，捐引钞。佐费筑堤扞江，躬督其役。竟以刚直忤时去。士林摭其善政十事，歌咏之。

陆文博，平湖人。国学生，任丰城县丞。尝督运采石，中夜，船忽漏，文博具衣冠拜祝曰：“船上有一钱非法者，请身葬江鱼。”比晓起视，则水草缠裹三鱼塞漏处。丰士大夫有三纪，异以传之。七世孙陇其，康熙进士，为廉吏名儒。

朱谏，字君佐，浙江乐清人。弘治进士，知丰城县。修河堤百余丈，功立就。岁旱，率诸生父老，撤盖徒步诣坛祷。雨随至，民德之。

吴嘉聪，字惟得，山西雁门人。正德进士，知县事。材宏而敏，政尚宽平。邑灾毁千余家，捐俸赈之。奉檄修筑土墙，民不扰而事集。宸濠之变，民赖捍御。巨寇徐九龄聚众数千于建昌之醴源，嘉聪从都御史余谏督兵讨之。独帅骁勇深入其地，擒斩贼首颜曰和等二十余人，贼败溃，多其功云。

顾佖，字民表，四川成都人。正德进士，任丰城知县，有才具。尝积粟至四万石。水旱发廪，减价以粜，秋成籴还，民赖以济。逆濠要索，悉禁绝之。及叛，欲加兵于丰，佖缉斩从逆者四十八人以徇。极力备御，境得安。首发其变于巡抚王守仁，又率兵从讨有功，升大理寺丞转少卿。

潘颖，字叔愚，宁海人。嘉靖进士，丰城知县。性敏决，下车积案，牍吏不可举；一日尽决，堂下无称冤者。修学宫，浚河道，剔奸厘弊，四境皆颂声。升南京稽勋司主事，召对超擢郎中。

柴璘，字孟璘，余姚举人，正统时任丰城教谕。博学多识，尝纂修邑志。铸馔钟，为勒铭词。

郑嘉，字谋远，龙溪人，由乡魁任教谕。教士有方，增广学舍，升国子助教。

周鸣鹤，苏州吴县人。弘治间，由岁贡任训导。硕德博学，奖掖寒畯，士多推服。卒官，囊箧萧然。

商大节，字孟坚，钟祥人。嘉靖进士，知丰城县。县城圮，力为修筑。境内多盗，设法捕获几净。擢兵部给事中，累官巡抚、都御史。隆庆初，赠兵部尚书，谥“端愍”。

韩弼，字汝良，浙江余姚人。嘉靖进士，知丰城县。听政多奇迹。有醉人入酒肆，遗金。醒忘其处，诣告曰：“祷神，得筊一阳三圣。”即批：拘酒户杨胜三。入审，果得其人。讯得实，人称神明。升本府知府。奉檄城丰，民受役不扰，三月城成。适闽广寇至，邑恃无恐，士民德之，详《城丰记》。升本省提学副史，丰镌《去思碑》，岁祀之报功祠。子祁任赣州府推官，过丰，父老犹依依不忍其去。

王天性，字则衷，揭阳人。由举人任本府通判，摄丰篆。值平丰堤决，躬相地势，移马湖实地，佥工分筑，至今赖之，祀名宦。

曹大川，巴县人，由进士授丰城知县。年甚少，视事老练，不肯剥民徇当道。历刑部主事、员外郎，祀名宦。

顾九思，字与睿，长州人。隆庆进士，任县事。邑有剧盗，盘踞山谷为民害，前令莫敢治。九思至，请上官假兵往捕，入贼巢缚其魁，众皆罗拜，论以祸福礼义，悉释之。举天下廉能第一，擢户科给事中，历右通政。

吴达可，字安节，宜兴人。万历进士，知县事。士民歌思，建祠祀之。累官至通政，为名臣。

汤兆京，号质斋，宜兴人，由进士任县事。莅政三月，弊蠹清肃。以兴起学校自任，为多士所推。时，邑多盗，摘发如神。著有《仁政录》，擢御史。士民祠之东关外。

徐扬先，号南高，江宁人。由进士任万安调丰。到任，署于庭曰：“门庭清似水，案牍重如山。”诸势豪惮之，讼大小立剖。尤加意堤垱，马湖、熊坊诸堤至今利赖。丰赋重役繁，胥吏为奸。扬先稔其弊，搜剔一清。民无逋负，奏最。擢御史，累官太仆卿。

张昌辰，字汉明，临海人。万历进士，任丰城知县。邑多世族巨宦，播虐细民。昌辰下车，廉得尚书某侵占民舍旁隙地；又佥宪某敛债入民子女，即诣抚按白其事，下昌辰勘问，据律定案。诸贵俯首无辞，豪右为之敛迹。（《浙江志》增）

冯起纶，号弓闾，浙江慈溪人。由进士知丰城，政尚宽大，尤属意学校。立宝气楼、剑阁二社。甲子乡榜元魁及诸得镌，皆所造士。距治三四里，曰细彩湾，有橛樟横截河流，历岁坏舟，商旅苦之。居民募健夫百余人挽，不能起。纶祷武当行宫，越日，雷雨大作，挈至高岸，人谓“至诚感神”。累官江西按察使，祀名宦，又祠西关外。

谢文龙，号桥东，琼山人，由进士任县事。至之日，邻有流寇。文龙募兵措饷，寇闻，不犯境。丙子岁，大饥。捐俸倡好义者，民多全活。先是，漕南米立三仓：一在剑江驿前，曰便民仓；一在小北门外，曰鄢家仓；一在河西曲江矶上，曰西仓。岁久，便民、鄢家二仓坏，择地便收兑者，合建小东门外厉坛之右，曰永便仓。宏厂坚固，国赋赖焉。

又建大江口石桥，新廨宇，辟操场，峙糗粮，立义冢，皆实力为民生地方计。在任九年，清操如一日。卒，士民祀其主于龙门书院。

孙应岳，号游美，大庾举人，署学事。有伟度，不屑屑贽币。士好学者，引为忘年友。师事徐匡岳，讲止修之学。暇时同邱见南、雷瀛海诸公诗酒赓和。著有前后《金陵揽胜》稿，累官刑部司务。

徐际旦，号宇白，永丰举人，署学事。性淳谨，步趋不逾尺度。课士寒暑无间，严礼法，不责馈遗。士有贫者，间分俸赒之。寻登进士，授浙江仁和知县。

国朝

何士锦，字昼生，江南建德人，以进士知丰城。时，流亡未集，士锦多方招抚，民以底定。缮城、筑堤、兴学、编甲诸务，次第就理。重纂邑志，条例秩然。旋以绩报，历太原知府。

周光斗，浙江海宁人。工制举业，由进士任丰。性慈祥，民有讼于庭者，款曲开导，若老妪之于弱子。偶有敲朴，意惨惨不快。暇即招士子命题课文，品骘无爽。戊子乡试，获镌五人，俱所造士。时与分校阅五经卷，独持阁学临川李绂文，叹曰："此命世才也！"力荐得元。嗣以奏销议罢，士民助金千余代补，乃得归籍。

王履仁，号漱园，江南江都人。康熙进士，谒选得丰城。精明果断，杜绝苞苴，奸胥不得逞。决狱讼，尤善以谐语钩人隐情，士民至今乐道之。

周尚中，字缄安，吉水人。学问淹洽，和易近人。为邑司训，勤于考课。问业者趾相接，冷署因之而热。

刘象贤，号思庵，金台人，由进贤调知丰城。值五水泛涨，熊坊诸堤决，象贤设法修筑，役以身先。义学久废，慨然兴复。清侵牟间田租六百余石，入龙山书院，为督课奖赉赀。有乱民自浙归，以术煽众。事觉，邻省移文，会武弁往捕。象贤收首从数人置法，开释无辜，全活甚众。

高尚礼，山西太原举人。乾隆三年，由南昌调署县事。公廉明干，每月亲诣学，以文酒招诸生会课。征收严革火耗，拆封日，库吏进短封，户名请勾取。尚礼笑曰："此中岂无羡余，足均补者？奈何以分厘故扰吾民耶？"不许。狱经数年未结者，旬月判决殆尽，人颂神明。先是，县胥多枉法婪贿，尚礼痛惩之。有余隶者，尤横暴。因事毙之杖下，合邑称快。代至卸政，邑有"清官离任，赤子失哺"之谣。去日，祖者以千计。

满岱，字鲁青，号筠峰，满州正白旗举人。任瑞金县，调繁莅丰。为政尚宽大，断狱精明，不妄鞭扑。折节与士大夫交，未尝一语及私。乾隆辛未，水大涨。馆驿前堤圮，民忧陆沉。侯请发帑修石堤，建七星埽。躬亲指挥，不辞劳勚。壬申重修邑乘，裁酌得体。比去，士民醵金馈米者相属于道。

于崇敕，号沧岩。山东新城举人，知丰城县，明粹有学识。倡建龙山书院，置学田四百余亩为膏火资。严立课程，亲为讲授，尤加意单寒多士。至今尸祝之。

徐清选，字湘浦，湖南巴陵举人，道光壬午任丰。夏，河水骤至，抢救莫及。雷公脑、螺蛳街堤溃，城不没者三版。水退，谋修之，请于大吏易以石。借款项不扰一民，赔累至万计。癸未涨益甚，诸郡以灾告，丰以石堤固无恙。一日，阅堤至大巷口，堤身坍挫，仅存一线，危之。募夫筑护，患稍纾。然犹以补苴非计，捐廉，概易以石，至今利赖焉。又修三贤祠、文明塔，以维风俗，以振人文。道光甲申，重修县志，条例秩然。去之日，民思之。见《德政记》。

郑长昕，字少莱，江苏举人，道光丁未莅丰。性慈惠，遇事能断。譬喻多方，虽梗顽，亦皆悦服。有被仇以私枭诉于上宪者，委员提获，未廉其实。长昕以时盐禁剧，严例有引票，无则以私贩论，有则何私？力为申雪得释。去任日，扳舆号泣，祖者塞途云。

附　郡守张政绩

张寅，字子畏，安徽桐城人，道光壬午主事授篆南昌府。其于郡省也，缮城郭以固疆圉，立义仓以备凶荒，清豫章沟，以时蓄泄。而又特建洪都书院，振学校鸿规，士林争仰焉。制府陶嘉其绩，以“两江出色之员”“两江必不可少之员”见之章奏，不独一郡省而已。

道光乙未，雷公脑堤决，奉饬至丰亲勘，与邑进士徐锌庚、举人熊显学等筹定，回省署内，发制钱贰千缗助修筑赀。越明年，堤成复决。授意邑绅禀抚宪，陈以雷公脑改石堤，沿河添新马头、灰堆下等处石埽，增补各堤，请款银巨万；下至小港口建闸，各委监修。复至丰总阅，与丰人士相见如家人。诣龙山书院亲课士，捐廉增膏伙，给洋银三百元。丰人士德之，于石堤建张公祠，立碑纪其事（今与堤俱圮），于书院立长生禄位牌，尤有家立主牌至今奉祀者，其乐利没世不忘云。

卷之八　选举志一

甲科　辟荐　诸贡　援例　勋爵　武职　掾考　封荫　乡饮

周礼宾兴，典重三物。
科目取士，累朝相率。
试定春秋，榜分甲乙。
昭代抡才，循名责实。
乡会闱中，人材辈出。
荐辟诸贡，出身匪一。
其他杂途，文武爵秩。
自崇迄卑，悉载诸笔。
济济师师，都为一帙。

——作《选举志》。

科目（文科、赐衔、武科）

文科

唐

进士

旧志云：进士科肇于隋唐，至宋而始盛。尝考诸家世谱，载唐进士多矣。前志失载，无从考证。兹仍其旧，以传信、不以传疑也。

王季友，云岭里人。初试第三，覆试第一，仕至御史中丞、金紫光禄大夫，有传。

按：各志载季友登科，年分开元、贞元、天复不同，考订无自，兹不编年。

南唐

进士

王子邳，季友四世孙，御史中丞，有传。

雷载，镡舍人，历官屯田员外郎。

宋

太平兴国七年壬午解试

省志云：宋元乡荐，不由省试。每路各贡三四十名，后每岁一贡。至所贡之人，或一二举，或三四五举不等，故其解试无定，录多不存。兹仍旧阙之。

周谓，旧作鹗。苦竹里人。官左迪功郎，有传。

至道年间解试

周秉，南庄人，工部郎。

大中祥符元年戊申姚煜榜

袁抗，袁家渡人，少府监，有传。

宝元元年戊寅吕溱榜

李秉，筱塘人，都官郎中、宿州刺史。有传。

过昱，定林人，都官郎中。有传。

庆历二年壬午杨置榜

何延世，留台人，都官郎中。有传。

李冕，秉从子，舒州司理。有传。

庆历六年贾黯榜

李襄。

袁陟，抗之子，当涂通判。有传。

熙宁三年庚戌叶祖洽榜

王诇，字琪□，东山人，钱塘知县。

熙宁九年丙辰徐铎榜

黄朋，字无党，沇江人，通直郎。

元丰八年乙丑焦蹈榜

王父宁，字康国，东山人，汀州判官。府志讹作江州判。

龚弁，省志府志作奉新人。

元祐三年戊辰李常宁榜

孙发，同造人，永丰知县。有传。

李安，赐名昌龄，字圣授，甘棠人，奉议郎。

黄得礼，沇江人，柳州推官，有传。

元祐六年辛未马涓榜

徐大任，字以道，吴塘人，处州法曹。

元祐八年癸酉解试

揭伯徽，名枢，以字行，东坑人。有传。

周幡然，字史林，苦竹人，监鄂州税。

万迪，字元吉，沇江人，抚州学正。省志遗。

绍圣四年丁丑何昌言榜

黄颢，字秀实，沇江人，奉议郎。

元符二年己卯解试

江端木，字一大，长塘人，御史。有传。

元符三年庚辰李釜榜

黄诚，字循道，苏陂人，石城知县。有传。

范本，字孝先，长安人，从政郎。

大观三年己丑贾安宅榜

王益，字能谦，东山人，什邡知县。邑旧志作大观四年刘知新榜，省府志有三年贾榜，无四年刘榜。又列王益四年解试，兹据省府志编定。

政和二年壬辰莫俦榜

黄彦辅，得礼长子，吉水知县。有传。

何莫，留台人，工曹参军。有传。

重和元年戊戌王昂榜

郡志云：按《宋史》，政和止七年，改为重和元年。近见杭州府选举志，亦载重和元年戊戌王昂榜，知旧载八年之误。又南昌志仍作王嘉榜，时嘉以宗室居第一，徽宗不欲以魁多士，升次名王昂为首。查本县志，虽列此案，仍书政和八年戊戌王嘉榜，不如据府志，改正为是。

范璿，一作濬，后泉里人，左司郎中。有传。

黄次山，《省志》：丰城人，提典湖南刑狱。

黄彦平，得礼子，朝散大夫。旧志与邹扬另书王俊。又己亥榜而无次山，以次山为彦平别号，不应分作两人。

邹扬，东湖里人，建昌知县。有传。

郡志云：按省志，王昂榜载范璿、黄次山、黄彦平、邹扬，俱丰城人。考本志人物传，范璿、黄彦平、邹扬俱上舍出身，于此科进士榜删除，而列诸科门内。考县志黄彦平本传，彦平试国学考，居第一，以庭坚族子，抑置第四，以为上舍出身，犹有所据。而范璿本传则云“政和进士”，邹扬本传则云“宣和进士”，虽科分有参差，岂彦平本传可据，而范、邹二人本传独不可据乎？且旧志以次山为彦平别号，删去次山，亦不言所据。兹依郡志改正；科分则取其长，而删去黄彦平四人，则攻其阙。但旧志删去次山，兹据省志增之。宋代科名，世远难考，与其如府志，据一人之传，而并删四人，旧志于四人中，删去一人，或失之刻。何如依省志并载，即有重复，犹不失之厚也，故并存之。

宣和三年辛丑何涣榜

陈廷，字邦直，港口人。宣教郎，建昌知县。

顿涣，一作焕，曲江人。司法参军，历评事，官至朝散大夫、上柱国，赐紫金鱼袋。

宣和五年癸卯解试

王衮，字显□，钱塘人，知府。

廖宏，黄塘人，洪州助教，有诗名。

宣和六年甲辰沈晦榜

徐升，一作昇，上居里人，蕲州知州。有传。

邹蔼，东湖里人，越州佥判。有传。

靖康元年丙午解试

熊方，邑郛人，澧州参军。有传。

雷观，潭州料院。有传。旧志作咸淳九年，误。

高彦达，南巷人，教授。有传。按省志遗彦达名，兹据府志补入。

建炎二年戊申李易榜

甘齐，字彦思，骊塘人，汉阳尉。

徐洪，字巨川，角陂人，户部侍郎。

姚齐贤，旧案云：邑旧志，是科列甘齐，注“一作姚齐贤”，省志列姚齐贤，注“一作甘齐”。考《甘氏家谱》确载甘齐登建炎二年李易榜进士，惟姚齐贤无可稽实。或两人俱登是榜，省邑志因齐字相同，并两为一，以致彼此互异，故并列之。

建炎四年庚戌解试

孙元衡。

绍兴五年乙卯汪应辰榜

徐时动，吴塘人，吉州校官。有传。

孙裦，发之从子，江州参军。有传。

周承弼，旧作承弢，谔之孙，明州监酒税。有传。

李实，字宜举，筱塘人。

甘廷珪，字德全。省郡志俱作奉新人。

绍兴十二年壬戌陈诚之榜

黄望尧，一作挂尧，得礼子，鄂州教授。

李惟深，苦竹人，宜黄知县。有传。

黄元之，字子新，沇江人，莆田知县。省志误作奉新人。

黄彦正，字子龙，得礼子，鄂州教授。

旧志云：按《黄得礼传》，子彦辅、彦平、望尧，无所谓彦正者。兹载彦正为得礼子，与望尧同榜，又同官鄂州教授，疑必有误。考《丰乘》，是榜止有彦正而无望尧，或即是一人，如彦平、次山之类，存疑而不敢删。查《黄氏家乘》，得礼有六子，安得据《县志·人物传》，谓得礼子无所谓彦正者？且是科沇江中三人，并黄元之亦在内，但省郡志并误元之为奉新人，不如依旧志之为是也。

绍兴十五年乙丑刘章榜

王枢，东山人，常德府判。有传。

陆筠，原籍金溪，居丰城，任浙西参议。有传。

绍兴二十一年辛未赵逵榜

揭商霖，字必先，揭源人，潭州教授。

绍兴二十四年甲戌张孝祥榜

徐文远，字彦博，上居人，平江知县。省郡志误作南昌人。

绍兴二十七年丁丑王十朋榜

范大用，字正邦，旱陂人，通直郎。

徐孝伯，角陂人，余姚主簿。

曾光，石坑人，房州知州。有传。

王三杰，井上人。

黄嘉运。

黄时昇，乔坑人。省志失载。

隆兴元年癸未木待问榜

桂轮，字运卿，定林人，邕州教授。

刘德秀，石滩人，大学士，签书枢密院。有传。

范人杰，字子俊，槎村人，常宁知县。

涂昌期，字德载，城头山人，江州教授。

乾道二年丙戌萧国梁榜

孙琳，字温叟，邑郛人。州判，省郡志俱作淋。

乾道四年戊子解试

王允文，拏冈人，有传。

王允邵，字伯才，允文弟。

乾道五年己丑郑侨榜

李修己，罗田人，知成州。有传。

李大理，大府寺丞，省郡志作新建。

高鼎，南巷人，宜春县丞。省郡志作新建。

乾道七年辛卯解试

范飞卿，拏冈人，龙阳主簿，有传。

乾道八年壬辰黄定榜

赵善择，字无择，邑郛人，广东佥法。

淳熙元年甲午解试

范德动，璿之子，肇庆知府。有传。

廖端，宏之子，武昌主簿。

淳熙二年乙未詹骙榜

邓元，邑郛人，广西经干。有传。

王熙，字彦广，城头山人，任沅江尉。

孙觉之，字宗顺，同造人，上犹主簿。

吴丕绩，字懋功，吴城人，耒阳知县。

淳熙四年丁酉解试

盛温如，名璲，邑郛人，奉节郎。有传。

淳熙五年戊戌姚颖榜

李郭，字大防，邑郛人，古田知县。

王佐才，字元用，邑郛人，武陵知县。

甘同叔，邑郛人，桂州民曹。有传。

朱祥温，穆湖人，袁州推官，升本府同知。

黄瀛，字季海，攸洛人。官礼部尚书，诸司审纪，兼焕章殿学士，赠少保，谥文穆。揭文安公有《赞》。

黄畴若，得礼曾孙，礼部尚书。有传。

孟程，邑郛人，临江判。有传。

淳熙八年辛丑黄由榜

于革，邑郛人，房州知州。有传。

朱源，淳熙十年癸卯解试。

李京，字颍士，筱塘人。

淳熙十一年甲辰卫泾榜

黄遵，字循中，沆江人，赣县主簿。

揭飞雄，揭源人。有传。

黄绍宗，字庆长，沆江人。

淳熙十四年丁未王容榜

王峦，字东叔，沆江人，靖州教授。

王衡仲，东山人，知建昌军。有传。

绍熙四年癸丑陈亮榜

黄竑，彦辅曾孙，广西提干。有传。

孙伯温，同造人，临湘知县，有传。

李恕己，字厚之，罗田人，武冈知县。

庆元五年己未曾从龙榜

徐伦，角陂人，袁州推官。有传。

范仲武，槎村人，安丰判。有传。

熊元灿，字仲圭，瓘山人，贵州教授。

开禧元年乙丑毛自知榜

余林，字茂宗，铜湖人，河南提干。

范应铃，槎村人，大理少卿。有传。

王武子，城头人，荔浦令。有传。

开禧三年丁卯解试

徐肇，字子初，吴塘人，钱塘主簿。有《竹林杂著》。

嘉定元年戊辰郑自诚榜

廖士正，字仲彦，宏五世孙，灵川知县。

嘉定三年庚午解试

熊大源。

李嗣良，字士恺，苦竹人。

嘉定四年辛未赵建大榜

熊炎，字衡甫，邑郛人，武安军佥判。

徐少庚，字子西，花桥人，灌阳主簿。

嘉定六年癸酉解试

雷璲，城陂人，尚书宜中父，澧州司户。有传。

嘉定七年甲戌袁甫榜

傅叔昂，字士修，石坑人，安庆推官。

范之巽，字仲行，槎村人，诸军粮料院。

赵怂夫，字泽民，邑郛人。《丰乘》“夫”作“甫”。

嘉定九年丙子解试

王休，城头里人，有传。

袁渐，《丰乘》“渐”作“览”，蒐湖人，清海判官。有传。

嘉定十三年庚辰刘渭傍

李义山，修已子，爵丰城男。有传。

徐韡，字子萼，角陂人，贵州教授。

嘉定十五年壬午解试

徐应云，栗塘人，浏阳尉。有传。

嘉定十六年癸未蒋重珍榜

徐鹿卿，后泉人，礼部尚书，爵丰城男。有传。

宝庆元年乙酉解试

范巽申。

徐注甫，邑郛花桥人，国子学录。

宝庆二年丙戌王会龙榜

徐一鸣，字声伯，栗塘人，靖江教授。

徐经孙，角陂人，学士，爵丰城伯。有传。

吴子源，字子发，力富人。

绍定元年戊子解试

甘巽，字安仲，骊塘人。省志及《丰乘》俱作“巽”。

李龙庚，大陂人，桂阳军判。有传。

李登，筱塘人，潭州粮料院。有传。

胡大训，旗塘人。有传。

绍定二年己丑黄朴榜

黄伯荄，字季发，乔坑人，昭州佥判。

揭三京，字绍尹，揭源人，郁林知县。

苏思诚，字志孚，邑郛人。

熊野，字森甫，邑郛人，吉州判官。

邹祥正，字胜非，扬之孙，特赐第三名，太平州司户。

绍定四年辛卯解试

袁微。

陈斗月，干陂人。有传。

孙应龙，字汝翼，同造人。

范胜非，字习庆。

揭先觉，字时任，上揭人，桂阳县丞。旧案云：揭先觉与景定五年解试揭著，旧志俱遗。兹采《吴草庐集》补入。

绍定五年壬辰徐元杰榜

甘茂荣，唐福人，江西钤辖干官。有传。

王庭椿，字伯寿，佐才子，南城主簿。

丁治，字济世，沙湖人，翰林院编修。

端平元年甲午解试

李仲询，字子谋。

黄钟，乔坑人。

黄应，钟之子。

端平二年乙未吴权吉榜

黄子椿，字仲庄，井门人。

嘉熙元年丁酉解试

徐应麟。

淳祐三年癸卯解试

王源，字佐夫，钱塘人，博士。据省志。

范少寅。

揭必大，字汝立，桃林人。

淳祐四年甲辰留梦炎榜

马韶，字文甫，邑郭人。

陆士朴，字淳夫，仙音巷人，司户参军。

赵汝经，字宗道，邑郭人，太平州司户。

淳祐六年丙午解试

张逢炳，字□□，洞坑人，邛州学正。

淳祐七年丁未张渊微榜

雷宜中，璲之子，殿试第二名，礼部尚书，爵丰城男。有传。

范严，槎村人，临川主簿。有传。

邹得元，字光伯，溪头人，《丰乘》及《省志》作“得源”。

淳祐九年己酉解试

熊定中，字季和，彬之子，蕲州知州。

淳祐十年庚戌方逢辰榜

徐海字，仲实，吴塘人。

陈杰，干陂人，江西制司参谋。有传。

淳祐十二年壬子解试

廖槨年。

廖松年，俱宏之曾孙。

李显，字仲微，湖茫人。

宝祐元年癸丑姚勉榜

赵宗錖，字和甫，邑郛人。

范登字，邦德，藻陂人，运司干官。

宝祐三年乙卯解试

熊琩，字宏卿，南冈人。

宝祐四年丙辰文天祥榜

杨梦斗，字清叔，三峰人。

胡宏，字宏中，罗塘人，建昌军判。

黄宏子，字石甫，弟文子，以福州籍登进士。

汤长卿，字体仁，松湖人，江南廉访使，有传。省郡志误作新建人。

宝祐六年戊午解试

徐泳，蛟湖人。

熊大经，拏冈人，广西司干，有传。

开庆元年己未周震炎榜

范金，字铸甫，藻陂人。

李复道，字见心，李坊人。

赵崇转，罗塘人，一作崇辅，或作分宁人。

景定二年辛酉解试

陈友沅，上坊人，有传。

王义端，槎熝人，绥宁令。有传。

景定三年壬戌方山京榜

周彦约，字德甫，苦竹人，广东参政。

王义山，义端兄，提举江西学事。有传。

涂应雷，石溪人，番禺知县。有传。

范昌斗，后泉人。

李毅通，龙庚子，抚州推官。有传。

徐思立，角陂人，武学博士，有传，《省志》误作进贤人，《郡志》缺载。

任陆吕，字希陆，邑郛水口人，评事。旧案云：陆吕，旧《邑志》失载。新《府志》作进贤人，并注“一作丰城”，《省志》因之，遂竟误为进贤人。今考旧《府志》，确载丰城人。又查《任氏家乘》，陆吕系明永乐间进士方伯礼五世伯祖，居址坟墓现在邑西，故特辨正补入。

景定五年甲子解试

黄勉，瀛之孙。

揭著，字诚伯，揭源人，湖南转运使。

咸淳元年乙丑阮登炳榜

袁灏熙，字从道，渐之子，龙川主簿。一作灏颐。

徐遇顺，花桥人。

陈霖，字宪甫，斗月子，兴国州判。

咸淳三年丁卯解试

甘起岩，字景傅，骊塘人，福州教授。

王定孙，龙溪尹，有传。

咸淳四年戊辰陈文龙榜

范宜损，畲坑人，刑部架阁，有传。

范荣道，上郊人，秘书郎。《省志》作性道。

熊汝垕，瓘山人，崇阳主簿，有传。

徐炎发，遇顺弟。

黄一元，原姓万。

丁显祖，治之子，大理评事。

熊发，田垛上人，柳州经历。

咸淳六年庚午解试

徐霆荣。

皮洪。

洪渊，邑郛人，本州教授，有传。

咸淳七年辛未张镇孙榜

张宏毅，邑郛人，瑞金尉，有传。

徐逢震，炎发弟。

赵用信，邑郛人。

咸淳九年癸酉解试

熊如渊，南冈人，有传。

徐钦，琛季子，有传。

范耆，七岁试九经大义，画卦，能作赋，是年登选。

徐思。

李嗣俊，苦竹人，有传。

熊炎，瓘山人，儒学副提举，有传。旧志云“以上俱上舍出身”，附此。按《省志》确列是科。

咸淳十年甲戌王龙泽榜

徐肇，吴塘人，钱塘主簿。

熊朋来，善坑人，殿试第四名，福清州判，有传。

熊介，圭湖人，本州教授，有传。

朱汝岳，字申甫，杭桥人，教谕。据《续丰乘》补入。

夏益朝，原籍四川重庆府，入元为富州教授，遂家焉，有传，入《名宦》。旧案云，是科徐肇旧志无，《丰乘》及省、府志俱有。但开禧三年解试已有徐肇，注为吴塘人，高州文学，升钱塘主簿，以为一人，不应乡、会相去竟至七十年之久；以为两人，不应居址官职，事事相同。年远难稽，姑两存之，以俟知者。

元

延祐元年甲寅乡试

徐汝士，字季子，吴塘人。

陈宗强，荣塘人，国子学正。

熊诚，字道新，丁坊人，吉安教授。

冯勉之。

延祐二年乙卯张起岩榜

黄鸿荐，字天衢，本姓王，井上人，吏部侍郎。

延祐四年丁巳乡试

周尚之，字东阳，厚郭人，上犹知县。

黄菊庄，攸洛人，学正。省志作菊生。

延祐七年庚申乡试

胡谦，一作让，字仲博，厚郭人。

泰定三年丙寅乡试

张昇，详进士。

泰定四年丁卯李黼榜

张昇，字存心，邑郛人，新昌州判。

朱谦，字明道，汝岳子，提举。

天历二年己巳乡试

范希仁，南源人。

至顺三年壬申乡试

熊太古，朋来子，翰林编修，有传。

徐邦宪，详进士。

熊灌，省志载富州人，前志俱失考，今补入。

元统元年癸酉李齐榜

徐邦宪，字南宪，花桥人，分宜县丞。

孙予初，同造人，翰林待制，入明，为太常博士，有传。

陈植，字本强，荣塘人，上高县尹，讲学龙光书院，名儒多从之游。

李节之，字思美，湖茫人。

旧案云：邑旧志列孙予初于辟荐，列陈植、李节之于至元元年乡榜，不载登进士。兹考旧《省志》及新旧《府志》，三人俱载登进士，应从改正。但查新《省志》，载孙予初、陈植，元统元年癸酉进士，列李节之于元统三年乙亥乡榜，而于孙予初、陈植名下，又误以富州作宁州。再查顺帝元统，始癸酉，终甲戌，止二年。乙亥又改至元元年，并无元统三年。至《龙光志》载陈植登元统丁丑进士，则且以至元三年为元统矣。各志年分榜次，参错莫定，姑依《省志》附徐邦宪榜后，不没其曾登进士，可也。

至正五年乙酉张士坚榜

熊瓘，字成举，拏冈人，泗州知州。

至正七年丁亥乡试

周普德，字伯申，苦竹人，南康路录事。

范钧镇，字明远，槎村人，岳州路录事。

至正十年庚寅乡试

廖哲，字文哲，筸桥人，省府志误作新建。

陈临，字学友，井冈人。

至正十三年癸巳乡试

朱自省，杭桥人，建昌路照磨。

陈熙明，荣塘人。

龚贤，字达善，坞社人。

至正十六年丙申乡试

王纯，字雅成，罗坊人。

陈熙载，植仲子。

胡季安，字鸣，本姓王，钱塘狮子门人。

旧案云:《省志》是科有李颐，注:“富州人。”《府志》作南昌人，彼此互异，仍旧志阙。又旧志附录龚弁、朱谦、万迪、高彦达、黄时昇、徐注甫、黄锺、黄应，未经载明何代何科，兹据《续丰乘》，查明各归宋元科分编列。

按元科目，自延祐至元统，凡七科随罢。至正二年复兴，凡七科。是年赐进士出身，凡七十八人，余科额皆如数。蒙古人出身，从六品；色目人，正七品；汉人、南人，从七品。十二年，有旨:“省院台仍用南人。”自后累科，南方进士始有为御史、宪司、尚书者。二十六年，赐进士出身七十三人，优其品秩。第一甲承直郎，正六品；第二甲承务郎，从六品；第三甲从仕郎，正七品。元科莫盛于斯，设科亦止是岁。故元代八十八年，本邑登科目者寥寥。虽以揭文公之文章勋业，亦由辟荐出身，故志之，以存一代典故。

明

洪武三年庚戌乡试 解元吴伯宗

熊谊，第二名，详进士。

丁时敏，第四名，详进士。

黄德润，第九名，详进士。

洪武四年辛亥吴伯宗榜

熊谊，字利宾，松湖人，吏部主事。

黄德润，同坑人，吴堡知县，有传。

丁时敏，本名学，以字行，北湖人，卫辉县丞。

洪武五年壬子乡试

夏原震，经魁，详进士。

游惟善，详进士。

黄宗载，详进士。

洪武十七年甲子乡试　解元程以善

先是，洪武六年癸丑春，诏暂停科举，别令有司以德行为本，文艺次之，专主辟召。是年复定科举法。

杨腊，详进士。

洪武十八年乙丑丁显榜

杨腊，字克绍，乌沙郭人，刑科给事中。

夏原震，小岭人，京山知县。

游惟善，安沙人，巴山知县。

洪武二十六年癸酉乡试　解元吴清老

孙贞，初姓李，字宗正，同造人，居邑北门，国子博士。

洪武二十九年丙子乡试　解元黎让

徐昇，字大昇，蛟湖人，道州学正。

洪武三十年丁丑陈䢞榜

按是科有南北榜，陈䢞等五十一人为南榜。

黄宗载，原名垕，株树桥人，南京吏部尚书，有传。

永乐元年癸未乡试　解元刘子钦

邹服膺，长熾人，池州府训导，所至有声。

杨永芳，详进士。

熊直，详进士。

旧案云：是科旧志作洪武三十五年壬午，误。兹据《省志》及《登科录》改正。

永乐二年甲申曾棨榜

熊直，字惟清，邑郛人。

是年选进士有文学者，曾棨与直等二十八人为翰林院庶吉士。

杨永芳，桂村人，龙泉知县。

永乐三年乙酉乡试　解元张叔豫

崔让，字也敬，仙音巷人，鲁府纪善。

周东流，苦竹人，刑部主事。

汪昌言，详进士。

杨伯震，字子起，沙上人，刑部员外郎。

丁侃，字秉和，沙湖人，教授，有传。

范铭，龙门人。

甘由，详进士。

杨羽，槎熓人，定兴县教谕。

袁昱，字孟昊，同造人，祖居袁家渡，布政司左参政。

吴叔润，详进士。

徐徵，邑郛人，广西佥事。省府志俱作澂。

黄人政，斗门人，政和县教谕。

雷迅，以长汀籍中，详进士。

永乐四年丙戌林环榜

吴叔润，旸源人，浙江佥事，有传。

甘由，字迪之，剑池乡人，监察御史。

汪昌言，松湖人，卢龙知县。

雷迅，字时谨，镡舍人，知府。

永乐六年戊子乡试 解元钱习礼

罗贵素，第四名，详进士。

黄熇，字孟文，沇江人，颍州学正。

黄宗礼，黄沙桥人，省志作崇礼。

余鄂铧，铜湖人，保定府训导。

余衡，字友衡，井门人，赣榆县教谕。

丁斗，字惟金，沙湖人。

朱辐，字敬高，曲江人，刑部员外郎。

刘埙，字惟金，刘庄人，巴陵教谕。

孔文肃，洞坑人，廉州府仓大史。

史安，详进士。

熊概，榜姓胡，以吉水籍中，详进士。

孙曰良，详进士。

永乐九年辛卯萧时中榜

先是七年己丑，当会试，值巡狩，诏以中式举人陈燧等，寄监读书。是年驾还，乃廷试。

熊概，杭桥人，右都御史，有传。

罗贵素，栗花桥人，广东佥事。

史安，彬之孙，礼部郎中，有传。

孙曰良，贞之子，右副都御史，有传。

永乐九年辛卯乡试　解元曾鼎

丁仉，详进士。

朱经，字维常，杭桥人，教授，历典文衡。

袁海，字秉常，荷塘人，监察御史，太原知府。

曾自省，邑郭人。

雷禧，镡舍人，进贤籍，教谕。

杨仲刚，金印山人。

永乐十二年甲午乡试　解元陈循

刘显，青州人，舒城知县，有传。

黄瓛，详进士。

胡远，详进士。

丁铉，详进士。

胡轸，详进士。

夏希纯，详进士。

喻俊，详进士。

李实，详进士。

徐孔奇，详进士。

刘全节，详进士。

雷诚，详进士。

邬在恭，详进士。

何澄，字世清，夏阳人，领永乐甲午乡荐，中辛丑进士乙榜，授南直苏州府教授。洪熙中，上言学校等四事，宣德丁未，复言兵制等十事，朝廷皆嘉纳之。正统戊午，分校福建乡试，乙丑擢国子监博士。

熊翰，详进士。

陈元，字用本，上坊人，龙溪教谕。

曾旭旸，苦竹人。

朱庆，字孟直，邑郭人，安乡教谕。

高复，字钦载，南巷人，临川籍。

周懋昭，详进士。旧志作丁酉科。

罗鹄，字仲举，荷塘人，训导，典试擢监察御史，有识鉴。

熊直，初姓胡，都御史概之父，以吉水籍中应天榜，有传。与永乐二年进士熊直系两人。

永乐十三年乙未陈循榜

邬在恭，字恭轩，邬家渡人，监察御史。

黄瓛，字汝瓒，邑郭人，翰林院庶吉士。

丁铉，牯牛背人，刑部侍郎，赠尚书，谥“襄愍”，有传。

刘全节，字名完，艾冈人，刑部主事。

雷诚，镡舍人，延平知府，有传。

胡轸，厚郭人，督学副使，有传。

李实，字士宏，苦竹人，福建佥事。

徐孔奇，严州知府，有传。

永乐十五年丁酉乡试 解元尹凤岐

毛鸿，字渐逵，贤能坊人，三任训导，有贤名。

杨爵，迪之孙。

杨仪，详进士。

陈琳，字文佩，上坊人。

邹务宗，苦竹人，内乡县训导。

何克恭，城西人，利津县教谕。

雷成睿，详进士。

聂用乂，详进士。

游和，详进士。

徐正，详进士。

丁俊，详进士。

黄金，字季南，城南人。

陈正，陈埠人，思恩县知县。

夏吾胜，白石人，祖居南巷，教谕。

永乐十六年戊戌李骐榜

徐懋昭，初姓周，火巷人，翰林院庶吉士，有传。

喻俊，字仲伟，邑郛人，监察御史。

雷成睿，雷坊人。

杨翰，初姓熊，乌冈上人，历御史，云南副使。

胡远，字进修，西坪人，试御史。

杨仪，字敬修，邑郛人，交趾威孟州判官。

永乐十八年庚子乡试 解元徐富

关润，字士温，大港口人，崇阳教谕。

熊履，字德基，邑郛人。

聂好谦，详进士。

范衷，详进士。

熊昱，详进士。

张彦，详进士。

黄成，详进士。

杨诚，详进士。

甘映，详进士。
孙曰让，字让斋，贞之子，礼部郎中。
余友直，港口人，训导。
毛贵，字钟灵，大屋人，垫江教谕。
黄玉，字季温，城南人，大冶训导。
叶菁，字本固，邑郛人，应天榜，顺德教授。
任礼，详进士。
李元凯，名杰，以字行，详进士。旧志作甲午科，有传。
徐琳，详进士。旧志作甲午科。

永乐十九年辛丑曾鹤龄榜

黄成，字秉诚，沩江人，浙江道监察御史。
游和，字世温，南岐人，兵部武选司主事。
夏希纯，学前人，陕西右参政，有传。
丁仉，字景昭，沙湖人，工部主事，有传。
任礼，字敬让，邑郛人，湖广布政。
聂用乂，筱塘人，监察御史，有传。
熊昱，善坑人，监察御史，有传。
聂好谦，用乂从弟，工部郎中，有传。
徐其诚，原名琳，字玉相，吴塘人，惠州判官。
李元凯，筱塘人，婺源知县，有传。
范衷，槎村人，寿昌知县，有传。

永乐二十一年癸卯乡试　解元王修

蔡济，字惟敬，黄塘桥人，训导，三典文衡。
夏德，小岭人，婺源训导。
杜敬，详进士。
孙曰恭，详进士。
吴显，详进士。
李景，字时亨，梅冈人，合肥教谕。
丁济，字若舟，智林巷人，荆门州学正。
萧成，字仕旸，石滩人。
黄大顺，槎熈人，芜湖训导。
夏兖，字韶鼎，小岭人，京山知县。
阮环，城西人，桐城训导。
胡铸，龙溪教谕。
按省志遗去黄大顺，胡铸误为南昌人。

永乐二十二年甲辰邢宽榜

孙曰恭，贞之子，探花，侍读学士，有传。

杜敬，字叔寅，鹤村里人。

杨诚，字彦胜，石坑人。

张彦，字子彦，邑郛人，监察御史，升佥事。

徐正，邑郛人，广东参政，有传。

宣德元年丙午乡试

孙昌，解元，邑郛人，国子助教，有传。

罗纶，字克经，南岐人，宁国教谕。

李英，松湖人，应天榜，钧州训导。省志作暎。

宣德二年丁未马愉榜

甘暎，邑郛人，知府，有传。

丁俊，沙湖人，监察御史，有传。

吴显，字道昭，邑郛人，刑部员外郎。

宣德四年己酉乡试 解元吴节

周正，字公正，登仙门人，分水训导。

黄俊，字希彦，荷塘人，翰林院检讨。

宣德七年壬子乡试 解元王鉴

罗暎，详进士。

黄亨，槎爊人，颍州同知。

余理，字性然，丁坊人，国子助教。

杨子荣，本名显，大路人，瑄父，顺天榜，长史。

熊□，概之子，以吉水籍中，任教谕。

宣德十年乙卯乡试 解元陈文

范谟，邑郛人，应天榜，国子学录，有传。

王安，字邦宁，槎爊人。

任善，字士淳，礼之子，巴县教谕。

袁轼，字汝瞻，荷塘人，顺天榜，淮府伴读。

正统三年戊午乡试 解元刘观

刘华甫，第二名，详进士。

孙俨，详进士。

李郁，详进士。

聂智，顺天经魁，详进士。

苏仁，字荣夫，苏坊人。

聂蒙简，用乂子，顺天榜，同知。

按：是科《省志》有孙振望而无孙俨。

正统四年己未施槃榜

罗暎，字庆清，荷塘人，刑部主事。

聂智，字志节，铜钉人，顺天榜，四川晋宁州同知。

李郁，字若虚，登仙乡人，刑部主事，太平知府，有强干才。

正统六年辛酉乡试　解元李庸循

甘节，详进士。

郑温，以驿丞中应天榜，详进士。

陈宽，详进士。

黄节，详进士。

丁节，字利简，邑郛人，将乐教谕。

蔡珪，字孔润，邑郛人，新化教谕，两典文衡。

朱斌，字孔武，石郭人，顺天榜，苍梧训导。

吴德崇，显之子，顺天榜，普安知州。

罗哲，字士宣，城西人，顺天榜。

罗正，字大经，邑郛人，顺天榜，徐州知州。

熊穆，字惟深，旸源人，广东榜，同知。

正统七年壬戌刘俨榜

孙俨，字振望，《省志》：榜名振望，孙家渡人，福建佥事，有传。

甘节，字尚中，邑郛人，庶吉士，父丧庐墓，过哀成疾，卒。

刘华甫，艾冈人，知府，有传。

郑温，字厉夫，邑郛人，开化知县。

正统九年甲子乡试　解元陈律吉

涂谦，第二名，详进士。

周谦，字丕烈，南巷人，陵县教谕。

涂铉，字公鼎，赤坑人。

游明，详进士。

曾灏，字伯江，石坑人，性至孝，春闱遇火灾，赠进士。

刘明渊，赤路人，顺天榜，定州学正。

正统十年乙丑商辂榜

涂谦，邑郛人，按察使，有传。

陈宽，字用宏，上坊人，刑部主事。

正统十二年丁卯乡试　解元胡灌

朱华，字衮裳，杭桥人，合肥知县。

黄泰，字秉辉，邑郛人，宣城教谕。

任〔仕〕简，字而廉，荷塘人，台州教授。

杜参，字叔宿，鹤村人，阿弥知州。

杨进，应天榜，详进士。

毛伦，详进士。

徐清，字源洁，石坑人，以驿丞中山东榜，雷州推官。

孙拯，字时济，同造人，同知。

正统十三年戊辰彭时榜

黄节，金之子，太仆少卿，有传。

杨俊，字日俊，二都人，监察御史。

景泰元年庚午乡试 解元张业

杜华字，玉琰，鹤村人，国子监博士。

吕律字，焕阳，前坊人，梓潼教谕。

范镛，详进士。

余洪，字士宏，丁坊人，浔州同知，有异政。

余安止，铜湖人，顺天榜，池州通判。

李瓛，详进士。

杨崇，邑郭人，永州知府，赠尚书，有传。

丁璐，详进士。

袁润，详进士。

毛琼，邑郭人，长沙同知，有传。

胡黼，字贤佐，旗塘人，春闱罹火灾，赠进士。

夏宁，白石人，竹山训导，典山东文衡。

徐善，字日孜，荷塘人，应天榜，渠县知县。

甘宣，字廷辉，邑郭人，德阳教谕。

胡泾，详进士。

杜立，字叔宣，鹤村人，武进教谕。

陈泰，字立粹，荣塘人，费县教谕。

周琳，字廷器，登仙门人，桐城教谕。

范宽，字致大，上郊人，夔州训导，典陕西文衡，升翰林检讨。

李节，字世珩，湖茫人，第二名，武定同知。

涂珏，字质莹，东城人，春闱遇火灾，赠进士。

朱辉，字友烈，邑郭人，安陆学正。师严道重，善于作人。几七年，卒，诸生号泣，共为治丧。

景泰二年辛未柯潜榜

李瓛，节之弟，副使，有传。

游明，苦竹人，提学副使，有传。

景泰四年癸酉乡试 解元彭序

傅实，详进士。

宋荣，详进士。

李裕，详进士。

聂元，详进士。

汪振，详进士。

聂蒙昌，详进士。

周义，字服义，谦之侄。

甘华，字而实，节之子，济宁知州。

孙胜，曲江人。

曾房，邑郛人，训导。

李崧，字乔岳，裕之侄，广州训导。

曾珉，字吾辉，山上人，新津知县。

余敏，字时勉，乌沙埂人，应天榜，浦城知县。

杜佐，字叔宰，鹤村人，福州同知。

孙中，字仲正，邑郛人，应天榜，盐课司提举。

徐鉴，莲花桥人，濮州学正。

孙约，字束兮，贞之孙，长芦运判。

滕卓，药湖人，桃源知县。

刘方，字元芳，荷溪人，桂林府推官。

李坪，字世泰，瓛之弟，襄府长史。

徐冕，莲花桥人，宿州知州。

李达，字宗敏，筱塘人，富顺教谕。

李述，详进士。

袁芳，详进士。

杨瑄，详进士。

甘成，字廷用，宣之兄，武昌教授。

游浩，详进士。

周礼，曲江人，顺天榜，茶陵州训导。

景泰五年甲戌孙贤榜

宋荣，字宏仁，松湖人，监察御史，云南佥事。

范镛，衷之子，广西按察使，有传。

袁润，字习德，袁坊人，云南左参政。

杨瑄，子荣之子，按察使，有传。

聂元，字存善，泉井人，会魁，云南佥事。

李述，字继之，清溪人，贵州佥事，有传。

李裕，南湖人，吏部尚书，有传。

汪振，字启先，松湖人，应天榜，刑部员外。

毛伦，贵之子，字天叙，监察御史，福建按察，有传。

景泰七年丙子乡试　解元易居仁

是年始定解额。

涂观，详进士。

孙期，俨之子，庆远知府。

熊怀，详进士。

雷霖，字益济，城陵人，一作雷震。

涂棐，详进士。

徐子渊，觉溪人，助教，历楚府长史。

夏环，详进士。

游理，字邦治，苦竹人，怀远知县。

章甫，详进士。

刘文，梅冈人，顺天榜，助教。

天顺元年丁丑黎淳榜

袁芳，字始声，袁坊人，会试第五名，给事中，四川参议。

游浩，字盛如，安沙人。

丁璐，沙湖人，广东参政，有传。

夏环，字曰谦，学前人，监察御史。

熊怀，邑郛人，刑部侍郎，有传。

天顺三年己卯乡试　解元彭教

邬祥，字天福，邬家渡人，知县。

范镆，详进士。

涂峻，字具德，东城人，归州学正。

黄琥，荷塘人，广东参政，有传。

陈昭，详进士。

游邦贞，字本固，苦竹人，周府长史。

高洁，字融章，南巷人，勤学慎行，春闱遇火灾，赠进士。

天顺四年庚辰王一夔榜

涂观，谦之弟，衢州知府，有传。

胡泾，轸之孙，副使，有传。

涂棐，曲江人，副使，有传。

范镆，字彦俊，衷之子，广东参政。

天顺六年壬午乡试　解元计礼

黄谅邑郛人，清远知县，有传。

徐荣，字时达，邑郛人，汀州通判。

涂冲，字凤文，甘棠人，枣阳知县。

熊定，邑郛人。

熊瑄，字廷璧，湖北人，福州教授。

毛松龄，详进士。

饶一正，介山人。

金銮，竹山人。

孙纲，字立兮，曰让子，应天榜，寿昌知县。

黄沂，黄城人。

邓森，字梓材，邑郛人，顺天榜，襄府长史。

孙缉，详进士。

袁祯，详进士。

天顺八年甲申彭教榜

先是，七年癸未春闱灾，丰邑遇灾者四人，高洁、涂珏、曾灏、胡黼，诏俱赠进士，赐祭。是年补行会试。

傅实，大港口人，参政，有传。

章甫，字宏冕，埂头人，广西佥事。

聂蒙昌，字德隆，好谦子，云南佥事。

孙缉，字继兮，曰良子，监察御史。

陈昭，字育明，荣塘人，监察御史，升广东佥事，征黎有功，卒于官。

成化元年乙酉乡试　解元黎宪

聂玮，字廷玉，智之子，赣榆知县。

李贞，字顺明，邑郛人，龙泉知县。

周楫，字汝济，槎燥人，德府纪善。

邹儒，详进士。

杜礼，立之子，知府，有传。

罗衿，荷塘人。

胡震，龙雾洲人，知县。

熊绣，以湖广戍籍中，详进士。

胡廷祐，下阳人，湖广榜，台州训导。

成化二年丙戌罗伦榜

袁祯，荷塘人，监察御史，有传。

邹儒，字宗鲁，湖塘人，御史，升云南佥事。

熊绣，莲花桥吴坊人，刑部尚书，有传。

成化四年戊子乡试　解元彭纲

丁禧，字天锡，忠义坊人，江阴知县。

叶澄，字愈廉，南巷人。

涂畴，详进士。

吴源，字本清，旸源人，仁和知县。

熊魁，字一元，庄前人，雷州通判，有政声。

刘巽，详进士。

甘昭，字廷望，宣之弟，铜仁知府，进阶亚中大夫。

孙纶，字组兮，曰良子。

朱德，字太古，斌之子，平湖知县。

周相，字易巽，苦竹人，益阳知县。

李延，详进士。

巫瑗，复姓胡，里长埠人，南塘知县。

任萍，荷塘人。

成化五年己丑张昇榜

毛松龄，显之子，字乔年，孝弟坊人，湖广副使，祀名宦，有传。

李延湖，茫人，广西副使，有传。

成化七年辛卯乡试 解元万廷凤

朱璞，字文玉，杭桥人，肇庆通判。

李寿，字修德，小港人，保昌知县。

袁苜，字时采，袁坊人，钦州知州。

夏珪，字日瑞，学前人，刑部司务。

熊信，字实夫，下阳人，歙县知县。

蔡祥，字鸣凤，邑郛人，顺天榜，庐州府教授。

刘濬，字源洁，邑郛人，顺天榜，衡山教谕。

熊章，邑郛人，顺天榜，代府长史。

旧案云:《省志》李寿、熊信、蔡祥、刘濬、熊章五人俱误作新建人。

成化十年甲午乡试 解元罗奎

丁鍊，详进士。

江潭，详进士。

孙鹏，字必大，曰良孙，顺天榜，番禺知县。

熊焕，字德章，南冈人，均州学正。

熊一定，瓘山人，知州，有传。

刘耀，曲江人，通州判。

甘琦，字亨会，邑郛人，大理推官，有清操。

李振，字与崇，湖茫人，太宁教谕。

袁蕇，字时敷，袁坊人。

李镛，字万声，振之侄，代府长史。

黄贡，字其达，城南人，石埭知县。

成化十三年丁酉乡试

杨廉，解元，详进士。

余聪，字元敏，桐木桥人，太湖教谕。

涂昇，详进士。

涂成文，甘棠人，安庆同知，加四品服色。

徐文，隐溪人，涪州学正。

李汉，详进士。

胡贤，字万爵，期塘人，蓝山知县。

涂瑄，字白昭，甘棠人，汤溪教谕。

杜梁，字玉充，参之子。

杨鼐，详进士，顺天榜。

熊璋，邑郭人，国子学录。

成化十四年戊戌曾彦榜

杨鼐，字杰和，邑郭人，泺州知州。

涂畴，东城人，知府，有传。

丁鍊，会魁，侃之孙，工部员外，有传。

涂昇，观之子，副使，有传。

成化十六年庚子乡试　解元季源

盛佐，字学夔，邑郭人，朝城教谕。

黄芸，详进士。

罗禄，字廷爵，南巷人。

罗翰，字鹏举，荷塘人，黄州推官，清介有声。

袁春，字一舆，袁坊人，吴县教谕。

朱珂，字鸣玉，穆湖人，辰州同知。

夏金，字宗黄，学前人。

聂达，字从政，五都人，知州。

顿质，字文素，曲江人，顺天榜。

成化十七年辛丑王华榜

江潭，邑郭人，工部郎中，有传。

成化十九年癸卯乡试　解元李素

涂旦，详进士。

李勤，字克翼，裕之侄，常德府教授，典文衡。

涂铉，字文粹，火巷人。

孙蔓，字致龄，义井巷人，枣阳知县，有廉名。

虞书，字振道，杭桥人，酆都教谕。

黎芳，字善政，南庄人，邛州学正。

汪浔，曲江人。

李概，裕之子，顺天榜，知府，有传。

李望，字修仪，邑郛人，顺天榜，乌程教谕。

成化二十年甲辰李旻榜

黄芸，字斯馨，清塘人，刑部郎中，有传。

刘巽，字季顺，邑郛水口人，刑部郎中，云南恤刑，谳狱无冤。

成化二十二年丙午乡试 解元江潮

刘善，字世良，学前人，蓬莱教谕，典陕西文衡。

蒋钦，字行简，蒋家楼人。

李道宏，白塔人，沛县教谕，一作宏道。

涂烨文，甘棠人，汉阳府教授。

熊祥，以镇远籍中，旧志作庚子，详进士。

成化二十三年丁未费宏榜

涂旦，字卿元，观之子，礼科都给事中，湖广左参政。

李汉，裕之侄，都给事，有传。

熊祥，字文应，西乡人，广西佥事。

杨廉，崇之子，会试三名，礼部尚书，谥文恪，有传。

弘治二年己酉乡试 解元汪俊

江淙，第二名，详进士。

金选，以荆门州籍中，详进士。

朱祖元，字廷望，石郭人，衡府长史。

蔡廷周，南山人，泗州学正。

李彦，以袁州卫籍中，详进士。省志重。

周冕，字文中，登仙门人，湖广榜，淯州训导。

崔崟，字崇徽，仙音巷人，潜江教谕。

袁范，字时宪，润之子，汉川知县。

李伟，字万俊，湖茫人，应天榜，长沙同知。

吴祺，详进士。

杨炯，省、府志作南昌人，兹仍前志存之。

弘治五年壬子乡试 解元罗钦顺

范兆祥，详进士。

涂景，字卿美，观之子，四会知县，有政声。

袁黝，袁坊人，宗人府经历，有传。

游湘，城陂人。

周镐，字曰京，田南人，邵武教谕，三典文衡。

弘治八年乙卯乡试　解元彭应奎

雷述，邑郛人，通判，有传。

熊卓，详进士。

范珪，字自修，镁之子，仙游知县。

李瓒，字南器，筱塘人，应天榜，绵县教谕。

黄侃，古泥塘人，知县。

袁光，字公晦，袁坊人。

袁炯，字公明，芳之子，一作絅。

余韶，字凤仪，知县。省府志作南昌人。

弘治九年丙辰朱希周榜

范兆祥，上郊人，检讨，有传。

熊卓，曲江人，监察御史，有传。

弘治十一年戊午乡试　解元欧阳云

陆时通，详进士。

涂秋，字仲实，棐之子，扬州通判。

甘璲，字世鸣，宣之子。

李敏，字昭行，邑郛人，知县。

蒋淙，字正之，阳夏坊人，省志作“宗”。

罗仁，荷塘人，应天榜。

弘治十四年辛酉乡试　解元刘节

叶钊第二名，详进士。

杨敩，字学文，崇之孙，永康知县，四典文衡。

黎顺，字舜臣，对江人，长史。

丁澄，字宪卿，邑郛忠义坊人。

涂敬，详进士。

熊绶，字正仪，怀之子。

熊辑，字时和，桑梓桥人。

范伟，字秀民，兰之子，辰州通判。

朱概，详进士。

李缙，南湖人，同知，有传。

游潜，城陂人，弼之子，知州，有传。

李金，详进士。

胡洁，以曲靖籍中，详进士。

弘治十五年壬戌康海榜

叶钊，邑郛人，礼部员外，有传。

江淙，潭之弟，知府，有传。

吴祺，旸源人，巡抚，有传。
涂敬，瑄之子，副使，有传。
弘治十七年甲子乡试 解元尹襄
甘珂，字世亮，成之子，第九名，云南府同知，有《北郭文集》。
袁華，字时凤，袁坊人，遂安知县。
熊茂，字元克，卓之侄，海阳知县。
熊一中，字广性，瓘山人，泉州府推官。
江湍，字朝顺，淙之弟，寿昌知县。
黄彝，字驭民，荷塘人，太和知县。
曾时，字景亨，山上人，新昌知县，徙居邑郭。
李浙，详进士。
《省志》遗。
陈梁，隐溪人，教谕。
正德二年丁卯乡试 解元夏良胜
杨铨，经魁，详进士。
杨康，字方乂，崇之子，亚魁，南陵知县。
杨孜，字勉文，崇之孙，孝友清修，博雅好学。任峨嵋知县。
邓镛，密岭人，知州，有传。
叶铭，字时新，钊之弟，濮州知州。旧志作“敏”。
吴天祐，字吉甫，詹坊人，浙江榜，临高知县，有诗名。
邹山龄，字仁甫，湖塘人，知县。
甘桂，字影木，邑郭人，新（建）籍。
周清，湖广榜，详进士。
喻茂坚，四川榜，详进士。
王弼，字公辅，钱塘人，以龙泉籍中。
正德三年戊辰吕柟榜
李金，湖茫人，知府，有传。
胡洁，字以清，龙雾洲人，光禄少卿。
朱槩，杭桥人，参政，有传。
李彦，金之侄，运使，有传。
正德五年庚午乡试 解元刘泉
吴希贤，字士勉，詹坊人。
邹珠，字廷来，东湖人，成都知县。
赖暹，字文中，邑郭人，黔县知县，有政声，升刑部主事。
李铨，字万选，湖茫人。
范祉，字申之，槎村人，溆浦知县。
王国光，详进士。

汪浚，字开宗，松湖人，知县。
胡廷赐，字效忠，期塘人，知县。
熊彰瓘，山人，湖广榜，知县。

正德六年辛未杨慎榜

陆时通，仙音巷人，监察御史，有传。
金选，字惟贤，曲江人，寿府长史。
万潮，旧志遗，《府志》作进贤人，今据《省志》补入。
周清，字世宁，推官。
喻茂坚，南神桥人，刑部尚书，有传。

正德八年癸酉乡试　解元王昂

陈器，字道遇，上坊人。
吕箕，字南有，塘下人，钧州知州，转长史。
胡舜清，字师夔，洁之侄，知县。
江鱼，潭之侄，推官，有传。
袁城，详进士。
李廷璋，字宗德，大陂人，知府，有传。
鄢高，字时升，故里人，光泽知县，有传。

正德九年甲戌唐皋榜

杨铨，邑郛人，府尹，有传。
王国光，字君重，屯溪人，兵部主事，有传。

正德十一年丙子乡试　解元郭鹏

李逄，详进士。
陈善，字诲之，汕田人。
高宇，邑郛人，知府，有传。
黄耀，字文韬，邑郛人，龙游知县。
刘善毓，字秀卿，艾冈人，蒲圻知县。
袁光儒，袁坊人，知州，有传。
袁光度，字应夫，光儒兄。
李中虚，字可受，曲江人，茶陵知州。

正德十四年本省以逆濠变罢试

正德十六年辛巳杨惟聪榜

袁城，字邦卫，袁坊人，衢州知府。
李浙，湖茳人，镛之子，礼部郎中，有传。《省志》误作南昌人。

嘉靖元年壬午乡试解元陈昌积

是年解额倍数。
陆时泰，字道亨，时通弟。

郭希颜，详进士。
涂楗，详进士。
陆梦麟，详进士。
李遂，详进士。
范广，字正宏，智林巷人，襄阳知县。
陆时望，时泰弟，徐州知州，有传。
甘勋，详进士。
甘时华，字实卿，邑郛人，安肃教谕。
雷裕，字必亨，雷坊人，通判。
黄镞，字尤直，门楼人。
袁埴，字邦器，袁坊人，繁昌知县。
甘翔鹏，字时举，甘洲人，金华同知。
蔡立，字汝中，邑郛人，温州通判。
李瑞芳，曲江人，通判，有传。

嘉靖二年癸未姚涞榜

甘勋，字希周，邑郛人，桃源知县。
陆梦麟，时泰侄，御史，有传。

嘉靖四年乙酉乡试 解元魏良政

朱冕，详进士。
黄浔，荷塘人，知州，有传。
熊垚，字元夫，卓之弟，岑溪知县。
王齐字符修，西乡人，河南榜，太仆寺丞。
杨经，陕西榜，第三名，详进士。

嘉靖五年丙戌龚用卿榜

李遂，湖茫人，兵部尚书，谥“襄敏”，有传。
杨经，字廷训，本姓王，井上人。

嘉靖七年戊子乡试 解元谢应岳

雷礼，详进士。
游禾，字定嘉，城陂人，潜之子，汉阳通判。
孙世祐，详进士。
吴江，字道源，斜溪人，福建运使。
李梓芳，清溪人，通许知县，补传。
朱芾字，朝章，曲江人，太仆寺丞。

嘉靖八年己丑罗洪先榜

涂楗，昇之子，副使，有传。
孙世祐，同造人，刑部侍郎，有传。

李逢，瑊之曾孙，知府，有传。

朱冕，邑郭人，同知，有传。

嘉靖十年辛卯乡试　解元欧阳杲

谌谦，字益德，邑郭人，武昌知县。

黄巽，字克制，谅之子，侯官知县。

李玑，详进士。

朱灏，字明旭，祖元子，连州知州。

黄国用，荷塘人，御史，有传。

袁邦行，字信叔，袁坊人，平原知县。

喻时，河南榜，详进士。

嘉靖十一年壬辰林大钦榜

雷礼，镡舍人，工部尚书，赠太保，有传。

郭希颜，旗塘人，中允，有传。

嘉靖十三年甲午乡试　解元周儒

黄朏，第六名，详进士。

陆梦豹，详进士。

涂铉，详进士。

范庆，详进士。

刘建，大街人，推官，有传。

吴道南，河南榜，详进士。

黄炯，邑郭人，知府，有传。

嘉靖十四年乙未韩应龙榜

李玑，湖茫人，二甲第一，礼部尚书，有传。

范庆，邑郭人，副使，有传。

嘉靖十六年丁酉乡试　解元张希举

鄢懋卿，详进士。

袁光翰，详进士。

杜拯，详进士。

孙铨，孙坊人。

袁钲，字汝静，袁坊人，瓘阳知县。

嘉靖十七年戊戌茅瓒榜

杜拯，鹤村人，工部侍郎，有传。

吴道南，字文在，老塘人，扬州推官。

喻时，字中甫，松湖人，由知县升御史，历太仆寺卿，巡抚保定，总督三边都御史，兵部右侍郎。

嘉靖十九年庚子乡试 解元王渤

雷逵，详进士。

雷贺，详进士。

徐南金，详进士。

夏祚，字长卿，湖广榜，陈留教谕。

嘉靖二十年辛丑沈坤榜

徐南金，源岭人，巡抚副都御史，有传。

鄢懋卿，字景修，高之子，副都御史，刑部侍郎。

雷逵，裕之子，山西右布政，有传。

雷贺，述之子，巡抚副都御史，有传。

嘉靖二十二年癸卯乡试

胡杰，解元，详进士。

万寀，详进士。

黄城，字良卿，清塘人。

宋洛，字宗程，松湖人，兵部员外郎。

朱世彻，字道昭，杭桥人，上杭知县。

熊芝，字子瑞，松湖人山东榜。

邱桂芳，字硕卿，禾冈人，湖广傍，常熟教谕。

雷梦麟，进贤籍，详进士。

嘉靖二十三年甲辰秦鸣雷榜

涂铉，东城人，二甲第一，知府，有传。

陆梦豹，梦麟弟，工部主事，有传。

万寀，字一和，学前人，大理寺卿。

雷梦麟，字伯仁，城陂人，陕西右参政。

旧案云：雷梦麟，《丰乘》无其名，省、府志，乡、会榜及人物传俱载进贤人。子澪，中万历辛卯乡试，亦载进贤人。康熙三年《志》，俱编为邑人，不知何据，姑仍存之。

嘉靖二十五年丙午乡试 解元易宏器

李栻，亚魁详进士。

李懋，字万德，金之孙，长沙通判。

陆于嘉，仙音巷人，竹溪知县，有传。

张益，详进士。

文广，字子容，城隍巷人。

熊早，字时地，绛湖人，锺祥知县，升知州。

李东华，详进士。

吴金，应瑞孙，建宁知县，有传。

李东苹，东华弟，襄府长史，有传。

彭登瀛，广西榜，详进士。

嘉靖二十六年丁未李春芳榜

胡杰，旗塘人，祭酒，有传。

袁光翰，字宪甫，袁坊人，陕西副使。

彭登瀛，字选之，港口人，工部主事。

黄朏，绵之子，参议，有传。

嘉靖二十八年己酉乡试　解元何涛

黄国华，详进士。

袁伯雅，字宗正，袁坊人，上元知县。

赖守中，邑郭人，通判，有传。

袁伯睿，字宗圣，城之子，太仓知州。

夏栻，详进士。

皮豹，应天榜，详进士。

李瓒，字臣献，南湖人，廷观、廷谟父，宝应知县，有传。

袁伯嵩，字宗镇，袁坊人，鼐臣祖，蕲州知州。

涂钧，字季秉，棐曾孙，岷府教授。

卫应瑞，字道征，邑郭人，知县，有政声。

孙耀，蔓之孙，虹县知县，有传。

王宾，字汝观，南溪人，湖广榜，昌平知州。

嘉靖二十九年庚戌唐汝楫榜

张益，社冈人，兵科都给事中，有传。

夏栻，学前人，太仆少卿，有传。

嘉靖三十一年壬子乡试

李贵，解元，详进士。

李材，亚魁，详进士。

邓集，字国光，镛之孙，常州通判。

赖梅，邑郭人，太湖知县，有传。

胡绪，详进士。

袁国宾，详进士。

叶浩，字惟养，南巷人，衢州通判。

周汝德，详进士。

胡师，杰之兄，怀安通判，有传。

孙溥，字仁甫，曰恭裔，应天解元，教谕。

孙烺，字晦卿，西乡人以新建籍中，霍州知州。

张鸣凤，字羽王，揆、挺父，广西榜知州。

嘉靖三十二年癸丑陈谨榜

李贵，裕之元孙，四川副使，有传。

李东华，焕之孙，礼科都给事，有传。

嘉靖三十四年乙卯乡试 解元闵文卿

游季炎，详进士。

袁均咸，字诚之，光儒子，金华通判。

袁实遂，详进士。

黄翠，详进士。

周賁，字应时，南巷人。

李廷观，详进士。

徐铭，字惟新，火巷人。

孙世用，字济之，蔓之孙，余杭知县。

范谦，详进士。

嘉靖三十五年丙辰诸大绶榜

李廷观，瓒之子，运使，有传。

黄翰，原名翠，朏之侄，永州知府，有传。

嘉靖三十七年戊午乡试 解元习孔教

丁杰，字国明，丁坊人。

范惟恭，邑郛人，同知，有传。

丁材，字国用，杰从兄，竹溪教谕。

黄虞臣，城南人，雅州知州，有传。

涂梦桂，详进士。

蒋机，详进士。

徐守伦，字顺之，花桥人，教谕，典山西文衡，升威远知县。

熊养锐，详进士。

李橡，详进士

雷沛，镖舍人，湖广榜，知县。

范轸，四坊人，贵州榜，阿弥知州。

宋附，四川榜，详进士。

嘉靖三十八年己未丁士美榜

黄国华，会魁，荷塘人，龙安知府，有传

熊秉元，原名养锐，旸源人，兵部郎中，有传。

周汝德，蒋坊人，云南副使，有传。省志作南昌人误。

皮豹，字文蔚，曲江人，应天榜，广南知府。

嘉靖四十年辛酉乡试 解元黄文炜

蒋伯圭，字廷觐，阳夏坊人，怀远知县。

孙樾，邑郛人，泰州知州，有传。

雷瀚，礼之子，顺天榜，有传。

酆一相，详进士。

林之栋，字光隆，陇城人，湖广榜，鹿邑知县。

赵可镕，四川榜，旧志作戊午，详进士。

罗继韩，字懋琦，荷塘人，汝阳教谕，讲学励行，升景陵知县，多善政。

嘉靖四十一年壬戌申时行榜

李材，遂之子，巡抚右佥都御史，有传。

游季勋，原名季炎，城陂人，潜之孙，应天府尹。

蒋机，沆江人，巡按御史，有传。

李橡，瑊之孙，嘉兴知府，有传。

赵可镕，字汝从，白土人，工部郎中。

嘉靖四十三年甲子乡试　*解元祝眉寿*

袁应旂，详进士。

黄时济，登仙门人，孝感知县，有传。

黄焯，详进士。

杜搢，详进士。

杜循，详进士。

涂锺岳，字惟翰，甘棠人，钧州知州。

宋伟，字符绩，松湖人，同知。

喻应台，南城桥人，茂坚孙，四川榜，黎平知府。

喻思恪，南城桥人，茂坚曾孙，四川榜，户部郎中。

嘉靖四十四年乙丑范应期榜

袁国宁，原名国宾，字子清，袁坊人，承天知府。

涂梦桂，甘棠人，吏科给事中，有传。

李栻，遂之子，副使，有传。

酆一相，黄埠脑人，庐州同知，有传。

隆庆元年丁卯乡试　*解元蔡贵*

袁伯钥，字宗准，袁坊人，含山知县，升通判。

刘礼，字崇之，艾冈人，武昌知县。

李国珍，字献甫，曲江人。

林梅，字应魁，之栋弟，酆都知县。

毛琦，字汝荐，大屋人。

丁余庆，字国瑞，沙湖人，顺天榜。

李天祥，字汝善，湖茫人，以临川籍中。

隆庆二年戊辰罗万化榜

黄焯，衙背人，副使，有传。

胡绪，杰之侄，布政使，有传。

范谦，庆之子，礼部尚书，谥文恪，有传。

杜循，字伯理，搢之侄，扬州教授。

隆庆四年庚午乡试 解元孙希夔

李廷谟，亚魁，详进士。

胡以准，字可平，龙雾洲人，衢州推官。

范梅，详进士。

黄正物，字惟德，城南人，寿宁知县。

吴达，字世行，旸源人，河池知州。

袁玉成，字汝器，荷塘人，阿弥知州，以清廉名。

孙梗，字汝良，樾之弟，扬州通判。

黄墀，字仲宣，焯之侄，余姚教谕。

林遇春，字守亨，陇城人，兴济知县。

李元龄，四川榜，详进士。

隆庆五年辛未张元忭榜

杜搢，拯之弟，临清知州，有传。

袁应旂，字邦士，袁坊人，永安知县。

袁实遂，字宗元，袁坊人，金华知府。

范梅，化鹏巷人，兴化知府，有传。

万历元年癸酉乡试

徐州牧，解元，隐溪人，平林知县，有传。

徐即登，详进士。

周祎，字国章，登仙门人，清之侄。

李琯，详进士。

徐忠齐，字汝桢，南金侄。

陆应川，应天榜，详进士。

王邦基，大港口人，应天榜，知州，省志缺。

邹思亮，字执卿，湖广榜教谕。

熊寅，湖广榜，详进士。

万历四年丙子乡试 解元王命爵

袁仕锐，字以志，袁坊人，河南府通判。

熊秉衡，字文卿，秉元弟河东运同。

游圻，字于辅，城陂人，大河知县。

袁奎，详进士。

陆策，字廷献，应川兄，训导，典浙江文衡，徐闻知县，有《卮言文集》。

万历五年丁丑沈懋学榜

李瑄，筱塘人，按察使佥事，有传。

李元龄，字仁卿，清溪人，山西副史，省志缺。

宋附，字仲翼，白富人，云南府知府。

万历七年己卯乡试　解元饶位

郭廷辅，字良臣，希颜侄，亚魁，海丰知县。

罗栋，详进士。

李复阳，详进士。

李应龙，字文明，南湖人，勤之孙。

李大临，字以庄，南湖人。

熊廷相，字以良，密岭人，顺天榜，高州知府。

李舒芳，字万英，筱塘人，山东榜，庆阳同知。

朱应龙，字时甫，燕山人，新建籍，邵阳知县。

彭子光，登瀛孙，广西榜，延安推官。

关世亨，字道通，大港口人，顺天榜，临洮同知。

万历八年庚辰张懋修榜

李廷谟，廷观弟，湖广副使，有传。

袁奎，字聚卿，袁坊人，顺天府尹。

万历十年壬午乡试　解元刘应秩

李启美，亚魁详进士。

熊鸣夏，详进士。

蒋仁，字良贵，阳夏坊人，临安知县。

彭养德，字以修，彭坊人。

彭子正，登瀛孙，广西榜。

张揆，字端孟，鸣凤子，广西榜，新化知州。

王之机，字懋吉，槎熫人，湖广榜，四川右参政。

万历十一年癸未朱国祚榜

徐即登，斗门人，河南按察使，有传。

李复阳，湖茫人，通政司参议，有传。

万历十三年乙酉乡试

熊尚文，解元，详进士。

涂汝凤，字文仪，畴曾孙，经魁，商河知县。

袁懋谦，亚魁，详进士。

李大立，字汝礼，南湖人。

徐仕登，字德懋，莲花桥人，广平同知。

黎汴，字文畿，洪桥人，济南通判。

胡绩，字本勤，绪之弟，乐亭知县。

陆应篁，字孟修，梦豹子。

李泰亨，字孟中，琯之侄，衡府长史。

甘为瀚，字君容，邑郛人，永丰教谕。

雷映，贺之子，顺天榜，工部郎中，有传。

李景春，应天榜，详进士。

萧重望，贵州解元，详进士。

万历十四年丙戌唐文献榜

熊鸣夏，侯塘人，吏科给事中，有传。

李启美，瓒之孙，检讨，有传。

陆应川，仙音巷人，按察使，有传。

萧重望，字仰卿，石滩人，云南道监察御史。

万历十六年戊子乡试 解元刘文卿

朱孔昭，字汝严，寺前人，经魁，会同知县。

涂尚德，字明之，铉之孙，经魁。

李右谏，亚魁，详进士。

蒋世亨，字致和，仁之侄，兵〈部〉车驾司员外。

熊思孝，字念甫，瓘山人，永康知县。

万铉钹，字仲冕，学前人，隆昌知县。

涂沆，字太初，秩之孙，河内知县。

蒋汝瑚，详进士。

熊廷栋，字吉甫，廷相弟，景州知州。

雷叔闻，字实先，沛之子，湖广榜，应天府推官。

万历十七年己丑焦竑榜

李右谏，东华子，太仆寺卿，有传。

蒋汝瑚，阳夏坊人，广西参议，有传。

罗栋，中溪里人，礼科给事中，有传。

万历十九年辛卯乡试 解元陈幼良

熊国臣，字以忠，根竹人，善化教谕。

唐大章，详进士。

熊鸣岐，详进士。

游一清，字得一，燕窝人，湖广榜。

张挺，字仲立，鸣凤子，广西榜。

雷澤，字道甫，梦麟子，省志作进贤人。

万历二十年壬辰翁正春榜

熊寅，字国亮，杭桥人，婺源知县，省府志作新建人。

万历二十二年甲午乡试　解元张以化

徐鉴，亚魁，详进士。

杨惟相，沙上人，刑部员外郎，有传。

罗宪凯，详进士。

李炳奎，字邦明，湖茫人，葭州知州。

熊应春，改名师望，字右吕，马口人，应天榜，深州知州。

谭之凤，字瑞甫，西乡人，和州知州。

万历二十三年乙未朱之蕃榜

熊尚文，邑郭人，工部尚书，有传。

李景春，字飞伯，筱塘人，汀州推官。

万历二十五年丁酉乡试

徐来泰，字静叔，鉴之弟，解元。

夏师夔，字翼胄，小岭人，第二名。

傅宗皋，亚魁，详进士。

罗懋汤，字惟敬，鹄之孙，光州知州。

熊剑化，详进士。

邱士毅，详进士。

刘应乾，详进士。

李廷觐，字明忠，南湖人，檠曾孙。

黄泰元，字惟熙，翰之侄，阜城知县。

皮光国，字柱卿，豹之孙，应天榜。

黄金章，清塘人，河南榜。

曾可立，阳池人，贵州榜，从化知县，有传。

朱廷臣，字良辅，埠下人，贵州榜内丘知县，有政声。

万历二十六年戊戌赵秉忠榜

傅宗皋，卢坑人，尚宝寺卿，有传。

刘应乾，字德易，艾冈人，工部主事。

万历二十八年庚子乡试　解元江和

李右谠，详进士。

李廷锡，字稺恭，南湖人，大立侄，英德知县。

李洪先，字汝春，湖茫人。

袁懋绚，字尚卿，袁坊人，邳州知州。

李予龄，字佺期，湖茫人，邻水知县。

徐可大，字敛之，贵州榜，咸宁知县。

万历二十九年辛丑张以诚榜

袁懋谦，袁坊人，兵科给事中，有传。

徐鉴，火巷人，太仆寺卿，有传。

罗宪凯，荷塘人，会魁，贵池知县，有传。

熊剑化，松湖人，监察御史，有传。

万历三十一年癸卯乡试 解元龚而安

宋良翰，亚魁，详进士。

潘际泰，字至交，瞿塘人，严州通判。

袁鼐臣，详进士，省志误作袁臣。

李墀，字以忠，湖茫人，巴东知县。

曾世臣，字汝良，石坑人，盱眙知县。

喻思慥，南神桥人，思恪弟，四川榜，经魁。

饶继美，字贞甫，角里人，贵州榜。

李朝桂，字君选，南湖人，贵州榜，池州同知。

万历三十二年甲辰杨守勤榜

邱士毅，邑郭人，礼部尚书，有传。

万历三十四年丙午乡试解元陈良佑

李颎，材之子，亚魁，有传。

杜孟龙，字乾甫，循之子。

魏可权，湖茫人，应天榜。

游士任，湖广榜，详进士。

罗文英，本姓游，河南榜，详进士。

杨廷诏，贵州解元，详进士。

万历三十五年丁未黄士俊榜

唐大章，北门人，礼部尚书，有传。

熊鸣岐，字文甫，鸣夏弟，广东布政。

宋良翰，字直夫，后塘人，工部员外郎，有传。

罗文英，字质先，罗坊人，监察御史。

万历三十七年己酉乡试 解元蔡士芹

熊邦荣，字德美，秉元侄，云南府同知。

李维乔，详进士。

朱道光，详进士。

周长祚，字伯隆，泊濂人，知县，升楚雄府通判。

雷震鳌，城陂人，应天榜，省志缺。

万历三十八年庚戌韩敬榜

游士任，字坚生，燕窝人，长兴知县。

万历四十年壬子乡试　解元傅朝佑

李予珉，字中玉，湖茫人。

余泰阳，字天开寺前人，襄城教谕。

袁文新，袁坊人，福建瓯宁籍，顺天榜。

于震春，字孟阳，于家洲人，天台知县，有治迹。

熊若龙，字羽人，枫山人，南海籍，广东榜。

刘应辰，字伯枢，石滩人，镇远籍，贵州榜，省志作进贤人。

万历四十三年乙卯乡试　解元王绩灿

余复亨，字心易，西山舍头人。

袁国绶，字仲若，袁坊人，漳州府同知。

李一鲲，字世卫，大陂人，大邑知县。

黄栋华，字茂之，翰之孙。

范仕观，字季玉，槎村石井人。

范茂卿，字致云，牛溪人。

涂梦虬，字时应，甘棠人。

黄大受，详进士。

徐应问，字以闲，隐溪人，以南昌籍中。

吴国光，字世观，旸源人，南昌卫籍。

蒋汝贤，字颢升，长安人，顺天榜。

张应科，字登甫，学前人，湖广榜。

喻思恂，四川榜，详进士。

万历四十四年丙辰钱士升榜

袁鼒臣，字调卿，伯嵩孙，长兴知县。

喻思恂，字未孩，南神桥人，应台子巡抚都御史，省志缺。

万历四十六年戊午乡试　解元张斌

雷化鳞，详进士。

李臭，字云将，遂之孙。

袁国弼，字子赉，袁坊人，善化教谕。

孙举海，邑前人，湘乡知县，有传。

刘邦澜，字惟本，艾冈人，荆州同知。

刘士龙，字季腾，青洲人，温州推官，历浙江副使。

黄元春，字克长，衙背人，常山教谕，省志误作新建人。

刘文炳，字简仲，士龙兄，桂东知县。

万历四十七年己未庄际昌榜

李维乔，南湖人，知县，有传。

黄大受，城南人，兵部主事，有传。

杨廷诏，字贞孚，田心人，吏部员外，湖广副使。

天启元年辛酉乡试 解元李国球

赖国章，字聚垣，邑郛人，经魁，滕县教谕。

胡学鸿，字衎之，旗塘人，诏安知县，有治迹。

蔡莱，字静复，南街人，福州同知。

管永清，字敬成，罗湖人，黄岩知县。

文可纪，字大美，城隍巷人，天台知县，有传。

徐鸿祚，字灵长，来泰子，安塞知县。

何世延，字带江，河湾人，贵州榜，泉州同知。

刘守诚，荷满塘人。

天启二年壬戌文震孟榜

雷化鳞，镡舍人，漳泉道副使，有传。

朱道光，字吉晖，朱坊人，阳江知县，有政声，崇祀名宦。

天启四年甲子乡试

余有敬，解元，大井头人，吏部司务，有传。

雷谷，字孟嘉，礼之孙，第二名，雩都教谕。

鄢鼎臣，字伯任，泉塘人，北流知县，有传。

游允达，安沙人，获鹿知县，有传。

李炜，字明初，湖茫人，青浦知县。

旧按云，游允达、李炜俱以南昌府学中，省志故作南昌人，前后如此类者甚多，偶为摘出。

天启五年乙丑余煌榜

李右谠，东苹于，巡按御史，有传。

天启七年丁卯乡试元孔大德

杨其璟，字瑞玉，栗塘人，庐陵教谕。

史垂誉，详进士。

赖继夔，字九修，邑郛人，工部郎中，《省志》误作“继皋”。

孙之昊，详进士。

邹守常，详进士。

李铭，字允常，湖茫人，河间推官。

万曰骢，字白驹，三港口人。

崇祯三年庚午乡试 解元刘逵

甘大绶，详进士。

罗大任，详进士。

丁序琨，字曼器，梦阳子，庚辰特用，云南知府，有传。

熊齐耀，字穆子，南巷人，泸溪教谕，有传。

罗宪俨，改名大俨，字望侯，懋汤子，故城知县，《省志》误作南昌人。
雷文嶇，详进士，《省志》误作南昌人。
袁秉琨，字君实，袁坊人。
崇祯四年辛未陈于泰榜
罗大任，字小逊，京堆人，会魁，国子监祭酒，有传。
崇祯六年癸酉乡试　解元刘星耀
徐彦，字子卿，州牧子，第二名。
杜蚪，字叔龙，鹤村人。
熊培元，瓘山人，庚辰特用，朝城知县，有传。
左侍，埬上人，处州同知，有传。
汪汝纪，以汉阳籍中。
崇祯九年丙子乡试　解元黄腾达
刘起翔，字羽文，艾冈人，清江教谕。
熊飞万，字羽上，瓘山人。
罗霈，字济之，栋之侄，顺天府推官。《省志》误作南昌人。
游允进，字子晋，安沙罗坑人，河南榜。
涂贞，字正甫，甘棠人。
熊学粹，字孟纯，埂口人。
甘棠淑，字东白，大熑人，新城教谕。
袁懋龄，字大年，袁坊人，庚辰特用，江宁知县。
熊士衡，字平仲，廷栋子，龙泉教谕。
黄之伟，字伟人，古泥塘人。
邹士聪，字天耳，枫林桥人，贵州榜，元氏知县。
按旧志，是科及国朝顺治六年己丑会榜，载有朱绂，查绂确属进贤人，兹不列。
崇祯十年丁丑刘同升榜
甘大绶，北泽人，武陵知县，有传。
邹守常，字寓庸，东湖人，常熟知县。
崇祯十二年己卯乡试　解元刘渤
鄢见，字无识，鼎臣子，经魁，有传。
涂贽，字五瑞，贞之弟，亚魁，上海知县。
朱胤煌，字仲弢，历仕人，亚魁，乐安教谕。
袁懋谕，字传卿，袁坊人。
杜旭，字昭如，鹤村人，武昌知县。
金星，字西白，邑乳人，郧阳同知。
黄起召，字季起，城南人。
甘杰，字仲特，甘州人。

徐仲翔，字子陵，莲花桥人，贵州榜。
曾可道，字彦先，阳池人，贵州榜。
崇祯十五年壬午乡试 *解元酆岳寿*
丁醇，字伯厚，沙湖人，癸未会副，有传。
范玉田，字若海，上郊人。
罗拱垣，字维北，京堆人，大任子，连平州知州，《省志》误作南昌人，有传。
熊贵允，字公信，瓘山人，庐陵教谕。
刘逢盛，详进士。
熊玉麟，字祥伯，槎熪人，阳信知县，省志误作南昌人。
甘汝亨，甘洲人，顺天经魁，永丰教谕，有传。
崇祯十六年癸未杨廷鉴榜
刘逢盛，荷溪人，行人司行人，有传。
孙之昊，字钦甫，同造人。
史垂誉，着棋巷人，翰林院庶吉士，有传。
国朝顺治三年丙戌乡试 *解元罗绍虞*
熊明遂，瓘山人，亚魁，江都知县，有传。
甘贞旭，字伯旦，邑乳人，乙未会副，邵武推官。
宋守诏，字承钦，上庄人。
熊兆鼎，字象也，熊家巷人，黄岩知县。
卢应召，字殿飏，青洲人，永丰教谕，升洛阳知县。
涂象震，东城人，壬辰会副，国子助教，有传。
李基，详进士。
杨鸿儒，字宗元，东城人，夏津知县。
黄炳启，详进士。
熊一虬，字霖伯，田垛上人，瑞昌教谕。
熊忠弼，字君求，瓘山人，天柱知县。
李郁，南湖人，安义教谕，有传。
孙承宗，原名琳，字凉先，同造人，己亥会副。
杨于廷，字昌言，城西人，刑部主事，升顺德知府。
范褆，槎村人，新安知县，有传。
曾志翀，字健冀，土枧人，泰和教谕。
龚选，字青万，西乡人，龙南教谕。《省志》误作南昌人。
孙文嫌，字庭光，北门人。
邱金炼，字近仁，西乡人。
徐一经，湖广榜，中书舍人。旧志遗，兹据省志补入。
旧案云：旧志是科载有李元华，查元华确属南昌人，兹不列。

顺治四年丁亥吕宫榜

黄炳启，翰之孙，会魁，礼县如县，有传。

顺治五年戊子

是年，本省以金声桓叛，罢乡试。

王澄，字圣起，槎壥人，江南榜。

旧案云：旧志是年载有朱志远，中顺天榜，查《省志》作进贤人，或即朱绂之族欤？兹不列。

顺治八年辛卯乡试　解元邓际逵

游洪佐，字元臣，城陂人，季勋曾孙，亚魁。

陆履敬，详进士。

邹曰仁，字长人，士彦子，富平知县。

范显祖，详进士。

唐士骐，字子弁，大章侄。

熊之翰，字崧生，齐耀子，同知，有传。

金玉书，字我锡，斜溪人，有传。

熊侪鹤，详进士。

曾之晟，字如日，彭坊人。

袁希炤，字元亮，袁坊人。

金城，字卫生，斜溪人，江南榜。

张泰来，以新建籍中，详进士。

顺治九年壬辰邹忠倚榜

范显祖，字若慈，上郊人，镇安知县，兵部主事。

熊侪鹤，字效抃，瓘山前村人，翰林院庶吉士，湖广道监察御史。

顺治十一年甲午乡试　解元张士骧

丁序珙，经魁，序琨从弟，详进士。

游运开，字玉壶，苦竹人，亚魁，广信教授。

葛士俊，字三有，县前人，《郡志》误作“俊”。

余配元，详进士。

雷俊，字获英，毂之子，沈邱知县。

蔡之祥，字旋吉，南街人，《省志》作南昌人。

关捷，本姓刘，字遴西，青洲人，《省志》作南昌人。

余天民，字仲行，有敬侄，信丰教谕。

金玫，字文玉，斜溪人，以□化籍中，知县。

黄叔铉，详进士。

黄在中，字素先，攸洛人，以清江籍中。

江源，湖广榜，详进士。

顺治十二年乙未史大成榜

雷光业，字世裘，原名文鼎，觳之子，会魁，封川知县，有政声，分典文衡。

顺治十四年丁酉乡试 解元陈以远

涂昂，字最乎，甘棠人。

余配乾，详进士。

黄锎，时济孙，思恩府同知，有传。

江殷道，湖广榜，详进士。

罗继谟，河南榜，详进士。

顺治十五年戊戌孙承恩榜

江殷道，字九同，湖头人，住龙雾洲，副使。

顺治十六年己亥徐元文榜

陆履敬，仙音巷，人大理寺观政，有传。

罗继谟，字旭岩，文英孙，翰林院庶吉士。

顺治十七年庚子乡试 解元曾寅

杜峤，字陟之，鹤村人。

顺治十八年辛丑马世俊榜

余配元，前村人，会试第二名，襄阳知县，有传。

黄叔铉，时济孙，雒容知县，有传。

江源，字岷自，殷道侄孙，清河知县。

旧案云：旧志列丁序珙于是榜，查序珙是年会试中式，甲辰始殿试，应归其年严我斯榜。

康熙二年癸卯乡试 解元邹度镛

徐斌，字宪万，水东人，新兴知县，有传。

李肇陞，字元达，维乔侄。

熊飞熊，字渭公，太阳庙人，贵州榜。

袁枢，字季辰，袁坊人，教授。《省志》作南昌人。

康熙三年甲辰严我斯榜

李基，南湖人，嵩县知县，有传。

丁序珙，沙湖人，住东城巷，西安知县，有传。

康熙五年丙午乡试 解元潘翘生

黄汲，字井三，衙背人。

李植，本姓涂，墟湖人。

丁蕙，详进士。

康熙六年丁未缪彤榜

丁蕙，沙湖人，由翰林任登莱参议，有传。

康熙八年己酉乡试　解元刘锡爵

徐天德，斗门人，庚戌会副，霍山知县，有传。

李云会，详进士。

卫梦征，字叶祥，澄源人。

万谦，详进士。

李应柳，字瑞生，师古堂人，《省志》误作南昌人。

熊榁，字西木，学粹子，新昌教谕，《省志》误作南昌人。

康熙九年庚戌蔡启僔榜

万谦，字符吉，小东门外人，桃源知县。

余配乾，配元兄，钜野知县，有传。

张泰来，吏部文选司，有传。

康熙十一年壬子乡试　解元彭恪

徐京，字曼大，荷塘人，经魁，龙南教谕。

李遇陛，司前人，娄县知县，有传。

雷鉽，东城巷人，袁州教授，有传。

孙上元，孙家渡下房人，贵州榜。

康熙十五年丙辰彭定求榜

李云会，榜名云龙，后改云会，湖茫人，由翰林任稽勋司郎中，有传。

康熙十七年戊午乡试　解元王笔珩

傅沛仁，字亦义，铨彦子。

康熙二十年辛酉乡试　解元梅之珩

刘毓英，字友千，艾冈人，第六名。

罗梦樟，字天木，橛树下人。

康熙三十三年甲子乡试　解元魏方泰

徐琳，字林玉，青蓝人，第六名。

雷曾，详进士。

康熙二十六年丁卯乡试　解元徐日暄

余长庚，字孟白，夏大井头人。

康熙二十九年庚午乡试

万俨，后万里人，解元，有传。

余珙，泸田人。

陈善治，字文安，罗泊人。

康熙三十二年癸酉乡试　解元朱轨

刘景向，字政孙，庄前文坊人。

康熙三十五年丙子乡试

江芑，湖广榜，详进士。

康熙三十八年己卯乡试

涂伯礀，据《府志》增。

康熙三十九年庚辰汪绎榜

江芑，殷道子，云南按察使。

康熙四十一年壬午乡试 解元陈言吉

杜棠，字长百，旭之子。

李焞，字斯煌，云会侄，大庾教谕。

康熙四十二年癸未王式丹榜

雷曾，东城巷人，巴东知县，有传。

康熙四十四年乙酉乡试 解元陶成

陆绍贽，鸿渐孙，有传。

康熙四十七年戊子乡试 解元李绂

徐启统，经魁，详进士。

杨国柱，字天石，鸿儒侄。

戴之霈，戴家巷人，乐平教谕，有传。

李彬，字文蔚，湖茫人。

聂兆祥，字右宗，槎村人。

康熙五十年辛卯乡试 解元何人龙

丁衡，蕙之孙，湖口教谕，有传。

鄢大年，详进士。

康熙五十一年壬辰王世琛榜

徐启统，斌之子，中书，有传。

康熙五十二年癸巳乡试 解元周宏勋

范华，智林巷人，安邱知县，有传。

杨廷言，字恒昭，乌柏上点人。

黄阁，字台星，西乡，潭埠人，顺天榜。

康熙五十二年癸巳王敬铭榜

鄢大年，泉塘人，诸暨知县，有传。

康熙五十三年甲午乡试 解元任际虞

丁正思，字睿修，沙湖人。

涂复铣，贵州榜。

康熙五十六年丁酉乡试 解元刘寅

范周，字九章，智林巷人，浙江乡试同考官。

李景运，详进士。

康熙五十七年戊戌汪应铨榜

李景运，南湖人，揭阳知县，有传。

康熙五十九年庚子乡试　解元晏斯盛

丁珏，字翼文，沙湖人。

雍正元年癸卯乡试　解元周学健

朱干，字山立，滕坊人，沾益州知州，有传。

杨志鹏，字汉程，大路里人，江南、广东同考官。

甘名世，本姓杜，鹤村人，丁未明通榜，任大庾教谕，特用潮州额外教授，有传。

雍正二年甲辰乡试　解元涂学炟

甘兴仁，榜名型仁，字克让，邑郛人，己酉湖北、乙卯浙江同考官，乾隆壬戌明通榜，甘肃礼县知县，有传。

刘启江，字午山，逢盛孙，居城内，己酉浙江同考官，任广东信宜知县。

雍正四年丙午乡试

丁奭，沙湖人，解元，有传。

蔡元浣，字元洗，石下人。

黄君禄，字吁公，尧坊人。

袁守定，详进士。

雍正七年己酉乡试　解元解韬

袁潢，字又潢，袁坊人，任廉州额外教授，改南丰教谕。

邱映台，字慕劬，枫林桥老屋人。

雍正八年庚戌周霈榜

袁守定，字叔论，袁坊人，礼部祠祭司主事，有传。

雍正十年壬子乡试　解元鲁游

杜廷栋，字盖兆，鹤村人。

黄淇，字正清，门楼人。

陈布琅，字俊章，石下人，国子监学录，有传。

雍正十三年乙卯乡试　解元黄冈竹

游方震，详进士。

乾隆元年丙辰乡试　解元陈仁

黄绍烈，字师武，莲塘人。

熊雨田，字甸霨，侯塘人，壬戌明通榜，任玉山教谕，选长芦越支场盐大使。

何允，榜姓陈，字思中，河湾人，贵州榜，解元，今复姓何，江苏藩库大使。

乾隆六年辛酉乡试　解元熊为霖

徐文弼，字襄右，里垱人，壬戌明通榜，任伊阳县知县，有传。

金世麟，字体乾，田南人，任福建龙岩州知州。

杨如龙，字彝修，杨坊大夫第八。

邓应璠，字奂若，古竹大溪人，新昌教谕。

徐肇裕，字次容，斗门人，任东乡、万年教谕。

乾隆七年壬戌金甡榜

游方震，字巽修，苦竹人，任云南永善知县，有传。

乾隆九年甲子乡试 解元龚奏绩

唐光云，详进士。

乾隆十年乙丑钱维城榜

唐光云，字履青，北门人，任四川长宁知县，有传。

乾隆十二年丁卯乡试 解元陈奉兹

万宾赓，字廷飏，后万里人，有传。

涂应麟，旧志缺，据《府志》增，贵州榜。

乾隆十七年壬申恩科乡试 解元史班

毛凤雏，详进士。

丁正汪，字巨泉，沙湖人。

罗堂，字觐光，符山人，国子监典簿，有传。

乾隆十七年壬申恩科秦大士榜

毛凤雏，字巨飞，字衡子，龙雾洲人，任云南浪穹知县，有传。

乾隆十八年癸酉乡试 解元王元

李吐萼，改名台莲，字采衡，南湖人，任广东兴宁知县，有传。

郭名达，字德孚，邑郭人，乾隆丙戌掌直隶易州涞水县书院教，历五年，多所造就。

乾隆二十一年丙子乡试 解元刘芬

徐秉霖，详进士。

文嵩龄，字显周，邑郭人。

乾隆二十四年己卯乡试 解元周肃文

崔兆荣，字仁则，仙音巷人。

蔡本，字参河，石下人，元浣子，任南康教谕。

苏飞梦，字学山，松山人，任吉水教谕。

乾隆二十五年庚辰恩科乡试 解元李睿

毛士洁，字狷持，号雪溪，凤雏子，瑞州府教授。

黄思敬，字献文，夏梅人，建昌新城县训导。

余尚训，字纶章，铜湖南溪人，瑞州府训导，有传。

杨其谟，字禹陈，号潜斋，本姓王，季友之裔，学前迁太平巷人，直隶保定知县，有传。

傅国相，王田人，贵州榜，浙江义乌知县。

乾隆二十七年壬午乡试 解元何飞熊

雷耀，字映川，东禅巷人，广西马平县知县，有传。

陆斐章，字孔成，仙音巷人，有传。

熊铎，字继远，北坑人。

熊孔荣，南城巷人，贵州榜，建昌知县。

乾隆三十一年丙戌张书勋榜

徐秉霖，字廷桢，下港埠人，长汀知县，有传。

乾隆三十三年戊子乡试　解元张书绅

丁撰元，字首抡，沙湖人。

敖宗瑚，字海珊，花园人，广东镇平知县，有传。

乾隆三十五年庚寅恩科乡试　解元熊枚

丁猷骏，字遹声，号健庵，与之孙，沙湖人，石城训导，截选江浦知县，有传。

罗拔，详进士。

乾隆三十九年甲午乡试　解元龚应麟

李庆云，字景星，筱塘人，浙江泰顺知县，有传。

杜珩，字象可，鹤村人。

刘瑞甲，字殿传，邑郭人。

乾隆四十二年丁酉乡试　解元刘绍廷

李恭元，字敬修，筱塘人，历任广昌训导，南城、临川教谕，有传。

乾隆四十四年己亥恩科乡试　解元陈上理

涂述祖，字弓冶，东城人，丛桂子，有传。

乾隆四十五年庚子恩科汪如洋榜

罗拔，字适万，白沙人，湖北巴东知县，调汉阳黄陂县，有传。

乾隆四十五年庚子乡试　解元黄元铎

李显谷，字罄宜，北港洲人，任铅山训导。

袁道试，字利宾，袁坊人。

乾隆四十八年癸卯乡试　解元郭缙光

熊露，字霖膏，湖北人。

乾隆五十一年丙午乡试　解元刘起鹍

傅岩，字佑商，源溪人，宜黄教谕，有传。

蔡宪谟，字绍文，茅园桥人，有传。

黄际光，字晓章，城南人，魁之子。

余世俊，字伯英，前村人。

乾隆五十三年戊申乡试　解元朱光宇

吕新，字蔚前，号初堂，塘下人，泸溪教谕。

曾桂，字香林，黄蛇头人，分宜教谕。

周步青，龙华桥人，贵州榜。

乾隆五十四年己酉恩科乡试　解元陈希曾

刘锺藜，字芸青，圩上人。

乾隆五十七年壬子乡试 解元刘黻
袁矩，榜名盥，字容若，袁坊人，守定孙，弋阳教谕，有传。
熊礼阳，字丙南，瓘山前村人，四川巴县籍，顺天榜，四川卭州学正。
乾隆五十九年甲寅恩科乡试 解元邹家燮
袁潜，字邃初，袁坊人，守定子。
徐步云，贵州榜，详进士。
乾隆六十年乙卯乡试 解元黄旭
丁猷翰，字士桢，沙湖人。
熊谦，字吉晖，松湖大屋人。
朱炳德，榜名诰，字达书，泊濂人，宗学教习，以知县用改教谕。
嘉庆三年戊午乡试 解元黄锺奏
熊际飞，字孔怀，南冈人，居前村，德安教谕。
吕光焕，详进士。
是科解额广三十名。
嘉庆五年庚申恩科乡试 解元关敏文
万光泰，榜名光治，字晓山，后万人，历署广东廉州、琼州知府，有传。
萧璽，石滩人，贵州榜。
嘉庆六年辛酉顾皋榜
吕光焕，字鸿文，号竹庄，北湖人，内阁中书，赣州府教授，有传。
嘉庆六年辛酉乡试 解元李观立
吴起渭，字得璜，印山东头保人。
余景昌，字弈蕃，号衍亭，尚训子，铜湖南溪人。
聂守显，字达斯，号云翘，孙家渡人，余干训导，有传。
熊象麟，字景芳，号兰圃，瓘山人，觉罗教习，保康县知县。
萧瑄，石滩人，贵州榜。
嘉庆九年甲子乡试 解元梁昆
酆致逵，字益中，云庄后峰人，觉罗教习。
曾凤池，字文波，南岸涪溪人。
嘉庆十二年丁卯乡试
周之德，字纯一，皮湖人，四川榜。
嘉庆十三年戊辰会试吴信中榜
徐步云，字凌表，号汉卿，畲里人，庶吉士，湖北建始县知县。
嘉庆十三年戊辰恩科乡试 解元李炳春
刘元捷，字履亨，号锦堂，文冈人。
徐映台，小桥人，四川榜，解元。

嘉庆十五年庚午乡试

夏时霖，字沛之，南巷人，贵州榜，第四名。

嘉庆十八年癸酉乡试　解元罗宜诰

黄元谷，字东初，号曙轩，门楼人。

高逵，字鸿实，号仪轩高坊人，光照子，直隶知县，有传。

文炳汉，字西临，号红蘅，城隍巷人，泰和教谕，有传。

蔡汝霖，字膏如，号雨岩，石下人，贵州榜。

嘉庆二十一年丙子乡试　解元欧阳炳章

文学震，字友巽，号竹岩，河陇人，华之子。

袁文祥，贵州榜，详进士。

嘉庆二十三年戊寅恩科乡试　解元赵致和

毛辉凤，第二名，字瑞呈，号梧生，大塘人，四川知县，崇祀乡贤，有传。

何倬，字云汉，号晓垣，河湾人。

嘉庆二十四年己卯乡试　解元夏清和

吕溶，第十名，详进士。

熊觐光，榜名道光，字辉廷，号寅名，富庄人。

嘉庆二十五年庚辰会试陈继昌榜

吕溶，字肯堂，号镜潭，北湖人，户部郎中，记名御史，有传。

袁文祥，袁坊人，翰林院检讨。

道光元年辛巳恩科乡试　解元吴廷珪

是科广额三十名。

万启心，详进士。

黄君塾，一坊人，湖北榜，解元。

蔡懋修，字克勤，号简斋，泥湖里人，贵州榜。

道光二年壬午会试戴兰芬榜

万启心，字毅然，号葵田，后万里人，刑部直隶司主事，福建汀漳龙道，有传。

道光二年壬午乡试　解元胡增瑞

周梦莲，第二名，字绍常，号子爱，官塘人。

袁联吉，详进士。

道光五年乙酉乡试，解元夏淳镛

万时若，字怀谦，号盛谷，后万里人，湖南兴宁知县。

袁堃，改名以敦，袁坊人，弋阳教谕，有传。

杨日襄，详进士。

道光八年戊子乡试　解元甘立淞

熊显学，经魁，字尚贤，号钓滨，垛里人。

徐文炳，亚魁，详进士。

易珮珩，字徵祥，号宝臣，栗坊人，直隶知县，有传。

邹德华，字□□，南槎桥人，广东榜。

道光九年己丑会试李振钧榜

杨日襄，字伯樵，号子赞，露溪人，直隶西宁知县，有传。

道光十一年辛卯恩科乡试 解元刘宗美

万选，第八名，字文灿，号郁哉，龙潭人。

徐宝书，详进士。

熊光辉，字性成，号浴川，大屋人。

道光十二年壬辰乡试 解元陈常

熊益元，字慕彭，号履谦，瓘山人，湖口教谕。

熊联璧，字灿文，号东垣，太阳庙人，广昌教谕。

文炳沄，字森华，号水初，攸洛人，训导，有传。

王烜，字翰凌，号惺斋，钱塘人，候选教谕。

道光十三年癸巳会试汪鸣相榜

袁铭泰，原名联吉，字补之，号六皆，渠之子，广东高州府知府，有传。

道光十四年甲午乡试 解元游凌翰

吕忠，第四名，字心臣，号可凡，北湖人。

王廷飏，字夏珍，号肖岩，村头人，拣选知县。

王湘，字利行，号秋浦，冈上人，崇义训导。

徐万青，字选楼，南山下人，贵州榜。

道光十五乙未会试刘绎榜

徐锌庚，原名宝书，字嘉绂，号凤楼，蛟湖人，四川安县知县，有传。

道光十五年乙未恩科乡试 解元魏崇基

邓林桢，字坚立，号丹崖，罗塘人。

吕茹古，顺天榜，详进士。

道光十六年丙申会试林鸿年榜

徐士谷，原名文炳，字亦农，号稼生，蛟湖人，翰林院侍读，有传。

道光十七年丁酉乡试 解元胡承焕

傅振钟，字达云，号祇园，城坊人。

袁士立，字端人，号卓山，荷塘人。

道光十九年己亥乡试 解元徐朝玺

周运鲲，字图南，号紫澥，卿塘人，大挑二等，教谕，有传。

徐传冕，详进士。

道光二十年庚子恩科乡试 解元刘朝昇

熊暄，字用和，号子怡，枧头人。

辛炳照，字耀堂，号吉甫，丽城人。

辛炳垣，字斗辉，号白榆，丽城人。

万时宜，字溥膏，号雨香，时若弟。

盛廷森，字□□，邑郛人，顺天榜，大挑教谕。

道光二十三年癸卯乡试 解元辛斌

徐维缙，字翠涛，号子恬，三塘人，甘肃灵台县知县，有传。

道光二十四年甲辰恩科乡试 解元崔斌

酆授琳，亚魁，字昆辉，号朗山，康里人。

徐传薪，字增高，号翘生，传冕弟，拣选知县，有传。

徐文瀚，字宝田，号心禾，士谷弟，户部主事。

万启德，字惕然，号星堂，后万里人，训导。

道光二十五年乙丑会试萧锦忠榜

吕式古，会魁，原名茹古，字亘之，号小潭，溶之子，陕西宜君知县，有传。

道光二十七年丁未会试张之万榜

雷尌，字□□，号□□，□□人，江苏籍，湖南知县。

道光二十九年己酉乡试 解元锺声远

黄焜，字溶川，号星阶，沧溪人。

周文凤，字上闻，号翙臣，阳坊牛轭人。

道光三十年庚戌会试陆增祥榜

徐传冕，字戴高，号子佩，高埂横溪人，同知衔，浙江奉化县知县。

咸丰元年辛亥恩科乡试 解元李镜华

傅大章，详进士。

熊焕，字恢盛，号寅东，乌冈人，现任工部主事。

孙懋修，字仁山，号省斋，同造人，现署永宁教谕。

熊梦松，字□□，号□□，田垛人，贵州榜。

咸丰二年壬子乡试 解元潘先珍

熊焯，字景盛，号镜如，焕之弟。

咸丰九年己未恩科并补行乙卯乡试 解元许廷桂

欧阳祁，字希梁，号小京，南庄人。

王祖兰，字溥照，号香谷，店里人。

罗澄鉴，榜名克元，字魁先，号镜心，金墎人，迁居邑郛，贵州毕节知县，署黔西州知州，有传。

范思乐，字泮香，号震初，槎村人，候选教谕。

金作砺，字号石轩，田西人，现任湖北鹤峰州。

咸丰十年庚申会试锺骏声榜

傅大章，字大章，号凤笙，荷塘人，现任吏部主事。

同治元年壬戌恩科并补行戊午乡试 解元卢炳炎

涂拔才，字□□，号子超，石溪人。

周泰禧，字达才，号鸿宾，运鲲子。

朱式衔，字彦夫，号云卿，炳惠孙，湖口教谕。

李浚源，字承宗，号月卿，筱塘人，户部主事，有传。

叶传芳，号静山，荥湖叶家巷人，大挑教谕。

徐维纲，字海涛，号曙楼，三塘人。

杜扬，字志云，号小香，三溪津人。

王邦瑾，字超尘，号鲁璠，廷飏子，大挑教谕。

万兆煊，字守和，号子权，后万里人。

朱昌言，详进士。

杨春台，字希贤，号熙卿，秋源人，大挑教谕。

万国景，字蕴春，号叔铭，启台子，现任玉山训导。

傅锟，字谦受，号六吉，派前人。

熊曰寿，字谦龄，号一斋，垛里人。

江云锦，字眷善，号汉阶，长塘人。

李仁洪，改名瑞棻，号心畬，湖茫人，大挑教谕。

李庚，字华文，号梦白，大水人。

陈滋荣，字擅华，号德树，落鹭口人。

熊开先，字□□，号□□，埂山人，四川榜。

熊永豪，枧溪人，四川榜。

熊毓麟，石滩南湖人，湖南榜。

同治二年癸亥会试翁曾源榜

朱昌言，字企禹，号子善，泊濂人，现任广东知县。

同治三年甲子科并补行辛酉乡试 解元许崇鼎

涂湘，字广勤，号春帆，甘棠北下人。

涂翔凤，字宜古，号可凡，甘棠北下人。

聂模宽，字仁荣，号厚生，守显曾孙。

熊申，字显达，号子旷，睦溪人。

徐芸，字□□，号子香，士谷子。

甘绅，字锺秀，号子书，路东人。

王汝霖，字□□，号梦岩，吴山人。

万启炎，字巍然，号上初，后万里人，彭泽教谕。

吕鸣岐，字来仪，号凤冈，北湖人。

万承先，字饮和，号子德，后万里人。

同治六年丁卯乡试　解元胡友梅

刘焕，字梦龄，号锡吾，泊湖滩人。

熊体晋，字□□，号□□，埂山人，四川榜。

邹煌昌，字□□，号□□，南槎桥人，广东榜。

同治九年庚午乡试　解元聂明景

涂沂，第八名，字淇达，号春江，浣江人。

江怀清，字□□，号洗心，长塘人。

杨暄，字宜行，号伯培，大夫第人，候选训导。

胡振荣，字□□，号欣普，沙溪人，以萍乡籍中。

补遗

元至庚戌科会榜

朱渊甫，埠下人，成都府知府。

明嘉靖乡试

胡时，期塘人，历任黄冈、四会知县。

景泰癸酉科乡试

杨春，字时和，大夫第人，云南榜，任广东北海提举司提举，升浙江盐运司，赠朝议大夫。

赐衔

钦赐国子监学录：

陈布琅，乾隆丙戌科，字俊章，石下人，有传。

钦赐副榜：

涂兴邦，嘉庆辛酉科，字斐章，甘棠北下人。

周鼎元，嘉庆甲子科，详检讨。

吴城，嘉庆甲子科，字英才，白士墟人。

黄先梅，嘉庆丁卯科，详国子监学正。

熊上峻，嘉庆丁卯科，详正榜。

唐澍，嘉庆丁卯科，字为甘，北门人。

余丁晖，道光壬午科，字履安，号地山，横陂人。

徐启鲲，白土人。

崔洪烈，道光乙酉科，字继章，樟树下人。

黄登荣，道光丁酉科，字椒云，下梅人。

李锡昌，咸丰己未科，字照华，爵塘人。

李时逢，同治壬戌科，字祥占，号实圃，上舍人。

甘稼，同治壬戌科，号西园，湾里人。

邹叶梦，同治壬戌科，字光耀，茅竹园人。
赵之纲，同治壬戌科，字福先，白土人。
傅灵椿，同治丁卯科，字新茎，号仙圃，源溪人。
刘襄，同治庚午科，字良弼，洛湖桥人。
吴显祖，同治庚午科，字名魁。
钦赐举人：
万锦，乾隆甲寅科，详检讨。
葛蘧，乾隆乙卯科，详检讨。
邹凌霄，嘉庆庚申科，详检讨。
徐绍文，嘉庆甲子科，详国子监学正。
熊岐，嘉庆甲子科，详国子监学正。
周鼎元，嘉庆丁卯科，详检讨。
熊上峻，嘉庆戊辰科，字东山，枧头人。
黄先梅，嘉庆戊长科，详国子监学正。
钦赐翰林院检讨：
万锦，乾隆乙卯科，字映霞，后万里人，有传。
葛蘧，嘉庆丙辰科，字得我，务前巷人，有传。
邹凌霄，嘉庆辛酉科，字青云，黄塘人，有传。
周鼎元，嘉庆戊辰科，字建初，沙溪人。
钦赐翰子监学正：
徐绍文，嘉庆乙丑科，字怀周，流溪人。
熊岐，嘉庆乙丑科，字懋西，号邑田，潭埠人，有传。
黄先梅，嘉庆己巳科，字南枝，五坊人。

武科

明

无定科，亦无定额，录多不存。
周希亮，三中武举，授指挥使。
葛暹，务前巷人，万历壬辰进士，授镇抚，《郡志》缺。
邓世忠，子龙幼子，屡中武举，官守备，升游击。
游允斌，曰时子，城陂人，屡中武举。
周瑄，水口人，嘉靖中式，任守备。
潘懋勋，衢塘人，缙云守备，《府志》误作“兴”。
李灿，湖茫人，万历戊午中式，任都司。
周叔鍊，水口人，万历中式，任千总。

宋以忠，后塘人，万历乙酉中式。
宋昌期，后塘人，万历癸卯中式。
刘应宿，艾冈人，两中武举，任守备。
涂大勇，锺岳子，天启辛酉中第五名。
李维蕡，南湖人，天启甲子中式。
刘中正，荷满塘人，天启甲子中式。
邓文章，罗塘人，三中武〈举〉，官守备。
袁大震。
甘懋功，邑郛人，崇祯庚午中式。
袁纯臣，鼐臣弟，崇祯年间中式。
张懋斌，龙塘人，崇祯年间中式。
甘维英，圳上人，崇祯年间中式。
左峻，沇江人，崇祯癸酉中式。
皮士器，崇祯丁丑进士，岭南守备。
国朝，文武并重，乡会同设，悉依科分编列。

顺治三年丙戌乡试

葛乔，县前人。
吕调元，前坊人，淮安守备。
陆鸿渐，仙音巷人，潼关都司，佥书，有传。

顺治八年辛卯乡试

袁钤，青州人。
卢定远，详进士。

顺治十一年甲午乡试

刘瑞，青州人，京城左安门守备。
邬纬，楚城人，字晋锡，千总、守备。

顺治十五年戊戌会榜

卢定远，青州人，莱州守备。

顺治十七年庚子乡试

邓兆松，字继先，子龙曾孙，榜姓丁。
李汝升，磻桥人，凤阳千总。

康熙五年丙午乡试

熊如玉，松湖漤湾人。

康熙十七年戊午乡试

熊略，详进士。
戴冠，详进士。
胡斌，松湖人。

康熙十八年己未会榜

熊略，字又详，庄前人，宣化府张家口守备。

康熙二十年辛酉乡试

邓兆桢，字继光，子龙曾孙。

黄士宏，古沂塘人，见《孝友传》。

康熙二十三年甲子乡试

邓兆杞，字继万，子龙曾孙。

鄢任，字逊功，泉塘人。

李士杰，字汝钦，筱塘人。

熊靖世，字启西，忠弼侄。

康熙二十四年乙丑会榜

戴冠，字又章，前村人，累官至陕西邠州营都司。

康熙二十六年丁卯乡试

熊副，字升公，前村人。

陈文垣。

康熙二十九年庚午乡试

唐之汪，字若水，金旭子。

夏登元，小岭人，岷州卫守备。

邓良稼，字耕书，子龙玄〔元〕孙。

余子俊，字千人，大井头人。

康熙三十五年丙子乡试

唐之江，字九衢，大章曾孙。

康熙四十一年壬午乡试

葛效亮，字景汉，务前人。

曾兆祚，字锡永，白沙人。

杨朝炳，字殿煌，碧上人。

康熙四十四年乙酉乡试

龚宽，字五敬，乌溪人。

匡懋才，字子杰，城南人。

戴萧疏，字远章，冠弟，南昌卫千总，崇仁籍。

康熙四十七年戊子乡试

徐启绪，字其皇，斌子，奉新□□。

范待抡，字飞来，殷墟人，《府志》缺。

康熙五十三年甲午乡试

傅天泽，字元霖，源溪人。

黄甲俊，字君奖，厦涧人。

戴天爵，字修从，冠之子。

康熙五十六年丁酉乡试

徐昌谋，字惧军，启统子。

康熙五十九年庚子乡试

马绍援，字汉桂，邑郛人。

雍正元年癸卯乡试

夏荣达，字希上，学前人。

雍正二年甲辰乡试

唐际，字吉仁，光云父。

周涟，字斐澄，南巷人，尚功侄。

雍正四年丙午乡试

范果灏，殷墟人。

雍正七年己酉乡试

夏荣逵，字衢升，荣达弟。

雍正十年壬子乡试

唐锺毓，字宏宇，北门人。

杜廷选，鹤村人，新建籍中。

乾隆十二年丁卯乡试

甘曰拔，字元英，罗溪人。

余能，配乾曾孙，任千总。

乾隆十五年庚午乡试

于世敬，字慎威，于家洲人。

乾隆二十一年丙子乡试

杨元捷，字半璧，乌石港人。

乾隆二十四年己卯乡试

甘曰捷，罗溪人。

乾隆二十五年庚辰恩科乡试

刘发元，字亦魁，南溪人。

乾隆二十七年壬午乡试

余龙，字云从，前村人，任抚标右营千总。

乾隆三十年乙酉乡试

黄光耀，字霁川，陡溪人，移居城内曹家巷。

乾隆三十三年戊子乡试

黄烈，字盛卿，门楼人，漕标千总，赠武德骑尉。

乾隆三十六年辛卯乡试

黄光华，字灿章，门楼人。

乾隆三十九年甲午乡试

徐之纲，字圣书，黄头人。

乾隆四十二年丁酉乡试

黄光裕，字禹亮，陡溪人，移居城内曹家巷。

乾隆四十四年己亥恩科乡试

黄光祖，字善谋，光裕兄。

余奎，字用尊，前村人，任瑞州营把总。

乾隆四十五年庚子乡试

雷映奎。

邹人爵，字均重，黄塘人。

乾隆四十八年癸卯乡试

卫学纯，字景成，澄源人，任湖北荆门千总，升补守备，有传。

刘锺英，字邦达，河溪人。

丁揆先，字继福，沙湖人，《郡志》误作“奎”。

余铨，字六符，前村人，任九江府千总，升守备，有传。

乾隆五十一年丙午乡试

熊琦，字慕韩，瓘山前村人，任广东南雄千总，升韶州守备。

乾隆五十四年己酉恩科乡试

范志芬，字馥清，上郊人。

陈祖槐，字嘉谟，溪田人，兵部差官，候选守备。

乾隆五十七年壬子乡试

高光照，字得宜，高坊人。

乾隆五十九年甲寅恩科乡试

黄光奎，字星亨，株树桥人。

袁宗瑜，字邦华，荷塘人。

乾隆六十年乙卯乡试

黄树烈，字承声，城南人。

周廷泰，字正清，鹏坊人。

余魁，字秉钧，前村人，任峡江营把总。

嘉庆三年戊午乡试

游廷祥，字麟章，东湖人。

嘉庆五年庚申恩科乡试

谢国彪，字腾云，泉港人。

袁桂，字雯馥，荷塘人。

傅振镳，字汇征，城坊人。

李必捷，字凯坛，筱塘人。

嘉庆九年甲子乡试

周景山，字登高，口前人，本省提塘，驻京提塘。

陈祖铨，字衡才，溪田人。

嘉庆十三年戊辰恩科乡试

余祚彪，字懋千，新洲人。

嘉庆十五年庚午乡试

傅金鳌，详进士。

黄元抡，字云阶，门楼人，把总，升九江千总。

嘉庆十六年辛未会榜

傅金鳌，字冠山，九里瓘人，历任江西塘务，驻京塘务，授都司职。

嘉庆二十一年丙子乡试

余景琅，字海南，宋坊圩人，迁居邑郛。

嘉庆二十三年戊寅恩科乡试

邹家耀，解元。字廷恩，黄塘人。

夏文蔚，字国华，号霞轩，学前人。

余鼎元，瓘山人。

嘉庆二十四年己卯乡试

罗亨贵，字步云，甘塘人。

道光元年辛巳恩科乡试

陈麒凤，解元。字载人，田西人。

黄先逵，字鸿仪，号云岩，陡溪人，迁居城内曹家巷。

杨金诰，字君召，号端士，乌柏上点人。

陈观海，字万川，荣塘人。

周运昌，字明初，苦竹口前人。

丁方祖，字肇祥，沙湖人。

道光五年乙酉乡试

黄瑞麟，第六名，字宪章，城南人。

范耀麟，字耀章，智林巷人。

道光八年戊子乡试

李玉麟，字绂阶，落鹭口人。

道光十一年辛卯恩科乡试

涂经营，第六名，字翼臣，甘棠人。

杨清元，字□□上点人。

道光十二年壬辰乡试

杨金龙，字栗塘人，改名澍霖，九江前营千总，署守备。

道光十四年甲午乡试

陈定元，字石麟，号麟阁，溪田人。

道光十七年丁酉乡试

李联镳，详进士。

蔡廷翰，详进士。

涂抡元，字黻臣，北下人，本省提塘。

袁宗凰，荷塘人。

道光十八年戊戌会榜

李联镳，字德纯，号丙吉，落鹭口人，历任太仓州长淮卫守备，调升赣州文英营都司，赏戴花翎，有传。

蔡廷翰，名以字行，号春山，黄塘桥人，历任江西省塘驻京塘务侯选参军，诰授武功将军。

道光二十年庚子恩科乡试

李时伦，字敦叙，号睦堂，南湖人，兵部差官，历任省塘驻京塘务，升用都司，洊升游击，赏戴花翎。

道光二十四年甲辰恩科乡试

邹炳照，第四名，详进士。

道光二十五年乙巳会榜

邹炳照，字旸谷，号□□，黄塘人。

道光二十六年丙午乡试

罗鹏，字德川，号云程，阳坊人。

李联元，字桎梧，号□□，上舍人。

道光二十九年己酉乡试

孙承恩，字建勋，号龙章，同造人。

同治元年壬戌恩科并补行戊午乡试

李儒骏，第二名，字□□，号卓哉，梅冈人。

周晋，字兰书，号畹亭，邑郛湖头人。

李映庚，字得中，号彬园，乌冈人。

同治三年甲子科并补行辛酉乡试

崔立元，字培芝，号赞臣，邑郛人。

徐士杰，字逢元，号于英，邑郛人。

周勋翰，字仁书，号藻亭，邑郛湖头人。

周定邦，字正春，号鼎臣，城西人。

李荣舒，字蔼堂，号□□，北港洲人。

同治六年丁卯乡试

徐士魁，士杰弟，详进士。

周缵戎，字玉瑞，号凯堂，周坊人。

汤金镛，字号景星，邑郛人。

丁镳，字承受，号缙卿，潘桥人。

孙振连，字瑞祥，号云卿，承恩子，同造人。

同治九年庚午乡试

李林桂，字丹岩，号□□，荷塘人。

李林麒，字绂庭，号□□，林桂兄。

蔡大元，字□□，号□□，□□人。

同治十年辛未会榜

徐士魁，字抡元，号梧孙，钦点营用守备，签分湖北省。

卷之九　选举志二

辟荐　诸贡　援例

辟荐

唐

孙潚，吴城人，天宝间由科第拜临羌令。

南唐

孙鲂，吴城人，由科第拜朝奉大夫，有诗名。《府志》误作南昌人。

宋

李仲讷，字子远，从之孙，推官。
孙启，字复道，熙宁间以经学行谊荐。
李仲询，字子谋，从之孙，校书郎。
李仲交，字子遇，主簿。
孙光，字妙明，元丰间，以文学举授学正。
李亢，从之曾孙，临川县丞，有传。
李充，县令。
孙约之，字宗礼，绍兴时迪功郎。
李君，伯秉之子，知县。
雷璲，见解试，《府志》缺。
李圣功，字季荣，大学上舍，《府志》缺。
吴瑀，字廷瑞，丕绩子，湖口丞。
甘克昌，字立大，唐福人，以明经举靖安教〈谕〉。
邹靖，字瑞卿，湖塘人，以茂才举庐州同知。
黄谷仲，沇江人，恩举署府，复姓万，迁版湖。
范寿，楂村人，教谕，有传。
刘充，邑乳人提刑司干，有传。
范士衡，藻陂人，治司从事，有传。
李斌，即起龙，以文行举主簿。
周诚，字通叔，谓之弟，以文学举录事。

熊一新，湖北人，以人才举衡山知县，同兄一阳、一鉴，从朱子游。
徐有章，名庚，以字行，北湖人，从朱子游，由人才举兴业知县。
丁斯信，北湖人，卫经历。
熊威，字德整，杭桥人，镇江知府。
孙源深，字德远，嘉定时迪功郎。
袁渐，字伯贤，蒐湖人，授文学官，有传。
孙松茂，字季荣，咸淳时学录。
罗应象，邑西人，咸淳末，以文学授评事。
李清子，字源远，筱塘人，提举。
孙起龙，字处明，元丰时，以文学授学正。
阙以明，字道亨，荷湖人，以才行举庐陵教授。
李茂元。
熊昶之，字天宇，南巷人，常宁判，仕至新昌同知。
孙衍，鲂之子，由经学授通直郎。
徐鉴，字尧章，南兰人，以经学荐任吴江知县。
熊材，侯塘人，任鄱阳教谕。
徐林卿，隐溪人，以明经举国子学录。
丁仲轩，北湖人，建昌教〈授〉。
傅希圣，北岭人，以人才举县尉。
熊律，侯塘人，兵部侍郎。
陆孝溥，筠之子，郁林判。
徐如晦，察之子，角陂人，万载丞，有传。
范士衡，字平甫，楂村人，以孝行特授钦州推官，有传。
李信，南湖人，乾符间工部屯田郎中。
李庆，南湖人，景德间慈利簿，升扶风令，有善政。
孙试，曲江人，绍兴时授筠州助教。
孙天麒，吴城人，乡贡，任安化县尹。
朱如璋，梅冈人，国子助教。
朱勉，大井巷人，咸淳时任萍乡同知。
李钦，南湖人，绍兴中建宁通判。
李僖，南湖人，廉州教授。
孙识，吴城人，政和间由科第荐授县尹。
朱绂，大井巷人，嘉定时任宁县尉。
朱怀英，铜川人，淳祐时中宏词科，大理评事。
李光甫，清溪人，贤良方正，累迁至参知政事。
李梦庚，光甫子，由经学举为太学提举。

熊金瑄，下坊东边人，福州府教授。
甘宗尧，儒源人，福州府教授。
甘霁，儒源人，宁德县尉。
蒋君实，蒋家廠人，历官谏议大夫，迁知制诰。
甘霏，儒源人。

元

熊诚，字道新，丁坊人，任教谕。
李云纪，以孝举教谕，有传，《府志》误作“廷瑞”。
揭养直，字洪斋，东坑人，溧阳教授。
熊钧正，马湖人，儒学提举，有传。
孙印吾，字明初，多著述，宜黄教授。
洪渊，见解试，《府志》缺，有传。
揭傒斯，揭源人，豫章郡公，有传。旧载东坑人。
熊义斋，杭桥人，以明经举益州判。
徐国鼎，西坪人，历福建提刑。
孙丑，字大临，同造人，以孝举任教授。
丁彦肃，北湖人，以博学能文，举授国子助教。
揭汯，傒斯予，翰林直学士，有传。
徐日新，贤能坊人，大理评事。
李克家，湖茫人，儒学提举，有传。
揭良弼，字正孙，衙前人，盐司丞。
朱本，城西人，儒学提举，有传。
朱如璋，字仁本，东溪人，国子助教。
熊自得，横冈里人，崇文监丞，有传。
鄢至善，故里人，刑部侍郎，有传。
于友信，邑郛人，治中，有传。
孙盛邑，郛人，仕至奉议大夫。
揭时益，字俊民，衙前人，赣州同知。
孙予初，见选举，《府志》缺。
陈仲易，自堂孙，官照磨，有传。
徐智，曲江人，同知，有传，《府志》误作“陈智”。
卢元清，石滩巷上人，教谕。
甘泰亨，邑郛人，以精蒙古文，举白云巡检。《府志》缺。
甘贵，儒源人。

揭德，字敬德，良弼子，教授。
甘朝举，邑郛人，嘉定知州，有传。
陆志远，字蠡坡，仙音巷人，任瑞州教授。
万瑀，阳坊人，以明经举任教授。
周均瑞，云南富州通判。
徐济民，洲头口人，以明经举任主簿。
甘懿，唐福人，学正。
汤祖寿，邑郛人，吉州教授。
唐杰甫，城南人，以通经举任州守。
揭懋，字教德，良弼子，巡检。
卢羽龄，交湖人，以通经举教谕。
熊坦，字从正，瓘山人，韶州学正，有传。
熊达夫，直之父，以人才举福州路录事。
徐茂勤，隐溪人，户部主事。
黄可仕，攸洛人，儒学副提举。
邹敏中，学录。
蒋德英，蒋家廒人，任山东莱阳簿。
朱纮梅，冈人，至元时任真定路儒学提举。
杜耀宗，三溪津人，广德州知州。
孙若麟，同造人，至正间拔贡。

明

朱善，以宿儒召大学士，有传。
徐铎，户部尚书，有传。
揭平仲，一作平伯，傒斯孙，以才能荐授中书。
陈必成，高塘人，翰林院修撰。
揭清字，幼清，上塘人，聘入翰林，历同知。
熊棨，杭桥人，以明经举怀宁县学司训。
崔朝举，湖茫人，以秀才举官主簿。
余万全，矩塘人，以儒士举岳州知府。
陈惟德，以老人举官平乐知府。
张梦震，陇西县丞。
聂铉，字匡器，城头人，以通经举任助教。
周继文，沙溪人，知县。
聂行，字尚质，城头人，以通经举任通判。

刘秩，水口人，知府，有传。

刘积，秩之兄，以明经举典史，升千户。

宣君寿，宣家垱人，以军功荐授邵武同知。

陈坤，字天载，上坊人，以通经举魏县教谕。

甘谦牧，以明经举，据《府志》增。

甘汝明，字成德，邑郭人，以贤良举任按察司佥事。

徐林卿，以明经举国子学录，据《府志》增。

陈会，横冈人，本府训导，有传。

孙富川，予初子，以人才举任学正，升教授。

李本立，以人才举给事中，据《府志》增。

余诠，字士平，始丰山下流溪人，任提举。

袁博，字普善，袁坊人，以秀才举都给事。

毛仲谊，着棋巷人，以明经举任教谕。

陈梦始，字天益，上坊里人，御史升佥事。

孔昌年，洪武间以通经举本县训导。

徐焕彰，洪武间举本县训导。

丁维南，沙湖人，太仆寺丞，有传。

甘益，字谦牧，邑郭人，以明经举教谕。

叶奎，西乡人，以通经举。

熊孟纯，洪石人，以通经举卫知事。

刘仲宁，秩之子，以通经举都事。

杨麟，字伯祯，槎熈人，以通经举学正。

徐仲浚，南源人，以求贤举户部主事。

朱叔服，善之子，以通经举教授。

丁隆，字季恒，忠义坊人，以通经举教谕。

袁复元，青洲人，以秀才举知州。

刘静，秩之子，以孝行举县丞，有传。

聂伯埙，以通经举本县训导。

夏叔良，主簿。

陈埙，字天牖，上坊人，以经明行修举教授。

王銮，字高益，钱塘下房人，任扬州同知。

朱玉辂，号稽古山樵，以贤良方正举德州判。

杨子荣，见科目。

周济，苦竹人，以人才举知事。

黄楚璋，官塘人，以通经举教谕。

郑廉字，德隅，邑郭人，以通经举教谕。

周监，卿塘人，本邑训导。

周伯闻，卿塘人，以博学举州判，著《下邳》等集。

周伯张，伯闻弟，以儒士举知县。

黄宗衡，嵩阳人，训导。

聂元济，筱塘人，以通经举知县，有善政。

宋用斌，松湖人，以人才举主簿。

周焕，伯张弟，以文学举知县。

熊伯让，松湖人，以人才举参议。

熊泰春，陈墓人，以人才举州判。

刘叔衍，水口人，以人才举知县。

周祖良，田南人，以人才举知府。

应汝济，荷塘人，以人才举主簿。

刘伯阳，山下渡人，以人才署北平参议。

邹朝英，井门人，以人才举大使。

吕公召，塘下人，以人才举经历，一作吴姓。

毛则仁，邑郛人，以明经举照磨。

周倬，提跛人，以人才举北平参议。《府志》缺。

涂伯，字甘棠人，以人才举知县。

范叔伟，字汉都，槎熿人，以孝廉举行人。

孙盛，同造人，训导。

范士立，上郊人，知县。

曹寿，邑郛人，右春坊司谏，有传。

聂季顺，铉之子，以楷书秀才举任县丞。

熊绪，字子纶，横冈人，教谕。

李南华，湖茫人，以茂才举翰林孔目。

叶叔恭，南巷人，以茂才举。

熊纲，字子维，绪之弟，教谕，典会试文衡。

王郁，字东溟，荷塘人，任吏、刑二部主事。

郑叔仁，邑郛人，以律监举县丞。

周伯美，伯张弟，以文学举。

刘行伦，荷溪人，以经明行修举教授，历同知。

张德，上郊人，彦良弟，以通经举训导。

吴诚，阳源人，以通经举训导。

袁孟振，袁坊人，以求贤举知县，有政声。

盛安，邑郛人，以通经举教谕。

黄茂，俊之子，以通经举训导。

万瑀，襄阳教授。

范再昌，上郊人，知县，有传。

李笃恭，潢溪人，以秀才，任县丞，有诗集。

张彦良，德之兄，教谕，三典京闱文衡。

周大器，卿塘人，以人才举知县。

卢羽龁，以通经举教谕，据《府志》增。

袁孟砺，袁坊人，以茂才举。

邓文林，罗塘人，训导。

于世，字叔服，任江阴教谕。

袁伟，仪之弟，以通经举教谕，一作“杨伟”。

朱聚，苦竹人，以楷书举主簿。

丁倬，维南子，知县，有传。

孙恭，字而安，同造人，以楷书举吏部郎中。

熊美，观之子，以求贤举县丞。

孙曰俭，贞之子，本县训导。

李信，邑郛人，以通经举训导。

陈泰，干陂人，经历。

万安，清溪人，以通经举教谕，一名荣禄。

王宾，字孟昂，屯溪人，以求贤举主簿。

黄铎，城南人，举经明行修，不就，有传。

杨清，以通经举训导。

涂礼，甘棠人，以通经举训导。

刘华衮，艾冈人，以生员举任大使。

甘衍，邑郛人，以明经举任大冶训导。

黄暹，字进之，荷塘人，以经明行修举。

朱复初，朱坊人，以通经举训导。

任直，邑郛人，以通经举训导。

胡佑，厚郭人，以通经举训导。

涂瑶，甘棠人，以通经举训导。

蒋德，蒋家楼人，以通经举训导。

熊天应，黄墓人，以币征不就，《府志》缺。

郭玑，邑郛人，以通经举训导。

余贞吉，衡之子，以通经举训导。

黄英，字季蕃，城南人，以通经举教谕。

丁杰，维阳子，三聘不就，有传。

刘华藻，艾冈人，以经明行修举任教谕。

刘宗辉，艾冈人，主簿。

聂蒙眀，筱塘人，用乂次子，训导。

胡铮，厚郭人，以通经举教谕。

熊谷，字善瞻，艾冈人，以通经举训导。

李颎，以举人荐，见乡榜，有传。

游允达，以举人荐，见乡榜，有传。

杨惟标，惟相弟，以贡监荐入史馆，题授通判。

李复徽，清溪人，以人才举仁化知县。

范德升，上郊人，经历。

万隆，鸿胪寺少卿。

熊罕，瓘山人，王府长史。

孙惟学，吴城人，由乡贡除广东宁远县丞。

胡敬道，期塘人，由明经任合肥训导。

孙振温，孙家渡下房人，正统间荐授延平训导。

孙恕，孙家渡巍里人，考授浙江江山县县丞。

李光允，南湖人，荐听选官，廷观、廷谟祖。

李鼎，清溪人，洪武间以人材举为河东田畯官。

孙振雍，孙家渡下房人，正统间授新安场使。

孙继之，孙家渡下房人，正统间南京应天卫经历。

万岳，隆之子。

李宗迪，清溪人，永乐时迁库大使。

孙孔怀，孙家渡中房人，永乐时荐授太常寺协律。

徐唐卿，夫岭人，由明经任长沙府教授。

孙衢之，孙家渡下房人，荐授道州江华县巡简。

徐仁杰，夫岭人，任襄阳教谕。

徐伯埙，杨溪上房人，任万载教谕。

国朝

唐金旭，良臣曾孙，以廪贡荐参赞长沙军前、辰溪知县，有传。

熊培赤，字若孩，瓘山人，以郡廪举孝行任安福教谕，有传。

黄河清，字九安，莲塘人，以生员举贤良方正，任东乡教谕，升直隶安平知县，有传。

徐廷标，字锦舟，小桥人，贵州籍，以廪生举孝廉方正。

诸贡

明

按有明各贡，俱汇归一班，故依旧志，不另开列。

熊试，城头人，给事中。

徐畤，桐坑人，国子助教。

孙贞，见乡榜。

徐昇，蛟湖人，见乡榜。

陈善，邬家渡人，知县。

雷俦，字用济，城陂后坊人，济宁教谕。

孟友端，邑郛人，知县。

聂晊，黄墓人，同知。

黎逊，字从晦，虹桥人，同知。

曾昇，校之子，教谕。

熊观，马湖人，参政，有传。

甘有年，桂村人，理问。

卢贞，邑郛人，知县。

熊柱，黄墓观西人，主簿。

杨德全，小港人，知县。

曾舜乐，字以和，石坑人，州同。

王诗，字文麟，钱塘狮子门人，襄阳县丞。

杨廷麒，松垄人，副贡，授山阳县县丞。

徐大用，东姑里人，县丞。

范贵，字正方，楂村人，主簿。

鄷制，黄埠人，驿丞。

熊润，东姑里人，县丞。

聂尔瞻，墨湖人。

金秉辉，罗纹人，知县。

江润，邑郛人，州判。

徐昇，曲江人，经历。

熊常敬，字克修，浲湖人，知州。

丁伯琛，枧上人。

叶蓁，南巷人，府照磨。

罗仲铭，南岐人，府经历。

黄武，字守彝，东城人，兵部主事。

滕克钊，砖埠人，县丞。

屈伸，字孔义，山下渡人，知县。

刘用，字德艺，耸山人，知县。

雷靖，吴塘人，训导。

周琛，吴塘人，经历。

徐韶，字子韶，邑郛人，知州。

范炎，殷墟人，推官，《府志》作“琰”。

聂智，见进士。

叶蕡，南巷人。

周致敏，名仁，以字行，苦竹人。

陆轼，字持载，仙音巷人，知县。

郭贞，邑郛人。

甘道，字彦士，邑郛人。

余安正，见乡榜，《府志》作“徐”。

曾唯，字一贯，邑郛人，知县。

张翼。

余敏，字敏从，乌沙人，知县。

范谟，见乡榜。

孙谋，同造人，教谕。

熊彦，字登瀛，安沙人，主簿。

温润，字栗然，沙郭人，教谕。

周备，字万全，汊市人，训导。

孙中，见乡榜。

周庠，字曰序，耸山人。

喻肃，邑郛人，知县。

孙珍，字曰重，邑郛人，知县。

黄琬，城南人，知县。

徐伟，字美士，邑郛人，知县。

孙曰勤，教谕。

熊东昇，字克昭，号水亭，瓘山人，著《水亭遗稿》。

李森，白洲人，知县。

徐黼，蛟湖人。

涂鍊，畴之孙，吉安教授。

余义，王府伴读。

邹润，曲江人。

章琰，盆竹人，学正。

林智，陇城人，同知。

黄乐，字序和，邑郛人，训导。

毛显，字凤翔，孝弟坊人，训导，封主事。

徐仁，字敦仁，懋昭子。

涂巽，字恒顺，谦之弟，训导。

吴寿山，詹坊人，通判。

汪振，见进士。

刘全节，见进士。

徐廉，字本清，曲江人，检校。

周頳，吴塘人，经历。

夏理，学前人，训导。

孙书，字习之，邑郛人。

丁珩，字元节，沙湖人。

范兰，上郊人，知县。

叶蕃，曲江人，教谕。

杨邦耀，大大第人，由恩贡任茶陵州知州。

杜立，见乡榜。

杨茂，伯震之侄，詹事、主簿。

李彦，字端辅，南湖人，内府典仪正。

田实，沇江人。

袁叟，海之侄，知县。

周治，登仙门人。

胡刚，字子俨，甘塘人，经历。

江澄，字叔清，梅岭人。

杨进，见进士。

熊绅，邑郛人。

周淳，登仙门人。

熊敬，邑郛人，知事。

罗绅，字庆华，瑛之兄，昌化知县。

徐义，邑郛人。

范旸，邑郛人。

王公度，字肃斋，五都八图人，四川大足县丞。据舒芬记增。

葛琬，城头人，建安知县。

徐黼，异之侄。

周希夔，登仙门人。

以上自杜立始，共十八人，俱正统十一年选用。

刘华芳，冈上人，知县。

熊浩，字源广，邑郭人。

游弼，字邦佐，城陂人，长史。

夏昌，字曰言，学前人，通判。

胡修，字良爵，期塘人，训导。

王宣，字公化，邑郭人，知县。

毛麟，字维瑞，毛坊人，训导。

李忠，字仲节，湖茫人。

熊显，县丞。

□能，训导，《府志》缺姓。

李叙，字正伦，邑郭人。

张锦，典史。

甘受，字天龄，邑郭人。

周绶，浅山冈人，训导。

邹珍，字玉瓒，浙港人，训导。

张鉴，字循智，邑郭人。

聂敬，字钦之，邑郭人，训导。

黄篪，字立之，荷塘人，教谕。

丁瑄，字六璧，北湖人。

杨邦固，故县人。

刘华秩，艾冈人。

聂义，闽清知县。

熊谊，字实夫，杭桥人，训导，著《春秋讲要》。

毛瓒，字廷美，邑郭人，训导。

李韶，字宣扬，邑郭人，训导。济州判，《府志》缺姓。

刘祖，字本荣，曲江人，教谕。

熊杰，字博雅，洪石人，训导。

李美，字世美，湖茫人，训导。

周瑞，字廷祥，城西人，训导。

罗冲，字吉贞，荷塘人，独山同知。

鄢定，故里人，训导。

袁蓁，字时茂，袁坊人，教授。

刘甫，字廷章，学前人，训导。

袁莆，字时祥，袁坊人，训导。

□裕，字天和，忠义坊人，知县。

叶芳，下蓝溪人，廉州通判。

袁著，字时明，润之子，经历。

徐文宸，字惟屏，敦仁子，训导。

朱章，字德明，邑郛人，教谕。

何通，字文明，夏阳人，澄之孙，四川梁山县教谕。

黄路，县丞。

叶琛，邑郛人，训导。

夏吉，学前人，经历。

涂明，邑郛人。

袁凤，字钦舜，袁坊人，训导。

袁谦，字钦益，袁坊人。

毛桂龄，字乔秀，大屋人，训导。

孙鹉，字必言，曰恭孙，经历。

江派，字朝卿，湖头人。

李廷贤，字汝愚，曲江人，教谕。

范琦，字自元，楂村人，训导。

李焕，字仲奎，湖茫人，学正。

徐衮，火巷人，有传。

王文郁，字从时，邑郛人，教谕。

徐诲，字汝问，文宸子，训导。

高凤瑞，字应期，南巷人，教谕。

胡裕昇，字道亨，厚郭人，教授，有传。

金玺，邑郛人，教谕。

夏瑶，字廷用，学前人，训导。

黄绵，字若蔓，城南人，训导，得士心，祀于名宦，赠参议。

袁葵，字时忠，袁坊人，训导，封主事。

蔡昇，字朝鸣，黄塘桥人，济之孙。

涂楫，字济良，旦之子，判官，有续邑志稿。

叶启祐，南巷人。

袁鲁，字公望，袁坊人，教谕。

史逊，字时济，邑郛人，夔州府教授。

黄进，字可思，知县，有传。

黄若绮，字尚絅，城南人，教谕。

袁熙，字钦学，袁坊人，教谕。
毛仲麟，字惟贞，伦之子，训导。
吴应瑞，字凤昭，曲江人，教谕。
李万魁，字惟元，湖茫人。
吕轸，字南宿，塘下人，教谕。
赖俸，字朝恩，南巷人，纪善。
袁珂，字廷鸣，袁坊人，训导。
罗叙，字文用，邑郛人，训导。
袁载，字邦任，袁坊人，训导。
孙炫，字世明，邑郛人，训导。
汪铉，字思鼎，曲江人。
涂柯，字良法，升之子，训导。
周魁，字元之，蒋坊人，训导。
袁塄，字邦用，袁坊人。
杨惟璧，字元白。
任鹏，字子征，左埠人，训导。
袁坤利，字载义，袁坊人，教谕。
孙期，字必远，纲之子，训导。
杨敔，字成文，康之子，教授。
孙溥，见乡榜。
袁勤，字载成，袁坊人，训导。
夏若水，字清之，栻之父，婺源学正。
袁德，字大纯，袁坊人，教谕。
甘翔鸿，字时渐，小港人，教谕。
袁伯聪，字宗鲁，城之子，序班。
邓汉，金山卫教授，有传。
李良器，字与重，金之子，教谕。
涂震，字朝起，东城人，临洮府教授。
熊运，字汝亨，曲江人，训导。
刘用，字善进，艾冈人，训导。
陆于光，字伯谦，仙音巷人。
游尚禹，字克勤，安沙人，有传。
杜哲，字子若，拯之弟，鹤村人。
徐正之，火巷人，徽州训导，有传。
周绍明，沙溪人，县丞。
袁伯伟，字宗望，袁坊人，教谕。

江逢，字汝吉，湖头人，行端学博。

陆应川，见进士。

熊楷，字木正，七里人，学正。

林佐，药湖人，博罗知县。

周珙，字信卿，水口人，教谕。

张瓒，字潜孚，塘边人。

高杏，字文卿，知县，有学行，聘修邑志。

陆漳，字子南，时通子，建昌府教授。

熊顺，字东升，瓘山人。

熊廷相，详乡榜。

熊国伟，瓘山人，广东潮〔朝〕阳学正。

丁慎中，字子立，南湖人。

杜伯瑞，字廷辑，鹤村人，训导。

叶泸，字惟清，南巷人，教谕。

孙继，字自毅，同造人。

黄甲，清塘人，学正。

陆果，字汝义，时通孙，湖州教授。

涂崇佑，甘棠人，临江教授。

叶潮，曲江人，知县。

朱佃，杭桥人，教授。

李光祚，字镇静，平田人，有传。

熊韶，字子和，瓘山人，知县。

范谨，字汝行，谦之弟，州同知。

江苾，字汝德，鱼之子。

丁烇，字德宿，忠义坊人，安庆教授。

袁宏相，字赞甫，玉成侄，通判。

游汇，城陂人，县丞。

黄铨，县前人，训导。

胡汝晋，旗塘人，宜黄训导。

袁懋麒，袁坊人，恩贡。

陆应铨，应川弟，西安训导，历建昌、安东王府教授。

熊汝谟，松湖人。

陆梯，仙音巷人，廉州府教授。

胡龙光。

胡纶，旗塘人，石泉教谕。

揭用纪，青山人，大宁路学正。

胡学礼，旗塘人，泰和训导。

王纶，钱塘人。

吴国泰。

朱韶，梓冈人，训导。

邹春，东湖人，良乡训导。

周尚楫。

孙满，字镇歆，北门人，都昌训导。

袁国堂，袁坊人。

孙枝秀，北门人。

朱骥，梓冈人，教谕。

熊朝祚，字命予，赛头人，龙泉训导。

孙承统，字缉寰，义井人，都昌教谕。

甘一桂，字林虬，邑郭人。

丁梦阳，序琨父，有传。

孙宗稷，字继文，同造人，州同。

鄢世英，字巨次，故里人。

邹夏，东湖人，淮安教授。

胡希节，长江人，教授。

鄢龙贵，故里人。

黄玉衡，荷塘人，教授。

江国纪，字谦伟，湖头人，弋阳训导。

黄大春，字孺慕，城南人，泰宁知县。

丁琳，字我珍，沙湖人。

胡缝，字本衷，旗塘人，恩贡，任县丞。

陆元衡，字舜玉，梦豹子。

邓邦荣，字麟交，虹桥人，训导，升经历。

丁允孚，字益我，忠义坊人，铅山训导，升云梦州判。

张绍明，社冈人，盐大使。

杜光祖，字茂宏，鹤村人。

宋昌祚，后塘人，通判。

丁德树，字京崇，沙湖人，崇义训导，住东城巷。

王檄，上房人，浦城主簿，升经历，有传。

李廷毓，南湖人，黄州教授。

黄栋芳，字兰硕，潮之孙，拔贡，金溪教谕。

熊子元，字元符同，西塘人。

丁允华，训导。

袁昇，字最昭，荷塘人，知县。
李万程，字惟鹏，湖茫人，教谕。
匡佩，字元进，城东人，太仆寺丞。
周邦，字文岐，登仙门人，州同。
李富春，字退有，筱塘人，训导。
袁恂，字信之，荷塘人，县丞。
周学之，字世博，城西人，训导。
熊恒，字性常，怀之弟，教谕。
孙凯，字世贞，同造人，州判。
李章，字邦宪，琳之子。
熊浩，字东海，瓘山人，叙州高县教谕。
杜子麟，字本厚，鹤村人，知县，有传。
周流，字顺性，白洲人，通判。
袁镐，荷塘人，训导。
江宏范，湖头人，知州。
刘秩，艾冈人。
黄纯，字若鲁，城南人，女为石城王妃，赠正指挥。
杨惟休，惟相弟，保定通判，有传。
甘香，字益清，邑郛人。
万理，学前人。
曾益，字伯谦，郭上人，教谕。
范齐欧，轸之子，云南安宁知州。
任道一，左埠人。
盛伋，邑郛人，教授。
胡芬，长江人，知县。
甘元鼎，字禹符，孝丰知县。
周镐，蒋坊人，教谕。
高儒，南巷人，州判。
甘鸣凤，字伯升，北泽人。
张思诚，上郊人，白鹿洞教授。
蒋克显，字穉融，杰之子，上高知县。
刘不息，字长源，田北人。
徐枚，字枚臣，大任孙。
盛国皋，扶犁桥人，泰州同知。
丁序琄，字曼充，序琨弟。
游龙光，字斗野，苦竹人，建昌府训导。
熊似龙，字临海，瓘山人，吉安府教授。

蒋衢，字元阶，阳坊人。
甘侃，字贞和，邑郛人，恩选州同，改平阳丞。
蔡维新，字位中，石下人，恩选任浙江宁波府炤〈通〉判。
甘文奎，邑郛人，刑部主事，入国朝，历参议，有传。
李襄，贵之孙，安义教谕。
李兑亨，字孟开，筱塘人。
袁懋纶，字泰宇，袁坊人。
熊廛，字象麟，瓘山人，历安福、东乡、崇仁教谕。
谌光国，字临阳，衙背人。
傅夔邦，字蔼吉，杨田人。
罗人文，字佑我，城西人。
任藻，字符洁，荷塘人，训导。
聂德新，竹溪人，岁贡，任蒙山副使。
聂梅溪，荆村人，岁贡，任赣州儒学教谕。
甘滚，社里人，隆庆选贡，任镇远府教授。
甘汝霖，社里人，万历间副榜。
甘一驷，社里人，天启拔贡，夔州府教谕。
蒋思化，蒋家廒人。
胡汝顺，旗塘人，隆庆庚午副榜。
李廷禅，南湖人，三中副车。
朱文绅，濠湖人，拔贡，知县。
杨履仁，大夫第人，两中副车。

国朝

恩贡

顺治四年定，提学道每岁将应贡廪生三人，考试以经文策论四篇，与贡者次年廷试。康熙二十六年免试，学政考准将本年正贡改充，再将次贡作岁贡。其不值正贡之学，即将次贡用为恩贡，再次贡作岁贡。

夏曰至，字子长，学前人，有传。
陆景倕，字伯垂，仙音巷人，通判，改授金乡卫经历。
文廷楫，字宏济，可纪子，灵石县丞。
罗梦龙，字天然，荷塘人。
李舟，字巨川，湖茫人。
熊昌言，字禹拜，黄墓观西人。

万骥，字北昭，一字云野，荷塘津头桥人。

万洪铎，字怀瑾，斗溪人。

雷识，字步德，石坑人。

徐绍文，详赐衔。

熊邦永，字九安，社梅人。

丁莹，字元晖，北湖人。

徐涟，字永清，莲溪人。

周棠，字次邠，泊濂周坊人。

李亮采，字惠畴，湖茫人。

万启机，字旭青，后万里人。

熊高衢，字文澜，塘头人。

唐泰新，字斐庄，唐家墟人。

胡际盛，字吉阶，松湖人。

葛攀桂，字升甫，西村人，南丰县训导。

章汝霖，字云岩，南山人。

任迪善，字行仁，邵坊人。

余离照，字南陆，土牛窟人。

邬思孝，字奉庵，大江口人。

熊曰寿，字一斋，垛里人，详科目。

徐源源，字友松，松湖人。

陆如照，字沁香，邑郛人，仙音巷人，咨选教谕。

李含英，字蕴卿，浚溪人。

邬文和，字养叔，北岸人。

拔贡

顺治元年，定府州县各学廪生，随科试后，赴提学道考选，府学二名，州县各一名，仍照岁贡，例用经书策论。雍正七年，定以六年考选一次，乾隆七年，定以十二年考选一次，于次年廷试分别等第，挑选录用。乾隆四十二年，各省拔贡廷试高等者，有旨录用小京官，分部学习。

丁庠，字俊升，沙湖人。

徐启统，见进士。

袁极，枢之子，南昌籍，万年教谕。

金玉，字畏瑕，罗纹人，历任武平、长武知县，有传。

甘绂，字驭麟，邑郛人，有传。

丁峙，字鲁山，蕙之孙，浙江丽水县县丞，有传。

余中桂，字卉嘉，铜湖南溪人，迁邑郛。
雷云会，字龙上，城陂人。
刘锺秀，字予巩，圩上人。
熊仪彬，字抡雅，大屋人，雩都教谕。
丁劭经，字纬万，北湖人，州同，借补安徽婺源县丞，历署泾县含山知县，有传。
甘恢先，字新图，大街人。
杨道南，字隺研，本姓王，学前人，迁太平巷，其谟子。
熊骏，起禄子，字腾千，号毅堂，塘头人，宁都学正。
杨曰襄，字步周，号弼庵，露溪人，详科臣〈目〉。
徐文瀚，详科目。
王亮，字湘生，云岭屯溪人，太常寺博士衔。
熊梦松，田垛人，贵州己酉科。
王邦瑾，详科目。
熊体泰，埂山人，四川辛酉科，朝考户部小京官。
聂模怀，字宝臣，竹溪人，守显曾孙。

副贡

康熙十一年始准贡，从前未准贡者，不录。
熊维旭，康熙壬子科，字伯昭，瓘山人。
杨鸣凤，康熙甲子科，五都人，本姓王。
熊琮，康熙甲子科，字宗玉，马口人，芜湖知县。
丁藻，康熙丁卯科，字六有，沙湖人，万年教谕。
徐凯，康熙癸酉科，字元揆，龙震子，德兴教谕。
甘曰懋，康熙丙子科，字学峰，邑郛人。
蒋铉，康熙丙子科，字鼎孙，蒋家楼人。
袁秉德，康熙丙子科，字聿修，袁坊人。
黄阁，康熙壬午科，见癸巳正榜。
唐之灏，康照乙酉科，字学素，大章曾孙。
朱芾，康熙乙酉科，字有珩，千之兄。
余友芳，字□□，大寺前人，有传。
江莪，康熙戊子科，湖广榜，历奉天府治中。
龚丁叶，康熙丁酉科，字殿邦，乌溪人。
徐绅，雍正甲辰科，字西城，莲糯人。
余克家，雍正乙卯科，字廊友，大井头人。
涂丛桂，雍正乙卯科，字秋辕，象震孙。

余涉川，乾隆丙辰科，字济舫，配乾孙。
袁有梅，乾隆戊午科，字劲夫，袁坊人。
黄裳乾，隆辛酉科，字殷木，塘下人。
黄宪极，乾隆辛酉科，字御亭，君缘子，尧坊人。
周照乾，隆戊子科，字晴轩，卿塘人，迁居邑郛。
熊集元，乾隆戊申科，四川榜，枧头人。
黄元谷，嘉庆戊辰恩科，详正榜。
万光策，改名光岚，字霁山，嘉庆辛酉科，后万人，石城训导，有传。
辛运泰，嘉庆癸酉科，字传才，丽〔利〕城人，南康府教授。
涂兆麟，嘉庆丙子科，字麒来，甘棠齐园人。
余肇甲，嘉庆戊寅恩科，铜湖南溪人，字剑堂，尚训侄，兆彦弟。
李金萱，道光壬辰科，字香石，筱塘人，候选教谕。
杨鹤年，道光壬辰科，字松崖，上点人，瑞昌教谕。
辛炳照，道光甲午科，详科目。
酆授琳，道光丁酉科，详科目。
吕克仪，道光庚子科，字慎之，洛溪人，龙南教谕，有传。
万启楹，道光癸卯科，字觉兹，后万里人。
周文凤，道光丙午科，详科目。
杨涵金，咸丰己未恩科，字浑然，坑里人。
徐彦楠，咸丰己未恩科，原名发，字嵩乔，畲里人，现任安仁县教谕。
王汝霖，同治壬戌恩科，详科目。
孙谋，同治壬戌恩科，字诒生，孙家渡巍里人。
甘绍，同治甲子科，字子振，路东人，高安县训导。
甘凤翱，同治丁卯科，字梧笙，儒源人。
甘树垣，同治庚午科，字心竹，儒源人，候选训导。
黄训，康熙年间榜，字里仁，七里人。

岁贡

例见恩贡。
涂尚栻，字元白，象震叔，新淦训导。
傅铨彦，字明明，罗坊人，临江府训导，有传。
范子尹，字近宸，珪之孙，临川教谕。
葛焕文，务前人，高安教谕。
杜环，字双玉，鹤村人，德安教谕。
丁士俊，字仲伟，黄枥人，大庾教谕。

刘士美，字惟中，牯牛背人。

李志禹，字伯勤，小港口人。

傅琥，字旅绥，深湖人。

邹士彦，字仲美，南槎桥人，乌程知县。

李自藻，字汝明，筱塘人。

甘大绾，字子缙，大绥弟，抚州府训导。

丁天宠，字简甫，沙湖人。

熊飞英，字茂中，瓘山人，瑞金、永丰教谕。

熊维癸，字君起，赛头人，乐平训导。

陆元甲，字子坚，梦豹孙，安义训导。

李予玮，字伯伟，右说子，有传。

徐善志，字端明，莲花桥人，安福训导。

万姓苏，字更生，罗湖人，登封知县，有传。

唐金栋，大章孙，兴国训导，有传。

赖纪隆，字公蕃，继夔侄，安仁教谕。

陈训，字明若，南巷人，瑞金训导。

李予璐，字仲佩，右说子。

徐峣，字叔高，荷塘人。

罗拱璧，字东星，大任子，县丞。

范起陞，上郊人。

陈子是。

甘中倜，字扶来，大绥子。

黄骊，字人龙，白雁塘人。

苏万姓，田垄人，南康训导。

游洪蚪，城陂人，信丰训导。

甘天锡，北泽人，临川学贡。

罗大俊，字千人，京堆人，考授学正。

袁思兼，袁坊人。

熊世谏，字五从，瓘山人，教谕。

范围宏，上郊人。

甘铁，字朗叔，邑郭人。

李锡，字介蕃，小港人，万载训导。

史道生，字祐孙，垂誉子。

雷觉，字先民，东城人。

匡兆科，字又登，城南人。

黄袍，字紫衣，城东人。

徐龙震，字蛰英，电山人。

徐焕彩，字纲尚，莲花桥人，湖口训导。
夏章，字简臣，韶江人，乐安训导。
范韩，字西铭，槎村人。
李彬，详戊子乡试。
罗光霖，荷塘人。
蒋曰柽，字圣木，阳夏坊人。
徐一亮，字子美，火巷人，浮梁训导。
袁良栋，字天木，袁坊人。
丁复，字亨来，沙湖人，灵长孙，有传。
江蘩，殷道子，汉阳籍，累官都察院右都御史。
刘承祥，邑郛大街人，崇仁训导，有传。
江藻，殷道子，汉阳籍，历郎中，户部坐粮厅。
李绍庭，南湖人，德兴训导，有传。
杨佐，栗塘人。
曾廷卜，字枚臣，祖籍南昌，康熙十年入丰，家太平巷。
赖锡晋，字康侯，杨柳湖人。
朱振，字振文，分宜训导。
曾彦达，字廷英，柏树里人。
甘蜚声，字螽友，贞旭弟。
李森，字菊蓬，小港口人。
黄逢年，字千纪，城南人。
朱尚文，字斐章，东溪人，广信训导，龙岩州学正，有传。
袁连城，字久达，袁坊人。
涂奎，字西昭，墟湖人。
熊源，泊溓人，有传。
熊履廷，字来周，瓘山人，有传。
陆希瑀，字剑冲，仙音巷人。
李士楫，字亦逖，湖茫人。
甘良谟，字禹赓，邑郛人。
毛宇衡，字紫玖，龙雾洲人，有传。
左之祚，字子瞻，着棋巷人。
杨魁，字卓万，松陇人，宁都训导。
黄文选，字青万，沂塘人。
丁彷，字德舆，蕙之孙。
蒋兆元，字大资，蒋家楼人，乡饮大宾，有传。
毛凤雏，详进士。
吴学炳，字大文，旸源人。

皮文彪，字绣叔，邑郛人。
杨大韶，店下人。
范日惠，字顺成，古昶坑人。
丁冠，字佐仪，沙湖人。
丁正模，字宇范，沙湖人，有传。
何李字，逊晟，河湾人。
吴秉任。
万诏，字廷宣，牌边人。
涂岱，字祝韩，甘棠人。
鄢之域，字允祚，南冈人，徙居故里。
孙象贤，字縠芳，北门人，有传。
黄江，字配山，金盆架人。
熊都，字恤远，根竹人。
匡晋定，字奠安，城南人，湖口训导，有传。
李裴，字初容，湖茫人。
徐景阶，字步层，里垱人。
龚树功，字九叙，沧溪人，任万安训导。
熊时晟，字宋立，瓘山人，有传。
杜煌，字永熙，细彩湾人。
张士拔，字禄能，社冈人。
李秉瑜，字琢瑕，湖茫人。
卫学达，字兼善，澄源人，有传。
史大涵，字天民，着棋巷人。
傅盛洽，字佑理，罗坊人。
于兆遇，字渭璜，蓝溪人，有传。
张光祖，字廷翘，邑郛人。
皮声振，字永锡，邑郛人。
余立云，字载行，前村人，移居城内。
李青云，字步上，筱塘人。
徐文暹，字晖吉。
李宗光，字迪维，南湖人。
王隽，字简在，钱塘江上人。
何拱江，字对山，夏阳人。
曾鉴，字朗映，上塔人。
陈拔元，字廷举，故县人。
雷缉，字绍周，曲源人。
熊岐，字懋西，潭埠人，详赐衔。

杨其义，字得和，本姓王，学前人，迁居太平巷，有传。
熊浩，字汝谦，枧头人。
金启谟，字有伦，老塘人。
徐瀚，字砥澜，秉霖子，夏港埠人。
李璠，字鲁珍，北港洲人。
余兆彦，字观光，铜湖南溪人，尚训侄。
熊绂，字舜年，余熊华人，学宪王，以“敦品研经”扁奖。
唐垂瑄，字唐，家墟人。
邬昭祥，字瑞元，楚城上人。
周篚，字朝选，一坊堆上人，教谕。
朱云直，字召拔，源岭人。
饶性成，字善元，岭下人。
徐瑞麟，字桂庭，青蓝人。
熊藻，字锡龄，松湖大屋人。
葛合志，字虚谷，西村人。
黄嘉善，字符才，厦涧人。
胡执礼，字仪宾，胡家岭人。
丁济钺，字钓溪，北湖人。
熊立定，字志安，早禾田人。
朱政，字达材，湖头人。
朱昌镛，字序东，泊濂人。
熊育，字静山，熊家山人。
涂灿勋，字花农，邑郛东门人，原名诰。
欧阳祁，详科目。
李庚，详科目。
熊飞渭，字秀澜，雄庄人。
徐玉书，字习堂，青蓝人。
王廷焕，字冕轩，村头人。
文炳沅，字芷生，攸洛人。
葛合帆，字仙舫，塘下人。
涂增莹，字莲生，甘棠北下人，候选教谕。
吕先淮，字净庵，洛溪人。
酆蕴辉，字玉山，康里人，候选州判，有传。

优贡

雍正五年，奉上谕：“各省学政，黜劣举优，系其专责。俟后三年任满，将生员中有献、有为、有守之士，大省举四、五人，送部考试，酌量擢用。”乾隆五年，议准优生核选，试以经文策问，择其文理优通者，举优廪增举，优者，准作贡附学、准作优监生。

杨学澄，字浣初，本姓王，学前迁居太平巷人。南巡召试，恩赏缎匹。

徐宝书，蛟湖人，考取八旗官学教习，余事详科目。

熊暄，详科目。

徐发，详副贡。

援例

明

丁袍，忠义坊人，县丞，有传。

李锐，南湖人，知县。

甘迪和，霆之子，州同。

方秉文，杲源人，上元知县。

余光，邑郭人，照磨。

杨庥，崇之子，大使。

陆梦鹏，仙音巷人，主簿。

孙鹇，北门人，例贡。

赖迪，观音阁人，巡检。

丁渐，忠义坊人，例贡。

甘淑，迪和子，同知。

李柔，南湖人，县丞。

毛兰，大屋人，县丞。

陈耀，上坊人，弋阳知县。

黄服，城南人，照磨。

杜颙，鹤村人，尤溪县丞。

王沽，字周麟，狮子门楼人，府知事。

刘顺，艾冈人，县丞。

李澣，南湖人，贡生。

丁滔袍，之子，望江知县，有廉能声。

甘世新，诏安主簿。

余时献，邑郭人，主簿。

杨牧，康之子，州判。

孙鹤，北门人，例贡。

江鲸，湖头人，运大使。

赖文明，观音阁人，主簿。

李刊，裕之子，例贡。

黄云梯，城南人，主簿。

丁澍，沙湖人，训导。

罗健，荷塘人，县丞。

杨源，瑄之子，有传。

李校，湖茫人，益府审理。

王钲，驿丞。

黄以乾，槎熫人，济南通判。

杨绅，汀州府通判，据《府志》增。

杜郁，峨嵋知县，据《府志》增。

杨绂，曹州州判，据《府志》增。

李咨定，束鹿训导，据《府志》增。

聂登邱，孙家渡人，照磨。

丁沐，袍之子，靖州州判。

熊伯晖，安沙上熊人，经历。

黄贵环，沧溪人，训导。

陈诰，上坊人，桂平县丞。

李环，概之子，库大使。

甘参，邑郛人，州判。

孙鹇，曰良孙，例贡。

游澈，明之孙，桃源县丞。

李珠，智林巷人，照磨。

丁果，袍之孙，临海县丞，乡饮大宾，苦学坚守，有雅量，士论重之。

黄侃，城南人，主簿。

王金，驿丞。

李玧，檕之子，知县。

熊敏哲，旸家库人，州同。

杨环，沙上人，主簿。

丁涣，沙湖人，主簿。

黄潮，攸洛人，正兵马司。

邬瑞，小港芦溪人，知县。

丁淙，忠义坊人，福建南平县主簿。

涂耿，曲江人，教谕。

孙鷁，北门人，照磨。

李玗，南湖人，例贡。

甘溶，例贡。

杨邵，敎之子，主簿。

朱琰，字日辉，杭桥人，主簿。

朱尚文，字应奎，杭桥人，经历。

赖璋，观音阁人，主簿。

李克顺，南湖人，仙居县丞。

黄翥，铎之孙，巡检。

丁希尹，沙湖人，县丞。

万缉，寀之子，主簿。

余凌云，兵马司。

游耿，安沙人，吏目。

李应龄，历城县丞，据《府志》增。

李选，椽之父，巡检。

李志元，爵塘人，海宁知县，《府志》缺。

邹演，彭塘人，主簿。

王汝奇，槎熑人，通判。

熊贞，洪石人，吏目。

丁乐，忠义坊人，宣化县丞。

黄可上，城南人，同知。剿贼抚流，河工钦赏，《府志》缺。

李谌，槩之孙，县丞。

黄旻，株树桥人，主簿。

甘昂，邑郭人，例贡。

孙铦，北门人，知县。

黄羽，城南人，兵马司。

赖铨，观音阁人，《府志》缺。

丁时济，希尹子，附贡。

李克辉，南湖人，历德阳、绵竹主簿，有传。

朱老春，主簿。

杜洞，礼之侄，县丞，有传，鹤村人。

万绂，寀之子，县丞。

杨缨，栗塘人，州判。

李克厚，南湖人，韶州经历。

邬诏，小港芦溪人，秦州同知，《府志》缺。

刘躬，艾冈人，县丞。

黄溥，槎熪人，巡检。

李英华，裕之孙，北兵马司。

熊谊，北门人，经历。

杜洪，鹤村人，典史。

李翱，缙之子，费县知县。

甘湛，邑郛人，例贡。

丁森，沙湖人，眉州州判，有政声。

黄挺，城南人，开化县丞。

孙贺，例贡。

李宠，彦之子，主簿。

熊德深，杭桥人，税大使。

游良卿，安沙人，县丞。

吴昆祺，之子。

黄漳，槎熪人。

甘廷和，邑郛人，检校。

李世科，经历，据《府志》增。

丁梨，忠义坊人，内江县主簿。

刘治，水口人，主簿。

赖守廉，观音阁人，大使。

黄可举，城南人，京卫经历。

罗萱，荷塘人，经历。

雷暐，贺之子。

杨郡，廉之孙，卫指挥管事。

丁世忠，忠义坊人，例贡。

皮衮，巡检，据《府志》增。

李翔，缙之子，例贡。

孙锥，北门人，序班。

黄鳣，城南人，全州同知。

赖守邦，观音阁人，照磨。

万绍，学前人，主簿。

甘逵，邑郛人，益府引礼。

陈辉，上坊人，海州知州。

李景，衙前人，照磨。

杨鄘，廉之孙，吏目。

黄克明，国用子，经历。

李邦能，湖茫人，典膳。

李克敏，南湖人。安溪知县，祀名宦。
邹大缜，湖塘人，知县。
刘文焕，艾冈人，县丞。
熊达，字广逵，瓘山人，浙江布经历。
甘鸿，邑郛人。
丁楣沙，湖人，县丞。
李惠逢，之子，吏目。
刘观艾，冈人，州同。
游良会，安沙人，州判。
李光献，刑部司狱，据《府志》增，南湖人。
胡灼，厚郭人，照磨。
鄢愈卿，故里人，经历。
王镐，县丞。
杨湜，沙上人，潜山主簿。
黄大震，城南人，偏桥卫经历。
孙贯，世祐子，光禄丞。
余濂，字逢源，矩塘人，洪武间授南昌县教谕。
万文瀶，三江口人，嘉靖间任四川麻哈州知州。
熊梦弼，珠塘人，主簿。
李德逢，之子，黄陂县丞。
黄谏，八坊人，知事。
罗侯，荷塘人，主簿。
李楗，浙之子，大使。
杜诺鹤，村人，定海卫经历。
朱相字，尚弼，杭桥人，知事。
李光蕴，典史，据《府志》增，南湖人。
朱英字，尚发，杭桥人，大使。
李光山，南湖人，兴宁主簿。
游良器，安沙人，通判。
邬谨，小港芦溪人，县丞。
李朝卿，典仪。
王瀚，大使。
邹濬，彭塘人，巡检。
黄克类，国用子，经历。
袁伯明，城之子，照磨。
甘旦，小港人，正兵马司指挥。

万景先，小东门人，太平知府，据《府志》增。

李棨，大医院判，《府志》缺，南湖人。

熊惟广，鸣夏、鸣岐父，照磨。

李宗儒，照磨。

吴潜，曲江人，主簿。

黄裳，攸洛人，主簿。

李庚，玑之子，主簿。

史记善，逊之孙，钜野县丞。

杜梨，巡检，据《府志》增。

邬谏，小港芦溪人，吏目。

游良铨，安沙人，理问所。

黄思，琥之子，知县，有传。

李铸，廷璋子，驿丞。

李映冈，典史，据《府志》增，南湖人。

王玑，吏目，钱塘人。

刘善思，艾冈人，主簿。

熊应魁，杰路人，历州守。

李大猷，南湖人，蜀渠主簿，据《府志》增。

许文用，罗湖人，巡检。

胡诚，胡坑人，驿丞。

金鱼，田西人，四川绵州州判，有传。

孙湛，扶犁桥人，典膳。

宋希阶，主簿，云堆人。

陈重，上坊人，府知事。

熊明臣，枧头人，盐课大使。

涂亮宷，敬之子，照磨。

徐明，莲花桥人，经历。

游以道，安沙人，经历。

黄鲔，城南人，照磨。

皮繘，经历，据《府志》增。

朱德贤，睦湖人，主簿。

刘华缨，艾冈人，州判。

黄良臣，槎熻人，经历。

甘文彬，邑郛人，例贡。

李朴，远之子，主簿。

陈佐，陈湾人，照磨。

唐士彔，大章侄，桂林府经历。

熊泮，洪石人，巡检。

皮方，典史，据《府志》增。

黄翎，城南人，州判。

涂来觐，东城人，州判。

李瓘，南湖人，益府典仪正。

刘从龙，艾冈人，大使。

李楠，远之子，典膳。

杨子宏，上点人，沧溪知县。

丁鹏，沙湖人，诸暨主簿。

左鸿，墎上人，安吉州判，《府志》缺。

李廷章，瓒之子，经历。

江曰乾，湖头人，县丞。

王献，字汝忠，钱塘上房人，岳州同知，据《府志》。

黄志尹，城南人，巡检。

熊鸣韶，侯塘人，经历。

皮章，仓副，据《府志》增。

刘享焕，荷溪人，安定县丞。

杨瀚，铨之子，吏目。

余应鳌，大寺前人，主簿。

李渠，经历。

李应芝，贵之子，例贡。

甘寿，茂溪人，浦城县丞。

刘文龙，艾冈人，照磨。

黄绶，槎熿人，吏目。

皮瑚，潮州吏目，据《府志》增。

蒋汝琏，阳夏坊人，经历。

陆应华，仙音巷人，例贡。

陈养蒙，上坊人，知县。

李克极，南湖人。

邹铎，湖塘人，知县。

游秀，城陂人，县丞。

吴万言，缙之子，知事。

朱致绂，睦湖人，州判。

黄祯，门楼人，县丞，《府志》作“贞”，署慈溪县事。

李启晓，南湖人。

杜篪，仓大使，据《府志》增。

刘邦源，礼之子，州判。

丁一夔，鍊之孙，照磨。

孙实，世祐子，经历。

胡授，长江人，提举。

朱学易，睦湖人，吏目。

黄虓，朏之子，主簿。

刘厂，潭埠人，知县。

李东昂，湖茫人，经历。

李文絅，橡之子，县丞。

陆应元，仙音巷人，例贡。

丁滉，沙湖人，教授。

杨应祥，乌柏塘上点人，尚宝司卿。

熊鸣周，侯塘人，序班，据《府志》增。

李烶，楗之子，知事。

黄翀，城南人，经历。

刘聪，荷溪人，县丞。

皮经，巡检，据《府志》增。

李予瑛，湖茫人，光禄丞。

熊应时，松湖人，经历。

朱嘉谟，道子，经历。

傅铨哲，深湖人，经历。

杨惟标，见辟荐，县丞。

李光期，南湖人，嘉定县丞，有政声。

熊仕栋，石滩南湖人，经历。

范用极，庆之孙，监事。

罗拱奎，大任子，北雍贡生，任瑞州府教授，《府志》缺。

陆仕翘，仙音巷人，经历。

周际，沙溪人，□宁知县。

熊丕拳，枧头人，滋阳县丞。

李玉璋，清溪人，鄞县主簿，升知县。

杜宣德，三溪津人，福建莆田县县丞。

杜天相，三溪津人，邵武巡司。

李琑，南湖人，引礼舍人。

蒋寿彝，蒋家廒人，广东增城尉。

胡儒，旗塘人，直隶蒙城县县丞。

蒋玉琳，蒋家廒人。

李同亨，筱塘人，经历。
李元亨，筱塘人，太学迪功郎。
李贞亨，筱塘人，太学迪功郎。
李孟昌，筱塘人，太学迪功郎。
李莹，筱塘人，广东乌峡巡检。
李一枝，筱塘人，广东乌石巡检。
李震华，筱塘人，太学迪功郎。
李韶，清溪人，浙江长兴县丞。
李达，清溪人，衢州信安驿丞。
罗太和，阳坊人，嘉靖间任重庆府左堂。
罗懋拱，阳坊人，嘉靖间任广东推官。
罗懋平，阳坊人，崇祯时任武昌府左堂。
胡向，旗塘人，福建大田县巡检。
胡富隆，旗塘人，福建浦城县主簿。
胡中道，旗塘人，主簿。
胡祥玉，旗塘人，福建漳浦县巡检。
胡腾，旗塘人，浙江仁和县县丞。
胡祐，旗塘人，广东灌水巡检。
胡天桂，一名香，河南杞县丞，旗塘人。
胡晟，旗塘人，蒲圻县巡检。
胡爵，旗塘人，广东钦州巡检。
胡鎗，旗塘人，广东钦州巡检。
胡学勃，旗塘人，山东钜野县县丞。
孙良材，扶犁桥人，七品儒官。
黄龙章，门楼人，贵州平越卫经历。
黄澄，门楼人，七品散官。
黄钿，门楼人，永州库太使。
黄祉，门楼人，七品散官。
黄初，门楼人，巡检。

国朝

唐朝卿，唐坊人，仪征知县，升扬州府知府。
罗复诚，阳坊人，衡山左堂，兼署县篆。
罗大经，井门人，思明同知，多政绩。
熊有声，字骏公，江宁籍。
黄栋荷，字肩吾，翰之孙，泰和教谕。

陆履顺，仙音巷人，乐安教谕。

陆伯威，仙音巷人，峡江教谕。

熊元翼，字辅皇，瓘山人，潮州府同知。

王大琛，雷埠人，鸿胪署丞。

熊永亮，字采臣，熊巷人，普安知县。

李铨雯，基之子，九江府教授，有传。

刘豫悦，字由中，荷溪人，徽州府经历。

熊尚贽，字礼卿，瓘山人，乐安教谕。

唐金旭，见辟荐，辰溪知县。

熊中鹤，字中郎，侪鹤弟，楚雄同知。

张茂美，字在中，塘边人，鄱阳训导。

范溶，上郊人，九江府训导。

熊字鹤，字子半，侪鹤弟，万安、峡江训导，有传。

杨旭龄，字又章，惟标子，建昌府教授。

朱美，南昌人，郁林知州，入籍丰城，家智林巷。

陆景凯，字季捷，明祚子，永宁县知县。

熊钊，字免兹，侪鹤子，国子助教。

范青，上郊人，东乡训导。

丁甲，字殿英，蕙之子，赣州教授。

蔡儒砺，字勉叔，维新子，长宁教谕。

熊刚，字吾见，侪鹤子，南安教授。

杨廷谐，字俞臣，石滩人，武宁教谕，转理刑厅。

李炯，字两峰，云会子，南康教授。

熊掴，字作人，中鹤子，金溪训导。

徐能基，黄台人，沛县主簿。

揭文琏，字瑞如，大夫桥人，云南通判。

陆合治，字世安，景凯子，奉议州判，转上林知县。

李炀，字斯临，云会侄，历崇仁、南丰训导。

丁寅，字亮工，蕙之子，洪县丞。

陈正学，字儒崇，荣塘人，中城兵马司副指挥。

朱熯，字豹文，美之子，江都主簿。

黄梦熊，字渭占，士宏孙，阜宁县丞。

范苏，字眉三，智林巷人，历绍兴、湖州经历。

聂志道，字圣修，孙家渡人，虞城县丞。

何器，字国重，河湾人，云南永昌府同知，有传。

饶佺，字服松，厚郭人，历顺德通判、沧州知州、湖南永州府、衡州府、常德府知府。

李堡，字文载，云会孙，盐运副使，补宁波府同知。

何新，号又斋，河湾人，通判，石港场盐大使，升两淮泰州运判。

熊懋奖，字特钦，瓘山人，湖南辰州府同知，有传。

金国礼，字崇让，田南人，浙江温州府通判。

金万漕，田南人，监生，湖南布政使经历、长沙通判。

饶清，厚郭人，例贡，云南布政司经历。

雷鼎浩，丰山人，监生，云南试用经历、平彝知县。

何周，字岐山，河湾人，山西河东盐运知事。

文华，河垄人，直隶广平府经历，题升成安知县。

陈其梁，阳坊人，例贡，任陕西县丞，署同安知县。

孙惠，铜坑人，由例贡任浙江上虞梁湖司巡检。

孙元厚，同造人，监生，江苏桃源县典史。

文安，河垄人，监生，河南汤阴县典史。

甘昌遴，邑郛人，监生，湖北广济县巡检。

杜崇启，鹤村人，监生，广西永安州吏目。

蒋正谟，蒋家楼人，监生，江苏阜宁县巡检。

熊仪柬，字章甫，松湖大屋人，监生，湖北归州知州，有传。

范承祖，字德芳，下蓝溪人，监生，山东东平州吏目。

陈光龙，阳坊人，监生，福建闽清县典史。

崔兆祥，字桢则，仙音巷人，吏目，借补直隶肃宁县典史。

孙颐年，同造人，监生，河南光州息县典史。

孙昆，北门人，监生，浙江上虞县梁湖巡检。

杨念槐，字复初，其谟子，山东聊城通济闸官，署河南祥符县主簿。

陈光凤，阳坊人，监生，署广东佛山司巡检。

罗万象，字逢叙，罗家边人，浙江宁波府司狱。

周应骥，花园人，监生，四川叙州府经历，署万县知县，有传。

黄魁，字正拔，城南人，贡生，四川资州吏目。

邓九歌，南山人，监生，安徽怀宁县巡检。

王云豹，五都人，监生，江苏试用典史。

蔡鼎，洲头人，现任山西商州吏目。

熊观津，字在源，瓘山前村人，福建建宁县典史。

文开，泰河垄人，监生，江苏江宁司巡检。

熊正冠，瓘山人，江苏试用从九。

熊珣，字怀清，瓘山前村人，监生，浙江平湖白沙巡检。

熊琏，字舜珍，瓘山前村人，监生，贵州龙里县典史。

蒋抱道，字学阶，蒋家楼人，广西容县粉壁司巡检。

何中尊，字嵩极，周之子，福建永福县巡检，署兴化府经历。

崔卓鹏，仙音巷人，福建兴化府经历。

吕师让，北湖人，字邦弼，湖北鹤峰州州判。

任安邦，邵坊人，监生，湖北施南府经历，署兴国州鹤峰州州判，有传。

吕述祖，字敬绳，北湖人，云南试用府经历。

李鲲化，筱塘人，陕西鄠县知县，有传。

陈钧，字采云，官溪人，寄籍长沙，巡检。

万光岚，详副贡。

熊梦符，字英望，瓘山人，附贡生，兵部职方司主事。

李棠，号我白，筱塘人，广东雷州府经历。

熊邦翰，字先遴，艮上人，通判，分发广东，署广州府澳门同知。

万朝宗，字庆源，后万里人，廪贡，饶州府训导，有传。

范时杰，字载德，下蓝溪人，陕西县丞，以军功赏六品顶带。

任光昌，字瑞麟，吴城人，即用州判。

万光漣，字至山，三江口后万人，兵部主事。

熊起凤，字岐山，号丹崖，塘头人，振敏子，廪贡，历署赣州府教授、广丰教谕、抚州府训导。

万启彬，光泰子，字在兹，两淮盐场大使。

万光第，后万里人，字春山，廪贡，即补训导。

万时敏，字逊之，后万里人，廪贡，署吉水训导，有传。

万光籅，字仁山，后万人，浙江布〈政司〉理问、台州同知。

杨佐，字文远，乌桕塘人，廪贡，现任上犹教谕。

徐祖辉，字焕章，蛟湖人，训导，廪贡，署乐安教谕。

涂贤彭，城东人，字椿龄，现任福建漳州府经历，署海澄平和知县，有传。

胡正矩，青洲人，山东候补典史。

蔡承祜，鼎之子，典史。

吕基堃，字惺堂，北湖人，光焕子，安徽定远典史。

李三省，际云子，江苏如准主簿。

熊濬，梦符子，浙江宁波府同知。

熊起鲲，瓘山人，顺天平谷县知县。

万启琛，字篪轩，后万里人，工部郎中，历任安徽按察使、江宁江苏布政使，赏戴花翎。

毛震寿，字晓吾，辉凤子，由知县荐升陕西布政使，赏戴花翎。

邹之玉，字蓝田，南槎桥人，湖北盐法道，赏戴花翎。

万启台，字星六，后万里人，户部郎中，署湖南岳常澧道，赏戴蓝翎。

邹道堃，南槎桥人，湖南桂阳州知州。

盛朝济，北头巷人，广东潮州知州。

盛廷椿，北头巷人，员外郎。

毛庆蕃，字实君，震寿孙，三品荫生，改官员外郎。

杨石渠，附贡生，赞襄子，直隶蠡县知县，有传。

杨恒庆，字幼樵，赞襄子，四川候补同知。

杨绍谦，江苏试用知县。

杨光实，候选知县。

周吉廉，沙溪人，安徽池州府同知。

周焕炳，吉廉子，湖南清波司巡检，保举知县。

万启先，后万里人，贵州补用同知，赏换花翎。

万启棠，后万人，广东候补县丞，署程迈县知县。

毛艮贞，震寿弟，四川补用知县。

毛隆安，字宪卿，震寿子，现任湖北嘉鱼县知县。

毛隆辅，字揖青，震寿子，四川丹棱知县，有传。

毛隆恩，字季彤，震寿子，四川补用知县，同知衔。

毛隆觐，字舜卿，震寿子，候补知县。

邹道涵，南槎桥人，蓝翎州同衔。

李应春，白洲人，湖南永州府经历，赏换花翎。

涂九畴，字兰坪，甘棠北下人，湖北知县，同知衔。

陈嘉玉，字子白，故县东边人，云南建水县知县。

李增筹，字海屋，筱塘人，湖南试用知县，同知衔。

邹枢生，南槎桥人，保举县丞，赏戴蓝翎。

万向荣，后万里人，南康府训导。

杨起凤，上点人，署新淦训导，选南康县训导。

吕崇化，洛溪人，玉山教谕。

万时叙，后万里人，试用训导。

金树棠，围西人，署南安府训导。

李福亨，字云衢，筱塘人，廪贡，吉安训导，候选教谕。

万象春，后万里人，庐陵训导。

熊赓飏，太阳庙人，抚州府教授。

甘炳坤，字象生，邑郛人，署余干训导。

熊福山，字申甫，桧山人，增贡，现任新昌训导。

万兆熙，后万里人，候选训导。

周文郁，字经畬，邑郛廪贡，历署南康、吉安、建昌府教授，泰和、东乡县训导。

涂绶，字小渭，甘棠北下人，增贡，宜春县训导。

王萃春，字小湘，屯溪人，高安县训导。

丁应松，字汉卿，北湖人，候委训导。

陈畴，故县东边人，字农生，廪贡候委训导。

毛钖麒，大塘人，四川大平县巡检。

杨荧，上点人，军功保举训导。

万启庄，字敬轩，时宜子，廪贡，湖南补用知县，赏戴花翎。

万庭椿，后万里人，廪贡，选用训导。

邹观澜，字益亭，黄塘人，廪贡，袁州府训导。

涂香，字蔺谷，邑郭人，湖北麻城县丞，保升知县。

胡正朝，青州人，陕西神木县典史。

徐奎，陕西选用知州。

徐人麟，福建巡检。

徐廷禄，安东县长乐司典史。

袁廷和，直隶试用吏目。

罗裕嵩，瓦堆人，湖北随州梅埏镇巡检。

夏鼎，中坑人，贵州安顺府巡检。

张庆云，广东试用府经历。

曾叙符，山东试用知县。

邹学宗，布理问，加知府衔。

徐吉林，江苏盐知事。

徐淳文，山西郛山县典史。

袁如霖，袁坊人，广东盐库大使。

周昌岐，四川主簿。

盛朝溥，北头巷人，广西天峨县分县。

万兆璋，后万里人，浙江宣平典史。

袁绍华，吏目。

吕克铨，洛溪人，议叙同知职衔。

杨树本，广东试用县丞。

胡际典，厚郭人，湖南浏阳典史。

熊搢笏，广东试用从九。

徐承祖，云南试用府经历。

余镇璐，知县。

杨炳桂，上点人，补用府经历。

傅夔，王田人，广东巡检。

熊光萼，湖南试用府经历。

周振麟，四川典史。

盛绍荣，广东候补从九，署象冈司。

曾辅忠，山东县丞。

邹道深，南槎桥人，广东候补从九，署阳山县巡检。

李林汉，云南试用府经历。

吕基增，光焕子，山东榆社县典史。

吕西成，溶之孙，陕西候补典史。

吕西昌，溶之孙，四川试用巡检。

熊祖谟，艮上人，巡检。

熊淳，瓘山人，广东清化司巡检。

熊为桢，瓘山人，湖南桥口司巡检。

陆运景，字典臣，仙音巷人，廪贡，署鄱阳、万年训导，历署湖南永新、益阳知县，题补沅江，升用直隶州，现署龙阳县，保加知府衔。

万启森，后万里人，广东试用，未入。

吕西铭，溶之孙，广东海陵岛巡检。

修朝元，邑郭人，云南补用州判。

吕绍烈，洛溪人，湖北光化县典史。

吕元培，洛溪人，山西巡检。

罗金诰，字小圃，古楼巷人，安徽临淮巡检。

盛廷槐，邑郭人，署广东阳春县县丞。

万希皋，后万里人，邑庠广西容县巡检。

万兆藩，后万里人，选用从九。

万兆琮，后万里人，试用从九。

吕师古，北湖人，广东试用县丞。

杨绪芝，邑郭人，候选从九。

吕鉴古，北湖人，广东试用，未入。

罗煜烜，五坊人，候选县丞，赏戴蓝翎。

熊作霖，象麟孙，湖南候补县丞。

万鑫，后万里人，建德典史。

万兆辅，后万里人，选用从九。

涂赓，字皋飏，甘棠北下人，湖南候补府经历。

涂养志，字恬生，甘棠北下人，湖南候补县丞。

李昌龄，字小垣，筱塘人，六品衔，湖南浏阳县典史，升用县丞，府经历。

李丰龄，筱塘人，湖南候补巡检，署平江典史。

罗文纯，新屋人，选用县丞，赏戴蓝翎。

熊体恒，埂山人，湖南试用府经历。

万荣椿，时若子，浙江萧山县县丞。

任恩，邑郭人，贵州候补县，前任定番州。

杨熙亮，上点人，四川试用县丞，代理新津典史。

徐德菡，士谷子，署湖南巡检。

吕蕴古，光焕孙，福建连江司巡检。

万晋昌，后万里人，云南同知司狱。

万启至，后万里人，选用巡检。

万元瑛，后万里人，山东试用县丞。

李秉森，四川试用典史。

万自贤，后万里人，试用盐经历。

高藩，高坊人，浙江试用，未入。

杨式珣，字碧山，上点人，署湖南茶陵州，捐升知府，加道衔，赏戴花翎。

陆际元，字葆初，仙音巷人，署浙江龙头场盐大使，现任长林场监大使。

涂焕新，字小垣，东城人，湖南候补县丞，署桂阳州州判。

毛树森，字敦夫，大塘人，湖南慈利巡检。

徐德荃，士谷子，湖北候补从九。

李时佳，字可堂，南湖人，附生，浙江候补县丞。

毛晋康，字念吾，大塘人候选巡检。

毛隆昇，字旭青，震寿子，布政司照磨。

毛隆光，字保青，震寿子，盐运司知事。

毛隆清，字扬青，震寿子，即用巡检。

李有声，字蕴山，南湖人，大理寺右丞，加五品衔。

傅朝弼，字尊廷，九里壦人，广东合浦巡检。

熊光垚，瓘山人，湖南补用县丞，辰州泸溪典史。

金应林，滕坊人，湖北大治巡检。

杨斌，上点人，四川试用府经历，加理问衔。

潘嘉运，字鲲池，衢塘人，湖南武陵县丞。

袁纪柱，袁坊人，署池州通判，代理青阳县。

袁如埙，袁坊人，贵州府经历，署新城司。

袁必达，袁坊人，湖南候补布政司理问。

丁兆椿，字荣泰，沙湖人，贵州瓮安县典史。

袁如璋，袁坊人，附贡侯，选府经历。

唐勋，字蓂阶，唐家墟人，廪贡，署崇仁、新昌训导。

涂凤仪，邑郛人，湖南补用巡检。

盛廷梅，邑郛人，广东试用巡检。

邹道源，南槎桥人，广东试用巡检。

邹道治，南槎桥人，广东试用，未入。

万坚，后万里人，浙江试用盐运司运副。

徐寅宾，白湖人，江苏试用县丞。

邹金淦，选用从九。
丁方镇，字秋舫，同知衔，福建候补县丞，有传。
丁方成，字竹园，六品衔，贵州候补县丞，有传。
罗福泰，荷塘里人，现任云南姚州典史。
罗福灵，荷塘里人，四川即补县丞，委署楚雄州。
罗福昌，荷塘里人，云南即补县丞。
罗会英，荷塘里人，生员，湖南即补县丞。
唐增荣，邑郛北门人，字耀堂，州同，保举知州，加运同衔，赏戴蓝翎。
万启庚，后万里人，选用从九。
万兆夔，后万里人，盐提举衔，安徽试用通判。
万贤书，后万里人，五品衔，安徽试用按司狱。
袁必全，袁坊人，湖南候补布理问。
袁达先，袁坊人，湖南试用县丞。
史宗尧，以黔南附生，特授松桃厅训导。
涂彝长，字燮亭，石溪人，陕西盩厔县右堂。
史峨耀，社里人，贵州府经历。
史从煊，社里人，云南试用知州。
陈清和，故县人，湖南试用巡检。
陈继恩，田西人，长宁县丞。
周庆廉，沙溪人，六品军功，选用从九。
周焜，沙溪人，六品军功，选用从九。
周燮，沙溪人，六品军功，选用从九。
周瑛，沙溪人，尽先巡检。
周照，沙溪人，六品军功，遇缺尽先从九。

卷之十　选举志三

勋爵　武职　掾考　封赠　荫袭　乡饮

勋爵

旧志及省、府志并详异籍虚封之爵，兹依道光五年志止，就本县人物登载。

晋

涂钦，邑人，晋元帝建武元年丁丑，以扈跸南迁功，封新吴侯。《府志》误载奉新人，今据侯墓志及家传订补。

宋

甘祯，本邑人，宋初以佐命功，累官银青光禄大夫，上柱国，食邑一千五百户，爵丰城伯。卒，子宗初为都虞侯，累立功，开宝四年袭爵。旧志据《甘氏家谱》载。

刘德秀，石滩人，隆兴进士，累官吏部尚书，四川制置使，端明殿学士，提举玉隆宫，召除签书枢密院，爵豫章侯，以郊祀，进爵郡公。

黄畴若，沆江人，礼部尚书，爵丰城伯。

李义山，罗田人，修己子，嘉定进士，历官江淮都大提点坑冶，阶至中大夫，爵丰城男。

徐鹿卿，后泉里人，嘉定进士，累官礼部侍郎，进文华阁侍制，爵国男，卒谥“清正”。

徐经孙，觉溪人，端明殿大学士，卒赠金紫光禄大夫，爵丰城伯，谥“文惠”。

雷宜中，城陂人，淳祐进士第三人，德祐初，除礼部尚书，积官至通议大夫，爵丰城男。

元

揭傒斯，揭源人，以荐累官集贤学士，中顺大夫。至正四年卒，六年，制赠护军，追封豫章郡公，谥“文安”。

武职

元

范虎文，范塘人，元至正二十六年，以忠勇丰勋，累授朝请大夫、武节将军，中书省行枢密院事。据诰敕及郝天挺《神道碑》补。

明

邓子龙，落星桥人，副总兵，赠都督，有传。
胡隆，龙雾洲人，靖曲卫指挥，谥“武靖”。
范福，长安人，都指挥佥事。
邹尚达，邹社人，卫指挥。
徐试，北湖人，卫指挥。
万则成，沇江人，都辖，荫孙侄千户。
宋文，白富人。
万隆，学前人。
左秋，左坊人。
李贵贤，槎山人。
皮隆，芳棚下人。
刘显，城头人。
周贵，牢溪人。
黄清，桐木人。
王兴，苦竹人。
万孟博，清溪人。
〈李〉克鉴，南湖人，千户。
万善，清溪人。
〈管〉必，达罗湖人。
曾晟，州头口人，授镇抚。
熊贵，梅冈人。
熊真，邵坊人。
金英，西乡人。
周旺，雷家埠人。
裴成，石滩人。
张仲信，洞坑人。
夏孟荣，夏坊人。
熊昶，城头人。
龚武，清溪人。
杨用谦，四坊人。
范信良。
范仲和。

胡德佩，长江人，锦衣卫千户。

范宗浩，上郊人，百户。

熊威，埂头人，《丰乘》列武举。

邹浩，湖塘人，真定卫千户。

徐南仲，南金弟，《丰乘》作“南衡”，又列武举。

邓勇，落星桥人，从子龙征缅有功，授参将。

吴鲸，旸源人，南京都督。

鄢和，下泽人。

杨中元，大路人，居庸关守备。

熊梦虬，字沛霖，瓘山人，由将材官守备。

邓维新，从子龙征讨有功，任卫千户。

邓钦，从子龙征讨有功，官卫百户，赠武略将军。

邓继，随征有功，任百户。

邓胜，随征有功，任百户。

鄢应轸，故里柳溪人，从子龙征麻阳功，诏迁守备。

何敢当，河湾人，广西都督府守备。

胡体良，厚郭人，守备。

游廉，苦竹人，定海卫守备。

涂尚侗，东城人，守备。

李邦宁，康山守备。

王普，字受忠，钱塘上房人，宁州把总，升代州守备，崇祯十七年春，殁于阵，《府志》误作宁州人。

聂梅，轩竹溪人，大匠府参军。

蒋以谏，蒋家廒人，宋以武功授执戟郎。

胡学渐，旗塘人，题请守备。

黄位坤，门楼人，司梦连江守备，署都。

黄廷槐，门楼人，苏松水利道中军。

李遂，以平倭功，任抚州守御所正千户。

国朝

熊豫魁，永亮父，任参将。

周尚功，涟之伯，参将，有传。

傅炌楷，字启凡，源溪人，由军功署羊角营都司。

张震，塘边人，四川同仁守备。

王文行，五都人，湖北把总，殁于阵。

徐良瑚，夏港埠人，以行伍任永州零陵都司。

史标名，安之裔，进贤千总。

罗大纪，井门浅水人，九江营守备。

李世庠，南湖人，千总。

胡莲莘，雄庄人，由武生历守备。

熊梦蛟，字麟伯，梦虬兄，任守备。

胡丹忠，厚郭人，守备。

宋启龙，任守备。

李应蛟，南湖人，守备。

范成，随征有功，任游击。

蔡进臣，黄堂桥人，贵州千户，殁于阵。

蒋应元，阳夏坊人，上高把总。

杨虎，大夫第人，守备。

徐曰杰，隐溪源头人。

涂新猷，云南广武协副将。

陆元登，字三锡，仙音巷人，山西助马堡参将。

卢文魁，广西麦岭都司，殁于阵，有传。

邹忠，□□人，行伍把总。

陆天爵，仙音人，详荫袭。

邹天锡，梧冈人，军功千总，借补万载把总。

傅宏宁，源溪人，由军功给千总，彬延子。

李汉魁，上泽人，南赣青标左营把总，分防雩都城守事。

谢廷选，本县把总。

余茂凯，五坊人，抚标把总。

余懋德，五坊人，抚标外委。

熊周程，曹塘人，古田把总，历延平守备。

黄仕林，字松亭，株树桥人，记名提督，遇缺即补。总镇奇车博巴图鲁，诰授振威将军。

江良元，四坊后冈人，江军水师前营，花翎，尽先补用游击。

曾金魁，字少白，浮塘人，江西抚标右营，蓝翎，都司衔，尽先补用守备。

李斯泰，筱塘人，赏戴蓝翎，湖南沅州槐花驿千总。

杨奉标，栗塘人，行伍铜鼓营，义宁州汛千总，即补都司。

杨发刚，奉标子，军功九江前营候补把总，赏戴蓝翎。

毛兴顺，赤冈人，尽先补用把总，赏戴蓝翎。

熊茂贵，太阳庙人，保举都司，尽先补用，赏戴蓝翎。

饶步洲，故县人，副将衔，陕西补用参将，赏戴花翎。

黄仕清，仕林兄，副将衔，尽先补用参将，赏戴花翎。
黄仕顺，仕林兄，副将衔，尽先补用参将，赏戴花翎。
黄胜福，株树桥人，尽先补用游击，赏戴花翎。
黄胜荣，株树桥人，尽先补用都司，赏戴花翎。
吕崇达，洛溪人，福建海澄营尉。
熊湘，字秋水，洛湖桥人，奖营守备，署理铅〔沿〕山营都司。
周砚农，沙溪人，蓝翎尽先千总。
李学廷，字朝选，里慕人，由武生洊升游击，加参将衔，赏换花翎，现防堵甘肃。

掾考

明

杨时习，大理寺卿，有传。
傅佐，甘塘人，知府。
金思廉，罗纹人，都察院都事。
张启明，尚塘人，郎中。
丁大宏，北湖人，录事。
葛惠节，塘下人，都督府经历。
葛应节，通政使。
陈博，县丞。
熊源，字伯本，瓘山人，苏山巡检。
孙适仁，湘江人，重庆知府。
宣乔楚，宣家垱人，典史。
周潾，水口人，县丞。
李洛源，南湖人，驿丞。
聂天和，荆村人，典史。
汤玺，邑郭人，巡检。
范理节，谷富人，大使。
唐彦忠，北门人，龙门典史。
胡渭，后郭人，巡检。
罗价，枫树下人，巡检。
潘斐，瞿塘人，典史。

朱颜，杭桥人，主簿。

周琰，兵马司吏目。

徐叔敬，引陂人，员外。

涂立孚，甘棠人，评事。

龚志大，望城冈人，主事。

李咨清，南湖人，运大使。

甘守信，邑郛人，主事。

傅宗祥，木林人，主簿。

杜济，典史。

范以宁，槎村人，主簿。

朱鸿，杭桥人，同知。

甘从修，邑郛人，知县。

潘昌，瞿塘人，典史。

甘永安，曲江人，经历。

黄旭且，黄堂观人，检校。

杨文理，故县人，检校。

熊东周，瓘山人，安吉县县丞。

周南海，水口人，巡检。

范诚槎，村人，巡检。

涂孔昭，袁坊人，检校。

李克卓，南湖人，驿丞。

汤莲邑，郛人，驿丞。

朱宽，杭桥人，大使。

王一鸣，雷埠人，照磨。

章瑛，盆竹人，县丞。

刘大简，黄堂观人，检校。

甘公载，唐福人，寺丞。

敖民焕，袁坊人，检校。

黄邱，城南人，主簿。

聂行简，小桥人，州判。

徐王璋，吴塘人，经历。

甘伯昂，茂溪人，检校。

蔡琳，北沙港人，卫经历。

潘靖，瞿塘人，大使。

范凤，驿丞。

朱晔，杭桥人，典史，《府志》作朱焜。

皮璁，主簿。

熊廷育，璀山人，海北提举。

叶琬，南巷人，县丞。

胡器，厚郭人，典史。

李克廪，南湖人，驿丞。

唐彦杰，北门人，□□卫大使。

熊世济，杭桥人，巡检。

蔡鲁望，南街人，检校。

范彻，上郊人，文思院副。

傅嘌，傅坊人，知县。

涂师鲁，木塘人，县丞。

陈洪远，曲江人，县丞。

聂采，城隍巷人，县丞。

苏克穰，望城人，卫知事。

徐子轼，仲浚子，县丞。

熊申，曲江人，县丞。

蔡琼琚，蔡家堆人，县丞。

涂孟刚，涂坊人，县丞。

曾惟孝，苦竹人，县丞。

熊济民，根竹人，典史。

朱楫，杭桥人，县丞。

潘隆，瞿塘人，县丞。

杨子昆，乌柏塘人，主簿。

罗衣，枫树下人，典史。

游木，城陂人，仓大使。

范元卿，驿丞。

胡格，厚郭人，仓大使。

宣乔榛，宣家垱人，典史。

周泰，乌沙埂人，通判。

唐景，大章祖，南川典史。

张汝翼，吉塘人，主簿。

胡仲素，长江人，盐大使。

张梦震，上郊人，县丞，有诗集。

范长生，殷墟人，大使。

徐仲逊，中结人，县丞。

葛宗标，务前人，盐大使。

涂具福，东城人，经历。

潘璧，瞿塘人，卫知事。

吴子行，旸源人，县丞。

章瑢，盆竹人，驿丞。

徐纪纲，下阳人，县丞。

周庆，苦竹人，县丞。

徐明，青蓝人，武成中卫经历。

陈瑞芳，知事。

熊彦，字广杰，瓘山人。卢溪巡检。

邹季常，阳池人，县丞。

胡体瑗，器之子，吏目。

徐韶，墨湖人，县丞。

宋良部，云堆人，盐大使。

杨子庄，鄢坑人，县丞。

范豪，大使。

邬清，主簿。

朱时宪，杭桥人，县丞。

胡仕，厚郭人，典仪。

范瑄，槎村人，仓官。

罗袍，枫树下人，大使。

蔡九皋，苦竹人，县丞。

张万祥，吉塘人，典史。

熊德麟，罗湖人，县丞。

李仁修，白沙人，巡检。

熊诚，杭桥人，卫经历。

周谏，水口人，巡检。

游与皋，长安人，县丞。

汤文炳，邑郛人，主簿。

熊季声，杭桥人，县丞。

胡莹，厚郭人，巡检。

甘汝美，钦天监博士，茂溪人。

叶澡，南巷人，巡检。

李克廉，南湖人，巡检。

萧玉，东湖人，主簿。

范来诚，槎村人，县丞。

熊孔蔓，虹桥人，主簿。

胡经，长江人，巡检。

皮概，德州大使。

陈罕文，吴城人，主簿。

朱约，杭桥人，巡检。

潘佐，瞿塘人，库大使。

赖万纪，邑郛人，司狱。

刘宗潮，艾冈人，典史。

邬孟炯，邬家渡人，典史。

潘畿，瞿塘人，仓大使。

范茂烈，仓大使。

聂汝斌，典史，有传。

杨怡常，荣塘人，典史。

胡澄，厚郭人，驿丞。

熊鼎，杭桥人，典史。

徐试文，经历。

杨廷益，乌桕塘人，巡检。

汪秉叙，上窑人，经历。

胡源，主簿。

李怀英，白洲人。

罗应凤，枫树人，仓大使。

周时信，城西人，吏目。

熊达，瓘山人，经历。

范春，槎村人，司狱。

万先，金坊人，经历。

任时彻，左埠人，州判。

夏宗言，夏坊人，经历。

胡嘉，龙雾洲人，经历。

丁显，里长埠人，经历。

聂琏，孙家渡人，经历。

刘伯与，刘坊人，经历。

范拱振，殷墟人，经历。

杨秉行，郭上人，经历。

潘养真，瞿塘人，县丞。

罗旻，经历。

徐州杰，隐溪人，盐大使。

魏志，经历。

李乔，白洲人，巡检。
刘易元，经历。
宣乔秀，宣家垱人，巡检。
陈文灿，博之孙，县丞。
杨时济，松陇人，库大使。
宋政，经历。
潘治，瞿塘人，驿丞。
罗宏政，经历。
范定国，上郊人，典史。
徐学旭，经历。
周国相，苦竹人，县丞。
邵思刚，经历。
吴诏，典史。
杨文政，经历。
曾纯，经历。
徐恭怡，北湖人，县丞。
范侨，槎村人，驿丞。
杜浣，鹤村人，增城县典史。
曾子荣，经历。
许日新，山下渡人，经历。
陈蕃，邑郭人，经历。
杜浔，鹤村人，大使。
蒋珊，蒋家楼人，典膳。
叶珍，南巷人，巡检，《府志》作“琛”。
罗哲，左坊人，经历。
熊毓，乌陂人，经历。
陈德修，曲江人，经历。
杜拳，杜坊人，经历。
徐志，经历。
吴善，郭上人，经历。
游逊，绳湾人，经历。
雷仲春，城陂人，经历。
王政，长江人，经历。
熊国议，字兆麟，瓘山人，广西藤县税大吏，《府志》作“仪”，误。
杨荣，故县人，经历。
胡诚，槎湖人，经历。

周大同，卿塘人，经历。
范用政，曲江人，经历。
汤蒲，邑郛人，巡检。
蔡炯瑄，桥东人，经历。
朱元显，杭桥人，典膳。
聂旭昇，城头人，经历。
张达用，邑郛人，经历。
谢梅，城隍巷人，监丞。
刘郁，苑马监正。
张效，州同。
李榦，湖茫人，州同。
赖至善，州判。
孙元厚，经历，《府志》作“源”。
涂质，东城人，经历。
杜泰，鹤村人，解州州判。
高儒，南巷人，经历。
万遂，学前人，州判。
管骥，州判。
左禄，墎上人，济宁判。
游尚略，州判。
陆理，卫经历，封知州。
杜满，鹤村人，海北仓大使。
张服文，名袁，住小东门，经历。
杜咏，鹤村人，驿丞。
杜谧，鹤村人，仓大使。
杜诤，鹤村人，望江典史。
刘宁，潭埠人，经历。
周表，水口人，卫经历。
谌岳，运知事。
罗式，荷塘人，卫经历。
甘芳，邑郛人，州佐。
徐邦，火巷人，卫经历。
涂朝任，东城人，吏日。
刘遂，大街人，吏目。
李远，遂之兄，盐运知事。
胡咸亨，卫经历。
江浙，主簿。

张得禄，卫经历。
丁涝，忠义坊人，绍兴府知事。
周辂，八坊人，吏目。
徐诏，南门外人，吏目。
李伸，南湖人。
高枝，南巷人，卫经历。
李邦集，吏目。
涂球，东城人，吏目。
孙克愚，卫知事。
甘奇芳，吏目。
陆温，仙音巷人，典史。
郑淑人，主簿。
孙必达，主簿。
胡翘，旗塘人，提举。
叶璁，南巷人，驿丞。
徐述，火巷人，浦沂县丞。
李文，邑前巷人，主簿。
刘文焕，主簿。
黄云衢，主簿。
吕仕彬，前坊人，县丞，为政清勤，屡膺卓荐。
葛褪务，前巷人，县丞。
阮福，主簿。
甘杰勋，之父，典史。
任朝佐，吴城人，主簿。
李棻，南湖人，巡检。
杜大端，大使。
万凤鸣，学前人，主簿。
徐坎，主簿。
黄玙，大井人，县丞。
丁祐，忠义坊人，仁化县典史。
罗承庆，荷塘人，主簿。
甘沔，邑郛人，典史。
涂质贤，东城人，典史。
江都，湖头人，县丞。
余潮，字永思，矩塘人，洪武十六年授湖广柳州宜章县县丞，升授和州牧。
陆汪，仙音巷人，典史。

周儒，水口人，主簿。

熊应瑞，县丞。

甘渐，邑郛人，典史。

刘善凤，艾冈人，县丞。

周汀，典史。

李杲，主簿，善吟咏。

李珊，湖茫人，主簿。

甘相，邑郛人，典史。

葛元服，主簿。

熊朝正，字国暟，瓘山人，临武县县丞，调保定府新城县知县。

杜渐，鹤村人，主簿。

黄明，八坊人，谏之父。

陆洪，仙音巷人，大兴主簿。

曾达，主簿。

夏兴仁，学前人，县丞。

李浍，南湖人，典史。

周璋，城田人，县丞。

陈让，散田人，主簿。

刘远，学前人，典史。

黄文伟，城南人，主簿。

李缉，南湖人，典史。

阮廷祐，典史。

李篪，南湖人，典史。

唐良臣，字思诚，大章父，西安县丞，有传。

袁陈义，荷塘人。

杜子英，鹤村人，主簿。

涂质敷，东城人，经历。

曹朝，觐典史。

赖瑄，典史。

黎孔昭，虹桥人，典史。

杨廷燕，主簿。

万邦邑，学前人，主簿。

陆浩，仙音巷人，主簿。

毛颖，毛坊人，典史。

曹兴，典史。

阮亮，主簿。

周瀹，主簿。
王伟，马驿巷人，主簿。
史立诚，逊之子，闽县典史。
徐徵，南门外人，会同典史。
叶珂，南巷人，主簿。
李逢春，平田人，卫知事。
周彻璋，之子，知州。
杜宁，吏目。
胡香，县丞，坪湖人。
曾荣辉，故县人，主簿。
李邦平，湖茫人，典史。
李珣，南湖人，典史。
徐坦，典史。
黄晔，东城人，典史。
陆桂，仙音巷人，巡检。
文梦麟，主簿。
黄仲，河泊人，以女为王妃，封指挥。
徐楫，南兰人，典史。
李菁，南湖人，典史。
刘纯，学前人，吏目。
夏廷实，典史。
江松，主簿。
丁澾，沙湖人，仓大使。
甘淮，邑郛人，典史。
杨炳，主簿。
阮克，主簿。
李注，湖茫人，主簿。
罗简从，城西人，卫经历。
李蓬，南湖人，典史。
赖蕴，典史。
李芳，南湖人，典史。
余滚，八坊人，驿丞。
张勚，驿丞。
陆注，仙音巷人，典史。
杜凯，鹤村人，典史。
杜穆，鹤村人，盐大使。

徐文璧，火巷人，巡检。

毛容肃，驿丞。

朱文彩，驿丞。

甘政，长宁典史。

周璲，苦竹人，驿丞。

甘楠，邑郭人，巡检。

杜耀，鹤村人，益府典膳。

叶淑，香鹿坑人，巡检。

甘瓘，邑郭人，驿丞。

李采，南湖人，巡检。

杜隐之，鹤村人，益府典膳。

丁栖，沙湖人，典史。

吕萍，塘下人，典史。

吴锦，驿丞。

周夔，典史。

李睿，南湖人，典史。

胡明良，旗塘人，经历。

黄廷显，荷塘人，典史。

万元达，学前人，典史。

李辙，典史。

刘仁，州判。

丁汶袍，之子，驿丞。

曾明奉，典史。

黄柯，典史。

徐春，典史。

甘俸，邑郭人，典史。

徐燧，即登父，驿丞。

李溪，南湖人，大使。

余楠，矩塘人，驿丞。

李莹，驿丞。

余澄，矩塘人，驿丞。

甘淙，巡检。

揭登高，邑前人，巡检。

黄棻，典史。

杨诏，故县人，典史。

朱蔼，典史。

李材，南湖人，驿丞。

徐文爵，火巷人，巡检。

叶珙，南巷人，驿丞。

李克宇，南湖人，盐大使。

黄桔，驿丞。

孙必昇，驿丞。

葛织，务前人，主簿。

李棪，南湖人，新昌驿丞。

刘盛，艾冈人，典史。

黄时济，驿丞。

李爵，南湖人，驿丞。

雷贤，驿丞。

丁浔，沙湖人，巡检。

陆坤，仙音巷人，巡检。

杜美，鹤村人，金华府照磨。

曾玉，土枧人，驿丞。

周鍉，苦竹人，县丞。

丁湘，沙湖人，驿丞。

黄锦，典史。

蔡信，典史。

黄魁，典史。

李昂，邑前巷人。

刘深，学前人，大使。

徐冕，火巷人，典史。

杨达，典史。

赖祥，典史。

李文，典史。

黄洁，典史。

孙时，典史。

黄守诚，县前人，巡检。

李春，典史。

甘梧，邑郛人，典史。

揭知德，通判。

李书，大使。

刘孜，潭埠人，典史。

李钧，巡检。

曾銮，湖南人，司务。

李瑞，南湖人，大使。

熊希张，主簿。

吕篁，塘下人，典史。

孙良济，扶犁桥人，广东巡司。

曾宪，銮之子，典史。

曾仲修，南巷人，仓大使。

文萱，典史。

李洛，南湖人，巡检。

杜延善，鹤村人，经历。

赖栋，典史。

杨信，典史。

李纪，大使。

胡咸勤，巡检。

夏浙，学前人，主簿。

徐伟，典史。

李玉，大使。

罗正华，城西人，典史。

李瑄，南湖人，大使。

涂质昇，东城人，州判。

丁盛，县丞。

熊性情，城头人，典史。

黄寀，典史。

甘正茂，邑郛人，大使。

史环，安之孙，衡山典史。

夏宜廉，学前人，县丞。

杨濆，吏目。

周廷用，典史。

李温，南湖人，驿丞。

李克阳，南湖人，山阳巡检。

唐谦，唐坊人，典史。

叶时中，南巷人，县丞。

黄守谟，守诚弟，典史。

徐爵，火巷人，巡检。

曾守谦，南巷人，典史。

李伦，主簿。

刘定，主簿。

邹滚，学前人，典史。

刘潮节，艾冈人，典史。

李邦益，典史。

游运，城隍巷人，主簿。

李顺，典史。

陆香，仙音巷人，大史。

李瞳，典史。

杨良弼，大使。

李昇，南湖人。

丁辅，县丞。

甘旺，邑郛人，大使。

杨锴，巡检。

熊桂，典史。

黎孔怀，虹桥人，郧阳大使。

夏潆，学前人，驿丞。

杨钱，大使。

徐旦，火巷人，大使。

吕金，塘下人，直隶盐大使。

葛厚，务前巷人，大使。

李辑，南湖人，典史。

李齐，驿丞。

李辂，南湖人，巡检。

熊鼎，丁坊人，县丞。

袁炼，荷塘人，大使。

甘诚，大使，圳上人。

毛梓龄，典史。

谈一贯，诸官路人，长史。

毛士进，大屋人，典史。

万逵，寀之兄，典史。

熊萃，黄墓人，巡检。

曾应桢，大使。

李克旭，南湖人，涟湖驿丞。

丁轮，巡检。

曾应祥，宪之子，典史。

熊诗，巡检。

李思诚，主簿。

郑瑞，南巷人，经历。

刘时珊，充之裔，盐大使。

揭尚乾，垛上人，驿丞。

叶涞，南巷人，围长。

周仕哲，典史。

朱翊，大使。

李铖，巡检。

万廷，学前人，大使。

李璟，南湖人，驿丞。

甘廷光，北泽人，典史。

吴朴，驿丞。

李昇，典史。

李廷鲸，巡检。

丁淇，沙湖人，广陵驿丞。

曾应祐，宪之子，典史。

熊浚，艾冈人，典史。

李大章，南湖人，漳浦县丞，有传。

熊彦文，城南人，滈县主簿。

李大实，巡检。

徐俸，大使。

杨宪章，邑前人，县丞。

史时暇，安之曾孙，钱塘典史。

李克伟，南湖人，巡检。

赖楠，大使。

周涞，蒋坊人，典史。

张玉，县丞。

熊钟，字国震，瓘山人，随州州判。

揭德浚，主簿。

曾应祉，宪之子，典史。

李旻，邑前人，大使。

黎友闻，虹桥人，大使。

黄俨，大井人，驿丞。

丁清，沙湖人，仓大使。

袁朝聘，玉成弟，主簿。

吴宽，大使。

黄裘，东城人，典史。

杨滋，乌柏塘人，典膳。

万邦道，学前人，典史。

甘黼，勋之侄，典膳。

任日新，荷塘人，典史。

文侯，城隍巷人，州同。

熊敬节，湖北人，经历。

吴榕，大使。

章玲，盆竹人，驿丞。

朱义，西门人，典史。

万沛，学前人，典史。

丁时壮，沙湖人，库官。

任善继，日新子，典史。

游逢，城隍巷人，吏目。

黄瓘，务前巷人，典史。

孙銮，柘林巷人，巡检。

朱国珍，章之孙，典史。

吴葵，大使。

丁熠，沙湖人，典史。

孙逵，銮之弟，典史。

曹祉，典史，《府志》作“祗”。

史滇，逊之子，怀安典史。

万絨，学前人，典史。

曾荣芳，故县人，县丞。

江锺，湖头人，典史。

孙俊，柘林巷人，主簿。

熊斌贯，旸嘉库人，引礼。

孙玉之，銮之子，主簿。

朱龙，章之弟，驿丞。

陈亹，散田人，典史。

揭德淳，驿丞。

余香，大井头人，主簿。

蔡汉，黄堂桥人，院副。

孙元叙，玉之子，吏目。

万廷珮，三江口人，巡检。

李杲，瓒之祖，主簿，有传。

涂鐗，峻之孙，经历。
曾和，南巷人，主簿。
熊世臣，侯塘人，典史。
邓章，火巷人，巡检。
涂来泰，东城人，典史。
邓明，汉之父，典史。
孙玮，柘林巷人，典史。
夏廷殷，学前人，巡检。
涂行，之甘棠人，驿丞。
毛任，大屋人，吏目。
涂杠，旦之子，知事。
陈禄，陈埠人，典史。
朱彦，章之弟，典史。
李克盈，南湖人，典史。
游良卓，安沙人，县丞。
匡国相，城东人。
万级，化之子。
游良鉴，安沙人，审理。
涂鍓，峻之孙，卫经历。
熊廷用，尚文父，典史，有传。
李珊，大路人，巡检。
毛国相，任之子，吏目。
李大彦，裕元孙，典史。
揭启宗，抽分副使。
徐盘，火巷人，主簿。
文彩，州目。
熊良弼，艾冈人，巡检。
涂望之，甘棠人，主簿。
潘天爵，瞿塘人，典史。
万镗，城东人，典史。
夏衮，南巷人，巡检。
范时用，县丞。
李国用，珊之子，巡检。
杨迁，城东人，典史。
胡伦，厚郭人，巡检。
万锱，城东人，典史。

文尚卿，城隍巷人，州目。
甘宏化，邑郛人，主簿。
杨灿，迁之子，典史。
徐纶，火巷人，典膳。
万亿阳，城东人，经历。
黄锦，务前人，吏目。
陆闾，仙音巷人，典史。
涂核，景之子，大使。
李光润，南湖人，驿丞。
熊天铉，弼之子，升都事。
杨炜，迁之子，典史。
夏荣卿，南巷人，典膳。
万镈，城东人，典史。
曾芸，梅冈人，典史。
徐缟，衮之孙，典史。
李光埙，南湖人，典史。
甘守思，典史。
李珙，琯之弟，经历。
徐亮，兰溪人，县丞。
徐铣，镐之子，典史。
徐行道，典史。
涂登之，甘棠人，司狱。
潘玺，瞿塘人，大使。
陈浩，县丞，汕田人。
李曈，典史。
朱应旸，小港人，驿丞。
罗正绮，城西人，吏目。
吴上龄，白雁塘人，含山县知县。
甘正耀，邑郛人，典史。
余曾，大井人，典史。
涂昺，化鹏巷人，经历。
徐焕，即登之叔。
刘大有，学前人，监正。
徐端之，火巷人，典史。
杨期用，宪章子，盐大使。
张礼，张坊人，典史。

张铠，京库官。

盛瓒，邑郛人，巡检。

罗世卫，南兰人，典史。

杨诏用，宪章子，典史。

涂植，昇之子，巡检。

李琼，南湖人，运使。

丁照甫，沙湖人，巡检。

甘蕃，小港人，县丞。

熊天文，艾冈人，吏目。

周纪，驿前人，典史。

毛士麟，邑郛人，巡检。

黄翃，城南人，驿丞。

揭镠，大夫桥人，县丞。

郑汴，南巷人，主簿。

夏桐，学前人，主簿。

李应聘，巡检。

李应鲸，巡检。

熊廷举，尚文叔，典史。

文栋材，主簿。

刘思恭，学前人，典史。

毛药，邑郛人，主簿。

夏钊，南巷人，典史。

陆于庆，仙音巷人，司狱。

赖锦，邑郛人，典史。

张惟楗，县前人，典史。

夏益文，南巷人，主簿。

唐惟仁，良臣侄，长州典史。

范倧，智林巷人，典史。

徐楷，荷塘人，典膳。

宋镗，南衢人，主簿。

熊烺，夏阳人，驿丞。

谢宗宪，城隍巷人，典史。

李大信，南湖人，典史。

周文盛，纪之子，典史。

江曰成，都之子，主簿。

蒋桂，机之祖，典史。

范洵，邑郭人，□大使。
徐即用，即登弟，主簿。
江秉瑛，湖头人，典史。
朱元曜，杭桥人，知事。
丁乐，沙湖人，吏目。
周莲，纪之孙，典史。
涂廷美，东城人，典史。
江秉瑞，湖头人，巡检。
朱一言，曜之子，巡检。
李椿，湖茫人，提举。
周道，城西人，典史。
范裕，邑郭人，典史。
赖文盛，邑郭人，主簿。
范宣，邑郭人，典史。
江秉琦，湖头人，巡检。
甘洛，邑郭人，经历。
刘应鉴，衙背人，主簿。
罗钊，城隍巷人，典史。
范旦，邑郭人，典史。
甘赞，邑郭人，经历。
丁汝让，沙湖人，巡检。
曾应旸，鹤村人，典史。
李光积，南湖人，驿丞。
周全，纪之孙，吏目。
丁宣，沙湖人，多著述。
范深，邑郭人，典史。
聂大器，荆村人，典史。
熊炤，字国昭，瓘山人，惠州大使。
汤熛，邑郭人，巡检。
熊文深，杭桥人，主簿。
胡一锺，长江人，县丞。
徐毓，兰溪人，县丞。
李光兆，南湖人，税课使。
张庆，塘边人，巡司。
熊渊，杭桥人，主簿。
孙明达，塅里人，经历。

杨芬，杨正坊人，主簿。

范治，典史。

游栖，城陂人，典史。

熊国武，字承祖，瓘山人，江阴巡检。

朱世琅，杭桥人，主簿。

丁时佐，沙湖人，巡检。

潘夔，瞿塘人，典史。

熊国珍，根竹人，历知州。

刘江，艾冈人，巡检。

江仕翘，湖头人，库官。

范瓒，邑郛人，仓大使。

熊梦桂，县丞。

甘达，邑郛人，主簿。

李启晓，瓒之孙，县丞。

丁档，沙湖人，典膳。

刘重庆，艾冈人，典史。

江仕哲，湖头人，巡检。

甘淑，邑郛人，典史。

范宥，巡检。

王进，枧上人，历同知。

李廷桢，南湖人，典史。

杨玺，上点人，典史。

张惟模，社冈人，县丞。

范灌，课大使。

江九华，湖头人，典史。

杜震，鹤村人，仓大使。

刘兆贵，艾冈人，知事。

范宽，邑郛人。

熊熯，夏阳人，巡检。

涂敬叔，刑部主事。

孙应麒，同造人，典史。

黄楼，衙背人，主簿。

甘士庆，邑郛人，典史。

徐植，主簿。

陆明祚，仙音巷人，惠州吏目。

郑炯，南巷人，县丞。

江宏毅，湖头人，典史。
罗佶，五坊人，大使。
杨国用，县前人，典史。
陈厚，上坊人，知事。
李正卿，小港人，照磨。
江晞，湖头人，典史。
罗廷相，金郭人，主簿。
范僖，邑郛人，典史。
丁应龙，沙湖人，吏目。
宋铉，南衢人，主簿。
甘秉智，邑郛人，县丞。
周藻，文思院副。
揭明道，州判。
陈策，让之子。
陆文渊，册之父，大传。
李叶，湖茫人，历知县，有政声。
李克硕，巡检。
涂朝柏，东城人，典史。
郭清，邑右人，大使。
黎孔绅，虹桥人，巡检。
李栋，南湖人。
黄世用，衙背人，典史。
丁满，沙湖人，主簿。
杨应用，县前人，驿丞。
李大成，平田人，典史。
陈焕，上坊人，局大使。
刘谟，牯牛背人，县丞。
甘瑞，北泽人，州判。
黄惟立，城南人，典史。
揭志可，月影畲人，知事。
周应瑞，城西人，典史。
陆橙，册之弟，典史。
江诗，湖头人，典史。
周洽，城西人，巡检。
杨世用，县前人，典史。
邹士恭，学前人，典史。

黎玉琛，虹桥人，主簿。
王敏，城西人，巡检。
范仪，巡检。
余旻，桐木桥人，大使。
徐熇，荷塘人，典史。
李承诏，邑前人，吏目。
胡体贞，厚郭人，典史。
揭显文，东坑人，通判。
甘保淑，之子，典史。
涂鉶，东城人，盐大使。
王公盛，城西人，典史。
邬廷桂，智林巷人，驿丞。
万民怀，学前人，主簿。
陈高，上坊人，巡检。
文寰，县背人，典史。
陈慥，散田人，驿丞。
张朝屏，白洲人，典史。
丁嘉寀，衙背人，典史。
陈吉，上坊人，典史。
李元和，梅冈人，主簿，有政声。
吕宗甫，塘下人，双沟巡检。
王榱，字汝荣，钱塘人，典史。
陈善继，上坊人，典史。
涂仰上，甘棠人，主簿。
夏廷蓁，学前人，经历。
张魁，化前巷人，巡检。
朱旺，章之子，典史。
曾宾，故县人，典史。
邬俊，南岸人，照磨。
陈廷瑀，上坊人，巡检。
李大敬，典史。
揭永仲，上揭人，主簿。
郭盛，邑右人，典史。
罗时旺，南兰人，典仪。
胡欲，里长埠人，主簿。
熊一清，智林巷人，驿丞。

黄侍，八坊人，典膳。

陈旭，散田人，大使。

陈仕，上坊人，主簿。

汤有光，邑郛人，吏目。

熊善卿，字余庆，瓘山人，威远县县尉。

黄渐，攸洛人，盐大使。

范节，典史。

任位，左埠人，县丞。

姚文光，观音阁人。

熊卿，穆湖人，县丞。

章景亨，盆竹人，驿丞。

黄文明，通政使经历。

周可任，库大使。

张娄，塘边人，盐大使。

李大美，南湖人，典史。

陈绍祖，上坊人，司户。

朱潮，蓝家巷人，典史。

唐一夔，唐坊人，历彭县知县。

胡大成，长江人，典史。

聂天爵，荆村人，历知县。

熊徽茂，田垛人，驿丞。

万立，学前人，典史。

周约，水口人，县丞。

聂栋，南沙岸人，典史。

甘惟清，邑郛人，大使。

熊俨，典史。

邹守愚，学前人，典史。

熊贵宣，杭桥人，寺丞。

范永膺，主簿。

潘艾，瞿塘人，大使。

刘守仁，学前人，吏目。

杨檕，盐大使。

蔡集，绳湾人，大使。

葛元贤，务前巷人，县丞。

谢锐，城隍巷人，典史。

杨大济，阳正坊人，大使。

夏炯，学前人，典史。

周应明，苦竹人，典史。

曹相，南门人，典史。

游允锡，城陂人，典史。

杨玠，乌柏塘人。

罗本辉，枫树下人，典史。

葛松，务前人，典史。

周廷用，邑郛人，典史。

曾谧，墎上人，吏目。

涂质昭，东城人，经历。

揭宗胜，窑园人，提举。

刘子美，学前人，县丞。

于佐，竹国之裔，主簿。

万栻，典史。

万邦平，学前人，驿丞。

张绍新，社冈人，盐运副使。

朱世卿，杭桥人，典史。

涂质朏，东城人，典史。

潘浩，瞿塘人，典史。

熊秉性，横冈人，典史。

李时赞，邑前人，典史。

曾灿，郭上人，县丞。

陈誉，博之孙，盐大使。

杨廷鹗，松垄人，典史。

丁家庆，衙背人，主簿。

谢兴用，城隍巷人，典史。

周正龙，水口人，县丞。

李大喜，巡检。

曾克，畲田人，主簿。

李承恩，邑前人，巡检。

揭天庆，驿丞。

葛介，仓大使。

曾华，銮之侄，大使。

吕宗采，塘下人，县丞。《府志》作“宷”。

高伟，驿丞。

万晔，学前人，驿丞。

熊应乾，北头巷人，大使。
黄椿，衙背人，理问。
丁应鸾，沙湖人，巡检。
范镗，邑郛人，巡检。
丁煨，沙湖人，典膳。
郑子尚，南巷人，吏目。
熊夔，字尧卿，瓘山人，光化县丞。
陈酌，上坊人，巡检。
李廷用，平田人，历知州。
史记志，溟之子，商水典史。
甘贵，小港人，经历。
史嘉谋，记善子，麻城典史。
熊绍诩，石滩南湖人，典史。
江鉴，湖头人，经历。
甘亲，邑郛人，典膳。
蒋廷试，蒋家楼人，吏目。
范桂，邑郛人，大使。
宋之栋，镗之子，照磨。
宋之梁，镗之子，巡检。
江秉珍，日成子，巡检。
甘为，邑郛人，典簿。
丁应皋，沙湖人，经历。
杨邦华，沙上人，县丞。
李大演，南湖人，典史。
聂炜，塔埠人，巡检。
黄栖，衙背人，典史。
丁应鳌，沙湖人，典史。
熊凤翔，儋州吏目。
范炯，邑郛人，典史。
余国桢，邑郛人，主簿。
丁炦，沙湖人，经历。
徐崇，熇之子，巡检。
甘伯文，小港人，县丞。
李大周，南湖人，典史。
葛孟瑜，邑郛人，典史。
杨国顺，沙上人，典史。

甘廷抡，小港人，经历。
夏应瑞，学前人，吏目。
李廷辅，南湖人，典史。
裴希圣，石滩人，典史。
傅国贤，罗坊人，经历。
陈善政，上坊人，仓大使。
唐钦相，圭湖人，州判。
李廷议，南湖人，典史。
蒋廷论，蒋家楼人，典史。
刘班，潭埠人，典史。
曾守谟，南巷人，驿丞。
罗光斗，城西人，巡检。
杨仕炜，大路人，典史。
熊宏文，松湖人，典史。
傅宗闵，汉墓人，典史。
徐鸿功，火巷人，巡检。
杨恺，大路人，审理。
李廷尹，南湖人，典史。
黎元表，虹桥人，典史。
宋之纶，铉之子，巡检。
万应朝，学前人，典史。
李应瑞，邑郛人，巡检。
傅梦麟，深湖人，经历。
陈墉，上坊人，典史。
曹演，巡检。
曾一贯，潭埠人，典史。
揭鸿鹤，大夫桥人，县丞。
李邦案，邑郛人，典史。
余敬授，横岸人，副使。
万国泰，罗湖人，巡检。
徐日泗，火巷人，驿丞。
李修龙，仓大使。
李应试，邑郛人，典史。
甯应元，邑郛人，巡检。
熊应诏，夏阳人，经历。
揭鉴，大屋场人，典史。

傅宗文，汉墓人，司狱。
任涔，荷塘人，典史。
余禄，宋坊圩人，经历。
唐士达，北门人，鸿胪寺序班。
陆杰，仙音巷人，吏目。
傅调元，罗坊人，南海县丞。
周璲，尚功伯，典史。
李克积，驿丞。
罗大仪，京堆人，鸿胪寺序班。
李复胜，清溪人，潮州知府。
皮秀，主簿。
皮松，福州大使。
万育玹，小东门人，七品御医，有传。
杜世美，典膳。
李慎斋，南湖人，典史。
李大璋，南湖人，兴宁典史。
张九熙，黄埠脑人，嘉靖间，由三考出身，任四川大足县知县。
孙良茂，扶犁桥人，诏授儒官。
李大捷，南湖人，县丞。
李昇，南湖人，典史。
李应达，南湖人，府经历。
李廷鲸，南湖人，考授儒官。
李廷遴，南湖人，礼部儒士。
孙仕成，孙家渡中房人，礼部儒士。
李景昌，南湖人，通政司供事。
李世伸，南湖人，四译馆生。
李世勋，南湖人，考授县丞。

国朝

朱日遇，千之祖，盐运使。
傅斌，深湖人，典史。
甘志道，茂溪人，仓大使。
唐国珍，北门人，云南厂官。
李辉，湖茫人，巡检。
黄炳元，典史。

宁继祚，税大使。
张凤文，吉塘人，驿丞。
陆履祥，仙音巷人，司狱。
葛懋梁，务前人，吏目。
周可亲，典史。
朱彩，滕坊人，巡检。
黄家祐，荷塘人，典史。
蒋元正，阳夏坊人，江浦巡检。
范江，智林人，永州经历。
金万濂，田南人，凤阳知县。
曾廷美，故县人，任湖北来凤卯冈巡检。
李际云，字作霖，筱塘人，由供事任山西繁峙、直隶东安典史。
李三台，字星垣，筱塘人，际云子，由供事任四川泸州巡检。
黄宇达，字廷美，乌溪人，由供事任福建同安巡检。
左秀青，沆江人，由吏员分发直隶，署大兴县礼贤司巡检，补定州吏目。
傅彬延，源溪人，由军功，广德州吏目，守制归里，有功堤垱，乡人戴之。
曾廷栋，故县人，由供事任福建涵江司巡检。
高化龙，云堆人，议叙，未入。
熊一阶，马口人，赵州吏目。
徐彦烈，南山人，随朝判官。
袁寿椿，袁坊人，四川候补巡检。
崔卓翔，仙音巷人，太平典史。
陈继琛，田西人，供事。
徐霖，字继典，馆供，议叙从九。
金锴，字兆骖，万濂子，供事，议叙，未入，蓟州吏目。
高龄，逵之子，湖南常德府经历，兼理武陵县县丞，代理沅江知县。

补遗

元

龚国祥，茶提举，都目，有传。
皮滑，县丞。
龚芾，琼山知县。

封赠

元

范学海，范塘人，虎文父，以子贵，赠奉议大夫、兵部郎中。

明

黄以仁，以孙宗载贵，赠南京吏部尚书。
黄子贞，以子宗载贵，赠南京吏部尚书。
丁寿可，以孙铉贵，赠刑部右侍郎。
丁尚文，以子铉贵，赠刑部右侍郎。
孙仲明，以孙曰良贵，赠广西右布政使。
丁维南，太仆丞，以子倬贵，赠奉直大夫。
孙贞，国子博士，以子曰恭贵，封翰林院编修；子曰良贵，加赠广西右布政使。
熊秀夫，以子观贵，赠凤阳知府。
甘孟进，以子瑛贵，封礼部主事。
徐孔昭，以子正贵，封刑部主事。
曹光煜，以子寿贵，赠翰林院修撰。
聂伯埙，训导，以子用乂贵，封广东御史。
任载远，以子礼贵，赠布政司参议。
史伯允，以子安贵，赠礼部郎中。
夏添祥，以子希纯贵，赠刑部主事。
刘汉广，以子全节贵，赠刑部主事。
熊达夫，录事，以孙概贵，赠右都御史。
熊直，举人榜姓胡，以子概贵，赠右都御史。
范贵，主簿，以子衷贵，封寿昌知县。
葛原亮，以子惠节贵，封都督经历。
傅汝霖，以子佐贵，赠刑部郎中。
李敬达，以子实贵，赠福建道御史。
杨启明，以子翰贵，封广西道御史。
金伯禄，以子思廉贵，赠都察院都事。

朱世禄，以子辐贵，赠刑部员外。

袁汝能，以子海贵，赠河南道御史。

聂仲积，以子好谦贵，赠工部主事。

丁维辰，以子俊贵，封监察御史。

游淙，以孙明贵，副使。

游迩思，以子明贵，赠副使。

丁维阳，以子仉贵，封工部主〈事〉。

孙惠，以子恭贵，赠都察院经历。

李南辉，以子瓛贵，封按察使佥事。

胡德，以子轸贵，赠主事。

刘琛，以子华甫贵，封给事中。

朱玘，以子鸿贵，赠经历。

游丽，以子邦贞贵，封助教。

吴伯衡，以子显贵，赠工部员外。

李仲止，以孙裕贵，赠右都御史。

李端明，以子裕贵，封右都御史。

杨行素，以孙廉贵，赠南京礼部尚书。

杨崇，知府，以子廉贵，赠南京礼部尚书。

黄金，举人，以子节贵，赠兵部郎中。

罗怀玉，以子瑛贵，封刑部主事。

涂永载，以子谦贵，封监察御史。

李咨志，以子汉贵，封都给事中。

孙任能，以子振望贵，赠刑部主事。

袁文溥，以子润贵，赠工部主事。

袁习美，以子芳贵，封给事中。

杜宗周，以子参贵，赠同知。

杨伯义，以子茂贵，封詹事府主簿。

胡锺，以子泾贵，封监察御史。

范从德，以子宽贵，赠检讨。

黄仕玑，以子琥贵，封临洮府同知。

杜立，训导，以子礼贵，封廉州府同知。

毛晁，以子松龄贵，封刑部主事。

熊锭，以子卓贵，封御史。

杨子荣，长史以子瑄贵，赠按察使。

陈立章，以子昭贵，赠监察御史。

丁秉操，以子璐贵，封工部主事。

熊南纲，以孙怀贵，赠刑部右侍郎。

熊仕端，以子怀贵，赠刑部右侍郎。

袁昂，以子桢贵，封监察御史。

丁璨，以子鍊贵，赠工部员外。

涂秉彰，以子畴贵，赠监察御史。

聂儒，以子琏贵，赠经历。

江益明，以子潭贵，封工部主事。

刘叔异，以子巽贵，封刑部主事。

熊尔昭，以子敏哲贵，赠征仕郎。

涂子雄，以子棐贵，封监察御史。

范文盛，以子兆祥贵，封翰林院检讨。

游大韶，以子弼贵，封审理。

李本谦，知事以子金贵，赠兵部主事。

李孟，以子墉贵，封审理。

李世琮，以子延贵，封刑部主事。

叶玮，以子钊贵，封刑部主事。

吴嗣止，以子祺贵，封太仆卿。

江益德，以子淙贵，赠刑部主事。

朱寿山，以子概贵，封刑部主事。

李琳，知事，以子彦贵，封平乐知府。

李春荣，以子廷璋贵，赠郎中。

涂瑄，教谕，以子敬贵，封监察御史。

熊廷望，以子镡贵，赠经历，璀山人。

陆德崇，以子时通贵，赠监察御史。

李镛长，史以子浙贵，赠奉政大夫。

甘尚熙，以子昭贵，赠临洮府同知。

胡岫，以子舜臣贵，封知县。

朱廷辉，以子冕贵，封知县。

熊东里，以子一定贵，封知县。

袁钦恒，以子城贵，封刑部主事。

袁时祥，训导，以子光儒贵，赠知县。

陆时叙，以子梦麟、梦豹贵，封推官。

杨杰宁，以孙铨贵，赠右布政使。

杨琏，以子铨贵，赠布政，祀乡贤，有传。

胡颛，以子嘉贵，封经历。

王章，以子国光贵，赠主事。

赖廷辉，以子暹贵，封知县。

李缙，同知，以子翱考绩，进阶奉政大夫。

孙伯辉，以子世祐贵，赠刑部员外。

郭锦，以子希颜贵，封检讨。

黄顺民，以子浔贵，赠彰德府推官。

李与镐，以孙遂贵，赠南京兵部尚书。

李万平，以子遂贵，赠兵部尚书，祀乡贤，有传。

李与仁，以孙玑贵，赠吏部侍郎兼学士。

李万古，以子玑贵，赠吏部侍郎兼学士。

高凤奇，以子宇贵，赠刑部郎中。

雷启阳，以曾孙礼贵，赠少傅，尚书。

雷遂冲，以孙礼贵，赠少傅，尚书。

雷邦鉴，以子礼贵，赠少傅，尚书。

范楚莀，以子庆贵，封刑部员外郎；以孙谦贵，加赠礼部尚书。

邹世隆，以子儒之贵，赠四川道监察御史，湖塘人。

熊达泉，以子诚贵，封经历。

雷述，通判，以子贺贵，赠吏科给事中。

鄢谧，以孙懋卿贵，赠副都御史。

鄢高举人，以子懋卿贵，封副都御史。

雷裕，通判，以子逵贵，封兵部主事。

徐拨，以子南金贵，封监察御史。

袁葵，训导，以子光翰贵，赠刑部员外。

黄绵，训导，以子朏贵，历赠评事参议。

涂朝宁，以子铉贵，封礼部主事。

黄本源，以子国用贵，赠监察御史。

陆理，经历，以子时望贵，赠知州。

胡汲，以子杰贵，封翰林院编修。

万芹，以子宷贵，封吏部文选司郎中。

万洪，以嗣子宷贵，赠吏部文选司郎中。

李恩，以子东华贵，封太常寺博士。

李闿，以子贵贵，封翰林院编修。

黄肱，以子翰贵，历封刑部主事、知府。

张美珩，以子益贵，封兵科给事中。

黄希芳，以子炯贵，封知州。

黄本清，以子国华贵，赠刑部郎中。

胡备，以子绪贵，封工部主事。

游潜，知州，以孙季勋贵，赠府尹，有传。

游本，以子季勋贵，赠府尹。

周永思，以子相贵，赠知县。

熊澄，以子剑化贵，赠知县。

李光允，以孙廷观贵，赠河东都运使。

黄桧，以子焯贵，封刑部员外。

熊颐，以子秉元贵，封兵部主事。

涂浃，以子梦桂贵，封吏科给事中，有传。

李瓒，知县，以子廷观贵，累封河东都运使；以子廷谟贵，进阶资治尹。

李万清，以子琯贵，封知县。

孙溉，以子樾贵，封知县。

黄胜，以子可举贵，赠经历。

袁伯璁，序班，以子国宁贵，封大理寺评事。

杜栾，以孙拯贵，累赠兵部侍郎。

杜士希，以子拯贵，封兵部侍郎，有传。

蒋世滋，以子机贵，封御史。

范楚尧，以子梅贵，赠工部主事。

袁国选，以子奎贵，封布政使。

涂礼，以子成文贵，封同知。

李选，以子橡贵，封兵部郎中。

李尚卿，以子复阳贵，封知县。

陆淑，以子应川贵，赠刑部郎中。

刘邦彦，以子应乾贵，赠行人。

叶镛，以子浩贵，封知县。

傅汝胜，以子宗皋贵，赠尚宝司卿。

熊蔓，以子秉衡贵，赠知县。

范庆，副使，以子谦贵，加赠礼部尚书。

胡栻，以子绩贵，赠知县。

徐淑，以子仕登贵，赠同知。

胡舜相，以子以准贵，赠推官。

杨溥，以子惟相贵，赠知州。

徐诏，以孙即登贵，赠参政。

徐燧，以子即登贵，封主事，赠参政。

刘伯恭，以子用贵，赠上林苑署丞。

周蓎，以子汝楫贵，赠经历。

游尚明，以子良鉴贵，赠经历。

胡行素，以子授贵，赠经历。

蒋炥，以子汝瑚贵，封知县。

罗锦彩，以子栋贵，封给事中。

熊言志，以孙尚文贵，赠工部右侍郎。

熊廷用，典史，以子尚文贵，赠工部右侍郎，有传。

唐景，典史，以孙大章贵，赠礼部尚书。

唐良臣，县丞，以子大章贵，封侍郎，赠礼部尚书。

吴宣，以子达贵，封知县。

邱陵，以孙士毅贵，赠礼部右侍郎。

邱厚，以子士毅贵，赠礼部右侍郎。

宋予渊，以子良翰贵，赠员外。

熊时雍，以子廷相贵，赠同知。

徐缟，以子鉴贵，赠贵州道御史。

熊惟广，以子鸣夏贵，赠吏科给事中；以叔子鸣岐贵，赠云南按察司副使。

李大辅，以子廷锡贵，赠知县。

李廷舒，以子维乔贵，封知县。

黄汝材，以子大受贵，封大理寺评事。

甘学枢，以子文奎贵，封知县。

罗文炳，以子大任贵，赠左春坊左中允。

李东苹，长史，以子右谠贵，进阶中宪大夫。

胡琛，以子洁贵，封监察御史。

朱生春，以子光贵，赠知县。

刘礼，以子邦澜贵，赠同知。

杨子臣，以子廷诏贵，赠知县。

杨沂，以孙应祥贵，赠礼部儒士。

甘应春，以子大绶贵，赠知县。

范茂槐，以子炳文贵，赠后府经历。

赖国彦，以嗣子继夔贵，赠工部主事。

赖国珍，以子继夔贵，赠工部主事。

余南桂，以子禄贵，赠征仕郎。

杨子登，以子应祥贵，封尚宝少卿。

雷应渌，以子化麟贵，赠工部员外。

李珍，以子泰亨贵，赠长史。

邓金，以孙子龙贵，赠镇国将军，《府志》缺。

邓华，以子子龙贵。赠镇国将军，《府志》缺。

国朝

杨茂春，以子于廷贵，赠知县。
范应秋，以子诅贵，赠知县。
熊骏，以子中鹤贵，赠同知，瓘山前村人。
余国寿，以子配元贵，赠知县。
唐士骥，以子金旭贵，赠知县。
涂尚拱，以子象震贵，赠教授。
戴士元，以子冠贵，赠明威将军。
熊齐耀，教谕，以子之瀚贵，赠同知。
黄士恒，以子锎贵，赠同知。
熊彦，以子琮贵，封知县。
黄师贤，以子叔铉贵，赠知县。
丁文达，以子蕙贵，赠参议。
徐熙，以子天德贵，赠知县。
万良樌，以子谦贵。封知县。
李深，以子云会贵，赠吏部郎中。
熊起彦，以子略贵，赠武德将军。
徐龙震，岁贡，以子凯贵，赠教谕。
李郁莘，以子遇陛贵，赠知县，《府志》讹作“华”。
唐义行，以子儒玉职，赠州同知。
唐儒玉，州同，例捐诰封。
雷剑光，以子曾贵，赠知县。
陈所称，以子正学贵，赠副指挥。
李嗣垣，以子景运贵，赠知县。
朱曰遇，盐运使，以孙干贵，赠知州。
朱宸，以子千贵，赠知州。
李鼎，以子绍廷贵，赠训导。
揭士和，以子文琏贵，赠通判。
戴士迪，以子之霈贵，赠教谕。
袁孔冀，以子守定贵，赠知县。
刘兆稌，以子承祥贵，赠训导。
范廷琏，以子苏贵，赠经历。
饶应炤，以孙佺贵，赠同知。
饶秉忠，以子佺贵，赠同知。

金殿传，以子玉贵，赠知县。

聂良卿，以子志道贵，封县丞。

蒋启祥，以子元正贵，赠巡检，阳夏坊人。

何元荣，以孙器贵，赠奉政大夫，云南永昌府同知。

何大海，以子器贵，赠奉政大夫，云南永昌府同知。

傅沛怵，以子彬延职，赠登仕郎，源溪人。

熊仪锦，以子雨翔职，赠登仕佐郎，鲤鱼洲人。

黄兆治，以子河清贵，赠教谕。

熊翰述，以孙仪东贵，赠奉直大夫，松湖人，有传。

熊明，以子仪柬贵，赠奉直大夫。

金士炣，以孙世麟贵，赠文林郎，晋赠奉直大夫。

金拱型，以子世麟贵，赠文林郎，晋赠奉直大夫。

游洪甲，以孙方震贵，赠文林郎，云南永善县知县。

游继斌，以子方震贵，赠文林郎，云南永善县知县。

熊曰德，以孙懋奖贵，赠奉政大夫，永绥厅同知。

熊明宁，以子懋奖贵，赠奉政大夫，永绥厅同知，瓘山人。

熊明洪，以侄懋奖贵，赠文林郎。

徐滨，以孙文弼贵，赠文林郎，永川县知县。

徐士臣，以子文弼贵，赠文林郎，永川县知县。

徐时睿，以孙秉霖贵，赠文林郎。

徐文豹，以子秉霖贵，赠文林郎，福建长汀县知县。

李师学，以孙台连贵，赠文林郎，广东兴宁县知县。

李尚邕，以子台连贵，赠文林郎，广东兴宁县知县。

罗秉瑚，以孙拔贵，赠文林郎，湖北黄陂县知县。

罗兴卫，以子拔贵，赠文林郎，湖北黄陂县知县。

邓恭，以子应璠贵，赠修职郎。

蔡元浣，以子本贵赠，修职郎，南康县教谕。

徐基昌，以子肇裕贵，赠修职郎，东乡县教谕。

熊补衮，以子雨田贵，赠修职郎，越支伤盐大使。

余作舟，以子尚训贵，赠修职郎，瑞州府训导。

周祖梗，以子应骥贵，赠修职郎。

曾明焕，以子廷栋贵，赠登仕佐郎。

范苏，以子江贵，赠修职郎。

雷棨，以子耀贵，赠修职郎，吉水县训导。

崔澜，以子兆祥贵，赠修职郎。

胡三级，以子松贵，赠登仕郎。

孙达，以子惠贵，赠登仕郎。

蒋子卿，以子正谟贵，赠登仕郎，蒋家楼人。

毛宇衡，以孙士洁贵，赠文林郎，瑞州府教授，有传。

丁揆哲，以子猷骏贵，赠修职郎，石城县训导，有传。

黄长龄，以子魁贵，赠登仕郎。

范国贤，以子承祖贵，封登仕郎，山东东平州吏目。

文遇权，以子华贵，封修职郎。

熊正檀，以子礼阳贵，赠修职郎，瓘山前村人。

甘克扬，以子昌遴贵，封登仕佐郎。

卫之纪，以孙学纯贵，封武略骑尉。

卫兆应，以子学纯贵，赠武略骑尉。

熊南，以孙琦贵，赠武略骑尉，瓘山前村人。

熊廷楫，以子琦贵，赠武略骑尉。

熊懋双，以子正本职，赠昭武都尉，瓘山人。

熊正本，以都司职封，瓘山人。

熊立勋，以子正谟职，赠中宪大夫，瓘山人。

熊明璞，以子绍武职，赐赠修职郎，瓘山人。

周衍训，以子景光贵，赠武略佐骑尉。

杨文懋，以孙琦职，赠奉直大夫。

杨维韬，以子琦职，赠奉直大夫。

邹曰义，以孙学龙职，赠奉直大夫。

邹大红，以子学龙职，赠奉直大夫。

蒋世美，以孙嗣奎职，赠奉直大夫，泰亨人。

蒋启发，以子嗣奎职，赠奉直大夫，有传。

夏钦玉，以孙荣升职，赠奉直大夫。

夏汝冈，以子荣升职，赠奉直大夫。

周道威，以孙衍诰职，赠儒林郎。

周世珏，以子衍诰职，赠儒林郎。

吕应彪，以孙文光职，赠奉直大夫。

吕仕麟，以子文光职，赠奉直大夫，晋赠中宪大夫。

熊承显，以孙嗣礼职，赠奉直大夫。

熊峻良，以子嗣礼职，赠奉直大夫。

熊齐擎，以孙朝右职，赠奉政大夫，瓘山人。

黄仪悦，以子宇达贵，赠登仕郎。

熊士铭，以孙作宾职，赠奉直大夫。

熊廷芬，国学生，以子作宾职，封奉直大夫。

熊启立，以孙邦翰职，赠奉直大夫。

熊斯泰，以子邦翰职，封奉直大夫。

王鼎，附贡，以孙家经职，赠儒林郎，钱塘人。

王道澄，郡增，以子家经职，封儒林郎。

吕忠稷，以孙俊职，赠奉直大夫，洛溪人，有传。

吕良木，以子俊职，赠奉直大夫。

黄金鼎，以孙超凤职，赠奉直大夫，门楼人。

黄友白，以子超凤职，赠奉直大夫，门楼人。

陈宗光，以孙祖槐贵，赠武德骑尉，溪田人。

陈堂，以子祖槐贵，封武德骑尉，溪田人。

熊扬铨，以孙梦符贵，赠朝议大夫，瓘山人。

熊至刚，以子梦符贵，封朝议大夫。

朱曰琼，以孙云阶职，赠儒林郎，二坊源岭人。

朱光谕，以子云阶职，封儒林郎。

朱光诏，以子云锦职，封奉直大夫。

涂道显，以孙修璜职，赠儒林郎，甘棠人。

涂懋兰，以子修璜职，封儒林郎，有传。

杨绍谟，以子述铭职，封修职郎，牌楼人。

金云元，以孙名标职，赠奉直大夫，田西人。

金礽衍，以子名标职，赠奉直大夫。

李允照，以子恭元贵，赠修职郎，广昌县教谕，筱塘人。

熊懋塈，以孙修齿职，封奉直大夫；又以孙修义职，晋封朝议大夫，瓘山人。

熊正福，以子修齿职，封奉直大夫；又以子修义职，晋封朝议大夫。

曾鸣弼，以子廷美职，封登仕佐郎。

杜怀谦，以子崇启贵，赠登仕郎。

李道昱，以子显谷贵，赠修职郎，铅〔沿〕山县训导，北港洲迁居邑郛人。

陆起鹤，以子毓珩职，赠奉直大夫，仙音巷人。

陆起凰，以出继子毓珩职，赠奉直大夫。

吕林育，以子汝听贵，封中宪大夫。

万寅昺，以孙锦贵，敕赠征仕郎。

万宾馥，以子锦贵，赠征仕郎；以曾孙启琛贵，赠荣禄大夫、江宁布政使加二级。

余恒旭，乾隆己酉覃恩，以孙尚训贵，赠修职郎、余千县训导，南溪人。

盛世禔，以孙潮澜职，赠奉直大夫，迁居望仙门人。

盛元鉴，以子潮澜职，赠奉直大夫，迁居望仙门人。

邹自瑶，以子天锡贵，赠武信骑尉。

丁梦兰，以孙劭经贵，赠儒林郎。

丁朝琚，以子劭经贵，封儒林郎。

李维玉，以孙庆云贵，赠文林郎。

李本艮，以子庆云贵，赠文林郎。

熊冠英，以子华亭职，封登仕郎，高埂人。

谢国潆，以子之琏职，封奉直大夫，泉港人。

傅基义，以孙金鳌贵，赠武德骑尉。

傅铨博，以子金鳌贵，赠武德骑尉。

吕兆寿，以子新贵，封修职郎。

卫学粹，以侄宗诰贵，封武德骑尉，澄源人。

邹学逵，以子之琼职，赠奉直大夫，南槎人。

卫学纯，以子宗诰贵，封武德骑尉。

杨学鏻，以孙际启职，赠儒林郎，乌柏上点人，有传。

杨尚位，学鏻长子，以子际烈职，封朝议大夫，有传。

杨尚广，学鏻次子，以子际启职，赠儒林郎。

杨际烈，尚位子，诰授朝议大夫。

敖等名，以子宗瑚贵，赠修职郎。

徐廷德，以子祖辉贵，封修职佐郎，乐安训导。

李锺喆，以孙鲲化贵，赠文林郎，鄠县知县，有传。

李海麟，以子鲲化贵，赠文林郎，鄠县知县，有传。

吕沂，以孙光焕贵，赐赠征仕郎，内阁中书。

吕遇周，以子光焕贵，封征仕郎，内阁中书，晋封文林郎、赣州府教授；以侄孙溶贵，赐封朝议大夫、户部主事。

吕桢，以侄光焕贵，赐赠文林郎、赣州府教授。

吕岱棣，以侄孙溶贵，赐赠奉直大夫、户部主事。

吕岱梅，以孙溶贵，赐赠奉政大夫、户部主事；晋赠中宪大夫。

吕光炜，以子溶贵，赠奉直大夫、户部主事；晋赠中宪大夫。

吕林行，以子师让贵，赠征仕郎，湖北鹤峰州判。

吕林恭，以出继子师让贵，赐赠征仕郎、鹤峰州判。

涂昌珣，例贡，以子贤彭贵，封修职郎，晋封文林郎，福建南安县知县；以子香贵，累赠儒林郎。

熊齐执，以孙沛元职，赠奉直大夫。

熊清珩，以子沛元职，赠奉直大夫。

熊梦符，以子浚贵，赠奉政大夫，浙江宁波府同知，瓘山人。

熊清瑶，以子朝右职，赠朝议大夫；以出继子浚贵，赠奉政大夫、浙江宁波府同知。

熊观洛，以子际飞贵，赐赠修职郎、德安教谕，瓘山人。

万锺禄，以孙启相职，赐赠奉直大夫；以孙启琛贵，赠通奉大夫，江苏布政使，晋荣禄大夫、江宁布政使加二级。

万光涟，以子启梠职，赠奉直大夫；以子启琛贵，赠通奉大夫、江苏布政使，累赠荣禄大夫、江宁布政使加二级。

万介鏜，以子光泰贵。赠朝议大夫、琼州府知府。

万介琮，以子光嶷职，赐赠登仕郎；以侄时若贵，赠奉政大夫，同知衔，湖南兴宁县知县。

万杰，以子经职，赠奉直大夫；以子时若贵，晋赠奉政大夫，同知衔，湖南兴宁知县。

万谦益，以子光籅贵，赠奉政大夫、台州府同知。

朱云锦，源岭人，赠奉直大夫。

万光淇，以子启心贵，赐赠承德郎、刑部主事；晋赠中宪大夫。

万光熊，以嗣子启心贵，赠承德郎、刑部主事；晋赠中宪大夫。

陆廷杰，以孙运梁职，赠奉直大夫；以孙运景贵，晋赠朝议大夫。

陆光荣，以子运梁职，赠奉直大夫。

陆光耀，以出继子运梁职，赠奉直大大。

陆毓珩，仙音巷人，赠奉直大夫。

万启培，议叙八品，以弟荣椿贵，赐赠修职郎。

李维煃，以子基贵，赠河南嵩县知县。

李应聘，郡增生，以孙景运贵，赠儒林郎、揭阳知县。

万启梠，以弟启琛贵，赠通奉大夫，江苏布政使。

吕光焕，以侄溶贵，赐封中宪大夫、户部主事。

徐锡豪，蛟湖人，以孙士谷贵，累赠中宪大夫、翰林院侍读。

徐廷晨，以子士谷贵，累封中宪大夫、翰林院侍读。

徐祖诰，以弟士谷贵，累封中宪大夫、翰林院侍读。

毛为黻，大塘人，从九衔，以曾孙震寿贵，赠通奉大夫、陕西布政使司。

毛翰，邑庠生，以孙震寿贵，赠通奉大夫、陕西布政使。

毛辉凤，以子震寿贵，赠通奉大夫、陕西布政使。

万介瑜，监生，以孙启心贵，赠奉直大夫，晋赠中宪大夫。

万启茂，监生以弟启心贵，赐封奉政大夫。

毛晋康，大塘人，候选巡检，以胞侄隆安贵，赐赠中议大夫。

罗允性，阳坊人，以外孙徐士谷贵，赐赠中宪大夫、翰林院侍读。

陆光诰，监生以子运景贵，赠朝议大大，同知衔、湖南补用直隶州，即补知〈州〉。

徐礼训，高埂人，以孙传冕贵，赐赠奉政大夫，同知衔、浙江奉化县知县。

徐调元，以子传冕贵，封奉政大夫，同知衔、浙江奉化知县。

万时敏，廪贡生，以子启炎贵，赠修职郎；以弟时若贵，赐赠奉政大夫，同知衔、兴宁知县。

万经，候选直隶州州同，以弟时若贵，赠奉政大夫，同知衔、兴宁知县。
陈继仕，东边人，以孙嘉玉贵，赐赠奉政大夫、云南建水县知县。
陈翔，以子嘉玉贵，赠奉政大夫、云南建水知县。
高必铎，高坊人，以孙逵贵，赐赠文林郎、平山县知县。
高光烈，以嗣子逵贵，赠文林郎、平山县知县；晋赠奉直大夫。
高光照，以子逵贵，赠奉直大夫、宣化县知县，加知州衔。
杨琳，以孙赞襄贵，赠承德郎、直隶西宁知县。
杨篪，以子赞襄贵，封承德郎、直隶西宁知县。
万纯，监生，以孙经职，赐赠奉直大夫；以曾孙启台贵，晋赠通奉大夫。
万介玮，监生，以子光焕职，封奉直大夫；以孙启台贵，晋赠通奉大夫。
万向荣，廪贡，署南康府训导，以子启台贵，赠通奉大夫。
傅彬瑾，荷塘人，以孙大章贵，赐赠奉直大夫。
傅煌纬，以侄大章贵，赐赠朝议大夫。
傅煌绍，以子大章贵，赐赠朝议大夫。
徐礼谟，白湖人，以孙传麟职，赐赠奉直大夫。
徐乐纯，以子传麟职，赠奉直大夫。
徐乐浩，以侄传麟职，赐赠奉直大夫。
刘文言，沆溪冈上人，以子笏职，赐赠修职郎。
涂尔奎，后班塘人，以孙廷选职，赐赠朝议大夫。
乐新泰，荷溪人，以子禧安职。赐赠修职郎。
万启佑，以子希皋贵，赠登仕郎、广西容县巡检。
涂士良，以子廷选职，赐赠登仕佐郎，晋赠朝议大夫。
吕绍宾，洛溪人，以子先礿职，赠儒林郎。
吕先礿，光禄寺署正衔，授儒林郎。
吴起福，曲江人，以子士联职，赠儒林郎。
吴士联，州同衔，授儒林郎。
范瑄，槎村人，以孙显承职，赐赠儒林郎。
范启珍，以子显承职，赠儒林郎。
史芳峰，邑郛人，以孙从炳职，赐赠奉直大夫。
史宗堂，以子从烟职，赠奉直大夫。
李道元，落鹭口人，以子维新职，赠奉直大夫。
李道隆，以侄维新职，赠奉直大夫。
谢之听，泉港人，以孙继明职，赐赠奉直大夫。
谢光德，以子继明职，赠奉直大夫。
熊登柳，枧头人，以孙集矿职，赐赠奉直大夫。
熊上洵，以子集矿职，赠奉直大夫。

万光瑪，监生，以子启纯职，赠奉直大夫。

万启纯，州同加二级，授奉直夫夫。

李贻禧，白洲人，以孙应春贵，赐赠奉政大夫。

李崇，以子应春贵，赠奉政大夫。

李林锦，以子锡畴职，赠儒林郎。

李锡畴，州同衔，敕授儒林郎。

游镇国，石上人，以子源华职，赐赠登仕佐郎。

游镇邦，以子源瀚职，赐赠修职郎。

余植盼，矩塘人，以子耀恒职，赐赠登仕佐郎。

余耀福，以子锦城职，赐赠登仕佐郎。

曹迎凰，尚塘人，以嗣子春荣职，赠朝议大夫。

曹迎曜，以出继子春荣职，赠朝议大夫。

饶世珑，溪头人，以子深职，赠登仕佐郎。

傅炼阳，玉田人，邑庠生，以侄夔贵，赐赠登仕佐郎。

徐尚斌，上南山人，以孙彦清庙员贵，封文林郎。

徐祖荣，以子彦清庙员贵，赠文林郎。

杨日省，以侄石渠贵，赐赠文林郎，直隶蠡县知县。

熊云腾，大屋人，以外孙夏勋贵，赠内阁中书。

吕克谟，洛溪人，以子绍湖职，赠奉直大夫。

吕克谕，以侄绍湘职，赐赠奉直大夫。

吕忠穆，洛溪人，以孙克诠职，赐赠朝议大夫。

吕良富，以子克诠职，赠朝议大夫。

熊光涟，密岭人，以子梦祥职，赠儒林郎。

熊梦祥，州同衔，授儒林郎。

李扚光，筱塘人，监生，以子载龄职，赠儒林郎；以孙浚源贵，晋赠承德郎、户部江南司主事。

李凤林，监生，以子浚涑贵，赠承德郎、户部江南司主事。

涂懋梅，北下人，以孙希惠职，赐赠朝议大夫。

涂修瑄，以子希惠职，赠朝议大夫。

李馨，筱塘人。字廷兰，州同衔，以子福亨贵，封修职郎、吉安府训导；以孙文瀚职，封奉政大夫，赠朝议大夫。

李福田，字雨亭，布理问衔，以子文瀚职，封奉岐大夫，晋封朝议大夫。

王世姚，王坊人，以孙士炳职，赐赠奉政大夫。

王道齐，以子士炳职，赠奉政大夫。

张国亮，巷口人，以子麟职，封奉政大夫。

张云，以弟麟职，赐封奉政大夫。

聂炜璋，村前人，以孙汉章职，赐赠奉政大夫。

聂荣，以子汉章职，封奉政大夫。

范南殿，槎村人，以侄思治职，赠奉政大夫。

范嗣本，以孙思治职，赐赠奉政大夫。

范南会，以子思治职，赠奉政大夫。

范嗣善，以孙思芬职，赐赠奉政大夫。

范卓模，以子思芬职，赠奉政大夫。

范士济，上郊人，以孙廷辉职，赐赠奉政大夫。

范文榜，以子廷辉职，封奉政大夫。

王飏晨，北岸人，以孙惬职，赐赠奉直大夫。

王印，以子惬职，封奉直大夫。

丁祖尚，以嗣子锡高职，赠奉直大夫，北湖人。

丁祖耀，以子锡亮职，赐赠奉直大夫。

李敏元，翟塘人，监生，以孙诚职，赐赠奉直大夫。

李之实，监生，以子诚职，赠奉直大夫。

李蔼，筱塘人，以嗣子增筹职，赠奉政大夫。

李闻，以子增筹职，赐赠奉政大夫。

万介坊，后万人以子光琳职，赠奉直大夫。

万光琳，州同，加二级，诰授奉直大夫。

聂焕光，村前人，以弟蕴章职，赐封奉直大夫。

何运湝，河湾人，以孙邦祥职，赐赠奉直大夫。

何奠耀，国学生，以子邦祥职，封奉直大夫。

杨亨，上点人，以子玳职，封儒林郎；以四子珍职，晋封奉直大夫。

杨玳，布理问衔，以弟珍职，赠奉直大夫。

杨良珩，以弟珍职，赠奉直大夫。

杨琫，以弟珍职，封奉直大夫。

李振吉，梅冈人，以孙林魁职，赐赠奉直大夫。

李儒衷，以子林魁职，赠奉直大夫。

杨珍，州同衔，授奉直大夫。

涂懋龄，北下人，以孙上治职，赐赠儒林郎。

涂修瑢，以子上治职，赠儒林郎。

杨云发，腴塘人，以孙中和职，赐赠儒林郎。

杨迎春，以子中和职，赠儒林郎。

甘秉胡，儒源人，以嗣子承恩职，赠儒林郎。

甘秉滕，以子承恩职，赐赠儒林郎。

范标，槎村人，以孙兆兴职，赐赠儒林郎。

范晋卿，以子兆兴职，赠儒林郎。
李之培，筱塘人，邑庠生，以子新职，赠儒林郎。
李新，州同衔，授儒林郎。
李福先，筱塘人，以子世芳职，封儒林郎。
李克绳，以弟世芳职，赐赠儒林郎。
孙承魁，同造人，以孙启芳职，赐赠儒林郎。
孙禄庆，以子启芳职，封儒林郎。
万介掞，后万里人，监生，以子光诰职，赠儒林郎。
万时叙，附贡，候选训导，以子启达职，赠承德郎。
熊友条，桧山人，以孙先富职，赐赠儒林郎。
熊自貊，以子先富职，赠儒林郎。
熊友愚，田垛人，以子居正职，赠儒林郎。
熊继善，以弟居正职，赐赠儒林郎。
涂太治，北下人，州同职，授儒林郎。
李金萱，筱塘人，副贡，以子士琦职，赠儒林郎。
李士琦，邑庠生，光禄寺署正衔，授儒林郎。
周兆璜，凤颈塘人，监生，以孙辉珍职，赐赠儒林郎。
周心敬，以子辉珍职，赠儒林郎。
黄槐，门楼人，监生，以侄琦职，赐赠儒林郎。
黄粲，邑庠生，议叙州判衔，以子琦职，赠儒林郎。
徐绍连，花桥人，以孙斯林职，赐赠儒林郎。
徐德光，以子斯林职，赠儒林郎。
王世科，屯溪人，以孙亮职，赐赠儒林郎。
王绪庭，国学生，以子亮职，赠儒林郎。
李其元，筱塘人，字志义，以孙载龄职，赐赠儒林郎。
李胜宗，筱塘人，以孙芳春职，赐赠儒林郎。
李天海，以子芳春职，赠儒林郎。
李迪鞠，筱塘人，以孙焕章职，赐赠儒林郎。
李斯蕃，以子焕章职，赐赠儒林郎。
李志祥，筱塘人，以孙笃轩职，赐赠儒林郎。
李兆龄，以子笃轩职，赠儒林郎。
李嘉辉，筱塘人，以孙克经职，赐赠儒林郎。
李文周，以子克经职，赠儒林郎。
李有恒，筱塘人，以孙馨职，赠儒林郎。
李绍贤，以子馨职，赠儒林郎。
范学诗，上郊人，以子家驹职，赠奉直大夫。

范家驹，州同衔，加二级，授奉直大夫。
熊达，敦厚人，以孙金镛职，赐赠儒林郎。
熊崑，以子金镛职，赠儒林郎。
杨嘉，上点人，以子士林职，赐赠儒林郎。
杨士林，布经历衔，授奉政大夫。
邹道雄，南槎桥人，以孙德昭职，赐赠奉直大夫。
邹在胜，以子德昭职，赠奉直大夫。
杨士荣，上点人，以子斌职，封奉政大夫。
杨斌，府经历，授奉政大夫。
杨雪暹，西冈人，以子作舟职，封奉直大夫。
杨作舟，州同衔，授奉直大夫。
傅彬洛，派前人，以子叶梦职，赐封征仕郎。
傅协勋，以弟叶梦职，赐赠征仕郎。
游再华，车曹人，以子金源职，赐赠修职郎。
涂祖李，石溪人，以子彝铨职，赠登仕佐郎。
刘松茂，谢坊垆人，以子登云职，赠登仕佐郎。
胡嗣锡，松湖人，以子仕敏职，赠登仕佐郎。
涂祖春，石溪人，以子彝洪职，赠登仕佐郎。
陈徵均，新泽人，以子悠敏职，赐赠登仕佐郎。
周模尚，竹园坑人，以子焕彩职，赐赠登仕佐郎。
傅振鋑，城坊人，以子增寿职，赐赠登仕佐郎。
李学成，五斗冈人，以子隆梗职，赐赠登仕佐郎。
甘必鹏，罗溪人，以子时霖职，赐赠登仕佐郎。
徐乐府，高埂人，以子传祺职，赐赠登仕佐郎。
曾明源，龚塘人，以子廷淦职，赐赠登仕佐郎。
甘道顒，上巷人，以子院纬职，赐赠登仕佐郎。
范南流，槎村人，以子申锡职，赐赠登仕佐郎。
周谟海，一坊人，以子焕廷职，赐赠登仕佐郎。
周荣万，螺溪人，以子渭川职，赐赠登仕佐郎。
周百綍，澧湖洲人，以子文馨职，赐赠登仕佐郎。
李廷蕙，筱塘人，以子柏龄职，赠登仕佐郎。
李昆祖，筱塘人，以孙柏龄职，赐赠登仕佐郎。
潘鼎贵，鲸源人，以子秉学职，赐赠登仕佐郎。
金民松，田南人，以子章诰职，赐赠登仕佐郎。
陆际镕，仙音巷人，以子昌隆职，封登仕郎。
李文成，湖茫人，以孙敬修职，赐赠儒林郎。

李德庆，以子敬修职，赠儒林郎。
李文基，湖茫人，以孙道洪职，赐赠儒林郎。
李秉錸，以子道洪职，赠儒林郎。
周秉椿，旺林山人，以孙鉴训职，赐赠奉直大夫。
周堂和，以子鉴训职，封奉直大夫。
袁浚，袁坊人，以孙铭泰贵，赠朝议大夫，广东高州知府。
袁椝，以子铭泰贵，赠朝议大夫，广东高州知府。
袁兑吉，袁坊人，以子以敦贵，赠修职郎、弋阳县训导。
袁学容，以侄孙如霖贵，赐赠修职郎，两淮盐场大使。
熊泰德，乌冈人，以孙焕贵，赠承德郎、工部主事。
熊友剂，以子焕贵，赠承德郎、工部主事。
杨明访，上点人，以子鹤年贵，封修职郎、瑞昌县教谕。
杨起凤，上点人，以外孙毛隆辅贵，赐封奉直大夫。
杨尚，上点人，以外孙邹之王贵，赐封中宪大夫。
胡世海，密岭人，以孙守哲职，赐赠儒林郎。
胡必梁，密岭人，以子守哲职，赠儒林郎。
祝绳懋，鄢源人，以孙永寿职，赐赠儒林郎。
祝先喜，以子永涛职，赠儒林郎。
涂必松，邑郭人，以孙贤彭贵，赐赠文林郎、福建南安县知县，晋赠儒林郎。
涂贤书，邑郭人，以弟香贵，赐封儒林郎，理问衔、湖北麻城县丞。
涂嘉泰，邑郭人，以弟仁寿职，赐封儒林郎。
杨达魁，嶜上人，以子鸣盛职，赠登仕佐郎。
夏基连，邑郭人，以孙沛芝职，赠赠奉直大夫。
夏锡裕，以子沛芝职，赠奉直大夫。
罗亨辉，白沙人，以嗣子运隆职，赐赠登仕佐郎。
李贤耀，枧上人，以孙镛职，晋赠中议大夫。
李振基，以子镛职，赠中议大夫。
李镛，同知衔，授中议大夫。
聂志朴，竹溪人，以子守显贵，赠修职郎、余干训导。
刘文奇，城头人，以孙以信庙员贵，赐赠文林郎。
刘运甲，以子以信庙员贵，赠文林郎。
熊汝阳，社湖人，以孙宏棠职，赠文林郎。
熊来凰，以子宏棠职，赠文林郎。
邹寅清，黄塘人，以子德明职，封朝议大夫。
邹德明同，知衔，加一级，授朝议大夫。
王良楠，店里人，以子从绳职，赐赠登仕佐郎。
文源椿，邑郭人，以子炳汉贵，赐赠修职郎，泰和县教谕。

涂懋桃，北下人，以孙树桢职，赐赠儒林郎。
涂修琚，监生，以子树桢职，赠儒林郎。
涂树桢，以子承志职，封奉直大夫。
涂鸿志，以弟承志职，赐封奉直大夫。
徐瑞麟，莲桥青蓝人，岁贡生，以孙绍基职，赠儒林郎。
徐士庄，廪生以子绍基职，赠儒林郎。
熊正登，瓘山人，以孙光耀职，赐赠儒林郎。
熊修明，以子光耀职，赠儒林郎。
何邦馨，河湾人，以子家诰职，赠登仕佐郎。
涂修璜，北下人，布理问，以子绶贵，赠修职佐郎、宜春县训导。
万光诰，后万人，监生，以子象春贵，赐赠修职郎、庐陵县训导。
罗秉鸿，邑郛人，以孙澄鉴贵，赠文林郎、毕节知县。
罗兴芳，以子澄鉴贵，赠文林郎、毕节知县。
金长洁，以子应林贵，赠登仕佐郎。
周鉴球，邑郛人，以孙德瀚职，赐赠儒林郎。
周宣福，以子德瀚职，封儒林郎。
徐方楚，白湖人，以孙乐群职，赐赠儒林郎。
徐礼晶，以子乐群职，赠儒林郎。
熊联森，密岭冈上人，以嗣子恢先职，赠儒林郎。
熊联柏，以出继子恢先职，赐赠儒林郎。
赵秉恭，蓝田人，以子德博职，赠儒林郎。
赵秉彝，以侄德博职，赐赠儒林郎。
汪永春，松湖人，以子廷杰职，赐赠登仕佐郎。
赵秉敏，以子德厚职，赠武略骑尉；以子思定职，晋赠奉直大夫。
赵德谦，以弟思定职，赠奉直大夫。
徐秉烜，州同衔，以侄彦楠贵，赐封奉直大夫。
徐秉真，莲桥畲里人，以子彦楠贵，封修职郎，晋封奉直大夫。
易廷弼，栗坊人，以孙佩珩贵，赐赠奉直大夫、赤城知县。
易重辉，以子佩珩贵，赠奉直大夫、赤城知县。
万光岚，峡江训导，以孙兆夔贵，赠奉政大夫。
万启机，恩贡，咨选教谕，以子兆夔贵，赠奉政大夫。
徐映杞，莲桥畲里人，以子秉烜职，赠儒林郎。
徐映杭，以出继子秉烜职，赐赠儒林郎。
潘亨江，衢塘人，以孙用宾职，赐赠奉直大夫。
潘嘉逵，以子用宾职，赠奉直大夫。
唐继祖，北门人，以孙增荣贵，赠奉政大夫。
唐泰宣，以子增荣贵，赠奉政大夫。

鄢章先，桥东人，以子浩业职，赠儒林郎。
鄢恢业，以弟浩业职，赐赠儒林郎。
鄢极先，以子树勋职，封儒林郎。
鄢名杨，以弟树勋职，赐赠儒林郎。
曾日瓒，高溪人，以孙廷栋职，赐封儒林郎。
曾明光，以子廷栋职，赠儒林郎。
鄢禄铭，王田人，以子朝正职，赠登仕佐郎。
鄢位珈，以孙朝正职，赠登仕佐郎。
龚达义，坞社人，以子士兰职，封儒林郎。
龚士兰，授儒林郎，州同衔。
葛义璒，西村人，以出继子攀桂贵，赐赠修职郎。
葛遇楚，以嗣子攀桂贵，赠修职郎。
甘宗先，北泽人，以子麟翔职，赠登仕佐郎。
黄麟，株树桥人，以曾孙仕林贵，赠振威将军。
黄河湖，以孙仕林贵，赠振威将军。
黄永泰，以子仕林贵，赠振威将军。
赵必彦，蓝田人，以孙德厚职，赠武略骑尉。
蔡元涟，桥东人，以曾孙廷翰贵，赐赠武义都尉。
蔡曾楠，以孙廷翰贵，封武德骑尉，晋封武义都尉，累封武功将军。
蔡景烈，以子廷翰贵，封武德骑尉，晋封武义都尉，累封武功将军。
蔡景燕，以侄廷翰贵，赐封武德骑尉。
刘锜，雩上人，以曾孙炳职，赐赠武翼都尉。
刘光錙，以孙炳职，赠武翼都尉。
刘先义，以子炳职，赠武翼都尉。
李绍苏，邑郛人，邑庠以孙时伦贵，赠昭武都尉。
李曰瑜，监生以子时伦贵，赠昭武都尉。
周运煻，大源人，以孙德岐贵，赐赠武信骑尉。
周逢礼，以子德岐贵，封武信骑尉。
陈祖彭，增生溪田人，以孙定元职，赐赠武略骑尉。
陈光奎，武生，以子定元职，赠武略骑尉。
李守盛，监生，落鹭口人，以子联镳贵，赠昭武都尉。
李守盘，监生，以侄联镳贵，赠昭武都尉。
陆运涛，仙音巷人，以子金选职，赠武略骑尉。
陆金诰，以弟金选职，赐封武略都尉。
杨习瑾，栗塘人，以孙树霖贵，赐赠武略骑尉；以曾孙奉标贵，晋赠武翼都尉。
杨仕楹，栗塘人，以子树霖贵，敕赠武略骑尉；以孙奉标贵，晋赠武翼都尉。
杨树霖，栗塘人，九江镇标千总，以子奉标贵，诰赠武翼都尉。

陈宗新，田西人，以孙麒凤贵，诰赠武德骑尉，晋赠武义都尉，累赠武功将军。

陈必赞，田西人，以子麒凤贵，诰赠武德骑尉，晋赠武义都尉，累赠武功将军。

陈大堃，田西人，以弟麒凤贵，赐赠武义都尉。

蔡景炽，黄塘桥人，以孙秀林职，赐赠武略骑尉。

蔡运亨，以子秀林职，封武略骑尉。

周盛松，五坊苏坊人，以孙模瑚职，赐赠奉政大夫。

周洪伯，以子模瑚职，诰赠奉政大夫。

潘嘉连，六坊梅村人，以孙鼎顺职，赐赠奉政大夫。

潘邦桢，以子鼎顺职，诰赠奉政大夫。

金安辉，田南人，以孙兰职，赐赠奉直大夫。

金亮三，以子兰职，赠奉直大夫。

周宗裘，邑郛人，以子勋贵职，敕封儒林郎。

周勋灿，以弟勋贵职，赐封儒林郎。

熊上佑，枧头人，以孙仕钰职，赠奉直大夫。

熊集浣，枧头人，以子仕钰职，赠奉直大夫。

周钦国，沙溪人，以孙吉廉贵，赐赠文林郎。

黄绪兴，巷口人，以子福祥职，赐赠登仕佐郎。

周洪钰，沙溪人，以子吉廉贵，赠文林郎；以孙焕炳贵，晋赠奉政大夫。

周吉廉，以子焕炳贵，赠奉政大夫。

朱作珍，以子朝瑞职，赐封登仕佐郎。

徐曰达，蛟湖人，以孙锌庚贵，封文林郎。

徐启志，以子锌庚贵，封文林郎。

潘亨涓，五坊人，以孙邦毓职，赐赠奉直大夫。

潘嘉杰，以子邦毓职，诰赠奉直大夫。

罗福菊，古楼巷人，以子金诰贵，封登仕佐郎。

曹祥笼，□塘人，以曾孙春荣职，赐赠奉政大夫。

袁铭奇，五坊袁坊人，以孙承惠职，赐赠奉直大夫。

袁埙，以子承惠职，诰赠奉直大夫。

王正侣，五坊吴塘城人，以孙国祥职，赐赠奉政大夫。

王懋昭，监生，以子国祥职，诰赠奉政大夫。

袁志诚，袁坊人，从九，以子正炳职，赐封登仕郎。

谢之隆，以子光辉职，赐封登仕佐郎。

金衍汝，田西人，以孙树言职，赐赠儒林郎。

金庆纶，田西人，以子树言职，敕赠儒林郎。

金衍海，田西人，以侄虞纷职，赐赠儒林郎。

金庆纷，州同衔，敕授儒林郎。

崔恢云，邑郛人，以子文辉职，赐赠登仕佐郎。

丁揆明，二坊黄枥里人，以孙方聚职，赐赠儒林郎。
丁猷云，以次子方聚职，敕赠儒林郎；长子方运职，晋赠奉直大夫。
丁方运，二坊黄枥里人，以布理同衔加二级，诰授奉直大夫。
丁方聚，二坊黄枥里人，州同衔，以子兆镒职，诰封奉直大夫。
丁方钦，监生，以侄兆镒职，赐赠奉直大夫。
曹云照，尚塘人，以孙春荣职，诰赠奉政大夫。
李贤兴，二坊大水人，以子庚贵，敕赠修职郎。
李功坤，八坊洛田人，以子丙照职，赐赠登仕佐郎。
甘道骥，路东人，议叙九品，以子绍贵，敕赠修职郎、高安训导。
涂光大，石溪人，以子宪行职，敕赠登仕佐郎。
杨昭显，九坊杨家山人，以子汉双职，赐封登仕佐郎。

补遗

宋

李琮，以子秉贵，封工部侍郎，有传。

元

揭来成，以子傒斯贵，赠通奉大夫，谥贞文。

明

朱子方，以子善贵，赠奉议大夫、文渊阁大学士，有传。
周应琪，城西人，瑞昌王府仪宾，封承务郎。
李尚庆，以子述贵，赠刑部主事。
万物格，龙潭人，以子隆贵，赠奉直大夫。
万岳，隆之子，宗人府仪宾，封亚中大夫。
胡廷，厚郭人，宗人府仪宾，封亚中大夫。
胡晓，旗塘人，以孙绪贵，赠参政。
胡兴隆，旗塘人，以子贵，赠卫经历。
李廷章，南湖人以子启美贵，赠翰林院编修。

荫袭

宋

徐子中，以父鹿卿荫。
徐子端，以父鹿卿荫。

元

范明德，虎文子，袭职朝列大夫、武德将军、骁骑尉。据揭傒斯《神道碑》补。
范敬先，虎文孙，袭职朝请大夫、信武将军，江浙等处军民总管同知、枢密院事。
揭汯，以父傒斯荫。

明

黄质，以父宗载荫，太常寺典簿，旧志失载。
黄让，以父宗载荫，翰林院典史。从《府志》补。
黄制，以父宗载荫，授按察司经历。
黄璐，以祖宗载荫，授华亭县丞。
丁琥，以父铉死难功荫，授大理寺评事，历升刑部郎中致仕。
丁祯，以祖铉荫。
丁溥，以曾祖铉荫。
孙鹏，以祖曰良荫，中顺天乡试。
李槩，以父裕荫，中顺天乡试，任知府。
熊辅，以父怀荫。
熊论，以祖怀荫，历任衡州府推官。
杨敀，以父廉荫，夷陵州判。
吴晋，以父祺荫，历任惠州府通判。
雷瀚，以父礼荫，中顺天乡试。
雷濙，以父礼荫，光禄署丞。
雷瀛，以父礼荫，历工部员外郎。
雷泓，以父礼荫。

雷艾炯，以祖礼荫，后府经历。

雷梯，以父瀚中式补荫。

李自芳，以祖巩荫。

李九畴，以祖巩荫，历太平知府。

李袼，以叔遂荫，千户，加升指挥。

李枢，以父遂荫。

游曰时，以父季勋荫，通判。

李汉烇，以祖遂荫，都察院照磨。

杜慎初，以父拯荫，光禄署丞。

李及佺，以祖右谏荫。

郭禹臣，以父希颜荫，同知。

李生，以祖遂荫。

李堦，以祖遂荫，守备。

范茂桂，以父谦荫。

范炳文，以祖谦荫，后府经历。

李镔，以祖遂荫。

范墉，以祖谦荫。

熊汝学，以父尚文荫，工部主事。

邱民英，以父士毅荫。

唐士凤，以父大章荫，工部郎中，转副使，有传。

唐士鹏，以父大章荫。

唐士鹤，以父大章荫，大常寺典簿。

邓春，以父勇荫，卫千户。

邓大煜，以父维新荫，卫千户。

孙贯，以父世祐荫，光禄丞。

万岳，以父隆荫。

李琉，南湖人，以祖裕荫，知县。

国朝

邓士灿，以父继荫，卫百户。升署守备，领兵剿广信，殁于阵。

甘日进，以父文奎荫，历浙江衢州府知府，有传。

邓士理，以父胜荫，卫百户，□千总。

邓廷桂，以曾祖子龙荫，卫千总。

周元恺，以高祖尚功荫，恩骑尉，署本县把总。

邓林，以祖子龙荫，武宁守备。

邓愚，以祖钦荫，南昌卫千总。
邓起鹍，以曾祖钦荫，千总。
陆天爵，以父元登荫，吴城千户。
卢延龄，以父文魁荫，云骑〈尉〉。
卫宗诰，以父学纯荫，云骑尉，补守备，历署参将。
余懋恩，以父铨荫，云骑尉，候补守备。
卫显琇，以祖学纯荫，云骑尉，候补守备。
周德岐，大源人，以族祖尚功荫，恩骑尉。
毛庆蕃，以祖震寿给予三品荫生。
徐家豫，字和干，高埂人，以父传薪荫，云骑尉。
罗允猷，以父澄鉴荫，云骑尉。
卫文和，以曾祖学纯荫，恩骑尉。
余步云，以祖铨荫，云骑尉。
李仙龄，以父廷荣荫，云骑尉。

乡饮

明

赐封科贡别见者不录。
李大昭，裕侄孙，吴尹达可敦请，传列《儒林》
江朝宪，鱼之父。
涂来献，铉之子。
蒋汝弼，仁之父。
江郊，淙之孙。
丁柽，沙湖人，吴尹达可敦请。
徐贯，守伦父，曹尹敦请。
刘迥，月屋之裔，顾尹敦请，《府志》误作“向”。
丁樯，錬之孙，李尹敦请，有传。
杨郊，崇之曾孙，濮府敦请。
黄铉，节之侄，樵府敦请。
高凤集，四请乡饮。
丁用持，铉之兄，四请乡饮。

黄文宁，虞巨父，两请乡饮。

熊如愚，黄墓人，三请乡饮。

范庚，庆之弟。

万宗政，学前人，范尹敦请。

丁如冈，北湖人，张尹敦请。

甘埴，北泽人，陈二府敦请。

夏邦选，南巷人，胥郡守敦请。

杜材，鹤村人，三请乡饮。

杜隐之，拯之兄，韩尹敦请。

丁铉，沙湖人，吴尹嘉璁敦请。

杜扩，循之父，两请乡饮。

雷曙，贺之侄，张三府敦请。

丁桨，鍊之孙。

史记善，北门人，郡邑敦请。

胡涛，大杨树人。

朱灜，杭桥人，李尹敦请。

丁瑄，璐之弟，余尹振英敦请。

甘霆，邑郛人，顾尹佖敦请。

涂秀，敬之弟，顾尹敦请，《府志》入孝子，有传。

丁荧，沙湖人，傅尹敦请。

丁明甫，沙湖人，陶三府敦请。

丁应元，余庆父，陆尹敦请。

胡智远，厚郭人，陆尹敦请。

徐善，来泰父，陆尹敦请。

丁璘，璐之兄，李尹敦请。

刘宗焕，艾冈人。

刘褕，艾冈人，韩尹敦请。

丁煜，沙湖人，吴二府敦请。

胡汝达，旗塘人，曹二府敦请。

余澜，城头山人，汪郡守敦请。

黎治，虹〔洪〕桥人，邑尹敦请。

黄邀。

李大奇，南湖人，邑庠，顾敦请。

傅基圣，深湖人，陶三府敦请。

于濂，震春父，陶三府敦请。

陆应科，仙音巷人，徐尹敦请。

甘希纯，邑郛人，徐尹敦请。
范谕，三坊人，徐尹敦请。
陆于明，仙音巷人，郝尹敦请。
刘邦淳，艾冈人，冯尹敦请。
汪述祖，湖头人。
丁守胜，沙湖人，冯尹敦请。
甘天赋，邑郛人，冯尹敦请。
罗廷俊，罗坊人，沈尹敦请。
李维垣，南湖人，谢尹敦请。
丁应瑞，沙湖人，谢尹敦请。
范宗宏，上郊人，谢尹敦请。
丁应兆，序珙祖，谢尹敦请。
丁应训，沙湖人，谢尹敦请。
李廷瑄，南湖人，陈三府敦请。
汪曰炜，湖头人，陈三府敦请。
罗宪熹，人文父，郝尹敦请。
黎子周，南庄人，陈四府敦请。
涂朝旭，昂之父，邑尹敦请。
杜篆子，麟孙，邑尹敦请。
李光传，南湖人，吴尹敦请。
李光荣，南湖人，朱尹敦请。
李大熙，南湖人，邑庠生，郭尹敦请。
李应显，南湖人，韩尹敦请。
甘应旸、甘应琼，儒源人。
孙子荆，曲江人，郑尹敦请。

国朝

凡举饮者俱录。
万良槚，谦之父，莫尹敦请。
金以泰，老塘人，莫尹敦请。
杨文煺，惟相子，监生，莫尹敦请。
熊忠弼，字君求，瓘山人，举人，知县，蔡尹敦请。
刘希杰，艾冈人，王尹敦请。
蔡儒砥，附生，王尹敦请。
余配乾，进士，知县，杨尹敦请。

甘唐诲，字式上，兴仁父，增生，杨尹敦请。

黄秉惠，字彦恺，厦间人，杨尹敦请。

黄知瀊，字孟韬，邑郛人，杨尹敦请。

雷沸，字飞涛，铁之子，生员，杨尹敦请，有传。

何崧，字峻立，城西人，杨尹敦请。

王兆符，监生，字元琳，黄墓钱塘人，杨尹敦请。

丁亮采，字虞司，沙湖人，邑庠，县尹戴敦请。

罗兴宗，字绍先，石坑南岭人，杨尹敦请。

龚祚。

李炳，洙溪人。

杜宪，字又黄，鹤村人。

黄甲灿，厦间人，李尹敦请。

熊明珮，字鼎臣，瓘山人，监生，刘尹敦请。

涂翀，字羽功，甘棠人，刘尹敦请。

吕文达，北湖人，刘尹敦请。

甘方鉽，字若思，邑郛人，贡生，刘尹敦请。

袁启登，字文发，毛家巷人。

席元锳，蓝塘人，刘尹敦请。

徐美松。

傅基遐，派前人，蔡尹敦请。

徐方凤。

吴茂晃，字象仪，吴城人，监生，王尹敦请。

熊士忠，字禹尚，潭埠人，王尹敦请。

任兼善。

徐士俊，字文光，岭源人，监生，杨尹敦请。

刘起坤，字简能，庄前文坊人，杨尹敦请。

涂实，字宇辉，甘棠人，杨尹敦请。

范华，举人，知县，顾尹敦请。

杨魁，岁贡，顾尹敦请。

胡山，字次元，厚郭人，增生，顾尹敦请。

甘绂，字驭麟，拔贡，满尹敦请。

李芹，字宫钖，南湖人，附学生，满尹敦请。

熊一篚，字镇周，潭埠人，满尹敦请。

李佑，贵之孙，师尹敦请。

王道显，钱塘白沙人，师尹敦请。

涂大道，甘棠人，宗尹敦请。

杜缮，鹤村人，宗尹敦请。

杨为霖，石滩人，何尹敦请。

熊文奎，如玉父，生员，房尹敦请。

李应诚，南湖人。

李廷对，南湖人。

李廷翱，缙之子，费县知县，满尹请。

李润南，湖人，优廪生，满尹请。

黄兆科，字殿英，城南人，满尹敦请。

范元和，字元聚，潮溪人。

邹任麟，湖塘人，满尹敦请。

李士楫。

王在镐，邑增，字京西，钱塘人，兆符之子，满尹敦请。

刘彦，字纯立，师古堂人，江尹敦请。

熊翰述，大屋人，见赐封。

孙汝学，字盛德，号素斋，同造人。

袁秉坦。

徐大星。

葛士渐，字于逵，务前人。

蔡思智。

蒋兆元，字大资，蒋家楼人，孟尹敦请。

甘枋。

于秉积，字倚玉，于家洲人，孟尹敦请。

黄继白。

曾嘉逊，字扮谦，黄蛇头人，孟尹敦请。

孙象贤，字毅芳，北门人，岁贡，何尹敦请。

李首里，南湖人，生员，与闻。

徐宗焕，隐溪人。

鄢大章，泉塘人，字五瑞，锺尹敦请。

朱绍麟，社湾人。

文炳汉，见科目，叶尹敦请。

唐垂□，一坊人，监生，叶尹敦请。

熊锦汉，一坊人，叶尹敦请。

熊翰毫，九坊人，叶尹敦请。

胡嗣贵，八坊人，叶尹敦请，

刘范栾，八坊人，叶尹敦请。

熊骏，见拔贡，□尹敦请。

熊□淮，一坊人，监生，陈尹敦请。

左承璁，三坊人，陈尹敦请。

徐秉纹，五十四都人，陈尹敦请。

胡怀藻，八十都人，陈尹敦请。

赵之纲，六十一都人，陈尹敦请。

吕光焕，见科目，叶尹敦请。

邹思孟，附生，八坊人，叶尹敦请。

陆运相，职员，号石莽，仙音巷人，叶尹敦请。

熊训齐，八坊人，叶尹敦请。

邹任举，八坊人，叶尹敦请。

时先昆，八十五都人，叶尹敦请。

谢先鹿，八十三都人，叶尹代请。

杨勉桃，一坊人，叶尹敦请。

熊懿健，八坊人，叶尹敦请。

曾廷魁，七坊人，叶尹敦请。

杨肇文，四坊人，叶尹敦请。

徐仲沼，六坊人，叶尹敦请。

邓林桢，见科目，叶尹敦请。

王泽倬，八坊人，监生，叶尹敦请。

谢梦月，一坊人，叶尹敦请。

陈士骐，九坊人，叶尹敦请。

陈之绩，四坊人，叶尹敦请。

李杰，九坊人，叶尹敦请。

陈士骥，九坊人，叶尹敦请。

杨际绛，五坊人，叶尹敦请。

李俊，九坊人，叶尹敦请。

黄光斗，二坊人，叶尹敦请。

朱政，见诸贡，叶尹敦请。

辛运升，四坊人，黄尹敦请。

鄷致倬，云庄人，叶尹敦请。

金守栗，八坊人，叶尹敦请。

陈秉端，八坊人，叶尹敦请。

余录芳，八坊人，叶尹敦请。

余铭润，八坊人，叶尹敦请。

聂锐嵇，四坊人，叶尹敦请。

邓远飏，五坊人，叶尹敦请。

熊廷佐，三坊人，叶尹敦请。

刘绍初，字性渊，白洲人，□□敦请。

张拔馪，七坊人，叶尹敦请。

徐瑞麟，见诸坝，□尹敦请。

丁猷潦，武庠，字秩谁，揆先子，沙湖人，阮尹敦请。

徐栋廷，二坊人，阮尹敦请。

雷立翊，二坊人，阮尹敦请。

赵献琛，六坊人，阮尹敦请。

张祊昇，四坊人，阮尹敦请。

高从文，五坊人，阮尹敦请。

晏种玉，三坊人，阮尹敦请。

丁猷宽，武庠，方镇父，字裕亭，沙湖人，阮尹敦请。

周兆升，生员，陈尹敦请。

胡执礼，见诸贡，陈尹敦请。

谢之温，陈尹敦请。

熊徵楙，陈尹敦请。

罗允轼，柏木桥人，陈尹敦请。

周百达，陈尹敦请。

周起蔚，陈尹敦请。

丁世璠，陈尹敦请。

张勛伦，陈尹敦请，黄埠脑人。

龚源辉，陈尹敦请。

周心镜，陈尹敦请。

邹师初，陈尹敦请。

周棠，见诸贡，叶尹敦请。

徐乐纯，国学生，叶尹敦请。

鄢愈映，叶尹敦请。

朱昌元，叶尹敦请。

张元惠，叶尹敦请。

涂光晴，叶尹敦请。

熊之遴，叶尹敦请。

杨汉琦，叶尹敦请。

吕荣陞，叶尹敦请。

徐乐淮，叶尹敦请。

周起恭，叶尹敦请。

涂宪球，叶尹敦请。

王懋第，叶尹敦请。

蔡恒有，叶尹敦请。

鄢模墉。

江凤振，字丹山，陈尹敦请。

李定斗，上舍人，孟尹敦请。

王泽爵，监生，叶尹敦请。

聂九成，例贡，蔡尹敦请。

熊第煌，字稼轩，章尹敦请。

熊开含，字玉晖，陈尹敦请。

何匡序，字正斋，楼下埠人，蔡尹敦请。

熊立德，生员，根竹人。

黄中懋，字盛烜，沂塘人，张尹敦请。

鄢英拔，芦荻人，□尹敦请。

唐后彦，例贡生，唐塘坊人，□尹敦请。

欧阳焕，监生，南庄人，□尹敦请。

唐彝祐，唐坊人。

熊开详，字经邦，枫树下人，□尹敦请。

卷之十一　人物志一

仕绩　儒林　文苑　忠贞　孝友　高行　善士　寿民　方伎　寓贤　烈女

剑气腾踔，上薄牛斗。
郁为奇英，笃生非偶。
名公巨卿，循吏贤守。
道德文章，忠贞孝友。
高行寓贤，并堪不朽。
艺事成名，期颐享寿。
善媲宋清，节侪陶母。
一邑之中，举不多有。
博采旁搜，列传如后。
前哲典型，辉映江右。

——作《人物志》。

仕绩一

目录

【唐】
王季友
【宋】
李秉，子君伯，从弟仲询，从子冕能。
何延世，族子莫，莫侄时升。
李登　孙发　孙伯温
黄得礼，子彦辅、彦平，曾孙畴若。　江端本　孙文柔
范璿，子德勋　袁抗　黄诚　邹扬
雷观　徐升　李惟深　王枢
陆筠　曾光　徐如晦　刘德秀
邓元　孟程　王衡仲，曾祖邦作　范仲武
范应铃　王武子　袁渐　徐应云
涂应雷　张宏毅　徐经孙　范严
王义端，兄义山。熊大经　李龙庚，子、毅通。　徐思立
范寿　范宜损　王定孙　李嗣俊

【元】

熊介　　鄢至善　　龚国祥　　徐智，子得中。

甘朝举　　于有信

唐

王季友，云岭里人，博极群书，能诗，举开元进士。李勉为江西观察使，甚敬之，表监察御史，历迁御史中丞。杜甫有诗云："丈夫正色动引经，丰城客子王季友。群书万卷常暗诵，《孝经》一通看在手。豫章太守高帝孙，引为宾客敬颇久。明月无瑕岂容易，紫气郁郁犹冲斗。用为羲和天为成，用平水土地为厚。死为星辰终不灭，致君尧舜焉肯朽？吾辈碌碌饱饭行，风后力牧长回首。"其赏慕之如此。自号"云峰居士"。宋黄彦平请祀学宫东序。（参省志）

省《志》云：唐乾元中，元结尝编沈千运、于逖、孟云卿、张彪、赵徵明、元季川及季友七人诗，曰：《箧中集》，以季友为河南人，合诸杜甫丰城客子之句，则王似籍河南而寓丰城者也。林志安《志》，俱本《豫章图经》，作丰城人。"白志"因之考南唐时，有丰城王子邳者，为季友四世孙，则季友为丰城人，可征也。

宋

李秉，字子正，筱塘人，景祐进士。文学、行谊，为同年司马光、范镇所引重。以屯田员外郎，累官郎中、宿州刺史，所至以循良称。同时过昱之纯孝、何延世之清直，并称为"三郎中"。

子君伯，余干尉，以获贼功，授承务郎，知徐州萧县。

从弟仲询，金溪尉，秘书省校书郎。

从子冕，字君仪。弱冠，与弟茂元省舅晏殊于京师数月，请归，晏曰："比当郊天，吾奏汝一官。"冕谢曰："冕自励以图。"后举茂元，舅宜恩之。明年，茂元补太庙斋郎，冕调崇安薄。民谢叟无子，养他姓儿。致富后，婢生一儿。叟垂死，戒曰："吾故贫，借汝兄佐吾致富，分财当优之。"婢儿壮，诣官乞还兄姓。冕诘，婢儿不服，更诉州。蔡襄为运使行县，冕迎，白曰："法顺人情。今与同艰苦，致丰裕，终夺而窘之，非人情也，且违其父志。"襄曰："微主薄言，吾几误任法矣！"具奏，著为令，续为舒之司理。怀宁令称"获劫盗十三人"。冕疑中有自首及为从宜减者，必县觊赏典，匿其词。乃请覆讯，果活三人。时王安石为州判，私语冕曰："果尔，令当抵罪。"冕曰："活囚而陷令，非吾心也。"听令尽易狱词。安石喜曰："明且仁者也！"其为治类如此。

亢，字君起，亦秉从子，以恩试将作监主薄，为泉州户曹。宪使按部，以清节荐为临川丞，摄南丰县事。疏宿弊、理积逋、省徭役、平狱讼，政化大行。未几，以病归。

何延世，字楙之，留台里人。第进士，为都官郎中，有清直声，与过昱、李秉齐名。

继为连、潮二郡守，与周濂溪同官，相友善。熙宁五年入觐，卒京邸。邑人孙启复试泽宫，为辍试扶榇归。延世为诗清丽，今不传。

族子莫，字亨道。以进士调鄂工曹。既仕，犹刻苦读书。临事明决如老吏。

莫侄时升，有名，大学自号“半隐”。与程伯玉善，当时称为“程何”云。

李登，字仲圭，筱塘人。绍定乡荐，授耒阳簿。时，湖南被兵，守臣委督修城垒，规画有方。竣事，民不知役。再调吉水丞，行经界核田，高下以则，定等赋均，而民乐输。及代，郡守魏峙，知登清贫，檄纳秋苗，可资给归橐。登代至即行，秋毫无取。季弟鳏居，宦游必与偕，嫁其女如己子。官止潭州粮料院。

孙发，字妙仲，同造里人。元祐进士，补崇仁尉。民有盗宗人财就执，而父病死，遂诬宗人伤之。发按得情，民大窘自醉。其盲弟废一手，闻于州。州疑冤，移狱。有司迎合，发力辨不已，作《截臂行》。仕终永丰令。

孙伯温，字南叟，同造里人。绍熙进士，补慈利簿。以乡人范伯举，当调南城。年高次远，因以慈利与范。已需次八年，始调龙城校官，改知新昌。为治，先教化，而后刑罚。揭县门曰：“有冤可诉，无理莫来。”豪民竞田，伯温绳以法；乘间萋斐，遂以罪去。新昌人有平田谣。再知临湘，未任卒。伯温尝师杨慈湖简，又从漕使杨方受为己之戒。每谓学者当知“三坑”、“四关”之病：有利欲坑、文义坑、枯寂坑，惟义利是生死关、诚伪是虚实关、敬肆是安危关、动静是吉凶关，知此则可以为士。书无所不读，为文师韩柳，诗法黄陈，金石刻词尤得体。殁，龙城人祠祀之。

黄得礼，字执中，沇江人。元祐进士，终柳州推官。靖国初，应诏言事，略曰：“嘉祐、熙宁之法，仁祖、神宗所为也。而主熙宁之说者，曰“必为之更变”；主嘉祐之说者，曰“必为之守常”。分曹为朋，迭立胜负。宿怨快于私门，实祸归于公家，朝廷顾何所赖？唯天子建中和之极，择其善者从而增损之，此行法之要也。人才实难，口语疑似，无四凶之罪而加以流窜之刑。瘴雾蛮烟，不死不已；遗骼旅榇，虽死不还。士有持平守正如彭汝砺、叶涛之徒，其言未必见省。此风不革，异日必有服刑都市、惨夷五族之法闻于上者矣！愿朝廷退人以礼，宰辅为国受言，变荐绅锲薄之风，增社稷灵长之福，此任人之要也！”世以为笃论。子彦辅、彦平、望尧。

彦辅，字伯强，政和进士。有文学著论，刊落陈言。官终吉水令，以清惠著名。

彦平，字季岑，宣和进士，初试国学第一。时，方申元祐学禁，疑为山谷族属，抑置第四。授信阳军教授，移池州士曹。靖康初，迁博士，坐与李纲善，谪监虢州铜场。建炎二年。擢尚书吏部员外郎，抚谕京东西路。使还丐外，出知筠州。丁母忧，起为吏部郎中。入对力陈日食之咎，又进校旗大阅法。会金兵至，淮南告捷。彦平言策功行赏，劝沮所系，因条上三策：乞解大将军逗留者节钺，授偏裨立功者。时，朝廷正罢刘光世兵柄，命吕祉代之。彦平言光世固当罢，祉亦非御众才。不报，其言卒验。绍兴初，谏官极论学者宗程灏兄弟之弊，有旨戒饬。彦平时权礼部郎官，与侍郎董棻争于朝，事直而谤议随起。旋以数论事为媚嫉者挤出，提点湖南刑狱，任宫祠九年。知邵州，终朝散大夫。

畴若，字伯庸，得礼曾孙。少孤，外大母杜教养之。登淳熙进士，授祁阳簿。民有诉僧为盗杀人。畴若疑无证，力白提点刑狱马大同，卒得真盗。知庐陵县，尝以六月督畸零税，念民方艰食，取县用钱三千余缗代输。两年，治为诸邑最。召赴行在，监进奏院。应诏上三急务：一赋敛无艺，一军政无法，一守令无状。主大府寺簿，考博学宏词科，拔真德秀、留元刚列高等，擢监察御史。首论“天子择宰相，宰相择监司。善为国者，必以恐惧修省之事陈于前；善为相者，必以危亡灾异之事告于上”。会侂胄罢丐去，帝不许。时，初罢江淮督府。畴若奏，和战未决，无以统诸将；乞亟诏大臣为宣抚使。即日以命邱崈。寻迁殿中侍御史兼侍讲。疏累上，大略言：宜撙节以储岁帑，搜访以遵成训；饥籍之赈，宜展；侵渔之禁，宜申。皆报“可”。自军兴费广，朝廷给会子数多，折阅日甚，朝论颇严称提，民愈不售。畴若请先收十一界销毁勿支，上下流通，则不待称提矣。由是峻急之令少宽。又疏奏：乞存忠厚、延质朴，屏绝浮薄之论。乞拨买官田充籴本，以广常平之储。擢户部侍郎，进宝谟阁待制，知成都府。上谕以委任非轻，一意抚摩，至蠲征积欠十数万，官吏冗员，非敕命差注者，悉罢之。故事：颇尚遨乐，一切减损；为民代输六年，市估钱二十余万；别立库储二十五万，籴米十五万，足广惠仓储；节缩余钱四十万；为修城备，又减他赋之重者，以宽民力。初，沈黎蛮屡犯边。为榜谕祸福，青弥两羌遂乞降。会董蛮犯龙鸠堡、龙门隘，皆以有备而退。召对延和殿，迁兵部尚书、太子右庶子兼詹事；差知贡举，试礼部尚书。乞归，以焕章阁学士致仕。卒，所著有《竹坡文集》。子策，潭州通判。策子端卿，自有传。（参《宋史增订》）

江端本，字一大，长塘人，南唐御史文蔚裔。元符己卯，以文学与乡荐，授温州通判，刚直有祖风。奉旨察方士林灵素居家过制罪状，得实，进中丞御史。时，宰执王黼颛政，与宦官梁师成交通作奸，中外侧目。端本条揭奏闻，触怒，系狱毙。

按：《诗派图》：江端本，字立之，开封人。旧传指两人为一，误，今更正。

孙文柔，字思善，同造人。建炎初，寇兵充斥，柔集义勇，手射却贼将，合里无一受祸者，以功调瑞金尉。

范璿，字舜文，后泉里人。政和进士，调抚州议曹，寻除大学博士。宣和七年，授虔州议曹，改节度推官。金兵至，盗四起。虔俗轻悍喜斗。为画策守备，城遂安。兴国有狱，经年不决。璿推治得其情，平反甚众。岁纳输赋，胥吏缘为奸，璿尽革蠹弊。荐知建州瓯宁县，有治绩，当代县争留之。列治状十事，上郡太守魏矼以闻。召对便殿，问：“何以得民如此？”对曰：“臣知为陛下爱民耳！”上悦，拜兵部员外郎。时，方事恢复，极陈七国争战之事不足法，帝王吊伐之兵所宜行，语颇剀切。上曰：“卿深得责难之义。”迁兵部、户部枢秘院检详、尚书左司郎中兼中书省检正官。高宗驻金陵，论攻守进退计甚悉，条八策以献，帝嘉纳之。宰臣秦桧主和议，璿不附。金人围刘锜于顺昌。羽书络绎，桧不肯济师。璿力争，不从。时方暑，被禅衣。璿披胸，正色曰：“为宰相须是开怀听天下人言，安可以私意害公议？”秦桧盛怒而罢璿。尝草疏乞斩王伦、秦桧，将奏之，以示胡铨，铨曰：“书上，必得危祸。子有老母，不可以累母。吾已奏之。”铨南迁，璿亦出知剑州。未几，请祠主管玉隆观。绍兴二十五年归，卒。著有《松溪集》，子德勋。

旧按云，胡忠简所上封事，实出璿笔，揭文安确凿言之。虞文靖《松溪集序》亦云。

德勋，字光卿，淳熙乡荐，知吉龙泉县。时，茶寇大扰，邑受冲，居民尽室逃避。德勋独留廨，募民因险立栅为铁角距，实灰缶，迎击之，寇望风遁去。台府表劳，进丞琼管，知容州，以最闻。诏赴阙，奏更盐法卖钞为定制。旋擢琼管安抚，改知肇庆府，帅臣潘时上其治状，召赴行在。未久卒。

袁抗，字立之，袁家渡人。举进士，同学究出身。以荐补桂州司法参军。抚水蛮寇，融州转运使俞献可，檄抗权融州推官。事平，迁衡州推官，累国子博士，知南安军，擢提点广南东路刑狱。还，为三司判官，以尚书金部郎徙益州路。时，三司岁市，上供绫锦、鹿胎万二千匹。抗言蜀民困惫，愿少纾余力，以备秦中他日之用。是年郊祀，蠲其数之半。黎州岁售蛮马，诏择不任战者却之。抗不奉诏，寻如旧制。除江淮发运使，召为三司盐铁副使，改少府监，卒。抗喜藏书，至万卷。子陟，自有传。（摘《宋史》）

袁抗父子，《省府志》，俱作南昌人，以袁家渡属两界地。旧志悉登载，今仍之。

黄诚，字循道，苏陂人。元符进士，政和间为德兴令。通经术，精于吏事。民有隐慝，一见辄得其情。尤肫肫抚以慈惠，邑人畏而爱之。祀饶州名宦，终石城令。

邹扬，字廷光，东湖人。宣和进士，乐平丞。靖康初，勤王师起。建昌当闽广荆蜀冲要，前令无具，邑里骚然。郡俾扬代其任，衔牒之县。以常平米给过军，以义仓米赈流民，军至无扰。卒有余大瘤，夺人一卵，即斩以徇。时，建康造战舰，责取异材。扬谓："桧楫松舟，自古有训。异材，非吾产也。"辞之。郡欲调发弓手，扬辩曰："防巡者群趋于无事之夜，则力已自竭；把隘者散处于无难之地，则势已自弱。若以保甲联民，使各守坊巷，而优劝市巡，分番更代，即贤于今日之防巡；分队教战，协力城壁，而厚犒健步，分路探报，即贤于今日之把隘。且弓手之所以可用，谓其知境内地势，熟乡曲人情，缓急可以追呼，可以缉捕。其武艺，比之禁旅，未必优长，今舍其所长，用其所短，于军无益，于县有害。曷若以外县起发之费，充在城教阅之赏，则军民两便。"其议论慷慨、疏达，知变如此。寻以疾卒于官。

雷观，字仲立。偕同邑邹邁、范璿并以文学名。应贡入国学，与陈东友善，偕疏请复用李纲，帝从之。白时中罢，以张邦昌为相。观上书云："天下之利害，当使天下之人议之，天下之人得以利害之言尽闻于上，则当言之人虽欲缄默苟容，不可得也。言官得以尽其言，则执政之臣虽欲擅权为奸，不可得也。"上嘉之，赐出身与馆职，迁太常博士。复请重纪纲、惜名器，以抑冒滥。旋因忤黄潜善谪监。绍兴间，两倅潭州料院。

徐升，字公允，上居里人，有孝行。宣和进士，主万载簿。时，县凋残后，升垦田六千余顷，公私交裕，迁盱江丞。寇盗日张，分兵焚其巢，戮渠帅，散遣余党。后知蕲州。罢官归，不持一钱，身及妻子有菜色。

李惟深，字彦溪，苦竹里人。年十九，登绍兴进士，转都昌丞。外台俾录囚，得情为《悯囚赋》以献。为宜黄令，适淮堧宿重师，百需猥至。惟深谕富民以理，不戒而集。又上言募军一事，轻用人命，徒耗粮廪。前此拣发弓兵，曾不能北向发一矢。洎事休，十不一归。以此知士非素练，是谓弃之。事遂寝，奉祠终于家。

王枢，字致荣，东山人。通《春秋》学，尝游胡安国之门。登绍兴进士，参吉州军，郡，给军衣。有滥恶者众，哗莫能制。枢正色折之，乃定。改丞岳州，每诣学宫执经讲论，士类兴起。再丞鼎州，会茶寇绛骚，道路不通。或欲焚山绝茶，或欲官自收鬻。枢建议为长短引，以便负贩行。郡府事悉咨焉，终常德府判。

陆筠，字嘉材，抚金溪人。绍兴进士，任贵溪丞。济严以宽，修簿廨不戒而集。未几，贼犯邑，焚荡殆尽，唯簿廨存。张栻为纪其事。栻帅江陵，筠为倅，言皆听从。栻终力荐之，官至浙西参议，后奉武彝祠。初为岳阳教官，未至。留家丰城，邑陆氏自筠始，著《翼孟音解》。

曾光，字元明，石坑里人。绍兴进士，判融州。强寇李接扰旁郡，闻其仁，不入境。移知房陵，房西马所经校，牵者执券，要索不已。光给与如律。卒群噪庭下，悉械之。谓其校曰："朝廷所需者，马耳，于若辈何有？今遣他官以马入，并劾若不职，计将安出？"其人谢过，戢众去。

徐如晦，字光伯，角陂人，察之子。隆兴初，应诏陈十事，以直言举，主慈利簿，宪檄摄县篆。有杀人祭鬼者，连坐，久系未决。如晦白宪："杀人者死，法也！妻子无罪，可尽戮乎？"宪悟，罪止其人。某怙势杀人，反律死者妻。妻诬服，将论决。如晦察其冤，吏以太守命，坚持不释。如晦叱之，因引讯卒白。先是，县鬻此狱，霆震狱扉，令暴卒。及是，妇罪释，时苦旱忽雨，人以比东海雪冤之应。再调万载丞，卒。有文稿数百篇。

刘德秀，字仲洪，石滩人。隆兴进士，初官南康军司户，调帅蜀，有去思，后补官谏议大夫、侍讲、吏部尚书、四川制置使、端明殿学士、提举玉隆宫，召除吏书、签书枢密院，爵豫章郡侯，以资政殿学士知绍兴府。郊祀，进爵郡公。为文师昌黎，著《退轩遗稿》。

邓元，字南秀，邑郛人。淳熙进士，主分宜簿。时，夏潦暴至，屋皆没，民争走山，无所得食。元不及白州，发廪粟济民。再辟广西帅属，宜州蛮欲叛，出不逊语。元奉使者檄，约束之，即退听命。著有《漫堂集》。

孟程，字深甫，邑郛人。淳熙进士，调襄阳监酒税。帅檄按视水渠，程悉力成图复帅，且深言屯田利。因浚渠溉田数千顷，总饷核军储。檄程两易纲米入仓，有悬席蔽庑，程疑奸，察之，乃监守贿仓吏盗官补私欠。遂发其事，积蠹始革。令溆浦、宁远二县，正赋籍，吏不敢欺。嘉定更化，上万年书，有曰："朝廷新大化，当尽革宿弊。否则，弊将滋甚，而天下不复可为。"有诗文千余篇，自号"冰雪林主人"，终临江倅。

王衡仲，字仲平，东山人，曾祖邦作。弱冠，贡上庠。靖康间，筑室西坡。南渡衣冠避地者，必廪饩之。属文清绮，乐府尤工。衡仲登淳熙进士。丞相京镗欲引近之，不就。授新昌簿，善推鞫。民有售圃，里富人而诬其毁墓者，且行赂求证，邑莫能决。部使者檄衡仲辨之。至则桑麻蔚然，乃命里胥丈植一表，而独录一证者，诘墓所在。又诘，所指不同，遂杖之。三诘，证者以实告，狱乃决。丞汉东时，漕使赵方檄摄郢，以所捕寇数十，约至境行诛。衡仲按其事多诖误，乃悉纵。遣复赵曰："非真盗也，已为明公末减矣！万一咎其慢令，则某但能不负所知，不能不负所委。"赵韪之。为审计时，尝轮对，颇及时政。有曰："以放散新军，失士卒之心；以拘毁白帖，失边豪之心；以纳粟限铨，失巨室之心；以新引失商贾之心；以新会失天下之心。”末言：“孔子谓兵食可去，而信不可去。今急于兵食而去其信，一旦缓急，尚能以空言欺人使我听哉？”辞甚激切。出守建昌军。值岁大旱，衡仲郊外祷曰：“得雨则郡可为也。”入境，望郡治而舍。大雨如注，郡人喜迎曰：“真刺史雨！”新城地名“黄檀砌”者，与汀邻。民险健好斗，骚动一方，令不能制，台阃诸司俱以轻动为戒，衡仲独锐意擒戮之，卒帖然服。

范仲武，字季克，楂村人。庆元进士，为泰和令，徙倅安丰道。由洪都帅问治状，缅缅言之。至蠲放下户余赋，帅不谓然，语之曰：“富民得产而不收，揽户得钱而不纳，若一蠲之，则受惠者斯人耳。”仲武曰：“二者受惠信如所谕。然催之不已，则受害者贫民下户，非富室揽户所忧。”帅悟，善之。在安丰宣使敛财，仲武以将漕受事，不以及下户。或谓：“富家巨室有诡匿，今悉取之，非计也”。宣使惑其说，仲武力言：“宁使富户有侥幸，不可使贫弱受其殃。”议遂定。阃帅刘光祖熟其治状，言于朝，谓：“料贼无遗策，给饷无缺事。保守箕谷，捍蔽两川，其功为多。”召赴行在，未对，卒。

范应铃，字旂叟，楂村人。开禧进士，调永新尉。县当茶陵溪洞，冲寇甫平，或诈为惊扰。应铃廉得主名，捽治之。县十三乡，寇扰不时。郡奏：“弛八乡民租，二年即复督之。”应铃诣郡，言反覆数四。帅声色俱厉，应铃从容曰：“某非徒为八乡，乃深为国家计尔！民贫，迫之急，将以不肖之心应。租不可得而祸未易弭也。”力争乃已。改知崇仁，听讼发摘如神。邑故赋役不均，应铃罢供需、去诡籍，而赋役正。通判蕲州，差知吉州，下车首以练兵足食为先务。去冗吏、核军籍、汰老弱、洞究财、计本末，每鄙榷酤兴利蕲五邑悉改为户。吉舟车之会，且屯大军，人劝之榷，应铃曰：“理财，正辞。吾纵不能禁百姓群饮，可诱之，利其赢耶。”赣叛卒贼杀主帅，应铃密遣谍捕之。部使者劾其轻发，镌一官，起广西提点刑狱。召为金部郎，入见，首言“今以朝行暮改之规模，欲变累年上玩下慢之积习；以悠悠内治之敝政，欲图一旦赫赫外攘之大功；公论不出于君子，而参以逢君之小人；纪纲不正于朝廷，而牵于弄权之奄寺。”言皆谠正，识者韪之，迁军器监。召见，奏：“国事大且急者，储贰为先。陛下不断自宸衷，徒眩惑于左右近习之言，转移于宫庭嫔御之见。夫今不图，奸臣乘夜半片纸从中出，忠义之士束手无策矣！”帝为动容，授直宝谟阁、湖南转运判官兼安抚使。峒獠倡乱，帅宪招捕，逾年未平。应铃曰：“招之，适以长寇。”即调军讨之。未一月，擒凶渠，全师归。加直焕章阁。累上书谢事，不允，擢大理少卿。一日，籍府库，会簿书已及家务，僚属有以清心省事为言者，应铃笑曰：“平生学力，正在今日！”僚属愕然。会客入，应铃整衣冠肃客，言论如平时。客退，翛然逝。应铃开明磊落，守正不阿，见义必为。不以利害动心，所至无滞狱，绳吏不少贷，亦未尝没其赀。家居时，人有不平，不走官府而走应铃之门。为不善者，辄相戒曰：“无使范公知之。”自号“西堂”，谥“清敏”。徐鹿卿曰：“应铃经术似倪宽，决狱似隽不疑，治民似龚遂，风采似范滂，理财似刘晏，而正大过之。”

王武子，字文翁，一字仁叟，城头里人，后居松湖。开禧进士，为江夏尉。台檄视旱，武子请蠲租，仍禁刑牛，罢关征；劝假贷以资细民，宽米值以来商贩。使者悉行之，独其属沮格蠲租议，武子力争不能夺，后租卒不可督。再调荔浦令，凡闾里奉亲事长、服田力穑、畏讼乐输者，厚旌赏之。勤课试士气，以振架阁。裘万顷被召，临门求赠言，武子曰："入为朝士，宁疏拙，毋便习，则不失其在我。"万顷奉其言，未期月出。人谓武子"不唯勉己，且以淑人"。

袁渐，字伯贤，蒐湖人。嘉定乡荐特奏，授严州文学，累官至清海判官，权德庆府。振颓纲，理凋瘵，补纲欠，蠲事例，所至有声。子浩颐，进士，主龙川簿。

徐应云，字平仲，栗塘人。嘉定乡荐，授浏阳尉。宪司有死狱，久不决，检覆至四五，诉者不已。委应云检审，验两胫骨，俱左足刖，上之狱，由是得明。

涂应雷，字复亨，号桂庄，石溪人。景定进士，授万安尉，主清远簿。时，台臣劾新会宰摄广南倅，贪酷为南中官吏最。镌罢送宪司征赃，不服。委应雷问，不承。因廉得民间赃状万计，示之，乃伏辜。终番禺令。

张宏毅，字通父，居郡郛。咸淳进士，授瑞金尉。陈杰持江右宪节，发丰城，委摘吏奸。宏毅悉，逮至鞫，具服，雁骛群遂空。

徐经孙，字仲立，号矩山，觉溪人，濬之子。宝庆进士，授浏阳主簿。潭守俾部牙挈钱至州，有告者曰："朝廷方下令，须行十七界会。若此等钱皆得用会，愿小须之，则获有大利。"经孙曰："此钱取诸保司，出诸公库。吾纳会而私取其钱，外欺民，内欺心，奚可哉？"即以所部钱上之，升监察御史。劾京尹厉文翁"言伪而辨疏"，留中。即日出关，上遣使追之不及。召为秘书监、太子谕德，迁给舍。论"谢堂不宜以后族次对西清，董宋臣不宜以近幸与兵柄"，升太子詹事。敷陈经义，随事启迪。景定三年春，雷诏求直言。经孙对曰："三数年来，论者以靖共为主，有怀者以哗讦为戒，忠谠之气郁不得行。上帝降监，假雷以鸣。"切中时弊。时，贾似道议买公田，以省籴运。经孙极论非便，忤似道。除翰林学士，知制诰。未逾月，讽御史舒有开奏免授端明殿大学士。闲居十年，卒。赠金紫光禄大夫，爵"丰城伯"，谥"文惠"。经孙既贵，不治产业；身殁，家萧然。时，著作郎陈著，亦乞罢买公田，坐补外；经孙所荐陈茂濂为公田官，在嘉兴闻经孙去国，曰："我不可以负徐公。"遂以亲老谢归，终身不起。时人称为"三立"。

范严，字子严，楂村人。淳祐进士，方试礼部，伏阙上书，言："上下之交，以术相笼，不以心相体；以气相承，不以理相从。"条陈十事曰："严资善之训教，绝党恶之议论；选宰执以尽君子之用，重台谏以固君子之交。责监司以清利弊，择重臣以壮边阃；广耕屯以招流散，收碎会以便交易；谨举措以重宗庙，续恩意以笃天伦。"既第，复上书曰："当今之时，可为治世惜者五：公论脉绝、正人引去、轻厌学校、庇护嵩之、创龙翔观；可为明主危者六：敌国窥江、寇循海道、楮币折阅、浙右盗贼、军骄而纪律不严、拒言而人不敢谏。"末言周室汉唐、六朝享国、世运短长，亹亹万言，愤激忠爱。仕止临川主簿。

王义端，字元刚，槎熝人。与兄义山联名乡荐，仕至绥宁令。德祐丙子，避地章贡。一日诣宪使陈杰，适吉水械劫盗七十余人至，命干官王垌议置于法。义端问曰："非二赵事乎？"杰曰："然。"曰："是兄弟之郤，非寇也。某昔尝事此邑，有赵簿与铱，以事羁管邵阳。或谓其弟与鏅挤之。赦还兵兴，鏅尽室之赣。铱谋报复，率群仆焚其庐。是兄弟修怨，罪不专在。从也，可尽杀乎？"复说垌曰："君毋以人命奉长官，嗜杀立威。晋公保彦卿不反，卒应三槐之谶，其可忽诸？”无何，有罗拜于前者，欢曰：“公活我辈！”感泣而去。

义山，字元高，号稼山，通《易》学，工词赋。宋景定进士，知新喻县。历永州户曹，至江西帅司议参官，分司赣州。入元，奉行省檄，提举江西学事。寓居东湖，环所居，皆种白莲，名其堂曰“君子”。初宰新喻，有诉僧绍南还俗者，义山判云：绍南弃异端，从吾道，人其人，不亦可乎？东安县民曾杀人，贿用家僮承大辟。义山讯得实，僮免死。湘潭县豪民并李田不遂，献之，学县受之。李诉于台县，以告先圣“文来上”，义山曰：“春秋，齐人来归汶阳之田，释者谓书‘来归’者，心悦而归之也。’李非心服，先圣其肯受乎？”以还李氏。湘俗信巫，岁用人于淫祠，事觉，罪祭者，不及巫。义山谓“巫实杀人”，按法坐之，其风遂殄。

熊大经，字仲常，箬冈人。宝祐乡荐，主建阳簿。时，后村刘克庄为宰，大经推诚赞理。刘尝移书曰：“某试邑非才，惟主簿忠告善道，显助阴扶，置此身无过之地。”转龙泉令、广西宪司干，寻致仕。

李龙庚，字彝甫，大陂人。绍定乡贡补太学生。淳祐末，谢方叔当国。龙庚上疏，言“方叔耄昏，子侄纵欲，败度交通，贿赂掩抑”，公论条上“五欺十卖”之罪。京尹承风，罗织兴狱，少司成蔡抗率属争之，乃获免。未几，方叔罢。两与江广漕荐，以桂阳军判官终。子毅通，字幼刚。景定进士，授蕲黄县尉，终抚州推官。为文有家法。任江州司法参军时，奉母之官，载米以养。后摄瑞昌宰。

徐思立，字志夫，觉陂人。景定进士，授南雄教授，改临江。时，丁大全当国，谏官与诸生叩阍攻之。有旨戒谕，立石学宫。思立为书，抵祭酒，反覆万言，请转闻以申公论。用是十年不得志。德祐初改奉议郎，除武学博士。寻罢归，有《山房杂著》若干卷。

范寿，字子洪，楂村人。奉新教谕。寺僧豪，夺学田，持讼数载。适宣政院专官根勘寺产，逮寿诘，寿无逊软语，徐出载籍指陈。使者怒，执其籍，寿曰：“此当与吾同生死，若执之，必叩阍求直。”遽命还之，田得不夺。

范宜损，字处约，号意诚，畲坑人。慷慨有大略，为文清新雅健。以书谒淮阃，奇其才，补进义校尉。寻摄安远令，罢弊例五十余条，补解逋赋八千余缗，立学舍三百六十楹。登咸淳进士，授蕲州法曹，转湖广总领所干官，分司岳州。时江上宿重兵百万，宜损供给不匮。官止刑部架阁文字。

王定孙，字静翁。咸淳乡贡，官赣州司征、贵溪县尹、福建铁冶提举、邵武录事、龙溪尹。初仕贵溪，平反邵武何姓杀债主而诬其妻之狱。在龙溪，盗掠晋江许德祥家。盗逸，逮百余人，死者十二三。会民有商去，不及偕往者。归，母媪以诉。诘之，并得掠许氏盗，枉者以释。孙万镒为宪司书史，捕盗有威名。或作《剑水澄清颂》，刻石郡庠。后颇以刻深损誉。一日，会明伦堂，孙偶语侵定孙。定孙面数所为事，戾于理者数十，引椎碎碑出。宦游四历，剧任皆具资装以行，秋毫无取。

李嗣俊，字士愚，苦竹里人。举胄监都城。旱，应诏上书：乞立济王后，收召言路逐臣，罢龙翔宫土木；荆湘帅陈韡纵军毒民，请逐之。以直言闻于时。弟嗣良，字士恺，嘉定乡荐。

元

熊介，字元静，圭湖人。宋咸淳进士，授理定簿尉，摄崇仁县事，历官富州教授。所至有操守。尝自为赞曰："子方之介也隘，守道之介也怪。不隘不怪，是为熊介。"

鄢至善，字止善，故里人。延祐初，程钜夫以经明行修，荐授中书照磨，累迁至刑部侍郎。时丞相铁木迭儿恃权纵子，奸利官贮军粮，私取贵鬻，朝野侧目，莫敢发大辟罪。显受赂钱，胁刑曹易词以贷。至善来部，力持不可，且上章条其罪状。丞相衔之，欲致之死，无间。会从帝幸上都，佯托曹务，邀共饮食，密置鸩，至善中毒卒。帝不问，命葬翠屏山之阳。

龚国祥，字天瑞，敏而介。官宁都时，帑有羡缗逾二千七百有奇，悉输饬器备。豪民狱急，暮馈金，峻拒，绳以法。吴文正称其有士行，深以用未称才惜之。终天临路茶提举都目。(采《草庐集》增)

徐智，字明初，曲江人。十五岁，经书诸子无不通。行省尹陈元凯，以明经荐富州直学，三为岭南簿，转吉安路同知致仕，有廉声。

子得中，字养心。元末，以故官子任隆兴路东门巡检，以学行称。

甘朝举，邑郛人。以荐为嘉定知州，参广西帅幕，蛮獠服其廉介。

于有信，字盛卿，竹国五世孙。由江西行省掾授承务郎、临江路经历、都昌县令。时，邑大旱，多饥殍。奏发粟以赈民，无流徙。升奉议大夫、集庆等处都财赋提举、转隆兴路治中致仕，终于家。二子皆荫授：长汝贤，武宁令；次汝能，赣州会昌州判。

卷之十二　人物志二

仕绩二

目录

明

刘秩、孙予初、徐铎、黄德润、黄宗载、丁维南子侃、孙錬、錬孙棈附、吴叔润、熊檕父直、孙曰良、刘显、雷诚、胡轸、孙泾、徐孔奇、熊观、夏希纯、聂用乂、弟好谦、熊昱、李元凯、范衷、子镛、锳、徐正、杨时习、孙昌、甘瑛、范再昌、孙兆祥、丁俊、弟倬、从子璐、范谟、聂如斌、孙俨、刘华甫、涂谦、弟观、观子昇，昇子楗、黄节、杨崇、毛琼、李瓛侄金、金侄彦、曾孙逢、遂、元孙橡、栻、游明、李裕、子檕、侄汉、元孙贵、毛伦、族子松龄、李述、熊怀、黄琥、子思、曾孙国华、族孙国用、涂棐、黄谅、傅实

明

刘秩，字伯序，邑郛水口人。吴元年，授典签，寻除检阅，出为徐州同知。洪武元年，召议即位礼。事竣，升崇明知州。民素苦酒赋繁重，及涂田未成而赋有额，至即奏除之。夏无麦，复请估钞帛以输，民得不饥。岁征户口、食盐，尤民所苦累，奏减估米三万石有奇，民大悦，为立生祠。秩在州，朝听事，暮必焚香告天，未几，以诬坐下狱，子孙孙诣阙，诉冤得白，遂弃官归。工诗，著《听雪篷诗集》。孙孙，自有传。

孙予，初名吾与，以字行，同造人。少博极群书，初仕元，为翰林待制。中山王入燕，选送京。上命新殿，编写《大学衍义问》，所引《鹿鸣》诗义称旨，授太常博士。奉命作《陵号议》，乞归，赐小车，优给米。复选充殿试考官，授靖宁侯叶昇章句，为著《直说孝经》。昇征四川、云南，予初参其军，归卒。著有《韵会定正》，昇以闻，锓板应天，颁学宫。

徐铎，字孔声，洪武初，荐与帐前参谋，授郊社署令。历升山东布政。入为户部尚书，坐事免。铎学术正大，莅事公平。祀山东名宦（参《山东志》及《明史・七卿表》更正）。

黄德润，字瑞玉，同坑人，洪武进士，阳武县丞，升吴堡知县，有仁廉名。

黄宗载，原名垕，以字行，株树桥人。洪武进士，授行人，奉使四方，未尝受馈遗，累迁司正。永乐初，为湖广按察司佥事。巨奸宿猾多谪戍铜鼓、五开间，阴持官吏短长。宗载榜数其罪，曰："不改，必置之法。"众莫敢犯。武陵多戎籍，民家虑与为婚姻，徭赋将累己。男女至年四十，尚不婚。宗载以理谕之，皆解悟，一时婚者三百余家。邻邑效

之，俗遂变。征诣文渊阁，修《永乐大典》，书成，受赐还任。董造海运巨舰数十艘，事办而民不扰。车驾北征，征兵湖广，使者贪暴失期。宗载坐不举劾，谪杨青驿驿丞。寻起御史，出按交趾。时交趾新定，州县皆不善抚字。宗载因言有司，率不称职，若俟九年黜陟，恐益废弛，请任二年以上者，巡按御史及两司核实以闻。帝是之，及归，行李萧然，不携交趾一物。尚书黄福语人曰："吾居此久，所接御史多矣，惟宗载知大体。"丁祖母忧，起复，改詹事府丞。洪熙元年，擢行在吏部侍郎。少师蹇义领部事，宗载一辅以正。宣德元年，奉命清军浙江。三年，督采木湖湘。英宗初，以侍郎罗汝敬妄引诏书复职，事关及吏部，为御史所劾，宗载及尚书郭琎俱下狱，未几得释，迁南京吏部尚书，居九年，乞休。章四上，乃许。卒于家，年七十九。宗载持廉守正，不矫不随，学问文章，俱负时望。公卿大夫齿德之盛，推宗载云。

丁维南，字良正，沙湖人。宪使房安雅以学识举荐，授监牧署丞。兵部尚书刘儁疏荐，升大仆寺丞。时太宗置北太仆寺，官难其人。适维南以秩满至，遂留北寺丞。剔奸厘弊，疏谏得失，上嘉纳之。创"印马法"立蕃息政，寺勒碑志其绩。四疏乞休归。子侃、孙鍊。

侃，字秉和，洪武中，随父宦京邸，九岁，父维南负至御前，庄诵《大明律诰》无遗，赐银币、宝钞。弱冠，领永乐乡荐，上南省，中乙榜，授清流训导，升吴江教谕。居官清慎，造士得人。升福建建宁教授，三典文衡，乞休归。明教职以名著者十一人，侃其一。

鍊，字质纯，成化甲午乡荐，文学重于时，主教白鹿书院。戊戌，中会魁，主司梓其文以献。知淳安，莅政清苦，约己裕民。轻徭役、裁冗费，有古循良风。考最，擢礼部祠祭主事。会修《宪宗实录》，择廉干官督集始末，宗伯邱濬推鍊文学公正，与纂修。寻补工部营缮员外郎，年老乞休，进阶光禄少卿，致仕，卒。太宗伯杨廉铭其墓。鍊孙檣，字时健，敦孝友，深究性理百家书，不妄干进，著有《养心录》等书。

吴叔润，字子愉，旸源人，永乐进士，授监察御史。寻升浙江佥事兼监处州银炉。稽核有法，积羡三千金。适衢、严二郡岁荒，用以赈济。复除广西，秩满，引疾归。

熊槩，字元节，号芝山，杭桥人。父直，字敬方，其父达夫，仕元为福建路录事，卒官。贫不能归。直始一岁，随母适古田令、吉水胡时中，遂冒其姓，为吉水学生，锐意六经，尤肆力关洛之学，时称"敬方先生"。所著有《春秋提纲》《西涧集》《金陵稿》。永乐中，应天乡举第三，未仕卒。初，槩亦冒姓胡，永乐九年，登进士，授御史，擢广西按察使。峒溪蛮大出掠，布政使请靖江王兵遏之，槩不可，曰："吾等居方面，寇至，无捍御，顾烦王耶？且寇必不至，戒严而已。"已而果然。久之，调广东。洪熙元年，以原官与布政使周幹、参政叶春巡视南畿、浙江。时左通政岳福代赵居任，治水江南，兼督农务，庸懦不事事。槩还言有司多不得人，土豪肆恶，而福不任职。宣宗召福还，擢槩大理卿，与春同往巡抚。南畿、浙江设巡抚，自此始。浙西豪持郡邑短长，为不法；海盐民平康暴横甚，御史捕之，遁去。会赦还，益聚党八百余人，槩捕诛之，捕豪恶数十辈，械至京，论如法，于是奸宄帖息。诸卫所粮运不继，军乏食，槩以便宜发诸府赎罪米四万二千余石赡军，闻于朝，帝悦，谕户部勿以专擅罪槩。槩用法严，奸民惮之，腾谤书于朝。宣德二年，行在都御史劾槩与春所至作威福、纵兵扰民。帝弗问，阴使御史廉之，无所得，由是益任槩。明年七月，赐玺书奖励，槩亦自信，诸当兴革者，皆列以闻。时屡遣部官至江南造纸、市铜铁，槩言水涝民饥，乞罢之。五年还朝，始复姓。旋迁右都御史，治南院事、行在都御史，赠父如其官。顾佐疾，驿召槩代领其职，兼署刑部。九年十月录囚，自朝至日晏，未暇食，忽风眩卒。赐祭给舟，归其丧。所著有《芝山集》《公余草》若干卷。

旧按云：槩，《丰乘》失其名，旧志始载为直之子，以吉水籍胡姓中，后复姓熊。《府志》云：槩父熊直，丰城进士，选庶吉士，卒。时槩幼，随母适吉水胡氏，《明史》亦谓槩幼孤，随母转适吉水胡氏，冒其姓。窃尝疑之。永乐二年，曾棨榜进士熊直，邑郛人，选庶吉士，永乐九年，萧时中榜进士熊概，直之子，官至都御史。使果两世进士仅隔六年，断无幼孤随母转适之理，其为谬妄，昭然可见。今据《熊氏家谱》及槩《复姓表》，乃知槩父直非邑郛选庶吉士之熊直；又槩成进士后。父直方举于乡，并非孤幼。槩母郭氏，乃吉水城西学录郭子冲女，为直元配，并无改适事。其幼孤随母改适、冒姓胡者，乃槩之父直，非槩也。雍正十年，谢中丞《通志》悉为辨正，《明史》谓槩幼孤者谬，《府志》谓为庶吉士熊直之子者尤谬。

孙曰良，字良斋，邑郛北门人，永乐进士，授监察御史，奏黜贪黩官吏。交趾内附，用荐出知交州，改重庆。政尚宽简，时都御史贾谅奉敕芟除豪强，有司阿顺，罗织狱结不解，力争，活数百人。正统间，以杨士奇荐，擢广西右布政。时广多盗，偕安远侯柳溥剿贼，捷闻，赐彩帛、宝钞。旋丁内艰，起为右副都御史，镇临清军。未几，谢政，力荐廷臣韩雍、李匡辈十人自代。曰良豁达有雅量，家居出入，未尝乘马。人猝直之，不觉其曾为公卿显官者。

刘显，青州人，任舒城知县，兴学校、课农桑、修水利。去任，舒人思慕，为立祠，时论称为良吏之最。

雷诚，原名鉴，字诚智，镡舍人。永乐进士，授行人，奉使称职。九载秩满，知延平府。巡行属县，询民疾苦，豪猾敛迹，民德之。

胡轸，字敬同，厚郭人，永乐进士。历兵部主事。宣宗嗣位，召对《安民策》第一，授中书舍人。礼部郎中史安荐，升四川重庆知府。狱有无辜者三人，迫于锻炼，服上刑。轸辨释之，以劾幕官贪墨，被诬，左迁两浙盐运司同知。暇辄与诸生讲论经史，捐俸给膏火。学士杨士奇荐，升浙江督学副使，改山西。整饬偏头关军务，恩威相济，边鄙以宁。归家卒。孙泾。

泾，字源洁，天顺进士，拜监察御史。按南京，执法持正。捕宣城大猾汪深，置之法。有道会匿良家妇夹室壁间，已逾年，母家诬其夫殴死，沉诸江，妄指他尸实之。已服罪，泾廉得出之，列郡骇为神。复按云南，疏三四上，减银冶亡躯破产者，岁课银十有二万。升云南按察副使，改陕西副使，守备汉中，以疾乞归，疏未下，卒。

徐孔奇，永乐进士，授刑部主事，改行在刑部，升严州知府。蔬食布衣，无异寒素。惟以兴除为急，属官中有不能者教之，不善者谕之，使改，未尝辄加以罪，吏民倾戴若赤子之于慈母。入觐，卒于邸。

熊观，字用学，马湖人，由贡入监。永乐初，教习六馆，授刑科给事中。升屯田司郎中，值营建北京，以劳擢常州知府。江阴有田塌于江，赋犹在民，奏蠲之。转凤阳知府，岁饥，亲劝出粟赈济。正统间，荐升山西参政，善抚循，逋者复业，所至郡邑旌廉能、惩贪墨，风采凛然。《明史》登之《循吏》。修《马湖志》，考正详核，时有以世谱私刻求载者，力谢却，人服其公。

夏希纯，名宁，以字行，邑郛人。永乐进士，授南京刑部主事。慎于鞫狱，升本部郎中。荐升陕西右参政，振纪纲、恤民隐，调度边储，断复民田，悉井然有条理。累疏致仕归，以孝行称。母丧，庐墓黄金城。

聂用乂，名康民，以字行，筱塘人，永乐进士。宣德时，授南京广西道御史，巡按南畿诸郡。所至纠官僚、劝学校，得宪臣体。秩满，出任邵武同知。正统丁卯，典四川文衡，称得人。从弟好谦。

好谦，名逊，以字行。永乐进士，授工部主事，升郎中，出知广州府。抑豪强、除奸弊，贵势需索病民者，即挺身陈利害拒之，郡称“仁怀太守”。新会寇聚，官军往捕，多被杀，好谦单车往抚，贼闻，曰“此吾仁怀太守也”，俱投戈降。无何，贼首黄肖养建伪号、署伪官，声势大振，攻围广城，军民皆缺食，饿殍盈路。镇守藩臬不敢发官廪，好谦曰：“擅发仓廪，其罪小；民饥生变，祸不可测。”力发之，全活甚众。贼围久，外援且不至，时都御史杨信登城谕贼，贼曰：“必得吾仁怀太守出城面谕，我等即散去。”好谦奋欲往，众力止之。既而以忧愤致疾，军民祈祷，竟不起，一城恸哭，如丧父母。贼平，即仰高祠祀之。

熊昱，字尔耆，善坑人。永乐进士，任监察御史，升湖广按察佥事。清介有声，致仕，起为参政，不赴。

李元凯，名杰，以字行，筱塘人。由进士知婺源，邑故繁剧，下车，与民休息。利病当因革者，调停不避劳怨。千户所官某暴滋害，奏除之。会采木，内臣贪虐，凌有司，元凯引义不屈，遂去官。归从吴康斋谈道，终身穷约不懈，婺人祀之名宦。

范衷，字恭肃，楂村人。永乐进士，除昌化知县，改寿昌。辟荒田二千六百亩，兴水利三百四十有六区，报最，当迁，民乞留再任，升知汝州。兴利除害，不遗余力。冢宰王直察举天下廉吏数人，衷为第一。性至孝，庐父墓，瓜生连理，有白兔三，驯绕墓侧，人谓孝感所致。二子，镛、镆，皆登进士。

镛，字彦昇，景泰进士，除刑部主事，进郎中。擢广西按察副使，为刑部十七年，门无私谒。居心最仁恕，指挥邓授坐失机，当死，怜其无后，请于大司寇，容其妻入侍，果得子。在广西十二年，威惠为蛮獠信服。初，都御史韩雍在镇，见镛，即以浔梧、郁林贼为言，镛毅然请行。挟数人抵贼巢，召贼长，谕以祸福，俾更相告谕，贼感激，相率归服。有流贼猝至，亲督官军捕杀之，军声大振。又以轻舟入大藤峡，降其众。未几，浔州、郁林贼复作，都御史朱英檄镛再赴，浔贼闻镛至，惊且喜，叩头请罪。又诣郁林，贼降，与浔同，由是边境稍宁。为按察使，贼复作，朱奏请令师征剿，檄镛督师先赴灵山，战大捷。复往郁林，镛先驱诣，贼众千余人请降，都宪、总戎继至，恶其反覆，悉缚之。

镛流涕请命，不许，竟斩之。镛念所杀者，以我至则服，服乃见戮，不几于我杀之耶？悒悒不乐。一日，书于案上曰："吾尽吾职分，所当为，不敢萌一毫富贵念。"疾作，不起。

徐正，字必端，邑郭人。永乐进士，任刑部主事，转员外郎侍郎。魏骥荐知怀庆府，下车，劳心抚字，罢烦苛之政。奉命总理郑府修造，文不逾制，费不劳众，奏最，升广东参政。猺獞不顺，督励将士剿平之，上赐楮帛嘉奖。天顺中，致仕。

杨时习，长安人。永乐中，由吏员擢大理左评事，奏对称旨，上亲擢本寺卿。因忤时，求外补，除交趾按察使。先是，黎季犁来归，赐官京师。羁縻之后，求归祭扫。时习知季犁为交人所服，恐归致变，连疏阻之，不允，及归，果叛。时同官者连名署降状，时习独不屈，怀印归朝，白其事，朝廷已籍其家矣。后中书检得时习前奏请兵十余疏，直之，复其官。

孙昌，字曰蕃，义井巷人。宣德丙午解元，署光山教谕，檄修《实录》。典广西文衡，以刑部尚书杨宁荐，升河东运司教授。建立学校，造士为多，人称"孙夫子"。典四川、应天文衡，有藻鉴。升南京国子监助教。

甘瑛，字宗华，邑郭人。宣德进士，授礼部主事，升知漳州府。下车，兴学校、释冤狱，政教一新。时征求横溢，有司暴取无厌。又巡捕、守备官兵，肆为民害，瑛悉奏革。海门山居民涉海为盗，阴令探其踪迹，捕绝之。再补庐州，丁外艰。会邵武寇乱，夺情起，知邵武，悉心抚摩，出入山泽，冒瘴雾致疾，乃乞归。与邑中致仕孙都宪曰良等十四人，联"续耆英会"，赋诗饮酒，各绘像为图。成化改元，进阶亚中大夫，年逾八十卒，祀乡贤及漳、邵二府名宦。

范再昌，上郊人。任光禄寺录事，礼部郎中。宣德初，史安应求贤任守令，诏荐再昌，召对《安民策》称旨，升宜兴知县，改龙阳。所至著廉能誉，卒于官。孙兆祥。

兆祥，字廷和，七岁作《登尧山诗》，以奇童称，登宏弘治进士，选庶吉士，授检讨。应诏陈言大略，谓君后分主阴阳，且引纪伯姬、叔姬事以讽。又谓团营官军无益，宜罢归三大营。通州仓粮，宜并运入京仓。上谓事涉宫闱，非所宜言，下锦衣卫狱，赎杖还职，出为泾府长史。上疏论"计安民社"三事，时议招南土民兵备边，兆祥力言，不教之民，不宜驱之远征，遂寝。在泾府，抗论捐冗赋、罢暴征，王每嘉纳之。以不附中人，复下锦衣卫狱，谪戍永州，寻放归里。

丁俊，字秉存，沙湖人。宣德进士，任监察御史，巡抚福建。以清约风庶僚，食惟豆腐，人谓之"豆腐御史"。大中丞陈智，每举以励群属。终以忤权贵，谪河南推官，卒。同僚检其箧，故衣数袭而已。弟倬，侄璐。

倬，字秉章，宣德中，任当涂知县，有廉正名。秩满去任，祖饯者赠句云："一廉不着犀珠谤，万变难磨铁石心。"

璐，字元美，天顺进士，授工部主事。有权阉至，同官咸屈膝。璐不为礼，阉怒，欲折辱之。璐向阙大呼，同官挽之出。诘旦，自司空以下，皆诣谢。璐卒不往，阉戢不敢犯。尝清匠淮扬，甚严明，风采凛凛。成化间，升叙州知府。松潘有警，巡抚檄通判王衡，调镖手峒人于戎珙之间，峒人围衡，欲加害。璐单骑驰往，众见之，皆投戈举手加额，曰："我公来，吾辈当尽室行。"即日随调者三千人。百户王甲等占庆符县民田数百亩，十余年不输粮，且聚亡命负固，璐以计擒治，籍田归民。邻郡张乙匿其兄遗赀，兄子径诣投牒，璐秘之，令狱中盗诬服所劫某财物，尽在乙所，乙椎心誓曰："是吾兄为官时所得物，何为诬我？"璐乃出牒示，俾以三分之二归兄子，谕之和好如初。九载，升广东左参政，便道过家，卒。

范谟，字朝宪，孝悌坊人。宣德应天乡举，授嘉鱼训导。仿安定教法，督士衡文，具藻鉴。监司荐文学最，擢国子学录。景泰五年，上临雍说书，称旨，赐银币、绯衣一袭，致仕，卒。

都宪孙曰良铭其墓。子俨，有隐德。

聂如斌，宣德末，任嘉善典史，才能超卓，按察使轩輗辈交贤之。事难办者，属如斌，皆举。尝职水利，令民多筑堤防，为水旱备。潜乘小舟，察其勤惰，劝惩之。北乡洿下，田不偿种。如斌督民高其圩塍，遂为膏壤。岁大水，监司使者行县检灾，如斌从。使者欲讳灾，如斌乃自投田间，水深没顶，使者大愧，民得免税，后邑人岁时祭之。

孙俨，字振望，孙家渡人。励志圣学，笃践履。登正统进士，任南京刑部主事，升福建按察佥事。俗尚淫祠，晓以民神不可杂糅之理，诸淫祠与释老所私创，虽工费千百计，悉毁之，权贵不能阻。改知临海县，民不敢招致异端。家居二十年，足不履官府。

刘华甫，字伟光，艾冈人。正统进士，授南京吏科给事中。抗章纠弹权贵，反被诬下狱，理司核实得白，出知苏州府。苏池园利千缗，丝样、炉底银，岁亦以千计，旧例皆归守臣。华甫至，悉革之。奏免昆山濒海田坍塌者粮三万余石。稼将登，蝗飞蔽天，吁祷风，悉卷蝗入太〔大〕湖，岁有秋。寻复除曲靖军民府，政治明肃，峒贼帖然。夸酋例以羊牛、金帛为馈，悉付有司，为修学赀。罗雄州逋征五载，不两月告完，疏请归休。

涂谦，字恒让，化鹏巷人。正统进士，授监察御史。疏言大臣荐举方面知府，非便，请如旧制，听吏部铨授，上从之。英宗北狩，议建储及备御，所当务者数事。己巳之变，侍讲徐珵请迁都金陵，谦上疏，力陈不可。景帝摄国，赐白金、御制书，旌其忠。升山东副使，奉敕理冤狱，从宽原者千余人。青州饥，以廷臣所委白金粜米，不足，率属劝谕富室出粟，民赖以济。东昌诸郡大饥，分就食者，居神庙与老释之庐饲之，病给药饵，死瘗以隙地。单车往来临清、济宁间，招徕赈恤，以劳疾卒。弟观。

观，字恒夫，天顺进士，授南吏部主事、考功郎中。考察允协公论，侍郎张纶别疏请黜十余人，宪宗命廷臣覆核，卒从观疏。升知衢州，复知宁国。政尚宽平，民有"天降涂来解倒悬"之谣。建祠祀靖难死事陈迪，时论嘉之。致政二十余年，以子贵，进阶亚中大夫。长昇，副使；次旦，左布政；景，知县，以才能称。

昇，字卿仪，成化进士，授盐城知县。复补蒲台。擢云南道御史，巡按直隶。彗星见天津，屡上修弭疏。河决张秋，督治工部侍郎陈政遽卒，廷臣佥推刘大夏，帝赐敕往。昇方按河南，上《治河四策》，首举疏浚故道之要，继以扼塞补筑之方，荐佥事张鼐，以广人材，而请久任大夏，裁决诸务，以收其成效。帝用其言，筑塞工果成，升广东海道副使。广故多奸宄，昇严制以法。有通番巨商，号"八仙"者，中官羽翼也。悉擒械奏，遣戍边。中官贿请，不得行。李招铁诈称进贡，廉得其实，置诸法。饶平贼据凤凰山，炽甚，以计散其胁从，而直捣巢，擒魁盗苏孟凯，海道清肃。会奉命采珠，刘瑾私请，不遂，欲陷之，昇遂致仕归。正德改元，进阶大中大夫。三年，瑾终，以巡按河南。时事矫诏，罚米千石，输云中，倾产不足。昇卓有才具，刚介重于时，所至祀名宦。子楗。（采《明史·河渠志》增订）

楗，字良翰，少以父厄于逆瑾，勤苦力学，登嘉靖进士，授工部主事，历员外。榷荆南，往者率以利墨，楗秋毫不染，振弊剔奸，商人德之。迁都水郎中，督理河道，以才著，擢广东按察副使，会讨交趾，握兵海道以应。事平，拜钦赏，嗣为按臣构归。楗刚介不谐于俗，穷约终其身。

黄节，字顺中，城南人。少从临川吴与弼学，登正统进士，除兵部主事。敕往巡古北、白羊二口，时冬月，寇薄城，节令军士以水灌城，冰坚滑，寇不得上，潜去。节率兵乘之，遂远遁。乙亥，湖湘苗寇乱，南和伯方瑛、兵部尚书石璞与平蛮将军李震等率师征，节参军事。从顺安、酉阳等峒袭杀贼数千，尽刈苗稻，以困贼。复乘胜大破绞罗、牛栏等峒七十八寨，获贼首，械送京师。搜还被虏二百余人。蓬峒等寨仍负固，节言于震，遣使招之，贼争持牛酒，赴营纳款，愿供租赋。班师，升员外郎，再升太仆寺少卿，卒官，赐祭一坛。

杨崇，字尚贤，贤能坊人。天顺乡荐，铨试第一，授桂林府同知。清戎至阳朔，顾县治瞰江，垣堞卑甚，使人捧江中石大者高其垣，小者积垣下，石取，江益深，未几，蛮寇至，莫能渡。间有筏薄垣者，以所积石击之，扶伤去。师征大藤峡，都御史韩雍委造战船百艘，应期办。升知柳州府，改知永州。时征苗，派运粮饷，以永侪长、衡大府数，崇力陈得减。境内山田多旱，亲视渠堰，筑祁阳城。善规画，民不告劳。先是，徭役不均，行三等九则法，人称平允，上官推其法于各郡。永俗，男女多以贫，故婚失时。榜令从宜嫁娶，不得论贿。贫甚者，官给布帛。不越月，婚配者九千有奇。崇早受学胡九韶，得朱程之传。晚以子廉贵，赠礼部尚书。廉，有传。

毛琼，字渐明，着棋巷人。由乡荐，授凤翔同知。宝鸡县有渠久湮，复疏之，人称为“毛公渠”。改长沙，尝上封事，言正婚姻以崇风化，广储蓄以备不虞，兴学校以广贤才，利舟楫以疏河道，公考察以警官员，修水利以备旱灾，亲辩讼以息争竞，严统束以弭盗贼，体民隐以办军役，旌隐逸以振士风，十事皆切时务。时攸县多虎，为文告城隍，不二日，捕获其六七，余虎遁去。秩满，巡按以廉明文学，奏留。升四品俸视事，未几卒，惟旧装而已。

李瓛，字世望，湖茫人。景泰进士，授监察御史，巡按南畿。升贵州佥事，寻转四川。劾湛总兵谋叛，得实，籍其家。擢松潘兵备副使，时徐、谢二指挥有边功，为当道所抑，瓛奏录之。二人阳献果，投金五百为谢，怒拒之，曰：“荐贤为国，岂望报耶？”总兵尧彧被番围于叠溪，瓛往援，抵镇平，密令通事夜越山至叠，与彧谋，遂出番不意，夹攻之，斩获甚众，围得解。瓛久于蜀，蜀人习其威惠，祀名宦。

金，字宣之，瓛之侄。正德进士，授砀山知县。时流贼猖獗，筑重城防守。后河溢，借为保障，民德之。累升兵部郎中。武宗南巡，与同官伏阙谏，廷杖下狱，濒死。嘉靖初，任台州知府，力惩奸慝，弛盐禁，蠲逋赋。岁饥，易谷邻郡为赈，复捐俸作糜饲之。引疾归，民攀留不释，祀砀山名宦。督学徐少湖采舆论，祀于郡庠。

彦，字邦直，金之侄。正德进士，知歙县。革靡侈，均徭役，振兴学校。有诸生柳某鬻儿事母，捐俸周之，唐皋为作《寒士欢颂》。寻擢大仆丞，升少卿，马政修举，赐金币。后以忤当路，出知平乐府。平乐邻猺獞，岁苦用兵，设方略戢之。郡俗乔野，彦至，民始知学。抚按采异政十二事上闻，擢闽都运使。通商惠民，所至有生祠、去思碑。

逢，字邦吉，瓛曾孙。嘉靖进士，授绍兴推官，擢兵科给事中。大同叛卒据城逆命，言者以用兵激变，归罪总督刘源清，下狱。逢上疏申救，源清乃得免。复疏减光禄縻费四十余万缗，进户科左给事中。偕同官谏南巡，逮系，谪永福典史。起瑞安知县，历德安知府。为政以正纲纪、重教化为先，黩吏黠民持法不少假，禔躬清肃，境内凛然，祀名宦。

遂，字邦良，逢之弟，弱冠从欧阳德学，登嘉靖五年进士，授行人。历刑部郎中，锦衣卫送盗十三人，遂惟抵一人罪，余皆辨释。东宫建，赦天下，遂请尚书聂贤、都御史王廷相，列大礼大狱诸臣赦令中事上，不允。俄调礼部，忤尚书夏言，下诏狱，谪湖州同知。三迁衢州知府。擢苏松兵备副使，屡迁广东按察使，释囚八百余人。进山东右布政使，江洋多盗，遂迁右佥都御史，提督操江，军政严明，盗不敢发。俺答犯京师，召遂督苏州军饷，未谢恩，请关防、符验用新衔，帝怒，削其籍。三十六年，倭扰江北，命遂以故官抚凤阳四府。时淮扬三被倭患，岁复大水，且日役民挽大木输京师，遂请饷增兵，恤民节用，次第画战守计。三十八年，倭数百艘寇海门，遂语诸将曰："贼趋如皋，其众必合，合则侵犯之路有三：由泰州逼天长、凤、泗，陵寝惊矣；由黄桥逼瓜、仪，以摇南都，运道梗矣；若从富安沿海东至庙湾，则绝地也。"乃命副使刘景韶、游击邱陞扼如皋，而身驰泰州，当其冲。时贼势甚盛，副将邓城御之败绩，指挥张谷死焉。贼知如皋有备，将犯泰州。遂急檄景韶、陞遏贼，连战丁堰、海安、通州皆捷，贼沿海东掠，遂喜曰："贼无能为矣。"令景韶、陞尾之，而致贼于庙湾。复虑贼突淮安，乃夜半驰入城，贼寻至，遂督参将曹克新等御之姚家荡，通政唐顺之、副总兵刘显来援，贼大败走，以余众保庙湾。景韶亦败贼印庄，追奔至新河口，焚斩甚众。庙湾贼据险不出，攻之月余，不克。遂令景韶塞堑，夷木压垒陈，火焚其舟，贼乘夜雨潜遁。官军据其巢，追奔至虾子港，江北倭悉平。帝大喜，玺书奖励。贼驻崇明、三沙者将犯扬州，景韶战连胜，围之刘庄。会刘显来援，遂檄诸军尽属显，攻破其巢，追奔白驹场，贼尽殄。时遂已迁南京兵部侍郎，论功，予一子官，赉银币。御史陈志勘上遂平倭功，前后二十余战，斩获三千八百有奇，再予一子世千户，增俸二级。莅南京甫数月，振武营军变。振武营者，尚书张鏊募健儿以御倭，素骄悍。旧制，南军有妻者，月粮米一石，无者，减其四。春秋二仲月，米石折银五钱。马坤掌南户部，奏减折色之一。督储侍郎黄懋官，又奏革募补者妻粮，诸军大怨。代坤者，蔡克廉，方病，诸军以岁饥，求复折色故额于懋官，懋官不可。给饷又逾期，三十九年二月都肄日，振武卒鼓噪懋官署。懋官急召鏊及守备太监何绶、魏国公徐鹏举、临淮侯李庭竹，比及遂至，诸军已甲而入。予之银，争攫之。懋官见势汹汹，越垣投吏舍。乱卒随及，鹏举、鏊慰解，不听，竟戕懋官，裸其尸于市。绶、鹏举遣吏，持黄纸，许给赏万金，卒辄碎之。至许犒十万金，乃稍定。明日，诸大臣集守备厅，乱卒亦集。遂大言曰："黄侍郎自越墙死，诸军特不当残辱之！吾据实奏朝廷，不以叛相诬也。"因麾众退，许复妻粮及故额，人畀之一金，补折价，始散。遂乃托病闭阁，给免死券，以慰安之；而密谕营将，掩捕首恶二十五人系狱，诏追褫懋官及克廉职，罢绶、庭竹、鏊，任鹏举如故。遂以功议擢，止诛叛卒三人，余戍边卫。而三人已前死，遂叹曰："兵自此益骄矣。"未几，召拜兵部左侍郎，以言官荐，擢南京参赞尚书。越四年，以老致仕归，卒，赠太子太保，谥"襄敏"。

橡，字孟栗，号思讱，瓛元孙。嘉靖进士，授乌程知县。决狱弭寇，以勤劳著名。值水荒民变，悉心区画，约二十四条，著为令。荐治行第一，补兵部武选司主事，升车驾司郎中。议马政勘合得失，尚书杨嘉其才，擢知嘉兴府。至讲求水利、修圩岸、禁火葬、水阡、均里甲赋役。先是，案牍滞积，狴户多縶囚。橡审其无辜者，释之罪，当者，置之法，权贵请托不行。郡当冲，驿传不给，立画一法，置船只，省财以万计，他郡悉仿行之。兴学校，培养士气，一时名士，多出其门，登显科者，倍他郡。万历三年夏，海塘圮，近海居民溺死者千余，橡买棺收瘗。又便宜赈恤流徙，盐民于海上建生祠祀之。会议晋陟，以持法忤当道，量移苍梧。行军司马驻其地，供应烦。橡政先节省，事无掣肘。创学舍、抚流民、却馈遗，士民感颂如嘉兴。寻致政归。

栻，字孟敬，号石龙，遂伯子。嘉靖进士，初知魏县。魏健斗，信鬼。至则严保甲、饬乡约，酌定礼条要律，俾民诵习，令民无赛会，以所醵缗钱易粟，为社仓，规其息，逾年乡社囷藏，至八千五百有奇。去任，民肖像以祀。起补肥乡，审编徭、正飞诡，塞邯郸鄗、米二口，浚漳河故道，灌田数万，县民作生主，合祀李文靖祠。擢河南御史，历巡光禄大仓漕河，疏陈利弊，均裨〔禆〕军国大计。神宗初，上"一政令""定治体"二疏，当路颇惮之。时张江陵秉政，请命按楚，欲以子弟属栻，觇江陵意，以微词拒，因有隙。先是，武冈王显槐谋夺楚府，事闻，下抚按勘，奏显槐先裂其籍之半，归政府，顷之，果密札相属。栻益正色，直指王罪状，按如律，自是江陵憾栻益甚。会按顺天，适梁城巨猾陈宽，倚巨珰冯保为奸，法应列。贵人私以冯保故，言之栻，栻竟不贷。时宰、巨珰共衔之，出补浙江副使。疏请致仕，结庐西山。究心性理学，书"忠信笃敬"于绅铭，"无自欺，不妄语"于座。所著有《困学纂言》《惜阴稿》《论语外编》。尝与张洪阳、邓定宇同讲学，卒，合祀逍遥净庐，又祀郡、邑乡贤。

游明，字大昇，苦竹人。景泰进士，除刑部主事。时草场火，责在典守中官。中官反诬近场居卫卒纵火，逮锦衣卫，锻炼成狱。明察其冤，白大司寇，卒得不死。中官监收军储，虚出通关卖粮，岁不下千石。仓使欲发其事，中官赂以金，吏持金诉于官。户部以中官故，反诬吏知情，明为雪其事。天顺末，升福建督学佥事。首崇德行、禁黜浮华。射礼久废，考仪礼举行之，创建书院，修葺杨龟山、罗豫章、李延平诸先生祠，取其子孙，补各庠生。都御史滕昭奏留，加副使，仍督学。未几，疾卒，无以为殓。诸生相率致赙、绘像，并祀常衮祠，私谥"贞介先生"。

李裕，字咨德，别号古澹，南湖人。景泰进士，授御史。时都御史寇深，方有宠，待吏甚严，裕不为屈。巡按陕西，上安边八事。石亨父子势倾中外，以伪报边功移覆，焚其求庇书，竟按劾之。天顺癸未，升山东按察使。诸死狱久不决者数百，旬月间，鞫殆尽。青州山寨盗啸聚，悉纵释胁从，免其逋负，罪止渠魁，事遂平。成化庚寅，升陕西布政司。月余，召入为顺天府尹。请宽征需，革和买，禁田土投献，罢官校供应，皆从之。给引不入，钱每引止输楮钞各二张，自是著为令。癸巳，升右副都御史，总督漕运，兼巡抚庐、凤诸郡。政纲利弊，罢行殆尽。戊戌，以父丧去任。壬寅，服阕，诣京留理院事。癸卯，进右都御史，振肃风纪，台中凛然。御史有过，或遭棰挞，宪宗廉知其实，欲大用之，既而以他事南调。时一罢吏部尹某，裕考绩至京，会九卿推耿裕。上曰："何不推李都御史？"乃拜耿吏部，升裕工部尚书。未几，耿南调，竟用裕代之。乃益奋励，以副上意。先是，注选本，榜定于一日，故多错误。裕先二日，置"皇天鉴之"牌，列拜自誓，公同选注，谓之"圆缺"，用是选累数千无错，且称得人。朝觐考察，矢公秉明，黜陟一无所枉。旧例，黜幽，惟贪酷、罢软、不谨、老疾，裕乃增立"才力不及"一条，责其后效，成就人才为多。孝宗立，优礼殊等。引年乞休，上勉留之，四疏始得允，诏驰驿归。

裕修形伟貌，识度宏远，有大臣风。性刚而才敏，所在以廉介称。进阶一品，寿八十八。遗言勿乞祭葬扰乡里。著有书集十一部行世。

伯子檠，字充节，以任子领乡荐，授内台司务。尝应诏，上畏天命、重名器、慎刑赏、练军实、节财用五疏，切中时弊。都御史荐升刑部员外。逆瑾煽虐，诸司多承旨，檠截然多所平反，迁南京刑部郎中。江口市民，倚内戚，逼取客货，檠诘问如律，商贾称便。出知思州。时土兵以征调扰民，檠与约法，凡擅入民舍者，许把隘军斩首申报，复以黄纸为旗，布山上，望之如大军列阵，军行肃然。岁荐饥，多方赈恤。民病疫，户给以药，全活甚众。疏乞终养归，足不履公府，寿九十二，进阶亚中大夫，著有《翼愚存稿》《逸叟后稿》。

汉，字充昭，裕之侄，成化进士，选翰林院庶吉士。除刑科给事中，转工科都给事中。性沉默宽裕，持重知大体。常奉使宁藩，赆金一无所受。周藩与巡抚大臣交恶，奉诏往讯，奏云："待宗室当以恩，处大臣当以礼。"周藩得无事，巡抚移他处，遂两释。处分畿内籍地，戚里、大阉俱敛手割正，无敢有私干者。初为庶常，冢宰裕方邸长安西，汉僦居必极东，朝暮里巷，如寒微，不以家声自耀，未大用而卒。常与罗玘友善，其墓志有曰："使夫人无死，吾见敝车羸马以朝者，吾见恸哭裂麻以诤者。"玘盖极为许可云。著有《方塘文集》。

贵，字廷良，号浣所，裕元孙。书过目成诵，邹守益讲学白湖寺，从之游，遂悟性命奥旨。嘉靖壬子，乡举第一，癸丑成进士，选庶吉士，寻授编修。丙辰，奉命册封衡藩。明年，丁内艰，服阕，补原官。时海瑞以户部主事，言事切直，触帝怒。贵慨然曰："补过绳愆，非独台省职。古起居注，左右言动，皆得匡救，宁簪笔螭头，备故事已耶！"即上疏论救。两充会试同考，门下士多为名臣。贵素有声，史局特命董内书堂教，集古阉寺可法者，名《思齐录》，令诵法。居词馆十九年，以守正为当路所忌，出为四川副使。疏乞归养，家居著书讲学，四方士翕然从之。尝读“参前倚衡”句，跃然悟曰：“邹东廓先生作良知说，正与此合。”遂作《警学说》《进知偈》，又作《惕惕考》，自稽所学，著有《易经周礼左传札记》《史记诗文序论》《丈量议》《钟律图》《车阵图》，并博采周濂溪、程明道、张横渠、朱晦庵、陆象山政绩，编集传世。嘉靖癸亥，知县王徽猷延修邑志，名《丰乘》。

毛伦，字天叙，大屋人。景泰进士，授监察御史。居言路九载，有直声。天顺时，倭寇荆襄、岭南，奉敕督兵讨平之。后以劾权贵，出知福州府，寻升按察使，丁父忧归，卒。

族子松龄，字乔年，居邑孝悌坊。成化进士，授刑部主事，累升知平阳府，再补成都。兵部尚书余子俊保任大同副使，管辖三关。修边墙，奏升湖广按察副使。抚治荆襄、郧阳流民，整饬兵备，勤劳著绩。以母忧归，卒，年四十九，未竟所用，祀湖广名宦。（《选举志》“刚劲”数语不得实，因节去。更采其本传仕绩大略，补附此。）

李述，字继之，清溪人。景泰进士，除工部屯田主事，奉敕董匠山东。发奸摘伏，匠无敢欺隐。以明干，改刑部广东司主事。饬往修《广东通志》，后升贵州按察佥事。同寅有为张武事者，极言诤曰：“为人臣，不能致君泽民，虚冒廪禄且不可，况私于民乎！”御史戴，以少年按贵州，偏裁曲断，述以正言规，不合，因激怒，各具本交劾。按实述，无可坐，而戴卒谪去。旋告归，以布衣蔬食终其身。（据杜铭本传补。）

熊怀，字性安，北头巷人。天顺进士，授刑部主事，擢广平知府。搏豪强，兴水利。岁饥，殍载道。捐俸发赈，全活甚众。丁外艰，士民立生祠祀之。服阕，改知河南卫辉府，升广东参政。时泷水猺獞猖獗，大军征剿，怀给馈饷，振威声，捷闻，赐彩帛。三水猺獞复孽，僚属执置狱，怀辩释数十人，进左布政。冢宰王恕屡荐为巡抚都御史，皆不用。恕询其故，当轴者曰：“某素不识熊怀何如。”以怀清谨自守，未尝通书当道，故久之。始擢光禄卿，累迁南京刑部侍郎，以老乞休卒。怀严重，谨礼节，言论侃侃持大体，所至以称职闻。

黄琥，字莹之，荷塘里人。天顺乡荐，授临洮府同知。尝督赋平凉，以所得羡余，贷民逋。岷州用师，督饷数万，区画悉当。洮民岁苦河决，作浮桥济民，民庙祀之。先是，参将王杲纳贿，所司莫敢发。琥受御史檄，竟核其实。升知肇庆府，隍旧有鱼利，缗钱三百，供守土中贵。隍实无鱼，钱则岁办于民。琥至，罢之。积粟万余石，以备荒。又筑捍潮堤二百里，岁免冲溢。以功擢广东参政，寻乞休，进阶嘉议大夫。子思。（按，琥学行甚笃，与陈献章善。陈赠以诗，见《白沙集》。）

思，字益民，由例贡判高邮，掌马政。时豪强隐避，厉贫民。因条议马归于粮，粮出于田，贫富适均。巡按李东疏其事，著为令。嘉靖甲申，江北饥，思请当路出库帑数千缗，鬻米为粥，令民廉干者分赈，全活数万人。席书北上过淮，闻状，言于朝，荒政为北河第一。巡抚高友玑保升浙江武义知县，益励清俭，厘正盐钞积病。贼首徐荣剽掠境内，方议用兵，思密计擒获，不烦一镞。武俗故溺女，严谕禁之。宋儒吕祖谦祠墓，久为豪侵没，思清复旧址，建庙置守冢户。寻忤当道归，以议论风节重于乡。

国华，字良实，号璞庵，琥曾孙。嘉靖己未进士，授长垣知县。大河故在城南，岁苦冲溢。筑捍堤百十余里，民始奠居。大学生阎质冒领贼赃，法干行止，白所司释之。会郊舍，暮持五百金为寿，国华曰："我念汝枉，若不以伯起视我乎！"复系之，累月乃释去。旁邑多蝗灾，独不入长垣境。考绩，擢刑部主事。历员外、郎中。甲子典顺天试，所拔多名流。奉命恤录河南，渡河与书吏矢曰："有骫法相徇者，不复济此！"汝宁王义重辟也，听书客诱，走千金赂。怒执诱者，发有司，递还本籍。事竣，升知淮安。海潮三啸，民居漂溺无算，国华查赃赎备赈，移商税买谷，留各衙门纸，罚济河工借转运余银，淮、徐二仓米，充本折应付议那税钱，俵马议征折色，巡抚赵孔昭难之。适河道翁大立莅淮，国华绘《饥民图》十二，翁为转上廷议，发帑银五万备赈。复蠲税若干，调知龙安。三家土官，衔厕本府，民颇厌其侵渔。邻站二夫，借名防守，实折干私家，陈议禁革。龙安半属生番，盘踞路要。宪节格截，参戎密授群帅方略，歼其魁，始知畏命。巡抚刘斯洁议迁府治，驻绵州，割青州十余县为属。国华独条其弊，谓府有铁龙、明月诸关，足扼番人窥伺之路，松潘亦且恃为内援，若今日弃，他日必为全蜀害，维州事可鉴也，议乃格。会入觐至京，以疾卒。卒前一日，犹议陈地方利病，尽心民事如此。祀龙安名宦。

国用，字良弼，琥族孙。曾祖暹，举经明行修。国用领嘉靖乡荐，知惠安县，旱祷雨随车至。再补东明，清寨岩盗平河北差政，以卓异擢御史，按两淮盐政。疏济边、宽商、恤灶、弭盗、安民五事，报可。复巡河。河决房村，请浚草湾，以开河道，疏徐、吕二洪以上支沟，以杀河势，果得成效。巡京畿，东厂阉芮景贤奏其遣牌送刘最，谪判嘉定。再知钦州，卒于官。(参《明史·桂萼传》)

涂棐，字伯辅，曲江人。蓐夕，父与雄梦有乘肩舆者，绣豸红袍入其门，棐生。腹鸠尾隆起，如覆盆，父甚奇之。天顺间，成进士，授监察御史，疏论外戚盈满之渐。巡按广东，平罢獠、黜贪墨，录死事者。后时爪哇国遣使入贡，防海者疑为盗，欲邀功。棐阅所赍金叶表文，亟令官护送。贡道经丰城，番使取棐儿置座上，罗拜曰："非公，吾辈二百人无全命也。"巡漕河至德州，有内臣沿途为害。棐蹑知其诈，擒置于法，河道清肃。巡按福建时，延平巨珰黄赐用事，欲私其家，三请不往见，黄衔之。又按泉州府李宗学贪酷状，牒送臬司。有为李地者，阴纵之去。捃摭无根事诬棐。章上，黄中主之，逮棐与李廷辩，竟以公道得白。复按闽，奏请宋儒胡安国、蔡沈、真德秀封爵。成化中，上封事，极论宫中奢靡之弊，皆人所不敢言。疏上，报闻。未几，升广东副使，守备琼州。日与诸生讲明经学，海外衣冠一新。性严明，不得于重臣。会同知王，不为棐所礼，代王书名诬奏，王不知也，悉勘得诬，重臣与黄复寝之。亟遣刑部马郎中往讯。马承望风旨，至即挫辱百端。棐素刚负气，不食数日卒。后王官临江，操文自白。陈献章过丰，步行拜其墓。(参《明史·罗伦传》)

黄谅，字一贞，朋之裔，徙大井。天顺乡魁，知清远县。泽洽民怀，祀名宦。历射洪、綦江，俱有去思碑。子巽，辛卯乡举。

傅实，字粲辉，大港口人。天顺进士，任监察御史，按长芦盐课，革宿弊。巡按山东、贵州，升广东左参议。以练达老成，征拔阅视军功。升广西右参政，表贺入京，恳致仕。实德行纯洁，学问该博，四方学者宗之。谢政归，足不履城市。

卷之十三　人物志三

仕绩三

目录

明

杜礼，从子洞、袁祯、熊绣、李延、熊一定弟一中、涂畴、江潭弟淙，从子鱼、袁黝、雷述子贺孙映、熊卓、李缙、游潜、叶钊、吴祺、涂敬、李克辉、邓镛、朱槩、聂元济、陆时通，弟时望，侄梦麟、梦豹、喻茂坚、李廷璋、杨铨、丁袍、高宇、袁光儒、李浙、李瑞芳、黄浔、李梓芳、孙世祐、朱冕、雷礼子瀚、刘建、黄炯、李大章、李玑、范庆子谦、杜拯弟搢、徐南金、杜子麟、雷逵、黄进、涂铉、陆于嘉、吴金、徐正之、李东华弟东苹、华子右谏、苹子右说、胡杰、黄朏从子翰、赖守中、孙耀、张益、夏栻、赖梅、胡师、王国光、李瓒子廷观、廷谟、孙启美、金鱼、鄢高、曾可立

明

杜礼，字玉节，鹤村人，教谕立之子。成化乡荐，授廉州同知。猺獞杂居为患，礼传檄，谕以祸福，更筑城堡，立令甲，以安内附者，猺人德之。从征陆川，以功升知都匀。匀俗悍，视廉尤难治。礼播宣威信，申饬教令，顺其土俗之宜。土官王、吴争印构兵，疆场弗靖。乃亲入其巢，谕以大义，遂帖然解甲。土司仇杀不已者，计取之，诸番詟服。以亲老告休。礼平生清慎，宦橐萧然。尝自扁曰“冰心”。从子洞，字子鉴，任巩昌丞。王守仁征思、田，表司军赏一年，卒于军，守仁为文哭之。且移谍诸郡，称其清介贤劳，为群属翘楚。

袁祯，字贞吉，荷塘人。成化进士，知歙县。重厚廉谨，吏民畏服。升监察御史，奉敕稽考两广粮储，宿弊悉清。按广东，益振风纪，廷臣欲荐升重任，遘疾卒。

熊绣，字汝明，莲花桥人。以戍籍隶道州，登成化进士，授行人，奉使楚府。巡茶四川，力拒馈遗，擢御史，巡按陕西。左布政于璠以官帑银馈苑马卿邵进，绣发其罪。璠遁赴京，讦绣。帝并下绣吏，谪知清丰，璠、进亦除名。久之，凤翔缺知府，擢绣任。弘〔宏〕治初，迁山东左参政，进右布政。七年，以右副都御史巡抚延绥。榆林初仅小堡，屯兵备冬。景泰中，始移巡抚、总兵官居之，为西北巨镇，城隘弗能容。绣请增筑千二百余丈，莅镇数年，练兵积粟，边政修举。历兵部左、右侍郎，尚书刘大夏深倚信之。腾骧四卫勇士额三四万人，率虚籍，岁縻钱谷数十万，多入阉人家，廷臣屡请稽核，辄被挠。十八年，命绣清厘，未竟而孝宗崩，朝政渐变。绣力持不顾，得诡冒者万四千人。御马太

〔大〕监宁瑾等疏请复旧，给事、御史交章劾瑾。大夏亦力争，武宗不得已从之，而宥瑾等不问。正德元年，擢右都御史，总督两广军务，兼巡抚事。既抵镇，尽裁幕府供亿，秋毫无所取。二年，与总兵官伏羌伯毛锐讨平贺县獞，刘瑾以前汰勇士事，深疾绣，伺察无所得，召掌南京都察院事。寻以中旨罢之。已，复摭延绥仓储浥烂，为绣罪，罚米五百石，责绣躬输于边，绣家遂破。十年闰四月卒，无子。巡抚秦金讼其清节于朝，赠刑部尚书、太仆少卿。何孟春以绣承继孙瑞，幼且贫，无以为养，请如主事张凤翔、孔琦例，赐月廪，且乞予谥，遂谥"庄简"，给其孙米月一石。

李延，字与龄，湖茫人。成化进士，授刑部主事。历郎中，练习典律。擢知绍兴府，发恶宦某及猾吏袁端之奸，民颂神明。升广西按察副使，巡视左江道。左江猺贼出没，延多方饬武备、增逻卒。适猺贼出巢，将肆掠，先出榜谕，随提兵招抚之，贼遂屏迹，归号"知足道人"。

熊一定，字广恒，璀山人。成化乡举，授光化知县。训农劝学，通商惠工，请谒不得行。升知澧州，旧有洲，地资樵牧，华阳王府专其利，一定力请予民，王屈意从之。其从校，往往以败钞易民货，一定禁勿收，楮帛败钞绝。九溪土千户唐冠、向子通怙险杀人，按之伏辜。尝积粟累数万石，值岁祲，借以存济亲。为诸生讲课，新祭器，树题名碑，祠名宦、乡贤于学宫，士习丕振。以事诖吏议，致仕去。弟一中，以乡举任泉州府推官，有靖寇功，士民为立石，纪德政。

涂畴，字有年，东城人。成化戊子，乡荐第四，戊戌成进士。初授宁波府推官，治狱无枉滥。擢山东道监察御史，以摭人小过、卖直为戒。奉敕稽考两广仓储，巡按南畿、应天等处。值岁旱，严督有司设法赈恤，饥民数十辈求粟富室，官以劫夺，坐死。畴原情薄罪，释之。转惠州知府，修学校、均赋役，猺獞出没为患者，擒治之。铁矿之利，贿及上下，亡命不逞，如群蚁腥膻之附，贼杀格斗无虚月。畴下令禁，不使发，其安人以此，而拂人亦以此。致仕归，杜门不纳请谒。卒，门人杨廉铭墓。

江潭，字朝东，邑郛湖头人。成化进士，授南京屯田主事、虞衡员外郎，转郎中。在屯田时，部檄核卢洲，权珰贿之不得，同官中饵以语摇潭，不为动。在虞衡，屡与司空争事可否，无唯阿。丁内艰，自袒括，至祥禅，未尝出门户。服除，卒于京，囊无一钱，棺敛费，悉出亲友。潭学问精博，长于古文、诗，材品甚端，惜未竟所用。

弟淙，字朝会，弘治进士，授南刑部主事，历员外郎中，谳狱详明，军人张强奸，徽人汪劫囚，狱皆诬服，淙悉辨释之。时刘缨视部篆，属吏少许可，独以学行交修、刑名允当书淙。考凡大狱，必命重核。章奏非经阅稿，不以上闻。铨知浔州府，兴学劝稼，除繁节冗，吏治一新。参将房润虐民，纠之不少贷。未期月，民得息肩。思明有叛争土司者，奉檄按治元凶黄镠，甘就戮。獞贼侵浔，当道议屠之，淙谓人命至重，力主招抚，降者踵至。正德丙子，广西乡试，为外帘官，暴疾卒。祀名宦，士民复专祠祀之。著有《双冈集》。

鱼，字惟化，原名鲈，潭从子。工诗古文辞，督学李梦阳首拔之，为易其名。领正德乡荐，授临安府推官。听谳平允，断土酋疑狱，得情，绳以法。多方求宥不得，贿左右，置毒食中，遂暴卒。贫不能治丧，诸缙绅赙赠，归其柩。著有《雨窗集》。

袁黝，字公珩，袁坊人。弘治乡荐，授顺昌知县，廉介有声。升守靖州。五开、铜鼓苗乱，屡剿不靖。黝单骑入谕，乃归命，岁纳常税。迁永州同知，改常德。历任二十余年，操行终始如一。升南宗人府经历。

雷述，字德绍，东城人，以孝友闻。为诸生时，黄仲昭首旌，为多士励。领弘治乡荐，谒选第一，以策语忤阉瑾，补保定同知。岁祲〔祲〕，道殣相望。述绘《流民图》，力请当道发粟赈之。贼刘六、刘七者，势猖獗，备御有方，屡挫其锋，人方之海沂别驾。母卒，徒跣护丧归葬，庐墓常有群鸟飞集，皆以为孝感所致。逆濠之变，与知县顾佖谋保障，且约吉安诸绅举义。卒祀乡贤，以子贺贵，赠南京吏科给事中。

贺，字时雍，辛丑进士，授池阳推官。谳狱无留滞，奉檄赈诸郡，全活甚众，召南吏科给事中。两考察方面，秉公论核，不以爱憎取舍。疏中官邱不法事，卒令伏辜。条陈时政十二，动中时弊。擢湖广参议，督太和山事。适营缮祠室中官，缘是渔猎，贺厉禁之。工竣，受钦劳，擢河南副使，理河道。累官至右副都御史，巡抚四川。以在汴与按臣相讦，待勘归，甫月余卒。贺悃愊无华，入官二十余年，不为赫赫名，去任辄见思云。子瑛。

瑛，字元亮，颖异有奇节。家多藏书，读之，皆成诵。领万历顺天乡荐，授荆州同知。奉檄督运皇木至京，当擢最，以忤陈珰，迁南宗人府经历。寻转工部郎中，因与曹郎知名者结社论诗，滋排忌，为署尚书某论劾罢。著述甚富，以典雅重于时。

熊卓，字士选，曲江人。性颖慧，十岁能作近体诗。弘治进士，授平湖知县。寻擢御史，为都御史张敷华所器重。雷震养鹰坊，卓疏陈时政得失，上嘉纳。尝奉敕劳军居庸关，悉祛干没之弊。掌陕西道，按都督神英赃罪，论如法。出按广东，投牒诉冤者，人人至前言状。豪强股栗，贪墨吏皆望风遁。时逆瑾权倾中外，脂韦者多附之。卓抗节不屈，遂诬以“奸党”，勒致仕。瑾诛，廷议方柄用，而卓已卒。卓以诗名海内，与李献吉、何仲默相颉颃。有《熊士选集》传世。

李缙，字卿式，南湖人。弘治乡荐，就铨试，授兴化府同知。兴夙称难治，缙批郤导窾，动中其会。泉卒叛，捧檄按之如约。首击大侠黄朝宣，豪右敛迹。视篆福宁州，案无留牍。条止镇守府余银，减盐钞三之一。州学倾圮，捐俸修葺，加意培植士类。在闽九年，懋绩为诸吏最。著有《木轩吟稿》。

游潜，字用之，长史弼之子。登弘治乡荐，肄业大学，铨试第一，授云南宾州知州。宾俗慓悍，僰獠杂处。潜敷以文教，不悛者置之法。台臣以才能平寇奖，且檄以洱海迤西统驭事。军民夷酋，令得节制。旋予告，道出贵州，遇苗乱，抚臣邹留赞军中，运奇决胜，竟成平苗功。潜博综天文地理、人物器数，著述甚富，学者称为“几山先生”。

叶钊，字时勉，南巷人。弘治进士，授南刑部主事。狱久系淹滞者，皆制于贵戚，不敢决。钊请决之，悉按如法。有中贵夺民芦洲，岁收利不下五百金，判归民。应天诸府灾，上荒政四事，进员外郎。武宗立，应诏上言，宣大被寇，杀卒几千人，监督中官苗逵妄报首功，乞召还候勘。宦官典兵，于古未见，唐始用之，而宗社邱墟；我正统朝用之，而銮舆北狩。自今军务，勿遣监督；镇守者，亦宜撤还。且国初宦官，悉隶礼部，秩不过四品，职不过扫除。今请仍隶之部，易置司礼，俾供杂役。罢革东厂，移为他署，斯左右不得擅权，而后天下可安。瑾见钊疏，甚愤。钊又乞召还刘大夏，宥谏官戴铣等，瑾益怒，坐断狱洼误，逮至锦衣狱，削籍归。南游湖湘，主讲岳麓、石鼓二书院，学者称为“丰川先生”。瑾诛，特起礼部仪制员外，诏至，先七日卒，祀乡贤。湖南人崇祀石鼓书院，配朱子。

吴祺，字贵德，旸源人。弘治乡举，署栾州学正，典南京文衡。成进士，授昆山知县。先是，县贮粟仅三千，祺用赎，积至五万有奇。以廉惠，荐授御史。疏请武宗隆圣德、勤圣学、拔名贤、远邪佞，又条陈边议十事，机宜悉中。王阳明谪龙场，瑾欲加害，祺按黔，护持无所避。宸濠奏请护卫，抗疏九争。谏南征，夺俸。期月，拜大理寺丞，历左右少卿。议大礼，与同官伏阙争旨，转太仆寺卿。上马政二十四事，著为令。后以都御史巡抚滇南，适土酋岑猛乱，计获渠数十人，释其余。寻卒于官，奉敕归葬。祺宏度乐易，务铲去厓崿险谷之态。所至无赫赫声，去后人多怀之。

涂敬，字寅之，甘棠人。教谕瑄之子，弘治进士，授行人司，擢监察御史，巡视通仓，蠹弊苗、耨发栉，居丧蔬素，三年足迹不入房帏，人称纯孝。起按广东，粤寇猖獗，弥年不撤甲。厉将士，计殄之。故相子、都指挥使梁次摅怙势殃民，诸监司不敢发。敬曰：“衣冠之盗不殄，而欲除山海之盗，不亦难乎！”特疏劾实，置之法，其党衔之。仁寿宫灾，复疏言吕柟、马卿等之降，过在可原；王相、王思之死，情尤可悯。张璁等幸取于捷径；郭柟等远逮于道途。庄田地土，纷纷奏索；盐商籍引，往往钦依。锦衣卫之冒滥弗核，御用监之匠役增收。陈林等之榷木，陆宣等之乞俸；先朝弊政，渐次踵行。此皆臣等学不足格君心，以致政多阙失，上干天和，乞赐罢黜。疏入，报闻。升广东按察副使，兵备琼州。知梁党，将修怨，亟乞休。寻改湖广，竟为流言构诬罢归。杜门数十年，书刺不入公府。大宗伯霍韬疏荐之，五上，不报。

李克辉，南湖人，德阳簿。先是，龙州彝酋叛，拒历年，前后招谕，莫能致。克辉持檄往，陈朝廷抚御恩，历举自昔梗化之祸，又却其赠金。酋感泣，与克辉偕诣台院，数其罪而宥之反侧，遂定。祀名宦。

邓镛，字朝器，密岭人。家贫嗜学。精于《易》。正德乡荐，授随州学正。历邳州、安州、宁国校官，所至多成就。四典文衡，迁汉阳知县。吏事精敏，每单骑出省民瘼，奏撤虚粮，并疲里科余，田籍新户，称“汉阳第一令”。升平度知州，捕灭蝗灾，获盗赃万计，不以毫忽自污。去之日，行李萧然，士民立生祠祀之。归田二十余年，蔬布清约如寒士。

朱槩，字尚节，杭桥人。正德进士，初知吴县，以忤显贵人，改旌德。俗多溺女，力禁，俗顿革。再任曲周，招恤流亡，饥民复业。筑河堤，捍水患，民永赖之。荐升刑部主事，历员外郎，疏谏武宗巡游，廷杖，夺俸。迁四川按察佥事，番寇阿戎叛据石城，讨平之。转少参，播州宣慰兄弟相贼杀，议用兵。槩往，谕以祸福，竟悦服。继转河南参政，时镇守军夜被杀，遗斧，或疑屠者王弼。已诬服，槩取斧拭之，无脂膏腻，辨非屠者，立出之，人皆服。卒于官。

聂元济，正德中以通经，举知彭水。兴学校、劝农桑，以德化人，民怀遗爱，建祠祀之。

陆时通，字行之，仙音巷人，正德进士，授行人。升监察御史，陈正国体、广圣学等六事。时储位久虚，奏请选宗室德义素著者，入宅京师，不报。崇明黠寇为梗，时通巡江，饬江防警烽望，严捕缉之法，寇惧，遁入海。逆濠潜为不轨，疏发其奸。濠反，纠同列选将练兵，挫其锋。濠诛，论功，赉银币。武宗亲征，驻跸南畿，逾岁，疏请回驾，辞甚恳切。复疏，谓郊天告庙，朝觐廷试，皆祖宗成宪，必身亲莅之，不当以大臣摄。上俞之。寻以亲忧卒。

时望，字副之，时通弟。总角善属文，嘉靖乡举，知徐州。以劝学兴礼为首务，日引学宫子弟讲经术，手校艺文，州自是多文学士。章圣梓宫还葬郢中，道经徐、淮，时望从容应措役办，民无匮财。河决，岁数不登，民苦流离。时望救死扶伤不怠，民得安堵。徐当江淮孔道，多恶少剽掠，为肃行徼悬捕赏，盗贼屏迹。五载，政平讼理，治行为天下最。进阶朝列大夫，加金紫。厌权贵渔猎，疏乞归。徐人刻石颂德，祀名宦。

陆梦麟，字文瑞，仙音巷人，与弟梦豹相师友，以诗文受知督学李梦阳。嘉靖时，登进士，授庐州推官。行取陕西道御史，巡历云贵。上疏言三事：一、圣学。先陈伯王道，杂求治太急之弊，而进以诚意、正心。二、纳谏。乞优容诏狱诸械系、谪窜者，尤惓惓以前星未耀、调息圣躬为言。三、用人。欲息专恣、拔淹滞，举罗钦顺、王尧封、吕柟、邹守益、毛伯温等十人，时论韪之。行部清军疏，举将材，严饬边备，苗峒肃然。上赐彩币，赉谕有加。继以劾执政夺官，里居二十余年，与杨廉、范存所、邹守益讲学。省试条鞭法，并邑中大利害，长官悉就咨请。

弟梦豹，字文蔚，嘉靖进士，工部主事。督理清江浦漕厂，时初罢卫河厂，总隶清江。事增剧，岁值大祲，梦豹受事，酌便宜，权预贷，除革火耗，屏却请谒，凡牙侩侵欺及税课隐漏，悉厘正之。漕艘万一千有奇费，咄嗟办，漕储以济。权绅某巧结奸商，滥取木料，概绳以法权。影射前任事，连及之，梦豹抗疏自明，时总漕喻升工部尚书，言于朝曰："漕政坏极，陆主事整顿一新，奈何以取怨见摈？后任事者何以劝？"比考绩，见直铨注，然卒为所沮。卒年八十。

喻茂坚，字汝砺，南神桥人，四川荣昌县籍。正德进士，历知铜陵、临海县，擢监察御史。武宗南巡，上疏极谏。都御史王守仁擒逆濠有功，为中官所抑，特奏申之。嘉靖初，巡按陕西，发总兵李隆嗾戍卒杀巡抚许铭状。又请复设总督，皆拂贵臣意，出为真定知府。历升右副都御史，抚治郧阳，改巡抚应天，累拜刑部尚书。夏言为严嵩所构，狱成，当论死。茂坚与左都御史屠侨，援议贵、议能条以上，帝不从，切责茂坚，夺其俸。会言申明问刑条例，未报，致仕去。子孙登仕籍四十余人。裔孙国仁，居楚郴，究心理学，著《吾道一贯编》，大学士孙承泽序。（采《明史·刑志》《夏言传》及《一统志》增订）。

李廷璋，字宗德，大陂人。正德乡荐，任灵寿知县。救荒无遗力，升刑部员外郎，录囚多平反。知高州府，除奸剔蠹，夷俗悉为厘正。致仕，祀名宦。（从《选举志》录出。）

杨铨，字仲衡，沙上人。正德进士，授襄阳知县，升南京监察御史。逆濠变，疏革镇守、补乡科。复条陈八事，切中时弊。清戎两广，酌盐法、军政之利病，罢行之。升兴化知府，有德政。丁外艰去，官士民素服送者千计，脱其草履，悬之市楼，为建生祠，立碑。起补成都，历河南按察使，升广东布政。时安南莫登庸倡乱，廷命重臣往征，登庸乞降。重臣虑夷情叵测，使铨出镇南关，审核诚伪。至，宣扬威德，登庸感动，愿纳款，事载《平交录》。未几，有黎寇，重臣复奏留经略，事平，升顺天府尹，以疾乞休。

丁袍，字天衮，牯牛背人。正德初，由国子生任鄞县丞，尝雪误罹死狱者七人。海运遭风，多所连逮，袍讯得应免者数十人，请释之。寻以母病乞归。《宁波府志》称鄞丞自元周仔肩后，几二百年，仅见此一廉吏，祀名宦。

高宇，字宏望，南巷人。少孤贫，克自树立。正德中，以乡荐任常德推官。条乡约、雪冤狱，擒剧寇杜卿，获赃万计，无染指。擢南京刑部主事，历员外郎九载，朝夕视事不懈。所判多勋戚中官事，持正不阿，狱无冤滞。出知程番，捐俸修学，置学田、社田数百亩。未几，改程番为贵阳，适有宣慰司之变，宇援之，围解。以治最闻，致政归，行李萧然。读书讲学，白首不倦。

袁光儒，字醇夫，雩韶里人。年二十，领正德乡荐，选海丰教谕，勤课士，升知龙川。约己裕民，口碑载道。奏绩行取，以同姓令被诬，风闻左误，量转保定通判。督理马政，厘革夙弊，抚按交章荐，升姚州知州，殁祀龙川名宦。

李浙，字邦秀，湖茫人，镛之子。生有异禀，廖龙湾奇其才，以贾谊方之。正德间，成进士，授南验封主事，调北礼部仪制郎中。疏奏多称旨，会命选驸马，构诬谪全州判。摄龙游，数月，邑大治，士民立石颂德。调苏州判，署篆昆山。辨朱某冤狱，称神明。升楚雄府同知，致仕归。浙尚气节，敦伦理，尤精研性学。著作甚富，惟《百字诗》行世。

李瑞芳，字时祯，曲江人。嘉靖乡举，初知武义，多善政。调永兴，值大荒，仿《周礼》，弛力薄征，索神、杀礼、积粟之法，民赖之。再补华容，遘毁，迁淮阳教授。振兴士类，却贽金，升承天通判。去淮，诸青衿立碑学宫。莅承天，留心民瘼。未几，致政归，所在祀名宦。

黄浔，字世清，荷塘人。嘉靖乡荐，初授彰德推官。用台臣荐，预行取，以不阿时，抑倅毗陵。著《吴中水利书》，垂永赖利。秩满，升知许州。除商税、纾里甲、裁抵赎、省敲扑。民有“青天黄母”之谣。许俗多嫌贫退婚，为置官亭，治其讼，张鼓乐，劝之完娶，俗遂变。政暇，聚生徒考究经义，出所注《礼记》指示之。寻以勤劳遘疾卒，民悲哀罢市，士夫肖像专祠祀之，又祀名宦。

李梓芳，字启孝，清溪人。嘉靖戊子乡举，任河南光山教谕。浙江甲午乡试同考官，改直隶溧水教谕。充广东癸卯主考，升知河南通许县。时俺答犯京畿，遣运军饷，以劳瘁卒官。奉例给赙归葬。（采《通许县志》补。）

孙世祐，字元吉，同造人。嘉靖进士，授行人。升刑部员外，讯狱原情比律，为尚书唐文襄所重。擢佥宪，兵备海北。交趾乞降，赞兵部尚书毛伯温，纳其款。升云南少参，转湖广副使。握臬篆，抚按交疏荐。历贵州参政、湖广按察司右布政使，寻转左布政。平物价、均赋役，奸伏摘发殆尽。廷推，抚留都，总督苏松粮储。以内艰不果，服阕，起抚滇南。先是，土官豪恣构祸，世祐约黔抚同缉逋猾，诸难悉平。土官荫袭，旧诣京结勘，疏请从近结，率为例。凡所厘革，皆有裨〔裨〕治体。晋南工部侍郎，时倭夷、江寇并起，城堞颓圮者，悉修缮完密。召为刑部侍郎，滨行，卒，恩赐葬祭。世祐简重坦易，不激不随，有古名臣风。

朱冕，字文中，邑郛人。嘉靖进士，知福清县，以廉惠著名。升刑部主事，执法犯怨，出为无为州州同。调去，民卧辙留，终扬州府同知。

雷礼，字必进，号古和，镡舍人，知府诚玄〔元〕孙。嘉靖壬辰进士，授兴化推官。谳狱多奇中，再任宁国。以卓异，擢吏部主事。历考功郎中，大计主考功，黜势家私庇十四人。方士陶仲文素怙宠，称少师，九年欲部考，峻拒不为引奏。时相欲还所亲邳州守官，执不可。相奴犯分，干以私笞辱之，坐持法，失贵臣意，谪大名府通判。累升浙江提学副使，称得士，浙中颂为文宗第一。迁太仆、太常少卿，顺天府尹。条马政、民瘼等事，俱允行。升工部侍郎，叙修天寿山功，晋右都御史，寻转尚书，命修卢沟河。上言宜先浚大河，令水归故道，然后筑长堤以固之。决口地下水急，力难骤施，西岸故堤绵亘八百丈，遗址可按，宜并筑，诏从其请。三殿营建，命礼提督。计功成，撙省数十百万。夫役辇载，不扰畿民。复疏罢阳德门外、万岁山前各宫殿及南宫、西海子营作十数所，止玩芳亭凿池。停建兴都行殿，皆荷旨俞纳。景藩请荆州榷厂、河泊官洲，执奏国税不可与王，事遂寝。世宗有“忠敬勤敏”之褒，每称“冬卿”不名，欲畀以图书密启事，固辞。诏加太子太保，历阶少傅，晋太傅、柱国，赐蟒龙服。隆庆初，乞休，不允。时内监多违例题派，皇亲李伟奉圣柴氏，恃恩陈乞房价，一切报罢之。司理太监滕祥煽威传造器物，率指名尚方科胁，礼抗章，暴其罪状，并求去。疏十七上，台谏交章留。锺侍御疏谓雷礼之去，必有不得行其志者，卒致仕归。足不履城府，崇约遵素，声华势利，澹如也。性嗜学，涉猎群书，尤明习朝典。著述甚富，卒年七十有七。讣闻，上辍朝嗟悼，谕祭九坛，遣官督葬。

子瀚，字时广，弱冠搜罗百家，尤邃于史，谈时政，凿凿皆经济言。尝纠众立乡约、严保甲、清赋役，一乡翕然。素不喜仙佛，遇崇信者，必匡正之。嘉靖时，举于乡，刘抚荐其学行于朝，如陈白沙故事。上春官，未召见，卒。（参《明史·七卿表》及《河渠志》增订。）

刘建，字茂中，邑大街人，充裔孙。弱冠，领嘉靖乡荐，授汀州推官。兴学校，捐俸给多士，会文评第不爽。汀苦虚粮，条议履亩清丈，积困顿苏。属邑有淫祠，申请撤毁。承檄御倭泉州，便宜赈恤。部议行取，以外艰归。起补青州推官，歼颜镇剧盗，均临朐差徭，谳决多所平反。汀、青两郡，生祠祀之，诸当道前后列荐，仅转同知。致政归，独坐小楼，三十年，足不出户限，虽邻里，有不识面者。年八十二卒，遗命勿作佛事。

黄炯，字文实，东城人。弱冠，领嘉靖乡荐，授武冈知州。州治遍宗藩，吏每苦掣肘。炯悉裁以法，强宗敛手。会岁大祲，加意赈恤。民失火，几及公堂。吁天，风立反。抚按交章荐，迁温州府同知。温滨海，倭警方剧，督饷治兵，有成画。总督赵炳然疏其劳，荷钦赏。在郡署属邑殆遍，所至有遗爱祠。转山东运司同知，寻升庆远知府。临行，上帑羡千余，吏请曰：“此无故事，能不为代至者妨乎？”炯曰：“吾知有公，不知有他。”

先是，庆土官韦奇邦叛，甫至，设机擒戮，郡境安堵。已乃修学置仓，编甲申约，庆大改观。以征两广军过，受役劳瘁，卒。

李大章，南湖人。博通书律，由掾考，授漳浦丞，改金坛尉。在任入觐者四，清丈开河，金坛民刻石纪其事。(采《选举志》。)

李玑，字邦在，号西野，湖茫人。南溟玄〔元〕孙。卓荦有大志，年十二，通声律诗文，多奇句。弱冠，张东沙督学江西，拔其才，以台阁期之。嘉靖辛卯领乡荐，乙未成进士。廷试策万余言，如藩禄未理、工作大滥、刑罚失平、军伍不充，俱切时弊；末复归于正圣学、开言路，无少讳。世宗御批曰："说！赐二甲第一。"命刻其试策示天下。选庶吉士，晋编修。校录历代史籍，寻升左春坊左中允，署国子监司业，奉命纂修《会典》。升左谕德，明年升国子监祭酒。规矩严肃，每进诸生，示以检身心、明理道，尤抑上书献颂之风。诸生有远方寒窘者恤之，升南京吏部侍郎。适倭薄京城，玑监督正阳门城守，指授防御方略，老将逊服。转吏部左侍郎，兼翰林院学士，掌詹事。主会试，所取多名士。除南京礼部尚书。分宜当国，有讽玑少需留北者，玑谢曰："南北皆官，矧君命乎！若朋附以图富贵，平生所深鄙也。"至南，倡诸卿敦俭素，以易靡俗。屡疏致仕归，屏迹杜门，扁其堂曰"来复"，制《六箴》以自警。玑乐易洞达，不设崖岸。操守甚严，门下士有职清要者，不以书往。尝为史官，典内学堂教事，后中官多贵幸，未尝受其馈问。居家极友爱，与弟璘相师友，奉孀姊终其身。卒，讣闻，敕有司营葬，遣官谕祭。督学部，祀之乡贤。著有《西野遗稿》二十余卷行世。

范庆，字元会，邑郛人。嘉靖进士，授刑部主事，历员外郎中。断核明允，决武弁夺爵事，不为权贵挠。奉使勘晋藩狱，情法两尽。出知苏州，禁火葬，革酒航，捕樗博，止游女，惓惓以移风易俗为要。祷雨辄应，救荒全济甚多。五载，升云南副使。为仇隙所构，归，日与同志讲良知之学，卒祀乡贤。子谦。

谦，字汝益，隆庆戊辰进士，选翰林院庶吉士，授检讨，分校南宫。先后修世宗、穆宗两朝《实录》，纂修《大明会典》。书上，赐金币。居词垣十四年，江陵柄政，同乡傅、刘两侍御疏劾之，下狱。谦从狱中问劳，江陵恚，出福建左参议，分守漳南。转副使，视山东学政。进诸生，析疑义，饬本行，捐俸置田，资贫乏。转湖广左参政，督理粮饷。以宗禄口繁，民重困。条利弊十事，上两台使者行之，民力稍苏。复转山西按察使，兵备井陉。改河南汝南道，外任十余年，万历辛卯，由山东右布政，内擢太仆卿。历太常，署国子祭酒。明年，充经筵讲官，转詹事，兼翰林院侍读学士。晋礼部侍郎，署尚书，教习庶吉士。二十一年，内传"三王并封"，与廷臣上章，力陈非祖制，事得寝。东宫出阁，擢充侍班官。已乃充正史总裁，疏请复建文年号；纂少帝《本纪》，修《景泰实录》，大略谓《元史》可修，奈何失其实于当代；胜国之君可谥，奈何削其号于本朝？景泰之位号可改，奈何靳其名于建文？一时死事之臣尚可褒录，奈何遗弃其君，令湮没于百世之后？情词婉痛，帝览奏，报可。复调吏部右侍郎，协理詹事。旋升礼部尚书，兼翰林院学士。具疏恳辞，帝褒以"学识纯明，行谊端恪"，不允。属东封议起，谦疏倭夷叛服不常，难照朝鲜、琉球例。且关白，海岛属夷，未应王号。小西飞，一介倭使，岂拟陪臣，宜于馆处宴待，令武臣往使，俱如议。帝恒深拱大内，谦请亲郊庙、勤朝讲、正储位、裁封章，复疏元旦入觐，宜届期临御，俱不报。乙未，知会试贡举，充廷试提调官。秦藩违例，请封庶兄郡爵，俞旨下，执奏再三。郑世子载堉进《万寿万年历律》《历融通》二书，奏请奖谕。佥事邢云路上书言治历四策，监官奏诋僭妄惑世，谦言历为国家大事，士夫所当讲求，非历士之所得私，律例所禁，乃妄言妖祥者耳。监官拘守成法，不能修改合天，幸有其人，所当和衷其事，不宜妒忌，乞以云路提督监事，督率官僚，精心测候，以成巨典。议上，不报。丙申，疏册立，大略谓长幼定序，皇上既已宣示臣民，凡此大典，宜从中断。且皇长子年已十六，祖宗朝未有愆期至是者。惓恳数千言，读之可涕。两宫三殿灾，疏陈肆赦宥、求直言、补缺员、急行取、罢税矿，以图修省之实。仍引册免大臣故事，屡乞休，温旨固留。谦于书无所不读，早从邹文庄游，契阳明、增城之旨，以慎独躬行为要。世务练达，经术宏深，追崇周惇颐父从祀启圣祠，建大傅于忠肃祠，皆有功典礼。丁酉，卒于官，帝辍朝哀悼，谕祭葬，赠太子少保，谥“文恪”。著有《双柏堂集》。（参《明史·历志》增订。）

杜拯，字道济，鹤村人，士希伯子。弱冠连第，登嘉靖进士，赐归娶。官刑部主事，讯郭武定罪状，郭俯服。出谳广东，宣上德意，情有可矜者原之。河间王联诬狱，株连名公数十人。时分宜柄政，受联贿，欲释联。拯执不可，卒置重典，遂忤分宜意，下锦衣狱，杖谪。寻论定，升南文选郎、广东少参、福建海道副使。时海贼窃发，畏拯威，遁去。转浙江大参，刻《海防图》，示汛兵，肃巡警。擢福建宪使、广东左辖。适有柘林之变，诸司城守，惟南门最当贼冲，拯亲守南门，首置越城者于法，部卫皆股栗。所辖库羡，悉充公。修饬器备，按院荐调陕西。寻升贵阳提督御史。土官杨赟作乱，枭悍难制。提兵捣巢穴，擒戮于市。荷钦赏，授应天知府。属县争纳逋赋，有告截单解者，令诘之曰：“前尹督征甚急，一无至者。今单截何也？”民告曰：“恐部爷升去，浮费多。”其廉明孚信于民如此。升大理卿、南兵部右侍郎，转北工部左侍郎。寻以病乞归，侍父疾，衣不解带者逾年，居丧庐墓，哀毁卒。弟撍。

撍，字端叔，性颖异，博极书史。年甫十二，督学胡清岩、黄敬所皆奇其才。中隆庆会魁，授山东临清知州。州故纷靡，家载米自给，惟饮清源水。学舍地久为豪据，撍清复，购材修建，进诸生讲诵其中，士风遂振。壬午魁隽柳佐、张三极，皆所造就。张故贫，撍给其朝夕，且为毕婚配。每莅政，侵晨起，转漏乃息。凡积蠹为民害者，洗革殆尽。初编徭役为三则，富势多营脱，独累贫民。撍更定九则，毫不假借。裁革里户，禁和买，厨传有节。虽获戾上官，不惜。躬督筑堤浚河，暑雨不避。檄校癸酉棘闱，程式出其手。河道部院交章荐，寻以疾卒，祀名宦。所著有《齐民要录》《约僚五事》《谕俗十三条》。

徐南金，字体乾，南源人。少为诸生，多懿节。登嘉靖进士，选庶吉士，授御史。首疏早建储位、慎选辅导。清军河南，疏陈申宪令、广存恤、议屯政、足月粮、慎选练、振纲维、严禁例，俱报可。归德州故隶开封，至是请升为府，以一事权。按广西，释冤狱，有“神君”称。靖江王横恣，劾治其罪。古田诸猺獞盘踞，决策用兵，蛮始靖。驿传法敝，为立条格，禁滥应。广西守令鲜甲科，金请以进士补藩臬。大僚分南北，以便服官；杂职微员，以本省人更府任。督学京畿，杜请托、饬文体，振作士风。又疏言勤圣学以端化源；一政柄以杜专权；崇实政以核吏治；裁冗爵以重名器；刷积弊以清畿甸；练京军以重环卫；止烦供以苏闾阎；储真才以裕任使，陈奏剀切。再推卿贰，忤权贵，外补，巡抚湖广。值岁祲，极意抚摩赈恤。景府请自征所赐田，南金力争属有司。有贵人侵民田，执法还之民。总兵某不职，奏革其官。麻阳支罗盗起，督兵歼灭。上嘉录其功，旋以忧归。服阕，屡荐不起。南金风节奕然，尝议建各省忠义祠，时论韪之。为文类庐陵，诗类曲江。卒，赐祭葬，崇祀乡贤祠。

杜子麟，字本厚，鹤村人。性孝友，为诸生时，督学张东沙廉奖其行。由岁贡任绩溪司训，有周生为诬黜，力白督学复之，周寻擢科，升彝陵学正，多造就。时司空刘小鲁困处不偶，首拔取，期以远大，后果连第，跻台辅。署州正，州当孔道，诸务旁午。麟爱恤民力，不少徇豪贵，当道称其学殖殊茂、耿介不阿，终福州教授。以老归，累宾乡饮，仅一就，年八十五卒。著有《碧潭遗稿》。

雷逵，字时渐，镡舍人，裕之子。嘉靖进士，授太平府推官。妙龄莅事，发奸摘伏如神。视篆繁昌，值岁饥，赈活无算。荐擢兵部车驾司主事，所司邮驿符验，及皇城宿卫，士类讹冒不可诘，逵一裁以法。历武选员外郎中，出知庐州。庐南北孔道，赋役繁重。逵剂量调停，又躬节约，先诸属，民不告病。升四川副使，驻夔州。会用兵播酋，总督冯悉以军务咨之，果大捷。寻转浙江布政司参议，再补湖广，分巡荆岳。时江水汛溢，竭力捍堤，民免鱼鳖。升山东按察使，日取囹圄囚，亲鞫之，无伏冤。转山西右布政，晋宗室繁多，禄俸告匮。与左辖委曲区画，汰冗兵、通盐利，以裕禄给。诸路逋课累积，奉檄按剖，得饷八万石拟抵，边民欢呼，曰："非雷使君，孰活我耶！"未几，以劳瘁卒官。

黄进，字可思，城南人。为诸生时，邑堤冲决不时，苦于修筑。进谒巡抚，建议宜开西河，以杀水势，识者服其见远。世宗朝，新诏选异才，仪制如乡试故事。进应命，上春官，肄业南监。谒选，得广程乡知县。程僻多盗，进励风俗、弭盗贼、兴学校、修河渠，民受其利，颂声四起。旋乞归，经纪亲葬，以劳疾卒，著有《江南遗稿》。

涂铉，字廷举，东城巷人，嘉靖甲辰进士，殿试二甲第一。授礼部主事，历员外郎，升四川重庆知府。郡大旱，民多死徙，调发粟数万石赈之。先是，权相擅政，铉传胪初第，历官礼曹，介守不投片刺，卒忤权意，由重庆降知六安州。旋罢归。著有《镜湖诗稿》《龙光书院讲义》。孙尚德，魁本省乡试。

陆千嘉，字伯孚，仙音巷人。嘉靖乡荐，授竹溪知县。竹溪僻远，士鲜明经。嘉修学宫、设讲筵、严程课。士有不给，辄助之。逾年，衣冠一新。拊循小民，若家人妇子。均差宽赋，民立去思碑。转河南布政司理问。方伯庄重其才力，荐超擢，旋卒。

吴金，字砺伯，应瑞孙。嘉靖乡举，任建宁知县。湖汀贼蜂起，练乡兵固守，每战必斩获，夺回所掠男妇甚众。

徐正之，字子正，火巷人。以贡授徽州教授，造士有方。巡抚汪尚宁嘉其绩，有赠言。及期，致仕归。杜门讲学，祭酒胡杰，尝从问业。举乡饮，固辞。同修《丰乘》，笔削以公正称。

李东华，字景晓，湖茫人，焕之孙。嘉靖进士，授太常博士，升工科给事中。奉命董大役，工竣，诏增俸。累迁礼科都给事，尝疏考课四事曰：布公道以饬纲纪；稽素行以辨名实；明法禁以息浮议；存大体以惜人才。又疏时弊五事曰：通钱法以足国用；查解纳以杜奸欺；慎出纳以清弊源；议委用以专责成；清赋额以养民力。至饬学政、慎科举诸疏，推阐皆关国家大计。年四十，卒于官，贫几不能殓。子右谏。

弟东苹，字景瑞，与兄同乡举，六上春闱不第。兄卒，谋禄养，谒选知兴国州。调普安，再补安宁。时督抚杨，喜用兵，多所诛戮，东苹每委曲全活。摄盐井提举，却盐商陋规。两校乡闱，号得士。迁襄府长史，王尊礼之。题加四品服俸，疾卒，榇还里，其家萧然。

右谏，字衮思，父东华，官京师，早殁。右谏甫十岁，扶榇归。事寡母以孝，刻意读书。万历间，成进士，历知绩溪、歙县，治行异等，擢部郎。寻出知苏州府，加意士类，黄经甫、蔡云怡、侯广成等，皆其所识拔，后俱以文学忠节闻。迁山东按察，妖人徐鸿儒等煽乱邹、滕间，所在震动，遂犯东兖。巡抚赵彦提兵往援，贼众分趋济南。右谏保孤城，百道备御，坚壁清野，寇遁去。东省进安，事平追治，几株连无辜。朝命抚按核实，不能决，下□右谏，谏虚心勘录，几数万言。嗣以右布政，迁南太〔大〕仆卿，叙前功，议加超擢。会疾卒，诏予祭葬，荫其子。右谏博极群书，公余辄为诗、古文词，著有《出山集》三卷。

右说，字献思，东苹子。天启进士，知阳江县。海寇李魁奇破沿海诸郡，邑势甚炽。右说捐资筑铳城于北津、双渔、海朗诸要害，贼攻围数旬，无所得，解去。秩满内迁，士民立石建祠。擢监察御史，巡按江南。首定溧阳、桐城之乱，再按京畿，冒溽暑，亲历固关、倒马、龙泉三关，兵马、城堡、将领、最殿，皆以次查考。时属郡议开矿佐军，疏谏得止。潞王欲造王店，部民惊扰。右说移书责王，以藩臣宜守祖训，王气折，事寝。淮、扬流氛猖獗，奉命按视。至螾城，即以祖陵守御为虑，请加防筑，上嘉纳，赉金进级。中贵杨显，名视鹾两淮，多不法。右说连章暴其罪状，得旨撤回，右说亦寻自劾归。初击珰显名，有奥援，多蓄健儿刺客，祸且不测。堂吏泣谏，右说不听，疏竟上。里居数载，当事重其行，有兴除，辄造请以为常。县城颓圮，右说与邑令相视形势，增修雉堞，民不劳而功成。驻防兵望烟冗食，难于遽裁。白太吏，立撤之，耗饷以节。旧苦编差，每佥充身家，与岁租立尽。力请两台，题疏永革。右说平居恂谨，临大事，毅然不可犯，有蹇谔风，世称“真御史”。

胡杰，字子文，旗塘人。资颖绝伦，书过目成诵。督学徐存斋号知人，称为奇才。领乡荐第一，嘉靖丁未成进士，选庶吉士。馆试《时政疏》，杰疏六事曰：谨好尚、重将选、节冗费、容直言、抑宗藩、广录用，中有近习挟符箓谶纬之术、坎离龙虎之说，妄引巧售以欺世等语，尤切中时病。己酉，授编修，册封楚、辽二藩。癸丑会试，充同考官。寻教习内书堂。丙辰廷试，充受卷官，赐宴礼部。明年管诰敕，升侍读，清理武职贴黄。旋乞归，逾年促起。辛酉，主应天试，所拔皆名士。申、许二阁臣，其首录也。会有言应天事者，左迁广平府同知，寻论定，升南太仆丞，移尚宝丞。历国子司业、左春坊中允，兼翰林院编修，校录《永乐大典》。书成，升南国子监祭酒。穆宗即位，杰自陈谫劣不学，不宜为国学师，首罢莫如臣。不允，丁卯，视学，以杰学行俱优，召为日讲官，移北国子监祭酒。疏乞归养。庚午，召为南太常少卿，寻升通政司右通政、太常寺卿，以疾卒。

黄朏，字文辉，城南人，学训绵之子。嘉靖进士，知丹阳县，专务德化，轻徭役、缓催科、蠲赎锾、兴水利，身先节俭，家载米自给。祭酒姜宝尝语同邑李贵曰："黄公尹吾邑，止饮丹水，真古循良吏。"丹屡岁麦三穗，民献以颂。旋以忤权贵去，丹民依依如失慈父母。稍迁大理评事，出佥闽宪。清屯剔蠹，豪强敛手。兼理兵事，守泉南，倭寇突犯，躬擐甲登陴，励将士，寇遁不敢近。抚按上其功，擢布政司参议，分守延、邵、汀、漳。时山寇大作，三省绎骚，督兵捣穴，歼其渠，众溃散。两台交章叙绩，当峻陟，仍为权贵所抑，止钦赏。历官十八载，不以家属自随。谢政家居，足不履公府。朏学力甚坚，言动未尝逾矩，居常若不胜衣，至当官处变，独毅然有为。

翰，字可宪，朏从子。弱冠，登嘉靖进士，授刑部主事。辨疑决滞，练习吏不能及。历员外、郎中，奉敕论囚北直隶。同考官董传策上书忤执政，祸叵测，方具疏申救，董谪戍命下，乃空橐资其往。执政衔不附己，出知永州府。捐俸创宗濂书院，进诸生考课，更置学田，为贫乏助。孜孜民瘼，旱祷辄应。考最，会监司修怨于民，翰执不可夺，因中伤之，坐免归。民遮泣，如失父母，常不远数千里来问无恙，相率为生祠祀之。家居十年，巡抚杨成以起用废臣荐，未召，卒。

赖守中，字淑时，孝弟坊人。嘉靖乡荐，授湖广衡州推官。谳狱多平反，迁浙江杭州通判。郡当繁冲，伏莽可虑。守中申严亭徼，盗贼屏迹。蠲税南关，设教海宁，所至有惠声。士民立碑颂德，祠祀之。会与巡抚不合，谢归，民遮道留者数千。

孙耀，字思晦，义井巷人，蔓之孙。早丧父母，治丧遵古礼，不用浮屠。弱冠，游涂楗门，复闻邹守益倡明良知之学，往师之，益了然有悟。嘉靖时，举于乡，授庐江教谕，有古师儒风。应聘典广东文衡，得士称盛。升知虹县，下车陈裁烦扰、革科敛诸事，民怀其惠。归田十五载，非公事，不入公庭。知县高其谊，累举乡宾。

张益，字顺卿，社冈人。嘉靖进士，知桐城县。值旱祷辄应，清诡粮、置学田，士民便之。荐擢刑科给事中，转吏科，条陈五事，报可。奉敕稽闽广军储，会倭寇犯闽，募兵卒修器仗，有保障功。晋兵科给事中，屡进谠言。抑大臣奔竞，以忤权贵归。无愠色，著有诗文、奏稿。

夏栻，字廷瞻，学前人。父若水，学正。栻少孝友，登嘉靖进士，授行人，擢兵科给事中。严嵩当国，兵部侍郎赵文华视师淮上，隐蔽贼势，以捷闻。栻上章纠之，有"内寇未除，外盗必益"及"欺君辱国"等语，坐是为嵩子世蕃所憾，谪西岭从事。寻以湖州同知，擢台宁兵备道。适赵文华总制两浙，人谓委肉投饿虎，栻弗避。台宁当倭寇出没，残毁甚。栻修辑甫就，文华欲撤去兵粮窘之。寇终畏栻，威不敢犯。未几，有苍梧之命。巨寇张连等盗弄潢池，张臬〔杲〕总两广军务，悉听栻处分方略，槛其渠魁。上闻，赉金币。旋迁湖广副使，以内艰归，穆宗登极，补陕右，晋太仆卿。上封事六条，修朝讲之实、肃郊庙之仪、慎燕私之容、隆心膂之托、重耳目之寄、专督抚之任。中间最触忌讳，如穆宗好披甲乘马，言者谪戍。中贵滕祥，煽威殴御史李道学几死，二事尤愤烈痛切，疏上，咸为栻危。三日，命下，不之罪。以疾力求去，上知栻忠，敕吏部尚书杨博，勉留者再。栻复以母藁葬中野，乞归改葬，词极哀切，得允。还居家，门生故吏，鲜见其面。抚按暨吏部交荐，坚不出，卒祀乡贤。

赖梅，字汝和，邑郛人。博通经籍，工古文词。领嘉靖乡荐，授太湖知县。有宦豪强某，以非法诬家人死罪，罗织已成，梅得实，力伸豁之。甫三月，丁内艰归。卜葬，庐墓三年。起补桂阳，莅任，访周濂溪故迹，修饬祠祀，抚辑流徙。峒民犷悍者，悉归附。豪民何曰苹，以弟杀兄，当论死，重赂求释，梅卒按如律。按院上其绩，以应给，拂当道意，致政归，囊箧萧然。著有《春秋题意》《耕读野稿》。

胡师，字道夫，旗塘人。嘉靖乡荐，授句容知县。下车，新学宫，役不及民。期月，政声四起。调宁德。宁经倭创后，疮痍几不可振。师招徕安集，百度一新。嗣海寇窃发，四境戒严，高城墉、饬舟师，多方备御，宁赖以安。擢淮安通判，淮民多以盐利竞讼，师请院力惩其弊，公私饶益。淮水溢，民汹汹窜徙，露处叹食。师急白当道，发粟赈贷。因冒暑劳瘁，卒。贫不能殓，漕院赙之金，始克殓。

王国光，字君重，云岭屯溪人。正德庚午乡荐，甲戌成进士。擢南京兵部武库司主事，转武选司。时世宗嘉靖以从弟承统，诏议崇奉兴献王典礼，尚书毛澄请于杨廷和，廷和授汉定陶、宋濮王故事为据。国光并力持其议，斥张璁、桂萼、方献夫之非，疏皆留中。甲申七月，诏称献皇帝为皇考，改称孝宗为伯考，杨慎等力争不屈，率群僚跪伏左顺门，国光与焉。大哭极谏，声震阙廷。上怒，执丰熙等八人下狱，尽逮何孟春等二百二十人，国光遂由此罢职。里居时，澹无所营，日事图书，惟与学士舒文节数相往还而已。

李瓒，字大化，一字臣献，号右斋，南湖人。生有异禀，读书数行下。时艺独抒所见，弱冠，补诸生，欲弃举业，究良知学，请于督学，乞终养，允之。瓒得请，潜心性命，游罗念庵、邹东郭两先生门，礼异之。王心斋、钱绪山、王龙溪亦争纳交焉。嘉靖己酉，领乡荐，授溧阳教谕。置学田百余亩，勤课士，数年间，掇巍科者二十余人。旋升宝应知县，邑当孔道，苦使官供亿。旧例，借攸编户税客，瓒除之，悉办自官。邑滨大湖，捍水患，毋伤稼，增筑圩堤。其地又瘠，晴苦旱，雨苦潦。为民五祈祷，皆应。宝人作"五祈志"。邑自倭奴焚掠，闻贼胆落。一日寇至，瓒令闭城，尽集邑中兵民，发各神祠幡帜，树埤垸，间杂火炬。自守南门，丞尉各率兵分守。会尉获贼，命撤三门兵，集南门亲鞫之，曰："且贷汝归，毋再来；来，歼汝类。"纵之，贼宵遁。邑民以兵乱流亡，积逋因仍，莫可诘，久则瓜蔓无辜，瓒不忍诛求，悉心设法了之。有灵祠滨江，客舟祷应。施钱专官掌之，钱分为三，一供祠香火，一代完逋赋，一充驿站费。宰宝应三年，三乞休，不报。适大计，计部以逋赋多镌之，乃得去。去之日，百姓环舟泣送者，五日不绝。复刻像、立生祠官道。扬州府祀名宦祠。穆宗即位，诏举废官，两台交章荐，命邑尹徐子器造门劝驾，坚卧不起。著有《五经四书疑义》《理数辨义》《柱史药言》《禅宗要语闻》《诗集纪》《诗话》《三星纪》行世，年八十七卒。子廷观、廷谟，孙启美。

廷观，字明文，廷谟，字明皋，俱瓒子。廷观登嘉靖进士，授南兵部职方主事，历郎中，升浙江温州府知府，擢福建都转运使，终河东都转运使。廷谟登万历进士，授成都推官。行取户科给事中，转兵、工左右给事。侍从经筵，典云南试。后转河南副使，终湖广副使，兵备湖北。廷观在南漕，励职事，出守温州，以廉明称。为运使时，劲直清介闻于时。却商人常例，为豪所媒孽，以原官罢归。廷谟初官成都，永宁宣抚奢效忠死，其妻妾以争印相仇杀，两台委勘六七辈，无成言。命廷谟往，谕以恩威，二妇受盟。时方事西征，兼调播兵从军需，仓猝倚办。入户部，疏上，劝讲训储，为经筵名讲官。典试，旋即论列黄梅大盗，并治河、徙羌、理财诸事。备兵河北，增邺城，浚隍，筑磁渠堰水，两地赖其利。移镇叙州，播寇方叛，拮据调度，以劳婴疾，请告。调湖北，苗獠蠢动，调兵转饷，以同官忌，乞休。时父瓒致仕家居，廷观兄弟优游子舍十余年，百计娱亲。诗歌后先应和，乡里荣之。廷观著有《四部稿》，廷谟著有《白云窗草》《惜阴评纂》《赐经堂闲鹤亭诗草》等集。

启美，字应臣，号念方，廷观诸子。万历进士，选庶吉士，授检讨。时国储未建，会有“三王并封”之旨，言者多获谴。启美具疏，大略谓不册立不足以释群疑，不册立不足以补衮阙，不册立不足以安皇妃，不册立不足以留元辅。且上书政府王锡爵，谓东宫原无待嫡之条，元子旧无分封之例，岂惟失天下人心，恐天地祖宗，亦复怅然于此举矣，时论壮之。是岁万寿圣节，又上疏陈时政，并献《四箴》，时人传诵，方之陆敬舆。著有《尚友编》《李太史稿》《太史诗集》。

金鱼，号双峰，田西人，嘉靖时以监生。业南雍，选合浦知县，迁判茶陵，转四川绵州。辛酉乡试，为考官。任二年，政声四起，总制罗署上考，将升擢，以川峡迎养艰，力请归。比行，州士民绘《黄堂甘雨》《棘苑清风》《巫山白云》《涪城绿柳》四图，志去思。诗以纪者数十人。(童鹿《崖雍去思图卷》诗序补。)

鄢高，字时升，号二濂，故里人。性耿介，立志清苦，与人真率无机械。正德癸酉，领乡荐，为定安令。潘季驯《清潭碑》云:“定安，海邑遐僻，皇风靡及。禁网阔疏，民桀悍难治，吏并缘为奸。高谨身率先，居以廉平。又决狱无滞畔，教者穷隐察伏，而巨驵屏息。旋以兴学校、均里甲、汰驿传之费，一切求惠其民，他弗遑恤。县后潭中，曩有泥阜，卓立如人形，令贤则沙开泥出，否则淤隐不见。高莅任逾年，潭忽深数尺，泥人出，人皆异之。时琼守以入觐常例，诛索属邑。高曰:“剥民以媚人，吾弗为也。”遂调湖州府学教授。茅鹿门《去思碑》称其采当世之务，及胡安定教授《湖中大略》，与诸生时时诵说。六籍无所不究，而《易》则家世，专门登堂，口授手画，诸生亦人人解颐而退，其为治讲学如此。(参《历代氏姓谱》增。)

曾可立，阳池人。万历丁酉举人，知永明县。将莅任，单骑至寓，人始知之，曰:“吾不忍远疲迎役，且驿骚吾父老子弟也。”迨受事，一意与民休息，修文庙、裁冗兵、汰浮粮，皆择其简要者行之。丁艰去，行李萧然无长物。(据《历代氏姓谱》增。)

卷之十四　人物志四

仕绩四

目录

明

范惟恭、黄虞臣、周汝德、熊秉元、孙樾、蒋机、黄时济、涂梦桂、酆一相、樊城、黄焯　胡绪、范梅、李琯、李复旸、熊鸣夏、弟鸣岐、陆应川、蒋汝瑚、罗栋、杨惟相季弟惟标附、熊尚文父廷用子汝学、喻三元、傅宗皋、袁懋谦、徐鉴、王檄、熊剑化、宋良翰、罗宪凯、邱士毅、蒋杰、唐大章父良臣、孙举海、鄢鼎臣、李维乔、黄大受、文可纪、雷化鳞、余有敬、丁序琨、游允达、熊培元、左侍、邓邦荣、甘大绶、罗大任

国朝

熊明遂、范谌、涂象震、唐金旭、李郁、黄炳启、金玉书、熊之翰、黄叔鉉弟锏、余配乾弟配元、李基子铨雯、唐金栋、陆鸿渐、万姓苏、丁序珙、丁蕙孙峙、徐天德、李遇陛、雷鉽弟曾、李云会、戴之霈、刘承祥、范华、李绍庭、李景运、杜名世、朱干、甘兴仁、袁守定、游方震、唐光云、毛凤雏子士洁、黄河清、何器弟新、徐肇裕、李台莲、杨其谟、徐秉霖、雷耀、熊懋奖、熊仪東、万光岚、罗拔、敖宗瑚、丁猷骏、李庆云、任安邦、袁矩、万光泰、李鲲化、李恭元、聂守显、高逵、万朝宗、吕溶子式古、万时敏、万启心、杨赞襄子石渠、袁铭泰侄以敦、易佩珩、徐锌庚、徐维缙、万向荣子启台、文炳沄、毛隆辅、李浚源、吕克仪、李联镳、涂贤彭、丁劭经

明

范惟恭，字思安，化鹏巷人。嘉靖乡荐，授睢宁教谕。岂弟作人，邑称“范夫子”。升安东知县，地瘠，民多流徙。惟恭招集抚字，各归本业，相谓曰：“范父真生我也。”三载，抚按交疏荐，擢知高邮州。会督河役，不棰楚而事集。升廉州府同知，单车之官，民称廉范。且曰：“不喜范公得廉州，喜廉州得范公。”嗣以介，忤前监司，免。

黄虞臣，字稷卿，城南人。嘉靖乡荐，初授仙居教谕。历缙云、杞县知县，升雅州知州。所至实心为民，有政声。缙云士民为立石、构祠像祀之。后因亲丧，哀毁卒。

周汝德，字时昭，蒋坊人。嘉靖进士，授刑曹，恤刑两浙。发奸摘伏，出知凤阳府，豪强敛迹。淮西多水患，民苦盗扰。乃筑堤防、严保甲，终守数年，无水患，无夜警。升云南副使，去凤阳，民若失慈父。澜沧夙苦铁索箐之扰，当事者率羁縻养乱。汝德制其要害，厉兵征之，不十日，捣九穴，余三穴亦窜伏岩屿，力屈，降在旦夕。为忌功者诬以

"轻动"，潜引归。廷议量移贵州兵备佥事，未几，卒。

熊秉元，字仁卿，旸源人。嘉靖进士，授枣强知县。厘奸剔蠹，称神明。岁旱，祷辄应。赈给有方，台臣荐知歙，枣强民攀留不释。莅歙，治益肃，权贵莫敢以私干。监司奏最，授刑部主事。饬廉隅，不谐于众，左迁知宁陵。义仓、社学、里甲、军税，悉淬励为之。大司空廉其能，委治河，浚淤砌闸，工成，钦赏，抚按荐复职。适举边才，寻改兵部，奉敕守山海关。时边警戒严，秉元率将领、督民兵，捍外内随遁去。条上防边五事，曰复游兵、还远军、增马匹、储军器、修城濠。再补工部。穆宗崩，奉命创行殿，治陵寝，勤劳懋著。又改兵部武库司，监武试。转车驾司，督抚请阅边镇，诏简公勤官，佥曰"秉元可"。列事宜八条，奏称旨。改司职方，裁决边政如流。兵部尚书谭纶为署上考，以积劳遘疾，遂告归。

孙樾，字汝峻，号肖泉，北门人。嘉靖乡荐，任盐城教谕。端己率士，上官重其才，属修县志纪传，推得体。升邵阳令，坚拒藩府请托。积猾舞文，为民蠹者，辄置之法。严保甲、立社仓、置递铺、平虚粮、均徭编、省里甲、安猺獞，当道以其治绩布各郡县，为通行法。尤注意学校，捐俸置学田，月课文艺。邵故鲜科甲，自是春秋榜甲诸邑。五载，升知泰州，筑高邮堤，招抚流民，给以牛种，复业者百余家。时总兵乘传，多勒索。樾正色拒，总兵计欲陷之，闻执政奇其操，乃止。报最，方列荐剡，卒于官。

蒋机，字若衡，号日峰，沇江人。嘉靖进士，授嘉定知县。地滨海，赋重民贫，机政先仁恕，旧额里中库子供值等，悉裁革，"条鞭法"自此始。时苦兑运交淮，力请改就本府，以便民。有沈坚、沈墨者，苏巨寇也。出没海洋为患，奉檄督捕，寇就缚，吴下遂安。行取，擢山东道御史，巡视京仓。劾罢漕运总兵官奸贪不职者，疏陈补缺船、恤漕卒、专责成、严勘劾、禁寄囤五事，复疏分责任、祛积弊、设专官、修河渠四事，俱蒙俞旨。寻按河南，岁大水，饬郡县捐赎金，先赈之，随疏请蠲租发帑，分遣救恤，全活甚众。修大梁书院，兴作士类。按福建漳泉，豪宦悍讼，立叱之，宦势顿沮，时称"名御史"。丁外艰归，哀恸而卒。

黄时济，字文道，登仙门人。嘉靖乡举，任萧山教谕。聘典广东文衡，称得士。升孝感知县，疏圜法，清丈粮，筑堤赈饥，皆以实心行实政。暇日，辄进诸生考课，孝感科名鼎盛，时济实启之。莅任六载，有"循良十咏"。

涂梦桂，字时芳，甘棠人。嘉靖进士，除大常博士，擢吏科给事中。兵部侍郎某，挟权怙势，露章论罢之，转户科右给事。隆庆末，大珰冯保蛊幸窃权，神宗登极，保掖登御坐，竟立坐前，不就班。梦桂率省僚疏其四逆六罪，请正法。保矫赐阉党蟒玉，梦桂力争之，四疏皆不报。用是得外斥，降濬县丞。稍迁江都知县，条地方利弊，平赋役、禽豪猾，邑以大治。居二年，荐书交属，终以权珰积怨，内察罢归。士民攀辕不忍释。

鄢一相，字辅之，黄埠脑人。嘉靖进士，授同安知县。邑罹兵燹后，民多流离，拊戢备至。加意敦士习、振文风，宾兴解额倍他日。抚按上其治状，当超擢，为有隙者排，仅得庐州同知。庐故多奸宄，会岁凶，英、霍间窃发者叵测。一相执其渠魁，闾阎安堵。时灾凶遍流淮甸，部使者以一相能举诸郡，赈恤属之。一相殚心力，至废寝食。因染疾卒。

榇还，庐人奔哭数十里，有“夺我所天”之语。两淮、庐各祀于社，又祀名宦祠。

樊城，嘉靖间，授清平训导，转泰州学正。讲学课艺，士服其教。州学田久废，城力请监司复之，以赡士。摄州篆，民爱如父母。海安镇旧无城，时倭寇炽，议建城，巡抚唐顺之檄城往营度，曰：“东筑任巨，功当折冲矣。”城闻命，疾驰赴镇，集居民，宣恩威，谕祸福，众佥劝。不二旬，城成。未几，转官桂林副使。刘景韶欲留参幕府，将具疏，请力辞。(《扬州府志·名宦传》)

黄焯，字原静，衙背人。隆庆进士，初任刑部贵州司主事，适朝审，路楷顺严嵩意旨，杀沈鍊，事当国某，纳楷赂，属大司寇讽焯庇其死。焯不从，廷鞫时，司寇厉声曰：“后生何知当日事，岂有非谋杀以两人抵一命乎！”以杨顺已伏辜也，焯正色对曰：“文致沈鍊，自路楷驳招始，为御史不执法，又附会之，杀人媚人，罪浮于顺！”某语塞，旋以员外郎，恤刑云贵。升郎中，除知金华府。再补河南，书一考，擢四川兵备副使。未几，以刚直罢归卒，题祀乡贤。(官阶旧未详，今核正。)

胡绪，字本理，旗塘人。简宕有才气，豪于饮，读书多创解。登隆庆进士，授工部主事。转吏部稽勋考功验封员外郎，升河南按察使。到官，威望动一时。用刑峻，判下如山。转浙江布政使，以疾告归。居家，一札不干当道。常以公事至县，无肩舆，令两竖舁胡床偃蹇进。某令入计，走贽千金求书为先容，峻却之，其清介如此。卒年八十三。

范梅，字元春，化鹏巷人。隆庆进士，除海盐知县。县受苏浙诸水，苦垫隘。下车，以堤务为急。又发粟赈被患者，士贫不能学，置田赡给。时当籍民数，讼言如堵。梅曰：“毋抑大，亦毋困小。”为设法调剂之。行取刑部，升南工部主事，具题修城七议，得允行。寻出知兴化府，故事，邮传节费千数百金解府，备他费，梅请当岁额之入。后左迁运副，鹾政多所厘剔，旋致政归。

李琯，字邦和，筱塘人。万历丁丑进士，授歙县知县。再补成安，以卓异，擢广西道御史，升福建佥事。戊子，奉表入都，疏劾大学士申时行十罪，语侵王锡爵，言惟锡爵敢恣睢，故时行益贪戾，请并斥，以谢天下。帝览疏大怒，谓李琯以外臬，议阁臣，祖宗二百年来未有此事。着削职。甫两月，时行亦罢。琯才堪大用，居家三十年，于县利弊，知无不言，令往往叩庐商请。光宗诏起用，会崩，不果。

李复阳，字宗诚，湖茫人。万历进士，任无锡知县。会审疑狱，适异风自西来，复阳曰：“此必有冤者。”细鞫，果诬枉，立出之，民咸惊异。政尚宽大，不务赫赫名。抚按第诸邑治状，居异等。姜士昌以贤才荐，晋礼部主事，调吏部文选司主事。甄别人才惟允。寻擢南尚宝寺少卿，历通政司参议。

熊鸣夏，字宗禹，侯塘人。性孝友，饬躬清约。登万历进士，初知松溪县，培养士气。再补金华，学校、义仓、桥梁诸善政，一时厘举。工费艰巨，强半佐以官俸。天启间，由主事历郎中。七年，四转官，无废职。晋吏科给事中，首疏劾税珰梁永，都人士壮之。鸣夏才识敏达，服官中外，皆卓卓有声。弟鸣岐，字文甫，万历进士，官至广东布政使。

陆应川，字汝济，仙音巷人。万历丙戌进士，授吴县知县。吴赋甲江南，甫下车，阅积逋以百万计，惊曰："若悉追，吴无民矣。"请于上台，督抚杨难之。应川以投劾辞，卒如所请，减逋赋十之七。丁亥，吴大水，民饥。戊子，又饥。设法赈恤，民赖以生。大司马家仆恃势杀人，督抚监司，皆其门下士，欲庇之，应川卒置之法。再补昆山，值倭警，民咸奔窜，下令抚集，饬战具、缮城池，竭力筹划，得米三万石资饷，乃获安堵。马鞍山出奇石，掘卖得善价，力禁之。上台索取，概谢却，遂忤意，改调新蔡。时饥民多为盗，严加捕缉，四境帖然。考满，晋刑部主事，典试河南，所得皆知名士。恤刑两浙，活死刑三百余人，超擢浙省左参议。历升贵州按察使，致仕归。

蒋汝瑚，字廷器，阳夏坊人。少以文行名，登万历进士，初授南海知县，备御海寇有方略。报最，召为御史。数上章，查刷寺务，风刺枢臣，指摘巡抚等官；禁罢矿洞，撤还营利诸使，两奏尤人所难言。神宗知其名，特命巡视蓟昌、保定。值外艰归，权贵素忌之，遂摭他事议斥，后起为寿州判，知保康、光化两县。修堤岸、折麦租，利赖及民。晋南兵部主事，复转礼部郎中，擢广西参议，分巡宾州。途遘疾卒。

罗栋，字吉甫，中溪人。万历进士，选庶常。授户科给事中，疏斥大理丞赫瀛暴戾诸罪。转刑科。西事方炽，宁夏苦兵，捷书久不报。议遣大臣行边，栋抗言："剿，则督抚足矣；款，则更遣奚为？"即报罢。倭酋乘隙侵朝鲜，窥中国。尚书石主和议，栋斥其欺君误国。后东封事溃裂，封使李小侯遁还，羽檄驰报，多不实。朝议简省僚视师，众咸惮往。栋曰："东事未得要领，天子命我侦敌，幸得当报国，庸何避？"时论壮之。改礼科给事中，台臣疏易名之滥，应议者七十余人。栋谓："议夺，固也，独无议予哉？"疏应补者十五人，皆礼官阙典，下所司佥议。同时采榷使交驰，海内骚然，栋屡疏请罢，竟以骨鲠取忌，降宝丰知县。念母春秋高，遂拂衣归养。

杨惟相，字无技，沙上人。万历乡荐，初授延庆知州。时顺义未封，数拥众入寇。惟相密授机略，擒获奸谍，敌惊为神。南山边墙圮殆半，敌乘间尽毁之，屡修无成功。前守获罪者多人，惟相微服行边，见沙漠草茅相结如窝，诸部落素匿于中，尽火之，宿以重兵，敌无所栖止，不敢近，始得一意趣工，修墙一万一千九百八十余丈，节省帑金一十二万。功成，受钦赉。旋晋刑部员外郎。先是，滇有逆贼阿克之变，至破城劫印，神宗震怒，逮讯失事抚镇，下刑部。权贵多为求宽解，惟相闭门谢客，奏请九卿科道会问，据法成辟。诸权贵竟以私怨中之，谪知茶陵州。后补两淮运判，未几，复旧职。时辽饷初增，高安奸民贿司书，漏派以丰为壑，岁视部额多派五千五百五十余金。惟相抗疏，下其议于抚按，得除半。卒，邑民思之不衰。著有《周易训蒙》《礼经管见》《论语肤义》行世。弟惟休，另有传。季弟惟标，有才力，能任事。于邑利弊，慷慨敢言。官广昌教谕。

熊尚文，字益中，邑郛人。父廷用，嘉靖间为长乐典史。倭寇逼县城，廷用登陴守御，开门令老幼俱入城，存活数千人。修筑滨湖，民受其利。尚文中万历乙酉解元，乙未进士。初授汝宁府推官，适两河大饥，变且起，施救有法，民借以安。累官福建提学，当官者以子与婿请，坚却之。嗣督学湖广，时江夏贺逢圣、熊廷弼为诸生，尚文一见，并奇之，曰："熊生，干将、莫邪也；贺生，夏瑚、商琏也。"后俱为忠义名臣。升浙江参议，海溢为盐患，筑范公堤八百里。寻升尚宝卿，饬朝仪，复二百余年遗制。奉差典河南试，事竣，偕阁臣刘一燝相度庆陵，优叙，升右佥都御史，巡抚湖广。值川黔交讧，辽饷催征旁午，尚文捐俸，并赃罚等项，措饷六十六万有奇。发兵援蜀，三楚始获晏然。特召还京，协理院事，晋工部右侍郎。疏三上乞休，得允。天启五年，卒于家。崇祯初，查援蜀功，恤赠尚书，谕祭一坛，减半造葬，崇祀名宦、乡贤。尚文清介自持，虽贵显，未尝治第宅。著有《语录》《经济录》二书。子汝学，荫官工部抽分，以清慎称。

喻三元，字少极。万历中，知平凉府。初至郡，值敌犯静固，悉心防御，颁布保障条约，居民恃以无恐。首禁宗藩请托，悉敛避不敢犯。创行条鞭法，以苏民困。议裁冗费冗役，当事者称不便，三元谓："裁省，非立异取怨以要誉；当官如理家，视有无为丰啬，食人食者，分人事；止知封殖，视民若路人，如朝廷官民之意何？"一时台省监司咸重之。(《陕西名宦志》)

傅宗皋，字直甫，卢坑人。生楚湘潭，归丰，领万历丁酉乡荐，明年成进士。知将乐县，政为八闽循良第一，荐擢南京监察御史。不避权要，时盐政坏，操院以宗皋望隆，题请督理盐政，及监京仓。请改折一十七万，去官攒守候之苦。庚申八月，营军噪，宗皋带辖京营，以法戢之。升南尚宝卿，以忤珰，夺职归。邑旧苦南运，宗皋为南台时，以运事至者，多方维救。杨比部疏减辽饷，宗皋力佐之，邑父老至今能道其事。后起大鸿胪，因母忧未任。尝曰："吾生于湘，馆于湘，得以身体发肤，从父母于湘，幸矣。"遂卒于湘。

袁懋谦，字吉卿，袁坊人。万历进士，选庶常，以才名见忌同馆。会帝命赋牡丹，同馆成三十韵，懋谦立成四十韵，益忌之，卒为所挤。改兵科给事中，癸丑妖书事起，中外危疑，旨一日五下。懋谦言主上仁慈、东宫纯孝，奸人捏造，不足仰犯天威。且国本岂可动摇，久之，妖将自息。帝可其奏，即日谕阁臣："从懋谦疏。"遂慈孝如故。丙午，奉命册封益藩。明年，京师霪雨，坏庐舍，民多漂没。诏发帑十万赈之，懋谦请再发大仓二十万平粜。戊申，巡视十库，卒于官。著有《虎溪诗选》，与孙锎诗集并行世。

徐鉴，字观甫，火巷人。万历进士，授桐城知县。革羡余、均差役，讲约化俗，以最闻。行取贵州道御史，诸弹劾，悉当上旨。巡按福建，会税珰恣横，几激变。鉴五疏力论撤回，民始安。复敕南直、应、安等府学政，竣试，称得人。寻升大仆寺卿，致仕。崇祯初，以部推诏起用，辞疾不出。著有《礼经讲隽》《礼经内解》《诸书考略》《左氏始末》《续列卿年表》。

王檄，钱塘上房人。由选贡任浦城县主簿，出纳维谨。视县篆，赈穷周乏，如慈父母。陞按察司经历。以勤慎称。

熊剑化，字神阿，松湖人。万历进士，初知增城县，以卓异，调华亭。阅月，白去积逋十余万。兴学校，禁游冶，讼无赎锾，库无耗羡。狱积年不解者，立为剖决，民皆畏服。自持清俭如寒素，入觐，贫不能馈权要，方晋谒，权要佯曰："华亭，何等县？疏节乃尔。"剑化拂衣去，终不再谒。迟六年，始选礼部主事。去华亭，垂橐枵然，两苍头敝衣如故，父老叹曰："华亭宰廉介，乃至是耶？"旋授浙江监察御史，未拜命，卒京。华亭人思之，祀名宦。所著有《云间集》《途说》二书存于家。

宋良翰，字直夫，后塘人。万历进士，知祁阳、邵武两邑，有政声。旋调京，累官至工部屯田员外郎。时宫殿灾，中使四出括木，商运至潞河，久不予值。会水溢，木荡析漂散，逋累十三万，械责偿。良翰榷木武林，因条其弊于司空，大约以恤民隐、重国体为要，言词激切，朝论善之。上命督诸逋商，良翰悉从宽政，劳来抚恤。诸商投款子来，逋材克期集。任讫，奔告诸上台，乞留不得，乃肖像专祠西湖上。（采《大泌山房集》增。）

罗宪凯，字元甫，荷塘人。万历进士，知贵池县。清介有声，尝捐俸修复齐山书院，以勘劳卒。著有《金陵》《北征》《入计》诸草。

邱士毅，字远程，邑郭人。少有夙慧，稍长，以家贫馆谷丹阳。吴门诸名士，见其文，辄惊服。归闻徐匡岳讲止修之学，从之游，亟为匡岳称许。万历丁酉，举于乡，甲辰成进士，选庶吉士，授检讨。癸丑，分校礼闱。乙卯，典楚试，所拔多名隽。升左春坊左赞善，福藩之国，奉命册封。天启甲子，以少詹召，晋南礼部侍郎，充纂修《神宗实录》总裁。乙丑，教习庶吉士，以忤权珰归。崇祯己巳。珰败，起原官，署本部尚书。寻乞休，温旨慰留。辛未，视乐文庙，忽疾作，归端坐逝。讣闻，遣官营葬，予祭一坛，赠礼部尚书，荫一子入监。士毅品行端醇，为文古茂博雅，诗典则流丽，著有《吾美楼集》。

蒋杰，字美若，以贵州籍，登万历己丑进士，授户部主事，历郎中。裁减浮费，岁省四千余金。有中官因事请托，贿以五百金，峻却之。出司清源榷政，获羡金一万一千，悉以佐三殿大工。洁己恤商，清源人祠祀之。神宗久不视朝，疏言晏安中隔之弊。又请减中官，以杜壅蔽，皆留中不报。升南雄知府，听断务先德教，有感泣罢讼者。岁大祲，多方赈恤，又捐俸新郡学暨宏道书院、张曲江祠，月课士其中。转副使，寻以内艰归。先是，南雄诸生梁智与幼弟争产，至诬其母。杰自责立，按律拟辟。巡按御史某，为居间求脱，不听，遂以他事中之，不复起。崇祯间，楚氛棘道，其子克显官上高知县，遂偕归丰城故居。年八十四卒，著有《九经选抄》《十七史摘要》《边略议》《治河议略》《式穀堂集》《息园小草》《静寄轩稿》《南游日录》《东游漫草》《纪游小草》《武陵晤语》《普安续志》，经兵火无存。

唐大章，字伯和，号元璞，北门人。父良臣，西安县丞，三摄县篆，以勤慎廉慈闻，祀名宦。大章登万历丁未进士，殿试初定元，时神宗久不视朝，胪唱，宰臣私其意中人，又怒不先谒己，易置二甲第七，榜下哗然，特授编修。丙辰，分校礼闱。所拔刘铎、曾樱辈，皆忠义士。天启初，升谕德，掌南京翰林印。蒙诏奖，历国子监祭酒，兼侍读学士，特进《懋修圣学疏》（全疏见《艺文录》）。疏上，帝嘉纳，海内传诵，称为经国名言。擢礼部右侍郎，会逆珰魏忠贤乱政，大章日以社稷安危为虑，有请建逆祠于国学旁者，大章愤然抗言曰："太学之旁，岂容阉秽？"力持不可，议遂寝，竟以是忤逆珰意，夺职归。崇祯初，珰诛，首赐召还。诏书有"坊表揭而吾道尊；忠硕存而凶珰忌；锢之党籍，九庙亦式其孤贞；采及师舆，三代犹存其遗直"之语。转吏部侍郎，晋礼部尚书，掌詹事府，教习庶吉士。纂神宗、熹宗《实录》，赐银币，加服俸一级，旋兼掌翰林院学士，充经筵讲官，眷注日隆，两与枚卜，同列谓之曰："稍委蛇，大拜可必得。"大章正色曰："平生不晓干进，何来此言？"同列惭之。又深鄙辅臣周延儒、温体仁之为人，每论事，面斥其非，故阴为所沮。屡疏乞休，帝慰留再四。甲戌，改南，遂归里。六子三十六孙绕膝，乙亥卒于家，年八十。讣闻，赠太子少保，遣官谕祭，造坟如礼。大章端凝厚重，有古大臣风。居乡恂恂，人以长者称之。殁，与父同祀乡贤。著有文集十卷，门人马世奇梓行。

孙举海，字楚卿，邑前人。幼习举子业，不屑为饾饤语，每曰："釜边染指，无当于饱。"博览载籍，一往领要义。家无瓶盎储，歌声若出金石。领万历乡荐，任彭泽教谕，升湖广湘乡知县。屏绝膏润，蔬食布素如恒时。宾客过从，终日惟粗茗，一再巡，其高致类如此。

鄢鼎臣，字玉铉，泉塘人。文学与孙举海齐名。天启甲子乡举，授广西北流知县，治行亦以清约闻。

李维乔，字良父，南湖人。博综群书，兼长古今文体，试辄第一。登万历进士，授常州府武进知县。武进为江南望邑，赋役繁重，仕宦鳞萃，胥吏盘踞，为奸豪仆乘之，表里相结，遂至侵牟田税，朘削小民，渔猎行户。维乔悉厘革之，首禁火耗，库无羡钱。衙门积蠹，廉得主名，置诸法。豪仆素扞网者，戢不敢逞。初，钱粮比簿，分官、民二册，每征比，止民户按籍可稽，官户率后期不至。维乔曰："正供，一也。食禄逋赋，非负国耶？"以一例行征比。粮无侵欺，民亦不扰。尚书孙慎行称为"廉能令"。邑当往来孔道，持斧按部者，车骑相错。维乔绝不饬厨传、结上官，过客欢，治行当殊擢，竟以疏节忤上台意，解任归。寻改武进教授。

黄大受，字应伟，城南人。万历进士，初官大理评事，多所平反。输饷榆林，值溽暑，叱驭往返数千里，升兵部车驾司主事，巡视皇城。清豪占内地，汰军伍老弱，戎政整饬。寻遘疾卒。

文可纪，字大美，一字勔思，城隍巷人。天启辛酉乡荐，崇祯末，选授天台知县。甫下车，戢城堡、缮守备，抚循残黎，为一邑保障。福藩守南都，愤马、阮颛政，投劾归。国朝新命，召起刑部主事，以风眩辞不赴，杜门养疴终。子宏济，灵石县丞。（参《选举志》补。）

雷化鳞，字元龙，镡舍人。天启进士，授工部营缮司主事。三殿工兴，管琉璃、黑窑二厂，称职。时珰焰熏灼，中外阿附。殿差诸司，尤珰所属意。化鳞终以忤珰落职，珰败，赐还原官，转副郎，部题督造陵工。故事，工竣，例得优擢。同官有觊是差者，遂推让，无难色。寻管宝源局，局丛弊最甚，化鳞始终不私一钱。出知兴化府，属令有过锲急者，致滨海奸民啸聚为盗，城野嚣然。化鳞立要约，止歼渠魁，以正国法，乱始定。卫弁某，督造战舰，被诬抵罪，院司以冒赃千计坐拟，化鳞廉得其枉，力为伸豁，弁得释。进广西副使，整饬右江。地故邻交阯，摇獞杂处，八寨洞贼为患，号为难理。土司镇安田州，频年争夺。化鳞下车，即饬营堡，严守备，檄谕解散之，数十年不戢之患以息。升大参，备兵左江。以前守闽时事，结议归。

余有敬，字元礼，大井人。性孝友嗜学，古今藏书，窥殆遍，诗文以醇雅为宗。天启甲子，举乡试第一，署东乡教谕，历吏部司务。先是，本邑漕南米，岁编民役运解，赔累之苦，至毙刑狱者无算。有敬官京师，以余直容疏白其事，下抚按议复。时乡先达合诸生条对，与郝令锦定为官解之法，力请上台陈于朝，永著为令，邑民赖之。

丁序琨，字曼器，沙湖东城人，梦阳子。领崇祯庚午乡荐，庚辰特用，授兵部职方司主事。历刑部员外郎，升云南临安知府。居官廉介，执法不挠，卒于任。

游允达，字兼之，安沙人。天启乡举，授获鹿知县。岁大饥，称贷赈济，存活无算。民输纳，恒苦火耗，允达令里甲自封投柜，不假手吏胥。邑当山右要冲，供亿浩繁，锱铢不扰于民。捐赀建炮台，度贼所必经处，棋布之。孤城若金汤，以疾请去，士民为立去思碑。

熊培元，字大初，瓘山人。少颖敏，书无所不读。崇祯癸酉膺乡荐，庚辰特用，授朝城知县。抚饥民，赈恤多方，可为百姓请命者，不遗余力，民呼“慈父母”。时盗贼蜂起，培元日夕巡缉，修城池、备戎具，贼不得逞。以劳瘁卒官。

左侍，字孟忠，墩上人。崇祯癸酉乡荐，授沅陵教谕。先是，司铎者有因讼窘辱诸生，籍规利。侍曰：“朝廷设教职以造士也，如以利，纵便身家，奈辱朝廷何？”力持廉正，士论翕然。迁处州同知，贫不能办行李，有馈遗者，峻却之，惟携一子一仆之任。摄龙泉篆，征收革火耗，且还其羡金，终始以清节名。

邓邦荣，字邻蛟，邑郛人。少从徐匡岳讲“止修”之学，行端谨，不逾尺寸。由岁贡授安义训导。教士以敦崇行谊为先。属安义知县缺，上台廉其品行，委署经年，多惠政。随升温州府卫经历，归里，邑令屡宾于乡。匡岳所著《易说》，邦荣参订为多。他著述亦富，今轶。

甘大绶，字子纡，北泽人。九岁，通性理、史鉴等书，有神童称。崇祯庚午举于乡，丁丑成进士，授武陵知县。时流寇炽，荆楚、襄郧兵饷万倍，催征旁午。大绶补绽支柱，谕百姓引分输纳，襁属于道。师济，又单骑裹粮，循行原野，劝民开垦，岁得田万余亩。巡抚宋上其事，奉敕纪录。武陵逼处箐峒，且巨湖阻水，寇多啸聚，激之则连合，楚寇为患。大绶设法抚缉，盗遂解。辟东璧馆，处诸生，资其膏火，暇时辄亲诣督课。丞舍火，冠带肃拜，火随息。邻邑多蝗，为文吁城隍，蝗不入境。奏最，入京，旋以疾归，数年卒。所著有《二白斋素言集》。

罗大任，字小逊，京堆人。为诸生时，家苦贫，营馆谷荆湘。旅次，忽心痛，泣曰：“吾堂上得无有恙乎？”亟返，母果卧疾，人以其孝方曾子。成崇祯辛未进士，选庶常，授检讨。丁丑分校礼闱，除国子司业，晋中允，入直经筵。撰《金殿讲义》，帝嘉许。一日讲《宝训》毕，复命讲律。大任于律中“以准皆各其及即若”八字，各疏百余言，帝动容，曰：“朕闻《宝训》，不胜爽然。闻律令，不胜恻然。每字中有许多义例，安得不惟刑之恤乎？”升谕德，旋迁祭酒。甲申三月，遭异变，仰药不死，复投缳，从者力救，得苏。贼南遁，遂归里，杜门不出。总督蔡士英、巡抚郎廷佐屡疏荐辟，悉以疾辞。晚号“遁庵”，自题寿域曰“处士”。

国朝

熊明遂，字仲良，瓘山人。顺治丙戌乡魁，授江都知县。邑俗故奢，示之以俭。民诬讼者，虚衷得其情，惓恳开谕，有卓茂礼教之风。值编审，悉心询访，手自编订成册，积弊以清。署内无长物，惟古书数簏，士大夫以“厩马高骨，野鸟窥厨”为颂。去之日，父老相率送数十里外。

范谌，字顾天，槎村人。顺治丙戌举人，历铅山、宜春教谕，升河南新安知县。新安，冲繁要地，兵燹后，人民流散，学校颓废。谌下车周视，叹曰：“困哉！斯邑。”督耕稼，给牛种，清丈地亩，劝垦荒田，流民复业者八百余家。捐俸筑城浚池，修葺文庙，兴复常平仓。严革火耗，痛惩杂派，其夫役侵挪、盐贾网利，及坙岫、洛庄两洞流人私凿，为新安民害者，悉禁止。历任九年，有祈雨、驱蝗、返僮、咒马四异政，治行考上等，以老疾归，新安人祀之名宦。

涂象震，字子起，东城人。顺治丙戌举人，壬辰明通，除推官，以亲老，改就清江教谕。尝却诸生贽币，曰：“师席为多士表率，以利交，非所以励风俗、正人心。”丁母忧，起补龙南教谕。邑科甲寥落，为新圣庙，置学舍，令士肄业其中，学问精进者奖拔逾等，文风一新。升抚州教授，知府稔其品行经术，恒就访政事。内擢国子监助教，行次浦口，病归，寻卒。著有《小绿园文集》《桃江墨滓》行世。

唐金旭，字幼昭，北门人，良臣曾孙，廪贡。负奇气，亲藩兵驻江西，金旭膺总制荐入幕，随征湖南，指画方略，有古名将莫能及者。以功授辰溪知县，闻母病，辞归。子之汪，康熙庚申武举。

李郁，字周生，南湖人。弱冠负文名，顺治丙戌举人，授安义教谕。惟携一仆抵任，月集诸生面试，所造士皆先后登巍科。年五十归。家近市，非公事，未尝一出。

黄炳启，字佑君，城南人，刑部郎翰曾孙。顺治丁未会魁，知陕西礼县，以仁廉著名。巩昌守挟上台命，索买貂狐裘，而靳其值。炳启辞曰：“贫官奚能办此？欲转相辖，取如吾民，何遂？”以疾告归，百姓遮留，不忍其去。家居日以觞咏自娱，著有《乌夜啼集》。

金玉书，字石函，斜溪人。顺治乡举，任宜春教谕。善属文，端严有师范。岁课士，手定优劣，翕然无间言。捐赀修学，惓惓以振兴人文为念。未去任，以寿终。(《宜春名宦志》)

熊之翰，字崧生，南巷人。父齐耀，崇祯庚午举人，泸溪教谕。之翰领顺治辛卯乡举，授山西崞县知县，升济南府同知。牧民礼士，革弊翦奸，所至有声。奉檄督饷滇中，冒雾露促行，染病卒。家贫不能丧，僚属经纪，归其柩。

黄叔铉，字彦冲，登仙门人，明孝感知县时济孙。顺治辛丑进士，任广西雒容知县。地控岭峤，蹑交趾，猺獞杂处。古云柳、庆以西八寨，号为盗区难治。叔铉政尚抚绥，措置悉当，未两载，有成绩，以染烟瘴，卒于任。弟锎，字茂开，夙负材艺。顺治丁酉举人，选山西交城知县。以特荐，升主事。改广西平乐同知，调思恩军民同知。思恩面山背水，猺民杂处，习骄横，多劫杀事。锎恩威并用，三年境内帖然。劳疾卒，归葬，同官太守姚文光志墓。

余配乾，字得一，号云思，瓘山前村人。警敏好学，康熙庚戌进士，选知山东钜野县。下车，值奇荒，绘图请赈，饥民全活无算。巨土旷民疏，力劝开垦，增至三十余顷。

致政归，知县邱教请乡饮，年八十余卒。

弟配元，号檀西，才名与配乾齐。顺治辛丑第二名进士，知襄阳县。县多虎患，入城噬人。配元至，作文吁城隍神，明日虎遁去，士民为建“驱虎亭”，勒碑纪其事。

李基，字子厚，号岵云，南湖人。学问淹博，通河洛、皇极、星纬诸书。蚤岁为临川章大力所赏，登康熙甲辰进士。是科易制艺为策论，基文灏折有奇气，闱墨出，都下翕然推之。初授思州推官，以母老辞。母卒，谒选，知河南嵩县。时流贼余孽，潜伏箐莽间，数出为民害。基亲同营守，领兵壮捕获渠魁二十余人，置之法，散其党，从予以生业，盗顿息。嵩立祠以祀，未一年，以疾归。子铨雯，字部工，由廪贡，历新淦、永丰教谕，升九江教授。所至实心课士，著有《丰溪诗黯》《浔阳近草》《三湖舫集》。

唐金栋，字汝隆，尚书大章孙。资颖拔，为文恒不属草，由贡任兴国训导。勤于课士，初见王思轼卷，叹曰：“此公卿器也”，令肄业署中，饮食教诲备至。王果登科第，官至礼部侍郎。金栋殁十余年，王舟行过丰，徒步哭奠其家。

陆鸿渐，字仪甫，仙音巷人。顺治丙戌武举，任宿州守备，转潼关卫都司佥书。能诗文，兼工书画，雅好儒士。卫诸生关承运，因事波及，罪几莫追。鸿渐怜其才，力白之，得释。承运感德，图其像祀于家。

万姓苏，字更生，罗湖人。以贡授登封知县，居官勤慎，奉檄清丈，除庄茔之额，登封人志其遗爱。

丁序珙，字石公，沙湖东城人，序琨从弟。博学工文，擅时誉。顺治甲午经魁，辛丑会试中式，康熙甲辰殿试第二甲进士。授西安知县，兴利除害，政声大著。诸大吏交荐，谢病归，士民攀辕留者数千。性清介，耻事干谒，所居近县治，惟岁时一往来。著有《心白堂稿》。

丁蕙，字次兰，号澹园，沙湖人。父文达，性孝友，蕙亦极孝。父病，刺血和药以进，尝夜分馆归，恐叩门惊母，露坐达旦。事继母如所生。康熙丁未进士，选庶吉士，授部曹，监京仓右翼。剔弊厘奸，吏弁慑服。庚戌，分校礼闱，得人最盛。张鹏翮、朱阜、倪长犀诸公，悉出门下。任福建学道，时八闽兵燹后，弦诵少衰。为示行文七则、学政条约、校士文稿，极力挽持风会。尤加意单寒，文风烝然复古。升山东登莱参议，地濒海，有鱼盐诸利。蠹吏豪商，结合贪墨，为民害。蕙下车，即除之，积困以苏，士民刻其事于石。俗多停榇，刻期饬葬，贫者给以义冢，一月葬，计数千。岁饥，蝗害稼，下令捕蝗，一斗给米如其数，民争捕坑之。是年有秋，其地至今有“蚱蜢冢”。历宦三十余年，勤慎仁廉，皆有实政。祀福建、山东名宦，暨本县乡贤。著有《五花阁存稿》。子甲，历赣州教授，德兴、湖口教谕，均以教泽治谱闻于时。

峙，字鲁山，蕙之孙。雍正乙卯拔贡，选浙江丽水县丞。署松阳知县，松水道壅塞，民多患疫。峙巡城中沟渠，悉捐廉开浚，民赖以苏。旋因委踏龙泉水灾，冒暑疾卒。

徐天德，字吉士，斗门人。康熙己酉举人，戊辰以明通，授固安知县。设立义学，拔俊异，肄业其中。浑河为患，身荦土石为徒卒先，不十旬，堤成。时有军需之委，以不忍急民，后期夺职。寻补霍山，例有茶贡，胥役摊派百端，至鬻妻儿供役者。商贾来霍贸茶，部岁给引三千，每一引，县吏勒银三四钱不等，即小负贩，无能脱，天德概除之。署篆六安，清廉茂著。壬午，分校乡闱，所得皆知名士。以母忧归，哀毁卒。

李遇陛，字珂鸣，邑郛司前人。康熙壬子举人，知松江娄县。娄赋役烦重，多抗逋。前令每以亏帑逮系。遇陛首除黠吏，尽革耗羡。官籍民户，一例征收。由是民竞输纳，抗逋之俗遂变。有王传夜杀其邻人，无觉者。僧松月以谋财，杀其师，移尸河干，诬称盗杀。施三杀伯养子，以橐裹尸，置诸田，尸属诬为其伯所杀。遇陛严审，三狱尽得其情，置之法，民称“李青天”。每月诣学课士，手定甲乙。并捐俸，资其笔札。四年未尝以簿书故一缺课。宋中丞荦抚苏松，荐其治行，以病乞归。颜所居曰“止庐”，著有《四书解》《思田堂稿》《娄江吟》《止庐吟》诸集。

雷鉽，字端臣，东城人。康熙壬子举人，宜春教谕。有杨、彭二生，因公触知府怒，祸不测。鉽曰：“杀人媚人，吾其为乎！”力争之上官，遂得解。秉铎十七载，讲课无虚日，士风赖以振起。升袁州教授，四邑相庆得师。引年解组，士为立《教思碑》。旋里，键户著书。知县王履仁甫下车，闻其学行，即造庐访之。

弟曾，字沂公，年十三，冠童子军。康熙癸未进士，任湖广巴东知县。巴辽阔，丛山万叠，治无城郭。学校县试，止数十人。曾立义学，亲为讲授，赴童试者三百有奇。邑接壤四川建始，两省民争界，久不决。上官委曾勘之，陟降周察，判曰：“两山壁立，一河中分。”遂奉为铁案。地鲜陶瓦，民多结茅居，恒苦火。终曾任，无灾。山怪为祟，牒之即灭。旱祈雨辄应，邑人称为异政。寻以老乞归。

李云会，初名云龙，字纪上，号望越，湖茫人。康熙丙辰进士，授庶吉士。改礼部仪制主事，升吏部稽勋员外郎。甲子，典试滇南，明年，升考功郎中。居铨曹九载，人莫敢干以私。初，贵幸某，以云会负盛名，欲一见，嘱同官居间，卒不往。旋以疾请归，居家孝友慈和，乡里矜式，宋中丞荦称为“一代典型”。卒祀乡贤。所著有《滇行草》《见性堂稿》。

戴之霈，字雨公，邑郛人。博洽多能，经传子史外，旁及星官、历算、医卜诸书。康熙戊子举人，任乐平教谕。修学校，勤考课，诸生中争讼，辄以礼解释，不使诣有司。会年饥，躬延邑绅劝出谷助赈，在任八年，卒于署，乐邑哀思之。

刘承祥，字旋吉，邑郛大街人。由岁贡，任崇仁训导，尊名教，尚节义，严程课，抑奔竞，为诸生圭臬。在任十二载，崇士服其教。

范华，字维常，邑郛智林巷人。康熙癸巳举人，任山东安邱知县。邑胥役骫法婪贿，为民害。华极力振刷，犯者辄置之法。遇大狱，详慎无枉滥。民贫，疲逋赋，催科不妄差遣，亦不轻事鞭扑，邑称“慈父母”。卒以征输后期，去官。华素以孝闻，兄弟白首无违言，性恂谨，持身凛冰渊。知县顾敦请乡饮，复列名旌善亭。

李绍庭，字二学，太史贵裔孙。康熙丙申岁贡，少笃学，与伯兄绍衣相师友。官德兴训导，按期课士，必先构程式。请革陋规数事，为同官所衔，谋构百端，以素守清正，莫能中。卒任，遗橐萧然。诸生经纪归其柩，哭送数十里外。

李景运，字会可，南湖人。冢宰裕裔孙。康熙戊戌进士，授揭阳知县。为治以饬士习为要，于城东西立两义学，延耆宿主其教。公余，亲诣讲课。潮士文行，日益进。邑产盐，例有献纳。商灶以此昂其值，食盐户大不便。景运曰："奈何以我故病民？"裁其规。旧有落地税，斗粟尺布，莫能漏，为请上台，悉除之。岁大饥，亟请发粟赈贷，劝富民平价出粜。又捐俸设粥赒给，全活甚众。两院嘉其绩，将列荐，以母艰去。士民合祀前令潘公祠，不数月卒。所著有《狂言集》《清芬编》《礼记读本》《会可时艺》。

杜名世，字臣恭，鹤村人。幼孤随母适甘，遂冒姓甘。雍正癸卯举人，庚戌，以明通，授大庾教谕。拔单寒士，肄业学署，资以膏火。又力劝府守辟东山书院，守雅重之，即延主讲席。升广东潮州教授，潮故"海滨邹鲁"，名世扶奖训迪，士风益振。以老请归，著有《举业要言》《泠香亭集》。

朱干，字山立，号少白，滕坊人。雍正癸卯举人，挑选云南知县。署嶍峨，数月补大姚。姚去省会千里，新归十马地方，悉属夷獠，俗窳陋。干立乡约，创义学，捐廉延师，分教夷人子弟。数诣学，宣谕督课，赏给花红酒食，夷俗感化，大改观。苴却镇土官行署，旧为夷人输粮所，每征收里总包纳，借送官供应为名，多派火耗。干令花户亲纳，革里总陋规。有过镇，叹曰："地名苴却，微朱公，其孰能却之。"调繁宜良。适乌蒙东川告警，奉檄办饷，以马驼易民运，省费万计。即以充条漕耗羡，民困顿苏。洞悉盐弊，议详行盐法，课办而民不扰，当路推为循吏最。檄署路南州，升霑益知州。三年，致政归。干学有体验，尝语人曰："积善须除恶根。"或曰："恶根从何处去？"干曰："不忮不求。"或曰："此何可责之众人？"干曰："平心安分，便是进步处。"时以为见道之言。居家为善若不及，捐修庙垱石埽，毗村万余户，借以保障，尤称利赖云。(《阮龙光传》补。)

甘兴仁，字克让，号乔园，邑郛人。雍正甲辰举人，有文名。己酉湖北乡试，乙卯浙江乡试，两与分校，所得多名士。壬戌会试，以明通授礼县知县。礼旧隶巩昌，改属秦州，仍供巩昌差役。兴仁叹曰："远边疲民，可两供力役耶？"请于上官，遂得罢巩役。士椎鲁，少文教之向学。善晰疑狱，上官稔其能，委治邻邑积案，以劳疾卒。著有《乔园文稿》行世。

黄河清，字九安，莲塘人。雍正戊申，以生员举贤良方正，任东乡教谕。善造士，升知安平县。吏治勤慎，案无留牍。州牧邹一桂保题卓异，因疾乞归。

袁守定，字叔论，号易斋，袁坊人。天姿高迈，少为文，即卓然成家。雍正庚戌进士，任会同知县，革洪江三累一牛税，一小甲一银工，按月递结。镇多火灾，立火巷以纾之。古州苗叛，天柱之瓦寨逼县境，守定请于上官，团练乡勇，设卡堑濠防守。时守定母迎养在署，请暂移省城以避，母叱之曰："苗果来，尔能死，我独不能死乎？"嗣大兵剿勘，专办运饷，无少误。苗平，民不扰。有僧复智，为城隍庙二僧谋杀，火寺楼及尸，而以盗报。守定讯其徒，战栗不言。讯二僧，皆以为盗，二僧衣亦劫去。念僧贫，不宜有此。察佛龛上空处，令杀人取二僧衣及米出，鞫之，乃二僧疑复智有赀，与其徒杀之。及搜无长物，遂纵火，指为盗。立置三僧于法。调芷江，署桂阳州事。适往乡履勘，路旁古井，烟出如缕。视之，井水沸。涸其井，得尸数段，密侦之，知尸为木匠夜宿某店，窃主人衣物。及觉，追而毙之，投于井。拘店主讯之，尽服。署黔阳，游丐羊氏，携二子杨大、杨二，婿李甲，往溆浦，住塘古庙。羊氏素与县民杨乙奸甚密，既二子及婿同往一处，乙不敢近。忽传相近大神庵有二尸，视之，则羊氏、杨乙也。溆浦令其验，尸且溃，仵作报多伤，申于府。府疑羊氏之子恚杨乙与其母通，并杀之，狱久不决。檄守定覆讯，守定细验尸，所及尸衣，俱无血痕。而庵外树下地有血渍，遗剃刀一，尸颈有刀抹，侦杨乙业剃，知为二丐偶尔路遇，不得复修旧欢，彼此刎颈相从耳。因是，以自刎白上官，终不能信。复委他令覆检，果无伤，卒如守定，详结开释诸丐，其决狱类如此。守定署桂阳，卸任，后牧交代，推求不已，至羁其家人。州人数千，集城隍庙曰："新牧之留袁公，使补葺城垣坛庙耳。我辈人持一砖一瓦，代为修。"会监盘官至，亟具结牒，而归其家人。守定所至，革陋规、立学校、课生童、设义渡，皆垂久远法。督抚交章荐，为全楚贤能第一，行取礼部主事。旋病归，居林下，知县于，每亲造其庐，质疑难。著有《读易豹窥》《雩上诗说》《图民录》《叔论文稿》《地理啖蔗录》行世。

游方震，字巽修，号执庵，四坊苦竹人。乾隆壬戌进士，选云南永善知县。县苗疆难治，方震积诚抚绥，髦倪悦服。他邑械剧盗解省过境，逸去。吏仓皇无措，已而盗还，诣县堂曰："某在逃，闻县官廉仁，不忍以疏防相累。"遂就械。永俗犷悍，士鲜学问。捐廉，倡立书院，给膏火，时亲往督课，顽者皆秀而文。旧运铜，官舟载米返，获利常倍。方震曰："是与民争利也，且徒饱胥橐。"禁罢之。理案牍，不设钩距，人自不能欺。尝同时摄一州、二县篆，悉就理。上官奇其才，将卓荐，会为忌者所中，罢去。留掌五华书院，望江檀萃剧推服之。归教授乡里二十余年，乃卒。方震少寒苦，以清节自持。终日手书，必正襟危坐。在官无私积，年三十余，妻丧，太守某，欲女以兄子，固辞，卒不再娶。学尤邃于《易》，尝曰："人生随地随时，无非《易》象，善学者，自知之。"所著有《易经塾本》《石门文集》《石门遗稿》《执庵时文》《治生要旨》《养生丹诀》。作书近晋人。孙翼南、之源，俱文学。

唐光云，字履青，号萃亭，北门人。读书目数行下，乾隆乙丑进士，文誉动一时。知县满，聘修邑志。秉笔谨严，称完书。谒选，得四川长宁知县。长宁故边邑，光云吏治精敏，豪右敛迹。有奸民杀人免脱，前任以承缉被议，光云密计擒之，置诸法。尝捐俸倡修学宫，政暇，进诸生讲学不倦，长宁人以"仁明"诵之。以忧去官，卒于家。

毛凤雏，字钜飞，号丹崖，龙雾洲人。乾隆壬申进士，学问渊博，粹然儒者。知浪穹县，莅任，即延绅耆询利病，凡不便者，悉蠲之。案牍不假幕席，每放衙判事，即以诚意开释两造，终日不笞一人，险健者亦感泣去。邑内外巡役，及差递马匹，旧皆派之民间，无夫男，则以妇女应。凤雏永远裁革，捐俸雇募，百姓颂之，知府张瞻洛称为七属循良最。邻邑有疑狱，辄檄凤雏鞫，多所平反。寻以疾归，扳辕祖饯，相望于道。归十余载，浪穹人士，犹于万里外，致书问起居，其去思如此。所著有《子书摘粹》《龙州志》《啜茗夜话》等书。子士洁，字狷持，庚辰举人，官清江教谕、瑞州教授，学行纯洁，工制举文，善书。

何器，字国重，号容庵，河湾人。任江南徽州通判，以才能著，调福建澎湖通判，升四川保宁同知，署达州事。适地震，请于上官，周察民庐舍，坏者赈恤之。再补云南永昌同知，缅匪跳梁，军需旁午，皆应檄而办。委查台站，木邦贼骤至，同武弁御却之。移驻潞江办渡，染瘴疠，迷瞀者三昼夜，稍苏，力疾办事。经略悯其病笃，给假归，甫达里门而卒。弟新，由附贡，授两淮石港场盐大使，吏事精敏，升泰州运判。弟周，议叙任河东盐运司知事。孙倬，举人，能诗。

徐肇裕，字次容，邑郭斗门人。善文工书，乾隆辛酉举人，历东乡、万年教谕，端己率士，勤于讲课，士心悦服。上官甫卓荐，以疾卒。

李台莲，字宷衡，南湖人。乾隆癸酉举人，甲戌明通，授上饶教谕。卓异，升广东兴宁知县。禁囤贩，立书院，士民颂之。邑有埋界占山者，廉得状，判还其业。有自创诬为奸所杀，详慎推鞫，卒白其冤。著有《玉庄近稿》。

杨其谟，字禹陈，号潜斋，太平巷人，王季友裔，先世避寇易姓。父国庆，有隐德，早世。母教成学，受知陈榕门相国，闻践履之学，为诸生二十余年，廉介自矢。乾隆庚辰举于乡，丙戌挑选直隶知县。初署南皮，却陋规，辟狐怪，以清正闻。知保定，邑多水患，步行田亩间，问民疾苦，请赈济。捐廉，创玉带书院，亲为督课。贫无资者，给膏火。奉檄谳邻邑文安县疑狱，摘奸发伏，人称神明。适岁旱，日捕蝗勘灾，夜检簿书，漏尽方息，率为常。以积劳成疾卒。著有《求是堂文集》《无闷园诗集》《彭泽县志》《孝经意言》《陈榕门语录》《张露溪问答》《为学琐语》。子三，念槐，聊城闸官，以勤廉称。念庭，职员。道南，辛酉拔贡，即选州判。

徐秉霖，字廷桢，号槠山，夏港埠人。乾隆丙子举人，辛巳，以明通，授建昌教谕，督课白鹿书院。丙戌成进士，教授袁州。课士有声，部铨福建长汀知县。汀俗好讼，秉霖判谳如流，案无积牍。山多虎，为文祷城隍，虎远窜。捕利盗，诬扳，秉霖以惩捕除窝为亟，株连一无所逮，盗戢民安。势豪弄法，立置之狱。有富姓伤人，嘱巨绅啖以重利，不为动，汀民畏而爱之。以忧归，卒。著有《槠山文集》《别集》《四书解集腋》《左管窥》待梓。子瀚，岁贡。

雷燿，字映川，东禅巷人。家贫，性孝友，尝推产赡其兄。乾隆壬午，举于乡，初官吉水训导，以廉介称。年满，截取，当入都。有户书贶百金，峻拒之。谒选广西马平知县，时西隆苗匪不靖，邑当要冲，燿日应兵差，晚理案牍，事皆就理。添设马站六所，亲行勘验，驿无稽役。旋卒于官。子晋阶，诸生。

熊懋奖，字特钦，号励亭，瓘山人。幼孤，母为授书。援例，选甘肃阶州典史。屡膺卓荐，历皋兰县丞，巴陵、溆浦知县，桂阳州、澧州州同。所至有惠政，后升永绥厅同知，权辰州、沅州知府。督运闽省军米，以劳瘁，卒于长沙。懋奖无书不读，长于经济。治剧盗，画兵政，悉有方略。所著有《闻闻录》《西行纪略》《易意》《数学辑要》《地理要言》《阳宅秘奥》等书。

熊仪柬，字章甫，松湖人。性至孝，任陕西布政司理问，历署商州州同、布政司经历。同官长武县知县，借补西安盩厔丞。居官清慎，办兵饷有殊绩，以军功，升湖北归州知州。丁父艰归，卒于家。

万光岚，字师竹，后万里人。乾隆辛酉副榜，官石城训导。会有郑生罹飞灾，几重困。光岚知其冤，力白县，出之。任峡江，扶植士类，如石城。未几，以疾归，寻卒。光岚有才具，能任事。癸丑，三江口堤决，竭力倡修，亲视畚锸。南昌试院圮，捐重赀新之，碑勒学使院中。

以下增。

罗拔，字迴万，号抑斋，白沙人。乾隆庚子进士，即用湖北巴东知县。先是，邑有钦犯八人，久不获。拔至，计擒其六。通判某解京，升知府，拔仅加级。巡抚姚翀廉其能，保举调繁黄陂，摄锺祥篆。黄陂屈丞权县事，除夕，饥民哄求赈，毁公署。府檄拔驰谕之，众乃定。旋以盗案，绖吏议，归授徒本里狮山义塾，主讲贵溪象山书院，成就为多。嘉庆十三年，县延督修志，时病目书，后自署"墨墨老人"。拔聪颖异常，文口占立就，尤精衡鉴。癸卯、丙午，两为湖北乡试同考官，李小松尚书、帅仙舟侍郎，皆其门下士。李以搜对房遗呈领解，帅时年十五,一见以鼎甲许，已果然。

敖宗瑚，字海珊，号百谷，花园人。九岁，能暗诵《十三经》，乾隆戊子举人，大挑，补清江训导。勤于课士，县以练达，请监老岸堤，作《老岸行》，载《清江志》。截选广东镇平知县，下车筹添桂岭书院膏火，捐俸延山长，数往督课，躬与诸生讲解不倦。教匪廖善庆煽众变，且不测，瑚首发其奸，亲擒渠匪，民得安。未几，以积劳告归。瑚朴诚能任事，倡里中狮山义塾，禁徐家脑煤穴，多其维持云。著《剑英汇集》《百谷诗文草》，卒年八十二。

丁猷骏，字通声，号健庵，解元爽之孙。乾隆庚寅举人，大挑，历署瑞昌、泸溪、彭泽教谕，补石城训导。司铎十余年，士心激服。截选江苏江浦知县，会六月旱，苗尽槁。徒步四十里，诣龙洞山，祷三日，得雨，岁有秋。野恶兽类，虎所在，为畏途。为文以祭，兽遁去，浦人士诗以颂之。居一年，铜差入京，上台稔知廉谨，分金赠其行。还役，以劳卒。官民为之罢社，浙闽制军方，渡江来吊，诔以"朝阙双凫惊化鹤，隔江百姓恋慈乌"，盖耳熟德政云。骏性至孝，尝母病，跪祷竟夕，疾得愈。勤于学问，知县朱重其名，聘修县志。著有《健庵文稿》《健庵外集》《柏庐吟》。子方毂，国学。

任安邦，字廷佐，邵坊人，元蕃孙。由监生，遵例分发湖北府经历。初署兴国判，会岁饥，知州未报，以代去。台檄发州积谷赈，邻民愤州无赈，聚众数千围署，欲劫米。驻参将某，且举兵，安邦力止之，便宜开仓，牒运米以济，民立主祀之，碑志德政。再判鹤峰州，多高山，苦旱。躬相度，教民浚壑筑堰，山田悉为沃壤。青岩硝洞，流匪窃踞久，安邦率民壮捕首恶置法，令运石堵洞口，余党解散。补官施南，去州，鹤峰民戴颂如兴国。未逾年，告归。

李庆云，字景星，号印潭，筱塘人。乾隆甲午乡举，大挑，历署浙江常山、青田知县。题补泰顺。劝农造士，有惠政。泰山地硗确，春耕苦不给。岁捐俸买米以赈。俗多火葬，数集乡民劝谕，贫者施之棺，习顿革。操廉介，清苦自甘。解组归，士民出境送者千人。

袁桀，字容若，号絜方，袁坊人。大父守定，以名儒循吏著天下。桀少饫家学，有祖风。乾隆壬子举人，例补弋阳教谕。课士先实行，而后文艺。学陈某兄弟讼，反覆谕以大义，遂感动，相持泣詈讼，睦如初。弋阳久未举节孝，亟访数人上之，至瞽妪称“女门生”以谢。生平尚气节，而疾恶大严，动与俗忤。尝以整饬学校，与令争。惩猾隶二人，豪迹少敛，而桀竟坐是罢归。诸青衿交诉大府，乞留不得。濒行，生徒祖饯十余里外，有痛哭失声者。著《虚室古今文》各二卷，《诗草》四卷，《醒言》二卷，又《在官法戒诗》四卷。子联吉，道光壬午举人。(采李芝龄学宪撰《传》。)

万光泰，榜名光治，字占吉，号晓山，三江口后万里人。嘉庆庚申举人，遵例分发广东知府，署廉州。越一年，谢篆，上宪以治行檄再署。丁内艰，起署潮州南澳军民同知。改署琼州知府，初至廉，力剖某生通匪之诬。理钦州延讼私垦田，充东坡书院膏火。当道嘉其善折狱，时洋匪窃发，光泰团练乡勇，沿途设堡，堡立一长为率，一堡有警，邻堡赴援。已而贼船蚁集，督乡勇擒盗渠许炳英等，贼遁，自是不敢犯廉境。会大旱，米价腾踊，权宜开仓平粜，禁囤积，委干员分赴所属，劝出粟减值，民得无害。无何，山水溢，捐廉募舟，拯灾民。水落，复捐赈，全活数万人。在南澳，有监生李良万，恃符私匪，闽盗红目茂、海盗王阿石等，匿其家。亲捕获之，依律置重辟，南瀛遂安。琼俗尚唱斋，肆淫媟，举郡若狂。光泰叹曰：“风俗之坏，廉耻所由也；礼法不行，廉耻道丧，民不可得而治。”力惩之。先后莅官凡五年，慎刑罚、却苞苴、勤抚绥、严奸宄，皆始终一辙，惜未竟其才而卒。子启攀，州同职；皋，布政司经历；启彬，两淮候补盐场大使。

李鲲化，字千云，号南屿，海麟次子。遵例选陕西鄠县知县，明干有治才。听讼判牍如流，奸猾慑伏。县地多沙漠，别购薯种，教民种植。伊犁将军某，檄陕抚颁其法于各属。常平积贮久匮，廒且圮。鲲化新之，为采买垫补。捐建明道书院，设课程，岁给膏火。旋引疾归，士民祖郊外，依依不忍舍。道卒，鄠人以遗爱，竞营斋奠，并崇祀名宦祠。

李恭元，字敬修，号惺堂，五坊筱塘人。乾隆丁酉举于乡，大挑二等，历任广昌、南城、临川教谕，升饶州教授。守苜盘，司铎柄，月定课程，勖诸生器识。相资修学务，早其优者，特加奖之。晚截取知县，不就。凡邑侯下车，邑之利病，必造庐请焉，其推重如此。

聂守显，字达斯，号云峤，一坊竹溪人。嘉庆辛酉举于乡，丁丑大挑二等，署星子教谕，借补余干训导。先是，为塾师，生徒林立，出其门者，皆仰如山斗。至秉铎，益留意人材。时隶学者，每旷课期，守显慨然曰：“朝廷设学官，为诸生也。诸生弛业，即学官不职，何以对朝廷？”因督诸生赴课，校阅尤勉。以植行修名，始终不倦。卒，生徒赙祭，哭泣多失声，其诚服如此。子六，长镇崧，邑庠，宿学屡荐名场。曾孙模宽，同治甲子举人；模怀，癸酉拔贡。

高逵，字鸿宾，号仪轩，三坊高坊人。嘉庆癸酉举于乡，大挑一等，签分直隶。历灵寿、束鹿、获鹿、柏乡、万全、平山、清丰、广宗、阜平、宣化知县，性简静，不求立异。所莅之区，无不政通人和。去任，士民遮留，甚有卧辙者。任阜平时，捐廉建乐育书院，政暇与诸生讲论，陶化滋多。宦游三十年归，两袖清风、一船明月而已。邑侯陈赉臣聘主龙山讲席，年七十有八，卒于家。子龄，湖南常德府经历。大椿，邑庠。

万朝宗，字庆源，号汇川，五坊后万里人。幼颖敏，工制艺，文不属草，顷刻成篇。赵鹿泉学使目为伟才，取列胶庠，由廪贡，任瑞昌、饶州训导，课士有方。与诸生讲论终日，娓娓不倦。以亲老，乞养归，后复任宜春学，十有余年，因家焉。年七十有八，卒。朝宗性渊默，寡言笑，好青乌术，言每验。训子五经、四子书，皆手钞授读。子新，袁邑庠生。

吕溶，字肯堂，一字镜潭，一坊北湖人。嘉庆庚辰联捷进士，户部贵州司主事。迁员外郎，升郎中。道光初，有建言征房宇税、佐军需者，下部议，部臣与商，溶力陈不可，议遂寝。时又饬清理部务，共难之。溶曰："吾曹属版使分司，总九域财赋，重系民生，敢畏难乎！"乃举度支条件，分拟章程，楗柅奸冒，尤恐于军漕盐鹾，剔弊滋弊，必虚怀集证，确指图诠。大司农总其成，奏呈乙览，以溶材干天成、职司匪懈，疏荐，将首擢御史台。殊劳患偏枯，乞休归里，养疴林下，以著书自娱。邑侯聘至龙山，主讲书院，文字一归雅正，邑人士宗之。溶之少孤也，母孀，家四壁，菽水有余欢。为诸生，肄业豫章，躬自炊，一扇一炉，手经卷不释。宦后创家塾，弦诵日增，宾客履綦鲜接见，见亦不苟言，咸以家国异处。介性不移，有清献风焉。子二，次式古。

式古，字亘之，一字小潭，道光乙巳进士，知陕西宜君县。入境，访悉利病，除蠹害。见宜人寡学，捐廉书院，延山长，定课程，学校立振，大吏嘉之。调任长安，繁剧地也。式古至，牍山积，昼夜剖决，三阅月殆尽。爰以积劳成疾，卒于官，士民共伤焉。生平绩学，尤精衡鉴，己酉、辛亥，分校秋闱，所得士如武尚仁、宋金鉴等，皆先后入翰林。

万时敏，字勤补，三江口后万人。由廪贡，摄吉水训导。吉水令周树槐，少所许可，而独心折于敏，称其有经济才。任安义教谕，劝课程，增膏火，士林感悦。有黄生被族人充县役者，殴控县，县以其同族，欲寝之。时敏闻之曰："役不可纵，士不可辱，奚论同族？"白县，重惩役，邑人士大快，颂为"斯文砥柱"。时敏幼失恃，事继母孝尤严。训诸弟时若、时宜，相继领乡荐。季时叙，补弟子员。子三，甲子乡举、现任彭泽教谕、保荐知县启炎，其仲子也。

万启心，字葵田，三江口后万人。道光壬午，联捷进士，授刑部主事，转郎中。大司寇器其才，令谳秋狱，多所平反。擢御史，升兵科给事中，条陈时政，多报可。疏援林则徐，摺留中。除山西朔平知府，阅八月，升福建粮道。丁母忧，起补福建汀漳龙道。漳滨海，多盗，尝啸聚剽掠，启心往捕，伏兵海岛，缚草为疑兵。贼艘至，惊遽放枪炮，炮尽，伏兵四出，乘舰追之，擒获多名，置诸法，海氛渐息。值岁祲，捐廉赈恤，全活万计。戊申冬，丁本生母忧，服阕，补原缺。辛亥秋，调署巡盐。有商人请托，致多金，却之曰："敢以此污我乎？"寻署按察使，制府季芝昌深倚重之。特调宁绍台道。接篆九日，以疾终，年五十有三。贫甚，赖同官赙，始得归榇。

杨赞襄，原名日襄，字伯樵，一坊露溪人。道光己丑进士，授直隶西宁知县。时苦旱，下车，雨随沾足。襄目览民风，劝农桑，见党塾荒榛，特建洪州、东川两书院。既成，定课期，政暇时，诣讲学，数年，士林丕振。邑有李孝廉者，以当官爱士，要结匪难，与山西张某合赀业质。张殁，李欺张妻寡，欲没其赀。讼于庭，且多贿托，襄拒之，判赀还张，人皆称快，大吏深嘉之，檄移万全。决邻邑疑狱，有民某获罪，自知莫逃，雉经。仇家计图反陷，万全令以害毙，拟囚，未决。襄复鞫，得其情，白大吏，释之。旋调密云，去之日，老弱攀辕遮道，拥不得行。莅任巡河，千时争渡，喧哄叱黄头，遂捐廉船只增十，民利赖焉。旋丁父忧，扶榇归，哀毁成疾，卒。子四，长石渠。

石渠，字静岩，附贡生，遵例授直隶蠡县。下车访利病，剔蠹除奸，胥吏不敢欺。邑有滨河巨族，接高阳界，春涨时，谋捍御，每与高阳争讼。前令多不决，石渠履勘，划界立碑，争息而水患平。有嫠妇舁归母家，儿颠坠忽毙，妇愤舁夫，诉于庭，赂胥吏系狱。石渠讯得其实，立释之。未几，估客报失金，捕缉赃未获。前所释舁夫，即旧革捕也，侦知赃所，获金以献。比饬估客堂领归，勿遗铢黍，门子辈愕然，蠡人曰："我父母善得民心，凡所讯结，真不愧清白吏。"上闻，制府将以赤紧首石渠。无何，事出中暑疫，任蠡未及期而卒。

袁铭泰，号六皆，五坊袁坊人，守定曾孙，椝次子也。泰生，即颖异、好读书，善择交。肄业于豫章书院，一时知名士，切磋互益。道光壬午举于乡，癸巳成进士，授知县，签分河南。知濬县、林县事，决狱如神。甫二载，丁内艰归，服阕，授广东阳山县知县。莅任修城筑堤，改建学宫，决疑狱，获巨盗，阳之民，颂祷不衰。调任始兴、陆丰，多所建制。柏大中丞深为许可，擢升虎门同知，署高州府知府。因公挂议卸篆，时合郡绅民，公饯出境，并向隍庙申表。修撰林召棠在郡，作送行序，雪其事，郡人为刊布之。卒年七十有六。侄以敦。

以敦，原名堃，号厚斋，生有慧业，善读书，日诵数千言，十岁诵毕《五经》，读《文选》《国策》，皆能抉其精义。道光乙酉，举于乡，五上公车不售。大挑二等，授弋阳县教谕。督课甚严，门下士多所成就。奈天不永年，士林惜之。

易佩珩，字徽祥，一字宝臣，一坊栗坊人。性敦朴，祖、父世业农，幼随力作，即嗜学。比入塾，勤苦无少间。道光戊子，举于乡，执经之暇，犹率诸子弟躬耕。每曰："农家子，祖业不可忘也。"甲辰，大挑一等，签分直隶。历摄南乐、内邱县篆，调补赤城。居官，行实政，不便民者，悉去之。县地滨北隅，俗刚劲，喜斗讼。佩珩躬行礼让以化之，每坐厅堂，召讼者入，开譬百端，若慈父训骄子，不轻加鞭扑，而人自悦服。在任三年，俗易风移，案无留牍。以痨瘵卒官，士民感戴，为立碑志遗爱云。

徐锌庚，原名宝书，字嘉绂，一字凤楼，一坊蛟湖人，道光乙未进士。授四川安县篆，下车岁余，清庶狱，植民生，人歌乐利，颂神明。署内独如寒素，邑人曰："吾父母爱民如子，有事乡间，勿苛锱黍，吾侪饱暖，公署乃釜甑尘鱼耶？"相约负米担薪，值岁晚，跻堂以献。制府宝贤之，每令决邻县狱。一日檄庚至成都，会审大廷，有某氏奸命一案，先是，贿重没伤，饬庚验实，一胁骨换易戥重五分，制府立提原仵作、奸妇、奸夫等严鞫，供认妇年十九，夫十四，妇与奸夫通，夫适值被脚踢，胁断而毙，后换骨，是实伤明，按律处决。事竣，制府保举，权代理直隶绵州。州辖四县，至州仅月余，病卒。卒之夕，邑人见舆入隍庙，钲鼓喧阗，旌旗拥蔽，翼日，始知其没为神。

徐维缙，字子恬，五坊三塘人。幼孤，事母孝。性和易，允练达，人称其有治才。道光癸卯，领乡荐，大挑一等，历摄甘肃灵台、西宁县篆，著循声。摄西宁时，修学宫，增书院膏火，每亲诣课试，士林感之，以“岂弟作人”颜其堂。丁母忧，上台重其贤，奏留措兵糈，维缙乃衰绖驰赴各州县，晓以大义，众皆乐输，饷赖以济。年余，积劳成疾，卒。

万向荣，字阁青，五坊后万人。廪贡生，署南康府训导。尝进诸生讲学，终日不倦。遇贫窭，辄佽助，士心悦服。时学宫倾圮，捐俸倡新之。暇则偕生徒游鹿洞，指点匡庐形胜。复捐修《庐山志》。性好善，凡修文庙、书院、城濠，助饷赈饥诸义举，靡不乐输，乡里称之。卒年七十有八。子启台，字星六，附贡生，署金溪训导。咸丰壬子助饷，授户部郎中。会发逆犯省垣，捐巨赀济军，以道员用。署湖南岳常澧道，以忧归卒。子四：国景，壬戌举人，玉山训导。

文炳沄，字森华，一字水初，三坊攸洛人。道光壬辰乡榜，大挑二等，借补萍乡训导。儒林表率，直干扶疏。每课有程，月有恒，教有序，不愧人师。尝自警曰：“吾向课徒乡塾，夙夜兢兢，今于萍，敢负初心耶？”生平律己严，与人执信符，然诺勿欺。有过，面诤之，莫不肃然起敬。未几，病卒，诸生痛哭署中。

毛隆辅，字揖青，辉凤孙，震寿子也。性廉介人，不敢干以私。好读书，究心图史，久历戎幕，善笺奏。随父震寿任，蜀之山川形胜，阡陌纵横，历志之，兼资吏治。顷之，援例摄新都篆。重农讲艺，有循吏风。任丹棱，风土一变。甫下车，树桑作棠舍，案无留牍。种木棉，歌声往来。暇日集山农，戍楼、城堡、炮台，次第修筑。又广积储，活饥民万计。联保甲，弭盗一方。座右自书“心存利济；志在澄清”。见四方多警，合乡勇团练，立“果毅军”，仿李崇治兖村置一楼一鼓法，家制一梆，动辄响应。一日，洪雅寇起，踞八面丛山，势蜂涌。辅督团练，左右甄叠，出奇计破之，大府器其才，调德阳。邑繁剧，部署无少暇。甫三月，积劳成疾，咯血卒。生平治遵祖范《县谱》，半道言，易箦时，犹手执李二曲《反身录》不释，遂附入殓。柩至成都，牛雪樵方伯抚棺哭失声，绅耆执绋者数百人。

李濬源，字承宗，号月卿，五坊筱塘人。天姿明敏，志气高迈。随大父读书楚南，作诗文，力追先辈。同治壬戌举于乡，就职京曹，签分户部江南司主事。初为诸生时，黜异端，以崇正学。乡有以长斋奉佛惑人者，濬源廉得其首董惩之。及公交车北上，行次遇江北方某，乏资斧，窘甚。濬源无平生交，辄出百金赠之。抵京，方倍酬之，却弗受，其任侠好义类如此。

吕克仪，字慎之，一字韶九，八坊洛溪人。性敏慧，读书目数行下。入泮食饩，援例授司训。历署龙南、上犹、广丰，学事艺业通备，道映庠门，以端士习为首务。署龙南时，有以金私谒者，却之弗受。阅学宫鸡彝龙勺，祭器不供；鹭鼓凫钟，宫悬不备。恻然曰：“至圣在天之灵，能无恫乎？”于是捐廉增补，制如仪。去之日，官属诸生，祖饯在道。有句云：“闲散一官刚入月，手栽桃李已成行。”居家孝友，录格言。岁饥，与两兄散赈活众。凡义举，倾囊为倡。庚子乡榜额满，置副车。癸亥，以疾卒。易箦时，犹手书

“主敬存诚”四字，以垂庭诰，真儒门也。子七：长绍爰，邑庠；三绍宪，邑廪；余五子，皆雍庠。

李联镳，字丙吉，六坊落鹭口人。道光戊戌武进士，捐授太仓卫守备，旋调长淮卫。咸丰丙辰，发逆窜扰，巡抚福檄守宿州城。联镳指授防御方略，严启闭，密巡逻，贼不敢逼。丁巳，捻匪窥江淮，奉牍协剿，擒获贼首卜广太。复侦探贼巢归路，伏兵堵截之，屡获胜仗。以功赏戴花翎，旋授文英营都司，疾卒于官。

涂贤彭，号寿山，邑郛东门人。幼攻举业，才峰独出。父昌珣，携之楚南，与坐贾行商，谈废著事，有善风鉴者见之，惊曰：“此青衿也，上应列宿之郎官也。”伯父昌璘闻之，慨然佽赀，援例授经历，铨闽府经历。任谒大府，出入讽议，有儒士风，大府心韪之。漳滨海滥洋，盗出没无踪。大府檄拿甚急，彭出智计，擒渠魁，以卓异升知县。历任海澄、平和、南安等县，英敏沈毅，有岂弟慈和之政。且上下之交，一无谄渎。一日，制府谕令筹巨款，仓卒未就，调知武平县。苦于赔填，告休家居，以疾卒，年仅四十，父封如其官。

丁劭经，字秩斋，一坊北湖人。性雅淡，敦气节，尚宽和。乾隆丁酉拔贡，由《四库》馆校阅，议叙一等，分发安徽。历署广德州州判、和州州同、休宁等六县县丞、宁国府参军。又借补婺源，调补阜阳县丞。后署太平、五河、泾县、含山知县。岂悌爱民，清慎自矢。邑有疑案，必入境访缉，昭雪良多。宰泾县，势豪某奸毙人命，问拟贿通上台，复浼县绅赂千金，呵不受。别调，事始寝，后终为仇家所讦，犹不阿权贵。喜作字，笔势豪纵，中丞姚，欲尽取藏之，不与。忤其意，卒不迁官，淡如也。公余退食，惟恣情图书，莳花种竹，每值岁暮，辄减俸寄给里党，而家不置田产。大宪后察其廉明，以卓异候升，年已七旬有八，不胜案牍，遂解组归，培植宗族子弟，课文定甲乙，赏给丰腆。年九十而卒。

卷之十五　人物志五

儒林

目录

宋

邹邁、高彦达、徐时动、李修己子义山孙瀛、王允文、盛温如、于革、刘充、范士衡、熊恪、徐鹿卿子子端、王孝友弟孝恭、徐伯琛子纯钦、熊汝垔、熊钧正、陈雄飞、陈焕、蔡恂如

元

熊朋来弟召子、子大古、陈仲易、朱隐老、朱本

明

朱善、李旭、邬黄裳、胡全子宁、孙裕升、徐贯、杨琏、杨廉、徐衮、李锺、刘迥、李材、徐即登、李光祚、余世昭、李廷止、李大昭、丁梦阳、丁醇

国朝

丁灵长孙复、甘师盘、朱尚文、熊源、罗坚、甘绂、于兆遇、卫学达、杨其义、何梅、蔡宪谟、毛辉凤

宋

邹邁（省志误作迈），字择可，东湖里人。宣和进士，官越州佥判。尝曰：“孔孟不以读书为学，学非博览之谓也，必有得于心，体于身，推之于民者：游、夏不以著述为文，文非属辞之谓也，意以出辞，辞以达意而已。魏公自谓平生只读《论语》十篇，至老百未施一，若此者，可谓学矣。温公自谓不能为四六，而平生所著，如谷帛药石，皆适于用，若此者，可谓文矣。”又曰：“身不能无过，而乡里未能告我以过。”其自克如此。尝为赵忠简幕客，受知特深。胡文定、高抑崇、喻子材诸公，皆其师友。同时高彦达，南巷人，靖康乡举，任隆兴教授，讲明理学，士大夫咸游其门。

徐时动，字舜邻，吴塘人。师事胡安国于荆门，时江汉骚然，行榛棘者四十七日，遂传其学以归。文定殁，肖像于龙泽僧舍祀之。时动登绍兴进士，为虔州教官，善于导诱。改吉州，未久，移疾归。

李修己，字永思，罗田人。父希说，以学行教授乡里。修己登乾道进士，参兴国军事。时陆子寿分教是州，语及操履，谓当息其已学，求所未学，修己遂与为师友。已乃师朱文公，明伊洛之学，操行益笃。令宁乡、衡阳有政声。当路以最荐，或议其尝哭故相赵

汝愚者，改判成都。继守成州，治兵积粟，以备边，敌不敢犯。时党禁方严，不得召用。移邕管，不拜。韩侂胄闻其才，讽使附己，笑不答。子义山。义山，字伯高，以父泽，补将仕郎。登嘉定进士，授大宗正，兼金部轮对。言“为善不可有疑心，去恶不可有悔心”，历陈进善不能无疑者三，去恶不能无悔者三。旋罢归，奉冲祐祠，知吉州。正版籍诡伪；在湖南，以提举摄漕帅。楚俗尚鬼淫祠，暖婆假祸福惑人，义山曰：“此张角、孙恩之渐也。”斩妖觋、谭法祖，毁其祠。历官江淮都大，提点坑冶。阶至中大夫，爵丰城男。子瀛，清介自守，官至赣州通判。

王允文，字文伯，挐江人。与弟允部，同举乾道乡荐。从陆子静学，精诣力践，诸公争馆致之。彭龟年荐于杨万里，见杨作《虞雍公碑》，有“谅彼高宗”之语，允文引《诗》“谅彼武王”证其误，万里谢曰：“一字师也。”龟年论韩侂胄，死谪所，允文袖谏草，谒内翰楼钥，且以札述本末，钥具疏缴进，龟年始被恤典，士论称之。有《栖碧类稿》。

盛温如，名璲，以字行。邑郛盛家洲人，少有大志。时方摈程氏学，温如独宗其说，以圣贤自期。领淳熙乡荐，会盗贼蜂起，温如举义兵，擒渠魁数十人。盗阻山负固，谋再举，温如单骑往，喻以祸福，盗骇散。定赏功，授奉节郎，以亲老辞。创书院盛家洲，颜曰“安乐庐”，朱晦庵过访其家者三，屡赠以诗。所著有《伊洛统宗》《太极图解》并诗集传世。

于革，字去非，邑郛人。年十三，能赋诗。作《赣滩恶》诗，施元之比之《蜀道难》。登淳熙进士，调武陵尉，知房州，参宣抚吴腊幕。吴使蜀，漕臣以私意劾革去。吴抗章辩云：“金兵甚张，群盗陆梁。光化、荆门悉无全堞，革居中，独能缮甲治兵、捍防关隘。暨逆曦内讧，人情骚动，又能奖忠义、戢津梁，伪命不能东出。漕臣迁怒，傅致深文，遂使全城之功未录。乞与牵复，特加任使。”制帅刘光祖又以房陵士民之词上闻，事遂白。号竹国，尝与朱晦庵游。（旧按：盛温如、于竹国仕绩懋著，以其尝与朱子游，在邑称为“三杰”，故入儒林。）

刘充，字实之，号月屋，邑郛大街人。屡试礼部不偶，益博究群书，肆力诗文古赋大篇，语意健到，有凌云摩空之气。与于竹国、盛温如齐名，号“三杰”。朱子过丰，与定交。后任衡州监狱、淮东提刑，真德秀闻其贤，辟入幕，授从仕郎、提刑司干。元时州尹陈元凯，以朱子所赠诗句，创“江山秀杰楼”于明伦堂后，立三杰祠于下祀之。

范士衡，字正平，藻陂人。从临川李德远、刘淳叟游，每谓《春秋》一经，其说曼衍，皆传注害之。作《尊经辨》《春秋本末》。诗文清越雅健，谢艮斋谔，编次序之。晚事朱文公，文公称为“老友”。（此士衡，与孝友仕衡，各是一人，前志缺。）

熊恪，字子敬，官店里人。朱文公帅长沙，道清江，谋馆客于彭龟年，彭荐恪。恪以有宿诺辞，文公高其义。张洽幼师事之，恪尝云：“学不迁怒之法有二，平日当涵养，临事当持守。”又尝为《忍铭》以示洽，洽答曰：“古云，乳犬拟虎，伏鸡搏狸，精诚之至也。但恐学者知忍，而不知行其所当忍。今欲勖以《惩忿》之箴，而复揭忍，以为惩忿之诀，庶几无弊。然忍之一字，施之于洽，则有救偏之功。而先生守之，则几于终身诵之之固。”恪遂作《惩忿说》，学者称“谨节先生”。

徐鹿卿，字德夫，后泉里人。博通经史，以文学名，后进争师宗之。嘉定进士，调南安教授。摭张九成言行，刻诸学，以训诸生。申明周程旧学条教，立“养士纲”。学田多在溪峒，加以抚恤，租无逋欠。后盗作，环城皆毁，惟学宫免。辟福建安抚司干办公事，汀邵寇作，赞画备御，动中机。会避寇者入城，多方拯济，全活甚众。都城大火，应诏上封事，言积阴之极，其征为火。指言惑嬖宠、溺燕私、用小人三事，尤切。真德秀称其“气平论正，有忧国之诚心”。改知尤溪县，德秀守泉，辟宰南安，鹿卿以不便养辞。德秀曰：“道同志合，可以拯民，何惮不来？”鹿卿入白其母，欣然许之。既至，首罢科敛之无名者，明版籍、革预借、决壅滞、达冤抑，邑以大治。德秀疏其政，以劝列邑。岁饥，处之有法。富者乐分，民无死徙。母丧，服阕。赴枢密，禀议首言边事、楮币，历主管官告院干办诸司、审计司。故相子以集英殿修撰食祠禄，又帮司农少卿米麦，鹿卿曰：“奈何为一人坏成法？”持不可。迁国子监主簿，入对陈六事：洗凡陋以起事功、昭劝惩以收主柄、清班署以储实才、重藩辅以庇都邑、用闽越舟师以防海、合东南全力以守江，上皆嘉纳。改枢密院编修官，权右司，赞画二府，通而守法。会右中方大琮、编修刘克庄、正字王迈以言事黜，鹿卿赠以诗，言者并劾之。太学诸生作《四贤诗》。知建昌军，未上，而崇教、龙会两堡与建黎、铁城民修怨交兵，鹿卿驰书谕之，敛手听命。既至，宽赋敛、禁掊克、汰赃滥、抑强御、恤寡弱、黥黠吏、训戍兵，创“百丈寨”，择兵官城，属县治行大孚，田里歌颂。督府横取建昌秋苗斛，而米五千斛，鹿卿争之曰：“守可去，米不可得。”民恐失鹿卿，请输之，鹿卿曰：“民为守计，则善矣；守独不为民计乎？”卒争以免，召赴行在。将行，盗发南丰，捕斩渠首二十一人，余不问。擢度支郎官，兼右司。入对，极陈时弊。兼敕命删修官，鹿卿又言当时并相之弊，宰相以甘言诱，鹿卿退语人曰：“是牢笼也，吾不能为宰相私人。”言者以他事诋鹿卿，主管云台观。越月，起为江东运判。岁大饥，人相食，留守别之杰讳不诘，鹿卿捕食人者尸诸市，出本司积米三千余石，减半价以粜。及减质当息，得缗钱万有七千，以予贫民。劝居民收字遗孩，日给钱米，所生无算。制置茶盐岳珂，自诡兴利，横敛百出，商旅不行，国计反绌。鹿卿核之，宽其期限，躬自钩考，尽得其实。所辟置贪刻吏，开告讦以罔民财者，悉纵舍遣之。珂罢，兼领太平，暂提举茶盐，弛苛征，蠲米石、芜湖两务芦税。江东诸郡蝗蔽天，入当涂境，鹿卿露香默祷，忽风大起，蝗悉飘度淮。加直秘阁，提点浙东刑狱，兼提举常平。鹿卿言罢浮盐，经界碱地，先撤相家所筑。就捕者自言：“我相府人！”鹿卿曰：“行法必自贵近始。”卒论如法。丞相史弥远弟通判温州，利韩世忠家宝玩，籍之。鹿卿奏削其官。初，鹿卿檄衢州推官冯惟说决婺狱，惟说素廉正，大家不快，嗾乡人居言路者劾之，以为委使不当。鹿卿亦自劾求罢，迁浙西提点刑狱、江淮都大坑冶，皆以病固辞。遂主管玉局观。召还，改直宝章阁，自以直道不容，坚辞。淳祐三年，以右司召，又辞。丞相杜范遗书，乃出。擢太府少卿，兼右司。入对，请定问本、正纪纲、立规模。时事多艰，人心易摇，无独力任重之臣，无守节仗义之士，愿蚤决大计，上嘉纳之。兼中书门下省，检正诸房公事，兼崇正殿说书。逾年，权吏部侍郎。时议使执政分治兵财，鹿卿执不可。以疾丐祠，迁右文殿修撰，知平江府，兼发运副使。力丐祠，上谕丞相挽留之。召权兵部侍郎，固辞。上令丞相以书招之。鹿卿至，又极言君子小人，切于当世之务。兼国子祭酒，权礼部侍郎，同修《国史》，兼侍讲，权给事中。鹿卿言琐闼之职，无所不当。问比年命下，而给舍不得知，请复旧制，从之。上眷遇甚笃，而忌嫉寖多。有撰伪疏，托鹿卿名，历诋宰相，至百执事者，鹿卿不知也，力辨上前，且乞去。上曰："去，则中奸人计矣。"令临安府根捕事，连势要狱，不及，竟迁礼部侍郎，累疏告老。授宝章阁待制、知宁国府。引年疏五上，提举鸿禧观，遂致仕。进华文阁待制，卒。遗表闻，赠四官。鹿卿家居孝友，喜怒不形。在官廉约清峻，毫发无私取，一庐仅庇风雨。所著有《泉谷文集》《奏议》《讲义》《盐楮议》《政稿》《历官对越集》，手编《汉唐文类》《文苑菁华》，谥"清正"。子子端、子中。

子端，字克之，由世禄监乌青镇。时朝廷更造楮币，漕司责以日解楮木叶千斤，催吏旁午。子端谓"上之使下，必度其力。责之以其所有者易，求之以其所无者难。"累请，得减半。又两月，乃免。再调黄州推官，知善化县事。革命后，杜门著书，尝引蔡季通"独行不愧影，独寝不愧衾"之语自拟。弟子中，传见《忠贞》。

王孝友，字顺伯，东山人。学有渊源，凡阴阳性命之奥，必洞究所以，与魏了翁为切劘友，李宗勉屡致书币聘之。著《性理彝训》《造化六合论》《海潮论》，撮古今名臣事迹为正监，裒风土人物为《丰水志》。卒，泉谷徐鹿卿志其墓，以为得行其志，经术吏事，不在董仲舒、隽不疑下。弟孝恭，字敬伯，著《小学名数书》。

徐伯琛，字通父，吴塘人。师清江张洽，洽妻以子。曰："读书须尽捐富贵习见，自识圣贤之心。读《论语》如亲见孔子，读《孟子》如亲见孟子。因言求意，方不枉读。"侍左右数年，修身践言，如恐不及。家故多藏书，后创东林斋，建阅浩阁，增置益富。以明禋恩，授迪功郎，年九十三卒。子长纯，次钦。

纯，字汝一，咸淳推排田土，正信一乡，令委纯督行之，不逾月集事。尝于徐高士读书处，构精舍，招隆兴教授万一鹗同讲学。持论一本先儒，万首肯之。晚岁学问益粹，号"在轩先生"。

钦，字汝敬，书无所不读。试胄监，参大学明善斋。内侍董宋臣除押班，主管太庙及国信所，都大提点。钦率同舍生抗言："国信不可付阉寺，内臣不可与兵权，主管太庙不可用刑余不祥人。"再疏，不报。入元不仕，开梧阳精舍，集生徒，延老成为师，更相训诲。群盗再过门，皆敛戢去。殁年八十九。

熊汝垕，字兑夫，瓘山人。咸淳进士，授崇阳簿。六经不释手，月一过读。李义山尝受学于其父琩，后李漕湖南，汝垕留其幕。有僧以楮镪万缗求通关节，汝垕毅然曰："吾与李公世道义交，何可以利相浼耶？"其介行如此。

熊钧正，马湖人，究性理学，尝有问世间何物为大，曰："道理最大。"以学行举任吉安路儒学提举，有《一斋集》。

陈雄飞，字鉴之，井冈人。弱冠有文名，教授乡里，请业士履满户外，皆有所得而去。不事请谒，当事罕见其面。尝自赋诗云："处顺心恒逸，无求道乃高。"

陈焕，字时可，先世福州长溪人。黄谦父重其人，筑馆居之。两与乡漕荐，入元不仕。隐居瓘山，熊刚中率后进，辟塾师事之。取生平著述，定为《易诗书礼四书补注》，尝谓学者率信先儒，而疑夫子，故讲说必原夫子之意，不苟随先儒议论，学者称“瓘山先生”。

蔡恂如，字若恂，蒐湖人。笃学问，以礼义律身。待人归于平恕，为文师昌黎。乙亥兵兴，弟雍如补河源令，遂挈家依之。

元

熊朋来，字与可，善坑人，与揭傒斯居同里。宋咸淳进士，授宝庆判官，不及仕。元世祖初得江南，欲尽求宋遗民用之，尤重进士。朋来声名与同榜状元王龙泽不相下，然不肯表曝。隐处州里，生徒受学者常百数十人。取朱子《小学书提要领》示之学者。家传其书，几遍天下。用治书侍御史王构荐，连为闽海、庐陵教授，所至考古篆籀文，调律吕、协歌诗，以兴雅乐。制器定辞，必则古式，远近师宗之。任满，铨建安簿，不赴，后以福清州判官致仕。延祐设科行省，争请为考官。朋来以应试者大半皆及门，不赴。其后江浙、湖广，率卑辞致礼，始往应其请。及对大廷，所选士，居天下三之一。初，朋来以《周礼》首荐乡郡，而元制，《周官》不与设科。治《戴记》者又鲜，朋来屡以为言。盖朋来之学，诸经中，三《礼》尤深。尝叹诗乐无传，仿朱子所得赵彦肃家二十四谱，增二十诗，俾皆可歌。又补孔庙释奠升歌乐章春秋，各按月律合调，迎神至送神通十八曲，部使者以之遍行诸郡。至治中，英宗始亲祠太庙，锐意制作。学士元明善以朋来荐，未及召而卒，年七十八。有《经著》七卷，自六经以至篆韵揲法，靡不精究云。

弟召子，字南翁，博览载籍，好论古今事。与兄朋来为师友，号“靖逸先生”，学士揭傒斯铭其墓。

子太古，字邻初，至顺乡荐，累官江西行省员外郎。元末隐槠山著书，明洪武庚戌，征较雅乐毕，归老于家。

陈仲易，杰之孙，博通经史，尝授徒豫章杏花村，从学者不远千里，蒙古、色目人亦与焉。时新建熊复，亦以五经教授乡里，聚徒数百人，仲易与之齐名。

朱隐老，字子方，燕山人。幼读书，膏油不给，辄挟册映月读。冬则燃枯薪，及爇松明以继。尝从姚江村、洪泳斋、赵洌泉、涂桂庄诸遗老讲学，遂淹通群籍。精《易》《礼》及邵子《先天》、横渠《正蒙》诸书，所著有《易说》《礼说》《皇极经世书说》。生平一践场屋，遂弃去。倡明道学于荷山之阳，四方学者从之，称为“潜峰〔山〕先生”。至正壬辰春，江淮兵动，乡里恶少年为变，比闾皆窜避。隐老犹正衣冠坐，从容话抄掠者曰：“赀财任取，书籍非汝好也。”及后再至、三至，隐老曰：“家已罄矣，汝幸他之。”盗笑而去。临殁，诫其子善曰：“吾以数推，明年江西当大变，宜谨避，以免难。”语讫而逝。及陈友谅陷南昌，果如其言。子善，有传。

朱本，字致真，城西人。性行纯实，笃于理学。祖邵、程而定八经之世次，皆濂、洛、关、闽诸儒所未发。至正间，荐授福州路儒学提举。元末兵起，本偕妻子归，遇寇，妻袁氏义不受辱，溺于河。子被虏，本脱还，终身不娶。洪武初，荐至京，太祖欲官之，固辞。忤旨，安置和州。后赐归，授徒乡里。著有《皇极经世》《太极图》《通书解》诸集。

明

朱善，字备万，燕山人。九岁，通经史大义，能属文。元末兵乱，隐山中，事继母以孝闻。洪武初，为南昌教授。八年，廷对第一，授修撰。逾年，奏对忤旨，改典籍，放还乡。复召为翰林待诏，疏论《婚姻律》曰："民间姑舅及两姨子女，法不得为婚。仇家诋讼，或已聘见绝，或既婚复离，甚至儿女成行，有司逼夺。按旧律，尊长卑幼，相与为婚者，有禁。盖谓母之姊妹，与己之身，是为姑舅两姨，不可与卑幼上匹。尊属若姑舅两姨，子女无尊卑之嫌，成周时，王朝相与为婚者，不过齐、宋、陈、杞，故称异姓大国，曰伯舅小国，曰叔舅列国。齐、宋、鲁、秦、晋，亦各自为甥舅之国。后世晋王、谢，唐崔、卢，潘阳之睦，朱陈之好，皆世为婚媾。温峤以舅子妻姑女，吕荥公夫人张氏，即其母申国夫人姊女。古人如此甚多，愿下群臣议，弛其禁。帝许之。十八年，擢文渊阁大学士。尝讲《家人卦》《心箴》，帝大悦。未几，请告归，卒，年七十二。著有《诗经解颐》《史集》传于世。正德中，予谥"文恪"。

李旭，苦竹人。尝共吴康斋讲学，论不睹不闻，康斋深服其说。子实，福建佥事。同邑邬黄裳，淹贯百氏，素履高洁，与旭俱著称一时。

胡全，字正卿，厚郭人，崇仁吴与弼婿。笃志励行，立教先小学，以至大学，白沙陈献章晚与论道，剧为心折。子宁，书过目成诵，善时文，白沙称为"小友"。孙裕升，传其家学，著《约心篇》《纠行录》。

徐贯，字世元，花桥人。敦朴严介，终身率履无越矩。杜门时，手一编，搢绅士多从之游，时称"困学先生"。子守伦，知县。

杨琏，字可权，沙上人。笃行孝友，妻殁，不再娶。学问醇正，辨义利甚严。杨文恪称其养心主静，为圣人之徒。以子铨贵，赠布政。抚按以其学行上闻，祀乡贤。

杨廉，字方震，一作方正，贤能坊人，知府崇子。成化进士，选庶吉士。弘治三年，授南京户科给事中。明年，京师地震，劾用事大臣。五年，以灾异，上六事：一、经筵停罢，时宜日令讲官，更置待问；二、召用言事迁谪官，不当限台谏及登极以后；三、治两浙、三吴水患，停额外织造；四、召林下恬退诸臣；五、删法司条例；六、灾异策免大臣。末言遇大政，宜召大臣面议，给事御史随入驳正。帝颇纳之。吏部尚书王恕被谗，廉请斥谗邪，无为所惑。母丧，服阕，起任刑科。请祀薛瑄，取《读书录》贮国学。明年三月，有诏以下旬御经筵。廉言，故事，经筵一月三举，苟以月中，起以月初，罢则进讲有几？且经筵启，而后日讲继之，今迟一日之经筵，即辍一旬之日讲也。报闻。以父老，欲便养，复改南京兵科。中贵李广死，得廷臣通贿，籍言官劾贿者，帝欲究而中止，廉率同官力争，竟不纳。已，请申明祀典，谓宋儒周、程、张、朱从祀之位，宜居汉唐诸儒上。阙里庙当更立木主，"大成"本乐名，不合谥法，皆不果行。迁南京光禄少卿。正德初，就改太仆。历顺天府尹，时京军数出，车费动数千金。廉请大兴递运所余银供之。奏免夏税万五千石，虑州县巧取民财，置岁办簿，吏无能为奸。乾清宫灾，极陈时政得失，疏留中。明年，擢南京礼部右侍郎，上疏谏南巡，不报。帝驻南京，命百官戎服朝见，廉不可，乞用常仪，更请谒见太庙，俱报许。世宗即位，就迁尚书。廉与罗钦顺善，为“居敬穷理”之学，文必根《六经》，自礼乐、钱谷，至星历、算数，具识其本末，学者称“月湖先生”。尝以帝王之道，莫切于大学，自为给事，即上言进讲，宜先《大学衍义》。至是，首进《大学衍义节略》，帝优诏答之。疏论大礼，引程、朱言为证，且言今异议者，率祖欧阳修。然修于考之一字，虽欲加之濮王，未忍绝之仁宗。今乃欲绝之孝庙，此又修所不忍言者。报闻。八疏乞休，至嘉靖二年，赐敕驰驿，给夫廪如制。家居二年卒，年七十四，赠太子少保，谥“文恪”。

徐衮，字文钦，火巷人。潜心理学，尝游张东白、陈白沙之门。娴诗文，和李崆峒《曲江亭》韵，李大奇之。以贡授应山训导，善造士。晚年学益进，常与杨文恪、庄定山、麦秀夫共讲论，屡宾乡饮。知县胡，为筑室居之。著有《东亭遗稿》。

李锺，字大宣，南湖人。早闻良知学，邹东廓、王心斋皆以“畏友”称之。年八十，犹手不释卷，临终有“八十年余世上行，多凶多惧是平生”之语。

刘迴，字茂义，大街人。尝从邹东廓讲学龙光书院，论答契旨，邹称为“老友”。行检修饬，辞章醇实，论者谓无愧月屋、西涧云。

李材，字孟诚，尚书遂子。嘉靖壬戌进士，授刑部主事。素从邹守益讲学，乞假归，访唐枢、王畿、钱德洪，与问难。隆庆中还朝，由兵部郎中稍迁广东佥事。罗旁贼猖獗，材袭破之周高山，设屯以守。贼有三巢，在新会境。调副总兵梁守愚由恩平入，游击王瑞由德庆入，身出肇庆中道，夜半斩贼五百级，毁庐舍千余，空其地，募人田之。亡何，倭五千攻陷电白，大掠而去。材追破之石城，设伏海口，伺其遁而歼之，夺还妇女三千余。会奸人引倭自黄山间道溃而东，材声言大军数道至，以疑贼，而返故道迎击，尽杀之。又追袭雷州倭至英利，皆遁去。降贼渠许恩于阳江，录功，进副使。万历初，张居正柄国，材遂引疾去。居正卒，起官山东，以才调辽东开原，寻迁云南洱海参政，进按察使，备兵金腾。金腾地接缅甸，而孟养、蛮莫两土司介其间，叛服不常。缅部目曰大曩长，曰散夺者，率数千人据其地，材谓不收两土司，无以制缅。遣人招来归，而间讨抗命夷阿坡居。顷之，缅遣兵争蛮莫，材合两土司兵，败缅众，杀大曩长，逐散夺去。缅帅莽应里，益兵至孟养，复击沉其舟，斩其将一人，乃退。有猛密者，地在缅境，数为缅侵夺，举族内徙。有司居之户碗，至是，缅势稍屈，材资遣还故土。无何，缅人驱象阵，大举复仇，两土司告急。材遣游击刘天俸，率把总寇崇德等，出威缅，渡金沙江，与孟养兵会遮浪，迎击之，贼大败，生擒绣衣贼将三人。巡抚刘世曾、总兵官沐昌祚以大捷闻。诏令覆勘。未上，而材擢右佥都御史，抚治郧阳。材好讲学，遣步卒供生徒役，卒多怨。又改参将公署为学宫，参将米万春讽门卒梅林等大噪，驰入城，纵囚，毁诸生庐，直趋军门，挟赏银四千，汹汹不解。居二日，万春胁材更军中不便十二事，令上疏归罪副使丁惟宁、知府沈铁等，材隐忍从之。惟宁责数万春，万春欲杀惟宁，跳而免。材遂复劾惟宁激变，诏下铁等吏，贬惟宁三官，材还籍候勘，时十五年十一月也。御史杨绍程勘万春首乱，宜罪。大学士申时行庇之，置不问，旋调天津善地去。而材又以云南事被讦，遂获重谴。初有诏，勘征缅功，巡按御史苏酂言斩馘不及千，破城、拓地，皆无验。猛密地尚为缅据，材、天俸等虚张功伐，副使陈严之与相附和，宜并罪。帝怒，削世曾籍，夺昌祚禄一年。材、严之、天俸，俱逮下诏狱。刑部尚书李世达、左都御史吴时来、大理少卿李栋等，坐材、天俸徒，严之镌秩。帝不怿，夺郎中、御史、寺正诸臣俸，典诏狱李登云等亦解官，于是改拟遣戍，特旨引红牌说谎例，坐材、天俸斩，严之除名。大学士时行等，数为解，给事中唐尧钦等，亦言材以夷攻夷，功不可泯，奏报偶虚，坐以死，假令尽虚无实、掩罪为功，何以罪之？设不幸失城池、全军不返，又何以罪之？帝皆不听。幽系五年，论救者五十余疏。已，天俸以善用火器，释，令立功。时行等复为材申理，皆不省。亡何，孟养使入贡，具言缅人侵轶，天朝救援，破敌有状。闻典兵者在狱，众皆流涕。而楚雄士民阎世祥等，亦相率诣阙讼冤，帝意乃稍解，命再勘。勘至，材罪不掩功，大学士王锡爵等，再疏为言，帝故迟之。至二十一年四月，始命戍镇海卫。材所至，辄聚徒讲学。系狱时，就问者不绝。至戍所，学徒益众。许孚远巡抚福建，日相过从。久之，赦还，卒年七十九。材学虽受之邹守益，以上接王守仁，然不循其轨辙。以《大学》“知止知本”为鹄标，其宗旨曰“止修”，学者称“见罗先生”。莆田士大夫，为创明宗书院。著有《观我堂稿》《教学录》《正学堂稿》《将将记》《兵政纪略》等书。(按：李材生平讲学，卓然圣贤之徒。传虽政迹彪炳，终宜列之儒林，以识经济原本学问之意。)

徐即登，字德俊，号匡岳。万历癸未进士，有志圣贤学。初从徐鲁源，以求仁为旨。继从李见罗，以“知本”为宗。恐良知流入禅悟，而以修身实之，乃发明其要，曰：“圣学非不贵知，但云知止。止在何处？云知本。本是何物？故双提止修，以救良知之弊。”见罗逮狱，即登为礼部官，出则就阙下鸣师冤，入则侍师起居，暇即狱中受业。值朝审，见罗缧绁行，即登左右从，且掖且步且哀呼，白冤状。行路为之感动。国储未建，言者多得罪。即登抗章极论。既定，终身不自言。人问之，应曰：“太子未立，人臣念宗社大计，不得不言。今幸震器有定，上父子骨肉之间，岂臣子功名地乎？”淹郎署垂十年，迁福建提学副使。至，崇圣学、正文体，与诸生穷性命指归，士风丕变。晋河南按察使，振饬纲纪，风裁凛然。会与御史争王遵训大狱事，不合，遂归家居。讲学请业者日众。著《儒宗要辑》八帙，《儒学》二帙，《正学堂稿》八帙，《来益堂〈稿〉》四帙，《易说》五帙，《书说》四帙，《诗说》五帙，《春秋礼记说》二帙，《逊国诸臣录》二帙，诗文若干卷。先后抚按交章荐，终不起。卒，崇祀先贤、乡贤等祠。

李光祚，字镇静，平田人。学问甚笃，与方应祥、邱兆麟为道义交。著有《四书周易纲目》《小学注解》，以经明行修，荐为推官。(据已《选举志》及《周易纲目》序补。)

余世昭，字叔潜，大寺前人。祖泾，以宿学称。临殁，呼世昭曰：“汝勉旃。”世昭以祖属望殷，下帷不辍，倦即跪诵。长补诸生，从理学诸先生游，为乡党所推。

李廷止，号槠山，小港人。师事罗近谿、李见罗、王龙溪三先生。一日，见罗谓廷止曰：“《四书》《五经》只是修身为本的注脚。”答曰：“修身为本，只是我的注脚。”见罗契其言。王龙溪亦称为“铁脊汉”。尝讲学，以“良知”为宗，以求友为亟。遨游三吴、两越间，陶石篑著《招隐篇》劝之仕，终不出。

李大昭，字汝潜，号潜庵，南湖人。万历时诸生，少从王龙溪、徐鲁源受学，得儒门心印语。见罗倡学西江，揭“止修”为宗旨，大昭侍函丈，朝夕参究，业益进。吉水邹忠介过丰，与语，有曰：“人只为形气所役，克去形气，便是修身，便是止至善。”又曰：“率性之谓道，顺之则天，逆之则人。”忠介为称叹不置。著有《程子全书》《儒门定脚录》《事学日抄》《困知纪略》《岁录论学书》。殁，邹为铭其墓。（采《愿学集》增。）

丁梦阳，字开明，沙湖东城人。崇祯岁贡，博学能文，行谊端悫。虽燕居，必正襟危坐，每训族党曰：“凡事务存天理，奈何放失其心，致俗不长厚。”崇祯二年，诏举学行，郡邑以其名荐，辞不就。著有《洛诵堂》诸集行世。

丁醇，字伯厚，号莪山，沙湖人。少孤，母罗口授章句，发愤力学。博极群书，崇祯壬午乡荐，座主王士藻、黄鹤仙为评刻专稿行世。癸未中会副，授知县，以母老归。国朝定鼎后，杜门不出，奉母以终。晚著述益富，知县房廷桢，表其庐曰“文山学海”。（醇，崇祯时举人，故列诸明末。）

国朝

丁灵长，字万祚，号怀楚，沙湖人，徐匡岳高弟。尝会课东湖，同堂辨难。举《大学》八条目，独本修身为问，灵长援《洪范》《九畴》，一归《皇极》以明之，众服其得止修之宗。崇祯丙午，以诸生应试，拟元，落乙榜。中岁益访求名儒，足迹半天下。至闽，谒温陵何匪莪，留讲数月，匪莪叹为弗及。康熙间，知县何士锦，以耆旧聘修邑志，秉笔谨严。著有《桃源游草》。孙复，字亨来，岁贡，以文行著。曾孙奭，另有传。

甘师盘，字又学，邑郛大街人。父殁数月始生，母陆，苦节。师盘髫年，有志圣学，潜心濂、洛、关、闽等书，力辟王姚江。又谓吴草庐于朱陆作调停，终是私意。补弟子员，淡于进取。终日手《大学》一卷。教门下士，务以明理戒欺为主。著有《大学管窥》《四书驳谬》《周易述义》。

朱尚文，字斐章，东溪人。雍正岁贡，攻苦，笃践履，尝取四圆石，塾坐席，谓“居敬必自检束四体始终”，日庄容，人号“闭户先生”。父殁，不御酒肉者八年。事诸父与兄，极礼敬，时分馆谷予之。所居里，立义图，免差累。置仓积谷，济乡邻困急，皆其躬行实践处。初官龙岩州学正，兼漳平、宁洋二县学。分月驻巡，手画口授，集刻《五经四书正音》。后补广信训导，勤课士，辨斥释道尤严。以老乞归。

熊源，字远澜，泊濂人。雍正壬子岁贡，举贤良方正及博学鸿词，皆不就。讲明宋儒之学，得力尤在《近思录》，谓其广大渊深，学者最宜体玩。为制举义，规矩与王钱合。性厌华靡，门下士鲜衣美服，必令撤去，戒之曰：“士夫崇尚奢侈，庶民转效，流弊将伊胡底？”康熙辛巳，洪水决堤，道殣相望，两税追呼方急。源上书知县薛景莹，痛哭流涕，累累千余言，薛为停征。家萧然四壁，不介意。临卒，恨未终养，命家人以衰麻殓。

遗稿有诗一卷，制艺一卷，读书札记一卷，古文词若干卷。

罗坚，字子固，罗坊人。顺治间，一应学道试，辄辍业。究心宋儒性理易解，以程、朱为宗，著《易经浅说》。(据本集增。)

甘绂，字驭麟，号臞园，一字杯山，邑郭大街人。雍正己酉拔贡，淹贯六籍。搜剔笺疏，折衷己意，于圣贤义理，多所发明。倡学一方，闻风负笈者日众。巡抚陈宏谋列名旌善亭。乾隆十七年，知县满聘修邑志，属词修洁典核。两就乡宾礼，所著有《四书类典》《四书一得》《正气编》《杯山文集》《杯山剩语》《四书文稿》《惊筵偶录》《小题文拔》行世。卒年八十三，子仁溥、仁洪，俱文学。

于兆遇，字渭璜，蓝溪人，岁贡。读书恪遵五子，教授乡里，有古师儒风。著《易经详解》《四书详解》《性理精注》《断易要书》藏于家。

卫学达，字兼善，号诚庵，澄源人。梦徵曾孙，岁贡。少从里宿儒朱东溪游，敦尚实行，集圣贤格言一卷，皆明道治心之要。教授乡里，仿朱子鹿洞课程，出其门者，无声华士。晚家壁立，惟日事著述，有《百孝百弟传》《劝世心经》《觉世真经》等书，发明六经微旨，针砭人心，异于绣鞶帨为工者。年八十五卒。(以下增。)

杨其义，字得和，号朗峰，太平巷人，岁贡。幼师从兄潜斋，闻陈榕门践履之学，风骨清峻，颀然鹤立。诗、古文力追先正，内行淳至。妻殁，不再娶。馆谷所入，率赡兄嫂。析产多推予诸子，里居教授，有山斗之望。邑侯刘、徐两明府，先后采舆论，举孝廉方正，辞不就，均扁其庐。著有《朗峰文稿》《娱老录》《朗峰诗草》。

何梅，字鼎臣，号春圃，燕湾人，增生。读书负兼人姿，经史百家，手丹铅数千卷。行谊以古醇儒为鹄，自述诗有“砚穿仍铸铁，简蠹可传薪”之句。年八十余殁，殁之日，署书壁间曰：“放下书本。”旧订诗古文十卷，河决，漂于水。

蔡宪谟，字绍文，号丽轩，茅园桥人。学行甚笃，座间尝置功过格，人称“蔡夫子”。乾隆丙午乡举，四上公车，荐不售。将截选，卒。子幼，著作散轶，仅存《感应篇注释》，论者谓以圣贤修省之道，证祸福感召之说，义理切近，足引人为善云。

毛辉凤，字梧生，一字觉生，四坊大塘人，由廪生中式。道光戊寅恩科乡试第二名，丙戌大挑一等，以知县签发四川〔用〕，权篆彭县。县民以灌溉不均构讼，数十年不决。辉凤创设平梁，分七河水，均其利，民争以息。署灌县，筑都江堰，疏九邑水源，民利赖之。旋以父忧归，服阕，署江油县事。革除差徭积弊，及诸苛额，有政声。丙午，题补綦江，岩邑也。适贵州仁怀县穆逆蠢动，唇齿相依，督练勇袭击之，川境以安。大府以辉凤协舆情，悉边务，檄署乐山篆。下车后，立万全营，扼五渡溪险要，猓夷无犯。又调巴县，行保甲，严捕缉，奸宄逋逃。所莅六县，听政之余，夜必焚香告天，蜀人以“毛青天”目之。口碑载道，年五十四，卒于巴旧治，父老千里来吊者，黎收而拜，立位以祀焉。辉凤生平，绮岁能诗，长博通经史。崇正学，辟异端，私淑濂、洛、关、闽，尝言学者下手工夫，端须主敬。语多纂录，独契明道心源，益以经济。如论水利、盐政、漕务、捕务诸大端，力救时弊，实能见诸行事。其事亲也，母早弃养，每雷电作，绕茔前跪哭，告曰：“儿在此，毋恐。”侍父不假仆从，亲涤槭牏。父疾笃，焚香乞身代，刺血和药以进，衣不解带者，百有六旬。没尽哀，殡葬尽礼。昆季父手已析箸，遗逋欠，独力偿还。遇岁时伏腊，合家人酒醴为欢，叙天伦乐事，且立义塾，置义田为乡枌教养计。贫乏有资，不废学，赒恤亲族，又不待言，此蜀人所不尽知也，大略如此。著有《求仁堂诗古文集》《管蠡杂谈》《讼过斋日记》待梓。道光戊申，彭县、綦江、乐山、巴县诸绅民，请入祀名宦。同治丙寅，邑人、翰林院侍读徐士縠，请入祀乡贤，奉旨俞允。以子震寿，由知县洊升陕西布政使，诰赠资政大夫。（新增。）

卷之十六　人物志六

文苑

目录

宋

周谔、孙承弼、孙褒从子奇、孙羲伯、袁陟、揭伯徽、熊方、揭飞雄、黄竑、甘同叔、徐璿族弟伦、刘履、王休、陈斗月、黄千能、徐端方、甘茂荣、陈杰、熊彬、孙素、徐可久

元

熊炎、揭傒斯父来成子汝孙云、洪渊、熊自得、李克家、熊师贤、熊坦

明

陈会、徐益、曹寿、徐懋昭、孙曰恭、丁僟、熊茂、徐州牧、李奂、杨惟休、胡学浃、王来善

国朝

傅铨彦子沛仁、李予玮、甘汝亨、黄炳召、陆履敬、马士骥、胡之甡、熊字鹤、夏日至、陆绍贇、万俨、徐启统、鄢大年、金玉、丁奭、杨州鹤、熊履廷族人时晟、陈布琅、丁正模、徐文弼、匡晋定、蒋兆元孙象贤、、卢熙载、万锦、葛蘧、陆希濂、陆斐章、熊岐、徐士毂、吕光焕、文炳汉、龚文亮、袁成均

补遗

元

揭祐民

国朝

张泰来、苏光谱、杨如龙、何倬、黄希灏、罗惠、李灏、袁学容、金仕诰、傅启沃、雷乃发

宋

周谔，字元辅，苦竹里人。太平兴国间，五举于乡，四居首。以文学入韩忠宪幕，忠宪子绛，为宣抚，荐至京，召对，赐学究出身。谔文章峻峭，似柳柳州，作邑《敕书楼记》，东坡读之，为称叹不置。孙承弼，绍兴进士，授左迪功郎。作尉十八年，号冲和居士。

孙褒，字子稷，号楚堂，发从子。日诵万言，年十二，赋诗云："雪消溪上玉梅寒，

洗出江南万叠山。晓露未晞幽梦断，一声知道是春还。”谢无逸大赏之。后登进士，丞相李纲辟参江州军事，未行，卒。从子奇，字师颖，号玉隐，宣和初，贡上庠，有诗名，著作甚多。自言爱书，如羊鼻公之嗜醋芹。

孙羲伯，字伯降，同造人。通历学，每谓治历，当备三法：曰象，曰器，曰数。象垂于天，法在玉衡。器备于人，法在璇玑。象与器协，而后有数。数之法，莫要于六历。作《六历论》，又作《大历赋》，谓知历者不可以不知星，知星者不可以不知历。自贾逵、张衡、王潘、陆绩，皆以北极纽星为枢，是不动处。祖暅以仪准候极，知不动处在纽星之末，犹一度有余。本朝沈存中，重加测候，又知天极不动处，远枢星犹三度有余。又司马迁立晷仪为距方举，终以定追宿之说，其法可重。作《太极图》《清台考类》，又作《浑盖同归图》，其他著述尤盛。

袁陟，字世弼，抗之子。少有才名，与王介甫、苏子瞻、曾子固善。未冠，登庆历进士，知当涂县。时介甫居金陵，尝手写陟诗一轴，贻其友。卒以巧苦瘠不起，自为墓志、挽章。有诗文十卷，号《遁翁集》。

揭伯徽，名枢，以字行。东坑人，元祐领解试，尝上东坡诗百韵，又绝句一百首，讥评时俗，悉有深意。欧阳公见所著，赠以诗。著《喝药说》二千言。

熊方，字广居，贞上庠，参澧州军事。善书，高宗内禅，大书“尧舜”二字表进，有旨，付秘阁。除本路帅幕，好养生术，注《道德经》二卷，著有《象山》诸集。尝补《东汉年表》，因名其堂曰“补史”。

揭飞雄，字少颖，有学行，登淳熙进士。未及唱名，卒。雄为人，外若不胜文，而操守内贞，不为不义屈，亦不以一毫不义取予。属文典丽，诗闲雅平淡，有《蒨山集》。

黄竑，字持国，彦辅曾孙。第进士，官广西提干。为文，笔力奔放，尝作赋，以庄周、马迁自况。有《留皮集》，三山林仲山岊序云：“黄君十八为郡县秀民，二十四为朝廷显士。三十后，以忧病居山林，兼忘身世矣。”

甘同叔，字叔异，贤能坊人。力学精思，工赋咏。第进士，参桂州民曹。州将奇之，每有遣设，必使视草。摄荔浦令，卒于官。淳熙间，与邓元齐名。邓之天才，甘之学力，皆不可及。相继落南以卒。白石黄景说诗云：“岂意丰城双宝剑，肯来埋没瘴烟中。”又与刘月屋、盛温如、于竹国，称“丰城四杰”。所著有《节轩集》。

徐璿，字深甫，觉溪里人。九岁即善诗，教授何蕴奇之，授以经学。象山先生亦称为异禀，有《觉溪集》。从吏部吴曾受历学，尽得其传。著《起算法》及《考异》，以布衣终，李刘铭其墓。

族弟伦，字彝仲，庆元进士。文词充肆，诗奄有唐宋名家风格。为袁州推官，郡守才之，幕谋笺笔，皆属焉。右史张嗣古，尤亟称赏。父丧，哀毁卒，著诗稿数卷。

刘履，字正卿，城陂人。学该贯，为文不蹈畦径，长于讲说，剖析精当。处乡校职二十年，卒。子婿徐鹿卿铭其墓。

王休，字致美，城头里人。嘉定乡荐第一，下笔千言。一旦尽焚去，取《眉山集》读累月，为文沛然似之。作《心要》十篇，贵王而贱霸，表忠而堲佞，著诚而恶伪。以晏子

“踊贵履贱”之言为药石，以相如《子虚》《大人》之赋为酒色。谓渊明不夷不惠，为避世之尤。谓仲舒、刘蕡之策，或缓或激，皆爱君之实，识者韪之。

陈斗月，字性之，干陂人。绍定乡荐，与徐鹿卿、李登、李龙庚、袁渐等十有八人，为青云文社，当时以“清才”称之。子霖，字宪甫，咸淳进士，兴国州州判。

黄千能，字必强，黄台人。刻意读书，尝谓皇极九畴之统，汉儒举以参五事、配六极，则失之妄。作《皇极要论》，又谓古今地理，无一定之形神。禹疏河，故道芜没难考，作《禹贡图说》，杂著尤多。

徐端方（省志作徐端），字矩叔，吴塘人。弱冠以文章见知徐鹿卿，举胄监。徐经孙引为宾客，晚年号“絜矩病叟”，自为墓志刻石。一日，手书忠孝大致数百言，命酒，集家人讲授。明日，冠带，索纸书曰：“若以为了，多少未了？以为未了，何时而了？”题曰“了了道人”，掷笔而逝。

甘茂荣，字荣可，九里人。少从李登受学，同族兄袭俱擅文名。绍定戊子，师生兄弟同乡荐。久之，茂荣成进士，调常德户曹，转江西兵马钤辖司干官。戊午，为吉州发解官，于黜落卷中，得刘辰翁文，欲置第一。典文项汝明，执不可，荣诟之，项不胜忿，劾奏，以显斥丞相丁大全，削籍。谪九江。江万里为言于朝，改京学教，沿江制司、广东经略干官。以文学自任，有节操。

陈杰，字焘父，干陂人。淳祐进士，授赣州簿，累官工部郎中、江西宪使参谋。转朝散大夫，召赴行在。未行，宋亡。隐居东湖，工于诗，著有《自堂存稿》。

熊彬，字彬卿，号墨庄，南冈人。力学有师道，数邑后进，皆从之游。月有会课，评核精当。行之五十年，门下士多所成就。

孙素，字少初，咸淳末，试进士不第。清江皮溍，刻其诗文以传，吴草庐序之。

徐可久，字心易，曲江人。十岁通经大义，及长，旁涉诸史籍，雷宜中、徐经孙皆奇其才，辟为当涂令。归老，卒。揭文安立石，识其实。

元

熊炎，字时中，瓘山人。由上舍，登咸淳解试。授靖安教谕，累官广东儒学副提举，同知英德州。尝摭传记所载忠、孝、节、义、廉、循吏，为六传。调京，道病卒。揭傒斯为作《哀词》，吴澄铭墓。

揭傒斯，字曼硕，揭源人。父来成，宋乡贡进士。德行学问，师表一方。元仁宗朝，赐谥“贞文先生”。傒斯幼贫，惟父是师，读书尤刻励，贯通百氏，早有文名。成宗大德间，稍出游湘汉。程矩夫为湖南宪长，器之，妻以从妹。仁宗延祐初，荐授国史院编修官。时平章李孟，监修国史，读所撰《功臣传》，叹曰：“是方可名史笔，他人直誊吏牍尔。”转应奉翰林文字，仍兼编修。迁国子助教，复留为应奉。前后三入翰林，台阁典章，靡不谙练。天历初，辟奎章阁，首擢授经郎，教勋戚大臣子弟。文宗时，幸阁中，多所咨访。中书每奏用儒臣，必问曰：“其才何如揭曼硕？”一日，出傒斯所上《太平政要集》

示台臣，曰："此朕授经郎揭曼硕所进也。"预修《经世大典》。文宗取其所撰《秋官宪典》，阅之曰："此岂非唐律乎？"特授艺文监臣，参检校书籍事。顺帝元统初，累迁集贤学士，奉命祀北岳、济渎、南镇，便道西归。除奎章阁供奉学士，未至，改翰林直学士，同知经筵事。时新格超升，不得越二等，傒斯连进四等，转九阶，皆帝亲擢也。经筵无专官，多大臣兼领，而微辞奥义，必属傒斯撰定。帝嘉其才，数出金织文币以赐。至正三年，年七十，致仕。去，行至瀫南，召还，撰《明宗神御殿碑文》，既成，复求去。帝命丞相脱脱慰留之，对曰："使傒斯有一得之献，诸公用其言，而天下蒙其利，虽死，此无恨。不则，何益之有？"丞相问："方今政治何先？"曰："储才为先，养之位望未隆之时，用之周历庶务之后，则无失材废事之患矣。"诏修《宋》《辽》《金》三史，充总裁官。丞相谓："修史以何为本？"曰："用人为本。有学问文章，而不知史事者，不可与；有学问文章，知史事，而心术不正者，尤不可与。"尝与僚属言，欲求作史之法，须求作史之意。古人作史，虽小善必录，小恶必记。不然，何以示惩劝？在史馆，毅然以笔削自任。凡政事得失，人材贤否，一律以是非之公至物论之不齐，必反覆辨论，求归至当，而后止。逾年，《辽史》成，有旨奖谕，仍督早成《宋》《金》二史。傒斯留宿馆中，朝夕不敢休。因得寒疾，七日卒。制赠护军，追封豫章郡公，谥"文安"。傒斯少处穷约，事亲菽水粗具，必得其欢心。暨有禄入，衣食稍逾旧，辄愀然曰："吾亲未尝享是也。"故平生清俭，至老不渝。立朝虽居散地，而急于荐士，扬人之善，惟恐不及。为文叙事严整，语简而当。诗清婉丽密，善楷法，兼工行草。朝廷大典册，必以命焉。

子汯，字伯坊，以荫补秘书郎，迁国史编修官，福建廉访司使，守建宁。陈友谅兵寇松关，建宁受围。汯与经略使普颜不花，协谋御寇，复延平等三州，改江西行省，未赴，以工部郎中召。时淮浙道梗，留家慈溪。与子枢，浮海趋辽东，为倭寇所掠，同舟皆遇害，汯父子独免。明兵下都城，大将驿送于朝，安置浙东慈溪。召往凤阳，书《皇陵碑》事竣，赐金放还。汯风尚通雅，正书得古法。汯子云，字之德，书学智永。(参《元史》。)

洪渊，字渊甫，号沐斋，邑郛人。宋咸淳乡贡，瑞州西涧书院长。入元，为富州儒学教授。精邵子《易》学，揭《先天方圆图》于屋壁，扁曰"环中"。年八十一卒，著有《环中集》十卷。其文援引该博，议论赡蔚。如江汉波澜，滚滚不竭。

熊自得，字梦祥，横冈人。博学强记，尤工翰墨，得米老家法。元末，以茂才异等，荐为白鹿书院山长。授大都路儒学提举，崇文监丞。以老疾归，著有《析津志》。

李克家，字肖翁，湖茫人。尝率众为同文书院于州城东，训乡之子弟。后以文学，任本县教谕，升辽阳儒学提举。著有《续丰水志》。

熊师贤，字君佐，绝意仕进，自扁读书之堂曰"寓乐"。尝学琴，后不复操，曰："但识琴中趣耳。"生平专力于诗，吴草庐称其风格冲淡萧散，不事雕琢，而渐近自然，酷与为人相似。

熊坦，字从正，号小隐，瓘山人。笃学工文，以辟荐，任韶州学正。与傒斯为贫贱交，卒，傒斯哭以诗。

明

陈会，字善同，横冈人。七岁，能书盈尺字，元学士揭傒斯为赋《奇童诗》。洪武七年，以荐为本府训导。

徐益，字咨益，洪武间，从父成琼。博通经史，尤工诗赋。为乡校师，尚书薛公远辈，皆出其门。与王霜筠、杨行素、朱四吟相友善。

曹寿，字曼龄，邑郛人。善书，为文雅赡，尤长于诗。永乐间，以经明行修，荐除江都训导。会选文学士充宫僚，擢春坊右司谏，选为东宫伴读。进《大明一统赋》，并《游春观灯》诗，御书褒宠。凡诸王行礼及内宫祝文，每令撰进。简升荆王府长史，未任，升翰林修撰，直文华殿。丁母忧归。

徐懋昭，字勉明，火巷人。颖敏工文词，登永乐进士，选庶吉士，读书中秘，益进于学。旋以疾卒，士论惜之。

孙曰恭，字恭斋，曰良弟，永乐甲辰廷试，拟第一。上嫌其名若“暴”字，置第三。授翰林编修，历修撰、侍读学士。为文简古，内阁三杨甚器之。郡人锺甬，究心理学，与曰恭友善。一日，过杨东里，论江西人物，首以甬称。东里屡招不至，既而来就，见，欢语如故，锺不往答，东里贤甬，益贤曰恭知人。

丁儀，字景昭，沙湖人。永乐进士，官工部主事。恬澹有守，以啸咏自娱，题《长廊岩》云：“今日春山里，山光飞满衣。无梅不索笑，有鸟只催归。风月情怀在，乾坤事业非。荒凉三径远，何处送斜晖。”裘香坡激赏之。（采《西江诗话》增。）

熊茂，字士充，曲江人。弘治乡举，官阳江令。自号“清臞子”，能诗。有《雉飞集》。（旧《艺文志》录出。）

徐州牧，字仁仲，隐溪人。万历癸酉乡荐第一，诗酒颓放，制作典雅。选山东平阴知县，文学吏治，为当道所重。上官某移文檄属笔，州牧喟然曰：“昔陶靖节耻为五斗米折腰，岂操觚雅事，得促以尺一牒乎？”坐是罢归，益事吟咏，与邑刘秩、熊卓、游潜、袁懋谦、雷暎、孙开，先后齐名，著《倦游稿》。

李奂，字云将，尚书遂孙。万历乡举，才思富有，声望重一时。万茂先访素园，理其遗集，凄然有作云：“千遍题诗百举觞，昔时风雨共闲房。藤阴尚覆摊书屋，松荫空摇看竹床。忆数春花红在树，或眠秋簟碧为廊。相如狼藉多遗草，寂寞文园泣武皇。”味此诗，云将风流文采，可想见一斑。（采《西江诗话》增。）

杨惟休，字叔度，惟相弟。以贡，授保定通判，管宣府赤城事。所著《泰昌日录》，仅载元年庚申八月事，自万历末至天启初，诸大政悉隐括其中。记“梃〔挺〕击”“红丸”“移宫”三案，颠末甚悉。大抵是王之宷，而褒刘一燝、周嘉谟、杨涟等之忠。魏忠贤见之大怒，其党霍维华疏指一燝等朋比，并劾惟休以草莽而记注朝廷起居，且称述舛错，奉旨追毁《日〔目〕录》，褫其职。时惟休已之宣府，讹传屡至，仰药卒。忠贤嗾刘志选再劾之，未几，《三朝典要》兴，掊击必《日录》所是，嘉与必日录所非。幸惟休已死，获免诏狱之惨。（旧志本传云：惟休著述甚富，遭兵毁，遂无全帙。《五经宗义》二十卷，仅存《易论》六篇，《辨体》一篇；《历代长帙》七十四卷，仅存战国之齐楚系，南北朝之十八家，《阃外春秋》数卷；《天文》四卷，仅存《日行》《月行》《日蚀》《月蚀》《星纬辰论》《大衍岁差》《霾论》《晕论》数篇；《卫边要略》一卷，仅存《博塞》一篇、《宣云》二篇、《东事客对》一篇，外有《大冶录》二十卷、《武略》十卷、《古诗评选》十二卷、《楚余》四卷、《芒书》十卷、《舒啸堂杂剧》十卷、《博古》一卷、《地舆》一卷、《佛宗》一卷、《乐府》一卷，今并仅存者亦轶。）

胡学浃，字悦之，旗塘人，诸生。少负才名，与同郡陈士业、万茂先、徐巨源、余小星友善。江南复社兴，致书招之。学浃往来其间，极为张受先、陈卧子、杨维斗辈所推重。为文宕折排奡，诗俎豆少陵。甲申变后，年已五十余，家殖荒落。生平忠孝，郁结慷慨牢落之气，悉发于诗。自号“密庵居士”，施愚山、何昼生为刻所著《大雅堂集》，年八十余而卒。

王来善，字爱甫，号舟瑶，钱塘人。为名诸生，主龙光书院讲席，著《性理衍义》等书。

国朝

傅铨彦，字明明，罗坊人，崇祯副贡，博学工制艺，与陈大士、艾天佣、黎博庵、张天生、徐楚白辈，为文字交。尝寓武林，操选政，以书抵闻子将曰：“今日制举义，不问圣贤旨意，支离诞漫，读之辄欲痛哭。”又谓：“坊间操月旦者，欲息文字之水火，惟不媚津要，不问玉帛，不媢知交，不抑疏逖，不阿声望之流，不排后来之秀，甲乙去取。但从文字起见，庶士风可正、文运可维。否则，奖嫫母而诋夷光，摈赵璧而珍燕石，树帜于受敌之途，启人以来攻之隙，则此可彼否，我抑人扬，恐水火玄〔元〕黄，靡有底止。”其持论如此。顺治间，补临江司训，造士有法。以疾归，著有《问花斋初刻》《二刻》《奎光书院集》《焚余草》。子沛仁，举人，上饶教谕，著《存耕堂诗集》。（据本集增。）

李子玮，字伯伟，岁贡生，巡按右说伯子。善属文，一时诧为惊才绝艳。晚筑室湖上，与张扶长、陈元水、胡悦之、饶蔚宗辈为诗友。尝携杖蹑屐，登名山，望长江千里，慷慨放歌，自写其胸中抑郁之况。著有《湖上草》《亦园集》。

甘汝亨，字衢上，甘州人。明崇祯辛巳选贡，壬午顺天举人，与梁清标同门契合。及梁执政，屡书招之，仅一酬答。顺治壬辰，选永丰教谕。越三年，卒。汝亨工制艺，天、崇间，江右五家，文名甲天下，汝亨与争坛坫。杜登圣《安雅集》多录其文。

黄炳召，字揆爽，号莪园。累举不第，工吟咏。胡悦之称其“对人言呐不出口，至作诗，意果心精，如雷发水涌，迅不可留，勃不可遏。”颖川陈元水侨寓丰，数与倡和，订为莫逆交。生平喜游览，著《瘦游草》，张扶长序之。（据本集增。）

陆履敬，字止敬，仙音巷人。顺治己亥进士，例授知县。以体弱、簿书烦，不赴。学问深邃，明于是非得失。凡令丰者，有兴革，必造庐商榷。康熙甲寅，滇黔警，讹言叠至，城市民惊窜入山，令禁止之。履敬曰：“愚民慑于虚声耳。”宽其出入，则迁者返矣。请出示，听民自便。甫三日，果复归。乙卯，抚州盗起，阃帅资其成算，遂擒巨魁。王研田赠诗述其事，著《丰城县志》，前后《药余草》《小云间集》《碧莲园课》若干卷。

马士骥，字非力，号半壑，邑郛人。布衣，磊砢多奇节。家壁立，未尝干人。工诗，有《拟园集》若干卷。云间倪永清选《诗最》，录二十余篇。品其味清如鹤岭茶，书画复超诣，名满天下。流落册卷，得之，不啻网中珊瑚。子瑄，善画，尤工翎毛，入内府赏鉴。

胡之甡，字两生，龙洲人。家贫，博学。尝操一叶，往来楚越间。遇名山水，辄留连竟日。诗清气往来，萧然物外。刘木叔、熊璧岸，推为“畏友”。制艺古文，及摹各家书，督学诸巨公激赏之，竟以诸生终，著《见山集》。

熊字鹤，字子半，号芝田，少与兄效抃都谏相师友。为文戛戛独造，著《蕉园诗草》。康熙间，以贡，历万安、峡江训导。（以上从《诗最》采入。）

夏日至，字子长，岁贡生。少孤苦，以清介自励，惟族兄太遇资给之。学问淹洽，作文耻拾唾余。朋试省会，偶偕涂无功入书肆，披阅间，恣论得失，众愕顾，旁一不相识者，独为之首肯，日至请姓名，则临川陈际泰也。订为忘年交。布政庄应会，征作《白鹿赋》，奇其才，欲荐之，力辞。延为西幕。

陆绍赟，字硕卿，仙音巷人，都司鸿渐子。性颖敏，博涉群书，问字者履满户外。康熙乙酉举人，为文不事艰深，陶企大、涂中五、杨百穀推重之。

万俨，字宾上，后万里人。幼孤，力学，叔与兄惜其体羸，戒夜课。俨每伺叔兄寝后，辄挑灯达旦。为文雅洁高古，卓然成家。康熙庚午，受知顾观庐，中乡试第一，称名元。明年会试，总裁王士正得俨卷，定元。数日，竟不第，士正对人言，辄为叹惋。甲戌房考，赵惺居又荐元，俛得复失，士论惜之。生平疏于财，在学使幕，得俸，悉以济友朋困乏。瘗都门外暴骸，至不惜典衣，其好义类如此。著有《匡庵集》。

徐启统，字垂昆，水东人。父斌，康熙癸卯举人，广东新兴知县，有廉声，著《礼记集腋》。启统姿聪颖，学问淹洽。康熙庚子，数科文体，竞趋油滑，统力矫其弊，自成一家言，时有“起衰式靡”之目。康熙戊子，以拔贡领乡荐第五。壬辰，成进士。奉特旨召试，与修《御选唐诗》，并《礼记月令广义》，书成，授中书。丁内艰归，哀毁卒。有《制艺》《诗集》若干卷。

鄢大年，字永绥，泉塘人。家贫力田，不废学。侵晨，督两弟力作陇上，夜分读书，率为常。康熙辛卯，举于乡，癸巳成进士，补教习。王省斋督江右学，延至幕下，佐王甄拔十三郡士，多名隽。选诸暨知县，厘剔奸弊，有政声。未久，卒于任。

金玉，字畏瑕，号栩斋，罗纹人。雍正癸卯拔贡，廷试一等，授内廷教习。选宁德知县，调武平，所至称治。玉学问甚富，长于著作。诗摹陶靖节，古文成一家言。有《性理摘粹》《薪水园诗集》。居京师，与山阴徐笠山联文字交。笠山厘其时艺，为之序。

丁奭，字南政，号立堂，复之子。幼颖异，童时随父谒新建喻非指，令属对，工巧胜人，喻叹为伟器，遂婿之。旋以五经七艺冠军，补弟子员。雍正丙午，乡试第一。为文浑灏流转，程墨选元、灯录，俱选为程式。子揆哲，邑庠，能读父书，学行纯正。孙猷骏，自有传。

杨州鹤，字兼斯，号石斋，前坊人。幕游四方，能诗，风格近明七子。题《三台阁》云:“秋入丹阳万木摧，螺峰高处见三台。一拳瘦石凌霄出，千里长江割地来。眼底关山今带砺，天边烟树古楼台。乾坤赢得舒长啸，倒尽樽前浊酒杯。”著《露裘草》，沩水张鸣珂跋。子巨源，有《肯堂集》。(据本集增。)

熊履廷，字来周，瓘山人。诗古文词，名噪一时。巡抚白潢重其才，遇山川楼阁名胜，辄缄题驰驿属笔，远近索题，及载酒问字者，无虚岁。康熙乙酉、丙午荐元，不售，以岁贡终。著有《也藏山文集》二十卷,《也耽吟诗集》三十八卷，同邑李太史云会序。族人时晟，字宋玉，亦岁贡，过目成诵，尤工诗，稿轶。

陈布琅，字俊章，石下人。幼颖敏，能诵百家言。雍正壬子举人，乾隆丙戌，钦赐国子监学录。(《府志》补。)

丁正模，字宇范，号楷堂，沙湖人。乾隆丙子岁贡，学行为一时圭臬，文矩矱先民，与唐萃亭、李采衡等，联“斗门文社”，执牛耳。中岁丧妻，不再娶，人高其义。子揆元，乾隆戊子举人，有文名。邑倡建龙山书院，经画为多。孙猷蘅，国学。

徐文弼，字襄右，号荩山，里垱人。乾隆辛酉举人，以会副，任鄱阳教谕，选四川永川知县，再补河南伊阳知县。立义仓，编保甲，所至皆有实政。以老致仕归。文弼博闻强记，长于诗。与裘叔度、蒋心余诸先生多倡和。所著有《诗法度针》《吏治悬镜》《萍游近草》行世。摄芝山书院山长时，课余与诸生饮酒赋诗，得佳什，即使家僮歌以侑酒，其风流潇洒如此。子景阶，岁贡，亦能诗，录入《西江风雅》。

匡晋定，字奠安，城内人。弱冠肄业豫章，有时誉。所试辄冠其曹。性恬淡嗜学，榻上书鳞积，披无宁晷。家人生产，慨弗问。以贡选湖口训导。萧斋讲学，年八十余不倦，卒于官。

蒋兆元，蒋家楼人。岁贡生，经史诸子百家，寻讨殆遍。为文必出创解，学与才副。邑令请为乡饮正宾，著《四书就正编》《皇极经世书图考》《古今乐律天文考》行世。

孙象贤，字縠方，号鲁亭，邑诸生北门人。弱冠，名噪庠序，雍正壬子，举贤良方正，以亲老辞。居贫力学，非公，终岁未尝见令长。教授生徒，文章以先辈为鹄，征引根据经史。子四，长巡检，余皆隶胶庠。

卢熙载，字牧持，邑郛诸生。喜为诗，与同邑唐萃亭、李采衡、毛汉峰辈多倡和，佥推为祭酒。寓章门，赋《苏圃》《徐亭》二诗，督学金桧门一见奇赏之，录入《西江风雅》。性狷洁，环堵萧然，不问生事，卒以顑颔终。著《淇竹园诗钞》。(新增。)

万锦，字映霞，号蔬圃，后万里人。初补邑庠，行文豪宕有奇气。中岁读书新建梦山，终日嘿坐，求圣贤治心要旨。久不遇，以年老，钦赐举人，明年赐检讨。嘉庆丙辰，与“千叟宴”，恩赏缎锦纱杖，乡里荣之。子昆，文学。

葛蘧，字得我，号怡然，邑郛务前巷人。性敏嗜学，为制科文意匠，不主故常。笔力尤劲健，年逾八十，以诸生钦赐检讨。生平简饬，能任事。移建书院，竭力劝捐，襄其成。著《怡然制艺存稿》俟刻。子正茂，附贡。斌，庠生。

陆希濂，字公茂，履敬孙。束发工文，经学尤邃。邵戒三、宋牧仲诸先生均器之。诗以淡雅胜，著《五经全稿》《碧莲园诗集》若干卷。(《诗最》补。)

陆斐章，字孔成，号含斋，仙音巷人。幼攻苦，挑灯常达旦。为诸生，试辄冠军。操选政者，多采其文。乾隆壬午膺乡举，一上公车不中，第归日，肆力诗、古文辞。邑文孝廉嵩龄、杨大令其谟、匡学博晋定，数与唱和。三公皆宿学，才敏以陆为首屈。有《韩文评选》《含斋遗稿》待梓。

熊岐，字懋西，号邑田，潭埠人。勤学问，工制举文，以岁贡待铨。甲子乡试，恩赏举人。明年会试后引见，赐衔国子监学正。性纯挚，姊孀，贫而病，曲意调护，至老不衰，乡人尤称之。子光弈，诸生。

徐士穀，字稼生，晚号拙翁，一坊人。父廷晨，贸襄樊，喜诗书，尊儒士，延师课读。穀甫授经，过目成诵。弱冠，游泮食饩，谒襄阳郡守周芸皋，入诗文社，即有名士之目。道光戊子，中式第六名。丙申，成进士，覆试、朝考俱首选，入庶常馆，授编修。晋清祕堂奏办院事，升司经局洗马。癸卯，充江南副考官。甲辰，教习庶吉士，充顺天乡试同考官。乙巳，会试分校礼闱，入直上书房。谭经讲艺，屡荷宣宗成皇帝温纶褒奖，珍赐端砚、参桂等。穀奉寄参桂归以养母，构书楼，敬庋端砚，颜曰“赐砚楼”，以课诸子侄。丙午，充四川乡试正考官，即任学政，拔取真才，杜绝弊窦，于试院大堂榜楹书曰“爱士士当自爱；欺天天为谁欺”，士风蒸蒸日上。戊申，按试保宁，缘公挂吏议，罢归。庚戌，文宗显皇帝嗣位，特旨召见，复编修。奉缴前绘《赐幽图》。咸丰辛亥，充福建副考官。壬子，充顺天乡试同考官。己未，升侍读，充日讲起居注官。同治壬戌，丁母忧，回籍。泣血自明，以不及终养为憾。服阕，倭相国以书招入都，力辞，主讲本邑龙山书院。丙寅，疾卒，年六十有三。生平工诗、古文辞，历事三朝，雍容文学侍从之班三十余年。而秉性刚介，居官不谒显贵，与人不轻往还。七典文衡，通刺者焚之，馈金者却之。矢公矢慎，终始不渝。凡所取，多绩学士，簪笏半朝堂。又，庚申京师寇警，穀阖门积薪，为自焚计。有句云：“读书今日用，故里仰文山。”其志节有可想见者。所著《停云草》《赐砚楼诗文》等集，待梓。

子芸，甲子举人。次茳，幼苞，俱邑庠。弟士穗，丁酉选拔，甲辰举人，任上犹县教谕，授户部广东清吏司主事。

以下新增。

吕光焕，字鸿文，一字竹庄，一坊北湖人，遇周长子也。父绩学，焕少受庭训，年十三，背诵《十三经》，兼通诸史。为文章，观者击赏，名公巨卿共踸之。嘉庆戊午，举于乡，辛酉成进士，授内阁中书。留京十年，以亲老，请改教职。选赣州教授，迎亲省亲，往来无间。继母黄氏，尽得欢心。尤体厥考亲亲之意，督课家塾子弟，如溶，成进士，授吏部主事。忠，举人才，皆未竟其用，焕尝惜之。先是，万和圃督学时，礼聘佐选政，梓试牍，出其手尤佳。后历泺源、冯川、濂溪各书院，及本邑龙山主讲席有年。凡所披览，经疾史恙，以笔针墨炙为功。游其门者，不必借书刊谬，自获真诠。以故掇巍科、登高第，如贯珠焉。焕生平嗜学，又念切济人，尝冬归，见村落荒凉，须捷满前，人皆菜色，怃然曰："此焕饥之寒之也。"即散晨粥，给衣帛、缗钱，割脩金施予。嗣是，岁腊为常，其遗美足珍如此。著有《五经备考》《纲鉴摘要》《字汇补遗》《制书楼文集》《养和堂诗集》待梓。

文炳汉，字西临，一字红蘅，邑郛人。幼颖异，年十二，就童子试，有声。旋入黉宫，困场屋者廿载。家贫，事父及继母，具甘旨，自啖粗粝。嘉庆癸酉举于乡，三上春官不售。隐居教授，门下士登科甲者踵相接。清江黄庆同、宗室呈麟、宝麟等，俱位望通显。生平道匡雅俗，性合元和。与人言，坦衷率真，犯不与校。三党亲或婚丧不举，佽助之，不少吝。有老而无依者，延至家供养，终其身。其他施淖麋以资蒙袂、捐绞椋以掩道殣诸善举，不可殚述。乡里中，虽伧父，咸钦服焉。晚年，名愈重，有司下车，造庐咨访，辄觚剖利弊以进。邑有兴作，信义素孚，会议间，一言毕举。咸丰时，贼犯境，协同阖邑督办团练，防堵获安。尤嗜学，购书万余卷，风雨一编，耄而不倦。诗古体如明七子，近体类陆务观。古文在壮悔堂右。徐侯湘浦聘修《邑志》，叶侯枚生聘主讲龙山书院，年八十，部铨泰和县教谕。咸丰己未，恭遇覃恩，为父请封，遂以老乞归。年九十二卒。所著有《味三堂诗文集》《红鞠山房外集》《北上南归草》《滴翠轩诗话》，及制举文，子孙世业，将简刊以问世。

龚文亮，字蒙泉，七坊坞里人。邑诸生，屡荐不售，学淹博，月锻季炼，著作等身。如《龙图益注》《三元策隽》，实能贯穿经穴，出入史林，采辑者已入钞本《羲经百谷王》《孝经片玉》。卷多散佚，或云尚见珍藏，骤难采获。亮老于文场，植躬修行，康熙己巳，恩赐粟帛。县尹敦请乡饮正宾。建昌太守高，又以"剑水耆英"旌额。子尧臣，廪膳生，亦邃学。亮著书，尝命辑补。乡试闱中定元，两主司互争，卒见遗。来年遂卒。

袁成均，号存斋，邑廪生。少负才名，为文力追先正。志高淡，年二十二，入招云山，默参内典。居三年，忽与僧别，僧讶甚，曰："予圣人之徒也，非儒之归而谁归哉？"由是，课徒讲学，宗程朱之说。身体力行，年三十六卒，人咸惜之。生平著作，多为门下所失，仅存《日用庸言》一编，行于世。

补遗

元

揭祐民，揭源人。泰定中，官邵武经历。三至京师，公卿多乐与游，程矩夫尤敬礼焉。寓居盱水上，自号"盱里子"。族子傒斯，为作传，称其腾掷宇宙、凌轹古今，有《盱里子集》。（据《历代氏姓谱》增。）

国朝

张泰来，字扶长，以新建籍，领顺治辛卯乡荐，庚戌成进士，任山东金乡知县。爱民造士，为山左第一贤能。分校乡闱，得孙襄卷，即决其当弁冕天下，荐之主司，为解首。行取吏部主事，清操介节，不染纤尘。外转广东兵备道，以年老乞休。家于邑之大街，遂入籍为邑人。闭户著书，马中丞如龙、宋中丞荦，并以博雅推重，碑刻传记，多属之。著有《兰台原古录》《江西诗社宗派图录》《寿雪亭集》《曲水诗略》《文选原古录》《瓜棚偶谈》诸刻。（据旧志增。）

苏光谱，号剑亭，邑增生，田垛人。幼敏慧，博极群书。作文古气磅礴，不趋时尚。性严正，接见者皆起敬心。嫉邪扶正，地方赖以维持者数十年，至今士林思慕之，惜所著不传。

杨如龙，字盍修，一坊大夫第人。乾隆辛酉乡荐，读书过目成诵。尝寓省垣，与朋辈出，见上谕千数百言，雒诵一过，入寓中，随手录出，一时叹为绝伦。著书盈尺，有经义数十卷。后目盲，未能卒业，士林惜之。遗稿待梓。

何倬，字云汉，号晓垣，一坊河湾人。嘉庆戊寅乡荐，口吃，善饮，好诗古文词。著有《南游吟草》《荒荒吟》，并他本六集；骈体散文，有《晓垣汇稿》二集，今多散佚，存者待梓。

黄希灏，字怀运，一坊沧溪人，增广生员。英分过人，与何倬有《唱和草》。自著有《一丁吟》等草，及序记等文。生平不喜制艺，好古士也。稿存外孙熊氏家，待梓。

罗惠，字希展，一字赉周，一坊枫树下人。入泮后，乡试十数科，屡荐。至年逾八旬，不一售，犹不辍试，士林悯之，益壮之。所著有《四书讲义》数万言，咸称善本。惜贫，未能梓行。

李灏，字汝洲，号九一，五坊筱塘人，邑庠生。学问渊博，文思敏妙。读书大嵊山，恒终日静坐，每思未来之事，言之辄多中。生平绳趋矩步，为士林仪型，远近咸钦仰之。著有《四书讲义》待梓。

袁学容，原名棻，号雪梅，袁坊人。邑增生，品行端方，学问纯粹。工吟咏，于试帖，尤所擅长。著有《目耕斋试帖》行世。

金仕诰，号丹园，七坊田西人，郡廪生。秉姿颖异，经史过目多不忘。绮岁冠童军，应豫章、洪都书院，有声，梓其文行世。乡试屡荐未售，遂潜心经学，专以著述自娱。《易》《书》《诗》《礼》，博采诸说，独出按断。三孟、《左传》，详加批评标明。古文体裁，未毕而卒。惟《周易新解》《乡党详注》《天文说辑》成编。子锡，简邑廪生。孙舒翘、舒芬，邑庠。

傅启沃，字志学，号鉴亭，五坊派前人，邑庠生。工制艺，屡荐不售。每课书院十余艺，挥洒立就。豫章主讲黄树斋司寇，深器重之，梓其文行世。

雷乃发，字恢伦，三坊雷坊人，邑庠生。幼颖异，年未及冠，即能读子史百家之书。作文力追先辈，乡试屡荐，俛得复失者数次。尤长于古今体诗，以才见忌，几罗于法。邑侯高以本得其诗，击节叹赏，复以优礼待之。

卷之十七　人物志七

忠贞

目录

唐
傅祁
南唐
王子邳
宋
黄端卿、汤长卿、陈友沅、徐子中、雷宜中子国乘、国武
元
徐彦威
明
史安、丁铉、杨瑄子源、黄芸、丁时魁、郭希颜、邓子龙、唐士凤、史垂誉、刘逢盛
国朝
甘文奎子日进，附甘文焜、周尚功、卢文魁、卫学纯子宗诰，附余铨、罗澄鉴、徐传薪、周运鲲、袁如筠、倪波、刘士奇、丁方镇、丁方成、李廷荣、黄锡龄、熊芳麟、金桂林、李步、余澍霖、刘士义、熊启昌、邹立模、熊克六、张遥茂、李有愉、周炳章、熊效八
阵亡兵弁、阵亡殉难绅民附

唐

傅祁，字伯强，五坊人。弱冠，豪勇过人，仗大义。乾符间，王仙芝攻洪州，过丰城境，祁率五百义士，接战东冈之左。自日中至昃，杀贼数百人。贼益生兵，义师溃，祁死焉。事闻，敕封翊善将军，土人为之立祠。

南唐

王子邳，季友四世孙。以进士为御史丞属，时艰，与弟兵马使子邙、子邦，统民兵卫乡井。寇入境，子邳独搏战，贼悉众掩之，救不至，遇害。首虽殊，犹挟之跨马，走五里许，乃仆。贼大骇去。乡人祭于社。

宋

黄端卿，字正仲，畴若孙。以祖荫为江州征官，历上饶、庐陵县丞，辟吉水，改知彭泽。淳祐己亥，补授茶陵。明年春，贼起桂东高垓峒。逾月，破安福，引众入茶陵焚掠。未及城五里，端卿求援诸司，未报。势益急，乃部分兵士遏截，大捷。明日，率兵击贼，贼却，乘胜进，雨暴至，贼众骤集，执端卿，命前导入城。端卿叱曰："我为军使，恨不剿汝，岂从汝反耶？"遂遇害，贼亦宵遁。事闻，有旨立庙云阳门。未几，贼擒，藁其馘以祭，赐额"忠显"，官其二子。复表所居曰"成仁坊"。

汤长卿，字体仁，松湖人。家罹兵毁，徙邑蓝家巷。登宝祐进士，累官江南廉访使。与文丞相同举义兵。

陈友沅，字直翁，上坊里人。景定乡举，乙亥兵兴，毁家给民伍，捍邻寇，渠魁就歼。所著有《春秋传》等书。

徐子中，字益之，后泉里人，鹿卿子。由承务郎，三监黄花镇。咸淳甲戌，挈家之官。明年，元兵陷当涂，子中阖门死之。

雷宜中，字宜叔，号厂山，城陂人。师张洽，得朱子绪余，以"省身"名斋。端平乙未，补大学生。史嵩之以右相开督府，弟岩之尹京，势焰熏灼。会天变，宜中上书斥其奸，不报。坐是，流落久之。登淳祐进士第三人，为右司諫。贾似道帅江陵，宜中在记室，事有不便，必过阁论正，以意不合去。经略广东，比还，捐俸买田，给桐江书院。入奏，言广东进上供银，大率抑买，为民害，有旨蠲之。又乞复故相吴潜官，赐美谥，以励臣节。复济邸封爵，以厚天伦。录江西二陆后，以劝来学。德祐初，除礼部尚书，寻为广东安抚使，爵丰城男。偕文丞相起义兵勤王，会丞相入卫，又与信州谢枋得招军民，固守岭峤。元游骑至，宜中与力战，病创卒。故部曲黎应丰，与太学生南昌罗实经纪之，藁葬黎村。越十年，返葬易棺，貌如生。子国乘，官韶州通判，与弟国武随勤王。岭峤之役，不知所终。

元

徐彦威，邑人。尝师事朱致真，洪武壬申，江涨淹城，偕友郑德隅往省师，师遣之归，不去。三遣乃行，归已四鼓，水势益驶，虑厄师，复与郑掉舟往视。俄舟覆，郑缘木免，徐溺死。(彦威以护师陨命，不失大节。在三之义，因附之《忠贞》。)

明

史安，字志静，号愚斋，吏目彬之孙，着棋巷人。永乐进士，授礼部主事，升郎中，以清勤称。宣德二年春，交趾复叛。兵部尚书李庆参赞军务，举安及主事陈镛随征。师入交趾，贼于官军所经处，悉列栅守。总戎柳升连破之，直抵镇彝关，有矜色。安、镛言于庆曰："总戎之意骄矣，骄，兵法所忌。安知不示弱，以诱我乎？"庆方病，强起与升力言，升不戒。明日，帅数百骑先进渡桥，桥遽坏，后军不得前。贼伏四起，升被枪死。明日，副将崔聚整兵进，贼驱象赴斗，众乱，群被执。贼大呼："降者生。"安曰："吾辈见危授命耳。"遂死之，时守帅师远未及，以其节闻。

丁铉，字用济，号节庵，牯牛背人。永乐进士，由博士升工部员外，调吏部。升刑部郎中，狱无冤滞。尚书何文渊，荐为本部右侍郎。正统九年，出理四川茶课，奏减常数，以俟赈荒。戊辰，奉敕赈恤山东，两淮流民全活甚众。己巳边警，大监王振主亲征，不与外廷议。命下，大臣皆骇愕。铉上章言边鄙之事，惟严备而已，不必亲御六师。不从。师行，铉扈跸。次唐家岭，军中夜惊，众失大将所在。铉叹曰："是岂可以言用兵耶？"及出居庸关，边将失利，铉与六七从臣诣帐殿，力请驾还。曰："今日之事，严号令、明赏罚，责成诸将足矣。"上嘉其言，不决退。又连章请还，皆为振所沮。进至大同，营城下，始班师次。土木变起。铉时承命掠阵军中，策马护驾，遂被害。景泰元年，褒录死难臣，赠尚书，谥"襄敏"，敕葬其衣冠于熊梦桥之原，遣官谕祭。诏以"忠义"建坊，配祀英庙，子孙世袭。大舒芬谓其慷慨激烈，言犹传于时。疑其谥与死难不相应，作《谥辨》，后改谥"襄愍"。

杨瑄，字廷献，大路里人。景泰甲戌进士，授监察御史，刚直尚气节。天顺初，印马畿内。河间民遮诉大监曹吉祥、忠国公石亨夺其田六百余顷，瑄以闻，并列二人怙宠擅权状，帝语阁臣李贤、徐有贞曰："真御史也。"命吏部识瑄名，将擢用。吉祥闻而惧，诉于帝，请罪之，不许。未几，亨西征还，适彗星见，祥、亨凶势日益彰。瑄复草弹章，极道二凶肆恶，将遗庙社忧。时十三道御史张鹏等将劾亨、吉祥诸违法事，给事中王铉闻之，私泄于亨。亨乃先与吉祥合谋倾之。章入，上震怒，召诸御史，诣便殿，俾诵弹章，历诘之。同官周斌与瑄且诵且对，历陈二凶跋扈罪状。然上意莫能回，悉下锦衣卫狱，勒令蔓引善类，刑甚酷。瑄等数濒死，卒无一语他及。有司文致，坐以重典。会大风雹，拔木坏屋，走东华门下马牌于郊外。而亨、吉祥家大木俱折，雹尤甚。二人亦惧，于是皆得从减，瑄戍辽东铁岭。行半道，适承天门灾，乃赦还。或谓宜请二凶谢，庶免后祸。瑄不从，果改戍广西南丹。居五岁，二凶相继以逆诛，特旨放还。宪宗嗣位，以言官论复旧官。寻升浙江副使，杭州卫指挥父子肆虐捕，罪之。按行海道，禁军官私放戍卒，五日一操阅，凡城隍、墩堠、廨署、船舰、兵甲，悉缮治之。修捍海塘，筑海盐堤岸二千三百丈，民得奠居。为副使十余年，政绩卓然。进按察使。西湖水旧可溉田四十六万顷，湮塞过半。瑄请浚之，设防置闸，以利灌溉。功未就而卒。卒时，寮寀往问，尚论列筑海塘、浚西湖事，无片言及私，海盐人祠祀之。子源。

源，字贵洁，一字本清，初为太仆主簿。弘治八年，各省奏地震、天鼓鸣，源应诏陈言，坐越职，谪铜仁长官司吏目，徙五官监候。正德元年，刘瑾典兵柄，源奏："自八月初，大角及心宿，中星动摇不止。大角，天王之坐；心宿中星，天王正位也，俱宜安静。而今乃动摇，占曰：'人主不安，国有忧。'意者，陛下轻举逸游，弋猎无度，以致然也。又北斗第二、第三、第四星，明不如常。第二曰天璇，后妃之象。后妃不安其位，则不明。广营宫室，妄凿山陵，则不明。第三曰天机，不爱百姓，骤兴征徭，则不明。第四曰天权，号令不当，则不明。伏愿陛下祗畏天戒，安居深宫，绝嬉戏、禁游畋、罢骑射、停工作，申严号令，毋轻出入。抑远宠幸、裁节赐予，亲元老大臣，日事讲习，克修厥德，以弭灾变。"疏下，礼部尚书张昇等，称源忠爱，报闻。十月，霾雾时作，源又奏："霾雾为众邪之气，阴冒阳，臣欺君，小人擅权，下将叛上。"引譬甚切，瑾怒，矫旨杖三十，释之。又奏："自正德二年来，火星入太微垣帝座前，或东或西，往来不一。"乞收揽政柄、思患预防，意在瑾也。疏留中，瑾召源，面叱曰："若何官？亦学为忠臣！"源厉声曰："官大小异，忠一也。"瑾又矫旨，杖六十，谪戍肃州。行至河阳驿，以创卒。妻庹氏，斩芦荻覆之，葬古城。万历间，河南抚按奏请，建祠河阳，赐额"忠愍"。天启初，赐谥"忠怀"。

黄芸，字斯馨，清塘人。成化进士，任顺庆府同知，威惠并著。擢刑部郎中，宸濠叛，芸时家居，濠胁之从逆，不屈，遂遇害。

丁时魁，沙湖人。江西按察司掾吏。初，副使许逵草密疏，发宸濠逆谋。赍送难其人，时魁请行，七日夜抵京师，往返才十七日。濠反，执孙燧、许逵，并执时魁，不屈死。后燧得赠谥，甄叙员役有差，而不及时魁，公论惜之。（时魁，《府志》误为新建人。）

郭希颜，字仲愚，旗塘人。嘉靖进士，选庶吉士，授检讨，擢右赞善。疏引七庙四亲之制，谓献考当入四亲庙，而奉孝宗于世室，迁武庙于别宫，以示侄不祀伯、弟不祀兄之义。奏上，颇称旨。严相嵩嫌其轧己，阴挠之，改中允。以考察，调通判。稍迁运副，复持往日所著庙议进，并劾嵩。有旨切责，移疾去。家居，又上疏，其略云："往岁读圣谕，欲建帝立储，臣曰：'立储难，莫若安储'。何者？君相相信则储安；兄弟相保则储安；父子相体则储安。相信有道，释疑是也。相保有道，分封是也。相体有道，总揽是也。何谓释疑？自言者倡为二王面陈严嵩之说，臣恐二王与嵩皆有疑心，皇上何不降德音，谕元辅不必疑于王，谕二王不必疑于嵩，则君臣相信，储可得安也。何谓分封？二王同处京府，智与年长，防不预设。圣明早断，及时敕遣亲藩就国，周其卫翼，殊其宠数。于制于情，似为两尽。则兄弟相保，储可得安也。何谓总揽？时事非高枕之日，而圣父又非倦勤之年。分封之典既定，留都之意已明，愿皇上端拱以顺天人、从容而议建立，则父子相体，储可得安也。内外各守屏翰，彼此永无嫌疑。宫中问省之笺，不时而进，麾下富贵之想，何由而生。"疏奏，坐"建帝"二字，触忤，诏议罪。刑部尚书郑晓，予轻比。嵩置重典，奏上，有旨："即江西处斩，传首四方。"希颜好危言奇策，比以庙议，故中废家居，发愤指切君臣、父子、兄弟之间，卒受诛死，天下伤之。隆庆初，恤赠光禄少卿，予祭，荫子。

邓子龙，号武桥，落星桥人。貌魁梧，骁捷绝伦，兼通翰墨。嘉靖中，江西贼起，掠樟树镇，子龙应有司募，破平之，累功授广东把总。万历初，从大将张元勋讨平巨盗赖元爵，又从平陈金莺、罗绍清。贼魁黄高晖逸，子龙入山，生获之。迁铜鼓石守备，寻擢署都指挥佥事，掌浙江都司。被论当夺职，帝以子龙犯轻，会麻阳苗金道侣等作乱，擢参将讨之，大破贼，解散其党。五开卫卒胡若卢等火监司行署，挞逐守备及黎平守，靖州、铜鼓、龙里诸苗，咸响应为乱。子龙火其东门以致贼，而潜兵入北门，贼遂灭。十一年闰二月，缅甸犯云南，诏移子龙永昌。木邦部耿马奸人罕虔，与岳凤同为逆，说缅酋莽应里内侵，虔从掠干崖、南甸。已，引渡查理江，直犯姚、湾甸，土知州景宗真及弟宗材助之。子龙急战，攀树枝下，阵斩宗真、虔，生获宗材，虔子招罕、招色，奔三尖山，令叔罕老，率蒲人药弩手五百，阻要害。子龙饵蒲人以金，尽知贼间道。乃命裨将邓勇等，提北胜、蒗渠诸番兵，直捣贼巢，而预伏兵山后夹击。夜半，火器竞发，生擒招罕、招色、罕老，及党百三十余人，斩首五百余级，尖山巢空。会刘綎亦俘岳凤以献，帝悦，进子龙副总兵，予世荫。无何，缅人复寇孟密，把总高国春大破之，子龙以犄角功，亦优叙。自是蛮人先附缅者，多来附。

永昌、腾冲，夙号乐土。自岳、罕倡乱，始议募兵。所募多亡命，乃立腾冲、姚安两营，刘綎将腾军，子龙将姚军，不相能，两军斗。帝以两军皆有功，置不问。既而，坐姚军索饷讧乱罪，遂褫官下吏。十八年，孟养贼思箇叛，子龙方对簿，巡抚吴定请令立功自赎，帝许之。无何，丁改十寨贼普应春、霸生等作乱，势张甚。定大征汉土军，令子龙军其右，游击杨威军其左，大破之，斩首一千二百级，招降六千六百人，帝为告谢郊庙，宣捷受贺，复子龙副总兵，署金山参将事，寻被劾罢归。

二十六年，朝鲜用师，诏以故官领水军，从陈璘东征。倭将渡海遁，璘遣子龙偕朝鲜统制使李舜臣，督水军千人，驾三巨舰为前锋，邀之釜山南海。子龙素慷慨，年逾七十，意气愈厉，欲得首功，急携壮士二百人，跃上朝鲜舟，直前奋击，贼死伤无算。他舟误掷火器入子龙舟，舟中火，贼乘之，子龙战死。舜臣赴救，亦死。事闻，赠都督佥事，世荫一子，庙祀朝鲜。

唐士凤，字瑞华，尚书大章冢子。崇祯二年，以荫历工部郎中，厘剔积蠹殆尽。特命提督北河道，时流氛正炽，大征兵饷。士凤镇张秋规画，事无留滞。漕、河两府交荐，将考绩入觐，以父忧归。甲申闻变，号痛咯血几绝。会大学士姜曰广、吏部侍郎吕大器荐起用，召至中途，留都破，遂归入山，结茅庵以终。著有《宝翰楼集》《庵中隐述》数十卷存于家。

史垂誉，字望之，号龙门，着棋巷人。崇祯癸未进士，以闯贼警，十月始传胪。选庶常，明年甲申三月，京城陷贼，逻得垂誉，曳致贼相牛金星幄中。牛谕降，不从，骂贼，贼恚甚，发贼将李友营恣拷掠。已，复锤，铁箍脑骨裂绝，复苏者数次，终不屈。会大兵至，贼遁，未久，贼寻灭，乃裹创，徒跣归。顺治间，督抚交章荐，悉力辞，以跛履终其身。著《燃藜逸稿》。

刘逢盛，字时举，号隆初，荷溪人。崇祯癸未进士，居京师，誉日起，诸要人争罗致之，卒介守不一往。会促选授行人，奉命册封乐安、建安、保宁三藩。甲申三月，中途闻变，绝食已数日，以母耄年在籍，复强归。国朝新命后，部院孙阁部洪、司农梁，稔知其才，数交章荐，固辞。居林下三十二年卒。汤念平诔以“一肩重任纲常在，万古芳名竹帛垂”。同年，子杨大鲲守江州，为志其墓。子兆彝，有文名。

国朝

甘文奎，字大敦，号大别，邑郭人。天启选贡，授南陵知县，行取邢部主事。甲申闯贼屠城，不屈被械。及国朝定鼎，嘉其忠，释之。顺治初，授顺广等处兵备道，兼理军屯事。旋升右参议，分巡荆南郧襄道，驻札襄阳。招叛逆，抚残黎，通商劝农，修城御寇，严饬属吏。时叛逆王光泰等，以党魁王光恩被文奎擒解京师，深衔之。率众攻城，城破，擒文奎，极刑逼降，不屈，遂遇害。事闻，赐祭葬，赠光禄卿，崇祀忠义祠，县举祀乡贤。所著有《昭州草》《宛上草》《二别山房文稿》《西征纪事》《昭苏录》《云霞馆诗草》《藩疏三辩》等集。子日进，字退之，号晋侯，善诗古文词，弱冠游江淮，泊舟水次，遇川湖总督罗公入觐，悯其流落，瞿然曰："尔为难臣后，宜往承父荫。"抵京，专摺奏，恩准入监肄业，期满，授詹事府主簿，升光禄署正，外转福建延平同知，升浙江衢州知府，以治绩著，召见，入京卒。

甘文焜，邑人。先世寓沈阳，父应魁，从世祖章皇帝入关，隶正蓝旗汉军，官至石匣副将。文焜由兵部笔帖式，累迁礼部启心郎。圣祖仁皇帝御极，改大理寺少卿。康熙二年，迁顺天府尹。六年正月，授直隶巡抚。先是，左都御史郝惟讷，以督抚亲莅属邑，官吏因缘派累民间，奏罢巡历例。七年六月，文焜疏言："巡抚不巡视属邑，则吏治民隐，无由悉知。如巡抚不贤，图润私家，虽坐守一城，而苛属扰民之事正多。若果贤，必自爱名节，减省从役，丝毫不以累人。而年岁丰歉，民间利病，有司贪廉，悉无遁情。请仍敕令巡视，但申严苛扰禁例，则不肖之人知儆，而实心任事者，得尽职守。"疏下部详议，部臣执郝惟讷前奏，寝其事。上曰："各省遇有水旱等灾，督抚减省从役，速行履勘，庶不致颠倒轻重，且可察访贪官蠹役，重加惩治。于苦累兵民之事，验时即行，更改其允。"文焜请著为令。九月，文焜疏报履勘涿、霸、安、祁等州，大兴、高阳、文安、武清、東鹿、清苑等县田地数万顷，秋雨为灾，请全蠲岁赋。已征夏税，流抵来年。部议，按例减免有差，得旨："朕闻保定、真定二府，及霸昌道所属州县，被灾特甚。勘报十分九分者，其尽行蠲免。内有已征者，流抵来年。"文焜复劾昌平、顺义、怀柔、密云、文河各州县官，迟报水灾。得旨："下部处分如例。"会总督白秉真以赈费浩繁，请听官绅等输纳银米，文焜输银三千助赈，议叙加衔工部侍郎。旋擢云贵总督。八年五月受事，奏禁各驿站，于额设夫役外，派民协助。时吴三桂镇云南，云贵总督驻贵阳。三桂欲借边衅，以固兵权，诡报土番康东入寇，又阴趣凯里诸苗煽乱，羽檄交驰，以觇文焜措置。文焜料康东无能为患，凯里近在肘腋，不制，恐滋蔓难图。先督兵进剿，擒斩无算。连破贼巢，遣副将冶秉忠，搜剿阿鲁山，阵斩贼酋阿戎，余党悉平。乃以进剿康东师期，移檄云南。而三桂果以康东远遁来告，文焜寻以滇疆辽阔，疏请巡视，因遍历各府州。十年三月，疏言滇黔山路崎岖，且多瘴疠，官员卒于任者，请给勘合，由驿归榇。疏下部议行。七月，以病求罢，上温旨慰留。九月，丁母忧，命在任守制。十一月，臻剖逆苗阿福倡乱，文焜遣兵捣其寨，阵斩千余人，擒阿福，诛之。文焜再疏乞归葬，许给假治丧。十二年十月，还贵阳。任事时，方允三桂撤藩之请，三桂期以十一月二十四日起行。阴结党羽谋反，先期三日，戕云南巡抚朱国治，分遣逆党逼贵阳。文焜闻变，即缮疏，遣族弟文炯赍驰入告。复致川湖总督蔡毓荣，趣其集兵沅州，联络楚黔声援。先是，文焜回京治丧，三桂请以总督印云南巡抚署理，因假训练为名，尽调督标弁兵赴滇，厚结之。至是，煽诱溃散，莫听文焜调遣。文焜既牒提督李本深，领兵扼盘江上流，以拒贼。适本深以书来觇文焜意，中多遁辞。文焜复为手书答之，略曰："黔省安危，责在提督。逆贼受国厚恩，罔思图报，乃弄兵一隅，自取灭亡。我辈忠孝自矢，建树正在今日。尚其同心协力，手足相依，万一不济，惟有效张巡、南霁云以身殉国，断不稍存携贰也。"本深得书，弗顾，竟踞安顺府从逆。贵州巡抚曹申吉，亦降贼。文焜见城中将吏，无一可与谋者，度贵阳不能守，惟镇远地势险阻，外可号召荆楚之兵，内可抗扼滇黔之隘，堵遏凶锋，力图剿灭，犹事之可为者。因令妾盛氏率妇女等七人自经死，即轻骑驰赴镇远。至则守将江义亦已从逆，文焜至吉祥寺，江义以兵环之。文焜叹曰："封疆之臣，当死封疆。事至此，无能为矣。"整衣冠，望阙再拜，遂自刎死，年四十有三。第四子国城，及笔帖式和善雅图，从死马后。数年，吴逆既平，贵州巡抚杨雍，建疏陈文焜滇黔政绩，及遇贼死节事，得旨："甘文焜总督云贵，供职勤劳。吴逆反叛，捐躯殉难，忠节深为可悯。下所司优恤。"并允直隶巡抚于成龙请，遣其长子、宣化府同知国均，迎榇还京。至之日，遣大臣迎奠于卢沟桥，赠兵部尚书，赐祭葬如典礼，谥"忠果"，荫子国璧入监。二十五年，贵州巡抚阎兴邦，以士民请建专祠于贵阳入奏，御书"劲节"二字，额其祠。世宗宪皇帝时，以文焜入祀昭忠祠。(据《国朝满名臣传》增。)

周尚功，字君辅，南巷人。以材官授略阳守备，转福山营都司。海寇掠京口，率兵赴援，力战，贼解去。升福建游击，山贼李月高聚众堵粮自固。尚功绝其粮路，设伏擒获，捕余党陈楚生、朱汉明等，逆党悉平。调陕西兴安镇游击，再调四川永宁中营游击。吴逆乱，诱胁不从，去官，居永宁。康熙十九年冬，贼将胡国柱等拥众围城，城陷，尚功被执，不屈，贼杀之。妻李氏、长子湄、次子灏，合门二十口，俱尽节。入祀昭忠祠，国史馆传其事。嗣孙元凯，世袭恩骑尉。

卢文魁，赛头人，随征金川有功，授湖广提标中营守备。升广西麦岭营都司，署提标中营参将。乾隆五十三年，出师安南，遇敌力战，死之。子延龄，荫云骑尉。

卫学纯，字景成，号石庵，澄源人。乾隆癸卯武举，补荆门营千总。嘉庆二年，随襄阳总镇马瑀征四川教匪，驻军奉节牧牛坪，与贼战，屡胜。贼伪遁，学纯随总镇马瑀追蹑之，遇伏，矢石交下，同遇害。事闻，入祀昭忠祠。子宗诰，字金章，袭云骑尉，署饶州营守备。时奉派会剿川匪，参将某严苛，失众心。点行兵哗，不听令。宗诰温语拊循，激以忠义，众遂定。当路以为能，檄署抚标，武宁、九江等营守备、武宁营都司，补宁都守备，署参将。历任恪共无废职，年四十一而卒。子显琇袭官。

余铨，字六符，五坊前村人。乾隆癸卯武举，补九江千总。嘉庆元年，檄剿湖北当阳教匪，没于阵。事闻，入祀昭忠祠。子懋恩，袭云骑尉。

罗澄鉴，原名克元，字镜心，邑郛人。为人倜傥权奇，有至性。孝养无违，以母老膺疾，精研医理，而调剂扶持，数十年常待左右。咸丰丙辰，刘方伯于浔师次于丰，鉴首谒军门，慷慨论时事，方伯奇之，辟入幕，并劝捐以济兵饷，军威大振。己未举于乡，赴拣选，授贵州毕节县知县。当事以其才，命权黔西州事。鉴至，甫匝月，增埤隍、完仓廪、缮守备。时属邑有余匪窜伏，谋歼之。协守黄某，以轻敌败，匪遂于除夕，潜渡玛璃河，扑入城。鉴率亲丁巷战，力竭，身被七创，血渍衣裤，遂陨命。土人于其处，置楬橥表之。黔抚张亮基，请于朝，赐祭葬，赠知府，祀昭忠祠，荫职云骑尉。子允猷，承袭。

徐传薪，字增高，一字翘生，一坊高埂人。少读书，慷慨有大志。道光甲辰举于乡，两赴礼闱。后遘疾，辍计偕者数年。久之，渐痊，而嗜学如故。每读史，至王仙芝、黄巢之乱，辄拍案大呼，恨不手刃其人。咸丰丙辰，粤逆扰江右，大吏檄绅民助饷，团练以资攻剿。薪分督其事，挥扎叠函，手腕几脱。丁巳十月，翼贼石达开率大股扰丰，团不支，众纷散。薪曰："丈夫死则死耳，肯避贼乎？"贼蜂至，踞屋为巢，搜书簏，有团札，执薪拷问，薪骂曰："汝贼焉敢犯我？"贼怒，骂益厉，遂遇害。大吏以其事闻于朝，赐恤银，祀昭忠祠，给予云骑尉世职，袭次完，给予恩骑尉，世世罔替。

周运鲲，字图南，号紫澥，卿塘人。幼聪颖，为文不属草，挥毫立就。道光己亥举于乡，大挑教谕。性果敢，喜任事。邑公事如学宫、书院、堤防、城垣诸大举，皆首倡之。咸丰丁巳，发逆窜瑞郡，邑侯蔡行河西团练，札委鲲董其事。鲲履行伍，峻令甲，纠丁壮，克期剿贼。有挟私忿者忌之，钩饵群凶，仓卒变生，遂遇害，惨甚。大吏以事闻于朝，赐恤银，祀昭忠祠。子四，长泰禧，壬戌举人。

袁如筠，字松友，袁坊人，援例授府经厅，分发贵州，署普安镇新城县丞。御苗殉难，事闻，奉旨赠銮仪尉经历衔，恤银五十两，世职云骑尉。子芝保承袭。

倪波，五坊下倪人，邑庠生。年八十余，咸丰六年二月廿一日，石逆至村，与继妻氏大骂不辍，贼怒，俱杀之。事闻，照例赐恤银如额，从祀昭忠祠。

刘士奇，字瑞堂，邑诸生，二坊合水人。性刚直，遇事敢为，有不平，辄谩骂，不避豪贵。父廷献，尝戒之。咸丰癸丑，粤逆犯江西，誓志杀贼，义形于色。乙卯、丙辰间，贼连陷临、抚，人情震恐。士奇奋起荷湖，毁家纾难，倡立保安团，自伪指挥以下，杀贼千余。一时义兵四起，临抚道绝，贼大窘，官军以次克复。当事保奇五品，闻于朝，有旨优奖。复与贼战不利，身被重创，屋亦灰烬。后以他事详革，开复未果，遂遵助饷例，授州司马。甲子，余匪复窜抚、崇，逼丰境，檄奇复团练，防堵西南。贼平后，被团勇株连，陷于法，人痛惜之。

丁方镇，字闾中，一字秋舫，沙湖人。指捐湖南候补知县，加同知衔，降捐福建县丞。同治癸亥，石党犯台湾，镇有才干，巡抚徐委办粮饷，遇贼殉难。同治七年，邑侯张，详请旌恤，从祀昭忠祠。

丁方成，字集贤，一字竹园，方镇弟，指捐贵州县丞，加六品衔。同治丙寅，罗澄鉴聘入幕，襄办防务。逆匪陷城，成单骑奔大定请军。大定复陷，成死之。逆平，当事奏请恤典，独遗成，公论惜之。邑侯张，详请从祀昭忠祠。

李廷荣，梅冈人，从九职。性敏工书，重然诺，无訾言，人乐与之交。居罗澄鉴幕，料简诸务，悉中程度。同治五年正月朔，贼猝至，城陷，死之。事闻，赐恤如额，荫袭云骑尉二代，恩骑尉罔替。

黄锡龄，武生，三坊定安局团长。咸丰七年，贼至，集团堵剿，于杜市茂溪，杀贼十人，生擒三人，获马及军器。咸丰七年正月，贼突至，被执遇害。当事奏请矜恤，从祀昭忠祠。

熊芳麟，桥东朱坊人。生有膂力，父尝客游，工击刺之术。芳麟幼即娴习，弱冠以技勇著名。咸丰七年，永安团募督练勇，十月御贼于龙化桥，众寡不敌，溃。芳麟负重创，犹手刃数贼。贼忿，环刺之，乃仆。事平，与同难监生罗允功、童生蔡茂辉，及练勇三十余人，均蒙恩恤，从祀昭忠祠。

金桂林，字庭植，紫湖人，邑庠生。咸丰十一年，发逆由瑞郡窜西乡，桂林方与二子谋集团练，贼突至，胁之去。长子国学履洁，幼子邑庠利用，及长孙腾驷，号泣随之。至河，将济，利用猝拔刃斫贼，一贼仆，群贼哄然争刺，利用跃入水。履洁及子腾驷继之，贼以长矛刺于水，桂林见之，大骂，遂遇害。越三日，贼去，家人收敛，面色如生。

李步嬴，五坊湖茫人。应童试有声。咸丰十一年七月，避贼西州墟，被执，欲诱为伪书记，不从，贼以绳曳之行。至城陇，绐贼他顾，投井死。事闻，予矜恤，从祀昭忠祠。

余澍霖，字沛苍，号仁谷，小溪人，邑诸生。工制举业，日可成十艺。年五十余，绝意进取。以次子贸迁浦城，挈眷居焉。浦城令知其刚直有胆气，雅重之。适闽乱，遂延督团练。未几，贼攻浦城，众坚守，食尽，城陷，澍霖率团勇巷战死。

刘士义，从九，合水人。督勇杀贼，被擒不屈。贼焚其屋，杀之。

熊启昌，监生，六坊北熊人。咸丰八年，贼窜浦城，启昌为豫防局团总，聚乡勇杀贼数十人。城破，贼分裂其尸。福建巡抚徐，奏请矜恤。

邹立模，文童，横山下坊人。咸丰十一年七月，贼蹂躏横山、故里等处，立模集团练杀贼，力不敌，被执，胁降，有血书，句云："到此断头吾所愿，浮生恨未报亲恩。"书藏衣带中，终不屈死。次日收敛，面色如生。检其诗，见者悼痛。

熊克六二，坊社背人。御贼被擒，贼爱其勇，胁降不屈，死。

张遥茂，一坊吉塘人。咸丰辛酉，贼至，令为向道，不从，杀之。子睹隆，闻父被害，驰归，持梃与贼斗，贼蜂至，亦战死。

李有愉，邑郭南湖人，普安团什长。贼至，送父挈子，避难姊家。途遇贼，徒手与斗，贼杀之，并投其子阳生于水。

周炳章，邑郭登仙门人。咸丰初，蔡尹应嵩，选为侦探，屡得贼耗。六年，贼大股驻樟镇，张尹韶南饬往探，入贼营，贼觉，刑问百端，终不答。贼支解其尸，投之河。

熊效八，四坊石滩南湖人。咸丰七年，发逆跳梁，奋勇攻击，贼忿丛杀，力竭毙命，奏请旌恤。

阵亡兵弁附

黄兆龙，贵州营。

熊步祥，本省抚标营。

陆显魁，南赣镇标营。

余得华，宜黄镇标营。

金腾俸，四川庆宁营。

邹景顺，湖北提标营。

徐得福（以下南昌协营）。

王定福、黄大贵、叶得胜、吴廷鳌、丁洪、查文光、文沅、熊得胜、刘文华、余安华。

右十七名，俱邑人投充行伍，于嘉庆初年，随剿苗匪及川楚教匪战殁，现祀本省昭忠祠。

阵亡殉难绅民附

生员于贞吉、生员徐之荣、武生熊占鳌、武生袁增吉、武监涂联芳、监生吴开林、监生雷彬、监生雷汲浪、监生李秉裕、监生刘毓芳、监生涂志海、监生雷有声、职员文星照、职员熊文谟、职员熊海岚、乡饮刘范乐、职员徐家绅、童生丁廷兰、童生范迁乔、童生王西林、童生夏承谟、童生曾尚林、军功黄永兴、童生王振纲、童生鄢模伟、童生周献廷、监生罗允功、职员李同福、监生江拱照、监生蒋祥敏、职员蒋宗裘、童生蔡茂辉。

右三十二名，系咸丰年间各团局阵亡绅士。

州同周宣福、州同杨沛、县丞杨继志、监生孙必胜、生员吕调阳、生员万澳生、员甘振先、生员范济瀛、百总汪进新、军功涂斌、职员杨承韫、监生甘觐光、监生金守纶、监生蒋以苓、监生范怀相、童生周义成、监生蒋开元、监生曾寿、佾生杜光斗、童生徐行芳、童生孙洪林、童生曾明德、童生吴兆祥、童生袁维美、童生于绍模、童生黄懿德、童生傅荣章、童生曾克明、童生黄锡莲、武生黄锡麒。

右三十名，系咸丰年间各乡殉难绅士。

罗万兴、魏本立、夏怡发、左南八、周经魁、蔡才三、朱由三、徐介八、朱有元、徐房三、黄馨四、鄢皇七、魏洪书、梁华佑、徐敷尚、罗亨照、罗顺三、魏廷万、徐和一、周宗旭、杨明一、黄明启、黄琪福、熊礼祥、龚亨照、周洪本、雷童郎、黄质一、陈透贵、曾徽典、周臻八、黄世伦、敖祖盛、郑广茂、陈圣坤、陈发元、毛玉一、徐元一、徐正文、黄如七。

魏发元、魏连发、徐天九、罗东一、蔡景惠、蔡朝三、熊清华、黄仰二、徐明十、曾梁一、黄明德、江夫六、曾刚、徐拔、范旬六。

右五十五名，系咸丰年间各团阵亡练勇。

徐清士、周焕萱、丁猷楠、丁方承、丁方圣、李元瞻、陆后九、葛合信、周昆三、丁协中、黄福四、李阳生、熊品琮、陆洪揆、陆际浔、徐志林、徐桂成、熊添喜、涂良珍、陈正琼、宋全二、宋义五、聂定四、吕鸣盛、吕作璋、熊定才、唐锡开、熊经崇、聂象万、何呈珏。

徐锡棻、陈敬达、邹伟璋、叶泰流、吕廷仪、陈永培、张洪祖、蒋廷器、洪至洵、吴劲之、金时发、徐国忠、徐国顺、曾伯良、郭五聚、左嘏爰、杨吾先、黄升阳、林云友、赖松如、蒋子龙、万占魁、刘群喜、王迎旭、罗松恒、杨邦定、沈文辉、聂元荣、许镇龙、李高祥、吴普庆、凌景泰、孙本御、范世缙、吕象震、敖首庆、雷誉焕、万懋常、曾谛言、余秀发、蒋九程、蔡㧑谦、蒋近山、杜启文、邹叔度、喻章甫、蒋立德、蒋源昌、鄢孟开、李德济。

酆茂章、熊玉卿、江维幹、严允明、袁儒顺、刘定昆、沈梅占、孙宾实、余梦豹、陈均召、黄先芳、于衍嘉、周雅为、聂光二、聂善一、聂尚九、聂星宗、曾科仔、曾横仔、黄茂元、黄恢旺、黄天二、黄颜元、黄纯茂、黄春三、黄春五、黄兴二、黄秋元、黄坤七、黄贤六、黄立一、吴天五、吴云二、张宇十、张颜元、张明元、詹天八、詹天十、刘汉二、刘国元、刘其二、刘长元、刘老元、刘阔元、邹高二、邹物十、邹高三、邹汉一、邹忠五、周起禄。

龚贵山、徐文炳、徐祖贵、徐尚志、杨连元、周逢原、郑光庭、周渐二、文满三、魏许一、邬明二、罗万顺、熊文九、熊满三、黄金陵、邹星四、邹春四、李金麟、周义隆、熊睿十、黄锡福、黄茂达、黄茂龄、黄道才、邹才盛、谢未四、陈祖芳、曾功七、雷中五、雷效七、雷斗七、雷东七、雷威三、雷赞三、雷安九、陈仕才、熊舟八、黄国十、黄胜元、吴天顺、吴天锡、张宇文、丁向宗、邹云七、黄和二、杨列十、杨其明、熊厚灿、徐大成、徐大贤、孙登龙、孙昭九、史从耀、毛方明、杜初阳、杜东阳、黄廷轮、张自四、李有意、黄秉略、李永昌、张遥礼、吕聚十、吕东云、杨亢八、熊开辉、熊享七、丁须五、徐斯勤、葛遇禄、熊眉一、熊考三、熊金四、裴兆七、吴敬一、阮怀二、鄢贤二、熊将七、熊夷元、杨绍有、曾□□、王韩五、黄自远、王茂一、王求十、王梅三、王身九、王梅四、王世光、王飏金、王飏灼、王飏喜、王飏云、裴室四、裴仁三、裴顺亢、杨天十、裴将六、杨乃元、裴永一、杨华四、张箕七、杨连元、熊春秀、杨连喜、熊富兴、杨启发、熊开发、杨黑元、熊大元、熊长八、熊同九、熊胡八、熊桂林、萧胜八、王世伦、杨明榭、萧蒿连、杨顺球、熊性五、萧安六、裴坤三、陈敏三、裴凤三、陈国珍、陈得六、孙宗詛、孙明喜、孙旺元、孙景云、孙得懋、孙德从、孙启兰、孙绥十、孙履之、孙官二、孙克敬、黄毓光、黄毓模、孙耀新、高友六、黄迎四、王畅八、傅顺九、戴宗一、周锦六、甘秦八、曾光祥、曾光救、范世宗、徐钦高、范佩十、范三元、范吉顺、范先兴、范兴宗、范文亮、范胜发、范长明、邹发秀、李有道、徐胜七、罗发二、黄明六、黄文二、苏光满、苏荣光、苏素三、苏振茂、饶和三、罗在八、晏善六、熊桃二、罗何三、徐仁九、徐节一、罗树四、曾廷德、罗文八、罗本四、邓祈八、徐英二、曾佐发、晏金三、罗保三、罗芝四、罗添九、蔡益元、黄连六、罗菊三、罗随四、黄大八、黄止六、罗凝九、徐云七、罗可八、罗作四、罗州六、周杰八、胡发三、萧同二、胡发二、陈方九、何志仁、苏能九、何志三、罗秧六、赖金十、饶天三、饶天二、饶万四、徐南五、徐庆二、刘新科、周宣发、李以兰、李克八、李熊元、刘昌二、徐月恒、罗昆八、苏胜五、苏能三、苏可八、傅江三、邹良亥、邹师篪、邹师贵、邹立照、邹立乐、鄢斌成、鄢连发、鄢四侯、鄢审八、熊瑞兆、邹海九、邹党二、邹桑六、鄢登遐、鄢酥十、鄢秀一、鄢流三、鄢兰四、鄢稍一、熊永喜、熊永善、熊命九、徐龙七、徐发元、徐赞三。

徐清明、徐年宗、徐子十、徐明显、徐新五、徐后五、徐贞七、葛淮五、葛淮九、葛何二、葛桂五、陈固五、袁安八、鄢以贤、鄢德贤、鄢东二、鄢鹤七、酆相材、酆盛材、刘新一、刘府六、刘府八、刘新七、刘范观、酆懋芝、酆磐安、张吉元、朱丁、李掌五、熊步文、谢煇凤、罗任八、熊斌六、罗广辉、罗贵七、黄德载、罗生元、周爱一、谢训五、谢仪凤、周正发、谢伟材、饶高一、饶明四、涂祖启、涂祖秋、涂祖嵩、涂祖梁、涂祖奏、涂祖乐、涂祖桂、涂宪礼、涂彝喧、涂彝逊、涂伦辉、涂彝斐、涂祖救、涂彝彩、涂伦善、涂宪昀、涂祖圻、涂宪玚、涂宪仪、涂宪僎、涂宪倡、涂宪譿、涂宪春、涂宪武、涂彝盛、涂彝琼、熊洪聚、熊模龄、熊模皋、涂宽二、刘毓芳、刘名伟、刘庆芳、刘料芳、熊仪攸、聂芝一、涂佩轩、涂方七、涂岁陞、涂登三、涂国九、涂度十、涂苍七、涂近七、涂海一、涂季七、涂全福、涂呈五、涂店喜、熊画五、熊志一、胡享二、胡自八、胡广三、蓝开六、邹心四、邹心六、邹达五、邹翠一、邹送喜、邹张六、邹张七、邹更八、邹达十、邹会五、邹四喜、邹猴子、邹太一、邹可八、邹晴六、邹此二、邹元八、皮华川、夏承远、滕芳藻、熊开一、符佐发、毛胜七、金正斗、金兆团、金京演。

右五百零五名，系咸丰年间各团阵亡乡勇。

杨启运、杨禄宗、文哑巴、陆尚达、徐锡鹄、陈灿淴、聂洪三、聂列十、徐光芸、聂展诚、刘胜二、曾华六、袁鞠五、聂进八、袁黎十、何怀八、万元五、杨山一、谭秉五、李志秋。

周才高子二名、熊孟一、熊景翔、黄金元、袁家谟、熊人敦、熊德英、杨永亮、陈艮四、曾盛六、杨秋元、聂其十、周康三、胡敬祥、聂盛三、叶耀庭、聂添寿、吕学五、吕学三、熊开国、熊开汉、丁居荣、丁居郊、丁居材、丁仙七、蔡炉六、蔡高五、蒋学祐、杨圣斐、杨郁谠、何一贵、曾麟玉、罗有功、辛桂岩、任定藻、范师禹、万承芳、罗一星、王君宝、桂添衢、辛愿英、杨长孺、刘星移、张明彪、陈大元、罗子光、雷学粹、赖其贤、喻文宇、萧登之、余寓庸、林觉生、喻文法、胡次奉、饶张绅、李宸锡、刘斯明、洪挹台、袁启甲、胡中举、曾砥中、黄尧文、余绍筠、吴简臣、李缔居、万诲孙、陈志夫、胥正彬、姚唯伯、熊令王、许克馨、邹诚初、黄三吉、周冲侯、范至滐、罗松节、辛侍十、曾光明、蒋文载、范秀三、黄宿七、黄宿九、黄天十、夏震五、吕奶仔、吕照存、吕长寿、蒋民七、熊月七、卢发仔、陈原吉、余中二、曾香九、胡中福、熊尚绂、熊继信、蒋书人、雷放二、雷随三、范宝翕、欧阳英禧、欧阳英祁、蒋仙泗、蒋除一、蒋除三、李焕文、黄露二、范炳辉、张尔信、熊尚恢、熊利八、张云合、敖孔六、陈兆五、丁起七、黄兆二、李进一、熊恒发、袁致和、袁耀泰、杨柏寿、陈祖祊、邹交一、邹云七、陈清一、陈心三、陈云九、陈古元、陈言元、陈检元、杨礼和、周斗元、蒋兆十、蒋兆七、蒋仁十、黄德十、吴振元、雷熺清、刘为五、刘方四、刘义珍、杜恺瀑、邹学全、邹之楷、邹道亮、曾孙九、饶德三、黄如四、程行九、周泰安、刘祺原、刘带六、杨高三、黄贵五、聂昌五、聂世一、丁茂华、熊寿一、刘浩八、崔肃六、甘联芹、熊万九、黄寿八、熊才六、曾维九、曾力三、徐远谋、徐达先（疑远）、魏孔彰、袁秋六、余功五、余功十、任大新、刘国舒子、徐正鸿子、李朝二子、周南九子、曾进七、李来发、陈信

十、陈盛八、卢立十、李草包、李本五、卢于二、李本九、卢条八、李生八、卢长元、卢哑子、熊慎七、熊喜元、熊贵喜、范其五、雷昭宗、邱秀一、范宗十、邱子八、熊自申、熊先华、熊先行、范达相、熊禹辉、万承祖、傅宽九、傅煌烈、熊大纯、傅良三、熊修毅、李文健、吴前一、李公佩、吴南一、李秉正、余良臣、邹明发、刘昌二、邹明兴、刘忽三、刘孟四、范鏞七、翁良九、曾佐寿、翁良三、杨绍发、曾和四、史远纯、曾登一、陈道十、游胜魁、王声恒、熊发二、史远标、吴倍二、杨元八、杨则四、胡先九、胡为九、曾佐国、萧普五、左运壬、余二崽、罗负儿、章万子、熊品三、熊物三、罗万元、熊礼二、罗运忠子、刘良九、刘蟾元、黄乾一、周已九、张学四、张友铭、甘宗礼、熊高三、熊晓一、颜友恒、颜友松、周富明、饶来财、饶来清、冯日辉、李尚一、聂滋履、章忠元、谭阳春、邹圣五、邹瑞六、邹坤一、邹乾元、毛本葵、王业动、王业初、王业阳、余旺浚、曾圣金、曾圣发、曾圣彩、曾佐耀、曾佐礼、傅尧六、余荣元、黄经五、甘尧十、李润芳、章秀川、过奠顺、朱家骓、朱家骅、任迪志、任德武、罗周二、罗开元、徐万寿、李缺嘴、甘启元、甘伙元、陈智九、龚贵顺、徐善元、苏何七、罗会元、任崇元、任茂兰、任长龄、任连发、戴芝五、杨江二、杨江三、徐上七、熊礼祥、熊贵全、余秉荣、王相模、袁丹书、胡用九、万兆柏、周良九、李顺宗、李斯洪、刘欢八、涂宜三、李会元、岳东一、熊庄进、陈觞九、李黄子、陈煊四、李俊顺、陈欢二、陈广一、陈粟三、陈道楠、陈光立、陈茂庆、李万元、谭文魁、陈茂芳、龚享仪、朱正达、熊进发、岳永连、熊逢吉、李浪六、李定和、朱光明、朱绍林、朱春生、李千八、李维贤、熊德元、陈瑞三子、傅乘九、周锦六、戴宗一、李功顺、雷忠行、龚世祥、周志义、袁步高、徐时然、徐诞先、徐兴凤、徐兴鸾、徐茂榜、徐茂崎、徐德兴、徐清显、徐昆六、余玉书、温传达、刘于六、酆袭十、吴纳九、鄢良懋、鄢良恕、酆春元、刘猪元、鄢服一、鄢育一、鄢茂七、葛殷四、葛柏五、酆正兴、徐方四、刘润二、黎欢虎、黎欢庶、黎欢声、黎欢丑、杨因启、黄金玉、刘洛九、熊孝五、李文义、熊襟九、熊年宗、黎永坤、曾茂发、周国一、熊垂编、杨兰十、杨桂四、蔡和二、蔡斗一、罗生八、熊灵生、刘瞎子、熊光四、高德九、游则十、游连元、鄢雷二、鄢凤鸣、鄢曾七、吴青六、酆懋柏、酆懋棐、刘书二、刘权七、刘为三、潘邦英、潘秉星、金悠十、朱顶一、金忍九、朱柱十、朱福六、鄢拔六、万介经、吴楼二、吴润八、吴芝四、吴我六、吴巳二、于科先、于科贵、陈远为、张永习、傅义成、邹良祈、邹崇狄、邹崇闲、邹兰一、邹兰三、蒋志恭、吴邦武、李中栋、杨烈远、杨九龙、杨月江、饶克三、王礼吁、饶乐应、饶有义、黄丹懋、黄丹谱、黄丹龙、黄丹棹、黄丹树、黄光亿、黄光先、黄梦明、黄子裘、黄天鵜、张松茂、饶载国、李财八、李细毛、李恭十、傅载、邹远五孙、唐配一、唐配三、唐配五、唐配八、唐用知、唐廷友、唐彩茂、唐高二、唐洗五、唐辅仁、唐图六、唐宜芝、唐篆四、唐迪祥、唐启祥、唐彩二、唐森六、唐昌九、唐厚六、唐简二、唐致辉、唐松茂、唐清要、唐善诱、唐大吉、蓝远六、余英三、谢文和、谢成才、邹际发、金统三、余荣华、宋赞、鞠世义、曹亨十、熊仕滔、熊仕炉、周见三、周诗六、周显八、周亮六、周祥一、甘芳宽、甘芳烈、甘翠林、吴熙珪、饶载盛、饶载旺、饶乐君、饶礼祥、饶礼扬、饶礼玉、饶乐懋、饶礼庭、饶礼始、涂祖顺、涂彝利、谭西十、谭悦寓、谭窈国、谭细科、谭悦伦、谭颜九、谭悦象、谭成四、鄢著焳、邹身桢、鄢模金、鄢兆蚹、鄢良朗、鄢模汪、鄢兆财、傅竹五、傅言二、傅昌九、傅新三、傅苟宗、聂敦和、吕绍春、吕先源、傅洪智、傅荣恩、熊洪喜、熊锦五、熊业保、熊洪添、李光十、涂金三、李天五、李射七、李先元、李虚四、李长一、李龙三、李德高、甘治一、李光礼、李大邦、李望斯、李兴四、李欲一、李国九、李正九、李福九、李缘九、李茂八、李世五、李兰二、甘芳汶、甘芳晟、甘春六、李启德、宋树二、宋景十、宋元八、熊交六、熊文二、熊会七、范绍邦、范绪生、范绍容、范建寿、范源茂、徐圣明、李文均、罗福铭、罗亨盛、罗亨芝、罗运春、徐兆礼、徐凤四、徐行九、徐光霖、徐道霖、蒋华文、蒋钦四、黄光是、陈乐一、熊人炳、傅云章、孙猴仔、杨育说、何臣九、张发英、赵维光、冯宗七、熊润三、聂金亮、熊敬彩、刘以六、熊发九、聂模彩、熊亲衡、熊恩兆、虞发兴、熊开琬、陈显晦、曾永八、孙贵七、孙桂仔、鄢昌先、徐祥雨、徐联茂、徐祥柳、袁言八、曾文魁、曾集淇、曾集能、曾集广、曾集海、曾集唐、傅载狮、曾集诵、曾学圣、曾均保、杨才刚、杨才喜、杨才彰、杨才学、杨才高、杨才著、杨儒金、曾学教、龚名吉、龚名华、龚名贵、龚名仁、龚喜松、龚道泗、徐曰光、谢康、徐怀川、徐爵八、曾文盛、曾福兴、曾延寿、曾见一、曾矣二、曾文槐、袁景禔、袁景富、乐启文、黄怀恭、黄高元、黄元寿、杜宗秀、曾立七、曾朝七、袁待六、袁良十、罗国佑、锺理赏、杨耕道、杨种道、杨洪道、陈文焕、鲁元拔、林贵、张初发、宋横财、王祥春、章秀贵、姚有发、赖临荣、曾德转、陈荣本、傅宽六、孙德懋、鄢显絿、鄢家明、鄷取为、唐台富、唐台贵、孙明喜、鄢轩应、鄢轩顺、鄢辕禧、邓和六、徐光裕、熊开角、熊方一、熊步文、罗镇八、罗元咸、罗由四、罗万四、罗惠三、罗任八、罗仁章、罗亨恒、熊瑞才、熊人万、黄梦余、黄梦诗、张祥云、聂钦四、徐苍六、熊圣达、罗步陞、陈良汉、熊泰三、熊覃十、朱礼联、徐胜祖、王飏初、王飏茂、王飏彭、丁方宽、丁兆柏、章立高、熊鉴升、熊源灵、章元五、熊海三、朱色九、熊咸七、熊贤九、鲍生林、鲍林元、鲍步奎、周荣昌、周恒发、徐炳文。

右七百七十七名，系咸丰年间各乡殉难民人。

万理浴、袁香十、罗福陞、范饶四、黄灿十、徐愚六、李列一、李帝八、曾义九、曾高三、夏南一、曾金万、熊恒一、张荐英、聂应声、曾远五、曾盛七、陈淇九、甘德一、李葛一、夏福兆、夏午仔、罗凤榜、陈万三、丁故十、甘先九、甘东二、杨开十、黄宗九、张长云、谢桂一、杨学九、李德二、僧畅怀、邹贱古、熊瑞川、曾开二、黄梅一、陈仲五、曾朋七、范寅七、聂鸠四、阙龙九、聂上九、袁足二、朱吉盛、聂光二、徐显文、罗文祥、杨毛仔、徐良三、杨依七、喻叔一、康星三、李章四、丁启七、范志芳、熊传一、陈兆福、阙有孚、聂芥三、熊沋三、黄爱之、杨岳三、万敬七、雷德二、徐在四、范必九、余以五、熊志明、徐善怀、张承资、饶图四、曾功四、梅明一、杨理九、熊为五、阙初之、黄经金、阙钱一、李义高、聂剑三、陈修一、阙善之、袁焉四、陈远七、黄成章、徐少七、万徐六、陈勃九、李启七、陈孟五、万双喜、饶东三、熊传三、杨可珍、袁秉忠、甘元八、杨发万、徐居从、何寒六、吕立怀、曾南九、曾黄子、杨亩二、饶东一、黄兴和、熊贱狗、饶图七、祝兆祥、黄汝七、胡容四、曹显占、张上五、欧阳时三、阙欢五、周取义、甘攸三、吕时八、罗狄一、杨金发、丁志恒、黎蒸三、林仁来、张文魁、丁义生、杨自七、甘长二、丁仁和、符济川、黄吉祥、丁美材、吕风二、邹发章、聂学一、魏辉一、聂华云、张远二、余香一、熊立祥、徐学九、何洪川、杨季富、刘月仔、阙高宗、黄阳春、毛如一、黄盛二、张在六、叶贵恒、夏秋元、夏秋寿、曾志仔、朱吉仔、范秀三、陈西二、徐郡二。

右一百五十七名，俱二坊殉难民人。

补遗

胡光裕，字中恒，五坊厚郭人。咸丰四年，随塔军门大营，自湘潭追贼至九江，克复城池。历著战功，保举蓝翎守备衔，以千总归湖南，尽先补用。五年剿贼殉难。

于玉辉，于春和，于系二，杨春二，杨龙宗，徐礼翼，于连吉，于迪贤，于大经，游生古，赵开壹，四品军功罗耀彩，罗义四，罗德五，罗极九，罗德九，胡际华。

卷之十八　人物志八

孝友　高行

孝友

目录

宋

过昱、范飞卿、徐定子颀，曾孙傅霖，霖子正常、范仕衡

元

廖立孙、李廷瑞

明

刘孙孙、刘志清、涂寿、涂秀、徐涛、袁坡、涂质焕、叶香、李汝善、邓汉、李颎、袁均治、丁时选、黄国靖、孙贯、黄烜弟烇、杨嗣尧

国朝

游华甫、熊培赤、熊州俊、孙天凤、余友芳、黄士宏、徐良彦、徐良琦、邹明滚、李遇春、徐宗焕、魏伯宁、陆为彩、周道埈、葛奇菽、刘镒弟铭、罗堂、熊翰述、蒋启发、蒋连云、蒋曰宽、余尚训、万宾赓、徐文豹、杨维矩、吕铃、熊治经、杨日炳、宋九坎、鄢福岐、李同富、熊登轨、罗克章、周兆煌、熊正英、傅岩、甘继益、熊叨赉、张廷柱、余尚典、李清麟、白孝子、万斯蕃、杨世昌、金纶章、涂攀桂、袁杰、毛翰、徐乐府、敖功远、周文龙、孙立达、黄光霭、何鸣凤、吕继华、范接宗、徐启楼、周家凤、李曰星、雷立端、李省身、蔡德懋、龚源吉、辛庭侍、张昕、张承组、张祖明、黄宙瑚、陆运榀、徐致方、黄烈、徐声荣、万启茂、李其元、孙金、万光岱、林逵、酆韫辉、周承志、鄢禄钦、万养礼、周汉仁、雷必超、赵庆发、李谦、苏振桂、张正景、黄德润、鄢钦之、涂世茂、邹有一、陈舜诰、涂修璜

补遗

宋

吕思忠

元

汤霖

国朝

傅雄略、袁文铮、袁文铠、涂葆甡、杨懋识、聂洪谦、周模全、范荧、李九德、周心敬

宋

过昱，字彦明，定林人。母早卒，刻木为像，旦暮上食，如生时。父殁，水浆不入口

者累日。尝自汇古孝子三十卷，曰《至孝通神集》。第进士，摄全州事。正民伪版，均平税役，断狱务尽其情，恒以滥刑为戒。终都官郎中，自号“定林老叟”。(按：过昱世居丰城定林，故自称“定林老叟”。时邑同为都官郎中者，李秉、何延世，与昱称为“丰城三郎中”，《省志》及《明一统志》列过昱于南城，误。至《临川志》，过勖系过源从孙，另是一人。以丰城过昱之《至孝通神集》，摭入临川《过勖传》中，亦误。)

范飞卿，字升甫，乾道七年乡荐，授龙阳主簿。居家孝友，行义孚于乡里。女兄老而贫，迎事之如母。学以“明善诚身”为本，博极群书，有诗文百余篇行世。

徐定，字子固，觉溪人。父国煦，与兄国会同居，笃友爱，庭木连理。国煦卒，定庐墓三年，昼夜不绝哭。家红紫牡丹，忽变白，人谓至孝所感，号“大孝子”。定卒，子颀，字子仪，未弱冠，三年足不履閨閾。寝食于墓，号“小孝子”。曾孙傅霖，字商泽，亦事亲孝谨，居丧如制。子正常，字体叔，孝友笃实，杭山章鉴，为表其墓，曰“笃行先生”。人谓徐氏“世传孝子”。

范仕衡，字平甫，楂村人，性至孝。父殁，出游必泣告于墓，而后行。母疾久不愈，祈于神，或以药方授，忽不见，服之遂愈。特奏名，授钦州推官。摄二守，著廉干誉。

元

廖立孙，字幼兴，至正十九年乡寇炽，立孙负母冒白刃逃难。寇靖，孝养终其身。揭曼硕题墓曰“有元纯孝廖立孙之墓”，又为作诗刻石。

李廷瑞，字云纪，新城里人。学行为时重，教谕新建、广昌，师范比于安定。徙长南剑延平书院，以母老，辞不赴。母殁，庐墓逾年，有白莲生庐前田畔，华叶蕃盛，揭学士傒斯，为作《白莲诗》。

明

刘孙孙，名静，字仲安。洪武初，父秩，知崇明州，因奸民构诬下狱，孙孙年十二，痛父非罪，誓往诉，弗白则弗返。适上遣耿公炳文理冤滞，孙孙诣耿呈牒，耿奇之，为奏上。上召问，核得实，斩诬告者。孙孙乃奉父弃官归。参政睢，大书“孝子”字旌之。诸搢绅咸为诗以赠，题曰《孝童传》。后举任真定县丞。

刘志清，本邑人，六世同居。成化间旌表。

涂寿，字永年，甘棠人。畤兄，父丧，庐墓三年，成化间旌其门。

涂秀，甘棠人，事亲以孝闻，顾令敦请乡饮。

徐涛，有孝行。父母殁，庐墓三年，不御酒肉。弘治间，诏旌其门。

袁坡，字邦彝，袁坊人。母死，庐墓三年。尝与邹谦之、王汝止讲明正学，结庐云山，远近从游者，至室不容。学者称为“云山先生”。

涂质焕，峻之子，性醇厚，周亲党，至鬻产弗吝。父卒于官，徒跣奔丧，刻木为像，事之如生。

叶香，字惟德，钊之子。早丧父，有感辄号泣，竭力事母。母性严，香务得其欢心。母疾，躬调汤药，夜不解带。妻稍不若于母，即同跪寝门外，母怒不释，辄遣归。逾年，母为买妾，从之，不一入内室。母问故，泣曰："顾妻尚未可绝耳。"母感言，令即日归之。潘潢时为分守，上其事，诏旌其庐。弟秩，亦以孝名。

李汝善，筱塘人。幼未尝学问，父死，哀毁骨立。葬，庐墓三年。母丧亦如之。水泛涨，不去庐，所有乌巢驯蛇之异，邑侯李章闻而旌之。卒，葬母侧，人呼"孝子墓"。

邓汉，字洁之，洪桥人。少孤贫，父殡薄，终身不忍华其衣。居母丧，水浆数日不入口。尝拾遗金，坐待失者还之。由贡历休宁训导、常熟教谕、金山卫教授。作人以明伦敦行为先，致仕归，年至九十。

李颎，字宏明，中丞材之子。少佩庭训，其学以尚名检、敦实行为重。年二十，中丞以滇功被劾逮诏狱，论死。颎始婚于家，闻变，草屦囚服，诣狱乞代。寝处赭衣虮虱间者六载。中丞得减死，论戍滇海，颎随侍戍所十三年，学益进。辨新安、金溪、姚江异同尤悉。中万历丙午乡试，天启改元，伏阙诉父功高被枉状，有旨复官。颎以部选，授阌乡教谕，竟缴凭归。日与同志讲学于父见罗祠，风雨晦明不辍。佥宪李若愚，扁其门曰"李宏明先生庐"。荐辟诏下，以其姓名上闻，颎引疾力辞。著有《中庸参》《论语测或问》《臆说》《四书捷镜》《同求录》《年代纪要》。

袁均治，性极孝，母病，医药几不能投。均治引刀刲股，和药饵以进。涕泣吁天请命，母病顿愈。

丁时选，沙湖人，聘君杰裔孙。事亲至孝，更乐施予。督学王敬所，以孝义表其门。

黄国靖，荷塘人，继母程私其所生子，乘间谮于父。父杖国靖几死，国靖益小心敬事之。母寻悔，父被豪挟诬，台使者捕之急，拟必死。国靖挺然以身代，拷掠备尝，事得雪，无何，以暴疾卒。先二日，遗从弟国华书曰："心不可不尽，身不可不劳。死以全亲，获死所矣。"卒之日，年二十四，乡人怜而壮之。

孙贯，字子一，世祐伯子，光禄寺丞。性至孝，亲卒，哀毁骨立，葬祭悉如礼。筑室墓傍，日夕号泣。有白鹊来巢，玉芝产户，人谓孝感所致。邑尹韩、太史李，各撰庐墓记表之。

黄烜，副使焯之弟。焯任金华，迎父就养。烜随侍父病，与兄尝汤药不少懈，衣垢，必亲浣，恐重为兄忧，勉慰曰："愿勿以大人故，废职事也。"父殁官邸，烜即以哀毁殁。弟烇，偕兄焯扶榇归，庐墓哀号不绝声，亦随殁。

杨嗣尧，东城人，性笃孝，善体亲志。事诸父，敦谨无间言。抚侄如己子，万历癸丑，诏旌其门。

国朝

游华甫，苦竹农家子。顺治二年，高兵散掠入村，擒其父含宇拷逼，罄所有不餍。含宇遇害，华甫以身翼父，死之。

熊培赤，字若孩，瓘山人。康熙四年，以孝举任安福教谕。

熊州俊，前村人，负母避兵，以孝闻。巡按吴，题旌。

孙天凤，幼丧父，事节母皮氏极孝。巡按王，题旌。

余友芳，字菊人，幼丧父，事母至孝。顺治丁酉副榜，陈省斋衡文粤东，重其才，聘之，以母老辞。母谕以游览益学问，趣之去。友芳念母切，不数月归。至后湾遇寇，同舟被歼六七人，将及友芳，怪其指甲修长，诘之，应曰："以受之父母，不敢毁伤耳。"盗骇曰："秀才守身，竟及指甲耶？"释之归，孝养益挚。母殁，哀礼兼尽，衰衣终身不去。乾隆三年，表其闾。所著有《四书拾遗》《尚书参补》《禹贡图记》。

黄士宏，康熙辛酉武举，以孝闻。奉旨建坊。

徐良彦，夏港埠人，康熙时诸生。父病，刺股滴血，和药以进。督学高、知府甘、知县王，均扁奖其闾。

徐良琦，母病，熟股肉奉之，病少瘥，割如前，遂霍然愈。知县沈，以"纯孝格天"奖之。

邹明滚，一坊人，母病，煎股肉为汤饮母。是夕，梦神告曰："上帝感汝孝，锡汝母六龄。"已，果验，乡里称异。

李遇春，爵塘人。同妻刘氏，割股进父。知县周、教谕万，并以扁奖。

徐宗焕，隐溪人。雍正九年，母逾六旬，得膈疾，滨死，刳股肉进，母愈，年登大耋。

魏伯宁，东坑人，节妇任遗腹子。事母至孝，任九十三岁卒。时伯宁年七十二，号泣若孩提。庐墓三年，李方伯奖其门，曰"耄期孺慕"。

陆为彩，字白受，仙音巷人，节妇雷氏子，邑诸生。幼时即解孝敬，母病，必宿床下，新调汤药。雷殁，为彩哀毁卒。

周道埈，字嵩居，苦竹人，幼孤，见母夜绩，面向壁饮泣。母觉，对曰："儿额为壁中，不耐痛耳。"家赤贫，有弟，父存时已鬻为他人子。母言及，辄太息。道埈尝为人牧，饭有肉，必怀归遗母。逾年不取佣值，主诘故，乃言欲积镪赎弟，慰母忧。主倍予值，遂赎弟归。母卒既葬，距家三里许。日治田，夜就墓次宿，终三年如一日。乾隆四年，旌其庐。

葛奇菽，塘下人。目不知书，七岁丧父，极哀毁。长竭力事母，母盲，家贫，不能娶。奇菽出耕田，入执爨以养。夜编草为履，询母欲旦，易以进。母死既葬，结庐墓侧，藉草卧，日上食如生时。出与返，皆跪告。初庐墓月余，庐火，复为之。复火，或曰："此地非可久居者，天怜若，促若归耳。"谢曰："母死，吾安归？"一夕，里人乘月往瞰之，见茕茕苫凷旁，一巨蛇伏若驯扰者，相与叹息去。明日询之，则曰："此蛇夜来旦去，三年矣。"奇菽卒，里人于其母冢侧葬之，呼为"孝子墓"。

刘镒，字兼万，□□人。父卒，停棺未葬。水骤至，镒抱父棺，流数里，乃得泊。母病，思鲜鱼，镒冒雪远购，途遇虎，镒叱曰："汝食我，母不食鱼耶？"虎摇尾去。邻火迫母寝，镒适他出，奔归，突入烈焰中，以重衾裹母，负而出。母卒，庐墓三年。及祖母卒，亦如之。弟铭，名诸生。镒卒，缟素哀恸，人谓其母节，而子亦孝友。镒子映魁，庠生。

罗堂，字觐光，扶山人。父客死于楚，家贫，祖垂老，无伯叔。母孀，堂力田供甘旨。祖殁，乏殓费，以己衣走鬻新淦市，雪径尺，冻饿濒死，归乃得敛。又间关至楚，负父骸归，与祖柩同葬。母殁，堂年已四十余，方就学，卒工文，补邑庠生。乾隆壬申举于乡，授国子监典簿。

熊翰述，字循及，大屋人。性孝友，兄弟先殁，翰述抚三孤如己出，析己产畀之弟。妇孀，加意周恤，卒成其志。乾隆癸酉岁饥，买米数百余石，济贫乏，乡人德之，公举乡饮正宾。以孙仪柬贵，赠奉直大夫。

蒋启发，泰亨人，例贡生。父病危，刲股潜进。延数年，父殁，庐墓山侧。故多虎，终三年无患。后赠奉直大夫。

蒋连云，亦泰亨人。父病，刲股进。父旋愈。

蒋日宽，蒋家楼人。父殁，庐墓三年。母病瘩，宽徒步千里延医，医谓治需人参，贫不能得，谋鬻身。宗族怜其孝，厚资之。得参，母即愈。比母殁，庐墓三年，终身不入内室。伯兄某，以子为其后。

余尚训，字纶章，号慎斋，铜湖南溪人。性至孝，父病，药罔效，尚训焚香吁天，刲股和药进，病旋愈。父性好洁，每饮食，必亲手调进。昆弟七人，大小百余口，同居四世无间言。学行甚笃，为文追先正。乾隆庚辰举人，选瑞州府训导，掌凤仪书院，士服其教。知府卫，保荐，以母老辞。后补余干训导，卒。子景昌，举人。景阳，庠生。

万宾赓，字廷飏，后万里人。乾隆丁卯乡举，以母老，依恋如童时，公车不再赴，人以至孝称之。品清介，文有古趣。截选知县，未任，卒。

徐文豹，字绣园，夏港埠人。父早殁，儿时见母忧辄跪，俟母笑乃起。不则，长跪竟日。家无恒产，母命贩湘楚，千里数归省。母殁，哀毁骨立。既葬，庐墓，朝夕号泣。遇大蛇不为动，蛇亦窜去。庐顶有大白鸟翔集，墓前产赤芝数本，轮囷如箕，里人欲上其事，泣谢之。忌日致祭，至老犹啜泣。御史邹玉藻称为“纯孝”。子秉霖，进士，官知县，有传。孙瀚，岁贡。

杨维矩，露溪人。母病癞，家人莫敢近，维矩亲涤厕浣衣，不离左右者七年。母卒，哀毁逾常，乡党称其孝。

吕铃，字盛生，塘下人，有至性。侍母邓氏，痿痹疾十有六年，无少懈。子二，兆寿、兆禄，仲孙新，戊申举人，官教谕。

熊治经，余熊华人。父病，医不治。比笃，祷于神，割股肉以进，病顿瘳。

杨日炳，露溪人，父病笃，割股疗病，父卒，哀毁几灭性。弟日章，以过痛得暴疾。日炳调护备至，乡人嘉其友爱。

宋九坎，云堆人。性纯悫，邻不戒于火，延及其庐，火炽甚。九坎急趋救父出，复从烈焰中入内室，救母出。九坎与母遍身焦灼，僵卧累日，梦神饮以甘露，痛渐定。不数日，九坎与母疮皆平，人以为孝感所致。

鄢福岐，字文兴，故里人，国子生。少孤，孀母周，得弱疾，福岐侍寝兴，衣不解带者屡月。知县何，廉奖其行，赠额曰："孝友宏模。"后精岐黄术，多便人。

李同富，七坊人，幼丧母，父建仙，续娶邬，同富事如所生。继母病，医药罔效，割股肉以进，母病遂痊。

熊登轨，字功臣，枧头人，幼孤，家赤贫，与前母兄卖薪养母。长负贩入蜀，积锱铢为兄完娶。后兄年五旬，鳏居无子，轨归，劝复娶。兄固不从，轨置酒会亲族，请曰："兄不娶，何以承先人祧？"长跪，泪涔涔下，亲族皆感动。兄乃复娶，举二子。后轨始婚，生三子。妻殁，不再娶。卒年七十九。长子上佑，监生。长孙浩，岁贡。

罗克章，中溪人。少入峨嵋山事修炼，岁数归省母。终时，章适千里归，与兄备殡殓葬，庐墓，朝夕必上食。三年，哭拜辞墓而去，后不知所终。

周兆煌，字显章，泊濂人。馆谷养亲。祖母疾，煌不忍劳其父身，左右扶持，期年如一日。尝侍母病，过劳呕血。遇奇方，猝愈，人谓孝行所感。

熊正英，字允康，璀山人，国学生。性孝友，父母殁，水浆不入口者数日。成圹后，不室处。有孤侄二，笃爱倍己出。居恒训家人，先以孝友。子荣麟，邑庠。彩麟，邑增。鹤麟，国学。侄象麟，举人，官知县。玉麟，邑庠。

傅岩，字右商，号筑轩，源溪人。学行端谨，有孝行。父沛慊，严毅能先意承志。事继母如生母，孺慕逾五十不衰。与弟彬纪同居，白首无间言。年未三十，妻殁，亲欲为继娶，岩泣曰："氏归十载，得二大人欢，继安得如氏者？"父母知其意，亦不强。乾隆丙午，膺乡荐。后选宜黄训导，教士以立体致用为训。旋疾卒，遗命勿作佛事。子洪，邑廪。

甘继益，村前人。事亲以孝闻，妻死，父命再娶，继益曰："亲老，子幼固当娶。但娶媳不贤，悖老翁、虐前子，是益儿罪也。"卒不娶。年八十余卒。

熊叨赉，字予善，国学生，潭埠人。少孤，事母孝。母病患渴，得蜜梨，食稍痊。叨赉自养蜂接梨，数年，蜂丛酿蜜，梨累累结实，母赖是，享年八十余，人称孝感。尝捐建祠宇，置祭田四十余亩，其孝思如此。知县郑，详请旌表。子显涛，国学。

张廷柱，邑庠，黄埠脑人。家敦孝友，五世同居。临川李中丞宗瀚，题其门曰"百忍家风"。子莘，文学。孙煌，监生。

余尚典，字谛章，铜湖南溪人，瑞州训导，尚训兄。年十五，父病，刺血和药进，父寻愈。乾隆间，枫口、凤形、中洲、蔡湖堤屡决，典捐赀募夫，兄弟躬巡筑。会水骤涨，兄舟覆，典入水负兄出，得生。中岁游楚，涉马路口泷险，倾囊为石桥，覆以亭，土人像祀之。先是，典从父楚南，山中虎猝至，典扳树枝捍父，御且走，虎摇尾去，负父以免，土人因更塑一虎于其侧。子兆彦，岁贡。兆甲，副榜。

李清麟，字瑞原，锺喆次子。家贫，父性介洁，麟年七龄，为人牧，博升合，以养父。八旬，患目疾，麟祷于神，愿刻送丹桂籍，目复明。母胡，患痿痹，亲扶掖浣涤，尝药饵，数年不离寝处。事兄如严师，躬忍劳苦，旧产悉推与诸子。后以贾起家，好周急。

尝于沙市舟次，赠覆舟者金，猝不知其为王司寇昶公子也。已而昶官江西，物色清麟，至署劝之仕，以亲老辞，旋授布政司理问职。子棠、翔千，以父命，捐存留质库金三千，又钱千缗，为生童各卷费。布政袁公秉直，以"谊重士林"额旌其门。棠官广东雷州经历，翔千，主簿。

白孝子，四坊田东人，佚其名，织竹器为业。少孤，事母孝。母病，刲左股以进，霍然愈。复病，旋割右股。母老，苦嗽，夜常就榻前卧，手承唾，纾母卧起劳。殁，倚庐三年，刻木像，事之如生。年七十余卒。

万斯蕃，田团人。父寅卫，早殁。事孀母何，有至性。与弟醇耕且读，不以家贫累母。母病拘挛，兄弟左右扶持，夜更环侍寝，凡二十年。母垂老，斯蕃遘危疾，力起，跪祷天曰："某有母在，愿宽旦夕终养。"疾寻愈。母殁，兄弟依苫块，夜梦中常痛哭呼母，日陈生前衣裳、饮食需用之具。逾年，斯蕃殁，醇哀病成疾，时抚母、兄灵筵流涕。越六月，亦殁。殁之日，犹丁宁嘱诸子，毋忘手足。斯蕃，廪生。醇，监生。蕃子承曾，邑庠。

杨世昌，字建初，其义子髫龄丧母，躃踊中礼，事父能养志。美蔬珍品，及时即市，以佐食。晚偕寝处，垂五十年如一日。间置酒，招里中父老共父饮，已，左右奉觞上寿，劝引釂尽欢而罢，月数次为常。父清癯，借昌优游颐养，跻大耋。

金纶章，罗纹人。母病，百药罔效，纶章潜割股以进，母遂愈。

涂攀桂，岛屿人，父病，百药罔效。攀桂潜割股进，寻痊。

袁杰，字子人，大桥人。年十九，补县庠。性严正，终日危坐，无惰容。训生徒，必授小学，曰："此行已根基，毋忽也。"课余，疏注先贤名论，资劝戒。家贫好施，与梓行《敦善录》，然不喜供佛饭僧，母早世，事父无违。父殁，居丧尽礼，殡侧独宿三年。值父母忌日，戒荤酒，终身不渝。有司慕其贤，举孝廉方正，不就。乡里钦之。子文心、文生，孙应庚、应辰，皆邑庠。

毛翰，字凌轩，大塘人。善事父母，父偶疾，为文祷，乞身代，寻痊。幼弟为父母钟爱，让产与之。后家渐落，昼耕夜读，年二十八，补弟子员，教授生徒，以经义淑人。门下士多获隽，尤敦本崇实，不慕荣利，论者卜其后嗣之必昌焉。子辉凤，任四川巴县知县。孙震寿，任陕西布政使司布政使。

徐乐府，字校哉，一字正轩，高埂横溪人。少读书，后从父客楚，有宜昌奸商逋负，父不怿。私贷金，托为商偿，释父忧。年五十，归定省，与弟调元，晨昏无间，又相友爱，乡里诸善举，每捐赀为倡。病革时，手制楹帖云："事二亲，惟养生送死；教三子，须为善读书。"目概其生平如此。子传祉，国学。传禧、传祺，从九。孙司直，曾孙宝乾，俱邑庠。

敖功远，字毅亭，花园人。广东镇平知县宗瑚子也。随父任，晨夕无违。嘉庆乙丑，送父入京，舟过通州，为父涤溺器，失足落水。父方呼救，忽有巨鼋负之，置诸岸，人惊为神。季父、伯兄殁镇平署，不辞千里，舁二柩归。生平淡泊自甘，毫无私蓄。学使文毅公张，以"庸行流芳"题额。子声振，附贡生。

周文龙，谱名汉韬，字廷章，一字西序，阳坊牛轭人。业儒，兼习医，家赤贫，廿岁，训蒙以馆谷养亲，兄弟三人，已鳏居，为二弟完娶。幼弟文凤，束发受书，课读外，服食起居，悉心调护，惟恐贻父母忧。及长，与仲弟汉略商出从师，拮据供馆膳。有妹适邹姓，多病，龙时训蒙河西，距五十里，母每命龙诊视，往返不辞劳瘁。弟文凤，后中副车。龙老病，慨然曰："我弟必登贤书，我恨不及见也。"言甚悲楚，旬月而卒。以侄英辅为嗣。

孙立达，字景伦，一字四斋，国学生，巍里人。生有至性，幼随父客江南，父患渴，日夕奉梨汁以进。父殁，丧葬尽礼。母病痿，日扶母行。母殁，如父丧尽制。析爨后，两兄食指繁无措，将已赀复三分之。邻有以堤圮，致争者，出赀代筑，今呼为"孙外公垱"云，其好善类如此。子源，治国学，谨厚有父风。父殁，呼抢，逾旬亦殁。孙本泉，国学，慷慨喜任事。尝县归，过精怪潭，适江水暴涨，急出赀捍筑，堤得不溃。本骥，议叙从九。曾孙谋，副贡。光绅，国学。光德，邑庠。

黄光霭，字步高，一字履气，枫溪人。父世，国学生，尝置祭田绵宗祀，敦孝友。弟病胸满，痛剧，必负之徐行，则少减，世昼夜背负，不惜烦劳。霭少佩庭训，色养备至。父殁，晕绝者再。葬毕，圹内水生，霭怔恐，独力改扦。念兄弟贫乏，馆谷亦岁分与之。生平鞠躬履方，取与不苟。耄年嗜学，竟不获一衿，士林惜之。子增，业儒。孙沛仁，邑庠。

何鸣凤，字竹楼，邑庠生，河湾人。善诗，工楷法。幼时祖病危，夜虔祷，刲股煎汤以进，祖病愈，不与人言。父远客来书，必窗下焚香跪读，其少成天性如此。不幸早世，矜绅等皆哭以诗。

吕继华，洛溪人。幼失恃，事继母孝。母病，刲股和药进，旋愈。

范接宗，上郊人，母病，刲股救之。

徐启楼，竹园人，力耕以养。母病，刲股救之。殁后，庐墓三年，风雨无少间。

周家凤，陋冈人。母病，刲股肉以救，刀痕宛然。虽酷暑，不褫衣，恐人见而问之。

李曰星，南湖人，性至孝，与弟曰明、曰顺，灌园食力。星每身先，恐劳二弟，违父母爱怜心。壮年丧偶，子四龄，弗再娶，为二弟完婚。父母俱高年终，居丧时，每食上饭，必号泣。年八十五卒。孙三，曾孙四。

雷立端，曲源人，邑庠生。母病，斋戒吁天，刲股和药以进，旋愈。

李肖身，上石人，监生。父殁，庐墓三年，母殁，亦如之。

蔡德懋，安峰人，幼孤，事母以孝闻，酷暑持扇不离左右，冬则为母暖席，孺慕之情，至老弥笃。

龚源吉，字祥云，一字太和，田北人。父享高年，编入寿民。吉年六十余，父病足，以身代杖。殁时，值严寒，寝苫块，虽病，弗恤，人多称之。

辛庭侍，字亮工，柿溪人。父早逝，事母得欢心。母病数月，衣不解带。母殁，日上食如生时。夜卧柩傍，既葬，三年不入内寝。子二：勤，邑庠生，加州同职；高占，八品职。

张昕，字耀临，国学生，塘边人。天性真挚，母得瘵疾，参苓勿效，闻前贤朱云孙，有母病刲股事，窃效之，旋愈，终身不与人言。又好施与，矜恤孤寡。精岐黄术，用药，贫不取值。子瑞珩，监生。孙丙照，附贡。

张承组，字秀英，洞坑湖头人。母病，医药罔效。默祷司命七日，割股潜进，母病寻痊。

张祖明，字曜才，洞坑港边人。家赤贫，母病，无医药，闻尝粪甘苦，可辨死生。尝之，大哭，乃刲股代药煎汤，母病痊，人以为至性所感。

黄宙瑚，字夏瑞，沧溪人。少读书，长历江湖，观万货情，为父母颐养计。援例入成均，弟希灏，郡庠。瑚与分产，后堂上所资，瑚自备，属弟弃家事，攻举业，并属其社友相勖，岁寄银五十两，为弟家佽助，科场倍之，专函缄寄。灏有《一丁吟草》，兄没，念之，每见于诗。

陆运栦，号石葊，仙音巷人，职员。幼习举业，性肫挚，事父无违，一如父事祖母。父患足疾，服食起居，扶持勿懈。事继母，得其欢心，父殁，号恸几绝。忌日必哀。伯叔父母析爨久，仍加奉养，身后殓葬如礼。从堂弟侄辈，饮食教诲，皆身任之。生平喜行育婴、掩骼诸善举，人与犯，亦不校，咸称长者。邑令叶，敦请乡饮大宾，并奖“硕德耆年”额。殁，从祀大宗。子鳌，武庠，六品衔。如照，恩贡，咨选教谕。孙桂芳，国学。

徐致方，字义臣，青蓝人。事孀母，晨夕不离侧。每先意承志，恐拂母心。时两兄贾楚，母老多病，致方躬亲甘旨，侍汤药数十年不懈。均产时，季弟读书，恐薪水不继，割己膏腴益之。季弟卒，视侄如子，延名师课读，岁出重币，无少吝。侄灿锦，补诸生，慨然曰：“吾弟其少慰于九京乎？”子瑞麟，岁贡生。孙士庄，邑廪生。士绂，附贡，詹事府主簿衔。

黄烈，字盛卿，门楼人。少习举业，不售，肄武，膺乡荐，分发淮安卫千总。俸满终养，乞归。晨夕洁馐馨膳，问衣寒燠，皆躬亲之。年五十余，犹瞻依若孺子。以食指繁，与弟析箸，择膏腴，悉畀之。弟卒，抚孤侄如子。统家政，聿臻完美，遇善举，辄解囊不吝。嘉庆七年，大饥，烈出谷赈乡里，远者贷之。既匮，转籴以继。又尝集宿券，召诸逋焚之，皆感谢而去。幼子桀，字敬之，慷慨有父风。敏悟善诗，弱冠补诸生，以助修义仓，议叙州判职。郡伯张寅雅重之，酒筵时与唱和。负才，早卒，有《放园诗草》待梓。孙瑞南，增贡生。

徐声荣，字廷吉，青蓝人。事亲以孝闻，年三十五，丧妻。子二，长九龄，次五岁。戚友以其家素裕，劝再娶。声荣曰：“后妻不贤，必虐吾子。且吾母已老，爱幼孙，妇姑有不勃溪者乎？吾不忍贻亲忧也。”卒不娶，抚二子成立，侍奉老母，以天年终。

万启茂，字畅然，号松坡，后万里人。年十八，父卒，弃举业，补上舍。摒挡家政，遇事剖决如流。督课两弟，季弟启心，自入塾，至成进士，策励携持，无少间。启心应童试，偶以嬉游误，启茂思小惩之，故激母怒斥，跪于庭，将予杖。又恐其难堪，因请诸世母力为调释，其委曲友爱，类如此。事继母，承顺如所生。教家甚严，宾从在堂门内外，不闻有嬉笑声。素娴吟咏，与同邑毛梧生订兄弟交，多唱和。客江南，尝游丹徒名宿王柳村之门，所著古近体诗，王为点定，多采入群雅集中。以弟启心贵，赐赠奉政大夫。子五：兆煊，同治壬戌举人；承先，甲子举人。

李其元，字志义，筱塘人，国学生。性至孝，事孀母袁太安人，承颜顺志，人无间言。家贫，贸易楚南，每岁必归省，家亦渐饶。尤仗义疏财，恒以济人为念。如修县治东门外石桥，村旁石路，创修庙宇，及年荒赈济，凡有裨乡党者，皆倾囊为之，所费不下巨万。卒年八十二，以孙载龄职，敕赠儒林郎。曾孙濬源，同治壬戌举人，签分户部江南司主事，佥谓积德之报云。

孙金，字韵徽，号赋亭，同造人，优庠生。七龄失怙，极哀痛。家贫，母性严，终日无敢嬉戏。受书村塾，归必背诵母前，长益绩学知名。左右侍养五十年，依依孺慕。母殁，恸甚，卧柩侧数月，葬祭如礼。厥后建学、培祭、赈饥，悉遵母训，里党称之。子三，长霈霖，国学生，承父志，昕夕问视，卅年如一日。仲季间，䜣䜣如也，创塾课诸子侄，次裕杰，国学生。幼裕佐，优庠生，性孝力学。孙懋修，举人，现任永宁教谕。懋宗，邑庠。

万光岱，字仰山，号东屏，邑郛东门人，优增生。读书敦孝悌，尝受业杨明经其义，得闻陈榕门践履之学，终身事之如严父。学宪王，拔取县庠第一，梓其文，有“翩若惊鸿，矫若游龙”之目。然岱尝谓，文艺，末也，伦行为本，故至性极其肫挚。及门茂才、孝廉，皆知此意，至今称述之。著有《适志轩文稿》。

林逵，字鸿宾，陇城后村人，国学生。父病，割股以进，旋愈。

鄷韫辉，号玉山，康里人，恩贡生。幼孤贫，事母孝。兄弟早析爨，母以纺绩助学资，入泮，食廪饩，教授生徒。念兄弟困乏，以所得脩金，为诸侄谋室家，不以异居视也。生平志尚高雅，勿恋科名。先器识而后文艺，门下士游庠领乡荐者，不乏人，士林咸景仰焉。

周承志，原名鼎，字正南，一字令生，邑郛优增生，附贡，卜吉子也。弱冠，补弟子员，与吕竹庄、文红蘅，文社齐名。壮失偶，不再娶。乾隆间，天庾米朽败，唐令召邑绅李显穀等议发售，志父与焉。后逋负，不克弥补，牵累成疾。疾革时，谓志曰：“凡邑中公事，概不可与。”父殁，谨守遗命，改名承志。惟教授生徒，诗文不苟下笔。陈尹继思，聘入署。教授陈，不喜朱注，力辩不少挫。郑尹长昕，过其庐，见门帖有“天上雪霜来岁晚，石边兰竹寄生涯”之句，叩门入，兴谈竟日，甚韪之。善画兰竹，当事求者甚众。易箦时，叹曰：“未能显亲，不孝孰大焉。”年八十三卒，著有《种芸书屋稿》《消闲堂诗》待梓。

鄢禄钦，王田人，邑庠生。事亲有至性，晨昏奉养，务得堂上欢。新蔬出，亲未食，不敢先尝。母殁，仰天号泣，泪尽，继以血。时父衰迈，恐以寂寥伤厥考心，日则扶持杖履，左右无违，夜则伴宿床帷，坐卧不越，不入内室者近十年，乡邻钦之。

万养礼，字添秩，后万人。孝友成性，髫龄父卒，昼夜哭，粒米不入口。母曰：“汝若是，倘不幸哭父死，汝兄懦，我将焉依？”遂抑情忍泣，奉母以居。母病，医药罔效，焚香吁天，刲股和药以进，寻愈。

周汉仁，字德全，阳坊牛轭人。家贫，兄弟六人，仁长读书，未卒业，贸于长沙。寄奉养银，岁不过数两。后稍益，有媒妁为仁订婚，仁擘画聘金，两载方足。归娶三月，复往外，诸弟竟出其妻。仁由是不再娶，寄奉养银，视向有加。复寄钱四十缗，为弟完婚。母殁，殡葬均仁任之。未几，值兵燹归，病卒，年六十有七。

雷必超，冈下人。性仁厚，事亲孝，人无间言。父病刲股，和药以进。

赵庆发，白土人，事继母得欢心。母病，刲股以进，寻愈。

李谦，字皆吉，筱塘人，监生。性孝友，事亲甘旨无缺。弟四人，婚冠皆所经理。道光甲午、乙未间，荒疫并作，施药平粜，乡里赖以保全。发逆肆虐，属其子襄办团练，每曰："桑梓之地，何可任其涂毒也。尔等勠力堵防之。"年六十三卒。子五：增荣，郡庠；增辉，附贡；增美，邑庠。

苏振桂，松山人。性孝友，父病笃，吁北辰，并祷十地菩萨，刺血沥纸钱焚之，乞以身代，病遂愈。后粤匪窜扰，突至其乡。桂舍身救父侄，皆得脱，桂遂被掳。后乘间得归。时穷迫，往楚南谋生计，归省亲，中途病殁，年三十六，乡里共伤之。

张正景，字京恒，张家洲人。事亲孝，亲殁，以家计艰，与弟析爨。逾年，弟卒，二子一媳，俱在襁褓。景念弟媳孀居，仍合爨，而各理其所分田地。越数年，弟媳亡，两侄犹属幼稚，景乃代为抚育，婚娶教养，视已子有过之。晚年析居，并将已手续置业产，割半与侄，其友爱，盖至老弥笃云。子上林，盐运司衔。孙开岚，国学。

黄德润，三坊涟溪相玉兄也。偕弟德福业农，尝侍父，闻欲教一子读书。父殁三月，玉始生。润福不忘父命，玉七岁，着受书。至出就外傅，家徒四壁，佣工给薪水，奉脩金，历年勿懈。每佳节，必敬谒其师及其友。玉入泮，旋列增广生，润福已老，爱弟弗衰，人多称之。

鄢钦之，故里诏稍子也。性肫挚，以顺亲为事。同治辛酉，父御寇，以愤激成疾，卧床褥。钦之侍疾两月，目不交睫矣，父乃命三子轮值，值两兄，钦之亦不去。父叱之，含泪退，仍含泪前调药铛，未尝偷一息。父卒，哀毁，绝水浆。母泣曰："吾又何生乎？"于是啜饮。越年，母卒，亦如之，终事两兄，怡怡白首。

涂世茂，甘棠北下人。母病剧，医药罔效，吁天刲股，和丸进之，顿愈。

邹有一，横山下坊人，事母至孝，菽水弗给，佣工近寺，减食养母。母耄耋，负母就养。母年九十三卒，丧葬皆如礼。

陈舜诰，溪田人。父病，刲股和药以进。

涂修璜，字廷滨，懋兰长子。懋兰以善行著乡里，修璜天性肫挚，操行一禀先训。贸易楚湘，家大裕。自奉俭约，如寒素。咸丰间，江楚连年苦用兵，倾赀济饷，计所出不下二万余金。不请奖，益见重于当事。家居，甃村前石路，修厚郭、仕溪诸石桥。建祠宇，皆独力任之。遇岁歉，辄出资以赈，全活尤多。兄弟合爨，食指至百数十人，经理井井，内外无间言。友于之谊，至老益笃。以州同职，授儒林郎。卒年八十，子十人，入邑庠者四。绶，建昌府教授。孙数十人，湘，甲子举人。曾孙数十人，荃，邑庠生。

补遗

宋

吕思忠，字荩臣，洛溪人，大愚叟祖俭裔。学行过人，事亲忻然孺慕。父母相继殁，负土成坟，朝夕号泣墓侧。已而筑亭其上，独居三年。(雷宜中《庐墓亭记》。)

元

汤霖，字伯雨，长卿从子。事母至孝，母尝病热，更数医，弗效。母曰："倘得冰，我疾可愈。"时天燠，霖求冰不得，日号泣池上。忽池中声戛戛，视之乃冰澌也，取奉母，疾遂愈。(霖，旧志不载，查霖故居在八十二都松湖地方，今为汪氏宅。《新建志》收之，然确为丰人，因补入。)

国朝

傅雄略，字显名，号垂竹，太学生，五坊派前人。幼孤，事母孝。母病，衣不解带者数月，汤药必亲侍。母督以承父志，习举子业。甲午乡试，荐而未售，是岁荒，出粟赈饥，活人无算。胞兄文，无嗣，以次子承继。兄弟同居无间言，捐资修书院，建祠宇，诸善举，邑侯徐公清选"善有余庆"匾额。子四，次子锟，壬戌领乡荐。孙九。

袁文铮，字履中，号正夫，袁坊人。父客黔省，久不归。铮请于母，欲往迎，母止之。铮跪告曰："父远贸，而子坐享，于心何安？"母泣曰："吾家贫，儿未娶，若往迎父，难计归期。吾年且衰，倘遇疾，谁侍汤药？俟儿娶后，即成儿志。"铮时年二十四，因百计张罗，聘万氏女，娶八日，辞母。至黔，父讶其来，铮以实告。父呵之，贸如故。铮泣，不食，父意动，乃售货仝归里。先是，铮有从堂兄子，客湖南，病瘦归，寄食铮家。铮备医药，父私曰："病深矣，空费尔财。"铮曰："是从一脉，忍惜资。"父喜曰："尔能如是，吾复何忧？"父母殁，丧葬俱如礼。子三，绍绶、绍绛、绍纪，俱有父风。纪先父卒，妻彭氏，竟能青年矢志，抚孤成立，亦孝有以感之云。

袁文铠，字修戎，袁坊人。幼聪慧，好读书，家贫，年十三，废读力耕，因号"耕隐"。胞兄文铃贸楚南，家渐丰。而妻王氏，恃夫能，有骄态，每忤翁姑。母恚，谓铠曰："吾与王氏不能一朝居，与尔父筹之熟矣。所以强忍者，尔未娶耳。"铠跪泣，代嫂请罪，终恐母心难安，乃奉父母别居，财归嫂，自谋耕种，供甘旨。娶徐氏，具得欢心。后兄归，密持百金，跪父前，母趋出，怒叱之。铠曲为转圜，回母心，以成兄志。母后父殁，兄奔丧，复授以金。铠曰："葬已毕，请以此金济贫乏，可乎？"兄韪之，怡怡一堂，遂同白首，嫂亦感焉。铠生二子，长成均，负异才，弱冠，补弟子员，旋食饩，潜心理学，著《日用庸言》数千言自箴。孙儆，邑庠。曾孙正楷，国学。

涂葆甡，字恒瑞，号竹筠，五坊流溪人。监生，议叙州同衔。性肫挚，善事父母。父病，衣不解带者三月，焚香夜祷，愿以身代，遂刲股和药以进，顿愈。后数年，父殁，事母亦依依不离左右，务得其欢心。兄早世，待寡嫂如礼，抚犹子，如己出。终其身，不析箸。家素贫，葆甡服贾省垣，善货殖，渐致丰裕。遇公事，乐输恐后。族中贫乏者，佽助不少吝。会垣修造万寿宫，众绅首佥举葆甡诚悫可任，令董其成。毫无糜费，至今犹称道之。

杨懋识，字先达，一字朗如，从九。大夫第人，事亲有至性，父老，患腹痛，病剧，绕几扶行，调药铛，瞬息不离侧。奉母亦无少懈，病更罄诚，亲殁，丧葬皆尽礼。兄弟三人，负贩荆襄，二弟中年殁，矜孤恤寡，嗷嗷数十口，赖以生存。着幼子玉行贸易，长子曦、侄暄，延师课读。暄尤聪慧，学有成。庚午，领乡荐，暄因别号“伯培”，枌里皆称道之。晚年尤好善不倦，如文昌社、育婴会等举，皆竭力赞成。卒年七十有五。

聂洪谦，字德辉，竹溪人。幼敏慧读书，文已成诵，以生计迫，辍业，客省垣。性笃伦理，事高堂敬礼无违。父镇崧，贫诸生，借笔耕以给。谦每归，无论馆地远近，必时往省视，安则喜，偶见羸瘠，或有倦容，归必泣。于二弟，友爱肫至，季弟病痨瘵，将不起，谦疏祷于城隍神，愿减己算益弟龄，弟不知也。弟死，离魂久而复苏，曰：“吾被摄至冥神，示以籍数已尽，不可延，兄年亦不永，奈何奈何。”言讫，卒，后数年，谦亦卒。子三，次模宽，甲子科举人。

周模全，字慎夫，卿塘人。父洪梦，有至性，全尤以孝闻。母常怜女家贫甚，必请金遗之。亲殁，葬舍南数十武，结庐哀临，有大蛇驯伏卧墓侧。尤好济急，里闬有不能完娶者，分赢，余佽助之。子焕发、焕喜，有父风。孙谨，邑廪生。

范荧，字拱垣，邑廪生，铁炉头墟路边人。性孝友，能文章，父病，割股和药以进，病旋愈。

李允德，筱塘人，性俭约，取与严一介，家赤贫，偕弟贸楚南，稍充裕，平分财于弟。及弟家落，复以财平分之。弟卒后，仍供给其家，至今乡人称之。

周心敬，字荣卿，号止庵，五坊沙溪人，邑庠生。性孝友，乡党宗族无间言。任事有干才，小港建闸，工大费巨，倡捐以襄成功。尤精字体、音韵之学，注有《十三经集字音义辨讹》六卷。子四，起锺、起镗、起铨，俱国学。起渭，廪生。

管平，邑增生，罗湖人。聂德印，埇厚人。毛廷桂，龙洲，郡庠生。俞克韬，龙洲人。张益清，环溪人。以上五人，或刲股，或庐墓，俱有至性，不可磨灭者。

高行

目录

汉

徐穉

晋

罗文通

南唐

毛炳

宋

胡大训、揭道孙

元

黄淳、甘惟寅

明

丁杰、黄铎、李南溟、李万平、鄢见、范鲁公

国朝

甘豫亨、余景新、刘瑞甲、涂述祖、李兆锦

汉

徐穉，字孺子，世居槠山下。九岁，尝月下戏，人语之曰："若令月中无物，不当极明耶？"穉曰："不然。如人眼中瞳子，无此必不明。"少读书槠山南崖台上，学严氏《春秋》、京氏《易》、欧阳《尚书》，兼综风角、星占、算历、河图、七纬之书。家贫，自耕稼，非其力不食。恭俭义让，所居服其德。尝赍磨镜具，佣以自给。寄寓豫章时，陈蕃为郡太守，以礼请署功曹。穉既谒而退。蕃在郡，不接宾客，惟穉来，特设一榻，去则悬之。后举有道，就家拜太原太守，皆不就。延熹二年，蕃与仆射胡广，上疏荐穉与袁闳、韦著等，宜擢登三事，协亮天工。帝因问蕃曰："徐穉、袁闳、韦著，孰为后先？"蕃曰："闳生公族，闻道渐训；著长于三辅礼义之俗，所谓不扶自直，不镂自雕。至于穉者，产自江南卑薄之域，而角立杰出，宜当为先。"帝命以安车玄〔元〕纁，备礼征之，不至。穉先后为诸公所辟，三举茂才，四察孝廉，五辟宰府，俱不起。有死丧，负笈往吊，不远千里。尝于家预炙鸡一，以绵絮渍酒，径造其冢隧外，祭谒去，不见丧主。及会太尉黄琼葬，既反，时四方名士，太原郭泰等六七千人，疑其穉也，选能言生陈留茅容，轻骑追及于途，沽酒市肉，穉为饮食。容问国家事，不答。更问稼穑，乃答之。临别，谓容曰："为我谢郭林宗，大树将颠，非一绳所能维，何为栖栖不遑宁处？"容还以语，泰曰："谨拜斯言，以为师表。"或问曰："可与言，而不与之言，孺子其失人乎？"泰曰："不然，孺子之为人，清洁高廉，饥不可得食，寒不可得衣，而为季伟饮食，此已知季伟之贤，故也。所以不答国事者，是其智可及，其愚不可及也。"后泰有母忧，穉往吊，置生刍一束于庐前，众怪之。泰曰："此必南州高士徐孺子也。《诗》不云乎：'生刍一束，其人如玉。'吾无德以堪之。"灵帝初，欲以蒲轮聘穉，会卒，年七十二。子允，字季登，笃孝砺行，有父风。太守华歆请见，不诣。汉末寇贼，转相戒约，不犯其闾。旧案云：汉末，丰城属南昌南境。《后汉书》谓为豫章南昌人，宜矣；但未析丰时，孺子世居之地，统属南昌。既析丰后，其地则隶丰城，今读书台与其祖墓，乃在丰之槠山，则孺子世为丰人可知。故自有丰校，即首祀孺子。前《志》列孺子于《逸行》，俱属信而有征。

晋

罗文通，豫章人。其先汉大农令，自长沙守豫章，因家焉。八岁有志圣贤之学，读严氏《春秋》、京氏《易》、欧阳《尚书》，皆洞其要领。卜居池山，著道学书数十卷。咸和二年，诏为军咨祭酒，辞不往。既王敦檄为别驾，叹曰："以臣抗君，以外凌内，小人道长之时，吾将为汉梅福矣。"结茅种菊，疏食水饮，授徒八百有奇。没后，门人葬于隐居之地而祠之，今名曰"罗山"。（摘魏少游《晋征君罗山隐居记》。）

南唐

毛炳，幼好学，贫不能自给。性嗜酒，入庐山，采药负薪，获赀即市酒，尽醉。尝聚生徒数十，讲诵南台山数年，自署斋壁云："先生不在此，千载只空山。"一夕，大醉，卒。有诗集。

宋

胡大训，字世文，旗塘人。绍定乡荐，性刚直，游国学，时愤权相史嵩之夺情起复，同黄恺伯等上书数其罪，被逐。作卷堂文，归隐桂陂。

揭道孙，字志道，业进士，落笔千余言。世革，徜徉山水，痛饮狂歌。后还乡里，每会食，必舍肉归，以遗亲。亲没，事兄如父，事姊如母。姊寡，有子十岁，被俘，遍求弗获，养姊终其身。年逾四十而鳏，不再娶。其洁居，人不可及。孙车，能文。吴草庐尝称之。

元

黄淳，字幼德，攸乐人。具文武才干。至元间，父死于寇，幼德以计擒其渠，手刃之。已，苦州苛政，遂弃田庐，客清江，授生徒自给。久之归，构堂曰"忍默"，褐衣疏食，陶然自如。殁，吴文正题其墓碣曰"逸士"。子东，有文名。（采《草庐集》增。）

甘惟寅，字孔夙，邑郛贤能坊人。号安所，崇尚实学，同弟仲夙，从陈植讲业龙光书院，得正学之传。与朱善、刘秩、毛吾鲁诸人，互相砥砺，知县林弼称之，曰："识之正，志之定。随所遇，安其命。"明初，屡荐不起。

明

丁杰，字秉英，号潜轩，沙湖人。有学行，隐居，教授生徒，由科目进者甚众。景泰时，御史涂谦列其名，偕临川吴与弼荐于朝。命下有司礼聘，不起。后御史陈选、同知毛琼屡荐，皆力辞。及卒，御史唐龙行部至丰，设主明伦堂祭之。万历间，奉诏议谥，知县张昌辰以闻，未果行。

黄铎，字季扬，城南人。同侄太仆节，师事吴与弼，得所指授。郎中孙曰让，以经明行修荐，不就。与弼应聘，召铎偕行，辞曰："铎少已不就孙君荐，垂老有此往，不免干进之嫌。"不赴。孙绵、统，能世其学。

李南溟，湖茫人。乐道好修，有气节。或劝之仕，不应。隐一庵，图书自娱。吴康斋扁所居曰"素庵"，人称"素庵先生"。

李万苹，字维衡，湖茫人。性端毅，学务实践。燕私虎蹲山峙，凛不可狎。事寡母孝，逆濠变，以威劫之，不屈。督学张东沙题其枋曰"盛世逸方"。著《饥豹》《穴游》《桑榆》诸集，以子逄，遂贵，封如其官。

鄢见，字无识，泉塘人。父鼎臣，为廉令。家贫，少时于书，无所不读。性嗜酒，日携钱就肆与人饮，不问贵贱。己卯，以《诗经》抡魁。甲申国变，弃家披缁〔锱〕，佯狂于安城、永新间。已而隐司空山，炼药不成，去云阳山，纵酒狂歌以终。（据《历代氏姓谱》增。）

范鲁公，一名颜，字真卿，梧溪人。素受知阁部吕大器。崇祯甲申，以贡就试吏部，名第三，领府判咨，赴扬州。开府史可法留军前赞画，司总巡城守。大兵下扬州城，溃伏乱尸中三日夜，抵间入寺，剃发为僧。南归，家无四壁，居会城，以画自给。性和而介中，有不可，虽千金不移。顺治戊子兵变，围城中，不得食，服丹饱痕卒。(《大雅堂别》集补。)

国朝

甘豫亨，字和吉，别号龙西樵者，邑大街人。甫生，母即逝。稍长，言及辄泫然泪下。父授以书，脱口了大义。顺治初，偕父隐龙山西梓里冈，深究《性理》《纲目》等书。或讽以弋科名，不应。事父与继母孝，及殁，三年不御酒肉。年老无子，困甚。坐斗室，晏然著书。尝乏墨，拾山中赭石以代，著《大易外传》《殉难录》《小窗一鉴》，议论多辟蚕丛。奉新甘冢宰汝来，珍藏于家。

余景新，字仰山，南巷诸生。家无颗粟，吟声出户外。贫病交迫，未尝干人。殁，一子泣榻前，室中惟败簏，贮书敝衣破釜而已。

刘瑞甲，字殿传，号桂岩，河溪人。居邑郛，领乾隆甲午乡荐。少受业邑名宿甘绂，绂著《四书一得》未就，甲续成之。家屡空，介然自守。日不举火，扃户枯坐，泊如也。晚苦重听，竟以处约终。

涂述祖，字弓冶，东城巷人，副贡丛桂子。乾隆己亥乡荐，师南溪余中桂，名士也。与彭文勤、裘文达初为文字至交，两公贵，中桂贡成均，不往见。述祖服其教，操履严整，不投片刺谒当事。居家事亲孝，弟绥祖，聘妇李，未娶，卒。李矢不贰，述祖迎归，抚恤周至，为立后请旌，里中尤以此多之。

李兆锦，字胜友，号华亭，爵塘人。绩学能文，行介甚。中岁丧妻，不再娶。知县李，数造庐访，弗答。人问故，锦曰："某不敢蹈干谒之嫌也。"终诸生。

卷之十九　人物志九

善士

目录

宋

李从、孙俨、雷璲、胡仲伯、何穆子章、熊如渊

明

李与同、涂浃、丁果、杜士希、万化

国朝

毛宇衡、毛沆、涂丛桂、杨维韬、雷沸、史垂万、周才俊、吕仕麟、于世效、虞汝贵、于世敬、蔡时辅、熊来澍、吕仕桂、王鼎、曾廷仑、徐城、余思启、雷清琦、周之桂、杨琦、熊裕兴、邹曰义、任元蕃、熊琴、聂良冾、涂元祖、蒋长寿、聂守轼、李甫、余陈广、陆毓珩、朱国榦、万寅昺、金名标、吕忠稷、涂必松、熊起璋、朱光诏、熊起禄、李锺喆子海麟、李樊、熊懋塈、熊正盛、熊廷芬、王遨、谢安卿、熊扬铨、万曰齐、徐兆谨、盛朝澜、涂昌璘、涂懋兰、胡际泮、谢国潆、徐兆课、胡献隆、吕文光、熊作宾、杨学鏓、杨尚位、陆庚遂、吴世邦、邹凌霄子人彦、涂廷选、李馨、万育官、万育宦、涂修瑄、李振基、罗绍伦、于科振、黄永泰、陆光诰、涂昌珣、任灿英、鄢诏稰、胡致远、胡守哲、曹迎凰、李佩兰、周堂和、涂贤锡、刘志光、谢光禧、邱绪瑞、辛勤、熊材

宋

李从，字伯顺，筱塘人。多赀能让，均产概予兄弟。里征课，不能偿者，代之输。勤于讲学，英才多从之游。子琮，字世京，辟馆延师，丰饩以待学者。邑东鄙长堤，江水湍啮为患。输财于官，易以石，为永久利。子秉，官高安酒正。时前官败酒六百斛，秉疑之。琮曰："隐而不言，非忠也。发而有罪，非仁也。力可及而弗为，非义也。"遂捐千余缗，庚其费而覆其瓮，代者得以理去。以子贵，累爵工部侍郎。

孙俨，字温父，绍兴经界事讫，将均税。县令丁绰集民议，有欲以山田概行者，俨慨然作曰："田山之利，万万不侔，此议诚行异时，县以不办告病，民以逋负流亡，囹圄不空，职此之由，吾不忍闻也。"令从其言。

雷璲，字彦宝，城陂人，两举乡贡，特奏，授澧州司户。璲尝有贷于人，其人死，无知者。一日，携金偿其子，其子谢曰"无有"。璲曰："尊公实知之，尔不知也。"固辞，璲委金而去。子宜中，传见《忠贞》。

胡仲伯，罗塘人，知浮梁县、通判建昌军宏之父。初，宏任高安簿，给奉不时。仲伯戒之曰："昔邓攸为郡，常载米之官，惟饮吴江水尔。不闻乎士大夫非无俸禄之患，惟无廉耻之忧。吾食，汝勿以尤长官也。"

何穆，字茂钦，时升子。绍兴壬子，韩世忠统师二十万，道出丰城。时剧暑，绝流，穆令结茅亭，浚溪为饮，以饷军士。病者舁归，医养之。有卒病创甚，躬为洗沐。卒病已，乞为奴以报，不许，赠而遣之。子章，字文成，幼负隽名，出语每惊人。未冠，拔州解，连帅异之，呼为"小友"，问所欲，以觇其能。答曰："乡有斗陂，岁溃其防，民病之，愿与邑人任此事。"帅为竟其役，有文集若干卷。

熊如渊，一作汝渊，字文博，南冈里人，国子生。性刚直，勇于行义，家有无不计。里旧有徐孺子、胡文定祠，如渊为敛粟买田，永祠祀。

明

李与同，筱塘人。幼倜傥，通书史。为永新掾，七日弃归。父丧，倾橐营葬。遗产厚与兄弟，广赒恤，宗族缓急，多倚赖。疏属子背母亡去，迎其母，养于家，抚从子，婚教如己子。里中大水，多饿夫。操舟载糗糒，就食之。丧不能举者，辄助殡殓。晚年筑别墅，延宾谈名理，暨史传忠孝事，娓娓不倦。

涂浃，字必和，甘棠人，梦桂父。少孤，事母孝。抚诸弟，竭尽心力，恳恳导人为善。族贫无依者，多割产援拯。初习举子业，后弃去，乡里称为"谦斋先生"。以子贵，累封吏科给事中。

丁果，光禄卿錬之孙，以学行孝友重乡里。生平乐施予，尝出腴田百亩，为学租。输粟千二百石，备赈。知县汤，以其事闻，督学旌其门曰"潜修尚义"。巡抚夏，疏请建坊，荣以命服。

杜士希，名睎，以字行，鹤村人，侍郎拯父。事继母孝，让祖父遗产与昆弟子。姊孀，不能自存，割耕地，全其节。伯子拯谳狱粤东，诲之以恕。拯奉教，故多平反。及理王联大狱，忤权相，罪谪。语之曰："圣明在上，毋以万里为忧。"季子播，守临清，家载米，养其廉。嗣受伯子封，累宾乡饮，年八十卒。荷恤典，谕祭葬。

万化，字一中，学前人。操履严峻，室有金穴，家众启之，多争取。化置不问。其弟任铨曹，会例可援科贡入仕，有怂恿者，辞曰："进退有命，敢以诡遇耶？"乡人称为"复吾先生"。孙叶蕃，弱冠，学识过人，为时推重，惜早卒。

国朝

毛宇衡，字紫玖，龙雾洲人，岁贡生。博极群书，倜傥有大志，尤留心律例。工书法，以贫故，游幕四方，郡县重币聘请，倚之若左右手。宇衡忠信明决，判谳如流。平慎过人，无畸轻畸重之弊。先后入湖广巡抚讷、广东巡抚傅幕，皆折节倾心。凡为民间兴利除害，不辞劳勚为之。每刑名案牍，惟恐杀人。讷尝谓属吏曰：“毛先生阴德，几半天下矣。”其推服如此。子凤雏，进士、知县，赠如其官。孙士洁，举人，教谕，升瑞州府教授。孙、曾皆有声庠序，人以为盛德之报。

毛沇，字安士，大塘人。廪贡，礼部考职，倜傥能任事。南昌府属，旧苦陈友谅浮赋之累，顺治、康熙间，省、上台及内九卿科道官，先后数十疏，乞减，皆格部议。雍正元年，沇偕郡绅骆光宸、周长庚，调停计画，遂集七州县绅耆，吁督抚合疏具题，奉恩旨酌减，三百年积困以苏。事详《减浮便览》及《民赋志》。沇居乡，率士民举行讲约礼，创义图、保甲，急输纳，弭盗贼，今率为常。子云辂，邑廪。

涂丛桂，字秋圃，东城人。雍正乙卯副贡生，应顺天试，不售。归县，令聘修《邑志》，称得体。肇立义甲，合族条漕，率先输纳。尝与同年余某北上，余途染疾，调护备至。余殁，独力治殓，封余赀物，比南旋，随柩尽归其家。

杨维韬，字六书，露溪人，以厚德称于乡，旱祷，获奇应。乾隆癸亥饥，积谷万余石，尽出以贷穷乏，全活无算。修学宫，建社仓，移建龙山书院，捐金皆倍于众。殁之日，异香绕室。

雷沸，字飞涛，邑诸生。有声场屋，族某，屋与沸居比邻，某有急，以屋质沸，得数十金，不为已有也。后竟售于他姓，沸检券还之，不责其偿。家不饶于财，而乐济人困乏，两举乡饮大宾。乾隆十二年，自解囊，买城外茶园一段，为义冢。

史垂万，社里人，乾隆二十三年县建社仓，垂万捐谷三百石。

周才俊，乾隆二十八年捐谷四百石，巡抚阿，题请议叙，奉旨授八品职。

吕仕麟，字孔瑞，北湖人。负贩自给，既丰于财，好义举，人称贷难偿，辄焚其券。或再贷，使权赢余。乾隆四十年，县文庙圮，出数千金修葺，功竣，知县欲以事上闻，仕麟止之。又捐修《府志》，本府院试考棚，立章江义渡，水旱赈荒，恒以一人独任。仕麟性质朴，终身蔬布，生平无疾言遽色，时推为长者。

于世效，于家洲人。好施予，每春耕，捐谷散贫乏，以资东作。建境内永安、望郭诸桥，立熊家巷义渡，设家塾，课族子弟，人皆德之。

虞汝贵，字玠山，黄墓人，贡生。乾隆三十八年，捐建族中义塾，置田租二十余石，为岁课资。邑人游方震记。

于世敬，于家洲人，武举。乾隆二十七年，修县城，捐银四百两。巡抚明，题请议叙，授六品职。

蔡时辅，字元隆，蔡家堆人，监生。乾隆二十七年，修县城，捐银三百两，巡抚明，题请议叙，授八品职。

熊来澍，字雨田，大屋人，监生。慷慨好施舍，修新邑岷卢桥。乾隆乙酉岁饥，捐谷三百石给族党，又出粟平粜、济乡里，素行公正，数为人排解。终其身，里无讼者。

吕仕桂，字折云，北湖人。素急公义，河决新溪口岘垱，大仙庙、河湾闸，皆啮坏。桂独力堵筑，水不为灾。捐建宗祠，置祀田百亩。岁饥，循里中，户给米。重修《府志》，捐八百金。成之子孙，多通仕籍。

王鼎，字象州，钱塘人，附贡。乾隆庚辰，捐谷四百石赈饥。尝出金六百，命子道治、道淳修本都石路。礼部主事袁守定记其事。幼子道澄，郡庠，亦乐为善，捐腴田数十亩，为钱水义塾膏火，杨其义为之记。

曾廷沯，字昆山，南岸人，后家石坑涪塘。慷爽笃友谊，疏于任财。道路桥亭，独力捐建，虽数千金不吝。歉岁，常买谷散乡里，贫窭多德之。幼子凤池，嘉庆甲子举人。

徐城，字维宗，大学生，邑火巷人。家故贫，以贾渐裕。仗信义，不屑较锱铢。乾隆癸巳，邑改建龙山书院，城虞缺膏火，难持久，首倡六百金，远近闻而捐输者，络绎至。绅士高其义，为勒石。子宗泰，孙绍球，俱邑庠。

余思启，字我后，配乾曾孙。少读书，父诸生正枚，课之。笃长，与兄涉川为师友，隶名国学。邑建龙山书院，捐六百金襄其工，他义举皆称是。子立云，岁贡。步梅，邑庠。余俱监生。

雷清琦，字鲁玉，国学生，丰山人。父希人，以千金为龙山书院膏火。清琦承父志，益行善不倦。岁歉，出谷周贫乏，修石路，建憩暑亭，立“成名义学”，皆鼎力为之。

周之桂，字清远，卿塘人，鼎珮子。出为季父后，素优于赀，喜施济。攸洛山水迅驶，涉者往往灭顶毙。桂经其乡，即捐金为石梁。家梅峰西山，左右孔道，尽甃以石。邑龙山书院久圮，以生父所遗金六百，佽膏火。后援例，受奉直大夫职。晚家城内留书巷。

杨琦，字德方，州同职，露溪人。孝友恂谨，好学工诗。录入《庠音集》。生平重然诺，见义必为。邑创龙山书院，概捐金六百。子制锦，附贡，有隐德。

熊裕兴，字元茂，邑西槎溪人。以勤俭起家，勇于赴义。桥梁、寺观遇倾圮，辄解囊修之。岁歉，出粟给族邻。龙山书院移建，时年垂老，犹嘱其子州同云台，持六百金襄其费。

邹曰义，字魁祥，南槎人。识量恢宏，多奇节。尝于羊城创义冢，为客瘗地。族有漕役，少失措，即受亏累，曰义预储公费以济。书院议膏火，输金恐后。以子职，赠奉直大夫。

任元蕃，字允升，邵坊人。乾隆间修县城，捐金千六百两。详部议，叙受七品职。岁歉，赈饥，出囷粟无算。子世科，高骞标，克承父志，择城东北隅，重建文昌阁。至孙安国、安邦、安谟、寅亮兄弟，又共出元蕃遗金，为龙山膏火费，其家世好义如此。

熊琴，字虞士，瓘山前村人，例贡生，观汾仲子。慷慨好义，族迁宗祠，捐重赀不惜。居恒尝谕子侄曰：“尔曹不缺衣食，足矣。积而不能散，恐多藏益怨也，义所当为者，慎毋吝。”子询，白沙巡检。龙山书院移建时，捐金六百，亦上承父志云。

聂良洽，字轮万，枫溪人。笃天显兄弟四人劳苦，独身任之。析产，以腴田让其兄。督诸子课甚切。尝命肄业龙山书院，捐六百金为迁建资，士夫嘉其义。季子因翥，字翔远，国学。席父业，敦朴勤俭，乐襄义举。道光四年，邑议增书院膏火，其妇黄氏承夫遗命，复捐六百金，继先志。

涂元祖，字宗万，先世居化鹏巷，后家东门外，以孝行闻。乾隆甲申大水，散米赈六十余日，费千金有奇。所居旁为省会通衢，雨苦泥泞，悉铺以石。署县事黄，以“孝义可风”题其门。尝经营立义塾，未果，以所储金付诸子。殁后，邑建书院，子文炳、文烇、文焕、文煜、文灿出赢金助费，成父志。后嗣蕃衍，五代同堂，人以为好义之报。

蒋长寿，字佑臣，阳夏坊人。敦朴识大体，岁饥，平粜，里贫之赖以济。邑义士输书院膏火者十余辈，长寿持六百金，怂其成。疾革，召子若孙嘱曰："宗祠未修，吾志未竟。汝曹勉为之。"他日，孙光铭果独力捐建。长寿曾于其乡成上碣桥，族里今犹指桥及祠堂，嘉叹其祖若孙之义。光铭，例贡。

聂守轼，字继瞻，竹溪人，太学生。能诗，工书画，疏放自喜，兴至，辄抚琴围棋博趣。尝挟技游吴越、齐鲁间，所至有声誉。中岁，携长子镇华入京师，居久之，未遇归。会邑建书院，轼探箧，罄所存六百金以输，时人难之。

李甫馀，字裕光，例贡生，白洲后垱人。事继母，如所生，好谈阴骘，造桥梁、施衣药，刊刻宝训、功过等书。龙山书院成，捐三百金，佽膏火，其子侄多成名。

陈祖广，铁炉前村人。力穑，致丰裕，知县于，筹书院赡课田，祖广捐五十亩为膏火费，庄舍悉附，其慕义如此。

已上十四人，系乾隆时移建龙山书院义捐。

陆毓珩，字奇珍，仙音巷人，起鹤嗣子。年十四，生、继两父殁，家壁立。以懋迁起家，事生母孝养备至。季弟早卒，抚遗孤如己出。综理宗祠，益祭产千余金。嘉庆十二年，邑修大成殿，珩偕朱翼廷、万又晖、金名标醵金，任其役。后诰授奉直大夫。父起鹤、生父起凤，俱赠如其职。子运吉，邑庠。运洪，理问。运涛、运和、运丰，俱监生。

朱国幹，字翼廷，泊濂人，监生，文绂子。读书识大体，邑学宫历年久，绅耆集议重新。国幹承修正殿四之一为倡，同志佥应费各千余金。平居喜义举，修筑泥坑诸堤，立义塾，建会城试馆，舟巡大河，收殍掩骼，出粟赒族党，费皆不赀。子训，州同职。炳德，举人，教习知县，改官教谕。

万寅昺，字又晖，后万里人。乐为善，器识过人。尝勖其子曰："学校是读书人根本，教子读书，不从根本处致力，是谓不知务。尔曹毋忽。"会邑修大成殿，长子宾馥、三子淳，各出金任事，殆善承父志云。

金名标，字继轩，田西人。父礽衍，好善乐施，尝罄储粟赈荒岁。名标夙孝友，才具甚长，与兄涟海、涟湖，黾勉作，家渐多积，顾不屑较出入。涟海殁，名标与仲兄承父兄志，益勉为善。修河西石路，创通济桥，赈饥平粜，赀皆无算。岁辛酉，诏建文昌、先代殿，名标谋于兄，以四千余金独任。巡抚秦奏闻，奉旨优叙，予名标五品衔。丁卯，县重构大成殿，偕兄分任，蒇其功。名标殁，道光三年，子庆绥，为兄后者，与弟光烒，及涟湖子光照，复出涟海遗金千余，修县城、《县志》，人谓世有令德。

吕忠稷，字启周，洛溪人。父继萱，有隐德，忠稷孝友，喜施予，周亲族困乏，无德色。县修学宫，出金撤头门，新之。更建魁星阁，为多士祈科甲。松湖镇，三邑孔道。督伯子良木、季子良森，鸠工甃石十余里。垒近地石桥数所，费数千金，不吝。晚岁，复为宗人建大宗祠，年九十，以长孙俊职，膺封奉直大夫。良木、良森，详后《汇记》。

涂必松，字永茂，城东人。家初贫，服贾湘泽，资孝养。会归省，有侵其祖陇者，众束手。与叔隆登，黾勉讼之官，茔得无害。已，更立支祠，设义学，广祭田，利赖其族属。将终，嘱子昌璘、昌珣，赈贫乏，敦亲睦，课子孙读书。清坊甲公款，勉力邑中义举。嘉庆壬戌饥，子昌璘等，买粟平粜。戊辰修学宫，捐建明伦堂，其恪承治命如此。子长昌璘，职州同。次昌珣，例贡。孙贤彭，漳州经历，授修职郎。必松，昌珣封如其官。

熊起璋，字辉珍，高桥人，家故贫，父病痫，三载侍奉不倦。殁，哀毁骨立，躬负土成坟。中岁渐赢，尝途遇鬻妻偿逋者，解囊以贷。岁歉，赈饥，冬寒，施衣絮，终其身不懈。曾孙景书，以忠信孝义闻。嘉庆丁卯，捐五百金，修邑乘，旋受布政司理问职。

朱光诏，字文耀，阪水人，迁居源岭。父曰琼，生子五，诏其三也。伉直识大体，家祠、义塾，次第修举。尝遣子云直、侄云阶于邑校侧，补建忠义孝弟祠，费金千计。治家有法，昆季白首无违言。先是，家贫甚，伯兄弃妇佣远村，妇以娠去。文诏既服贾起家，迓兄归，为再娶，不育，有讽以幼子继者，诏不从。迹得兄所弃妇，生子已成立，百计招之归，俾承祧，均产予之，一乡称其义。后以子云锦职，封奉直大夫。

熊起禄，字在中，太学生，塘头人，振敏子。性简重，趋义若鹜〔骛〕。居尝自勖云："静以修身。俭以养德。捐宜在己，利宜归人。"岁丁卯，县修文庙，分坊襄厥事。九坊集费维艰，捐数百金为倡，事乃成。禄幼孤，奉孀母孝，左右不假婢使。母殁，殡葬尽制。数往省墓，虽风雨不避。抚弱弟起凤，甚友爱，课之读，不以他事累。起凤因得肆力于学，以明经秉诸郡铎，有教思。禄素耽书画，所藏多名家墨迹，摹拟辄工。子骏，癸酉拔贡，即选教谕。瑞，按察司照磨。

李锺喆，字二吉，筱塘人。性介洁，衣食缺，不假贷，以挠其操。二子贾於楚，家日起。尝训之曰："人须以我役财，不可为财役。"年八十二，子欲为介寿，锺喆诘曰："汝曹寿我，毋以觞酒为也。"邑东关孔道，天雨苦行者，盍节其费以甃之。子海麟，卒成厥志。后以次孙鹍化贵，赐赠文林郎。

海麟，字瑞徵，锺喆次子。少有至性，事亲得欢心。少贫，服贾。岁时必归省，家稍裕，出赀修东门外及筱塘石路，人以"好善"称之，则应曰："是某父志也，某何敢？"丰县试、童子试者，携席砚，傍官署廊庑，风雨无所避。海麟故好士，谓子凰、鲲化、鸣皋曰："试无考棚，非便。吾习商贾业，甚念读书人劳苦，儿曹盍黾勉为之。"嘉庆丁卯，凰等兄弟，相度购材兴役，朞年功成。省葺乡试号舍，复捐五百金，襄其事，亦禀成命也。以次子鲲化贵，敕赠文林郎。

李樊，字捷陞，湖茫人。性浑厚，积而能散。常属子廷谟、廷弼、廷佐等修桥除道，振廪救荒。县重修学宫、《县志》，兄弟谋助费三百金，复捐腴产百余亩，为龙山书院膏火。见义勇为，殆世济其美云。

熊懋壁，字安宇，瓘山人。居常以读书守分，课子孙，尝欲建学舍，培乡里俊秀，未果，因以籝金遗诸孙。邑修文庙，孙修爵、修齿、修义承祖志，捐金为佽。懋壁以诸孙职，赠奉直大夫，晋朝议大夫。子正福，亦赠职。

熊正盛，字允隆，瓘山人，赠昭武都尉，懋双之子。读书明大义，年二十余，无嗣。攻苦成疾，兄弟为立后。正盛泫然曰："诸侄皆吾犹子，何用立为？今同怀不忍忘我，吾欲将应得产建家塾，赡以田，为子孙肄业计。"兄弟从之，立义学，额曰"绿野别墅"，罗拔为之记。后十余年，其兄弟又以余赀修学宫。

熊廷芬，字耀先，太阳庙人，国子生。事亲孝，居常好行其德。公祠、家塾及乡里道路、津梁，皆独力修举。前建龙山书院，输百余金佽之。乾隆壬子，二黄垱决，县罹水患。廷芬以钱米施，贫民全活甚众。十二年，助费修《志》、建学，又捐文昌祀田数十亩。子作宾，奉直大夫，廷芬封，如其职。开泰，六品顶带。际华，例贡。孙赓飏，抚州府教授。尚桢，州吏目。尚杰，府经历。曾孙道亨，邑庠。

王遨，字履川，黄墓冈上人，州同职。天性甚笃，兄弟相继早殁，家三孀妇，遨一身抚诸孤，教养婚娶独任之，乡党高其义，尝以"为善最乐"勖家人。其次子□□亦以好义，闻戊辰修邑《志》，佽费为多。

谢安卿，字彦臣，弟安朝，字连臣，茶坑人。乐为善，数往来会垣，见儒学师无下车所，谋于府学公地，筑馆舍，筹策定，而安卿殁。卿子宗实，终与叔安朝经营成之，颜曰"明德"。更属子弟附居旁舍，资严惮，殆不失事贤友仁之方云。

熊扬铨，字嗣武，瓘山人。家贫，好读书。弱冠，补弟子员，尝谓："学先为己，次利物，非以求名，行吾心所安而已。"终以力学过劳疾，不起。临卒，嘱妻李氏曰："我不幸中道赍志殁，嗣后仰事俯育，惟卿是赖。"言讫，呜咽逝。李抚诸子成立，黾勉起家，以节孝，蒙上旌。孙曾辈，于嘉庆己未年捐建府学、试馆，丁卯，创文昌宫及文昌先代殿于县学东，凡数千金，皆铨贻谋为之也。扬铨以孙梦符贵，赠朝议大夫。子齐擎、齐执、至刚，俱赠官。诸孙皆受显秩。

已上十八人，系嘉庆十二年各义捐。

万曰齐，号省斋，三江口后万人。隐德弗耀，雅好士。士有造者，奖许无不至。故县文明塔，势如卓笔，为学宫吉秀。岁久壤适，士科第少绌焉。形家以为言，齐亟欲修之，不果。卒，遗令子孙成其事。

徐兆谨，字文祥，北湖人，州同。少孤贫，与兄兆课笃友爱，服贾渐裕，以恭让闻。素急公，无管算俗态。道光四年，议增龙山书院膏火，谨输千金不吝，县嘉好义，闻其事于朝。先是，谨襄阳道归舟，泊河干，有病叟操乡音求载。橐垂罄，谨怜状，许之。旋病剧，舟人欲委去，谨不许，增其值数，曰："毙舟中，为经纪，归其丧。"亲诣叟家，恤其妻子，乡人义之。子光藩，例贡。光玙，监生。

盛朝澜，字文波，号海观，宋杰士温如裔。先世由盛家洲，迁居望仙门。澜幼业儒，家中落，客游粤东，娴鹾务，议叙监课司提举。父殁，迎祖母养，以春秋高，嘱弟朝济归侍。随迎母养，祖母病，偕兄朝治奉母驰归，服劳成病。母先殁，葬祭如礼。归里日，见文庙暨各处多剥蚀，遂倡捐三百金为葺理费。且秀杰楼，固澜父所曾屡修者，其义举类如此。澜祖世禔，父元鉴，国学，俱以澜职，赠奉直大大。兄朝治，照磨。弟朝济，州同。

涂昌璘，字彬玉，必松长子。性慷慨好义，尝捐建明伦堂，又尝修东关至漕仓石路，浚学宫一带沟渠，计费数千余金。甲申，县葺城垣，璘命弟昌珣，捐赀助焉。尝才诸子贤彭，为援例，得漳州府经历，数邮书，以勤慎清廉为勖。后彭果能其官，以擒盗功，送部引见，将超擢，人共服其识鉴云。璘职州同，子贤锡、贤星，俱国学。（城工义捐。）

涂懋兰，字开茂，甘棠北下人。性孝友，信义为乡党所推。客楚湘，倡建玉隆宫，市义园，瘗旅榇，湘人泐石以纪。饰巾时，谆谆以为善勖其子。子修璜，谨悫有材干。修葺毗村西莲寺，甃村南至仕溪五里石道，襄建铜湖、厚郭诸硚，南岸义渡，均挥霍无难色，费金约三千有奇。职授布政司理问，兰封如其职。璜弟修琮、修琎，国学。璜子麟，郡庠。

胡际泮，字圣泉，厚郭人，国学生。善计然术，慷慨有担负。尝出赀襄修中洲凤形堤垱，建村前石桥，暨兴隆刹宇，计费二千余金。邑有公事，泮无不捐佽者。门庭肃雍，雁行耽乐，人尤以此推重之。弟际潮、际潼，子中梁，俱国学。

谢国潆，字文波，泉港人。以懋迁起家，乐为善。嘉庆七年，岁大祲，里无储粟，市昂值。国潆买米平粜，饥不害乡。建逢源书院，概出巨赀佽膏火，居恒以“端本行、培善根”为家人勖。子之瑚，有父风。老梓山至河岸孔道，甃石六百二十丈，不吝千金。赛溪、蜈蚣二桥圮，各捐百金襄其事。之琏、之玳，救困扶危，如其父兄。玳，例贡。琏，州同。潆以之琏职，封奉直大夫。孙光祥，国学。

徐兆课，字功拔，州同职，北湖人。父国玉，殁于楚。兆课未弱冠，间关千里，舁柩归。家无四壁，黾勉服贾起家。事孀母，以孝闻，遇弟友爱，好义举，修族谱、收瘗暴骸，里人赖之。课诸子甚笃，偕弟建“鲲化轩”，为居业。所捐佽龙山书院膏火，俱征好士之心云。子光华、光蕊、光萼，国学。光芝，庠生。

胡献隆，胡家岭人。才识练达，素以忠信闻于乡。先是，陈友谅踞豫章，增南昌粮三倍，终明世，未行蠲免，民户苦累，至鬻妻子以逃。康熙间，献隆年八十余，偕诸生毛祖苌，间关数千里，至京师，以浮苦上奏。雍正二年，豁减之由，实始此。(补传。)

吕文光，号润川，北湖人。家多积，乐于为善。里建狮山义塾，文光捐田百亩佽膏火，茅连茹为传其事。(补传。)

熊作宾，字嘉会，廷芬子。少业儒，旋去而贾。累橐金盈亿，客次，好扶植。同侣有刘某，贷金千，折阅，复予之，刘卒获三倍利。寿七秩，却称觞费，修城西孔道数里许。邑城圮，募城者，宾遣子尚彦，输六百金倡。晚岁，辟塾延师，不靳赀。次子皋，随以冠军游泮。宾职奉直大夫，封二代。余子尚贤、尚鹏，俱雍庠。(城工义捐。)

杨学鎓，字春斯，柏塘上点人。敦行尚义，嘉庆壬戌饥，买粟平粜，乡人赖之。十三年，《县志》重修，捐金助费。二十年，省修贡院，复捐四百金。以孙际启职，赠儒林郎。

尚位，字立人，学鎓长子，登仕郎职。幼丧母，偕诸弟勤力作，门庭雍然。弟尚广、尚更，早殁，诸孤在襁抱，抚恤倍至。居乡以长者称。岁荒，平粜如其父。嘉庆十三年，佽邑《志》，费百金。道光四年，捐三百金，助书院膏火诸义举。子际烈，授朝议大夫，位赠如其职。际轫，同知。际岱，涛，国学。

陆庚遂，字西成，仙音巷人，奉议、州判，合治子，恩赐修职郎职。性敦孝义，遇族数百口，肫肫推爱。宗祠毁于火，经费绌。族子弟窭者，多失学。庚遂力筹修复。议定，疾不起。易箦，召诸子榻前，犹丁宁始终其事。子廷杰，国学生，善承父志。建宗祠、义塾，费千金有奇。以孙运梁职，封奉直大夫。杰子国学光耀、光荣，封如其父。光照、光诰，俱国学。荣子运梁，州同职。

吴世邦，字国华，洛城人，国学。敦本务实，忠信孚于乡里。邑诸义举，助费二百金，人称慷慨。子新哲，州同职。

邹凌霄，字青云，号月轩，四坊黄塘人。幼聪慧力学，补弟子员。为文不苟为时趋，卓然成一家言。老于场屋，不售，益肆力于古，终日手一编，授徒讲学，以亲老故，馆近村，昕夕定省。子克家，树善一乡，日勉之。嘉庆庚申，年九十，钦赐举人。明年，赐翰林院检讨归休。优游林下，以诗古自娱。人彦，字景阳，凌霄子也。遵行庭诰，好施与，遇戚里匮乏，佽助无少吝。岁祲，散仁栗、设义浆，置棺椟以掩路胔，施药饵以济病穷，远近德之。居恒俭约如寒素，性宽和，与物无忤。有私瘗其祖茔隙地者，族众将诉诸有司，彦多方譬谕，隐忍得中止，人以“长者”称之。

涂廷选，字金钟，五坊甘棠人。性仁厚，敦孝友，持躬接物，必以敬。作客衡郡，信义为一郡所重。大恢先业，名誉卓然，为人极慷慨，急公务。大江口石桥倾圮，估工浩大，时议以开捐集修。选挺然独任之，虽费逾数万，不少吝。硚地多水患，屡修屡塌，屡塌屡修。委弟耀力襄斯举，十年之久，始告竣。桥右建有店房十余重，租金四百余吊，选概捐与合邑宾兴会，为入泮开门费。县尹王公家杰，大为嘉奖。至于山内修凤山桥，村中甃石门墙，工资亦以数千计，选举措自如，毫无难色。其不怠善行之心，昭昭可考者，盖如此。职就运同衔，封朝议大夫。子二，山、谦，邑庠生。

李馨，字廷兰，号秋圃，五坊筱塘人。幼失怙恃，茕茕无依。秉姿颖异，经史过目辄不忘。工书法，劲秀类萧子云体，惜急于生计，未能卒业。弃儒而贾，精计然术。往来闽粤间，遂致饶裕。性慷慨明大义，戚族赖以举火者数十家。遇有善举，每独任之。如甃村旁石桥，修祠宇及省会“见罗祠”。又遗命修渣溪石桥、邑正学祠，虽巨费，不少吝。嗣因粤匪寇宁州，遭剽掠，犹垂怜戚友。凡附入资者，赔补悉如其数。有逋欠者，置勿问。里居管族政，清祭田、开荒地，百废具举，宗族皆德之。生平质直，与人交，胸无城府，雅重儒林。延师课子，敬礼有加。居心尤仁孝，不忍先人布衣终。援例，以州同职请封二代，卒年七十岁。子二：福亨，廪贡，任吉安府训导；福田，布理问衔。孙五：韵玉，邑庠；文瀚，同知衔，加一级。以子福亨贵，敕封修职郎。以孙文瀚职，晋赠朝议大夫。

万育官，字谛简，三江口五坊后万人。性恬静，雅嗜诗书。怡情山水，居家内外严肃，处乡里，力敦善行。凡有兴作，靡不力赞成之。然皆隐而弗彰，有相士偶见之曰：“子有隐德，后必昌。”育官谢弗遑，力行不怠。孙文灏，膺辟荐，任刺史，有声。康熙庚午解元俨，其元孙也。相继登台谏，衣朱紫，甲科焕发，子姓繁昌，乡邻咸以为盛德之报云。

万育宦，字谛授，育官弟也。性伉爽，不拘小节。临大事，磊落不群。每与兄育官商确古今人物，扶维族戚，虽倾资不惜。裔孙慎吉，能承先志，家益丰，取与不较锱铢。南昌儒庐先生雅重其为人，每称道弗已。

涂修瑄，字奇陞，号东初，五坊北下人，国学生。性孝友，以货殖起家。昆季五人，弟修理夫妇早殁，乏嗣。瑄以子九畴出继。着季弟杰与九畴、洪畴，延师课读，俱入黉序，犹子辈亦皆玉成。官军剿贼，助饷数千金。除道成梁，创修寺观，每出赀首倡。遇穷鳞涸辙，更极力拯恤之。而居恒俭约，泊如也。年七十六卒。子五：瑄，以子希惠，同知加一级，封朝议大夫。希清，州同。锡畴，武庠，授都司职。出继子，湖北知县，加同知衔。

李振基，字小村，四坊枧上人。孝友性成，父常病，侍奉汤药二十年，一旦偶愈，父命之出游。病复作，基邮闻，星夜奔驰，至葛山桥，沿途涉水行，腾归，调护罄诚，病遂愈。父谕之曰："汝知孝，抑知树善，若菽为吾志乎？"基承命。甲午水灾，购薯粉，连艘散给。壬子又灾，赈粟逾六月，时以"续命田"目之。他如给黄肠、掩白骨，官桥宾驿，佛刹〔殺〕邮亭，曰建曰修，一体父志，敦行不倦。弟绍基，大被同温，不幸早卒，以己子鋆为之嗣。基卒年五十有一，援例授同知衔。以长子镛职，诰赠中议大夫。次葆光，三出继，俱业儒。

罗绍伦，字广泰，一字敦伯，国学生，五坊上泽新村人。幼孤贫，性至孝，事母能得菽水欢。稍长，商于赣之会昌。才具敏练，仗信义，重然诺，闻风者咸慹服，乐与之交，傱傱然如龙蛇之趋壑。池州姚静庵，以从祖官邑丞，随来作幕，雅善绍伦，出数百金，浼为经纪。已而获利十倍，静庵借以小康，遂家焉。静庵卒，犹极力顾恤其妻子，其敦古道、笃交谊类如此。咸丰时，发贼由楚趋江右，会昌当其冲，士民恐谋窜山谷间，绍伦独慨然曰："城不守，是无会昌也。"请于令，愿助守城。令壮其言，凡事咨询，倚如左右手。绍伦措粮饷、备器械，未几，贼扑城，旦夕备御，乘间出击之，贼飏去。自是，被围者五次，城卒保全，绍伦皆与有力也。会昌人衔感刺骨，比之鲁仲连一流。令上其功，加五品衔。子文谌，赏戴蓝翎，以县丞补用。其他倡修祠宇、周恤亲党，诸善行尤不可枚举，有丈夫子五人，皆能自立，不坠其家声。

于科振，字抡先，湾里洲上人，职贡。父端木，起家寒素，树善一乡。振继之，遇贫困，称贷不问能偿与否，必给之。邻有明秀子，岁贷脩金，劝令从师，后入泮、入贡者，尤急人之难。某因事忿争，案经府县不解，株累甚多。振力为开解两造，以平贷偿衙门费钱三百余缗，余多仿此。又某父少贫，尝提携纱庄，生业后约股分。某入庄，豪夺据为己有。振毫不与校，自是家业荒落，振恬然安之，乡望益重，衿绅辈咸奉以为老成典型云。年八十余卒，孙韶，邑庠。

黄永泰，字会贵，株溪桥人。少读书，以颖异闻。家赤贫，馐膳苦不继，乃弃儒服贾于蜀，善居积少裕，转客楚之永绥。性慷慨有奇气，遇善举，则竭力以图，任劳怨弗恤。永绥造桥梁、修街道，多赖其力，董成之。尤好施与，而不汲汲于名。永绥地僻，瘴时起，染者辄患胀日久，多成痼疾。永泰侦良医，密予以金，嘱令遇病者疗之，给以药，弗取值，其立心类如此。子仕林，以从戎功，跻显贵，人咸谓天之报施不爽云。

陆光诰，号赍亭，邑郛仙音巷人，国学生，幼聪颖好读书。天性肫挚，念父贸易勤劳，家口繁重，遂弃儒业，昆季五人，曲全友爱，家道兴。外父乏嗣，迎养尽礼，终其老。生平多善举，如佽助倡起矜济堂，收浮尸、路毙，为义冢。并起六文会，育婴儿。族饥，散赈鬻赀为助。邑中庙宇倾圮者，多解囊修葺之。其他施与，莫悉数。至商弟兄建支祠，每岁终，集子姓会祭，妥先灵。延师课子，敬逾恒。且多体恤，而周其急。文学中之有品者，尤为所重。子运景，补博士弟子，旋食饩，膺学博，历署万年、鄱阳训导，改授楚南知县，权永兴、益阳、龙阳等县知县篆。所到，皆大有政声，江楚传之几遍矣。光诰以其子运景职，封修职郎，晋赠奉政大夫，累赠朝议大夫，知府衔，补用直隶州知州，湖南分缺间用知县。孙际钰，候选县丞。际烈，国学生。

涂昌珣，号涵斋，邑郭城东人，必松次子也，例贡生。幼颖异，好读书。父逝，偕兄奉母陆太孺人居，兢兢焉，惧坠先业，绩学愈力。手录经义盈箧，试辄冠军。终以不得科名为歉，居家孝弟笃挚，老而弗衰。母丧，哀毁柴瘠。兄远贾于滇，家事昌珣一人料检。及兄归，让产推田，辞隆就廪，有古义士风。族有宗祠，驳剥久，就基恢宏之。祖茔旁隙地，人欲侵夺，极力保护。设义学，培植子姓兄弟。学宫明伦堂，屡修屡圮，复设法承修，捐金若干，并嘱子孙辈，嗣葺勿失。纂志乘、修城垣、建堤闸、创梵宇诸盛举，靡弗踊跃从公。义浆仁粟，润枯给乏，由亲及疏，施淖糜、资蒙袂者；解囊橐、救急难者；支略彴、济病涉者；蠲逋负、宽代耕者。凡所施张，一以济人利物为务。年七十有三卒。卒之日，神明不瞀，训诸子如平时。居常无他嗜，暇则手一编以自娱，著有《承荫诗籍遗训》若干卷。子七：长贤彭，文林郎，福建南安县知县，有政声，详列传。昌珣，遇覃恩，封如其职。次贤吉，国学。贤书，国学，赐封儒林郎。晋布政使理问，湖北麻城县丞，加同知衔，补用知县。昌珣以其职，晋赠儒林郎，累赠奉政大夫。贤学，从九职。贤宝，赐封儒林郎。贤寿，州同职。孙十七，俱国学。曾孙十一，长凤仪，湖南候补巡司。

任灿英，字才友，一字淡如，邑郭水口人，例贡、州同职泰绍孙，议叙八品迪芊子也。幼读书，四应童试，两次备卷。父殁，弃儒服贾，勤俭起家，生平以不克终举业为恨。延师课子，脩金不少吝。性公直，有胆识。遇有纷难，排解咸服。凡属义举，慷慨乐从。尝捐店房四所，价值六百余金，为育婴善后费。邑侯王吉士，奖以“功同夏庇”匾。又于张公庙捐田拾亩，为香火赀。迁建二王庙，捐地基一片、制钱五拾缗，俅招僧养静赀斧。修家乘、扩祭产，不惜独力维持。祖泰绍，修堤出力，于令崇敕匾奖，绩功可嘉。父迪芊，助修龙山书院，县尹徐湘浦以“为善最乐”匾奖之。其好义家风类如此。子芳郊、芳郁，俱国学，应试有声。孙三。

鄢诏糈，字天禄，号功堂，故里人。性严正，邪曲毋敢近。读书务实践，立气节，守一衿，隐居乡曲。尝启笈读厥考庭诰，以谱系三百年未经手辑为憾。糈继志，月锻季炼，炊自给，竭两载力以成。里有凶悍聚党横行，众莫拒。糈奋然曰：“此害不除，何也？若需大费，吾倾家济之。”众心遂壮，擒渠魁，呈官法究。有余孽未靖，复四出，驱之，枌卷以肃。道光癸已饥，倡捐散赈。里中重建祠庙、侍郎坊，设祭会，筵集卅余族，兴鹿渚始祖祀事，诸举厘然。生平崇本纪、作格言，不履讼庭，无纷不解，有古陈太邱风焉。卒年八十，吊者在闾，闻者痛哭流涕，一无间然。

胡致远，字梯云，号亨衢，邑庠七坊旗塘人。性质朴，读书崇正学，不急科名。入泮，益经明行修。传授生徒，采芹食饩者，联襶掎裳，无子衿祧习。家崇节俭，恤困穷，戚鄙无不治丐。仓积陈红，守先矩，春贷秋还，斟斟随人。参《江西政要》例，更减分取息，枌里德之。晚居家塾，犹手卷不释。课儿孙，尝述《管子》言曰：“孝悌者，仁之祖也；忠信者，交之庆也。尔曹敬听之，毋忽。”卒年七十余。子五：长友磐，负才，早世；四首衡，有传；幼大中，邑庠；次友碣，妻罗氏。三友砺，妻熊氏。次孙于缉，妻周氏，三节旌题，泐石总坊，以垂不朽。

首衡字求志，号虚衷，例贡。幼倜傥，多才智，甫冠，即操家政，诸务猬集，综理裕如。性笃天伦，好义举。兄友碣、友砺早没，事寡嫂敬礼有加，抚侄辈如己子。生平自奉甚俭，于乡里诸急务，多赞成之。如罗湖闸、螺溪桥，前后修建，所费不下六百余缗。家世常积谷赈贷，道光十五年大饥，谷价昂甚。首衡倾仓不给，更运粟远方以济，族邻赖此全活者甚众，至今有余慕云。

胡守哲，字明之，一字静庵，密岭人。家积陈红，取便邻里，岁以为常。咸丰癸丑岁大歉，贫户质衣襦，力难取赎。守哲以本年应纳之息，概弗取收，悉还所质。丁巳，岁又歉，谷价昂甚，或劝尽所储粜之，出入不劳，获利必倍。守哲蹙然曰："吾积粟为救荒计，非居奇也，忍令人尽饿殍，吾独饱暖乎？"卒计口称贷，全活无算。生平尤重儒林，延师课子，敬礼有加。以助军饷，授州同职。子兆蓉，例贡。孙敦义，国学。

曹迎凰，号梧冈，七坊尚塘人。以子职，赠朝议大夫。父云照，有长者称。易箦时，家无长物。迎凰克勤克俭，颇获余赀，以周急为务。又能连枌榆社，平蛮触争，人皆重之。一切善事，悉数难终。子春荣，同知衔，守成业，善扩充。内而子侄辈，加以培植，外而除道成梁，给棺掩胔，诸义举，皆善体父志云。

李佩兰，字德伦，号纫斋，落鹭〔鸾〕口人，花翎都司联镳兄也。俶傥有奇气，少攻举业，由雍庠屡赴秋闱，不售。作五湖游，历赣、宁，邳张先业。联镳以武科，乡、会联捷，授太仓州卫守备，调长淮卫。兰入参戎幕，联镳能声益著。咸丰三年归，夏水，仓背与徐家墈官垱倾倒成潭，计再筑，需费万余缗。时值兵燹后，凶荒迭告。黄邑侯念民倚堤为命，请兰商议，照江苏捐例，详大府，得请委兰监督。蒇事，邑侯汇请，以都司衔纪录二次，优叙。嗣两蔡侯、哈侯、毕侯、张侯莅治，有邬家角、白沙湖、马湖垱、郭公嘴石埽、石堤诸务，多借箸筹，毕力成事。他如助军饷、救饥馑，都纲义渡义举毕臻。兰没，其功不没云。

周堂和，字文懋，监生，三坊旺林山人。性孝友，兄弟分产，以膏腴让弟取。弟拙会计，家稍落，复分以千金，更为经理。伯父老，无恒产，为置良田十亩。尤乐善好施，凡族中壮不能婚者，捐赀成之，贫不能葬者，随时助之。咸丰三年饥，输粟百余石，捐赀百余缗，赈济穷乏。童试卷费毁于兵，骤难考试，捐卷费三百缗。他如修村傍大路、建石桥，虽巨费，不少吝。年八十一卒，以子鉴训州同加二级职，诰封奉直大夫。孙兴麟，邑增生。

涂贤锡，字明扬，国学生，昌璘长子，必松次孙也。性倜傥，读书有大志。屡踬场屋，继祖父志，好善乐施。尝读内兄万光岱《适志轩诗》"丈夫有志须千古，好把名垂日月光"句，辄跃跃欲试。又见亲兄贤彭仕闽，有政声，因获巨案超擢，心愈奋。援例，授按察使经历，终以未获铨选为憾。弟贤星，国学生，有才智，善鬻著，承先业，贸于滇，商贾闻风者，靡弗倒屣。家居，三党姻娅，恤弥周。因贤锡乏嗣，谓曰："吾虽一子，然长房不可乏也。"乃以子焕新双祧，培植焕新，尊隆西席，礼仪备至，应试屡列前矛，未售，循豫工新例，授湖南县丞，加州同衔。上台以其办公能委，权湖南桂阳州州判篆。有决狱才，民咸感服。濒行，饯送者甚夥。贤锡兄弟常言："贫士泮游艱于费。"焕新体父意，佽赀襄就采芹，会以成之。祖必松，赐赠修职郎，父昌璘，赐封修职郎，均有传。孙式仪，国学生。

刘志光，字永祥，号观臣，邑郛大街人。由国学授职州同，持躬谨慎，有干济才。尤笃于孝友，父昭现，浑朴忠厚，由懋迁黔阳起家，志光事之，终身无忤色。绍述其业，益恢前绪。折箸后，昆季丰啬不齐，父殁，独力营丧，葬悉如礼。孀嫂羁黔，子幼囊空，不能旋里，专人携赀迎归，抚诸侄如己子，教养婚配，悉赖之。幼弟无嗣，以次孙出继，三党亲有贫乏者，周恤之，无吝色。延师课读，馆谷丰隆。常以立身行己，为子侄勖。大义所在，赴而若渴。如助军饷、修堤垱、建庙宇，皆慨然先输以为倡。又偕同人，兴立育婴会，规画尽善，所全活者无算。居恒礼神极诚，每逢朔望，清磬红鱼，虔诵佛经，数十年无少懈。妻万氏，有贤声，其善行多怂成之。长子滋槐，次子滋桂，国学生，应试俱有声。孙三：赐佑、保佑、福佑，性皆聪颖。添佑出继，兰香桂馥，其食报正未有艾也。

谢光禧，字德茂，泉港人，例贡生。祖国潆，封奉直大夫。父之瑚，皆前列传《善士》也。禧善继志，修葺大小宗祠，及里中天符、火神二庙，正龙一庵，岁暮雇工补荒冢、称贷券，约千金。咸丰十一年前者，概焚之。禧终乐善，人谓有祖父风。疾革时，犹诏妻子曰："吾施棺木，未满百数。满，吾死无憾矣。"言讫而逝。妻鄢氏，督子踵行之。子继宾、继容、继宜，俱国学。继安、继守，皆朴诚。曾孙如林，咸谓一门之庆。

邱绪瑞，字祥吉，一字献亭，登仕佐郎，一坊入迁，居城内。事父丹，以孝闻。秉性质直，不尚华丽。好义举，凡赈穷乏、厚族党、修路、舍药诸务，靡不慷慨为之。喜读书，修金弗吝。尝有一师，馆家塾二十年，瑞尊礼之，如初识。闲时览古史，杯榼前，必诏子侄，训以诗书之理。每有裨益，辄哦哦弗休。于荣利一道，泊如也。晚岁，益敬慎无失，夙夜俨对神明。年七十三，无疾而逝。子四：长厚桂，国学，知识迈众。次晴云，例贡，胸怀阔大。邑修文庙，公举监理。除蠲赀外，代出百金，不取偿。三厚枢，业儒。四厚楣，国学。孙十三，泽林、泽棠，邑庠；泽浩、泽荡、廷玉，国学；泽洋，从九。曾孙六。

辛勤，字抡元，号慎斋，孝友廷侍子也。邑诸生，以勤俭起家，富甲一乡。因屡试棘闱不售，循例捐州同职。生平力杜浮华，盟心淡泊。饮食衣服，不啻寒素。至如修桥修路、救荒救贫，建茶亭、施医药、育婴孩，一切善事，实心奉行。虽费多金，无吝色。尤重本务、崇圣学，家祠捐祭田、散义米，独修崇圣殿，倡首捐建凤山书院、象山义塾，总以振起人心、扶植后进为急务。其平居教人，一以朴实为宗。尝额一联云："一生顺理行将去，万事凭天吩咐来。"其志趣亦可想见矣。著有《劝世要言》一帙行世。与胞弟高占相友爱，绰有父风。子象瑞，州同。孙衍濬，国学。衍灏，业儒。

熊材，字成可，四坊瓘山人。幼习儒业，聪颖异常。及长，居心恬淡，不求闻达。喜陶育人材，为家塾，延师课读，督责綦严。故长子名言，两与乡漕荐。任道州司法参军。次子名具，补国学弟子员。其后炎，登宋嘉定进士；汝亶，宋咸淳进士；曰麈，明崇祯进士；侪鹤，国朝顺治壬辰进士，钦点翰林，仕至山西巡按。建有松风书院，培养后学。子孙亦克承先志，如琴捐建宗祠；珣，捐赀助建龙山书院；正盛，造绿野别墅；扬铨之孙梦符、清珩、清瑶、府学内捐建试馆，邑中助修文庙，创新文昌宫及先代殿，种种善行，后先相继，是皆公积德累仁之所致也。其裔孙邑增生芬，为述其源流，故照叙云。

卷之二十　人物志十

文捐　义赈　平粜　修围　拾金不昧

善士二

明

义捐

涂质焕，东城巷人，见《孝友》。袁伯明，字宗愚，城之子。甘秀芳，北泽人。丁束，鍊之孙。刘琳。徐绚，火巷人。江郊，淙之孙。丁榛，西门人。夏侃，益朝孙。陆文善，时望子。杜谗，鹤村人。万应宪，三江口人。高梅，宇之子。黄羽，铎元孙。丁果，见《例贡》。丁燔，沙湖人。黄汝智，翥之子。熊宙，敏哲孙。李珍，瑄之兄。李翊，缙之子。熊兆贯，阳嘉库人。萧汉文，石滩人。涂铤，峻之孙。刘泮，充之裔。涂点，楗之子。涂煦。夏宜善，学前人。黄宜，务前卷人。丁炜，沙湖人。刘汝器，充之裔。余佐，舍头人。陈袍，陈埠人。黄维发，城南人。江昆，湖头人。赖守贵，孝弟坊人。

义赈

正统五年，出粟赈济，自二千石以至千石，奉敕旌表。

袁文溥，袁坊人，出二千石。罗怀玉，荷塘人。刘明远，荷溪人。刘制节，艾冈人。刘公美，艾冈人。刘公韫，艾冈人。周好德，南庄人。吴伯贞，安沙人。吕象初，小巴人。王益勋，槎熪人。黄崇达，槎忾人。张惟懋，洞坑人，俱千五百石。宋子诚，松湖人，饶季远，介山人，俱一千三百石。李子仪，龙雾洲人。孟公政，嵩塘桥人。屈僯雅，溉塘人。龚叔徽，龙雾洲人。熊公杰，侯塘人。吴自敏，东湖人。甘泉明，甘洲人。熊谓庸，熊庄人。夏原鼎，小岭人。蒋文谟，阳〔杨〕夏坊人。熊伯政，六十九都人，俱一千二百石。邬俊德，小港人。陈孔安，赤冈人，俱一千一百石。黄希政，厦涧人，一千石。刘华文，华甫弟，出粟一千五百石。尚宗武，卢田人。黄天祐，门楼人。游干，正统间出粟赈饥。熊伯奎，阳嘉库人。陆轮，仙音巷人。万录，学前人。丁瑀，忠义坊人。徐辟雍，隐溪人。滕鹤，成田人。熊忠楚，安沙上熊人。丁果，鍊之孙，有传。鄢华，智林巷人。熊鲁，八都三图人。陆梦桂，仙音巷人。龚英，田北人。丁希芳，沙湖人。熊守侍，熊家巷人。

国朝义赈

甘鸾，北泽人，顺治戊子，赈粟数千石。

游洪珩，字楚白，城陂人，乾隆乙亥，赈粟千余石。

孙恒年，字书诚，同造人，设赈有方，乡屡饥，不害。

熊复璟，字捷升，瓘山人，邑庠，懋双父。岁歉买谷平粜，乡人赖之。

蒋嗣奎，字篇午，泰亨人，州同职，晋秩奉直大夫。乾隆乙酉、甲辰出谷五百石赈饥，冬寒施衣絮。

徐天排，字圣安，绍文父，流溪人，出谷救荒。

欧阳士池，字五敷，南溪人。乾隆癸亥饥，倾囷散赈。晚举子绪孙、勋名，诸生。

熊振敏，字佑功，塘头人，廷意子。出谷四百石赈饥，知县孟匾奖"好义可风"，子起禄，国学。起凤，廪贡，署抚州训导。孙骏，现署宁都学正。瑞，照磨。高衢，廪生。

鄢裔兆，字皇初，故里人。乾隆四十七年饥，捐谷五百五十石散赈，修桥梁，千金不吝。

袁兆俟，十甲人。乾隆甲子出谷赈饥，邑侯朱匾奖"望重乡邦"。

吕兆禄，字方来，铃之子，九都塘下人。与弟兆寿，建支祠，捐祭田，岁祲，赈济困乏，乡人称之。

雷清珉，例贡生，丰山人。建东门外沙白里憩暑亭，又捐田二十余亩，付僧施茶。

采买平粜，嘉庆七年：

黄子第，监生。皮鸿镇，监生。朱文贞，监生。丁搀莺，监生。崔映李，登仕郎职。邹永淇，登仕郎职。徐绍达，登仕郎职。丁大纲，职员。陆必捷。熊周赞，涂隆禄，夏道际，刘文焕，以上邑郛人。

金涟湖，职员，七坊田西人。熊养增，修职郎职，本姓罗，八坊陆溪人。

客民附：

余国俊，监生，南城人。单朝徵，南城人。

捐修围垱

熊雨翔，字文达，职员，六坊人。捐银一千五百两，倡筑本坊围垱，勤劳四载，告成，乡人德之。

周学儒，字席珍，太学生，鲤鱼洲人。倡捐数千金，筑修围垱，四载告成，乡人赖之。

曾曰光，字子万，太学生，落鹭口人。捐赀独修曾家廒官堤石培，费数百金，县宪徐奖其好义。

拾金不昧

唐光煜，字暗夫，邑增生，大北门人。廉介自持，尝于北城门口，拾金不昧，至今人乐道之。杨寿眉，字伟林，邑庠生，天井澄塘人。尝路拾遗金，招还失主。

徐惟隆，字日生，车上人。慷慨好义，尝于楚之平江，拾金不昧。又捐狮山义塾田五十亩。

箍桶匠某，李家厅人。乾隆间岁祲，县发积米赈，人给票赴仓胥关领，匠拾票米数斛，私念遗此票，一家其殍矣。沿街觅主，行且呼，遇监赈官过，止之，询得实，为白知县，旌其闾。

朱国俸，字有功，寺前人。尝路拾金百余两，候其人，三日还之。曾孙光春、光远、光来、光山，监生。元孙还真，邑庠。

蒋苍亭，将家楼人。路拾遗金，候至暮，失主寻至，还之，谢以金，坚却之。孙叔培，附贡。曾孙炳光、炳彪，监生。

胡良琼，旗塘人。子友禧，路拾遗金，命寻失主还之。

陈象文，溪田人，从九。路拾遗金百两，俟其人还之。

李金诺，筱塘人。应童试有声。在小港店中，有过客遗金，客至，还之。年荒，贷谷千余石，悉焚券。丧偶，不再娶。

黄金登，字子陞，金鼎，字锺万，门楼人。尝列肆村旁，有客遗金百两，俟其至，还之。登子淇，鼎曾孙烈，俱膺乡荐。

乾隆壬申、嘉庆戊辰义捐

饶倧，字维城，厚郭人，佺之兄，生员。纯谨持己，义善及人。列名旌善亭。

熊懋珪，字元章，瓘山人。事亲孝，尝庐墓三年，列名旌善亭。

何大海，字孔观，河湾人，器之父，封通判。禔躬淳厚，垂训端严。捐百廿金，为修《志》助。

蒋子卿，字帝佑，蒋家楼人，例贡生。耿介端方，乡党推重。倡捐百金，为修《志》助。

熊一策，字奠邦，潭埠人，士忠侄，监生。持身谨厚，训子义方。捐赀百两，助修邑《志》。

吕锺和，字协万，一坊西湖人，附贡生。素敦古处义，宏周恤。邑修《志》，慨捐百金。

丁怀捷，字以振，忠义坊人，恩赐修职郎。老成纯谨，人钦仰之。尝命其子捐赀平粜。

杨国华，字文辉，太平巷人。其义父例赠修职郎。孝事亲好，成人美。孙学澄，优贡。幼孙、次曾孙，国学。

丁允康，字寿山，国学，沙湖人，揆先父，例赠武略骑尉。公直无私，宗党钦仰，后嗣蔚起。丁正祥，字君奇，沙海人。性朴直，与人交必信。居家严谨，教子有方，俾得列名雍庠。

丁怀荣，字以兆，忠义坊人，怀捷弟。事兄尽敬，失偶不娶。子大勛，岁贡。

黄子科，字友登，陡溪人，迁城内曹家巷，光耀父，例赠武略骑尉。敦孝义，尚诚朴，子侄登科游泮者众。

丁揆鋑，字圣彦，邑沙湖人，名诸生。好学不倦，兄弟相师友，子孙簇列雍庠。

徐宗泰，字履恒，火巷人，增广生。构室聚书，承先启后，为诸生，试则高等。好善乐施，久而不倦。子国学。

丁正琼，字孟玉，沙湖人。勤朴宽厚，居家友爱。轻财重义，族党敬之。子孙簇列雍庠。

李曰光，字胜先，职员，南湖人。勤朴持躬，公信接物。积而能散，乡里推崇。子时庆、时杰，俱国学。时贵，邑庠。

熊振篪，字仲蕃，石上人，国学。慷慨接物，信义孚于里党。

周洪亨，字灿若，城西河头人。重然诺，尚义举。妇涂，□夫志，捐金佽修邑乘。

谢为贵，字光裕，泉港人。屡赈水荒，施棺布药，设渡造桥。邻有鬻妇偿逋者，为贷金留之。

涂国清，字济川，石溪人，从九品职。少孤，母谭，教之成立。尝捐百金，佽修邑乘。

谢安民，字俊臣，茶坑人，登仕郎。孝亲敬长，教子义方。好善乐施，里党称之。

吕林育，字希中，附贡，诰封朝议大夫，北湖人，仕麟子。力学好义，尝捐数千金，建府学崇圣殿。

傅铨博，例贡生，九里灌上人。慷慨乐施，乡里仰重。子孙十余人，俱列雍庠。以幼子金鳌贵，封武德骑尉。

杨利友，字巨量，九里灌上人，国学。读计然书，亿则屡中。延师课子，慕义疏财。尝捐百金，助修文庙。

熊邦让，字谦伦，埂上人，国学，邦翰弟。孝友尔雅，为乡里所仰。

于大福，字添培，职员，汉口人。尝出巨资，修石路，甃塘塍。捐修邑《志》。

于衍莲，字端木，狮山人。广修桥路，善行甚多。

徐廷德，字善先，国学，蛟湖人，锡齡子。祖辉父，居心仁厚，制行端方，封修职郎。

何达，夏阳人，家富，乏嗣，捐产入祠，族人义之，为专祀焉。

熊嗣礼，字钧衡，州同职，埂山人。笃念天显，诸弟赖其甄陶，乡里资其惠泽。

蒋潢，字叔澄，嗣奎子，泰亨人，理问职。性孝友，嗜诗书，周急赈饥，克承父志。

雷曰璨，字伯望，缉之父，曲源人，例赠修职佐郎。笃孝，识大体，置义产，捐修桥梁，乡族咸称其德。

黄文焯，字云照，叔铉曾孙，由邑郛迁夏梅。雅善排解，乡城服其信义。家稍裕，子孙联镳黉序。

张星壬，字位北，塘边人。孤贫自立，克慰母心。创家塾，延名师，式谷子孙，芳型足录。子三，福、成、善，孙昕，俱国学。

熊景开，字骏臣，源岭人，九品职。夙敦古朴，创祠恤族，仗义急公。

邹璒，字符璧，泠水人。仁厚端方，与兄琳，建家塾，课后嗣，动循礼节。

曾谋，字及房，澳源人。事孀母尽孝，贷贫人，不计其偿。尊师重道，教子成名。

曾明远，字学优，梅林人，国学。天性纯明，孝恭夙著，沉潜经术，望重成均。

蒋曰翔，字时集，阳夏坊人，九品职。襟期豪迈，严笃义方。课成诸子，蜚声庠序。

蒋克禄，字学中，长寿子，国学。承父志，佽修龙山书院，不惜重赀。修补桥路，好善均如此。

蒋尚瑛，字赤崖，蒋家楼人。幼孤，读书克恢前绪。为母祈寿，修桥路费不赀，晚以“留余名塾”，启后有方。

罗克监，字殷仪，式源上村人，国学。敏而有识，为家之干。培成子侄，簇列胶庠。

阙北义，字惠临，荷湖人，登仕郎。持身方正，待物慈祥，硕德耆年，乡里推重。

夏木清，字辉若，赤冈人，国学。性恬适，笃天伦，与兄青莲怡情林壑，有幽人之致。

熊其纪，字文发，根竹人。禔躬谨饬，视履考祥。振乏周贫，好行其德。

陈声信，字有恒，园溪里人。性仁慈，好义举。厥子克承遗范，慷慨急公，用彰潜德。

聂大儦，字步云，鸡峰湖南人。修桥梁、创祠宇、扩族基，信义著闻。

周仁贵，字显荣，竹园坑人。存心浑厚，敦族谊、植纲纪，积善余庆。子洪麟，例贡。

杨行让，字源柏，秋源人。孝友型家，仁让风族。子承志，急公尤征义训。

甘欢禧，字继禄，东岸人。敬慎慈祥，信义著于同里，箕裘式于后昆。

朱光谟，字文元，光诏兄，恩赐修职郎。起自艰难，备尝辛苦。大年永享，人称怀葛之遗。

朱光训，字文辉，光谟弟，恩赐登仕郎。少壮力田，天性友爱。居恒以勤俭勖诸子侄，举家奉为仪范。

朱光诰，字永辉，光训弟，国学。具亿中才，习懋迁事，潇洒经营，绰有余裕。

朱光谕，字永康，光诰弟，九品职，敕封儒林郎。气度冲和，璞玉浑金，望而知为耆硕。

李继义，字天衡，澄山大水人。性地光明，情怀雅淡，行修乎己，善孚于人。

周士晋，字康侯，鹏坊人。端方朴直，重道隆师。子列大学，孙登武科。

刘茂堂，字□□，洛湖桥人。积善贻谋，子孙蕃盛。

罗兴邦，字勋臣，国学，攸洛桥头人。怀才抱智，屡试未隽，隐曜合贞，族党推重。

萧开域，字广宇，流溪牌楼前人。为人方正，财不苟得。子国学，孙县庠。

高必铎，字廷举，国学，高坊人。积俭为丰，心臧好义。子光照，武举。孙逵，举人。

卫学粹，字巨操，国学，澄源人，学纯弟。少攻举业，长以经商起家，孝友持躬，忠勤训侄，以侄贵，封武德驳尉。

黄杰，字汉伟，附贡，门楼人。笃信谨守，嗜学工文。其品行见重乡邑。

朱巩江，字□□，朱坊人。谨慎饬躬，殷勤赴义。始严取与，晚尚宽仁。

徐觐翼，字佑章，上青蓝人。忠厚温和，敦行谊，重然诺，人咸钦仰。

周天楫，字利川，登仕，苦竹坑头人。耄而好学，乡党钦尊。好善乐施，后嗣日淑。

饶荣兴，字左臣，角里人。雅爱诗书，克敦礼让。慷慨仗义，乡里咸推。

周景照，字卯高，郡庠，苦竹口前人。器局光远，才能拔俗。孝友传家，克承先志。

黄光寅，字文侯，例贡，门楼人。孝友性成，诗书教子。处丰如约，质善好施。

徐光雾，字耀华，莲溪人，恩赐登仕郎。赋性朴诚，好行其德，乡人称之。

孙衢达，附贡。

李景杞，字以明，筱塘人。年荒施粥，创立义图。窑下石桥，独修两次，计费千余金。

倪宗愊，职员，富塘下人。赋性孝友，乐善好施。修桥补路，有长者风。

邬贯淳，邬家渡人。壮游海岳，晚乐田园。欠志端方，寄情豪迈。

周洪新，字景昌，登仕郎，沙溪人。矜孤恤寡，好善乐施。居近通津，捐田创置义渡。

温启诏，字帝宣，国学，沙郭人。慷慨仗义，修铜湖桥，捐五百余金，以竣其事。

温健木，国学，沙郭人。敬以持身，义以教子。尤有彬彬尔雅之风。

涂元贞，字子严，登仕郎，甘棠东岸人。谦恭正直，名重荆楚。倡义修堤，人颂其德。

胡肇许，字琳先，国学，厚郭人。幼失怙恃，克自成家。周恤族邻，毫无悭吝。

周钦荣，字孟仁，国学，沙溪人，登仕郎。孝行足称，施与不吝。构亭甃道，行人便之。

胡肇能，沙溪人。端方正直，浑厚精明。仗义急公，乡里推重。

涂懋龄，字开万，国学，甘棠北下人。铜湖建桥，捐金五百，为倡修五坊渡大路，及宣家垱，费凡千余金。

周运焴，字孔章，国学大原人。仗义疏财，襟怀冲淡，有雅人深致。

周运灿，字耀章，国学大原人。立品端方，取与合义。排纷解难，人以长者相推。

罗亨峻，字德明，国学，枫塘人。素性慷慨，仗义疏财。补路修桥，无不乐助。

朱从焀，字定士，职员，花墙人。浑厚居心，无诈无伪。禔躬谨简，允协乡评。

熊志美，字和为，国学，横冈上屋人。和以接物，介以持躬。好义急公，乡里称之。

李贤楫，字济川，职员，白土人。平易近人，积而能散。

徐明高，字来纬，南溪栗塘人，登仕郎。谨言慎行，好善乐施，乡党推仰。

徐斌生，字孟诰，附生，后泉人。泽物济人，里党利赖。承欢堂上，式谷后昆。

徐之汉，字云照，上泽人。善气迎人，好行其德。乡曲间无不乐道。

鄢选寿，字天培，芦荻人。重义隆师，子怀憼、怀憖、怀愍、怀懿，国学。华国，邑庠。孙英俊、英伦、英凤，邑庠。英杰，国学。

任迪松，字玉麟，吴城人，福谦父。孝友饬躬，义方教子。行著闾里，望协乡评。

杨天机，字子谋，浒溪人。谦恭勤俭，克成厥家。仗义疏财，乡邻咸仰。

潘嘉焕，字有章，国学，鲸源人。赋性仁厚，持躬淡泊。诗书贻训，美行可风。

熊仪锦，字绣章，雨翔父，鲤鱼洲人。性行醇谨，慷慨乐施，允为四邻推重。

管文熿，字仲明，罗湖人。七十事亲，孺慕不改。义方训子，膝下森荣。

陈曰宗，字西成，月湾里人。积心忠厚，持身端谨。教子义方，名噪胶庠。

周添恒，字□□，蒋坊人。好义多施，乾隆壬子水灾，载米散赈，远及东乡，人咸德之。子孙繁衍，并贡上庠。

熊兆熙，字焕彩，土地塘人。勤俭敦朴，积善不倦。孟尹以“惠流比闾”旌其里。

周远明，字质万，皮湖人。事亲能养，乐家克勤。承父赢余，以周困乏。

李庸仰，字子钦，夏坊人。勤俭成家，持施好善。子五，三列雍庠。

张锡长，字永龄，环溪榨里人。性谨厚，乐施与。培植后人，子继祖、绳祖，谦，俱国学。

黄紫桐，字汝章，登仕郎，中山塘人。赋性仁慈，诗书训后。修桥补路，乡里咸称。子光阶，例贡。

陈洪器，字大用，国学，官溪人。敦伦重本，慎行谨言。子规模，孙馨、登、腾，俱国学。冢孙远用，邑庠。

胡学熺，字公旭，胡家岭人。赋性孝友，禔躬宽和，见义勇为，人咸称羡。孙执礼，廪生。

胡士艺，字绍求，学熺子，修职郎。敦实行，重任恤，有债逼投水者，遣子执礼代偿，且保全之。

熊起仕，字志道，国学，塘头人，廷意孙。操守有常，待人忠恕。子高冀，邑庠。定飞，理问。孙阳谦，州同。

熊高附，字远侯，国学，廷意曾孙。素行不苟，仗义好施。子阳泰，国学。阳言，州吏目。

萧必魁，字首士，东坑人，登仕郎，孝亲信友，善行可风。子正铎，邑庠。

熊仪邦，字建侯，国学，松湖人。仗义疏财，乡有公举。辄解慨以倡，处家尤称孝友。

余谟钏，字英仁，田湖下人，登仕郎。勤慎起家，积而能散。平粜救荒，修桥利涉。

熊仪郏，字浣西，州同职，松湖人。大伦务尽，细行必矜。尚义急公，慷慨不吝。子谦，举人。孙锡龄，廪生。

范翕庆，字国仕，潮溪人，州司马。浑朴俭勤，继先志，裕后昆，年登八秩，好善不倦。

毛士洁，字狷持，龙雾洲人，见父凤雏《仕绩传》。

黄魁，字正拔，贡生，邑郛城南人。累踬乡闱，例补四川资州吏目，有勤能名。

丁劭涛，字如山，例贡，北湖人。素敦孝友，乐济贫穷，睦族和邻，秉公持正。

杨制锦，字秀拔，附贡，露溪人，琦之子。守分读书，谦恭接物。遇事恪遵庭训。

徐锡翤，字素文，例贡，蛟湖人。制行谨慎，教子有方。孙祖辉，署乐安训导。

徐凤翎，字兆高，例贡，车上人。敦本重伦，乐施不倦，乡里德之。

邹琳，字孔章，冷水人，例贡。创塾修祠，规模宏远。乐育子孙，班联庠序。

朱云阶，字丹庭，光谕子，州同职。襟怀洒落，器宇恢张，强毅有为，解推不吝。

朱云锦，字德兴，光诏子，理问职，晋秩奉直大夫。天资颖敏，卓荦不群。

蒋光铭，字西文，克禄子，例贡，继祖父志，重修宗祠。见义勇为，乐善不倦。

夏青莲，字翠若，赤冈人，例贡。志洁行芳，神闲性静。淬醮经籍，皓首不衰。

蒋学济，字康民，嗣奎子，附贡。博览群书，精岐黄术，施药给方，善培世德。

周衍谟，字孔荣，武略骑尉，苦竹口前人。厚重守己，和易待人。事亲克孝，教子成名。

邹学鲲，字阶云，武略骑尉，南槎人。和易近人，处富不溢。义之所在，好行其德。

周曰晨，字光朝，例贡，苦竹坑头人。肆力经商，创新家业。孝亲慈幼，遇事乐输。

于大潮，字洪音，例贡，于家洲人。喜周急，散米赈饥，屡行不倦。邑《志》捐赀攸修。子麟，增生。

吴天禄，字君锡，例贡，潭溪人。性孝而慈，读书明理。志乐解推，乡评允洽。

刘文滨，字□□，布理问职，艾冈人。明干有才，谦抑处己。乡称善士，人无间言。

熊伟，字锦章，例贡，雄庄人。本姓傅，事母以孝，抚弟以友。谨言慎行，重义轻财。

杨际烈，字丕承，尚位子，州同职。居家孝友，游黔楚，信义尤著，人推为祭酒。子馨，布政司经历。顺祥，国学。

卢朝铎，字宣文，石滩巷上人，附贡。名噪文坛，行型乡里。尝倡建义学，造就后进。孙逢源，庠生。

罗克浴，字洪川，扶山人，州同职。正直居心，孝恭饬行。家称肯构，训著义方。

崔礼，字二学，例贡，仙音巷移居攸洛樟树下人。读书好善，立品端方。子孙列庠序、成均者，甚众。

雷载裔，镡舍人，公捐志费。

傅英峣，字乔升，城坊人，例贡。善称乡里，望重成均。慷慨好施，乐而不倦。

陈定谟，字兆楫，玕溪人，例贡。名噪雍庠，乡党引重。义之所在，不吝施与。

于如扶，字国贤，狮山湾里人。事继母孝，平粜赈荒，施棺济急。复捐百金，攸修邑志。

任光裕，字祥麟，例贡，吴城人。好义急公，桑梓推仰。饬躬诗礼，望重成均。

熊叨赍、涂修璜，详见《孝友传》。杨琦、胡际泮、杨学鏓、杨兰谷，俱见前传。杨尚光，详后。

道光甲申义捐

熊应升，字季登，塘头人，品行纯笃，与人言，一以忠信孝弟为本。辞气温和，闻者莫不感悟。

熊廷意，字思诚，应升子。克承父志，乐善不疲。孙、曾辈，誉著胶庠，名列仕籍。

李蔚玺，字鸿章，清溪人。敦孝友，倡修二百余年族谱。建学延师，课乡里俊秀，多成名。子煇，邑庠，亦优增生。

陈兆麟，字拱北，邑庠生，脑上人。持己端方，待人忠恕。乐善不倦，士林称羡。

金世禄，字得禄，滕坊人，国学。慷慨好义，尝施棺木，助钱米，以济贫乏。

丁亮爵，字钦禄，沙湖人。诒谋急公，攸修黉序。子允康，国学，详前志。

孙揆先，武举，曾孙猷添、猷洪，国学。猷澄，邑庠。

唐垂誉，字以永，北门人。方正立品，廉介居身。守先儒矩矱，植后学典型。子鉴，附贡。孙泰开、泰吉，国学。泰亨，职员。

李元庆，字符辉，南湖人，国学。居家孝友，处事公平。赒恤贫寒，掩骼埋胔。

周曰义，字友章，苦竹旺林人，迁居大北门。勤朴宽厚，居家友爱。轻财重义，族党咸钦。子鉴球，国学。

熊际华，字仁会，贡生，廷芬幼子，大阳庙人。孝友可风，忠信足录。义方训子，淡泊持躬。长子尚杰，府经厅。

罗仁友，字□□，城西人，迁居桥东。医术济人，遗经裕后。子克惠、克勤，国学，鸣邑庠。孙允谋，邑庠。

黄士霖，字锦友，登仙门人，国学，学兴生父。正直公平，仁慈孝友。室家服教，乡党称贤。孙继祖、继梅，俱国学。

鄢跻先，字凌云，桥东人。行有古风，好为义举。奕世相承，家多余庆。子学源，邑庠。

熊师陵，字汉臣，南巷人，义赈善士周赞父。性地宽平，躬行朴实。教家有则，贻后多方。孙孔怀，国学。

熊起居，字安仁，塘头人，国学。闻善勇为，宅心公直。于作育人材之事，尤为黾勉。

谢发牟，字一凌，田东庙人，九品职。笃于孝行，重气谊，排纷解难，乡里所推。

杨云元，字善长，湘塘人，九品职。性慷慨，独捐金凿湘塘，广数十亩，人咸称之。

宋学剑，字敌万，云堆人，九坎子。疏财仗义，敬老怜贫。孙宜峰、宜辉，俱国学。

刘起晓，字明德，荷满塘人，国学。生平严交游，重然诺，遇事敢言，义形于色。

罗允初，字履端，京山人，大任裔。素敦善行，妻饶氏，能承夫志，捐金佽修邑乘。

熊常佑，字体臣，枧头人。践履笃实，待人一以忠厚，时方之陈太邱。

宋君倚，字隆潜，云堆人。性宽厚，乐推施，子孙皆世济其美。

熊上浴，字右臣，城南人，国学。洞识大义，廉谨身守，乡评推重。

邹锡郲，字伯魁，虔里人，九品职。品行端直，客桂林，卓有声誉。子永诲，国学。

邹永唯，字应谷，虔里人。事孀母以孝，性质朴，不事华靡。训诸子有家法。

孙宗周，字维新，湘江人。忠厚传家，孙、曾蔚起，五世一堂。子达德、达道、达尊，俱国学。

刘开杰，字太阿，荷满塘人，国学。事继母孝，慷慨好施。乡士钦其风范。

陈重贤，字希圣，塔上人。读书明大义，扶危济困，不吝施予。子华纲，国学。

李明玉，字璞珍，清溪人。尚义急公，每好排解。教犹子，待师尽礼，为人所难。

夏廷光，字耀宗，夏家人。性宽厚，救勤赒急，乡里称为长者。

陈鸿安，字永绥，脑上人。力穑养亲，虽以勤俭起家，而性好推解。

杨耀先，字廷辉，沙上人。施药活人，乐善不倦。子运亨，职员，能世其业。

熊云素，字雯若，大屋人。性孝友，慕义急公，乡党高其行。孙荐，邑庠。

熊云昣，字亮远，登仕郎，大屋人。素敦本行，见困乏，数为排解。子光辉，邑庠。

熊云山，字秀峰，登仕郎，大屋人。力行孝弟，勤俭作家。居乡里，慕义若渴。

熊翰盘，字汉翔，邑增生，大屋人。学行端饬，不溺情势。利乡人士，奉为圭臬。

熊谟，字景晖，国学，大屋人。性洞达，甘于说士，能任人缓急。子廷奎，亦国学。

熊翰醇，字晓初，九品职，大屋人。古道自处，见义勇为，士夫重之。

周文忠，莲湖人，制行端方，宅心忠厚。孙栻，邑庠。曾孙朝冕，附贡。朝升，邑廪。元孙祖濂，邑廪。学濂，郡庠。

金守俊，字秉茂，斜溪人。积而能散，捐修山下石路，往来者利赖之。

宋九和，字帝韶，霞庄人。秉性纯笃，精岐黄，施药饵，济人甚众。

鄢制禄，字经正，芦荻人。谦逊性成，笃爱宗族。开泉塘、兴水利，乡人赖之。

游起樟，字德先，六坊苦竹洲人。素性孝友，乡党无间言。敦俗务本，有古人风。子云鹗，邑庠。

傅载岩，字其中，国学，珠林人。植品端方，乐施与。畋渔典籍，有儒雅风。

张锡印，字恒成，张家洲人。敦行孝友，好捐赀，以济人急。里党有忠厚之誉。

徐允维，字驭方，盘山人。性刚直，待人平恕。素敦孝友，训子有方。子步程，国学。

徐帝钢，字迪盛，夫岭人。勤慎自守，疏于财。子亦善承厥志。

徐廷楠，字芳桂，夫岭人。家贫拮据，勤俭创业。兄弟友爱，乡里誉之。

吴泰级，字殿才，潭头人。伉直多能，交游尤仗其忠信。

吴开柱，字廷元，潭头人。居心和厚，以虚受人。族里亲就者众。

曾嘉侣，字锦廷，落鸾口人。质直好义，乡党交推。子日光，国学。日耀，职员。

鄢登麟，字玉书，泉塘人。豪宕自喜，疏于任财。处族党，隆任恤之谊。

熊仕富，字维松，国学，鹿里人。慷慨有器识。勇于赴义，士林重之。子杰儒、杰魁，俱国学。

谢宗琨，字琬吉，登仕郎，吴山人。疏财仗义，不侵轻为然诺〔诺〕，时人方之季布。子继禹，例贡。

谢继禹，字启贤，例贡，吴山人。密于检身，德隅内饬，家法尤谨，有司马遗风。

金流芳，职员，七坊田西人。尊师重道，好善乐施。子光耀、光熺，俱候选分司。光炜，国学。孙应诰，郡庠。

金世乔，字英上，金坊人。性尚谦恭，家敦孝友。俭朴自持，推解不吝。子廷彩，尝捐腴田十石半，助龙山书院膏火。

龚邵盛，字升阶，田北人，职员。忠厚传家，义方训子。推余赈乏，好善可风。

龚源炳，字景星，田北人，职员。崇质朴，乐施予。义所在，每量力为之。施棺掩骼，岁率为常。

周焕桥，字文魁，下城人，国学生。积善余庆，子孙繁衍。货殖所积，乐以济人。

宋五标，字显明，历仕人。割股救亲，存心启后。雍庠济美，子嗣森荣。

尚良英，字开英，泸田人。本姓吕，职员克瑞父。孝事孀母，轻财仗义。嘱子归宗，足征敦本重伦之意。

李周细，字聚万，落鹭口人，国学。性好义，遗命子国学守盛、守盘修村前石路二里许。

涂相福，字廷宣，涂坊人，州同职。孝友质直，慷慨尚义。遇事能任，才识最优。

孙秉青，字盛松，塅里人，国学。持己端方，起家勤俭。见义勇为，解囊不吝。

邹之琼，南槎桥人，学逵子。议叙盐提举，加运同。诗礼相承，懋迁致裕。豪爽尚义，粤海著名。

黄道坚，烈长子，字文刚，门楼人，国学。少即持重，恪守家规。壮岁早逝，人为惋惜。

黄道阶，杰子，字级之，门楼人，国学。持身谦谨，锐志功名，乡党宗族，咸相器许。

何邦寿，字德材，赤山人。居家孝友，禔躬端正，乡邻排解，见义勇为。

熊图锦，字□□，廒城人，国学。事亲能孝，制行尤端。义所当为，无不踊跃。

孙可大，字易高，巍里人。至性简厚，行多义举。子立达，国学。孙源波，附贡。源泗、源治，俱国学。曾孙衡，邑庠。

陈锡射，字贤万，汕田人，国学生。贾黔起家，提携族党。凡有义举，乐襄成之。子志富，国学。

于世桂，字裕芳，湾里人。有才具，甫壮年，赍志而殁。妻黄氏，守贞，入《志》。子大德、大建，俱雍庠。

熊友进，字子万，夏阳人。忠厚待人，勤俭创业。造桥济渡，教子成名。子鸣凤，邑庠。

聂守槿，字文思，竹溪人，职员。敦厚朴素，不尚浮华。祠庙桥路，乐襄义举。子镇长，国学。

万世骏，字季良，龙潭人。性孝友，抚两孤侄，爱均所出。丧偶不再娶，乡人义之。

万功嵚，字岐山，龙潭人，世骏子。小心谨慎，浑厚和平。好善乐施，素多义举。子选，举人。

于试信，字希文，狮山湾里人。急公仗义，倡建狮山义塾，饮助膏火。孙世祥、世长，俱雍庠。

陈锡超，字拔元，汕田人。勤孝养，笃友爱，隆师儒。服贾起家，素多义举。子瑞徵，雍庠。蔡居明，字德顺，蔡坊人。勤俭创业，堂构一新。抚诸侄如己子。子宇光，雍序。

熊祥付，字海万，下巷人。慷慨有志略，长子第智，国学。孙修礼、修乐、炳埴，俱国学。修射，职员。振翎，州同。

辛汝镛，字洪声，丽城人，州同。孝友肫诚，隆师教子。子运泰，副贡生，署南康教授。

熊嗣和，字均盛，埂山人，职员。忠厚传家，急公仗义。修治石路，不惜重赀。子遂美、暹美，俱国学。

杨尚光，字仲吉，学鉁子，九品职。慷慨好义，两修志，均助费。客黔之铜仁，值岁饥，施合城糜粥一月。黔抚扁奖“义重指囷”。

杨尚更。上点人，字仲琏，学鉁子。慷慨笃天性，贾黔楚起家，信义尤著。子清淮，孙鉴，俱国学。

杨际启，上点人，字龙臣，尚广子，州同职。少孤，事孀母孝。居乡里，以厚德称。子孙多列太学，次子起凤，孙鹤年，隶邑文学。

杨涛，上点人，字巨源，尚位子。天性纯挚，笃于学问。贡籍成均，未竟其志而卒。子奎、璧，俱国学。

黄仁端，城南人，南宋时判高邮，省役缓刑，惠浃黎庶。归，士民佥泣送。今裔孙树本等，以其祭产余赀助公费。

殷启用，字鹏万,四坊圩塘人。事父会灿，以孝闻。勤慎禔躬，乐于为善。以耆年受恩职，子逢亮，庠生。

邹人彦，字□□，四坊黄塘人。家拥厚产，节慎自守，人以长者称之。职受奉直大夫。

李凰，海麟长子，字鸣岐，筱塘人，国学。遵遗训，修石路，建考棚，施药济世。子荣芳，布经历。杰，邑庠。桂芳，国学。

涂修瑢，懋龄子，字廷珍，甘棠北下人，国学。经商楚湘，才能出众。秉心谅直，仗义疏财。李迪远，字昌谋，湖茫人。伦常攸尽，庭垂义方。经商西蜀，明干有才。

傅煌荣，字帝芳，国学。派前人。赋性孝友，乐善好施。义方训子，名籍成均。

熊开泰，字明远，六品职。孝友方正，有功堤防。修贡院、赈饥、施茶、造桥，动费巨赀。子赓元，训导。尚桢，吏目。赓言，监生。

熊祥伟，字贵万，下巷人，职员。恭敬撙节，富而好礼。子第絵、第凰，俱雍庠。

谢皋，字鹤鸣，泉港人，州同职。制行端方，居心湜谒。积而能散，焚旧券，不取偿。妇龚氏，克承夫志，多义举。

谢为富，字丰裕，泉港人。正直公平，乡党推重。克孝克友，人无间言。子国彪，职员。国枝，大学生。

熊建钊，字汉章，长山人，国学。广修桥路，专建祠宇，乐善不倦，乡里咸推。子业照，国学。孙汝霖，庠生。洪茂，国学。

熊光裕，字名魁，南湾人。赋性俭朴，忠厚存心。捐赀成美，士林推重。

谢之中，字致和，泉港人，性浑朴，力行善事。妇陈氏，能承夫志，助邑义举。

唐一夔，唐坊人。详《选举》。清慎宽平，勤劳抚字。道光四年，裔孙以贯祀田羡金，捐助志费。

熊云汾，字□呈，陆溪人，太学生。心性和平，局量宏远。乐善好施，终身如一。

吕忠穆，字值臣，洛溪人。谦恭持已，忠厚待人。仗义疏财，一乡推仰。

吕良富，字用安，洛溪人。存心公直，秉性温和。浑厚精明，咸推长者。子克谕，职员。克谟、诠，俱国学。

吕继萱，洛溪人。惇崇伦纪，乐善不倦。子忠稷，有父风，事详前传。

吕良木，洛溪人，封奉直大夫。勤于济物，倡义举，累数千金。子俊，州同职。克仕，国学。克仪，邑廪。孙绍惠，邑庠。

吕良森，洛溪人，国学。素行孝友，敦重师儒，子克伦、克信，国学。克俨，邑庠。孙绍炳，职员。

于如瑚，字国器，狮山湾里人。秉性诚恪，以孝友称。器识才能，乡人共仰。子世石，国学生。

熊稷，字毓辉，作宾之子。幼颖异，试辄前茅。居家孝友。

于大寿，字天佑，汉口人。疏财仗义，捐修桥路，多善举。

邹钟拔，字元登，马髻人，国学生。忠厚和平，素多义举。指修桥路，利及行人。

朱怀曜，字廷升，穆湖里金坊人。本姓鄢，乐善好施，邻有负欠逼妇嫁，曾出金全之。县宪徐匾奖。

任允标，字开先，吴城人，登仕郎。敦孝友，好施济。子迪松、光裕，贡生。光昌，州判。孙福谦、杰，曾孙用章，俱邑庠。

胡可涌，字巨川，堎上人。修桥梁、施棺木，乡里贤之。

陈道通，字名达，藻溪人。崇信义、乐施与，曾分金留鬻妇者，乡党重之。子翼光，国学。奎光，邑庠。

徐世奏，字岱山，车草人。礼法自持，信义服众，教子亦有方。

雷帝举，字义忠，大巴人，恩赐登仕郎。懋迁起家，居平慕义。乐于排解，闾里共称。

聂绥，字吉修，大僬子，湖南人。读书明理，孝友端方。兼通岐黄，济人甚众。

张弼，字亮采，塘边人。器识过人，赍志而殁。妻黄氏，承夫志，捐金佽修邑乘。

陈斯高，字元登，早禾田人，恩赐登仕郎。孝事亲，精医，岁活人无算。

罗允统，字耀先，湘坑人。本业克勤，好行其德。

李惠周，字□□，上石人，国学生。浑厚居心，释纷排难，为乡党所推。

李逊夫，字□□，上石人，国学生。谨厚自持，克朝素行，隆师重道，振乏周贫。

蒋以艺，字鸿才，曰翔子，阳夏坊人，国学生。恭以持己，俭以治家。济物利人，群仰高谊。子仙洪，国学。

雷鼎杞，字南山，佛岭人。秉公率直，好义乐施。置祭田，兴义学，建桥梁，修道路，为一乡倡。

邹文福，字天绶，学前人。忠厚居心，端方饬品。友于情笃，义举乐襄。弟文禧，国学。

涂昌珣，字彬华，东城人，贡生，封修职郎。慈和可掬，孝友足风。簪绂恢先，诗书裕后。子贤彭，经历。贤吉，监生。

罗福仁，字金萱，七坊甘塘人。敦孝义，与弟福任，爱甚笃。以子亨贵，为其子中武榜。

孙文爁，字明若，三坊塅里人。公正尚义，乡党典型。

徐德谟，字金远，荷塘下尾人，国学生。孝友温和，乐于为善。

李仕绍，字绳武，石冈上人。信义服人，诗书课子。子世荣，优廪生，有学行。

卫学成，号德庵，澄源人，学纯弟。通晓大义，才力优长。职布政同理问。

余正健，字□□，山西人，谨于律身，勇于赴义。

傅基义，字盛修，九里灌上人。秉礼束身，积德昌后。衣冠文物，累世而盛。以孙金鳌贵，封武德骑尉。

傅奇耀，字羽仪，太学生，城坊人。勤俭成家，积而能散。年逾八十，乐善不倦。孙、曾蔚起，名噪庠序。

甘秉脉，字胜达，儒源人，国学生。勤俭克家，多积能让。子坤元，国学。孙凤翱，副举。孙禄标，字光云，同造人，监生。浑朴宅心，忠信接物，力行善事，不假推挽。

杨际轫，号陞斋，乌柏上点人，兰谷子。襟怀明爽，才识练达，例授同知。子嘉，理问职。佐，上犹教谕。亨，国学。

杨际岱，字弥成，兰谷子。少有长才，赍志早卒。妻詹，以节孝奉旌，见《列女》。子泰，国学。

甘广滋，字□□，北泽人。祗服先畴，恪承旧德。尤急公义，里党交推。子伯礼，例贡。

余尚绂，字绣章，新洲人，迁邑郛务前巷。忠信丙持，退让自守。贻谋善后，式谷道长。子景鳌，州同职。

锡篆堂，七坊田西金礽衍之孙，捐志费百金。

李印迪，字文显，夏坊人，庸仰子。端方立品，忠厚待人。通举业，以志未遂，援例为国子生。

熊先立，字见参，土地塘人，国学生。勤俭起家，修理桥路，费逾百金。子德恭，职员。德敏，国学。德惠，邑庠。

熊德恭，光立子，字敬夫，登仕郎。增修石路，印造经文，好善不倦。

熊德信，先立子，字浚义，孝友浑朴，乐襄义举，绰有父风。子泰来，邑庠。

管文鑅，字声远，七坊罗湖人。存心忠恕，好善乐施，为乡里钦仰。子定和，国学。

管大绶，字受童，七坊罗湖人。齿德兼优，诗书启后。孙允升、允谐，庠生。允中，职员。

徐绍连，字孔轩，花桥人。秉性端方，为人浑厚。传方施药，重义轻财。子光泰、光翰、光荣，俱国学。

聂克善，字义方，六坊熊家巷人。性孝友，饬躬端直，处己接物，为乡党推重。

鄢之璧，字美玉，白富人。性公直，好施与，排难释纷，里门推服，有古遗风。

葛士鼎，字次隆，务前人。子邃，增生。蘧，检讨。荣贵，增生。孙正茂，附贡。正焜，增生。斌，庠生。曾孙绥之，职员，为□□。

葛奇瑞，字凌彩，务前人。存心忠厚，处世谦恭。蕴义居贞，乡党推重。子为阶，国学。孙遇祥，职员。登瀛，国学。

熊先成，字斐章，土地塘人，职员。性情豪迈，有猷有为。好善乐施，乡里德之。子德亮，国学。

黄茂先，名丹模，白雁塘人。性朴诚，以经营致饶裕。忠厚待人，慷慨仗义。

周洪麟，仁贵子，竹园坑人，例贡。平道利人，轻财排难。宅心公正，里党同钦。子模海，国学。

曾国贤，字□□，龚塘人。质朴有古人风，行事谨饬，不干分外，乡里以忠厚称之。

杨世暹，字文茂，石滩田心人。慷慨好义，邑公务多匡助。尝捐百五十金佽堤工。县宪徐，奖以匾曰“义行可风”。

卷之二十一　人物志十一

寿民　方技　寓贤

寿民目录

国朝

葛承环、李经邦、邹玉书、徐兆瑛、陈尚礼、熊文麒、熊士藩、熊履恒、徐声焕、欧阳正绪、龚邵盛、吕仁、曾廷伦、夏朝巄、曾廷秀、傅沛裘、朱式鉴、袁文炯、邹学璘、甘万煇、甘万坤、罗兴济、罗允昆、王步元、张睹学、袁慧文、胡克贵、朱学源

方技目录

宋

铎长老

元

孙子宪、雷友谅附

明

何冶云、族孙德宏，附熊铁史、万育炫、杨应祥、熊显、邹大绶

国朝

万国宁、周应骥、李智、董鹤舒、黄梦吉、周松、丁焕、任迪柏、涂学中、李之实、陈世宏、周善长、刘维祺、杨行遥

寓贤目录

汉

梅福

唐

陈陶

宋

胡安国、姚勉

明

锺甬、罗洪先

国朝

陈上善

寿民

国朝

寿民道塘葛承环，乾隆十六年，年逾百岁，能力穑田间，肩谷菽一石。知县满，详奉巡抚舒，详请建坊。

寿民李经邦，年八十岁，五世同堂。乾隆六十年，知县唐，详请巡抚陈，具题蒙恩赏给“眉寿衍庆”匾额，缎一匹，银八两。

寿民邹玉书，年八十一岁，五世同堂。嘉庆九年，知县李详请，巡抚秦具题，蒙恩赏给“眉寿衍庆”匾额，缎一匹，银八两。

寿民高埂徐兆瑛，兆瑚从弟，年八十岁，五世同堂。长子海，文学。次礼训，次礼诰，俱职员。孙十，长乐章，次乐府，俱监生。曾孙八，元孙一。嘉庆十五年，知县郑详请，巡抚先具题，蒙恩赏给“眉寿衍庆”匾额，缎一匹，银九两。

寿民四坊玕溪陈尚礼，年百有二岁。子五，孙十三，曾孙十一，元孙二，五世同堂。知县朱，详奉巡抚金，题请旌以“升平人瑞”匾额，缎一匹，银十两。

寿民四坊富庄熊文麒，嘉庆十六年，百有二岁。知县华，详请巡抚华具题，蒙恩赏给“升平人瑞”匾额，缎一匹，银十两。

寿民城内南巷熊士藩，乾隆二十年，得年一百二岁。三十九年，知县于，详请建坊。

寿民九坊塘头熊履恒，年八十五岁，五世同堂。子起仕，国学。孙高，附国学，志录《善士》。高翼，邑庠。定飞，布政理问。曾孙辉祖、阳言，州吏目。阳谦，州同。元孙祖霖，九品。元瑞，邑庠。乾隆五十四年，儒学王题赠匾额。

寿民青蓝徐声焕，年九十五岁，子四，长远增，孙十，长播锦，曾孙二，长玉书，元孙一，画乾，五世同堂。道光九年，知县高，批准详请建坊。

寿民八坊欧阳正绪，五世同堂。道光十二年，知县王，给“盛世耆英”匾额。道光十六年知府张，给“熙朝瑞应”匾额。长子勋，邑庠。孙郊，邑庠。祁，咸丰己未恩科举人，拣选知县。

寿民职员龚邵盛，年八十七岁，五世同堂。子元吉三人，孙流镛九人，曾孙远培十四人，元孙洪兴一人，知县张，详请巡抚具题，蒙恩赏银缎，给“七叶衍祥”匾额。

寿民职员吕仁，年八十七岁，子节二人，孙创获四人，曾孙基蕃五人，元孙瑞呈一人，五世同堂。道光八年，知县高详请，巡抚韩具题，准请建坊。

寿民二坊梅林曾廷伦，年七十八岁，子佐浴五人，孙圣范一人，曾孙监生锡泽四人，元孙文麟四人，五世同堂。知县详请，蒙学宪锡“含和衍庆”四字。

寿民七坊东坪夏朝嶐，号碧峰，年七十五岁。长子廷槐，长孙道华，长曾孙泰仁，元孙邦彦，五世同堂。祖绍煌，父芳文三世，五世同堂，足征熙朝祥瑞。

寿民曾廷秀，七坊丁山人，登仕佐郎，年九十三岁。子二，长佐文，孙四，长盛章，曾孙五，长君林，元孙一，文炳，五世同堂。儒学萧，给有“曾元绕膝”匾额。

寿民傅沛裘，四坊傅坊人，年一百一岁，蒙奖给“熙朝人瑞”匾额。子彬瑾，国学。孙秉乾，邑庠。

寿民朱式鉴，一坊泊濂人，从九。现年九十岁，子志溥，孙学文，俱监生。曾孙宗源，元孙圣时，五世同堂。

寿民袁文炯，五坊大桥人。子六，孙十四，曾孙十二。年九十六岁，足征眉寿衍庆。

寿民邹学璘，六坊横山下坊人。年九十一岁，子良烊，从九。孙师曾，附贡。师儒，国学。曾孙立藩，邑庠。元孙范旦，国学。

寿民甘万煇，四坊儒源人。年一百八岁。寿民甘万坤，享年九十八岁。兄弟眉寿，足征瑞应。寿民罗兴济，阳坊人，登仕郎。年九十一岁，孙曾繁盛。

寿民罗允昆，阳坊人，登仕佐郎，年九十三岁。孙曾繁盛。

寿民王步元，字绍曾，号心甫，五坊吴塘城人，现年九十岁。潘宗师岁试入泮，迄今重游泮水。年未三十，不再娶。善选择，精堪舆，恬淡寡欲，品重一乡。

寿民张睹学，二坊高湖坪人。年九十三岁，孙开祥，曾孙联班，俱监生。

寿民袁慧文，五坊袁家渡人。年九十三岁，子二，长鸣凤，廪生。

寿民胡克贵，旗塘人。享年九十四岁，孙曾繁茂。

寿民朱学源，字顺臣，寺前人。拾金不昧，国俸子也。卒年九十二岁，遗庭诰一册，子孙亦多眉寿，雍庠邑庠，书香不沫，人谓一门之庆。

寿民朱光福，寺前人，享年九十一岁，孙曾蕃盛。

方技

宋

铎长老，南昌辜坊人。少出家丰城，洞于地理。谈祸福，若符契。尝为湖茫李姓卜兆，启土时，铎即辞去，戒之曰：“吾返寺，鸣钟始可窆棺。”偶他寺钟鸣，遂窆，则铎震死矣，李之族始大。

元

孙子宪，同造人，谈《葬经》，多奇中。兼工符咒，风雷一叱咤可致，自言得广西马道人《龙髓文》，地理用《天机卦》，道法依《参同契》，用《纳甲卦》，二术俱用卦，因自号“法易子”。同时有雷友谅者，城陂人，多伎巧，名亦相亚。(采《草庐集》增。)

明

何冶云，号半溪，斗溪人。精青乌术，尝游吴越间，为人相地。与刘孟逅、赵子方齐名。所著书入铜板馆《古今图书集成》。族孙德宏，亦善地理，著《何氏沙法》，为堪舆所宗。

熊铁史，邑人。镌刻有古法，万历间最知名。京山李维祯，题其卷云：“五车汗九牛，白首儒生误。无夸腕有神，祖龙恐相妒。”“何物射斗牛？丰城双宝剑。有刀不盈尺，亦自飞文焰。”(《大泌山房集》增。)

万育玹，小东门人，大医院御医。投剂效如神，里人称为“万一贴”。自明弘治至今，世其业。

杨应祥，乌柏上点人。崇祯时，以地理受上知，历官尚〔上〕宝寺卿。里有古井，忽发翰墨香，氤氲十余日。时应祥在京，召对称旨，膺殊礼，乡人异之，名曰“香泉”。

熊显，雄庄人，善符箓。嘉靖末，进法书六十六册，诏留览，赐显冠带、银币，遣还。寻授太常寺少卿。

邹大绶，四坊黄塘人。性落拓，不慕荣利。邓武桥赠以句云：“邹生大绶诚青年，随予血战身披坚。调弓理箭能控弦，嗟而功成不受赏。且随老将归田园，再来南北扫烽烟。”可想其技艺之精。

国朝

万国宁，斗溪人。顺治间，两召至京，试龙穴、沙水论，进呈第一。

周应骥，字天庆，花园人。善星卜。至京师，司农裘文达为延誉朝贵。卜宅、言祸福，多验。诚亲王闻其名，召相园寝，亦奇中。王书“剑气文光”四字赐之。后援例，选万县丞，署县事。

李智，字蔼文，南湖人。少工书，老益精进。屡试不遇，贫病以终。

董鹤舒，号松溪，貌甚古。与人终日坐，如槁木。能自制琴，于古人指法，辨别尤审。居栗溪上，家四壁，一琴囊外，只残书数卷。诗冲淡，如其性。尝携酒松石间，一篇就，即张弦谱之，清韵散林樾。董卒，惜少嗣响者。

黄梦吉，号祥崖，泸田人。以画名，濡大笔，随意为之，蹊径迥别。写竹万丈寒梢，更饶生趣，赏鉴士珍如拱璧。

周松，字公木，清溪人。工书，家多古拓本，摹拟辄肖。仿董华亭，尤得神髓。喜为诗，纵酒放游湘湖间，制府特延为记室。

丁焕，字淇清，一字云门，沙湖人，邑庠。自幼纯谨朴质，刻苦自励。事亲孝，亲没，哀痛迫切。卧殡侧数月，不逾阈，族人以齿德推。晚年，不求闻达，博览群书，兼通星命，相决地理。尤善卜《易》，多奇中，至今有服其前知者。邑侯华，慕其名，馈金，屡辞不受。侯嘉其节操，赠以“正直之儒”额。寿九十余而终。子六，长揆丰，邑庠。揆谦，业儒。孙蓬，邑庠。

任迪柏，四坊人。善画山水，着墨潇洒，具有诗意。

涂学中，甘棠人。善画梅，老干横斜，饶有苍古之态。

李之实，号竹园，筱塘人。家四世，不延僧道，攘斥异端。实遵庭诰，风格尤峻。喜吟咏，特精草书。笔意近苏、米，遒劲飞舞，任笔所之，自成章法。兼通岐黄家言，道光乙未大疫，枌里求医药者骈坒门间，往诊视，着手成春，便饶生意，人以为神。长子谦克，敬恭和睦，一室欢然。孙增荣，郡庠。增辉，附贡。增美，邑庠。以次子诚职，诰赠奉直大夫。

陈世宏，二坊新泽人。工书善画，所作月梅，疏影横斜，饶有古致。弟世窚善画竹，潇洒出尘，片笺尺幅，人皆以拱璧珍之。

周善长，号乐山，周坊人。精医理，值岁疫，族邻贫无赀者，勤问切，助药饵，活人不少。次子金声，四子洪慈，绰有父风，名公卿争延之。兄弟同居数十年，共爨六十余人，家法整肃，内外无间言。孙光霁，邑庠。曾孙缵戎，丁卯领鹗荐。

刘维祺，字象隆，一字南山，雩上人，邑诸生。性廉正，生平以诗书自娱，不求闻达。遇有构讼者，辄极力排解。尤善风鉴，言祸福，多奇中。尝有以重赀求决者，峻拒之，曰：“此圣贤立命之学，非要利也。”后遂罕言，卒年七十有七。子五，孙韶，邑庠。

杨行遥，字万言，秋源人。性至孝，精岐黄，客湖南石门县。道光丙戌，偕兄世言归探母病，途经醴陵，大水没城，舟救不死。母亦愈。遇人病，不论风雨夕，行路艰难，求辄往，无不神效。乙未秋，石门大疫，沿村往治，施药疗贫，多所活。尝焚券蠲逋，完人夫妇。子春台，举人。孙晋恩，监生。

寓贤

汉

梅福，字子真，寿春人，南昌尉。汉成帝时，以孤远小臣上谏书，不听，弃职，隐邑西飞鸿山山，遂以梅名。后变姓名，为吴门市卒。

唐

陈陶，字嵩伯，岭南人。志行高洁，善天文，工诗。南唐时，隐洪州西山。郡守严宇，欲挠其操，使妓往试，陶不顾。改寓丰之清溪里，种兰盈畦，今故址多兰草。

宋

胡安国，字康侯，福建崇安人。宋绍兴三年，为给事中，争论朱胜非，忤吕颐浩，落职。其子起居郎寅，先以上《中兴七策》坐贬。是年秋，偕自浙西来丰，寓槠山智度院，日与其子与徒讲授《春秋》。乡士大夫范左司辈，往来谈论甚洽。明年夏，乃去。山有泉甘冽，安国每汲饮，乡人遂名“给事泉”。咸淳间，雷宜中建祠祀之。

姚勉，号雪坡，高安人。宝祐元年，廷试第一。生长丰之龙雾洲，读书海慧寺，与诗僧雪樵游，尝往来曲江矶头山，多吟咏。

明

锺甬，字迪勇，南昌人。精性理学，与孙侍读曰恭友善。每过丰，讲论恒至旬月。后寓甘瑛家数载，正襟危坐，终日无惰容。

罗洪先，号念庵，吉水人。登第，官赞善。以言事被谪，除名归。过丰，寓邑东门白云寺，见邓子龙，即许为名将，与倡和甚密。

国朝

陈上善，字元水，原籍嘉定。以儒士官永宁知县，大吏尝督过之，叹曰：“陶元亮不可为耶？”径拂袖归。平生好游览，足迹所到，穷极幽险。善诗，工篆隶，尤精镌刻。始寓会城东湖，已，偕其子侨居于丰，著《山居集》《适余堂集》。

卷之二十二　人物志　列女传一

烈女　贞女　孝女　烈妇　节妇

烈女

元

陈淑贞，儒士璧之女。避乱，家龙兴，七岁能诵诗鼓琴。元末，陈友谅寇郡，闻变，取琴坐牖下，弹之曲终，泫然流涕。父母怪问，淑贞曰：“城陷，惧遭辱。儿绝弦于斯矣。”明日贼至，投东湖。水浅不死，贼抽矢，胁之上岸，不从，乃射杀之。

明

吕元胜女贵英，许字富城蓝仁。年十七，未嫁，而仁死，其姑贫，老无子，贵英闻讣往吊，相持恸甚。因留事姑，数年姑殁，经纪丧葬毕，人劝之嫁，引刀自刭死。

国朝

于宇春女，刘羽搏聘妻。值兵，惧污，赴深潭死。

甘烈女，邑郛大街简文女。顺治戊子，年十七。高兵至，女以殊色被掳，度非计不能脱，佯欢笑，贼稍弛之，行至马湖垱，跃入湖。水浅不死，贼呼曰：“何自苦乃尔？”烈女骂不绝口，贼射之，遂毙。

欢英，罗湖管氏女，字新建萧维贤。维贤病故，讣至，女入房，手握聘书自缢，夫家迎柩合葬。

丁隆弟丙之女，沙湖人。许字周鸣盛，鸣盛卒，女年十六，闻讣，号泣，誓不再嫁。父母劝之，不应，投缳死。

袁氏，五坊抗宗女，字临邑许德高。德高身故，女年十四，闻讣，哀号绝粒，赴水死。

二坊蒋宗裘女伲秀，许字同里刘赤元。咸丰九年，闻赤元被贼杀，誓以身殉。投缳数次，家人救解，悲恸不食死，年十六。

杨氏，字二坊罗贵兴。年十三，闻贼逼近，恐污，投深潭死。

曾氏，龚塘武生高发女。咸丰辛酉，年十八。贼至，偕女伴逃。贼追及，女投水，贼趋救，以竹竿援之，女抛竿，跃入水心而死，贼遂去，女伴得全，闻者惊叹。

徐氏，官庄徐松茂女。咸丰辛酉遇贼，欲污之，不从，被杀。

范氏，筱塘李凤兴聘妻。咸丰七年，贼入境，恐被辱，投水死。

杨氏，富洲盛廷梅聘妻，九江千户杨奉标女。廷梅膺疾卒于粤，氏闻讣，号痛绝食死。

徐氏，盘山知津女。字吴塘边吴，年十六，闻夫殁，坚卧不食，痛泣七日，遂亡。

汇记烈女

聂仲娥，一坊义一女。傅七英，四坊采七女。杨菊花，五坊祥发女。徐兰英，五坊志三女。罗宇曾，五坊佐朝童妇。罗字曾，五坊佐辉童妇。熊资秀，六坊升崇女。罗庚秀，八坊广贤女。邹毛秀，八坊忠二女。涂喜秀，八坊浪十女。徐救秀，一坊发周女。鲍斗秀，六坊步奎女。

以上十二名，系咸丰年间，发逆窜扰时，舍生取义，抱璞全贞者。

曾贞秀，明嵩女。杨广娣，余周女。此二名，据省垣节烈祠补载。

贞女

明

仇氏，许字瓘山熊国瑞。未归，国瑞殁，时仇年十六，母欲夺其志，不从，径归熊。执三年丧，恪修妇职，终身不返母家。

国朝

杨冬秀，沿溪人。幼字徐，夫客云南殁，氏于母家守志，岁勤纺织，给翁姑食。翁姑病，亲往侍汤药。殁，殡葬尽礼。丧毕，仍归母宅，完贞以终。

余氏，邑郭袁继勋聘妻。素知书，年十九，归有期矣，而继勋死。闻讣，晕绝。姻戚交劝，乃告父母，过袁治丧。后有以婚媾求者，坚卧不食。袁知其志，决为立继勋兄子继之。植操严饬，三十年不苟言笑。

周氏，在城左思芳聘妻。年十八，夫殁，于母家守贞四十三年。

潘氏，涂修典聘妻。年十九，修典病卒，氏悲号奔丧，父母止之，寻死者再。乃使媪偕之往。入门抚棺恸，几绝。翁姑曲解，得不死。氏语送者曰："归告父母，我生入涂门，死为涂鬼矣。"后克修妇道，足不逾梱。

李氏，涂绥祖聘妻。绥祖以力学成疾，不起。氏年十八，闻讣，投缳，以救不死。力请于父母，赴涂守志。舅姑迓之归，立子为其后。氏坐卧小楼，终日纺绩。惟一老妪偕，家人罕见其面。嘉庆十年，题准建坊。

袁氏女，袁坊户部主事守定孙女。幼慧知书，其父国学生濬，以字南昌蔡氏。未迨吉，夫殁。舅姑老，女归蔡，治丧奉舅姑以终。后坐卧一小楼，数十年足不履地。

李氏女，五坊人。字涂，未嫁，涂氏子卒。年十六，泣请归守贞。袁潜为作《贞女行》。后克享高年，贞寿双全。

周氏女，南巷难荫周元凯姑母。许字高安朱文端公曾孙，未归，夫殁，守贞以终。

吴氏，七坊邦彦女。字毛廷乐，廷乐卒，女年十九，随讣奔丧，恸不欲生。妯娌劝止，遂缟素，终身不出闺阃。

鹤村杜存利女梅秀，字黄起忠。忠卒，女年十八，闻讣，痛绝，誓不改字。母见志决，不忍夺，听其守贞以终。

屈氏，忠爂女。爂与舒交最好，女未生，指腹联姻。舒子两岁即夭，女长，父母议别字，女不允，终事父母。殁，殡殓如仪。年六十二，全贞以终。

黄氏，际义女，周焕鼎聘妻。未嫁，鼎卒。女年十九，闻讣痛哭，欲奔丧，父母劝阻，于母家守贞，卒年五十八。

李氏，筱塘允贤女，字西岸涂世攸，幼养于涂，未合卺。世攸客外身故，氏哀痛不已，绝粒数日，姑开导之，强起操作，抚夫族弟子为嗣。纺绩之暇，勖以义方。苦节三十四年，同治八年，题准建坊。

李氏，筱塘继来女。幼归甘棠涂希孝，未合卺，夫殁，悲号几绝。有劝改适者，正色拒之。翁姑以其志坚，立夫兄子为嗣。氏井臼亲操，奉养无缺。同治九年，题请旌表。

刘氏，幼字袁文梅，于归届期，梅暴卒。闻讣奔丧，楼居数十年，家人罕见其面。

余氏，字七坊金风发。年十四，风发卒，氏往守贞。姑患足，不能举动，朝夕扶持左右，侍养数十年如常。王宪以“贞节流芳”奖之，题请建坊。

李氏，维拔女，字胡于仁。于仁殁，闻讣，投缳，以救免。欲归胡，效节。胞弟病卒，父恸子丧明，不忍远离膝下，遂于母家守志。勤纺织，不茹荤。卒时有异香绕室，人咸以为节孝所感云。

汇记贞女

黄字，李黄相六女。陈清秀，二坊正八女。聂杰秀，二坊耀宗女。黄字龚，二坊黄尊四女。黄氏女，二坊尊四女。江先妹，七坊明九女。以上六名，类皆抱璞完贞，一尘不染。

孝女

国朝

熊莲英，南巷周炘女。炘死，女在腹。越四月乃产，母抚女苦守，稍长，母为择婿，女卧不起，绝粒数日。母问故，女曰："母氏青年守节，膝下无儿，女在，可服侍。女去，母将何依？愿终事吾母，足矣。"母阳许之，私为论婚。女觉，跪泣曰："请自今不复事母矣。"母知其意决，遂不复强。后劝母嗣叔子，母女相依六十余年。

吕大妹，一坊信功女。信功无嗣，稍长，欲字之。女曰："既无兄弟，女复他适，谁奉养阿爷者？"遂终不字。亲殁，家益落，戚族或劝改适，女正色拒之，时称贞孝。

葛细妹，一坊塘下女，适阳坊吴姓，距塘下十里。母孤独，家颇饶，老病难痊。女侍汤药，日往返无间。母死，亲属不至，自负衣衾往殓，葬毕，抱母主大哭去，不复来。母家田产，任亲属据之。

袁氏女，三坊观下曾充五妻。父殁，兄弟或死亡，或远贾，母老无依，乃禀命姑，帏迎养其家。母常病泄，同寝处，秽秽如涂。恐姑见被幅槭牏，每私出涤之。姑侦知，给钱米，命送归。母病剧，床箦间抱母踵蹝上下，晋汤药，祷神祇，泪下涔涔。累日也，母死，治丧尽哀。葬毕始还，乡里称孝。

杨氏，一坊徐言九妻。二十八岁守贞，家贫，常寄食母家。咸丰六年发逆，窜白马寨，父母被执，欲救末由，痛楚哀号，赴水死。

烈妇

元

孔氏，袁坊袁用宾妾。至元间，寇兵肆掠，缚用宾去。孔尾至临川名贤乡，度用宾无脱理，乃泣曰："夫既不可脱，吾义不受辱。"呼号赴井死。

袁氏，儒学提举朱本妻。至正壬辰兵起，与夫自福州返富州，渡河遇寇，袁义不受辱，投水死。本脱归，终身不复娶。

蔺氏，汪某妻。陈友谅部将邓，陷江西及丰，汪以千金赂其帅，求免剽掠。帅闻蔺美，反歼汪家，独生蔺及四岁婴，将纳之。蔺曰："帅，贵人也。妾得事，无恨。但夫初丧，请持一月服未晚。"帅从之，移兵他郡，命二姬守。越数日，蔺俟二姬熟睡，乃先杀婴，啮指血书壁曰："泾渭难分浊与清，此身不幸厄红巾。孤儿岂忍从他姓，烈妇何曾事二人？白刃自挥心似铁，黄泉欲到骨如银。荒村日落猿啼处，过客闻之亦怆神。"书毕，自刎。按《省志》列蔺氏南昌，谓不知何县人。壬申《邑志》考，陶九成《辍耕录》，确载为丰城人。

明

陈氏，谌烓妻。烓为九江巡司掾，携陈及女寿英家焉。流贼掠九江，烓被执，时寿英甫笄，陈年三十余，色俱丽，贼欲污之，先杀烓。陈骂曰："汝戕吾夫，恨不磔汝。"贼怒，杀陈。寿英枕二尸，以血涂面，厉声骂复，见杀。贼退，殡于司马门，皆无全尸。后九江守马，核实题表。

罗氏，朱潮济妻。父早丧，母再适人。罗幼，泣谏曰："父死再醮，不如携子女同死。"氏归朱二年，而潮济卒。视殓毕，遂自缢。嘉靖间题表。

吴氏，诸生周珍妻。年二十，珍遘疾，及革，曰："我死，汝可事他人。"吴以死自誓，珍亡，翼日殓毕，入室自缢，合葬登仙乡，号"节妇冢"。

熊氏，余继妻。事舅姑孝，继疾，度不起，令治后事。熊出箧中帛，对继纫袭各二，泣谓继曰："君不幸，当服此相从耳。"继卒，视殓毕，即衣所纫衣，自缢死，与继合葬施家园。

胡氏，赖文璧妻。年二十一，归文璧。未逾月，文璧访外舅，溺于矶山渡。胡归宁，过夫溺处，自赴水。家人援之起，父母怜其少，讽使再适，服麻绖，自经死。

邹氏，宋聪一妻。聪一卒，将葬，邹谓工曰："可作双圹。"遂自缢，因合葬焉。

黎氏，蒋默妻。嘉庆辛酉，闽广寇毒邻境，淫掠妇女。黎闻之，谓默曰："彼妇均窳耳。纵不能脱，祈死何难。"寇至，投小池，以面入泥中死。

潘氏，聂庄妻。庄商泗州，病卒。舅姑促令改嫁，适骤雨湖涨，整衣赴水死。

万氏，黄烜妻。烜病革，诀曰："汝年少，悉惟汝志。"万曰："将从君地下耳。"逾年，值姑丧，衰绖在身，火燎衣灼体，因叹曰："向未死者，姑在也。今得死所矣。"家人投以药，固却之，创甚，卒。

曾氏，南湖李维旸妻。年十八，归维旸。子二女一，崇祯丙子，邑遭寇。氏从夫携子女，渡江避乱。甫及岸，寇淹至。夫与长子忽相失，贼拥氏及幼子耀宗、女淑英北行。次老蛤石河畔，贼队乱，防疏，抱子女跃入江中。贼欲救，见水深流驶，度无及，叹息去。

国朝

甘氏，瓘山熊州俊妻。兵至，甘急呼州俊负母逃。州俊虑甘见辱，甘指水诀曰："勿忧，是吾死所矣。"遂赴水死。吴尹中奇，吊以诗。巡按吴赞元，题请建坊。

吴氏，袁道庚妻。少丧母，依嫂。年二十，归道庚。庚得羸疾，支离床蓐。氏事之唯谨，及病革，执氏手曰："吾误若矣。死当他适，无恋恋也。"氏正色曰："请从死。"道庚颔而瞑，躬亲含殓。越五日出葬，氏以头触棺，血流墙翣。家人护掖归，不食。至六日夜分，自缢死，时年二十二。乾隆五十六年，题准建坊。

熊氏，花湖杜成九妻。年二十五，夫殁守志。时有以秽语谑之者，即羞愤自尽。邑侯李，详请建坊。

袁氏，露溪儒童杨浃妻，礼部主事守定曾孙女，弋阳教谕矩女。年十八，归浃。嘉庆丁巳，夫读书三塘徐氏塾，以暴疾卒。舁归，氏抚尸恸，几绝。绝饮食三日，跪翁姑前，哽咽言曰："儿无嗣，他日小叔有子，以嗣儿，儿瞑目矣。"时氏父矩，唁其丧，泣语父曰："归语儿母，无苦悼儿，儿不贻父母羞。"父亦泣，翼日，小姑起呼门，不应。启扃，人则投缳死矣。嘉庆三年，详请建坊。

杨氏，东城儒童万光旭妻。年十七，夫亡，绝粒以殉。嘉庆三年，详请建坊。

周氏，五坊儒童袁克福妻。年二十五，夫死，经理殡殓毕，越二日，自缢以殉，族人为之合葬。嘉庆四年，详请建坊。

张氏，杨坊陈言七妾。有无赖子欲污之，羞忿自尽。奏请建坊。

李氏，泸田儒童叶嵋山妻。年二十二，夫卒，誓以身殉。营葬毕，遂自经死。知县王履仁，以"节烈"题其门。

何氏，蛟湖徐祖涯妻。年二十，夫殁，绝粒数日，瞰家人熟睡，投缳死。知县朱，以"志凛冰霜"奖之。

晏氏，余剑光妻。顺治初，流寇肆掠。晏携幼子避崖下，寇至，欲污之。晏曰："有死而已，无相逼也。"遂见杀，血染崖石，至久色不变。

杨氏，罗塘邓文忠妻。顺治丙申，土贼入境。姑老卧病，氏死守不去。贼欲污之，不从，遇害。

翁氏，瓘山诸生熊明杰妻。夫卒，氏年二十，父母令改适，不从，遂自经夫柩侧。

袁氏，瓘山诸生熊明暹妻。顺治乙酉，土寇至，氏年十九，惧污，赴水。贼关弓迫之，不起，毙于乱箭，池水皆赤。

孙正晢妻李氏，年二十四，晢殁，舅姑以无子，命改适。李曰："妇不二天，请终事舅姑誓守。"抚侄为嗣，人称世节。

蒋氏，邑郛甘为志妻。顺治初，高兵寇丰，蒋有身数月，仓皇负幼子，偕邻妇避。甫出门，被掠。蒋求死不得，会寇入他户，乘间语邻妇曰："污而生，宁洁而死。"抱幼子跃入井。邻妇从之，水涸未死。寇拘邻妇翁，踪迹至井，翁以危语劫邻妇上，寇注意蒋，百计绐之起。蒋曰："吾惟速求一死。"寇怒，推井上石栏下，母子俱毙，里人义之，迁瘗折桂门外。

胡氏、沈氏、胡氏，松湖熊鸣凤媳。戊子八月八日，金声桓之变，鸣凤家遇害者五人。先是，长子嗣蕃妻胡氏，早寡，无子。时归宁母家，闻变，逸归，被执不屈，贼杀之。次子嗣贵，季子嗣贤，及从子有恒，皆以捍御死。有恒妻沈氏，痛夫骂贼，贼执之，骂益烈。贼怒，剸其尸。嗣贵妻胡氏，方哀号夫尸侧，被缚上马。胡乘间跃下李家桥，贼飞矛注之，受刃七矢。二贼去，家人出诸水，傅以药，越日而苏。鸣凤夫妇脱贼时，即匿胡遗孤。孤得无恙。后胡抚孤成立，年八十余，创痕尚隐隐。一门节烈，世所罕有。

李烈妇，江南六安州人。其夫谢贤棋，娶归丰。贤棋病笃，谓妇青年，无子，令别醮。妇曰："千里相随，夫死改适，狗彘不食其余也。"贤棋殁，哭绝数次，鬻簪服辨，棺衾，既殓，绝食夕，抚棺大恸，自经死。

葛氏，在城生员孙玉华妻。年二十七，夫殁，绝粒死。

甘氏，大路杨逢春妻。年二十，夫殁，投缳。姑觉，救苏，复绝食八日而死。

何氏，沇江左荣正妻。年二十九守节，家贫，火焚其居。有逼以再醮者，氏哭拜夫墓，归自缢死。

潘氏，瓘山熊修光妻。年二十七，夫殁。至四十九日，沐浴更衣，投缳死。

熊氏，斗溪万宾鐏妻。年二十四，夫殁。至百日，自经死。

熊氏，田垄苏秉彩妻。年二十五，夫殁，苦节九年。因姑亡子夭，为夫立后，告祖毕，遂自尽。

邹氏，洛溪吕祜周妻。年二十，归祜周。祜周客楚，病故，闻讣，即请族为夫立嗣。夜半自缢，时年二十六。

梁氏，洛溪吕克圣妻。归三月，克圣往荆州。次年，克圣殁。氏闻耗哀恸。越七日夜分，投缳死。

葛氏，埂上熊邦俭妻。年二十一，夫殁，无嗣。日夜哭泣，求夫兄邦翰为立后。邦翰以次子继之，未数日，以痛极呕血死。

游氏，黄塘邹昌象妻。年二十二，夫殁。越七日，自缢。

杨氏，陡洪溪胡新春妻。年二十五，夫殁，自缢。

余氏，城背陈万达妻。年二十八，夫殁，月余，孤复死，自经死。

张氏，田东庙谢应孙妻。年二十六，夫殁，遗孤旋亡，贫病忧伤以殁族。悯其苦节，设位上食三年。

熊氏，陈坊傅英兴妻。夫逝，随殁，时称节烈。

朱氏，上点杨明冲妻。年二十，夫殁，遗孤夭，生母谕以改醮。绝食三日，不死。未几，哀伤终。

袁氏，五坊李同梧妻。年二十一，夫亡，五日不食，卒。

陆氏，学前邹贤学妻。奉翁姑孝谨。家中落，以女红为生计。夫故，年二十七，晕绝者屡苏，复强操作，有劝其改适者，面斥之。忧愤咯血死。咸丰十年，详请旌表，列总坊，从祀节烈祠。

叶氏，杨明构妻。年二十七，矢志抚孤。孤旋夭，氏悲号别姑曰："孤死，总无复生矣。"遂出，哭夫墓，以头触石，几毙。急救始苏，扶归，强作料理。以所有田产嘱伯氏，为夫立后。余钱伍伯串，捐修小港闸。亲属知其必死，更迭谨防。一夕偶倦，氏遂缢死。同治四年，详请题表。

邹氏，枫林桥国学谭叶淑继妻。年十六，夫殁。殡殓毕，痛裂肝肠，呕血而死。同治四年，详请题表。

范氏，筱塘邑庠生李言恭妻。年二十七，夫故。葬毕，不食死。同治四年，详请题表。

周氏，儒童关于墀妻。年二十三，夫故。治丧毕，饮药死。同治四年，详请题表。

徐氏，曾胜远妻。年二十四，夫故。哀痛不食，死。同治四年，题表。

卢氏，筱塘李连喜妻，年三十，夫故，投缳救苏。越日，饮鸩死。同治四年，题表。

曾氏，筱塘李允贵妻。夫客外故，氏年二十八，闻耗哀号。是夕缢死。同治四年，题表。

陈氏，王飏升妻。年二十九，夫病，刲股弗效。夫殁，抚孤承祧，逾年子夭，不食而死。同治四年，题表。

傅氏，邹道澜妻。年二十五，夫殁。丧毕，缢死。同治四年，题表。

杨氏，幼字熊运喜，年十七，合卺日，夫暴死。怆裂肝肠，投水而死。同治四年，题表。

李氏，邑郛黄绪钧妻。年十八，于归未期，夫殁。家贫，纺绩度日，守节二载，痛夫无嗣，自缢死。道光十年，题表。

雷氏，李崇连妻。年二十七，夫死。是夕自尽。同治四年，题表。

丁氏，黄昭瑞妻。年三十，夫殁，哀号绝粒。葬毕，自缢。同治四年，题表。

徐氏，蒋家楼蒋维翰妻。年二十，适蒋。甫半载，夫病瘵，及革时，握氏手透爪，嘱以葬祖姑后，守、适唯尔。氏泣颔之。葬毕，即夕衣衰麻经死，时年二十二。学宪张，以“就义全贞”奖之。

刘氏，四坊杨人材妻。年十九，夫殁。殓毕，氏投缳，家人救止，劝之曰：“翁姑在堂，何遽若此？”氏曰：“叔已成立，侍奉有人。”又劝曰：“汝夫虽殡，尚未葬也。”氏颔之。后葬夫毕，自缢死。

李氏，四坊曾胜训妻。年二十二，夫殁，氏惨痛绝粒，父母谕以亲理殡殓，立起。治丧越三日，送葬毕，跪姑前，泣谓妯娌曰：“善事老姑，为我夫立嗣，未亡人铭感泉下矣。”家人密防之，少懈，遂自缢。

范氏，槎山李士拔妻。士投殁，氏哀痛惨切，绝饮食者四日。家人百方开谕，或隔宿一食。阅月，防守偶疏，窃服铅粉而死。

毛氏，金印山杨焕兴妻。年二十一，夫殁，誓同穴，七日不食死。

周氏，三坊熊先忠妻。年二十七，夫殁，痛甚，咯血死。

熊氏，五坊蔡永祥妻。祥客外，病故。氏闻讣，哀痛雉经死。

张氏，上点杨良溶妻。年二十三，夫殁，哀痛成疾，咯血而亡。

杜氏，一坊雩上刘端三妻。夫早逝，家贫，三子幼，氏勤纺织，抚养兼资。咸丰七年，发贼突至，被执，欲污之，氏骂詈，贼佯以刃加颈，氏益骂，遂遇害。同治四年，邑绅为请旌。

杜氏，门楼黄光洗之妻。年七十余，咸丰丁巳寇至，女家迎去。寇又至，女家尽逃。氏留守，一村妪为伴。贼入户，氏骂贼：“既焚掠我村庄，又毁伤我女家，断头奴，鬼神将戮尔矣。”贼怒，以刃剸其腹而死。村妪为黄氏具言其惨如此。

杨氏，四坊熊善万妻。咸丰七年，氏年六十三，贼毁其家，骂贼不辍，以火铄骨而死。

李氏，铜湖刘兆洪妻，赠奉直大夫李之实次女也。年十八，适刘克循，妇职以孝闻。夫殁，年二十一，无子。欲身殉，绝粒数日，姑谕之，以夫兄子女各一为嗣。氏承命，抚孤益勤操作。咸丰六年二月，石逆入境，嗣子被掳，谓女福英曰：“身不可辱也。生含羞，曷若死无憾。”女泣诺，同赴水死。氏年四十三，女年十八。同治七年，题请双旌，从祀节烈祠。

熊氏，金长经妻。年二十五，夫故，矢志守贞。咸丰十一年，骂贼被戕死。

徐氏，定林蔡夫八妻。咸丰丁巳，遇贼，欲污之。氏大骂，贼怒，欲杀之。氏携女赴水死。

夏氏，熊坚八妻。年十七，夫死，志在必殉。越岁，奉夫主入祠，遂自缢。

周氏，徐灿二妻。年二十一，夫故。投缳，家人抢救，数日不食，呕血死。

杨氏，熊正世妻。年二十三，夫死，哀伤骨柴立，葬毕，投缳自尽。

王氏，夏国珍妻。年二十四，夫故，守贞。咸丰四年，发逆窜境，氏惧辱，抱幼女溺死，尸浮，女犹在抱。

熊氏，二坊武生周廷彦妻。年二十三，守贞。咸丰九年，避贼绝粒而死。

金氏，龚远观妻。年二十，恸夫，自缢死。

毛氏，史远澜妻。年十七，合卺未及期，澜出贸黔阳。粤逆适窜丰，氏恐被污，投水死。

曾氏，湖茫李公涌妻。咸丰七年，避乱官圳，遇贼逼污，不从，抱女投水而死。

喻氏，二坊花园雷杨圃妻。咸丰六年，发逆窜扰，氏负姑逃，途遇贼，欲污之，骂不绝口。贼杀之，时年二十二。

傅氏，六坊监生杨福元妻。随夫避乱浦城，咸丰八年，浦陷。氏同女兰英，闭门缢死。时氏年三十五，女年十七。

黄氏，三坊儒童周大邦妻。年二十五，守贞。咸丰七年十月，卧病在床，闻贼至，解带自缢。

万氏，四坊邬故四妻。咸丰丁巳，年十八发逆突至，不及避，捽氏逼污，氏痛骂，直掴其面。贼杀之，剖腹见孕，惨不忍言。

饶氏，六坊徐包一妻。闻警急避，路遇贼，逼污不从，抉肉刳心而死。

徐氏，六坊酆持三妻。咸丰十一年，值乱，抱子匿穷谷。贼寻入，欲污之，氏怒骂不从，爪伤贼面。贼支其尸，并歼其子。

章氏，五坊万瑞楠妻。咸丰丙辰，发逆窜境，投水死。同治八年，汇请矜恤。

徐氏，河湾例贡何如龙妻。咸丰七年，贼逼近村，氏携稚孙至村旁渡口，无舟，贼至，恐为所掳，抱孙赴水死。

朱氏，于科鼎妻。咸丰十一年，避乱秀才埠。遇贼，抱女投水死。

熊氏，三坊李朝二妻。咸丰七年，路遇贼，欲污之，氏绐以同至其家，至塍下，忽抱子投水。贼涉救，跃入深处死。

何氏，三坊刘国舒妻。咸丰丁巳，贼至，恐受污，抱子投水死。

聂氏，三坊周南九妻。遇贼惧污，抱一子一女投水死。

黄氏，四坊李茂富妻。年四十，贼至，不及避，抱孙女赴深潭死。

邹氏，四坊罗运忠妻。咸丰八年，临江败匪窜抚郡，氏抱子逃，遇贼，弃子疾奔，投于水。贼追及，已入深处。贼复以长枪刺之，水皆赤。

涂氏，白马寨杨耀临妻。闻乱，雇舟至大江口，遇贼，抱孙女与媳徐氏同赴水死。

余氏，五坊陈瑞三妻。避乱至河边，贼追及，母子投河死。

卢氏，五坊熊奇五妻。咸丰七年，于麻埠圳遇贼。携女菊花赴水死。

罗氏，八坊郑广发侄媳。咸丰十一年，寇四逼，氏同广发女仙秀，姑嫂曳手投水死。

鄢氏，谢光祖妻。咸丰辛酉，贼至，携女同姑朱氏投水死。

王氏，湖塘邹远五妻，遇贼，骂不辍。贼杀之，并其孙及媳熊氏。

周氏，鲸源潘鼎岑妻，咸丰丁巳贼至，逼污，赴深潭死。

卢氏，衢塘潘邦顺妻。咸丰辛酉，发逆逼污，不从，投水死。

江氏，傅之三妻。咸丰十年，贼至，詈骂不辍，被戕死，时年六十二。

丁氏，邑郛熊品琮妻。咸丰七年，避乱至小港口，遇贼，惧污，抱子添喜投河死，时年二十。朱氏，一坊周才高妻。咸丰十一年，遇贼西乡，携两子一女，投河死。

罗氏，一坊何孔怀妻。咸丰十一年，遇贼，抱女赴水死。

毛氏，社里史从耀妻。见夫被贼戕害，哭骂不辍，投水死。

应氏，三坊曾君茂妻。咸丰丁巳，遇贼不从，受极刑死。

杨氏，大塘毛新基妻。咸丰丁巳，为贼追逼，至石滩桥投水死。

萧氏，大塘毛名亮妻，咸丰丁巳，贼逼污，不从，投港死。

曾氏，一坊熊文浪妻。咸丰十一年，贼入境，诱污不从，奔杨仁桥，溺死，时年二十。

孙氏，觉溪徐步佳妻。咸丰七年，遇贼不辱，被害。

曾氏，同造孙延五妻。咸丰十一年，贼入境，迫胁不从，遇害。

邬氏，筱塘李森宗妻。咸丰十一年，贼至，抱二女投水死。

杨氏，二坊陈轮高妻。咸丰六年二月，遇贼，胁诱不从，贼愤甚，系氏发马尾，拽数里，垂毙，解之，复诱，氏乘间投水死。

聂氏，一坊官庄村徐瑞祥妻。咸丰戊午，闻警，出避贼，猝至，逼之，投望埲桥下死。时年十八。

喻氏，荣塘陈华珍妻。咸丰辛酉，闻警，偕村妇出避，遥见贼旗蜂至，遂舍诸女伴，自经于林。族众以文祭之。

黄氏，一坊熊迪九妻。咸丰辛酉，携子女避贼，贼逼近，氏恐污，抱子女投水死。

毛氏，杨焕新妻。年二十，守贞。闻发逆逼近，绝食死。

王氏，陈埠徐雪一妻。咸丰十一年，被掳，不从，投水死。

李氏，陈埠徐华三妻。咸丰十一年，贼至，恐污，投水死。

熊氏，城坊生员傅飞鹏妻。咸丰十一年，贼窜境，逃入槠山。贼上山搜掠，氏恐污，陨崖而死，五脏俱裂。

邑有两黄氏者，一徐正鸿妻，监生黄秀亨女。一徐光煇妻，生员黄相治孙女也。鸿与煇皆青蓝村人，所娶所适亦同宗。咸丰七年，避难偕行，至汉口，见贼旗逼近，携手桥上，煇妻谓鸿妻曰："吾与若皆年少，贼至，必污。与其生而蒙羞，何若死而全节乎。"鸿妻遂抱子，同煇妻死于水，闻者太息。

叶氏，荣塘陈灿潟妻。咸丰辛酉，粤匪窜境。氏与夫年七十余，守庐舍。媳于氏，卧病不及避。贼至，逼污不从，贼砍其颈，入寸许。氏痛媳詈骂，灿潟与贼相拒，贼奋戈，遂同遇害。先是，子敬达闻警逸出，中途被掳，亦骂贼不屈死，时有“一门全节义”之称。

张氏，滕坊诸生金泥诰妾。年十七，侍泥诰甫两载，泥诰力学成疾卒。张与嫡周氏，矢志靡他，守节二十八年，足不逾梱。岁辛酉，发逆毒邻郡，张闻乱避住港北楼下。贼突至，惧辱，赴井死。同治七年，与周氏汇详题表，列总坊。

魏氏，八坊赤坑涂洲九妻。年九十六，闻寇至，不能舁出，闭柴荆。贼毁门入，家四壁，穷搜乌有，氏詈骂，贼怒，骂益厉曰：“我老惫极矣，岂畏死者？我死，必于纣绝阴天中，呼神殛汝，断贼氛，以还我国家清平世宙。”贼竟裂其身，焚其室而去，惨不可言，闻者发竖。

黄氏，三坊周运会妻。年二十，守贞。咸丰丁巳十月，发逆入境，氏隐身匿迹，遂饿而死。

汇记烈妇

熊氏，杨联芳妻。张氏，熊永建妻。何氏，徐祖渥妻。熊氏，杨汉波妻。李氏，杨汉坤妻。聂氏，徐廷星妻。邹氏，傅桂茂妻。李氏，徐德美妻。陈氏，朱式鹍妻。陈氏，朱参十母。于氏，朱参十妻。周氏，朱参三妻。张氏，刘盛八妻。徐氏，罗亨恩妻。虞氏，罗亨佑妻。周氏，李进一妻。刘氏，易太和妻。陈氏，黄雄臣妻。黄氏，毛大二妻。徐氏，夏集勋妻。聂氏，毛怀三妻。陈氏，饶贱兴妻。刘氏，阙风一妻。曾氏，邹鳌仔妻。熊氏，甘坤六妻。

刘氏，黄继善妻。杨氏，余江十妻。邹氏，黄元之妻。张氏，曾会二妻。杨氏，夏以六妻。

魏氏，杨先六妻。邹氏，喻常许妻。熊氏，叶郑八妻。黎氏，熊梅一妻。黄氏，祝兆祥妻。甘氏，黄志高妻。杨氏，熊启太妻。黄氏，白先八妻。刘氏，邹体八媳。邹氏，徐秋五妻。余氏，杨岳三妻。吕氏，夏可佳妻。沈氏，曾华甫妾。吴氏，陈允三妻。徐氏，范先九妻。王氏，林仁全妻。曾氏，余龙光妻。陈氏，黄是六妻。易氏，聂同九妻。罗氏，袁江九妻。甘氏，袁江十妻。曹氏，曾上一妻。缪氏，曾上二妻。罗氏，郑开和妻。鄢氏，聂镇长妾。

李氏，刘□□妻。康氏，袁□□妻。李氏，夏□□妻。□氏，聂耀宗妻。黄氏，徐远华妻。

徐氏，周贵仪妻。王氏，周宣澄妻。左氏，鄞授献妻。熊氏，徐映璧妻。周氏，熊曰江妻。

范氏，邹学华妻。熊氏，黄□□妻。卢氏，任兴一妻。黄氏，徐播金妻。孙氏，徐明二妻。

陈氏，王绪之妻。周氏，王某之妻。王氏，黄□□妻。毛氏，曾佐礼妻。卢氏，裴□□妻。李氏，熊□□妻。史氏，熊□□妻。杨氏，唐□□妻。涂氏，朱华八妻。魏氏，陈□□妻。□氏，王飏春妻。李氏，熊宗保妻。陈氏，熊杨七妻。余氏，熊雀八妻。徐氏，熊除七妻。□氏，熊春隆妻。李氏，曾中四妻。杨氏，熊先行妻。黄氏，雷□□妻。戴氏，翁□□妻。

张氏，嵇□□妻。朱氏，翁□□妻，黄氏，吴□□妻。周氏，万介愿妻。董氏。郑昭九妻。

甘氏，曾佐遗妻。汪氏，杨国正妻。胡氏，杨国信妻。熊氏，陈□□妻。熊氏，傅□□妻。罗氏，唐太吉妻。黄氏，王绪錤妻。任氏，孙铨有妻。甘氏，熊鼎新妻。裴氏，邹际奇妻。王氏，邹际显妻。范氏，邹昌仁妻。张氏，邹昌曾妻。范氏，邹昌寅妻。夏氏，胡凤廷妻。邹氏，周睦九妻。罗氏，郑闻淑妻。徐氏，王名辉妻。杨氏，罗夏八妻。雷氏，黄文则妻。刘氏，李瑞芝妻。罗氏，李三锡妻。裴氏，李有顺妻。潘氏，李秉虬妻。熊氏，李浪六妻。倪氏，李格九妻。刘氏，李定和妻。严氏，李德秀妻。严氏，李永贵妻。李氏，涂恒太妻。黄氏，涂冲二妻。周氏，涂声远妻。李氏，万启沃妻。蔡氏，万启猷妻。涂氏，袁旭光妻。胡氏，饶光华妻。龚氏，傅启元妻。蔡氏，苏□□妻。刘氏，章明隆妻。卢氏，熊德月妻。罗氏，曾恢先妻。甘氏，曾知五妻。赵氏，陈□□妻。涂氏，陈慎十妻。徐氏，苏追一妻。梅氏，姚本元妻。熊氏，姚才元妻。王氏，黄岭八妻。戴氏，徐鼎四妻。饶氏，徐余三妻。徐氏，戴甲四妻。卢氏，徐隆三妻。曾氏，罗同一妻。周氏，黄多一妻。邹氏，罗洁八妻。戴氏，罗雅一妻。刘氏，朱正柄妻。吴氏，朱宪璋妻。李氏，朱宪玻妻。涂氏，朱宪璜妻。李氏，曾德和妻。倪氏，熊启僖妻。邹氏，周穆五妻。戈氏，雷品贵妻。熊氏，杨池一妻。刘氏，何云七妻。熊氏，罗时叙妻。潘氏，周德祥妻。袁氏，周辉祖妻。蔡氏，李定旺妻。吴氏，李日辉妻。蔡氏，万秉彝妻。舒氏，万惠然长媳。曾氏，朱联榜妻。邹氏，袁文景妻。赵氏，万启弢妻。刘氏，李来元妻。卢氏，潘烈一妻。鄢氏，刘有贵妻。徐氏，鄢定策妻。傅氏，鄢周一妻。徐氏，鄢朝九妻。鄢氏，刘质之妻。□氏，鄢兴二妻。周氏，李昭道妻。罗氏，屈承宣妻。朱氏，罗洪二妻。谢氏，黄洪吉妻。王氏，周德五妻。谢氏，周森五妻。罗氏，黄丹杖妻。黄氏，余□□妻。龚氏，谭宋宗妻。刘氏，饶熙君妻。刘氏，饶□□妻。

聂氏，冯杰孝妻。过氏，吕克瑢妻。蓝氏，黄定蔚妻。傅氏，唐众七妻。饶氏，唐显圣妻。

鄢氏，唐德华妻。盛氏，吕绍璜妻。熊氏，蓝□□妻。金氏，吕绍贤妻。谢氏，朱发明妻。胡氏，涂仁二妻。熊氏，涂信二妻。左氏，涂崑才妻。丁氏，金德仁妻。徐氏，曾克明妻。丁氏，黄□□妻。黄氏，王淑三妻。李氏，徐华三妻。罗氏，徐尚杰妻。周氏，熊仲十妻。卫氏，熊文九妻。任氏，傅文星妻。席氏，徐而煊妻。徐氏，周宣芳妻。卢氏，徐隆三妻。李氏，陈丽生妻。李氏，熊□□妻。潘氏，杨金诰妻。杨氏，熊善万妻。李氏，吴泰习妻。章氏，朱家驸妻。吴氏，朱家骅妻。李氏，朱家骕妻。范氏，朱家骅妻。陈氏，朱家骧妻。刘氏，朱家騸妻。余氏，朱家騯妻。甘氏，朱家駹妻。邓氏，朱礼联妻。周氏，王飏寿妻。范氏，邹勤六妻。张氏，邹方八妻。王氏，邹德七妻。裴氏，邹属八妻。□氏，邹坤一妻。

杨氏，李茂仁妻。饶氏，李尧春妻。倪氏，李秉秋妻。曾氏，李秉绪妻。傅氏，李公发妻。陈氏，李良元妻。余氏，徐正万妻。吴氏，温辨一妻。王氏，蔡孟八妻。杨氏，曾柏龄妻。刘氏，涂源懋妻。吴氏，朱宪环妻。李氏，朱祥六妻。涂氏，朱鸣一妻。王氏，夏□□妻。鄢氏，刘喜茂妻。甘氏，刘辰芳妻。傅氏，吴有二妻。朱氏，周乎二妻。张氏，熊福章妻。杨氏，熊兴和妻。熊氏，杨周德妻。李氏，谢济廷妻。毛氏，甘芳旭妻。李氏，熊元瑞妻。刘氏，唐伦寵妻。聂氏，张睹猛妻。曹氏，杨淮之妻。熊氏，李律己妻。金氏，李绍坚妻。吴氏，李培映妻。朱氏，涂爱亭妻。金氏，邹达三妻。鄢氏，卢□□妻。鄢氏，傅彬瑞妻。鄢氏，傅煌添妻。李氏，邹烺五妻。邹氏，葛禄五妻。涂氏，葛博五妻。夏氏，葛博吉妻。熊氏，葛博垱妻。魏氏，葛广东妻。涂氏，葛广勋妻。金氏。吴惟礼妻。邹氏，夏承洪妻。金氏，吴祖彬妻。余氏，吴祖森妻。凌氏，夏可七妻。凌氏，夏承后妻。熊氏，夏承庆妻。夏氏，熊景山妻。吴氏，陈绪章妻。夏氏，陈绪陞妻。吴氏，谭晋荣妻。周氏，戴成十妻。夏氏，袁□□妻。张氏，金声振庶母。熊氏，金咸一母。金氏，嵇仁琮妻。

以上俱旌恤。

王氏，熊阳龙妻。吕氏，熊光明妻。何氏，熊光贤妻。吕氏，熊先八妻。夏氏，王国荣妻。崔氏，徐妒元妻。熊氏，朱礼成妻。熊氏，杨清九妻。李氏，杨汉坤妻。吴氏，杨广拔妻。邹氏，杨永科妻。陈氏，杨维义妻。杜氏，罗克熙妻。聂氏，罗亨通妻。于氏，聂福六妻。李氏，徐青八妻。聂氏，张彩云妻。徐氏，熊逵达妻。熊氏，罗允敏妻。漆氏，罗允青妻。杨氏，罗德章妻。杨氏，王世蛟妻。李氏，张钦八妻。葛氏，张瑞苗妻。熊氏，曾上九妻。黄氏，熊文十母。康氏，蒋开峰妻。曾氏，游向九妻。吴氏，游暌二妻。蒋氏，游照九妻。聂氏，罗向七妻。邹氏，傅贵茂妻。

以上俱咸丰年间，发逆窜扰，赴水投缳，被戕死节者。

补遗

国朝

王氏，一坊圭湖熊梅信妻。咸丰十一年辛酉，发逆犯境，妇远避，中途遇贼，欲污之，以刀加其项，氏曰："容妾缓死于道路间，得与吾姑一面，死且无悔。"贼勿听，强胁之，不从，氏骂贼，并欲夺其手刃转刺之，贼怒，斫其臂肋至腰，血涂地，尸卧荒墟。时七月十八日也。贼退，殡之，容貌如生，七创可数，人皆恸之。

罗氏，沙湖儒童丁方辉妻。辉因力学，遘疾革时，睨其妻，氏执夫手，泣曰："君无虑，妾随从地下矣。"目瞑，丧葬尽礼。七期满，夜分，沐浴更衣，自手密纫，投缳而死。

节妇

宋

余氏，王德甫妻。王以讼倾家，窭甚，有怨语。余止之曰："自取何尤？"王令其嫁，余泣曰："妇归时，家非不裕。至此，命也。温饱而留，窭而去乎？"纺绩供薪米，夫死，孀居二十年，行未尝出阈。咸淳间，权县事危顺吉，即其里立"节妇坊"，筠阳陈仲微作传。

元

范氏，刘应震妻。应震得心疾，合卺夕，疾作，不能成礼。未几，卒。服除，母欲令改适，不许。母曰："未酳，非改节也。"对曰："名在刘氏家庙，夫以疾废，姑在谁养？去之不可。"姑殁，复有以为请者，誓死不易。居五十年以终。

明

万氏，林全礼妻。礼任江阴卫百户，从征溺死。氏年二十四，遗腹生女，誓不他适，孝养其姑。洪武二十四年题表。

熊氏，王伯崇妻。年二十，归伯崇。越七载，夫亡，遗孤甫二岁，家贫，誓死不二。洪武二十四年题表。

顿氏，胡彦文妻，彦赘其家，未三日，以父疾归。父殁，彦文暴卒。顿号恸几绝，归治丧，养姑尽孝。孀居五十三载，天顺七年题表。

孙氏，楂村范岵妻（《府志》作"范顿"），博士贞女。年二十二，岵卒，孀居。以夫兄子为嗣，正统十年题表。

傅氏。夏希武妻。年十六，归希武。逾年，夫卒，抚遗腹孤成立。成化间题表。

孙氏，任夔妻。年十八守志，成化间题表。

林氏，湖茫李与镐妻，副使瓛媳。归二载，生子万平，镐卒。族豪利所有，百计螯之。林属万平育外氏，身撄其锋。豪见林志难夺，夜执梃殴之，中额，血被面，走就继姑徐氏，得免。徐亦以年二十五孀居，相依守节，教子俱有成。孙逢、遂，相继登科，题表其门。后赠太夫人。

徐氏，吴祺继妻。祺北上，徐与偕，至大江，祺堕水，徐跃入救，顷抱以出，祺已死，奉榇还。风烈，舟几覆。徐哀哭吁天，乃定。祺有妾张氏、李氏，李无出，张哺一孩，徐语二妾曰："尔二人愿守与否？各言所志。"张、李泣曰："愿相依。"茹荼服缟，共抚其孤以终。事闻，旌表。

范氏，东禅巷丁绅妻。年十九，夫殁，守节终。弘治间题旌。

熊氏，旗塘胡宁固妻。年十九，夫殁，矢志不二。弘治间题表。

王氏，李铭妻。铭卒，年二十四岁，誓不二天。弘治间题旌。

刘氏，黄克杰妻，年十九，夫殁，抚遗腹子守志。正德间题表。

吴氏，黄季逊妻。逊卒吴，年二十八，抚孤守志。正德间题表。

游氏，攸洛黄一清妻，学副游明孙女。年二十三，夫殁，完贞。嘉靖间题表。

李氏，经历高枝妻。年十八，枝卒于京，李不食七日。姑慰曰："殉夫，孰若抚孤？"饮泣从之。家贫，纺绩自给，训孤游庠。邑罹火，比邻环烧，独留其室，人咸谓有天相。有司上其事，表庐曰"贞节"。

雷氏，诸生黄穰妻，尚书礼之女。甫笄，适穰疾革，以子幼为恨。雷啮指诀曰："幸承家君余训，获事君。予从一而终，分也。怀中呱呱者，妾愿以身任鞠育。"穰卒，戢影深闺，日观《列女传》，称说古孝义事，勖孤汝佐游邑庠，韩御史疏闻建坊。

李氏，诸生黄栗妻，贰守缙女。栗早慧，有声场屋。卒时，氏年二十二。遗孤方襁褓，姑盲，李朝夕祝天，躬为拭濯，目复明。巡抚曹、巡按贾，题请建坊。

雷氏，郡倅述女，荷塘黄廷睇妻。夫亡守节，邑尹详请坊表。

赖氏，指挥杨郡妻，尚书廉孙媳。早寡，抚三孤，并列衣冠。邑尹申请题表。

熊氏，湖茫李度妻，尚书玑媳。年十九，夫亡，自缢柩侧。姑觉，救免。母家强谕改节，熊矢死无他，邑尹李廉实，申请建坊。

邬氏，杜用和妻。用和苦学，遘疾卒。邬年十八，剪发自誓，课子成立。万历间，申请题表。

熊氏，儒士黄如鲸妻。年十七，夫殁，抚遗腹孤，勤纺织，教之学。事姑尤以孝称。万历间详请表门。

雷氏，蒋汝琏妻。琏殁，抚妾遗腹子，承夫祀。巡按曹题表。

邹氏，袁习广妻。徐氏，周咨谋妻。彭氏，熊景著妻。袁氏，瓘山熊怀琏妻。丁氏，熊焕妻。聂氏，杨源淳妻。胡氏，龚大邦妻。张氏，胡祥玉妻。袁氏，瓘山熊焕妻。以上九人无传，成化年间旌。

周氏，陈定纲妻。熊氏，夏才兮妻。范氏，李聪妻。孙氏，范用志妻。胡氏，管澄清妻。吴氏，刘琼妻。孙氏，游世炎妻。聂氏，熊沛妻。以上八人，弘治年间旌。

胡氏，甘棠涂曰琏妻。年十九，琏卒，母欲夺其志，即剪发断指自誓。邑尹上其事，督学蔡清表之。

丁氏，南湖李廷和妻。年二十一，夫以力学致羸疾，举一子，方弥月，疾剧，竟不起。氏枕尸恸哭，四昼夜勺水不入。妯娌环守，翁姑晓以大义，乃叹曰："殉夫死，分也。成夫志，亦分也。"即起乳孤，截发毁容，不轻言笑。及子登仕版，举家孙，始一解颜，曰："吾乃今可以谢九泉人矣。"疾革，谓其子曰："葬我，必尔父侧。毋他觅也。"语毕，遂瞑。邑尹上其事，巡按赵，给粟帛，题表。巡抚边，匾其门曰"矢志靡他"。

熊氏，五都葛旭妻。李大尹表其庐。

胡氏，熊廷佐妻。年二十，夫殁，苦节自坚，终年七十七。邑尹上其事，徐、周二巡按匾奖。

彭氏，陆永真妻，通判陶匾奖。

袁氏，丁应复妻。年二十，夫殁，无子。矢志完贞，终年八十一。邑尹上其事，给米绢，奖以"金石贞操"。

吕氏，丁桀妻。桀早夭，吕励志守节。巡抚汪，请赐粟帛。

熊氏，南湖李廷言妻。年十七，于归结缡，甫八月，延吉殁。氏触棺大恸，誓不独生。孀姑饮泣慰之曰："妇人不幸失所天，从死非难，昌后为难尔。幸有孕，倘生男，得延一线，则尔功大矣，徒死何益。"氏立起，未几，举一子。家赤贫，养老抚孤，悉凭十指。姑殁，棺衾含敛中度。孤成立，弱冠蜚声黉序，为名诸生。万历六年，邑尹上其事，巡桉陈，题请岁给米绢，奖以"柏舟砥节"。

孙氏，庶吉土徐懋昭妻。懋昭卒于官，孙年甫二十，遗腹生子仁，以苦节终。

胡氏，庶吉士，黄瓛妻。适瓛甫二载，生子张。瓛卒于官，胡自京扶榇还，家贫，纺绩日用，以苦节终。

熊氏，瞿塘潘濡妻，侍郎怀之女。濡以溺死，熊破镜矢志，半藏濡棺，半以自随。年八十二卒。嗣子煌，从遗命，纳其半镜于棺。

常氏，吴桥县女，李与禄妻。归李岁余，与禄卒。遗腹生男，将扶榇归，父母留不遣。常泣曰："吾留，将置此儿何所？"以死为誓，遂得归，茹苦完节。

黄氏，游巩妻。年二十守贞，至九十一而终。

万氏，黄烇妻。年十九，烇殁，姑怜其少，微讽之。艴然曰："长可守，少不可守乎？他日得继嗣，吾事毕矣。"遂抚侄为后，以完节称。

于氏。蒋时聚妻。年二十，孀居苦守五十余年，邑绅诗以纪之。

武氏，蒋家楼蒋曰宪妻。宪早卒，父母舅姑以武少，欲夺其志。武曰："舅姑老，妇去，谁为事者后劝？"姑为舅纳妾生子曰窿，妾旋亡，武抚育之长，婚娶生子，未五载，所娶亡。继娶缪氏，曰窿又亡。武偕缪氏，坚守抚其孤，卒年六十九。

罗氏，金桂妻。归金甫岁余，生子星。桂以掾考候选，卒于京。罗年二十余，挈数岁孤至京，舁夫柩归，藁葬省申公庵侧地，后为豪家夺。罗复收骨，祔祖兆，日以十指营生。训其子成名，年八十三卒。星，官东安知县。

李氏，毛钦若妻。熊氏，甘桢妻。熊氏，杨楠妻。蒋氏，吕骙妻。郑氏，李绣妻。徐氏，陈朝妻。黄氏，杜阜妻。潘氏，范正端妻。李氏，刘湮妻。刘氏，孙键妻。潘氏，袁骐妻。涂氏，李运二妻。喻氏，刘仲高妻。邹氏，甘正华妻。关氏，袁伯乾妻。丁氏，诸生孙钥妻。黄氏，城南范世达妻。刘氏，诸生黄可捷妻。林氏，袁光冕妻。

以上十九人，皆芳龄矢志，各上台旌奖其门者。

熊氏，南湖李仲止妻。年三十，守贞，松操柏节，后嗣蕃昌。

王氏，南湖李廷鲸妻。年二十五，夫殁，子应聘四岁。应聘娶游氏，补增〈生〉。甫二载，遂疾卒。子世台，六龄。游年二十九，姑时家尚饶，而游值明季寇乱，家一空。会族有侵耗天庾米数千石者，毁家莫能偿。羽檄频催，令患之，饬族均输。奸人乘机欺，游孤寡，视他户为倍。卒能使子为通儒缙绅，子弟悉从之。

国朝

皮氏，孙国忠妻。年二十八，夫殁。贫苦抚孤，巡按王志佐，题请建坊，岁给粟帛。

李氏，范永祺妻。永祺初病，李愿以身代。殁，矢志植孤，勤緝绩，为教养资。巡抚张朝璘，题请建坊。

熊氏，湖茫诸生李焘妻。年二十四而寡，遗腹一女。矢志守节，康熙六十一年，题准建坊。

杨氏，城南黄承芳妻。年二十七，夫殁，殓葬毕，自缢，家人救免。母氏欲夺其志，遂终身不归宁。甲寅避乱山庄，夜梦人告曰："贼至，速去。"杨呼老仆妇，抱幼子匿煤井中，得免。寿至八十一，雍正四年，题准建坊。

任氏，东坑魏邦遴妻。年二十一，夫殁。抚遗腹孤，守节。年九十三，雍正四年，题准建坊。王氏，陇城林欲华妻。年二十一，夫殁，守节三十四年。性好施予，周贫乏。岁癸巳，邑大水，村庐淹没。王出纺绩资，易谷赈饥。雍正四年，题准建坊。

雷氏，教授鉽之女，仙音巷陆濬濂妻。归陆数载，夫死。矢志抚遗孤，雍正十一年，题准建坊。

丁氏，大夫桥揭镇妻，早寡，矢志。雍正年间，题准建坊。

熊氏，衢塘潘非谅妻。年二十三，夫殁。乾隆元年，题准建坊。

余氏，邑郛甘城妻。苦节抚孤，乾隆元年，题准建坊。

杨氏，仙音巷陆宗道妻。宗道殁，杨年二十三，孤方四岁，翁姑年近耄，杨慈孝兼至。子稍长，出纺绩余资，泣付曰："尔父读书，赍志殁。以此付尔，广生积、立祠庙、贸祭田，他日不缺，岁时享祀，即乃父地下可无憾矣。"丁卯元旦，呼子媳，诏家事毕，端坐逝，年六十九。乾隆元年，题准建坊。

张氏，乌石周惟正妻。年二十六，惟正卧病，张夜分辄焚香吁天，愿以身代，衣不解带数月。及殁，矢志守贞，里人罕见其面。乾隆二年，题准建坊。

余氏，瓘山熊明达妻。顺治乙酉寇乱，夫及舅姑咸罹难。余年二十二，携子匿沟中。寇退，乃出，家歼八人，氏拮据，殡殓抚孤，辛苦备尝，历六十一年卒。乾隆三年，题准建坊。

徐氏，北湖丁朝印妻。年十八，生子劭湘。甫两月，夫殁，守节。乾隆三年，题准建坊。媳杨氏，劭湘妻，年二十二，劭湘殁。剪发置夫棺，誓与姑同守。抚遗孤成瑞，娶妻杨氏，年十九，成瑞殇，氏抚侄为嗣，一门苦节，三世孀居。

任氏，万伯薰妻。青年守志，抚孤成立。乾隆三年，题准建坊。

杨氏，江都丞朱熿妻。乾隆三年，题准建坊。

徐氏，香炉坑叶锡宗妻，年二十七守志，乾隆三年，题准建坊。

张氏，生员何岳妻。夫殁，事姑章，十指供给。乾隆三年，题准建坊。

聂氏，大井头余钦爵妻。年二十二而寡，一子，方三月，氏励志抚育，数十年勤劳操作，备极艰辛。乾隆四年，题准建坊。

谌氏，太平巷例赠知县杨肇龙妻。龙卒，谌抚遗孤国庆，备极艰辛。庆性孝，事母廿余载，谌卒，庆以哀死。媳丁氏，进士知县丁序珙孙女。痛姑苦节，嘱子其谟，吁请旌表。时学使林枝春、署抚军彭家屏，会疏题旌，阅事实中语，并知其母丁氏，至性贞心，不可泯没。林复题“嗣徽贤孝”表其闾。

谌氏，孙其谟继妻。周氏殉难参戎周尚功孙女。其谟宰保定，以劳瘁卒。氏欲死殉，念夫柩远在四千里外，季孤尚襁褓，乃节哀，拮据丧事，扶柩南归。苦节，与姑及祖姑等，时称“三世节孝”。子念槐，山东闸官。念庭，效力河工。道南，拔贡，即选州判。

李氏，苦竹游洪甲妻。归一载，洪甲卒。李年二十，投缳绝粒者数次，以有娠，不果死。及举子继斌，诲育兼至。为名诸生。家孙方震，成进士，皆李督课，义方之力。乾隆四年，题准建坊。后赠七品太孺人。

甘氏，苦竹游焕章妻。年二十余，夫殁，家贫，子弱，翁姑耄。甘克尽妇职，养生送死，所需半出女红。乾隆四年，题准建坊。

酆氏，清邑解元岳寿孙女，湖北诸生熊伟妻。年二十八，丧夫，痛欲身殉。姑曰：“予衰朽，汝欲殉夫，藐孤仅二龄，予能代抚乎？”酆乃不死，越数载，姑殁，丧葬如礼。逢姑暨夫忌日，必衣缟素，设奠哀泣。乾隆四年，题准建坊。

崔氏，邑郛匡懋贤妻。夫殁，子幼，教养备至。乾隆四年，题准建坊。

毛氏，职贡毛沇女，三坊罗与元妻。夫殁，亲老子幼，仰事俯育，一身肩之。乾隆五年，题准建坊。

郭氏，沧溪诸生龚珩妻。媳甘氏，定远妻。父子早逝，姑媳苦节一心。乾隆六年，坊表双节。陆氏，教谕伯威女，邑郛大街甘日焜妻。年二十七而寡，家贫，日督诸孤读书。泣谕曰：“尔父早世，期尔辈成立，以绍先志，吾愿慰矣。”乾隆六年，题准建坊。子唐海、师盘，以学行著。孙兴仁，雍正甲辰举人。

魏氏，三坊邹维秀妻。年二十八而寡，秀病笃，氏号天，愿以身代。夫殁守志，足不逾阃，竭力奉姑。姑年逾九十卒，乾隆六年，题准建坊。

邹氏，举人黄甲俊妻。年二十三夫殁，遗孤方五岁，矢志守节。事翁姑，视夫存更挚。巡抚舒，具题建坊。

郑氏，周光叶妻。青年守忠，事姑尽孝，训子有方。乾隆六年，题准建坊。

揭氏，陈愈藩妻。夫殁，守志植孤，克绍前徽。乾隆六年，题准建坊。

熊氏，游家山游洪兰妻。洪兰殁，氏年二十八，姑老子幼，家赤贫，得米面，取精者奉姑，姑余饷子，己以糠麸作饼度日。姑卒，棺衾祭葬，皆竭力尽礼。乾隆七年，题准建坊。

何氏，蛟湖徐之韧妻。年二十四，痛夫力学成疾卒，绝粒数日，舅姑谕曰："汝夫殁时，以老亲稚子见属，汝死，我二人与八月孤，谁为事育？汝可戕生，而负夫托耶？"何乃起进食，后以孝慈闻。乾隆七年，题准建坊。

刘氏，筱塘李敬妻。年二十三，夫殁，遗二孤，上有祖姑、翁姑，家贫甚，鬻奁赀，继以纺绩为事育计，十指皆枯。长子福龄，甫七岁，能读父书。氏以慈代严，鼓励不倦，为名诸生。乾隆七年，题准建坊。

褚氏，邑郭熊大秀妻。夫殁，矢志抚孤。乾隆八年，题准建坊。

蒋氏，桥头袁应楫妻。年二十余，夫殁，一子，甫四龄，鞠育周至。事舅姑以孝称，袁故有军差，十年递换，应运津贴，虽寡孤儿，不可免。蒋经纪其赀，应付无误。视诸堂侄为己子，悉为毕婚。守节五十载，乾隆九年，题准建坊。

胡氏，密岭熊元宧妻。年二十七，夫故，奉姑尽孝。抚二孤，慈严并至。终身不茹荤，先是，同乡有贷夫银者，计鬻妻以偿。胡闻，还其券。夫柩在堂，邻失火，几及柩所。胡抚棺哀吁，风顿返，火熄。乾隆十年，题准建坊。

陆氏，东城涂山蕡妻。年二十四，夫殁，触棺破颅，勺水不入日者五日。亲属劝以嫡庶三姑在堂，二子幼弱，一身负荷匪轻，乃强起节哀，顺事嫡姑与两庶姑，养葬悉如礼。嗣以幼子夭，哭几丧明。家政仍支持不倦，苦节垂五十年，巡抚舒，题请建坊。

李氏，艾冈诸生刘文汉妻。青年丧夫，抚孤成立，乾隆十年，题准建坊。

傅氏，四坊周廷相妻。夫殁，事老姑、植孤子，乾隆十年，题准建坊。

邓氏，罗舍周永圣妻。乾隆十三年，题准建坊。

胡氏，筱塘李檤妻。夫死守志，孝事翁姑，慈抚孤子，贞操推重乡邻。乾隆十四年，题准建坊。

刘氏，塘粟山邬汝权妻。青年矢志，白首无瑕。乾隆十四年，题准建坊。

江氏，揭源里揭朋妻。生子三月，夫殁。江年二十六，常饮泣慰姑，恐触姑伤。姑殁，鬻奁赀舁翁暨夫柩，次第葬之。每以"力学厚道"训子孙，乾隆十四年，题准建坊。

李氏，揭阳知县景运女。年十八，归义井孙志学。明年，举一子。夫殁，誓不独生。舅姑以"死节易，抚孤难"晓之，始强起，事舅姑以孝敬闻。抚遗孤成立，乾隆十六年，题准建坊。甘氏，门楼黄源妻。年二十一，夫殁，无子。舅姑怜其少，谕其母劝改醮。氏誓死不往母家，贞静自守，以完节终。题请旌表。

李氏，沙埂周钦礼妻，生员洪庠之母。黄氏，横冈徐方兴妻。熊氏，杨绍麐妻。杨氏，熊亮鹤妻。以上四名，《府志》编在请旌之列，无案可查，仍旧附载于此。

邹氏，课瑞刘维珍妻，乾隆二十年，题准建坊。

任氏，刘以杰妻。乾隆二十年，题准建坊。

徐氏，北湖吕锺珏妻，年二十四，夫殁，姑老子幼，家极贫，借纺绩，资薪米。子成立，享大年。乾隆二十二年，题准建坊。

徐氏，北湖吕锺相妻。年二十一，夫亡，遗腹生子阁，娶妻张氏。阁殁，张年二十五，抚一子岱枨，娶妻陆氏。年二十，岱枨亦殁，徐守节三十二年，张守节三十五年，陆守节二十六年，人称“世节”。乾隆二十四年，题准建坊。

周氏，故里鄢维康妻。读书识字，归鄢五年，夫死。课孤读，日命就傅。夜分挑灯，亲为讲解。会修邑《志》，遍阅谱牒，见先世元刑部侍郎至善，以刚直忤权相，被害，前《志》未与表彰，乃手抄事实，命子请立传。其通晓大义，有须眉所不及者。邑侯满，奖以“女中文献”。乾隆二十九年，题准建坊。

潘氏，筱塘李诰妻。夫死，断发明志。有劝嫁者，引刀刺面，亲属咸敬畏之。乾隆三十一年，题准建坊。

余氏，陇城林象明妻。夫死，誓身殉。人劝以姑老子幼，氏纳其言，孝慈愈至。乾隆三十四年，题准建坊。

夏氏，袁孔训妻。夫死，无子，誓死靡他。孝事翁姑，抚侄为嗣。乾隆三十六年，题准建坊。熊氏，流溪牌楼前萧仕福妻。年二十六，夫殁，子未周月，守节五十五年，备极艰苦。乾隆三十七年，题准建坊。

聂氏，滦塘监生陈汉度妻。年二十，夫殁，抚孤，娶媳鄞氏。子媳相继亡，抚遗孙之造成立，乾隆三十八年，题准建坊。

熊氏，学前李绍宗妻。夫殁，截发毁容，孝亲抚子，苦节终身。乾隆三十八年，题准建坊。

徐氏，曾日柱妻。夫故，孝翁姑、抚幼子，乾隆三十九年，题准建坊。

涂氏，北门唐秉泰妻。青年丧夫，毁容明志，事姑抚孤，孝慈兼尽。乾隆四十年，题准建坊。丁氏，范士谟妻。夫殁，纺绩奉亲，和丸教子。乾隆四十二年，题准建坊。

吴氏，石坑雷仕錩妻。夫死，家贫，亲垂白，子甫晬，孤苦零丁，清操自励。年九十六卒，乾隆四十三年，题准建坊。

李氏，熊扬铨妻。乾隆四十五年，题准建坊。后以孙梦符贵，赠恭人。

李氏，陆跃龙妻。夫卒，截发入棺。茹荼苦守，敬养翁姑，抚成稚子。乾隆四十六年，题准建坊。

余氏，贡生熊绍魁妻。夫卒，引刀划面，誓不二天。孝敬事亲，义方训子，艰苦备尝，贞心弥挚。乾隆四十八年，题准建坊。

杨氏，高桥熊高李妻。年十八，归熊。夫遘危疾，及革时，氏截发誓曰：“君不幸，妾当代君事姑抚孤耳。”夫目遂瞑，姑卧病一载，侍奉无稍倦。姑殁未葬，邻火延柩室，氏抱棺号恸，愿与俱。焚风顿返，火息，乡人异之。抚子娶媳，子殁，媳继亡，两孙在襁褓，氏又抚之成立。孙景经，妻徐氏，年二十三，经殁，抚遗腹孤，羸而多病，徐忧之，更立从子铎为次子。祖姑年七十，徐奉养得欢心。会病，祷于灶神，愿以己年益之，疾顿愈，阅九年卒。杨，乾隆五十四年题准建坊。徐，道光四年题请旌表。

鄢氏，板桥头傅沛桂妻。夫殁，事舅姑，养葬尽礼。抚孤子，婚教克全。乾隆五十四年，题准建坊。

熊氏，儒童于世启妻。年二十三，世启病革，陨涕曰：“亲老子幼，奈何？”氏泣曰：

“殉夫易，抚孤难，妾请为其难者。”夫死，事舅姑孝，教子成立。子大潮，例贡生。孙九，长麟，邑增生。乾隆五十四年，题准建坊。

袁氏，筱塘李允刚妻。年二十，归李。夫力学苦贫，袁罄奁赀佐膏火。明年举一子，夫病咯血殁。姑见袁青年，谕以守节难，袁泣对曰：“媳名已在李氏庙，况此呱呱者谁托耶？”卒全其志。子一，孙四，曾孙七。乾隆五十五年，题准建坊。

金氏，熊仪森妻。年二十六，夫殁，截发纳棺。孝事老姑，抚成嗣子，苦节数十年。乾隆六十年，题准建坊。

熊氏，浒溪杨，本姓周应栋妻。年二十四，夫殁，事姑克孝，教子成名。姑九十四岁卒，殡葬尽礼。乾隆六十年，题准建坊。

杨氏，章添琳妻。年二十二，夫殁守贞。翁老病瘫，鬻簪珥办医药，事老姑得欢心。抚孤成立，乾隆六十年，详请建坊。

毛氏，厚郭儒童胡时梅妻。年二十四，夫殁，子甫二岁，姑年逾七旬。毛励志养姑抚子，越二年，子夭，立夫兄子肇仪为嗣。未几殁，遗孙际缵，甫四月。氏与媳雷氏，抚之成立。嘉庆元年，题准建坊。

徐氏，冈上儒童王遴妻。年十七，归遴。遴读书过劳成瘵，殁。氏年二十一，长孤三龄，幼在腹。翁姑老病，氏念一死无难，如翁姑幼子何？遂敬事翁姑，教子成立。嘉庆四年，题准建坊。

刘氏，上点杨尚广妻。尚广客黔，奔苦成瘵，殁。氏年二十三，孤际启甫晬，家赤贫，十指操作，日一食，自为未亡人。至白首，距母家里许，不一过。以子职，封太安人。年八十余殁。孙、曾皆邑庠。嘉庆六年，题准建坊。

邓氏，黄木窠邹之碧妻。年二十六，守志苦节四十五年。嘉庆八年，详请建坊。

葛氏，湖北熊嗣捼妻。年二十六，守贞训二子成名，卒年六十九。邑侯王，详请建坊。

谌氏，龙雾洲诸生毛廷机妻，南昌板湖女。年二十，归廷机。廷机，故进士凤雏诸孙，负异才。入泮时，以“神童”称。年未弱冠，以疹殇。氏绝粒累日，姑谕之曰：“汝夫英年早折，志坚同穴固然，但上有老翁姑，需汝奉余年，且身怀遗孕，或可延夫嗣也。”氏因勉自节制，以安长上心。迄五月，举子新灿，遂代夫尽子职。以母兼父道，殚心茹苦五十年，嘉庆九年，详请建坊。

蔡氏，茂溪儒童甘肇魁妻。年二十三，夫殁。号痛触柱，姑谕以立夫兄稚子为后，始进食视事。苦节五十一载，嘉庆十年，详请建坊。

万氏，沙溪儒童周洪瑞妻。年二十五，夫殁守志。子模斗中夭，遗一孙。与媳李氏，抚之成立。嘉庆十年，题准建坊。

丁氏，澄源诸生卫正炜妻。年二十八，夫易箦时，深以亲老子幼为恨。夫卒，丁承夫志，孝慈兼尽。年九十五卒，孙、曾皆通显。嘉庆十一年，详请建坊。

李氏，沙溪周洪钧妻。年二十三守志，慈孝兼全。嘉庆十一年，详请建坊。

雷氏，儒童涂劲妻。年二十一，夫死，一子中夭，与孀媳相依守志。后立叔子为嗣，复立嗣子之子为媳嗣。嘉庆十一年，详请建坊。

汪氏，邑郛监生黄曰山妻。夫殁守志，训子成名。嘉庆十一年，详请建坊。

谢氏，八坊潭埠儒童鄢曰麟妻。年二十，夫故。矢志抚孤，慈严兼至。姑早逝，翁老病，调护尽诚敬。子常琭，雍庠。邑侯张，匾奖“冰雪清晖”。同治七年，题请旌表。

熊氏，四坊儒童范守元妻。年二十，夫故，将身殉，因呱呱在抱，乃剪发纳棺，誓死不二。嘉庆十一年，题准建坊。

黄氏，同造儒童孙光族妻。年二十三，夫故，截发自誓。生子金，家贫，纺绩铢积为教子费。溽暑严寒，督课不懈，故金得为名诸生。嘉庆十二年，题准建坊。

杨氏，泊濂朱其惟妻。年二十七，其惟病革，曰：“我死，汝青年，奈何？”氏泣对曰：“期同穴耳。”惟又曰：“死易，吾父母老，子幼，奈何？”氏又曰：“君倘不测，妾惟从一以终。”其惟颔之，目遂瞑。氏卒践遗言，年八十四卒。嘉庆十二年，详请建坊。

陈氏，源岭监生朱光诰妻。年十七归诰，氏有隐疾，恐不孕，劝夫置妾杨氏，生子云辂。甫周岁，杨氏卒。氏抚之如己出。年二十九，光诰病殁，姑老子幼，子道父道，一身肩之。嘉庆十二年，详请建坊。

蔡氏，三坊儒童陈英唐妻。年二十七，夫故，子襟章、襟解、襟舰俱幼，堂上病姑，蔡拮据，心力俱尽。襟章聘徐女，未娶卒。徐年十八，闻讣，趋夫家侍姑，共守贞。蔡历五十一载，徐历四十四载，嘉庆十二年，详请建坊。

熊氏，四坊生员范志薰妻。年二十六，夫力学成瘵疾殁。氏守节三十余年，未尝一至母家。嘉庆十六年，题请建坊。

陈氏，禾冈李事兴妻。年二十二守志。无子，立侄为嗣，教养如己出。事翁姑，以孝闻。嘉庆二十一年，题准建坊。

李氏，瓘山儒童熊祥麟妻。麟力学暴卒，氏年二十一，有以青年无子，劝改适者。氏正色曰：“妇人之义，从一而终。因无子而再醮，何面目见亡人于地下也？”乃抚侄为嗣，杜门不出，孀居三十一年。嘉庆二十二年，题请建坊。

杨氏，南槎桥监生邹学超妻。八岁，通《女诫》，年二十九，夫殁，截发置棺中。舅耄且瞽，姑亦多病。杨朝夕侍奉，饮食必亲进。子之瑗，国学。嘉庆二十三年，题请建坊。

夏氏，松湖国学熊谟妻。年二十九，夫殁，截发矢志。道光元年，题准建坊。

熊氏，滕坊金世义妻。年二十一，夫殁。陈氏，金世雳妻。年二十，夫殁。熊无子，陈抚遗腹孤成立。妯娌孀居，节操共励。道光二年，题准建坊。

詹氏，四坊上点职员杨际岱妻。年二十九，夫殁于黔。氏抚夫兄子泰为〈嗣〉。幼多病，保爱如己出。翁殁，寝处嗣，必与姑偕。道光三年，题准建坊。

孙氏，安峰张天贤妻。年十八，夫殁。姑孀病蹇，氏扶持不离左右。立从子承夫祀。道光三年，题请建坊。

管氏，七坊儒童屈忠凤妻。年二十四，夫患弱疾卒，管触棺流血，几毙。姑抱孤置氏侧，抱氏大恸曰：“十世一孤，汝忍以一死，斩之今日乎？”氏乃立起抚孤，尤以孝称。

道光三年，题准建坊。

陆氏，花桥徐光宗妻。年二十四，夫殁，遗孤五岁，羸弱多病。姑以宗祀一线，忧成疾。陆将顺其志，抚养尽瘁，姑疾竟瘳。道光三年，题请建坊。

曾氏，孝弟坊大塘毛体端妻。年二十七，夫殁于湖南嘉禾县。遗孤洪顺，年甫周。及长，曾命往嘉禾收父骸，道病卒。父子俱藁葬外地，耗闻，洪顺妻蔡氏，时年二十四，适临蓐，几绝。姑谕曰："毛氏十三世，赖此孤，吾老矣，妇死，谁抚之？"因起乳子。家无宿粮，妇姑纺绩为生，无何，孤病没。蔡又与孀媳曾，抚二孙，苦守废椽，支草舍，三旬九食，贫病交迫，邻里怜之。道光三年，礼部行查，请旌。

李氏，铜湖南溪余景曙妻。年二十五，夫殁于楚。哀恸滨死，邻妇劝他适，叱曰："从一而终，义也。况我舅姑素以孝闻，我岂忍贻门户羞？"励志抚孤，慎出入，勤纺绩，未三十，发尽白。道光三年，题准建坊。

饶氏，孝弟坊大塘职贡毛沆继妻。年二十八，夫殁。道光三年，礼部行查，请旌。

潘氏，六坊监生李廷佐继妻。年二十六，守贞。奉姑孝，抚前孤成立，训有义方。道光四年，题请建坊。

杨氏，一坊高桥熊运琏妻。青年矢志守节二十余年。道光六年，题准建坊。

李氏，邑郛大街甘崇源妻。夫殁，守志。家故贫，子甫四龄，纺绩度日。遇不给，母家间资佽之，人称苦节。道光八年，题准建坊。

张氏，店里王贤邦妻。年十二，自蜀归。及笄，归王氏。家世青箱，井臼之余，纺砖伴读。子一：祖兰，尊章甚爱之，氏鞠育，勿违其意。一日，夫咯血，求医和缓，昕夕视药铛，终不起。夫殁，年十八。氏年二十，亲属有无赖者，反借此生心攘夺，氏以孀鬓盘错，靖蓦地风波，亦曰："未亡人茕茕在疚，何计盐鹾，与亲属诟厉乎？"尊章殁，终丧尽制。课子延师，一禀阶伯甫，不辍和丸。祖兰登贤书，孙枝林立，学使张，以"怀清履洁"匾奖之。道光三十年，题准旌表。

黄氏，横山下坊邹师佐妻。自归邹，尊章娣姒，咸称贤妇。诸姑贫者，尤善调剂，勿贻堂上忧。无奈尊章卒，夫亦相继殁。以未亡人作持门，妇冰霜励志，中无忧丛脞，而一门雍肃，十余年无诟谇声，邻妇效之，勃溪皆化。卒年六十二，道光三十年，题准建坊。

谢氏，横山下坊邹立贤妻。夫病，刀圭弗效，祷于神，请以身代，卒不起。氏抢地呼天，欲自尽。因念遗孤谁抚，乃封发，誓杜门居，悉心鞠育，亟望成人。而蕴结忧伤，终不自已。旋病卒。道光三十年，题旌建坊。

丁氏，南湖李绍宝继妻。年二十九，夫殁，子培本三龄，有小姑一，女三，未期夫弟，因艰食。析箸时，六口待餔。氏以纺绩督姑女，资生活。子稍长，就外傅，氏篝灯织纴，常督夜课，泣谓曰："吾忍饥耐寒，日夕不遑者，为汝耳。汝不发愤，吾终穷矣。"凡脩金及姑女妆奁，悉出十指。刻苦铢积，渐小康。置东关外早田十八工一角，价二百四十缗，捐于学名堂，佽办考公费。咸丰四年，县尹上其事，题表。同治七年，汇登总坊，从祀节烈祠。子培本，增贡。孙时蕃，国学。曾孙二，长应童试有声。

袁氏，赠奉政大夫李霨妻。性贞淑，崇节俭。年十七，适李，事舅姑甚谨。二十夫殁，痛极，死而复苏者再。然恐伤舅姑心，无以续夫嗣，抱养夫弟闾子增筹，督课备至，以抵有成。指捐湖田知县加同知衔，封宜人。咸丰四年请旌。

甘氏，赠奉政大夫李闾妻，封职达周女也。年二十六，夫殁，痛极不欲生。独念长子增筹仅六岁，既承夫兄祀，次增华甫十九日，两家似续，责专一身，倘死，何以对泉下？必使未亡人，事翁姑如子职，抚襁褓以成人，始无愧耳。后以出继子增筹，封宜人。咸丰四年，汇旌。袁氏，筱塘李诜妻，年十七，归李。适夫病笃，强起，行合卺礼。氏昕夕侍汤药，三月，竟不起。氏哀痛欲殉，翁姑泣止之，以夫兄谦子增美为嗣，遂戢影深闺，恪修妇职。年二十七，卒。咸丰元年，学使张，以“全贞播懒”匾奖之。子增美，邑庠。诸孙济济，人以为贞节之报。咸丰八年汇旌。

蒋氏，二坊窑里卢炳端妻。年二十守贞，道光乙未，学宪张，给予“苦节荣名”匾。咸丰四年汇旌。

涂氏，仙音巷陆光斗妻。年二十九，夫殁。家甚窘，女红度日，抚孤成立。数十年霜鬓白首，苦节以终。咸丰八年汇旌。

丁氏，仙音巷陆际洲妻。年二十七，夫殁，家徒壁立，纺织营生。含辛茹苦四十余年，殁后无嗣。咸丰八年，族人醵金，题请建坊。

曾氏，上点封职杨嘉妻。性朴不事铅华，与侧室朱氏，皆尽妇职，无间言。夫死，家颇裕，遇贫苦，施与无吝，族人德之。终身冰霜共凛，匿迹孤帷，亲属亦罕见其面。咸丰八年，题请双旌。嗣孙昌林，业儒。

丁氏，仙音巷州同陆运梁妻。年二十七，夫殁守贞。敬翁姑，抚子成立。子际元，浙江长林场盐大使。孙昌经，县丞。昌纶，国学。以子职，封宜人。咸丰八年汇旌。

李氏，口前生员周景岱妻，饶州府教授恭元三女也。年十八，归周。事翁姑惟谨，理家政有条。年三十，景岱卒。抚子运焕，娶媳蔡氏。年二十七，运焕又没。蔡有孕三月，欲自尽。李泣止之曰：“宗嗣绝续，系汝一身，毋轻生为也。”阅数月，蔡举男。李死，蔡殓葬尽礼，抚孤成立，抱孙焉。李得年五十九，蔡得年六十三。咸丰八年，题表双节。

丁氏，东门万介兴妻。年二十一守贞。敬事翁姑，抚孤成立。操持严洁，历六十载不渝。子光国，雍庠。咸丰八年汇旌。

徐氏，黄埠脑职员张勔伟妻。幼遵姆教，勤女红。年十九，归勔伟。善事继姑，和妯娌，抚诸侄如子。夫客死，氏闻耗，欲身殉。姑谕以亡灵未妥，未可轻生。氏立起操作，柩归，丧葬如礼。久之，邻妇有以家贫，诱改适者，氏泣曰：“未亡人饮冰茹蘖，命也，敢贰其心乎？”卒奉母抚孤，克全慈孝。年七十五卒。学使张，以“怀清履洁”匾奖之。咸丰八年汇建总坊。子诚，增贡，有学行。孙馨，雍庠。

喻氏，一坊高桥诸生熊铎妻。读书晓大义，于归越岁，夫殁，遗腹生子彬文，教养成立。学使单，以“就义全贞”奖之。咸丰十年汇旌。

黄氏，邑郛陆运松妻。年十八，夫客贸黔阳，病故。氏闻讣哀悼，矢志守贞。生平勤劳纺织，俭仆自持。喜谈阴骘，日念《感应篇》《阴骘文》《觉世大士》等经。病剧，若有神默护者，病立痊。咸丰十年汇旌。嗣孙昌林，业儒。

徐氏，大夫第杨懋见妻。性贞淑，素娴《女诫》。年二十八，夫殁，子暄甫四龄。堂上孀姑垂白，氏饮泣慰姑，克全孝养。课子，每五夜一灯，手经指纬，令暄捧卷机旁，书声相答，人以暄膺乡荐，多秉贤母之教云。咸丰十年汇旌。

甘氏，九坊金作孚妻。年二十六，矢志守贞，臻上寿。邻失火，将及氏居，风忽反，获免，人以为贞节之报云。咸丰十年汇旌。

曾氏，二坊李胜周妻。年二十四守贞，事姑孝，教子严。子死，同媳孀居。咸丰十年汇旌。

曾氏，梅冈李林锦妻。年二十六守贞，娴内则，孝翁姑，谐妯娌，勤织纴，数十年性如介石。子锡畴，州同。咸丰十年汇旌。

丁氏，鹤村国学杜元继妻，德兴教谕念然少女也。四岁授《葩经》成诵，十岁能诗。《咏梅》云："经过一番霜雪后，拈来色色是真香。"《望月》句云"清白影常留"，父见之谓曰："香缨儿作此清绝语耶？"年十九，为元继室。元爱琴耽诗，互相唱和。《咏菊》诗"君怜秋色淡，妾爱晚香清"，佳句也，而诗谶兆焉。元未几病卒，氏年二十一，原配子甫三岁，氏凭棺号绝，逾时苏，念孀姑在堂，绷儿在抱，立起以事姑抚孤为重。逾年，孤殇，姑又没。以夫弟子镛为嗣，保抱如己出。稍长，诲之章句，皆口授。出就外傅，勖以诗云："为学如航星宿海，几人撑得到中间？"乾隆乙巳，郑尹枢闻而贤之，谕镛请旌，白诸母，母曰："未亡人守节，分耳，毋请。"宰益贤之。年八十四，同堂四世，著有诗草。高尹以本，有《明月行》题赠，均选入《艺文》。同治七年，张尹上其事，汇题请旌。

熊氏，邑郛隍巷文坛妻。幼诵诗，明大义。夫殁，甘贫守节。遗孤铨，甫离襁褓，氏以织纴资抚养。铨成立，娶匡氏，举一孙。未几，铨亦卒。熊谓匡曰："饶冰茹蘖，苦节良难。汝盍早自计。"匡跪泣曰："媳自知姑无虑也，瑶池有雪，古井无波。媳愿与姑白首共矢，洎娶媳抱孙，匡亦垂老矣。"熊喜曰："吾家累叶清门，汝复始终如一，吾甚慰焉。前言特相激耳。"熊与匡姑媳均享高年。孙炳汉，举人，泰和教谕。曾孙辉乔，附贡。元孙学韩，邑廪生，咸谓两世清节之报。同治七年汇旌。

熊氏，卿塘儒童周继芳妻。年十九，夫应童试，未售，愤郁而卒。遗腹子曰辉，娶媳李氏，举一孙洪梦。未几，曰辉又殁。时老姑在堂，熊痛夫痛子，忧咽悲伤，恐贻老姑忧。偕媳李氏，每抱绷儿洪梦，以娱悦之。邑人士赠以诗云："一门双节孝，后代几儿孙。"元孙祐，郡庠。莲，邑廪。棻，国学。同治七年汇旌。

袁氏，南湖李绍宗妻。年二十七，夫殁，子女俱幼，矢志守节。性贞淑，不出闺阃。自归李，母女家仅一往还而已。同治七年汇旌。

谢氏，横山下坊邹师偈妻。幼入门，合卺后，夫殁。翁以家贫，欲其改适。氏自誓之死靡他，惟磨励孀帷，茹苦食蓼以终。同治七年汇旌。

丁氏，南湖职员李曰松妻。夫殁守志，事翁姑克孝，处妯娌咸和，训子孙有方。好施与，无吝。同治七年汇旌。

邹氏，金坊金安晏妻。年二十一，夫死，欲身殉。念孀姑垂迈，藐孤在怀，强起，勤纺绩，佐饘粥。嘉庆十一年，详请建坊。

唐氏，三坊蔡廷新妻。青年守志，白首完贞。事姑尽孝，训孤子有成。同治七年汇旌。

毛氏，五坊上宅李志绥妻。年二十七夫殁，誓不再适。抚二孤成立，同治七年汇旌。

李氏，厚郭胡际祥妻，赠公之实四女也。年十七归胡，家贫甚，谨修阃鼒。年二十七，子福生仅七龄，夫殁，痛几绝。自誓曰："妾死何益？当为泉下人抚此孤耳。"遂辍泣，起操作，悉心鞠育。子长，习艺浦城。发逆窜扰，城陷被掳。氏闻忧郁，成蛊疾，纺织犹不懈。阅四年子归，氏始卒，同治七年汇旌。

刘氏，袁坊廪生袁成均继室。年二十三，子儆，甫六龄。夫疾革，谓氏曰："吾两娶，始获子，今累尔，勉为欧母。"氏承夫志，儆废学，泣述遗嘱，痛笞之。现列邑庠。同治七年汇旌。

涂氏，筱塘议叙八品李环照妻。年二十四，夫殁，遗腹生子秉熼。教养备至。同治七年，由部请旌。

周氏，云岭屯溪王绪庭妻。年二十六，矢志抚孤，巾帼中有丈夫风。曩居楚湘，舅与夫久客，相继殁。氏霜鬓抱痛，检行囊，奉两榇归里，营葬毕，尤恐先芬中断，见祠宇门墙及舆梁多圮缺，独力完构。又见枌里中，亟需赈恤，义浆仁粟，无急不周。氏治家，兼览书史，夜绩，令儿诵读于旁，每揭明古人意旨。弄孙，亦口授之，佥曰："班姬才节，又见一斑矣。"以子亮，道光己酉拔贡，加常博衔，赠安人。孙萃春，高安训导，同治七年汇旌。

王氏，三江口后万里赠中宪大夫万光熊妻。青年守节，抚继子如己出。以子启心贵，赠恭人，在部请旌。

罗氏，三江口后万里国学万介掞妻。守贞四十七年，寿七十五岁。以子光诰职，封安人，在部请旌。

吴氏，三江口后万里儒童万启佑妻。年二十二守贞，以子希皋职，赠儒人，在部请旌。

袁氏，甘棠北下议叙九品涂维棠妻。夫故守贞，抚孤成立。苦节三十余年，在部请旌。

夏氏，筱塘候选教谕副贡李金萱继妻，赠通奉大夫夏廷松长女也。年二十一夫殁，贞闺自守，足不逾阈者四十年。抚孤养继以教，有画荻风。立家诫，仆媪无敢剧言。娴书算，家政亦皆就理，高门中巾帼丈夫也。以子士琦由邑庠捐光禄寺署正衔，封安人。年六旬，陕甘总督、一等恪靖伯赠有"励节受祉"额。同治年间，由部请旌。

李氏，鹤村杜怀魁妻。性伶俐，遇事有识。年二十八守贞，子六龄，家中产，丰俭适宜。一日，夫兄怀仁，向武生袁某取赁赀，被殴殒命。氏首发之，抵罪，咸称女中丈夫。同治七年汇旌。

涂氏，六坊职员潘鼎贵妻。年二十八，夫殁，励志永贞克，守幽闲之度，抚孤成立，不改勤俭之常。同治七年汇旌。

杨氏，七里儒童黄兆文妻。年二十八，夫殁，一子应壁。氏磨砺嫠帷，阃政中操，不独男钱女布；勍邻外逼，正如泽底冈头。氏皆无虑，尝曰："吾惟虑应璧读书不能成名耳。"璧承训，励志芸窗，升黉序，有过辄鞠跪母前，捧杖请加责，人谓母节子孝，家弄肃然，乡邻俱化焉。长孙梓，邑庠。次秀征，郡庠。曾孙辈林立，年届八旬而卒。同治七年汇旌。

熊氏，大塘毛命槐妻。青年守节，善抚孤，垂五十年，家贫，常不能举火，困苦迄无怨言。同治七年汇旌。

罗氏，伯溪熊梦桂妻。年二十九，守贞。媳龚氏，叶瀛妻，年二十三，守贞。孙媳徐氏，岐鸣妻，年二十六守贞。曾孙媳夏氏，周荣妻，年二十九，守贞。元孙媳龚氏，瑞柏妻，年二十五，守贞。来孙媳龚氏，生员裕妻，年二十八守贞。一门苦节，六世坚操，同治七年汇旌。

徐氏，甘棠北下儒童涂希洁妻。年二十五，夫殁，矢志苦守。抚侄为嗣，在部请旌。

杨氏，叶家巷叶有云妻。年二十一，夫殁，抚孤。姑病风痰，侍汤药，三年无惰容。侄媳熊氏，孀居无出，母劝改适，氏为立嗣，予以田产，熊得以节孝终，氏力也。性仁厚好施，济戚族贫苦，典衣周恤。又常购丸药，救人疾苦。子光明，孙传声，俱国学。传芳，举人，大挑教谕。同治七年汇旌。

文氏，黄埠脑张友志妻，邑庠其炳女也。幼读《孝经》《列女传》诸书，俱成诵，长益通晓大义。适张，甫数年，友志殁。氏虽青年，矢不二天，有以微言讽之者，峻拒之。奉姑抚孤，孝慈备至，里闬翕然称之。

熊氏，仙音巷陆凌宣妻。年二十一，夫殁，遗孤六岁，孀姑六旬。熊勤纺绩，资薪米，苦节数十年，学训谢，以"冰霜寿世"奖之。子希瑀，岁贡。

范氏，河湾何元荣妻。年二十九，孀居。有以家贫劝改醮者，泣曰："饿死可也，失节不可。"知县薛，表其门曰"霜筠媲洁"。子大海，贡生。后以孙器贵，赠安人。

黄氏，扶溪余瑞卿妻。归余八载，熊梦未兆，劝夫纳妾张氏。逾年，夫殁，时黄年二十八，张年十九，共矢贞操，立从侄为后。侄在襁褓，抚育成人。知县谢锡衮，奖以"冰柏双贞"。

雷氏，瓘山熊锺相妻。年二十，孀居，顺治初遭时难，屡滨于死，志不少渝。乾隆十一年，学宪金，以"节义幽芳"奖之。

曾氏，邑郛甘汾妻。于归时，夫已瞽，曾善事之。年二十七，夫殁，长子三龄，幼在妊，逾月方生。氏养姑抚孤，备极辛苦。守节三十五载，知县朱，申文请奖。

黄氏，邑郛孙殿臣妻。年二十八，夫死守贞，纺绩余赀，则施予。乾隆七年，吉赣大水，江多浮尸，出赀募捞，殓瘗之。邑尹朱，给"事足维风"匾，巡抚陈，奖以"仁心清节"。

萧氏，乌柏塘杨子建妻。年十九，夫死，无子。夫兄亦死，遗子二。姑时年老，妯娌誓约守节，坐卧必偕，姒梦语多乱，萧正色责曰："汝心动矣，何能终志？老姑，吾养之。汝子，吾抚之。盍早自为计。"姒卒嫁。未几，姑遘剧疾，几不起。氏割股肉作羹进，遂霍然愈。姑殁，葬祭尽礼。二孤长，以一为已嗣，夫与兄俱有后。知县王以镐，奖以"节孝可风年"。九十余卒。

孙氏，栗塘诸生杨照妻。照卒，氏芳年守节，孤患疹几夭，氏泣吁天，获苏。训课成名。

徐氏，南湖熊太和妻。年二十，夫殁，遗腹一女。翁姑令改适，矢死不从。时夫弟举一子，请立为嗣，抱乳之。甘贫茹苦，事翁姑以孝闻。守节六十七年。

刘氏，苦竹孝子游华甫妻。顺治二年，土寇肆掠，华甫嘱刘携二子，偕母匿山泽间。寇退返里，华甫与父皆遇害。刘抑痛慰姑，营殡二丧。时凶荒洊臻，村无全烟。刘以一女子出入滨死之余，卒能终养抚孤，纲维三世，可谓巾帼丈夫矣。卒年八十又五。

游氏，瓘山熊明美妻，年十九，夫亡，遗孤甫一岁，姑痛子疾卒，氏鬻妆请医，卒又营葬。顺治二年，流寇躏乡里，岁除，村民避兵。舅年八十五，孤六龄，氏扶之逃岩石间，二日不食，获免。归，居室焚毁。明年大饥，数日不能举火。泣贷邻米为粥奉舅，余沥及孤，自取糠秕，和土食。舅卒，薄田一亩，鬻以营葬。后惟十指作活，孤成立，举三孙。殁年七十六。

范氏，北门诸生唐金勋继妻。抚前室二女，如已出。年二十余，夫殁，遗二孤。范节哀终养，善体姑心，与同寝，处数十年，族党称其节孝。

范氏，桥头诸生傅宗光妻。年二十五，夫殁，守节。甲寅，村被寇掠，抱孤匿煤井免。室焚毁，投止邻媪草庐中，纺绩为生。寿九十六。

李氏，袁坊袁秉嫌妻。媳涂氏，孔彪妻。孙媳李氏，道玿妻。曾孙媳刘氏，克皋妻。初，李归秉嫌，盗劫其家，罄所有。李得脱，翁遇害，秉嫌身被七创，逾年痊。生子孔彪，甫六岁，秉嫌殁，李年二十七，已乃为孔彪娶涂氏，生子道玿，孔彪又殁。涂时年二十八，李恐其异志，指道玿谓曰："此呱呱者，养之教之，宁苦我一人，勿以累汝。"涂泫然曰："媳愿相依，请以死誓。"李意遂释。李有同族女适道玿为妻，道玿嗜饮，李每戒曰："酒多伤生，子忘双寡垂白在堂耶？"不听竟，戕于酒，生子克皋，方襁褓，羸而多病，几死者数。李与二姑日祷于神。克皋长，娶刘氏，产一子，疾革时，嘱其妻刘，以麻衣殓。刘年甫二十余，有谋娶者，私言于其母家。刘知之，泣曰："吾家四世孀居，三老人失所天，俱能不二，敢使清白风，自我扫地耶？"绝粒数日，事乃寝，完贞终身，乡党称为"世节"。

曾氏，沙湖丁仕炳妾。仕炳殁，曾年二十二，有妊矣。嫡熊氏，年三十，有亲属利其遗业，操戈入室，席卷去，且欲逼曾与熊两嫁之。曾偕熊哭诉官，惩以法。越四月，生子。双寡勤织纴，教子成立。曾年逾六十，先熊卒。

李氏，邑郛诸生邓义林妻。义林殁，李年一十九，家赤贫。抚诸孤，悉凭十指。课次子黄裳，以冠军补诸生。娶妇蒋氏，识大义，助夫养亲。年二十七，夫殁，抚二子。越五载，次子夭。十载，姑李卒。十五载，长子复夭。氏以家难频仍，哀伤而死。

陈氏，瓘山熊观涛妻。幼淑慧，父爱之，异诸子。已，归熊。常为父掌契券。年二十四，观涛死，父怜其少，欲改醮之。陈痛哭几绝，会父至家，出契匣于厅曰："亟持去，无求之地下人。"内庭闭门，拒不见。晚家业垂尽，随子转徙，终无怨言。年八十二卒。

杨氏，北门儒童唐之泌妻。年二十八，夫卒。遗腹生一子，恸哭日久，泪渍襟袖成丹。邑大水，家不能举火，出绩纻易米，饭翁姑，己餐糠秕。子长，出血襟示，勉承先志。子旋卒，复抚孙，七十三岁卒。

罗氏，乌冈熊时高妻。生子甫六月，夫殁客所。氏年二十六，家窭甚，无期功亲，苦守五十五年。

陈氏，同造孙汝旺妻。年二十六，夫死，无子，遂自经。亲属救苏，劝之曰："俟汝叔举子，继汝夫后，今死无益也。"陈乃剪发断爪，纳夫棺。洎叔生子，即立为嗣，抚之成人。七十八岁卒。

范氏，璀山儒童熊曰得妻。曰得殁于闽，范年二十五，遗孤六岁。夫弟亦少孤，范日事女红，衣食之。及病，子以药进，范却之曰："向隐忍不从汝父地下者，以汝及汝叔幼无所依，恐斩汝祖汝父嗣。今俱成立，复何顾虑？"为不药死。

游氏，石下诸生蔡德溥妻。年二十九而寡。遗孤廷权，夫庶母弟暨从母子，皆幼失怙恃，鞠育教诲，如所出。廷权妻杜氏，年二十七，夫殁无子，继侄为后。姑媳日依，一门双节。

涂氏，璀山熊懋钦妻。夫殁，遗腹生一子。父母怜其少，谕他适。泣曰是："是呱呱者，将焉置之？"遂以苦节终。

徐氏。洛湖桥熊良璇妻。结褵五月，良璇殁，遗腹孤二岁而殁。嗣以从子，复夭复立，卒延夫祀。姑卧病十余载，奉事不倦，人称节孝。

刘氏，璀山熊肇瑚妻。年二十三，夫殁，翁与父虑其年少，劝改适。刘以岁余孤托妯娌，夜经柩旁，会救苏，苦节四十余年。

唐氏，举人之江女，鹤村杜铨妻。年二十三，夫殁，遗孤甫二龄。翁姑以恸子成废疾，族党难其守。唐矢志抚孤，侍翁姑疾，躬调药物，历久不懈。疾瘳，以天年终。人称节孝。

蔡氏，南湖李师铉妻。年二十八，夫殁。遗孤殇，母家谓女曰："师铉少孤，长兄师鉽抚育之。及析箸，又不善治生，今死，贫而无子，何不改适？"蔡誓不易志。时夫兄次子渭生数日，泣请为后，教养成立。渭英年食饩，为名诸生。

范氏，桥门揭天祥妻。适揭甫一载，天祥客黔殁。友人归其骸以葬，时范年二十二，临穴誓以身殉。亲属力劝，归立侄为嗣。贞静自守，外人罕见其面。

王氏，白沙邓阁妻。年二十四，夫殁，抚孤子桂，又以力学过劳成瘵，早卒。媳李氏，年十九，与姑苦守，人称一门双节。

饶氏，璀山熊曰德妾。生子甫三月，曰德殁。饶年二十三，嫡劝以改适。饶抱子痛哭，不从。身任隶事，奉嫡有礼，至老无违。

周氏，潭埠熊茂梓妻。年二十一，夫殁，家贫，且鲜支属。子一偶甫四岁，矢志抚孤。及长，为娶妇聂氏。未几，一偶死，聂年二十九，念姑苦节茹蘖自励，人称一门双节。

熊氏，东坊聂景充妻。年二十，景充殁，家无立锥，孤未及晬，力绩得赀，购地葬夫。事舅姑，终老无缺养，里人称之。

黄氏，瓘山熊明宁妻。年二十五，夫殁，断发矢志，孝奉孀姑，礼敬庶姑，抚二孤成立。长懋奖，永绥厅同知。

涂氏，苦竹周世镇妻。年二十八，夫殁，无子，父讽改适。泣曰："不有犹子乎？"遂立为嗣，操持严正，亲族罕见其面。

赵氏，石源夏永惠妻。年二十一，夫殁，遗二女，号痛几绝。母劝继侄为后，寻夭，与女相依，苦守四十五年。

聂氏，一都三图罗兴彪妻。归未半载，兴彪客楚殁。或劝之嫁，聂痛哭曰："古有甫合卺，夫死而成节者，未亡人独不可自矢乎？"因立侄存夫祀，后以哀伤卒。

邹氏，同造孙珝瑛妻。年二十五，夫殁，姑早世，翁病不能起者数年。邹左右扶掖，亲进饮食，事之终老。抚孤成立，苦节三十九年。

邓氏，蒋家楼蒋嗣玠妻。年二十二，夫殁，无子，其祖姑缪，与伯祖姑武，俱以贞节闻，人称一门三节。

邹氏，吴先佑妻。年二十一，夫殁，事翁姑孝，课子力学。早岁补邑庠，尝出緝绩，余赀于通衢建茶亭，人咸德之，称为"节孝亭"。

聂氏，蒋家楼蒋其季妻。年二十六，夫病革，语氏曰："亲老子幼，若之何？"氏虑夫疑已再醮，截发自誓，夫殁，事姑孝，抚孤成立。先是，邻罗某因贫鬻子，氏养为己子。后罗绝嗣，氏遣归，并为娶妇。姑老，盲于目。氏左右扶持，不假手仆婢。年七十二而卒。

范氏，朱习玩妻。年二十八，夫殁，氏事孀祖姑陈，与孀姑邹，俱尽礼。抚一子。天寒，辄以子温祖姑，已伴姑宿。孤啼，则就祖姑榻乳之。家有藏书，孤长，令就读，嬉则扑。后姑殁未葬，邻火，氏抚棺痛号，火及门而熄。守节四十三年。

徐氏，杨兆兰妻。年二十一，夫殁，姑垂老，子绍龄，甫三岁。氏借女红，供饘粥。绍龄长，娶熊氏。年二十二，龄亦殁徐。与寡媳相依守志。

徐氏，铜钉聂必澜妻，年二十六，夫殁，抚二孤，事姑以孝闻。一日邻火，将及舍，姑病笃，不能避。氏吁天哀祷，得不毁。长子思祧，娶邓氏，祧殁，邓年二十三，姑媳相依为命。徐守贞四十年，邓守贞三十一年，人称双节。

李氏，蛟湖徐之辂妻，年二十三，夫殁。子锡蕃，娶虞氏，年二十六，锡蕃殁。锡蕃子廷扳，娶聂氏，年二十二，廷扳殁，俱励志守贞，人称一门三节。

范氏，畲田曾师恕妻。师恕苦学早殁，励志抚孤，严以济慈。年九十，临终自制纸衣，绅士多以诗纪之。

曾氏原任黄县外委钱塘王文行妻。文行阵亡，氏年二十四，守节。

熊氏，荷满塘儒童刘明怡妻。年二十五，夫殁，守志。事舅姑孝，遗二孤均成立。未几，家失火，氏舍身烈火中救姑，皆得无恙，乡人异之。

胡氏，塘头熊廷律妻，年二十九，夫殁，抚孤振学成立。振学殁，与媳刘氏，矢志共守，一门双节。

傅氏，枧头熊如尚妻，年二十二，守贞。媳单氏，友芳妻。年二十七，守贞。罗氏，友忠妻，年二十五，守贞。孙媳单氏，登柳妻，年二十九，守贞。白首完操，一门四节。

熊氏，胡家岭胡学煌妻。年二十五，夫殁，遗孤早殇。氏大恸曰:“吾志竭矣。”遂投缳，家人救苏，纺绩勤苦，终其身。

刘氏，泸田尚良英妻。年二十八，夫殁，遗二孤，英，弟良兰，妻陈氏，年二十四，夫殁，无子。刘以次子继，妯娌相依事孀姑，俱以孝闻。长子克瑞，从九品职。

邓氏，上城儒童金宗我妻。年二十七，夫殁，长媳周氏，功谱妻。年二十一，夫殁，姑媳双节。次子奏功，贡生。孙浩，邑庠。

李氏，上城儒童金德滋妻。年二十二，守贞。滋弟德炳，妻徐氏，年二十七，守贞。妯娌相依，一门双节。

金氏，胡家岭胡曰舜妻。年二十九，守贞。曰舜侄中储，妻陈氏，年二十八，守贞。中储弟中超，妻饶氏，年二十三，守贞。一门三节。

夏氏，隍城圳上陈之行妻。年二十四，夫殁，行弟之荆妻，亦夏氏，年二十二，夫殁，妯娌孀居，抚孤成立，一门双节。

丁氏，阳坊儒童罗福秩妻。福秩幼孤，祖母抚育福秩殁，氏年二十三，遗孤二，氏以纺绩事祖姑，育二子，人称节孝。

何氏，湖北儒童熊祥震妻，两淮运判何新女。在室，值父病笃，割股肉疗父。归祥震，早寡，亲操井臼，事姑孝，训子严，以寿终。

熊氏，白沙罗秉琮妻，年二十六，夫殁，一女适曾，亦早寡。母女苦操相依，年俱八十余。

杨氏，三都熊承美妻。年二十三，夫殁，抚孤刁良。刁良早卒，后孤孙嗣绍，亦早卒。媳王氏，孙媳陈氏，俱承姑志，一门三节。

谢氏，塘头诸生熊高翼妻。年二十九，夫殁，事舅姑孝，抚孤督课，有贤母风。子阳谦，州同。

陈氏，南溪欧阳士漳妻。夫以力学成瘵卒，遗孤亦殇。邻妇以家贫无子，劝改适。氏号痛，引刀截发，抚堂侄为嗣，事孀姑以孝闻，卒年七十五。

陈氏，苦竹游志恭妻。年十七归游，生三子，未几，夫遘沉疴，氏祷以身代。及殁，绝粒几死者再。舅姑晓以大义，乃强进食。家贫，事畜俱资纺绩。训子綦严，以勤学端品为勖。伯祖方震，悯其苦节，题其堂曰“贞孝”。次子锡辔，邑庠。

甘氏，坳背杜芳六妻。夫殁，无子，姑老。纺绩为生，尝自减食，奉姑有贤名。

甘氏，田南金万邦妻。年二十五守贞，一日，邻火延烧及屋，氏泣吁天，所居竟无恙。

熊氏，四坊李见二妻。年二十九，夫殁，抚孤守贞，炊爨辛勤，纺砖庚续，俭以自处，人无间言。晚年家稍裕，独建松林石桥，闻者艳之。

聂氏，幼适塘下葛君祥。合卺后，年二十，夫死，遗一女，甫百日。请推受分田产，奉养尊章，与娣姒同居独爨，十指自给。夜分置女破簏败絮中，少饮辍，泣灯下，急纺织，为明日薪水资。倦假，寐以机杼为床褥，如是者十数年。后以瘵卒，人皆异之。

毛氏，三坊熊学圣妻。青年矢志，数十年如一日，乡里贤之。

黄氏，后万里万介连妾。有孕三月，介连携嫡往粤，相继殁。氏年十九，闻讣，痛不欲生。以姑老、遗腹，乃止。后生子光余，家已落。养老抚孤，皆取给于十指。光余冠，为娶妇段氏，逾年生启福。又逾二年，生启禄。禄生六月，而光余死。段年二十一，上承姑意，勤操作，端阃范，训子成立。孙兆莹，补胶序，家渐裕，咸谓两世苦节之报云。

傅氏，上点布政使理问赠奉直大夫杨玳妻。年三十守贞，现年六十，封安人，赐封宜人，子熙亮，四川候补县丞。

杨氏，朱溪桥黄永泰妻，四川石业司土官光文女。性贞静，不苟言笑。永泰客蜀，闻其贤，娶之归，以不逮事舅姑为恨。越数年，永泰游楚之永绥，挈眷居焉。地僻，瘴时起，患胀疾，延医赀不继，氏脱簪佐药饵。永泰卒，氏年二十八，携幼子扶榇归，营葬毕，顾诸子曰："吾不敢从汝父死者，冀抚汝辈成立，显汝父也。豹死留皮，人死留名，汝父在尝，乐诵斯语，汝等识之。"年五十九，以疾卒。子仕清、仕顺，均以从戎，累迁至参将，加副将衔。仕林，累迁授记名提督，奇车博巴图鲁。氏以仕林贵，诰赠一品太夫人。

胡氏，柳溪熊存适妻，年二十六守贞。子幼，抚养成立。既婚，子若媳相继亡，遗一孙，泣抚之，隐痛含饴，克全似续。氏曰："此亦我祖宗之垂荫也。"现年七十四。

李氏，七坊廪生金仕诰妾。年二十八，夫殁，矢志守节。抚养二孙舒翘、舒芬，俱入县庠，邑侯张，奖以"柏节松操"匾额。

钟氏，楼下埠何上林妻。年二十九，上林客外死，家壁立。姑老子幼，母家欲夺其志，氏坚拒，剪发以誓，凭十指为事畜资。年七十八卒，曾孙鸿昌，邑庠。

袁氏，一坊熊云一妻。年二十八，夫殁，针黹营生。抚二子成立，娶媳后，子相继殁。氏恸绝，立侄为嗣。生二孙，侄殁，氏抱二孙，茹苦终身。

于氏，一坊荥塘陈敬达妻。年二十八，守贞。咸丰辛酉，粤匪窜境，逼污不屈，斫其颈，深入寸许，死而复苏，弥励冰操。

李氏，阳坊罗亨提妻。年二十九，夫殁，家贫，矢志抚孤。事翁姑克孝，佥以"女中君子"称之。年八十二卒。

徐氏，二坊石上熊起瑞妻。年二十八，夫殁，哭丧明，纺绩犹勤。植孤守节，迄无间然。年八十八卒。子鄱汇，雍庠。

张氏，城南邑庠黄桂林妻，增贡诚女也。年十六归林，林苦学早殁，氏青年矢志，纺砖赓续。孝姑抚孤，人皆贤之。

刘氏，一坊源溪儒童傅煌焜妻。年二十七，夫殁，矢志守贞。家甚窘，纺织营生。敬事翁姑，抚孤调鼎，择师督课，列邑庠。

袁氏，五坊奉直大夫潘嘉杰妻。年二十九，夫殁。矢志守贞，孝事翁姑，见推里闬。勤纺织，抚孤邦毓有成，氏现年七十有九。以子职，封宜人。

徐氏，五坊周模坎妻。合卺甫一载，夫殁，哀痛几绝。念堂上白头，强起侍奉，夙夜匪懈。家窘甚，以纺织营生。同治年间，由部请旌。

熊氏，夫岭徐廷恩妻。年十九，夫故，遗孤甫十月，家赤贫。女红资养。姑老病足，阅数霜，左右扶持，不少懈。教子慈寓于严，族党咸称之。卒年七十有六，孙绩禄，雍庠。曾孙元贞，邑庠。

欧阳氏，邑庠勋之女，胞兄郊，邑庠。弟祁，己未科举人。幼归潭埠鄢曰凤，得翁姑欢，内外无间言。年二十九，夫殁，以未亡人抚孤騆，儿至成立，现年逾六旬，题请建坊。

罗氏，井陇熊运亨妻。年二十二，夫殁，母怜其少，劝使他适。氏泣绝粒七日，家人以姑老孤幼慰之，苦守至八十一而卒。

徐氏，玗溪陈鲁珍妻。年二十三，夫亡，抚孤事姑，孝慈兼至。卒年八十五。子泰阶，业儒。锦标，武庠。

罗氏，洛溪吕忠清妻。年二十四，守志。立侄为嗣，道光二年，题请建坊。

孟氏，旗塘胡良赓妻。年三十，夫殁，无嗣，抚一女守志。日食糟糠，督女同纺织。稍获蝇头，辄货于人，后积金数百，近村有深涧，每没人。氏特修石桥一道，石路二十丈。又深痛承祀无人，先灵莫妥，卒时以数十金付侄国选，立“清明会”，置墓田，为其夫祭扫供，得年七十有三。

罗氏，旗塘胡友碣妻，邑庠暄之女。年二十五，碣病卒不瞑目，氏痛哭摧肝，誓不改节，目始瞑。母家以女青年无嗣，恐其易志，氏誓曰：“之死靡他，更勉成之。”年八十二而卒。熊氏，碣弟友砺妻，邑廪熊联瑚之女。年二十八，砺泛舟殁，氏惨哭，欲奔赴同毙。时娠将产，邻妇趋救之，得不死。后抚孤，慈有严训。上事翁姑，备极孝谨，卒以命蹇自安，有死无二。卒年六十九，后嗣蕃盛，人以为节孝之报。

周氏，碣侄儒童于缉妻，处士秀圃女也。年二十七，缉卒，氏矢志孀帷。翁姑痛子，相继而逝，有二稚叔，赖氏竭力抚成，时一门三节，人咸钦之。

傅氏，五坊凤池周辉斗妻。适周甫二载，夫殁。越两月，遗腹生子。氏念翁姑在堂，遗孤在抱，励志孀帷，奉养无违。勤俭自处，抚孤成立。现年七十有三。子梦兰，国学。同治七年汇旌。

卷之二十三　人物志　列女传二

汇记节妇　孝妇　寿妇

汇记节妇

涂氏，十里店诸生张杰妻。刘氏，湖茫李渭妻。雷氏，王某妻。葛氏，朱及之妻。熊氏，徐仁凤妻。徐氏，熊奇卜妻。丁氏，范国宾妻。熊氏，谢国定妻。陈氏，范复彩妻。周氏，熊宗尹妻。朱氏，林启镳妻。熊氏，李应珍妻。罗氏，甘秉播妻。吴氏，范有章妻。陆氏，熊一辅妻。邹氏，范方来妻。熊氏，沙湖职员丁正瑛妻。杨氏，陈克巇妻。余氏，林日楝妻。曾氏，范子成妻。黄氏，范际明妻。刘氏，袁嘉宾妻。邹氏，袁启第妻。李氏，大源周烈九妻。傅氏，四坊熊日珍妻。杨氏，诸生徐为桂妻。李氏，范申伯妻。谢氏，孙文鋕妻。陈氏，何性若妻。杨氏，罗秉愚妻。余氏，徐汝鈓妻。

以上三十一名，养亲抚孤，事迹相近。

黄氏，邓之鸿妻。易氏，朱文锦妻。杨氏，曾润玉妻。熊氏，任彪妻。蒋氏，瓘山前村熊廷枚妻。江氏，瓘山前村熊廷楫妻。李氏，熊观澄妻。余氏，熊呆之妻。刘氏，熊正家妻。杨氏，源溪傅沛雯妻。谭氏，蛟湖徐兆蕊妻。甘氏，黄兆炳妻。徐氏，高埂熊月庆妻，邑侯李匾奖“瑶池冰雪”。龚氏，钱塘诸生王道济妻。熊氏，李东志妻。杨氏，北湖丁劭璜妻。聂氏，吕秀渭妻。曾氏，蛟湖徐廷立妻。丁氏，城南黄维阳妻。朱氏，范元善妻。黄氏，蛟湖徐兆柱妻。周氏，栗花桥罗秉麟妻。罗氏，李兆纲妻。熊氏，蛟湖徐之悌妻。虞氏，蛟湖徐兆琏妻。陈氏，蛟湖徐祖轮妻。熊氏，聂文显妻。聂氏，蛟湖徐钖诚妻。何氏，徐之振妻。曾氏，蛟湖徐锡竿妻。陈氏，沂塘黄宇隅妻。徐氏，杨斌妻。徐氏，陈襟江妻。熊氏，黄墓揭志振妻。刘氏，周立明妻。李氏，聂斯敬妻。蔡氏，监生聂守曙妻。周氏，李光乾妻。李氏，万懋朴妻。葛氏，诸生甘仁洪妻。朱氏，何之杰妻。田氏，云堆宋三德妻。李氏，徐宗鳌妻。游氏，龚初妻。王氏，熊梦嵩妻。聂氏，熊士琬妻。江氏，龚周玉妻。吴氏，袁孔松妻。熊氏，登仙门增生黄学坡妻。，徐氏，范济川妻。王氏，北湖丁劭谦妻。温氏，胡时亨妻。章氏，徐秉源妻，余氏滕士鳌妻。熊氏，监生龚梦梅妻。丁氏，龚元开妻。邹氏，武生左望炓妻。吴氏，胡本屋妻。朱氏，邹明楹妻。李氏，孙翼畴妻。杨氏，大熿罗克明妻。吴氏，畲田诸生曾志瑛妻。丁氏，甘梦庄妻。何氏，夏阳熊元桐妻。刘氏，孙翼诰妻。

以上六十五名，《府志》无传，照旧登载。

范氏，三坊孙璘妻，年二十六守贞。管氏，城南黄文华妻，年二十守贞。李氏，学前刘从高妻，年二十六守贞。熊氏，墎上左士淇妻，年二十四守贞。黄氏，熊家坊熊祖衮妻，年二十七守贞。胡氏，官塘徐应祖妻，年二十七守贞。黄氏，同造孙宏化妻，年二十七守贞。史氏，塅里孙文熤妻，年二十六守贞。李氏，崇仁岁贡登龙女，溪头于有功妻，青年守贞。袁氏，舒仲进妻，年二十一守贞。任氏，湖头江文光妻，年十八守贞。陆氏，落鹭口李文登妻，年二十一守贞。刘氏，邑郛大街甘斑妻，年二十五守贞。熊氏，潦塘金文兴妻，年二十六守贞。张氏，鹄塘杨仕傑妻，年二十八守贞。曾氏，阳下坊蒋世林妻，年二十二守贞。唐氏，八十三都王守让妻，年二十二守贞。徐氏，大夫桥揭铭妻，年十九守贞。鄷氏，北湖丁仕伟妻，年十九守贞。谢氏，介山饶永升妻，夫殁无嗣，守贞三十余年。范氏，斗溪万寅屿妻，夫殁无嗣，苦守二十八年。吴氏，槎村范日英妻，年二十二守贞。熊氏，阳夏坊蒋梦龙妻，年二十守贞。邹氏，陈埠邹山邹良璞妻，年十八守贞。朱氏，熊来淇妻，夫殁无子，苦守四十九年。傅氏，云程陈洪烺妻，年二十二守贞，继侄为嗣。熊氏，东溪朱从渭妻，年二十四守贞。熊氏，堎上儒童宋七铎妻，年二十六守贞。唐氏，芦荻儒童鄢怀虑妻，归三载，夫殁守贞。子英伦，邑庠。杨氏，故里监生鄢联谦妻，夫殁守贞，继侄为嗣。邓氏，湘江儒童孙继虞妻，年二十八守贞。梁氏，梅林儒童刘茂程妻，夫殁，继侄为嗣，守贞六十二年。孙光华，邑庠。杨氏，官溪陈远谟妻，年二十三守贞。夏氏，大屋生员熊郁妻，年二十四守贞。子耀之，太学。罗氏，白沙漆绍江妻，年二十一守贞。徐氏，简山熊孔贵妻，年二十八守贞。曾氏，石滩盘塘黄世期妻，年二十四守贞。孙槐青，监生。槐茂，邑庠。谢氏，午家洲儒童于云灯妻，青年守贞，寿享百岁。孙世华，邑庠。李氏，璀山儒童熊祥麟妻，年二十二夫殁，无子，苦节以终。谭氏，诸官口儒童熊国臣妻，年二十一守贞。黄氏，火巷儒童徐起华妻，守贞四十一年。熊氏，官溪儒童陈远恭妻，年二十四守贞，高安熊如洵为作《节孝传》。任氏，鹭口曾嘉璃妻，年二十五守贞。杜氏，三坊孙瑛妻，年二十三守贞。杨氏，智林巷寄居楼下范承训妻，年二十三守贞。王氏，务前巷监生葛为斌继妻，年二十三守贞。陈氏，前村邑庠余正樽妻，年二十六守贞。曾氏，前村生员余山妻，年二十五守贞。葛氏，徐文玺妻，年二十七守贞。万氏，在城三坊黄煌妻，年二十五守贞。李氏，仙音巷优学生陆为彩妻，苦节四十载。子秉烜，邑庠。杨氏，在城儒童李定耀妻，年二十四守贞。杨氏，务前巷寄居西溪葛为忠妻，年二十二守贞。李氏，务前巷寄居西溪武生葛为略妻，年廿八守贞。曾氏，沙湖邱开绂妻，年十九守贞。夏氏，花桥徐鹏耀妻，年二十七守贞。朱氏，智林巷儒童范元善妻，年二十九守贞。罗氏，花桥徐为楫妻，年二十九守贞。杜氏，学前儒童夏基智妻，年二十五守贞。涂氏，在城儒童甘斯茂妻，年十九守贞。刘氏，三江口万光群妻，年二十二守贞。万氏，沙湖丁祖篮妻，年二十四守贞。丁氏，在城赖元震妻，年二十六守贞。陈氏，在城葛昆山妻，年二十八守贞。江氏，在城葛承焕妻，年二十六守贞。丁氏，在城李焕妻，年二十二守贞。李氏，沙湖丁永恩妻，年二十四守贞。余氏，忠义坊丁又新妻，年二十守贞，嗣侄。李氏，在城皮鸿发妻，年二十三守贞。曾氏，在城徐文璜妻，年十九守贞。罗氏，在城李日乾妻，年二十七守贞。丁氏，务前巷雷沾之妻，年二十七守贞。丁氏，在城徐仲鹤妻，年二十四守贞。徐氏，太平巷李学达妻，年二十五守贞。王氏，在城黄士骐妻，年十九守贞。熊氏，务前巷葛正珏妻，年二十九守贞。李氏，沙湖丁正调妻，年二十七守贞。管氏，城南黄际清妻，年十九守贞。曾氏，在城六坊聂甫仁妻，年二十四守贞。黄氏，大路儒童杨云凤妻，年二十三守贞。杜氏，大路儒童杨云骐妻，年二十二守贞。徐氏，仙音巷儒童崔思齐妻，年二十一守贞。熊氏，在城生员周运昌妻，年廿五守贞。子元恺，荫袭。夏氏，大路杨云衢妻，年二十三守贞。任氏，在城三坊儒童涂文炳妻，年二十六守贞，嗣侄。朱氏，古楼巷罗兴汇妻，年十九守贞。黄氏，湾里于世桂妻，年二十守贞。徐氏，茅园嘴涂以达妻，年二十七守贞。熊氏，北湖丁其豹妻，年二十二守贞。

何氏，北湖丁其村妻，年二十二守贞。酆氏，北湖丁劭倬妻，年二十一守贞。徐氏，二都二图熊光昌妻，年十九守贞，继从子为嗣。李氏，二都二图熊天泽妻，年二十八守贞。陈氏，二都二图熊汝显妻，年二十守贞。赖氏，马口熊高松妻，年十九守贞。熊氏，溪口游炳謟妻，年二十五守贞。杨氏，二都一图何景煦妻，年二十三守贞。王氏，竹溪聂镇华妻，年二十一守贞，抚侄为嗣，与祖姑罗俱苦节。王氏，芳田监生陈其俨妾，年二十四守贞。李氏，四都一图聂国峻妻，年二十四守贞，嗣侄。吕氏，太阳庙熊品仁妻，年十九守贞。熊氏，湖南聂映礼妻，年二十一守贞。蔡氏，高埂横溪徐礼蕴妻，年二十二守贞。徐氏，河湾何光成妻，年二十四守贞。聂氏，车上徐凤鲜妻，年二十四守贞。揭氏，一都二图徐名铉妻，年十九守贞。吕氏，道溪黄紫岭妻，年二十六守贞。聂氏，钱塘王三祥妻，年十九守贞。邹氏，九都三图吕州生妻，年十八守贞。聂氏，二都四图徐以巽妻，年廿二守贞，继族子为嗣。万氏，巷里聂嗣伋妻，年二十八守贞。陈氏，湖北熊徵禧妻，年十六守贞，嗣侄。徐氏，湖北熊徵扶妻，年二十五守贞。黄氏，车上徐凤鸣妻，年二十五守贞，嗣侄。唐氏，九都一图监生徐维洪妻，年二十守贞。谢氏，三都六图杨以嘉妻，年二十四守贞。谢氏，塘头杨尚迎妻，年二十五守贞。余氏，河湾何维正妻，年二十五守贞。彭氏，湖北熊介夫妻，年二十六守贞，继族侄为嗣。曾氏，花园敖子开妻，年二十六守贞。杨氏，伯宣王懋珍妻，年二十一守贞。子贤庄，大学生。鄢氏，伯宣王懋龙妻，年十七守贞。孙良桀，太学生。熊氏，石溪杨廷仰妻，年二十八守贞。杨氏，黄蛇头熊徵恭妻，年二十四守贞。聂氏二都三图徐锡能妻，媳李氏，徐廷郧妻，一门双节。刘氏，蛟湖徐兆藻妻，年二十三守贞。杨氏，河湾何夏成妻，年二十二守贞。陈氏，河湾何信成妻，年二十九守贞。丁氏，河湾何朝隆妻，年二十九守贞。陈氏，车上徐凤仪妻，年二十九守贞。聂氏，河湾何其仕妻，年二十四守贞。何氏，二都三圃徐仕班妻，年二十九守贞。饶氏，水洲桥黄兴祖妻，年二十四守贞。刘氏，雷清琼妻，年二十八守贞。熊氏，周日志妻，年二十三守贞。夏氏，夏坊儒童李古珍妻，年二十一守贞。李氏，儒童周国荣妻，年三十守贞。文氏，舟里饶长宗妻，年十八守贞。杨氏，邹坊儒童曾佐辉妻，守节三十三年。朱氏，范霞鲜妻，年十七守贞。黄氏，朱德珍妻，年二十五守贞。熊氏，何暨周妻，年二十一守贞。胡氏，塘边张孟麟妻，年二十三守贞。黄氏，岗下甘良范妻，年十九守贞，毁容自誓，抚侄为嗣。夏氏，戴溪杨志仁妻，年二十一守贞。叶氏，蒋家楼蒋日芳妻，年二十八守贞。易氏，蒋家楼蒋怀辂妻，年二十四守贞，嗣侄。刘氏，梅林儒童曾廷飏妻，年二十六守贞。朱氏，梅林儒童曾廷志妻，年二十四守贞。蒋氏，沇溪儒童刘芳模妻，年二十八守贞。雷氏，沇溪刘起潢妻，年二十一守贞。熊氏，土库庄陈范亨妻，年二十九守贞。何氏，余坊胡廷龙继妻，年二十八守贞。前县令学师，俱给匾奖。陆氏，根竹儒童熊兆慈妻，年二十八无嗣，守贞。武氏，蓝溪诸生于大光妻，年二十九守贞。李氏，南庄黎绍淇妻，年二十二守贞。嗣侄。范氏，白石夏廷显妻，年二十二守贞。

陈氏，瑶溪儒童曾绍烈妻，年二十四守贞。张氏，冷水儒童邹朝锳妻，年二十三守贞。子邑庠生。蒋氏，沇溪刘起湘妻，年二十五守贞。罗氏，新溪陈义安妻，年二十三守贞。聂氏，新溪陈义让义妻，年二十二守贞。于氏，村前儒童甘仕楫妻，年二十五守贞。蒋氏，坳上儒童聂表云妻，年二十五守贞。陈氏，坳上聂辅享妻，年二十四守贞。李氏，坳上聂国桢妻，年十九守贞。刘氏，下冈熊士标妻，年十九守贞。周氏，十四都李显义妻，年二十六守贞。熊氏，十四都李显庄妻，年二十六守贞。黄氏，十四都吕袖之妻，年二十六守贞。赖氏，港田儒童聂茂坚妻，年二十二守贞，嗣侄。胡氏，十都彭学崇妻，年二十八守贞，姑媳孀居。彭氏，十都熊礼智妻，年二十四守贞。吕氏，十都徐国桢妻，年二十七守贞。丁氏，澄山大水李初芳妻，年二十守贞，嗣侄。熊氏，周兆勋妻，年二十四守贞。周氏，门楼黄启柏妻，年二十六守贞。酆氏，门楼黄启运妻，年二十五守贞。子光谟，邑增。陈氏，山下聂世连妻，年二十守贞。范氏，长湖黄仑妻，年二十四守贞。周氏，东湖邹成标妻，年二十五守贞。黄氏，洛湖桥熊毓恒妻，年二十八守贞。蔡氏，门楼黄学海妻，年二十一守贞。游氏，东湖邹成端妻，年二十七守贞。徐氏，横冈程学震妻，年二十三守贞。文氏，东湖邹时笼妻，年二十五守贞。罗氏，蔡居鉽妻，年二十七守贞。涂氏，门楼黄日株妻，年二十守贞。王氏，东湖邹时昆妻，年二十三守贞。熊氏，桥门郑道鸾妻，年二十八守贞。雷氏，庄前文坊刘起锳妻，年二十八守贞。邹氏，桥门郑道凤妻，年二十五守贞。甘氏，桥门郑有耀妻，年二十三守贞。雷氏，厦涧黄嘉绩妻，年二十五守贞。徐氏，厦涧黄光琼妻，年二十三守贞。雷氏，秀才埠杨观兴妻，年二十四守贞。任氏，梅花井龚邵庆妻，年二十四守贞。陈氏，秀才埠监生杨观定妻，年二十四守贞。孙氏，栗塘杨士兴妻，年二十四守贞。熊氏，南槎桥邹学瀛妻，年二十一守贞。余氏，南槎桥邹道仲妻，年二十三守贞。唐氏，洛湖桥熊华秀妻，年十九守贞。雷氏，井冈陈循伦妻，年二十六守贞。范氏，井冈廪生陈万言妻，年二十七守贞。揭氏，井冈陈克绂妻，年二十五守贞。雷氏，沇江蒋定经妻，年二十一守贞。蔡氏，渐头左善禄妻，年二十守贞。蔡氏，渐里左之璜妻，年二十八守贞。陈氏，荆村徐世芳妻，年二十七守贞。刘氏，津头桥万天聪妻，年二十六守贞。周氏，莲塘生员黄三汲妻，年二十四守贞。雷氏，溪田陈舜荣妻，年二十六守贞。邹氏，茶坑谢维屏妻，年二十七守贞。王氏，茶坑谢维赉妻，年二十六守贞。饶氏，陡溪黄光爱妻，年十九守贞。黄氏，洛湖桥刘启汪妻，年二十三守贞。罗氏，门楼黄旭燏妻，年二十五守贞。傅氏，社湾监生朱国华妻，年二十八守贞。范氏，熊奎云妻，年二十八守贞。黎氏，株树桥监生黄安谨妻，年二十四守贞。杨氏，涟溪陇黄祖妻，年十九守贞。徐氏，蔡元洲妻，年二十二守贞。陈氏，南岸曾日举妻，年二十七守贞。徐氏，蔡克昌妻，年二十八守贞。任氏，荷塘竹山黄应侃妻，年二十七守贞。朱氏，斗牛冈李俊冬妻，年二十六守贞。雷氏，上郊范天清妻。余氏，范如道妻，姑媳孀居。熊氏，黄紫星妻。子昌顺妻鲁氏，姑媳孀居。杨氏，竹源熊华礼妻，年十八守贞。李氏，上郊范锦二妻，年二十五守贞。胡氏，上郊范宠方妻，守节三十七载。余氏，水东李贤用妻，守节三十八载。裴氏，罗溪生员甘雨来妻，守节三十四载。熊氏，上郊生员范志薰妻，年廿七守贞。子士淳，邑庠。周氏，瓘山熊茂芳妻，年二十四守贞。蔡氏，尚书塘舒名成妻，年二十四守贞。杨氏，曾廷璋妻，年二十三守贞。涂氏，城溪游炳芝妻，守节四十八载。郭氏，五坊徐定积妻，年二十八守贞。李氏，瓘山前村熊炳元妻，年二十守贞，嗣侄振声，邑庠。游氏，瓘山前村熊国璋妻，年二十七守贞。子大绅，郡廪生。黄氏，竹源熊杨兴妻，青年守志。孙锺灵，邑庠。熊氏，姜坊曾作哲妻，年二十八守贞。李氏，苦竹游志敏妻，年二十七守贞。范氏，同造孙释忧妻，年二十三守贞。苏氏，瓘山熊齐喜妻，年二十六守贞。曾氏，瓘山熊修才妻，守节四十九载。甘氏，同造孙光世妻，年二十三守贞。曾孙墉，邑庠。潘氏，瓘山熊良佶妻，年二十三守贞。杨氏，印山东头保吴搢妻，年二十七守贞。陈氏，石滩萧兆贤妻，年二十三守贞。丁氏，苦竹儒童游锡爵妻，年二十二守贞。黄氏，富坊熊兆韬妻，年二十五守贞。王氏，枧上生员李贤齐妻，年二十四守贞。徐氏，苦竹游文煜妻，守贞三十七年。叶氏，小焦黄德璋妻，守贞四十二年。吴氏，富坊罗福贵妻，年二十五守贞。朱氏，槎村范世恩妻，守节五十年。傅氏，瓘山熊懋坚妻，年二十二守贞。游氏，石坑曾佐烈妻，年二十七守贞。熊氏，罗溪甘兆俊妻，年二十四守贞。范氏，罗溪儒童甘兆衢妻，年二十守贞。继侄日拔为嗣，乾隆丁卯武举。朱氏，杰坪陈循乾妻，年二十六守贞。黄氏，柏坪孙吉文妻，年二十九守贞。潘氏，罗桥邹典议妻，年二十八守贞。任氏，西坪徐大秀妻，年二十八守贞。李氏，城陂雷朝杰妻，年二十八守贞。曾氏，黄宗熟妻，年二十六守贞。李氏，瓘山熊魁芳妻，年二十七守贞。邹氏，富溪裴嵩山妻，年二十六守贞。李氏，瓘山熊正通妻，年二十八守贞。刘氏，瓘山熊正中妻，年二十八守贞。邬氏，同造孙大德妻，年二十四守贞。杨氏，瓘山监生熊正铨妻，年二十六守贞。曾氏，瓘山熊懋镐妻，年二十七守贞。周氏，瓘山熊明比妻，年二十二守贞，学师匾奖。潘氏，瓘山熊克燦妻，年二十四守贞。雷氏，瓘山熊修恇妻，年二十二守贞。李氏，冈头嘴陈圣寿妻，年二十四守贞。陈氏，罗桥邹典让妻，年二十六守贞。熊氏，邹道濊妻，年二十八守贞。高氏，曾宗谟妻。年二十三守贞。周氏，同造儒童孙朝珙妻，年二十七守贞。袁氏，杨坑胡达先妻，年二十三守贞。范氏，同造孙新芳妻，年二十守贞。徐氏，大熿坑熊师达妻，青年守贞。嗣侄。丁氏，甘梦庄妻，年二十一守贞。袁氏，莲溪儒童徐敬书妻，年十九守贞。子衢达，附贡。陈氏，泊濂易玉芬妻，媳熊氏，廷弼妻。姑媳孀居。范氏，城陂游许六妻，年二十五守贞。雷氏，厚郭朝肇仪妻，年二十三守贞。游氏，塘角监生苏光邦妻，年二十一守贞。黄氏，四图袁名衍妻，年二十二守贞。胡氏，二图儒童毛学诗妻，年二十四守贞，嗣侄。徐氏，花墙曾日耀妻，年十八守贞。罗氏，一图胡士栋妻，年二十九守贞。毛氏，故县濠湖朱日巨妻，年二十五守贞。陈氏，一图涂谨言妻，年二十五守贞。高氏，竹园邹宜晖妻，年二十五守贞。江氏，一图徐宗兰妻，年二十三守贞。范氏，甘棠生员涂崧妻，年二十四守贞。张氏，赤郭饶德忠妻，年二十七守贞。罗氏，鹭口监生李昌英妻，年二十九守贞，五世同堂。周氏，一图生员涂士毅妻，割股救夫。朱氏，五图袁澄若妻，子克赛妻锺氏。姑媳孀居。刘氏，五坊徐本组妻，年二十九守贞。袁氏，卦塘李文林妻，年二十四守贞。李氏，沙溪周模斗妻，年二十五守贞。袁氏，三江口万光普妻，年二十五守贞。李氏，袁坊袁用和妻，年二十四守贞。袁氏，湖茫李远妻，年二十七守贞。涂氏，栗山黄以清妻。年二十七守贞。李氏，尧巷陈继岐妻，年二十六守贞。晏氏，五图袁道顺妻，年二十三守贞。邱氏，二图黄山洪妻，年二十六守贞。吴氏，五图袁戒朝妻，年二十五守贞。陈氏，三图江凤俦妻。年二十九守贞。李氏，四图邬一像妻，年二十三守贞。李氏，三图周洪梃妻，年二十四守贞。陈氏，三图周钦富妻，年二十二守贞。涂氏，藻溪徐定献妻，年二十七守贞。吴氏，沙湖杨显何妻，年二十七守贞。袁氏，隐溪，徐兆达妻，年十九守贞。周氏，上坊徐尚奏妻，年二十六守贞。傅氏，上泽罗允琨妻，年二十六守贞。王氏，上泽罗亨柱妻，年二十七守贞。熊氏，上泽罗允瑛妻，年二十七守贞。杨氏，上坊魏贤辂妻，年二十八守贞。朱氏，上坊陈述胜妻，年二十六守贞。朱氏，三图陈贤湖妻，年二十一守贞。刘氏，三江口舒有经妻，年二十七守贞。曾氏，二图李邦贤妻，年二十四守贞。周氏，富塘倪绍敏妻，年二十五守贞。万氏，湖茫李廷弼妻，年二十八守贞。余氏，北岸邬曰玉妻，年二十七守贞。周氏，筱塘李允惠妻，年二十二守贞。吴氏，官塘徐本垕妻，年二十四守贞。刘氏，湖茫李斯焕妻，年二十五守贞。朱氏，泊濂周兆吉妾，年二十三守贞。杨氏，泊濂周兆庆妾，年二十二守贞。杨氏，芦荻鄢怀意妻，年二十二守贞。谢氏，芦荻儒童鄢选煬妻，年二十三守贞。

鄢氏，洲上生员鄢光霁妻，年二十一守贞。熊氏，三图李振统妻，守贞四十六载。鄢氏，下洲陈而远妻，年二十四守贞。鄢氏，才步于秉咏妻，年二十四守贞。朱氏，洲上儒童鄢成云妻，年二十四守贞。李氏，二图熊云章妻，守贞三十八载。李氏，梅冈儒童朱秉忎妻，年二十五守贞。任氏，横塘李光夠妻，年二十六守贞。刘氏，一图儒童潘亨璞妻，子嘉铨，妻熊氏，姑媳孀居。徐氏，仓前熊而鼎妻，年二十八守贞。范氏，槎溪王绪栋妻，年二十五守贞。雷氏，鲸源潘邦玒妻，守节三十九载。刘氏，北山王季玉妻，年二十四守贞。苏氏，古塘潘嘉慧妻，年十九守贞。黄氏，脑头李守贤妻，年二十七守贞。雷氏，梅溪生员任运泰妻，年二十六守贞。谢氏，二图吕之锡妻，年二十五守贞。苏氏，古塘潘嘉盛妻，守节四十七载。夏氏，梅冈李道曦妻，年二十二守贞。谢氏，炉下刘绍毅妻，年二十五守贞。谢氏，潦浒洲杨应魁妻，年二十七守贞。陈氏，梅林儒童刘鼎益妻，年二十守贞。陈氏，泉溪罗克点妻，守贞三十五载。谢氏，泉溪罗克赖妻，夫殁无嗣，苦守完贞。刘氏，泉溪罗克勤妻，年二十六守贞。刘氏，泉南喻源粲妻，年二十四守贞。黄氏，吴山儒童王试灏妻，年二十四守贞，遗孤夭，抚侄孙为嗣。吴氏，岭峰饶廷祁妻，年二十四守贞。子早丧，抚孙成立。元孙性成，邑廪。熊氏，觉溪儒童涂志适妻，年二十三守贞。毁容自誓，嗣侄。龚氏，谭城谭熙颊妻，年二十八守贞。龚氏，谭城谭晋惠妻，年二十五守贞。周氏，陆溪熊云逢妻，年二十一守贞。熊氏，雄庄胡清远妻，年二十五守贞。余氏，湖塘邹循较妻，年二十七守贞。夏氏，湖塘监生邹良棽妻，守节四十一载。金氏，湖塘邹长旸妻，年二十五守贞。谭氏，洛溪吕良钗妻，年二十六守贞。邬氏，柞树邱元妻，守节五十一载。魏氏，南湾熊敬贤妻，守节三十二载。滕氏，南湾熊敬臣妻，守节三十六载。余氏，南湾熊立濬妻，年二十八守贞。谢氏，唐坊唐伦丹妻，年二十八守贞。谢氏，唐坊唐佑熙妻，年二十四守贞。谢氏，唐坊唐后德妻，年二十七守贞。邹氏，观前儒童黄光柯妻，年二十二守贞。张氏，刁江傅沛文妻，守节四十四载。饶氏，塘头城上熊稷西妻，年十九守贞。陈氏，枧头熊上伊妻，子集宝，妻陈氏，姑媳孀居。宋氏，枧头熊如富妻，年二十守贞。李氏，楚城邬日康妻，年二十二守贞。孙昭祥，岁贡。金氏，隍城陈绍镜妻，年二十五守贞。熊氏，隍城陈为溶妻，子希锦，妻熊氏，孙绍缵，妻金氏，俱青年守贞，一门三节。王氏，隍城陈绍銮妻，年二十四守贞。陈氏，禾冈李元显妻，年二十七守贞。熊氏，泉塘鄢登慧妻，年二十五守贞。罗氏，虔里邹锡鄄妻，年二十四守贞。

郭氏，北巷洲李显棣妻，年二十七守贞。傅氏，坞社龚源潢妻，年二十六守贞。万氏，监生雷鼎沧妻，年二十七，与妾酆氏俱守贞。程氏，爵塘黄先德妻，年十七守贞。嗣侄。许氏，七十四都周衍英子家弼妻。徐氏，家辅妻。吴氏一门三节。梁氏，城田游宽江妻，年二十一守贞。陈氏，大源徐尔僖妻，年二十九守贞。戴氏，南槎桥邹之瑞妻，年二十五守贞。熊氏，胡家岭胡士莪妻，年二十一守贞。罗氏，北岸邬贯霓妻，年十九守贞。王氏，大江口邬曰圹妻，年十八守贞。倪氏，州上冯仁达妻，年二十九守贞。李氏，五坊佛岭熊大章妻，年二十五守贞。冉氏，枧头熊上善妻，年二十三守贞。陈氏，塘头国学熊高冈妻，年二十九守贞。张氏，塘头熊高逵妻，年二十四守贞。陈氏，塘头熊应广妻，年二十七守贞。周氏，胡家岭胡学燏妻，年十九守贞。朱氏，胡家岭胡中僖妻，年二十三守贞。邹氏，阳坊丁永暹妻，年二十四守贞。丁氏，泸田叶茂果妻，年三十守贞。胡氏，南湾熊履隽妻，年二十六守贞。魏氏，松湖胡传贤妻，年二十六守贞。滕氏，南弯熊履山妻，年三十守贞。傅氏，王田鄢位璧妻，年二十守贞。嗣侄。毛氏，松湖胡尚书妻，年二十九守贞。李氏，田西金礽泰妻，年二十守贞。子衍镜，妻张氏，年二十二守贞。胡氏，七坊管连珩妻，年二十二守贞。谢氏，六坊鄢显怀妻，年二十四守贞。杨氏，白洲周焕祖妻，年二十一守贞。金氏，鲍峰徐伯宗妻，年十九守贞。陈氏，隍城夏芳萁妻，年二十八守贞。周氏，清溪国学李泰芝妻，年二十九守贞。孙煇、燮，俱邑庠。熊氏，龙华桥周模科妻，年二十一守贞。朱氏，潮溪范日章妻，年二十一，嗣侄守节。万氏，官塘周法义妻，年二十六守贞。蔡氏，官塘周嗣楷妻，年二十七守贞。胡氏，秋塘陈福清妻，年二十守贞。熊氏，柏木桥罗嘉莲妻，年二十七守贞。葛氏，阳坊熊治遂妻，年二十四守贞。嗣侄。周氏，太阳庙熊尚宽妻，年二十七守贞，子联奎，邑廪。联璧，邑庠。曾氏，燕湾何履忠妻，年二十八守节。子焕轸，妻徐氏，年二十九守节。孙学诗，妻龚氏，年二十八守节，县宪奖扁。周氏，塘边儒童张繁昌妻，年十九守贞。刘氏，塘边儒童张睹荣妻，年二十三守贞。吕氏，塘边儒童张遥瑚妻，年二十二守贞。范氏，古塘丁广赞妻，年二十三守贞。黄氏，洛溪吕忠南妻，年二十六守贞。周氏，九坊熊克佐妻，年二十四守贞。聂氏，柘园黄兆俨妻，年二十守贞。傅氏，胡秉良妻，年十九守贞。毛氏，乌陂蔡秉衡妻，年十八守贞。嗣侄。蒋氏，门楼黄朝方妻，年二十四守贞，嗣侄。田氏，枧头儒童熊白瑚妻，年十九守贞。嗣侄诰，国学。宋氏，枧头熊如松妻，年二十守贞。嗣侄。徐氏，河垄文光铄妻，年二十八守贞。陈氏，塘头儒童熊起能妻，年二十四守贞。子高，附国学。孙阳泰，国学。阳言，吏目。喻氏，松湖胡泰赉妻，年二十九守贞。范氏，罗塘邓宗楚妻，年二十三守贞。酆氏，北湖丁仕伟妻，年十九守贞。李氏，瓘山熊正来妻，年二十六守贞。余氏，七坊监生管纹元妻，年二十三守贞。丁氏，七坊管纹利妻，年二十七守贞。徐氏，五坊李均妻，年二十九守贞。杨氏，荣塘陈之烈妻，年二十九守贞。刘氏，吴山儒童谢功遴妻，年二十守贞。黄氏，在城陆毓琮妻，年二十七守贞。张氏，纠城陈贵盛妻，年二十四守贞。甘氏，沧溪黄宙玉妻，年二十八守贞。苏氏，古沂塘儒童黄光晋妻，二十六守贞。子大梧，邑庠。陈氏，松湖胡泰镏妻，年二十八守贞。李氏，七坊罗湖管运祚妻，年二十一守贞。嗣侄。杨氏，云堆宋五兰妻，年三十守贞。李氏，九坊萧瑞迁妻，年二十守贞。余氏，三江口儒童万寅忠妻，年二十七守贞。余氏，三江口生员万寅恩妻，年二十三守贞。余氏，三江口万宾琜妻，年二十五守贞。袁氏，三江口万宾傅妻，年二十六守贞。毛氏，洛溪吕良健妻，年二十九守贞。邹氏，洛溪吕良桂妻，年二十八守贞。熊氏，三坊樟树下杨仰八妻，年十八守贞。彭氏，社冈上张登瑶妻，年二十九守贞。彭氏，冈上张上经妻，年十八守贞。戴氏，同造孙显祖妻，年二十五守贞，学宪邹匾奖。刘氏，连塘李钦佑妻，年二十二守贞，府给扁。李氏，芦荻张祖兰妻，年二十七守贞。傅氏，芦荻儒童鄢怀玺妻，年二十三守贞。子英统，国学。张氏，梧冈邹世芳妻，年二十二守贞。傅氏，京山罗允耀妻，年二十三守贞。叶氏，塘头熊起敦妻，年二十七守贞。宋氏，枧头熊集柏妻，年二十六守贞。陈氏，枧头熊集龙妻，年二十五守贞，无子。余氏，万坊塘儒童王泽仪妻，年二十一守贞。嗣侄。熊氏，后塘宋忠元妻，年二十七守贞。宋氏，祉岭儒童余继壹妻，年二十八守贞。罗氏，枧头熊登敦妻，年十九守贞。陈氏，荷满塘刘起凤妻，年二十四守贞。陈氏，胡家岭胡士蕊妻，年二十八守贞。无子。陈氏，泸田叶长元妻，年二十六守贞。嗣侄。金氏，龙冈傅煌阳妻，年二十八守贞。宋氏，官溪陈懋镳妻，年二十二守贞。宋氏，官溪陈远细妻，年二十二守贞。龚氏，雄庄熊谟纳妻，年二十九守贞。吕氏，陇城林业谆妻，年二十九守贞。嗣侄，府宪贺匾奖。涂氏，云庄后峰酆杨清妻，年二十八守贞。魏氏，白富鄢清文妻，年二十二守贞。周氏，田西金庆彩妻，年二十二守贞。罗氏，田西金庆谱妻，年二十五守贞。涂氏，七坊冯雄伯妻，年二十八守贞。子俊达，妻黄氏，年二十四守贞。温氏，六坊潘正邦妻，年二十守贞。嗣侄。张氏，七坊李贤秀妻，年二十六守贞。甘氏，沙溪周模瑚妻，年二十六守贞。徐氏，沙溪胡际华妻，年二十八守贞。周氏，沙溪胡中福妻，年二十八守贞。嗣侄。李氏，沙溪周起凤妻，年二十六守贞。罗氏，沙溪周洪万妻，年二十二守贞。嗣侄。蔡氏，上点杨尚朴妻，年二十四守贞。高氏，田团万宾荥妻，年二十三守贞。范氏，六坊雷廷杰妻，年二十八守贞。王氏，赤湖黄宇衍妻，年二十二守贞。雷氏，二坊刘仕潢妻，年二十守贞。蒋氏，二坊刘仕汾妻，年二十六守贞。罗氏，二坊黎欢原妻，年十九守贞。杨氏，二坊黎绍桥妻，年二十六守贞。徐氏，二坊陈代煤妻，年二十一守贞。黄氏，二坊李时云妻，年十九守贞。金氏，鲍峰徐伯国妻，年十九守贞。周氏，方城金玉潜妻，年二十四守贞。戴氏，斜溪儒童吴芬远妻。年二十守贞。陈氏，清溪李丰浚妻，年二十五守贞。熊氏，龙华桥周焕禄妻，年二十五守贞。罗氏，门楼儒童黄道城妻，年二十守贞，嗣侄，侄夭，复嗣侄孙。夏氏，株溪桥黄秉诚妻，年二十八守贞。朱氏，株溪桥黄家容妻，年二十七守贞。周氏，畲里儒童徐秉瑢妻，年二十六守贞。朱氏，龙华桥魏多坊妻，年十九守贞。黄氏，龙华桥周奇光妻，年二十九守贞。徐氏，白皂周德熜妻，年二十九守贞，嗣侄。揭氏，朱良灏妻，年二十六守贞。熊氏，潮溪范尚琬妻，年二十二守贞。李氏，三坊袁士恒妻，年二十五守贞。蔡氏，青蓝儒童徐致容妻，年二十五守贞。傅氏，青蓝徐播钿妻，年二十三守贞。子攻玉，廪生。熊氏，监生徐著悦妻，年二十三守贞，嗣侄。徐氏，三坊蔡世橦妻，年十九守贞，嗣侄。朱氏，鹭口曾亨新妻，年十九守贞。刘氏，官塘周嗣加妻，年三十守贞，嗣侄。刘氏，官塘周嗣爵妻，年二十七守贞。朱氏，田塅儒童黄正坚妻，年二十五守贞。李氏，上郊范政新妻，年二十六守贞。熊氏，湖茫儒童李秉绪妻，年二十八守贞。鄷氏，叶家巷叶先贵妻，年二十守贞，府宪贺奖匾。揭氏，丰塘徐敬篪妻，年二十六守贞。杨氏，阳坊熊允灼妻，年二十六守贞。杨氏，沙湖丁猷麟妻，年二十八守贞。黄氏，沙湖儒童丁旭龄妻，年二十五守贞。徐氏，北门儒童孙玉澜妻，年二十七守贞。徐氏，文敬行妻，年二十四守贞。夏氏，儒童周钦训妻，年二十七守贞。黄氏，火巷儒童徐绍琳妻，年廿四守贞，继侄锦澍，职员。黄氏，学前武庠夏琮璠妻，年二十九守贞。子文蔚，武举。万氏，忠义坊生员丁有曜妻，年廿七守贞。子人伟，国学。魏氏，三坊周焕闾妻，年二十三守贞。李氏，六坊陈庆光妻，年十九守贞。李氏，在城崔卓源妻，年二十六守贞。周氏，杞塘余植冯妻，年二十一守贞。谢氏，吴山姜弼新妻，年二十四守贞。戴氏，九坊余缵榴妻，年二十六守贞。谭氏，九坊熊立叕妻，年二十五守贞。于氏，北湖吕基培妻，年二十一守贞。陆氏，七坊曾过凡妻，年二十四守贞。黄氏，三坊月塘徐宗富妻，年二十二守贞。刘氏，六坊李守桂妻，年二十九守贞。蔡氏，一坊于科持妻，年二十守贞。熊氏，村前聂映稷妻，年二十一守贞。甘氏，二坊罗允毅妻，年二十二守贞。黄氏，三坊罗允熿妻，年二十七守贞。徐氏，饶坊儒童黄开坪妻，年二十七守贞。陈氏，东皋山欧阳克谟妻，年二十五守贞。黄氏，洛湖桥儒童刘元杖妻，年二十九守贞。周氏，吴坊张绍鹤妻，年二十八守贞。蔡氏，三坊徐暎煦妻，年二十八守贞。徐氏，三坊叶兴纲妻，年十九守贞。孟氏，东坪夏芳文妻，年二十八守贞。李氏，一坊周辉瑛妻，年二十五守贞。江氏，河垄文光锦妻，年十六守贞。任氏，六坊匡世鉽妻，年二十六守贞。袁氏，路口李守仁妻，年二十五守贞。丁氏，七坊黄士贤妻，年二十九守贞。刘氏，路口李馨山妻，年二十九守贞。李氏，邵坊生员任迪吉妻，年三十守贞，嗣侄。王氏，瓘山熊正即妾，年二十八守贞。潘氏，五坊李瑞麟妻，年二十三守贞。熊氏，上郊范国佐妻，年二十七守贞。陈氏，瓘山熊正应妻，年二十五守贞。徐氏，瓘山熊修耀妻，年二十八守贞。李氏，古沂塘儒童黄学祖妻，年二十一守贞。李氏，铜湖中湾余尚迪妻，年二十七守贞。徐氏，五坊陈述祖妻，年二十七守贞。李氏，在城监生黄际安妻，年二十七守贞。徐氏，高埂监生熊光恒妻，年十六守贞。徐氏，文资聂模庆妻，年十八守贞。丁氏，一坊儒童熊修亨妻，年二十四守贞，嗣侄。甘氏，潮溪儒童范启鹄妻，年二十一守贞，嗣侄。聂氏，七坊葛英茂妻，年二十八守贞。熊氏，高埂刘兆宠妻，年二十三守贞。黄氏，四坊甘定学妻，年二十四守贞。卢氏，四坊儒童甘尔杰妻，年二十四守贞。傅氏，吴山谢先麟妻，年二十八守贞。梁氏，枫林谭庆柳妻，年二十一守贞。熊氏，一坊傅载浩妻，年二十七守贞。李氏，罗塘邓宗储妻，年二十五守贞。周氏，陆溪熊翰谷妻，年十九守贞。

聂氏，上房孙本良妻，年二十一守贞。曾氏，白沙邓流衍妻，年二十四守贞。曾氏，天井社梅熊殿章妻，年二十一守贞。涂氏，白沙生员罗宥妻，夫病割股，年三十守贞。段氏，西村张遥洛妻，四川富顺人，年二十六，夫殁，氏经纪，舆榇归里，现年五十三岁。李氏，上郊范国标妻，年十六，夫殁，继侄为嗣。嗣殁，姑媳守贞，一门双节。杜氏，夏阳江宋七纲妻，年二十八守贞。彭氏，前坊吕俊伦妻，年十九守贞。龚氏，大巷徐礼凤妻，年二十三守贞。葛氏，后村熊祥宠妻，年二十四守贞，嗣侄。葛氏西村张极三妻，年二十三守贞。蒋氏，二坊曾汝亮妻，年二十七守贞。丁氏，三坊徐廷魁妻，年二十守贞。阙氏，二坊儒童杜思洪妻，年二十一守贞，嗣侄。黄氏，在城石桥湖吴九凰妻，年二十六守贞。邹氏，城背陈万连妻，年二十九守贞。黄氏，五坊袁宗贤妻，年二十六守贞。陈氏，二坊儒童周伟文妻，年十九守贞。杨氏，金坊朱怀辉妻，年二十三守贞。杨氏，五坊罗亨安妻，年二十二守贞。周氏，于家洲增生于麟妻，年二十八守贞。尚氏，泸田叶盛春妻，年二十八守贞。章氏，松湖胡尚光妻，年二十三守贞。陈氏，清溪李韶妻，年二十四守贞。朱氏，清溪李望妻，年二十二守贞。袁氏，六坊李诗五妻，年十九守贞。高氏，五坊李静远妻，年二十五守贞。戴氏，铜坑儒童黄礼训妻，年二十三守贞，嗣侄。杨氏，西村葛遇富妻，年二十三守贞。陈氏，黄埠垴张代纹妻，年二十八守贞。王氏，三坊涂文煜妾，年二十三守贞。孙氏，桥上金衍冠妻，年二十九守贞。陈氏，老塘金礽修妻，年二十九守贞。聂氏，三坊蔡居巧妻，年二十五守贞。

夏氏，在城黄士琏妻，年二十五守贞。崔氏，上村罗澣妻，年二十九守贞。黄氏，三坊涂道增妻，年二十四守贞。熊氏，杞塘余植荣妾，年二十二守贞。萧氏，杞塘余沐寘妻，年二十四守贞。聂氏，埂山熊承显妻，年二十七守贞。易氏，埂山熊嗣麟妻，年三十守贞。章氏，珠林傅煌梅妻，年二十九守贞。魏氏，株林傅戴嵩妻，年二十五守贞。夏氏，笪桥廖云芙妻，年二十一守贞。刘氏，三江口万光晋继室，年二十二守贞。龚氏，六坊熊瑞伯妻，年二十八守贞。子熊裕，生员。周氏，洛溪吕良显妻，年二十七守贞。危氏，五坊袁济川妻，年二十四守贞。胡氏，六坊黄梦铨妻，年二十九守贞。

以上旧志。

丁氏，鹤村杜存苷妻，年十九守贞。李氏，沙湖丁猷翻妻，年二十九守贞。徐氏，务前葛林茂妻，年二十四守贞。邓氏，沙湖丁方霁妻，年二十八守贞。萧氏，沙湖丁方裕妻，年二十八守贞。曾氏，南巷夏茂祥妻，年二十九守贞。丁氏，仙音崔恢绶妻，年二十八守贞。黄氏，牯牛丁人佐妻，年二十五守贞。龚氏，北门监生唐大吉妻，年十九守贞。管氏，邑郛郭炳典妻，年二十三守贞。黄氏，邑郛李俊楷妻，年廿七守贞。江氏，邑郛生员鄢学源妻，年二十九守贞。文氏，太平巷职员杨绪璜妻，年三十守贞。妾陈氏，年二十二守贞。杨氏，师古李达成妻，年二十九守贞。罗氏，邑郛杨本燕妻，年二十二守贞。周氏，邑郛杨本烈妻，年二十三守贞。熊氏，邑郛杨本点妻，年二十三守贞。胡氏，邑郛杨本薰妻，年二十九守贞。徐氏，邑郛杨本焄妻，年二十守节。徐氏，务前葛合智妻，年二十六守贞。罗氏，邑郛熊显晃妻，年二十二守贞。杨氏，邑郛熊显旃妻，年二十六守贞。周氏，塘边张睹兴妻，年二十守贞。胡氏，塘边张占麒妻，年二十四守贞。

罗氏，邑郛杜怀瑾妻，年三十守贞。宁氏，北门唐大海妻，年二十九守贞。曾氏，邑郛文明凤妻，年二十一守贞。周氏，邑郛杨鲁望妻，年二十一守贞。宁氏，牯牛丁佩菴妻，年二十八守贞。卫氏，大街拔贡甘恢先妻，年二十八守贞。潘氏，邑郛葛合应妻，年二十六守贞。熊氏，城南黄用忠妻，年二十二守贞。罗氏，邑郛蔡宇魁妻，年二十八守贞。丁氏，仙音崔红十妻，年二十五守贞。黄氏，大井头皮锦文妻，年二十七守贞。李氏，沙湖丁猷敏妻，年三十守贞。黄氏，沙湖丁猷杰妻，年二十五守贞。黎氏，南湖李曰椿妻，年二十八守贞。何氏，南湖李曰迪妻，年二十八守贞。袁氏，南湖李曰义妻，年二十二守贞。聂氏，仙音陆运恢妻，年二十五守贞。黄氏，沙湖丁东升妻，年二十七守贞。黄氏，沙湖丁揆善妻，年二十五守贞。雷氏，沙湖丁方来妻，年三十守贞。丁氏，南巷例授修职郎熊周炘妻，年二十三守贞。丁氏，城东万介顺妻，年二十一守贞。丁氏，元戎第邓绍焜妻，年二十六守贞。李氏，大井头皮协泰妻，年二十九守贞。聂氏，务前葛合兴妻，年二十七守贞。杨氏，务前葛合朝妻，年三十守贞。聂氏，务前葛合顺妻，年二十五守贞。丁氏，鹤村杜善长妻，年二十一守贞。李氏，鹤村杜世喜妻，年三十守贞。黄氏，邑郛刘发四妻，年二十三守贞。丁氏，为村杜名道妻，年二十九守贞。熊氏，邑郛黄吕贵妻，年二十八守贞。陈氏，鹤村杜培成妻，年三十守贞。刘氏，鹤村杜志二妻，年二十九守贞。葛氏，邑郛李秀拔妻，年二十九守贞。曾氏，邑郛杨开仁妻，年三十守贞。陆氏，花桥监生徐斯焕妻，年二十九守贞。熊氏，仙音甘立修妻，年二十六守贞。任氏，智林巷范德伦妻，年二十八守贞。潘氏，智林巷范耀炳妻，年二十八守贞。熊氏，智林巷范耀麒妻，年二十七守贞。丁氏，智林巷范发隆妻，年二十九守贞。夏氏，务前葛锦章妻，年三十守贞。余氏，务前葛显谟妻，年三十守贞。徐氏，邑郛周宗礿妻，年二十八守贞。涂氏，仙音崔恢绚妻，年二十八守贞。周氏，城南黄映安妻，年二十九守贞。李氏，邑郛张世禄妻，年二十二守贞。周氏，沙湖丁方胜妻，年二十六守贞。熊氏，邑郛葛盛光妻，年二十五守贞。王氏，邑郛周垂珮妻，年二十七守贞。陆氏，北门万启鸾妻，年二十一守贞。李氏，仙音职员崔立裕妻，年二十九守贞。徐氏，沙湖丁揆庆妻，年三十守贞。周氏，邑郛熊典三妻，年二十一守贞。李氏，邑郛雷培旺妻，年二十九守贞。文氏，南巷熊朝元妻，年二十八守贞。周氏，城隍巷职员文星照妻，年二十九守贞。皮氏，花桥徐斯魁妻，年二十八守贞。陈氏，务前葛遇荣妻，年二十九守贞。任氏，牯牛丁倬夫妻，年二十五守贞。谭氏，务前武生葛铨妻，年二十九守贞。周氏，务前葛遇和妻，年二十七守贞。晏氏，邑郛赵维福妻，年二十九守贞。王氏，城南黄用章妻，年二十四守贞。萧氏，富洲盛朝治妻，年二十一守贞。黎氏，邑郛杨光勋妻，年二十七守贞。刘氏，务前葛合鹿妻，年三十守贞。黄氏，鹤村杜茂章妻，年二十七守贞。聂氏，邑郛熊光裕妻，年二十六守贞。周氏，邑郛李典江妻，年二十四守贞。夏氏，邑郛汤品五妻，年二十九守贞。涂氏，邑郛杜文茂妻，年二十八守贞。袁氏，牯牛丁人驯妻，年二十九守贞。黄氏，邑郛武生罗允谋妻，年二十七守贞。朱氏，邑郛榷允训妻，年二十二守贞。周氏，牯牛武生丁运鸿妻，年二十九守贞。王氏，邑郛文明高妻，年二十九守贞。李氏，邑郛文光顺妻，年二十八守贞。雷氏，邑郛文晴川妻，年三十守贞。杨氏，仙音陆运祐妻，年二十七守贞。

熊氏，仙音陆运量妻，年二十四守贞。丁氏，仙音陆运和妻，年三十守贞。李氏，花桥徐畅茂妻，年二十六守贞。张氏，南湖李习九妻，年二十五守贞。熊氏，务前葛及京妻，年三十守贞。杜氏，富洲盛朝槐妻，年二十八守贞。辛氏，邑郛范步兰妻，年二十八守贞。陈氏，邑郛李集盛妻，年二十五守贞。田氏，沙湖丁猷银妻，年二十三守贞。郭氏，邑郛武生李耀廷妻，年三十守贞。雷氏，邑郛杨盛兴妻，年二十八守贞。黄氏，邑郛李光富妻，年二十六守贞。任氏，邑郛杜怀顺妻，年二十一守贞。袁氏，邑郛曾仁淮妻，年二十六守贞。倪氏，邑郛吴家宗妻，年二十七守贞。黄氏，花桥生员徐斯盛妻，年二十九守贞。史氏，邑郛生员文析理妻，年二十守贞，子选青，邑庠。曾氏，太平巷杨邦显妻，年三十守贞。孙氏，邑郛熊德胜妻，年二十九守贞。涂氏，邑郛余秉忠妻，年二十六守贞。朱氏，邑郛熊孟性妻，年二十九守贞。傅氏，邑乳熊智人妻，年三十守贞。熊氏，邑郛饶道源妻，年二十八守贞。任氏，邑郛邱宿珍妻，年十九守贞。何氏，张登铎妻，年二十二守贞。罗氏，熊厚统妻，年二十九守贞。张氏，吕兆儒妻，年二十八守贞。熊氏，傅连顺妻，年二十七守贞。朱氏，辛汝珍妻，年二十九守贞。熊氏，辛朝林妻，年二十九守贞。葛氏，傅煌和妻，年二十六守贞。蔡氏，松陇杨元和妻，年二十七守贞。子希颜，邑庠。朱氏，枫溪聂衡煜妻，年二十四守贞。张氏，聂大寿妻，年二十八守贞。张氏，一坊熊祖恭妻，年二十六守贞。曾氏，一坊熊祖敬妻，年二十七守贞。熊氏，一坊徐乐远妻，年二十二守贞。葛氏，一坊熊高拔妻，年二十八守贞。黄氏，一坊何方穀妻，年三十守贞。徐氏，一功熊起选妻，年二十九守贞。敖氏，一坊吕岱理妻，年二十六守贞。徐氏，田团万启俊妻，年二十六守贞。罗氏，杨清洙妻，年二十四守贞。黄氏，何家駷妻，年二十五守贞。王氏，丁成絅妻，年二十四守贞。刘氏，葛遇宜妻，年二十六守贞。杨氏，吕知绂妻，年二十七守贞。黄氏，吕知遹妻，年二十八守贞。胡氏，河湾曾文钦妻，年二十九守贞。吕氏，上房监生孙光斗妻，年二十八守贞。杜氏，中房孙立德妻，年二十六守贞。陈氏，丁文达妻，年二十六守贞。丁氏，王贤俊妻，年二十五守贞。李氏，张汉铎妻，年二十四守贞。鄷氏，花园敖开宋妻，年二十九守贞。黄氏，杨世昌妻，年二十二守贞。唐氏，杨临煜妻，年二十六守贞。吕氏，杨尚明妻，年二十六守贞。吕氏，杨玠妻，年二十九守贞。邹氏，黄宇成妻，年二十五守贞。吴氏，黄宇锜妻，年二十六守贞。张氏，黄宇遐妻。年二十五守贞。徐氏，熊应元妻，年三十守贞。丁氏，熊阳新妻，年二十九守贞。丁氏，泉井顾时珊妻，年十七守贞。曾氏，西村李益圉妻，年二十七守贞。子翘秀，邑庠。杨氏，马口熊景圻妻，年二十九守贞。子运钟，邑庠。聂氏徐德茂妻，年二十三守贞。徐氏，傅学渊妻，年三十守贞。熊氏，泉井顾时瑕妻，年二十六守贞。熊氏，葛为纶妻，年二十四守贞。杨氏，田团万启达妻，年二十八守贞。熊氏，聂镇畹妻，年二十五守贞。邹氏，万宾政妻，年二十八守贞。谭氏，大巷徐瑞美妻，年二十七守贞。夏氏，河湾何仁妻，年二十四守贞。万氏，杨本彩妻，年二十五守贞。王氏，邹多祺妻，年二十九守贞。熊氏，罗亨栓妻，年二十六守贞。陈氏，黄儒贵妻，年二十七守贞。熊氏，袁建务妻，年二十六守贞。吕氏，熊尚朴妻，年二十二守贞。唐氏，候选经历熊尚杰妻，年二十九守贞。杜氏，熊景增妻，年二十七守贞。吕氏，黄儒达妻，年二十四守贞。聂氏，葛合德妻，年二十二守贞。黄氏，葛合管妻，年二十七守贞。张氏，葛为登妻，年二十四守贞。徐氏，葛为珍妻，年二十七守贞。朱氏，葛为考妻，年二十三守贞。李氏，葛为用妻，年二十二守贞。杨氏，葛遇泮妻，年二十七守贞。龚氏，丁其杰妻，年十七守贞。李氏，夏大盛妻，年二十九守贞。陈氏，聂钦虞妻，年二十七守贞。李氏，陈怀梗妻，年二十三守贞。余氏，黄启鸾妻，年二十二守贞。涂氏，河湾封职何邦馨妻，年二十九守贞。陆氏，河湾王业萃妻，年二十九守贞。聂氏，喻则训妻，年二十一守贞。熊氏，傅煌辉妻，年十八守贞。李氏，丁其霖妻，年二十一守贞。徐氏，傅善廷妻，年二十一守贞。陈氏，吕基坚妻，年二十一守贞。丁氏，黄天郎妻，年二十九守贞。孙氏，垛里邑庠熊杏林妻，年二十八守贞。丁氏，熊茂兰妻，年三十守贞，宋氏，涑上杨达高妻，年二十八守贞。罗氏，涑上杨达上妻，年二十七守贞。邱氏，熊贵昆妻，年二十六守贞。黄氏，潭埠熊显邻妻，年二十九守贞。罗氏，大路彭锺保妻，年二十六守贞。徐氏，河湾何邦隆妻，年十九守贞。陈氏，河湾王飏骏妻，年二十五守贞。罗氏，河湾王绪奎妻，年二十六守贞。聂氏，葛遇发妻，年三十守贞。熊氏，葛为班妻，年二十六守贞。聂氏，葛合秋妻，年二十九守贞。李氏，王良璧妻，年二十五守贞。陈氏，张洪波妻，年二十八守贞。黄氏，罗福鲸妻，年二十五守贞。熊氏，徐祖武妻，年二十三守贞。杨氏，葛遇骥妻，年二十八守贞。万氏，葛蘅芳妻，年二十二守贞。徐氏，聂洪江妻，年二十二守贞。曾氏，吕东垠妻，年二十四守贞。杨氏，朱青四妻，年二十四守贞。于氏，陈文谟妻，年二十六守贞。罗氏，沧溪监生黄中峻妻，年二十九守贞。徐氏，喻则谟妻，年二十四守贞。杨氏，吕汝梅继妻，年二十三守贞。熊氏，吕笏妻，年二十四守贞。葛氏，朱如垣妻，年二十九守贞。熊氏，黄中源妻，年二十七守贞。熊氏，朱国焕妻，年二十一守贞。王氏，枫溪监生聂葆真妾，年二十七守贞。熊氏，寺前朱维寿妻，年二十七守贞。聂氏，枫溪谭兴诗妻，年二十八守贞。丁氏，枫溪聂镇容妻，年二十二守贞。杨氏，大路彭启恢妻，年二十七守贞。杜氏，上房孙源早妻，年十九守贞。王氏，上房孙源兴妻，年二十九守贞。吕氏，黄良鸿妻，年二十六守贞。章氏，吕进智妻，年二十四守贞。涂氏，陈国二妻，年二十九守贞。徐氏，巍里孙源池妻，年二十九守贞。陈氏，丁猷金妻，年二十七守贞。丁氏，寺前朱继柏妻，年二十七守贞。黄氏，于名凤妻，年二十三守贞。邹氏，黄启广妻，年二十二守贞。李氏，熊在一妻，年二十九守贞。孙氏，枫溪黄光发妻，年二十六守贞。傅氏，河湾监生王业盛妻，年二十九守贞。徐氏，河湾王业藻妻，年二十九守贞。葛氏，渡头熊运海妻，年十八守贞。葛氏，渡头熊开芳妻，年二十六守贞。曾氏，徐寿云妻，年二十八守贞。杨氏，夏雪七妻，年二十六守贞。熊氏，枫溪谭荣一妻，年二十四守贞。张氏，彭进祥妻，年二十七守贞。熊氏，王贤堃妻，年二十七守贞。何氏，辛畅轩妻，年二十五守贞。熊氏，陈源泗妻，年二十三守贞。熊氏，何广万妻，年二十五守贞。何氏，聂添福妻，年二十四守贞。张氏，吕创先妻，年二十五守贞。甘氏，吕岱毂妻，年二十二守贞。聂氏，陈志伦妻，年二十守贞。杨氏，聂增庶妻，年二十八守贞。聂氏，陈素亿妻，年二十一守贞。吕氏，傅载凤妻，年二十九守贞。刘氏，傅胜魁妻，年二十七守贞。刘氏，丁祖耀妻，年二十九守贞。萧氏，监生杨清泗妻，年二十九守贞。熊氏，何瑞文妻，年二十六守贞。葛氏，张显楠妻，年十九守贞。聂氏，大夫第杨懋徽妾，年二十六守贞。蔡氏，大夫第杨勉辅妻，年二十九守贞。熊氏，徐元万妻，年二十五守贞。孙氏，熊观光妻，年二十八守贞。黄氏，陈灿炳妻，年二十五守贞。熊氏，泉井陈出谷妻，年二十六守贞。熊氏，徐文辉妻，年二十五守贞。徐氏，丁成锦妻，年二十九守贞。熊氏，丁其衿妻，年二十九守贞。杨氏，聂春魁妻，年二十九守贞。陈氏，曾均灿妻，年二十九守贞。吴氏，雩上刘求六妻，年二十九守贞。舒氏，杨懋见妻，年二十八守贞。黄氏，雩上刘能一妻，年一十五守贞。杜氏，雩上刘连十妻，年二十八守贞。李氏，监生熊开珍妻，年二十九守贞。王氏，黄中达妻，年二十八守贞。曾氏，虞超林妻，年二十八守贞。陈氏，黄云贵妻，年二十三守贞。吕氏，黄中发妻，年二十二守贞。徐氏，聂魁八妻，年二十八守贞。聂氏，徐仁周妻，年二十五守贞。宋氏，古楼巷罗亨绂妻，年二十五守贞。曾氏，于名第妻，年十七守贞。陈氏，张祖亮妻，年二十四守贞。陈氏，吕岱琨妻，年二十九守贞。丁氏，于名标妻，年二十四守贞。吕氏，杨荣拔妻，年三十守贞。杨氏，张祖昭妻，年二十九守贞。于氏，张睹儒妻，年二十二守贞。聂氏，于名轸妻，年二十五守贞。黄氏，李庆常妻，年二十五守贞。聂氏，于名魁妻，年二十八守贞。熊氏，何方至妻，年三十守贞。丁氏，李贤发妻，年二十二守贞。蒋氏，曾佐兰妻，年二十四守贞。黄氏，曾佐沂妻，年二十三守贞。詹氏，袁天成妻，年二十一守贞。熊氏，监生邹廷槐妻，年二十四守贞。张氏，监生邹朝销妻，年三十守贞。徐氏，聂荣阶妻，年二十二守贞。蒋氏，孙允魁妻，年二十九守贞。田氏，宋宜雯妻，年二十七守贞。熊氏，蒋仙澳妻，年十九守贞。聂氏，吕州降妻，年二十九守贞。杨氏，黄曰行妻，年二十八守贞。张氏，黄曰文妻，年二十八守贞。黄氏，罗九灏妻，年二十七守贞。杨氏，夏基圣妻，年二十四守贞。徐氏，雷世和妻，年二十四守贞。蒋氏，曾纪亮妻，年二十八守贞。蒋氏，曾绍箕妻，年二十九守贞。聂氏，欧阳德顺妻，年二十八守贞。蔡氏，黄祚珍妻，年二十三守贞。黄氏，罗福安妻，年二十五守贞。聂氏，唐冬来妻，年二十九守贞。熊氏，袁曰翎妻，年二十八守贞。杨氏，袁景瑎妻，年二十六守贞。熊氏，范孟二妻，年二十二守贞。张氏，漆前彪妻，年二十九守贞。熊氏，黄锡彩妻，年十六守贞。杨氏，孙允德妾，年二十八守贞。孙氏，欧阳宗学妻，年二十八守贞。陈氏，范赐凰妻，年二十八守贞。曾氏，卢灿锦妻，年二十一守贞。甘氏，蒋传皖妻，年三十守贞。黄氏，雷模梼妻，年二十二守贞。陈氏，李绍陛妻，年二十二守贞。陈氏，曾文华妻，年二十九守贞。易氏，蒋慕辉妻，年二十七守贞。陈氏，雷以缭妻，年二十九守贞。宋氏，于堂成妻，年三十守贞。王氏，熊芳魁妻，年二十五守贞。周氏，陈新邦妻，年二十守贞。聂氏，易声松妻，年二十守贞。杨氏，甘祥汪妻，年三十守贞。黄氏，周富文妻，年二十八守贞。周氏，阙良琼妻，年二十七守贞。聂氏，袁景绚妻，年二十七守贞。熊氏，辛金三妻，年二十七守贞。曾氏，罗允沂妻，年三十守贞。游氏，辛圣四妻，年二十七守贞。聂氏，黄序三妻，年二十九守贞。徐氏，雷锦川妻，年二十九守贞。张氏，范恒谓妻，年二十九守贞。何氏，邹崇大妻，年二十七守贞。袁氏，曾景星妻，年二十九守贞。袁氏，刘衣七妻，年二十四守贞。蒋氏，范朗斋妻，年二十九守贞。熊氏，甘祥生妻，年二十九守贞。徐氏，李有爵妻，年二十守贞。康氏，李席成妻，年十九守贞。黄氏，李来吉妻，年二十三守贞。杜氏，邓道照妻，年二十三守贞。邓氏，陈生二妻，年二十六守贞。刘氏，朱兆俊妻，年二十九守贞。陈氏，于甲金妻，年二十一守贞。蒋氏，于甲波妻，年二十八守贞。罗氏，于遂拔妻，年二十九守贞。徐氏，范宗七妻，年二十四守贞。曾氏，罗亨鹏妻，年二十一守贞。杨氏，蒋耀芳妻，年二十六守贞。周氏，熊应科妻，年二十四守贞。蒋氏，范永透妻，年二十七守贞。雷氏，范永迎妻，年二十九守贞。欧阳氏，范永适妻，年二十三守贞。李氏，陈茂贤妻，年二十六守贞。徐氏，曾明源妻，年二十四守贞。王氏，坑头监生周学道妻，年二十九守贞。周氏，卫宗课妻，年二十守贞。袁氏，卫宗海妻，年二十二守贞。蔡氏，熊友翙妻，年二十七守贞。盛氏，袁名鸿妻，年二十七守贞。张氏，陈祖传妻，年二十四守贞。朱氏，黄华彩妻，年二十四守贞。夏氏，刘启纖妻，年二十七守贞。毛氏，熊自得妻，年二十五守贞。黄氏，熊开早妻，年二十九守贞。黄氏，周韶英妻，年二十守贞。吕氏，丁修五妻，年二十一守贞。游氏，徐大圆妻，年二十七守贞。熊氏，蔡景萱妻，年二十六守贞。李氏，徐朝玺妻，年三十守贞。徐氏，生员蔡恒迪妻，年二十八守贞。曾氏，蔡元捷妻，年二十七守贞。杨氏，邹贤炀妻，年二十二守贞。徐氏，蔡英江妻，年二十四守贞。黄氏，蔡宇缙妻，年二十七守贞。蔡氏，陈华利妻，年二十三守贞。邹氏，黄尚宁妻，年二十七守贞。黄氏，王世韬妻，年二十四守贞。甘氏，黄兆炳妻，年二十三守贞。文氏，熊联盛妻，年二十七守贞。李氏，熊联斗妻，年三十守贞。罗氏，监生黄宗华妻，年二十八守贞。陈氏，潘道鹏妻，年二十五守贞。徐氏，熊维栉妻，年二十七守贞，学宪张奖予“冰清玉洁”。陈氏，邹之檀妻，年二十二守贞。朱氏，邹在福妻，年二十六守贞。周氏，邹之琠妻，年二十四守贞。熊氏，邹道洛妻，年二十六守贞。揭氏，邹焕玮妻，年二十七守贞。熊氏，雷应龙妻，年二十四守贞。涂氏，黄凤鸣妻，年二十九守贞。张氏，叶兴安妻，年二十九守贞。陈氏，杨才成妻，年二十九守贞。裴氏，黄传瑚妻，年二十八守贞。刘氏，涂坊涂传书妻，年二十五守贞，学宪张给予“节比松筠”匾。徐氏，袁槐二妻，年二十六守贞。孙氏，邓孔成妻，年二十七守贞。卫氏，谢恩普妻，年二十八守贞。罗氏，徐知松妻，年二十八守贞。刘氏，蔡景华妻，年二十八守贞。李氏，熊斗禄妻，年二十九守贞。陈氏，黄步云妻，年二十一守贞。杨氏，黄禄鹏妻，年二十三守贞。刘氏，杜学华妻，年十九守贞。徐氏，监生蔡世佳妻，年二十八守贞。徐氏，蔡世应妻，年二十八守贞。熊氏，陈学荣妻，年三十守贞。蔡氏，武主鄷授珍妻，年二十二守贞。李氏，蔡会棕妻，年二十七守贞。陈氏，徐斯显妻，年二十五守贞。朱氏，徐廷璠妻，年二十七守贞。曾氏，罗福继妻。年二十三守贞。杨氏，熊华冕妻，年二十九守贞。王氏，月塘徐廷诏妻，年三十守贞。王氏，月塘徐大琠妻，年三十守贞。李氏，袁宗胡妻，年三十守贞。邹氏，丁兆彬妻，年二十九守贞。左氏，黄谦顺妻，年二十九守贞。胡氏，袁宗兴妻，年二十守贞。熊氏，袁本发妻，年二十二守贞。曾氏，袁宗铭妻，年二十九守贞。黄氏，袁建文妻，年二十九守贞。徐氏，蔡景先妻，年二十八守贞。黄氏，蔡曾习妻，年二十四守贞。黄氏，邓林松妻，年二十七守贞。谢氏，孙耀榜妻，年二十五守贞。熊氏，张兆建妻，年二十九守贞。

徐氏，晏士澄妻，年二十二守贞。徐氏，罗亨光妻，年二十二守贞。蓝氏，熊鼎新妾，年二十三守贞。李氏，范尚略妻，年二十九守贞。杨氏，徐益恭妻，年二十九守贞。王氏，张望六妻，年二十九守贞。鄢氏，王续四妻，年二十守贞。邬氏，王嫡五妻，年三十守贞。蔡氏，熊宇楣妻，年二十八守贞。罗氏，熊华湖妻，年二十七守贞。范氏，邹在棠妻，年二十九守贞。曾氏，邹在召妻，年二十五守贞。傅氏，邹道扩妻，年二十八守贞。黄氏，饶道七妻，年二十四守贞。王氏，饶问三妻，年二十四守贞。周氏，黄文星妻，年二十七守贞。刘氏，周德十妻，年二十四守贞。徐氏，卢明十妻，年二十九守贞。丁氏，横冈程胜惠妻，年十九守贞。熊氏，任德盛妻，年二十九守贞。朱氏，徐秀兰妻，年二十九守贞。杨氏，徐友兰妻，年二十九守贞。朱氏，徐德修妻，年二十八守贞。徐氏，何方礼妻，年二十七守贞。余氏，黄宾书妻，年二十七守贞。陈氏，黄启荣妻，年二十六守贞。黄氏，席耀日妻，年二十九守贞。熊氏，黄九如妻，年二十三守贞。毛氏，杨儒林妻，年二十四守贞。杨氏，应统淮妻，年二十九守贞。熊氏，周元宗妻，年二十六守贞。陈氏，涂远兆妻，年二十三守贞。万氏，蔡宪绮妻，年二十八守贞。熊氏，邹静辉妻，年二十一守贞。万氏，熊厥文妻，年二十三守贞。熊民，陈步嶦妻，年二十八守贞。李氏，杨明玉妻，年二十九守贞。李氏，曾胜谟妻，年二十三守贞。揭氏，陈怀铎妻，年二十一守贞。陈氏，杨明韶妻，年二十七守贞。李氏，熊耀珍妻，年三十守贞。陈氏，游云皋妻，年二十四守贞。范氏，周鉴龙妻，年三十守贞。杨氏，陈立彬妻，年二十四守贞。甘氏，杨明輝妻，年二十四守贞。张氏，大塘诰赠通奉大夫四川巴县知县毛辉凤妾，年二十八守贞。聂氏，熊德光妻，年二十一守贞。徐氏，邹明传妻。年二十八守贞。熊氏，史学颜妻，年二十五守贞。裴氏，史光兴妻，年二十九守贞。杨氏，史光华妻，年二十八守贞。万氏，李贤发妻，年二十四守贞。聂氏，任德敬妻，年二十三守贞。陈氏，萧膺遥妻，年三十守贞。熊氏，江尊琳妻，年二十一守贞。杨氏，王世坤妻，年二十八守贞。陈氏，杨绍人妻，年二十三守贞。邹氏，李贤福妻，年二十一守贞。邹氏，王世滐妻，年二十九守贞。李氏，汤焕凌妻，年二十七守贞。李氏，杨芳茂妻，年二十九守贞。游氏，刘世缙妻，年三十守贞。熊氏，黄满睽妻，年三十守贞。戈氏，刘世良妻，年二十九守贞。唐氏，张奕连妻，年二十二守贞。范氏，甘大昆妻，年二十九守贞。陈氏，范志道妻，年三十守贞。甘氏，范必佑妻，年二十七守贞。熊氏，孙届发妻，年二十五守贞。傅氏，刘汝清妻，年二十七守贞。卫氏，甘旺林妻，年二十四守贞。黄氏，候补县丞杨树本妻，年二十九守贞。李氏，黄祖淮妻，年二十五守贞。陈氏，范应春妻，年二十六守贞。李氏，范邓一妻，年二十八守贞。范氏，孙春魁妻，年二十一守贞。周氏，万介潘妻，年二十七守贞。朱氏，甘瑞廷妻，年二十七守贞。杨氏，周雅富妻，年二十九守贞。鄢氏，黄绪余妻，年二十九守贞。袁氏，高从友妻，年二十八守贞。吴氏，高从纲妻，年二十二守贞。甘氏，李斯琮妻，年二十三守贞。曾氏，熊镂七妻，年二十五守贞。朱氏，胡际盛妻，年二十六守贞。徐氏，杨明芾妻，年二十四守贞。邹氏，拿冈熊周建妻，年二十守贞。熊氏，傅子先妻，年二十九守贞。陈氏，范喜宗妻，年二十六守贞。徐氏，邹时昮妻，年二十九守贞。熊氏，傅沽舜妻，年二十五守贞。张氏，甘宗尊妻，年二十四守贞。

孙氏，邹昌忠妻，年二十八守贞。聂氏，曾声源妻，年二十六守贞。范氏，邑庠邹际治妻，年二十六守贞。周氏，张江廷妻，年二十九守贞。范氏，何日荣妻，年二十七守贞。余氏，傅煌恩妻，年二十六守贞。罗氏，游告三妻，年十八守贞。雷氏，孙丰年妻，年二十九守贞。裴氏，熊明进妻，年二十五守贞。范氏，孙应鸿妻，年二十八守贞。黄氏，甘秉镳妻，年三十守贞。黄氏，杨兴蕃妻，年三十守贞。邹氏，李俊高妻，年二十二守贞。王氏，黄傅槐妻，年二十八守贞。游氏，杨明山妻，年二十九守贞。黄氏，裴光统妻，年二十九守贞。熊氏，陈道富妻，年二十八守贞。雷氏，李秉良妻，年二十四守贞。周氏，熊修选妻，年二十三守贞。章氏，熊正炽妻，年二十六守贞。范氏，熊德鼎妻，年二十八守贞。刘氏，熊修应妻，年二十九守贞。傅氏，熊修德妻，年二十六守贞。罗氏，熊修基妻，年二十九守贞。舒氏，熊芳璧妻，年二十二守贞。罗氏，熊乔龄妻，年二十九守贞。吴氏，熊意章妻，年二十四守贞。聂氏，陈华贞妻，年二十四守贞。涂氏，万光新妻，年二十守贞。熊氏，陈廷梁妻，年二十九守贞。熊氏，傅义修妻，年二十二守贞。徐氏，职员杨明乐妻，年三十守贞。杨氏，孙锡璠妻，年二十三守贞。邹氏，范廷熊妻，年二十八守贞。甘氏，范献五妻，年二十九守贞。范氏，聂基华妻，年二十六守贞。萧氏，高从灿妻，年二十五守贞。赵氏，孙际明妻，年二十七守贞。李氏，孙裕雅妻，年二十四守贞。周氏，杨人坊妻，年二十六守贞。苏氏，熊顺达妻，年二十八守贞。罗氏，熊盘二妻，年二十五守贞。李氏，熊殿八妻，年二十五守贞。朱氏，熊厚业妻，年十七守贞。张氏，熊文奇妻，年二十一守贞。袁氏，熊厚纲妻，年二十六守贞。李氏，高志齐妻，年二十三守贞。冯氏，武举杨金诰妾，年三十守贞。周氏，熊自鲛妻，年二十九守贞。王氏，邹霄三妻，年二十七守贞。甘氏，傅善三妻，年二十三守贞。熊氏，李友禁妻，年二十九守贞。黄氏，甘秉芳妻，年二十七守贞。曾氏，监生萧荣光妻，年二十守贞。陈氏，王世喜妻，年二十八守贞。杨氏，徐爱道妻，年二十守贞。任氏，徐爱陞妻，年二十二守贞。熊氏，徐起斌妻，年二十二守贞。邹氏，徐爱本妻，年二十四守贞。陈氏，王名标妻，年二十五守贞。王氏，杨焕禄妻，年二十守贞。卢氏，监生雷旭宾妻，年二十九守贞。范氏，熊八鲢妻，年十六守贞。邓氏，黄位六妻，年二十九守贞。饶氏，邹多铎妻，年二十九守贞。黄氏，熊自礼妻，年二十七守贞。甘氏，邹敬忠妻，年二十五守贞。熊氏，曾佐智妻，年二十九守贞。罗氏，傅彬璪妻，年二十六守贞。甘氏，徐大莘妻，年二十八守贞。陈氏，甘芳桂妻，年二十九守贞。吴氏，邹时杰妻，年二十八守贞。丁氏，邹际捷妻，年二十四守贞。熊氏，徐国富妻，年三十守贞。熊氏，张世迩妻，年三十守贞。刘氏，黄良枋妻，年二十九守贞。王氏，徐明晃妻，年二十八守贞。黄氏，徐潮洲妻，年二十九守贞。雷氏，黄元茂妻，年二十三守贞。熊氏，曾作志妻，年二十九守贞。黄氏，萧显义妻，年二十六守贞。杨氏，萧显煋妻，年三十守贞。徐氏，罗会城妻，年二十九守贞。陈氏，裴坤裕妻，年三十守贞。徐氏，胡桂庭妻，年二十守贞。李氏，卢元升妻，年三十守贞。周氏，熊德藩妻，年二十九守贞。万氏，李邦兴妻，年二十三守贞。潘氏，李万白妻，年三十守贞。袁氏，涂继先妻，年十六守贞。陈氏，涂天仗妻，年二十七守贞。吴氏，涂宪理妻，年二十八守贞。李氏，涂宪俊妻，年二十八守贞。廖氏，涂自节妻，年十七守贞。熊氏，涂时晋妻，年二十九守贞。闵氏，涂必锐妻，年二十八守贞。刘氏，涂时陈妻，年二十七守贞。舒氏，涂必成妻，年二十六守贞。秦氏，袁文元妾，年二十八守贞。徐氏，袁时仕妻，年二十三守贞。李氏，袁时复妻，年二十守贞。龚氏，袁时登妻，年二十四守贞。甘氏，袁经妻，年二十二守贞。罗氏，袁载辙妻，年二十一守贞。齐氏，袁堂妻，年二十三守贞。刘氏，袁壤妻，年十六守贞。甘氏，袁伯临妻，年二十二守贞。刘氏，袁惟宪妻，年十九守贞。吴氏，袁子良妻，年二十守贞。熊氏，袁伯赞妻，年二十一守贞。邹氏，袁国衮妻，年二十三守贞。潘氏，袁希庸妻，年二十四守贞。邓氏，袁懋极妻，年十九守贞。万氏，袁士登妻，年二十二守贞。任氏，袁宏泰妻，年二十一守贞。陶氏，袁懋禄妻，年十九守贞。刘氏，袁秉夔妻，年十八守贞。余氏，袁秉文妻，年二十守贞。饶氏，袁必第妻，年二十守贞。易氏，袁景稷妻，年二十守贞。万氏，袁咏禄妻，年十九守贞。徐氏，袁咏乾妻，年十九守贞。邹氏，袁孔宏妻，年二十二守贞。洪氏，庠生袁衮妻，年二十二守贞。涂氏，袁迪吉妻，年二十守贞。余氏，邑庠袁迪杞妻，年十九守贞。樊氏，袁孟昱妻，年十八守贞。舒氏，袁孟德妻，年二十四守贞。涂氏，袁迪淮妻，年二十二守贞。万氏，袁孔详妻，年二十一守贞。涂氏，袁迪引妻，年十七守贞。李氏，袁迪峥妻，年二十三守贞。舒氏，袁彦开妻，年二十二守贞。周氏，袁用节妻，年二十一守贞。童氏，邑庠袁涞妻，年二十守贞。陈氏，袁维藩妻，年二十二守贞。舒氏，袁用铉妻，年二十守贞。李氏，袁道勖妻，年二十五守贞。文氏，袁用训妻，年二十守贞。王氏，袁道炽妻，年十七守贞。李氏，袁彦銈妻，年二十四守贞。魏氏，袁彦镃妻，年二十守贞。李氏，袁道义妻，年二十四守贞。段氏，袁彦鏊妻，年二十一守贞。万氏，袁道济妻，年十八守贞。徐氏，袁彦妻，年二十一守贞。朱氏，袁宗涘妻，年十九守贞。李氏，袁彦莹妻，年二十四守贞。李氏，袁道纯妻，年二十二守贞。朱氏，袁彦庚妻，年二十一守贞。吴氏，袁彦龙妻，年二十二守贞。罗氏，邑庠袁兴宗妻，年二十一守贞。黄氏，袁克许妻，年十八守贞。谌氏，袁克咏妻，年十九守贞。邹氏，袁克发妻，年二十二守贞。徐氏，袁克正妻，年二十一守贞。李氏，袁克颖妻，年二十二守贞。卢氏，袁克法妻，年二十一守贞。龚氏，袁克鉴妻，年二十三守贞。王氏，袁克霞妻，年二十一守贞。陈氏，袁克荣妻，年十九守贞。李氏，袁克健妻，年十九守贞。李氏，袁硕彦妻，年二十二守贞。李氏，袁克梅妻，年二十一守贞。罗氏，袁克乾妻，年二十守贞。刘氏，袁克中妻，年十八守贞。章氏，袁文删妻，年二十守贞。李氏，袁文劲妻，年二十二守贞。龚氏，袁文海妻，年二十三守贞。邹氏，袁文珍妻，年二十一守贞。舒氏，袁文兰妻，年二十一守贞。王氏，袁文兴妻，年二十守贞。王氏，袁文科妻，年十七守贞。蔡氏，袁允第妻，年十八守贞。张氏，袁文章妻，年二十四守贞。李氏，袁文检妻，年二十一守贞。蔡氏，袁文笋妻，年十八守贞。熊氏，袁兆桢妻，年二十三守贞。朱氏，袁卜吉妻，年二十五守贞。熊氏，袁叶十妻，年二十一守贞。卢氏，袁天资妻，年十七守贞。李氏，袁以义妻，年二十八守贞。万氏，袁芝龄妻，年十七守贞。熊氏，袁兆贞妻，年二十三守贞。

刘氏，袁锦山妻，年二十守贞。熊氏，袁盘一妻，年二十四守贞。黄氏，袁克明妻，年二十四守贞。熊氏，袁克浩妻，年二十八守贞。彭氏，袁克祺妻，年二十守贞。李氏，袁克懿妻，年二十五守贞。王氏，袁耀兴妻，年二十八守贞。危氏，袁文炳妻，年二十三守贞。黄氏，袁克楠妻，年二十三守贞。王氏，袁孔巽妻，年二十八守贞。涂氏，袁暄庭妻，年二十八守贞。熊氏，袁道缉妻，年二十守贞。范氏，袁叔光妻，年十九守贞。闵氏，袁克徵妻，年二十二守贞。饶氏，袁云凤妻，年二十七守贞。吴氏，袁克东妻，年二十八守贞。詹氏，袁绍梅妻，年二十五守贞。龚氏，袁克桂妻，年二十六守贞。王氏，袁文松妻，年十八守贞。吴氏，袁文全妻，年三十守贞。涂氏，李斯庠妻，年二十四守贞。涂氏，李以满妻，年二十七守贞。王氏，李定安妻，年二十四守贞。朱氏，李红云妻，年二十七守贞。周氏，李邦宗妻，年二十七守贞。余氏，李允孚妻，年二十四守贞。刘氏，监生李肃宗妻，年二十八守贞。余氏，李拔元妻，年二十九守贞。甘氏，李允先妻，年三十守贞。周氏，李文周妻，年二十守贞。余氏，李志贤妻，年二十九守贞。周氏，李迪翠妻，年二十七守贞。周氏，李迪庆妻，年二十八守贞。范氏，李志念妻，年二十六守贞。刘氏，李允遐妻，年二十五守贞。周氏，李德和妻，年二十八守贞。蔡氏，李国华妻，年二十八守贞。蔡氏，李成烈妻，年二十九守贞。陈氏，李迪广妻，年三十守贞。邹氏，李以凤妻，年二十五守贞。袁氏，李斯耀妻，年二十守贞。刘氏，李迪球妻，年三十守贞。刘氏，李斯辉妻，年三十守贞。刘氏，李斯朗妻，年二十九守贞。熊氏，李文凰妻，年二十九守贞。徐氏，李孟辅妻，年二十四守贞。袁氏，李斯远妻，年二十七守贞。张氏，李斯倬妻，年二十六守贞。曹氏，李文篪妻，年二十八守贞。袁氏，生员李城妻，年二十九守贞。刘氏，李秉诚妻，年二十三守贞。刘氏，李斯煌妻，年二十二守贞。潘氏，李煜妻，年二十守贞。周氏，李公兴妻，年二十七守贞。刘氏，李文定妻，年二十五守贞。万氏，李文璧妻，年二十二守贞。何氏，李万元妻，年二十四守贞。万氏，李帝赉妻，年二十九守贞。刘氏，李允鉴妻，年二十六守贞。潘氏，李志祥妻，年二十七守贞。杨氏，李云魁妻，年二十六守贞。熊氏，李英华妻，年二十六守贞。弓氏，雷州府经历李棠妻，年二十八，妾秦氏，年三十守贞，冰霜共凛。胡氏，李迪健妻，年二十八守贞。周氏，李志隆妻，年十九守贞。黄氏，李麟山妻，年二十九守贞。邬氏，李以光妻，年三十守贞。熊氏，李普先妻，年二十九守贞。熊氏，李汝仲妻，年二十九守贞。徐氏，涂尔辉妻，年二十八，妾余氏，年二十四守贞。周氏，涂祖若妻，年三十守贞。李氏，涂希琨妻，年二十五守贞。郭氏，涂朗若妻，年二十六守贞。李氏，涂道善妻，年二十六守贞。张氏，涂懋梧妾，年二十九守贞。王氏，涂灿若妻，年二十七守贞。熊氏，涂魁若妻，年二十五守贞。李氏，涂澜若妻，年二十六守贞。袁氏，涂叙若妻，年二十四守贞。雷氏，涂壐甫妻，年二十九守贞。李氏，涂士烈妻，年二十九守贞。邓氏，涂尔万妻，年二十九守贞。梁氏，涂尔高妻，年三十守贞。李氏，涂茂谨妻，年二十八守贞。陈氏，涂茂和妻，年二十九守贞。陈氏，涂茂梓妻，年二十八守贞。傅氏，涂士崇妻，年十九守贞。余氏，涂灼甫妻，年二十二守贞。李氏，涂明甫妻，年二十六守贞。周氏，涂恒甫妻，年二十四守贞。李氏，涂重甫妻，年二十一守贞。胡氏，涂尔瑞妻，年二十六守贞。胡氏，涂尔忠妻，年二十七守贞。廖氏，涂尔彬妻，年二十六守贞。胡氏，涂以杰妻，年十九守贞。李氏，涂宪台妻，年二十七守贞。张氏，敕封儒材郎涂懋兰妾，年二十七守贞。陈氏，涂修恩妻，年二十九守贞。刘氏，涂道达妻，年二十七守贞。陈氏，涂希洵妻，年二十一守贞。杨氏，涂若桂妾，年二十七守贞。傅氏，涂修武妻，年二十二守贞。李氏，万发之妻，年十九守贞。熊氏，涂夔隆妻，年二十八守贞。田氏，万宾传妻，年二十八守贞。胡氏，万瀫五妻，年二十五守贞。罗氏，万启富妻，年二十八守贞。舒氏，万兆柱妻，年二十八守贞。章氏，万光荇妻，年二十九守贞。王氏，万启耀妻，年十六守贞。谭氏，万贤德妻，年二十七守贞。袁氏，王良恺妻，年二十三守贞。黄氏，熊观蛟妻，年二十八守贞。邹氏，杨明亮妻，年二十四守贞。陈氏，杨明拔妻，年二十九守贞。曾氏，杨云珍妻，年二十一守贞。陈氏，刘世典妻，年二十四守贞。熊氏，傅振锟妻，年二十八守贞。涂氏，傅煌游妻，年二十八守贞。张氏，傅煌达妻，年二十八守贞。杨氏，王为贵妻，年二十九守贞。刘氏，胡基玫妻，年二十四守贞。李氏，徐烹七妻，年二十二守贞。王氏，雷秉德妻，年二十七守贞。舒氏，周模正妻，年二十六守贞。蔡氏，罗亨佳妻，年十八守贞。傅氏，刘永宿妻，年二十七守贞。傅氏，赵以鹤妻，年二十七守贞。张氏，陈浩顺妻，年二十九守贞。熊氏，监生傅沛信妻，年二十八，妾袁氏，年二十守贞，冰雪双清。涂氏，傅煌泰妻，年二十四守贞。萧氏，陈继弱妻，年二十九守贞。陈氏，甘允义妻，年二十五守贞。舒氏，徐声远妻，年二十四守贞。任氏，朱有政妻，年二十八守贞。杨氏，罗曾云妻，年二十三守贞。邹氏，王世旭妻，年二十九守贞。邹氏，吴肇元妻，年二十四守贞。李氏，吴肇魁妻，年二十四守贞。李氏，周盛来妻，年二十三守贞。熊氏，雷安人妻，年十七守贞。蔡氏，舒播笏妻，年二十一守贞。熊氏，潘邦贤妻，年二十九守贞。邹氏，徐立鳌妻，年二十九守贞。雷氏，傅载光妻，年二十八守贞。王氏，江尊名妻，年二十六守贞。李氏，雷金瑞妻，年二十四守贞。余氏，章锺发妻，年二十二守贞。李氏，邬贯会妻，年二十三守贞。章氏，杨良仁妻，年十九守贞。朱氏，王飏波妻，年二十四守贞。冯氏，宋九经妻，年三十守贞。熊氏，黄河涟妻，年二十六守贞。袁氏，刘永梓妻，年十九守贞。朱氏，刘秉铎妻，年二十四守贞。傅氏，刘永程妻，年二十八守贞。袁氏，刘恭五妻，年三十守贞。李氏，陈起林妻，年二十守贞。徐氏，刘永达妻，年三十守贞。周氏，陈义采妻，年二十八守贞。刘氏，陈义星妻，年二十八守贞。周氏，徐敬安妻，年二十九守贞。甘氏，曾廷典妻，年十九守贞。舒氏，夏太履妻，年二十一守贞。朱氏，徐定权妻，年二十九守贞。蔡氏，朱文荀妻，年三十守贞。潘氏，周廷玉妻，年二十守贞。潘氏，苏光全妻，年二十三守贞。罗氏，徐应十妻，年二十六守贞。袁氏，夏邦杰妻，年二十二守贞。潘氏，苏光召妻，年二十二守贞。舒氏，夏福善妻，年二十一守贞。王氏，殷启仁妻，年二十守贞。黄氏，雷正迁妻，年二十七守贞。刘氏，王世瓒妻，年二十四守贞。徐氏，何盛发妻，年二十六守贞。黄氏，杨汉波妻，年二十三守贞。谌氏，关隆洲妻，年三十守贞。甘氏，倪其树妻，年十八守贞。熊氏，周鉴源妻，年二十四守贞。蒋氏，周廷发妻，年二十八守贞。关氏，周模远妻，年二十五守贞。邬氏，周模源妻，年三十守贞。万氏，周焕墐妻，年二十七守贞。章氏，周焕铉妻，年三十守贞。雷氏，周起然妻，年三十守贞。涂氏，周起南妻，年二十八守贞。吴氏，邬贯矜妻，年二十二守贞。李氏，周起顺妻，年二十八守贞。刘氏，邬一骏妻，年二十八守贞。胡氏，邬贯珠妻，年二十五守贞。徐氏，熊开珠妻，年二十九守贞。孙氏，宋学泣妻，年二十六守贞。宋氏，刘景谠妻，年二十七守贞。喻氏，刘景赞妻，年二十八守贞。陈氏，杨肇陞妻，年二十六守贞。熊氏，罗会先妻，年二十九守贞。江氏，徐立杨妻，年十八守贞。徐氏，杨清池妻，年二十一守贞。吴氏，徐子厚妻，年二十七守贞。万氏，舒基宽妻，年二十五守贞。罗氏，朱胜畴妻，年二十三守贞。陈氏，胡中亮妻，年二十一守贞。罗氏，邹时昇妻，年二十九守贞。熊氏，傅文波妻，年二十九守贞。熊氏，傅恩波妻，年二十九守贞。邹氏，雷培显妻，年二十九守贞。苏氏，雷芳晨妻，年二十四守贞。蒋氏，卢珣妾，年二十九守贞。袁氏，陈道喜妻，年十九守贞。刘氏，陈道礼妻，年二十五守贞。饶氏，陈述德妻，年二十一守贞。曾氏，刘成科妻，年二十八守贞。张氏，任德魁妻，年二十五守贞。杨氏，熊友佑妻，年二十四守贞。杜氏，徐明铨妻，年三十守贞。杨氏，袁绍连妻，年二十一守贞。徐氏，袁宪萃妻，年二十一守贞。胡氏，袁正旺妻，年二十六守贞。黄氏，袁绍鳌妻，年二十三守贞。王氏，袁文发妻，年二十九守贞。雷氏，袁文洐妻，年二十三守贞。涂氏，袁绍鸿妻，年二十二守贞。李氏，袁克贤妻，年二十九守贞。熊氏，袁绍岑妻，年二十三守贞。王氏，袁鸣岐妻，年二十四守贞。李氏，袁廷八妻，年二十九守贞。李氏，袁文信妻，年二十九守贞。刘氏，袁克科妻，年二十守贞。熊氏，袁协和妻，年二十八守贞。徐氏，袁仁野妻，年二十七守贞。吴氏，袁文科妻，年二十四守贞。雷氏，李寿山妻，年二十六守贞。范氏，李俊位妻，年二十九守贞。王氏，李俊仪妻，年二十三守贞。潘氏，李祺寿妻，年二十九守贞。邹氏，李迪欣妻，年二十七守贞。蔡氏，李长宗妻，年二十八守贞。邱氏，李馨远妻，年三十守贞。詹氏，李春华妻，年二十九守贞。游氏，李球宗妻，年三十守贞。倪氏，李志松妻，年二十九守贞。袁氏，李庚宗妻，年二十九守贞。熊氏，李季芳妻，年二十九守贞。周氏，李佑来妻，年二十九守贞。潘氏，李金福妻，年二十九守贞。刘氏，李允贤妻，年二十八守贞。陈氏，李兰生妻，年三十守贞。万氏，封职李克绳妻，年二十九守贞，赐赠安人。王氏，李迪照妻，年二十七守贞。吴氏，李秉鋘妻，年二十八守贞。雷氏，李俊魁妻，年二十八守贞。袁氏，李文登妻，年二十六守贞。万氏，李公江妻，年二十八守贞。黄氏，李五成妻，年二十四守贞。蔡氏，李良政妻，年二十七守贞。袁氏，李允恩妻，年二十九守贞。刘氏，李良兴妻，年二十九守贞。涂氏，李文纶妻，年二十一守贞。涂氏，李秉鐳妻，年二十八守贞。闵氏，李公逢妻，年二十一守贞。蔡氏，李秉锟妻，年二十九守贞。雷氏，李文彪妻，年三十守贞。舒氏，李秉乾妻，年二十三守贞。卢氏，李公昌妻，年二十守贞。刘氏，李公平妻，年十九守贞。甘氏，李公亮妻，年二十八守贞。陈氏，李以连妻，年二十二守贞。蔡氏，李公裕妻，年十七守贞。徐氏，李公瀚妻，年十八守贞。刘氏，李良沐妻，年二十六守贞。熊氏，李贤芳妻，年二十五守贞。钟氏，涂我杰妻，年二十一守贞。夏氏，涂仕捷妻，年二十七守贞。罗氏，监生涂修琮妻，年二十七。妾魏氏，年二十八守贞，松柏同操。胡氏，涂希灏妻，年二十一守贞。熊氏，涂希游妻，年二十四守贞。石氏，廪生徐信芳妾，年二十八守贞。傅氏，涂懋光妻，年二十六守贞。嵇氏，涂昭贵妻，年二十八守贞。万氏，涂茂蕃妻，年十九守贞。胡氏，涂茂坤妻，年二十五守贞。胡氏，涂茂筱妻，年二十八守贞。倪氏，涂隆兴妻，年二十五守贞。周氏，涂铎妻，年二十八守贞。王氏，涂茂发妻，年二十六守贞。闵氏，涂茂宪妻，年二十八守贞。傅氏，涂茂葵妻，年二十九守贞。万氏，徐志元妻，年二十六守贞。李氏，万光佳妻，年十八守贞。赵氏，涂贞若妻，年二十四守贞。吴氏，万启棐妻，年二十五守贞。罗氏，万兆良妻，年二十七守贞。喻氏，万启畲妻，年二十九守贞。卢氏，万启基妾，年二十六守贞。熊氏，万宾棣妻，年二十九守贞。刘氏，万启泳妻，年二十六守贞。胡氏，万兆保妻，年二十九守贞。涂氏，万光琭妻，年二十七守贞。徐氏，万启茂妻，年二十一守贞。黄氏，万贵成妻，年二十八守贞。饶氏，万启玉妻，年二十九守贞。萧氏，万启金妻，年二十九守贞。刘氏，万启广妻，年二十七守贞。欧阳氏，万光国妻，年十八守贞。杨氏，傅煌会妻，年二十七守贞。袁氏，万光学妻，年二十五守贞。李氏，黄良康妻，年二十守贞。陈氏，万光枫妻，年十九守贞。袁氏，黄梦龄妻，年二十四守贞。黄氏，敖开妻，年二十六守贞。文氏，熊端利妻，年二十九守贞。万氏，舒霁堂妻，年二十三守贞。熊氏，陈斯珍妻，年二十守贞。曾氏，范大渭妻，年二十八守贞。曾氏，陈道惠妻，年二十二守贞。黄氏，熊瑞财妻，年三十守贞。罗氏，陈道尔妻，年二十六守贞。朱氏，陈斯珂妻，年三十守贞。张氏，曾胜葵妻，年二十四守贞。杨氏，陈道龙妻，年二十九守贞。陈氏，饶来漪妻，年十九守贞。杨氏，陈道虎妻，年十八守贞。黄氏，刘绍纲妻，年十七守贞。陈氏，甘允暄妻，年二十五守贞。苏氏，雷霁来妻，年二十四守贞。李氏，徐拱方妻，年二十八守贞。卢氏，徐定星妻，年二十三守贞。李氏，陈兴十妻，年二十八守贞。甘氏，邬嘉荣妻，年二十九守贞。王氏，吴金利妻，年二十七守贞。王氏，刘懋信妻，年二十六守贞。戴氏，陆昌辅妻，年二十六守贞。雷氏，徐正桂妻，年二十九守贞。张氏，徐荣生妻，年三十守贞。赵氏，徐先璋妻，年三十守贞。魏氏，刘庆节妻，年二十七守贞。徐氏，雷仕清妻，年二十四守贞。李氏，徐秉清妾，年二十九守贞。周氏，雷秉行妻，年二十九守贞。黄氏，徐自陞妻，年二十九守贞。蔡氏，雷童爵妻，年二十二守贞。涂氏，徐孚太妻，年三十守贞。蔡氏，陈茂富妻，年二十七守贞。罗氏，雷芳曲妻，年二十六守贞。徐氏，黄河璨妻，年二十五守贞。吴氏，黄先琴妻，年二十六守贞。熊氏，杨明斗妻，年二十八守贞。曾氏，黄金镰妻，年二十七守贞。张氏，赵荣九妻，年十八守贞。吴氏，徐立万妻，年二十二守贞。李氏，周学三妻，年二十四守贞。袁氏，李良升妻，年十八守贞。邹氏，罗成美妻，年二十一守贞。邹氏，徐胡七妻，年二十七守贞。刘氏，朱绍焜妻，年二十九守贞。王氏，夏大德妻，年二十六守贞。周氏，朱宪荣妻，年二十五守贞。潘氏，苏荣逵妻，年二十八守贞。陈氏，杨迎贵妻，年二十二守贞。闵氏，朱绍铨妻，年三十守贞。赵氏，雷童扬妻，年二十九守贞。熊氏，任德光妻，年二十九守贞。吴氏，蔡昌本妻，年二十一守贞。李氏，洪乾祥妻，年二十一守贞。蔡氏，罗会广妻，年三十守贞。黄氏，雷奇修妻，年二十二守贞。万氏，陈楝才妻，年二十六守贞。傅氏，赵庆富妻，年二十六守贞。周氏，杨肇盛妻，年二十守贞。周氏，舒基祥妻，年二十八守贞。杨氏，温惠旸妻，年十八守贞。万氏，徐瀛涛妻，年二十八守贞。曹氏，邬宣凰妻，年二十七守贞。任氏，周模乾妻，年二十五守贞。杨氏，邬绍海妻，年二十六守贞。卢氏，刘永孟妻，年十九守贞。曾氏，邬绍桂妻，年二十五守贞。罗氏，胡中发妻，年二十七守贞。饶氏，何宗煌妻，年二十七守贞。万氏，邬绍庭妻，年二十八守贞。甘氏，邬绍雷妻，年二十八守贞。雷氏，邬宣纶妻，年二十八守贞。周氏，邬春田妻，年十九守贞。甘氏，邬宣絓妻，年二十七守贞。胡氏，周起毕妻，年二十五守贞。温氏，周焕忠妻，年二十八守贞。潘氏，周焕华妻，年十八守贞。徐氏，周焕堺妻，年二十五守贞。吴氏，胡中恩妻，年十九守贞。邓氏，徐秉魁妻，年二十七守贞。袁氏，熊人庆妻，年二十五守贞。黄氏，岳坤二妻，年二十八守贞。袁氏，岳东七妻，年二十五守贞。袁氏，岳崇龄妻，年二十六守贞。王氏，闵星斗妻，年二十四守贞。梁氏，徐瑞年妻，年二十九守贞。陈氏，熊蓬三妻，年二十二守贞。管氏，任芳蕃妻，年二十四守贞。刘氏，任德瑚妻，年二十六守贞。吴氏，刘景谱妻，年二十七守贞。甘氏，王飏斓妻，年二十七守贞。谢氏，西岸鄢国选妻，年二十四守贞。徐氏，夏基盛妻，年二十四守贞。熊氏，罗运亨妻，年二十九守贞。王氏，刘信茂妻，年二十四守贞。熊氏，伏坪冈周摸斋妻，年二十九守贞。袁氏，雷士伊妻，年二十八守贞。于氏，黄子江妻，年二十四守贞。任氏，潘怀仁妻，年二十七守贞。吴氏，雷士拔妻，年三十守贞。邬氏，甘道贤妻，年二十四守贞。潘氏，熊声远妻，年二十一守贞。刘氏，鄢彦鸿妻，年二十九守贞。邬氏，职员甘道骃妻，年二十七守贞。于氏，鄢显绍妻，年二十四守贞。张氏，李飏八〈妻〉，年二十五守贞。高氏，熊歧茂妻，年十八守贞。梁氏，熊歧伟妻，年二十八守贞。熊氏，潘恭宝妻，年二十九守贞。谢氏，鄢彦涛妻，年二十七守贞。杨氏，朱昌义妻，年二十九守贞。皮氏，鄢祥盛妻，年二十七守贞。徐氏，鄷懋林妻，年二十二守贞。温氏，潘邦启妻，年二十二守贞。谢氏，徐乐章妻，年二十三守贞。葛氏，刘范晌妻，年二十九守贞。陈氏，李儒钦妻，年二十守贞。谢氏，未〈朱〉孙金妻，年二十八守贞。朱氏，鄢英鉼妻，年二十五守贞。黄氏，鄷佩琪妻，年二十二守贞。倪氏，生员任用章妻，年二十六守贞。林氏，黄绪绣妻，年二十八守贞。涂氏，周焕显妻，年二十三守贞。徐氏，陈闻兰妻，年二十九守贞。徐氏，鄷佩瑚妻，年二十九守贞。熊氏，鄢英律妻，年十九守贞。游氏，鄢登道妻，年二十七守贞。邹氏，王懋勸妻，年二十九守贞。曾氏，吴绍谟妻，年二十九守贞。涂氏，王飏德妻，年二十七守贞。胡氏，鄢名仙妻，年二十七守贞。喻氏，鄢显祥妻，年二十二守贞。熊氏，鄢显旦妻，年二十八守贞。徐氏，文贞一妻，年二十八守贞。李氏，蒋志禧妻，年十八守贞。周氏，章盛涌妻，年二十八守贞。李氏，王飏炮妻，年二十七守贞。章氏，李负薪妻，年二十五守贞。涂氏，熊大礼妻，年三十守贞。涂氏，任浦五妻，年二十四守贞。孙氏，邹聚瑶妻，年二十九守贞。刘氏，朱孙敏妻，年十八守贞。李氏，余目胜妻，年二十七守贞。熊氏，鄢吉祥妻，年二十一守贞。龚氏，熊歧杓妻，年二十四守贞。丁氏，陈乡连妻，年二十八守贞。张氏，甘院贞妻，年二十守贞。卢氏，甘联启妻，年二十四守贞。周氏，胡中临妻，年三十守贞。曾氏，熊蕃盛妻，年二十八守贞。徐氏，周模桂妻，年二十八守贞。傅氏，王裴然妻，年二十九守贞。谢氏，鄢怿炉妻，年二十八守贞。余氏，胡振隆妻，年二十一守贞。刘氏，李振粗妻，年二十八守贞。周氏，李巳六妻，年二十二守贞。陈氏，李发六妻，年二十六守贞。徐氏，游通四妻，年二十守贞。陈氏，李切十妻，年二十九守贞。高氏，游勋三妻，年二十四守贞。邹氏，鄢原芙妻，年二十二守贞。王氏，甘院仁妻，年二十五守贞。涂氏，甘院绥妻，年二十八守贞。李氏，潘恭万妻，年二十九守贞。李氏，潘广灵妻，年二十九守贞。陈氏，潘鼎高妻，年二十八守贞。周氏，潘嘉廷妻，年二十七守贞。傅氏，徐帝周妻，年二十七守贞。罗氏，徐知洋妻，年二十六守贞。徐氏，刘青云妻，年二十一守贞。朱氏，于衍忻妻，年二十八守贞。邹氏，李上新妻，年二十六守贞。谢氏，鄢启万妻，年二十八守贞。饶氏，邹师国妻，年二十六守贞。谢氏，邹师光妻，年二十八守贞。黄氏，邹立琦妻，年二十六守贞。杨氏，周百荫妻，年三十守贞。鄢氏，周世佳妻，年十九守贞。周氏，黄上升妻，年十九守贞。王氏，李儒龙妻，年二十九守贞。周氏，左洪振妻，年二十九守贞。游氏，左兴九妻，年二十六守贞。傅氏，徐传龙妻，年二十六守贞。邹氏，余维祥妻，年十九守贞。李氏，任芳芹妻，年十八守贞。万氏，任芳华妻，年二十六守贞。胡氏，左洪洙妻，年二十七守贞。颜氏，徐传毓妻，年二十一守贞。周氏，吴运福妻，年十八守贞。鄢氏，游钧二妻，年二十守贞。熊氏，黄兴恒妻，年二十六守贞。熊氏，金礽学妻，年二十四守贞。万氏，管有九妻，年二十九守贞。雷氏，毛鸿光妻，年三十守贞。熊氏，文开鉒妻，年二十九守贞。熊氏，龚邵浃妻，年二十二守贞。陈氏，鄢洪鳌妻，年二十二守贞。林氏，江凤阳妻，年二十三守贞。李氏，管秀凤妻，年二十四守贞。吴氏，胡宋论妻，年二十八守贞。萧氏，胡宋谌妻，年十九守贞。管氏，屈盛铢妻，年三十守贞。蒋氏，熊叶爵妻，年三十守贞。熊氏，李建微妻，年二十六守贞。郭氏，李古泷妻，年二十九守贞。夏氏，李昭珩妻，年二十五守贞。杨氏，李昭炜妻，年二十三守〈贞〉。张氏，李显岑妻，年二十五守贞。李氏，胡宋梅妻，年三十守贞。毛氏，龚邵训妻，年二十二守贞。毛氏，龚源显妻，年二十四守贞。李氏，管功焜妻，年二十二守贞。屈氏，张山辉妻，年二十八守贞。吕氏，张洪璧妻，年二十九守贞。周氏，张绍绪妻，年二十九守贞。胡氏，旗塘张正乡妻，年二十二守贞。李氏，丁揆官妻，年二十六守贞。邹氏，宋七恢妻，年三十守贞。谢氏，宋九明妻，年二十三守贞。吕氏，金祖菁妻，年二十一守贞。吕氏，金至垄妻，年十八守贞。郭氏，金而谦妻，年二十六守贞。龚氏，江秉景妻，年二十九守贞。吴氏，龚建烟妻，年二十守贞。邹氏，龚邵鍟妻，年三十守贞。熊氏，周洪桢妻，年二十三守贞。聂氏，周焕登妻，年二十七守贞。龚氏，罗福二妻，年三十守贞。张氏，邹怀珍妻，年三十守贞。李氏，三塘谢钦全妻，年二十三守贞。周氏，李昭需妻，年二十九守贞。周氏，旗塘胡应森妻，年二十九守贞。谭氏，旗塘胡友增妻，年二十九守贞。张氏，密〔蜜〕岭熊光佐妻，年二十八守贞。管氏，旗塘胡应栻妻，年二十八守贞。许氏，蒋志涌妻，年二十九守贞。周氏，密〔蜜〕岭熊奎熚妻，年十六守贞。徐氏，张速三妻，年三十守贞。周氏，蒋先振妻，年二十八守贞。周氏，朱天八妻，年二十三守贞。程氏，张永炤妻，年二十八守贞。罗氏，金云梯妻，年二十九守贞。李氏，朱元七妻，年二十九守贞。黄氏，周焕祥妻，年二十五守贞。江氏，李蒂一妻，年二十九守贞。崔氏，金庆绥妻，年二十四守贞。黄氏，陈德崇妻，年二十二守贞。邹氏，罗运太妻，年二十三守贞。

祝氏，贡生金光烒妾，年二十五守贞。朱氏，胡文福妻，年十九守贞。李氏，周云惠妻，年二十二守贞。揭氏，熊运冯妻，年二十七守贞。杨氏，李秉睿妻，年二十八守贞。吴氏，宋九沼妻，年十八守贞。蔡氏，郭治洁妻，年二十八守贞。郭氏，李秉藻妻，年二十八守贞。胡氏，李秉绂妻，年二十八守贞。邹氏，屈忠立妻，年二十八守贞。胡氏，李致龄妻，年二十六守贞。黄氏，金安招妻，年十九守贞。吴氏，屈盛锴妻，年二十八守贞。张氏，周国遇妻，年三十守贞。林氏，金至慈妻，年二十四守贞。吴氏，周焕其妻，年二十五守贞。许氏，周起冬妻，年三十守贞。陈氏，周云植妻，年二十一守贞。龚氏，周焕茂妻，年二十守贞。吴氏，周曰韩妻，年二十一守贞。姜氏，周云榜妻，年二十七守贞。李氏，龚流蓉妻，年二十七守贞。熊氏，周曰洄妻，年二十八守贞。鲁氏，周洪辅妻，年二十守贞。蓝氏，周洪弼妻，年二十七守贞。熊氏，周起韵妻，年二十守贞。吴氏，胡举荣妻，年二十五守贞。杨氏，李士顺妻，年二十守贞。杨氏，虞自庆妻，年二十七守贞。周氏，熊大琦妻，年二十守贞。雷氏，李显名妻，年二十八守贞。杨氏，陈运福妻，年二十二守贞。张氏，夏道柏妻，年二十守贞。丁氏，陈锦身妻，年二十八守贞。熊氏，陈运祥妻，年二十八守贞。周氏，龚远顺妻，年二十六守贞。尚氏，江鸣岐妻，年三十守贞。熊氏，龚建河妻，年二十守贞。周氏，龚慎修妻，年二十六守贞。周氏，李典协妻，年二十四守贞。叶氏，李典欢妻，年二十七守贞。周氏，熊年伯妻，年二十六守贞。吴氏，熊祚义妻，年二十八守贞。黄氏，蒋贤安妻，年二十六守贞。蒋氏，周起沛妻，年二十七守贞。周氏，熊川三妻，年二十八守贞。熊氏，龚远霮妻，年二十八守贞。鄢氏，龚远敬妻，年二十六守贞。鄢氏，龚远泗妻，年二十七守贞。徐氏，龚远长妻，年二十四守贞。熊氏，龚远锡妻，年二十七守贞。周氏，龚远章妻，年二十七守贞。熊氏，龚远褶妻，年二十九守贞。任氏，熊充发妻，年二十六守贞。余氏，李显徵妻，年二十七守贞。胡氏，管光烜妻，年二十五守贞。胡氏，李秉阶妻，年二十六守贞。徐氏，胡受道妻，年三十守贞。胡氏，熊联振妻，年二十九守贞。徐氏，周鉴汜妻，年二十三守贞。张氏，周岛八妻，年二十九守贞。毛氏，周有顺妻，年十九守贞。毛氏，周洪作妻，年二十八守贞。李氏，周美昌妻，年二十六守贞。张氏，周洪仲妻，年二十八守贞。文氏，熊经寿妻，年二十五守贞。江氏，胡名成妻，年二十九守贞。周氏，文胥沂妻，年二十一守贞。高氏，鄢扬伟妻，年二十八守贞。邹氏，陈将盛妻，年十九守贞。罗氏，徐怀赋妻，年二十七守贞。熊氏，宋学习妻，年二十五守贞。胡氏，毛新德妻，年二十七守贞。杨氏，熊岐鹑妻，年二十六守贞。李氏，蔡友梅妻，年二十九守贞。胡氏，甘道义妻，年二十六守贞。周氏，管赞明妻，年三十守贞。余氏，胡美元妻，年二十八守贞。熊氏，管定期妻，年二十八守贞。李氏，邹章瑶妻，年三十守贞。夏氏，胡宋琢妻，年二十八守贞。吴氏，汪祖兴妻，年二十三守贞。朱氏，胡唐禄妻，年二十七守贞。吴氏，屈盛让妻，年二十四守贞。周氏，熊斗炌妻，年二十七守贞。毛氏，胡久源妻，年二十八守贞。林氏，江习琪妻，年二十九守贞。江氏，龚流洁妻，年三十守贞。魏氏，夏道成妻，年二十九守贞。谭氏，吴仕寿妻，年二十三守贞。熊氏，旗塘胡应耕妻，年二十九守贞。郭氏，程上登妻，年二十二守贞。熊氏，周模远妻，年三十守贞。江氏，熊立科妻，年二十四守贞。熊氏，张茂玩妻，年二十七守贞。张氏，周明祝妻，年二十四守贞。涂氏，孙兴义妻，年二十九守贞。江氏，金理二妻，年二十三守贞。吴氏，江秉行妻，年二十七守贞。龚氏，范绍江妻，年二十二守贞。罗氏，宋九玑妻，年二十八守贞。金氏，陈锦璠妻，年二十三守贞。鄢氏，张懋绩妻，年二十九守贞。周氏，金其七妻，年二十五守贞。李氏，张洪至妻，年二十六守贞。熊氏，范建城妻，年二十五守贞。夏氏，龚流桧妻，年二十五守贞。周氏，陈太三妻，年二十五守贞。金氏，龚源晋妻，年二十五守贞。金氏，张懋策妻，年十九守贞。周氏，罗运逢妻，年三十守贞。游氏，张安亨妻，年二十七守贞。熊氏，宋七托妻，年二十九守贞。胡氏，龚流梧妻，年二十七守贞。龚氏，李万一妻，年三十守贞。张氏，屈福七妻，年二十九守贞。张氏，旗塘胡应举妻，年三十守贞。吕氏，监生金树功妻，年二十四守贞。朱氏，张从初妻，年二十七守贞。熊氏，周焕寿妻，年二十六守贞。郭氏，皮湖周远桂妻，年二十九守贞。周氏，金锡篁妻，年二十五守贞。熊氏，李迪柯妻，年二十九守贞。周氏，南岐游炳炫妻，年二十五守贞。李氏，宋九海妻，年二十七守贞。徐氏，周治富妻，年三十守贞。徐氏，周起太妻，年二十九守贞。朱氏，黄先寿妻，年二十一守贞。徐氏，熊大兴妻，年二十八守贞。余氏，李良材妻，年二十六守贞。郭氏，胡美景妻，年二十八守贞。张氏，熊运照妻，年二十八守贞。龚氏，熊太瑶妻，年二十九守贞。李氏，胡友胜妻，年三十守贞。曹氏，夏太仁妻，年二十九守贞。萧氏，胡友秩妻，年十八守贞。龚氏，胡名麒妻，年二十八守贞。管氏，胡应葵妻，年二十五守贞。陈氏，蒋先蓉妻，年二十八守贞。涂氏，李昭森妻，年二十三守贞。徐氏，李士宽妻，年二十九守贞。杜氏，李昭涟妻，年二十七守贞。胡氏，蒋光博妻，年二十九守贞。曾氏，李文一妻，年二十四守贞。杜氏，胡振万妻，年三十守贞。黄氏，李昭晓妻，年十八守贞。黄氏，林致高妻，年三十守贞。龚氏，熊海三妻，年二十五守贞。胡氏，李崇林妻，年二十八守贞。陈氏，宋宜朋妻，年二十守贞。张氏，李崇书妻，年二十七守贞。张氏，夏芳楚妻，年二十六守贞。周氏，李显熙妻，年二十五守贞。蔡氏，陈锦丰妻，年二十七守贞。殷氏，陈锦镇妻，年三十守贞。游氏，陈锦霄妻，年二十九守贞。周氏，李竹八妻，年三十守贞。熊氏，吕良照妻，年二十守贞。熊氏，涂祖春妻，年二十二守贞。熊氏，吕克武妻，年二十守贞。李氏，吕克倬妻，年二十六守贞。江氏，吕克照妻，年二十九守贞。熊氏，吕克证妻，年二十五守贞。宋氏，吕良相妻，年二十九守贞。周氏，监生李克信妻，年二十四守贞。游氏，洛溪吕克亮妻，年二十一守贞。熊氏，邹循琥妻，年二十七守贞。熊氏，洛溪封职吕绍滨妻，年二十一守贞。熊氏，余植棠妻，年三十守贞。邱氏，吕克振妻，年二十九守贞。魏氏，廖云萃妻，年二十七守贞。徐氏，蒋学思妻，年二十二守贞。丁氏，刘德迪妻，年二十七守贞。李氏，梁强人妻，年二十守贞。黄氏，熊兴琼妻，年二十二守贞。熊氏，邹循祊妻，年二十八守贞。鄢氏，余铭炓妻，年二十七守贞。丁氏，甘世纲妻，年二十八守贞。金氏，邹循褴妻，年二十三守贞。熊氏，林洪雨妻，年二十四守贞。傅氏，饶永佐妻，年二十一守贞。张氏，林洲芒妻，年三十守贞。鄷氏，涂宪佃妻，年二十九守贞。熊氏，林洲成妻，年二十五守贞。吕氏，胡傅问妻，年三十守贞。袁氏，林兴崇妻，年二十二守贞。赵氏，林洪占妻，年二十五守贞。陈氏，熊懿法妻，年二十七守贞。吕氏，林芳建妻，年二十九守贞。黄氏，熊焕玉妻，年十九守贞。傅氏，熊谟诏妻，年二十一守贞。胡氏，涂祖样妻，年二十三守贞。凌氏，胡嗣禄妻，年三十守贞。朱氏，杨烈鸾妻，年二十七守贞。谭氏，涂启恭妻，年二十六守贞。陈氏，刘景谦妻，年二十二守贞。李氏，朱新晖妻，年二十三守贞。赵氏，谭庆寿妻，年二十八守贞。陈氏，鄢青云妻，年二十三守贞。吕氏，黄先荇妻，年二十一守贞。张氏，鄢愈议妻，年二十九守贞。熊氏，吕克庄妻，年二十八守贞。张氏，吕继开妾，年二十二守贞。喻氏，霞庄宋成业妻，年二十九守贞。李氏，邑庠吕绍基妻，年二十八守贞。杨氏，职员吕绍煦妻，年二十守贞。余氏，吕忠提妻，年二十九守贞。毛氏，吕绍铎妻，年二十九守贞。龚氏，吕良简妻，年二十九守贞。徐氏，吕良瑾妻，年二十八守贞。龚氏，熊学智妻，年三十守贞。丁氏，饶礼英妻，年二十九守贞。陈氏，谢之中妻，年二十五守贞。姜氏，罗福义妻，年二十九守贞。夏氏，林克之妻，年三十守贞。金氏，赤坑儒童涂祖铄妻，年二十七守贞。邹氏，余植华妻，年二十七守贞。熊氏，涂熙三妻，年二十七守贞。陈氏，涂熙俊妻，年二十三守贞。周氏，余植发妻，年二十七守贞。余氏，涂中初妻，年二十五守贞。朱氏，徐熙偕妻，年二十三守贞。魏氏，涂熙庚妻，年十九守贞。周氏，涂中灿妻，年二十四守贞。徐氏，谢光礼妻，年二十七守贞。王氏，涂祖礼妻，年二十九守贞。鄢氏，余铭璜妻，年二十八守贞。于氏，唐逵云妻，年二十三守贞。罗氏，谢荣发妻，年二十七守贞。谢氏，傅载绂妻，年二十四守贞。朱氏，鄢朝爵妻，年二十七守贞。金氏，林继先妻，年二十守贞。廖氏，林一枝妻，年二十七守贞。李氏，朱作琼妻，年二十六守贞。魏氏，熊谟诰妻，年二十七守贞。邹氏，涂祖冬妻，年二十五守贞。杨氏，熊焕廷妻，年二十九守贞。熊氏，过模佶妻，年二十守贞。梁氏，熊训琴妻，年二十五守贞。魏氏，吕绍发妻，年二十七守贞。熊氏，生员吕绍薰妻，年二十八守贞。王氏，职员吕克谕妾，年二十九守贞。梁氏，熊训胜妻，年二十守贞。周氏，吕克亿妾，年二十守贞。谢氏，吕绍锦妻，年二十九守贞。喻氏，监生吕绍泗妻，年二十八守贞。饶氏，余沐蛟妻，年三十守贞。杨氏，熊振玉妻，年二十五守贞。揭氏，唐积松妻，年二十七守贞。黄氏，谢明德妻，年二十二守贞。周氏，唐骁八妻，年十九守贞。魏氏，吕良款妻，年十九守贞。林氏，涂中亨妻，年二十六守贞。邹氏，洛溪吕绍炳妻，年二十四守贞。李氏，涂中乾妻，年二十二守贞。余氏，金长坤妻，年二十二守贞。金氏，李光本妻，年二十九守贞。黄氏，金万澳妻，年十九守贞。余氏，金守诠妻，年十八守贞。夏氏，金正江妻，年二十七守贞。邱氏，余望选妻，年二十五守贞。梁氏，熊来怡妻，年二十守贞。周氏，熊联森妻，年二十九守贞。万氏，夏太桂妻，年十九守贞。谭氏，游恭轴妻，年二十六守贞。黄氏，罗克焱妻，年二十守贞。滕氏，周章闰妻，年二十九守贞。邱氏，钱庆纡妻，年二十守贞。李氏，周景峻妻，年二十二守贞。林氏，夏咨芳妻，年十九守贞。唐氏，夏溥芳妻，年二十五守贞。熊氏，金长从妻，年二十八守贞。唐氏，陈佳楹妻，年十九守贞。胡氏，熊孔晟妻，年二十四守贞。朱氏，梁光宗妻，年二十六守贞。陈氏，泸田职员余盛勋妻，年十九守贞。邬氏，金家墉妻，年二十七守贞。李氏，滕日诲妻，年二十六守贞。余氏，熊恢节妻，年二十三守贞。金氏，夏受赐妻，年二十一守贞。林氏，夏修鲁妻，年二十九守贞。陈氏，罗允总妻，年二十四守贞。熊氏，夏盈芳妻，年二十六守贞。金氏，霞庄宋三仕妻，年二十三守贞。陈氏，戴朝恩妻，年二十四守贞。熊氏，王传制妻，年二十六守贞。熊氏，刘若愚妻，年二十守贞。傅氏，熊景玉妻，年二十九守贞。胡氏，陈英华妻，年二十七守贞。周氏，陈琯生妻，年二十三守贞。陈氏，金佳兴妻，年二十九守贞。张氏，陈宪可妻，年二十一守贞。杨氏，金民朴妻，年二十六守贞。梁氏，金庸行妻，年二十四守贞。陈氏，李似豹妻，年三十守贞。陈氏，金衍亳妻，年二十七守贞。李氏，熊宝山妻，年二十一守贞。夏氏，金守恪妻，年二十三守贞。刘氏，金守榜妻，年二十六守贞。熊氏，金守亮妻，年二十三守贞。李氏，金守辕妻，年二十六守贞。李氏，熊仪佩妻，年二十三守贞。王氏，张茂发妻，年三十守贞。余氏，陈绪福妻，年二十三守贞。游氏，钱云淇妻，年二十五守贞。胡氏，王业鈖妻，年二十四守贞。辜氏，黄仁杰妻，年三十守贞。萧氏，陈宪铸妻，年三十守贞。叶氏，金安浈妻，年二十八守贞。熊氏，徐纯从妻，年三十守贞。张氏，陈凤珍妻，年二十三守贞。游氏，金长爵妻，年三十守贞。张氏，金长城妻，年二十七守贞。甘氏，金民淹妻，年二十二守贞。陈氏，金民亮妻，年二十三守贞。陈氏，熊学善妻，年二十九守贞。游氏，熊仪操妻，年二十四守贞。夏氏，熊学奎妻，年二十三守贞。金氏，黄性贞妻，年二十四守贞。吴氏，李汉玺妻，年二十五守贞。陈氏，李观德妻，年二十七守贞。傅氏，李光极妻，年二十六守贞。喻氏，陈裔松妻，年三十守贞。朱氏，陈裔騈妻，年三十守贞。宋氏，陈裔骝妻，年二十九守贞。熊氏，王名勋妻，年二十六守贞。张氏，刘盛骥妻，年二十九守贞。罗氏，胡崇取妻，年二十九守贞。陈氏，霞庄宋宜武妻，年三十守贞。游氏，邹赡鉅妻，年二十九守贞。陈氏，邹赡铅妻，年二十九守贞。陈氏，熊景度妻，年二十二守贞。林氏，李盛秀妻，年二十七守贞。

以上俱旌。

甘氏，仙音崔卓鹏妻，年三十守贞。李氏，仙音陆粹中妻，年二十八守贞。蔡氏，仙音登仕郎陆周木妻，年二十九守贞。黄氏，李道发妻，年二十七守贞。朱氏，鹤村杜存贞妻，年二十八守贞。陆氏，大街甘炳文妻，年二十四守贞。李氏，学前修职郎涂良桂妻，年二十四守贞。唐氏，城南黄士麟妻，年三十守贞。余氏，仙音崔卓华妻，年二十六守贞。丁氏，仙音崔恢霖妻，年二十七守贞。曾氏，邱统缓妻，年十八守贞。黄氏，邱绪琮妻，年二十守贞。朱氏，城南黄中和妻，年二十六守贞。甘氏，花桥监生徐宝玉妻，年二十二守贞。范氏，仙音陆运新妻，年十八守贞。袁氏，枫溪黄祖培妻，年二十八守贞。徐氏，荥塘陈维洁妻，年二十一守贞。徐氏，荥塘陈日楮妻，年二十一守贞。于氏，荥塘陈晴妻，年二十一守贞。何氏，荥塘陈一让妻，年二十五守贞。黄氏，石溪杨朝俨母，年二十六守贞。丁氏，石溪杨邦俊妻，年二十九守贞。熊氏，石溪杨□□妻，年二十二守贞。熊氏，涑上杨邦俊妻，年二十八守贞。陈氏，檀溪杨之葵妻，年二十守贞。葛氏，艮上熊德祥妻，年二十八守贞。严氏，艮上熊祖诰妻，年二十九守贞。黄氏，下房孙时澳妻，年二十八守贞。聂氏，上房佾生孙毅妻，年二十五守贞。曾氏，上房孙源济妻，年二十九守贞。何氏，下房孙时禄妻，年二十守贞。熊氏，阳池曾廷兰妻，年二十九守贞。

蔡氏，上房孙源福妻，年二十八守贞。夏氏，阳池曾廷光妻，年二十五守贞。罗氏，雩上刘云阶妻，年二十七守贞。孙氏，刘义五妻，年二十八守贞。郑氏，刘光宽妻，年二十九守贞。丁氏，刘求十妻，年二十五守贞。杜氏，阳池曾廷华妻，年二十九守贞。徐氏，大阳庙熊端籍妻，年二十九守贞。谢氏，阳池曾明远妻，年二十六守贞。丁氏，蛟湖徐祖绳妻，年二十四守贞。陈氏，社里熊珍行妻，年二十三守贞。傅氏，观西熊秀十妻，年二十守贞。熊氏，西村张必六妻，年十九守贞。熊氏，沧溪黄中俊妻，年二十七守贞。夏氏，沧溪黄春裔妻，年二十九守贞。于氏，古楼巷罗福曜妻，年二十六守贞。何氏，大路邱开第妻，年二十七守贞。熊氏，大路邱厚渭妻，年二十九守贞。黄氏，大路邱开详妻，年二十六守贞。蔡氏，大路邱厚源妻，年二十五守贞。杜氏，田团万兆邦妻，年二十四守贞。何氏，古楼巷罗允鸾妻，年二十二守贞。崔氏，古楼巷罗福萱妻，年二十四守贞。孙氏，涞上杨达樑妻，年二十八守贞。章氏，丽城举人辛炳垣妾，年二十六守贞。谭氏，雩上刘启敏妻，年二十九守贞。熊氏，涞上杨本缨妻，年二十八守贞。彭氏，圳下胡贞祥妻，年二十七守贞。于氏，聂模型妻，年二十四守贞。聂氏，枫溪谭兴徵妻，年二十五守贞。杨氏，圳下胡步云妻，年二十七守贞。徐氏，罗永泰妻，年二十六守贞。熊氏，枫溪谭熙仁妻，年二十八守贞。萧氏，北湖监生徐光华妾，年二十九守贞。张氏，莲塘邹瑞荣妻，年二十八守贞。徐氏，罗溪杨汉贵妻，年二十三守贞。裴氏，杜凯永妻，年二十六守贞。万氏，茅园涂远发妻，年二十五守贞。邹氏，下房孙时建妻，年二十八守贞。张氏，王安定妻，年二十四守贞。罗氏，北湖徐光薪妻，年二十一守贞。游氏，黄墓虞自琼妻，年二十八守贞。彭氏，黄墓虞源泉妻，年二十九守贞。罗氏，熊元发妻，年二十四守贞。酆氏，芳田陈云汉妻，年二十八守贞。徐氏，龚塘曾佐绩妻，年二十九守贞。熊氏，陈紫垣妻，年二十八守贞。黄氏，陈敦校妻，年二十四守贞。邹氏，陈志愚妻，年二十八守贞。何氏，黄埠脑张显诰妻，年二十一守贞。朱氏，观西熊高歧妾，年二十二守贞。吴氏，荥塘叶光容妻，年二十守贞。陈氏，茅园嘴蒋扬远妻，年二十五守贞。叶氏，港口徐凤章妻，年二十四守贞。叶氏，港口徐麟书妻，年二十二守贞。徐氏，巍里孙光蔚妻，年二十七守贞。徐氏，竹溪聂源茂妻，年二十八守贞。黄氏，荥塘陈其举妻，年二十一守贞。黄氏，荥塘陈灿炳妻，年二十守贞。聂氏，荥塘陈灿�妻，年二十四守贞。杨氏，荥塘陈显豁妻，年三十守贞。于氏，荥塘陈正达妻，年三十守贞。宋氏，荥塘陈汉鼆妻，年二十九守贞。吕氏，饶世琏妻，年三十守贞。熊氏，荥塘陈上达妻，年三十守贞。杜氏，溪上熊景芳妻，年十八守贞。杨氏，荥塘何呈奇妻，年二十六守贞。何氏，溪上熊运冈妻，年十九守贞。曾氏，溪上熊开兴妻，年二十七守贞。丁氏，纠城陈锦占妻，年二十九守贞。张氏，熊祖襄妻，年二十六守贞。彭氏，松陇杨郁洙妻，年二十八守贞。聂氏，纠城陈贡二妻，年二十八守贞。杨氏，黄运井妻，年二十四守贞。黄氏，丁焕文妻，年三十守贞。孙氏，荥湖叶有坵妻，年三十守贞。张氏，下房孙时粮妻，年三十守贞。杨氏，陈敦元妻，年二十六守贞。于氏，陈志翰妻，年二十七守贞。张氏，畲上杨益玉妻，年十七守贞。聂氏，陈敦梧妻，年二十七守贞。黄氏，露溪国学杨葆渠妻，年二十七守贞。熊氏，竹溪聂洪谨妻，年二十七守贞。张氏，东楼埠饶滕二妻，年二十守贞。徐氏，高埂熊观远妻，年二十八守贞。丁氏，高埂庠生徐司直妻，年三十守贞。子宝乾，邑庠。何氏，聂立朝妻，年三十守贞。喻氏，前坊吕起高妻，年三十守贞。聂氏，高埂徐祥四妻，年三十守贞。曾氏，北湖何光荣妻，年二十六守贞。邹氏，吉塘张云峰妻，年二十一守贞。杨氏，高埂熊文成妻，年十八守贞。曾氏，吉塘张遥持妻，年二十五守贞。龚氏，埠下熊运譴妻，年三十守贞。敖氏，北湖丁佩珍妻，年二十六守贞。陈氏，泊濂朱伸嗣妻，年二十三守贞。聂氏，神前陇熊运禄妻，年二十八守贞。熊氏，宋坊宋方来妻，年二十二守贞。张氏，徐智美妻，年三十守贞。蔡氏，马口熊运昌妻，年二十七守贞。子翔高，邑庠。杨氏，冈下熊开武妻，年二十三守贞。聂氏，新基杨文盛妻，年二十六守贞。罗氏，马口熊运玺妻，年二十八守贞。葛氏，吉塘张云腾妻，年二十二守贞。王氏，白沙罗汉辉妻，年二十三守贞。杨氏，花园敖开元妻，年二十四守贞。熊氏，熊梦桥曾佐寿妻，年三十守贞。吕氏，河湾职员何尚功妻，年二十九守贞。熊氏，李根澐妻，年二十守贞。曾氏，湖南聂模文妻，年二十一守贞。徐氏，源溪傅煌财妻，年二十六守贞。陈氏，塘下吕欲安妻，年二十守贞。张氏，露溪杨日习妻，年三十守贞。罗氏，竹溪聂志鹄妻，子廷彪，武庠，孙镇逢，国学。熊氏，莲塘邹钦哉妻，年二十六守贞。鄞氏，新居蒋志讲妻，年二十四守贞。罗氏，枫溪聂模文妻，年二十九守贞。彭氏，北湖徐元书妻，年十八守贞。孙氏，新居儒童蒋先理妻，年十八守贞。杨氏，上熊坊熊阳旭妻，年二十二守贞。陆氏，沧溪黄中仪妻，年二十九守贞。傅氏，古楼巷罗福晨妻，年二十九守贞。孙氏，湾里于日新妻，年二十六守贞。吴氏，茅园涂会川妻，年二十九守贞。李氏，古楼巷罗允德妻，年二十四守贞。王氏，熊厚国妻，年二十九守贞。杨氏，熊厚德妻，年二十七守贞。熊氏，何家绂妻，年二十五守贞。修氏，茅园涂远珍妻，年二十八守贞。熊氏，何邦帹妻，年二十六守贞。黄氏，何家羡妻，年二十八守贞。熊氏，城头陇杨遇麟妻，年十九守贞。熊氏，蒋家廠蒋学孟妻，年二十八守贞。杨氏，王伯宣、王学六妻，年二十九守贞。吕氏，沧溪龚克安妻，年二十八守贞。熊氏，横冈曾俊材妻，年三十守贞。熊氏，长垣彭锺蛟之妻，年二十六守贞。熊氏，新店口杨赵三妻，年二十九守贞。□氏，潘湖黄春禄妻，年二十七守贞。游氏，枫溪聂镇懋妻，年二十八守贞。徐氏，阳防左公寿妻，年二十九守贞。游氏，河湾诸生何鸣凤妻，年二十九守贞。吕氏，枫溪国学谭药湛妻，年二十九守贞。聂氏，巍里孙源信妻，年二十九守贞。傅氏，巍里孙光谱妻，年二十七守贞。吕氏，高桥熊开源妻，年二十四守贞。杨氏，熊先发妻，年二十一守贞。熊氏，杨柳湖赖培魁妻，年三十守贞。黄氏，露溪杨观成妻，年三十守贞。吕氏，露溪杨富文妻，学宪张给奖“柏舟励志”匾。孙氏，余熊华、熊化魁妻，年二十守贞。葛氏，上房孙源聚妻，年二十九守贞。熊氏，陡洪溪登仕郎胡振全妻，年二十九守贞。徐氏，陡洪溪胡新云妻，年二十七守贞。丁氏，陡洪溪胡新盛妻，年二十九守贞。葛氏，刘学书妻，年二十八守贞。熊氏，聂盛富妻，年二十一守贞。曾氏，黄春仁妻，年二十八守贞。熊氏，王飏坤妻，年二十二守贞。黄氏，高埂徐万邦妻，年二十三守贞。漆氏，夏港埠陈杰妻，年二十八守贞。丁氏，尚山庙夏绍堆妻，年二十六守贞。龚氏，田塅黄光仑妻，年二十七守贞。聂氏，揽墟熊明善妻，年二十七守贞。杨氏，蔡恒富妻，年三十守贞。徐氏，泉井聂魁芳妻，年二十五守贞。宋氏，东边熊人福妻，年二十九守贞。傅氏，埠溪张绍炘妻，年二十九守贞。周氏，井门界坑郑肇智妻，年二十八守〈贞〉。聂氏，扶岐陈世洪妻，年二十守贞。袁氏，张成才妻，年三十守贞。徐氏，游煌云妻，年二十五守贞。吴氏，杨维贤妻，年二十八守贞，秋源人。甘氏，邹以琦妻，年二十一守贞。李氏，秋源杨礼安妻，年二十五守贞，抚孤成立。邹氏，梢坑李盛明妻，学宪张给予“冰清永矢”匾。杨氏，漆国斌妻，年二十七守贞。陈氏，曲源雷嘉藻妻，年三十守贞。夏氏，杨志仁妻，年二十二守贞。漆氏，孙塘何鼎炤妻，年二十五守贞。吕氏，何方俦妻，年二十九守贞。吕氏，孙塘何国仕妻，年三十守贞。吕氏，孙塘何国暹妻，年二十八守贞。蒋氏，曾曰杰妻，年十八守贞。叶氏，孙塘何鼎伦妻，年三十守贞。蒋氏，邑庠李华妻，年十九守贞。梅氏，秋源杨雅怀妻，年二十八夫殁，媳曾氏，晋经妻，年二十六，孙媳朱氏，肇鉴妻，年十八,一门苦节，三世孀居。黄氏，大康吕创圯妻，年二十九守贞。李氏，孙塘陈启章妻，年二十三守贞。雷氏，漆家陂漆绪楚妻，年二十二守贞。曾氏，雷嘉涝妻，年二十九守贞。蒋氏，栗陇坑陈尚琫妻，年二十一守贞。范氏，李邦一妻，年二十八守贞。范氏，曾传辉妻，年二十五守贞。杨氏，于高六妻，年二十四守贞。曾氏，蒋礼四妻，年二十五守贞。徐氏，蒋德愈妻，年三十守贞。熊氏，周显五妻，年二十一守贞。杨氏，曾佐駈妻，年二十七守贞。欧阳氏，熊尚甫妻，年二十四守贞。甘氏，张承杰妻，年三十守贞。卢氏，朱机榔妻，年二十八守贞。祝氏，张承炽妻，年二十九守贞。李氏，吕殿二妻，年十八守贞。李氏，甘汉光妻，年十七守贞。何氏，杨绍贤妻，年二十二守贞，秋源人。夏氏，吕开显妻，年二十八守贞。黄氏，杨晋绰妻，年三十守贞，秋源人。邹氏，李恒高妻，年二十八守贞。李氏，聂良才妻，年三十守贞。陈氏，聂义华妻，年二十九守贞。黄氏，李竭三妻，年二十九守贞。刘氏，胡中祖妻，年二十九守贞。于氏，熊锦绣妻，年二十八守贞。徐氏，丁正绚妻，年二十七守贞。游氏，熊和六妻，年二十八守贞。吕氏，孙塘何鼎俦妻，年三十守贞。蔡氏，夏石饶绳九妻，年二十四守贞。熊氏，杨廷林妻，年二十八守贞。黎氏，蒋思礼妻，年三十守贞。张氏，熊开延妻，年三十守贞。陈氏，罗允详妻，年二十八守贞。丁氏，蓝溪于佩科妻，年二十五守贞。魏氏，港边酆致荣妻，年二十四守贞。吕氏，杨迪茂妻，年二十七守贞。周氏，上南山徐念澄妻，年二十四守贞。任氏，袁宗良妻，年二十八守贞。徐氏，株溪桥黄试珍妻，年二十四守贞。苏氏，堑头章曾永妻，年三十守贞。丁氏，黄冰玉妻，年三十守贞。汤氏，胥明惠妻，年二十六守贞。罗氏，胥光潜妻，年二十九守贞。蔡氏，雷秉友妻，年二十四守贞。卫氏，邹道泳妻，年二十八守贞。熊氏，雷元名妻，年十八守贞。何氏，雷爆禄妻，年二十七守贞。陈氏，旺林山周堂锦妻，年二十九守贞。李氏，旺林山周秉根继妻，年二十一守贞。邹氏，大屋厂揭昌熠妻，年二十八守贞。周氏，黄国盛妻，年二十九守贞。邹氏，王世钜妻，年二十四守贞。萧氏，叶泰俊妻，年二十六守贞。周氏，陈埠徐祥宿妻，年二十五守贞。王氏，陈埠徐兹二妻，年二十一守贞。熊氏，陈埠徐祥启妻，年二十四守贞。杨氏，周辉傲妻，年二十二守贞。黄氏，周绍痏妻，年二十一守贞。

罗氏，黄日曜妻，年二十八守贞。周氏，杨儒彩妻，年二十四守贞。徐氏，蔡世显妻，年三十守贞。杨氏，田西陈继祥妻，年二十一守贞。熊氏，周执中妻，年二十守贞。熊氏，埂上蔡永璜妻，年二十九守贞。聂氏，埂上蔡高九妻，年二十六守贞。邹氏，裴学文妻，年二十四守贞。左氏，巷里朱瑞祥妻，年二十五守贞。陈氏，左运甲妻，年二十九守贞。罗氏，太山桥左章一妻，年二十八守贞。揭氏，涂道龄妻，年二十九守贞。黄氏，雷培尧妻，年三十守贞。徐氏，黄日暄妻，年二十八守贞。杨氏，雷爗福妻，年二十四守贞。叶氏，左耀瑜妻，年二十一守贞。徐氏，邓孟启妻，年二十二守贞。蒋氏，黄毓竹妻，年二十五守贞。汪氏，袁宗祖妻，年二十七守贞。黄氏，儒童刘元仗妻，年二十七守贞。彭氏，雷象发妻，年二十四守贞。蔡氏，监生周尚志妻，年二十九守贞。曾氏，徐开亨妻，年二十九守贞。范氏，栗塘增生杨凤妻，年二十守贞。何氏，西塘周辉光妻，年二十六守贞。杨氏，周学选妻，年二十六守贞。周氏，罗福朝妻，年二十九守贞。罗氏，东边山黄梦兆妻，年二十九守贞。徐氏，楼下黄本十妻，年二十一守贞。崔氏，山背李会功妻，年二十三守贞。周氏，南槎桥监生邹道滟妻，年二十二守贞。熊氏，旺林山监生周鉴谟妻，年二十八守贞。徐氏，甘坊熊人字妻，年二十三守贞。傅氏，熊光翚妻，年二十六守贞。吴氏，泉坑罗福鉽妻，年二十九守贞。黄氏，杨国琔妻，年三十守贞。周氏，蒋知三妻，年二十八守贞。黄氏，朱光焕妻，年三十守贞。甘氏，杨光祥妻，年二十八守贞。杨氏，攸洛夏沛篑妻，年一十六守贞。邹氏，埠下朱胜景妻，年二十八守贞。杨氏，刘起钢妻，年二十八守贞。周氏，从九熊先忠妻，年二十七守贞。黄氏，吴云九妻，年二十五守贞。徐氏，下攸洛杨胜月妻，年三十守贞。熊氏，方田黄先敬妻，年二十七守贞。黄氏，磨下熊开朵妻，年二十二守贞。黄氏，过肩杨范甘妻，年二十四守贞。黄氏，文坊刘昌蕃妻，年二十二守贞。徐氏，流溪刘来十妻，年二十五守贞。文氏，下城崔立英妻，年二十九守贞。黄氏，下城崔立光妻，年二十五守贞。萧氏，桐木桥黄茂璋妻，年十九守贞。王氏，邹存梅妻，年二十人守贞。李氏，同造孙尚英妻，年二十三守贞，学宪邹，奖以“劲节凌霜”匾。陈氏，裴光玷妻，年二十四守贞。章氏，傅友松妻，年二十九守贞。王氏，杨焕炉妻，年二十七守贞。任氏，卢秉廉妻，年二十守贞。舒氏，瓘山邑庠熊珍妻，年二十六守贞。邹氏，熊迪贤妻，年二十七守〈贞〉。曾氏，刘德芳妻，年二十五守贞。范氏，傅钜海妻，年二十九守贞。万氏，瓘山熊缉熙妻，年十七守贞。周氏，黄绪名妻，年十九守贞。毛氏，王之介妻，年十九守贞。杜氏，晏士超妻，年二十九守贞。陈氏，畲头吴运瑛妻，年二十守贞。李氏，章剑光妻，年二十五守贞。詹氏，藻溪余思良妻，年二十九守贞。过氏，朱礼铭妻，年二十二守贞。饶氏，黄明绍妻，年二十五守贞。万氏，槎山武生李士标妻，年二十六守贞。张氏，小马岭陈兆富妻，年二十守贞。朱氏，堂福甘陈十妻，年十七守贞。甘氏，黄台徐敬荣妻，年二十九守贞。万氏，瓘山熊为霖妻，年二十守贞。罗氏，复源坑蔡英路妻，年二十守贞。范氏，同造孙云二妻，年二十守贞。傅氏，瓘山熊光烈妻，年二十守贞。李氏，同造孙兴云妻，年二十一守贞。程氏，苦竹游耀宗妻，年十九守贞。张氏，苦竹游庆云妻，年二十一守贞。范氏，同造增生孙象贤妻，年二十九守贞。罗氏，熊阵四妻，年三十守贞。李氏，瓘山熊治定妻，年十九守贞。袁氏，瓘山熊治珍妻，年二十二守贞。范氏，黄明魁妻，年二十八守贞。陈氏，孙茂远妻，年二十六守贞。张氏，范和十妻，年二十五守贞。徐氏，范元善妻，年二十三守贞。黄氏，范廷栏妻，年二十七守贞。朱氏，范志高妻，年二十二守贞。李氏，范英才妻，年二十九守贞。吴氏，高必春妻，年二十六守贞。吴氏，黄井范仲茂妻，年二十一守贞。李氏，瓘坑黄国珍妻，年二十四守贞。熊氏，曾佐志妻，年三十守贞。罗氏，熊自齐妻，年十六守贞。曾氏，蛟塘王绪信妻，年二十九守贞。曾氏，游培珏妻，年二十六守贞。熊氏，游集惠妻，年三十守贞。邹氏，曾佐长妻，年二十一守贞。陈氏，枧上李信三妻，年二十五守贞。徐氏，萧星泰妻，年二十四守贞。胡氏，熊和一妻，年二十四守贞。甘氏，青江邹时璧妻，年二十八守贞。甘氏，邹步四妻，年二十九守贞。罗氏，余安慎妻，年二十五守贞。王氏，邑庠李贤齐妻，年二十二守贞。傅氏，王绪喜妻，年二十五守贞。甘氏，同造孙继勋妻，年二十九守贞。朱氏，范霞先妻，年二十三守贞。徐氏，源头詹乐进妻，年二十八守贞。黄氏，徐钦高妻，年二十七守贞。张氏，杨彩林妻，年二十九守贞。揭氏，黄良世妻，年二十八守贞。罗氏，刘启元妻，年二十四夫殁，苦节四十余年。饶氏，厦塘陈盛年妻，年二十九守贞。孙庚铭，邑庠。余氏，周钦津妻，年二十守贞。曾氏，九房罗运福妻，年二十四守贞。周氏，北下涂希耀妻，年二十五守贞。倪氏，北下涂懋菖妻，年二十守贞。周氏，北下涂经纶妻，年二十五守贞。袁氏，三江口万俊魁妻，年二十六守贞。胡氏，三江口万德仁妻，年二十九守贞。李氏，胡际桂妻，年二十三守贞。万氏，鄢熙醇妻，年二十守贞。潘氏，周生一妻，年二十六守贞。涂氏，胡振锋妻，年二十九守贞。盛氏，周模明妻，年二十六守贞。李氏，周起凤妻，年二十四守贞。刘氏，傅彬道妻，年二十九守贞。袁氏，傅钜仁妻，年二十五守贞。雷氏，胡新胜妻，年二十六守贞。雷氏，赵郁文妻，年十九守贞。黄氏，赵尚志妻，年二十六守贞。吴氏，岭源徐钦永妻，年二十九守贞。陈氏，熊明德妻，年二十三守贞。蔡氏，舒彩臣妻，年二十九守贞。甘氏，岭源徐曰富妻，年二十守贞。倪氏，筱塘李达先妻，年三十守贞。范氏，岭源徐曰思妻，年二十八守贞。杨氏，李之埴妾，年二十六守贞。熊氏，筱塘李斯廷妻，年二十四守贞。王氏，炉下徐立名妻，年十八守贞。雷氏，傅煌甯妻，年二十九守贞。潘氏，江下胡秉容妻，年二十守贞。曾氏，炉下徐正论妻，年二十守贞。范氏，余秀若妻，年三十守贞。黄氏，江元泰妻，年二十五守贞。邓氏，喻发高妻，年二十九守贞。刘氏，赵广先妻，年二十一守贞。雷氏，黄先序妻，年二十六守贞。刘氏，罗运香妻，年二十五守贞。李氏，朱美七妻，年二十守贞。周氏，朱命七妻，年二十四守贞。彭氏，老袁坊袁绍纪妻，年二十七守贞。子品宜。傅氏，苏台八妻，年二十八守贞。傅氏，周义生妻，年二十五守贞。王氏，傅煌诰妻，年二十八守贞。段氏，万协祥妻，年二十三守贞。刘氏，万启咏妻，年二十八守贞。王氏，吴敬一妻，年二十八守贞。黄氏，梅冈李儒魁妻，年二十四守贞。周氏，吴运複妻，年十九守贞。胡氏，吴运洪妻，年十八守贞。杨氏，张正晟妻，年二十九守贞。鄢氏，横山下坊邹师璜妻，年二十七守贞。曾氏，落鹭口监生李善畿妻，年二十八守贞。鄢氏，周起盛妻，年二十七守贞。熊氏，落鹭口李国丰妻，年二十四守贞。杜氏，熊兴福妻，年三十守贞。熊氏，横山下坊邹立廷妻，年二十六守贞。徐氏，熊起选妻，年二十三守贞。鄢氏，黄子瑚妻，年二十八守贞。熊氏，张家洲张上雨妻，年二十四守贞。李氏，徐良贵妻，年十八守贞。杨氏，横山下坊邹范恩妻，年二十八守贞。杨氏，张家洲张正昌妻，年二十九守贞。廖氏，熊裕侧妻，年三十守贞。邹氏，上秋李庆云妻，年二十六守贞。周氏，刘府五妻，年十九守贞。邬氏，甘院钰妻，年二十八守贞。王氏，熊开盛妻，年二十二守贞。曹氏，熊开恭妻，年三十守贞。余氏，熊运烛妻，年三十守贞。梁氏，夫岭徐廷琅妻，年二十九守贞。赖氏，侯塘冈熊永春妻，年三十守贞。朱氏，伏坪冈熊瑞霞妻，年三十守贞。刘氏，艮头鲍世祥妻，年二十守贞。鄢氏，大山上陈高崇妻，年二十四守贞。刘氏，艮头熊运珓妻，年二十守贞。潘氏，艮头鲍瑞祥妻，年二十五守贞。周氏，白湖徐方兴妻，年二十六守贞。李氏，曾明佑妻，年二十一守贞。雷氏，潘邦珏妻，年二十三守贞。蒋氏，渔梓洲龚远愚妻，年二十三守贞。谢氏，横山下坊邹立剩妻，年二十八守贞。李氏，磁窑黄家清妻，年二十三守贞。黄氏，文金莲妻，年二十八守贞。鄷氏，云庄鄢祖佑妻，年二十八守贞。龚氏，潘皖一妻，年二十六守贞。孟氏，里东鄢福二妻，年二十八守贞。胡氏，熊应达妻，年二十八守贞，现年八十一。谢氏，北坑罗允磌妻，年二十九守贞。黄氏，文松拔妻，年三十守贞。胡氏，邬一式妻，年二十九守贞。鄢氏，泉塘曾日瑞妻，年二十九守贞。熊氏，夫岭徐绩高妻，年二十九守贞。邹氏，熊家巷熊鍞北妻，年二十九守贞。朱氏，大岭徐帝璠妻，青年守志。子廷行、大猷，俱国学。唐氏，北坑罗福林妻，年二十六守贞。金氏，周模远妻，年三十守贞。徐氏，侯塘熊才十妻，年二十九守贞。万氏，鲸源国学生潘寅亮妻，年二十二守贞。徐氏，云庄吴昌球妻，年二十九守贞。邹氏，徐家喜妻，年二十八守贞。周氏，胡允荐妻，年三十守贞。周氏，夏国祥妻，年二十九守贞。张氏，罗坊罗允臧妻，年二十八守贞。徐氏，周模松妻，年十九守贞。周氏，王舍文肇源妻，年二十九守贞。熊氏，周起堆妻，年二十七守贞。龚氏，熊引九妻，年二十四守贞。金氏，尚庄宋九韩妻，年二十六守贞。孙氏，江聿琦妻，年二十七守贞。游氏，北溪熊周奈妻，年二十六守贞。毛氏，许炤逵妻，青年守志，白首完贞。江氏，毛文茂妻，年二十守贞。江氏，胡志举妻，年二十七守贞。陈氏，龚远颀妾，年二十八守贞。邹氏，蒋志廷妻，年二十守贞。江氏，胡志虎妻，年二十四守贞。李氏，胡曰琇妻，年二十五守贞。熊氏，陈商珍妻，年二十七守贞。毛氏，熊联西妻，年二十六守贞。胡氏，熊光褚妻，年二十四守贞。姜氏，熊联眉妻，年二十七守贞。邹氏，熊联枡妻，年二十八守贞。龚氏，上庄宋九俊妻，年十八守贞。陈氏，熊经灼妻，年二十一守贞。高氏，熊开沸妻，年二十八守贞。蒋氏，旗塘寺前林和兴妻，年二十五守贞。左氏，蒋志定妻，年二十八守贞。熊氏，周洪盛妻，年二十八守贞。熊氏，田堆金与伦妻，年二十六守贞。陈氏，胡秉立妻，年二十三守贞。金氏，王田傅衡文妻，年二十五守贞。沈氏，周洪樟妻，年二十八守贞。孙氏，张朝珍妻，年二十三守贞。蓝氏，涂祖挥妻，年二十一守贞。刘氏，涂祖棒妻，年二十一守贞。陈氏，鄢禄贺妻，年二十六守贞。熊氏，傅钜齿妻，年二十一守贞。王氏，唐坊唐纶纯妻，年二十八守贞。谢氏，鄢禄喜妻，年二十五守贞。敖氏，泉港谢鸣凤妻，年二十三守贞。胡氏，傅载禹妻，年二十三守贞。孙氏，王垂宽妻，年二十八守贞。吴氏，熊大章妻，年二十四守贞。徐氏，熊临胜妻，年二十二守贞。刘氏，吕良椿妻，年二十四守贞。周氏，余邦藩妻，年三十守贞。邹氏，胡秉烜妻，年二十九守贞。谌氏，熊来具妻，年二十一守贞。谢氏，傅钦和妻，年二十三守贞。余氏，熊伯超妻，年二十一守贞。杨氏，李耀进妻，年二十九守贞。梁氏，余耀荃妻，年二十五守贞。罗氏泉，港谢继修妻，年二十八守贞。谢氏，唐坊唐宽先妻，年二十守（贞）。单氏，棍头熊登柳妻，年二十守贞。罗氏，枧溪熊远根妻，年二十九守贞。罗氏，枧溪熊元谋妻，年三十守贞。陈氏，西边宋学命妻，年二十守贞。徐氏，陈盛辉妻，年二十九守贞。金氏，塘头能高竣妻，年二十八守贞。陈氏，塘头熊阳镀妻，年二十四守贞。罗氏，隍城篱背陈秉良妻，年二十九守贞。余氏，京堆罗亨成妻，年十八守贞。赵氏，隍城圳头陈秉明妻，年二十九守贞。金氏，隍城嘞上陈裔福妻，年二十九守贞。王氏，霞庄宋成梁妻，年十八守贞。陈氏，霞庄宋宜才妻，年二十五守贞。林氏，大屋熊廷堵妻，年二十七守贞。于氏，大屋熊于赤妻，年二十六守贞。刘氏，大屋熊仪策妻，年二十九守贞。汪氏，高梯熊云义妻，年二十三守贞。熊氏，邹瞻鑛妻，年二十九守贞。蓝氏，清溪李玉灿妻，年二十二守贞。章氏，清溪李朝本妻，年二十九守贞。邬氏，清溪李三纲妻，年三十守贞。熊氏，隍城圳头陈裔琼妻，年二十七守贞。金氏，隍城圳头陈绍缙妻，年二十六守贞。夏氏，大屋熊时英妻，年三十守贞。吕氏，松湖南湾熊懋勋妻，年二十八守贞。吴氏，陈裔庆妻，年二十八守贞。谭氏，城田游恭安妻，年二十七守贞。杨氏，上保金礽池妻，年二十九守贞。张氏，乌冈李文嘉妻，年三十守贞。丁氏，埠溪张学贵妻，年二十八守贞。李氏，埠溪张林泉妻，年二十六守贞。聂氏，泊濂周百熙妻，年二十四守贞。蒋氏，晚塘鲁起顺妻，年二十八守贞。朱氏，陈瑞彩妻，年二十三守贞。黄氏，樟树下武童崔卓琼妻，年二十七守贞。李氏，邑郭袁宗琪妻，年三十守贞。杨氏石硚熊腾高妻，年二十九守贞。胡氏，邑郭职员杨逢兴妻，年二十八守贞。卢氏，北港洲李友八妻，年三十守贞。熊氏，北港洲李仅二妻，年二十九守贞。罗氏，沙湖丁本二妻，年三十守贞。杨氏，沙湖丁方义妻，年二十九守贞。聂氏，荥湖叶光泗妻，年二十六守贞。张氏，荥塘陈显荣妻，年二十八守贞。唐氏，邑郭邹尚文妻，年二十九守贞。聂氏，荥塘陈显柏妻，年二十九守贞。雷氏，湖茫李秉乾妻，年二十八守贞。潘氏，湖茫李秉琅妻，年二十守贞。周氏，邑郭任传雄妻，年三十守贞。周氏，三坊从九熊宝贤妻，年二十二守贞。李氏，一坊刘绍文妻，年二十八守贞。熊氏，邑郭李时涵妻，年二十六守贞。黄氏，三坊南岸曾廷玲妻，年二十六守贞。熊氏，四坊王飏坤妻，年二十三守贞。游氏，熊仪才妻，年二十一守贞。徐氏，邑郭范上恭妻，年二十七守贞。金氏，邑郭任泱二妻，年二十九守贞。皮氏，一坊社冈张登隍妻，年二十七守贞。邹氏，四坊王世钜妻，年二十六守贞。杨氏，一坊蛟湖徐成兰妻，年二十一守贞。酆氏，一坊蛟湖徐士昇妻，年□□□□。聂氏，一坊蛟湖徐世松妻，年□□□□□。杨氏，一坊蛟湖徐永彬妻，年□□□□。朱氏，一坊蛟湖徐廷禘妻，年二十守贞。吕氏，杨第元妻，年十九守贞。胡氏，古楼巷罗福晃妻，年二十九守贞。杨氏，荥塘陈隆增妻，年二十九守贞。何氏，聂茂兴妻，年二十八守贞。谭氏，邑郭崔恢仁妻，年二十八守贞。吴氏，雩上刘求六妻，年二十九守贞。杜氏，雩上刘连十妻，年二十八守贞。万氏，雩上刘义七妻，年二十九守贞。黄氏，雩上刘能一妻，年二十七守贞。罗氏，三坊蔡永诗妻，年二十五守贞。聂氏，古楼巷罗品超妻，年二十六守贞。敖氏，塘下儒童吕创恒妻，年二十五守贞。聂氏，下埠谭盛茂妻，年三十守贞。曾氏，宝石溪裴光礼妻，年二十五守贞。黄氏，四坊下十甲杨支纾妻，年二十四守贞。谭氏，龙潭万光德妻，年二十八守贞。于氏，八坊潭埠朱济远妻，年二十六守贞。刘氏，阳坊杨懋河妻，年二十三守贞。熊氏，西村葛及京妻，年二十九守贞。修氏，大桥酆□□妻，年二十三守贞。蔡氏，阳池曾拔文妻，年二十九守贞。聂氏，牌楼杨先瑚妻，年二十八守贞。葛氏，高埂监生徐家益妻，年二十二守贞。聂氏，高埂邑庠徐宝□妻，年二十九守贞。熊氏，高埂监生徐家震妻，年二十二守贞。徐氏，花园从九敖祥膺妻，年二十六守贞。杨氏，下巷儒童熊先拔妻，年二十八守贞。聂氏，西村张星柱妻，年二十七守贞。何氏，西村张睹浈妻，年二十九守贞。虞氏，西村张瑞鹤妻，年二十九守贞。熊氏，泉塘鄢名叶妻，年二十三守贞。刘氏，泉塘邬显清妻，年二十八守贞。余氏，枫林桥谭熙熼妻，年二十九守贞。吴氏，一坊监生邹必魁妾，年二十九守贞。吕氏，六坊罗亨怀妻，年三十守贞。谭氏，六坊任芳桂妻，年三十守贞。王氏，何一盛妻，年三十守贞。曾氏，聂眷兴妻，年二十六守贞。徐氏，路西黄英华妻，年二十九守贞。吕氏，路西黄金华妻，年二十一守贞。吴氏，荥湖叶先容妻，年二十三守贞。杨氏，荥湖叶先义妻，年二十五守贞。酆氏，荥湖叶克柔妻，年十八守贞。杨氏，荥湖叶荣辉妻，年二十九守贞。吴氏，荥湖叶怀取妻，年二十守贞。何氏，夏阳徐日中妻，年二十五守贞。熊氏，荥湖叶光澈妻，年二十七守贞。熊氏，荥湖叶晓辉妻，年二十八守贞。曾氏，文资聂滋麒妻，年二十九守贞。余氏，八坊儒童林润生妻，年二十三守贞。李氏，同造儒童孙义山妻，年二十六守贞。聂氏，一坊熊元七妻，年二十八守贞。何氏，沙湖丁兆伦妻，年二十六守贞。周氏，二坊陈致三妻，年二十六守贞。吴氏，二坊陈致一妻，年二十七守贞。夏氏，六坊熊周荣妻，年二十九守贞。徐氏，桂村王名贤妻，年二十四守贞。熊氏，攸洛徐运达妻，年二十四守贞。范氏，山家黄光坚妻，年二十一守贞。陆氏，金盆架黄年祯妻，年二十五守贞。崔氏，山家黄先云妻，年二十八守贞。罗氏，旺林山周宣登妻，年二十五守贞。杨氏，金盆架黄色三妻，年三十守贞。邹氏，洛湖儒童熊宇题妻，年二十八守贞。袁氏，五坊李可爱妻，年三十守贞。刘氏，五坊万启培妻，年二十八守贞。甘氏，城内杜存智妻，年二十九守贞。徐氏，六坊鄢秀绻妻，年二十四守贞。杨氏，六坊职员徐书堂妻，年二十四守贞。刘氏，上坊邹伦鳌妻，年二十八守贞。酆氏，六坊徐传应妻，年二十七守贞。甘氏，六坊徐乐影妻，年二十七守贞。朱氏，六坊甘世添妻，年二十七守贞。熊氏，六坊徐传魁妻，年二十守贞。葛氏，六坊甘绍淮妻，年二十七守贞。子世昌，监生。寿，武庠。孙泉，武庠。过氏，六坊徐传清妻，年二十四守贞。甘氏，六坊熊贵屿妻，年二十六守贞。子显海，监生。章氏，六坊监生刘俊冠妻，年二十七守贞。刘氏，六坊鄢敬祀妻，年二十三守贞。徐氏，六坊鄢礼芳妻，年二十一守贞。谢氏，六坊职员刘良冠妻，年二十五守贞。倪氏，六坊王尚妻，年二十八守贞。邹氏，城内丁美珍妻，年二十八守贞。熊氏，岩里吴兴行妻，年二十七守贞。邬氏，厚郭胡光裕妻，年二十六守贞。李氏，七坊雷鼎莘妻，年二十八守贞。熊氏，袁坊袁文懿妻，青年矢志，抚孤成立。揭氏，湖茫李世明妻，年二十四守贞。黄氏，筱塘李容贵妻，年十九守贞。陈氏，湖茫李世中继妻，年二十七守贞。聂氏，湖茫李世瑀继妻，年二十七守贞。倪氏，湖茫李文均妻，年二十五守贞。熊氏，湖茫李孟贞妻，年十九守贞。周氏，湖茫李文高妻，年二十七守贞。刘氏，湖茫李志殊妻，年二十九守贞。袁氏，湖茫李文厚妻，年二十三守贞。傅氏，杨库王飏焕妻，年二十八守贞。黄氏，大康吕剑圯妻，年二十八守贞。吕氏，扶岐符□□妻，年二十四守贞。熊氏，夏坊彭启各妻，年二十八守贞。熊氏，茭湖叶德晚妻，年二十七守贞。聂氏，茭湖叶德瑶妻，年二十九守贞。王氏，熊振翎妻，年二十七守贞。叶氏，白沙罗亨惠妻，年二十九守贞。刘氏，唐坊唐启纹妻，年二十七守贞。谢氏，唐坊唐迪瑞妻，年十九守贞。周氏，唐坊唐孝传妻，年二十九守贞。杨氏，唐坊唐允定妻，年二十八守贞。罗氏，唐坊唐庆云妻，年二十二守贞。谢氏，唐坊唐叙情妻，年三十守贞。鄢氏，唐坊唐润成妻，年二十九守贞。沈氏，八坊谢国辉妻，年二十九守贞。谢氏，才步于六绶妻，年二十一守贞。鄢氏，唐坊唐攸纹妻，年二十二守贞。刘氏，甘棠〔常〕北下涂克勤妻，年二十二守贞。涂氏，旸家库王各堂妻，年二十八守贞。袁氏，邑郛黄国华妻，年二十八守贞。熊氏，钱塘下王发元妻，年二十一守贞。罗氏，松陇杨万鲸妻，年二十六守贞。李氏，袁坊生员袁永椿妻，年二十九守贞。傅氏，五坊河家垄袁致和妻，年二十八守贞。黄氏，大夫第杨江六妻，年二十六守贞。罗氏，牯牛背丁秉烈妻，年二十四守贞。皮氏，社冈张登隍妻，年二十守贞。杨氏，邑郛任克八妻，年二十七守贞。宋氏，上九坊文童杨翘铨妻，年二十二守贞。熊氏，一坊黄蛇头曾廷富妻，年二十四守贞。敖氏，一坊黄蛇头曾佐长妻，年二十三守贞。陈氏，一坊夏阳何德超妻，年二十九守贞。聂氏，一坊新基口杨松茂妻，年三十守贞。万氏，一坊新基口杨禄茂妻，年二十六守贞。熊氏，上九坊余广芳妻，年二十八守贞。彭氏，袁坊袁松坚妻，年二十五守贞。谢氏，上九坊余世发妻，年三十守贞。刘氏，上九坊余狮芳妻，二十六守贞。邹氏，北溪熊周李妻，年二十五守贞。卢氏，社里史芳峨妻，年二十八守贞。张氏，北湖吕盛祥妻，年二十五守贞。聂氏，北湖吕立元妻，年二十四守贞。熊氏，北湖儒童吕鸣皋妻，年二十五守贞。李氏，左溪鄞致暹妻，年二十八守贞。李氏，花湖杜九福妻，年二十六守贞。杨氏，花湖杜正心妻，年二十九守贞。孙氏，北湖徐永安妻，年二十七守贞。丁氏，北湖徐恒安妻，年二十九守贞。敖氏，钱塘王馨亭妻，年二十九守贞。敖氏，湖北熊祥珏妻，年二十九守贞。聂氏，花苑熊景清妻，年二十八守贞。敖氏，湖北儒童熊六皆妻，年二十八守贞。，杨氏沂塘黄帝一妻，年二十九守贞。吴氏，染坊杨肇柿妻，年二十八守贞。王氏，鼓楼巷罗志超妻，年二十四守贞。王氏，南边监生杨才彦妻，年十九守贞。漆氏，白沙邓和律妻，年二十守贞。熊氏，曲江枫山徐用十妻，年三十守贞。

附年例未符、待请旌表节妇

黄氏，三坊洛浦刘再善妻，年十七，闻夫讣恸，欲身殉，父生员景龙晓以大义，乃衰绖适刘，事姑立嗣，以永夫祀。

孙氏，竹溪国学聂模宗妻，年二十九守贞。杨氏，垱埠范义方妻，年二十二守贞。聂氏，西村葛盛麒妻，年二十一守贞。丁氏，西村葛及静妻，年二十一守贞。谭氏，黄蜂嘴黄继明妻，年十八守贞。何氏，埂上蔡昌柏妻，年二十九守贞。孙氏，河湾从九何家诰妻，年二十三守贞。徐氏，黄埠脑张襄雷妻，年二十九守贞。徐氏，黄埠脑张汉纺妻，年三十守贞。杨氏，一坊国学熊万选妻，年十九守贞。陈氏，田团巡政万启本妻，年二十九守贞。曹氏，白富鄢茂生妻，年二十五守贞。彭氏，河湾封职何奠耀妾，年三十守贞。危氏，河湾国学何邦兴妾，年二十七守贞。黄氏，北湖儒童徐先鉴妻，年二十九守贞。叶氏，北湖徐先镜妻，年二十八守贞。杨氏，蛟湖徐惠华妻，年二十守贞。徐氏，河湾国学何家仁妻，年十九守贞。熊氏，枥溪王嘉纬妻，年二十四守贞。徐氏，河湾国学何家绳妻，年二十守贞。蒋氏，二坊塘边张翩凤妻，年二十五守贞。邵氏，鹿城从九聂国逑妻，年二十九守贞。周氏，梅冈李耀彩妻，年二十六守贞。徐氏，邑郛监生袁懋生妻，年二十五守贞。应氏，徐尚圣妻，年二十八守贞。甘氏，邑郛袁继先妻，年三十八守贞。徐氏，熊代繁妻，年二十守贞。卢氏，斗溪李达伦妻，年二十三守贞。刘氏，柿溪州同辛勤副室，年三十守贞。杨氏，曲源雷涧贤妻，年二十三守贞。辛氏，柿溪黄祖胜妻，年二十六守贞。谢氏，柿溪辛文十妻，年二十八守贞。邹氏，邑郛职员杨国栋妻，年二十八守贞。黄氏，二坊监生陈学先妻，年二十九守贞。陈氏，七坊周起桂妻，年十九守贞。熊氏，钱塘下监生王腾书妻，年二十七守贞。王氏，瑶堆曾佐亨妻，年二十八守贞。杨氏，花园监生敖祚贤妻，年二十守贞。浏氏，北湖李福贵妻，年二十二守贞。曾氏，卿塘周富茂妻，年二十九守贞。熊氏，零上刘道三妻，年二十五守贞。朱氏，邑郛李二宰妻，年二十五守贞。熊氏，寺前朱家寅妻，年二十八守贞。

孝妇

明

徐绮妻李氏，翁试卒，绮在京未归，李请于姑胡氏，停柩待之。适邻火起，李抚柩吁天，誓与俱焚。火燎及屋，哭趣胡曰："事急矣，媳一人守此，姑亟自全。"胡不去，姑媳抱持哀号，天为反风，环烧百余家，惟柩所独存，人谓孝感所致。查旧《志》，以胡氏徐试妻标目，列在《节烈传》中。玩其事实，与节烈不类。惟其媳李氏，诚孝感天，反风灭火，足为后世训，故以李氏标目，移置此。

国朝

官塘周法睿妻黎氏，南昌学士黎元宽孙女。法睿远出，氏纺绩奉姑。姑病笃，刲股肉和药进，病遂痊，姑以寿终。事见《孝妇编》。子僎，附贡。之俊，邑庠。孙梦莲，道光壬午第二名举人。

杨国华妻游氏，事翁姑，备极诚敬。姑年六十七，伤足，坐卧行立，饮食衣服，氏朝夕服事。历十七年，无倦容，甚得姑欢心。姑享年八十三，人称贤孝。平庶常以“壶范流芳”匾奖。

范景义妻刘氏，事老姑甚笃。姑病，几不起，氏吁天，私刲股肉以进，姑寻愈，人称其孝。蒋鹤龄妻李氏，事姑有至性。力劝夫置侧室，广先人嗣续。教子义方，乡人贤之。

苏嘉琏妻黄氏，琏故军籍，运漕北上，以代养嘱氏，氏奉养如礼。忽翁以外构事株连，饮毒，氏跪进解毒药，愿拼己产营救。翁谕以妇道无专执，恐累妇。氏跪泣曰：“罄产救亲，正体夫子义也。”竟尽产救之，事解，翁得生。后氏孙飞梦，中己卯乡试。曾孙光谟、光旭，皆名诸生。

垛里熊显洪妻聂氏，家故贫，显洪客游不返。姑善怒，氏怡色柔声，奉养备至。佣于邻，日数归省。姑病，侍汤药，终夜不寝，人以为孝本于性云。

高桥熊开嗅妻周氏，翁姑早逝，庶祖姑简性极严酷，晨代理发，捧盘沃盥，执爨食上，必芳洁，稍拂辄詈骂，掀舞馔具，或捶碎房帷镜匣，焚裂衣裳。周长跪伏罪，叱起鞭之，退无后言。夜拈足至三更，不敢离寝所，必待命如是者数十年，人称其孝。

大溪李俊秀妻曾氏，与俊伟妻熊氏，翁病瘫，不能举动，左右侍养维谨。姑患瘤，数十年不愈，脓血染指即烂。曾妯娌不避污秽，晨夕亲淘无间，不敢告劳，其和谐孝敬如此。曾长子彦春，为名诸生。

胡友魁妻李氏，事姑甚笃。姑年七十三，中风足跛，不能履。家贫，寝食异宅，朝夕出入，非负不行。兼有隐疾，气甚秽，人不敢近。氏日亲湔洗，夜同寝宿，三年无怨，乡里贤之。

前坊吕星佑妻黄氏，夫远贾，氏纺织，供甘旨。姑目瞽，氏日扶行，夜同寝。姑复跛，氏负出入，夜分转侧维艰，氏起坐擱手摩挲之，待姑燕息始安。姑年九十余终，氏年已七十余，奉养终丧，白首无间，巾帼中所罕觏见者。

河湾何运祥妻张氏，运祥远贾未归，姑病危，氏惶恐刲股，和汤药以进，病旋瘳，人以为孝。子宗韩，邑名诸生。

吕崇庆妻胡氏，孝事翁姑。姑病，刲股和药以进，病旋愈。

邑郛儒童杨绪荣妻曾氏，事姑极孝。己卯，姑患病，延医罔效，氏焚香祝天，割左股以进，服之立愈。

金淡章妻梁氏，事翁姑克尽诚敬。翁年六十，由蜀回籍，氏朝夕视膳，二十年无倦意。至翁八十，病笃，调汤药，终夜不寝。翁殁，氏傍柩寝数月，具至性如此。

清溪李复贤妻魏氏，事姑孝。姑病，岐黄无术，闻儒家者言，昔谢谔有称刘氏刲股事，氏窃效之，姑遂愈。

毛文铨妻郭氏，年三十守贞，太翁年八十三，氏奉事惟谨。翁遘疾垂危，氏刲股以进疾，旋瘳。

清溪廪生李绛生妻甘氏，翁成名诸生，绛年三十二卒，子二，俱襁褓。氏号泣不欲生，翁谕之曰："死无难，能抚我二孙成立，则亡儿含笑地下。"氏饮泣，操作如平时。越二年翁病，氏吁天乞假翁年，以抚二孙。因刲股以进，病旋愈。后翁殁，氏益不敢负翁言，励志弥贞，课子皆成立。

龙雾洲龚邵祥妻余氏，年二十八夫故，膝下双雏，堂上一姑一老姑，奉养鞠育，孀帷中无间言。一日，姑病剧，筮者、医者、道者一无济。氏力已竭，而呱呱者牵衣以啼，瞿瞿者下堂而泣，势难兼顾，独此奄奄者，危于一发。计无复之，不得已，祷穹苍，持一股作几上肉，刲煎而饮之，姑遂愈。非天鉴其忱欤？曾孙兆金，增贡。兆瑞，邑庠。

湖北熊庆珩妻曾氏，家故贫，夫远贾未归。姑病蛊，坐卧需人氏竭力扶掖，十余年无烦意，里人翕然称之。

蛟湖徐祖绳妻丁氏，淑慎知大义，朝夕侍姑无倦容。咸丰辛酉，粤匪扰乡里，姑老病不能行，谕氏速避。氏不从，左右掖姑，匿败室中，竟获免。寇退，姑殁，氏恸甚，丧葬如礼。夫弟祖武妻熊氏，青年矢志，氏以孙嗣其殇子为后。侄德溥，幼失恃，抚育如己出，其孝慈本于性生云。

唐坊唐彝珞妻罗氏，事姑以孝闻。姑病，氏焚香默祷上苍，刲股和药以进，即愈。

裕山鄢显侅妻聂氏，家贫，夫远贾，姑老病，参苓罔效。氏吁天，刲股肉以进，病立愈。

寿妇

寿妇鹤村杜魏氏，康熙三年时，百有二岁。子二，长八十四，次六十八，冢妇九十一，孙六十一，陈元水赠以诗曰："丰城城北杜家里，千章古木环江水。中有长年阿母家，百岁筵开三月里。生平荆布自安贫，语笑犹如少壮人。曾见六朝多抢攘，于今喜遇太平春。大儿前年八十一，小儿最少六十七。孙子行年甲亦周，一时人瑞谁能匹。团圞罗拜喜称觞。诸妇当筵鬓未霜。冢妇精神更足异，再历九年亦百岁。"

寿妇筱塘李雷氏，乾隆四年，年百岁，奉旨建坊。

寿妇庄前熊衍扩妻李氏，乾隆三十五年，年百有一岁，知县于，详奉巡抚海，题请建坊，恩赏大缎匹，银十两。

寿妇一坊湖南聂希文妻熊氏，年九十岁。子五，长模江，次模淮，皆职员。三模河，监生。四模汉，五勖寀，增贡生。孙八，曾孙十二，元孙二,五世同堂。嘉庆六年，蒙恩赏给"黄耇繁衍"匾额，缎一匹，银九两。

寿妇南巷夏廷恩妻陆氏，嘉庆十二年，年百岁，子四人，孙七人，曾孙四人。知县朱，详奉巡抚金，题请建坊，旌以"贞寿之门"。

寿妇后万里万宾馥妻余氏，年跻上寿，子孙曾元六十二人。子锦，翰林院检讨，以五世同堂，在部呈请代奏，蒙恩赏给“黄耇繁衍”匾额，缎一匹，银九两。以子锦职，敕封太孺人。孙光泰，官知府。光岚，训导。光岐、光筠，县丞。

寿妇一坊高埂徐兆瑚之母曾氏，年九十。子三，孙八，曾孙十三，元孙二，五世同堂。嘉庆十二年，蒙恩赏给“黄耇繁衍”匾额，缎一匹，银九两。

兆瑚妻熊氏，年八十七岁，亲见七代五世同堂。子五，长文煊，庠生。三礼谦，监生。孙九，六乐顺，监生。曾孙五，元孙一。道光二年，知县徐，详请巡抚阿，具题蒙恩赏给“七叶衍祥”匾额，银缎如前。奕世瑞征，乡邑称之。

寿妇三坊茶坑谢安邦之母游氏，年百岁，三子，七孙，一元孙，五代同堂。知县郑，详请建坊。

寿妇筱塘李景杞妻潘氏，年九十四岁。子三，长允照，监生，敕封修职郎。孙十，长恭元，允照子，丁酉举人，任教谕。曾孙十，元孙二，五世同堂。允照妻，敕封太孺人吴氏，年八十三岁。子二，孙三，曾孙十，元孙一，又五世同堂，姑媳继美。

寿妇一坊七都二图职员于大福母葛氏，嘉庆十二年，寿届百龄。知县朱，详奉巡抚金，题请旌表。

寿妇三坊三十七都一图谢成锦妻游氏，嘉庆十二年，寿百岁。子三，孙七，曾孙八，元孙一，五世同堂。知县郑，详请具题旌表。

寿妇三坊二十七都一图熊景铭妻徐氏，嘉庆十四年，百有三岁。子四，长赓礼，优增生。孙十一，曾孙六，元孙一，五世同堂。知县郑，详请巡抚先，具题蒙恩，赏给缎二匹，银二十两。

寿妇三坊青蓝徐友松妻傅氏，嘉庆十四年，百有二岁。子四，孙十，曾孙四，元孙二，五世同堂。知县郑，详请具题，蒙恩赏给缎二匹，银二十两。

寿妇四坊四十六都二图邹人烦母邓氏，嘉庆十五年，年八十五岁。子一，孙三，曾孙七，元孙一，五世同堂。知县郑，详请巡抚先，具题蒙恩旌表。

寿妇二坊小路口罗克谦妻叶氏，嘉庆十六年，百有一岁。子四，长允鳌，职员。孙十四，曾孙二十五。知县李，详请建坊，蒙恩赏给缎一匹，银十两。

寿妇七坊七十四都三图李斯圣妻吴氏，嘉庆十六年百有四岁，子六，孙十，曾孙三十六，元孙九，五世同堂。知县郑，详请巡抚先，具题蒙恩，赏给缎二匹，银二十两。

寿妇五坊六十五都二图李国清妻潘氏，嘉庆十九年百有二岁。知县华，详请巡抚阮，具题蒙恩，赏给缎一匹，银十两，旌以“贞寿之门”。

寿妇北湖丁其苾妻黄氏，嘉庆二十二年，年八十岁。子一，祖训，职员。孙三，曾孙五，元孙一，五世同堂。知县华，详请巡抚，具题蒙恩旌表。

寿妇三坊中青蓝徐兆德妻熊氏，年九十一岁，五子，八孙，十曾孙，一元孙，五代同堂。以五孙廪生瑞麟呈请，知县郑给匾，入《志》。

寿妇六坊故里监生鄢福岐妻熊氏，年九十。子四，长凌云，职员。长孙林，庠生。亲见元孙，五世同堂。

寿妇一坊下一甲太阳庙熊廷荫妻周氏，年八十二岁，子二，孙五，曾孙八，曾孙联奎，生子敬庄，五世同堂。

以下增：

寿妇茅园桥东湖恩赏修职郎职陈襟湖妻徐氏，道光二年，百有二岁。

寿妇六坊盘山徐允纶妻熊氏，年八十四，子一，孙三，曾孙五，元孙一，五世同堂。

寿妇七坊东圩夏绍煌妻李氏，嘉庆八年，寿九十二，五世同堂。子芳文，妻孟氏，道光四年，寿八十七，亦五世同堂。

寿妇三坊龙华桥监生周洪樾妻黄氏，年百有二岁，五世同堂。

寿妇五坊湖茫李迪远妻雷氏，年九十四岁，子四，孙七，曾孙七，元孙一，五世同堂。

寿妇三坊溪田邑庠生陈绂之妻徐氏，年八十岁，子四，祖彭，附生。祖铨，武举。祖善，武生。孙四，光奎，郡庠。光泰，武生。曾孙定元，武举。元孙四。道光甲午年，奉旨旌表五世同堂，蒙恩赐额“遐龄瓜瓞”四字。

寿妇丁蒋氏，年一百一岁，四世同堂。子猷光、猷耀，监生。孙三，曾孙五。道光十七年，知县张，详请巡抚裕，具题蒙恩，赏准建坊，给银三十两，缎一匹，并旌以“贞寿之门”。

寿妇甘棠北下监生涂修瑜妻傅氏，年八十四岁，子三，长希洲，监生。孙五，长增莹，岁贡，候选训导。曾孙九，长翔凤，甲子举人。次翥凤，三翡凤，俱邑庠生。元孙二，相蔚、相芑。亲见七叶五世同堂，同治九年，具题蒙恩赏给“眉寿延庆”匾额，缎一匹，银八两。

寿妇四坊桧山熊自貂妻徐氏，年九十五岁，五世同堂。子一，先富，州同。孙二，长福山，新昌训导。曾孙三，炳文，监生。元孙一，同治九年，知县王。详请巡抚刘，具题蒙恩，给银九两，缎一匹。

寿妇一坊徐龚氏，年九十一岁，五世同堂。子二，乐祉，监生。孙传贤六人，曾孙家球六人，元孙宝喜二人。道光二十三年，知县叶，详请巡抚吴，具题蒙恩，赏给“七叶衍祥”匾额，银九两，缎一匹。

寿妇湖茫李文成妻刘氏，年九十一岁，五世同堂。子二，孙三，曾孙六，元孙五。

寿妇一坊六都三图下马口熊宋氏，年九十三岁，道光九年，旌表五世同堂，建坊。

寿妇城隍脑上儒士陈宪达妻孙氏，年九十岁，五世同堂。子四，士骐、士骥，乡饮。孙十二，连元，武生。嘉谟，国学。曾孙十八，凤，国学。元孙二。

寿妇三坊叶孔瑞妻谢氏，年百岁，子三，孙三，曾孙七，元孙一，五世同堂。道光十一年，知县武，详请巡抚吴，具题准建坊。

寿妇从九熊冠英妻游氏，年八十二岁，子华亭三人，孙履祥四人，曾孙盛渭四人，元孙学魁一人，五世同堂。道光十六年，知县张，详请巡抚陈，具题准建坊。

寿妇邹学逵妻熊氏，年八十六岁，子之瑗三人，孙道治十一人，曾孙国桢十人，元孙德熹一人，五世同堂。道光十四年，知县叶，详请巡抚吴，具题准建坊。

寿妇三坊坑头例贡周日晨妻涂氏，年九十岁，子四，（学）述、学道、学进、学连，俱国学。孙十，曾孙十二，元孙一，五世同堂。道光二十三年，知县叶，赏匾“里荣国瑞”。

寿妇邹黄氏，六坊六十九都四图，住居石滩，年九十五岁。子一，培基，郡庠。孙一，学谦，国学。曾孙四人，元孙一人，五世同堂。具禀知县张，批示候转请咨题。

寿妇枫溪谭益乐妻任氏，年逾百岁，亲见五世同堂。

寿妇路西黄春寿妻吴氏，享年百有三岁。

寿妇一坊潭埠曾明仟妻任氏，咸丰三年，九十八岁。子二，廷贵，七十九。廷贡，七十七。冢媳蔡氏，八十。孙八，佐福，六十，余俱艾年。曾孙十，元孙五，前已禀明在案，蒙宪批奖：“一门贞寿、五世同堂，洵熙朝之瑞，应候转详题请可也。”嗣因发逆肆扰，详请不果，未蒙恩赏。

寿妇三坊白马寨张绍哲妻蔡氏，同治十二年，九十岁。子宗誉，理问衔。媳丁氏，俱年六十四岁。孙祊沂，从九。曾孙登庆、登谷，俱从九。元孙二,五世同堂，待请旌奖。

寿妇五坊甘棠北下州同职涂修瑢继妻徐氏，以三子太治职，封安人，现年九十八岁。子四，孙十六，焕椿，邑庠。曾孙十八，元孙一。五世同堂，待请旌奖。

补遗

明

寿妇徐光殷妻邓氏，年一百岁，万历癸丑，知县陶，赠“壶范期颐”匾额，详请建坊。

卷之二十四　艺文志一

书目　文类　诗类

班固《汉书》，艺文有志。
罗列书目，各以其类。
丰之作者，历代相继。
著述百家，十不传二。
搜辑遗编，慨焉兴喟。
贤哲名言，古今盛事。
非纪以文，曷表于世。
巨什鸿篇，诗文类萃。
人以言传，言以时系。
愿书万本，俾无失坠。

——作《艺文志》。

书目

《王季友集》一卷。元结《箧中集》载季友诗二首，是集有七篇，而《箧中》二首未载。

《毛炳诗集》，见龙衮《江南野史》。

《至孝通神集》，过昱，汇成三十卷。

《永昼文集》三十卷、《豫章野录》二卷、《补白氏文帖》、《炎兴传信记》，俱孙褒著。

《敷山集》，孙发著。

《玉隐文集》、《周礼备检纂》一千八百门、《诗诠总辨》三卷、《迩说续蠹》、《离骚补传》、《稠林类稿》，俱孙奇著。

《三余集》，黄次山著。

《喝药说》，揭伯徽著。

《东谷文集》，王枢著，二十卷。

《松溪集》，范璿著。

《退轩遗稿》、《默轩词》一卷，刘德秀撰。

《孟子说》十四卷、《西冈录》三卷、《师门问答》三卷，徐时动著。

《徐如晦遗稿》，公为文，未尝立稿，亦不甚顾惜，遗稿仅数百篇。

《栖碧类稿》，王允文著。

《东轩思说》《尊王大义》《左氏本末》《三传制度辨》《唐史撮要》《唐史类从》《唐史异闻》《易元虚辨》《七史历义》《三正辨》《大衍历数议》《历书总论》《诸史历要》《本朝

典故会粹》，俱范飞卿著。

《范德动文集》。

《李修己文集》十卷。

《竹坡文集》，黄畴若著。

《温如集》，盛璲著。

《冰雪林集》，孟程著。

《余姚集》，徐孝伯著，一名资深，中乙卯科，主余姚簿。

《候簿起算法》《算法考异》《觉溪集》，俱徐璿著。

《漫堂集》一卷，邓元著。

《凤舞集》，周皤然著。

《蒨山集》，揭飞熊著。

《象山集》《道德经著》《豫章录》《临汝编》《补东汉年表》，俱熊方著。

《竹国集》，于革著。

《草堂文集》二十卷、《九新经》二十卷、《孙氏历传》十二卷、《历术外编》七卷、《明天疑辨》一卷、《大历赋》一卷、《清台考类图》、《六历辨疑》、《步会复古录》、《钦天补遗历》、《大衍名例》十卷、《五星诀录》、《小过大过详谱》一卷，俱孙羲伯著。

《翼孟音解》九十一条，陆筠著，周益公必大序。

《尊经辨》《春秋本末》，俱范士衡著，李谏议大异、张左史贵谟，皆为之序。

《柏轩文集》，王衡仲著。

《盘隐遗稿》《杂著》《史论》七十一篇，俱孙默著。

《立斋文集》、《玉海》一百卷、《大唐风雅》四卷、《深衣纂要》一卷、《春秋辞令》八卷、《庄子辞令》十卷，俱孙伯温著。

《大易发挥》《庄子章句》，俱徐端方著。

《西堂杂著》十卷、《对越集》四十九卷，俱范应铃著。

《皇极要论》《禹贡图说》，俱黄千能著。

《四六云锦集》，熊埜著。

《家乘存稿》，熊如渊著。

《圜中类稿》，洪渊著，临川吴文正公为之序。

《平湖集》，张宏毅著。

《竹林杂志》，徐肇著。

《应事稿》《制美堂漫录》《思过录》《后林遗稿》，俱李义山著。

《泉谷奏议》《讲议》《盐楮议政稿》《历官对越集》《文苑菁华》《手编汉文类》《泉谷文集》，俱徐鹿卿著。

《五经考翼》，甘繇范著。

《矩山文集》，徐经孙著。

《王邦作文集》。

《性理彝训》《造化六合论》《海潮论》《为政监》《古今名臣事迹》《丰水志》，俱王孝友著。

《困学朴词》《狐白裘》《炙毂輠》《雁峰猥稿》《章贡谳议》《定庵集》，俱甘茂荣著。

《留皮集》，黄竑著。

《自堂存稿》陈杰著。

《胖斋集》，熊大经著。

《义方辑略》，范九龄著。

《春秋集传》《读易正人心》《心开札记》《惠明杂录》，俱陈友沅著。

《山房杂著》，徐思立著。

《宏词拟稿》《读书管见》《宋史提纲》《稼村类稿》，俱王义山著。

《剑南稿》，甘起岩著。

《易传宗》《书传通》《诗传微》《礼记释》《四书补注》《老子释言》，俱陈焕著。

《后泉散人集》，徐子端著。

《西沂杂著》十卷、《蒙溪鸡肋稿》十五卷，俱陈雄飞著。

《五经集解》、《小学领要》、《胡氏律论》、《古韵》、《历年大纪》、《天慵文集》三十二卷，《瑟谱》，俱熊朋来著。

《徐伦诗集》。

《节轩集》，甘同叔著。

《北岩惭稿》，范宜损著。

《揭文安公集》《揭学士诗》，俱揭傒斯著。

《一斋集》，熊钧正著。

《续丰水志》，李克家著。

《豩余集》、《熙真集》、《冀越集》、《地理西南夷补志》五卷、《元京畿官制》二卷，俱熊太古著。

《春秋成纪》，熊复著。

《析津志典》，熊自得著。

《周圣任诗》。

《四书解》《皇极经世解》《太极图解》《通书解》《日用漫笔》，俱朱本著。

《明初文集》、《史通纲目》、《史书辨证》、《历谱》八卷，俱孙印吾著。

《熊敬远集》。

《休斋全集》，揭文安公序，李甫之著。

《樗栎集》，甘惟寅著。

《蒙庵集》，甘衔著。

《管窥余论》，陈会著。

《皇极经世书说》，朱隐老著。

《诗经解颐》《一斋集》《辽海集》《诗经辑释》《史辑》，俱朱善著。

《采芹集》，朱叔服著。

《听雪蓬诗集》，刘秩著。

《蒲庵集》，僧来复著。

《韵会订正》《通鉴纲目音释一集》《孝经注解》，俱孙予初著。

《遁世遗音》，黄坚著。

《损斋文集》，黄宗载著。

《西涧集》《大器集》《金陵稿》，俱熊直著。

《宦游集》《归田录》，俱孙曰良著。

《规山集》，熊昱著。

《芝山集》《公余集》，俱熊槩著。

《野斋集》，聂用乂著。

《禄阶本》《西秦诗稿》，俱夏希纯著。

《朝回纪实》《宦游集》《存拙集》《丰城县志》，俱熊观著。

《金陵稿》《滇南稿》《朴翁稿》，俱刘华甫著。

《复庵集》，杨崇著。

《星学源流》二十卷，杨源著。

《策要》《历代帝王一览歌》《应山志》《丰城志稿》《南北纪行》《立心诗稿》，俱杜立著。

《古澹余力集》，杨文恪廉、万安刘挺序，孙玩重刻，谢佥宪廷柱序。

《三朝奏议》《南台史钞》，藩司张元祯序。《东藩倡和诗集》、《归田训》、《闲居杂记》十卷、《政事略》、《正家条约》、《辨诬录》、《山东雪冤录》、《世恩堂诗集》，广信知府金锐序，俱李裕著。

《韦斋奏议》，涂棐著。

《方塘文集》，李汉著，泰和刘鸿辑其稿，为之序。

《翼愚存稿》《逸叟后稿》，李槩著。

《六书音义》，涂观著。

《熊士选集》，熊卓著，督学李梦阳往吊其墓，收集遗诗，得六十篇，列之学宫。督学张时彻重刻，增为百二十九篇，皆为文序之。

《钦斋奏议》《恤刑稿》，俱涂谦著。

《二程年表》、《太极图纂要》、《洪范纂要》、《深衣纂要》、《名臣言行录》、《大学衍义节略》、《经世启钥》、《理学名臣言行录》、《丰城名宦录》、《武宁县志》、《缀算纪例》、《伊洛渊源录新增》、《分类程氏遗书》、《分类程氏外书》、《分类象山语录》、《月湖选注诗集》、《算学发明》、《先天后天图学考证》、《医学举要》、《名医录》、《星略》、《礼乐书》、《乡饮酒礼》、《月湖奏议》、《畏轩札记》、《畏轩年谱》、《杨文恪公集》六十四卷、《二程年谱》一卷、《家规》一卷，俱杨廉著。

《徐氏嘉隆集》《两台疏草》，俱徐南金著。

《半古文集》、《留清稿》三十五卷，俱范文盛著。

《半松集》《半松奏议》，俱范兆祥著。

《默斋吟稿》，胡全著。

《约心编》十一帙、《纠行录》三帙，俱胡裕升著。

《质轩集》，丁鍊著。

《知足稿》，李延著。

《讼斋集》，江潭著。

《双冈集》，江淙著。

《饥豹冗游》《桑榆稿》，俱李万平著。

《雨窗集》，江鱼著。

《介夫存稿》，李琳著。

《西峰遗稿》，吴祺著。

《成斋文集》，陆时通著。

《紫微馆录》，陆漳著。

《服制辨疑》《丰川文集》，俱叶钊著。

《南山诗集》，李金著。

《思轩集》，杨敩著。

《敬斋文集》，杨康著。

《朱子孝经刊误集注》、《薛文清公读书录抄》二十四卷、《丰城志稿》、《平庵四论校正》、《证治类方》、《认斋稿》，俱杨孜著。

《正志集》，高宇著。

《雉蜚集》，熊茂著。

《一吷集》《梦蕉集》《梦蕉诗话》《博物志补》《梦蕉别集》《梦蕉续稿》《梦蕉存稿》，俱游潜著。

《西野遗稿》、《洮州卫志》五卷、《西野遗集》十三卷，俱李玑著。

《敷泉诗稿》，孙溉著。

《澄山杂稿》，涂楗著。

《蒙泉文集》，杨铨著。

《易文义测》，邓镛著。

《使民纂要》《二水文集》，俱孙世祐著。

《家食录》《游宦集》，俱朱芾著。

《池山集》，陆梦麟著。

《碧潭遗稿》，杜子麟著。

《木轩吟稿》，李缙著。

《公暇芜言》《入蜀稿》，俱雷贺著。

《未轩集》，李俊著。

《明大政记》《内阁行实》《列卿实纪》《铨曹表》《江西进士稿》《督学表》《百官表》《丰城人物志》《真定府志》《豫章人物纪》《太仆寺志》《唐宰相传》《古和诗稿》《古和疏稿》《宋两府年表》《明元魁表》《豫章科目表》《丰城科第纪》《各省世宦表》《镡墟堂稿》《事纪》《列卿表》一百三十九卷，俱雷礼著。

《应洲奏疏》，雷瀛著。

《曲肱梦语》，高杏著。

《东亭遗稿》，徐衮著。

《文稿》六卷、《诗稿》二卷、《语录》三卷、《督抚经略》、《本兵疏稿》、《公移》八卷，俱李遂著。

《槐庄存稿》，杜士希著。

《督抚三藩奏议》，杜拯著。

《论语大意》、《大学约言》、《中庸庸言》、《性善编》、《四大儒书》、《经说萃编》、《岭西兵政抄》、《教学录》十二卷、《南中问辨录》十卷、《将将纪》二十四卷、《兵政纪略》五十卷、《经武渊源》十五卷、《孝经疏义》一卷，俱李材著。

《南江遗稿》，黄进著。

《宪副遗稿》，范庆著。

《齐民要录》《谕俗十三条》《约寮五事》，俱杜搢著。

《愚忠录》《西隅初集》，俱郭希颜著。

《滁上稿》，胡杰著。

《双柏堂集》，范议著。

《小川遗稿》，黄翰著。

《五经四书疑义》、《理数辨义》、《柱史药言》、《禅宗要语》、《都行纪咏》、《八宝公余吟稿》(吴敏道序)、《闻诗集纪》、《诗话三星纪》，俱李瓒著。

《世恩录》《庭闻集略》，俱李廷观著。

《四部稿》《斗冈诗选》，俱李廷观著，河南按察使徐即登序。

《白云窗草》、《惜阴评纂》(广西布政使朱思明序)、《赐彩堂问鹤亭诗草》(编修顾起元序)，俱李廷谟著。

《制艺遗稿》，李维乔著。

《程子全书》《儒门定脚录》《事学日钞》《困知纪略》《岁录论学书》，俱李大昭著。

《云间集》《涂说》，俱熊剑化著。

《倦游稿》，徐州牧著。

《李浣所集》《丰乘》《易经、周礼、左传札记》《钟律车阵图论》《史记》《相业理学汇编》《思齐录》《先儒政绩集编》《丈量议》《警学说》《进知偈》《惕惕考》《浣所外集》，俱李贵著。

《北台疏稿》，蒋汝瑚著。

《太史遗稿》(熊尚文序)、《尚友编》(熊尚文序)、《太史公诗集》(大学士吴道南序)，俱李启美著。

《吾美楼集》，邱土毅著。

《虎溪诗集》，袁懋谦著。

《横戈集》，邓子龙著。

《西台奏疏》，李右说著。

《出出诗》，李右谏著。

《正学堂稿》、《来益堂稿》、《周礼说》、《五经说》、《四书论答》、《中州问答》、《儒宗要辑》、《儒学明宗录》二十五卷、《春秋说》十一卷，俱徐即登著。

《天申明刑录》《天申习课》《兰台读史日记》《从祀疏稿》《闽学移抄》《倭功始末》《督抚楚台奏议》《符司纪》《易经家调》，俱熊尚文著。

《礼经讲隽》《礼经内解》《诸书考略》《左氏始末》《续列卿年表》，俱徐鉴著。

《元璞集》，唐大章著。

《金殿说约》，罗大任著。

《中庸参》《论语测》《或问臆说》《四书捷镜》《同求录》，俱李颎著。

《昭代王章》十五卷，熊鸣岐著。

《五经宗义》二十卷、《武略》十卷、《天文书》四卷、《佛宗》一卷、《杨叔度集》，俱杨惟休著。

《深柳堂集》，甘元鼎著。

《龙山集》，胡学鸿著。

《宝翰楼集》，唐士凤著。

《二白斋文集》《义署纪事》，俱甘大绶著。

《游燕草》，陆元衡著。

《大雅堂正集》，胡学浃著。

《昭州草》《宛上草》，俱甘文奎著。

《蜩丈居集》《奕世诗纪》，俱熊骏著。

《西园辑存》《二归草》《历代名臣奏议纂》，俱熊侪鹤著。

《乌夜啼诗集》，黄炳启著。

《湖上草》《亦园集》，俱李予玮著。

《小绿园文集》《桃江墨淬》，俱涂象震著。

《丰城县志》《前后药余草》《小云间集》，俱陆履敬著。

《山居集》《适余堂集》，俱陈上善著。

《心白堂稿》，丁序珙著。

《桃源游草》，丁灵长著。

《大易外传》《殉难录》《小窗一鉴》，俱甘豫亨著。

《丰溪诗黯》、《浔阳近草》、《三湖舫集》、《澹宁堂试草》（进士裴襄、峡江教谕熊字鹤序），俱李铨雯著。

《五花阁存稿》，丁蕙著。

《兰台原古录》《江西诗社宗派图录》《寿雪亭集》《曲水诗略》《文选原古录》《瓜棚偶谈》，俱张泰来著。

《四书拾遗》《尚书参补》《禹贡图记》，俱余友芳著。

《四书解》《思岵堂稿》《娄江吟》《止庐吟》，俱李遇陛著。

《滇行草》《见性堂稿》，俱李云会著。

《匡岳集》，万俨著。

《礼记集腋》，徐斌著。

《读书札记》，熊源著。

《也藏山文集》《也耽吟诗集》《摭遗诗集》，熊履廷著。

《大学管窥》《四书驳谬》《周易述义》，俱甘师盘著。

《四书类典赋》《正气编》《存耕堂集》，俱甘绂著。

《读易豹窥》《雩上诗说》《图民录》，俱袁守定著。

《啜茗夜话》《子书摘粹》《龙洲志》《丹崖文稿》，俱毛凤雏著。

《潜斋稿书》《无闷园诗集》《彭泽县志》《求是堂文集》，俱杨其谟著。

《玉庄近稿》（彭元瑞序），李台莲著。

《雪嵋汇稿》共十二帙，杨学澄著。

《周易集解》《石门文集》《石门遗稿》《中人家法》，游方震著。

《诗法度针》《吏治悬镜》《萍游近草》，俱徐文弼著。

《皇极经世书图注》《古今乐律》，俱蒋兆元著。

《东隅诗钞》，李铂著。

《周易剩义》《春秋题纲》，俱李奎著。

《半间轩诗集》，徐凯著。

《易经详解》《四书详解》《性理精言》《断易要诀》，于兆遇著。

《狂言集》（阴山知县应上苑序）、《清芬编》、《礼记读本》、《会可时艺》（吏部掌印裘君弼序），俱李景运著。

《周易本义补》，刘弋苏著。

《历试草》，徐琳著。

《中立集》《燕诒堂稿》《嵩居近草》《湖上吟》，俱李基著。

《左国四集》《唐宋大家文四集》《春秋摘要》《诗经读本》《体用要言》，俱李嗣垣著。

《卧云山集》，李显毅著。

《百孝百弟传》，卫学达著。

《四书画一解》，蒋鸣熊著。

《日用庸言》，袁成均著。

《健庵诗文稿》，丁猷骏著，凡三帙。

《闻闻录》《西行纪略》《易意数学辑要》《地理要言》，俱熊懋奖著。

《龙图易注》，龚文亮著。

《周易新解》《乡党详注》《天文说》，俱金仕诰著。

四库馆简明录集评

《补后汉书年表》十卷，宋熊方撰。是编以补《后汉书》之阙，凡《同姓诸侯王表》二卷、《异姓诸侯表》六卷、《百官表》四卷，虽取材不出于范书，而条贯参稽，至为精密。

《三余集》四卷，宋黄彦平撰。别本作黄次岑、黄次山、黄季岑，或以字行，或传写误也。彦平在靖康初，坐与李纲善，贬官。南渡后，数上札子，论事多所建白。其《论赏罚》一疏，于吕祉、刘光世得失，能先事预料，盖亦一刚正有为之士，诗文特其余事也。

《清正存稿》六卷，《附录》一卷，宋徐鹿卿撰。清正，其谥也。鹿卿立身端直，其奏札多真挚恳切，无所避忌。刘克庄以董仲舒、贾谊比之，固为太过，要非脂韦者所能言也。

《矩山存稿》五卷，宋徐经孙撰。经孙以气节见长，词藻非所留意，诗尤鄙俚。至其奏疏，则指陈弊政、抨击权奸，虽谓之独得雄直气、发为古文章，可也。

《自堂存稿》四卷，宋陈杰撰。原本久佚，今从《永乐大典》录出。诗源出江西，而丰姿峭拔，出入于剑南、石湖之间。其《弋阳石桥》及《读邸报》诸作，亦颇见志节。

《五经说》七卷，元熊朋来撰。朋来之学，恪守宋儒，故于古义古音，多所抵牾。然其发明义理，尚为醇正。于《礼经》尤疏证分明，有裨初学。

《瑟谱》六卷，元熊朋来撰。详论鼓瑟之法，首为二图，次为谱例、指法，次为诗旧谱十二篇，即赵彦肃所传。次为诗新谱十三篇，则朋来所自造。次乐章谱，为学宫释奠所奏，终以后录，则古来论瑟之语也。

《稼村类稿》三十卷，元王义山撰，旧题宋人者，误也。凡诗三卷，文二十七卷，大抵皆南宋派，故王士祯《居易录》诋其最下最传。然《集》中《说经》诸篇，时有考据，《表启》亦尚流丽，一知半解，固不妨备插架之数也。

《文安集》十四卷，元揭傒斯撰，其门人燮理普化，编文叙事严整，简而有要。朝廷典册及碑版巨制，多其撰著。诗则清丽婉转，如出二手。然神骨秀拔，终非姹紫嫣红也。

《诗解颐》四卷，明朱善撰。不载经文，但每篇各为总论，虽亦发明《集传》，而意主于借诗立训，务阐“兴观群怨”之旨，于治乱兴亡，尤推求原本，剀切著明，在经解中别为一体，多有裨于人心世事。

卷之二十五　艺文志二

文类

目录

荐徐稺疏　陈蕃
御书味书阁谢表　徐鹿卿
敕书楼记　周谔
智度院记　胡寅
丰城县儒学记　黄彦平
观巷堤记　刘德秀
龙光书院心广堂记　朱子
宝气亭记　陆渐
社稷坛记　刘充
味书阁记　刘克庄
水东驿记　雷宜中
龙泽宗贤祠记　范登
重修学记　揭傒斯
贞文书院记　欧阳玄〔元〕
同文书院集义堂记　赵文
蒨冈义塾记　吴澄
重修儒学记　胡俨
重筑县城南堤记　李裕
新埽记　杨廉
三贤祠记　李梦阳
重修县城记　万寀
丰城县治记　雷礼
杨忠愍祠记　刘曰宁
北泽观风行台记　雷礼
新筑剑江堤记　夏良胜
重修儒学记　吴道南
重建仙坛石埽记　李琯
剑东义馆记　陈文烛

漕政解悬记　罗大任
启圣祠记　蒋汝瑚
重建龙光书院记　徐即登
永便仓记　唐大章
重建县堂记　宗彝
重修儒学记　陆履敬
学田记　刘象贤
均甲碑记　余配元
白公堤记　朱轼
龙山书院记　李基
沙湖访旧记　丁奭
重建学宫记　盛逢澜
丰邑城内沟濠记　杨志道
徐孺子读书台记　唐光云
改建关帝庙记　朱怀栻
蒋氏义捐学田记　顾锡鬯
七星埽记　袁守定
邑侯满明府清理钱粮积弊记　唐光云

疏表

荐徐穉等疏

陈蕃

臣闻：善人天地之纪，政之所由也。《诗云》："思皇多士，生此王国。"天挺俊乂，为陛下出，当辅弼明时、左右大业者也。

伏见处士豫章徐穉、彭城姜肱、汝南袁闳、京兆韦著、颍川李昙，德行纯备，著于人听。若使擢登三事，协亮天工，必能翼宣盛美、增光日月矣。

御书味书阁遗安堂谢表

徐鹿卿

书帷夕说，阅日未几。易画芒寒，自天有陨。神笔一施于润泽，衡茅倍长于声光。目尽骇于荣观，手不知其自舞。臣某，恭以我宋渊微之家学，每因暇日，游戏于法书。有如私室之扁题，尤示圣恩之优异。或野处贲词臣之第，或茂功旌勋旧之门。藏在名山，具存彝典。历数西江之盛事，于昭列圣之宸奎。太祖表洪氏之义居，光尧书万里之斋额。然名德乃膺是眷，岂么微可拟其伦。

伏念臣少也多奇，长而无述。短檠二尺，妄窥往圣之微言；破屋数间，近守先臣之故址。苟焉葺理，于以藏修。读书之眼已昏，负郭之田何有？谓学问，求放心而已。而贫贱庸，玉女于成。得一善则服膺，食知其味；恐多财而益疾，独遗之安。英华自咀于穷年，梦寐不忘于清夜。淡而弗厌，乐以忘忧。此微臣饬己之私，亦古者刑家之意。辄因闲燕，乞假宠灵。方虞铁钺之诛，忽委琳琅之赐。色齐南斗，夺星轸之光芒；势耸乾龙，焕雨帘之晶彩。增盘谷山泉之重，贯丰城干莫之精。阳和不择地而施，海宇举闻风而起。兹盖伏遇皇帝陛下，道包万象，天纵多能。心上经纶，本广厦细毡之论；毫端造化，回冰崖雪屋之春。凡陪虎观之清游，随探骊珠而必获。察臣研精磨镜之帖，怜臣尝躬耕陇之劳。爰颁肆笔之书，下饰穷山之陋。臣敢不祗承帝赐、仰对天章。六字宝传，与六经而俱寿；百金产薄，期百世以流芳。永垂训于子孙，庶酬惠于君父。

记

敕书楼记

周谔

上恩具之明年，冠元皇祐。杓建娵訾之初，城敕书楼成。长棘寺丞郑侯，授笔于周子，书革故也。宫城通制：凡邑吾民，宣教令，必壮署，以表其位。位有表，必巘门以吭其署；署有吭，必威俗以制其观。乃冒门梁厦曰楼，将以严甲令而虔王命也，完版图而厚生齿也，故额由是举。

唯江西总治邑七十，引上游者，兹为望初具。平冬十月，侯甫莅，厥事偃然。歼弊病，补废弛，彼稂且秕，耘去略既。翊载中商，民亡骇政，乃曰："位苟称禄作，弗图款隙焉。"足勤吏师，若廨舍之右，前治更葺，仅备迄是楼，会守将几？重敛而息。今按所委之材，得请于府，遂稽工程力，勍朽撤败，隆其甃砌。役弗外挠，督削须备，则择缭垣老树之材者，曾数浃日，考焉轮焉，制作度焉，公庭歘焉。观者毅然，所谓甲令版图，则佥焉。

君子曰："楼者，瞜瞜然明也。"明于外，景物形胜之谓欤？中民疾苦也！明于内，除卫显敞之谓欤？驭吏之憸黠也！若其内外明、政令行，岂特楼之营，而实治之经欤！夫饬燕嬉、艳赋咏，不其远，而嗟夫仁人之作也，匆亟是宜。民不复劳，而君子将其美！故书。

楼成十月二十日记。

智度院记

胡寅

事无记，无以传久远。有大事不足记，而有小足记者；有常事不必记，而亦有当记者。人生必有业，古之民业四，今之民业七，既服耒耜，而又执斤削；既通货贿，而又操弓矢。失常变守，盖弃材也。治道所恶，君子不言也。各安其业，不相侵紊，犹动物不植，走物不飞，理之固然，则又不必记也。均是农也，或卤莽，或力田，则力田者可取矣；均是工也，或奇袠，或信度，则信度者可取矣。取之以劝能者，戒不能者，则不以其细故常事而无记也。

今夫服儒衣冠，则当修仁义礼乐，一取正于仲尼，乃其业也。诋訾先圣，而崇向异端，五欲贪污，而持守斋素；殃民害物，而忏〔谶〕祈罪福；实诸所无，而谈论空寂，犹之弃材焉，则无可称者矣。去父母，毁肤发，攻苦学佛，为广宫大厦，以事佛而居，其徒相与绍隆而不替，此为僧人常业也。凡其所建立，必求吾儒之能文者，以纪述之。疑若不必记，而君子有不免为之言者，亦因其教寓劝戒焉耳。既已为僧，而又隳败其业，甚则破戒律、私妻子，近屠沽、市贩，或至弃寺而出，居风雨、败佛像，经卷为窭薮，亦不顾恤，如是者众矣。则能不畔其教，而守其常业者，岂不足道乎。

丰城龙泽寺主僧广照，以修佛事缘化。有徐氏应兖父子，施最厚。广照不私己，尽用以葺其庐。凡殿堂门阁、寮庖浴匽，丹青铸甓，物物咸称。寺在邑东五十里山崦中，松篁蔽亏，涧壑舂撞，人境〔意〕佳处也。绍兴壬子秋末，予侍亲自杭西行至是，少憩焉。家君爱其邃深清旷，留度冬春，甚适。明年夏四月，将去而之衡山，广照请曰："山僧垂老，多病劬瘁，于此屋未尝有士大夫车辙马迹也。今幸辱临，得一言刻诸石，没齿不恨。"予既许诺，又以其事问诸邑里，无间毁者，遂为之记。盖叹世有当为而不为，不当为而为之者，则凡能为而不失其分者，为可嘉也。

绍兴三年秋九月十有八日记。

丰城县儒学记

黄彦平

先王之教，始于家塾。而君子之学，亦先于父子之仁，何哉？受中以生，亲严礼具，和同其际，实惟君师。于是制其常产，而授之田桑；养其常心，而申其孝弟。自家塾而至于党庠、术序，而后国学之政行焉。此先王之教也。父子之仁，移于国，则为君臣之义；接于物，则为宾主之礼。知人道之可终，则终之，智之事也。知天道之可至，则至之，圣之事也。知之于贤否，始条理者也。圣人之于天道，终条理者也。"金声而玉振之，此君子之学也。孔子曰："十室之邑，必有忠信，如某者焉。"孟子曰："尧舜之道，孝弟而已矣。"盖使治人，以仲尼则可使，是民为尧舜之民，是有命焉。若治己以仲尼，则君子不谓命也。孝弟忠信，性咸在我。而世有不可与入尧舜仲尼之道，则亦自暴自弃而已。自暴自弃者，法之所威、礼之所不齿。二帝、三王之治，所以人伦明、邦本固，以其先后劝沮，与后世自恣、苟简者异也。

绍兴十三年，天子中兴大学，州县亦往往建学。而丰城令雷继远，祇德之先，因人之愿，徙学于城东，面势惟新，考室加旧，高明宏丽，舍奠及时。大君师之教令既推，而达于士矣。士之所及先务者，尚友于一乡之善，士以存者为未足，又尚论古之人？丰城士子千数，何所矜式？亲者疑私，达者近谀，尝相与求诸古人，则王季友其庶几乎？博极群书，而《孝经》曾不释手，当时公议，以风后力牧期之。学问渊源于尧舜，仲尼之道不远矣。邑无君子，斯焉取？斯以古况今，后生可畏，愿诸生勉之。朝于斯、夕于斯，正心诚意，而友先哲于斯，学成行尊，禄在其中焉。余年无几，幸见之。

观巷堤记

〈刘德秀〉

丰城为赣吉下流，地势洼甚。岁春夏，水暴至，方县数十里，汇为巨泽。县兀然居中，以堤自障，堇堇不没。以故傍县之田，率以夏潦退，然后敢即功。夏秋之交，水势杀，则治江岸，以约水归道，俾无横溢，幸得讫穑事，岁以为常。

淳熙戊戌，水啮县上流之岸曰观巷。未几，又啮下流之岸曰聂家垱。始隙甚微，篑土可窒。吏偷民惰，弗究弗度。岁历滋久，至大溃决。由是傍县之田无稔岁，熟视莫可奈何。

庆元丙辰，永嘉林君仲懿来莅邑政，咨所急务，众以是告。君课吏，具水所侵户，以庐计者，八千一百有二；田顷计者，六千二百六十八；米不入民庾者，为石九十万有奇；租不入公庾者，为石五千有奇。喟曰："是岂细事哉！"既疏请于部使者，会转运判官赵公善，悉提举常平王公容，俱遣属按视，复命曰"信"。则共捐钱出粟，搬所费委于邑，而责成焉。林君于是以身总役，而分隶其地于若丞〔丞若〕、若尉。又礼致乡官之贤，与乡士有信义者，枚选民之饶于财，而不渔于官，浮屠氏之有干力而畏事者，共集之。上率以诚，下相以力，不督自励。以是年之十一月经始，明年之二月讫事。观巷累土为六级，广下而杀上。下之址为丈二十有五，而上取四之一。高二丈有四尺，而修则七十丈。聂家垱为级者四，视观巷址广五之二，而上杀半之。高五之三，而修又半之。又以其余力，培子堤凡十八处，增筑税亭石埽，以杀上流水势，俾不得锐出石堤，所以为捍御计者甚至。通工匠共五万三千七百九十有五，无一怨訾。是岁，水不暴民田。于是乡父老走书来谒曰："兹役也，甚重且艰。非贤部使者之恤民隐，贤令尹之锐于兴利除害，莫克举。愿为记久远。"余曰："父老言是。夫事败于忽，功隳于成。父老诚知兹役之重且艰也，继自今父诏子、兄勉弟，相与护视惟谨，罅〔罅〕苴漏补，使无底于败与隳。后新令至，首举以告，上下相戒，以无忘厥初，则尔父老得以裕生理、养子孙，优游其间，而县亦得以丰，公家之所入，无急迫操切之政，利顾不博哉！"则书以为记，而使刻之石。

时庆元戊午三月初吉。

龙光书院心广堂记

朱子

丰水之夏阳熊世基、世琦执经来学之明年，乾道庚寅岁也。为友人萍塘陈自俛请，名其所构龙光书院之堂，熹榜其间曰"心广"，且嘱以敷畅厥义。复之曰：

人生两间，孰无此心。心者，贯万事，统万理，主宰万物者也。然则若之何而不广乎？克其所以为广害者，则心广矣害广者，莫甚于人。欲自容貌、辞气、颜色之间，而察夫天理人欲丝毫之分耳。盖天下之道有二：善与恶也。以天命所赋之本然为善，以物欲所生之邪秽为恶。揆厥所原，莫不好善而恶恶也。然未知善恶之真，可好可恶，则不免累于自欺。而意之所发，有不诚者，是以《大学》诚意，谓意有不诚，则心有不广。心不广，则体岂能安舒哉？心广大、体安舒，德之润身者，能如是夫？此善之所以明、心之所以广也。内外昭明，表里洞彻，斯可尽规模之大、条理之密矣。为学之功，且当常存此心，而不为他事所胜。熹尝闻，此于先师之教，惟实用其力致之。噫！要必有以识乎诚，然后有以用其力。且人之视听言动，曷为而然哉。心有所向，于是也，必立志，以定其本，居敬以定其志。博学、审问、慎思、明辨，皆所以求广之之功也。人灵于物，士秀于人，以一心之微，萃万事万理，盍思夫万物皆备于我，斯可见其用心之广如是，其或颠到谬迷，则亦不思之甚欤？

远来之朋，往往秀伟杰出。如吾世基兄弟，亦可与论圣贤大学之道者，故以是论共讲之，而揭于堂之壁也。若夫层崖峻石、苍藤古木，度石梁而水声潺潺，照横冈而白云满川，此堂之前后左右胜概，历历在目。有可观者，植丛篁以供吟啸，疏莲沼以纵游赏。诵诗读书，以识圣贤之指趣，弹琴鼓缶，以歌先王之风化。仰罗阜之高，瞻龙光之耀，此堂之东北西南佳致，洋洋在耳，有可闻者。熊氏金昆玉友，居斯堂，岂不重有所感动奋发，而兴起好善恶恶之心哉！何时与表弟徐用宾、友人蔡季通、刘平父、吕季叔览观之，以自慰也。顾今有所未暇，姑记其大概，述此心之广大如此。因书以自警，并以告自俛云。

宝气亭记

陆渐

丰城为江右巨邑，地以双剑重。考之图志，张雷故迹，距今县治西南几三十里。而宝气亭独据县津，盖后人托之以为观瞻怀企之所。江山横陈，城郭映带，连樯巨艘，东西行者，悉过其下，实一邑之胜概也。

嘉定癸未，居民失火，燔焉。于是零陵唐侯，适抚是邑，慨然咨叹。因旧址而亟新之，工不告劳，民不知役，阅数月而亭成，规模轮奂，宏阔伟丽，视地为称。一日顾予而言曰："宝气为亭，莫知岁月。然'新亭延客步'，概见于山谷先生之咏。百有余年，不幸而毁于火，亦幸而还旧观，子盍为我记之。"

予谓物之兴废有数，而山川英灵，千古不泯灭。当紫气上腾之岁，中原未衅，司马氏骨肉犹亡恙也。剑之出，意者将为时用。而迄中台之柝〔拆〕，曾不得奏功一割。其去而龙化，宜矣。然剑虽不留，而所谓山川之英灵，不在彼，或在此。尝试登斯亭而望焉，天高月沉，夜籁虚寂。斗牛之间，疑若耿耿者犹在。岂其感张雷之精诚，而遇犹不遇，终不能不眷于此乎！抑是邦英灵之气，泄而复蓄，将不属诸物而属诸人乎？则夫始察而终用之，必有出于张雷之右者，非侯，其谁与归？侯名容，字可大，开禧乙丑进士。敬而文，宽而有立，君子也。

社稷坛记

刘充

先王建国宅土之中，以临制四方，辨方分土，以封诸侯，因建为社，知万物之生、万民之命，悉本于土，国恃以立，故于祭法为重祀。秦既裂郡县，汉始定天下，两以公社、里社诏县，而不及郡国。意者县众而民亲，欲广其祀，重祀所以重民也。今荒僻林谷、枌榆丛蔚者，有坛有壝。岁时父老，率里闬，携斗酒豚蹄，伐鼓坎坎，有祀有祷。且不敢忽培数尺土、建一拳石，非重役也。弗封弗植，弗除弗辟，忽也。志不在乎民，则念不及于社。为朝廷寄百里命，以左右民，而捍大灾、御大患，祈年报本，关国休戚，可忽诸？

丰城旧有社，距县治东南数百步，位阳而土刚。岁久，蹊遂绝灭，牛羊刍牧，荒秽狼籍。春秋二祀，皂役假缁黄空冷之字，笾豆簠簋，临时取具。有司设席，望拜唱礼毕而退，邈不知顾，诚安在哉。

零陵唐侯，既涤铜篆，政敬简有体。常赋外县，得用者，丝忽弗取，悉输于学，为廪饩。躬考俊民而教育之，期年教洽俗醇。将春行社礼，喟曰："民为重，社稷次之。教既行乎民，礼莫重于社。"先后次举，陶甓匠木，即旧址为坛。坛有垣，斋宿有庐，石甃鳞次，楹桷翚飞。仲月戊子，侯率同僚丰洁牲，齐虔以即祀。观者起敬，叹曰："儒者之政，即心而观，则有志乎民矣。”且又曰：“有民人焉，有社稷焉，何必读书，然后为学。子路一言失次，夫子弗怿。我侯得政之体，知礼之序，其学本于夫子。先王欲行仁政，建国、封诸侯，即此心，行此政，社稷臣君子又于此乎。”观是役也，工弗及民庸，故不以日书；费不及公帑，故不以缗书。为纪其所以兴、所以废、所以复与观者之言，以启我后人，俾勿坏云。

味书阁记

刘克庄

阁在丰城山间，名，子贱潘公也，笔，广微袁公也。徐右司德夫读书其上，有年矣。去而仕于朝，因以其所读者，为天子言之，忠愤激发，几寤上意。竟坐是，由省闼放还故山。或窃笑曰：“世盖有剽窃涉猎书之豪芒，而光显遇合者，德夫无所不读，顾龃龉流落如此，意者书误德夫邪？德夫宁能常味此无味之味邪？”德夫亦笑曰：“有是哉！夫书无穷尽，味有浅深。尝试以古今人观之、行之、笃守之，固味之深者也。先信而后畔，始合而卒离，味之浅者也。叔孙通、鲁两生，皆学礼，一以取封，一没世无闻。舒、宏皆学《春秋》，一起徒步拜相，一老摈郡国，岂非深者守道而难合，浅者谐世而易售，与使其果深于书，捽茹山雌也，脱粟大牢也，苟为不然。如啖土炭，如嚼蜡，久将唾弃之矣。然则，德夫之所味，固世之所不能味，世之所味，固德夫之所不屑味与？或又笑曰：“阁仅三间，奚其记？”余曰：“不然。石渠、天禄，高则高矣，而不能逃莽大夫之讥。临春结绮，美则美矣，而不能渝狎客之谤。德夫阁虽小，然圣人之事具焉。”

水东驿记

雷宜中

宝祐二年正月，丰城县新驿亭成。直县东演，迤虹桥至焉。知县事赵君嗣嘉，属宜中命之名，则为作水东驿扁字。或曰：“丰水东注，彼丰犹此丰欤？”或曰：“西北，水所经也。宝气亭屹立江浒，新亭对峙，东西相望，因得名与？”或又曰：“驿亭，凡所以为经从迎送设也。”邑据水陆之会，湖湘、二广，舸舰津载者，于此弭棹，车马担负者，于此弛肩。行在所翼翼然，扶桑浴日之处，文轨混同，黻舄纷至，如水万折必东也，“水东”之义，渊哉。宜中曰：“是皆然矣。抑其名之者，非也。作之者，固所以立礼也。礼所当谨交际也。班、荆非仪、文之常径，行乃戎狄之道。古之人，一举趾、一执玉，成败死生决焉。郑大夫坏其馆之垣，曰“铜鞮之宫”数里，而诸侯舍于隶人。虽以晋国之强，赵文子之烈，敛手知罪，即日改筑。夫岂为观美哉！

丰城，名邑也。异时大宾客所以展廷劳之敬者，率即市人舍行事苟简抵突，主客相顾，惨戚不怡，非所以耸观瞻、昭民则，驿亭固不得不作矣。虽然，比年以来，时运荐饥馑之值，田里沸愁叹之声。长民者，役无破产，敛无杂名，十一千百也。而暇为过客思今也。政期年而报，有恺弟之风。礼待人而行，有弦歌之泽，邑人相与言。先是，治前乡胥，日纳酒息钱最，知县借以私其赢者。既以一笔勾去，方且切切然，视驿传若己居室也。此心岂俗吏所知哉？当有范延贵天使言之，张忠定萍乡之绩，不得专美简策矣。

是年雨水日记。

龙泽宗贤祠记

范登

宋景定甲子，尚书雷公为粤连帅。明年春，范登以录曹辱置幕府。公尝为登言：“吾乡槠山之龙泽，东汉徐孺子读书其间，堂址犹存。绍兴壬子，文定胡先生偕致堂及学徒，由浙西来憩于山之寺曰智度，父子师友，讲授《春秋》。于时松溪范左司，后来先大父司户、主一张宝章、西堂范理卿、泉谷徐礼侍，莫不往来观游，嘉其清胜。胡先生旧有祠堂，宝祐癸丑季春朔，同后林李公奠谒祠下，顾瞻倾漏，意图更筑，并以乡邦诸先达侑祀，俟丐闲归里，此为首事。又明年三月，诏入觐，留内久之。咸淳己巳，始相攸于寺之西偏，鸠工建堂，峙阁于前，东西庑序，上下窗几，规模初就。门左有溪跨桥，而屋藏书万卷。将议位置诸贤，乃分符畀节，自袁而建，自建而粤，王事驱驰，志卒不就。德祐乙亥，天命既改，皇路险巇，公竟南寓而不复矣。

孺子书堂，矩山徐资，亦相率族众，兴废才就，随毁。寺与堂阁幸无恙，而藏书悉为乘时媒进者所取，有识惜之。丙子迨今，又复一纪。公之犹子国登、德俊，景慕前修，思承先志，因所已创，益所未完，乃绘高士、给事及西冈以次十有二像，序列龛奉，公与司户与焉。盖公在辟雍，雄文直气，名闻海内。迨跻显立要，每以古人自任。尚论东都南渡人物，全身全名，如高士明经明务，如给事居游斯地，流风余泽，久而愈新。社稷尸祝，宁不有庚桑之爱。而诸先达之所植立，表表事业，昭昭仪刑，其持循师法，终始靡他者，莫不著声于州邑。其翊扶大义、正直不阿者，自足以增重于朝廷。至如刚廉敏毅，卓为吏师，清端重懿，见称国器。世守理学而文行明粹，身兼才艺而议论崇闳，讵非后之人所当瞻仰，而取则者，合而祀之，以配二贤，夫岂徒侈山寺之荣观而已哉！德俊属登为之记，顾衰且陋焉，用僭抑表励之机，既有倡于前哲绍成之美，复有赖于后人以道而重斯地，以人而重斯山斯寺，盖不特为一时重，其必将为千载重。若许之箕山、夷之西山、皓之商山，所以名重古今，而不可灭者，皆是也。又果假记以传耶？特立祠，登实知其概，则忱不容无述，以谂来者尔。

重修学记

揭傒斯

上御经筵之明年夏六月，济南姚侯来为富州，以舍菜礼见于先圣先师，祝曰：“惟夫子之道，参天地、配日月，用中罔敢，知而用中，实生齐鲁之交，密迩夫子之训。钦承明命，来守是州。今之州，古千乘之国也，敢不敬共朝夕？惟夫子之训是承。”顾瞻庙学，摧陋弗称，曰：“余之责也。”会教授清江陈明之继至，议与志合。明年秋，大修孔子庙，仍其旧者，惟殿。若明伦、中庸二堂，江山秀杰楼，悉改作而有加，规制必裁就法度，出入必限由正途。凡为屋，几七十楹，又范铜为七十二弟子及诸贤像，以严祀事。凿半池，其前仿古頖宫。侯载经载度，是董是劳。吏忘其私，公劝其勤。涉冬徂春，用告厥成，而命傒斯为之记。

在至元二十有三年，升丰城县为富州。以河东陈侯元凯为之尹。时科举废十有三年矣，士失其业，民坠其教，盗贼满野，竟数十里不闻鸡犬声。陈侯大惧，遂修孔子庙，建小学，日集文儒故老讲求治要，悉资以为政。不数月，境内大治，知所务也。今科举既复，亦十有三年，而侯实来，当天下文明，人复其业，犹皇皇焉、汲汲焉，以兴学校、明教化为先务者，其守同，其志亦同也。夫兼有天下父师之责者，君也；承君之志，行君之化者，宰相与太守也；宰相布于上，太守奉于下，故人之生也，为之学校以教之，设科以举之，必使士有恒业，民有恒志，然后圣人之道可明，贤材可得，而治可成也。

古之有天下者，莫盛于唐虞三代，而不能去学校、废选举以为治。秦去之、废之，二世而亡。虽然，君子之学，视学校为隆污，以科举为去就，亦异乎夫子之教矣。若夫善学圣人者在畎亩，则行乎畎亩，在鱼盐版筑，则行乎鱼盐版筑，岂待学校之教，而科举之劝哉。然世亦岂能皆伊、傅其人，而不为之教与劝也。此上之志，而侯所以力行之者，况上方亲御讲筵，详求圣人之治，愚虽不敏，愿与学孔子者，共勉之。侯廉慎简正，不为盛名，而人敬畏之，盖贤守云。

贞文书院记

欧阳玄〔元〕

昔在仁宗皇帝之世，集贤大学士陈颢、翰林学士承旨忽都鲁都儿迷失等言：翰林揭傒斯之父来成，学行师表一方，宜特赐谥，以示圣朝尚德之意。于是有旨，赐其谥曰“贞文先生”。至正三年夏四月，中书平章政事帖木儿达式，右丞太平贺等，又请于今上皇帝，建立书院，遂以“贞文”之号赐为额。其址在富州之长宁乡蒨山之阳，前挹遥岫，后倚崇冈。平畴曲溪，映带林麓，盖揭氏先世故居之地也。其制为大成殿四楹，于中殿之北，为明伦堂四楹。殿之南为门四楹，上为重屋。门之南为棂星门四楹。别为贞文祠，置明伦堂之后。左为山长之署四楹，其两庑为诸生斋居，左右皆四楹。斋之南，又为屋各五楹，庾库庖湢，咸以次置。其工始于至正三年之九月，讫于九年之七月。其后从子范经始之，而元贞寺僧智辨相之，山长汤盘继成之。其山长，则行省以儒士之尝历学官者为之。其门之东，则从孙德懋，萃蒨冈书院之材所建也。其棂星门，则僧智辨之所立也。其祭祀、教育，经久之资，则里人之好义者，割上腴田，以相其事。

书院垂成，文安公与玄〔元〕以总裁辽、金、宋三史，同在史馆。一日诣元玄〔元〕，以记书院为请。玄〔元〕敬诺之。喜而归，以语其子汯曰：“今日吾书院事毕矣，欧阳君已诺吾记矣。”越数日，文安疾作；又数日卒。三年，汯申是请。玄〔元〕乃记之，又告其徒曰：

古之学校，为教事设，而政事出焉。辟雍泮宫，习射养老，出师受成，皆在其地，何莫非政事也。后世学校，虽治教事，而特以祀事重焉。考其所始，古之入学者，舍菜先师，未尝专有所指。而舍菜之礼，亦祭之至简者也。今州县学校，则必专祀先圣先师，于是国家秩诸祀典。若夫书院，则又多为先贤之祠，或其过化之邦，或其讲道之地，如是者不一也。亦尝考其所始焉，《周礼》大司乐，有道有德者，使教焉。死则以为乐祖，祭于瞽宗。瞽宗者，学之名也。古者教人，以德为先。涵养德性，莫先于乐，故有道德而为师者，其生也。以教人，其死也。人推本其教，以乐祖祀之，必洙泗而下。若汉董子，若隋唐王通、韩愈氏，若宋周、程、张、朱数君子之为先儒，而后可也。矧夫书院与学校之制，其始又自不同。东汉以来，大夫士往往作精舍于郊外，晋魏所谓春夏读书、秋冬射猎者，即其所也。唐宋之世，或因朝廷赐名赐书，或以故家积书之多，学者就其书之所在而读之，因号为“书院”。及有司设官以治之，其制遂视学校故事，有不容阙者，于是或求名世之君子以祠焉。玄〔元〕尝循流而溯源，盖自入学，舍菜先师，一变而为通祀。自学有乐祖之祭，一变而为先贤之祠。自春诵夏弦，一变而为呻哔，再变而为词章。又且党庠术序，一变而为精舍，再变而为书院，学者苟不能知建学之初意，又岂能知为学之要务乎？学校所重在祀事，而宫室象设之制，日趋为观美，所任在教事，而礼乐律历之学，或诿诸专门，遑议所谓“政事之行于学校者”哉？

皇元超轶百王，务以崇雅黜浮为教，以去华就实为学。复古之机，其在于是。贞文先生以道德教一乡之人，死而祠于其乡。稽诸乐祖、瞽宗之祭，真无愧乎古人者也。玄〔元〕故著其所始，愿以求正于好古博雅之君子焉。至于揭氏父子，以稽古之功、修身之效，被遇两朝，垂耀百世，可谓儒之至荣，犹有待乎论述也耶。贞文先生，讳来成，字哲夫，以子贵，累赠通奉大夫，江西等处行中书省参知政事、护军。先谥“贞文”，国朝处士易名之典，自公始。文安公，讳傒斯，字曼硕，卒官翰林侍讲学士，奉政大夫、知制诰、同修国史，赠护军，谥“文安”，父子并爵豫章郡公。二公懿行伟节，各列诸别碑云。

同文书院集义堂记

赵文

古者，党有庠、术有序、家有塾。塾也者，致仕者之教于家，以淑其乡之后进者也。子衿刺学校废，而其《诗》曰：“纵我不往，子宁不来”，盖其先生长者，见青青之衿佩，佻达于城阙，闵然觊其来学于己，用见诸侯之学虽废，而是时家塾犹有存者。至是而后，知先王之泽远矣。四海一家，文教远暨，所在学校不废益盛，而山林僻远，又有相率为书院，以教乡之子弟。如富州同文书院，此三代盛时之所有，而汉唐以来之所罕见也。

书院当南昌、进贤、临川往来之冲，实为旧丰城之东，地幽境胜，于藏修息游为宜。李克家肖翁，得屋于乡之故家，率同志共经营之，以为书院。又协力馆师，凡乡人子弟，有志于学者，聚而教焉。又将为堂以祀先圣，创楼以藏群书。有余力，则买田以给生徒，而名堂曰“集义”。肖翁及同志之士，谒余求文以记之。余复于肖翁曰：诸君之为是举也，义也，未至于集义也。自吾之立身行己，以至宇宙间，当为之事，皆义也，诸君皆有责焉。其自是一义，而集之，使至于不可胜用可也，以是一事为集义，未可也。抑吾有忧焉。科举以取士，而坏士心者，科举利禄为之累也。学校以养士，而坏士心者，学校饮食为之争也。科举未兴，士得免于利禄之累。而士习犹未尽，古以犹有学校。学校有田，本以养士。士果尽养乎？否也。学校设官，本以教士，士果有教乎？否也。子以为学校之所谓教，与子之书院之所谓教，孰有益乎？吾非以学校为可废也，使主学校者，以家塾为心，则学校之弊，庶可革也。书院幸无田，不必田也。有田，则有争，而诸贤之初意尽失也。士苟有志于读书，不待养也。三代之学，未尝有田也。子之欲买田也，为久远计也。嗟夫！文运之兴衰，其非人力之所得为也，必矣。斯文未丧，诸君世有贤子孙，乡尝有贤人出焉，书院必不废也。以无田之学校，延不官之师儒，读无科举之书也，日以实行应选举，昔人所谓风俗淳一、运祚长久者，吾于书院有望矣。

夫同文，一书院尔。闻肖翁之风，读吾之记者，虽放之四海而准，可也。

大德戊戌阳月记。

蒨冈义塾记

吴澄

古昔盛时，万二千五百家之乡学，乡大夫主之，颁教法于州党族闾，俾教其民。二千五百家之州，则州长属民读法以时，习乡饮酒于学，而尚齿虽二十五家之闾巷，亦有塾间，内致仕之老，朝夕坐其中，民之出入者，必受教。教成俗善而人人有士君子之行也。后世虽休明之朝，亦惟郡县有学居之远于城郭者，子弟无从而至焉。

旧豫章郡之丰城县，有揭氏，家于长宁乡之蒨冈下，族以儒鸣，曰商霖，曰飞雄，曰三京，于宋绍兴、淳熙、嘉定登进士科。曰先觉，曰著，亦以累举奏名得仕。际国朝而仕者，养直，儒学教授；傒斯，翰林应奉；正孙，盐司丞；时益，县主簿。司丞君在官，命长子德，就蒨冈之基，建义塾，聚教其族人，少子懋相成之。中建巍楼一，前建小楼二，中以奉先圣，旁以处学徒。主簿君割右畔之地，益其广，而构燕居之室，及庑与门，以底于完美。界田五百亩，给其食。建塾之意，殆与古之里塾无异。德诣予，求文记之，将以示后期于永久，而虑其隳废也。

余谓古之里塾，有教无养。今揭氏义塾，有以养之矣。而其所教之者，未知其何如。盖古之学，教人明人伦，今之学，其教不过习无用于世之文辞，以钓有利于己之爵禄而已。使义塾之教，亦若是，虽有塾，奚益？其必以择师为先乎，其师也，不必记览之多也，不必言语之工也，择其有实行，孝于亲、弟于长、敦于宗族、笃于外姻、信于朋友、仁于乡里、行己有廉耻、待人能忠恕者，以淑一家一族之子弟。取朱子《小学》一书，熟读实践，薰蒸涵泳，久自变化，将见一家一族，无一人不明于父子、兄弟、夫妇之伦，推而及于宗姻、朋友、乡里之间，雍雍和顺，充满融盎，贵者必获称当代之名贤，富者必获保弈世之永业，虽不求名求利，而其名其利，孰大于此。余观丞、簿伯仲，借父世资而不分析，已与薄俗迥殊。若德若懋，克嗣前猷，人伦之厚，出于天禀之粹，天之昌揭氏，于斯可卜也。继今又以古之教教其家，教其族，则人之所昌，有以合天之所昌，揭氏之悠远隆盛，讵可量也哉。

重修儒学记

胡俨

丰城县儒学重修，训导聂伯埙，具其兴作本末，求为记。

按学旧在县东南，宋绍兴中，邑令雷继远徙于郭之东，广五亩有赢。厥后唐容、刘卿月宰邑，复增益之。容拨浮图绝产，以广教育，卿月拓范氏之壤，以充直舍。元初，县令陈元凯又重修之，殿堂、祠宇、斋舍、书楼，各奠以位，后皆毁于兵，而礼殿独存。国朝洪武初，知县强立、林弼，相继有作，而学复兴。继而知县姚瑾作文昌楼三间，县丞何昭善又构隙地以充广之。凡所未备者，咸备焉。岁久，寖入颓败，于学弗称。伯埙率二三弟子员胡纲、熊毅、陆轼、甘节，乃言于参政陈公禧、参议周公颐、按察使童公寅、副使石公璞、佥事黄公察、汪公泳、彭公森、知府任公肃、同知王公庸、通判邵公鼎，请命于布政陈公智，遂命知县郑子朝、典史赵中，佥取邑士夏时杰、袁秉彝、袁崇政、黄胜清，鸠工集材，次第兴作。先礼殿，次讲堂。礼殿作于宣德四年五月，落成于是年九月。讲堂作于明年五月，七越月而告成。是役也，伯埙亲任其事，不惮劳勚。及匠石饮食之费，有不足者，取诸时杰四人之家资给之。至于殿庑、戟门、文昌楼、斋舍、库庖、射〔社〕圃，则教谕江振，咨于郑尹、赵史，复撤其故而更以新，规模宏敞，缔构完美，不独士子得所依归，而邑之人士皆得其瞻仰矣。

余以衰疾，归老江乡，闲阅郡志，于属邑人物，自唐以来，惟丰城为盛。夫人物之盛，固由于山川灵秀之所钟，苟非教养之有素、薰陶之有渐。虽有忠信，岂能彬彬若是哉。此学校之设，有功于世，而先王之教，必自兹始，人才造就，必自兹出，子弟之贤，亦必本于父兄师友，相与诱掖劝奖、磨砻切磋，以底夫达材成德之地。凡若此者，又必有贤守令为之表率，则勤惰者有所劝惩，观感者兴于礼让，教化行而风俗美，其所系，岂细故哉。此余于藩宪诸公、邑之令佐，喜其知政之务，学之师友，期于庆学之成，而于伯埙，深嘉其用心之勤也。故不惭虚薄，而为之记云。

重筑县城南堤记

李裕

吾邑汉为南昌地，后汉富城县，治富水西。晋改丰城，治丰水西，即今荥塘狱中得剑所也。唐永徽二年，移治章水东，即今治所。元升富州，至正壬辰，红巾寇乱，州治荡为灰烬。癸巳，南昌李明道集兵据州，创复公宇。我朝仍改为县，自唐移治于兹，迄今八百七十余年。地势外隆中洼，周回十里，筑土堤，以防水患。惟北堤砌石，以捍袁、赣二河之合流，水势湍悍，随修随圮，相继筑修者不知几人，钱费不可以缗计，终不克固永久。往往宰邑者，惟北堤是顾，而南堤忽之。岁月滋久，南堤崩溃，与平地等。遇夏秋洪水涨漫，逾堤入市，淹没庐舍，民甚病焉。

弘治戊申，余谢事归。越六载癸丑，刘侯至。时修北堤，工底厥成，侯间谒余。余曰："北堤虽固，南堤弗修，邑民仍遭垫溺。"侯诺之，遂沿南堤，周回熟视，谓僚属曰："厥堤颓甚，今不修，日后为之，工必倍，重劳民也，不可缓。"以工浩繁，欲集乡民。余曰："因民所利而利之，民不怨。是役利邑民，宜役之。"侯如命，余家首募十夫赴工，侯喜。无论豪家卑室，一例稽丁，应役几万人。简邑民谨厚缮事者郭诚等十八人，分董其事。侯总视之，朝暮往还，课其功。民亦乐于趋事，筑之甚固。南堤因旧基，高增一丈，横广倍之，旁布以柳。北堤视低薄者，累土崇厚，与南堤并峙。陡门闸积土于旁，置闸板，令人守之。外河水溢，闭。板筑土捍之，水杀，启板，以泄城中之水。是岁九月十日始事，为日九十有五而讫工。是故《春秋》之法，凡兴作，或不书，惟土工必书之者，重民力也。侯是役也，因民之利而役之，义也。民得其利而服其役，宜也。非谓无益，而妄作是，诚可书也。兹乃侯一事耳。侯姓刘，名璲，湖广麻城人，由进士来宰邑。几三载，莅政严明，吏不敢欺，奸宄褫魄，而门禁亦肃。况能敬老尊贤，作兴士类，而士夫重之。讼狱宽平，征科不急，而民德之。不幸朝觐，卒于京邸，天何夺侯之速，不使终惠于吾民，可伤悼也。嗟乎！自国初来宰吾邑，政令之善若侯者，三五人耳。何贤侯不可多得？语云才难，亶其然矣。记之刻诸版，以冀后来宰邑者，能如刘侯之心，惠养斯民，如保赤子。吾民必能知感，日后颂吾侯之德，亦如今日之颂刘侯也。

新埽记

杨廉

治水犹用兵，以正合，以奇胜，而后可以尽用兵之术。正以为之堤，奇以为之埽，而后可以尽治水之术，《周礼》曰："善沟者，水漱之；善防者，水淫之。"郑氏谓淫乃水淤泥土，助之为厚，此其后世之所谓埽乎？

丰城地势低洼，当春夏水生之时，所恃者堤而已。然诸堤以县治之堤为要，县治之堤以埽为要。是埽也，横波突出，成功最难。堤之有埽，自宋淳熙间辛帅弃疾始继此而能留意者，惟端平间邑人徐礼侍鹿卿，至国朝洪武间，何丞昭善，载诸《县志》，可考也。自余皆忽不知务，波涛啮及，则退而示弱，而堤始不胜其任。犹用兵无奇，终亦折北不支，溃散败衅而已。郡守祝侯瀚，下车之二年，亲临丰城，问民疾苦，顾县之堤，岌岌然，乃进父老，谕之曰："此宜堤，此宜埽。"父老曰："彼故堤，彼故埽。"侯曰："斯言大泥耳。今之水势，使辛帅复生，亦必别有所处矣。"父老曰："然。"侯为之经画纤悉，达之镇、巡、藩、臬，咸从其议。遂檄节推杨君誉莅其事。君废食息，旦暮躬视，敏以先民，民忘其劳，不数月而埽成。于是邑父老以书来，属廉为记，将刻石，以垂永久。

廉谓堤吾县治，而知埽之为急者，能几人哉。我天顺间，尚令褫欲于上流安沙，导水西行，其论甚高，而未睹其成。成化间，黄簿璲，竭力以塞石桥之决，筑堤长五十丈。近年刘令璲，因其倾圮，又从而改筑，其长倍之。是一令一簿，为有功兹事最巨者，而所就仅若此。今侯去辛帅三百余年，而见与之合，且不局局于昔人之陈迹，其功之卓，当与辛帅并矣。於戏！天下事何者，而不有其要。侯之治水，可谓知要矣。然侯之知要，岂特治水为然哉。实于郡政，无不然矣。记之，使人知祝侯之政。埽二，其一在水口，是为石埽。其一在敖家垱，是为土埽。营度于弘治己未之夏，讫工于庚申之冬。廉闻祝侯欲更埽于普庵堂之下，属岁，俭财力殚，屈不可为，比捐堂食之钱以为费，则章贡发而后时矣。期于今岁辛酉，水昏正而成之，不毫发及帑藏。侯剖决如流，率五鼓起视事，至漏下二十刻，方退寝，其勤且敏，前此未之见。是役也，县令何君洽，亦焦劳以相厥成云。

三贤祠记

李梦阳

赣江北奔，入彭蠡湖，千里犹建瓴也。至丰城，触矶头冈，则俯而东，又折数里，始北达也，故曰"曲江"云。登其冈望，尽见其奔北俯折之势，于是智者悟其理，勇者宛其气，仁者坚其塞，速者纡其谋，亢者抑其志。是故古之贤人、才士生其乡也。游息增益其所不能过而登也。依徐缱绻，而弗之忍去也。故"此夜扁舟"之咏，则有新安之朱；"矶山杖履"之章，则有义山之李。读书往来其地，则有雪坡之姚。夫三人者，非世之所谓贤人、才士耶？是江也，既与其咏章，而往来也，则三人者，不可不于地祠之，明矣。

正德七年夏五月，予巡视丰城，登冈望曲江之势，见其上有祠也。而非其鬼，乃立使去其鬼，而作三先生主，妥于其内。及予还也，则知县吴嘉聪，业又作二亭祠后，其最后亭有阁，又最高，登之，益足以尽此江奔北俯折之势。夫理以曲贱，势以曲贵。孟子曰："人无有不善，水无有不下"，谓理也。何也？智有所不投，勇有所不用，谋有所不径，情志有所不直，遂仁有乘其定，以验其塞，故曲者，势也。终必北者，非势也。故曰，知水者可与言道。登斯亭也，谒三先生之祠，而览其势之所以，殆有取于予言哉，殆有取于予言哉。

重修县城记

万寀

丰故无城，而以城名，则城之不可后也，岂惟今哉。乃今之城，以寇攘甚，始克建，得非昔人所谓功待时而彰、事有激而然欤。然非上下相与，皆强干敏特任事之人，而能有济者，鲜矣。往者华林之寇，邑令吴君嘉聪谋筑之，以址隘甃简，河决水啮，寻就圮。幸圣化涵濡，民知向方，邑虽无城，赖以无虞。嘉靖辛酉，闽广寇起，犯虔、吉、抚、建之间。乐安、崇仁、宜黄，俱以无城陷。维时巡院段公按部至丰，慨然曰："兹会城上游也，无城，其可哉？"适韩公守南昌，且故宰丰，丰民利疚，概于中尤切。段公乃以城咨抚院张公，且下其议于守巡曹公、何公、祝公，谓经事者图成，树烈者择使。兹巨任也，非南昌，其可哉。而寀等咸守官在朝，乐受成之。有人而惧浮言之易眩也，亟贻书以佐诸公之议。而邑侯王君，亦列状以请，韩公毅然曰："邑事无问巨细，皆当主太守，况丰，吾故治乎！诚不可以他诿也。"乃即诣丰，相度之，诹卜之，鸠集之，其式廓，俱仍旧制。城址增三之一。其役，择民之有力者，差等受之。上不过三丈，下则兼数人。木甓瓦石，雇募之需，每丈给银十一两五钱有奇。俾人各以所受，毕其力，而追呼之扰不闻。其费则两院出赎金二千两，南昌发牙税钞价，枭邑庾粟七千石。暨乡缙绅之所助者，得六千两有奇。不足，乃榜谕乡富民，以义输之，共得一万三千两有奇。盖公私所入，综之二万二千有奇矣。

画既定，乃属工于王。而以八月既望峙植干。适寇数千，自抚猝逼丰，丰民讻讻，争窜避。时诸司方在棘闱，报至，段公诫南昌曰："亟往哉，岂惟丰之民将毋隳汝城绩，且谓丰为兵宪卢公信地，诫之往，如南昌。南昌至，即选健步持虎符牌，趣乡民无讻，吾汝援矣。"寇闻，即夜奔樟镇。卢公督兵击之，俘其渠以归。于是讻讻者戢，而救之者陾陾矣。会柏泉胡公奉命来抚，闻丰大建城，伟之。督南昌，复来视城，遂以冬仲月城成，广一千三百八十丈有奇，高一丈六尺有奇，内缩四分之一，厚六尺，为门四，为小门七。邑故中洼外降，遇雨则水无所泄。南昌輾然曰："是岂可亏一篑之功，而不为水虑哉！"乃浚象鼻、砚池诸湖以潴之，疏通明沟以导之。改筑斗门石闸，广倍于旧，以泄之。而城东南北三隅，当夹水圩垱之上，为力不固，将侵啮如往，乃合沟湖门闸，俱甃以石，而受成邑民如城之例。

嗟乎！一城之筑，《春秋》必书，重劳民也。兹者溯卜筑之初，以迄考成，仅日之百焉，何其速哉。且费至数万金，役夫至数万人，而民不以为劳，使在春秋，安知不以为丕绩而嘉之欤？然窃叹世之为大吏者众矣。睹州邑之迫于强寇，曷尝不以城为急。然往往咨嗟而止，议论而罢，其故何欤？意者上下胥苟且文具，不能以身任斯民之急，如诸公欤？抑其强干敏特之才，有未逮欤？余于是感丰之所遭，视他州邑为幸。而诸公之虑，非一时大吏所能及也。然又闻之《春秋》传云：经世域民，视道之得失，不倚城郭以为固，然所谓道者，安在哉？盖其邑尊卑、长幼、贵贱之间，各守其分，各修其业，涵濡于圣化之中，而无疵螯之行。而上之人，又多宽厚长者，务以煦妪休养为政，则熙熙然坐享太平，而不复见干戈战斗之患，自甘圣王之所恃以为固者，率是道也。诸公谓案，尝与其议来，取文以记之，故详叙丕绩，镂诸城隅，且告后之人知所固者之尤有在焉。

张公，名元冲，浙江山阴人。胡公，名松，直隶滁州人。段公，名顾言，直隶遵化人。曹公，名汴，湖广江陵人。何公，名大章，广东海阳人。祝公，名继志，浙江山阴人。卢公，名岐嶷，福建长泰人。韩公，名弼，浙江平湖人，寻迁江西提学副使。王君，名徽猷，福建晋江人。法皆得书，故书。

丰城县治记

雷礼

吾丰位署，自唐以前不可考。历永徽二年，建堂于中，后罹兵毁，元至正十六年重建。入国朝洪武二年，强侯立增修。二十九年，何丞昭善复充拓之。至正德初，谢侯显以厅圮，草创构堂，年久因循弗葺，日就颓坏。隆庆戊辰，潼川肖山张侯，以进士来知县事，周览咨叹曰："噫哉！土敝则草木不长，泽圩则龙蛇不宅。兹县莅政之地，民所依也，而若是陋乎？"具状请院道，咸报可，责之成。于是，侯规度程督，升基高三尺，创正厅及站厅各一所，后列正楼。厅东创思补厅，并明楼各三间。前峙仪门一座，凡七间。门外左右迎宾馆，右立造册局各一所。又建龙亭库、土地祠，及两廊卷房，从后站屋，俱易其故址，取欹毁疏旷及漫漶摧剥者，葺饬改观，士民乐睹其盛，翼如也。既讫工，属予记其事。

予闻先王之教，营室之中，土功其始，清风至而修宫室，凡以不用财贿，广德施也。故单襄公过陈，见国无寄寓、县无施舍，讥其废教，况莅政之地乎。人情恒乐逸而恶劳，视官府如传舍，视民之休戚，若秦越然。其稍知者，又怵于怨谤，不敢任，此吏治所以不振也。丰自建牧以来，上下千余年。然自余始祖焕公，以宝剑呈祥，显名于晋。繄后若郑侯修辅创敕书楼，胡侯琏建捍江堤，林侯仲懿筑观巷垱，刘侯嗣嘉成水东驿，陈侯元凯修讲学堂，其流惠于宋元者，以一事遗迹，至今较之避怨谤于一身，而声名翳如者，何啻径庭也。语有之："风气开而人文著。"甘棠茇舍之制，不可复见于今矣。使乐清约之名，因陋就简，贻后人以重费，谓体国爱民者如是耶。侯超然远览，谈笑成此不朽功，民不知劳，由是升堂莅民，则罗峰晓翠面其南，与丰基隆栋相对越，孤、尧拱之如揖让于左右，环以剑水潆洄如带，自足以挺不拔之节概，扩大受之襟度矣。岂无江山之秀，昭人文也哉。予告老山居，仰借泽庇，恒以景焕公者景侯，侯造福吾丰，难以枚举。书此见王政所当先，亦可例其余云。

杨忠愍祠记（按《明史》，源，谥忠怀）

刘曰宁

忠愍祠者，祠故五官监候杨公也。讳源，江西丰城大路里人。公状貌魁梧，目直视。

少习天文诸书。父瑄，为御史，劾奏石亨、曹吉祥，论戍。亨、吉祥诛，徙瑄视海道。堤决，海盐民患之。公曰："瑄不死铁岭，幸而死此，予其以身为璧马耶。"遂赴海会。有大木起水上，乘之不死。顷之，堤成，赐祠海盐县。源初为太仆主簿，上书左迁。应诏，徙五官监。正德初，诸宦者用事，瑾最幸。久之，典兵柄。元年七月，公上言："臣备员占候，谊得以职事谏。《春秋》谨灾异事，应具存。臣伏见近者，心宿动摇。心，固明堂天子之象，陛下不可不戒。"不报。冬十月晦，京师雾十日。公复上言："此阴冒阳、下叛上之应。臣前疏哀吁，臣无叩心泣血之忠，呼天无效。在礼父母，有过一谏不听，则再谏。臣昧死以闻。"瑾怒，矫诏杖公几绝。瑾自以多行无忌，益务为罗织，于是党人议起。而少师刘健、谢迁，尚书刘大夏、韩文、林瀚、张敷华免归，杖艾璞、戴铣、薄彦徽、李梦阳、崔濬、王守仁、姚祥、张伟，徙戍有差，中外以目，阁学士李东阳，拱手而已。公发愤上言："自正德二年以来，一向占候荧惑守太微，东西往来。太微，帝座也，应在君侧。幸陛下早图之。"瑾匿不奏，矫制杖公，数之曰："监候乃亦欲为忠臣耶？"械之肃州。及河阳，创甚，死。妻虒氏，斩芦荻，葬公古城。瑾诛，御史唐龙上言，故五官监候杨源父子，以谏显。源三谏，死道路，芦荻掩骨。昔刘安世七徙恶州，犹获生还。至如源者，尤可悲涕。其请录源后杨氏微。议寝。嘉靖某年，河决古城，墓废。皇帝二十六年，巡河北佥事某，议葬公衣冠驿东门。都御史、御史上书，请赐源谥，祠春秋。制曰"忠愍"，其令有司奉祠祀。

余读杨公事，盖重伤臣职云。监候非闲散吏耶，位卑罪言高计免者，辞与事去，乃又曰"不在其位"，祸也夫。夫独不曰致身者，忠耶，奚言官哉？公从容恳切，死其职，仁矣乎？仁矣乎？死监候，非毅皇帝意，帝悟，瑾伏诛。公后诸臣白，所谓官高者望远，秩薄者名微，即身没且然耶。资格业以限人，不收效，又令自解，免斯足悲矣。上晓然市骏骨，树之风声，借令肉食者鄙，将何解于忠愍哉。或问河决，刘子曰：正德诸臣之事，难言矣。长沙谥芳宇寿死，刘忠宣戍公尸，人耶？天耶？孟子曰："浩然之气，至大至刚，则塞乎天地之间。"

《省志》谓此文自"余读杨公事"以下，文理不可通，疑有脱误，以其为《忠愍祠记》，应存此文，无从得其原集校正。今细按之，词虽奥曲，义实可通，是在善读者。

北泽观风行台记

雷礼

丰城距抚州郡城，计程一百五十余里，实为孔道。节年抚按司道，往来巡历，因中逵未设行台，类假民房憩宿。值古谯正屏李侯治吾丰半载，百务具举。深喟上司经过，止宿民房，不便关防，且非所以肃体统也。于万历六年四月六日，白分巡安阳省轩刘公，蒙行文查议，侯委典史陈昇踏看，报地名北泽，距邑治八十余里，丰城、临川适中地界，应建造邑人甘朱三山地一片，愿输官作馆基。估工料银一百八十五两零，该二县均派协建，具由画图申道，暨本府华峦王公，转详代巡东莱赵公，准如数动支二府所贮，按院赎金修建。并蒙抚台峨山刘公报可，随委税课局大使朱文华领银，于七年二月初七日肇工。侯即诣犒匠稽工，因前银不足，特自捐赎金二十八两零凑给，至月终落成。建正厅、川堂、后堂，及两廊小屋十间。前造站厅、抄案、吏皂房六间。外列头门、二门，及二道茶厅二间，临街木牌坊一座，俱彩画妆饰，四围筑垣墙。未几，梅墩邵公巡历，憩行台，见规制鼎新，知首事于侯，乃谓侯正务所关，求予记，示后人。

予稽《周礼·地官》设遗人掌邦之里，即三十里有宿，宿有委，五十里有市，市有积。又设怀方氏治委积馆舍、饮食。仰窥先王待宾客羁旅，本此心之仁，礼通之也。今天子命使临一方，凡官吏耗乱不职，及奸宄武断、蔑三尺者，悉当问，非宾客羁旅比。止宿民房，亵威甚矣。昔子产对晋，以隶人之垣赢诸侯门，不容车，不可逾越，赵文子引罪，谢不敏焉。如行台不设，亵命使有如子产者，正言于上，其罪何？但不敏乎。今侯诹北泽地肇建，取二百年玩愒相沿者建之，于今使观风者，得肃宪度，而居民亦免搬移之忧，非以礼事上、以仁处下哉。予固乐记之，使后世邑吾丰者，心侯之心，时加修葺，庶继美于无穷也。

新筑剑江堤记

夏良胜

丰城治滨于江，以雷焕得剑，故江以剑名。章、贡、袁、吉、临、瑞之水，必经其壖，而后入豫章，以潴彭蠡。禹迹不及，故道无回折，众流淙潨，岸乃善崩，崩则龈腭之迹，削崖剖瓮，割廛庐而入江者，先后无纪。或曰："剑虽去，而遗光上烛，夜干星斗。蛟螭潜窟，时出而夺其精耀，亦能作怪飓妖涛，益江之害也。"令是者，咸知宜堤，不曰劳甚，则曰费甚，不曰乾时议，则曰吾传舍也，卒弗举。某年某来令，斩斩有见，乃曰："前吾令弗为也，后吾令又弗为也，民其鱼矣乎！"遂属耆老，召匠石，而计所以为堤者。沿江之民，踊跃听令。供役无避丁，伐石于山，斫材于林，畚土于隆冈隐阜，无公私之役。糇粮财用既具，基址既略，厚薄既揣，量其工而命之，日趋孔棘，间投沉铁，使蛟螭不近，而材者辏以矗，石者壁以立，畚者实之，登登许许，达旦暮，弗有咨者。越一岁告成，延袤数百丈，其崇如云，江流循堤而底定，民以奠居者，咸德令曰："令，居我也。"方砻石，请纪其绩，令适以事忤上，竟坐以堤之费有浮于籍者，遂解官去。民代辨，弗听。惧泯令也，请益笃，是不可无记也。

江之害，果江耶？果蛟螭耶？皆天也。堤成而害息，人胜之也。彼令之害，人也。以一令而已天之害民，以一邑之民而不能免人之害，令亦天也，是所以败天下爱民之令也。然予闻开洪州者，有韦公筑堤捍江，功尤博也。乃以管卒之诬，弗及辨而卒。以韩公之铭，白于后，后之思公者曰："非公，吾之尸入海矣。"故庙祀翼如也。丰城，洪州部也。令去而思以不泯，思之未已，终必庙也。若是，而人之胜者，大矣。可以起天下爱民之令也。故不可无记，愧予文鄙，非韩记也。

重修儒学记

吴道南

粤自双龙气合，而斗牛之分野，独为江省重。乃其含光发耀，剑江由名，物华天宝，又合匡庐豫章之胜，于斯乎钟会。夫剑江，固丰邑之别名也。以一邑而系一省之重，则夫缙绅先生，偕博士弟子员，其于璧宫所为，发祥于斯，而毓秀于斯者，独能无重与？重之，则必思，所以妥圣灵于庙。推之，而若庑若祠，总皆此类。重之，则必思所以隆师席；推之，而若斋若舍，总皆此类。至于圣门，欲其宏敞；泮池，欲其秘邃；文峰，欲其对峙。又所以聚风气、壮规模，庙与堂胥，借此以重，可令其高下失平、圮败弗修、隘焉而不广者，徒狃于因循为哉。

丰之学在县东，南自宋绍兴十三年，县令雷继远卜迁于城之东，意是时，文庙规制，岂不大备，奈仅存古碑二座，宋儒章琰所撰，及元人诏碑一道，皆剥落不可句断。自胜国以迄于今，三百数十余年所矣。朽蠹之处，势将压焉。怀深恤者，畴不知旧贯之难，仍而欲急为改作，计第易称，革故鼎新，而又曰革言，三就乃知废举之间，诚未易以轻谈。人存政举，端有所待。适郡侯别驾陶公，来署兹邑，因诸生之请，遍览而欷歔久之，遂慨然以兴废举坠为己任，乃谋之郡守苏公、司理朱公，殚心筹度，著为役书，次第上之于道、于司，以达于两院，不独欣然报可，且有所专注，而功遂举。乡大夫总议，士奉行，邑簿郑汝俊论钱谷夫料、平物价，掾郎之才者，史嘉谋、葛孟瑜、郑炯、杨期用、夏应瑞，董工役。公纡绅而主之，帑无废镪，田无益赋，户无增役，民无易肆。不数月，而绩用告成。

先是，学之基，前仰后俯，兹则门高于衢，庙高于门，堂高于庙，秀杰楼高于堂，以次第增各三尺许。曩时，庙右偏下于左偏五尺许。今则东西均称，翼如也。旧庙材，楩楠之类，太多古色，工师存其旧者，十之三，更其新者十之七。工力之费，惟此为巨。庙距戟门三丈余，戟门距棂星门倍之，泮池在焉。弘治间，主者易民居数区，迁泮池、棂星门外，制稍扩，而庐舍星稠，多猥杂。至是，复贸民居四十余区，棂星门廓而南，凡三丈许，仍复收泮池门内。前有莲湖，自璧宫抵湖，可五十余丈。筑墙跨湖，抵城下。回视璧宫，似从人间望天上。己丙，方辟突门，置城台一座。台上施屋两楹，高旷敞豁，洵目送江山、手可星辰摘也，盖亦黉序一大观焉。城之外，复有横塘绕之，自东而西，掖以墩阜。百斤湖距学十里，龙雾洲距学三十里，各为塔相望，奠于巽艮之方。文笔冲霄，若与斗牛之文相辉映。继自今，蕴隆郁勃，彬彬然应期而起，其所称地灵人杰，宁独冠我江右已哉。

是役也，形家余君灼言之，三十年之前，当兹规画，皆其神眸独运云。先后视成事，邑乡绅先生胡公绪、李公廷谟、李公瑄、范公梅、郭公禹臣、刘公礼、林公梅、曾公世臣、黎公汴、徐公即登、熊公秉衡、袁公仕锐、蒋公汝瑚、袁公奎、李公右谏、宋公良翰、雷公暎、熊公尚文、熊公鸣夏、唐公大章、熊公廷栋、万公纮、谭公之凤、李公大亨、邱公士毅、杨公惟相、李公汉熣、徐公鉴、傅公宗皋、朱公孔昭、袁公懋炯、熊公鸣岐、李公九畴、雷公文炯同主之，稠源李公瑄，实领之。矢论度工、簪笔筹纪，则生员杨惟休、丁琳、杜彦、甘侃、孙承纪、丁允孚、蒋复隆、刘廷栋、夏楏、范茂楠也。役始，癸丑季秋之朔，构成，季冬之望，大备于甲寅季秋之末。计材用工饩之费，四千七百余金。署邑郡侯陶公，实设助千金，以始其事。问之邑人，言公守洁而不淄，神闲而不扰，才运而无迹。其能办此，无疑也。赖邑侯张公，以新任至，益振伟模、辟若朴斫既勤，而丹雘之涂也，岂非辉煌庙貌，与黼黻皇猷者，预相感召。圣人在天之灵，若有所待而然哉。既与落成，而缙绅先生，与夫弟子员，乃肃书致币，问序于余。余惟夫子，与夫三千七十之徒，讲学于洙泗杏坛之上，何有宫墙，何有宗庙之美、百官之富也者。子贡偕有形以状无形，乃深叹入门之寡、得见之难。今夫子之墙，果数仞矣。尔多士，入其门，升其堂，其所云富且美者，亦既见之矣。此果为自得自见矣乎。倘若探无形于有形，当思仲尼万世以为士、道德以为基者也。有基无坏，惟是为务。矧尔乡先辈，以理学著剑江，四方之人士，争相向慕，若南方邹鲁然。道德渐濡，真所谓见而知之非，若地之相近、世之相去者比也。诚由此以立基，而措之为功业，文章节义，宁不麟麟炳炳，大为俎豆之光哉。余愿与诸君子共勖之。陶公，讳以诗，直隶霍邱人。邑侯张公，讳昌辰，浙江临海人，癸未进士。

重建仙坛石埽记

李琯

丰城，古泽国也。当五郡之水冲，筑堤，自唐永徽年间始；筑埽，自宋淳熙五年帅阃辛公弃疾始。五郡之水，自樟镇折而至仙坛，每遇水涨，其奔激湍悍，势不可当。敖家湖垱，外江内湖，一决则其害不独在民生，而且无县治矣。先是，王阳明先生过丰城，目击其害，欲载苦竹洲之土，而塞敖家湖，功巨而未行。顾侯佖，因祝郡守之土埽，易以石，民甚赖之。迄今八十余年，埽脚为水洗空。岁丙午，值洪水大发，益崩塌。邑民罗凤魁等，奔诉两院司道，俱下其议于郡太守莆田卢公，躬亲踏勘，由大江口溯流至樟镇一百里，凡应修、应筑，目中已有全河。适丁未夏，同安张侯来视邑事，卢公复亲临之，与侯周旋相视，益得利害原委，谓侯曰："主议在府，行议在县，君其任之乎。"侯曰："唯。"遂定堤垱之公私量，冲坏之缓急，酌地方之远近，严工匠之赏罚，画地以专责成，申请以便岁修，均夫银以明劳逸，立石碑以垂永久。条八议上，请其详载碑刻中。卢公为覆议，转申两院司道，俱是其议，报可。侯于是以身任其事，委县丞薛起凤为之分理，佥有身家者甘炜、史嘉谋、余国祯、杨期用、郑炯、葛孟瑜、余香为督工，募石匠曾文买石于矶山，里夫从前令宜兴汤侯议，以半出力，以半折银，两载更相轮替，使民不病。令既布，十月兴工，下筑以松椿，松椿上叠木柜，然后以长石横排，锁以铁锭，内筑灰土。至次年三月工竣，里民子趋父事，竟忘其劳。如瓦窑湾、蒋家厥、鄢家濠、黎家湾、乌陂湾、深潭口、傅家脑、杨树矶、萧家脑、牛湾垱土石堤，延袤六十余里，俱修理坚固，可称永利云。

夫郡守，体统尊矣。县令，事务烦矣。卢公两临躬阅，张侯一载勤劬，真所谓视民之溺，犹己之溺，以身任之而不辞者。拯民之仁，治水之智，任事之勇，具见之矣。记曰："有功于民，则祀之。"又曰："能御大灾、捍大患，则祀之。"士民方谋尸祝，有以哉。是役也，费一千四百余金，而夫力不与焉。两院司道主之于上，永赖之功，垂于万世。其下若薛县丞分劳居多，督工甘炜、史嘉谋、余国祯、杨期用、郑炯、葛孟瑜、余香，责任有效，俱应纪，以劝后来。如何家嘴设一埽，则可排水。而东北顺流，至剑江驿、三官堂等处，绕县背而趋之平丰垱。平丰垱设一埽，则可顺流而下苏家洑，大港口俱可无虞。此势之所最急者，张侯已有成议，以忧制，行未果。福清江侯甫下车，即惓惓以此为首务，可卜其成厥终也。

嗟乎！余记嘉靖年，称大水，吴楚被害为甚，其余直省犹未及。自万历乙巳至己酉，五年间耳，北京畿水，南直隶水，浙江水，湖广水，江西水，福建水，报无虚岁。或穿山过城，或漂庐沉灶，舟游木末，人徙巢居，无论禾黍没，而民生沉溺死者，以千万计焉。此曷故哉，意者刑不平欤？江汉为虐，或有以也。余故并勒诸石，以备史氏之采择焉。是为记。

剑东义馆记

陈文烛

予读《周礼·大司徒》之属，如乡大夫、州长、党正、族师、闾胥等官，辄咨嗟慕焉。当时国都宏敷五典，又加意于野，俾父诏其子，兄授其弟，遒人以木铎，徇于道路。闾巷之间，断断如也。且井里沟洫，较若画一，黎庶殷富，转相补助，故从善也轻。王制大坏，民贫而教废，自秦人始。汉兴，延访博士遗书，只秦火之余耳。幸去周未远，犹见羽林授经、匈奴遣子。及后学舍颓敝，鞠为园蔬，牧儿荛竖，往往刈薪其上。古今成才之难易，自周而降，可废书而啃。况逮今日，有司视学校为细故，何望儒生者流，倡于下哉。

丰城为洪都大邑，袁尤著姓。有三衢太守公，仁人也，思立学，以诲族。仲子太〔大〕学生宗愚君，克成之。家有恒产，十年积聚，置田二百余亩，君曰："此赖先君泽耳，可成先君志乎。"遂建塾一所，延明经端正之师，大训同姓。即异姓，往焉。岁租四百石，束脩供给外，周族之老无倚、幼无依者。岁凶则倡赈，义中有乐育堂、养善堂授餐。所储谷仓，垣屋若干，方广若干，扁曰"剑东义馆"。复以义田立户，其兴学赡族，委曲周悉，得周人遗意矣。语曰："礼生于有，而废于无。"君子当好行其德，如君非耶。昔晏婴仁及三族，齐人三百，待而举火。范仲淹有负郭田千亩，食其族者九十口。假令二公在，予为执鞭所忻慕焉。第晏子自谓彰君之赐，范参大政，有禄矣。今君，一书生耳，其行尤有难焉者。钱公辅尝爱晏子好仁而言有次也，又爱文正规模远举，乃观之袁君，宁能使烛无爱心哉。且君先翁太守公韶江，登进士，勋名在朝。暨君长公宗鲁鸿胪君，贡于乡。季弟宗圣，举于乡。其侄子清，同予为乙丑科进士。余多明经而起，后先朱绂，显于帝廷。君建学，不虚矣。子清复与予官大理，属予记其事。越明年，子清奉王命过里门，急待予碑焉。践前诺，书之，俾玩者其兴乎。

漕政解悬记

罗大任

盖在汉高帝时，运山东刍粟给中都，武帝因之，乘富强之资，取县菟、乐浪，城朔方，辇四方金粟，从而甘心焉。维时，郑当时始议引渭入河，而漕运以兴。唐开元以后，岁运至百什万计。臣刘晏饥惄为怀，江渭安流，国用赡足。汴宋漕政，分为四路。理宗朝，益泗漕，饷边军，而漕渠以开。高皇帝定基金陵，给饷蓟辽，犹行海运。至永乐九年，潘叔正议复会通河运道告成，朝廷仰东南转输，岁数百万，而北漕遂什百于南漕。此漕事关国家大计至亟也。

江以西，置令长相者七十六州邑，而漕额浮于他道。其在吾丰，尤称为繁。爰是豪民因缘为奸，揆厥从来，有更仆未易数者。郡司马陈公之来视邑事也，问民所疾苦，手南北漕利弊为之目，曰："苦累偏枯，等之癯瘦尪羸，宜补元气。"盖邑中践更之役，数困于南北二漕。先是，民家编是役者，一艰于卫军胥役，一艰于涉江远运。民之豪且力者，壁而观，若夺晋鄗军而得志于东诸侯。若江黄小国，不能达于王，而负其尺籍，以列蒲璧然。利害虽不相偿，犹获以玉帛见焉。近岁以来，每遇权衡徭役，当事者不能却请托，益设兵增饷，势不得不倍编，倍编则役重于产，役重于产，则转徙而破产。破产，不足以供公私之费，身家性命，与岁役俱尽。而无良之民，又蠡贼蘖奸，反覆在手。且继之兴戎，公用是奋然曰："急病让夷，圣贤所劝。但苦言兴除，不著远览之见，将见民困，而上无获矣。"于是进丰人士，为条为计一定，以官解民收，改弦易柱而张之。利兴害创，纲举目张，数十年来，蠹者剔，嚣者息，舞文骫法者，敛迹缩手，盘辟而戢于威。乃具列其事于省，大僚罔不复曰："汝戕虐是惧，施实德于民，乃有不率不迪，其发有逸口，及播厥政于下属，在部民，悉食感知报，若崩厥角，曰大夫实植我，嘘黍谷而春日我，吾侪小人，弗戬其世歌舞焉。属者旱魃为虐，秋将无禾。公法甫出，而甘霖随沛，遂大有秋。所谓神之听之，好是正直，非欤善乎。襄城童子之论养马也，曰去其害马者而已。夫烧剔刻雒、羁馽橛饬，孰与去其甚者之为利也。公之于漕政，意盖如是耳。况吾邑岁困两漕，如聋盲痿痹、烦冤溃眊。其患之成，而积之久也。若安于其素，一遇卢扁，为之撤蔽去翳，还聪明运动之用，始知聋盲痿痹之去体也，向非公发良策于熟计，去宿弊于一朝，亦安见其算无遗策，乐衮衣、美诲殖耶。汉郡都尉，秩比二千石。以云贵倨则然矣，然多任郎佐，史察举吏。又武健自将，古都尉之贤无传。公起家郡贰，风采经术，称长者，可以传矣。其他美政，班班为烈行，且以上计入告，将有如龚少卿、黄次公，征为治行第一者。比岁以来，国家多故，东南之民，敝于转漕。天子或思郑当时、刘晏、潘叔正其人，公当在储言储，曰臣昔经理漕政于豫章剧邑也，借手以献，必有可否达时务、巨细中机宜者，余愿得一次第其事。如今时之纪颂不忘者尔。

启圣祠记

蒋汝瑚

儒学建启圣祠者何？礼有功德于民者，祠而祀焉。吾夫子功在万世，郰大夫诞育之，功德伊始，以故乡国学祀夫子，即祠启圣，典礼并隆，匪特报德报功，亦仰体吾夫子尊亲养亲至念，岂弥文哉。

尝考丰儒学，旧在县治东南。宋绍兴中，雷令继远始迁城东，距县治四百余弓，地方五亩，寻加充扩。元火于兵，文庙仅存。元改县为富州，明兴，洪武二年，州守强公立，增置傍室。寻复为丰，县令林君弼、丞何君昭善，次第具举。文庙后建明伦堂，堂后建秀杰楼，楼东北隅为启圣祠。草创卑隘，弗称殷礼。世庙即位，学置敬一亭，竖箴警于四壁，实居秀杰楼后焉。嘉靖戊申间，学博郭君襄，乃以亭易祠，较昔稍敞，第前压于楼，只见其卑，后逼于湖，日就于圮。二丁荐食，疑于隔远，入门弗见，嫌于无寝，失创造本意。数年来，未有能任其责而迁之者。

是岁春，怀勄张公，以筠府宪节，奉直指使者命，借恂于丰。嘉丰士雅饬，作新之。每月聚明伦堂，命题会课，厚供馔炳。权衡诸士，争自磨砺。盖公视生徒若子弟，视学宫若家庭。无何，久雨湖涨，祠之东北隅，适倾殆，与公之临莅会矣，岂吾夫子在天之灵，与公相感召耶。岂公之精诚，与冥漠相契合耶，抑亦天假手于公，以更新其制耶。乃从博士弟子请，喟然曰："丰民困矣，何能堪此。"退而检诸�之余俸二千余金，毅然为己任。先期命堪舆家相厥址，务俾幽可妥神灵、明可益科甲者。卜文奎楼前丈余，兆焉。筮日计庸实土，鬻材运石，不逾月而成功。题额制句，张彩鼓吹，迎启圣公暨诸儒于其中，行释菜礼而祀焉。其祠前有青云路之舒长，后有文奎楼之耸峻，左可障巽风，右可补町疃，檐楣轩豁，栋宇宏丽。入黉门，便见有启圣祠，而祠亦不至隔离天日，猗欤壮哉。夫始也，天肇其基，既也，地钟其吉。终也，人效其能。数百年重迁之业，一旦撤旧更新，真美而可彰、盛而可传者，三博士谓不佞知公稔，以记属焉。不佞愧不娴文，然嘉其不废时、不扰下，而大有造于学校也，其何说之辞。公讳应台，内江人，登万历乙酉进士。时在万历己亥岁季夏吉。

重建龙光书院记

徐即登

自昔张茂先识剑气于斗牛间，丰城之名宇内，旧矣。问所从出，则治狱也。问其地，则荥塘也。荥塘为古丰治地，诸山前峙，一水绕流，蔚然一方形胜。乃环荥塘而居者，陈氏也。荥塘之陈氏，盖自晋以至于今，称故家矣。陈之先自俛者，尝捐己赀，以创书院。其后国学录宗强，偕其兄必强，复增廓之。充以义田，联以经师，四方来学者，胥馆谷焉，甚盛举也。书院初名义学，其龙光，则自宋高宗赐额始也。中祀先师神像，亦自请于高宗，从阙里来者也。厥貌俨然，温而厉，威而不猛，与世所传异。厥坐膝当前，踝向后，亦与今之坐异，盖必逼真于古者，望之凛有生气，令人竦如也。历世久远，累遭兵燹，屋宇鞠为蔬圃，而圣像岿然独存。俛之裔孙泰，构别馆祀之。嘉靖初，潘令颖奉上檄，改建书院于今邑中，迎祀圣像。无何，易主之议行，陈氏复迎回于旧馆。

夫自宋迄今，五百年间，庙宇几经焚毁，圣像亦几经迁移矣。而别馆之祀，陈氏终嫌其弗称也。于是良策等十有二人，醵金举息，十年间，累至数百，乃庀材鸠工，即故址，复建书院，而祀先师于其中。中为庙四楹，覆以龛室，妥圣灵也。前为门，题曰"龙光书院"，仍旧额也。后为讲堂，匾曰"仰止"，示所宗也。左右列号舍若干间，便民业也。挹山带川，缭以周垣，护以松竹，仿佛昔日规制之盛。始自戊申年之八月，迄于十有一月而功告成。乃卜明年仲春之上丁，移奉圣像于庙，敦不佞登主其祭。

夫以续先人既坠之绪，是谓孝思，以启后学敬业之所，是谓义举，以光先师数百年之庙貌，是谓盛典，可不谓贤哉。尝闻雷孔章之得宝剑也，一以自佩，一以遗张茂先。久之，张失剑所在，而雷之子佩至延平，剑忽跃入津，令没人求之，已化为龙，两相蟠萦。夫剑以一物之神，其合而离、离而复合尚如此，而况于人乎，况于神圣乎。今书院之侧，剑池在焉。二公庙食于斯，与书院俱永也，固宜。虽然，启之者，天也，成之者，人也。《志》称书院在宋时，晦庵朱夫子游息颇久，一时相与，如于去非、盛温如，皆称杰出。元本宗名儒，植为之主教。其弟子最著者，若朱学士善，以相业名；国初甘布衣惟寅，以文行重乡评。而陈氏之先若泰，以贤科试邑博士；若昭，以甲第为名御史。其流风余韵，至今沨沨动人，则以得圣人之学为依皈故也。岂徒瞻其庙貌、望其宫墙云尔哉。今日之庙貌宫墙，宛然如昔。而吾夫子之道，六籍具存。师者果孰为朱晦庵、陈公植，学者果孰为于去非、朱备万辈，其庶乎无负于天、启斯人之良会哉。登不敏，学愧前贤，叨主斯盟，不无属望于同志者。因记书院始末，而特及之。

永便仓记

唐大章

岁甲戌，邑侯谢父母之莅吾丰也，既逾一载，且报政矣。侯勤劳拮据，允厘庶事，如却流寇、设营兵、筑河堤、兴公馆、置义塚、造桥梁，每一建创，辄费百十万钱，未尝动支额粮，而民间亦无所加派。惟是清介自持，一切差赎常例之赀，毫不自润。而诸要务毕举，至是新仓复告成云。

邑旧有仓三,一便民仓，居驿之右，沿江而下。复一曰鄢家仓，而又有西仓，则距城十里，且逾河而至。于隔岸三仓散列，修圮不常。官有临比之繁，民无转输之便。兼以巡视多艰，奸弊百出，识者素有迁移合并之议。侯乃卜地于东城之外，为之更始。筑基孔固，取材厥良。有门焕然，有堂肃然。囷廪两阶，如墉如栉。背后枕藉大江，蔚起高阁。自章贡二流，汇入剑浦，下有龙山突兀，砥柱屹然。斯仓扼要，而揽其奇，山川皆拱揖如带，盖已擅形势之盛，而极耳目之观矣。方侯下车，来博采治要，举是役为先图。独工费浩繁，莫可借箸。适查本邑辽米，正脚六千五百二十六石有奇，原奉部司定价每石六钱，应支辽饷等银三千九百一十余两分，给批头买办。频年以来，各批领价，每石不及五钱，辽米余银，遂存五六百两，旧以充县间公费之需。而侯皭然不染，曰:“此天假手于我，而以成官民之便也。”遂举为经始之费，而又考核里夫，每岁修筑，实征力者，计里若干，其余则酌量而收其直，不徇情面之请乞，亦无流滥之费糜。于是度支不匮，而鸠聚惟勤，两越岁而工竣焉。余为之志喜曰:“自古奋庸熙、续亮采惠畴之哲，亦惟兴利除害，克底厥职而已。丰邑税粮，甲江右数十县。漕、南二米，盈十万余。常岁例派富民，充经收转运之役。迩则奸宄〔究〕之徒，转相包泊，觞滥卮漏，亏折异常。究至解官，被其羁縻，长令因为殿最，凡皆三仓散列，而不尽其制。俾官司之耳目无由专，而稽察无由审也。侯兹合而一之，纳粟之民，正其区佥报官之数，验其虚实在庾之粟，辨其良楛，弊绝风清，民安事简。而朝廷得应时以供其敛散，侯之绩，不最著乎。昔鄼侯为汉室元勋，亦以收租巴蜀，给饷关中，树不朽骏业。方今中外多事，国家养兵于北，待食于南。军需，国之重务也。而侯是役，岂得已也哉。然非本无欲之衷，因时裁省，以急公事，则虽以有用之才，鲜有能奋起而图功者。此周官以六计弊群吏，而概先之以廉良，有故也。因忆今春述职之期，太宰氏综核吏治，侯以卓异特闻，业烂然莫掩其名，实转瞬膺特简、入主国是，第以恤丰者恤天下，则凡沐浴膏泽，而歌咏勤苦，岂独丰之士民为然耶。是惟余有望于侯，遂书之而以为记。侯名龙文，别号桥东，琼山人。登戊辰进士，维时参画，则署儒学教谕事、举人邹淑圣，司训陈一缵、罗国佐。赞理则县丞阮晋亨、刘风远，主簿黄尉、邹胤祚，典史胡尚华、王世德，董役则原任浙江海盐主簿李时用，应天府都税司大使熊应乾，例得并书。

重建县堂记

宗彝

古之名吏，类有所建置，大则湖陂堤防，小则沟渠道路，雄隘则关堡城障，风流则台亭池馆。抚其遗迹，慨然想见古人之意，不以宦游自荒。略一举事，辄思与天地为终始。故后世思其功、继其志，乃得久而不废、远而益光焉。窃薄后之为吏者，则曰："我三四年，便舍去，奚暇建置此等？"噫！何古今之殊也。

予来丰，有熊坊垱者，当赣吉之水之冲，岁时溃决，大为民害。予沉舟载石，荷锸楯而先之，可幸至今无患。建学立仓，亦次第就举。而县治之堂，则戊子兵变所焚而坏者，予欲构起之，或止余曰："工维艰哉，营室劳民，盍以俟后人。"余曰："不劳民，营室何如？"于是不以一木一石烦我子弟，而告竣事。堂既成，丰楹而邃宇，广以密，高以深，听治于斯，用肃瞻视，足蔽风雨。且题之曰"畏喦堂"，以识予志，兼告后人焉。士大夫称引诱掖，以予有类于古之名吏，予谢不敏。予所慕者，盖郭林宗一事。昔者郭林宗每宿逆旅，则扫除洁清，后至者知为林宗宿处。古人整理办治之才，不遗逆旅如此。而今之人，居官反如逆旅，予固心耻焉，而不欲道。

时维顺治乙未年八月吉日。

重修儒学记

陆履敬

今大清定鼎十有五年，我何侯奉天子命，来莅兹邑。甫下车，问民疾苦、地方兴废事，遂慨然以修建学宫为首务。曰："唐虞三代之盛，所以广教化、美风俗，莫不由于建学明伦。"今丰，望邑也。自唐永徽迁治于此，其间或升为州，或仍名县，靡不有学。学有庙，所以祀先圣也。有庑，所以祀先贤也。有戟门，戟门左有名宦祠，所以报功德也。戟门右有乡贤祠，所以崇先哲也。又前有棂星门，门以外有池，榜曰泮宫，所以仿古诸侯頖宫之义也。后有堂，堂曰明伦，博士弟子所以考道而问业，遵古帝王教以人伦之义也。堂之后有楼，楼曰秀杰，塑梓潼神像于其上，所以佑启斯文者也。楼之左，别有祠，祠曰启圣，所以尊至圣所自出也。今庙貌仅一鲁灵光，而所谓若祠若庑、若堂若楼者，皆倾圮剥落，鞠为茂草。其棂星门、泮池，又与阴阳家说不合。春秋何以严祀事，师徒何以相教授，四方来学之士何以观感而兴起乎？爰具状申请院、司、道、府。时总督三韩张公，秉钺抚江，以为修学盛举也。其材用工饩之费，非千数百金不可。丰值兵燹之余，继以水旱，何能办此。公遂捐俸五百两，以为地方倡。于是侯捐赀八百五十两，丞、尉、学、博暨邑中荐绅、孝廉、子衿之好义者，各捐赀不等，共计得四百一十两有零。侯乃诹吉，亲诣学宫，偕博士弟子员，相与考稽制度，协以阴阳，庀材鸠工，于庙加丹雘焉，于启圣祠、明伦堂、两庑，暨秀杰楼，则次第重建焉。于名宦、乡贤二祠，则加饬焉。池之在门以外者，则前其门，周以墙，使属内焉。泮宫枋，则迁之池以北，而加壮焉。是役也，经始于己亥之冬，构成于庚子之春，大备于今皇帝二年季夏之末，通计费一千七百六十两有奇。而一瓦一椽，不以及民。诸士以其关于一邑兴废之大谋，勒诸石，以垂不朽，属履敬记焉。敬不敏，窃谓一代治乱，由于人心。人心邪正，由于教化。成之则为风俗，兴之则自学校。昔文翁治蜀，劝学立教，蚕丛之国，尽变其俗。先大夫象山于鹿洞书院，讲“君子喻义，小人喻利”，反覆痛快，一时学者，无不流涕。揭文安谓畎亩、鱼盐、版筑，岂必皆由学校。而世不尽伊、傅其人，然则人心风俗教化，系于学校之兴废，宁缓图哉。

今天下中外一家，车书一统。海隅日出，无不来学。我侯助扬朝廷德化，申请上台，首先修学，俾宫墙永奠、矜式常新。士之游兹学者，登明伦堂，则思父子何以有亲也，君臣何以有义也，夫妇何以有别，长幼朋友何以有序而有信也。登名宦祠，则思莅兹土者众矣，何以有祀、有不祀，斯必其能兴大利者也，斯必其能除大害者也，斯必其能寓抚字于催科，上以急公家之务，下以纾小民之力者也，非然则否。登乡贤祠，则思产于乡者众矣，何以有祀、有不祀，斯必其讲学明理、羽翼圣贤者也。斯必其丰功伟烈、利赖社稷者也。斯必其行修言立，怀义去利，无得罪于乡里者也，非然则否。如是，则教化日以端，人心日以正，风俗日以醇，有不在家为孝子，在国为忠臣，生则为地方尸祝，殁则为乡里俎豆者乎。此唐虞三代建学明伦之意，皆我侯申请上台，首先修学以助扬朝廷德化之意也，厥功顾不伟哉。侯名士锦，号昼生，浙江建德人，登顺治己丑进士。其一时共事：丞赵君逵，大兴人；尉王君建，山阴人；教谕刘君玉铉，大庾人；训导刘君乾生，德化人；前署教谕事举人王君演元，彭泽人；原任训导方君期星，龙泉人。襄力以董厥事，则文学丁生恒阳、蒋生廊、陆生宲、杨生万里、黄生起凤，例得并书。

时在康熙二年癸卯孟秋之吉。

学田记

刘象贤

古之造就人才者，不徒曰教士，而必曰养士。宁惟是？涵育薰陶，俟其自化已哉。所谓廪饩、资斧之给，盖无一不曲为之计。自三代以来，悬之令甲，莫之或易。而踵事者增华，正不妨以意为之制也。

丰邑旧有田三处，共计二百六十余亩，系前令谢、蔡诸公，次第捐置，以赡士子膏火。然代远年湮，有名无实，适足以供中饱而已。余莅任之初，即欲剔厘此田，议于邑北之龙山书院，设立义学，以田之所入，用充馆谷诸费。余则贮之，期届宾兴，优给观光诸生。而岁科两试，花红奖赏，亦取给于此。区画已定，商之学师暨阖邑绅士，佥以为便。然尔时堤务孔迫，而修学、修城诸役，又复日无宁晷。是以因循未果，去年春，恭逢恩诏下，颁赐帑直省，令特开书院。余因将前议，力请列宪，得允。遂毅然举行，以仰佐我皇上寿考作人之化于万一。爰为条例十则，并将田之号亩、租数，勒为成书，以绝侵渔，以垂永久。

先是，余承乏楚之蕲水，因旧有兴贤庄，从而恢扩之。并续置吁俊庄，以赡文武士子。今兹之役，其规例条约，虽微有变通，则亦以治蕲者治丰，求无失乎造就之意云尔。

均甲碑记

余配元

丰自汉建安置邑，千数百年。考宋《志》，阖邑止八坊、一百七十二里，至明正统犹然。后增为九坊、三百六十六里，岂非休养既久，生齿渐繁，亦犹元至正间户满升州之义欤？嗣后差役繁苦，继以兵燹。又田粮溢额，已非一日重困此一方民矣。语云：“地大而不耕，非其地也。民不著于土，非其民也。”则当今日，而轸念民艰，惠绥井里，孰有重于均差者哉。

我何侯奉天子命，来尹兹土。下车后，日晋邑中父老子弟，而问曰地方之当兴革者几何；事颠连而不得其所者几何；人定良法，惠此穷黎者，何德之布也。又林林之聚庐而托处者几何；家逋租畏役，而转徙于四方者几何。族行长吏之权，以苏积累者，何政之从也。佥曰：“我侯莅任，缮城池以固民防，新学校以作士气，修堤垱以御水患，善政未易枚举也。”今上龙飞之岁，百度维新。日者，修邑志，请蠲恤，定里夫，我侯为吾丰计久远，至矣哉。乃朝廷嘉惠元元，胥普天之差役，尽均之。而我丰，户多流亡，民多偏累，调朝廷德意何，则相与造膝而言曰：“均差便。”均差，诚便也，而或以为难，何也？先王因民授地，莫均于井田，画域分疆，莫均于封建。然难复于三代以后者，有其人，非其时，难也，有其时，非其人，尤难也。后世以经界定图，以人户定差，以本图编甲，事至繁瑟。而推其平均天下之义，实与封井相表里。则议均于今日，不滋难乎。或曰，从丁便；或曰，从粮便；或又曰，丁多困苦，鸿雁哀鸣，则从丁之难也。或又曰，丰土甚瘠，科则视他郡邑加倍，则从粮之难也。不知差役之累，由于里甲之空虚；里甲之累，由于户口之逃绝。或又曰，宜裒多以益寡，而附近者不利于遥分。或又曰，宜并图以济虚，而并多则不免于折额。是分图，固不便在民；已而折图，又不便在官，则均差之难也。侯毅然曰：“均差，固从民便也，遑问不便在官哉。”善变法者，譬诸琴瑟，有不调，必取而更张之，所谓更张者，谐其声音，比其节奏，俾从律而止，非必改弦易柱、析桐破梓，而复完之也。则议均于今日，亦期便民而止。无负圣天子嘉惠元元之意，足矣，奈何令不便在民哉。昔尹铎治晋阳，损户数而称贤；王成治胶东，增户口而得过。由是观之，固无乐有全里之虚名，而使斯民受重差之实病。昭昭已且编户之法，当户口盛满而议增，则当户口凋零而议减，况图额虽亏、丁粮无改者乎。噫嘻！我侯为我丰计久远，何其至哉。然侯亦瘁矣，侯竭精殚思，迟之又久，而后告成焉。

邑中绅袍士衿，史君垂誉、刘君逢盛、唐君士鹤、文君可纪、黄君炳启、陆君履敬、黄君叔铉、丁君序珙、范君显祖、杨君于廷、李君郁、曾君之晟、金君玉书、宋君守诏、熊君之翰、李君基、余君配乾、李君肇陛、李生予玮、罗生人文、胡生学浃、丁生灵长、蒋生廊、李生直、杨生九龄、唐生金旭、徐生时、唐生金晋、江生垣、徐生光侃、杨生名等颂言不置，知侯旦夕居治行异等，膺简命而去，将不及长抚绥此民也。相与刻石于文昌宫，请予记其事。予备述之，以见均差如此其难也。则本兹意，而神明之者，维我何侯，亦有望于后之君子云。

白公堤记

朱轼

树德于民，而借言以传，非德之至者也。德之至者，不传以言，而言以传，此吾于白公堤乐得而有言也。堤曰白公者何？中丞白公捐赀筑堤，民德之，遂以名焉。中丞为国抚民，为民兴利，宜也；民之德之，以食福于是堤者众，而向之困于无堤者，甚且久也。堤属临之清江十六、七、八、九四都，而南昌之丰城、瑞州之高安，接壤焉。袁、赣两河之水交会于是，沿河百余里，土田污下，以堤为命。岁辛巳，堤决，水大至，漂没田庐无算。厥后旋筑旋圮，迄无宁岁，居民莫敢托足，膏腴数万顷，草惟宅之。而按亩征赋，格于常制，无能宽假。上下交困，十有八年于兹矣。

我白公甫下车，咨访利弊，以次兴除，尤惓惓农田水利，凡溪港支派，潴蓄堤防，宜浚宜疏，宜闸宜筑，饬所在有司查察。于是吾三邑人士，以斯堤请。公单车亲临阅视，慨然叹曰："民病若此，不识莅此土者，何以为心？"乃量度料物、工徒，捐俸数千金，檄临江太守汪君、南安司马毛君董其事。两君体公意，栉风沐雨，经画尽瘁。始事于康熙戊戌孟冬，迄己亥季夏，凡五阅月而工竣。于是向之弥望汪洋者，原隰井然矣；向之哀鸿嗷嗷者，其究安宅矣；向之芜秽不治者，黍与与而稷翼翼矣。三邑之人，德公无已。田而食曰："此我公赐之食也。"蚕而衣曰："此我公赐之衣也。"屋而居曰："此我公赐之居也。"闾井洽比，父老子弟，岁时斗酒相劳，则曰："吾侪之保聚而安全者，公之惠也。"而实无非此堤之功，则又指其堤曰："此非前此之堤，而我公之堤也。"此白公堤所由名乎？犹未已也，且将勒碑以纪之，驰书走二千里，乞余为言。余以桑梓受庇，所以德公，岂有异情？矧兹不朽盛事，微乡人请，能已于言乎？且夫工筑之役，固非易事。守土者每畏而委之曰："非吾咎也。"否则曰："非予一人任。"不然则曰："为之无资，奈何。"嗟乎！国计民生之不可问，尽此三言中矣。今公切饥溺，由己之思，捐清俸以卫民，务为久计，无遗后患，尽反乎三者之见。人之度量相越，岂不远哉。抑余闻是堤，屡修屡溃，每风狂雨骤，若有怪物昂起，顷刻木石俱沉。公自为文祭祷，而后兴工。工成岁余，风雨不为堤患，是又至诚之所感乎，非偶然也。余吏于浙，悯浙民之久罹海患，筑塘为捍，经画累年，卒未有效。以是益叹公之才德为不可及，遂忘其固陋，而不禁有味乎其言之也。自今以往，常有公之堤，则亦常有公之德；常有公之德，则亦常有余之言。余言何足传，其亦借公之德以传也。公讳潢，号近薇，奉天籍。岁丁酉，以中丞节巡抚江右。汪君名清，字澄庵，奉天人。毛君名士仪，字抑斋，浙江遂安人。备书之者，重公之知人善任，而两君能不负所使也。是为记。

龙山书院记

李基

古者天子疆理天下，不能时巡，而遍镇抚之，乃使其隶。内之公卿大夫，监于方伯之国，凡庆威黜陟，采风问俗，假以便宜，而后从事。故天子不必分治其侯国，而侯国莫不奉天子之意以为治，此今之部督、部抚所由昉也。今我皇上莅治之三年，乃三韩张公督江报政之九载，董公抚江最绩之四载也。江列郡一十有三，七十余州县附焉。土瘠民敝，赋倍役繁，上下惕息，号称难治。我两台惠以嘉德，昭以至诚。抚疆域之遗黎，哀鸿雁之久劬，民有田畴，力封殖之；民有输挽，力苏复之；民有子弟，力教诲之。元气已提，太和在握，都人士喁喁向风俗称近古焉。

丰距省百里余，故为德易见，而助施亦易洽，亦犹江汉之被化二南也。食德忘报，人情乎哉。尝考之风雅矣，无疆之颂，托之乎登堂，则下有不容已之义；作人之思，寄之乎飞跃，则上有难名言之恩。今皇上修名实之政，推重文治，崇起经术，犹赖股肱大臣磨励而振兴之。俾辉媚之渚、泻卤之湄，焕然悉耀于光明焉，不亦休与？丰邑控省区之上会，受章贡之急流，十里而下，有山蜿蜒，耸然而独立，有水渊澄，窈然而深藏。微风带旭，清湍回澜，涟锦成市，光气铺楼。西则尧岭之所绕会也，南则罗峰为之屏障也；东望则枕雉带堞，风日之所流丽也；北则达节江淮，思先河之功，此固他岩邑之所不能争者。邑侯顾而乐之，亟进诸父老商之曰："此足以慰若辈无疆之情矣，此足以效作人飞跃之义矣。方今凭恃厄塞残溃颓决者，何可胜数尔。邑介于九达之冲，民不见他事，得抚此，山高而水清也，则甚矣。上人煦养生息之德，不可忘也。"于是诸父老唯唯，相与度地程物，考卜办材，为书院于其上，颜曰"龙山"者，志旧也。其他廊庑、讲室、甍栋、阶垣，鳞如翼如，君子依焉，小人视焉。事毕，问记于余。余今春幸得通籍礼官，沐浴两台之教泽者，有年矣。敢以片言，鸣其盛乎。夫泰山乔岳，分星烛汉，亢雄魁杰之气，不知其几千万里。而培矶星渚，相与剔炙其埃，而朗灵其窍，俾夫嶷者、岌者，郁者、纡者，层者、隐者，一旦突兀章明于翠蔼烟光、万井天流之际，岂非下有不容己之义，而上有难名言之恩也哉。且夫龙者，神物也。润万物，莫善乎龙变化者，因之我两台湛恩汪濊，随流而攘祈于利济元元，不留余泽，说在乎《乾》之九二矣。至于亮节粼沦，龙沙逊其洁；茂功赫濯，庐阜增其高，则又不争此堂下之潺湲，与画地之丹碧矣。属在丰士，能体诸新宫选造之旨，文者毋域其秀心，武者倍发其奥气，将要诸美大神圣，而丰裁识力，表表万仞，又安在龙门、雁荡之奇，桐江、天目之丽，不几与此厄不相下耶。

先是，山有小亭，稍可登眺。无何，蒿荆篱豆，殢景迷阳。今更新若此，丰人士咸歌呼罕觏焉。然此岂独慰丰人士于一时，将使衽席之内，剑履之外，且至于后人见闻之所不及，获睹兹崖谷之吐吞，平沙之漫莽，日月之所激射，波流之所回洑，莫不低徊俯仰，想两台之功施，风烈于不衰也。嗟乎！宣上达下者，邑侯之责也。受恩知报者，庶人之情也。考美而登者，纪载之志也。三者备，而龙山之名，已大于天下矣。是举也，为费千金有奇，皆出通邑义助，工万计，半属子来。鸠工庀事，则邑弟子员陆官、杨鹤鸣、黄起凤、范炳宣、李植、丁云龙、丁玉、范玠、杨九龄、徐捷、杨万里、丁霈、唐金旭、唐金槐，共一十四人。纲维总持，则邑侯何公也。于是乎记。

沙湖访旧记

丁奭

环丰皆水也。城之内有大湖，注于东南者，曰沙湖。形家言，谓水之所聚，气之所止。邑之灵秀钟焉。余先人自宋元以来，环湖而居，遂得专有是湖。湖之名，一姓得专之，而湖之扬灵濯秀者，未必非一邑之名胜所关也。故考之旧闻，其迹多有可纪者。湖之东北，自唐作泮宫于斯，面挹文澜，一碧万顷，故邑之人文秀杰，视他邑为最。自泮宫沿湖而西，有盛家洲，昔朱子访盛温如先生之故址也。诗所云"万顷波光涵宇宙，数间茅屋老春秋"者，其在斯乎。当湖心之中，为云洲，杰阁岿然在焉，光禄卿质轩公，创建以藏诰敕之所也。洲上比屋而居者，皆光禄公之子孙，鱼鳞比栉，宛在中央，今皆徙去无存者。兔葵燕麦之感，不独自昔为然也。湖旁有星堆，上构凉亭，颜之曰"一草"。岸以西为五花阁，皆少参澹园公宴游之地，不及百年，今已鞠为蔬圃矣。折而南，则余之家庙在焉。寝室之上有楼，曰“毓秀”，瞰临湖上，登楼而望，则湖之全胜，若在怀抱。旁建家塾，昔李见罗、徐献和两先生会讲学于其地，弦诵之声，直与湖光书屋、霞绮馆、问清轩相续无间。昔之流风，何以至今不嗣也。但故老相传云，洲旧有土脉，自湖中蜿蜒而达于岸，今沦没于湖。其陵谷变迁之势使然乎？然而湖之灵秀自若也。

尝试登高而望，树杪云飞，波心月涌，鱼跃于百尺之渊，鸟翔于千仞之表。当有自得于疏瀹性灵之际者，而况昔贤如朱子辈，皆理学一脉之源流也。硕望如光禄、少参诸先达，又人文千秋之渊鉴也。生斯土者，慨往迹之就湮，思将来之振起，则“所谓伊人，在水一方”者，又将有在焉。不然，虽云梦具区，孰为溯洄从之哉。

重建学宫记

盛逢澜

今国家当重熙累洽之时，崇儒重道，特发帑金，重修阙里文庙，规模壮丽，金碧辉煌，为千古所未有。凡直省州县，无不仰体圣天子雅化，焕焉兴修学宫，诚以圣人之道，如日月经天、江河行地，固无在不。然而作兴仰止，磨厉人才，必于是乎寄。

丰学肇唐永徽，越宋绍兴间，雷侯继远迁今所，代有修葺。国朝顺治庚子后，间亦整理，不过稍加补苴，卑隘简陋，不足以妥圣灵而肃祀典。是邦人士，屡谋重新，以役巨费大，未果。予于雍正乙卯，秉铎斯邑。展谒之日，为叹息者数。戊午仲冬，集绅士议，同请于邑侯监利杨公，得允。明年夏，好义者踊跃输金，自李生堡捐千金而下，或百金、数十金不等。黄生道远、李生仁、熊生新月、周生书、李生吐萼，往楚往虔，分道购材，择吉兴工。始于己未六月，告成于庚申十二月，共费银六千两。庙制约高四丈五尺，纵计六丈三尺，横计八丈五尺，视旧址增筑五尺，高增一丈六尺，纵增一丈八尺，横增二丈，周回绕以石廊。南竖大成殿牌坊，中设天宫，上覆黄瓦。脊用连珠龙吻，四角钟铃，悉具如制。各楹皆累升科，而上飞檐层出，高题耸控之势，顿使莲湖恢其映照、雉堞改其森横。远瞰猴峰之云，迩凌故县之塔。壮哉！皇哉！吞辉挹秀于龙山剑水间矣。稍下为露台，址移前一丈。增筑四尺，纵三丈，横六丈五尺，均石。三面为扶栏，辟道有五，旁二，中三级，凡九。视旧纵增八尺，横增一丈二尺。东西分列两庑，翼以祭乐二器库暨斋宿。廊各增扩八尺，台下为三道，亦石。棂星门徙前二丈，增筑二尺，约高二丈七尺，仍祠名宦于门东，祠乡贤于门西。泮池徙前三丈，戟门如之。池有桥，有扶栏，上有坊，扁曰“泮宫”。戟门外越二丈五尺，屏以石垣，左右各为门，崇圣祠址仍庙东北，规制悉易以新。旧无魁星阁，祗祀其神于秀杰楼，至是始创建于庙东南。旧时材木砖石，剥朽败残过半，所存者，亦不称选。第供匠役炊爨，及台基柱础下，垫筑物而已。凡诸建置，取材必良，伐石务坚。朴斫之后，丹雘攸暨，度筑之下，百堵具兴。岂惟鸟鼠去而风雨除哉。监督凡二十四人，贡生朱尚文、甘绂、涂丛桂、余涉川、范兰，生员熊新月、夏荣莲、周书、唐光云、李吐萼、李渭、胡山、丁正模、周起凡、万亿、陆廷枢、邓之材、黄廷柱、邓学海、袁焕，监生黄道远、李仁、李陈训、雷棨，更番经理，自备供给，丝毫不费公项，而勤敏干办，视与家事无异。自来任公事者，亦未有如此彻底澄清、争先恐后者也。

夫新庙顺万民之望，莅泮广多士之心，由是仰瞻榱题，俯对几筵，凛然见圣贤之不朽，思道德之有光。而交相濯磨，以抗迹千秋，庶几无负我国家隆重学校之至意。若谓敬修庙祀，用降女福，妥侑灵爽，默启人文，徒借斯举为发祥科目者计，则犹隘乎其为见耳。是为记。

时乾隆庚申嘉平月吉旦。

丰邑城内沟濠记

杨志道

事莫患于更张，而尤莫患于因循。苟有便于民者，而徒自安于迁就，则前人之规画尽湮，而因循之弊，遂较更张而倍甚。余自戊午莅丰，见其城郭宫室颓靡不整者，难以枚举。而最急惟筑防之役，石土二工，帑金费万，以地居下流之冲，而势难独当也。邑既濒江，不惟在外之水，苦其奔溃，即在内之池潢沟渠，又多所闭塞。每值大雨连绵，阛居淹溃，道路汩没，几不得所归宿。余访之故老，稽之邑乘，已知沟有支有干，支分千百，干则东西。水分三道，俱以县治为主。由后而前，层层曲折环绕。外则各有大总束其东，由东禅巷，经丁家巷、学背各湖，过黎家园，出东门沟，逆流而上，达学前各湖，入莲湖、沙湖、象鼻湖，汇于曾家湖，由濠出斗门闸。其西由大西门顺流而下，入陶家巷，经陆茄湖、肥株湖、南禅湖，以汇于崔家湖，出斗门闸。又西北最高，分流以达，势尽朝南。历治背者，两注蟹眼池，入砚池湖，汇于曾家湖。历花桥者，一支由后巷并入陆茄湖，一支由仙音巷汇于崔家湖，总出斗门闸，为宣泄之所，今皆尽失其故道，盖百有余年矣。无如外勤筑防，不暇内及。越明年，筑防毕，邑绅士遂以鼎新学宫，并疏瀹水道请。幸而学宫赖绅士主持，捐金数千两，巍然一新焉。至疏瀹重役，方为民力恤，而士民咸言，时不可失，事有难辞。值大中丞岳，棨戟遥临，亲睹江堤工竣，即谆谕城内水道，务加疏瀹。余复申明名宪，俱念切民瘼，俯赐俞允。一时襄其成者，王少尹镇、傅尉绳祖，及各绅士尽力劝督，不避暑雨，遂不三月而泥沙之淤者以决，桥剅之圮者以修，市井之所窃据隐匿者以还，而水涓涓有归宿矣。

且夫水之有脉络也，犹人之有血气也。人之血气通，而后精神著；地之脉络贯，而后灵秀发。古者营建都邑，司空必先厥司徒相阴阳而观流泉，觉自然之势，固有不可阻抑者。宜丰之学士文人，咸闻而乐赴也。工竣之日，阖邑因以奏功之速，而欲刻图以示后。余以因人之力，相土之宜，顺水之性，此固非作而致之也。嗟乎！前人创之，而余踵而行之，则目前之水，可免于闭塞，使延之百千年，而兹之疏瀹者，复忘其旧迹，则又异时有志者之所抱恨也。爰绘图方位，并深广丈尺，及董事姓名、捐赀金缗于左，俾后之职斯土者，睹遗文而不以因循累民焉。斯诚有所厚望也，于是乎记。

徐孺子读书台记

唐光云

出东城去走五十余里，则槠山面目出焉。浮青荫绿，延望郁葱，崖峭于南，荒台半壁，即汉高士徐孺子读书处。孺子世居山下，路故由山下之隐溪入。隐溪者，亦以孺子之隐而名之也。台基广十数丈，磐石半厂，侧注小池。空明一片，间浮黑点，莫识所以。西为桃花岩，石屋石床，有湛流从上悬洒。书院在台之北，久湮于野蔓荒榛，几迷故址。耸然峙于台东者，山号“三角”，状似髻，古仙浮邱翁憩此焉。十里之遥，更饶崒屶，乃凤将九雏之所。台之正对，惟是称最。登是台也，远览近瞩，层峦环拱，匹练夹飞，幽花细草，娟媚宜人，洵为佳境。先生当日，吟哦其间，俯仰朝暮，或啸风而度岭，亦弄月以临池。且掷果以调猿，更抚琴而引鹤。虽尝榻下太守之署，宅卜东湖之滨，终无以胜兹台也。嗟乎！穷经将以致用，尧舜君民，事业如先生者，讵不念之，顾一绳，无以维大木之颠，楮山中早已见及矣。读书而不以书用，并不以书传，冥冥鸿飞，丘壑以老。《易》曰：“君子见幾而作，不俟终日。”《诗》曰：“既明且哲，以保其身。”惟先生斯不愧读书人也。千余年来，钦英风者，凭墟慨喟，犹恍然聆謦咳于苍翠间，其将执书以问之。

改建关帝庙记

朱怀栻

关帝生秉浩然之气，至大至刚。故其为神也，声灵赫濯，遍中国而逮遐荒，虽五尺之童，无勿知、无勿敬也。

我朝定鼎以来，显应最著，崇奉亦最隆。春秋祀以大牢，都省郡邑，罔有或遗，典何巨欤。栻作宰二十年，主祭凡七邑，所见庙貌虽不同，大抵皆有专所，独丰城不然，寄帝像于颓落剑江书院，如窭人之僦敝居，荒凉可慨。至期展祭，风雨莫避。跪拜不能如仪，其慢尚可言哉。栻初与邑士夫接，即欲筹所以改建者，缘不数月，以病去，遂不果。

乾隆辛酉，复补丰令，向之心惕者，思以身任之。爰率县尉傅绳祖，集乡大夫、士民量力捐助，就书院故址，除旧更新，拆狭改广，正殿宏深壮丽，前为丹墀、大门，规模宽广。后为祖殿，祖殿后为春秋阁，阁后增置余地，隔以垣，垣后又改建厅廊，为冠盖驻足处，非徒饰观也。庶几祭有专所，足以展敬焉耳。约费白金二千余两，越四载而始成。公举僧掌之，令垦官洲若干亩，及各生捐田若干亩，以为常住产。事甫毕，适有正安之迁，窃以数年心力于兹，不可无记，以劝后且任事者。

举人唐君际、贡生涂君丛桂、范君兰，生员夏子荣莲，勤劳廉慎，例得并书。

蒋氏义捐学田记

顾锡鬯

今之郡县学，古乡学也。古者，比闾族党，皆有庠舍，以居诸生，置乡师州长，党正族士，比长以教之。造士之法，既详且密。而养士则取给于田，故《周礼》有士田，昔人误解曰“圭田”。夫圭田，则大夫亦有之，不专属之士。既专属之士，其为学中养士之田，无疑也。自元魏庙祀圣人，后世仍之，而祭重教轻矣。有明以来，诸生岁增食饩者，限有额数。而廪之亦薄，既不建庠舍，以居诸生，而又无田养之，故学者未由得聚于学，设官造士，名存实丧。人才之所以日降，岂无故而然哉。甚则文庙倾颓，修葺无资，守土者蒿目而已。今之学田，出于士民所捐助，势不能多。丰城学岁纳赋银三钱七分，今蒋氏有祖一宗，建大明寺，捐置寺田一百一十五工玖分，近因奸佃谋占寺产，逐僧伐树，两经县谳究治。于是诸生蒋云鹗、贡生蒋兆元，合族公议，存田一十七工五分，以赡寺香火；余田九十八工四分，请捐入学宫。庠士公议，呈请永为岁修文庙之费。详府报可，其田每岁收谷一百九十六担八斗，除纳赋及收租脚费外，余俱存学，以为不时之需。夫人纵轻其所有置之，必得其处，乃为道之所许。佛氏屏弃五伦，以为我普济众生，似兼爱，合杨、墨“无父无君”之道以欺世，而术又甚狡，粗之为因果之说，以惑乡民，精之则《楞严》，七处征心。自古聪明才学之士，往往入其彀中。邪说诬民，其害甚于洪水猛兽。既不能辟，而又益之田，是火燎于原，沃之膏而助其焰也。今改而归诸学，于义为允。余嘉夫蒋氏诸君子之能徙义黜邪、崇正而不终惑于异端也。或曰，田入祇园久矣，使非奸佃作祸，则终为释氏所有。尼山圣人，乌得而有之，其卒归于学，盖亦有默为之相者，殆非人也，天也。或曰，自魏晋以来，人主惑于佛氏者不少。上有好者，下必有甚焉者矣。今天子圣神文武，扶圣道、辟异端，经正而民兴，故蒋氏诸君子，晓然于邪正之辨，而翻然知改。吾学之得有是田，非天也，人也。是二说，余皆然之。

时乾隆十四年岁次己巳季秋月。

七星埽记

袁守定

赣水出豫章南野山谷间，行二千里，挟千山万壑之流，而径丰邑城西，又折而城北，盖南、赣、袁、临、吉诸水之委也。城之上游，有山名黄金城，峙捍西岸；又有苦竹洲，横拖大江中，其沙日生，以激水使东，于是五郡之水，尽啮江之东岸。而丰之城郭，受其敝矣。每春夏水汛，大江北流，澎湃蹴地，重湖南浸，澔浉滔天。惟长堤如线，孤城若丸，浮巨浪中，而仅得不没。识者环视城郭，每有“民其鱼矣”之窃叹也。考旧志，官是方、生是乡者，大都拳拳于水患，而建议有三：一曰开西河，以分水势。而西河既开，则安沙坝以下，税田数千顷，尽为水宅，而民病于食。一曰迁县治，以避水锋。而甃城千丈，烟火万家，非仓卒可移之物。且城可移，而环城之坟若田，必不可移，势将尽弃之以予水，而所伤滋大。一曰凿苦竹洲之土，实敖家湖，以杀水怒。无论随凿随淤，徒劳罔益。而舟载河西之土，置之河东，用力艰，而其费且不赀之数者，皆断断不可行，而适为民病，然则为今日计，所以保城者，惟堤，所以保堤者，惟埽。二者常相倚以为用，舍此略，无良术也。

考旧志，堤之建，始于唐永徽间，埽之建始于宋淳熙间，造端于良，有司而继之者，补苴增筑，以各救一时之敝，而民因得以处堂而无恙者，垂千有余年。然不免逾时颓塌，以重费国帑，民力则大都假手胥掾贰佐，不能视所事如其身家之事，而又有私焉。故其为功，卒不可以垂久。此则为利之中又有弊者也。

岁庚午，江省大宪，念丰邑繁剧，而饶水患，素称难治。遴才得瑞金满侯，调莅是邑。下车之初，首建营汛下石堤三十二丈，及熊坊石堤八丈。凡动用存留民夫及官民捐助，共一千九百两有奇。越明年四月，城北营汛前旧堤圮。五月，旧堤及馆驿前新堤复圮。闰五月，圮岸内土陷，其相属之沙洲皆陷，凡长五十余丈，逼近城址。丰民方汹汹忧陆沉，而我侯慨然曰：“民保于城，城保于堤，苟无城，是无民也。苟无堤，是无城也。堤矣而不埽，是无堤无城也。堤矣埽矣，而不护堤，是无堤无埽也。”于是以其事上诸当路，大宪随荷驿宪李公，亲临勘验，区画善后之法若何，建埽若何，建堤若何，并建护堤其间，纡直伸缩，高下长广，一一与侯熟计，而预定之。乃复于中丞舒公，疏请于朝，得允。是皆各宪仁心为质，体圣天子视溺由己之意，以宏济苍生，而七星埽之大功兴矣。经始于是岁龙见水落之时，匝四月工成，凡建石埽十二丈五尺，高二丈有二尺，石堤四十二丈五尺，高二丈有二尺。护堤十二丈五尺，高六尺。名之曰“七星埽”者，取斗宿相维相系、永永不倾之义也。是役也，动支在官盐规银七千六百两有奇，又规土运木，不在估费者，民捐银二百三十两有奇。侯经纪其事，旰出宵入，口授手挥，数月中，略无宁晷。其法，先于圮岸錾土令平，市长木为桩，相挤钉之，而齐其顶。木之罅处，以碎石和灰筑之，使坚平如布石然。然后斫石务方，鳞按紧砌如是者，植根固矣。犹恐其外倚也，用巨锚七星，列石砌中，以其乂内向挽石，而铁绳贯其端，维之以柱，其用心精密，宜万世巩固，由皆身亲之，不假手于人。故工程坚，而所费帑金，锱铢得盾之实地，有大利而无小弊也。工既竣，邑父老乐其利赖，歌咏其德。属余不文之言，以记其事。余因备述丰当五郡奔注之冲，迩值西岸之州，日长可危者如彼，而满侯之孳孳为民捍患，克副各宪之委任者如此。俾后此者，触目而知丰之可患，与侯之可法，深虑而豫防之，不至以数十万生灵，委之大浸，是则区区之志也。夫满侯，讳岱，字鲁青，号�峰，满洲人。雍正乙卯科举人，由瑞金调繁为今官。

邑侯满明府清理钱粮积弊记

唐光云

邑侯长白满公莅丰之四年，为今上御极之十有八年也。岁十月，地丁征解报竣，邑荐绅诸君，偕父老数十辈过余，属记其事。父老则前致词曰：“吾丰田赋，实甲江乡。往者地丁输镪，岁不及半。越春徂夏，勾提四出，叫嚣隳突，鸡犬为之不宁。长吏之庭，桁杨之声，弗绝焉。届奏报期，犹仅仅中厥额，求所为，按年卒事者，无有也。洎侯之来，悉我忠顺，悯我凋瘵，以抚字心，行催科法。革图差，设滚簿，鞭罚不施，追呼不扰，丰之人感激踊跃，输将惟恐后。而一岁之赋，刻日告竣矣。是举也，微侯之体国恤民，无以成丰之好义，微丰之急公奉上，无以表侯之能官。即征输事，而上下相孚之道见焉。诚不可以无记，记之，莫如公宜。”言甫已，诸荐绅又前进曰：“父老言固善，然知其一，未知其二。夫害之不除，利何由兴？吾邑自乾隆辛酉以来，征收之法之坏极矣。胥若隶，耽如虓虎，奸逾狡兔，钻窦舞弊，难可究诘，日月朘削，遂使吾丰数万财赋，半以饱若辈溪壑，撑若辈肠腹。月一启封，始稍稍倾吐以相填，盖不足，又缓期以俟之，辗转迁延，如索逋责，听其取办焉，莫谁何也。当事者知其然，而事势已成，积重难反，甚且肘掣手棘，动辄有碍，不得已而姑容之，而又纵之，而弥缝之，只以当其身幸焉无败为庆。奏报之不时，方以为民之疲且玩也，而孰料其如是哉。侯之甫下车也，窃念古人有云：‘攻病者，必推其病之所自来，而治其受病之处。’故救天下之患者，亦必推其患之所自来，而治其受患之处。于是咨诹谋度，爬搔厘剔，如镜悬犀燃，一切魑魅鬼蜮，情态无不毕照。得其患之处，善其救之方，然后次第抵诸奸法，无滥无枉，而事以定。举数十年乱丝浊流，一朝解理而澄清之，丰民之患去，丰民急公奉上之真面目出矣。嗟乎！不遇盘根错节，不足以别利器。当侯受事时，倘尽发诸吏奸状，上之大宪，闻之朝伏，若辈辜骈首都市，籍所侵亏，惟有粮之家是问。民虽冤，无所措辞。前之莅斯土者，有典守议侯，且得为局外之观，心力不劳，而成功迅速，岂不甚便。而侯不为而甘为其难者，是固仁人之所存心，而其才之足以投艰遗大，亦概可见矣。昔李杲之令洛阳也，猾吏畏服。刘晏之治温邑也，百姓惠利。盖当年有所纪载，故千载下，因文考事，犹赫然如聆政声，为爱慕之弗置。然则题壁纪石之词，能无望于夫子乎。”余曰：“唯唯否否。”侯之造福吾丰者多矣。三年来，兴大利，除大害，诸所设施难掌螺悉数无论。余才谫，不得尽彰侯之贤。即诸公暨父老所称，当道大人，又稔知之，方且第侯上考，而以催科得法，除弊安民，人告矣。将来不次超擢，本令丰者为天下兴利除害，丰功骏业，勒钟鼎而铭旂常者，有在也。区区濡毫剡纸，以纪其一二，亦乌足为侯重耶。惟是立法难，行法尤难。为之前，莫善其后。他日法久弊生，厥患滋甚，举侯三载婆心，顿焉辜负，斯可惜也。大书于简，庶几后之父母吾丰者，披而览之，知丰民之忠上也如此，丰吏之滋弊也如彼。体侯心而守侯法，使狐鼠之奸，不复潜发，以蠹乃政、噬乃民，则其所以惠丰民、永侯利者，不大且远哉。诸荐绅偕父老辈，咸首颔称善，遂撮其语而记之如右。

卷之二十六　艺文志三

文类

目录

春风楼记　曹学佺
秋雪记　敖宗瑚
移建龙山书院记　袁守定
增建豫章考棚记　袁守定
南昌府学文昌后殿记　李钧简
迁建南昌府学崇圣殿记　万承风
古剑匣记　刘鸣鹤
姜溪范氏捐田修学记　王元驹
徐孺子读书台记　李培
龙头山记　杨其谟
重修南昌府学志道堂记　罗拔
狮山义学记　敖宗瑚
泰气岭记　吴居阀
丰城县重修学宫记　薛亭表
新创文昌宫记　朱霞
丰城新考棚记　杨道南
重修莲溪书院记　李南素
送江任之丰城序　曾巩
送习文质赴辟富州吏序　傅若金
前吏部主事熊利宾赴京序　朱善
送潘叔愚知丰城序　舒芬
白鹤观志序　张宇初
城丰颂德序　李贵
龙光书院志序　邱士毅
革编录序　史垂誉
仁丰录序　范显祖
龙洲志序　毛凤雏

邑侯刘北上德政序　杨其义
邑侯朱明序解组序　丁猷骏
梅先生碑　罗隐
豫章都督义宁郡公庙碑　李义山
尧岭重建碑　张鏊
重建熊坊石堤碑　甘绂
狮山义塾乐捐碑　徐秉霖
太阿剑铭　张协
晋征君罗山隐居铭　魏少游
罗山志跋　吴文
跋特建龙泽书院本末　柳贯
富州蠲金纪事　危素
上庙堂论楮盐书　徐鹿卿
与苏伯诚　杨廉
上薛侯论宽赋书　熊源
招剑江被溺诸魂文　满岱
剑池赋　李德裕
斗牛间有紫气赋　陈章
宝剑赋　达奚恂
丰城剑赋　陆游
丰水赋　王孝友
龙山书院赋　盛逢澜
广学额碑记　甘绂
九都学舍记　吕新
登楮山记　杨学澄
桂花相公记　章裕善
十一月视印于南康境上闰十二月到司谢表　徐鹿卿
万寿圣节疏略并箴　李启美
乞进览大学衍义补疏　唐大章
上李秦公书　揭傒斯
答胡汲仲书　揭傒斯
答李克斋翁书　李贵
敕赐贞文先生揭君之碑　程矩夫
熊与可墓志铭　虞集
送王司议季友赴洪州序　于邵

周圣任诗序　吴澄
丰城洪先生文集序　吴澄
范左司松溪诗集序节　虞集
送熊太古诗序　虞集
杨氏父子靖忠录序　邱士毅
纪忠录序　杨惟相
斗间宝气集序　徐鉴
南湖桥记　李裕
四川乡试录序　李遂
与县尹杨明斋书　李贵
圣瑞兴谣诗册引　邱士毅
心经注解序　胡学浹
题斗酒集　吴澄
跋李宗明诗　吴澄
兆启三洲赋　游潜
吁天词　游潜
上王相公书　李启美
改建雷公脑石堤记　徐清选
改建汤家巷螺蛳街石堤记　徐清选
改建大巷口石堤记　徐清选
重修龙头山三贤祠记　徐清选
重修文明塔记　徐清选
重修朱子访盛杰士处碑亭记　姚敏德
徐邑侯德政记　文炳汉
创建淇湖围石闸记　万骥
枫林聂黄氏义捐龙山书院膏火记　黄希灏
重建剑匣亭记　姚敏德
重修朱子访盛杰士处碑亭记书后　熊起凤
龙山书阮增膏火记　徐清选
逢原书院记　徐清选
重修城垣记　徐清选
重修县治记　徐清选
望堤阁记　姚志鹄
复图记　徐清选
沟渠记节　丁逢年

增补艺文目录

甘露赋　王季友
古函谷关铭并序　王季友
广已赋　胡学浃
与李巡抚书　李裕
重修西仓碑记　胡绪
丰城南馆记　徐文弼
驭夷操纵事宜札子　万启心
疏通水利论　周溯贤
重订龙山膏火记　张师亮
凤山书院记　王明璠
于家洲义渡记　唐先霖
矜济堂义冢记　阮克峻
移建大港口桥记　刘于浔
枫林桥记　吕光焕
重修城隍庙碑记　文炳汉
重修儒学记　胡苏亭
丰城新馆记　徐传冕
小港闸记　万时若
荷湖育婴会记　李庚
重修见罗先生祠记　李福亨
龙山义渡记　陈滋荣
育婴六文会碑记　哈尔噶尚阿
筹给育婴六文会善后经费谕　哈尔噶尚阿
兴复育婴六文会启　陆如照
先师诞辰祀田记　陆如照
陈相渡记　万时若
节孝总坊记　王明璠
宾兴会记
六团育婴会记　何人凤
重修金华山仙院记　杨春台
罗湖闸记　管平
育婴会记　孙谋
重修罗湖闸记　聂模宽
备育仓记　叶传芳

记

春风楼记

曹学佺

夫山诎水赢，则能荡之而来；壑深舟固，则或负之而去。故楼居为仙人之所好，而水上为知者之至乐也。余今年客豫章，住在东湖。友人李云将氏，门楣相对，一呼即集，时坐春风楼中。春风楼者，其尊人孟乾公之所创也。孟乾，一代风流，千秋命赏。铜雀春深，瑶台月满。常有春风微籁，被之弦歌，抽其景光矣。至今烟霜傍岸，犹疑绮障之施，凫鹤浮波，尚作清音之和者也。云将属余，所以记之。

余见东湖之水，信乎吐吞城郭，而嘘吸风云者，谁家别业？若个良工？只似秦娥背镜，孰肤黛光；吴驷过门，徒看练影者哉。春风楼若为东湖而设，而湖遂得为此楼有也。层构既崇，八窗自豁。堂丽而华，房密而曲。集珠履之上宾，拥翠钿之佳妇。玉杯范雪，银烛擎烟。中无不有，外别一区。天甘载浮，空廊受浸。树势半欹，苔痕画染。既风生其荐爽，虽月晦而驻明。东西两岸，俱有长垣，为公府之所筑，乃为我而隔市尘矣。西山逶迤而来，犹穷一抹，似露半眉。落日倒景，则出金翠之盛妆也。南面相对，其为长堤高柳者，杏花楼耶？云日在杏花楼时，作燕支色。其在柳树之上，依稀柳色也。东西水特宽，地势若少缺。湖中岛屿，有苏公亭峙之，望此辄有无穷之想。余一夕与云将泛小艇，问其处，西山霞气蒸人，中流闻箫鼓声，渺渺自空堕回，视春风楼如在蓬岛，而我辈已神仙中人矣。

秋雪记（乾隆三十四年）

敖宗瑚

岁己丑杪，秋望后，日渐燥烈，人不衣而燠。《记》曰：“秋行夏令，其国大水，民多鼽嚏。令行倒置，非宜也。”越廿八日夜半，狂风大作，连朝不息。寒逼甚，野荞被风摧落，无一粒存者。十月朔，宵大雪，深尺余，时距霜降仅六七日。雪下非时，或以为不祥，众皆忧之。考《月令》：“秋行冬令，有盗贼、边境土地之患。”绎其词，大为惊悸，予更忧之。越庚寅，春水暴涨溢堤，堤几圮未圮，如是者三。乃麦禾全稔，红莲如墉，碧穗如玉，木棉高下，累累如贯珠。夏秋之交，风雨依旬，商贾歌市，农夫忭野，香稻宜晚，豆花结秋，较往岁敛倍矣。尤可羡者，播荞野田，一粒百余茎，有半亩获一石余者，即薄田，亦不下六七斗，此不可书大有乎。环顾乡庄，皆有喜色。客岁之忧，直一杞人耳。今当圣天子万寿之年，泽沛八鸿，化光万象，广恩科而兴白屋，蠲常赋而乐青郊，即此秋雪，亦兆丰年，使后此尽如今，岂不世世承庥、衢歌巷祝也哉。是为记。

移建龙山书院记

袁守定

初，龙山书院距县治东北十里许，雍正壬子，邑侯刘公象贤，厘前明各宦所捐学田，得六顷有奇。岁收租息，百三十余金。延师训课，造就多人。然书舍未广，膏火鲜资，肄业者艰焉。乾隆壬辰，山左于公沧岩莅丰，尊贤礼士，时会讲于其地。山前上游新洲邑衿丁成等，呈入书院，计成熟地二顷零，岁收租息百余金，合旧可二百余金，除各公费外，岁余百五六十金。公爰集众绅，议于庭，谓国家造就人才，必须延名师、广学舍，多集生童，资以膏火。俾安诵读，乃有济。坐有徐生宗泰、余生立云，概捐白银各六百两，嗣是闻风起者，则有雷生清琦，捐银千两；周绅之桂、杨绅琦、熊绅云台、邹绅大红、任生高骞、熊绅珣、聂生因凤、涂生文灿、蒋生克禄、聂生守轼，各捐银六百两。李生甫余，捐银三百两。里民陈祖广，捐田五十余亩，庄屋、仓廒悉备。公乃佥举首事，择于学宫西龙门书院旧址，中建厅堂，后楼屋，接构厨房。堂各有阶，阶有槛，内外墀甃以石，迤东二十步为头门，仍颜曰“龙山书院”，志旧迹也。大堂之西，中为于公讲学处，后为义捐，诸公之先人贞珉在焉。前构房屋三班，分列书舍，凡三十六间，统计书院基址，广十九丈，袤二十七丈，环以石墙。堂后墙外有莲池，重蔽以墙，监门出入。越岁，大厦落成，二年而全工竣，约费银五千六百有奇，规模壮丽，体制宏廓，盛概也。余银三千余两，买田庄四百余亩，岁收租息三百余金，每岁敦请山长聘金俸银、供应酒礼，并条漕正供，约支银二百余金。肄业生童膏火、奖赏饭食、茶汤，规条悉具。斋夫二名，司启闭，月给工食，此初定之章程也。於戏！风俗之盛衰，由于士气。士气之隆替，借乎长官。于公莅丰六载，治具毕张，善难殚述。而于移建书院，尤悉心区画如此。德泽之所暨，宁有涯哉。然诸公之好义，亦大有力焉。他日人文蔚起，科甲蝉联，于以上报贤侯培植之恩，而副圣朝作人之雅化，不大为丰人生色耶？因乐得而纪其事。

同呈邑绅唐超、夏化龙、唐光岳、丁正士、陆士惕、葛邃、孙崑、杜煌、丁揆元、杜珩、葛蘧、陆秉烜、黄日山、李宗光、李士纮、唐光辰、蒋绍钦、李道昱、李显秩、皮声振、徐世复、甘如露、涂述祖、周枚、丁猷骏、甘时、黄鸣雝。

增建豫章考棚记

袁守定

国家取士之制，始授为弟子员，由是以次射取甲乙科。而弟子员，则三岁两录之，已录者，两试之，其制于学臣厅事前，建屋列席编号，使诸生依号鳞坐，摇笔弄墨，吟哦俯仰，抽思千人军中，以竭所蕴，谓之考棚。

豫章之有考棚旧矣。然局于地，规模稍隘。所为席号，大都出于在官人之手，版阅蹄而号挨挤，操管者不能舒肱，一人动则举坐为之不宁，此艾天慵所为备尝诸生之苦，其大较也。岁辛卯，曹竹虚先生，以江左名士，督学是邦。下车之初，见试院隘，为诸生苦，谋所以大之。一时中丞海公、方伯李公、观察欧阳公，相与玉成而鼓舞之。而观察署邻试院，又捐射圃余地为之倡。于是八属士闻风而起，乐捐者众。并有不假众力、独行捐办者，如吾丰诰封奉直大夫吕公名仕麟，其一也。资费既具，旋即偕八属首事之士，购民居，迁佛宇，合之观察射圃试院旧址，纵得地二十二丈有奇，横得地一十八丈有奇。凡建考棚八十有余间，得坐号三千二百有奇。栋宇坚宏，坐席宽厚，向之鼿卼不宁者，今且推之不动矣。向之不能容肱者，今且绰有余隙矣。丰之士，经前日之苦，乐今日之宽，既戴各大宪之德，又感吕公之意，思泐诸石，以垂永久，属余不文之言，志其崖略。

余思各宪之有造于我西江也甚夥，兹不殚述。述其大考棚一事，如吕公僻处井里之间，逖慕君子之化，奋一己之余，纾多士之困，是岂可不亟著之，以风后哉。吕公家故贫，年既壮，乃出其才，以殖家人生产，业而好行其德，不为财累。凡修桥亭、佛宇，与惠其乡之人，不一而足。今又捐千金事考棚，岂得不谓之义举乎？夫人情得之艰难者，恒自爱惜，而吕公善弃其所有若此，此其胸襟间，必有大过人者，是为记。

时乾隆三十有八年岁在癸巳仲秋月，邑人袁守定撰。

南昌府学文昌后殿记

李钧简

嘉庆六年，制诏加隆文昌祀典，增立后殿，追崇先世。春秋祭品仪文，悉视武庙。直省郡县，一体遵行。南昌为江西首郡，文昌宫在府学者，捐建有人。丰城例授州同金名标，偕其兄涟湖，乃独力建后殿。殿既成，适余奉命视学江西，呈请为记。

余惟学校，所以储才论秀，书升于是焉，出自科目。糊名易书，主者凭文为去取，而士之素行心迹，固必有神焉。司其衡鉴，以定予夺，故选举之权，属于有司，神实默相之，有以佐朝廷吁俊兴贤之化，其功不可没，其报愈不可不隆。今圣天子孝治天下，推恩锡类，大小臣工，必赠封其先世。况神默襄文教，扶翼昌辰，昭灵著迹，有功于国家甚巨，非崇祀其先世，何以隆明禋，而报丰功也。神肇迹于蜀，历代锡封加号，其司桂籍，实著闻于宋。故学官无不祀之，或以谓斗魁六星为文昌，主赏功、进爵。《周官·大宗伯》以槱燎祀司中、司命，即其神也。然星精降生为人，没复为神，往往见于传记。《河图》括地象曰："岷山之地，上为井络。帝以会昌，神以建福。"惟《诗》亦云："神之格思，不可度思。"恶可执一理以测之哉。我皇上怀柔百神，罔不受职。凡有以明刑弼教，秩于祀典，立制详明。惟神生为孝子忠臣，没司人间禄籍，英灵赫著，则因时定制，而加祀先代，用答神庥。所以作忠教孝，昭示士子，俾有所凛肃，而共奋修程也。而金名标昆弟，能不私其财，以仰副朝廷隆禋加祀之至意，而独力以成兹殿，可谓义矣。郡之髦士，敬仰明神，交相策励，彬彬兴起，忠君孝亲，以居公卿大夫之位，咸能树绩宣猷，赞圣化于永永无斁，兹殿之建，实有冀于郡士也，岂仅以科名弋获，遂为惠邀神贶已哉。殿工始于嘉庆辛酉年十二月初三日，落成于壬戌年八月，计费白金若干，皆金名标一人为之，并躬董其工，可嘉也，故为之记。

迁建南昌府学崇圣殿记

万承风

昔夫子行在孝，经天经地义之旨，于子舆氏发之独详。盖自天子至于庶人，上下古今，群奉为楷模。故后世崇祀夫子者，莫不追祀五王，以教孝也。

南郡为洪都冠冕，初立学时，典章明备，规模自具完大。久之，星移物换，渐积废颓，其间折栋崩榱，半侵蚀于庐舍。危垣断碣，半沈沦于蔓烟。即或存什一于千百，仅足供阛阓子之栖息、行道人蔽风雨而已。虽有修者，亦只存大成殿之体制，而他未遑及。以故崇圣一殿，僻处西边一隅，湫隘浅陋，甚非所以妥圣灵而肃瞻拜。岁己酉，欣逢各当轴清厘学宫故址，不惜翦荆榛、平瓦砾，毁迁贾肆，荡析民居，广袤共辟地若干丈，而基址乃增其式廓，都人士欲割地分建，诰封中宪大夫丰城吕君林育，怦怦动其孝思，欣然有事于崇圣殿，欲尽取其弦辙而更张之。由是度地之广，相方之宜，为之定志定墨，以植其基。其取材也精，其构局也密。率作省成，不遗余力。经期年而厥功告成，前临明伦堂，以作屏帐；又前为大成殿，相为表里。左右则文昌、尊经二阁，以资捍卫。中则列五王，坐东西，配飨则四哲先贤，两庑则诸子先儒。秩然焕然，堂矣皇矣，美哉，万世不拔之鸿业。以视向之地偏基逼，相去奚啻霄壤耶！为问所费之多寡，则置而不论。及微叩所自，则曰："实先人之赐。忆向初补弟子员时，亲捧白金千两，置予怀，盖谓其肄业费也。余惟是兢兢持守，不敢縻费。积之十年，累息共得三千余金，因谨贮之篦笥，以俟有大公举，则取而用之，以报我先君于地下。今幸施之有其地，发之有其时，君子之用财，惟其当而已矣。"乃尽启其藏而挥之，奚事斤斤握算持筹为哉。夫莫为之前，虽美弗彰；莫为之后，虽盛弗传。吕君始而善聚，既而善散，守成之力，与缔造之功，二难交并，愈深而卒相与以有成，俾后之子孙，登斯殿也，蔼然见先祖之遗爱油然，率乃父之攸行，将恢而廓之，其肯构肯堂，而足以佑启后人者，实大有造于吕氏家风也。吾闻君子善则归亲，归之云者，子无专制之义，其事显而易。又闻让善于亲，让之云者，子有曲致之情，其事微而难。古者，太史輶轩以采风，原欲发微而阐幽，余于戊午之秋，蒙恩典，试江左，旋奉简命，视学粤东，道经会垣，喜见众君子创建胜概，固已美不胜收。吕君，余姻娅也，得之最悉，而此殿之成，尤为克承乃父之志，而得以实遂孝思者也。因搦管而纪其巅末。

古剑匣记

刘鸣鹤

匣剑奇而古，原其所藏，有明征也。《易》曰："天生神物，圣人则之。"夫神固不可方物，而推本天生，则超鸿蒙、振溟涬，世人几莫得而知。抑有借人而作者，精气所聚，郁而成奇。如干将、镆铘，阴阳幻合，鼓铸分形，气魄沉雄，翻空而跃。匣斯亦所谓神物耶？史传张华与雷焕，夜观象纬，见斗牛间有紫气，按星次分野，以雷焕为丰城令。气乃勃窣狱中，掘地得石匣，藏剑二，因宝之。后携剑去丰，过延津，剑入水，化双龙而逝，而石匣犹存丰邑。丰邑旧治，在丰水以西。土脉疏衍，平地一池，广袤约数丈，湛碧凛冽，为剑池，即古掘狱处。石匣则移存于今治儒学斋舍前，同斋漆公适游剑池，归述所见，爰指示石匣，举而置诸亭中，绕以阑，属予为之记。予惟此地乃人文渊薮，文章光芒万丈，应上冲斗牛间。其鼓荡蟠际，亦如神龙之变化，风雨骤起，上下于天，不难也。其中深藏若虚，则石匣可举似焉。石匣窈然以深，舒而有容。盖韫藏者，千百余年而后腾踔，其紫气，韫之也愈厚，发之也愈奇，为文亦然。及锋而试，如太阿之出匣也，善刀而藏，不可测识。倘斤斤以炫于世，所得几何，而表见者，又几何也。夫卦画奇偶，圣人寓意深矣。圆神方知，彰往察来，经后圣递阐之，尚有余蕴。今帖括乃文之一端，精诣亦可通神，蕴蓄深厚，诸生可类而推之。既以此进质漆公，退而为记。至双龙朝故匣之说，仍存而不论云。

姜溪范氏捐田修学记

王元驹

丰邑学宫之建，肇唐越宋，历元明，以迄国朝，大修特修，不下数十次。而好义急公之士，接踵兴起，代不乏人。乾隆二十八年，吕绅仕麟，独力改葺，不惜巨赀，而于告成之日，未尝计及岁修之费者。以其先有蒋姓所捐大明寺田一庄，司教者收其租息，未雨绸缪，大宗细桷，可俾久而勿坏也。然于数仞之内，既勤垣墉，兼涂塈茨，岁之所需，有加无已。同斋漆君联璧，秉铎之暇，常与蒋氏在庠诸生商议完策，而蒋生沂，暨孝沅辈，复劝同坊姜溪范昌珍，捐田叁拾柒亩陆分，呈请归学，收租以为缮完之助。乾隆五十三年，署县丁尹录其事，详府入志，命余镌石以记之。余曰："有善倡者，必有善和，德乃不孤；有善作者，必有善成，功乃弗坠。若蒋、若吕、若范之义举，后先相济，真得有亲可久之道欤？"爰连类而质言之，以共垂于不朽云。

徐孺子读书台记

李培

凡人贵无位、高无民，其遁世之志，正恐逃名，而名或我随，岂乐留其迹于世者。虽然，人苟实有可见于后，即不求自见，而好古之士，或发其潜德、传其轶行，以为美谈。甚且于其经历之处，每不嫌附会，而增饰之，况实有其地，昭然在人耳目间，即儿童牧竖，皆能指而识之，而况其子孙之贤者，忍令湮没而弗彰也哉。

丰邑有徐孺子台在楮山。予莅是邦，暇辄访先贤名迹，得其故址，虽久废弃，而居人尚得指以告予曰："此东汉徐孺子之读书处也。"夫孺子当东汉时，非有功业震乎寰宇，不过荣华丘壑，甘足枯槁，保身怀方，自重去就之节而已，何以上下数千百年，而其名其迹，至今犹传不朽。予读书至《党锢传》，未尝不叹清流贾祸，若范滂、张俭之徒，清心忌恶，终陷党议，凡死徙、废禁六七百人。孺子当其时，先后为诸公所辟，俱不起。寄寓豫章，赍磨镜具以自给，卒之韬匿深藏，不入部党中，殆《易》所谓"知幾其神"者乎。故其节虽晦，其名益彰，又何必功业卓卓，始足不朽者乎。

台圮已久，予拟为修葺，顾未暇也。今其后人庠生名宗泰者，偕各支廓而新之，落成之日，请记于余。余曰："先生砥砺廉隅，其模范于数十百世者，不必以台著，而子孙弗侈前人，弗废后观。登斯台也，益叹先生之遗泽长矣。"

龙头山记

杨其谟

丰城北迤龙头山，嵚崎磊落，雄峙剑江，与龙凤三洲，形势相望。古谶云："三洲相连，必出状元。"故洲种桃，以属春官。贤宰当时，有"百里封疆十里花"之号，乃有四先生因三贤祠址，立书院焉。讲席既虚，科名特重。贤宰于此，宴宾兴之士，兆曲江春宴，亦以使邦人士，景仰三贤巍科，大名不一而足云。或言十里开宴，昉自熊司空遗事。初司空为诸生，明制，大比当汇考入闱。邑试之日，司空文不终篇，令窘促之，司空叹曰："此去当魁。"令激之怒，遂有十里待宴之约。既而司空乡捷，果第一，令曰："不可不留此佳话，以励后人。”乃俟司空鹿鸣归日，大宴龙头山，并告后贤，著为常例。至今丰城踵故事者，未尝不叹邑令之虚怀，而司空能定志业也。

龙山秀吞江表，南抱剑江之冲，北汇曲江诸濑〔赖〕。中有矶头壁立，树影横江，古屋插汉，是为龙山书院。而曲江东注，形如半月，曰“矶湾”者，皆所以蓄龙山之势，比之月映澄潭，此其大概乎。自朱子讲学，雪坡居游，大科及第。义山李氏，三贤并传，嗣是溯人杰者，每归灵地气。丰邑多形家，又累累指目，则龙头一山，虽欲不灵，而不得矣。山下之潭，宝光璀璨，世谓“金花潭”，潜有瑞鳞，潭深邃不可测，常出佳鲤，比凡鲤多一鳞，数不用六而用七，色亦金质，所谓“曲江鱼”也。罗溪产菜，并载《图志》，亦近山侧，而数千百年，江山如故，物换星移，岂山水钟灵，宋明独盛。扶舆郁积之气，乃至于今与？其谟于桑梓钓游之地，每乐山水傅会间，尝登望高冈，风帆沙鸟，烟波出没，凭紫阳遗迹，吊姚李故墟，而流风既渺，乃访遗书故家，句栉字比，又浮名夺我，学不逮文。兴至狂歌，每呼高山震、幽谷鸣，湍激濑，以自寓其胸中浩落之气。夜深奋笔，辄自鸣止，附诸井蛙闻见，以志向往。又恨与朱子生不同时，无从见其高第，问指归所自。惟此悠悠寸心，徬徨章句，惧买椟而还珠；易数寒暑，志有之矣。宝常弃于兹地，人载怀而孔悲，一同慨哉。龙剑千年，必征符应。关雎麟趾，鹊巢驺虞，文成致麟，理固始于所起，非妖妄也。余今蠖伏感山，闻里人言龙头山畔，风清月夜，波静影含，常有珠光出没。浴水章天，昭回云汉，盖山川灵气，磅礴已久。物钟于人，必有天生雷令，重获宝剑，探珠龙头山下者，至当不叹秀杰江山，寒光牛斗，一览而去也乎。龙山三贤，朱子其一。四先生者，谢、蔡、何、刘，皆邑令也。

重修南昌府学志道堂记

罗拔

学者志圣人之志，必适圣人之道。适圣人之道，必登圣人之堂。稽古士皆出于学，辩志考道，责重师儒。汉兴，去古未远，文帝初立太学，置博士弟子员。魏晋以下，递兴递废。由唐及宋，自元迄明，建学立庙，祀先师，封爵典礼，亦已隆矣。国朝叠次追崇，著为功令。师儒无阙，廪饩有增。於戏！何其盛也。

南郡为西江冠冕，建置规模，较他郡为更廓。自大成殿暨诸祠楼阁外，尚有志道。据德、依仁、游艺、崇礼、敬义等堂，环布左右。久之，风霜剥蚀，阶阤鞠为茂草。附近闾阎逼处，侵渔过半。有志者未尝不为吾道忧也。岁辛亥，欣逢各当轴清厘故址，谕令八属度地，广袤以次分构。吾丰轮得志道堂名，邑人士闻之，顾名思义，咸兴志道之思，合力竞输，不逾年而厥功告竣。堂成，属余纪其事。

余惟学所以致道也。道者，路也。舍其路而弗由，非道也。放其心而不知求，非志也。能志乎道，则心之所之，不惑于他歧，不夺于外诱，于以驯致，于据德、依仁、游艺之域，吾见处，不失为圣人徒，出亦不愧为王者佐。而谓区区借黉序为梯荣阶也，吾知免矣。抑吾更有进者，道为天下古今所共由之道，志为天下古今所共立之志，则堂亦为天下古今所共升之堂，匪惟吾丰人不得而私之。即阖郡士大夫，亦不得而私之。顾念业无专属，则责罔攸归。修葺之肩，将谁任欤？夫前事者，后事之师也。不有以废，其何以兴观。于今日之所以兴，而益惕然于昔日废之之故，善后有策，吾还与吾丰人共筹之。至若入此室处，则就课诸生，经年弗计，应试多士捷足者，先他而游闲，负贩、术艺、胥徒之人，概在所摈斥，试与诸同志约曰：凡入志道之堂，必皆志道之士，而他何赘为。是役也，始于壬子冬初，成于癸丑秋杪。两旁余地，其西偏，后为瓘山兵部职方司主事熊公梦符建竖；其东偏，则为茶坑谢君建竖，以备两学师送试公寓，故并识之。

狮山义学记

敖宗瑚

狮山义学，在今县治西南三十里，介古丰城剑池之东，中隔长安河，与龙光书院对峙。狮山云者，盖取诸象，如曲江之龙山云云也。学舍构于乾隆戊子之冬，因山麓之林势，沿而高下。前为魁星楼，中为讲堂，后为文昌阁，皆历级而上。旁翼以房庑数十间，左为迎薰阁，右为拜恩亭。缭以周墙，讲堂前后，植梧桐、桧柏、松槚之属。最后有石洞二，炎蒸时，入其中，若不知有暑者。墙外绕左，溪流一道，纡徐委折于前，可辟清池数十亩。溪流之左，有石磴磴之上，有石桥，皆异境也。西北诸山，如拱如揖，如翔如舞，皆献奇效，媚于兹山之右。昔人谓文藻得江山之助，人之杰，不有资于地之胜乎？

溯自三代而上，党庠术序之设，详且备矣。厥后四大书院既起，相踵而兴者，皆所以随地收拾人才，辅乡国之所不及。即以江右论，鹿洞、鹅湖尚已；他如南昌之豫章，吉安之鹭洲，赣之濂溪，所在多有。今狮山之为是举，特一方人士之创建，体国家化民成俗之意行之耳。其于鹿洞、鹅湖，相去远甚。然得有通经学古者为之师，于先正绪言讲明而切究之，安知鹿洞、鹅湖代兴者，不在斯乎，是在诸生勉之而已。

泰气岭记

吴居阀

予自都中归访友人傅君佐启昆季，于剑西之王田里，时尊公世长，具道其境内岭名“泰气”者，谓当春秋二分，岭上气清而盛，则兆年丰稔。又谓岭〔领〕有木，可愈疾。有泉，可明目。岩花山木，可当甲子。其岭之崒嵂耸拔，非陟其巅，不能尽其概。予时心向往之，遂相与取径往游焉。自是由麓而冈，而阜而岭，逦迤周折，不以里计。至一寺，谒其神，中祀元帝，旁祀雷王，晋魏间古刹也。是尝曰“雷王岭”。少憩而出，寺外古藤蟠结偃卧，若虬龙据高凭眺，荡胸生层云，俯视山林川泽，田里乡间，宛若清气萦绕满目，丰稔气象也。既乃扶掖坐巨石上，指点赣水若带，华山为屏。东则狮岭峥嵘，西则荷山叠秀，擅诸名胜，悉为兹山增色。已而长君指寺侧树，谓曰：“此愈疾木也，名木母。”予睇视久之。过山峡，有水涓涓焉，曰：“此明目泉也，名金公。”间亦有采枝汲泉治疾者。他如花鸟之奇，峰峦之秀，诸美不可胜纪。忽世长感而谓予曰：“斯岭僻处一隅，钟毓虽厚，仙泉嘉树，灵迹只为一方利赖。诚得广凡有岭者，占泰气，卜丰稔，产木母木，涌金公泉，共相却病，共相延年。登斯人于仁寿之域，岂不甚幸。奚沾沾泰气为？”予闻而嘉之曰：“见大心泰施而不费，是仁人之言也。当与斯岭为终始。”爰归而记之，世长，讳国宝，邑人，上舍生。

丰城重修学宫记

薛亭表

自古邦国之盛，肇于人文，人文征于学校。圣庙，学校之宗主也。丰邑自建学以来，历唐宋元明，人文辈出。孝子忠臣，理学名儒，以及掇巍科、登鼎甲，蜚声翰苑，奏绩部堂，邑乘所载，史册所书，班班可考。凡皆学校中人，莫非圣庙之灵爽所钟。顾金石有时而渝，丹青有时而蚀，不经修葺，何恃不朽。

历代修者屡矣，今自乾隆四十年重修以后，阅岁既久。五十七年，复经洪水冲决，墙垣廨舍，倾圮殆尽。封翁朱弼亭，触目警心，慨然出千数百金，为之倡首。司马金公（钝斋令嗣）、赠君万公（又晖令嗣）、州司马陆公楚野，名愿如其数，以襄盛举。遂从新重建大成殿，木石必择精良，规模益加宏厂。嗣是而乐善者众，若崇圣祠、东西庑、棂星门、丹墀、泮池、戟门、黉墙、礼门、义路、明伦堂、魁星阁、大成坊、秀杰楼、名宦乡贤祠，前后院地，向属草场，今悉铺以石。又增建尊经阁、忠义孝弟祠、剑匣亭，或一人独任，或一姓共修，或一坊公建，无事纠劝，不惜盈千累万之赀，接时并兴。夫莫为之前，虽美弗彰；莫为之后，虽盛弗传。前此之始创，而迭经修葺者，未尝不欲极其崇隆，而捐输有限，部署维艰。故规制尚未全备，今则拓基址数十余丈，增堂宇百数十楹，废者兴，缺者补，庙貌壮丽，黉序辉煌。於戏，盛矣！

钦惟我国家重熙累洽，文教覃敷。海隅山陬，咸知向学。圣天子缵承先烈，培养滋深。其文明大启，固极唐虞三代所未有。邑缙绅等，仰承上意，备极尊崇。行见观瞻肃而士奋兴，务实学，敦实行，入为名士，出为名臣。上副圣天子寿考作人之盛心，于以增美于前人，而贻休于后起者，宁有涯涘也哉。斯举也，兴工于丁卯之春，阅戊辰秋，而工皆告成，属表为之记。表以菲材，司铎名区，几及廿年，而躬逢盛事，其中心欣幸，不但如其口出，故不惭谫陋，而详纪其实云。

新创文昌宫记

朱霞

帝君上应张宿，故化身多姓张。灵异之迹，曲策多不传其轶，时时见于他说。或云生于周武王乙巳年，有金像息海波、白雉栖庐墓诸事。或云在宣王时，与尹吉甫同朝，以孝友称。后神游西蜀，为雪山大仙。或云晋太康八年，生于两越间，夜梦或为龙为王者，为水府曹元帝。南渡时，自称儒士，谢艾破麻秋于凉州。传言帝君七十三，化阴德传家，后显神于梓橦，所居曰“紫微垣”，亦曰“玉霄绛宫”。宋绍兴六年，进封帝号，司桂籍，掌文衡，由来已久。我朝崇儒重道，文教昌明。嘉庆六年，复诏加文昌祀典，增立后殿，追崇先世。于是，山陬海澨，莫不鼎新祠宇，玉阶七曲，丹桂千株，苾芬馨香，春秋俎豆，煌煌乎与圣宫、武庙比烈矣。

丰邑为文献邦，理学勋业，与夫忠孝节义、文德武功之士，冠天下。地灵则人杰，知紫气郁郁之发祥，有自也。旧有圣庙，无文昌宫。日久，圣庙垣瓦，亦渐就颓落。丙寅岁，邑荐绅先生谋新之，不旬日，云集响应，好义者毕至。或独建，或共修，费数万金。自圣庙至崇圣祠、秀杰楼、忠孝祠、明伦堂、魁星阁、考棚，无不高闬闳厚，垣墉栋飞云而桷飞翚也。惟文昌宫尚无所属，邑人士以为憾。熊公梦符，适归自都门，慨然出其祖扬铨遗金，独任其事。即日纠工庀材，于魁星阁东之隙地建之，并躬督其役。宫广邃各若干尺，中为桂宫，设神像。东窔西奥，共若干楹，旁设彩门二，后为先代殿，殿若干楹。与前宇比栉，刻栋雕题，皆作云霞鸾凤状，如见英英灵爽，驾白骡随二童翩然来下也。夫学宫诸役，经数十年凋敝而焕然更新，而桂宫以从来未创之举，一旦峻宇雕墙，与黉宫相辉映，此盖仰赖圣天子作人雅化，涵煦者深；而此邦人士之慕义向风，尤不可及也。斯固科名爵秩之阶梯，而异日者，道德勋猷，比隆前代，又宁有既哉。工始于丁卯月，竣于戊辰月，共费白金千百两。熊公梦符，邑之瓘山人，授兵部主政。其平昔好义乐善，多此类云。

丰城新考棚记

杨道南

县治东南百数十武，沙湖在焉。湖上有洲，为杰士盛温如故居，子朱子过访讲学处，曾留题云："万顷波光涵宇宙，数椽茅屋老春秋。"自宋迄今，六百余岁，波光如故，茅屋无存。溯人杰者，俯仰古今，低徊不忍去。

嘉庆丁卯春，邑人士修学、修《志》，二事并举。丰于财者，出所藏；能于事者，竭其力。慕义急公，交相劝勉。当是时，李氏昆季，俱客游未归也。夏六月，鸣岐上舍归自楚，南屿大令、寿亭司马归自京，兄弟皇皇若有所失曰："吾丰大义举，而吾不与，何以承先志乎？"盖其先符山封君有嘱云："邑多应试士，而无考棚，每临试日，设桌凳于衙署之大堂，及东西各廊舍，依屋列座，不免逼处。一遇风雨，廊檐间濡席沾裳，士多苦之。且雨甚池溢，昏暮上堂，交卷失足误投者，试卷常为水毁。他如争座位、索僦金，弊有不可胜言者。凡此之虑，皆由无考棚所致。吾尝有志未逮，汝辈其勉之。"邑人士闻者众矣，以南滥竽《志》事，且与哲昆交缟纻，佥举南往宣斯举。南冲炎至筱塘，上舍见，即问曰："考棚建乎？"南曰："未也。"兄弟皆欣然曰："吾有以承先志矣。"于是诹吉命工，罗材挽石，相与度地而建之。

旧有宫学，地在县治之北。上舍嫌其褊浅也，不足以深奥窔。又有义捐地，在城之南，上舍虞其面墙也，不足以拓心胸。乃出钱五百余缗，贸朱、夏、涂、黄四姓地，袤一百八十有二尺，广逊袤三十尺，缭以周垣，覆以陶甓，甃以红石。中建大堂，设暖阁，前头门，有门房，次仪门，辟户六。东西两文场计三十架，架四号，号十四座，统计一千六百八十座。后为阅卷所，庖寝圊湢咸具。盖取沙湖为明塘，尤取盛家洲为门境，树之屏墙。墙外置亭，榜曰"朱夫子访盛杰士讲学处"，共费白金一万有奇。

筱塘李氏上舍名凰，鄠县令名鲲化，即选司马名鸣皋，同承封君讳海麟号符山之志，所捐建也。昔少陵云："安得广厦千万间，大被天下寒士皆欢颜。"安得者，虚愿也。兹实见诸行事矣。此皆我国家教养之深，诗书礼乐之泽，遍洽寰区。故李氏兄弟继志乐捐如此也。丰人士从兹策力琐闱，联镳雁塔，以仰副圣天子兴贤育才至意，而追溯子朱子"江山余秀杰，人物尚风流"之盛，则考棚，真为人杰地灵也，岂不休哉。是为记。

重修莲溪书院记

李南素

书院，即家塾也。古无是名，至宋始盛。我李自侍郎公迁自湖茫，他务未遑也，而首凿地为溪，凡二百余顷。台于中，屋于台，而莲于溪焉。盖莲取其花中君子，使学者将学为君子也；溪取“源头活水”，使学者知吾道之有本也；屋于中，取其宁静致远，使学者无外物之扰也。大哉我祖创制命名之义乎。当是时，延周子谔以讲学，肖圣哲像以展礼，且资给四方来学者，人咸以“义馆”称之。文风大振，我李踵甲第者奕世，而他名公巨卿，亦往往出其中，是皆书屋教养之效也。岁久日湮，十三世大庙斋郎曰季荣者，移圣像祀于其家，宛然不失礼意。兵燹后，故址复荡析几尽。嘉靖乙酉，二十一世房县训导世有，时归休于家，谓世真、世和、世智曰：“先祖无美而称之，诬也。有之而弗知，不明也。知之而不举，不仁也。矧书屋，尤吾祖之美者乎，责在谁属？”遂捐十金余，以义劝族人间。有尚义以财力见助，益其址而宏之。构屋两楹，有廊、有寝、有爨。外缭以圃，种以树，赡以田，为学者资。仍植莲，以实其名。不期年而还我祖宗六百年之旧，诸子之功大矣哉。

吾尝有感于是焉。稽古创制之余，有刺史公之忠，有君伯、宜休、颖士公之俊。中有料院公之能，有辽阳公之清。至于今，而岂徒哉。是虽非祖宗开设书室之意，而实我李隆兴之一大验也。况明德新民，又圣贤一贯之道哉，抑又有感焉。后之为子孙者，知业于其中，而不知祖宗创制，不可也。知祖宗创制之意，而不知诸子所修，不可也。知诸子所修之意，而不知自修，不可也。何者？人人有书屋于己者，弗思耳矣，诚能穷理尽性，以修诸心；恭敬礼义，以修诸身；入孝出弟，以修诸家；忠君爱民，以修诸国，则书屋自我得之，而祖宗之意，始永永而无斁矣。否则，一虚器耳，修之可也，不修亦可也。是为记。

序

送江任之丰城序

曾巩

均之为吏，或中州之人，用于荒边侧境、山区海聚之间，蛮夷异域之处；或燕荆越蜀，海外万里之人，用于中州，以至四遐之乡，相易而往。其山行水涉，沙莽之驰，往往则风霜、冰雪、瘴雾之毒之所侵加，蛟龙、虺蜴、虎豹之群之所抵触。冲波急洑，隤崖落石之所覆压。其进也，莫不篡粮举药，选舟易马，力兵曹伍而后动，戒朝奔夜，变易寒暑而后至。至则宫庐、器械、衣服、饮食之具，土风气候之宜，与夫人民风谣、语言、习尚之务，其变难遵，而其情难得也。则多愁居惕处，叹息而思归。及其久也，所习已久，所蔽已解，则岁月有期，可引而去矣。故不得专一精思，修治具以宣布天子及下之仁，而为后世可守之法也。或九州之人，各用于其土，不在西封在东境，土不必勤舟车舆马，不必力而已传其邑都，坐其堂奥，道涂所次，升降之倦，冲冒之虞无有。接于其形，动于其虑。至则耳目、口鼻、百体之所养，如不出乎其家父兄、六亲故旧之人，朝夕相见。如不出乎其里山川之形，土田、市井、风谣、习俗、词说之变，利害得失，善恶之条贯，非其童子之所闻，则其少长之所游览，非其自得，则其乡之先生、老者之所告也。所居已安，所有事之宜，皆已习熟，如此能专虑，致勤职事，以宣上恩，而修百姓之急。其施为先后，不待旁咨久察，而予夺损益之幾，已断于胸中矣。岂类夫孤客远寓之忧，而以苟且决事哉。

临川江君任，为洪之丰城。此两县者，牛羊之牧相交，树木果蔬、五谷之垄相入也。所谓九州之人，各用于其土者，孰近于此。既已得其所处之乐，而厌闻饫听其人民之事，而江君又有聪明敏急之材、廉洁之行，以行其政，吾知其不去图书，讨论之适、宾客之好，而所为有余矣。盖县之治，则民自得于大山深谷之中，而州以无为于上，吾将见江西之幕府无南向，而虑者矣。于其行，遂书以送之。

送习文质赴辟富州吏序

傅若金

国家萃人材、广文治，然科举所取士有恒数。承平既久，士益自奋为学，举者日多。江西岁就试且数千人，而预贡礼部南人才二十有二，于是不能无遗才焉。朝廷亦恒视其能之小大所胜而录之，使各称其用。国初，定令儒生愿试吏郡县者，优庸之而不屑为者有矣。及比年幸进既多，正途日塞。持法者病其壅于治也，则闭之门，而固拒之，冀杜其滥，而儒者亦缘是而胥厄焉。凡子弟之有志禄仕者，苟非借世胄之资，其不由刀笔发身，则不能以达。吁！亦其时之使然与？识者知吏治之不可不资于儒也，顾名实何如耳。新淦习文质，将以儒术饰吏于富州，而问言于予，以别文质，尚究夫国家用儒之实哉。富为上州，虽大府不数舍，而远大臣之所监临，风纪史司之所纠察，行一政善，其上必先知之，行一政不善，其上亦必先知之，而黜陟系之矣。吏于斯者，可不慎乎。然文质以儒名者也，昔者孔子谓子夏曰：“女为君子儒。”文质之于儒，庶将为君子欤？毋使由他而吏者，得以借口，则岂惟一州哉。虽大府行之矣，岂惟一府哉，达上下行之矣。

前吏部主事熊利宾赴京序

朱善

友人熊氏利宾，丰城望族也。少与范氏元夫，俱受《春秋》李先生行简之门，为高弟，与予为忘年交，数十年矣。本朝洪武庚戌之岁，有诏兴学校、开科举。是时善以明经，为学校师。利宾以明经，中乡试第二名。明年，遂登进士第，授吏部司勋主事。在职逾年，以癯病赐告归乡里。居家日课子弟，勤诗书，务农桑，供赋役，澹然自守，无一毫舍己徇人之意。与善居相近，然各事其事，岁率不过一二会，而亦未尝一岁不会也。近年以来，县邑行乡饮之礼，则善与利宾为之宾。学校行释奠之礼，则善与利宾陪其祭。乡之俊秀，有业肄焉，有疑质焉，则善与利宾为之师。吾以为二人者，可以终老山林之下矣。十六年秋，朝廷有诏，求明经老成之士，府县搜寻不遗。是年冬，善与利宾同舟至于藩府，善以老病幸免，而利宾遂有京师之行。十七年春正月，利宾戒行且有日，相视徘徊不忍别，善乃从容谓利宾曰：“朝廷所为汲汲求明经老成之士者，岂以为吏民师乎？将以为天下学校计尔。《春秋》之学不明于世也久矣，兹行也，以子之学，施之乎学校，明道正谊之说，恳恳为学者言之，以正人心，以厚风俗，以育人材，使圣人治天下之大经大法，灿然复明于世，岂曰小补云乎哉。譬之美玉，为圭璧，为瑚琏，施之宗庙朝廷可也，而奚必韫璞于石之为贵也。”

送潘叔愚知丰城序

舒芬

天台潘君叔愚，以进士出知丰城县事。县之谒选于吏部者，李君璞、李邦秀、王公度辈来，谓予曰：“吾县在江西，虽与南昌、临川、安福号名‘四大’，今则民之困犹南昌，士之盛不及安福，俗之谚幸自诡于临川，其所谓厚民生、振士气，而益善其俗，实潘侯是赖，执事其代吾人以告之乎？”予非通世务者，其能以是与潘君上下其议论哉？顾以目击天时人事之不可晓者五事，为诸君言之，庶亦可告潘君也。

夫丰城为南昌属县，兵乱之后，水旱、蝗虫、疫疠，略无虚岁。民之转徙死亡，在穷乡下里，盖有萧然为狐兔蛇虺之场者。若以为阳九百六之会，人祸宜尔。则又今上中兴锡祚，皇明之世，此不可晓者一也。南昌税粮科则，以当时无首义，犒征汉之师者，故视江南诸县为独厚。然皆须农，焉出也？近者灾伤赈恤，辄及于市井隶卒之流，垄断商贾之家，而耕夫饷妇之填沟壑者，曾不得粒食，则亦已矣。然蠲租免税之诏，深意悯农，上下复雷同废格之，此不可晓者二也。水利之兴，以为农也。近乃堰文昌，以申风水之说。垱章贡之横流，以图必不可成之功。耗斁侵渔，动以千计，民劳而且怨矣。至于陂荡之浚，堤防之筑，真切利农之事，略不究心，此不可晓者三也。纲运以足国供，贡之义也。故时或重灾，亦不遑恤，夫何？民方倾囷倒廪，以求鸡犬一夕之安，而部使者辄复坐县厅，勤敲榜利，归于胥吏之溪壑，而置之姑息，此不可晓者四也。养军以卫民也，以不得擅调。而籍民以为机兵，则亦已矣。近者地方有警，复召乡兵，或父子兄弟之竭作，而责以死命，所谓机兵者，徒以环卫官长，且资迎送之观美，此不可晓者五也。予辟潘君抱博古之学，经世之志，固有大行之日。兹行也，虽牛刀小试若此类者，其亦肯虑及否耶？苟丰城之民安，亦可为旁州例也。诸君既有乡国之忧，其以此告之可乎？诸君曰：“是在潘侯也，愿次第之为序以赠。”

白鹤观志序

张宇初

自黄帝获鼎学仙，丹成而上升；继则周穆王作草楼召仙，而其说始殷。逮秦汉，求仙之盛，而方士迭出，谬以神异夸诞，取惑好慕之君，淆杂虚元之授，招时讪议者亦宜。然岂无真仙者，潜遁穷僻、遗名弃迹以修之，故其丹炉药臼、灵书奥诀，或秘诸岩洞，或留世隐显，虽其迹不同，自古相传，代有之矣。

江西丰城之白鹤观，在陈大建间，其地真仙甘君之灵迹也。甘君幼笃孝行，以闻于乡里。学道有年，闻旌阳许君善，往师之。许君与偕往，师丹阳女仙谌母，得秘授法，行日著。乃从许君积功江汉间，若其图松御怪、斩蛟蜃、祛蛇孽，以三尺剑致功，可益万世。其名迹垂之无穷，必然矣。况其功烈，犹有不能具录者乎。而许君尝有“净明忠孝”之法行世，其说皆本大中至正之理，非他，符诀咒步比也。甘君以孝行之著，成仙蹑空，其功与道，岂不得之忠孝尤多。矧仙之为超脱凡俗之径，未尝去人道，而必独善也。此甘君道既成，事母终而脱去，则可谓两全矣。抑凡仙真区，宅必山川雄胜，而丰城之佳秀，宜有以毓其质气而然也。

予今春，谒西山玉隆宫，还经白鹤观，虽风雨之夕，探采遗逸，尤有足起慕焉。其地虽处阛阓间，景物幽丽，询其两楹，乃吾祖虚靖真君，洼盈方丈其前，龙潭真君飞幻处也。道会邬某，耆士熊某，主观事，且出甘君所为丹经。洎观志，及真君与任首座书，言尤足以有发，而事毕名存，有不重为感惜者乎。越夏，某来山中，以《观志》请序。余幼嗜名山水，间以穷幽索胜，尝叹古今名迹不获遍览。若甘仙之神德优著，乃获读其言，履其境，叙不可辞，矧尤吾祖之遗声逸迹，间可以详夫纪载者哉。然某克尽其职，且编次成书，欲寿诸梓，可谓善究其本矣。使他日真仙之灵踪异化，与是录同其弗泯于吾道，岂不甚盛事哉，继者勉之。

城丰颂德序

李贵

嘉靖辛酉之夏秋交，闽广寇作，大肆掠于江郡。越月，陷乐安、崇仁、宜黄，咸以无城，寇入如墟，受毒加烈焉。丰故有土城，圮于水，且尽，旧址略存。先是，抚院何公，尝至丰，图所以城丰者，难其任，不果城。至是，羽檄交驰，邑侯王君徽猷上其事，抚院张公、按院段公，方以丰为虞，亟令城之。郡守怀南韩公，怃然曰："城守，余职也。余岂使丰无鸠乎。"遂诣丰，计度城役，略基址，揣厚薄，议远迩，程土物，罔有不亲。简邑民有力者，进之庭赋，丈受准直，丰庶丕作，属役于王君，临之以僝。厥事经始以八月日，板干方栽，寇猝分数千人逼丰境，邑民汹汹窜避。时公在棘闱，即请于按院出，亟趋丰，安集之，乃选健步，持虎牌，夜驰告寇将所入乡曰："无恐，纠尔众以捍贼，余尔援。"乡民稍稍聚观，咸喜曰："韩公来，我生矣，敢不如命。"贼间归报，亦惊曰："韩公故多奇智，畴敢犯之。"遂兼程过丰境，不敢肆掠，夜奔樟镇。宪佥卢公提兵来击贼，捣其巢，擒贼首以归，贼众溃去。

丰民安堵，公复来督其成，先是，公度费所出，枲庾粟近万石，两院下赎金二千，乡士大夫输俸以助役，共计得银五千有奇。不足，公乃悬象令，乡民不受功，愿以资佐者听。于是竞至，一一判之料量，惟平民咸乐输，而百费举矣。

城东南隅夹水，溯水而城，公虑其啮，令以石甃防焉。邑中洼而边亢，公虑水无所泄也，清故湖，使潴水焉，清故沟，使导水焉。筑陡门石闸，广旧以通于濠，使泄水焉。三逾月而告讫工。城围一千三百八十丈有奇，厚六尺，高丈六尺有五寸，内缩四之一，为门四，为小门七。是役也，工繁费巨，举之甚棘，而成之甚速，丰民不以为勤焉。公昔尝令丰，政务具举。以两造至者，日千百计，一目辄不忘。丰民盖詟服于公之威明素矣，敢不殚力以称上之任使。公益家视丰，而子视我丰民，凡以恤其藭隐、厚其藩卫、联其什伍、时其训练，胼胝焦劳，以保障我丰者，至周也。公辖八邑，乃于丰德加隆焉。丰民虽俎豆公于千万祀，宁足以报施哉。昔周中兴，山甫城，齐召伯城，谢而吉甫作《颂》以美之，克有辞于永世。公之城丰，其功等于齐、谢，诸贤良、文学各为诗歌以颂德，缅缅乎有周之遗音矣。博士周君望、钱君廉，汇以成帙，题曰《城丰颂德》，谓贵职，史也，征言弁诸端。贵方惭无穆穆之音，以扬诩公之伟烈，若城之颠末，固目所睹，记者敢僭纪之，以俟知言君子云。

龙光书院志序

邱士毅

神也者，不可知之名也，故曰圣。而不可知之谓神，曰至于龙，吾不知其能乘风云而上天也。故人神莫若圣，物神莫若龙。而圣人者，龙德也。神则化矣，化而有不化者，存也。吾乌知其所以然。荥塘，古丰邑治也，龙光书院在焉。宋绍兴时，里人陈氏构以乐群讲学，而祀先师孔子于其中者也。颜曰“龙光”，本高宗敕赐。旁有剑池在焉，剑乃龙所化、复化为龙者也。先师像，则当时亦请于朝，迎自阙里。章甫衮衣，端笏危坐，凛如生存。计当未易主以前，郡邑所祀，未有肖于此者也。

己酉之春，匡岳徐师，会讲于此，士毅从焉。肃瞻新庙，宫墙焕然，祗谒故容，光灵飒爽。已，散步徜徉，睹干、莫之遗踪，吊张雷之陈迹。顾诸君子，瞿然而叹曰：“神矣哉，丰之为邑，世代迁流，城社易方，陵谷易向，昔所辐辏，靡不荡为丘墟。独此两存者，相望于数武间，与天壤耦俱不朽，非天下之至神，其孰能与于此哉。夫子固称老子‘犹龙’，然老子弗能当也。不然，则非夫子之言也，意其徒所为寓言者乎。至如仕止久速，环中而应，潜见惕跃，与时偕行，吾夫子乃真龙耳。顾其厄于匹夫，而老于行也。犹龙之隐于剑，而沉于狱也，其一试而仅于堕，都却莱，诛正卯，成三月之治，不能挽周辙于既东，而鲁亦终以不竞也。犹龙剑之出，仅能映发精芒，以供达人奇士之佩服，不能戮晋室之群奸，而茂先且无以卫其躯也。夫天未悔祸，神圣无所措经纶，譬天方蕴隆神龙，能自为霖雨乎。惟是道垂万世，揭日月而中天，至今山陬海澨，靡不禀仰素王之尊，而沐浴至圣之泽，即龙之精灵，往来六合，而乘风云以上天也。未足方其景耀矣，此龙光书院者，几经兵燹，而像以不毁、堂以复新，与剑池一勺之水，不竭不塞，而相为无穷也。此化而有不化者存也。自非有至神者主之，何以及此矣。”

方今承止修之学，而得其宗者，吾师也。吾师还里之年，适书院落成之日。于是俨然主鬯，以妥圣灵。四方同志，不谋而集。自朱紫阳以后，继见于今。傥亦有延津剑合之意乎？陈氏子孙，肯堂以绳祖烈，宾礼师儒，羽翼圣统，行当有以文章道德，振扬令绪者，兹可券而俟也。事具吾师自为记中，已复胪列故实，而为之志，命士毅序之，爰以管窥，谬当剑吷。

革编录序

史垂誉

宗侯莅吾丰七年，弊剔利滋，政成人乐，百姓熙熙然，始有乐生之心。会天子笃念元元，慎简守令，择天下户口殷繁、赋役错杂难理者，约三十郡，敕院部及督抚大臣，各举所知，需次待铨，并严举主，盖其慎也。江抚少司马郎公，推择治行尤异者，以侯应焉。越明年，侯遂膺大原之命，闻报之日，阖邑绅士民庶，皇皇如失怙恃，计叩阍借留之不得，方合谋肖侯像，生祀之，乃侯犹手一帙，沥陈上台，欲为丰民计久远，则编佥事也。夫丰民，自罹兵燹以来，田庐荒烬，闾巷丘墟，野有废井，村鲜炊烟，小民旦夕待尽。侯下车，招徕抚绥，不遗余力。如建庙学、创公堂、清丈量、宽里役、筑堤垱、豁虚丁、除荒芜、犒兵丁，种种善政，更仆未易数。而独编佥一役，则侯手挈斯民于水火之中，而登之衽席者也。

丰邑旧例，照粮佥役，名曰“编佥”。始未尝不善，行之既久，因缘贿脱，田连阡陌者，超然役外；其穷乡小民，目从不识官府，未免假手猾蠹，而窭人丐子，鹑鹄为侣者，又累累然以身试法。加以输纳后期，耗费百孔，其一败涂地，则捐身家性命以殉之。甚则株连蔓引，迄无成绪，而公家之事日益损，波诡云谲，不可救药。侯始莅丰，问民疾苦，慨然复“官收官解”法。往岁值役者苦费，然而费在民，十之九，费在官，十之二三。今官府身任劳瘁，而践更之役，民亦乐酬。雇直以佐县官之不逮，惟侯公明足以破奸，通敏足以集事。而臬臬一篆，方与清献同其夜告，故数年，漕艘衔尾，早得竣事。吏不打门，而犬不夜吠者，皆侯之赐也，而予于此有深慨焉。语曰：“有治人，无治法。”盖法以立政，而人以权变。有百年起弊之人，而无百年不弊之法。在昔差役雇役之法，宋司马君实为相，苏子瞻为侍从，犹争辨于朝，至谓：“岂今日作相，不容轼尽言。”而编佥与官收官解法，在吾邑亦屡变，而未睹其成。曩予公车时，亲见法善，而行法者未善，其害正等。则法之宜民与不宜民，可垂永久与不可垂永久，皆视侯为政，而不在乎区区之法也。他如驿马、邮夫、输镪、茸庾诸役，俱厘革宿弊，通变咸宜，百姓皆得安其田里，而无愁叹之声。今勒诸贞珉，以垂久远，固甘棠永庇之庥也。侯行矣，处数年膏腴之地，而两袖清风，萧然垂橐，尚拮据假贷，以充行李。今兹以治丰城者治大原，汉制，二千石有治理效，辄以玺书勉厉，增秩赐金，或爵至关内侯。公卿缺，则选诸所表，以次用之。颖川、渤海，光照简编。后之继此为政者，芳规具在，较若画一，则侯之衣被吾丰也远矣。

仁丰录序

范显祖

余伏处衡荜，蒿目时艰。每闻赋蛇政虎，惄焉忧之。如吾丰，沙田瘠土，水旱频仍，较他郡独苦。所尤患者，近今编佥之役，书算之弊，堤垱之患，虚粮之累，轮充赔贼，倾家丧命，祸害相寻，不啻病膏盲。嗟乎！丰邑亿万人之害，亿万人子若孙之害，甘心受之，卒无一言救之者。幸辛卯夏，忽闻有邑人士万崇仰等，以数事上陈，览揭词，激切周详，真若流民绘图，金城方略，因私喜曰：“丰民其苏乎？”粪虫至秽，变为蝉，而饮露于秋风；腐草无光，化为萤，而耀采于夏月。一得之愚，深快舆心。既而又自疑也，兴利剔蠹，易俗移风，虽上下有同心，然自上而下者，其势易，自下而上者，其势难，况乎宿蠹难除，有怀莫诉。加以粮书泊户，积猾奸胥，盘据其中。辄以守旧之说，蒙蔽当事。至如开国功令所重饬者，首以编佥为禁，一概置之，而四患且将与丰邑相终始。今为此揭者，虽条晰利害，叩天哀吁，亦安料其说之必行乎？乃幸遇按台张公祖，捧简书来江以西，亟宣王命，远犹辰告，嘉惠斯民。政清弊扫，凡属宇下，固已雷动风行，人忻再造矣。顾下采刍荛，深加俞纳。敕以其事，行县集议，而宗父母乃得以痌瘝斯民之意，条晰具详，其言曰：救弊贵于不偏，立法期于可久。毋使一时奉行，久将更易，盖真经世之訏谟，而宇下之至计也。复议四款，俱蒙批允颁行，且令勒石刻书，以示世守。今而后，始可知也。贞珉不朽，渥泽尝新。将群邑之士民，群邑之士民之子若孙，咸尸而祝之、社而稷之矣，余言又多乎哉。然而微按台公祖，无以成宗父母之仁；微宗父母，无以遂万崇仰等之请。事有以一物而成三善，一日而垂百世者，此固不多觏也。余奉假归里，适诸父老刻书以请，余故乐道而详志，且又闻古人有云："救既败之事，如驭临崖之马，毋轻策一鞭。图垂成之功，如挽上滩之舟，勿少停一棹。"遵守而奉行之，毋负当事者一片婆心，尤所望于后之君子。

时维顺治九年壬辰季冬月上浣之吉。

龙洲志序

毛凤雏

康熙五十一年，遣使分绘各省舆地，予得览江右全图，中绘龙雾洲，仅如指面，噫！亦极小矣。小则何足志？然滕王阁以王子安一序，黄鹤楼以崔灏一诗，他如愚溪钴锅潭，以柳子厚诸记，俱得流著后代。地以人传，不以大小论也。

予童时，随先王父汉生翁，闲步洲中。每至昔时繁盛，今鞠为茂草之地，辄倚杖指述，俾小子识之。稍长，读其《龙洲怀古说》，盛衰之感，三致意焉。回忆曩之所指，历历如在目。前因思自有兹洲以来，不知几经代谢矣。汉唐以前，已渺无可考。逮至宋元明，始多见前贤题咏。然予从屈生汉青见所抄《龙洲八景》五言古各一首，格颇清老，忘其姓字。后汉青物故，从其家索之，不可得，是知吾洲艺文散佚、荡为灰尘者多矣。今所存，不过什一于千百耳。又昔时，邑修志书，适予他往，未与其事。洲中有前明登仕版者数人，虽官止佐杂，亦在入《志》之列。以旧《志》失载，今又未能登入，同归湮没，为感慨者久之。予撰《志》之思，已胎息于此。以南北奔走，促促未有暇也。今年自滇中解组归田，闲居无事，因捡旧时所存诗文，益以续所采收，并其事迹人物，有可载记者，各分门类，排纂成帙，名曰《龙洲志》，聊备一洲掌故，俟后来修邑乘者之采择焉。

夫洲居水陆之冲，在国朝初年，兵燹之后，凋耗已极。迄今百余年来，人皆没齿不见兵革，服畴食德，犬卧无惊，共享宁谧之福，于以休养生息。土著之民，始有起色。虽故明旧观未之或复，然文人韵士、孝子节妇之流，足以标声望、光史册者，后先迭出，岂非涵濡于盛世之雅化者深欤？昔李去非书《洛阳名园记》，后谓洛阳之盛衰、天下治乱之候也。园圃之兴废，洛阳盛衰之候也。今于吾洲亦云，读者于此，可以观世变矣。

邑侯新安刘安吾令君北上德政序

杨其义

乾隆癸丑之夏，侯来治丰，讲求地方利弊。先是，二黄垱决，民困于水，田不可殖，数百里突无烟。侯悯之，乃绘图，详请大宪具疏于朝，发帑修筑。侯区画督理，暑行赤日，寒冒霜雪，八越月而堤成。吾丰民咸欢欣鼓舞，来暮兴歌，共名二黄垱为"刘公堤"，拟纪侯功德，勒诸贞珉，以志爱戴焉。但侯之善政，不胜举，爰采民讴，以著其实。有曰"河水汤汤，舟游木末；谁实安澜，维侯之德。"有曰："我卧于于，我觉徐徐。虽千百世，无迁我居。"有曰："东门之蒲，其叶旎旎。伐以为鞭，民生其耻。"有曰："钟则以扣，冶则以镕。猗欤文翁，化蜀之功。"凡如此，是皆有感于中，而发于不容已，故同声相和，无异词。居无何，侯以丁艰解任，三年中，两遭大故。我丰人佐侯之居忧，致奠扶榇执绋，不啻如丧其祖父母焉。今服阕北上，丰人士每谓朝廷以侯治丰，起波涛而衽席，必将再莅吾邑，俾丰民长得所煦妪，或曰不然，侯政迹卓卓，为治行最，内宽仁而外持重，伫当钦取，以待不次用，非丰所得私也。与其私侯之德政，以宰一丰，何如公侯之德政，以宰天下乎。天下幸，不犹吾丰之幸哉。爰偕邑荐绅人士，祖帐津亭，志其德而序其去。

邑侯朱明府解组序

丁猷骏

士君子绾尺符，宰百里，为地方经理久远，不必有赫赫名。而其功之不可磨灭者，纲常名教也。丰邑，古繁剧地，号称难治。论者谓琴瑟不调，必取而更张之，此能吏所以见矜于操切，而邑愈不治。丙寅岁，朱明府以世家英隽，来宰吾丰。洞见治丰之所以然，以为邑有学，纲常之地也，邑有志，名教之宗也。二者不修，治失其本，邑不可得而治，遂汲汲然以此为邑人士劝。邑人士初难之，议营建，则如道旁之筑室；议文墨，则如稷下之谈天。侯皆不鄙夷其议，一商之，再商之，勤勤恳恳，舍短集长，而人心响应，乐输者计数万金。辐辏奔赴，以襄厥事。凡学宫、考棚、邑乘，次第毕举。其董理，则择邑绅耆旧中之有声望者为之，遂能相与以有成。噫！侯不求速效，何其效之神速如此耶。然则，丰之治，不必在更张也。事垂成，适侯以他案罣吏议，泯泯然去，邑人士咨嗟叹息，以为侯之功不几泯乎，然何可泯也。董子曰："正其谊，不谋其利；明其道，不计其功。"惟不计其功，而侯之功在纲常名教者，为更深远也。侯留会城，交代竣事，将告归，丰人士皆翘首企足，无能留之，因图其像，并缀诗歌，而命予为之序。

碑

梅先生碑

罗隐

汉成帝时，纲维颓坏，先生以书谏天子者再三。夫大政虽去，而剑履间，健者犹数百位，尚不能为国家出力，以断佞臣头，复何南昌故吏，愤愤于其下，得非南昌远地也，尉下僚也，苟触天子网，突幸臣牙，止于殛一狂人、噬一单族而已。彼公卿大臣，有生杀喜怒之任，有朋党蕃衍之人，出一言，作一事，必与妻子谋。苟不便其家，虽妾人婢子，亦攖挽相制，而况亲戚乎，况骨肉乎？故虽有忧社稷心，亦禁而不吐也。呜呼！宠禄所以劝功，而位大者不语朝廷事，是知天下有道，则正人在上，天下无道，则正人在下。予读先生书，未尝不为汉朝公卿恨。今南游，复过先生里，吁，何为道之多也，遂碑以吊之。

豫章都督义宁郡公庙碑

李义山

都督谓谁？豫章罗睺也。按睺，字公布，为浔阳临烝侯周法暠后。陈宣帝时，以军功授开远将军，除信雄将军，使持节豫章，都督十郡诸军事。廉明公恕，岂弟爱人。狱讼庭决，不关吏手。政简刑措，民无纷华。于章江立义渡，以便往来；于剑池东北五里许，浚流入长乐港，灌田千顷。民怀其惠，爱之如祖父。仁寿元年，为东宫右虞侯，率进义宁郡公，食邑一千五百户，予邑亦附食邑也。炀帝即位，汉王谅反，诏副杨素讨而平之。复讨谅余党，军于绛、晋、吕三州，为流矢所中，卒于师，时年六十四。豫章民追思之，予乡于曲江，立碑颂德，并祠之。南唐时，予邑令冯公仪、胡旗塘可行，重整庙貌。今罗塘胡伯仲，偕同族进士胡大训，继而新之，征予记焉。爰系之词曰：

挹尧山之特秀，继罗峰之绝学，跨曲镇之高风。漾半月于有形，彻三潭于一色。浮光耀金，静影沉玉。天泽恩波，一碧无际。此诚江南第一景，而水乡佳处也；此诚贤牧万年祠，而清辉佳处也。

尧岭重建碑

张鳌

洪都南行，循章江百里而余，有山自筠州东南出，与江会。其峰最峻，而岿然特立者，尧峰。武其峰，自麓而阜，仅二千。而环数百里，无以埒，故以峰名。其下龙洲东浮，鳜岭西峙，罗阁二山，秀出天外。西山象潭，诸丘拥屏，叠嶂前后。赣江独渊然澄焉，凡兹邑之沃原膏野，对兹峰若冠弁，所谓胜地者，信然。山隶丰城，南新皆密迩。自宋绍兴，有学佛人即其上构禅院，又尊祀尧帝，故名之曰尧峰。至元末，其禅院毁于兵燹。天顺间，僧普辉复之，绵历如线。嘉靖初，予过之，见其荒榛白雾，颓垣圮宇，一二衲衣予迓，皆喏喏奄奄，若不谋昏旦。予既去，留京师十年，人为予道兹山灵发，有精于佛大千者，自匡山来，倡其徒数百人，孰伐山，孰陶孰工，孰金帛，孰糇粮，数百里而集，孰大夫士数百千人，而业于成也，予闻之甚喜。又二十年，予归自留都，问所谓大千，还寂久矣。夫理寓于空虚浑沦，其动物之端，不二也。必有专固其思，奋励其行，而后无不兴也，矧勤于吾儒者哉。工始于庚戌，迄于乙卯。殿若干楹，崇以高闳，缭以周埤，封以嘉树数万株，相度区画具宜。大千可谓劳且贤于其徒矣。嘉靖壬戌春，予偕从兄一松居士，与其友可闲者游焉，皆壮其胜，愈乐之大千之徒宏希、宏祥辈，指草间石，谓予曰："师待此以瞑目。"二人即应声强予，又再月书之。大千，讳明照，即天池寺僧也。

重建熊坊石堤碑

甘绂

自古大臣之丰功骏德，焜耀天壤者，未有不惰殷国计，念切民依，而以兴利除害，为汲汲也。以治水一端言之，叔孙敖起芍陂，则楚受其惠；范希文筑海堤，则民享其利。虽数千百年之久，犹歌咏于人口而弗谖，无他，其功德不仅在一时，斯民之爱戴，亦与之俱永，而不仅在一日也。

丰邑当五水之冲，恃一线长堤为固，而熊坊挡尤为巨患。万历末，邑侯徐公扬先，易土以石，民荷其生全者，百余年。雍正壬子春，冯夷肆虐，冲决无遗。多方修筑，旋修旋决。于是议者泥贾让治河之策，谓不与水争咫尺之地，纡筑数里，以避其锋。而熊姓百余户，叹其鱼矣。然使堤可恃无虞，熊姓虽宛在水中央，亦不敢怨。卒之倾圮，仍复难保，其故何欤？盖此处之水，会数郡之流，汹涌而下，其势剽悍，必得所御而后止，譬暴横不循理之人，未可专恃柔以制之，让之愈至，彼益得以肆其毒。惟敌之以刚，彼势无所逞，自敛威以去，特敌之正非易易耳。欣逢大中丞岳公，以叔敖忠君惠民之心，行希文先忧后乐之志。我江右之民，已咸登衽席矣。深念丰邑水患，治之宜急。兼悯熊姓，不应竟委之波臣，成竹在胸，了如指掌。爰不惮劳瘁，亲往勘验，擘画已定，商之各大寮，请动支公帑，用为一劳永逸计。疏上，制曰可。遂委分府汪公宗沣、叶少府霖董其役。而主之者，邑侯杨公志道，辅之者王赞府璜也。不徇纡筑说，断然沿熊姓所居，卫以石堤，坚厚闳伟，视旧堤十倍。又于湍激处，建石埽以杀其势，俾从前狂澜，遂庆安流。是役也，经始于乾隆三年秋，落成于四年冬，盖由大中丞仰体圣天子轸念苍生之忧，而劳心筹画。贤属员又共体大中丞抚恤赤子之惠，而竭力赞襄。所以民财不费，而大功克就。熊坊居民，相与鼓舞欢欣于其际。或曰，是宜碑以纪厥事。或曰，口碑载道，奚用石为。或曰，口以餍闻者之耳，石以快观者之目，两存之，以志我丰人之爱戴。而功德之垂，当与芍陂、海堤并传不朽矣。先是，署府董郡侯文伟，实始其事，小民亦至今尸祝不忘云。

狮山义塾乐捐碑

徐秉霖

国家隆师重士，畿甸郡县有学，都邑建书院，又命民间置社学，培养善类，有加无已。卓哉，纯王之治矣。丰邑分坊有九，吾坊由一都至九都，延袤数十里，村居数万户。列庠序、应童试者实繁。岁、科两试，一再会晤。暇则人自为学，家自延师。若王政所云联善气，殊未备焉。非所以体熙朝“云汉为章，寿考作人”之至意也。

岁丁亥，余读《礼》家居，同里诸君子欲创义孰，培植后进，择地于狮山之阳，商诸余。余跃然曰：“是诚仰副圣主教民善俗之道也，是诚古君子以善先人之谓也。是诚《周礼》所载联师儒、联朋友之义也。”余乡，干、莫钟灵，代毓英俊。宋高宗书“龙光”匾额，赐荥塘陈氏义学，子朱子过化其所，一时人文称盛，运会递更，故址犹存，今诸君慨然倡义，谁谓今人不逮古人耶。夫龙光创于一姓，其事难。今则合坊为之，事较易。吾乡素称好义，乐佽者必多，余喜兹事之崇王道、教同乡，易于有成也。爰偕诸君子，亲阅其地，详势布曲，庀材鸠工，不数月而厥功告成，甚盛事也。继自今，创于前者思善后，踵于后者思继美，一切规条，诸同人酌古宜今，共摅良谟，勒诸芳珉，无俟余赘。异日成就多才，联翩艺苑，本善乡以善天下，上襄圣天子纯王之治，共推吾乡之多伟人，而精教术也，是则余之厚望也夫。

铭

太阿剑铭

张协

大阿之剑，世载其美。淬以清波，砺以越砥。如玉斯耀，若影在水。不运自肃，率土从轨。

晋征君罗山隐居铭

魏少游

开元间，都督吴君兢，表征君罗先生所居之乡曰“诏贤”。陈太守黄仲昭，已封先生墓。今大历五年，余与观察李君泌同守斯土，表扬潜德，责居守之官，榜其书舍曰“罗山”，盖因先生而名其山焉，并刻石于隐居之左，俾李君书之。

先生以饱德为膏粱，以令闻为文绣。知有道义，而不知有天下。知有学问，而不知有功名。富贵不能淫，贫贱不能易，诵其诗，读其书，以求尧舜之道。

跋

罗山志跋

吴文

嘉定癸未，秘书省行下郡县，取晏元献、王荆公、吴虎臣、何月湖文集，并罗正仲所撰《罄沼集》《罗山志》上之。予郡文学，益重于时。夫正仲之《罗山志》者，南城聂定斋、陈千峰序以美之。而虞省斋、危贞白、邹悦道辈，又均宝而藏之，盖以正仲远祖文通，养德兹山，以学行名于晋。旧《志》载，山高则里有二十七，周回则里有百九十。跨抚、吉、洪三州之境，端秀浓丽，省谯望之，如初出芙蓉，为一方之望。山水源虽同，流派则异。而暗坑，而罗陂，而东塔、龙潭，而左港、大港，合临水，是为山川之险易奇胜者。若徐氏死节于建炎，王世雄之寇并邑，闻人咸具斯《志》，足以昭往信来。且核而不诞，直而不诬，斯备矣。咸淳初，家颐山谓，乐公史记《寰宇》，晏公作《类要》，亦概举郡国之纲矣。曷不用情州闾，网罗旧闻，详著列编，以发挥宗国之盛，岂二公心在海内，不周于小。与正仲虽周于小，然考草庐公则谓亦周官之法度，不可废者。后逮至元教授杨峭峰《续志》，则采焉，可以观信后矣。

《志》志罗山，南境属抚州，旧收今仍存之。

跋特建龙泽书院本末

柳贯

当胡文定公与其子致堂先生，留馆龙泽山中，正绍兴初议弃地讲和时也。其假辞《春秋》，著王霸内外之略，君臣父子之伦，以窃附于复仇之谊。今其书列在学宫，则是龙泽山中，一草一木，犹能知公措辞之严而执义之正也。而况故老袭传，汉南州高士徐孺子，亦尝读书其地。先贤轨躅，宛其未泯而可忽哉。里佳士熊若明，能兴其景行之思，割己田以荐祀事，贤矣。曼硕内翰，又能倡诸乐善之友，身任买地建祠之责，岂不尤贤乎。藐兹晚出，滥竽劝学，敢三诵《缁衣》之章，以庶几乎闻风于千载之下，而有窥伊洛渊源之所自，在此而不在彼也。

富州斸金纪事

危素

至元十四年，分宁县人商琼者，谋献利觅官，乃诱湖南淘金工易彬等三十余人，至丰城县之长宁乡留台居焉。又募其乡人傅寿等，穴山溪、畚沙石，习淘金为业。岁责输浮办金四两，重请行省，署淘金场，县中领之。而琼洎阮祥者，实司其职。然丰城之金，仅仅取之不足，以更费于时，虽竭力淘采，地道空虚，不克供一岁之入。琼稍患苦之，适使人走他州购金，以实其数。久之，惧其妄觉，又诬富民地有金，掘其庐舍冢墓，劫取货贿，蕲增广岁赋入，以锢其事。于是尽力掊克，请增输金至二十五两九钱，重以为己功。乡民甚恶之，而亡赖者景从日众，至三百三人焉。琼又为之请于有司，岁复其役。丰城既无金，群转走饶、信、徽、衢、婺，江南康、蕲、黄，岁掠以进琼。琼输官，而攘其赢，由是致富。会张国纪守抚，好言利。二十四年，行省用其言，置金银场于乐安县之小曹溪，课富民淘金输官，程所入多寡而免其赋。于是尽檄取丰城淘金工，往教习焉。琼益以聚敛为功，复请增金三两一钱九分六厘重，总之为二十九两九分六厘重矣。琼因求迁小曹场官，兼赋丰城金，而丰城淘金场遂革。是时丰城升为富州，官复烦淘金家以他役，始不胜其苦。而汪寿、李仲、何文明等百余人走光州不返。余徒业者相继，琼亦去为盐场官，而富州金遂无所从出矣。小曹官属，惧其久而累己也，募其邑人阙德韶，言于省，谓龙兴路贡赋，岁属兴圣宫，则富州金，不宜附隶抚州，盍从富州输之龙兴路为便。行省用其言，下其数于富州征之，延祐四年九月也。琼始征金时，至是四十余年矣。即复求三十余人者，多闾阎细民死徙亡后者焉，有后而乞丐者又有焉。根连其宗族，蔓延其姻党，亦有窘乏，至杀子女以拒胥徒之隳突者。乃抑令五乡二十七都之役于官者，代输之。凡金一两重，费至元钞多至百二十贯，总之为钞三千六百贯矣。因之破家者，又比比有焉。于是民之荼毒，有不可胜言者矣。州人思脱其祸，若王季常、王元实等，往往开陈于有司，有司稍集父老议，虽悉其弊，然莫肯固请于上，盖自富州再征金，至是又十有七年，乃始得揭车之言行焉。始车尝言于奉使宣抚，又言于监察御史，号叫顿首，乞去民害，触御史怒，几得罪。赖龙兴推官李崇德、莫维崇力争御史前，得免。至是乃言于张公荣，及平章全公岳柱，而二公深哀其言，于是其事乃得上闻。而州人数十年剥肤椎髓之害，始一旦脱然矣。噫！商琼不足议矣。彼天子之命，吏牧此民者，视其困苦，漠然不以为意，独何与？诚使士之居于乡、立于朝，皆若揭车及授经公傒斯其人，岂有知而不言者哉。风纪之司，藩辅之宰，皆张公、全公其人，岂有闻而不行者哉。今富之人，感三公之德，而壮车言之力，相与刻石以垂永久。素于是重有感焉，述文以慰州人之心，而学士大夫播之咏歌，以通讽谕，以示劝惩，未必无小补也。全公，回纥人，后终河南行省平章。张公，河间人，后终司丞。揭公今为翰林待制，车其从孙云。

书

上庙堂论楮盐书

徐鹿卿

某投闲穷谷，外事无所预知。其得于耳目所接，有可以上助听闻者，非因附递，无由登彻。今之大计，惟楮与盐米而已。盐价之穷，不知者专咎朝廷，其实固不尽然。然朝廷何暇与百姓分说？两月以来，江西旧楮，收拾几尽，价增至百九十矣。新亦与之俱增，此浮盐之功，而大丞相救内弊第一事也。楮于是可扶持矣，存旧所以扶新，减旧所以扶旧，旧于何而减，曰当取十七，界腐烂甚者，揉而为纸，而存其坚完者，以当小会，迟之数月，二百之价，可以次增。旧之增，即新之增也。第有利，必有害。苦于食淡者，江西、湖南为甚。然救得楮弊，则暂时之害勿问焉，亦可也。抑古人有言："若弓之张，谁能弛之。"官价增重，岂朝令实然。自将军州郡，夹杂亏减，而又取盈于是，积而至此，所谓疑似致谤是也。某前所议，浮盐以为价愈高，则私贩愈争，必使官价小平，而后私贩自止。比见违禁者，鱼贯于路，深望朝廷思所以为弭争之道。私牍公文，言之详矣。尝蒙下赐钧汗，以为边事息则罢之，有以得丞相之心矣。不谂今岁边储籴本如何，若二事已定，则自丞相行之，自丞相弛之，使天下晓然知卖盐所以收楮，则正大明白，孰不惬然心服，皆将谓经纶老手，所以开阖斡〔幹〕旋者，有非常情所能窥测，岂不甚盛美矣乎。江西早禾，仅尔中熟，晚稻未保。其往六十万之籴，为数已多，亦须以早降本为先。出位僭越，等祈钧察。

与苏伯诚书

杨廉

执事为白鹿书院起废，俾士子讲明朱学，甚善。比到洞中，见杰栋一新，青衿大集，甚慰甚慰。更闻向日，周、朱二先生之祠，杂以陶、李诸人，执事分两祠以祀之，尤是。但今两祠并峙，一门共入，殊无差别，而于尊奉二先生之意，似犹欠专。今不若改门，正对二先生之祠，其陶、李之祠，从旁而入为当。又二先生祠，宜以黄榦、李燔、张洽、黄灏、陈宓等配食，诸人皆晦翁高弟，尝讲学其处，乃不得分一席而坐。而陶元亮之隐节，李太白之文章，独得俎豆其间，不亦有轻重之失伦哉。《宋史·道学传》，黄榦，字直卿，闽县人。尝入庐山，访其友李燔、陈宓，讲《乾》《坤》二卦于白鹿洞，山南北之士，皆来集。李燔，字敬子，建昌人，郡守请为白鹿书院堂长，学者云集，讲学之盛，他郡莫比。张洽，字元德，清江人，尝为白鹿山长。黄灏，字商伯，都昌人，朱子守南康，执弟子礼，质疑问难，及《宋史》列传，陈宓，字师复，丞相俊卿之子。少登朱子之门，长从黄榦游，知南康时，造白鹿洞，与诸生讨论，其略如此。冀执事更考而并祀之，庶无遗恨，不具。

上薛侯论宽赋书

熊源

源迂拙，无似闭门读古人书，从不敢履州县之庭，非惟处女之戒宜然，诚自顾此中有不暇耳。乃者，水旱洊至，民不聊生，蒿目乡邻，不堪流涕，终夜废书而叹，莫可谁何。积其愚悃，不自已已。虽被以滥事之名，加以狂惑之罪，源不惜也。源闻民者，官之所养。朝廷建官，大小相维，凡以为民而已矣。古之牧民者，其爱之也切，其虑之也周，故未荒有备，不临事而张皇，当荒有救，不仰屋而愁叹。天有水旱蝗螨之灾，人有赈货蠲赐之策。彼岂不为朝廷惜财用，顾区区之费，未足易吾本计焉耳。及至后世，则不然。平居美衣甘食，何者不取之民。一旦民以凶荒告，则曰此天也，人如之何。是民养官于无事之日，官弃民于有事之时。求之事理，夫岂宜然？此有识君子之所不忍为也。

惟我父母，岷峨间气，川蜀名儒，出宰方州，人歌召父。前年之荒，给民以粥，常平义谷，平价予民，则可谓有救民之术。事平之日，招商补买，未尝复扰穷民，则可谓有养民之心。考之往古，汲黯发河内之粟，富弼收流散之民，不过如是而已。父母在侧，赤子不呼。闭目哀号，其谁引手，此源之所以痛哭流涕而欲一言者也。虽然，今日之事，有法令限制而不得为者，有机会已过而不及为者，如此之类，虽言何补。惟得为而尚有可为者，则不得不于父母有厚望焉。夫财赋者，天下之大命也。朝廷以是为重务，官司以是为考成。统之户部，分之藩司，责之州县，顾岂一日可缓哉。然而取之必有其道，操之在得其源。古今之称善理财者，莫如唐之刘晏。晏之言曰："户口滋多，则赋税自广。"考其理财，一以爱民为先，盖财必出之于民，民必出之于土。有民而无土，与无民同。有土而无民，与无土同。故操术有源，其源莫先于爱民。方今之势，谷价不过五钱，穷民终朝不饭，父弃其子，兄弃其弟，抛荒田里，露死饥寒。卖女鬻男，插标满市，称贷无门，典质无物。春耕迫矣，牛种两无。甚至白昼市肆中，攫人之货，恬不知耻。加之疫疠天行，家传户染，病卧满床，医药莫给，民当此时，如溺于水，如热于火，其既危且急矣。老父母亦耳而目之矣，其将往而援之欤？抑将坐而安之欤？有私于父母者，曰财赋天下之重务，不可不急。源恐逃亡者，法无可加，仅存者，死亡自待。区区社保，亦穷民中之一民耳，其何以堪，亦惟有死与逃而已矣。向者，民顽日甚，逋欠日多，父母不得已而设法以耻之，立赏以劝之，宜其感激乐输矣。乃耻之而不知耻，劝之而不加劝，岂丰民之卒不可化哉。抑饥寒切肤，廉耻有不恤耳。然则追呼而逋欠如故，刑重而民气益衰，荒其田里，罢其职业，天虽有秋，民复无年，逋欠无已日矣，老父母其何以善后？源尝考之，宋有破分之例，明有民欠之条。累朝皆有成规，今日岂遂无例？维兹旧欠，尧俞良法，可仿而行。至四十五年应征钱粮，涣发大号。一则谕以父母爱子之诚，一则示以朝廷催科之典，力可给者，俾其麦熟，十输二三，不给者，概俟秋成，就令事势牵制，万不可已，而别有贮积，则权宜代解可也。官无他蓄，则设法宽民可也。父母留心爱物，岂致束手无谋，变而通之，惟此心耳。而又假义谷以救其急，招远商以安其心，劝富室以通其财，则民无官事之扰，有朝夕之资，得自求牛种，尽力耕作，稼穑登场之日，逃亡户籍，闻风来归，民感更生之德，必输将恐后矣。如此上有理财之实，下有救荒之仁，今铨选慎重守令，拊髀循良殿最之余，必蒙显擢。将业与汲、富争流，功同刘晏。不敝老父母，其何惮而不为，或曰，子言则然矣，父母则听子矣，其如藩宪不可何，源则谓藩宪不可者，毋亦虑，官吏之欺诈耳。今吾父母积其至诚，感动上心，则今之藩宪，犹吾大父母也。恶有大父母，坐视其子孙之倒悬，而不一解者哉，必不然矣。至于近年以来，风俗日坏，流品莫分。差提欠户，需索多金。穷民比酒，引类呼朋，如此贪利嗜餐之徒，抑亦父母清廉之累，苟一振而举之，则民受实惠矣。乡曲书生，不通当世之务，凡所陈说，不知可行与否，就令可行，亦其大略也。伏惟父母体上天好生之心，念朝廷建官之意，大加裁择，详审后行，以富、汲救荒之策，立刘晏理财之名，而无使丰民之听命于天焉。愚生幸甚，万民幸甚。源言狂计拙，伏俟罪罚。

文

招剑江被溺诸魂文（乾隆十六年清明日）

满岱

天道好生，人事多失。忠信莫凭，坎窞偏密。嗟此剑江，驶流常溢。猝遇风涛，舟子乏术。漂泊西东，顿友鱼鳖。白马津寒，黄熊渊阔。自昔为然，于今尤烈。正月下浣，渡航尽折。拯救七人，余沉波泽。茫茫平沙，悠悠过客，孰策之来，孰从之棘。命也如何，莫逭人百。遗蜕斯寻，曰返尔席。渺渺游魂，如梦初惕。不有觉之，长夜何极。节届清明，我心悱恻。用设酒醴，大招幽宅。谇曰：短蓬断兮日落晖，魂旌摇兮涕零而。江流逝兮靡所依，杜宇号兮不如归。醉颜酡以解愠兮，曷歔欷；毋为厉以安命兮，淡忘机。

赋

剑池赋（并序）

李德裕

丙辰岁孟夏月，余届涂丰城。弭楫江渚，问埋剑之地，则有池存焉。感其至灵之物，亦有沦弃非遇，识者无由振发。虽人亡剑去，而故事可悲。因维舟，俄顷为此赋云：

天地神物（旧《志》作“鬼神”，今依《省志》作神物），龙泉太阿。光耀时促，沉埋日多。往者紫气冲星，时人莫识；吴已亡而气存，宝乃隆于敌国。既精感而上达，当龙变而不息。未遇风雨之会，尚假雷生之力。岂通塞之有时，何显晦而难测。我不自振，掘之而得。虽潜朽壤之中，靡受莓苔之蚀。诚宜英主用之，提携指挥。内以靖诸侯，外以服四夷。为东序之秘宝，备有国之光仪。一见留于邑长，一获佩于台司。始谓伸于知己，终乃屈于不知。既而长鸣玉匣，跃入涟漪。化锋锷兮奋迅，焕精光兮陆离。垂尾沧波，断鲸鲵之族；矫首清汉，耆江海之祇。昔时在狱，今成废池。宝常弃于兹土，人载怀而孔悲。况乎耶溪水涸，赤堇山闭。巧冶既没，作者旷世。风胡已远，壮武复逝。斯物倘存，知者谁氏。惟人代兮去不留，嗟双剑兮焉可求！

斗牛间有紫气赋

陈章

天空原清，剑气方呈。始象夺朱之色，末知埋玉之情。氛昏乍歇，淮海初平。贯牛斗于九霄，正当吴分。藏鹿卢于午夜，远在丰城。历彼岁时，间于躔次。雄铓既表乎潜感，灵物日悲乎遐弃。增华台室，方期独见之明；流彩天阶，乍惑众人之意。思上彻而既久，欲旁求而未遂。谓绕枢之电，郁郁弥彰；想干吕之云，亭亭自异。殊祥可验，直质不渝。委照自归乎有晋，藏锋若避于亡吴。对西揭之星，望何劳于尹喜；临北走之塞，相宁借于风胡。观其出以标奇，凝而成象。既蜿蜒而久郁，亦瞳胧而再朗。陋日中之青晕，每驻寥空；掩天际之绯烟，潜通惚恍。光而不辉，昏以为期。漠漠而沦精讵灭，昭昭而默识犹疑。东方未明，始讶乎气之聚也。地不爱宝，益见乎天将假之。仰观列位之中，俯叶偃兵之后。利刃犹郁，清时幸偶。宣精溢目，乍殷银汉之留；侔色卫身，未配金章之绶。其象也甚殊，其明也则逾。愤陆沉于江表，结一彩于天衢。凌夹月之霞，徘徊碧落；透霭空之雾，隐映白榆。永夕犹存，奇光尚匿。齐效珍之金景，鄙如虹之玉色。不因槎客之犯，如遇雷公之识；倘观此以见求，冀龙泉之可得。

宝剑赋

达奚恂

剑之利者，有丰城之宝锷。夫其始也，赤山破，耶溪涸。洪炉洞融，金景煽烁。虽发挥于人事，乃兆朕于天作。尔其为状也，锻霆电，明秋水。杀气森映，光辉四起。欧冶失律，风胡愕视。岂徒决浮云、绝地纪，若斯而已矣。尔其大运回薄，陵谷推迁。东南地没，不知夫数千百年。腾精动地，直上冲天。斗牛之间，夜熊熊然。异金陵之浮玉气，同宝鼎之在汾川。本之浮精萃灵，刚柔必备。明而用晦者，君子之时义；穷而待达者，丈夫之志事。兼此数德，难乎见弃。知我者寡，大赖张公。每读旧史，多兹感通。不觉毛发尽竖，起雷息于胸中。迨夫发蒙泉，开珌匣。文积幽翳，上藏鳞甲。磨厉毕兮见文章，摇白日兮星煌煌。锋棱可畏动人胆，表里分明照眼光。黄金装兮绿龟饰，荷提携兮耿霜色。岂辱命于洪造，冀成能于武力。君其试将倚天外，不日为君清绝塞。苟军国之用在，岂能雌伏于一代。

丰城剑赋（过丰城作）

陆游

在晋大康，观象者曰：“夕有异气，见于牛斗之躔。”时方伐吴，或曰：“吴未可平，彼方得天。”独张华之博识，排是说之不然，迨孙皓之衔璧，气益著而不骞。于是雷焕附华之说曰，是宝剑之精，维太阿与龙泉。卒之衔获于丰城之狱，变化于延平之川。世皆以为是矣，千载之后，有陆子者，喟其永叹。夫占天知人，本以考验，治忽卜运祚之促延。彼区区之二剑，曾何与于上佐。若吴亡而气犹见，其应晋之南迁，有识已悲宗庙之丘墟，与河洛之腥膻矣。华不此之是惧，方饰智而怙权。呜乎！负重名，位大吏，俯仰群枉之间，祸败不可以旋踵，而顾自谓优游以穷年。夫九鼎不能保东周之存，则二剑岂能救西晋之颠乎。使华开大公，进众贤，徙南风于长门，投贾谧于羽渊，则身名可以俱泰，国家可以两全。彼三尺者，尚何足捐乎。焕辈非所责，予将酹卮酒赋此，以吊吾茂先也。

丰水赋（省志误为徐鹿卿作）

王孝友

豫章古号勾吴附庸，自江北以徙建，即南昌而分封。汉锡以富，晋命曰丰。梁暂畀抚，隋复隶洪。圻渊洄洄，镇山崇崇。既焘社于爵列，亦要银于县公。起造物之休息，产人杰之冲融。经学齐缓，衣冠鲁风。仕少宦情，俗与古同。操觚怀铅，莫备形容。粤自丹阳启土，长睨中夏。命干将于吴产，资越工于欧冶。凿泰騩以出铤，詠风胡而定价。发龙渊之新硎，与太阿而更霸。愕千仞之壁立，浩万折之倾泻。惊屑越于兕甲，指飞飚于驷驾。火精潜閟于吉土，晋旅瑟缩而退舍。武皇筑宫以旌异，章帝亲题而赉下。何灵物之铲迹，沦古犴而不赦。紫气轮囷而贯斗，寒芒剡奕而争夜。孔章雪锷于久蛰，壮武服之而惊侘。始丙粲于北岩，终耿光乎少华。眷天宝之必复，骇延平之倏化。凛冲气之攸在，非见骤而惊乍。玩双镡之书赞，岂取次而假借。乃若池山濯秀，浴日芙蓉。真灵所栖，厥惟始丰。新郛是营，永徽僝功。江水径其北，曲江汇其东。带二水之交流，襟三州之长雄。洪澜舞蛟，巨堤眠虹。下千艘之粲白，动樯牙之飐红。灌输辐辏，泉货阜通。若夫晚濑无波，夕景涵空。听烟外之鸣榔，认鸥边之短篷。仿佛笠泽，依约吴淞。晞濠上之游鯈，亚洞庭之橘宫。竦跂前闻，侈观后躅。威凤巢其高冈，鸑雏啐于幽谷。窖栖神丹，渊生金粟。药石镂赞皇之赋，宝室快涪翁之读。鳌扉之文如在，骑省之颂可续。词工长善，诗妙群玉。俯墨池以心敬，軡孝泉而貌肃。乡标长乐，里揭长安。洲既雾龙，社亦歌鸾。精行达孝而锡封，寿春羁忠而列仙。追宪表之清风，诵少陵之大篇。记河西之新幢，哦出塞于左贤。嗣银管之遗响，证丰碑之瑶镌。或居乡而化行，或启宇以旁延。忠厚策勋于读敕，信谊成德于同年。徇一节而尸祝，壮九拜而极言。伟三称于郎宿，赫再忤于师垣。诗矜豪于痛饮，赋夸雄于会蘁。续硬语于溪堂，悟赏音于平川。句折良史之奇，学富尊经之篇。或交臂于射乡，或冠伦于黉省。伸谠议于礨磋，建远图于榷茗。钦孝著于宰木，慕廉称于安定。燹妖像之眩俗，斥丛祠之干正。或垂车于五龄，或用钺于百乘。裁效牵之络绎，予蠲除之侥幸。外夙著于模楷，内兼优于文行。扁华椽于补史，勖师说于西江，咏春还之清诗，讽金影之名章。议论欲超于峨岷，种艺或规乎寿张。堕谪仙于樊楼，精象数于草堂。书衰至孝之通神，卒感仁言而弗忘。睇黄墟之高标，想西陂之逸韵。赋严濑而轩渠，诵赣滩而奋迅。慨玉楼之感歌，吊竹坡之形影。揭诚斋之墓表，哦水心之篇咏。宜蛮觌德以心化，淫灏收波而神听。或遵养于宋府，或厌直于仪曹。指退轩之奎文，问竹坡之诗豪。或廉问于两骖，或通梦于三刀。莫不富水其清，猴峰其高。位不满才，荣未副褒。或嘿或言，各惟所遭。道有升降，一人之本。薰然慈仁，告新令尹。雷裴显晋，张柳称唐。亦有朱冯，可以播扬。诗称水部，律进奉常。或振廪以同食，或鞭石而周防。盱南称陈，临汝表江。返俗习以改纪，乐半环而祀王。赞府景伯，专撒有唐。非无印曹，上坡位杨。亦有少仙，宋刘相望。宛其风流，膏沐流光。巍巍寓公，赫赫明府。于昭大兴，发扬溥诩。鲁无君子，斯焉斯取〔取斯〕。

龙山书院赋（以潜见飞跃霖雨苍生为韵）

盛逢澜

访形胜于吴皋，拱崻嵲之巨瞻。步章亥于北隅，亘蛰蝼之龙潜。尾泥蟠于乌土，首昂起于山尖。老蛤护其爪牙，新洲滋乃涵淹。木扶苏而繁英，森然树鬣；草髿鬖而滋茂，纷尔飘髯。曲江映而百折夭娇，状三停之蜿蜒；密岭绕而千岩巑岏，类九似之威严。青脑浮光，云从雾集，金潭澄影，波静风恬。夫其高耸蓝天，胜跨赤县。孕鸿包异，泄秘钥于斯文，毓秀锺灵，聚精华于硕彦。爰卜吉而拓基，乃崇观而创院。岩陁甗锜，栋宇上出重霄；摧萎崛崎，楼台下临芳甸。层冈衡阀阅，不殊桂殿兰宫；峻路启窗扉，尽入南金东箭。地灵人杰，含成体而灼爚；天宝物华，散成章而隐见。则见鹅湖仿佛，鹿洞依稀。春诵夏弦，续户发戛铜之响；弹琴咏瑟，纱窗闻吹竹之徽。未止夏氏之庭，垂照邵窝；不窥叶公之牖，来仪董闱。显捧垆衔烛之长，银缸夜灿；被缃裘白文之里，藜阁烟飞。榜额挂疏棂，参差顶头尺木，繁星浮远渡，炫耀额下珠玑。俨腾起而奋迅，忽惊是而疑非。吾想玉历回乾，春容的皪。洪波汹涌，水泉动而漂流。黄甲方张，嫩柳舒而繁弱。群葩绽而争妍，野兽驯而绰约。轻条象云构，映星斗之光芒；密叶成翠幄，环鱼鳖之跳跃。霞朝升而布锦，翱翔武功之池；雾暮霭而成罗，出入兰陵之郭。登临助乃吟咏，游赏增其骇愕。若乃祝融节届，盛暑方临。阳酷烈而蕴隆，悬天门之火照；气浮蒸而洒润，沛大地以甘霖。彩散云衢，飞来绕佛坛之侧；翠干岳麓，潜饮入渭水之深。畏波竭于海底，避雷捕于檐阴。迨夫律应清商，火流天府。鸟降汉殿，紫辇驾王母之云；枫落吴江，红蕊来华山之雨。光彻疑于见芥，蟾窟月明；浓香宛若焚涎，邓林桂吐。悲凋伤于玉露，孰知换骨之奇；发呼号于金风，谁犯逆鳞之怒。赤虹冲汉，安公驾反于仙宫；黄舳眠江，陶令花开于菊浦。至于日行北陆，事柄乾王。寒冽冱凝，收敛风云之色；阴气沮泄，潜发天地之房。白鳞缤纷兮残雪，玉爪精莹兮挠霜。石崖散九色之斑，倒悬江碧；水筋长五花之树，遥映穹苍。洲堵冯隆，爰隐形而容与；岛屿绵邈，乃遁迹而徜徉。迟骖乘于群帝，列九馆于洞羊。回眺冥蒙，历四时之变态；旷瞻迢递，森万状之抢攘。虽然，地以人而乃胜，感触境而亦生。惟兹书院，势踞苍精。非借三贤之遗泽，奚留百世之香名。今者崇祀俎豆，岁事含萌。璇室窈窕以婹娟，早裕凌云之客；洞房叫窿而幽邃，必无暴鳃之英。争怀瑾而握瑜，竞义耨而礼耕。志诚慕乎尚友，情岂夺于尘缨。作警枕以励勤，迹希钱氏；时长吟而抱膝，卧类孔明。利见在田，必兴怀于德普；讲经倚砚，应自抱夫幽贞。吁嗟乎，鸿者不逢，谁令守宫之长；僧繇未遇，孰点乐安之睛。然而，杖掷长房，应乘化于葛陂；剑佩雷焕，终腾舞于延平。层台冒云冠，指顾弹冠在位；飞阁缨红带，转眸束带登瀛。飞砾起而丽天，有待隃麋；冲飙陵而回日，端赖管城。

广学额碑记

刘乃牧

雍正二年三月朔日，皇上临雝，念海内应试童子人多额少，有垂老不获一衿者，特命直省督抚，会同学臣，核查人文最盛之州县，小学改为中学，中学改为大学，大学与府学等。直省大臣，恪遵恩诏，檄各州县，据实呈明。

于是丰邑廪、增、附生员黄逢年等具呈词曰："为圣朝人才日盛，大邑泮额宜加颁恩，详请以光文治事。窃惟玉种蓝田，肯吝连城之价；珠探沧海，忍遗照乘之光。此汉家选举茂才所由隆，唐室增广生员不容缓也。丰邑壤接八县，地分九坊。自双剑化龙，肇兴文运；迨九雏随凤，瑞启休明。在七十八县中，夙号山青水秀；环三百余里内，颇称户诵家弦。徐清正之理学经纶，同时如李义山、范旂叟之流，名贤辈出。揭曼硕之文章德行，后此若杨月湖、雷古和之属，英杰挺生。溯恭斋之流风，名标鼎甲；缅朱公之芳躅，望重文渊。廿有八人，压群英于同省；一科双解，凡再见于先朝。况值昭代，文教诞敷，才猷蔚起；兼逢列宪培养有素，士尽可观。雁塔名中，魁南宫者，惟让一士；鹿鸣宴上，捷西江者，首冠群英。虽曰玉堂木天之登，只能数符鼎足；若夫琼林杏苑之选，实已踵接泰阶。故综阖邑之中应童子试者，约二千余卷，而计黉案所录隶诸生籍者，仅一十五人。即云三年两场，为时无几。然而百难一遇，入彀孔艰。所以皓首穷经，叹一衿之难得；青云有志，阻半璧之未登。纵使技擅雕龙，因限额而见摈；甚至才堪绣虎，经屡挫而改图。情实可矜，爰莫能助。久欲条陈上请，幸逢恩诏下颁。雪案萤窗，咸扬眉而吐气；黄童白叟，尽稽首以腾欢。普天仰纶綍之音，学分三等；敝邑极幅员之广，例增五名。恭遇师台，加意作人，留心造士。倘邀转详广额，俾得游泮璧以采芹；庶几上进有阶，其勉取青紫如拾芥，则胶庠永扩，巍绩与罗峰而并高；多士衔恩，濊泽同剑水而不息矣。"

惟时本学，牒移邑侯，而县府藩宪，递加看语转详。雍正三年六月，三院汇通省宜加之处，具题部议妥复，制曰"可"，丰邑岁、科两试，童子因得永照府学例取。是役也，虽属丰邑公恳，然府驳者凡再，司驳者凡三。而竭力维持，始终其事者，则黄生逢年、甘生良谟、熊生易、甘生绂、卢生汲、罗生梦龙、朱生尚文、陆生廷相、陆生希瑀等。而撰呈，则又甘生绂也，例得并书。於戏，殊恩造士，史册增辉。破格育才，顶祝无既。宜勒贞珉，用彰盛典。具呈生员：黄逢年、甘源、蒋应卜、李兆蕡、袁连城、熊履廷、甘士铎、熊易、涂奎、朱尚文、李士炌、熊源、卢汲、罗梦龙、毛宇衡、袁潢、黄文选、陆廷相、邓林鹍、甘良谟、李舟、熊兆鳌、甘绂、李士楫、陆希瑀、杨魁、左之祚、李堡、杜廷栋、吴学炳、熊昌言、毛凤雏、蒋兆元、万洪铎、丁彷、皮文彪、袁有梅，国学生熊禹钧。

九都学舍记

吕新

九都跨二坊，毗连清邑。阖三图人士，于二图溪头之田中，创立学舍，以为造就后生地。谋者曰："此地适当三图之中，建学于此，凡都之来会而集者，近远适均。"或又曰："不独此也。古之学者，必周览名山大川，以扩其目见耳闻，然后能继长增高，以成天下后世知名之士。"此地北枕小阜，东汇秀溪，西带丰水。澄山、罗山峙其南，凤岭、狮山交拱于左右。虽无泰岱、华岳之高，长江大河之深，而有远山近水，槎丫崒嵂，澄澈澎湃之胜，建学于此，必有以爽豁吾人之耳目，而开拓其心胸。众谋既同，州司马杨公琦，捐百金以为之倡。都中豪杰有力者，皆相与解囊捐产，以为之助。计所得银，以两计者若干，钱以缗计者若干，田以亩计者若干。而创建之费、修赡之费，一朝而集于是。购田二亩，累土甃石，以为之基。袤计得十有五丈有奇，广如其半。余者仍羡为田，裁足布置，无侈阔大，经始之道，盖其慎也已。乃鸠工庀材，经之营之，攻之成之。前为头门，门榜"九都学舍"，门上为奎星楼，门内为两廊，东壁勒记捐碑，西壁勒首事碑。中为讲堂，额曰"兼善"，旁有室，后有厅，上为文武阁，堂后为东西廨，最后为楼屋。周以垣墙，计其舍，约肄业者可受二三十人。堂之上，可坐四五十人。制取坚完，工无淫巧，则所以为垂久计者，意又深且远也。

落成之日，相与登楼延览，则奇木怪石，飞鸟时花，交列于前。清流激湍，沙鸥渊鱼，活泼于地。孔子曰："知者乐水，仁者乐山。"董子曰："学焉，而得其性之所近。"都人士来学于斯者，其知者乎，水可乐，不必流览江河也；其仁者乎，山可乐，不必远登华岱也。适其性，养其气，发为文章，见诸事业，穷高极深，取之学舍，裕如尔。但使天下后世，从而景仰向慕之，曰："某某先达，是曾讲学于九都学舍也者；某某后贤，是尝肄业于九都学舍也者。"斯为地以人传，而无负创建之志事也夫。抑予犹有望焉。学舍之建，为造士地也。造士，今有其地矣，而学田之产，每岁仅足供一课之用。其有来学者，修金膏火，仍自备焉。夫造士者，必其造就不能自造之士，而俾之成其为士，然后乃可以为真能造士。若使徒有造士之舍，而究无造士之资，譬彼任载，犹虚车也。诸君子既能作事谋始，于无学舍地，创建学舍，则山长之脩〔修〕薪，诸生之膏火，苟能再购千金之产，以为之继，其亦可以恒足于用，而有造于后生小子为无涯矣。吾都士气民风，亲逊无与伦比。合而谋之，量力而捐助之，以襄此举，绰如也，是则予之所厚望也。斯役也，经始于乾隆某年月日，竣事于某年月日，其费约，其工完，其制可大可久。首事者，洁己奉公，乐捐者，慷慨仗义，法得勒名珉石，与学舍共有千古云。是为记。

登槠山记

杨学澄

乙巳冬暮，肩舆过槠山之麓，仰望奇嵴嵯峨天半，顾谓仆夫曰："古先哲之芳踪在焉，其将登兹山而景向乎。"仆夫亦解事，欣然爰相与拾级而登。其峭绝处，则舍舆而步，陟到上头，已昏黑矣。是夜月明如昼，环视东北，赣抚长河若带，俯瞰附麓之培塿，向平地之所谓崇峻者，则累累若冢灶焉，信乎"凌绝顶而一览众山小矣"。山祀浮邱、王、郭三仙，洗墨池近在指顾，第潢污一湫，几成湮没。曾属山僧石筑而碣表之，时未携襆被，至更阑倦极，方与老枯僧同榻。二仆则围炉达曙。再携山童访桃花岩，拜中丞墓，及流览读书台旧址而下焉。斯可谓欣于所遇者矣。嗟乎！欣于所遇，天下事有固然耳，又岂独一游乎哉。余生平有山水癖，亦有山水缘。途遇偶经，虽迫忙中一丘一壑，必多留恋。而况兹山名胜之区，且千百年，大有人在者乎。爰赋二章，以纪一时之兴，并书而为之志，时乾隆五十年也。

桂花相公记

章裕善

桂花相公著灵丰城，偶阅《随园杂记》，明时人，以申韩学，就丰城幕。时邑有盗案，株连数人，令欲尽置之法。相公以为冤，力争之，令不从，忿触桂树而死。呜呼！此其所以为神也，今之业申韩者，遇事未尝不争，争之不可，以为余心无愧，则亦已焉。夫偶焉而争，争而即已，是殆以一争谢责，而居心只为自全计也。天下容有求自全，而能全人者乎？相公志在全人，故争之也力。争而不听，不忍坐视无辜者，骈首就戮，以身殉焉，或可稍稍挽回。宣圣云："杀身成仁。"相公有焉。宜其英爽式凭、血食不朽也。庙在树后，有像，国朝衣冠。随园谓明时人，盖传闻之误尔，或以姓氏、里居不可考为憾，余曰："苟仁爱之心，足以充塞两间、昭垂千古。其英气皓魄，常存不泯，祀之曰神，可矣，何待姓氏、里居之传哉。"俗传邑有命案，必脱帽几上，以为异，是盖欲官斯土者，毋逞臆见以杀人，毋泥救生之说，以致死者之含冤莫伸也。相公之心如此而已矣。

庚戌秋九月，余权篆斯土，恐后之人，以讹传讹，遂湮没不彰，故序其事，而镌于石，以永垂不朽云。

十一月视印于南康境上闰十二月到司谢表

徐鹿卿

近日长安，甫祝鳌而西去；观风江浒，误将指以东来。循墙莫遂于恳祈，入境具宣于宽大。俯惭忝窃，仰戴生成。伏念臣空抱古心，岂堪世用。少游场屋，志一第以为荣；壮践仕涂，蔑寸功之自见。当路过为之汲引，明时曲示于收罗。由雕邑以登朝，起祠庭而予郡。固未尝违道干誉，亦不敢因公病私。偶无得罪于军民，安有随车之老稚。殆饥渴易为于饮食，非涓埃可益于海山。入玷郎闱，躐升省闼。上恩深厚，但知空臆以尽言；世论崄巇，必欲索瘢而洗垢。丝毫无此，天日临之。置散投闲，正寻盟于鸥鹭；取长舍短，忽促驾于骐駉。固辞非所以效忠，冒进又几于鲜耻。莫回远听，祗拜温纶。饥歉频年，曷给马牛之运；流离满野，孰安鸿雁之居。会是么麽，可供任使。兹盖伏遇皇帝陛下，与人而不求备，嘉善而矜不能。念臣意在爱君，忍终加于弃绝。察臣才非经世，尚粗竭于拙勤。畀以皇华，责其后效。臣敢不尽忧体国，悉力为民。一江数千里风寒，谅书生之何补；九州四十三属邑，庶睿泽之周流。

疏二

万寿圣节疏略（并箴）

李启美

天子联天下为一身，当合四海以言寿。天命人心，陛下之元气；群工庶僚，陛下之五官；九边百蛮，陛下之四体；财赋军旅，陛下之营卫。乃臣伏睹近事，如日食、星变、地动、血涌，盖接至矣。加以东南水旱之后，疫疠流行。西北贫困之民，疆场蹂躏。人情汹汹，朝不谋夕。昔人所忧，三空五尽，今备有之。是陛下元气尚未完固也，代言密勿者，徒闻中使口传；千里应召者，未望九重颜色。而陛下事出独断、旨从中降者，又令宰臣不得封还，部臣不得执奏，言臣不得论诤。是陛下五官，尚未疏畅也。西贼本我士卒，近戕督帅，拒王命矣。边陲受我市赏，近构逆贼，谋内犯矣。督抚不能制将帅之涣心，将帅不能得士卒之死力，而朝议与边计，又杂为政，而莫可适从，盖肩背肘腋，无所不病；而心手臂指，不相为使，是陛下四体尚未调适也。兵兴以来，粮饷军需，飞挽络绎。民力已竭，加赋于下，不免刲股啖腹之弊，求足于国，便有捉衿露肘之形。然而内府金钱，陈陈朽积，无关军国，徒侈私藏。甚且极诎之时，复有取盈之举。输之者竭脂膏，积之者为长物。此国家血脉而何为壅滞，一至于此。是陛下营卫，尚未融洽也。往者，节奉圣谕，深以不能成礼，不克视朝为惭。谆切之词，似非获已，想圣体适有未畅，力不从心，遂至以小恙废大典，以上圣蒙訾议，则何不寡欲清心，凝和摄性，上可与天神相对越，下可与臣邻相咏歌；内可以动荡精神，外可以振耸听睹。矧当四远毕至之时，万姓嵩呼之日，慨然一出，周答群情，则又不俟臣言者。陛下果何难于此，故臣之所以为万寿者，莫永于宗社灵长，莫荣于中外宁谧，莫祥于上下合德，莫乐于神气强固。而久视长生之说，不与焉。臣之所为，必得其寿者，敬天法祖，则宗社宁；修德勤政，则遐迩戢。释嫌去疑，则上下孚；惩忿窒欲，则精气固。而导引服食之说，不与焉。敬陈《万寿四箴》以献。

其一曰：明昭我皇，万邦永赖。无已太康，职思其外。帝命难谌，民怨滋大。几希敬忽，天地否泰。勿谓隐微，闻于四国。勿谓盈成，势将叵测。肘腋其咨，亿兆作慝。肃肃雍雍，为民之则。笃我高皇，受命孔将。用戒于逸，用虞于荒。世德作求，不愆不忘。绳其祖武，俾寿而昌。

其二曰：猗欤先朝，明良喜起。如元首戴，如手足视。罔忌罔疑，保终其始。其在于今，胡弗则企。既曰亲臣，迹复疏之。既曰言路，机复塞之。彼宜有罪，而或翼之。此宜无罪，而或墨之。人亦有言，君门万里。曾是暬御，希闻帝履。尚有老成人，岂无左右史。独断深宫，人谁毗倚。推腹置心，贤良共理。靡有不效，维天子使。寿考作人，令闻不已。

其三曰：於铄文祖，三犁汉庭。暨于海邦，濯濯厥灵。胡然至今，戎马生于扃。不在边郊，而在朝廷。毋倚黠徒，讫可款制。鹰伏将击，虎伏将噬。毋玩逆寇，婴城自存。困兽覆车，爝火燎原。毋轻狡启，岛屿盘桓。舐糠及米，唇亡齿寒。我皇励精，修德舞干。于万斯年，四海安澜。

其四曰：皇矣主德，乃柔乃刚。柔克厥覆，勿恣勿戕。刚克厥断，勿溺勿荒。讦谟定命，咨诹众亡。侧身修行，因人自镜。木从绳则直，主从谏则圣。偏听奸生，僻爱害成。躁怒召戎，靡曼成倾。彝酒灭德，黩货败名。弗念厥绍，曷以尊生。群工戾止，冠裳楚楚。四方来贺，敦笃其旅。皇心乐康，庶其临汝。帝德罔愆，昭格于天。寿考维祺，天子万年。

乞进览《大学衍义》补疏

唐大章

臣惟太〔大〕祖高皇帝，定鼎金陵，首建太学。伏读御制《大诰》诸书，凡作人造士，章程皆圣谟睿虑，可法可传。圣子神孙，纂承勿替。至于今，而祖烈于昭，人文代起，实太祖始基之也。顾士习世风，渐不逮古。臣大惧，上违祖制，下旷官箴。负皇上委任至意，兢兢夙夜，率分教诸臣，矢志修复成宪。日提撕诸生，而磨砻之。自恩、选、廪、增、附，以至俊秀援例，列宫墙者，众以千计，亦皆骎骎向风，渐就规矩矣。然臣所职者，大学也。古者十五而入大学，教之以穷理正心、修己治人之道，以明德、亲民、止至善，提三纲，以格致诚，正修齐治平，分八条目，自天子至于庶人，皆同此学。而天子为天地立心，为生民立命，于此学最为吃紧。稍就中得力，便可朝施而暮及于天下，其效尤甚速而至大。故明君必以务学为急也。然拘局于训诂，牵制于文辞，特外望藩篱，而咀其糟粕耳。既得诸儒所更互衍绎、羽翼圣经者，熟读详味，始知此学之关于政治，如登九层之台，而无不见，如游四辟之途，而无不通，如入五都之市，而无不有。窃尝执此学，以印证今之时势，觉救时针砭，无良于此者。敬以管窥蠡测之一得，恭陈于君父之前，皇上试垂听焉。

宋儒真德秀有言："为人君者，而不知大学，无以清出治之源；为人臣者，而不知大学，无以尽正君之法。乃取圣经二百五言，衍为四十三卷，八条目中，有格物致知之要，有诚意正心之要，有修身齐家之要，书名《大学衍义》。”而治国、平天下之要阙焉。我朝成化间，国子监掌监事、礼部右侍郎邱濬，复取真氏书而增补之，名曰《大学衍义补》，盖补所阙治平之要也。其大目凡十有二，曰正朝廷，曰正百官，曰固邦本，曰制国用，曰明礼乐，曰秩祭祀，曰崇教化，曰备规制，曰慎刑宪，曰严武备，曰驭夷狄，曰成功化，而各一目之中，又有目之目焉。合二书而观之，真之《衍义》，主于理，其义大而简；邱之《衍义补》，主于事，其义确而详。大约真氏书，严于格心，略于议治；邱氏书，则纪纲、法度、财赋、兵戎、礼乐、刑政之具，犁然灿然，棋布星列。不烦拟议，凿凿可行。则所以救时之弊者，邱氏之书为尤切也。孝庙嘉说其书，谕令刊布，今固具在御前也。皇上日御经筵，儒臣首以大学进讲，其于此书大意，亦每互相发明矣。然一月之中，讲之日无几，一日之中，讲之时无几。皇上虽嘉纳而不倦，臣下恐陈说之大烦，究且挂一漏万，安得尽此书之用乎。请于逐日进呈日讲中，采辑数条，并呈御览。皇上深宫燕闲，不时披玩，其中有欲参订者，进讲之日，诏儒臣造膝开陈，务求表里精粗，洞然朗透而后已。复于临御臣工之日，揭其会于心，欲措之行者，与公卿百执事，质于大廷，裁以宸断。务期设诚而力行之，凡时政之所无者，以此书补其阙，凡时势之所穷者，以此书通其变。是皇上所根于心，发于事业，本诸身，征诸庶民者，莫非此书发见流行之实，而学问之功，于是为大矣。在廷诸臣，感皇上之好学如是，勤政如是，亦人人争自濯磨，勉图报效，以求不负乎圣明之主，是谓元首明，股肱良，而庶事康隆，古极治之象，亲见于今日矣，尚何患天下多事哉。方今危黔卼𣉻，川贵动摇，海内忠义之士，虑无不枕戈请缨，负慷慨澄清之志。然所为毕智虑而赞庙谟者，不曰练兵，则曰集饷耳。臣于此时，而独以学之说进，人不怪以为诞，则笑以为迂。然而臣实不敢迂且诞，以欺皇上也。昔孔子以兵、食、信三者言政，而归本民信。孟子以天时、地利、人和谈兵，而独重人和，是皆万世之大经大法也，岂尽尘饭土羹可为戏而不可为食者耶。大凡治不因心，终属外假之文，事不法古，断无幸成之理。自非人主省刑薄税，俾深耕易耨之民，兴孝弟忠信之行，安所得赴义之兵而驱之，自非人主存心于天下，加志于穷民，使民皆心君之心、急君之急，安所得乐输之饷而用之，自非君知将，将知兵，将相和调，士卒豫附，安所得节制之师而陈之。然则议兵议饷，固今日之急务。而本圣学，以饬时政，使兵为有用之兵，饷为不匮之饷，尤今日议兵议饷者之急务也。往岁辽广失事，皆由于乖气召变，举世莫不知之。乃至今而民怀异心，摇惑思乱，五伦不叙，六逆成风。不于此时施仁政以固民心，倡古道而维末俗，使天下耳目不乱，法守彰明，世道将安所底止哉。臣谓皇上自为社稷计，必先务学，而欲学古以救时，则邱氏书其确可行者也。夫真之《大学衍义》，成于宋端平中，其君理宗，方急戎事，而莫能读。至我太祖，乃命大书而揭之壁间。邱之《大学衍义补》，孝宗既嘉纳之，至皇上复采择而推行之，自是天启之业，将与祖功宗德，照暎后先。昔先帝常以尧舜望皇上，今乃知果真尧舜矣。臣一念朴忠，勃勃欲发。读书偶得，辄敢陈言。昔人有曝日负暄者，辄思以献于君，臣之谓也。伏望皇上垂日月之照，以鉴葵藿；扩天地之量，以纳刍荛。察其本末，而毅然行之，宗社生灵幸甚，臣愚幸甚。

书二

上李秦公书

揭傒斯

五月吉日，豫章揭傒斯，谨再拜奉书平章国公阁下：

夫士志为上，时次之，位次之。农不以水旱怠其耕，商不以寒暑辍其负贩。故能致千金之产，登百谷于场，况士之志于道者乎。不逢于今，必显于后。有其时，有其位，道行于天下，天也。无其位，无其时，道不行于天下，亦天也，君子无与焉。故士之所患者，志不立，道不明，不敢计其时与位也。因其时，求其位，以行其道，此士之志也，而不敢必乎天也。士苟有志于道，生乎今之世，可谓得其时矣。然犹往往以不得其位为患。其信之不笃，而欲必于天也。从而为之言曰：上之人不能用夫士，且怨且愤，呜呼，过矣。尝观夫用舍之际矣，或一人荐之，而百人沮之，不能使之不用，且大明其道于天下。或百人举之，而一人抑之，卒罢而归，至老死而无闻。夫一人，至寡也。百人，至多也。用系焉，而无容于力，非天也耶。上之人，苟能知其力之所至，不能夺天之所与，不能使天之所不与。贤者进而用之，不贤者退而黜之，不置一毫疏戚爱憎厚薄之心于其间，惟以国家得人为务，如是而犹有不信乎。道上犹有遗才之恨者，未之闻也。抑又尝观士之志立矣，道明矣，得其时与位矣，而不能见知于其君，道终不能以行，虽行而不远。噫！何其道之难行也耶。

伏惟阁下，学富而德广，志勤而行实。不以摧困折辱而易其节，不以富贵显荣而改其度。尊为天子之旧学，信为天子之腹心。位崇乎公相，功施乎社稷。名声昭乎四海，可谓得其时与位，而道信行矣。又力能进退天下之士，而无一毫疏戚厚薄爱憎之心置其间，一务于为国而得人，天下之士，莫不喁喁然厉其志、修其道，以待时之用已。然以一人之明，笼天下之士，岂能保其果无遗才耶？亦举其所知，倡之于上而已耳。

仆少贫，粗袭祖父业，年十五，亦即挟其所有，奔走衣食于四方。乘惊湍，绝峻崿，触冒乎炎埃雨雪之间。或过午而未食，或既夕而犹迈。人情物态之变，风俗政化之异，本末顺逆之由，盖备尝而毕览之矣。至于国家内外之体，补偏救弊之术，亦尝求其说，而熟虑之矣。然未尝敢以告之人者，疏远鄙贱之士，虽告而不信，徒取诟病焉耳。既无上下之援，可自取爵位而力行之，又无知己之人，可相告语。事苟利于时，不必由己出。然终默默自悼，行年三十有九，蠢然而无闻。近始因缘亲戚，计可无旅食之忧。遂自豫章附舟五千里，而至京师，虽童仆不敢携一人，恐重以累诸人也。凡生平寓之目，属之耳，体于身，藏于心，不敢以告之人者，阁下皆已行之矣。其未行者，必次第而行之，仆何敢逾涯越分，而进以贻教玉人之讥。夫翰林，皆极天下之选，不以愚不肖过相荐引，私窃自幸事苟有集，庶几由是而至于可为之地，以自见其生平之所志，万一不然，亦可借手以归，曰：“吾尝获荐于翰林矣；吾尝获登李公之门矣。”益厉其志，修其道，垂之简帙，传之子孙，乐夫天之所以命我者，用之舍之，敢不求必于天也。惟阁下少垂察焉。傒斯恐惧再拜。

答胡汲仲书

揭傒斯

傒斯顿首汲仲公执事：

傒斯比猥以陋薄之见，泛浮之辞，渎冒于执事，意甚悔之。既无及已，连月滞留于外，不得朝夕访问，不图闳大，更枉还答。又以俗迫，雨坐山幢者连旬，不得上谢，知执事于我何如哉。然贤者之待不肖，不肖之望贤者，皆不可谓之无意也。苟有忠告，则肝胆相呈，心口相宣，不当蓄嫌畏挟、蒙背若市井涂路之人也。故复有所祈，不敢默默，遂止，以执事好古之敏，信道之笃，智足以知之，勇足以行之，可谓魁杰特达出群之士。至于商略人物、议论风采，旁若无人。来书有云，为众所推谬，当斯文之寄，仆窃以为过矣。夫衰周之世，文武几坠。孔子为天纵之圣，出为天下万世之宗。且曰“十室之邑，必有忠信”，其自居者，好学而已。孟子当战国之时，辟杨墨之纵横，揭孔氏之道而明之，若扫秽翳，开日月之光；浚巨川，益河海之深。及其好辩也，曰不得已。今幸与执事，居休明之世，吾道光盛，贤士辈出。礼乐非甚崩大坏，际天所覆，莫不顺轨。虽有孔孟，犹不当骜然自任，略无辞让之色。使执事所学之道，所居之世，诚当孔孟之任，必待后世之人，推尊而光显之。不当自道若此，且以执事自处为何如时哉。

今年夏，见青田陆如山，谓执事自许直继孟子，非知道之士，不能为是言者。犹或不识执事所言之旨，由今而言，则信有之矣。孔孟，大圣贤也。当斯文之托者，若孔孟可矣。而孔子曰：“攻乎异端，斯害也已。”孟子曰：“能言距杨墨者，圣人之徒也。”然每与执事商论，则甚尊信佛老氏，至欲合三氏而为一，则当斯文之托者，道固应如是耶。此皆甚不可者也。或谓执事有师道而无友道，诚知言哉。《传》曰：“虽有周公之才之美，使骄且吝，其余不足观也已。”此之谓也。来书又云：“前乎千古圣贤相传之道，由诗若文，而知后乎千古，亦将由诗若文，而知今之道。”予读其言而悲之。自汉以来，继述之文多，可读之文少。夫道有本，文有体，尊卑大小、长短疏戚、华实正伪，邈乎若天地山川之不可相陵，昭乎若日月星辰之不可相逾，离乎若飞潜动植之不可相移。惟适当而已耳。近见执事序黄成性文章，言辞夸大，皆非事实。其所称举，皆公卿大臣之事，非学道在下者所宜言，抑亦自任之素，不知其言之过也。且文者，古圣贤不得已者之所托也。而今世行道之士，不惟其事尚欲托之，此而垂后，不亦甚可悲乎。仆之才，不足以知执事；仆之言，不足以晓左右。所以闻之父师之训，有与执事戾者，聊为僭越申言之前之言，敢以为执事之忠后之言，敢以为执事之望，尚冀致诸实用，以幸学者，以示来世，则大愿也。优游之教，敢不敬承。闻将就天台之阙，不知何时定行，当于江浒一别。

答李克斋翁书

李贵

春间舍弟行，曾一奉启，竟未嗣上为罪。乃辱承翰惠，俯颁端肃，拜登曷胜感悚。贵谫驳无似翁所知也，委以望邑百年未修之《志》，诚非所堪。当途诸公，徒以其优暇，不知其不才而谬使之，夙夜祇惧，无以塞责。惟翁详教之，贵贱且愚，宁敢专焉。承谕地理，苦于纪载之难工，人物苦于评品之难核。翁盖得史之三昧，故二语足为史标矣。兹

《志》草将成，贵方图走力就正，未有便，盛使至忻跃何如，敢不罄其愚。今僭定为纪一，以纪邑之沿革。表五，星野、疆域、封爵、秩官、科贡，为上册。志八，山川、风俗、建置、学校、食货、秩祀、沟洫、艺文。山川，仿诸《山海经》，艺文，仿诸《汉书》，各名公所著书目，及事关一邑文数篇而已，是为中册。列传为下册，名宦悉遵文恪公所录，惟增顾尹一人而已，以有平难功，独人物传，诚如所云，核实甚难也。且湖州、临江二名郡人物，止一百三十传。吾丰正统十年以前，悉依旧《志》，嘉靖四年以前，悉依《通志》。今计之，已一百八十传矣。后有当增者，又不下数十传，恐不免于繁紊，统候尊裁，使贵得拳而守。若翁道术功烈，文章卓越，时辈乃古所谓社稷臣者，丰之山川，犹借以为荣，贵何有焉。宪副公遗行，谨录入。湖公高雅，贵所夙钦，敢不仰承厚德，使旋肃此代候，请教申怖谢悃，临风无任瞻恋。

碑铭二

敕赐贞文先生揭君之碑

程钜夫

延祐五年春二月癸巳朔，越三日乙未，皇帝御嘉禧殿。集贤大学士臣陈颢、翰林学士承旨臣忽都鲁都儿迷失、集贤学士臣柳贯等，为臣言：故江西儒师揭来成，其道德之化，仁义之教，被于人也深，人思之弗忘。而名号未有所加，封树未有所表，无以劝来者。谥法：清白守节曰“贞”，道德博学曰“文”，请谥曰“贞文先生”，赐碑墓道。臣等谨昧死以闻。制曰：“可，其赐贞文先生。翰林学士承旨钜夫其为碑文，翰林学士承旨孟頫其书篆。”三月戊寅传诏至盱，臣钜夫方养痾田里，待尽朝夕，不图圣恩，犹虑及臣。臣虽委顿，敢不拜手稽首奉诏。

臣谨按：揭受氏有三，以官，楚司揭氏之后；以邑，汉揭阳侯之后；以名，汉阳信侯之后。晋、魏、吴、楚之间，皆有之。唐乾宁中，有揭某为袁州刺史，居盱水上者，为盱江揭氏。居章水上者，为豫章揭氏，皆宦族。先生，讳来成，字哲夫，世居豫章之丰城。丰城今为富州云。先生孝友笃诚，出于天性。家贫，从诸父受学，手钞经史百家读之。年十八，为人师。三十三，始为进士。四十一而宋亡，筑室于荷峰之阴，荀坡之下，授徒自业。暇则率子弟，灌蔬剃草，讲诵畦间。暮则拾薪苏以继照，其配日夜纺绩，佐之以具。婚嫁丧祭，存老恤孤，偶得遗金，直可二万，来主名还之。年余八十，不肯乘车舆，意所往，即徒步百里，齿发不少衰。端居竟日，不苟言笑，虽妻子未尝见其疾声、厉色、惰容。虽武暴，卒卒然遇之，莫不敛容敬惮，其饬身修行，必践其迹。安时顺事，一会于理。卒之日，远者悲伤痛悼，近者朝夕会哭，如亲父兄。葬之日，送者咸恸哭尽哀。行道之人，至不忍闻。先生怀道秉德，博问苦学，不以贫贱易其乐，不以靡薄迁其虑。动静有恒，俯仰无愧。生而人敬之，死而人哀之，非古所谓特立独行者与？呜呼！贤哉。

臣窃惟处士有谥，其来远矣。世祖皇帝有天下四十余载，以处士得谥及赐碑者，自先生始。非皇上圣学日熙，文德天覆，岩穴草莱之士，虽有仁智，乌能被休光、承厚泽若此哉。以先生之行，谥曰“贞文”，实应谥法，乃系而铭之曰：

於惟贞文，茂敬深醇。莫窥其原，孰知其津。无迎无将，囿物之常。无丧无得，命物之宅。浑兮渊渊，肃兮融融。以是而始，以是而终。九族渐仁，郡士仰德。天子命之，百世之式。

熊与可墓志铭

虞集

先生，讳朋来，字与可，姓熊氏，世为豫章望族。祖父炳，父希曾，以宋淳祐丙午生先生。先生以咸淳甲戌登进士第，第四人，授从仕郎，宝庆府佥书判官厅公事，未上而宋亡。世祖皇帝初得江南，常以名取士，尽欲得故国之贤能而用之，尤重进士，若故相留公梦炎，固以为内相；尚书而王龙泽，亦召拜行台监察御史。先生名不在王御史下，然不肯表暴苟进，隐处州里，生徒受学者，常百数十人。因取朱子《小学》书，提要领以示之，学者家传其书，几遍天下。时来镇豫章者，多名公卿，皆以客礼见先生。先生和而不肆，介而不狷，儒者倚以为重焉。宪使魏公，初与先生从容东湖之上，先生指其北涯曰：“徐孺子故居在焉。”太守陈蕃之所表也。而礼门西南出，曰“桂华坊”，无所当矣。魏公感其意，更表为“高士坊”。郡城外旧有宗濂书院，祠周子，兵兴毁之，先生得郡人黄氏故居于孺子宅东，加葺焉，徙其名表之，公私争致助，俨然立为学宫矣。刘公宣之，持宪节也。尤敬先生，与先生论经义，无虚日。间以政事为问，先生愀然曰：“郡学上丁释奠，诸生有与执事者，公因见之。而是日，有盗劫伤人者，南昌贼曹，执而掠之，幸儒者善柔，不能自白，诬之狱成矣，耳目所及，尚有此，又何问乎？”刘公曰：“有是哉！”即日审得实，立破械出此儒，即以械械曹。诸公出，是益知先生有用于世者，而终不敢以事溷先生也。会朝廷使治书侍御史王公构铨外选于江南，于是行省参政徐公琰、李公世安、郎中马公昫、宪使卢公克柔，列荐先生为闽海提学，使者报闻，而福建、庐陵为郡，在东南儒学之士为最多。朝廷大兴文治，加意此两郡，特起先生连为之教授。先生所至，考古篆籀文字，调律吕，协歌诗，以兴雅乐。制器定辞，必则古式，学者化焉。故其为教，有不止于词章记问云者。既归，有司以常格，调建安簿，不赴。后又以福清判官致仕，先生一视之漠如也。更自号曰“彭蠡钓徒”，而四方学者称之曰“天慵先生”云。

先生燕居，弦雅瑟而闲歌以为乐，门人归之者日盛。旁近舍皆满，至不能容。先生恳恳为说经旨文义，老益不倦。得其所指授，多为闻人达官。举进士者，项背相望。延祐甲寅，天子独断，以进士科取士，进士科废已久，官府咸不知其说，以不称明诏为惧。独江西行省咨问于先生，动中轨度，因以由请四方得遵用之。请先生为考官，则曰：“应试者十九及吾门，不可。”而其后举江南二行省，皆卑辞重礼，致先生主文。先生以儒事为重，皆应之。及对大廷，先生所选士，居天下三之一焉。初，先生以《周礼》首荐乡郡，而今制，周官不与设科，治《戴记》者又绝不见。先生屡以为言，后得周尚之，以《礼经》擢第，习此经者渐广，由先生启之也。英宗皇帝始采用古礼，亲御衮冕，祠太庙，奋然制礼作乐之事，朝之大儒，缙绅先生，凛然恐不足取当上意。而翰林学士元公明善，扬言于朝，以先生为荐。未及召，而至治三年五月，先生卒矣，享年七十有八。

先生动止有常，喜怒不形于色。接宾客，人人各得其意去。有家集三十卷，其大者，明乎礼乐之事，关于世教，其余，若天文、地理、方技、名物、度数，靡不精究焉。先生娶袁氏，子男曰永先、象先、太古，以某年月日，葬先生。太古与其门人，今陕西行省左丞廉惇、前进士曾翰等，使以书来京师求铭。某受而对曰："昔先生与我先君太史同年生，友谊甚重。某再以待制召复入史馆，道过豫章，前先生之卒数月耳。先生以其所撰《瑟赋》二篇，命某书之，盖有所属。某感焉，不敢不书也。先生之墓草，至是三易矣。铭其敢缓乎？故为之铭曰：

维昔先圣，善韶放郑。律失音泯，莫辩其正。先生修能，兴遭宋亡。抱器永歌，教成乡邦。于皇盛德，方被金石。沛乎述作，失此遗则。疏越朱弦，我则不闻。欲知先生，视此刻文。

序八

送王司议季友赴洪州序

于邵

洪州之为连帅也，旧矣。自幽蓟外奸，加之以师旅，十年之间，为巨防焉。当闽越奥区，扼江关重阻，既完且富，行者如归。侦往之今，民大和会。故朝廷重于镇定，咨尔宗枝，勉移独坐之权，实专方面之寄。七州奔走而承命一都，风以在我，是以王司议得为副车，况加彼数贤为之助理，何忧乎杼轴为弊，何畏乎寇贼不奔欤。然则政由宇下，风驰境上，上下之交，理道彰矣。

良辰岁首，薛公叙离，苍然霜林，坠叶为聚，别怨既如此，岁穷又如此。岂长年之所独悲，抑同人之所增叹。邵，史官也，岁职在书法，以中丞宣力王室，以司议硕画幕中，予将书之行矣。自念。

周圣任诗序

吴澄

丰城周圣任，客于皮南雄之门，其议论精悍，其辞章俊拔，予数与语，而嘉其能。今其子粹其父之文为一帙，而南雄之子、平江判官溍，持以示予。予读其文，如见其人，而叹圣任之不可复作也，书此而还稿。

《丰城洪先生文集》序

吴澄

丰城洪先生渊，宋乡贡进士。皇元以儒学教授致仕，给半俸养之。士之蒙恩，鲜或有是。自号泳斋翁，生端平甲午，年八十一而卒。既卒之十三年，其孙寄示所刻《环中集》十卷。翁天资敏迈，少工进士业，虽时异科废，犹喜谈而不厌。接人坦易和厚，盎然如春。晚耽邵子《易》学，揭《先天方圆图》于屋壁，扁曰"环中"，得此洗心涤虑，固宜高出物表。视彼终身没溺于利欲之海者，奚翅相去万万哉。《集》中论井田，论封国，皆千载未明之疑，而援引该博，议论赡蔚。如江汉波澜，滚滚不竭。《民数》《气运》二篇，玩之再三，而不忍释焉。畴昔聚会之时，往往造次，未尝共评此等奥义。今也抚卷太息，而翁不可复作已。士之勤苦，每患无以传后，不获与翁并世而观，于其文，则翁所学所识，大概亦可知也。

《范左司松溪诗集》序（节）

虞集

故宋左司丰城范公《松溪集》六卷，诗文皆南渡后所存者，往往哀二帝之北狩，愤王业之偏安。其上致札子，论言之要，以为不当如三国之纷争，当如帝王之吊伐。其献策，先内治而后用兵，以祖宗之德意，感激士大夫去弊政之所以害国蠹民者，而一归于仁，可谓正议也已。而丰水旧《志》，及今翰林直学士、郡人揭公傒斯所言，胡忠简公论王伦札子，盖出公笔。而胡公以为公亲老，疏上，必有危祸，而自上之，遂南迁。当是时，泸溪王民瞻送之以诗，言颇激切，犹中危祸，使桧知出于范公之笔，则公之祸可独免乎？而《行述》上之“公与桧有旧，桧乃曰：舜文领取从官去可也，何用多言。”然公遂去国矣，桧虽未忍致害于公，而公不自安，而家居终身。君子之祸，亦惨矣哉。夫食人之禄，则不敢内顾其私，此公所以奋笔而不辞，知其必堕危祸，不忍危其亲朋友之厚德，而区区以声名祸福较者，恐非二公之心也。孔子论殷三仁，又言伯夷、叔齐求仁而得仁，盖言尽其心、尽其分，而无所计较于外者也。范公草疏，胡公取而上之，庶几君子之道焉。是以不可不表而论之也。

至正元年辛巳九月。

《送熊太古诗》序

虞集

昔者周公、孔子之为教，盖莫大于礼焉。千数百年以来，其书阙轶多矣。汉儒即所闻而缀辑之，因所言傅会之，先王制作之绪余，赖其记载而有可知者，亦不可诬也。伊、洛诸君子，因遗言而得其心，发真识以广其义，名焉而安乎其躬，道焉而信乎其人。学者得以推见三代之上，岂不盛哉。横渠张子，与两程子并起，一时张子专以执礼佐持敬之教，可遵而行也。世俗之弊，乐放肆而忽检柬〔束〕之常，狃见闻而失性情之正。迂鄙其行事，而莫肯从繁。厌其绪言，而不知讲。于是纲沦而法斁，所由来之渐，吁，可畏哉！豫章先生独知忧之，因进士之设科，慨斯经之鲜学，其意远矣。先生之子太古，承遗训于指授，又力究之有年，儒林望之为日久矣。荐书来上，乃弗偶焉，非惟朝之学士大夫、缙绅先生惜之，虽主司与偕贡之士，亦莫不共惜之也。夫学古者，言澹而意深，固不足以逞夫衒鬻之场，多识而博援，亦不足以较夫涉猎之次。抱器善藏，夫何慊哉。于是仆与一二同志，欲相率而留之。太古曰不可，如是，则有所不安者矣。故作诗以送之，其辞曰：

风从阊阖回，花向上阳开。白日如逝波，迟子殊未来。雨雪载远道，卞生献其宝。驾之千金车，籍以五色缫。意重翻成失，弃捐将奈何。先哲犹待贾，归哉聊永歌。

《杨氏父子靖忠录》序

邱士毅

自古直臣难矣。际兴朝，权无旁落，难于批径尺之鳞；当继世，侧有伏奸，难在射高墉之隼。何则？明主可以理夺，即精诚时与天通，彼权奸者，投其所忌，犯其所必不容，即或凭震霆而显加摧折，或矫天语而阴肆镌磨，盖死于严主者十二三，而死于权奸者恒六七也。往弗具论，明兴，当二祖朝，宁忧旁落哉。旁落之忧，莫僭于二正之世。正统时，辟南宫而还大宝，曹、石二凶，自挟为何如功哉。天子疑其心，而不得不赏其功，又不能骤削其势，御史瑄，率诸台臣，首列其奸。摄元恶于目中，诵弹文于天上，何其壮也。二凶不剚刃于公，则不已。借非飘风示变，宸极震惊，公能保首领乎？又非天稔其恶，二凶即戮，公复能终牖下乎？若逆瑾在正德时，固非有尺寸功也。徒以鹰犬游戏，淫荡上心。狐鼠伎俩，潜移大柄，簸弄威福，鱼肉缙绅，不必尽承明旨。而监候，冗官也，讵不知以身尝瑾，何异燎毛哉。疏一而再，再而三，忠愤所激，欲罢不能。两膺廷杖，道死河阳。行道酸辛，公固甘之若饴耳。要以两公父子，亦有幸、有不幸焉。坐死而竟不死，上监其忠也；杖不应死而竟死，瑾蔽之明也。不死而泽流海甸，是谓名与功偕。死而骨暴荒原，是谓身灭而名不朽。一祀于百余年之前，赐额以显忠也；而论功于纲常名教，夫岂不伟哉。即今士林诵义，高并斗山，圣主旌贤，炳如日月。总之，非不幸也已，盖自昔谭丰产者，辄称泉、阿。夫泉、阿虽神物，精灵变化，何与丰之重轻？两公贞心完节，令当年奸宄销魂，千古英雄生色。作述相辉，其为泉、阿也大矣。尝试论之直臣之难也，曰举世莫敢言而独言之；吉祥、亨、瑾，凶锋毒焰，撄之糜灭，此之敢言则诚难耳。若乃潝潝訿訿，人人自以为神羊、为屈轶，借与三凶并世，有如两公，几人闻有以善搏虎自命者，高跃大呼，所见无非虎也。一日真虎至，而胆落神泣、狂奔气尽耳。夫有不为也，而后可有为；无亦曰有，不言而后可有言也乎。甚矣哉，为两公之难也。

《纪忠录》序

杨惟相

后言建交南无策，非也。错置宣慰，视南方诸蛮洞，尤非也。建交南失策三，而论者不及焉。交南平，不宿兵将，一遣柳升，二数征黄福还，三交南十五列郡，大县数百计，善后兵必五万，帅元侯中交而抚镇之，如滇南事。其令兵将威殚，仰容万里，则文皇帝飕风之制也。柳升始破交虏季牦奇罗海上，辅晟师实尸之。升战将，固无远略，难独任尚书。庆长者，而习兵，且病。然升负宿将，数胜，骄。史仪部安，固力言之，卒以败。仪部及诸大臣死〔苑〕之。交人乱，征黄福还，弃交南，实始升轻噪叠败，乃仪部一言已窥见终始，而以其身殉，何壮也。往李侍御言，吾邑以死事闻，四臣：少司寇附土木，褒诏；家河阳之难，至父子夫妇并尸貂宠，而时论方靡，其不著固当。独仪部以盛名清朝，死国事，名卿大夫，篇章饯诔，纪传之作，相望于简，而莫能一申朝议。时东里在政府，读所为仪部墓表，叙公高素之风，及交南事，详而核，谓东里非知公，难言也。东里知公，惜其死之莫著，竟以有司无文状可质，为解宰相任。天下事患不知耳，岂有幽冥良友死职，下为宰相知患有司哉。及观公死，征黄福，宣皇帝难之。卒以东里议罢，然后知往交南役，非东里意。事以不录，有以也。公死事二百年，余子孙益炽，绅裙章缝之彦，拜高资而借厚誉，无论河阳，即土木孑遗，莫敢过而问之，予于公，又爽然释也。礼失而求诸野，乃得以清议，荷陆公麾节之宠一章，其裔即公灵其慰诸。

《斗间宝气集》序

徐鉴

今天下称文献，右吾南州。自汉孺子以清标迈俗，高踪代奋。拥皋比而谭性命者，清徽甲天下。乃风人之业，不少概见，何哉？尝读王通氏书，颇疑其用声韵之微，而轻加人以君子、小人之目，岂风人之旨，非真名流，茹精性命者，固不能究和平之蕴与？盖观雷元亮所次《斗间宝气集》，于是采风吾邑，伟矣。冠冕泱泱乎，南音也。夫诗，盖人之精神，发而为音者也。发于协气，而天地之和应焉。发于噫气，而天地之变悉焉。故诗始于《风》，卒于《雅》《颂》，变于《风》也。虞和之殷周，啚之列国，备以极之。明兴，高皇帝茂化鸿隆，风之始也。宪、孝之际，蒸哉几和矣。嘉、隆以来，啚哉且几变矣。故颂洪、永之诗，自朱文恪以下，如玉辉山，如珠媚渊，大都词不甚修，而发之以天倪。诵成、弘之诗，自杨文恪以下，大都词当于境，声调于耳，而色调于目。颂嘉靖之诗，李襄敏独多沉深沦涟之致。余自王太仆以下，大都瑰伟雄丽，如矢之饮石梁，有余劲焉。其冲放幻态之所至，或衡而击也，或从而决也，若虹霞之丽天，而卷舒也，若苍鹰之摩太空也。迄今日家羔雁而户簪裾，文章之士，声驰鹿野，辩析龟林。破刘柳之涕，而搴元白之旗。盖洪庞浩衍，极矣。噫嘻，噫嘻，是吾邑之风也哉。

夫延津之龙，茂先识之斗间，非雷令出之，终不能飞跃狱底。今之茂先，当谁属乎。千年神物，复有元亮氏者出，而令焜耀人间，异哉，雷令复生也。自今皮藏之，毋以涉延津哉。余窃异斗间之气，于吾邑而竟两收也。敬受而叙之，付诸剞劂氏。若夫诸君子接武高躅，且沐圣朝文明之化，性命徽猷，南州文献具在。《礼》有云："天下有道，则行有枝叶。"夫诸君子，自有所以不朽者，何所事余言而传。余则志夫传之者之异而已矣。

南湖桥记

李裕

余邑城中，地势斜侧，东南多湖池。上自沙、月二湖之水，由陆茄、肥株二湖，汇于南禅，为大湖。复会崔、毛二湖水，出斗门闸，达于河。先朝当南禅、崔家二湖之界，筑土为堤，斫木为桥，以通车马往来。我国初，复修之，岁久堤颓桥敝，当春夏涨溢，人马涉者，多阻溺，民甚病焉，宰邑者，坐视弗究。

弘治十四年九月，分守大参王公纶行县，谒余于南湖书院。视桥倾圮，深责有司弗职，即令出帑藏羡余，鸠工贸石，修治之，限有期。邑侯何公洽，奉命惟谨，日躬课工，筑土为台，外傅以石，下结一沟泄水。台高一丈，横三丈，径倍之。亭构台上，檐牙翚飞高耸。湖南道途，洼者平之，覆以沙石，遂为通衢。车马往还无旦夕。邑城耆老，欣跃相谓曰："匪大参责令之严，何侯建成之速，当春夏时，吾侪未免涉险，安得履此坦途。"称颂无已，何令调湖湘，别余，请记之。余谓辰角见而雨毕，天根见而水涸。雨毕而除道，水涸而成梁，先王之制也。近世为守令者，多忽之。陂障不防于泽，舟梁不修于川，茀塞不治于道者，诚有也。况桥梁道路，国有令典，不修者罚。兹桥一事耳，四境内若孙家、故县、中溪、昌溪诸桥，不可数计。为侯者，克遵令典，农隙时，躬历乡社，视川大者航之，小者桥之；陂障颓者筑之，道路低者高之。周道如砥，行者无阻。溺不病涉，侯之惠大矣，岂不感德。夫侯于民，犹父于子。侯视民如子，则民视侯如父。侯视民如草芥，则民视侯如寇雠，理势必然。昔郑国凿渠，民名之曰“郑国渠”。陈尧佐筑堤，民名之曰“陈公堤”。吾侯能体民心，而于是尤加意焉。民享其利，必有能名渠曰“某公渠”，堤曰“某公堤”，以扬侯名于永久。因请，故为之书，以纪二公肇建斯桥始末焉。

《四川乡试录》序

李遂

嘉靖辛卯，臣遂奉命主四川试事。乃道江达汉，中历嶓冢之麓，睎岷峨之峰，溪山回礴，亏蔽日月，诚天地之秘藏、西南之奥区也。阅其文，则直而不倨，曲而不迂，疏达而有制。以博者尚其富，相如之遗也；以辩者尚其奇，子云之绪也；以才者尚其气，子瞻之芳矩也。莫不竞秀呈能，殊派而同奔，齐趾而并骛。人曰：“于山川有助焉。”录成，臣乃作而言曰：

南之水，江汉大焉。尔诸士，固钟其秀而生者也。其亦知所以大乎。夫秋雨时至，潢污行潦之水，襄大陆，决陂障，夫固莫不能大也。然不旋踵而土焉。乃观二水之触岷嶓而出也，其源涓涓尔，其流汩汩尔。然而贯洞庭、会彭蠡，百折而必东，注千里，犹建瓴也。善观者不必合流之交而已，得朝宗之势矣。《诗》曰：“沔彼流水，朝宗于海。”言贵其有本也，故君子则焉。夫本从木，从一，如木之有根干，而枝叶附焉。匪以自外来也，由中出生于心者也。自本自根，自生自息，莫之或御，莫之或益也。夫人亦孰不有本者，而或瞀焉。凡以不足于己，而求益于外焉。尔藏珠于椟，挥金而入之市，曰：“我将以市珠也。”珠未必得，则持其瓦砾以还，此不亦大惑矣乎。今之学者，类于是，若夫大而有本，坎流而不匮，则君子之学，尔诸士之望也。吾以是有取于江汉。

与县尹杨明斋书

李贵

仆在疚沐，款稠至更。拜惠及之，不我遐遗。高情厚谊，良用感戢。承谕加意丈量，极为善政。执事明达之才，真实之意，办此自有余裕。丰邑多耗，丰民望此举甚久。少岩、吉阳二公，尝与仆论，锐意欲行，而竟不果。以司牧者，不得如执事力承之也。是法行一邑，子孙百世之利，要在委任得人，稽察有道，执御虚之术，严欺隐之罚。不惮履亩之劳，而后可。不然，林林弊冗，纷纷讼端，亦由此而起。仆不练于事，为老生常谈，执事其以仆为笑乎。使旋布此，代谢。入秋，拟得面尽所欲言。

引一

圣瑞兴谣诗册引

邱士毅

明初，文盛首豫章，丰故夙称才薮，甲科蝉联，实足前茅。寓内万历以来，豫章稍逊吴越，丰亦少绌焉。前后邑大夫，嘉与维新，恢拓黉规，饬严课式，人有奋心。冯邑侯弓闾先生，以文学宗工，倍加冶铸，士益蒸蒸兴起，几还曩昔盛时。阅三年壬戌孟夏，遂有瑞芝一本，产于文庙殿堂前柱础间，蜿蜒盈尺，金质玉缘，点染如绘，累袭如茵。又如日月初升，庆云明霞，回环映带，洵英物哉。盖芝瑞由来尚矣，大都谓王者有道，延耆养老，则芝草生。饵之，寿可千岁。在宋甘泉涵德，亦产宫殿中。而黉宫圣殿，有之，则今为创见。窃谓古称延耆养老，其人即名卿硕辅，命为三老五更，才本王佐，学为帝师，至足重耳。要以厥初，皆邑里英才，念相符而功相借，庸讵知瑞芝之应在彼不在此耶。且夫庠序，则人文攸萃；庙堂，则神圣俨临。如侯学道爱人，蔚然雅化，揆诸圣灵，计当莞尔。固诚不爱吾道之精华，泄为千载之奇瑞也。昔云："佳子弟如芝兰玉树，生于庭阶。"侯视邑衿绅，承风象指，斌斌兴起者，其畴非侯之佳子弟也。此之征应，又有较然不爽者矣。侯既以其身为国华，行且应王明之瑞，焜煌盛代，柱础清朝，其波及吾邑者，侯之余也。丰人士嗣今以往，宁惟克复旧物，且光启新模，其为景耀，可胜道哉。诸衿绅谓，盛美不可无述，互有咏歌，积而成帙。今士毅引其端，顾不知片言有当否。

《心经注解》序

胡学泱

疆土既殊，风俗各异。彼此相遇，未始不相笑也。如西方圣人之教，流入中国，其文字之诡特，字不能句，句不能篇。如读误书，如听呓语。轧千喑呃，漫不了了。然其树业标宗，各有攸趣。使不字解而句释之，下乘钝根，方徘徊于点画之外，何由入其中透脱圆悟，云峰霜巅，去天一握，无挟而径造，乃仙人飞蹑事，岂可望于凡夫。此注解之不可已也。《般若心经》，自汉以下，一切经狮律虎，人天龙象，发明宗旨，宏广教乘，灯灯相续，无有漏义。洪武初，宗泐编注，太祖高皇帝序而传之，无不字包法界、句藏刹土。

密山僧法洗，力奉毗尼，性希正觉。余南中避难归，相过慰问，乃以《心经注》相示。余读之，如水入水，如火入火，欢然相受，无有碍处。法洗从余游十数年，惟见其趺坐蒲团，渊然而静，黝然而深，毅然耐剧而忍辱，余心折之。不谓其心手之间，大有了悟如此耶。余因谓法洗曰："儒释两家，同归一致。佛居西方，孔子出东鲁。度陌越阡，互为主客，未始不可相援而发明也。世之乱臣贼子辈，能空生死，一切无有挂碍，无有恐怖，撒手横行，子死孝，臣死忠，又宁至展转于利害之中，甘为禽兽之行而不顾如今日也。往见读西方之书者，辄起而挤之。今日思之，真能读西方之书者，未必于吾孔子之教无所助也。虽然，禅宗不立文字，赵州道佛之一字，吾不喜闻，参透至此，得意忘象，神而明之。经经皆我注脚，又何注解之足道哉，法洗勉之。"

题跋二

题《斗酒集》

吴澄

古丰城有宝剑焉，沉郁地中，其气上通于天，光怪四达。至发泄变化，乃此地之灵，钟而为人。人之未用世，犹剑之未出土也。故近年往往多能诗之人，人负斗酒百篇之气，亦其沉郁于下，而光怪之不能自掩者。方将百篇，百篇而复百篇，然则何时而已耶。其必遇有识者而取去，进之国相，则此光怪陆离，于华虫黼黻之间，其不铿戛而和璜琚珩瑀之音乎。

跋李宗明诗

吴澄

予在乡，与丰城诸诗人游。宪使陈公远矣，若揭养直，若赵用信，若蔡黻、胡琏、揭傒斯，铁中之铮铮者。来京师，又见李宗明诗，胡、蔡、赵、揭，伯仲间也。岂非犹有龙泉、太阿之余灵，钟而为人，发而为诗与？何其诗之超超如此哉。宗明又为参政公客，晨夕见闻，必有出于诗之外，予将问焉。

赋一

兆启三洲赋（少年应太守试作）

游潛

噫嘻洲乎，孰启而孰灵也。旷浮于泽，突负尔坑。佳丽贲发，以奠厥贞。炳造物之特异，悬气脉而块凝。撷山川之秀爽，露牛斗之华晶。廓中刿表，奔流漱清。控闽广，灌扬荆。五港八汊，交吞汇并。葱郁倒蘸，落瞰崝嵘。沉虹采，扬飙舲。遨星槎，流璇衡。掀朱崖，涵青萍。孰连而鳌，孰驾而鲸。矫矫飞动，孰龙而腾，孰天空而舞蜃，孰风落而播鹏。是固垆冶方托，海岳告形。作奇胜于我所，拔文物之张兴也。爰溯伊舍，曰丰之城。曲矶西走而若挽，合皂北眺兮将迎。挟槎富以百折，跨雩韶而左溯。攒青叠碧，万巘齐凌。广袤顷落，周遭百程。壮矣哉，四顾若府，而之翰之屏矣。吾见其宏衢敞道，大赋十征。鄰鄰瓦矗，何千万楹。乃亩而作，乃廛而氓。乃诗礼尔泽，而接紫纡青。蕃膏浸沃，长郊大垌。文皮野腯，园绨竹萌。林茭石茗，山元水瑛。土瓜芋栗，沙镪蔗饧。桑麻粳稑，薷葛芝苓。群汇荐育，儦儦烝烝。猗欤休哉，若乃采阿毓彩，猴骥储精。或挺沇江之秀，或擢钟山之英。或蕴敷崖之璧，或屹井冈之桢。肆神异之默运，相应合而肇生。诞开其先，以兆厥灵。炳炳烺烺，用登大名。噫嘻洲乎，孰启而孰灵也。

方今一元体运，六合大明。乃觏我公，来游来经。右骖驷马，朱镳绿鞚。周爰诹度，以及穷陉。植拥肿绥，婺荒苐梗。崛呼惛儚，渐顽迪奲。至和蒸蒸，遂作孚于肸蠁，而克著乎玄〔元〕冥。敦蹇蹊以就绪，回厄剥之载亨。角激尔靡，归虚反盈。于屹于贯，以宅以宁。风气萃以橐籥〔鑰〕，昌运杰以黔赢。环郭壮以致表，籍论采以华荣。爰辟人文之朗，爰扐科甲之祯。是用叶夫符谶，俾于作而攸征。旷闻见之莫伟，跻佳誉于神瀛。噫嘻洲乎，孰启而孰灵也。眷惟小子，斥逐怔忪。慨芳辰之不再，庆嘉会以可乘。缅前修之逸驾，或欲抗而争行。鼓长风以待奋，亦曷逊于修翎。于是投班笔，拂终缨，击祖楫，斫甘营。激昂长卿之柱，淬砺小范之兵。请自效于白袍之战，敢奋呼而先登也。

谇曰：联奎贯璧兮森华；星排云振翮兮腾蜚声。将九子兮下来，鸣仗双剑兮横清。泠嘘五色兮流风，霆薄千仞兮轧瑶。层揭万硕兮张云，撑高视八极兮吞沧溟。恢皇纲兮阐帝纮，载扬旱麓兮于昭化成。

辞一

吁天辞（并小序）

游潜

正德乙未夏，阳德失亨，洪水骤溢。左盱汝，右章贞，奔流交注。方吾邑三百里之地，汇为巨浸。漂没庐舍，荡废田穑。又三日厥夕，风雨暴作。惊涛濯空，民无壮弱，相引以就死者，若苴浮而水泛焉，不知其几什百也，可胜痛哉。潜待朽林下，骇视辟易，乃仰天而呼之，继以辞。

呜呼皇天兮，胡不憖于无告（叶谷）。悼兹生之不遭兮，忳惛惛以奚淑蹇。沦胥之颠汩兮，纳九垓于央渎。肆重阴之构厉兮，乃式罹于斯毒。闳融乌以弗耀兮，象羸豕而蹢躅。乱惊涛之訇訇兮，爰湔湃而交覆。荡宗邱以灭没兮，漱虹湍之飞瀑。忽丰隆乘灵以下吊兮，划流霆之与礉瞉鲸呿鳌嗑。何争狞而竞怪兮，轶夭娇以腾逐。睨层峦其若浮兮，溘川泽而骇瞩。蠶蓬茆以渊游兮，孰陇亩之匪湭。夕涔涔其淫雨兮，黯霧阴之沕穆。赮旧淢之旷汗兮，孰霏解而荡沃。趋谽閜之洞穴兮，孰黮漠以飙潚。乃闯后土以发杀机兮，歘蛇龙而起陆。跃天光以回薄兮，孰掀扶桑而倒浴。鼓狂澜之若奔兮，排磅硠以下触。眇溟灏之靡极兮，绝岐址于四隩。慨丝息之或托兮，惨呼号于杪木。泛桃梗其漇漇兮，曷究安于邦族。溯鳖令之尸殪兮，伊胡引世于西蜀。假鲋辙而寓言兮，诧汪濊于海屋。沉蛙灶以沮溻兮，亦何觊乎监河之粟。莽白日之萎翳兮，辰胡来迟而去速。嗟茕孑其何尤兮，亶仳傩而靡谷。曾纷哆之胥然兮，逝厥底于溪谷。乃魄遁而神畔兮，盍云大命之可续。呜呼！天乎！监下方之维棘兮，胡宁靳于率育。眷藜藿之弗克兮，歉浩然而为焰惄。蓐污淖以丛悴兮，踣神骧乎广轴。篮岂开阖晦明兮，气化以之盈缩。升降往来兮，方古道而丁乎未复。缅姒禹之既远兮，将焉嗣乎旧服。殚敷治之罔绩兮，亦奚载乎橇輂。览滔滔者天下之皆是兮，曷任流涕而痛哭。怅手援之末从兮，耿恧愤于幽独。爰发音以舒啸兮，敢庸告于司牧。

上王相公书

李启美

不肖以大窨待罪，未敢晋谒。偶有感触，愿效狂愚，惟老师垂听焉。方今内外臣民，所翘首企，足责望于政本。大臣早为宗社定大计者，无逾册立一事。而所喁喁输诚推毂，决其必能潜格显诤，以成册立盛典者，亦惟老师一人耳。即昨者，老师驾未出山，众谓王相公恨不至，至则以主上信臣，发以生平忠谠大事，可一言而定，必不若吴县公之依回矣。及老师行李还朝，众谓王相公不患不能争，争则以必不可夺之大节，执必不可缓之大典，而当未必可回之圣意，恐复为山阴公之忠愤矣。乃属者，分封命下，群工哗然，谓此事始创于内嬖之谋，终成于老师之手，遂主上之失德，遗庙社之隐忧，群疑益滋，群谤顿起。不肖至愚，亦大不解于此。我朝册立典故，历历可稽。东宫原无待嫡之条，元子旧无分王之例。即世宗朝，二王久在藩邸，先已两立皇储，原与今事迥殊，安得借为口实。而圣谕所引祖训，向止为皇帝无子，兄终弟及者言耳，奈何突生待嫡之计，潜为凌长之阶，此与掩耳盗铃何异。矧夫中宫之宠，未必有加于皇贵妃、皇长子之爱，未必能胜于皇三子，而漫云有待，其谁信之。故夫坚执长幼之序，虽册立稍迟，元子犹在震位，曲为嫡庶之说，则三子俱王，今上遂无太子矣。是东宫为虚位，而宫僚为虚设也，有是理哉。且昔皇长子之生也，业已昭告郊庙，覃恩薄海，身负主器之重，臣民爱戴之久，非众子所敢比拟，甚明也。一旦出就藩封，下与诸王同等，岂惟大失天下人心，恐天地祖宗，亦复怅然于此举矣。伏读圣谕云，有嫡立嫡，无嫡立长。非不晓然，顾使中宫而果诞嫡嗣也，宗祧幸甚。又使中宫而千秋母仪也，皇长子幸甚。万一事有所不可知，机有所不必然，则嫡可以庶迁，子当以母贵，旧局既改，今旨正符当此之时。主上尚有辞，以塞在廷诸臣之口，老师竟何说以谢天下后世之疑哉。且闻圣意未决，先以密旨下问老师，老师不于此时，极力匡持，危词耸动，而徒以迁就依违之计，以保全君臣相得之情，如国本何？如清议何？窃为老师危之。圣意难测，众谤易丛，谊切门墙，不敢不告。今老师何不婉转调停、披疏陈乞，谓臣弃母赴召，欲一望见天颜，便殿平台，幸一召对。时则伏蒲引裾，痛哭哀求，谓陛下终不弃臣，速当收回分封之命，早建储贰，召复言官。不则，元子册立稍迟，但令出阁讲学，二王出就藩邸，位号先明，庶今可以示天下之无私，后可以补日月于无过耳。昔濮议未定，司马光谓韩琦曰："诸公不及此时定大计，异日禁中夜半出片纸，以某人为嗣，则天下莫敢违。"士论韪之。范仲淹以谏废后事远窜，富弼上言朝廷，一举两失。今即不能复后，宜还言者，官缙绅称快。宋室两事，正足为今日前车。而韩、富相业，尚不足为老师深愿者。昔固未能封还诏书，今尚可以补缀奏牍，东隅小失，桑榆可收。且此皆老师所不难为，老师何难而不为耶。若其调停之而不得，惟有一争，显争之而不得，惟有一去，至此则所谓与天下同，其无可奈何，归洁其身而已矣，然非臣子所愿者也。如何门生久沐深恩，无可图报，国事若此，敢爱余生，即欲具疏廷争，又恐负出位之罪，来好事之讥。辄敢披沥愚衷，仰祈茹纳。倘鼎力回天，群疑顿释，使天下谓老师不孤天子殊宠，不负出山初心，是国家之大庆，亦老师之大荣，而门墙之大幸也，惟老师亟图之。临楮不胜恳切悚惧之至。

改建雷公脑石堤记

徐清选

章贡挟群山众壑之流，东西分驰，奔腾千余里，至樟树镇下而交汇。春夏泛涨，建瓴而下，则丰城受其敝，而雷公脑尤当其冲。唐宋以来，言堤防者，土石互建。此修则彼圮，故岁多水患。雷公脑，固土堤也，当南、赣、吉、袁、临五水会冲，外江内湖，腹背受敌。上游有山，名黄金城，峙捍西岸，逼水东趋。下有苦竹洲，横遏江流，不啻关其口而扼其吭。回澜湍激，直啮堤根。且介于熊坊垱、黄埠脑诸石堤之中，汉儒谓右堤强则左堤伤，左右俱强则下方伤。兹堤上紧而下激，柔不敌刚。欲以一抔之土，独当一面，其可得乎？

道光二年夏四月，江水骤涨。兼以猛雨盲风，鲸掀鼍吼，堤身岌岌。余急督工抢护，露宿风餐，凡十余日，心力卒瘁。已而风浪愈紧，时已夜半，儿子宗棫，犹增灶以犒夫役，希冀幸免。毋何，堤隤决口成潭，深不可测，并带坍上下右堤二十七丈，江与湖通，汪洋浩渺，粘天无壁。田园庐墓，皆浮沈汩没于洪涛巨浸中。官与民瞠目束手，相对雨泣。余思修复土堤，仅可补苴于一时。惟易以石，庶稍纾夫民患。乃以情驰详大吏，且恐空言见驳，遂躬诣而求之。时中丞及藩臬诸宪，诘之曰："堤易石则费巨，非请帑不可。而江省无其例，可照民粮分派乎？"曰："丰民贫，未可也。"问："向用何项？"曰："向用盐规项下，每年帮贴银一千六百两，经前令兴修透借，悬款未归。"复诘之曰："款悬而费重，土已难筹，奈何石？"余曰："堤工土易而石难，土省而石费。且石工例有保固，令虽愚，宁不知所趋避耶？惟是令守土者也，土不保，令失职矣。民瘼攸关，遑恤其他。今兹之请，凡以为民命也。"于是诸宪咸曰："其理直，其情真，其语挚。"乃允借项改修，分年清款。疏入，制曰："可。"顾堤基冲陷，深至寻丈，非实以土，则工无由施。乃日集夫役千六七百名，始于六月朔，至八月杪而合龙。然后甃石兴工，癸未二月始竣事。凡建石堤一百丈，堤外建石砌护堤四十三丈有奇，以作辅车之依。然费有常经，工无程限。工愈坚，则费愈增，借款不敷，计赔累七千余缗，此固不敢求信于上官、求谅于吾民者也。亦曰："尽令之心，尽令之职而已。"虽舆颂纷至叠来，适以重余之愧耳。工既讫，为述斯堤之形势，不得不改石之由，及余之所委曲竭蹶，而成之之难如此，俾后之言保障者，有所考焉。

改建汤家巷接连螺蛳街石堤记

徐清选

丰城滨临大江，外隆而内洼。孤城斗大，惟恃长堤一线，以为卫。其东门距江尤逼，自漕仓毗连螺蛳街、汤家巷，民廛星布，万瓦鳞次。面水倚城，聚族而居，所恃者，七堤耳。嘉庆戊寅，江涨堤溃，基陷成潭。前任从原冲口门缩改弓堤，曲以取势，盖主昔人不与水争之策，而退以避其锋也。不知堤缩，则水亦逼，波回澜激，汕刷尤甚。江水不退，湾水更无从宣泄。西风奋击，土曷能支。

道光二年夏四月，江潮挟风雨骤至，抢护莫及，遂与雷公脑先后同溃。斯时也，城不没者三版。阛阓水深数尺，县治大堂行舟，居民多奔避层楼，或架板庋阁，高下迁徙，昼夜苍黄，炊烟几断。令为汛汛之凫，民作嗷嗷之雁。乃亟捐廉载米抚恤，兼作饼饵，每日乘舟，亲赴城内外，分途散食。虽小惠未遍，而赖以存活者甚夥。《易》有之"剥床以肤"，切近灾也，《诗》有之"其何能淑，载胥及溺"，丰民之不为鱼者，幸也。迨水退，查勘居民外，凡学宫、书院、仓储、廨舍，无不垣颓砌圮、沙壅泥埋。乃捐廉鸠工，次第而修复之。至堤工，尤为亟亟。爰求其所以屡修屡圮之由，则堤外淤洲，横亘中流，迫水东击，势驶而锐，审形度势，非迁地，无以为良，非易辙，则后将复覆。于是详请大吏，于老堤原冲口门，酌进十数丈，较湾堤旧址移出百余丈，易土以石，计堤高二丈二尺，长五十七丈五尺。又于堤东南角，另建石堤十余丈，以杀上游水势。江波既恬，民居胥奠。工始于壬午十月，至癸未二月而蒇事。借领库外不能报销者垫赔，凡四千余缗。是年夏，江涨异常。饶、九、南诸郡，以灾告者，踵相接。省城大吏，设厂煮赈。余捐米千石以助，盖亦甚幸丰独无恙，乐得与大吏共成美举。而堤之为功，固上之赐也，民之福也，或亦苍苍者默鉴其苦衷，哀其穷而悯其劳，不忍重困其民，俾斯堤巩固，未可知也。父老子弟喜其室家之独完，请纪其事，遂质言之，俾勒诸石。

捐廉改建大巷口石堤记

徐清选

雷公脑下里许曰大巷口，固土堤也。赴工所，必假道于兹。癸未春江涨，冲激堤身，坍挫仅存一线。余过之，居民皆环舆呼救，遂急募夫运土，且护且筑，民患得以稍纾。当是时，在舆情不过思补苴于一时，原未假为一劳永逸之计。余详察其形势，田园比栉，庐墓星罗，皆紧依堤身以为命。且毗连雷公脑，脱有溃决，则新工徒劳而罔济，实亦险要之区也。谚有之，“勿谓无害，其患将大”，天下事狃于晏安、隳于因循者何限。考宋淳熙时，水啮邑之观港及聂家垱，纪事者谓始而篑土可窒，吏偷民惰，弗究弗度，遂至大溃，非前车之可鉴者乎。中心怦怦，思为未雨之绸缪。爰召父老曰：“吾为若易土以石，若何？”群跽曰：“固所愿也。闻新工借项，且不敷，官安所得费？”余曰：“吾捐廉以为之，若何？”则又曰：“雷公脑、螺蛳街，官受累深矣，何忍更以此累公？”余叹曰：“是何民风之淳也。虽然，茧丝，吾不忍为也；保障，吾不能为也。而有志焉。”乃于水退，伐石于山，取土于阜，鸠匠集夫，是兴是筑，改建石堤，凡高二十二层，计长一十六丈有奇，与雷公脑、螺蛳街一律巩固。是役也，不以经费烦度支，不以力役劳百姓，且不以摊赔遗后官。阅两月而告成，民皆踊跃，色喜曰：“吾侪小人，始愿不及此，然兹堤旧固土也。公捐廉而易以石，脱后有兴修踵事者，且讳石而仍以土告，奈何？”余曰：“是举已鸣之上官矣。”佥曰：“曷若记诸石，信而有征，俾丰民受无穷之赐乎？”余无以辞之，遂书其颠末如此。

重修龙头山三贤祠记

徐清选

从古理学名儒，类能植彝教、砥颓波，为士民矜式。守土者往往即其游历栖息之地，创立专祠，用志景仰，所以为维风砺俗计，至深远也。

丰水东十里有山瞰江，形蜿蜒如龙，土人厥以“龙头”名之。上旧有祠曰“三贤”，三贤者，新安朱子、高安姚雪坡、乡大夫李后林也。祀肇前明李学使崆峒，谓朱子以客游，姚以寓，李以土著，均贤均熟，于其地法宜祠，且作《记》永之。康熙初，何令士锦，改书院而所以祠三贤者如故。百数十年，风雨剥蚀，栋折垣颓，名迹几芜没矣。余莅丰，心仪三贤，屡欲表章，为风俗激劝。猥以吏事，率率无少间。兹春，邑绅以修复诘余，亟捐廉，倡乡三老祭酒等，各输赀恐后。乃遴日纠工伐石，以度以营。材取坚毋窳，制取朴毋华。外为头门，仍其枋。翼以两庑，中讲堂，再进即祠三贤所。后益以文昌宫，上建魁星阁，最后复闼，栖住持。砻斫既成，庖湢悉具，工竣，在事者请余记。余惟朱子揭诚意、正心之旨，推阐圣教，天下祀之学宫，矧杖履经游所过者，化为立专祠，固宜。至雪坡，以直言去位，后林居官抒其忠谠，流风余韵，亦足兴起百世，使人流连忾慕于无穷。继自今，登其堂者，凭吊典型，敬恭桑梓，人各求为不朽之人，学各务为有用之学，士风乌得不正，民俗又乌得不醇。如徒以其地为游眺之区，俯山川而恣啸咏，非余重祠三先生意也。爰书此，以谂丰人士。

重修文明塔记

徐清选

距城东南十数里，故广丰县治〔冶〕之右，明万历间创塔七级，卓立云表，曰“文明”，象文治大光也。岁久，圮其半，余守土之五年，邑士夫佥议修葺，维省斋万氏子孙，义助金千，付在事者纪理，三月而工成。尝考塔之名，见于内典，曰“浮屠”，曰“窣堵波”，彼教所称帝释瘗佛舍利者，是而形家谓与学宫相值，关一邑文运，葺之不容缓。是说也，姑弗深考，顾塔剥落，百余年矣。丰之人熟视若无睹，今一旦振作改观，过之者仰而望，俯而思，绎“文明”之所由名，于以振辔高衢、垂光虹蜺人文之盛，当与前代争烈。兹塔之修所激励又岂毫末。万氏之义举，良不可诬已。抑尝试论之，士立名争高第，而为学自务实，始余冀丰人士之进而益上也，又请以塔喻曰：“当层累以程功，毋凭虚以责效。”

重修朱子访盛杰士处碑亭记

〈姚敏德〉

沙湖滨有洲，宋盛温如先生读书处，即夙称盛家洲是也。先生以理学宗风，藏息于此，朱子曾三访之，有诗纪其事。迄今问安乐旧庐，犹有存焉者乎。

嘉庆丁卯，筱塘李氏昆季，捐建考棚，购朱、夏、涂、黄四姓基址，尚虞窄狭。盛姓复输洲地以广之，继先人成己成物之志，亦孝子贤孙之所为也。考棚告成，前树屏墙，墙外置亭。《志》载《考棚记》有云，亭之旁曰“朱子访盛杰士处”，余向往之，追登其亭，而亭已瓦碎椽摧，颓然欲圮。考其榜，而榜已风销雨蚀，荡然无存。人有得失，物有兴废，所固然耳。适先生后裔、盐制置司海观，因鹾务，久羁粤东。今四月归，余以修葺事，商海观，欣然乐从。惟其涂塈茨，惟其涂丹雘，郁郁乎焕然一新。余复仿诸旧榜，作窠书七字，并辑朱子暨先生诸诗，付之海观。海观又陷之石。

因思天下名山佳水，每借栋宇为之点缀。画意诗情，步步引人入胜者，不知凡几。独此亭之设，一以仰杰士芳徽，一以纪文公遗迹，希圣希贤，悉可于此想其模范、问其津梁，岂特供逸客之游观、骚人之吟咏已哉。

道光四年六月戊戌，丰城县县丞兼理县事姚敏德记。

徐邑侯德政记

文炳汉

古有司牧养元元，匪才之难，守为难，亦匪守之难，守而能济以才之为难。《范史·循吏传》云：“政畏张急，理善烹鲜。推忠以及，众瘼自蠲。”守与才兼济之谓也。

巴陵徐侯湘浦来莅丰，斥竿牍，摈苞苴，廉能著声，遐迩腾颂，允矣，才而有守者。三载考满，以最入觐。将陟峻阶，旋任待简命，邑之人惧侯擢去，失慈父母，谋所以永其慕思者，相率命汉记。汉辞，虑涉谀委心，诹众诸父老前而言曰：“畚挶躬亲，冯夷威慑，屹彼长堤，其究安宅？”黉序士进而言曰：“髦髦济济，弦诵洋洋，釜钟泽溉，儒雅道昌。”邑绅监诸建置者曰：“文明七级，维侯是立。矩矱三贤，维侯是瞻。”佣赁耕作之夫欢于外曰：“县有都鄙，谁则保之？涂有遗婴，谁则媪之？”已复翕然同声曰：“巩雉堞，逾黄革，敛瓯邪，无溢额，犹犹尔征文考献、循古惇史之遗。"则舆论如是，其诸古之所谓良吏乎？唐陆象先治蒲，政尚宽简，吏民有罪，不轻笞，多晓谕遣去。宋程灏令晋城，度乡村远近，为保伍，俾力役相恤，乡必有校，择子弟教之，民社会为立科条，旌其善，使知劝勉。明徐九经尹句容，定赋册，劝农桑，邑诸利弊兴革，殆尽之。数人皆以经术饰吏治，守而济之以才者也。侯实心实政，历历见诸施行，殆先后媲美焉。宏此远谟，必将寅亮天工，作盛世股肱。于丰，特小试云尔。汉久托宇下，饫德政，谨采其要，勒诸副墨氏。

创建淇湖围石闸记

万骥

南关外淇湖围，袤延二十里许，供赋八百石。地洼下，山河二水汇之，恃圩为保障。而黄鳅港口，舟楫往来之冲，且县治委水所泄，筑之不可，不筑，无以御外涨。先是，秋汛乃筑，筑旋圮，稼数不登，民绌于输纳。乾隆壬寅，上舍袁君启聪，计图万全，慨然始建闸之议，众谋未同，不果。岁甲寅，贤父母唐侯莅丰，下车即勤求水利，先其公堤，继及私围。淇湖为诸围要地，侯访之，悉会绅耆，躬亲履勘，循港口，息盖停车，言于众曰："是要害处，其建立石闸，启闭以时，蓄泄胥便。"众曰："是前人志也，如费艰何？"侯曰："投鞭可以断流，积羽可以折轴，非形势能然，所累之数多也。今围内户不下数千，略锱集铢，巨万不难。且一日之劳，与百年之困，孰若尔，民毋自怠，余司牧，当以身先之。"越日，侯捐廉金为倡，会邑绅丁君揆先，亦输百金，士民应响而集。月未半，椟累累然。侯喜曰："事成矣。"即諏吉兴工，时启聪之子生员梁，兄弟六，均好义而多才。侯物色分别司畚舆，举勤慎吏李名呈祥者，经内外费；柄察勤惰，则巡宰董公九畴主之。六朔望工竣，堤亦加筑，岁遂有秋。呜呼！居官者动言爱民，如侯之实惠实政有几。古称杜、召，今乃见之矣。骥居围上津头，唇齿共切。诸君子属镌石，志不忘，敢以不文铭其遗爱。

乾隆某年某月。

枫林聂黄氏义捐龙山书院膏火记

黄希灏

宋初，倡道学、建书院者遍天下。而吾丰龙光书院，四方至者，逾三百人，维陈氏一家饩廪之，贤哉，其尊贤好义之心乎。邑龙山书院，创自明，旧籍赡田几千亩，然租息视岁丰歉，岁偶不登，诸生膏火或不继。癸未冬，邑父母徐湘浦夫子，集邑绅议拓充之。先是，书院之迁枫林，聂良治捐六百金襄事。距今五十六年，其季子国学因翥之。妇黄孀也，闻议而忻之，不谂于家人，慨以六百金继君、舅之志，於乎，义矣。

夫士期自立，岂以膏火为鼓舞。而好士者，能使不以薪水之供，役专壹之志，则所以养廉静而励诵习者，固于正谊，不谋利之，学有曲成于微者矣。嗟乎！黄氏，一嫠妇，好贤之心如此，士负致道之责，尽能志气卓越，争自树立，相与以有成，式副贤父母培养之盛心，岂非大幸也哉。敢书之，与同志共勉焉。闻议之初，国学何君家骏、熊君显涛、庠生熊君显学、万君承曾氏侄、国学葆真，稔氏之贤，而即以相告，因并书之。

重建剑匣亭记

姚敏德

剑津在福建延平郡，嘉庆庚申夏，余随侍家严宦游闽中，路过津旁，舟人告以此间有双龙盘屈于潭下，余低徊留之，不能去。因忆晋雷焕令丰城，掘狱得石匣，藏剑二，送一与张华，华曰："此干将也，莫耶何为不至？然神物终当合耳。"今既得双剑之所在，而古匣之存与否，恨不得至丰城一访，为可惜也。越七年，以邑丞来江右，又十三年，补职丰城，因得考所云石匣者。

夫匣有盖有底，兹之匣盖存，其底失所在。或曰，底没于荥塘故池中，每岁三月三日，池上风雨迷离，双龙归朝，故匣者，其即此底匣与，姑勿深论。第念剑，神物也，匣亦神物也。世之相隔，千有余岁。张华、雷焕去而上仙，干将、莫耶化而为龙，独留此一匣，经兵燹之摧残，城池之迁徙，依然无恙于人间，安知非造物显示神迹，而不欲终晦耶。

考匣之颠末，先是，埋于土窟。晋时出诸旧治狱基，明代移置今治学宫。至我朝嘉庆十一年，前令朱，始于尊经阁东偏，覆之以亭。曾几何时，亭遭水圮，匣复沦于草莽。夫以天生神物，既不获，与砥砺砮丹，同登天府，徒听其晦而显、显而复晦如此，亦良足慨已。夏六月，余兼理邑篆，与诸绅士谋重建。相厥故址，筑高数尺，为亭，复其旧观。仍妥匣于中，俾游斯亭者睹匣之为物，窈然以深，如人之中藏若虚，确乎不拔，如人之品望敦重，粗而平，刚而直，如人之大雅在骨，不露嶙峋焉。以块然之质，为他山之助。将见人材蔚起牛斗之间，文光更盛于龙光，而谓后之人有不踵而珍之者乎。夫然后知神迹之不可轻也，夫然后知神迹之不终晦也。昔苏文忠公过石钟山下，以小舟泊绝壁，务求石钟之所由名；余于石匣，自过剑津后，每思一访，不意历今数十年，以风尘末吏，相遭于萍水，亦未始非天假之缘，以慰吾慕古之怀也。故书以为记。

书姚赞府朱子访盛温如碑记后

熊起凤

右记刻碑，立盛家洲亭上，姚赞府小香所撰也。赞府性高旷，工诗好古，所至辄搜访名贤遗迹。任丰政暇，校刻《思贤集》，重新剑匣亭，所表章，实与寻常秩四百石者，距天壤。尝征赞府吏丰，强毅敏干，能担荷艰巨。上游剧狱，多檄之平反。县辑志书、葺城垣、筑各冲要堤、修三贤祠暨文明塔、广书院膏火，诸盛举，多借奖谕、成厥功，其嘉惠士民如此，于扶植风化，岂浅鲜哉。今读所作《碑记》，阐幽隐之芳懿，寓激劝之微权，《书》所称"表厥宅里，树之风声"，赞府有焉。昔江敩丞丹阳`袁粲最为心折，尝叹曰："风流不坠，正在江郎。"凤于赞府亦云。

增广龙山书院膏火记

徐清选

邑龙山书院，前令于沧岩造士地也。士栖有舍，月有课，程式迄于今弗改。辛巳，余下车举课事，士坌集多可造者。余命吏核经费所出，则履亩征息，岁止数百金。重以佃顽縻浩，给生童膏火赢无几。又山长多借材异地，终岁足不履院阈。故课日加损，余蠹然默思，所以整饬之。缘河决，方事修筑，未遑也。比岁工竣，幸有秋。方欲申前意，会大中丞程，颁百金书院，邑绅衿佥呈请，谓士不饩之丰，罔以激厥志，师不邑之择，罔以专厥功。且旧所输莱，几区宜丈畴，几顷宜厘，未足，则广义助，于四乡，其有济。余叹曰："是吾志也。"允其请。先履勘地亩，旋列筵，集邑士夫筹其事，出籍，偕同寅倡署金若干，随分授，俾各署之诸好义者竞输赀，数逾万。除支给公务外，赢金凡四千有奇，促付质库，权子钱，岁益生童膏火费。复申上宪，却荐函，聘乡先生主皋比月课之法，于是乎振作大备焉。周子曰："师道立，则善人多。"许鲁斋曰："学以治生为亟。"夫无名师，而欲造就多士者，未之见。生不治，而欲多士之克承造就，亦未之见也。

丰前代理学名儒，彬彬辈出，迹其趋步，不越桑梓间。长斯邑者，复设斋舍，置学田，所以培植人材，规画为最善。兹余既为遴师资严惮，而更广筹经费，少佐朝夕，俾得所鼓舞，驯至经明而行修，安见人材不可复古欤？诸生勉乎哉。毋剽窃，毋雷同，各懋尔修、纯尔习，澡雪尔心思，期底有成，以仰副圣天子作人之雅化，非独余不佞与有荣施，即质诸沧岩先生，亦庶几其无憾也已。爰为引其端，定课程如右。时邑绅夏文蔚、夏琮玉、黄谟、吕克瑞、余俊、史芳汉、黄光浣、涂启元、熊联奎、熊联璧、涂必懋具呈，以始其事。复与唐鉴、丁揆先、葛正茂、杨道南、文炳汉、黄先逵、涂昌珣、余景鳌、蒋沂、丁猷蘅、范祥、黄光斗、黄先玘、陈景椴、朱云汉、崔洪烈、黄元谷、傅金鳌、杨起凤、余肇甲、余景阳、鄢莘国、游云鹗、熊联瑚、金光夔、熊学海、谢彪、胡执礼、李夔、熊骏、丁猷添、唐泰开劝捐，以董其成，例得并书。

逢原书院记

徐清选

古者，学校之法，主之自上。书院则昉于有宋，然所称四大者，皆守土之吏所经营，非民之所自为也。如岳麓，则创于知潭州之朱洞；石鼓，则建于知衡州之刘珙；其在江西白鹿洞，则知江州周述为之。迨朱子知南康军，益宏其制。故前人谓世徒知明复、南轩诸贤讲学、授学之功，而不知营斋舍、赡生徒，非司牧地方有力者，不能任也。

逢原书院者，丰邑八坊人士所创建，而不借于官者也。考诸旧乘，丰邑书院多名存而实亡，惟龙山为阖邑造士地，经费稍歉，余尝倡捐增其膏火矣。更思别立精舍，以储材力固有所不能。毋何，八坊人士以捐建书院请，是何勇于好义，而乐于育才也哉。院建于雄庄之阳，蟠龙伏虎，两山左环而右抱，小华屏峙于其前，双溪汇流于其后，为形家者言，咸曰"吉"。有伉其门，有觉其楹，讲业有堂，游息有所，哙正哕冥，或庋或垩，两翼具斋舍，凡八十间，计可坐生徒百数十人。建文昌宫以崇祀事，东建崇德、先达两祠，所以昭典型而志景仰，西建尚义、报功两祠，所以厚风俗而兴懦顽。庖寝圊湢，巨细咸具。经始于癸未之秋，至甲申冬而落成，命名"逢原"，以记为请。

慨自科举之说兴，士皆绣鞶帨，工篆刻，干禄营私，以求得志于有司。其于身心性命之微，经世宰物之大，久阙焉不讲矣。昔董子谓，道之大，原出于天，天即理也。韩子谓尧以是传之禹、汤、文武，周公、孔子，即此心此理也，夫非子舆氏之所谓原乎。学者诚能专一其心志，淬厉其神明，不凌节而施，不半涂而废，正谊而不谋利，明道而不计功，优游餍饫，以底于成、蕴于中者无穷，斯应乎外者曲当，将处则为修士，出则为名臣，修齐治平，一以贯之矣。今八坊人士，而有志于斯，将必有葱珩其品，圭璋其行，桢干其材，焕牛斗之光华，发山川之灵秀，光儒林而备国器者，宁徒侈文教之盛，而备俊选之升也哉。或曰，是举也，似八坊，独私其乡者，不知此正古党庠术序之遗意，于私乎何嫌。传有之，人之好善，谁不如我，吾知他坊必有观感而继起者。邹鲁之风，不将复见于今日耶？独是守土者，未能经营而必待其自为，是则余心之所歉焉。尔时倡捐者，熊业伦、吕忠稷、熊志兴、朱世朴、谢国潆、谢皋、唐一夔、谢宗琨、熊永孚等，义可嘉也，开记其名。

重修城垣记

徐清选

城者，盛也，所以盛吾民也。《传》曰："民依于城，城依于德。"盖以德和民之谓，非谓民和而障堑，可勿固也。然欲固障堑，先在守土者经营尽善，俾费归实用，功不役民，乃足资一邑保聚。

丰控剑水，跨尧峰，踞省门之上，游扼楚粤之要路，界连九县，江右一大邑也。民所凭依者何，而城郭可不完哉。县治自唐迁建，明嘉靖间，城始甃石，规模式廓，厥工甚宏。无如地滨大江，势洼下，河水泛溢，城垣半没洪涛。历年既多，坍塌无算。余调任初，周历巡阅，慨然有补苴之思。时方以水患为忧，堤工宜亟。于是岁兴百堵，邑庆安澜，害民者除，害城者亦除。成城之役，此其时也。检查档案，业经华前任详准，劝捐修葺，因费不齐停工。爰与邑绅商榷，集腋成裘。赞府姚小香，共襄其事。残者补之，圮者立之，伐石运土，林林登登者，皆厚其佣值，而不以烦民。迨告成，计费千余缗。雉堞楼橹，岿然一新。观者曾不知役之兴而工之固有如是也。圣朝仁风遐暨，累洽重熙。天下一家，岂倚城郭为固。而经世域民，建制备具，三代以来，未有若斯之盛者。民依于城，城依于德，岂徒丰邑然哉。余自维德薄，抱愧干城保障之心，所当自尽，至乐输者，照例奖赏。不没人善，悉出天恩宪德，吾何与焉。

重修县治记

徐清选

丰治迁建，唐永徽间，迄今千有余载。修者废，废者修，不知凡几。干济之道，有始必有继，故《易》曰："蛊，元亨"，而天下治，务在先甲与后甲相须也。

余以嘉庆庚辰，调任兹土。至阅公廨，坍朽过半，拟修葺未遑。越壬午，冯夷肆虐，螺蛳街、雷公脑等处堤决，城内水深七八尺，不等风摧浪击，公廨由此益敝。其时急于卫民，经营堤工，赔累巨万，更无余力兼顾栖止。越癸未，堤工蒇事，始得详请而垫修之。鸠工庀材，躬亲指画，外而屏墙，内而二堂，花厅、幕舍、宅门，或仍或改，斟酌布置。惟大堂缩而不伸，观瞻弗壮。特为改建，陡前丈余，俾缩者复伸。旁卫以墙，墙外翼以走廊，通科房。暖阁后，建川堂，东西建耳房四间，为值日差宿。仪门、头门及两廊、卷房，坍者、朽者，一一修补完固。如是内外整肃，新先甲之所新，即为后甲之丁宁矣。

考宋制，守令治公廨，著为籍，即核修废，以差厥选。然则公廨之修，岂徒取便安已哉。向明作肃，治化于是乎征。余德薄能鲜，愧无建树。退思审处，邑中果无仰屋而嗟者乎？未雨绸缪之思，益殷殷其无已。夫古人，身不下堂，而邑治。有任人任力之分，余无德以任人，倘好逸恶劳，并力亦不任，不几等公廨于逆旅。如曰宅己于逸，而后可任天下之劳，此固清庙明堂之器，余当以宫墙譬之。

望堤阁记

姚志鹄

昔滕子京守巴陵，修偃虹堤以捍水。欧阳文忠公为之记，谓其以百步之堤，御天下至险、不测之虞，甚有利于民。丰城邑侯徐湘浦先生，巴陵人也。其保障丰城也，亦如滕公之于其乡，具干济才，而虑于民也深，曰："丰泽，国也，民以堤为命，无堤，是无民也。"下车以来，兴利除弊，善政不绝书。而尤以堤工为先务。壬午夏，江涨湍激，邑之雷公脑、螺蛳街等堤先后告溃，舟行廛市，民几为鱼。亟请于大吏，易土以石。而大巷口，堤势岌岌，则捐廉以修之，焦劳勤劬，赔累盈万，而后措丰民于衽席之上。厥后，邻郡多被水灾，而丰庆安澜，其功岂不卓有成效、昭然而孚于众志也哉。然而先生之心犹未已，以为事败于忽、隳于恃，先幾而烛之，则易筹，未至而备之，则无患。丰之堤，吾不能日巡之，欲求得而日望之，爰于署后建高阁，审水势之消长，察堤垱之安危，其惓惓于堤者，深且远矣。

若夫登高远眺，游目骋怀，非先生本意也。故不嘉名是锡，而质名之为"望堤"，且曰："使后之登斯阁者，顾其名，或亦有动于中。"于是丰人士咸谓先生虑民之深，无异于滕公，有合于欧阳子，三宜书之旨，属余为之记。余自闽海引退，就养于丰之丞舍。闻丰之人，颂先生之德不衰，先生诚无愧滕公矣。余于欧阳子何能为役，或借先生之政，以传其言，亦幸甚也。遂不辞而为之记。

道光甲申嘉平月。

复图记

徐清选

为治之道，惟在顺民情而已。民之情，有公有私，有直有罔。其公且直者，吾顺之；其私且罔者，亦将徇之乎？曰："吾抑其私且罔者，即以顺其公且直者，则民气和而浇风息。"县邑以经界定图，以图编甲，其大较也。丰邑二坊十四都三图，康熙间，因丁稀粮寡，并入十五都一图。当是时，去明季扰攘未久，创痍未复，固一时之权耳。国家重熙累洽，休养生息，户庆盈宁，民增版籍。乾隆中，三图人民请归原图而不得，十五都一图之民，遂群相诮谑，三图之民不甘也。迨嘉庆中，张吉祥等以复图再请，经前宰郑君，详久拨归，盖已六年矣。毋何，一图之民以其不便假公济私也，遂以私割外图钱粮，变乱版籍，与三图之民相讦控，而宰是邑者，不暇深究其情，乃阄分一图三、六两甲，给三图之民轮充。虽大吏许可，而三图之民仍不服也。以为既复之，而又革之，何异狐埋之而狐搰之乎？今夫物不平则鸣，人有激则奋，两都因戏而成隙，因衅而成仇。在三图，始不过求脱其几俎之危，继亦且思逞其爪牙之利，理不能伸迹邻，于抗钱粮、漕米，积岁拖欠，激使然也。至余来丰，雀角鼠牙，犹龃龉未已。余察两都之民，慨然曰："三图之民情，公而直，当顺者也。一图之民，情私而罔，不当顺者也。《黄鸟》之诗曰：'此邦之人，不我肯穀。言旋言归，复我邦族’。《行野》之诗曰：‘尔不我畜，复我邦家’。圣人录之，以垂戒后世。今一图之民，思弱肉而强食，是‘不我肯穀’，是‘尔不我畜’者也。三图之民，欲守旧以承先，是思‘复我邦族’‘复我邦家’者也。且前宰之分一图三、六两甲，而令三图轮充，独非割裂变乱乎？与其分裂一图而强之使遵，何若仍归三图，而听其自便，又何忍听斯民之相倾相轧、相仇相陷，祸无已时乎？”乃备牍，以拨归原图，上请各宪，皆报可，曰：“其复之便。”于是十四都三图之民，守其经界之常，而安其土宇之旧。两造之讼以平，向岁之积欠不待催呼，早已俯首帖耳而输之官矣。夫非本其公直之情以顺之者哉。余以政关疆理，故记之，以告踵事之君子。

沟渠故道记（节）

丁逢年

通邑水道，西南城内，干流清悉如故。至东北，干水则自治背官濠，以抵甘家湖、李家湖。而甘家湖久成高阜（附注：今俗呼靠背山），在昔通甘湖之干流（附注：靠背山左），即今居民蔡氏门首，官沟亦既泯其形迹矣。李家湖通大寺园中西隅之菖蒲湖，出寺前之二湖，其寺前上湖由不二门之长沟，过大街，通马驿巷，为一枝流（附注：嘉庆二年，知县王曾经开挖）。干流则由寺前上湖，通寺前下湖，过东禅堂园内，出今杜氏园，横过戴家巷，历张氏园，以通上下达湖。其下达湖之枝流，又直历汤氏园内之沟（附注：实历夏氏、汤氏之园，经夏氏屋侧及汤氏屋侧，出大街，横过蓝家巷），抵夏氏屋内之沟，出蓝家巷，为二枝流，干流则又由下达湖，横过昔雷今涂之花园（附注：乾隆年间，此园复归雷氏）。前涂后丁之古沟，出昔汲今塞古井边（附注：嘉庆四年，雷氏复开此井），曲尺水沟横过东禅巷，达丁氏宅旁长巷，至丁家巷口左旋，入丁家巷内深沟，为干流。其枝流，直向涂氏石牌坊，抵大街而出，其入丁家巷内干流之水沟，纡回曲折，达涂氏四方湖，由学背湖，历腰带湖，通黎氏居住之官壕，出东门沟。历郗家湖，以次而绕文庙之襟，旋入沙、莲二湖，通青龙桥、象牙桥，以次历曾家湖、毛家湖，汇西南之水，聚斗门闸出城外，历坪港湖，此则东北城内水道枝干之大略也。

增补艺文

甘露赋

王季友（一名徵）

大历五年十月十二日，甘露降于钟山。内臣采掇以进，上御太和殿，群臣拜舞称庆，天颜甚怡，敕给假一日，俾即钟山而从观之。翌日，车驾亦亲临幸焉。臣徵谨按，老聃曰：“天地相合，以成甘露。”《瑞应图书》曰：“王者，德至于天，则甘露降。”《鹖冠子》曰：“圣德上及太清，中及太宁，下及万灵，则膏露下，乃王者太平之应。”然则斯露之降，实国家之上瑞，圣世之贞符。臣徵等目睹盛事，亲蒙圣恩，敢不作为赋，以铺张圣德之万一。惟陛下赦其芜陋，臣徵再拜稽首，而献赋曰：

惟圣神之临御兮，承景运以降兴；挥天戈而拨乱兮，沛甘雨以洗兵。肇华夏而纲纪兮，大一统而无外；四方缤其贡职兮，万国矗而来会。跻民生于仁寿兮，播和气于隆平。宜天地之储祥兮，俨川岳之效灵。既嘉瑞之屡书兮，复天乳之明润；御吉占于太史兮，知体信而达顺。惟乾坤之䜣合兮，散元精于轩辕。溥华滋以凝彩兮，仰圣德之格天。当白鹤之惊夜兮，瑶阶湛其初湿；转精明以流辉兮，鸳瓦烂其厌浥。含素液乎贞竹兮，飞灵津于苍松。灿玉润之珠连兮，恍遐集而水融。味逾蜜以流甘兮，凝如脂而芳洁。号天酒之醇美兮，配神浆之清冽。光夺目以璀灿兮，气腾芳而芬霏。缀蜜叶而增固兮，睹朝阳其未晞。爰采掇以登进兮，堆金盘其如雪；匪琼屑之乍和兮，岂池盐之初结。遂蒙天颜之一笑兮，召群臣以同观。俨环珮之锵鸣兮，历有虞而已迁。陋汉武之荒唐兮，凿金茎以求仙。彼唐室之寡谋兮，宜叮咛夫圣诫。兹甘露之荐瑞兮，垂盛美乎昭代。

颂曰：皇德著兮，达彼穹苍。仁泽蒸兮，甘露瀼瀼。和气磅礴兮，委祕发祥。皇寿齐天兮，斯民以康。圣子神孙兮，万世永昌。

古函谷关铭（并序）

王季友

王者建邦经野，观象立极。于是有重门击柝，以待暴客。故封略土宇，守在关塞。山川邱陵，为之城池。天作崤函，俾屏京室。崇山回合，连冈丛倚，长湖屈盘，万里来束，崖奔岭蹙，谷抱溪关，窟起重险，为秦东门。截函夏于阃阈，锁天府于户牖。外扼八州之咽喉，故百二形焉；内拥六合之奥区，故霸王出焉。当其中原鹿骇，战国猬起。嬴氏建瓴山东，择肉宇内。持戟百万，连冲此关。是时也，开门而九国师遁，振策而二周鼎入。奄有大宝，遂吞中区。洎江返秦璧，天祐汉祚。高皇帝提剑而起，以遏乱略。斩白帝，绁降王，举汉中，平咸阳。廓金城以建都，活万姓以三章。取威定功，此焉是保。粤若询事国谍，聆风仙箓，则真气灵踪，起乎其中，柱史一去，流沙万里。留玉函于旧宅，传宝图于本枝。岂上帝乃眷，兴王是感，不然何锡羡开国如此。其太岁在大火，余适下阳。停骖塞门，凭览旧国。襟带如故，世道不留。秦余空山，汉遗茂草。恐复舟失于壑，岸化为谷。万载之后，昧者不知，乃刻颂此石，以示来裔。

其辞曰：天地雷雨，英雄交争。设险守国，作藩于京。姓易时移，山空塞平。千秋陵谷，想见精灵。仙驾长往，雄图杳冥。于以志之，勒铭岩扃。

广己赋

胡学浃

壬午之秋，落名乡闱。买舟章门，小奚相依。告别友生，执手欷歔。长揖登舟，溯流西归。入门呼妇，静掩帘帏。蓬首伏枕，悇憛凄其。闻声忖度，谓余心悲。起戒家人，无遭怒骂。矶激褊肠，有祸则嫁。变嗔为喜，煮茗慰藉。余乃手炉注泉，乳飞涛泻。既啜茗而覆瓮，复索酒而命斝。妇乃酌酒而进曰："昔师徒败衄，盛气疾容。或击壶而呼骥，或抚刀而呼龙。悲歌慷慨，尝不知涕泗之何从。今胸旷落而鲜郁，气和平而弥冲。事非塞翁之马，情岂楚人之弓。胡昔之戚戚，若水泥之沾春絮；今之浩浩，若败箨之卷秋风耶？"余乃酌酒而饮之曰："子何见之不广，而意之少通也。余年齿迄于知非兮，阅历少胜而多败。俯仰纵横兮，事鲜可而多怪。家徒壁立兮，不足忧，对琴书而称快。忠孝节侠为师兮，又何计夫蝇营狗苟之孽债。烦冤百端之坌集兮，胸中宁足以芥蒂。畴昔之夜，骥驽杂系。风飘雨急，巾垫衫湿。长檐短篷，麇至翔集。水深三尺，负墙榴立。龙门洞开，循阶摸级。唱名嗃谟，隔壁莫人。管折兔脱，爇松镕汁。巷牍狼藉，对之于邑。或鼓或罢，或笑或泣。野鹤囚笯，惊猿驱苙。魂散莫收，文耻沿袭。持三日粮示士卒兮，谓如遗芥之可拾。乃再刖而王不悟兮，雷轰轰而闭蛰。慨成宏嘉隆之淳庞兮，文章仰墨而被则。守高曾之规矩兮，暗中摸索而可得。迄世道之凌夷兮，颠倒布置。夫须眉袭唾余之陈言兮，捃残羹之腐骴。钩时俊之诡特兮，戏尘土于盘匜。千态万状以相侦兮，五色眩惑而莫知，心旌摇摇靡薄兮，又何辨夫正正与奇奇。

余成童弄笔墨兮，拟陟云路、排天阊。双丸跳掷飞逝兮，敝逢掖兮鬓秋霜。八战而八蹶兮，宁尽诬夫双目之无光。愧余技之未工兮，逢生命之不臧。友生谓余廪饩秩满兮，明经可贡天子之堂。讵广文之青毡兮，宁足究余之行藏。鸡肋之不足味兮，争矜惜于一掷。迄进退之失据兮，始悔资身之无策也。玉枉抵鹊，铁难铸错。槛猿就疲，茧蚕自缚。见客不舞，既笑羊公之鹤；别主长嘶，宁作白公之骆。日奋桑榆，奕营边角。窦长号愿赵兮，误代而营驷。庞眉为郎兮，遘武而噱。气数之去兮，夸父莫追；事会之来兮，巢由难却。又安见《诗》《书》之味，甘如饴羌，含咀而馋嚼也。负弩长征，执殳前趺。骋襄邓，遵河洛。览燕赵之山川，觐帝都之城郭。曳裾侯门，作宾参幕。磨盾草檄，掀髯谈略，录发纵指示之功，邀卿士大夫之爵。功名虽殊，遭逢相若。久屈少伸，讵同尺蠖。所虑者，正平气豪，江夏性戆。有言不信，谓我来谑。倚势凭威，欺寒侮弱。将摇尾而乞怜，抑纵鳞而归壑。南山之南，北山之北，焉往而不得贫贱，而不躬耕以自乐也。吁嗟乎，鸿振羽仪，渐逵路兮，鹖适榆枋，饱吭嗉兮。白云诗赋，聊自喻兮。名山姓字，永终誉兮。轻重持权，长短审度。买璞弃鼠，逐麇略兔。如醉斯醒，如梦斯寤。彼未足喜，此未足怒。汝乃执向者之戚戚，概今日之浩浩也，汝则误矣。"妇闻而笑，洗盏更酌。西风入户，北斗倚阁。颓然就醉，不知近况之摇落。

与李巡抚书

李裕

仆闻古人建大事者，必先谋诸心、谋诸众，事果可行，功可必就，然后行之，无后悔。苟心无主，听一人言，卤莽苟且，为之劳民伤财，事弗成，民嗟怨，士议起，虽悔何及。昔文王迁丰，武王迁镐，皆为民稠地窄不能容，民自欲迁，顺民之情耳。区区小邑，固非丰、镐比，事势利害则同。

吾邑自唐迁此八百余年，虽当袁、赣下流，春夏水涨，奔激湍悍，易于崩啮。果难修筑，历代修者亦累，未尝有一云迁者。近闻邑堤被水冲坏，侯方伯以功大难修，欲迁曲江。吾切思之，邑城民居，鳞次栉比，不知几千百家，岂曲江窄洼之地，能容安堵之民。不欲迁而强迁之，是害之，民必怨。故具疏奏行布政司，措置石块修理，不许迁移。今又闻乡人言侯执之坚，诸公依随未决，此乃不思之甚。纵用百万之石，可以甃堤；若欲迁县，公宇、学社，俱用迁移。劳民力、费民财，岂可以万计。况县治一迁，郭外之田，尽成湖泊，城中之民，皆为鱼鳖，其利害亦重矣。况民性不可拂也，拂民之性，灾必逮身。

阁下素称明决，抚巡是邦，其责在阁下，利害亦系于阁下。宜熟思之，不可轻忽。县治决不可移，烦与镇守、巡按二司诸公计议，于无碍官钱内，会算用石并灰，用价若干，委官陆续支价买用，仍委的当官一二员，督工修筑；更烦布、按二司，巡守官，往来提督，如是，则事必成、功易完，士夫颂之，邑民怀之，岂不愈于迁邑也。昔韦丹观察江西，筑堤捍江，民祠之。阁下能筑吾邑之堤，以捍江，民居奠安，日后岂不怀阁下之德而祠之也。阁下再思之。部中事匆冗，临笔不能罄所怀，伏惟亮察。

重修西仓碑记

胡绪

邑西仓，创于西乡之曲江水次。西乡距邑以江，江以左当上流之冲，水势涌激，春堤洪涨尤甚，而民间饷储，由水道输邑仓，往往有漂溺之患。比登岸，则又有雇募搬运折耗之虞，与夫市民包泊赔賗之苦。至南宋乾道，始议设西仓。自我明永乐迄嘉靖间，向有遗址，民便输纳者久之。无何，历年滋远，修葺罔加。廒宇蓁芜，渐成荒僻，西于是无仓矣。

隆庆戊辰，余叔大司成剑西公，以其事白抚院刘公、粮道严公，准乡民胡宁、胡溥等呈，移檄所司，易旧址，拓新基，重建焉。时亦大率潦草，督令该乡都里竖立木庾，且也规制未备，隘弗殷积，摧朽相寻，非以图远也。万历壬午，余叨授铨部，会邑令某，以制告。而抚院曹公、按院贾公，并以上高令吴侯廉能，荐代焉。天子俞其请，遂改侯令丰。余窃幸曰："某是尝有声上高者，当能为吾丰造福也。"暨至，果竣洁禔身，仁明阜物。甫及期月，声誉隆隆起矣。乡民胡磬等，复以西仓、长溪两役，具呈抚台，蒙允行修浚，檄下，侯毅然任为己责，躬度长溪要害，刻限疏通，考其成于巡宰郑理。乃诣仓集材鸠工，易木庾为砖廒一十八楹，楹之赀，悉从民粮出派，无预公帑，民皆欣欣乐输。中为督储厅，前为门，屏环以甓墉，连甍接宇，鱼翼崇丽，西仓又屹然改观矣。维时课章程者，前二尹赵君文林，今三尹王君凤韶也。董工役者，乡民胡磬、胡作、涂治等也。经始于癸未秋七月，报成于八月，赀不妄费，而功垂成，民不知劳，而利垂远。其敛粮庾下，无涉江漂溺之患，则曰："此吴公诒我者。"无募运包泊之忧，则又曰："此吴公诒我者。"斯时皆举手加额，以感侯惠行，与此仓永永无替矣。役竣，余弟侄绍绮、学迁等，皆侯门下士，嘉侯绩，属余言记其事。余谓世所称廉能吏者，簿书慎于稽比尔，财赋清于期会尔，狱讼详于鞫谳尔，均为此猎声华、渔显庸矣。其于国储民瘼，则视如荒畦废圃之不可复，践如草菅土苴之不容更生，此虽廉能足取，终不能为民兴利除害，未可与古循良并称。侯治丰一切煦妪休养之政，职所可尽力、所能为者，靡不备举。今仓庾葺，水利通，此岂区区簿书类能饰吏治者，所可同日语哉。余记西仓之成因，并及浚溪之绩，盖以其政彰明较著者，无逾此二役也。故概述其事如此。侯名达可，号安节，宜兴人，万历丁丑进士。

丰城南馆记

徐文弼

吾丰会馆，创自前朝。诸先达经营相度，与南、新两馆，鼎峙于都城之南。规制宏壮，甲于两馆。余庚戌，始至京师，已渐就倾圮，惟岿然一堂，犹鲁灵光也。越岁，顺郡别驾饶公服松，谒选来聚京邸，相与筹之，择摧木可用者，倚颓墙结屋数椽，聊以为息辙卸装之所。寻别驾绾绶而出，余亦南旋。厥后经理乏力，遂止于一蒉之覆。且有鸠性鸮音者，踞巢而复毁之，致使卧材飘瓦，荡然无复存矣。虽乡中人士公车至，止三年一聚，数谋善后之策，然倚任难得其人，类多有始鲜卒。迨仪部袁公叔论内擢居京，桑土蓄积，预计绸缪，旋亦引疾去，为时无几，猝难图维，是岂斯馆终无兴复之日乎？抑亦蹇运之旋转，有待其人耶？兹岁之春，余谒选赴铨曹，适孝廉杨君禹陈，至自赵州，称同年友金刺史体健，有毅然肩任之议。因亟作札怂恿，以成其志。会公仲子就职幕寮，携赀诣余，谋复馆事。窃意旧基宏廓，工艰而费巨，毋宁先购别宇，徐营旧馆，庶几兴复之有渐也。意计允合，金公固不惜分其清俸，以遂夙愿。余亦乘需次之暇，殚力襄成。审适中之区，求爽垲之所，房室既备，几榻兼营。招集经商，畿内之乡人，择其愿悫者而命之主掌，参定章程，标之粉榜〔膀〕，用垂久远之规。自是公车宦辙，从风尘劳瘁之余，辄有宁宇，不致徬徨廛肆间，无所依庇也。嗟呼！人事之举废，气运之隆替，因之吾邑先朝之盛，通籍列朝绅者，显秩相望。百余年来，式微已甚。而宅舍之废败以形然，剥极而复，时数可凭。惟恃乡人士，踊跃奋迅，以鼓其发越之气机，斯诚转替而隆之一会也。

乾隆二十有九年甲申岁季春月之朔。

驭夷操纵事宜札子

万启心

臣启心为敬筹驭夷操纵之宜，仰祈圣鉴采择事。钦惟皇上抚莅华夷，视同一体。外夷陈诉冤抑，特遣大臣查办，凡在含生，孰不钦服。现在夷人驶回粤洋听令，一切开示约束，尤宜动合机宜。前因粤省办理不善，故使该夷，借以为辞，欲起衅端。务协情理，一秉至公，不可稍示以弱，在我固不惮于转移，在彼断不许其要挟。倘苟图速了，诸务曲从，既虞中国见轻外夷，尤虞奸民益欺良善。此今日驭夷操纵之宜，不敢不预为皇上敬筹之也。

臣闻兵可不用，不可不备。当有事之日，尤不可令敌疑有厌兵之意。唊夷奸巧图利，桀骜不驯，其平日本非恭顺。凡生长闽粤者，早有厝火积薪之虑。一旦中国严禁鸦片，彼顿失厚利，岂肯甘心？因而驶至各洋，意图窥伺。又借求和为说，以为能发能收之计。皇上严示以守御之备，明导以可转之机，所谓因其计而用之，不战而屈人之兵，策之上者也。臣谓各省守备，皆宜缓撤，且自定海失守之后，各海口官兵，竭力防堵，亦有微劳。宜仍令督抚核实奏闻，酌加奖励，以劝后来。盖启衅之咎在粤，于各省无预。即粤省启衅，咎在大臣，亦于出力官兵无预。诸官兵等效命行间，若因现在粤省查办，概置不论，未免解体。万一夷情叵测，将来何以待之。故臣谓奖励战守，与查办通商，两不相妨，此操纵之宜一也。

臣闻夷人皆言，粤省缴烟，本许给价。此次大臣查办，仍许给价与否，臣不敢知国家体恤中外商民，原不惜此区区之费。但事涉外夷，动关国体。万一我以烟价给还，彼反夸示他国，谓我畏彼输币买和，将如之何？此外遵禁，出结恭顺，各国见彼桀骜者获利，岂不反生疑悔，易启效尤。臣风闻该夷诉求烟价，其中原有许给烟价，商人意欲该夷先缴数十百箱以为搪塞之计，詎该夷全数呈缴，为价太多，伊遂置之不管，以致该夷纷纷不服。

果如所闻，是商人等始则朦蔽钦差，继复欺诳外夷，此项烟价，即应责令赔偿。但须仍俟该夷各件遵服之后，方得赏给。庶几前次大臣，令其缴烟，此次大臣，赏还所值，罪坐中间欺弄之人，于国家威信，毫无所损。既以顺该夷求利之私，即以儆商人售欺之罪，此操纵之宜二也。

臣闻粤省专立洋商，原以绝冒禁欺诈之弊。而商人即无弊不作，其家资巨万，皆由包庇违禁货物，欺诈中外商夷所得。且彼与该夷交通日久，责令赔偿所许烟价，多寡自易成言。否则，彼反串通该夷，要求需索，势所必至。臣谓事定之后，许令该夷照旧互市，尤须严立章程，责成该商永远遵守，不得再有阳奉阴违之事。至粤省官之贪侈，民之游惰，工商之奇邪淫巧，皆设法劝导，使其革心。内奸既清，外患自绝。总之，鸦片奉禁，国家之法令始行，定海退回夷情之恭顺，始见甘言不足恃。当申守备以待之，虚声不足畏，当明利害以晓之。其夷人所诉林、邓各情，如果查办，一依约束，则前此所办，自系过当。若阴持两端，多生狡诈，则明系反问、去其所畏不难，仍责二人立功图效。盖中外互市，日久弊滋，事机转移，倍宜持重。许之难，则从前之弊尚可更张；许之易，则将来之患更无底止。臣惟望皇上德绥威震，执两用中，密谕查办大臣，务为久远之计，勿存将就了事之见。各省海口，仍饬督抚加意防守，以期有备无患。俟粤省查办定局，再议功罪所在。臣为抚驭外夷关系利害起见，是否有当，伏乞圣裁。谨奏。

疏通水利论

周溯贤

窃惟治丰之政，莫先于堤。东堤巨，西堤次之。余初下车，因西堤陈相渡，屡患坍塌，业已倡修之，改筑之。功虽未竣，而事已举矣。东堤逢岁修之月，适余值瓜代之期。但念三月富城既未遑补救于此日，敢不思诒善策于将来。缘将筹保东堤之法，详细言之。

东堤当剑水之冲，自大江口至清丰界，长八十余里。堤长则保护田庐固多，而亦岁有崩决修补之处。自唐迄今，大役屡兴。故黄贡士有请开西河之说，王文成有苦竹洲移塞之论，皆重民保堤之至意也。余因公下乡，周览形势，访问父老。见夫百里长堤，外水既多冲割，内水复行壅塞。当春夏之交，内外泛涨，堤屡崩塌。因思一御外、泄内之法，莫如于内水入江处，上下各建一闸，使诸水由闸而出，以拒外水之强，即可免堤脚之冲。夫水，犹敌也。增埽保堤，犹筑城御敌也。埽增，而埽之上下难保，亦犹城固而城之前后受敌也。惟遣奇兵出城以击敌，则城安，而城之前后亦安。建闸，即奇兵也，以内水冲外水，使水势趋西，而东堤自可无患。如省外之青山、鱼尾闸是也。且有闸，则上下通流，日久沙积，上下皆洲，堤脚自然坚固，如小港口之闸可征也。今城东之杜家湾者，内有深湖，外近三洲，于此建闸，则富水易消。而石滩桥一带，不至遇雨即涨，淹没田亩。且水流沙壅，洲可相连，而城以下之堤均可保。至熊坊垱上下，本丰水入江处，今故道已失，寻其旧迹，挑浚之而建闸，则内水通达。而孙家渡之沙，流入于江，不致淤塞田亩，且可成乎外洲，而城以上之堤亦无虞。此御外泄内，实保东堤之良法，较之开西河而有损良田、移苦竹洲而旷日持久者为便。至闸门以多为贵，盖水平则商船便往来，门多则内水易宣泄也。诸绅民尚其体之。

重订龙山书院膏火记

张师亮

丰邑控省垣之会，据五府之下，山川钟毓，代有伟人。经济文章，标诸国史。岁壬戌，登贤书者二十八人，科名甲于全省。文教昌明，为何如耶。适余分校后，权篆斯邑。下车伊始，以培育人材为首务。爰课士于龙山书院，书院为沧岩先生所创，盖即古龙门书院故址也。生童翘楚，不乏名流，顾廪食膏火之赀缺焉。揆厥所由，稽之志乘，昔人所创置学田，几同告朔。饩羊。名存实亡，而存典生息之五千七百余缗，兵燹之余，亦属莫可究结。以致讲庭鞠草，弦歌不作，非上教化之不先，亦时会使然耳。正筹补葺，而堤务殷繁，刻无暇晷。岁癸亥，堤工甫竣，适邑绅以援照育婴成案，请于钱粮项下，每两抽钱五文，为津贴膏火饭食之需，垂诸久远，诚善举也。惟每年额征，重以水旱无常，多不中额，故不限成数，而饬之照年征分数，按季扣存，移呈监院，岁终汇册，移县备查，所以杜侵渔、严浮冒也。

然余更有请者。夫治术原于学术，学术原于心术。古之人诚正，以迄治平，无二道也。自学术不明，剽窃饾饤，辄近浮夸，而无裨实用。即空谈性命，聚讼纷呶，而亦非圣贤明体达用之学。仕与学分，若南辕北辙，途不相合，于国计民生，庸有济乎。爰定成式，每课于制艺试帖外，加以策论一通，以觇诸生之心术、学术，而即可卜异日之治术。后之君子，或更有以培植而成就之，使经费常充，而课程愈密。邑之人士，得以处为名儒，出为名臣，将迈迹前芳，而追踪盛轨，不难也，是则余之厚望尔。时监院都昌胡水心、泰和刘小笏两学博，倡议者邑孝廉文君炳汉、周君泰禧，而董其事者，则雷生炳离、文生奉璋也。爰叙颠末，而泐诸石。

凤山书院记

王明璠

丰城故有龙山书院，有司岁课士于此。邑西南百里许，系二坊，道远来艰，乃即其乡建凤山书院。经始于道光中，有田有庐，规制粗定。洎咸丰甲寅，前宰蔡少彭观察，始为延师教读，中更兵燹而止。同治七年，余来宰斯邑，杨君春台，以是为请。余乃出廉俸为倡，再延山长主讲席，乡人士以次续捐，得钱若干缗。仿社仓法，息其谷，备士子膏火。而山长修脯，资出于官，岁以为常。余尝至其地，见夫前重冈、后列巘，清流左右，映带平楚。升其堂，则讲肄有所，庖湢必洁，每当天晴雨霁，纵望远峰巑岏，万笏朝拱，岚光云影，新翠一色，豁然开朗，气象万千，此诚读书之胜境也。

或者曰："书院之制，多在通都大邑，兹于乡僻何居？"余谓不然，江右之书院，莫大于鹅湖鹿洞，夫非皆在于乡乎？而又何疑于凤山耶。昔者陆子与朱子，会讲于鹿洞，特揭"君子喻义"一章示人，其所以判君子、小人，而发义利之辨者，至矣。自世教不明，趋向日下，士或背义而规利，试校之等、升斗之饩，往往各存幸心，或剿说雷同，以期弋获。又其甚者，不难以大学诸生之势隐猎。夫赋敛、讼狱之繁，而先王立学教士之本意，荡然无复有几希之存，盖钱刀之气盛，而诗书之泽衰矣，有心者恝焉伤之。至谓书院为可有可无之物，此庸非士君子所羞，而为民牧者之所大惧也哉。今圣天子在上，士之涵濡德泽有年矣。况丰城为文物之邦，二坊又士秀民质，风俗犹为近古乎。乡先生伟然兴起，创置辟划，以凤山而宫之，教习其子弟，使入此室者，痛怛乎习俗之锢，一以大道为归，且皆读有用之书，而无负先圣先贤之训，则国家菁莪棫朴之盛，胥于是乎基，岂第曰藏书之精舍云尔哉。诸生勉之，余不佞，将拭目以俟，为都人士庆教化之成也。夫时专建文昌宫者，曾廷梁；捐千金者，曾廷楹；捐五百四百金者，辛勤、易振瑱；捐百金兼董修出力者，曾沆、熊立德，例得并书。

同治七年戊辰冬月之吉。

于家洲义渡记

唐先霖

邑西关行三十里，大河横阻，广十余丈。其东为朱家埠，西为于家洲。地当孔道，往来如织。旧有义渡，毁于兵。附近居民，以小舟济，然仅容两三人，且迟滞。每遇风雨寒暑，两岸露立以待，疲乏颠蹶不能支，争渡则不免覆溺之患。

邑谢君继明，家中赀，好善不倦，有古人风。稔其状，恻然不忍，为建蓬厂一，造舟三，捐市店二，以岁租为修治舟柤费。另输金二千存息，供船丁食。前任为免埠头徭役，俾无他日累，复以其事详诸大府。予下车后，适奉中丞行知，深为嘉尚，额其庐曰“好善乐施”，当饬其祗领悬挂，邦人荣之。时纂修邑《志》，董事属予为记。

予窃见夫世俗之偷也，坐拥厚资，只知为子孙计，而于施予之际，龌龊不能无吝色。求所谓慕德行义者，不可概见。谢君此举，诚可以劝，且可以传矣。是为记。

矜济堂义冢记

阮克俊

义冢之设，何自昉乎。昉于西伯，泽及枯骨也。丰邑连年水患，沿河古墓，每多冲塌。一经水退，骸骨暴露，实堪悯恻，此义冢所以不容不设也。南丰职员聂邦珉，劝其东余干职员张敦裕，捐费五十余金，以为掩埋费。叶前县与署友，凑成百金。嗣因遗骸愈多，兼有浮尸路毙，捐费不敷。本邑绅士职员范时杰、封职陆光诰、职员陆运相、增生李培本、附生李嘉植、监生廖展绳等，复倡首捐费，置买义冢地基，除泐石开费外，实余叁百五十金，发交各典生息，以为收埋经费，立有善后章程。此数君者，皆出于不忍之心也，额曰“矜济堂”，是由一念矜恤，而施济也。西伯泽及枯骨，建斯举者，其尚知体此意欤？是为记。

移建大港口普济桥记

刘于浔

予观千古之士，尚志而已。志者，气之帅，一行之成、一事之举，出之以精思厚力，而与为终始者，罔非斯志斯气之鼓舞，坚持于不败。矧继志述事之大，济人利物之难，非肩一心中无贰，几何其不历久而渝也。涂君廷选三昆弟，移建普济桥，予窃叹其有志焉。涂，丰人也。丰之为邑，右盱、汝而左章、贡，两河夹流，至会城折旋而趋，以分注于敷浅原。丰北之壤，有地曰大江口。一横渠，四水襟带，彼涨则溢，此盈亦注，故虽支港，而泓浸深焉，抑闽粤之孔道出焉。旧有桥曰“普济”，乾隆三十七年，臬使杨、邑令于、董邑绅毛，所倡捐而成者。桥圮于咸丰八年，历三载无筹及者，旅人病厉揭久之。予时视师饶州，函致邑绅议修，复捐赀千金以倡。将召役度地，涂旁观感动，问费几何？或以巨万告，慨然曰："桥，丰邑地也。顾可劳刘公？且先人有遗命，敢弃诸？"时裨将万提军立松，友人万牧光绚往勘介来谒，悉其家仅中人产，而甚好义，果言行、重然诺，予优以礼之，牒催丰令，禁侵扰，揭示工所，而蠲所税木石于征商。既始事，命仲弟燿、季弟若灿督治殊亟。俄发逆自樟窜至，徒役骇走，诸生燿遂困贼中，贼日夕索银。燿曰："建桥费现存局中者，被掠已尽。外□客邸寄归，今必劫我杀我，使我兄弟不克承先志，而死目不瞑矣。"酋义之，燿出其兄弟，益信善可为也，而志益笃。虽桥之就而圮，圮而更筑者六七作，选等义形于色，不避巨艰。众议沸腾，攘袂奋臂，不以偾事。适予以筑官湖垱经其地，有以桥圮故，遮而诉之者，执而罪之者，予曰："若是，则善不可为矣。夫人至捐财，力忘患难，孜孜焉以急。夫一事虽或过，举宜共谅之，非其过而困折之，可乎？"因力白于众而解。选兄弟德予甚，竭力兴筑。岁十稔，始告成焉。嗟夫！以二三人之力，谋千万人所共之忧，以一念感触之诚，阅岁时而勿替，亦既难矣。而又中历危祸，数数耗亡，志苟少移，必不能成此巨举。乃选兄弟，始发于诚，继坚于忍，而终于克济，执德信道，志如斯矣。吾独怪夫斯桥既圮，搴而涉者，航而济者，辇者负者，日不知其凡几。而独有待于廷选兄弟之移建，聿观厥成。古愚公之移山，不过是耳。桥始于咸丰十年，成于同治八年，前后耗费数万金。工役以亿万计，量之长得十二丈有奇，广丈有五。下通三瓮，自址迄石栏，高三丈有奇。南摆长十八丈，北三十一丈，两头蹬道各三十六级。予目睹之，心喜，观其成，故详记以昭来者。

枫林桥记

吕光焕

徒杠舆梁，王政首重，然第宜于西北高原之地耳，非可概于东南也。

吾丰于江右为泽国，而吾乡又为潴水之区，人烟所聚，溪流环之，雨雪昏夜，问渡为难。好义者，于四达孔道，截流架为板桥，行旅称便，盖无虑数百处矣。顾板桥之费较廉于石，而为时仅支十稔。中间尚须历年小补，乃保无虞。

距城西十里而遥，滨溪有枫林桥，尤各村入城总汇之途。每日辙迹交错，入冬则辇粟输将者，昼夜不舍，故桥之朽也较易，而修也更急。岁乙酉，桥已将圮，丙戌尤甚，而费用不赀，醵敛无术，合乡皇皇。有孙君景伦、何君柬之、熊君尚贤、何君驭周、聂君兼山，因商之聂母黄太孺人，成兹义举，并谋为久远计。乃捐白金五百两，约以二百数十两为今岁修费，余交质库，岁收子金，累数年之息，可敷一次修桥之用。从此生生不已，虽数千百年，亦有恃而不恐。此其功为何如巨，而意为何如深乎。

夫世不乏富户，富户亦不乏善缘。彼演戏剧，建斋醮，使僧俗杂遝，縻无益之财，而反贻害者，其愚妄固不足论。即创寺观、修浮屠，假象教以希冥福，而福终不可知。孰若此利济亿万人，垂贻千百世。之其益，无方降祥，必不爽者；之功德，乃为不朽也耶。孺人之从善如流，为可钦；而诸君子之与人为善，均乡里所倚为长城者矣，予故乐得而纪其颠末如此。孺人令先夫子名因翥，字翔远，枫溪国学生，于道光二年卒，遗命义举甚多，前《志》已详，此又其一善云。

重修城隍庙碑记

文炳汉

凡神之载在祀典者，必崇其阙观，峻其闬闳，翼其廊庑，饰其台榭，固其垣墉，然后可以壮观瞻而妥灵爽。

按邑郛城隍庙，建自明洪武初之林尹弼。正德间，吴尹嘉聪，因毁重建。嘉靖间，曹尹大川复修。国朝康熙十二年，薛尹景莹重修。嘉庆十三年，郑尹垲复集阖邑人士增修之，规制较前，颇称巨丽。距今数十载，而黝者剥，垩者蚀，雕镂者亦垂朽敝矣。住持谋之邑绅耆，有事修葺，未果也。

去岁冯夷告灾，藩堵倾圮，旅楹松桷，渐有瓦解之虞。邑士夫集议，以为赀醵则难猝办，期纡则易就摧，是非有大力者出而仔肩之，事将曷济。于时陆君独嚄然起曰："见义不为，非夫也。况兹庙为一邑瞻仰，失所凭依，神其恫乎。给赀用，予任之，勤省试，诸君共襄之，可乎？"佥曰："诺。"乃克日纠工庀材伐石，邪许声沸，朴斫工殚。未几而藩卫嵯峨，庭宇翚革矣。报赛之伶榭，亦视昔而加华焕矣。

计庙外缭垣高若干丈，衡若干丈，两廊曼回若干丈，殿宇深广若干楹，坚致荧煌，震耀心目。而取给之赀，计用五六百金，皆陆君独任而兼综之。吁！信难能已，而吾尤为陆君难者。大凡一邑公务，捐赀者劳，未必亲宣劳者。费或难裕，独君于是役，植板干、程土物、略基址、储器用，皆躬自购求，预其规方，均其位置，而溉饩梓人。又有赢无缩，有渥无苛，俾执事者忭跃以趋赴，故人不劳而事兴，时不稽而绩奏。于焉咏梃，闲歌枚实。其于祀典，亦大有光矣。功经始于道光乙未之仲春，落成于孟夏。张邑侯命余记其事，余谓是诚不可以无记也。记诸石，以旌陆君之好义，尤以风将来之勇于为义者。陆君，名光荣，诰封奉直大夫。书丹则安徽太湖进士、前知本邑事王君名之道，篆额则拔贡杨君道南。监工则葛君正茂、余君俊、范君时杰、夏君云峰、崔君立先、黄君先逵、黄君先玘、唐君泰开、夏君文蔚、丁君人伟、蒋君元甲、涂君贤锡，例得并书。

重修儒学记

胡苏亭

丰邑川原雄秀，贤豪蔚兴。自宋元迄国朝，科甲冠南郡所属。其间名臣大儒，联镳接踵，焜耀史乘，尚论文献者归焉。迩来士大夫敦崇本实，不争利、不争名，独于义争之力。他邑有大兴作，虽官若绅，竭力劝勉，犹或旁行斜睨，望望然去。惟丰之人，赴义若渴，转以躬不与为憾，必分工共任乃已，则尝于前后重修文庙，有以知其梗概也。

今上御极之元年，亭司铎来丰，以释菜礼谒先圣先贤，见栋折垣颓，阶以下荆榛满焉，瞻眺欷歔者久之。时寇未靖，议修不果。三年，仓背堤决，益倾圮。诸生进曰："是距前两修仅一纪有奇耳。"道光丙午，万君时若、向荣昆仲，偕侄启琛，合捐修大成殿，殿旁两廊，始覆五色磁瓦，丹墀甃以石，露台置三面石扶栏，后缭以垣，费五千余缗。两庑为周君运鲲劝捐修，黉墙为辛君运泰捐修，各费数百缗。先是，万姓拟独任其事，周君等争之，乃分修。越九年，咸丰乙卯，风雨剥蚀，寖无以妥神灵而肃瞻拜。徐君传冕、傅君大章、文君炳汉、周君文凤、周君运鲲、徐君维缙、酆君授琳，谋修之，分劝有力者佽助，咸题捐恐后。数月得八千余缗，公举邱君晴云督工，司出纳。为殿为庑，为楼阁，次第改作。坚者仍之，朽者易之。旋以粤寇犯邑城，匠氏逃散，遂中辍。是役也，工未竣，捐止半收，邱君垫百余缗，亦罔所责偿。然向之踊跃乐输，壹似重有争者。今阳侯肆虐，冲啮若是，革故而鼎新之，即前难后易易耳。公其下教为之倡，亭唯唯，亟商诸张侯师亮，侯以工大费巨，非劝捐合修不可。议甫定，各坊士绅麇至，以分修争。侯曰："诸君子既共相担荷，予曷以固执为哉，其各事厥事。"侯乃捐俸三百缗，修后围墙，以经其始。自是，量工属役，接时并兴，大成殿及神龛、露台，为城内陆君如照、一坊朱君式衎、五坊万君启庄，各倡劝本族合修；两廊及尊经阁，为五坊王君亮、李君福亨、李君增筹劝捐修；正学祠，又为李君福亨捐修。两庑为七坊周君泰禧劝捐修。崇圣殿及忠义孝弟祠，为二坊刘君笏、张君丙照、刘君士俊劝捐修。明伦堂，为涂君昌璘、昌珣昆仲捐修；魁星阁，为八坊公捐修。名宦祠、乡贤祠，为九坊公捐修。大成门及文昌宫，为四坊范君思乐、余君士拔、甘君树垣、熊君景芬劝捐修。泮池及池畔石坪，为三坊杜君扬、文君炳沅劝捐修。江山秀杰楼，为刘一宗捐修。剑匣亭，为六坊公捐修。黉墙，仍为辛君运泰捐修。石鼓六，为黄塘邹中和、英和昆仲捐修。均遵礼部所颁制。朴斫之后，丹雘攸暨，辉煌壮丽，较昔有加。阅一载告成，共费万余缗。

无何，庚午二月，大雨雹，大成殿脊折，瓦飘堕，渗漏漫漶，顿改旧观。各坊又争派赀公修，费二千余缗，工乃大备。盖自丙午迄今，凡四修矣。屡废屡兴，心力交瘁，是不可不闻于后，以期不朽。况夫学校者，人才所由萃。人才者，治绩所由彰。我朝文教覃敷，明良交庆。部寺之尊，比烈夔龙。守令之选，匹休召杜。推求原本，孰非学校所培养。今丰于学校之修，亭所闻，既争之若是，亭所见，又争之若是，想见荐绅之家、富厚之族，仰承昭代之雅化，恪遵大圣之至教。平日父诏其子，兄勉其弟，莫不一于义是趋，而罔敢陨越。不然，胡他人所互相推诿者，而必群起而争之哉。异日者，跄跄济济，抒其所蕴蓄，以黼黻休明，必有名臣大儒，联镳接踵，与乡先辈遥相辉映，固非独掇巍科、跻高位，朱紫骈阗，照耀里闬已也。于是乎记。

丰城新馆记

徐传冕

吾丰于江右为望邑。京师有东、南两会馆，由来旧矣。东馆以寓公车，及谒选者，而以南馆之租赀，为修葺暨各经费。余自辛丑计偕，从乡先生后习见之。今治化日隆，文风日盛，同治纪元之初，登贤书者二十人，春闱几无下榻所。同人思有以广之，未遑也。先是，邑人蔡君廷翰，以京塘期满，将鬻其宅地，适在南馆之西。时傅君大章，官铨曹，设措二百金，典作公业。嗣因吾县报销局诸董事，邮寄三百金，遂购为会馆。复益以四百金，爰偕水部熊君焕、京塘李君时伦，量度鸠工，缺者补，圮者修，门舍厅房，稍更旧制。几屋二十余间，颜曰"丰城新馆"，由是邑人士赴京者，无虞逼处矣。

辛未冬，余自浙运饷入都，即寓是馆。暇日，傅君出簿书，述颠末，并示以东馆隙地，添屋数间，南馆买东邻地，造屋两间。又于细米厂义园之南，添购地基一片，培厚加高，共若干费。是皆置新馆后，以次商为者。余不禁跃然起也，夫古今事业，善作者必善成，可大者必可久。非在籍诸君之好义，不能集是赀；非在京诸君之勤公，不能成是举。际中兴之国运，睹蔚起之人文，尤望于后之诸君子，相与承旧业，而愈扩新图也。至一切契约条规，捐赀用款，将以汇列《馆志》，兹不备及云。

小港闸记

万时若

小港，丰邑下游支河也。东岸长堤，惟此独缺。每春涨，外水汹涌，直入冲啮，东西围俱溃，数十里沦为泽国，民苦之久矣。自嘉庆六年修堤，堵支河，引丰、富诸内水，循中州枫口古道，由大江口出，民困以苏。十六年堤决，水患较前尤甚。岁比不登，流亡载道。生员任湘、万履吉等，以非修堤无以御泛滥，非建闸无以助宣泄，觇述情形，上请中丞陈公銮，委郡伯张公寅、司马史公麟善，嗣委藩宪李公思绎，先后诣勘，佥谓宜如所请。详覆中丞，以工大费巨，拟官民捐办，事蒇，请奖具题，奉旨："依议。"于是乃筑复土堤，中建石闸，闸分三瓮，瓮各宽八尺有奇，深一丈三尺有奇。设闸夫，专司启闭。水涨闭板，御外水。水杀，启板，泄内水。至亢旱，则又闭板储水，资灌溉。是役也，条示章程，倡捐廉俸，郡伯张公寅之力尤多。经办则邑侯王公之道、张公师吉、陈公继思、程公灿策、姚公敏德。督工则司马吴公鸣凤、贰尹杨公胜桂、王公晖吉、司训应公奎、巡司沈公圻，咸同心协力，以襄厥事。经始于道光十六年冬，竣于十九年夏，计费四万缗。蒙恩给予议叙有差。

自要工告成，迄今三十余载，变洼泽为膏腴矣。惟善后经费，尚为阙然。盖闸当怒流，更迭启闭，阅时既久，倾陷可虞。历经贤父母捐俸，补修十余次，张公师亮，又以闸旁新生洲地租赀，详请为岁修费。虽未必遂敷，要亦垂久远之一道也。尤望官斯土者，殷保全赋命之心，生是乡者，切绸缪桑梓之计，庶闸堤可以永固，而利赖无穷矣。

荷湖育婴会记

李庚

江右属扬州域，考《周礼》职方氏，其民三男五女，女多于男，自古已然。故贫薄无力之家，虑畜养无赀、遣嫁无具，举女者，间忍而溺焉。虽通都大邑不免，而穷乡僻壤可知已。

余居丰之剑池乡，去县治七十里。土硗确而俗俭朴，溺女之风尤甚。查旧《志》，前明坊绅黄宪，与侄锎，于十八都二图北坑谭家等处地方，购田数十亩，为育婴会。时移势易，纪理乏人。顽佃往往负租，岁入无几，仅存虚名而已。余窃痛婴婗之甫获其生，而旋入于死也。曾梓《好生编》以示劝戒，并思举旧会而扩充之，奈家贫力薄，不克捐重赀为之倡。灯炧酒阑，辄呼负负。

岁乙丑，公车南旋，抵樊城，有自故乡来者，谓荷湖诸君倡立育婴会，余二子亦与其役。余窃幸其有是举，而又恐其未必成也。冬初抵里，乃知事已就绪，不胜快然。爰偕邹君子惠等，将旧遗田亩，清理干没，厘剔弊窦，禀官立案；又广劝殷实者，量力佽助，阅数月得续捐田若干、缗钱若干，而会以成。夫槎蘖杀夭，王政犹严其禁，矧俨然而人也者。士大夫日睹浇风，肆其残忍，安坐而不为之所，其亦异于仁人君子之用心矣。故是会也，行之一乡，则一乡赖之，行之一邑，则一邑赖之，其于天地之生成、朝廷之休养，未尝不可仰助于万一。第余犹有虑焉，善始者必善终，积日累月，寖以懈怠，久且仍如旧会之有名无实，亦奚裨乎。所望后君子，矢公矢慎，共相维持，毋惮烦难，毋轻付托，庶使是会永垂不朽，而泽及穷婴者无已时也，岂不懿与？维时捐田十工者：附贡谢起鹏、军功周模安。捐五工者，监生黎欢桐。捐百金者，邹承栋。其余散捐，共计田数十工。首士附贡张丙照、夏焕昌，例贡张启文，生员杨龄、李芬，监生周焕奎、熊中立、聂廷飏，职员邹化行、万文炳、邹崇恤、吕广知、胡开第，例得并书。

重修李见罗先生祠记

李福亨

章门旧有见罗祠，创自明天启初元，迄今殆二百余年矣。中间亦几经修葺，迨咸丰甲乙之交，粤匪窜江右，试停数科，祠地乏人纪理，担夫贩竖，沓处杂居，渐至舍宇摧残，桷宋糟朽，自非大加葺治，不足以妥神灵。

岁戊午，亨司铎吉阳，捧檄过此，感慨久之。夫以先生产明中叶，生平仕绩，载在史传者，不复赘。惟居恒潜心理学，直接濂洛关闽之传，教授生徒，标“止修”二字为宗旨，以发明圣道。辙迹所经，从游者以千计。宋大中丞荦，奏请从祀理学名贤祠，又祀豫章二十四先生祠、邑正学祠，春秋不忒，诚百代儒林之圭臬，非徒为吾邑典型也。顾祠宇将倾，何可不为修葺计。爰捐金三百为倡，仍集腋以相佽。亨复乞假数月，躬董其事，鸠工庀材，勤墉涂茨。隘者廓之，蠹者新之，惟其朴，不惟其华，惟其坚，不惟其奂。甗瓴重树，廊腰缦回，室数十楹，复臻革巩。役凡万计，旬阅八更，费约千金，乃克告蒇。今而后，神有所凭依，凡瞻拜者，不益肃然起敬耶。或谓地邻贡院，面湖波之沦涣，瞰花屿之奥幽，自夏徂秋，芰蒂蓉裳，点缀生色，尤足引清兴而荡尘襟，此览物之情，而非亨修葺之微意也。

附列祠地界址及旧案批示：

按李见罗先生祠，坐落省垣城内东湖弦，状元桥东。正屋三进，前头门，中讲堂，后寝室，右关帝庙，旁前旧屋三间，后厨房六间，余俱园地，左空地一片。前至官街，后至湖，右至祠墙，左至豫章沟。每岁春秋戊祭，由县解祭银三两六钱二分四厘。

乾隆三十八年，蒙抚藩宪海、李，清查重建，详载《府志》。道光二十四年，复蒙藩宪费批，李见罗先生祠傍左空地一片，既已详载《府志》，并非侵占东湖地面，仰南昌府饬新建县查明，将道光二十五年租银三钱五分，注销具报。

龙山义渡记

陈滋荣

邑北龙山渡者，距治十里，地最险。东南沙岸石埽石堤，西龙头山石矶对峙，河流至此，一束焉。中有根蔑洲，直亘上游，劈分西岸，由曲江历矶湾，落矶头与金花潭汇，湍激混茫，涨盛时，吼声如雷，涡漩逾数十丈，舟行失次，一再旋吞没水腹。故估客戒严，渡者瑟缩，畏其险也。

咸丰时，粤寇由楚窜袁、吉，据临扰丰。江军水师，据险营矶头，截河堵御，寇不敢逼。西岸避寇者，扶老携幼，竞趋争渡，急何能择。渔利之徒，乘危讹索，或操破漏小舟，动辄覆溺。时非战舰抢救，代渡而西，死将无算。邑侯哈闻之，爰集两岸衿绅富民，商所以拯之法。佥曰："昔者，满侯莅丰，曾于大岸渡头，议添四船只，可援例否乎？"侯曰"然"，捐廉六十金为倡。衿绅富民，欣然衔命，庚续题捐，即约东西两岸，分肩其事。各造船二，并黄头各二，夫一。时十匠九柯，给费鸠工，榷赀留后，各自为之，仍如一体。阅月船只成，请侯阅视，侯并嘉之，仍仿满侯招魂故事，作吊祭文，慰沉魄，祈民福焉。

是役也，满侯建议于大岸，哈侯举行于龙山，召、杜后先义，均不朽然。衿绅富民，非有急公好义之实，即目睫图效，徒弋虚名。尚望其银鋈计簿，积日累月，括息权余，以图久远。为义渡，立斯会，即今幸矣。江氛久靖，卡守犹严，间津者奔忙驻足，不忧野渡无人，顷刻飞帆，便觉停舟是岸。即有时风涛汩没，履险如夷，鲛室龙潭，无复罹鱼葬鲸吞之祸。唯踵事者，毋惑于利，毋害于公，慎守而扩充之，无负于义云尔。

东岸都司李佩兰，州同李林魁、李昭琨，同知熊宗嵩，西岸教职金树棠，附贡龚兆金，教职熊尚忠，例贡胡大中，皆在事出力，合并记之。

育婴六文会碑记

哈尔噶尚阿

咸丰己未夏，余承乏斯土。访闻有溺女敝俗，恻然伤之。政暇，询及邑绅，佥谓旧有育婴堂，为邑绅黄锎、陆三奇捐建，今废，仅留田数十亩，现归内六庄，为书院奖赏等费，事遂湮。道光癸卯岁，邑绅念呱呱泣者可悯，禀请叶前县，给示再举，因迁未果，今犹怅怅也。余曰："是不难，天下事，独力难支，众擎易举。矧丰邑旧有六文会，成法简便易行，余前在萍邑，亦曾与邑绅仿而行之，业有成效。是邑文献名区，素多好善之士，举行尤必易易。"余爰捐廉五千股，并预发一岁所需，以为倡，诸君其襄助之。斯时，寅幕绅耆，闻斯举者，翕然称善，踊跃争先。书贰百股者，张赞府晓堂；书百股者，萧学博方泉、刘广文小笏、潘司厅丽生、柳捕厅习斋、宛千戎以云、潘百户月轩，署内幕宾，概解腰缠，门丁书吏，亦效绵薄。余因嘱陆君运升、崔君恢慧，邀出从前襄事诸绅衿，陆君运景、周君文郁、蒋生之炯、陆生运会、李生培本、李生嘉植、陆君如照，并邀同文君炳汉、葛生成章为首，而次以刘君炳、刘君志光、涂君焕新、陆君鳌、邱生晴云、雷生炳离、丁生人骥、李生灿蓉、李君林魁、李生曰林、周生宣礼、黎生中淮、黎生辉廷、涂君嘉猷、万生光国二十四人，自二十股至二百股，各捐钱不等。此外店户，亦各捐有差，共计所入，除散女婴用费外，已将赢余寄存殷实行店生息，其总散各数，及领存簿据案，存礼房备查。嗣有赢余，经费充裕，即置买店业而各捐股分，仍照旧收给，庶婴多不致窘手。事成，诸绅嘱余志碑，以垂久远。余谓幼幼恤孤，守土者之责，原无足志，而深嘉诸君襄助，以成余志，爰举颠末，而泐诸石。

附记：州同衔任灿英，捐城内后街店房四所，价值制钱六百串，契缴育婴局，首士轮流收管。蒙县尹王，奖有"功同夏庇"匾额。

筹给育婴六文会善后经费谕

哈尔噶尚阿

窃惟育婴六文会，救全贫户女婴，原期众善同归，事垂久远。该绅等踊跃乐从，协力劝助，并复轮流经理，业已办有成效。访闻自此会倡举以来，各乡观感奋起仿办者，已有数处，均归绅士经手，自用自销，办理尚无异言。况城局每月收支帐目，均已详开细数，具摺报县。稽核该绅等，不但洁己奉公，且按月捐费，管理轮流，自避疑谤。出数则局无縻费，入数则票有存根。出入分明，月报在卷，实已问心无愧，何须顾恤人言。只虑经费不敷，难以善后。今于署内每岁按月捐廉叁拾串外，另筹一永远妥款，辅其不足。查地丁兵加银两项下，每征收银一两，向由内署发给库吏纸张、饭食及杂费钱六十九文，约计开销一切，尚有盈余。今酌定以咸丰十一年开征起，每两裁除钱五文，扣存署内账〔帐〕房，每于月底，由县署司钱漕者，饬令大堂柜书，照比簿乡城征数，按两扣算，开单送局。由局具状赴账〔帐〕房请领，统计每年新旧征收裁给，总在贰百五十串以外，如此相辅并行，经费自无不足。惟在后之任斯土者，除征收五文给发外，慷慨捐廉，司此局者，经理弗怠，庶可历久弗坠，而获报靡涯矣。

兴复育婴六文会启

陆如照

盖闻独阳不长，孤阴不生，二气成交孚之象，乾道成男，坤道成女，两间衍并育之机。乃有下里村娃，溺女恶俗，或为当前空乏，思鬻乳以养生，或念后日单寒，虑无装以助嫁。或恨弄獐之不速，或忧梦虺之太多，遂令无罪婴孩，冤抑覆盆之下；自生骨肉，戈同入室之操。赤身竟赴黄泉，盂水幻成苦海。是可忍也，良足悲哉。倘不挽既倒之狂澜，奚以登慈航于彼岸。

丰邑旧有育婴六文会，所取甚约，而所施甚博，欲救全其生命，必兴复夫前规，措诸闾阎，惠而不费，推之久远，简而易行。文以六衡，法太阴之数；人以百计，拟恒产之程。养则一岁为期，费则一月以给。肇始里党，遍达乡村。或耆老总其成，或绅衿董厥事。标签立簿，核实循名。人众者，一姓分联；地小者，连村合会。其在殷实之户，一人独任而无难，其为小康之家，数人共举而亦易。称家以出，虽拮据而可施；尽力以行，斯久远而无弊。首事可杜囊肥，给领必清竽滥。凡我士庶，各发好生之心；属在女婴，永无胥溺之患。从兹化百道夫人之乳，琼浆玉液养成；姹女婴儿，现万家生佛之身。香络锦绷，喜见召公杜母。谨启。

先师诞辰祀田记

陆如照

在昔臧生荣绪，庚子陈经。祝先师揽揆之辰，尽鞠卺絭韛之礼，所以重崧生匪偶，岳降尤神也。厥后，雍正五年，谕直省内外，逢先师诞辰，一日斋戒。近又谕饬直省各州县，先师诞辰致祝，凡为官长者，靡弗兢兢焉。届期申敬，矧士绅等，濡涵诗书礼乐之泽，佩服言行道德之型，可弗共相致祝，少酬德泽乎。顾致祝必行礼乐，而备礼乐必须经费。

查旧《志》，太阳庙职员熊耀先，蠲有二坊胥家庄文昌祀田五十余亩，被院斗侵蚀日久，租归乌有。同治十年，照清出十之七八，公同酌议，并作先师诞辰两处支费。而按月香火洒扫，亦取给于中。邀集同学文学韩、蒋之燧、李桃、李树玉、杨海等，呈请唐侯梓臣，立定章程，勒诸贞珉，以垂久远。其收租出入，附书院首事兼理，俾知书院所以培植人才，与人才所以能受书院培植者，其根本不可忘也。尤愿同学之士，读先师之书，服先师之训，学问经济，勉为有守有为。处则体其教以善一乡，出则行其教以善天下。施诸当时，垂诸后世，则所以酬谢厥德泽者，匪仅临期致祝已也。

同治壬申夏五中浣日谨记。

陈相渡等处堤记

万时若

自古治河无善策，善治者，莫如大禹，而《禹贡》独无“堤”字。后之人昧夫疏瀹决排之方，计无复之，乃相率而堤，今既所在多有矣。苟或不然，是自以其国为壑。堤虽非古，其又能已乎哉。所赖者，良司牧因已然之迹，权无敝之端，不吝财，不惜力，使夫一堤之成，利赖迄百年之久，则亦济时之一道也。

丰本泽国，凡令于此者，其不以堤为急务。其正堤之屡经修筑者，前《志》记之甚悉。惟陈相渡在县之西，自锦江趋河口，会章贡，胥由于此。曩固无堤，自明正德间，县尹朱公瑄、典史刘公忠，始兴筑焉。嗣是，或修或圮，岁久莫稽。迩来河伯为灾，水患频仍。咸丰八年，堤决百余丈。明年复决，又明年益甚。时则有若蔡侯香祖、哈侯觐臣、周侯葭圃，皆先后修复，功未竟也，而民以大困。同治元年，张侯谨甫至履勘，毅然曰：“堤基久坏，仍前修未善也。宜避其冲，稍迁向内。”乃捐俸钱四百缗以倡。越岁蒇事，民于是数获有秋。侯复议建石坝，不果行。至五年，堤复决，幸遇陈侯赉臣，捐廉以缗计千，倡而修之。八年水大至，横垱头、陈相渡、猪头湾，相连熊、金屋后，及滕家垱决，几二百寻。迨十年，唐侯梓臣摄篆，会新建尹以疾苦上陈大中丞、刘公岘庄，请帑银八百六十两有奇，益以俸钱六百缗，复筹费得若干，量工属役，不惮劳勚，不弃锱铢，阅数月工竣，而堤于是称完善焉。时修邑乘，士民以堤向无记，今不记，则无以志功德而动观感，乃以记属余，余不得以不文辞，因以其可稽者，著之于篇。独有感于治河之策，神禹远矣。从事于堤，堤不能不坏，则不得不与水争区区尺寸之地，以保民命，而裕正供。是诚在父母斯民者，无事则培薄而增高，有事则备冲而抢急，后事复弥，罅而补漏，倘能成张侯之志，建石坝以御其冲，则一劳永逸，年可占大有，民以奠攸居，贤侯之德泽，与此堤永垂不朽；而国计民生，交相利赖矣。是为记。

节孝总坊记

王明璠

岁同治戊辰之春，余权篆丰城。时在籍学博李君福亨，持节烈册结求文申详，心甚韪之。已而总坊告蒇，属余记其事。窃我皇朝重彝伦、励风俗，凡贞闺不字、嫠妇怀清，与夫摩笄剚刃、殉身完节者，与例相符，皆得请旨建坊，以旌行表闾，俾里闬有所矜式。顾圣恩优沃，沾被者卒寥寥，何欤？绰楔辉煌，贫乏者既绌于力，乡壤遐僻，呈请者亦罕其人，以故饮冰自甘、茹荼终苦，溘然就湮者，何可胜道。迩来直省州县有汇建总坊之请，制曰“可”，诚千载之旷典也。江右各属，以次举行。

丰邑会粤逆蔓延，叠闻警报，奉檄团练，议行不果。岁癸亥，邑人士以团练经费报销请奖，兼筹费立宾兴会，接开采访节烈局，通启四乡，开呈事实者麇至。共得已故贞孝节烈妇女若干名，现存节妇若干名，综算费大不敷，李君福亨独倡捐钱三百余缗，汇造册结旧例，由儒学，而县府，而司院，会制府具题。六年冬，经前宰丰者陈赉臣司马申详到司，适奉部更章，由州县直详学宪具题。七年冬，李君福亨复偕士绅改造册结，余为加牒申详，蒙学宪徐汇奏，奉旨俞允。爰度地量工，伐石取材，建坊于城隍庙之东偏，准时代先后，勒其姓氏。工既成，高闳壮丽，父老诧为荣观。共费钱弍千缗有奇，皆宾兴会之羡余，及各乡所捐者。是役也，李君福亨等，两次厘订册结，举凡见闻所及、谱乘所传，名楣茂族，编户寒门，悉心搜罗，殆无遗佚。余尝经过其下，仰见彤管有炜，登载详明，扬冰雪之清辉，表松筠之劲节，今古同符，贫富一致，其可以激薄俗、砥颓波，岂浅鲜哉。是宜记之，以告后之踵行者。时董事，则李君培本、陆君如照、徐君彦楠、聂君汉章、傅君叶梦、王君亮、熊君景芬、熊君福山、陈君畴、涂君增莹、文生学韩、萧生高銮、杜生子渊、洪生炳奎、袁生惠行，例得并书。

宾兴会记

我国家文教昌明，典重选举。三年大比，书献贤能。近以通省捐输，圣恩广被，加乡试中额外学额，亦推广焉。吾丰计前后数次加广定额，十名一次，额一百五十四名，移入府学定额五名。草茅下士愈觉鼓舞奋兴，争先恐后。乡、会两试，由是数倍于前，乃有家世清寒，往往以资斧不敷，退然中沮；或空瞻蟾窟，难观上国之光；或欲上燕台，又虑长安之远。虽有张文朱武，将焉用之。于是共谋义举，会设宾兴，即于助饷后报销，余赀买省垣县城店房，轮派正绅，岁董其事。遇文武乡、会试，以租息按名散给，并酌提为科岁两考卷价，其所以培植士林、体恤寒畯之意，至周且密。他日人文蔚起，皆得展其才猷，以翊赞国家之盛。凤池麟阁，济济跄跄，不即基于此哉。后之贤者，继起而维持之，积累益见其充盈，规模愈形其阔大，则尤创举者之心所厚望也夫。

六团育婴会记

何人凤

国家令典之颁，育婴有法。往往桑村枌巷，侈口奉行。而溺女之风不熄者，何哉？或始以筹度未至，绝少精心；继以经费难周，转多棘手。又或假名善举，实肆贪饕。甚至攘夺纷争，睚眦相向，不问何以始、何以继，遑问何以终，行不果行，大率坐此，育婴者谁耶？虽然，此法不行，此风谁熄。

我团自咸丰丁巳发逆蜂窜以来，户口流离，女亦多溺。心窃伤之，诸君与凤尝面话之曰：“尔不闻木兰从军，以女代父，李青莲没有二女，墓田祭扫，岁以为常，此非女之忠孝者乎？尔何独育子而弃女也？”于是告乡邻长者，邀集邻村，为育婴计，仿保甲法，分六团，编康、乐、和、亲、安、平六字，以成斯会。初议百股，数十股按月收给，行之三年，楚楚可观。犹恐会之难为继也，又向乡邻仗义之士，广筹捐助。毕明府适至，叹赏且捐金，而六团向义者麇至，捐遂倍焉。诸君与凤，亟请示存案，立计簿，岁获子息若干，除给育外，余制产，无虚耗，亦无侵蚀。今已购腴田为张本矣。始标其概，既扩其规，诸君谓凤曰："熊君中立，出力出赀，任劳任怨，谁则过之。"熊君曰："立不过效指臂之使，佐出纳之司，何敢与诸君齿？"凤于是皇然起、瞿然思也。尤愿董斯会者，永奉此令典之行，先后代乘，矢公矢慎，使嫛婗不填沟壑，好制香缨，乳哺皆活。帷房毋伤绣褓，则斯会给育所资，引之勿替，终焉允臧。赋桃夭者以其时，歌梅实者迨其吉。而天地之大生广生，毕归我皇上一人之好生者，成男在其中，成女亦在其中，生生不息，万方一胚胎矣。一乡云乎哉。时六团董事者，漆君英、夏君焕昌、涂君山青、熊君中立、黄君春霭、张君启文、黄君志川、杨君濬渠、陈君华彩、张君来八、叶君连登、家勋煌与凤，计十有三人，例得并书。

重修金华山仙院记

杨春台

金华山远接昇华，由近麓耸起，斗落平旷，迤逦数里，行若游龙，又如翔凤。望气者以为秀灵所钟，丰、清二邑，风水人文系焉。相传古浮邱翁，与王仙、郭仙炼丹于此。至晋时，土人尝夜见金光七炬，烂若七星，于其巅，特建三仙院及斗母殿、玉皇阁，凡天时雨晴，人事灾患，祈祷辄有应。每岁八月，朝拜者络绎不绝。旧额有擘窠四大字，题曰"盛世福星"，信不诬也。

丁巳七月，贼驻清江界，将至此山，势已侵逼。台欲督团往御，众恐不敌，祷于此山之神，一时风云万状，贼望之，草木皆兵，团急追，遂远去，嗣是灭迹。佥曰："前此危而获安，非神力，不及此。今院宇颓圮，愿谋所以修之。"于是台族倡捐百金，里人李兰芳又募捐，以董其事。工竣，台撰楹联云：倚天有剑群邪灭；大地为庐万姓安。众请议之，台谓神之灵异，书不尽言，即此御大灾、捍大患，不有合于祀典乎。抑凡水火兵疫，皆天所以惩戒斯人，今幸图存于危急之秋，未始非祀神尽诚、奉公守分，故托庇圣人，寓下百祀，效灵如斯。而吾侪益当重加修省也。或曰：山有仙则名，前则案簇芙蓉，后则河流玉带，神所凭依，其在是欤？而不必泥也。惟是桑梓祈祷，羽流栖托，结香火缘，俾神长为盛世福星、人长为盛世良民，安堵无恐，则斯山永垂不朽也。佥曰："然。"台不敏，即其说以为之记。

罗湖闸记

管平

罗湖地处低洼，湖田十有九涝。查前代家应详公笔录，载应宣公策，以大桥垱开一石埨，引上河水入湖，灌溯沥口建一石闸，御下河水，以免浸没，善策也。老闸脚一在郭姓村后，一在万姓九官庙下。嘉庆丁卯，家祥高迁罗湖庙下帖，请通湖上下各村，计田集费，仅四千五百工。中多隐匿，比议每工派钱二百文，祥高垫钱买石，雇工建造。集费不齐，得半而止。己卯，巷中家士滫、运瑞，思接造竣事，时予店下无经理者，走商于予，另请首士许光美、毛典十、周维周等，往祥高家领簿，除前费，复行酌议田一工，派钱一百文，得钱四百余缗。费仍欠，首士请题缘捐足，成石闸三座，佥曰："经理此闸，取本沥红石、黄泥、石灰灌满，价省而闸坚，善也。"闸下钉松桩，下板御水，即从下桩中渗入，愈渗愈大。今冲出松桩已数百枚，日后倾圮，未必不由于此，则未尽善也。前后宕水石，原议上下各出石座三丈，东建一边，不费歉而止。佥曰：“二闸口仅可泄内湖水，东作土垱，以御外涨，足矣。何须边。”不然，予终不慊于心。此闸初成，而启闭更有难言者。内湖水涨，低田欲泄，而高田欲屯水作溯。外河水涨，低田欲闭，而高田又欲引水入内，逐年启闭，不无争端。予谓当作水门二扇，随水自行启闭，可杜争端，兼收水利。又当置闸田数十亩，永作启闭修理之费。佥曰“然”，今未逮焉，以俟君子。

育婴会记（一坊义字段）

孙谋

溺女者，杀女者也。不杀于刃，杀于水，何也？不忍以刃也。夫不忍于刃，独忍于水，父母一心两用之，不自觉其悖，抑又何也？解之者曰：“溺女之家，穷蹙日甚，产一女而乳哺之，终日不离怀抱，女红旷矣。及笄而嫁，奁镜衾裯，早知莫备女心，必增怨矣，其若之何，不如溺之为愈。又或家非穷蹙，望子之心，日悬于天，未念念天怜，时祷于神前，声声神佑，殊望愈迫，产愈左，以为草长宜男，又是花生待女，迫而愤、愤而溺焉。过亦何辞？”吾以为，溺而杀之，贼善也。解之者不能化于善，又从而顺之也。呜呼！好杀之风，残忍者启之，阿顺者成之。一婴如是，什伯亦如是。士君子之忧，方剧矣。不育焉，谁与为善。士君子之责必胜矣。使之育，谁复与为不善，然则善可自慊乎？难言也。

吾闻古有王烈者，不仕也，善优于仕，考其时讼者，化盗者，化凌弱暴寡者，与之俱化，而溺女者，不一闻，是遵何道哉。善莫先于孝烈，皆称孝人，人知孝，孝无不慈矣，何溺女？善莫大于仁，烈皆归仁，人人知仁，仁无不爱矣。何溺女？且建学校，崇庠序，烈以善萃三代之英，育于诗书者，无不至以善明百王之治育于礼乐者，无不至户诵家弦，人人皆知自育矣，又何至有溺女。唯其好善多服教久也，士君子未出而善，天下得如烈者，为善一乡，使师友名贤，相与扶奖人伦，导扬善类，快事也。既不得是力，未能浚善化之原，深其涵育，至此而溺女，犹闻忧心孔亟，责在必胜。即转圜之有方，悔补牢之已晚。善亦仅矣，可云自慊哉。抑闻之汉之贾彪，新息长也；明之郤忠，临漳令也，皆以禁民弃子女为重。然举实事，揆实心，或刑之，与盗劫同科，或怜之，以己俸代给，不思所以各惬之由，则宽猛悬殊，善政反疑其迹，又恶知感人之神，有不禁而自止、不令而自行、不推而自广者之善化靡涯也。士君子自有远识耳，不在其位，责非若当官，不失其心，忧恒存世宙，兢兢焉，持此一善化，彼不善以为得，恐未罄所怀，当更有取也。

吾坊义段诸君，以溺女相戒也。尝自勉若杨君暄、聂君模宽、模怀，万君桢、蒋君熙、黄君沛仁、朱君还真等，抱此隐忧者久之。旧于文昌社及里中长者，举育婴一会，不约而同，谋亦与焉。谋何如，窃以诸君之心，皆见孺子入井之心，不胜恻隐，善心也。非所以内交于其父母也，所以全其亲爱也。非所以要誉于乡党朋友也，所以通其气类也。即如圣人忧斯世斯民，若由己溺于水，若以己内之沟，禹尹之自责自任心，岂有异然。而圣人必不可及者，此恻隐之心，至诚无息，以之救天下万世，而利赖靡穷。今以此心取救于一曲一隅、一时一事，而称量犹虞不给。譬如江海之流行地也，得一善，窃取其涓滴；日月之照丽天也，得一善，未竟其熺微。士君子仰睇何人，抚衷自疚于此，不深歉然乎。谋愿与诸君踔砺精神，惟此心大可用，扩充之，此心不容已，终勉之。或者曰，育婴之举，衣食先资，欲嫛婗克全，其生必所生，早免其累。将取白家万丈之裘以衣之，化夫人百道之乳以食之，是必不能不若于钱流币地合醵焉，千万贯非多，田买连阡兼筹焉。数十双可倍，以是为张本之借，广惠之缘，为善不最乐乎。殊不知以此为利，与前说相提，则前如公子凭虚自难着脚，此又小人多智，岂必无心煽桑孔之风，以泯棼闾巷。吾恐流泽不闻，而流弊已见，积怨愈众，而积善无多也。何乐之有？今举不费之惠，约计所赀，随分自酌。一产一给、一命一苏，以救目前之好杀使溺女者，回心一善之梯桄耳、嚆矢耳。俯仰以思，非宇宙外，皆吾分内事也。读圣贤书，皆吾一身责也。为善唯日不足，士君子忧之。若古之大人，古之良吏，古之贤士，既历历可征。不能如古大人、古良吏，又不能如古贤士，是以忧也，不足也。谋且进曰：积中不败，万善一心。引而近之，请自育婴始。

重修罗湖闸记

聂模宽

河西水患，罗湖为最。置闸以蓄泄之，旧记言之详矣。然历年滋多，倾圮不一，则续修难其事也，抑难其人。道光丙午，旗塘胡首衡集众议，重建买石，贷捐钱三百余缗，时歉甚力，役难兴复。捐钱百缗，暂行补葺。越岁己酉，西梭不边不，俱就圮，闸将坏，合湖议加修。按田每工派钱七十文，约四百余缗。去旧西梭不边不，砌大边不一，闸基颇固，而东边不复以年久就坍矣。同治四年乙丑，首士禀县，请札开捐。迁延两载，事未就理。辛未，闸不愈坏，禾被涝者过半。合湖议大修，众举胡国选等司其役，赀费仍派田例，每工出钱百二十文，计七百余缗。并前乙丑所余捐钱八十四缗，遂趁冬水涸，刻期兴工。去旧闸脚，钉桩其下，甃宕水石四层，加摆四丈，砌边不一，仍取本沥红石实不心。越数月工竣，众咸称庆，谓前此数十年所未有也。国选曰："未也，闸者，四水蓄泄之门，时蓄之时，泄之以启闭为度。但秋水势微，闸可防。而湖中秋获，晚稻无虞矣。春水势大，浪溢闸门，汹涌澎湃，而来湖中早稻，高田万二千余亩，顷成巨浸，蓄之无地，泄之又无方。内外难防，屡不获田，卒污莱蒿，目者久之。今拟于高家村后作一大堤，又闸西边不，与东对峙，亦甃麻石，作衔口两道，各加高四尺许，则闸门启闭，蓄泄自如。湖田高下，早晚不皆获哉。"国选，余友生员镜祥尊人，年逾七十。集费督工，与监生胡际盛，不辞劳勚。其先后董事出力者，若管献廷、管凤国、管驿廷、管周德、管天成、管安十、管扬声、傅万一、胡忖七、黄物一等，例得备书，泐诸贞石。

备育仓记（义智信三段）

叶传芳

备育仓者，仿湖南藩宪吴公法也。客岁壬申，芳薄游熊湘，与同乡诸君，日夕过从。稔闻是邦善举迭兴，而育婴为最。偶见悬壁有吴公《禁溺文》，婆心苦口，恺切详〔祥〕明。内设备育仓一法，尤便于乡。其法，令乡绅设立义仓，补省会所未及。各户粮一石，捐谷如数。积谷若干，作质生息，以备拯溺。又便贫民补荒政，岁饥，平价出售，一举而三善备焉。芳仰而诵之，录其文，告同乡客湘诸君曰："溺女之风，滔滔皆是。如吾丰一邑，历经宪示严禁，此风不熄，尤可叹也。间有敛赀援溺者，又未能广其惠施，行之久远。大抵村落荒寒，积赀无几，筹息维艰耳。今诸君侧身阛阓，时见钱流地上，倘惠顾乡庄，仿吴公法行之，则三善兼资，岂惟拯溺哉。”诸君咸韪予言。比夕篝灯劝导，红街绿地，飞集青蚨，不二日计钱一千二百余缗，举以相属。芳喜其从善之勇，转惧此任之难胜也。岁暮亟返，遍商同志，佥曰“善”，遂于同治癸酉春，酌议续捐名泐石〔右〕，设仓于茶亭文昌阁，谷之出入，以公正董事经理。其岁给月领，不外六文。旧章且事可兼济，与吴公法合，故仍名曰“备育仓”。是举也，客湘陈显萃诸君倡之，赞之者鄷永琳、喻兴邦、熊义川、和湘，邱兴林、杨怀玉、聂德福、陈炳林诸君，及家华彩、仁安，合三段众总其成。公请宪示，则吕鸣岐、聂模宽、汉章，顾铎诸君，以前辈周文凤为冠，不委于事，重老成也。芳不过成事因人耳。且不文，何敢记？顾诸君好行其德善之不可没也。爰书其崖略如此。

卷之二十七　艺文志四

诗类

目录

丰城剑　李白
杂咏　王季友
宝剑诗　吴均
剑池驿　权德舆
剑池　孙复
宝剑　苏辙
宝气亭　黄庭坚
景福院　黄执中
登罗山　吴虎臣
徐孺子读书台分得高字　孙素
胡文定墨池分得风字　孙素
发曲江矶山楼亭　李梦阳
龙山书院训勉　邹守益
游梅仙山　宋仪望
舟过丰城　施闰章
月夜泊舟曲江　谌名臣
三贤祠　查慎行
新堤告成志喜　盛逢澜
文明塔　李吐萼
读丰城县志得六十四韵柬同门唐萃亭兼寄志局诸君子　赖晋
游槠山　袁潜
自黄埠脑至拖船埠途中作　何倬
姑殂　杜节母
飞蛾　杜节母
山中赠韦子春十四秘书
别李季友诗　王季友
送王季友赴洪州幕　钱起
潼关使院怀王七季友　岑参

丰城高安之间憩民家景趣幽邃为之慨然怀归　陆游
忆澹台墓寄王邵二藩臬　杨廉
孤山　袁守定
楮山　袁守定
初霁仗兴游罗山与浚儿潜儿　袁守定
从柘陂登招云山　袁守定
袁易斋诗集题词　蒋士铨
还山留别长安知己　王季友
古塞曲　王季友
滑中赠崔高士瓘　王季友
玉壶冰　王季友
京城闲居杂言八首　揭傒斯
四友诗　揭傒斯
和刘录事春雪二十韵　揭傒斯
丰城勘堤回上陈芝楣中丞　王晖吉
小港闸成放水　王晖吉
小港观涨有感　王晖吉
诸工报竣寄呈陈芝楣中丞二十韵　王晖吉
苦雨叹　徐士谷
苦竹洲闻雁　胡苏亭
初秋游飞旆山登楼远眺　熊浩
泰气岭　欧阳勋
以上五古
晚次丰城踏沙行　吴秉仁
观于舍人壁画山水　王季友
代贺枝令誉赠沈千运　王季友
宝剑篇　郭元振
可叹　杜甫
宿东溪李十五山亭　王季友
发丰城县　陆游
游曲江分韵得月字　姚勉
剑江驿楼　吴澄
剑江驿楼　熊朋来
月夜登曲江楼识别诸君子　袁懋谦
剑迹　胡之甡
游感山海慧寺　高岑

游龙光书院　甘兴仁
张真人象山图　揭傒斯
截臂行　孙发
题临江同知问流民事迹　揭傒斯
囊荷山　揭傒斯
寄开士禅友　史垂誉
梅仙观　马子才
孝子行　查居广
密泉篇　胡学浃
大水歌　熊履廷
酬李十六岐　王季友
丰城叹　喻成龙
明月行　高以本
恭纪恩谕饬广学额并奖叙　周文凤
灵槎庙碑词　刘珵
剑池歌　周承志
以上七古
经丰城剑池　阴铿
送丰城王少府　杨炯
宝剑诗　崔融
复过盛家洲　朱子
同温如竹国舟中晚眺　朱子
过丰城作　朱子
龙雾洲雪　刘辰翁
望罗山　陶弼
清明登曲江亭阁　李梦阳
丰城夜泊　李梦阳
雨泊丰城　李梦阳
游东门白云寺　罗洪先
望罗山　陆应箕
登矶上楼同傅敬初分赋　黄汝亨
宝气楼燕集　邱士毅
游白云寺和罗念庵韵　李维乔
药湖　徐日德
东门白云寺次罗念庵韵　胡学浃
剑池　王舟瑶

游莲湖　熊侪鹤
游龙山　熊字鹤
梅仙坛　陆履敬
暮春游海慧寺宿洞明寒碧轩二首　李予玮
宿丰城访徐古皇同年　李绂
金花潭　王士祯
丰城曲江亭　王士贞
水草园二首　张师贤
高原　杜名世
剑池次阴铿韵　周林德
孤山　夏汝祺
登三角山　刘启江
访宝气亭　唐锺毓
过海岚寺　甘绂
登香山阁赠无学上人　熊履廷
过仙姑岭　袁潜
丰城剑池即事　章孝标
赠温如竹国　朱子
别乡友徐明初　揭傒斯
梦蕉亭写兴　游潜
过元贞寺　陆应箕
苦竹洲闻雁　王士正
自丰城抵万安江水大涨　陆棻
游招云山寺　袁守定
赠孤山友人　袁守定
北宸山　温际龙
始至都天寺示同学二首　敖宗瑚
送于沧岩夫子谢病归里　丁猷骏
以上五律
酬王季友题半日村别业兼呈李明府　郎士元
送宇文迁明府赴洪州张观察追摄丰城令　刘长卿
赠王允文　杨万里
宝剑诗　李群玉
宝剑诗　陈陶
梅仙观留题道士杨智远　苏辙
宝剑诗　祖无择

曲江亭　李义山
甘露台　李义山
甘露台　姚勉
华严院　黄彦平
海觉寺　李昂英
海觉寺次李文溪壁间韵　文天祥
荥塘烟雨　甘惟寅
尧峰西峙　揭傒斯
剑池夜月　甘惟寅
梅仙峰　危素
曲江观涨咏怀　熊卓
过正法寺　杨子荣
密岭晴岚　涂善
游感山寺　李裕
丹霞福地　孙曰良
盛家洲书院　曹寿
乌石观　邬季生
游感山寺　朱篚
曲江亭　范庆
挽史公安死难交趾　丁铉
题龚公楼　韩雍
丰城阻风　王守仁
重登黄埠脑　王守仁
尧山　张鳌
回澜阁同陆池山观涛　涂铉
月夜登曲江亭饯人之京　李贵
感山寺和江惟化韵　徐衮
冬日游感山　雷映
登曲江亭同刘兑阳　李启美
过始丰山睹刘海蟾真迹　陆应箕
游感山　汤兆京
剑池　邱十毅
游曲江从卢使君夫子　杨惟休
紫府观　陆元衡
龙山秋望　文可纪
瀚楼新成陪宗明府登览　黄叔铉

密岭　杜日让
竹林庵次韵　黄炳召
读邓武桥先生横戈集　熊履廷
桃花岩　熊履廷
游龙山并至感山寺　袁孔迩
登曲江文昌阁　丁序珙
和吴邑侯游感山　丁霈
过感山寺　盛逢澜
和黄质昭游槠山　游方震
春日过墭山访熊效先州丞寿先文学游斗门福地□憩绿野别墅即景漫赋　游方震
送家驭麟叔掌教龙山书院　甘兴仁
秋过感山　徐文弼
龙头山登高　朱霞
游正悟寺题壁　杨其谟
舍菜宗贤请合祠王季友　蔡宜省
梅仙观　朱綷
丰城龙山书院　朱子
望罗山柏塔　虞集
题熊大古书　虞集
张君寿鹄山隐居　揭傒斯
送孙竹轩博士致仕　王直
丰城九龙山双髻峰　元宣
过丰城赠权伯文　郭奎
送丰城杜少府谪滇南　李攀龙
和万象山登锺城山用元虞学士韵　游潜
游感山用老杜韵　熊卓
爵帅鲍两度至丰平寇功最巨嗣是寇熄作长句二章纪之　周文凤
九日登梅仙岭　喻增高
三至龙山留别　张寅
次韵张郡伯三至龙山留别　万光岱
宝气亭怀古　陆如照
以上七律
云涧三章赠毛霆甫　文天祥
白莲诗　揭傒斯
以上四言
感山寺杂咏三首　姚勉

过丰城访肇庆守黄莹之　陈献章

登仙坛　胡之甡

小石山　周林德

奇童诗　揭傒斯

题熊太古书　虞集

以上七绝

剑池　来鹄

怀厚郭胡正卿　吴与弼

罗山征君隐居　曹邺

梅仙观　孟宾于

梅仙坛　吴大防

梅先生故居　黄庭坚

过丰城　杨时

广慈院　汪藻

宝气亭　胡铨

访盛温如至盛家洲　朱子

经赤冈望远山　朱子

次林择之韵　朱子

盛家洲四景　盛燧

清都观　于华

感山寺探雪樵诗僧不遇人旃檀寮见几上有江南春诗询之为真半颠虽未识面亦合寄以诗　姚勉

白鹤观　白玉蟾

诗书阁　范仲武

梅仙坛　况志宁

过丰城　傅若金

乌石观　强立

城南书屋　胡俨

金墎朝阳　孙曰恭

过丰城　刘同升

泊龙头山　史垂誉

楂村望超山　史万育

凤山口占　熊履廷

题始丰山仙林观三首　徐绍文

始丰山和句三首　丁猷骏

平丰堤　邱士毅

题寿昌寺　揭傒斯
送熊士选侍御　徐祯卿
访徐孺子读书台归検思贤集重加校刊即集集中句书后　姚敏德
赠鲍春霆爵帅　徐士穀
狮山八景　敖宗瑚
以上七绝
目录止

五古

丰城剑

李白

宝剑双蛟龙，雪夜照芙蓉。精光射天地，雷腾不可冲。一去别金匣，飞沉失相从。风胡灭已久，所以潜其锋。吴水深万丈，楚山邈千重。雌雄终不隔，神物会当逢。

杂咏

王季友

采山仍采隐，在水不在深。持斧事远游，固悲匠者心。翳翳青桐枝，樵爨日所侵。樵声出岩壑，四听无知音。岂谓鼎下薪，当作堂上琴。凤鸟久不栖，且与枳棘林。

宝剑诗

吴均

我有一宝剑，出自昆吾溪。照人如照水，切玉似切泥。锷边霜凛凛，匣上风凄凄。寄语张公子，何当来见携？

剑池驿

权德舆

龙剑昔未发，泥沙相埋藏。向非张茂先，孰辨斗牛光。神物不自达，圣贤亦徬徨。我行丰城野，慷慨心内伤。

剑池

〈孙复〉

宝剑埋丰城，弃捐灭年祀。初如双龙蛰，默默重渊底。春雷忽以惊，骈首思奋起。光气干斗牛，终夜颜色紫。奇哉张茂先，访诸雷焕氏。下取古狱中，湛湛凝秋水。精芒射人目，利可断犀兕。我闻剑为用，非惟玩好尔。仗以去奸邪，提以振纲纪。是时晋室中，奸邪若排指。荀勖及冯纨，巧舌相表里。荀𫖮亦其人，聚首为封豕。同附贾公闾，盛指南风美。遂使五不可，忽焉如西子。晋室遽以危，其亡可立俟。因思荀勖徒，未与犀兕比。尽可血雄芒，尸之向朝市。剑兮既不用，华也竟何以。宜乎不自免，委身于蝼蚁。是为神物羞，飘然失所指。

宝剑

苏辙

剑气夜干斗，精神初莫隔。全身寄狱户，隐约还自得。张雷彼知我，勉为汝一出。腰间杂环佩，亦能报之德。凛凛天地间，要非手中物。跃入延平水，三日飞霹雳。出当乘风雷，归当卧泉石。千年故穴在，三叹泉上客。

宝气亭

黄庭坚

丰城邑岩岩，水种六万户。石堤眠长虹，辍棹日沉雾。令君政有声，新亭延客步。泪落世父碑，心倾文饶赋。忆昔两神兵，埋狱思武库。寒光射汉津，两贤纡一顾。张公拆中台，木拱孔章墓。不能使儿嬉，岁晚龙蛇去。空余寒泉泓，因雨长蛙鲋。铅刀藏宝室，万世同此度。

景福院

黄执中

娟娟竹影薄，决决溪流浅。风生秋意回，野旷天容远。

登罗山

吴虎臣

儿时闻罗山，窟穴居神仙。念之每欲往，终为俗累牵。兹辰复何夕，风日媚晴暄。偶与二三子，径来践前言。崎岖北冈涧，峭蒨凌云烟。崖断或如泻，坡平俄若川。有泉何自来，但觉声涓涓。萦纡若蛇走，往注山腹田。徘徊一濯足，入袖风翩翩。俄登最高岭，中观屋数椽。嶙峋老石像，摩挲不记年。桃花破丛菅，一笑为嫣然。石屏与翠壁，拥从相后先。物色恣观览，万界满眼前。适问从游人，兹为第几天。不然何秀挺，不与众峰连。长安在何许，无乃落日边。十年苦抢攘，战血腥戈鋋。谁知尘外客，一壑能自专。徜徉得此乐，疑已飘飘然。兹游恐难再，迟留不能旋。如何林间月，弄影明娟娟。促归良恨早，正恐陵谷迁。到家追悔甚，誓将世务捐。却寻向来路，迹断难攀援。春雨正蒙密，涧水鸣潺湲。夷犹不可尚，愧尔无仙缘。

徐孺子读书台分得高字

孙素

吾爱徐聘君，沉冥乃人豪。诸贤构党祸，皎皎云鸿毛。平生读何书，身隐名难逃。故宅照湖水，荒坟翳城蒿。焉知此山中，突兀书堂高。

胡文定墨池分得风字

孙素

吾爱胡夫子，抱道来逃空。岂伊桃花源，有此山泉蒙。奏疏沥肝胆，春秋开盲聋。当年起草处，想见临池工。愿为池上草，永怀君子风。

发曲江矶山楼亭

李梦阳

缆舟金华潭，遂陟冈山阁。蹊径阻纡郁，岩水光参错。夏林一何清，余雨淅未落。高览景自异，况值晚霁廓。夕日明锦湍，归云拥华薄。近日山嵂苍，远树复岑崿。旷荡感寄遇，俯仰叹今昨。不见往者悲，而观来者乐。顾瞻大江流，愈恨代谢速。源涌竟谁御，谦守谅能曲。所贵遗荣名，睹义愿有勖。

龙山书院训勉

邹守益

干将两古剑，石函闷几年。精光不可掩，犹自动星躔。况此刚大气，亘古本浩然。骄吝一害之，眢井聚蛙蜎。不有乾乾功，龙德何由全。淬剑亦有术，学圣岂无传。

游梅仙山

宋仪望

白云在深山，山深转空翠。古木凌飞烟，丛竹亦森邃。梅公隐何时，汉道昔云季。当其抗言时，鼎镬宁足畏。一斥渺何所，去作南昌尉。兹山信超旷，盘郁多佳气。幽栖亦何为，岂不以我贵。一朝变姓名，挂冠从此去。新旧相太息，妻子不知处。余亦肮脏人，误触当时讳。见机苦不早，抚己有深愧。永愿谢尘缘，长往从吾志。

舟过丰城

施闰章

孤城暮萧瑟，北风一何寒。飞沙卷宿莽，饥鸢叫哀湍。宝铗沉幽壤，光腾云汉间。一朝剖石匣，拂拭曜琅玕。离为两雄飞，合为双龙蟠。神物竟安往，显晦邈无端。虎豹今咆哮，芙蓉气凋残。铅刀笑霜刃，壮士多苦颜。绕指夙怀挫，倚床终夜叹。起行看太白，泪下空潺湲。

月夜泊舟曲江

谌名臣

暮烟浩无际，泠然太古色。维舟傍石矶，浮山携满月。苍翠拂面来，乱云流不歇。波光曲如环，似为月所窟。泻影入素潭，奇气遍林樾。夜深村火微，阒寂尘世绝。端坐寤古人，三贤诚一辙。感慨北风生，呼朋理双楫。

三贤祠（并序）

查慎行

丰城县北十里，矶头山上有曲江祠。朱文公往还湖南时，与李后林、姚雪坡游此，后人因奉栗主以祀三贤，详见李崆峒《祠记》中，今以韦武阳易后林者，讹也。

赣江西南来，夭矫北走龙。到此乃东折，矶头扼其冲。是名曰曲江，形势险且雄。扁舟清夜咏，倡自紫阳翁。同时李与姚，杖履偕游从。三贤列祀典，蔚为名教宗。世俗不好古，变置靡所衷。作诗纠缪误，兼以警盲聋。

新堤告成志喜

盛逢澜

地迥吴皋洼，百谷众流汇。每值霖雨时，弥漫似瀛海。田庐遍村落，护卫恃堤在。修圮苦无常，绸缪仗贤宰。今夏溪流涨，怀襄及爽垲。洪涛入城涌，稽天势危殆。居舍鱼鳖游，藻荇挂门棂。楼台水面浮，市中桨款乃。长吏恤民瘼，引咎曰予罪。绘陈郑侠图，大吏甚嘉采。须臾议修筑，急病不忍待。策力收群工，趋事乐无怠。经营出公帑，民力喜不痗。沿江兴役车，旧贯无妨改。高厚尺寸间，视前数加倍。长虹撼巨浪，夹岸耸崔嵬。譬彼防敌兵，深壁据坚垒。万姓庆安澜，比户见乐恺。懋哉功德垂，足铭鼎与鼐。铺张语难尽，约略珥笔载。

文明塔

李吐萼

江城迤东南，一塔标特兀。故址析广丰，嶒嶝出洼泽。缅乃规画时，精神独横截。通府开鸿蒙，三令耻跛蹩。伐筑异道谋，涌地见山骨。七级高于云，峭突莫能摄。吁嗟各浮图，侈幻蜃气结。眷兹表文明，倚天豁眉睫。绝顶窥海东，晴霞带霏屑。喷薄宵熊熊，直欲斗光接。柏塔连萧疏，猴尖并巇嵲。撩翠飞青遥，剔施俯一切。翔影痴冥鸿，栖禽借风翮。林陌生澌沸，砰激鱼龙訾。盘回丰富流，苍茫入超忽。郁郁数烟畴，蓬蓬点沙昌。万象纷攒罗，摩娑送雉堞。平瞰宝气楼，下咽珠湖月。宫墙相面临，钟镛发疏悦。景仰还芝楹，江山萃秀杰。昔时坤枢钟，烝皇弸彪列。树立九霄峥，藻华亦日揭。隆然今具瞻，得不破萎芥。壮夫心与俱，谩怅梯磴绝。

读丰城县志得六十四韵柬同门唐萃亭兼寄志局诸君子

赖晋

奕奕古丰城，建安南州附。卜食丰水西，富城城已故。今治迁永徽，沿革经朝祚。九野列分星，南斗入几度。双剑狱中腾，卓哉张雷顾。至今荥塘春，石匣风雨暮。东望读书台，楮山足千古。西过飞鸿岭，子真餐清露。罗山南境峙，形胜跨吉抚。神仙三十七，始丰福地著。龙头北极临，曲江文澜溯。峨峨三贤祠，风声起沉痼。四封名胜多，齐谐谩参互。谁遇浮丘翁，王郭虚名付。谁建黄金城，吴皋传谬误。争怀孝感泉，须辨吴王墓。郊环十七乡，水种六万户（山谷语）。洼突半湖田，长洲起龙雾。民气戒嚣凌，里俗敦儒素。人文崛起豪，亮节光寰宇。孺子汉高士，知几远党锢。有唐王季友，少陵极推慕。煌煌赵宋兴，奎璧中天遇。屈指百余人，名实森记注。元首揭文安，史家推独步。储才与正心，两言足施措。前明朱阁学，名震辽东戍。梦里编春秋，述神归心悟。尚书十四人，先瞻齿德具（黄公宗载）。学术正大传（徐公铎），土木忠肝吐（丁公铉）。黜幽惜人才（李公裕），诡冒汰军旅（熊公绣）。儒林宗伊洛（杨公廉），征倭勋业树（李公遂）。发奸拂贵臣（喻公茂坚），忠勤邀简注（雷公礼）。来复启六箴（李公玑），建文追庙祔（范公谦）。援蜀功堪念（熊公尚文），微时神呵护（邱公士毅）。正色锄权珰，懋修圣学疏（唐公大章）。或披宛委书，蹲鸱能辨芋。或调宽猛怀，赤子归乳哺。渠隍保障深，饥民通哀吁。单车抚贼巢，殊方伸剿捕。不避交趾尾，直将凶瑾忤。惨惨河阳驿，荻花同赠赙。桓桓邓将军，朝鲜英魂塑。理学守先贤，宫墙培正路。胜国多伟人，辉映扶桑驭。继起扩芬芳，昌炽符时数。频储九凤材，不受山灵妒。独惜五水骄，能使波涛怒。内洼外巃嵸，崩塌河神惧。堤始永徽年，长虹亘水浒。筑埽首辛公，一仰安澜渡。堤正而埽奇，兵法机宜布。心计斗冯夷，未雨绸缪固。岂无徐侍郎，河防操备豫。岂无黄主簿，身先夫役苦。谁实敖家湖，洲移苦竹土。沧桑幻化工，错综有神务。不吝内帑金，慨念穷檐赋。蓄泄操远谋，众中防暗蠹。旧乘失陈因，新书真楚楚。堤防沟洫篇，凛然相劝谕。雅健其素长，删尽闲字句。同室聚马班，鸿才自奔赴。丰城过金城，笔锋神鼓铸。

游楮山（山在五坊距城八十余里）

袁潜

山高半入天，日出云未了。攀援到云中，纡折寻古道。峰顶豁然开，卓立尘世表。风声无时无，四顾失飞鸟。不觉所历高，但见群山小。斜阳动归思，步步穷幽眇。下山如入渊，回首石压脑。归来梦亦惊，身犹在林杪。

自黄埠脑至拖船埠途中作

何倬

浮云四郊阴，寒烟摇晚态。瞥见黄金城，半壁日光碎。我行遵新堤，步窘目欲眯。铁索锁大江，洪水亦何碍。所恨凌脂膏，未能填决溃。啮堤不饮河，果腹多鼠辈。徘徊亦以望，使我心孔痗。村落岂不稠，枯萍聚破块。洲沙相起伏，十里半芜秽。悲风东南来，眼底倏冥晦。缅彼济溱洧，神往古遗爱。

姑殂

杜节母

伶仃姑与媳，性命两相符。在昔夫君逝，谆谆解忧虞。憖妾不死心，责妾在抚孤。红颜依白发，共此柏舟模。岂忆痘疹殇，娇儿复弃吾。欲死为姑存，晨昏不可无。二竖忽肆虐，膏肓不如初。风雨连宵急，寒萱今又芜。一哭喉先哽，再哭泪转枯。昨日卧床帐，今朝入画图。节操名千载，精神香一炉。死者长寂寞，生者倩谁呼。冥中儿有母，堂上媳无姑。巾帼人多少，皇天命薄奴。

飞蛾

杜节母

课读夜挑灯，飞蛾飞不去。焚身亦可矜，能向光明处。

山中赠韦子春十四秘书

王季友

出山秋云曙，山木已再春。食我山中药，不忆山中人。山中谁余密，白发日相亲。雀鼠昼夜无，知我厨廪贫。依依北舍松，不厌吾南邻。有情尽捐弃，土石为同身。夫子质千寻，天泽枝叶新。予以不材弃，非知免斧斤。

别李季友诗

王季友

栖鸟不恋枝，喈喈在同声。行子出驰户，依依主人情。昔时霜乍镜，丑妇羞尔形。闭匣二十年，皎洁常独明。今日照离别，前途白发生。

送王季友赴洪州幕

钱起

列郡皆用武，南征所从谁。诸侯重才略，见子如琼枝。抚剑感知己，出门方远辞。烟波带幕府，海口生红旗。问我何功德，负恩留玉墀。销魂起别袂，愧尔酬明时。

潼关使院怀王七季友

岑参

王生今才子，时辈咸所仰。何当见颜色，终日劳梦想。驱车到关下，欲往阻河广。满目徒春华，思君罢心赏。开门见大华，朝日映仙掌。忽觉莲花峰，别来更加长。无心顾微禄，有意在独往。不召林中期，终当出尘网。

丰城高安之间憩民家景趣幽邃为之慨然怀归

陆游

数家聚云根，细路入丛薄。溅溅石渠水，来往亦略彴。有无邻里通，笑语妇子乐。浊醪时相就，青蔬缺盐酪。日暮归闭门，绩火星煜爚。先期毕租税，老不入城郭。嗟予独何事，早插红尘脚。故山未成归，怅望有余怍。

忆澹台墓寄王邵二藩臬

杨廉

孔孟久绝响，希阔到惇颐。隔此千载余，是果真无师。尝闻梦奠后，弟子皆四驰。灭明远居楚，三百门徒随。后来必有传，韬晦人不知。不信至濂溪，当时犹未奇。濂溪实楚人，所得宜在兹。要知南方学，澹台其始基。步出豫章城，旅坟荒路岐。樵牧几弗禁，况有丽牲碑。古今一名士，所过多有祠。道学乃何物，冷灰无人吹。幸逢诸当道，尚德甘如饴。此事倘留意，足慰悠悠思。

孤山

袁守定

结伴孤山阿，石磴何磊硌。鸟道屈以盘，湿花纷粲错。穹谷窈谽谺，逸峰森秀削。穷幽造其极，伫立在绝崿。意气凌长空，呼吸通广漠。四顾大圆中，其际如郛廓。稳步下西岑，深涧闻杜若。白云沾我衣，振之不可落。罨霭迷故蹊，萦回出修薄。兹山多神秀，乃有云构约。

楮山

袁守定

仲春宿雨霁，理策出蓬户。逐旷意方赊，距陆日亭午。陵缅越山崦，洄沿遵水浒。枯崖峭可攀，哀壑下难俯。土门及半空，石磴乃太古。登顿客情惊，岖险我志树。弱草乱空蹊，寒烟恋深坞。岫云既相招，松风亦可睹。众鸟欣窅冥，群木迎晴煦。遥碧恣延览，积气供含吐。矫迹万山巅，余清入心府。

初霁仗兴游罗山与濬儿潜儿

袁守定

条风振奥区，寒丛雨犹裛。晨策依侧径，苔滑费登蹑。扳萝每拙迟，披云乃先捷。征异散疏性，穷高纵远睫。褰裳紫翠俱，骧首清冥接。超兴境自夷，感物理已惬。乍霁恣禽言，初暄奋草叶。东谷窈以深，西岑峭相叠。想像大造初，位置何妥贴。微躯偶托兹，颀然了无挟。

从柘陂登招云山

袁守定

怅望羁晨夕，杖策遵兰甸。初景在东隅，川原自流绚。草径湿香浮，石涧飞泉溅。黛鋈既窅冥，霄崖乃峭蒨。层阿白云屯，半壁青萝冒。峰回乍相引，豁然开生面。俯视空下界，元气浑可见。山隰迤相遭，林木郁成片。意到物有姿，虑捐景独擅。奋足凌嵌空，于兹得安便。

袁易斋诗集题辞

蒋士铨

爱君冰雪文，沁我冰雪胸。十年读万过，至味不可穷。坐言起则行，早蹑循良踪。谁呼袁青天，楚人万口同。其政感人深，诚意相涵融。岂惟格民耻，教养克有终。拂衣将母归，芷江山丛丛。欢声变悲啼，父老连儿童。至今颂遗爱，陟岘思羊公。忆我识君初，泛艇波涛汹。同舟色沮丧，君貌能和冲。窃以验道力，所恃忠孝躬。河伯固暴虐，对君失其雄。小别八改岁，思积梦屡逢。闻君复出山，欲建济物功。誓天焚告词，贪墨遭殛凶。翩然宰曲周，爱民如芷江。一役不下乡，讼者自趋从。民昔苦征发，符令飞秋蓬。科派尽锱铢，民瘁官从容。君悉罢追呼，盖藏民以丰。官出一柴车，官到如父兄。（叶）。和气蒸桑麻，鸡狗平斗攻。服穑竟有秋，立政称良农。考绩官仪曹，僦屋邻我宫。忽出一卷诗，坐我疏林中。水流见花开，禽鸣觉山空。妙悟观物化，深省闻晨钟。清机发咏叹，想见静者衷。萧疏称规矩，澹远为葱茏。陶杜韦柳间，揖让诸老翁。乃知味道人，吐语含清风。取诗合其文，水月交溶溶。君虽曰未学，学者谁实工。自谦恐类诬，得失君岂蒙。俗吏对江山，强颜说明聪。剽贼鲍谢篇，文饰欺瞽蒙。那知袁易斋，胸怀具鸿蒙。宦成学亦成，心手经纶通。请看元道州，用笔如生龙。

还山留别长安知己

王季友

出山不见家，还山见家在。山门是门前，此去长樵采。青溪谁招隐，白发自相待。惟余涧底松，依依色不改。

古塞曲

王季友

进军飞狐北，穷寇势将变。日落沙尘昏，背河更一战。骍马黄金勒，雕弓白羽箭。射杀左贤王，归奏未央殿。欲言塞下事，天子不召见。东出咸阳门，哀哀泪如霰。

滑中赠崔高士瓘

王季友

夫子保药命，外身得无咎。日月不能老，化肠为筋否。十年前见君，甲子过我寿。云何今相逢，华发在我后。近而知其远，少见今白首。遥信蓬莱宫，不死世世有。元石采盈担，神方秘其肘。问家唯指云，爱气常言酒。摄生固如此，履道当不朽。未能太元同，愿亦天地久。实腹以芝术，贱形仍刍狗。自勉将勉余，良药在苦口。

玉壶冰（试帖）

王季友

玉壶知素洁，止水复中澄。坚白能虚受，清寒得自凝。分形同晓镜，照物掩霄灯。璧映圆光彻，人惊爽气凌。金罍何足贵，瑶席几回升。正值求珪瓒，提携共饮冰。

京城闲居杂言八首

揭傒斯

都城列万雉，楼观并飞霞。太液深荡潏，广寒高嵯峨。重译逾万国，流声竟四遐。既宠瑰异才，复保勋旧家。忠厚跂行苇，明照彻羲娥。永惟皇上德，世世袭亨嘉。

二

冀北多良马，渔阳多壮士。马休伏槽枥，壮士袭农器。桑枣竟中州，朝贡四方至。外无烽燧警，内有耳目寄。逍遥放良时，欢乐永不替。

三

济济从臣内，赫赫公与侯。伊昔从我皇，守边瀚海头。荷戈十余载，力战如己忧。寸策无遗用，长智少淹留。劳多必重赏，功大靡轻酬。意气相倾动，恩深身若浮。天子乘六龙，垂衣临九州。茅土亘河山，甲第隘庄馗。四海仰光耀，出入拥华骝。富贵歘如此，宠禄信难侔。从军亦云苦，眷言享斯邱。

四

朝从猎城南，暮从猎城北。白马喻飞翰，轻裘如膏泽。尘起知兽骇，风高验鸟疾。只箭落双鹫，千金出俄刻。归来拜恩宠，乐饮过一石。僮奴增意气，宾客改颜色。常恐文达士，轻薄多瑕擿。高门临广衢，秋风上荆棘。

五

朔土高且厚，民生劲而强。榆椰虽弱质，生植益繁昌。桃李大于卷，枣栗充糇粮。谁谓苦寒地，百物莫得伤。青青云梦竹，宿昔傲雪霜。移植于此庭，不如枌与杨。竹性岂有改，由来非本乡。

六

渺渺寒门士，客游燕蓟城。上无公卿故，下无旧友朋。裘葛不自蔽，藿食空营营。四顾灾沴余，但闻号哭声。日负道德懿，敢怀轩冕荣。节食慎所欲，聊以厚我生。

七

高步览九州，谁独无与亲。同室不相喻，矧彼途路人。诱谐更驱追，巧诈日眩真。共美为善乐，莫知与善邻。未足保厥躬，已谓诒子孙。一言易为义，一恩易为仁。世无鲁东叟，何以慰心神。

八

衰飙惊野草，日夜委鲜敷。嗟哉白杨树，高高凌元虚。朝游车马中，夕息思故庐。尘襟难为洁，野性非京都。贫贱不自保，焉能恋簪裾。赖有死与生，可齐贤与愚。

四友诗

揭傒斯

四友者，广信王廷玉良仲、临川李商弼良佐、武昌卢廷鸾子仪、同里熊坦从正也。李亡已七年，余亦亡二三年，予索居京师，每夕梦寐，与四友相接，伤其皆贤而无寿，又与予笃好，乃作《四友诗》，一以志予哀，一以概见其平生云。李得年二十二，卢二十九，熊三十四，惟王四十有九。

王兄负奇伟，十四已应门。仓卒遭闵凶，盗贼蔽邱原。衰绖从伯父，慷慨安其人。豪横剧狼虎，瞑目莫敢干。降心相款密，共称孺子贤。时应州县役，调笑官长尊。酬接虽靡监，讲习日多闻。激烈忠愤际，委曲礼法间。时平俗亦康，故志农圃言（有集课日圃）。浮湖感龙变（尝泛彭蠡，见龙见，遂肆意墨龙，悟解夐绝），陟巘思鸢骞。古笛振哀铁，清琴繁素弦。每伤古人逝，迸泪尊酒前。与我初识面，已誓为弟昆。谁谓天不仁，中路遂离分。寥寥昂山阿，黝黝砚井泉。宾客一以散，托梦与招魂。

二

嘉禾不丛生，犹为造化欺。繁霜凋其叶，震雷荡其枝。利虫啮其根，饥禽啄其皮。岂无雨露滋，不得干云霓。李氏年弱冠，博通王氏词。援毫捷飞电，吐气列豹螭。信如海上潮，直若琴上丝。朗如九秋月，温比三春晖。志在跻圣贤，宁复顾所私。一悟生灭理，天地忽若遗（君卒时，一日晨兴，有数道人叩门，谒求作《白莲庵记》，君援笔而就，大为得意。有顷，忽奄然坐视父母，闻而趋哭之，迎谓父母曰："某兄弟幸多，死生，命也，勿以为忧。既暮，一道人抚其背曰："檀越檀越，生好处，生好处。"复瞠目视道人，厉声曰："佛法本无生灭。"遂卒，癸卯二月也。葬时，众舁出城，初重不胜，忽轻如羽。）颜回早闻道，短折非所悲。茫茫后死者，终夜独涟洏。

三

武昌故旧中，卢生亦奇杰。雄才傲当世，高谊凌白日。贫贱有相知，富贵莫能折。冠盖如云雾，而独与予密。大德七年夏，予有长沙役。临河与予别，揽袂久呜咽。知心托生死，谁能此离别。千里竟相从，风波复炎热。青天入酒杯，歌笑中夜激。便欲乘沧溟，迢遥送华。行行亦云至，终当与君折。舍棹即长途，惆怅如永诀。谓如平生怀，时俗莫能达。学不追古人，终不愿有室。还闻起分教，小邑傍萧索。始为贤者哀，那知处沦没。樊山罢欢宴，赤壁空流月。伫立想音容，音容一何阔。

四

亲友日凋谢，况我情所钟。熊子三十余，亦在九原中。高才只促龄，积善适为凶。天道不可依，人命如飞蓬。梦寐常相见，炯若生相从。亦知心不异，矧复里闬同。始知掾韶学，我心实忡忡。归来已三年，微疾竟永终。薄禄不救饥，一官非高崇。独令君子亡，碧血冷秋风。邻曲恩爱绝，山川谈笑空。名家失金匮，樗栎入公宫。谁复继粹温，徒用想春容。千秋瓘山路，缭绕剑池东。

和刘录事春雪二十韵

揭傒斯

孟春阴阳战，天地日相磨。南风作先驱，北风为之佐。雪势忽崩腾，十日骄不挫。坐令群生衄，无乃真宰过。初疑鸿蒙开，欻若虚空堕。山岳尽埋没，宁复顾幺麽。遂使一束束薪，自炫千金货。枯柄亦擢势，勾萌岂能荷。翻愁地轴弱，但见天机大。安得斩马剑，阴慝一时锉。臭腐自神奇，糠秕自扬簸。吾心如坚壁，猛士安敢破。丈夫非忧患，何由激衰懦。人方履冰走，我正掩关卧。如何去年冬，阳倡阴不和。飞末未布地，忽霁欲谁奈。群动不肯蛰，裘褐亦交惰。春来复何为，仅足收堀堁。明朝化泥潦，反使忧坎坷。城南严教授，岂昔伯休那。踏冻日相从，怜我困痰唾。河滨刘录事，日以诗自课。冲寒数过门，亦复哀我惮。雪后复多风，日受尘土涴。连旬苦上壅，达旦拥衾坐。乃知书生穷，只合守寒饿。天时与人事，倚伏分福祸。幸逢天子圣，大化已潜播。家无橘千头，亦有竹万个。投簪返田里，浊酒聊自贺。

丰城勘堤回上陈芝楣中丞

王晖吉

丰城圩堰邑，五水所趋归（吉赣南袁临）。岸西高以仰，东接南昌低。当年堤未成，县市散冰澌。至今有遗塔，孤立镇水犀。上冲黄埠虑，下泄小港依。连岁苦秋涨，黄埠形险危。

面迎东折溜，古埽熊坊隳。一决民生垫，再溃民食饥。小港司钟泄，乃不得其时。四十八都图，宛在水中坻。闻有相勘使，殷勤迓輶檩。指诉怀襄处，宗族半流离。流离不足云，长久将何为。嗟哉聊借筹，所费浩不赀。县库征解严，正款谁得移。民虽请捐办，情景殊匮疲。工难费不易，何以泯怨咨。

小港闸成放水

王晖吉

上班水车鸣，下班无土耕（上班下班，高低田名）。利害争一堤，杀人无主名。百年开闸议，功待彦威成。奉檄初相隰，周历冬日晴。但言丰富（二水名）患，支川瀹纵横（枫口中洲水出大江口）。高低区以别，钟泄达其情。溺饥惟大府（陈芝楣中丞奏请捐办），入告救之陾。春流滋夏涨，一线江涛乘。防秋危瓠子，禯褨罄弗胜。日长役夫瘁，麦熟禾亦登。而此湖中田，晚稻犹恐瞠。上台惠须溥，吾辈持以平。劳劳青子衿，列炬焜繁星。一朝斗门雷，十尺飞建瓴。众欢歆河伯，鞭龙来相迎。肃冠以高望，中日瑞澜濙。感忱勤黎献，太守拜前旌（张子畏太守亲临收工）。悠悠三十年，俾尔仓箱盈。

小港观涨有感（闰月十四日）

王晖吉

雪水回头日（谚语），果然流到门。不知自何处，环绕空一村。牵罾出檐桷，荡桨通四邻。长亩渺晴鹭，新畲澄细鳞。阻饥无人问，含情向余陈。堤阏利斯溥，两载曷弗竣。费同秋赋敛，当时众所欣。既不隆其基，胡并撤其藩。赭颜吾为卷，点首声为吞。理楫涉江干，新流高以浑。势方殷倒漾，计实穷庡堙。所恨经岁时，坐令误童昏。侥功以行险，殃民如债军。黎尹事多媚，高君议不伸。皋共同千古，佛魔各自尊。所由公事家，一了非易言。微官托逼处，守分戒争喧。区区增叹长，岂有数焉存。

诸工报竣寄呈陈芝楣中丞二十韵

王晖吉

九江南楚间，一会小洪都。水溃为今患，城丰失古腴。高原崩圹兽，邻壑纵游鱼。三境积疲敝（南昌新建处丰城下游），七年空补苴。屡传蠲赈诏，谁绘流离图。时有勤民守，每闻将伯呼（张子畏太守先经劝办义仓城垣）。但无天藻掞，徒切野芹输（非奏办，无可劝捐）。公至一何暮，公归更不徐。况当多事日，能定远深谟。仓待飞蚨集，辙将涸鲋枯。艰难臻后效，拘执误先储（工縻而迟，实苦于集费不先，然必先集费，至今无措，民不堪矣）。功半欣狼戾（去岁丰米九百一石），世长免雁逋。馨明小港祀，颂答雷公桴（小港闸、雷公脑各奉生祠）。忆昨移旌旆，犹烦系畚锄。为言水利大，能使民生苏。嘉佑歆天禄，贞恒勉我叩（行舟嘱吉尽心工程，云前江南水利工员，无不通达）。惟怜万井蚁，乃策群龙驽。百堵源思饮，三千职是居。斗门飞白雪，虹亘护黄於。德盛无能述，诗成乐职余。

苦雨叹

徐士毅

去冬迄今春，檐牙声淅沥。雨自天上来，泪从心头滴。我家无良田，胡为忧戚戚。哀此病农夫，向予道涕泣。望麦接春荒，补豆济夏日。淫雨久沾濡，麦萎豆种渍。节已过清明，浸稻包秧急。家无升斗储，乞邻贷衣饰。走哀积谷翁，典质甘重息。菜色足辄僵，败絮身遍湿。负归作籽种，一泪珠一粒。剜肉权补疮，人肥我先瘠。旱潦更可忧，死亡恐将及。仰面诉昊苍，昊苍莫我恤。予闻农夫言，走笔泪沾臆。是果天不仁，毋乃民有疾。岂无高明家，绮罗耀金碧。亦有纨袴儿，肥甘满几席。作态气骄人，招怨鬼瞰室。天道最好还，从不差杪忽。稼穑本艰难，所得不偿失。欲求饱有年，先守饥无逸。晦冥霁有时，贫贱当努力。灾满即和甘，风五而雨十。俚语劝农夫，写黏汝家壁。

苦竹洲闻雁

胡苏亭

胡不乐游原，胡不桃李园。是谁呼苦竹，洲水相潺湲。客心况憔瘁，雁语尤纷烦。惊霜清似鹤，叫月哀如猿。乃令闻者思，思者悄无言。默默为雁惜，南北劳驰奔。隐隐向雁语，寒暄变朝昏。题塔日几辈，尔独困篱樊。传书日千里，尔独羁江村。去去无复鸣，长风起蘋蘩。

初秋游飞旆山登楼远眺

熊浩

山以旆得名，名嘉非虚附。父老递相传，物是武当故。夜半忽飞来，诧有神呵护。草昧厂梵宫，真武像严塑。庙貌今巍峨，旆飞归何处。往事多悠悠，兹山惬予愫。愿言陟其巅，不惮崎岖步。好风天际吹，林端抽宿雾。侧闻松籁鸣，晴作江涛怒。万绿垂浓阴，藓苔绣古路。到门老僧迎，邀之入净住。层楼坐生寒，秋意满萧寺。开窗四望通，孤罗寸青具。江汉浮乾坤，吴楚界堪数。凭眺独惊心，旷然起遐慕。

泰气岭

欧阳勋

泰岱半天青，剑气千年紫。奢望苦迢遥，寻幽道在迩。桑柘十亩间，云峰自崀藟。中有仙人泉，可为活命水。又有若木枝，直与杏林似（岭有仙泉树，枝可疗百病）。结寺山之巅，葱茏云树里。几年灯火缘，夜窗红透纸。云气日细缊，如助鳌峰子（部曹熊春皋未遇时，尝假馆于此）。安得张与雷，重掘双龙起。行云登岱宗，众山一粟耳。泰气虽嶅嵝，佳名聊尔尔。

晚次丰城（踏莎行）

吴秉仁

树远烟横，沙明鸦乱，山头一抹斜阳浅。望中城郭片帆收，桃花水漾东风软。剑气潜消，鱼灯隔岸，清宵耐尽孤篷掩。闲愁大半旅人多，旅愁又在黄昏半。

七古

观于舍人壁画山水

王季友

野人宿在人家少，朝见此山谓山晓。半壁仍栖岭上云，开帘欲放涧中鸟。独坐长松是阿谁，再三招手起来迟。于公大笑向予说，小弟丹青能尔为。

代贺枝令誉赠沈千运

王季友

相逢问姓名亦存，别时无子今有孙。山上双松长不改，百年惟有三家村。村南村西车马道，一宿通川水浩浩。涧中磊磊千里石，河上淤泥种桑麦。平坡冢墓皆我亲，满眼主人是旧客。举声酸鼻问同年，十人七八归下泉。分手如何更此地，回头不语泪潸然。

宝剑篇

郭元振

君不见昆吾铁冶飞炎烟，红光紫气俱赫然。良工煅炼经几年，铸得宝剑名龙泉。颜色如霜雪，良工咨嗟叹奇绝。琉璃匣里吐莲花，错镂金环生明月。正逢天下无风尘，幸得用防君子身。精光黯黯青蛇色，文章片片绿龟鳞。非直结交游侠子，亦尝亲近英雄人。何言中路遭弃捐，零落漂沦古狱边。虽复沉埋无所用，犹能夜夜气冲天。

可叹

杜甫

天上浮云似白衣，斯须改变如苍狗。古往今来共一时，人生万事无不有。近者抉眼去其夫，河东女儿身姓柳。丈夫正色动引经，丰城客子王季友。群书万卷常暗诵，《孝经》一通看在手。贫穷老瘦家卖履，好事就之为携酒。豫章太守高帝孙，引为宾客敬颇久。闻道三年未曾语，小心恐惧闭其口。太守得之更不疑，人生反复看已丑。明月无瑕岂容易，紫气郁郁犹冲斗。时危可仗真豪俊，二人得置君侧否。太守顷者领山南，邦人思之比父母。王生早会拜颜色，高山之外皆培塿。用为羲和天为成，用平水土地为厚。王也论道阻江湖，李也疑丞旷前后。死为星辰终不灭，致君尧舜焉肯朽。吾辈碌碌饱饭行，风后力牧长回首。

宿东溪李十五山亭

王季友

上山下山入山谷，溪中落日留我宿。松石依依当主人，主人不在意亦足。名花出地雨重阶，绝顶平天一小斋。本意由来是山水，何用相逢话旧怀。

发丰城县

陆游

丰城古县已再迁，出郭十步江渺然。冷云四合欲下雪，柔橹数声初放船。孤村灯火照破驿，客子何以娱今夕？不辞金碗醉十分，要开玉花深一尺。

游曲江分韵得月字

姚勉

曲江矶头山崒嵂，此景江南夸第一。渔舟晚弄烟波开，市楼春映晴岚出。拥舆寒吟入画图，席地草饮成真率。且叩山房僧榻眠，再上山林待明月。

剑江驿楼（旧日宝气亭，今撤而为楼）

吴澄

双龙飞去已千年，斗间紫气夜黯然。却令往往来来客，坐阅朝朝暮暮船。天地与亭俱传舍，旧毁新成更代谢。旧亭不见见新楼，新楼谁作今州侯。州侯温温廊庙姿，三年莅政民不威。政成遗惠及宾旅，又与江山发新趣。昔旧今新新复旧，刘郎去后何人胄。楼新楼旧谩劳心，江光山色只如今。着我凭阑观水际，游目两间寻宝气。猗嗟世上无张雷，有铗莫弹归去来。

剑江驿楼

熊朋来

人生南北几驿亭，相过岂复能忘情。向来此地多经行，往往所见如褒城。眼中忽然此突兀，飞甍射影鱼龙惊。我来欲续王粲赋，今日何日霜初晴。平沙雁写落木瘦，前山翠抹斜阳明。何当为我期张雷，相与呼酒浇不平。须臾剑气天外横，但觉拍岸怒作波涛声！

月夜登曲江楼识别诸君子

袁懋谦

剑水逶迤通章水，回环屈曲限中沚。沙如满月月如沙，楼台倒影澄波里。扁舟几日滞吴皋，故人杯酒美游遨。惊看素发俄成叹，忽洒新诗兴益豪。此别相望才百里，吁嗟故人心尚尔。登楼迟月月在尊，四面江光冷侵几。酒船次第江上来，烹鲜更尽掌中杯。今宵爱月愁分手，明月停云独上台。台上月如今夕好，人生一别一回老。兰菊经秋惹恨多，雁鸿中夜传霜早。非关离合易生悲，恋尔多情金屈卮。预想屋梁回梦日，转见江楼对酒时。

剑迹（在密岭）

胡之甡

鸟道逶迤白云里，就中一石平如砥。何人忘却古鱼肠，千年共讶成秋水。到来猿鹤尽相疑，无数鱼樵不敢指。我欲借君斩不平，苔花绣湿挥难起。

游感山海慧寺（时自章门放舟归县）

高岑

滕王阁前夜放舟，逆流破浪乘清秋。风帆得势如飞鸟，倏忽百里惊双眸。明星渐没风渐息，扁舟暂舣江边洲。晓山一抹近在望，舍舟从陆穷其幽。我闻此地有胜迹，雪坡遗韵犹风流。抠衣举步过前岭，霜风一片寒飕飕。境僻转深疑无路，寺门兀立山之陬。循廊乍入万籁寂，但闻啼鸟鸣钩辀。山僧为我作前导，松杉满院阴云稠。禅房那有尘可扫，杳然宴坐忘烦忧。量泉然火烹苦茗，清香满泛山中瓯。从容更为作麦饭，盘餐笋蕨供颇周。迤西塔院亦胜地，又复邀我同过游。千竿万竿竹夹径，闲房半敧谁添修。嗟我作吏仅一载，风尘鞅掌无时休。纵使未必俗彻骨，对此山色徒增羞。萧然心迹忘去住，回首顿觉浮生浮。白日西下风更作，舟子促归不可留。解缆鼓棹去转疾，晚钟造发声悠悠。城门半启待归客，仰见凉月明当头。

游龙光书院

甘兴仁

龙光海内争传颂，院落巍巍齐鹿洞。紫阳去后几百年，想见风流千古韵。我来湖北过荥塘，访胜拜瞻昔素王。学舍参差环罗列，堂名心广傍宫墙。小斋低垛殊人境，芳草无边埋幽径。六经楼阁名空存，遥遥剑池相掩映。昔年掌教旧知名，考古还须吊古人。元有圭斋明匡岳，讲席依然无俗尘。几静窗明动幽兴，万籁清清声相应。幽篁队里奏笙簧，都向毫端相答赠。二十年来仰龙光，今日梦魂方醒醒。曰归曰归日已斜，髣髴溪声问钟磬。

张真人象山图

揭傒斯

山乃陆文安公讲学之地，张氏自唐以来，世居其间，其先亦多从文安公受学者。排律。

江左名山大象尊，遥瞻犹似哲人存。先生有道行天地，弟子环溪长子孙。孔李通家从古昔，神仙开府自渊源。岂徒世荷真人诰，更有分乘刺史轓。陆氏已随尘世换，张公独异圣朝恩。诸峰尽化旌幢立，流水皆成珮玉喧。洞里胡麻天雨种，岩前丛桂月移根。缘崖时见衔花鹿，汲涧常随饮子猿。青鸟画传王母信，苍龙夜泣老蛟魂。飞云甘卧山头石，鸣鹤难忘日下轩。从祀寿宫恒近侍，受釐宣室或深论。尚方制服黄金重，大府分圭白玉温。扈从多骑天厩马，会朝长次赤墀鹓。渴沾瑞露来中禁，饥食蟠桃出内园。誓使民风齐混沌，仍祈主寿过轩辕。归来烂醉东西坞，更为文安理故园。

截臂行

崇仁凶民陈平为盗，被族人执，平反诬族击伤其父，又醉其弟，断一手，诉于州，州为所欺。自平奸谋既逞，而效之者益众，因作《截臂行》，告在位者。

吾闻两臂重于天下，不可废知之，不必子华子。愚民气焚胸，一忿敢趋死。以死视四肢，截臂如去指。呜呼！巴陵之民何以有此风，疾病利害人所同。甘心一臂捐粪壤，终身废卧闾阎中。前年截臂渠得理，今年截臂吾亦尔。村南截臂杀平人，村北炰咻还准拟。虺虺民，虺虺民，心若此，非吾人。有冤自可次第诉，毒人何必残其身。闻者莫惊喧此弊，吾能言其初姑息。吏不与杜其源，嗟哉恶俗伤仁厚，明明有冤宜勿受。一奸不济百奸消，共致和平禅在宥。

题临江同知问流民事迹

揭傒斯

江北流民七十口，三十余年在江表。朋凶结恶四百余，白刃差差历村保。崩腾所向如投空，白昼攫金都市中。顷由南昌入丰邑，反赂守者为先容。长官坐堂寇入室，妻子莫逃况金帛。岂无乡民敢相敌，长官一挥翻辟易。临江贰守廉且武，手缚其渠散其伍。岂惟乡民得安堵，邻境闻之皆鼓舞。其渠在狱伍四归，太府上功民俗熙。乃知一念敬厥职，万事至难皆可为。人民社稷我所有，安得坐视如鸡狗。人在鸡狗犹爱之，民社岂在鸡狗后。请君看取临江守。

蘘荷山

揭傒斯

蘘荷山，碧孱颜，拔地维，矗天关。上有灵泉真人炼紫丹，下有揭氏子孙藏其间。神飙六月飞霜寒。古人不可见，真人飞入越王山。越王山，倚天立。桃源荡荡车马入。海上青禽不必来，人间绝境纷成邑。我家蘘荷阴，移家恨不蘘荷深。青松之叶荫我屋，白石之荐弦吾琴。蘘荷再生，吾丹再成，冥冥我祖，去而上升。灵泉援手，引我太清。足跨五色鸾，手掉金芙蓉。浩然拔宅陵天风，九州四海如脱屣，空留遗响此山中。

寄开士禅友

史垂誉

世乱郁郁，殊有方外之志。而人事纠缠，未易摆脱。书遗同志，冀终当不负斯语也。

世乱纷纷殊未已，赤仄紫貂胡为尔。通人瞬息只一梦，眼前惟见东流水。忆昔翔步承明庐，高议云台校秘书。黄屋飞灰尘满野，遗生万死叹沦胥。几年栖迟衡门下，水月澄观万缘假。幸遇开士作比邻，相期共结莲花社。开士青瀛方少年，雪山金粟一灯燃。炼得身轻如野鹤，养成定性似青莲。穷愁鬓发几星星，粟里高风号独醒。待予步入庐山路，携手虎蹊三笑亭。

梅仙观

马子才

汉纲解宏纽，国命移权臣。太阿有神锋，颠倒柄在人。公卿虽满前，有语各自吞。张禹为帝师，此是祸乱根。天子辟左右，决机在一言。不为社稷计，只乞儿女恩。上方斩马剑，当时负朱云。谷永对直言，天庭策灾氛。阴谋助元恶，归咎昭阳嫔。豺狼自此纵，白昼当路蹲。先生当是时，上书叩帝阍。耿耿祸福语，皎皎星与辰。天门锁九重，一呼万夫屯。小臣江湖心，何能达至尊。贼莽果盗国，忠烈遭烹焚。先生变名姓，为卒吴市门。浮云去无踪，世人以为仙。蓬山在何处，此事且勿论。但爱清风高，凛凛久益新。我来拜遗像，旧宅荒基存。道士住在真人峰，欲往见之路无踪。去年许我入城市，尘埃暗天待不至。莫往莫来劳我心，道书寄我千黄金。玺衣肉食虑谋短，文字满前看不见。口传指授要有时，脱去罗网尚见知。梅翁汉朝南昌尉，手摩龙鳞言世事。一朝拂衣去不还，身骑白麟系红鸾。我今虽复堕尘土，道士何不与我语。他年策足投名山，相逢拍手一破颜。

孝子行（并序）

查居广

丰城廖孝子立孙，至元十九年，乡寇大作，子负母，冒刃逃，及乱靖，孝养终身，与江革不殊。惜无史书之者，揭翰林题其墓曰“有元纯孝廖某之墓”，又为作文刻石，虞学士书之。

丰城昔在至元岁，寇贼纷纷乱如鬼。是时廖生抱母行，不死白刃天有情。固知至愿天必感，母子全活见太平。廖生虽死犹未死，往往遗民言此事。有如江革遭乱离，负母潜逃经险阻。情词恻恻贼舍之，孝德还堪耀今古。呜呼薄俗枭獍同，墓上请看纯孝子。

按《通志》，《孝子行》系查君居广作，前志误为揭文安作，并其序逸之，今订正。

密泉篇（有引）

胡学浃

密山有泉佳甚，从无称焉。余自丁卯读书山上，始因题曰“密泉”，赋《密泉篇》以纪之。

密山之巅高插天，苍树白日绕晴烟。江水带围披素练，松风叶隙响朱弦。逶迤杳霭深樵路，石磴仄出泻红泉。世人啧啧惠山传，那知此水直万钱。瓦铛盛来活火煎，茗新汤嫩甜中边。我与此泉约为主，午天夜月展新编。读罢炉声沸耳鸣，对泉独酌自嫣然。因忆去年醉金山，脱巾大叫狂欲颠。风雨剑舞惊瑶席，云烟笔落染花笺。金山之泉泉澄鲜，素绠万尺通长川。斟来芬芳扑醉面，山光水色共留连。此泉非复金山泉，二泉平等莫谁先。若言甘冽沁双颊，此泉圣兮金山贤。山灵欲语无可语，淹抑不知几岁年。赤日火云饮渴鹿，凄风冻雨下飞鸢。我今两掖挟飞仙，对君高唱密泉篇。莫愁世路无知己，三尺寒泉空抱怜。

大水歌

熊履廷

嗟我丰城大如斗，赣吉临袁水之口。春夏交涨势建瓴，冲堤裂岸雷声吼。庐舍漂没陵谷迁，屈指安能数某某。城头但见凫鸥宿，村中侭教鱼龙走。卷将禾稼入洪涛，那计千畴并万亩。满篝满车转盼间，终岁之望成乌有。青黄不接桂玉难，泣对波臣徒疾首。十八年中四见灾，呜呼是谁职其咎。冯夷一怒颇泰然，可知民不堪命否。

酬李十六岐

王季友

炼丹文武火未成，卖药贩履俱逃名。出谷迷行洛阳道，乘流醉卧滑台城。城下故人久离怨，一欢适我两家愿。朝饮杖悬沽酒钱，暮餐囊有松花饭。于何（一作两河）车马日憧憧，李膺门馆争登龙。千宾揖对若流水，五经发难如叩钟。下笔新诗行蒲壁，立谈古人坐在席。问我草堂有卧云，知我山储无儋石。自耕自刈食为天，如虎如麋饮野泉。亦知世上公卿贵，且养邱中草木年。

丰城叹

喻成龙

昔日赤帝子，拔剑起蒿莱。斩蛇芒砀间，群情颇推戴。紫气烂熳鬼夜哭，驾驭群雄逐秦鹿。休运四百终魏武，司马乘之心良苦。无何宇宙复云扰，猛噬矫胜互征讨。星分狱底吐光芒，风尘未息徒草草。只今常闻延平津，白日霹雳跃晴昊。君不见当日荆轲持匕首，犹令秦王绕柱走。

明月行（题鹤村杜节母）

高以本

天高高，不可越。夜漫漫，一轮月。高天明月临剑江，照见杜氏白玉窗。杜氏妇，丁氏女。名念熊，女之父，生女德兴学宫署。四龄读《毛诗》，十龄工作黄绢辞。青天万古月一片，著之方寸常光辉。叔父如父为择偶，丁氏女作杜氏妇。上弦下弦值十九，璧月团圞嗟未久。结褵两载夫云徂，绝粒数日绝复苏。欲死不死心踌躇，前妻之子三岁啼呱呱。抚孤难，死节易，况有高堂姑，夫死妾当事。上明月，下泉室，妇中央，同皎洁。鸺鹠深夜呼，鬼伯行觑觑。今年杀儿，明年杀姑。节妇孑身病不起，至此定拼一死矣。妇死不死，神来扶持。妖物瑟缩逃何之。妇不死，夫有子。夫叔之子名曰镛，香火一脉承大宗，以长以教毛里同。心凄迷，臼中韲。手胼胝，机上丝。月影东升复西没，母子一灯灯影兀。翠竹苍松不改容（节母诗句），垂老金萱心力竭。生丁酉，卒庚申，二十一，未亡人。八十一，冰雪身。子复得子孙抱孙，一堂四世依贞筠，梅花香满天地春。乾隆太〔大〕岁在乙巳，节妇姓名达闾史。令曰请旌母曰止，高天明月能鉴之。未亡所历乃分耳。绰楔于今久不下，母死心安邑人诧。我滥符竹来丰城，剑江之水清复清。扬清激浊令之责，潜德未耀弥怔营。遗像遗编惊乍睹，五十一诗血缕缕。明月行天万万古，丰城鹤村杜节母。

恭纪恩谕饬广学额并奖叙

周文凤

笑问春风何处来，病翁卧榻忽轩舞。道是我朝沛圣恩，一纸飞来快争睹。徐子（崧乔）聂子（倬天）正襟坐（二子来告），九重颁谕德音溥。纳输再广弟子员，光照西江早安堵。前番粤寇扰中原，军饷奔趋实劳苦。安史纵横竞跳梁，郭李声威争破虏。广术交衢备兵戍，星霜飞挽杂行伍。千村万落旗帜光，六乡团练云屯聚。乡绅乡勇醵钱堆，万亿京垓何足数。豪家不复惜朱提，武库兼储非一杜。红巾溃散不成队，黑山降服亦圭组。平淮入蔡要旌功，千古文章韩吏部。丹凤衔来五云诏，奖叙攸分饬藩府。周诹再命大中丞（沈），兰芷齐升合为谱。州县七二争翘楚，拔十岂惟得其五。剑池昨夜龙光出，博士门中坐麈麈。同侪怂恿眉色飞，书册书名告召父。桃李春城合在斯，寄语春官先领取。

灵槎庙碑词

刘珵

排空腾上灵异彰，蛟鼍回泛助英扬。朔风雨雪不可望，帝命庙食垂衣裳。笑倚长剑任翱翔，游龙灵虬交驰骧。力驱疠疫并螟蝗，咸为哀吁际太康。神兮来归从东厢，的卢汗血此游缰。新宫潭潭椒涂芳，遭回丹艧汉未央。罗山凤翥云苍苍，丰水鸭绿波汤汤。赐履有截王无疆，福我寿我庆余长。我有田畴被青黄，而雨而旸收穰穰。于惟春秋荐蒸尝，后之千载不敢忘。耄倪世世薰炉香，群仰仙槎朝紫皇。

剑池歌

周承志

昔晋时有雷焕者，妙达象纬推四方。夜看紫气冲牛斗，从而分野指豫章。张华命作丰城令，掘于狱地之中央。喜得石函几尺许，异代埋没非寻常。剜苔剔藓起双剑，其名莫耶同干将。拭以西山华阴土，晶莹讵止百倍光。两人持此各身佩，究之神物谁能量。延平武库何处觅，千年遂使龙腾骧。迄今遗迹杳难测，只留空地落荥塘。翩尔其来见清澈，径欲沿波多混茫。千顷汪洋水滟滟，一泓照耀天苍苍。宝镜翻沉新月色，珍珠倒映小星芒。春融晴旭澄见底，秋走纤鳞静不扬。最是偶然风雨夕，声潇潇兮复琅琅。雷为发鼓震霹雳，电尤着鞭交辉煌。隐怪迷离敢逼视，影横横处尚昂藏。自古灵气经变化，精力长未尽丧亡。出虽乘云瞻际会，终犹卧泉增感伤。故址岂随日销铄，鬼异守护还匡襄。四围环绕烟树里，愿学孺子歌沧浪。

五律

经丰城剑池

阴铿

清池自湛淡，神剑久迁移。无复连星气，空余似月池。夹筱澄深渌，含风结细漪。唯有莲花锷，犹思匣中雌。

送丰城王少府

杨炯

愁结乱如麻，长天照落霞。离亭隐乔树，沟水浸平沙。左尉才何屈，东关望渐赊。行看转牛斗，持此报张华。

宝剑诗

崔融

宝剑出昆吾，龟龙夹彩珠。五精初献术，十户竞论都。匣气冲牛斗，山形转辘轳。欲知天下贵，持此问风胡。

复过盛家洲

朱子

欲复问何处，行迟稍认门。路从幽草入，巷与绿杨分。市静人初远，言忘意独存。所经得贤俊，犹足慰斯文。

同温如竹国舟中晚眺

朱子

长江一万里，披豁暮云空。极浦三年梦，扁舟二子同。离离浮远树，杳杳没孤鸿。若问明朝事，西山黯霭中。

过丰城作

朱子

渺渺丰城县，回头忆旧游。晴江罗远树，宿莽乱中洲。宝剑今鳞甲，神光尚斗牛。他年还记得，此夜一扁舟。

龙雾洲雪

刘辰翁

此处几人行，隔波摇暮晴。洲回江似玦，山远雪如城。离合看双橹，荒寒又一程。今年梅未醉，最觉别来轻。

望罗山

陶弼

寻山入罗阜，旋结草堂居。花露生瓶水，松风落架书。闻猿得句后，见月出行初。此夕云林下，无因梦使车。

清明登曲江亭阁

李梦阳

寒食花犹丽，丰江柳处深。此行元感慨，落日更登临。浩荡五湖际，风烟千里阴。坐看舟楫急，徒切济川心。

丰城夜泊

李梦阳

夏至北风起，晚晴凉意增。江船逼新月，沙色乱疏灯。暗桨故相拨，浮阳还自蒸。倚樯看剑气，仍见斗间曾。

雨泊丰城

李梦阳

古岸花层湿，阴江鸥半飞。波回撼船重，雨侧入帘微。潭爱金华涌，亭伤宝气稀。三年二历此，肠断北舟归。

游东门白云寺

罗洪先

清净东门寺，幽闲禅坐宫。寒潭波漾月，翠竹影摇风。野草年年绿，山花月月红。乘闲登此地，不让海南峰。

望罗山

陆应箕

秀嶂分霄半，青螺近日边。千岩云作带，万壑树为烟。望隔人间世，神游洞里天。遥遥笙吹起，鸾鹤引群仙。

登矶上楼同傅敬初分赋

黄汝亨

尽是他乡客，同登矶上楼。斗间横剑气，山下折江流。日影片帆落，云光半槛收。无为问蜗角，胜赏且淹留。

宝气楼燕集

邱士毅

雨歇三春后，楼开四望中。野航凌浩淼，平楚间青葱。饮剧浮新玉，潭深起暮钟。惊人诗在耳，帝座若为通。

游白云寺和罗念庵韵

李维乔

东门开净域，城阙秘琳宫。花落浑飘雨，幡飞却动风。钟声千古寂，龛影一灯红。何必游天竺，居然第一峰。

药湖

徐日德

灵泉鸣玉液，窈窕称仙湖。介岭山仍巀，石龛水自纡。河源适濯锦，霞绮明流酥。炼药何年事，骅骝迹有无。

东门白云寺次罗念庵韵（时同丁伯厚围棋）

胡学渼

踏晴穿曲径，城下法王宫。春满湖湖水，花飞树树风。苔深双屐绿，佛暗一灯红。终昼酣棋劫，恍疑海上峰。

剑池

王舟瑶

舍棹遥遵陆，悠悠屐屡停。池云埋剑处，水尚带龙腥。日暮山逾碧，祠荒草自青。千秋奇绝事，独立想精灵。

游莲湖（即平港湖）

熊侪鹤

丰城，古泽国也，东南多湖，而不以湖名。雨余潦合，汇派弥涯，则时为湖云尔。当其为湖，室庐凫浮，堤桥梗断，雷雨乍冥，风日倏丽。遥青冒山，澹烟带郭。月涌波流，火明岸曲。景不一设，致有殊观。余同十四人，泛游其中，顾而乐之曰："西子郎官，宁是过乎？未经品题，几令湮没。各赋诗以劝游，庶阅踪而称胜。"时戊戌夏五也。

留连聊自适，感概更谁陈。击楫厪南土，瞻星恋北辰。放歌缘有客，邀月若无人。高会良堪举，名区那复湮。

游龙山（省志）

熊字鹤

城居不得意，且向曲江湾。眺远舒双目，登高断宿攀。流年从逝水，大业托移山。笑倚矶头石，吾心共尔顽。

梅仙坛

陆履敬

汉纲嗟解纽，肥遁向山阿。仙事殊难问，谏书遂不磨。坛余丹灶冷，殿古篆碑讹。叹息松阴下，斯人不可多。

暮春游海慧寺宿洞明寒碧轩

李予玮

古寺何年创，前朝有敕书。云藏松径曲，风动竹窗虚。客到神先肃，僧闲步自如。斋堂方饭熟，头上日当除。

二

只似游方者，初来到上方。塔留僧骨古，灯照佛容庄。以未删繁竹，因而易夕阳。五更钟磬动，幽梦满禅床。

宿丰城访徐古皇同年

李绂

江星繁鹢首，山驿过龙头。灯火三年梦，烟波一夕舟。儿童已腾踏，师友共绸缪。好去金台路，家园莫滞留。

金花潭

王士祯

传是瑶华迹，江潭独黯然。仓皇浮五马，憔悴掩双蝉。玉辇归松漠，金花没剑川。忘机羡鸥鸟，不识靖康年。

丰城曲江亭

王士祯

矶山高百尺，矶下曲江流。芳杜萧萧暮，金花岁岁秋。青峰相妩媚，白鸟自沧洲。已矣干将气，宵分望斗牛。

水草园（偕唐又程、彭小范、袁象西、蒋德章、周秉文宿此分赋）

张师贤

修竹干云净，将诗刻上头。月明初卷幔，钟韵乍辞楼。转觉襟怀别，浑忘节序遒。他年如结社，始信此山幽。

二

清籁夜深闻，拈题韵复分。杂花笼曲槛，远岫宿层云。衲子堪同老，儒宗自入群。未能抛扰事，谷口忆耕耘。

高原

杜名世

旷绝高原寺，何如濠濮间。风生无静树，云出有疑山。竹色留墙古，苔文贴地间。水滨双燕子，试问几时还。

剑池次阴铿韵

周林德

双剑归何处，千秋迹不移。空留云卧树，时见月窥池。碧落倒清影，寒鱼唼绿漪。斗间迷宝气，谁复问雄雌。

孤山

夏汝祺

耸翠凌霄汉，孤峰欲冠群。纵横开地轴，吐纳映星文。排闼秋飞爽，舒屏暮惓云。芙蓉看秀发，佳气共氤氲。

登三角山

刘启江

崎岖盘曲路，蜡屐谩思来。指顾千村渺，啸歌万籁开。仙峰低日月（浮邱仙曾憩此山），樵谷宿风雷。苍翠交横处，犹传孺子台。

访宝气亭

唐锺毓

宝气何年矗，一亭空系之。瞰江无剩影，镌石有余思（谓李黄二公碑）。指点斜阳渡，低徊古驿岐。涪翁留绝艳，客步费攀追。

过海岚寺

甘绂

觅径疑无寺，到门始见僧。奇峰留客住，幽阁耐人登。雨后林逾静，风生水自澄。纤尘从不着，麈尾共高朋。

登香山阁赠无学上人（省志）

熊履廷

竹密藏高阁，携筇胜可攀。好风黄叶路，清磬白云关。水故当轩落，山如列槛环。忘机沙上鸟，日共老僧闲。

过仙姑岭（山在五坊出东门七十余里）

袁潜

乍至若无山，山藏万木间。偶闻击磬者，始觉有禅关。憩马长林密，开尊古寺闲。曰归寻旧径，夕照带僧还。

丰城剑池即事

章孝标

神功不复见，小池空在兹。因嫌冲斗夜，未是偃戈时。岸古鱼藏穴，蒲凋翠立危。吾皇别有剑，何必铸金为。

赠温如竹国

朱子

昔日丰城剑，寒光射斗牛。江山余秀杰，人物尚风流。二妙今难匹，孤帆客倦游。还家问师友，折节慕前修。

别乡友徐明初

揭傒斯

仆近游集贤，以使事过钱塘，方卧疾于此，而本邑徐君智，判广德簿，亦以公事至，升吉安同知，遂握手叙数年之别云。

南州高士后，千载尚斯人。桂酒湘南夜，梅花岭外春。中年淹簿领，随处号廉循。谁料西湖上，相看白发新。

梦蕉亭写兴

游潜

闲亭移淑景，天畅好怀新。小雨湿苔发，轻风飏曲尘。鸟啼花外暝，人醉柳边春。碧水丹山在，嚣嚣旧屋贫。

过元贞寺

陆应南

不知禅诵处，数里费幽寻。石畔野花发，林根池水侵。名香浮雾气，清梵转潮音。谁执青松柄，来参智觉心。

苦竹洲闻雁

王士祯〔正〕

孤舟闻雁唳，春思满江湖。北去经彭蠡，南飞异鹧鸪。已惊关塞远，深念雪霜徂。故国多烟水，音书好寄无。

自丰城抵万安江水大涨

陆棻

春光灌潦水，百堵没沧洲。釜已游鱼鳖，涯难辨马牛。橹声来木杪，帆影度城楼。双剑沉何处，青宵起暮愁。

游招云山寺

袁守定

云势郁巑岏，招提出木端。松根盘石瘦，山背护冰寒。观化意何极，谈玄〔元〕趣未阑。烟霞窥色相，目尽下方宽。

赠孤山友人

袁守定

孤山有素士，孤寄此山中。坐外一松老，吟余万籁空。同盟惟白水，故物有清风。看尔动高躅，撍笻绝壁东。

北宸山

温际龙

古刹芳洲上，寒江净绿波。叶黄秋岸遍，园绀夕阳多。梵响空林度，天清塞雁过。喧卑城市远，野月照藤萝。

始至都天寺示同学

敖宗瑚

夙昔怜初地，招寻得化城。松风轰古榻，竹影落前楹。喻法诸天近，传心一笑迎。梦中如有觉，相与悟无生。

回首惊尘处，劳劳二十年。解来心上佛，踏破火中莲。色相原空际，人天各自然。寄言同学者，契道试参禅。

送于沧岩夫子谢病归里

丁猷骏

友教来南国，离思怅北征。江湖双棹远，海岱片云横。夏日新为政，春风旧得名。忧民如有病，回顾倍凄情。

七律

酬王季友题半日村别业兼呈李明府

郎士元

村映寒原景已斜，烟生密竹早归鸦。长溪南路当群岫，半景东邻照数家。门通小径连芳草，马饮春泉踏浅沙。欲待主人林上月，还思潘岳县中花。

送宇文迁明府赴洪州张观察追摄丰城令（时长卿在州）

刘长卿

送君不复远为心，余亦扁舟湘水阴。路逐山光何处尽，春随草色向南深。陈蕃待客应悬榻，单父之官独抱琴。傥见主人论谪宦，尔来空有白头吟。

赠王允文

杨万里

碧落先生少可人，银钩茧纸苦称君。谈闲口汲西江水，句里家传南浦云。千里端能来命驾，一尊得与细论文。还家剩草三千牍，看策平津第一勋。

宝剑诗

李群玉

雷焕丰城掘剑池，年深事远迹依稀。泥沙难掩冲天气，风雨终思发匣时。夜电尚摇波底影，秋莲空吐锷边辉。自从星坼中台后，化作双龙去不归。

宝剑诗

陈陶

秦帝南巡厌火精，苍皇埋剑古丰城。霸图缭绕金龙势，坤道扶摇紫气生。星斗卧来闲窟穴，雌雄飞去变澄泓。永怀惆怅中宵作，不见冲雷发匣声。

梅仙观留题道士杨智远

苏辙

大隐清名格帝阍，真人新宠粲王言。南昌补吏官虽小，北极通班道更尊。谏疏不容强汉室，仙风聊复傲吴门。我来物色朝元处，山绕星坛水绕村。

宝剑诗

祖无择

巧治何年百炼金，制钟芒刃此湮沉。气冲牛斗虽难掩，鉴遇张雷始见寻。恍惚莫穷神物远，波澜空在曲池深。铅刀强也思磨拭，怅望西山与华阴。

曲江亭

李义山

家住千峰紫气边，总无余力买江天。偶陪禁苑衣冠集，还结矶山杖屦缘。烟艇垂纶纷可数，风帆信棹去无前。作亭谁助临观兴，只为鲈鱼也自贤。

甘露台

李义山

扫除黄叶上崔嵬，讲座虽虚尚有台。岁晚乔松典型在，烟江叠嶂画图开。不知瑞露从何降。应是慈云为客来。须信中边甜似蜜，吟诗未足报琼瑰。

甘露台

姚勉

讲师曾此雨天花，台筑山椒几岁华。一盖云松擎羽葆，四盘江水走龙蛇。好教绝项岐层出，莫放浓阴荟蔚遮。应有醍醐余味在，僧房试觅一杯茶。

华严院

黄彦平

懒病寻幽意已忘，兹辰得与步祟冈。一声啼鸟唤愁醒，百尺游丝惹恨长。沙际旋供随意绿，雪余何物返魂香。江南春色凡如此，谁作新诗为发扬。

海觉寺

李昂英

归舟如箭驾风蒲，缆系村南日已晡。着个招提洲十里，供渠常住木千奴。斗牛光怪还疑信，龙雾空蒙付有无。试问老僧僧不语，禅房静对佛灯孤。

海觉寺次李文溪壁间韵

文天祥

阇黎钟后访团蒲，江色漫漫昼欲晡。一笛梅边河满子，千蓑芦外笔头奴。急风吹雁还家未，新雨生涛到海无。本是白鸥随浩荡，野田飘泊不为孤。

荥塘烟雨

甘惟寅

一道荥湖带碧山，天风吹雨度云关。树浮空翠迷村坞，泉落飞虹泻石湾。赤岭豹栖朝气隐，剑潭龙起夜光还。咿唔何处经年咏，多在湖东乔木间。

尧峰西峙

揭傒斯

势接匡庐地脉长，屹然西峙号尧冈。画屏斜映有新月，螺黛高遮无夕阳。寒霭入帘清弄影，晴岚滴草露生香。故家门第多相向，吟对能教世虑忘。

剑池夜月

甘惟寅

三更月出敞楼台，邑令清虚府洞开。龙剑光依星渚动，鸾箫声度海天来。临渊珠树涵明月，出壑冰壶净素埃。东晋物华虚匣在，升腾空想蹑云回。

梅仙峰

危素

疏谏当年奏汉宫，至今名迹遍诸峰。经台半掩三花树，丹臼横遮五粒松。近水衣裳清露湿，并崖芝术白云封。因君更忆非非子，杖履登临得屡从。

曲江观涨咏怀

熊卓

拍岸忽传春水涨，柴门即傍浪花开。帆冲急雨篱前落，鸥逐奔涛树里来。已被风光时引眼，更多愁病独登台。欲济何处有舟楫，迟日蘋风生野哀。

过正法寺

杨子荣

修篁古木剑城东，城市禅林一境通。绕砌虬龙初奋雨，满窗环佩昼鸣风。花明贝阙晴云护，香袅金猊紫雾笼。最喜上人情不倦，蒲团尽日坐谈空。

密岭晴岚

涂善

天际岧峣玉作峰，四时岚气郁蒙笼。光含雾霭晴初散，色借烟霞晚更浓。落日丹崖还有影，春风翠壑去无踪。仙人采药迷归路，知在云林第几重。

游感山寺

李裕

宝刹环垣万竹修，春风匹马昔曾游。花前酒醒杯仍酌，石上棋残局不收。僧梵有时来客坐，佛灯常夜落渔舟。最怜甘露亭孤迥，夜夜寒蟾薄斗牛。

丹霞福地

孙曰良

煌煌宝殿映朝霞，路入重林一径斜。羽客消闲联石鼎，仙翁却老服丹砂。千年古树巢鸣鹤，五夜疏钟动宿鸦。几度清游多逸兴，焚香滴酒更煎茶。

盛家洲书院

曹寿

一片荒山半亩溪，溪头茅屋更幽栖。地偏不许闲人到，春尽唯闻好鸟啼。润透琴书流水近，光生卧榻夕阳西。于今闭户千年久，解见文光映璧奎。

乌石观

邬季生

真人煮药留遗迹，道士开基结石坛。玉练横空沧海曙，金虬啸月翠虚寒。解巾欲挂三华树，炼质须成九转丹。鸣鹤不归松未老，坐听清磬出林端。

游感山寺

朱篚

我欲餐英学好修，故乡冠盖此来游。苍含远树春云霭，绿泛禅池暮雨收。寺古苔封鸣鹤榻，江清矶落钓鱼舟。乾坤和气知多少，汉相于今几问牛。

曲江亭（春日同南沙太尹游此，喜高苔阶，至自李克斋香社寺）

范庆

满眼春光谁得分，可堪高士不同群。寻幽其上峰头阁，论道全消酒底醺。日暖飞花筵里落，山空啼鸟坐中闻。忽传鹤使来天上，惊起闲鸥送落曛。

挽史公安死难交趾

丁铉

出佐元戎殄叛夷，忠良殉国最堪悲。白杨万里难归骨，青史千秋肯让谁。宿雾冥冥迷北阙，愁云黯黯暗南陲。吁嗟里闬招魂处，别有伤心是故知。

题龚公楼

韩雍

独上龚公楼上头，眼空四海气横秋。遥闻笑语惊阊阖，坐拍吟肩碍斗牛。芦渚两三声牧笛，柳阴四五个渔舟。不因窗外尧峰隔，观遍江南十二洲

丰城阻风（前岁遇难于此，得北风，幸免）

王守仁

北风休叹北船穷，此地曾经拜北风。勾践敢忘尝胆地，齐威长忆射钩功。桥边黄石机先授，海上陶朱意颇同。况是倚门衰白甚，岁寒茆屋万山中。

重登黄埠脑

王守仁

一上高原感慨重，千山落木正无穷。前途且与停西日，此地曾经拜北风。剑气晚横秋色净，兵声寒带暮江雄。水南多少流亡屋，尚诉征求杼柚空。

尧山

张鏊

松桧参差石磴斜，远公飞锡便成家。鹤巢上界依仙顶，龙叩诸天问法华。故国风烟聊倚杖，当年翰墨且笼纱。定钟何处仍回首，明月白云江上沙。

回澜阁同陆池山观涛

涂铉

江练斜分水急流，隔溪飞瀑绕新州。高人亭倚悬崖立，逐客船随返照游。登览也知怜旧燕，坐忘真可狎轻鸥。谁言此地无佳景，洗尽尘寰万古愁。

月夜登曲江亭饯人之京

李贵

山回江曲水明沙，澄景秋宵月转嘉。石出江蟠龙虎卧，山空台傍斗牛斜。波光隐见迷鸥渚，树影参差护客槎。一笑涛惊神剑跃，赠君长佩向京华。

感山寺和江惟化韵

徐衮

不事幽寻不到山，喜随分外脱尘寰。石桥路径栖迟处，天竺溪流想象间。景入花香时扑扑，春催禽语自关关。晨钟唤起西堂坐，又听声声雁北还。

冬日游感山

雷暎

晴冬结伴入招提，水曲山回路欲迷。古桧婆娑临玉砌，阴罗缭绕护璇题。谈经几见天花坠，览胜浑忘夕照低。自愧风尘徒扰扰，无缘飞锡寄禅栖。

登曲江亭同刘兑阳

李启美

兴来舣艇暂盘桓，陟磴扪萝上翠峦。浴日江涛天际落，傍人山色雨余看。亭皋话别秋云杳，斗下衔杯剑气寒。拚取刘伶今夜醉，止堪白也共投欢。

过始丰山睹刘海蟾真迹

陆应箕

仙子当年去不还，空留仙篆白云间。晴烟缈缈烧丹灶，古木萧萧采药山。自觉龙蛇腾石壁，可能鸾鹤驻尘寰。请看昔日挥毫处，直至于今色尚殷。

游感山

汤兆京

为爱招提深积翠，已公双屐恰情欢。闲心偶与风幡会，野性翻从麋鹿看。钟向夕阳樵唱合，香于竹里梵音寒。无端簿领相萦迫，踏月归来意未阑。

剑池

邱士毅

龙剑成龙龙已飞，龙池故迹尚依稀。一朝变幻终能合，千载精灵底不归。月印苍波涵古色，霞缥紫气辨余辉。张雷祠下残碑在，读罢风云拥客衣。

游曲江从卢使君夫子

杨惟休

槎回宪节远开牙，露冕还纡问俗车。旆拥星文临阁道，笔悬春彩映江花。飞涛夜撼双龙折，曲槛光吞九凤斜。缓带趋陪清啸晚，千山落日起明霞。

紫府观

陆元衡

石涧流沙九派分，萧萧木叶万山群。溪源不碍秦时路，鸡犬犹携晋代云。但访仙踪游倏忽，无关人境转纷纭。杖藜散步藤萝外，似有箫声岭畔闻。

龙山秋望

文可纪

年来几棹逸登临，乘胜还凭幽杖寻。缭绕江光回古岸，澹澄秋气拥高岑。樯飞浪鼓虬生吼，芦隐汀歌雁掠阴。指顾风烟堪极目，摩挲遗碣昔贤心。

瀚楼新成陪宗明府登览

黄叔铉

杰栋崇台枕上流，一城鼙鼓眷同游。南临梅尉餐霞岭，北拥文山捧日楼。共沐澄清章水月，无劳筹画穑入秋。凭高直与云霄近，漠漠烟波万顷舟。

密岭

杜曰让

琼花琪树遍仙宫，襟带河流瞰远空。万壑密云藏涧髓，一天霖雨散松风。穿窗幽鸟啼无尽，出峡山泉听不穷。长日飙车无近远，我生南北又西东。

竹林庵次韵

黄炳召

花宫梵响曲城边，忽漫相逢憩柳烟。大历诗人皆似玉，已公茅屋恰如船。午风篱落杂红碎，夕照峰峦空翠鲜。不用典衣添客醉，青莲香瓮涌春泉。

读邓武桥先生《横戈集》

熊履廷

能兵亦复羡能文，一骥真空万马群。宇宙此生惟赌命，朝廷多忌不书勋。战余酒醉营前月，吟就戈横海上云。洞灭麻阳芳草在，至今尚识邓将军。

桃花岩

熊履廷

木脱山空一径微，缘崖爽气袭人衣。泉声冷向岩前落，鸟影低从地上飞。片石留奇蟠佛座，千峰积翠抱禅扉。与僧共话疏林久，指点闲云暝欲归。

游龙山并至感山寺

袁孔迩

倚棹秋江江欲寒，逃名何必把纶竿。砥波一柱峙今古，印月三潭定激湍。结社寻僧禅室寂，放眸踏阁客怀宽。感山寺在矶山下，笑指碧云红树端。

咫尺名区放诞游，梵音松籁杂赓酬。茶烹静域参三字，酒醉群公破四愁。段段烟村依曲水，声声鸿雁逼江楼。舟回顷刻飞天镜，更拟同披落帽秋。

登曲江文昌阁

丁序珙

危楼百尺瞰飞流，乘兴登临最上头。水似兰亭千古曲，山开桂苑五云浮。半江帆影樽前落，万壑松涛枕畔收。极目不胜怀古意，三贤仰止思悠悠。

和吴邑侯游感山

丁霈

曲江兰若舄飞遥，白水青山喜再邀。无数郁林供石载，几行骑竹看云招。闲情徙倚追王烈，遗化吹嘘话郑樵。三昧戏游仍作赋，挥毫月夕并晴朝。

过感山寺

盛逢澜

屐齿苔痕过感山，漫劳布席款衰颜。古今两鬓韶华易，天地一樽逆旅闲。适意宁辞江月上，无心恰伴暮云还。胜游此后应须继，回首林峦兴不删。

和黄质昭游槠山

游方震

跻攀转仄石嶙峋，畅好山家小有春。岩洞不逢栽树客，荒台空吊读书人。数声雁送霜前信，一路云窥物外身。忽地举头天尺五，直收琐屑入浑沦。

春日过瓘山访熊效先州丞寿先文学游斗门福地旋憩于绿野别墅即景漫赋

游方震

不言桃李绕溪鲜，旧识门篱抱一川。春草渐生池馆色，好风犹解主宾怜。迂迟蒋径堪逃世，笑倚南楼欲问天。林壑都从图画出，却疑身载米家船。

送家驭麟叔掌教龙山书院

甘兴仁

由来声价重南金，马帐风流直到今。贤宰延为多士范，名师素协邑人心。龙山讲幄开澄霁，剑水文波奏好音。从此春和桃李遍，却将化雨付讴吟。

秋过感山（偕周秉文、李采衡赴本缘上人约）

徐文弼

野馆秋风寂杜门，偶陪杖履历堤根。红添江树留霜迹，白满洲沙带水痕。嘹呖雁声寒到浦，悠扬渔唱近临村。寻山每有豪吟兴，一路诗情其细论。

黄叶萧萧古寺秋，松阴虎卧记重游。金沙池上悬屐迹，花雨台前点石头。水月僧闲修竹院，烟霞人语夕阳楼。木樨归带香风远，十里澄江逐暮鸥。

龙头山登高

朱霞

湖山万里拓心胸，振策危矶第一峰。章贡北来凭砥柱，庚匡南向拥芙蓉。县城满眼开图画，潭水惊秋起蛰龙。我到奇巅欲飞去，古怀离思意重重。

游正悟寺题壁

杨其谟

万绿丛中不见花，老僧高卧脱袈裟。曲江流水频消长，远浦风帆几坠斜。客屐有时来梵宇，佛灯长夜照渔家。登楼一望丰城县，牛斗依稀尚物华。

舍菜宗贤请合祠王季友

蔡宜省

文献犹存苦不遭，丰城客子士之豪。如何西浙诸贤右，独著南州一士高。乔木可能栋清庙，孤根惜不入《离骚》。《孝经》已落先生手，千载谁知弟子劳。

梅仙观

朱粹

书投北阙言无用，吏隐南昌寄此间。身骘九霄归紫府，名垂千古寄青山。夜坛星斗谁瞻仰，晓殿云烟自往还。几叠高岑人罕到，分明真境异人寰。

丰城龙光书院（旧误甘惟寅作，今据省志重录，俟考）

朱子

一道荣光带碧山，天风吹雨度云关。树浮空翠迷村坞，泉落飞虹泻石湾。赤岭豹栖朝气隐，剑潭龙起夜光寒。咿唔何处经年韵，多在湖东乔木间。

望罗山柏塔

虞集

遥瞻柏塔极萧疏，投老能来几度余。山色已随樵斧尽，案尘犹护醉翁书。远怀天上多骑鹤，近爱槎头可钓鱼。九日悬崖多细菊，可能无意载高车。

题熊太古画

虞集

亭上长松三百丈，何人可以此经过。穷冬藜杖出同谷，清夏篮舆还曲阿。栖鹘每来从岛屿，老猿时复下藤萝。王维韦偃久不见，病目摩挲愁奈何。

张君寿鹄山隐居

揭傒斯

当日自期颜杲卿，暮年羞见鲁诸生。膝兼多病终难屈，身为长愁视转轻。日晏典衣留客醉，雨余开户看儿耕。淮云楚树晴如扫，卧送年年江水声。

送孙竹轩国子博士致仕

王直

谈经大学已多年，令子词林俨若仙。喜见推恩重赐敕，仍闻投老遂归田。路通彭蠡云山外，家在丰城水竹边。万卷堆床签押旧，传家宁减汉韦贤。

丰城九龙山双髻峰

元宣

九龙蟠处是仙家，闲与幽人蹑晓霞。石裂云间开一径，髻分天上耸双丫。洗头玉女垂秋露，背面灵娥倚暮花。胜境真能超浩劫，谁从此地饭胡麻。

过富州赠权伯文

郭奎

章江寒夜汛舟初，岸曲沙平月色虚。兵气未销吴楚分，剑光犹射斗牛墟。明公佐国专封拜，使者交邻奉简书。为喜丰城知己在，别来怀抱定何如。

送丰城杜少府谪滇南

李攀龙

共惜投荒万里天，当朝起草事空传。主恩绿鬓神仙尉，客梦青云侍从年。盘水秋帆开瘴疠，黔阳春树隔风烟。孤臣自有丰城剑，遥夜思家向斗边。

和万象山登钟城山用元虞学士韵

游潜

岩霭苍苍落照横，竹筇携上翠微亭。长风出地漱云壑，远岫倚天开画屏。鼎业漫遗荒陇恨，钟山重愧草堂灵。桃花流水春如梦，谁更吹箫向紫冥（山上有祠）。

游感山用老杜韵

熊卓

野寺来游记往年，入门流水漫潺湲。交游白首怜谁在，尘路青山有梦传。禅榻卧云疑隔世，暮钟闻浦未回船。春潮来往君休问，无事沙鸥只晏眠。

古木霜烟一径修，好风接我上方游。青山压户水长在，赤日碍林岚未收。石室笼开看飞鸟，仙人霞举望孤舟。个中会得真如意，前日青牛今白牛。

爵帅鲍超两度至丰平寇功最巨嗣是寇熄作长句二章纪之

周文凤

恶氛将逼剑江滨，望见长堤柳亦颦。分道贼讧兼水陆，沿河人哭尽烟尘（粤匪分河东西两道，中水排一道，尽驱瑞、临二郡，并丰人民逃窜者亿万）。一呼倘阻龙蛇阵，万死几无虮虱臣（是时贼势汹汹，若帅至稍迟，亿万生灵无救）。神速果然天上降，电霆飞掣出生民（帅号春霆。此纪咸丰十一年事，岁辛酉）。

将军飞下金城檄（河西已平，檄行东道），借得浮梁一道通（邑侯张早治浮桥黄金城山下）。学士快谭师有律（渡河宿徐稼生家，快谈竟夕），仙人决战笔如风（乩仙有决胜语）。雷车怒叱坊（五马坊）头去（帅将往赣南，闻抚贼窜五马坊，连村焚杀，勒兵剿之），蛙井声销市口讧（贼伏桥市，帅追剿，即转抚崇）。早夺抚崇幺虏魄，旌旗万鬣出桥东（邑南市名，往抚崇要道。此纪同治元年事，岁甲子。）

九日登梅仙岭

喻增高

十里烟波泛野航，幸逢胜地领秋光。江山有主携樽便，风雨无声着屐忙。难得相逢无俗客（时文红蘅、周令生诸君偕往），况兼佳节是重阳。振衣直上梅仙岭，一览群峰尽郁苍。

三至龙山留别

张寅

洪都领郡自年年，三至龙山信有缘。愧绾麟符拥高座，喜看虎气出潜渊。学成有用方为贵，禄到无干信足贤。小别诸君莫惆怅，来春还放米家船。

次韵张郡伯三至龙山留别

万光岱

有脚阳春年复年，龙山共幸话前缘。良工玉就洪都品（创立洪都书院），廉吏珠还合浦渊（时有两江第一出色人员之目）。剑水狂澜今捍患（为丰筑堤，并建石闸、石埽），灌城德政古称贤（又于会垣修城、修文庙，建府属义仓）。如斯教养恩频渥，普济咸登大愿船。

宝气亭怀古

陆如照

一亭高矗枕江隈，秋月春风几往回。神物当时天上去，吟怀此日阁中来。百年霖雨归龙泽，万丈光芒仰斗魁。两大精灵原不没，更于何处觅张雷。

把酒凌虚恣目游，烟波棹破钓鱼舟。诗情终觉涪翁远，碑碣徒传相国留（唐李德裕有碑）。书递庾邮知几度（亭，至元改驿楼），气冲霄汉尚千秋。感怀细诵王生句，槛外长江空自流。

四言

云涧三章赠毛霆甫

文天祥

英英白云，在涧之濆。彼美人兮，其德孔纯。

英英白云，在涧之阿。彼美人兮，其思孔多。

白云英英，涧水泱泱。彼美人兮，硕大且昌。

白莲诗（并序）

揭傒斯

乡人李云纪，事母极孝。母死，庐于墓侧。墓前稻田中，忽生白莲一枝，人以为孝感所致。进士徐季子赴春官，为予言，且请赋诗。

萧萧墓门，翼翼良苗。我母之思，匪夕有朝。

墓门萧萧，良苗翼翼。我母之思，匪朝伊夕。

良苗如何，中有莲花。匪生斯生，其理则那。

濯濯其华，其叶翩翩。中心悼之，莫与我言。

人之为言，维孝之格。予曷云然，昊天罔极。

五绝

感山寺杂咏（三首）

姚勉

舍舟上招提，遥入松林间。透脱尘俗网，是名第一关。

二

地炉宿松火，纸帐横梅枝。春蚕扑蔌蔌，惟有蒲团知。

三

动静意谁知，妙处作块坐。高人定不死，枕此白云卧。

遇丰城访肇庆守黄莹之

陈献章

雨露亦雷霆，江南称老手。何处访君家，龙光射牛斗。

登仙坛

胡之甡

仙自何年去，从篁抱一坛。江城天欲曙，鹤背玉笙寒。

小石山（在药湖中间）

周林德

四十里湘光，斯山为之骨。云里磬一声，西竺高人室。

奇童诗（为陈会作）

揭傒斯

奇童年七八，文思蔼然生。努力师贤圣，他年佐盛明。

题熊太古画

虞集

海内此亭古，幽村春事多。扁舟归未得，江水已生波。

七绝

剑池

来鹄

秋水莲花三四枝，我来慷慨步迟迟。不决浮云斩邪佞，直成龙去欲何为。

怀厚郭胡正卿

吴与弼

居邻厚郭一鸡飞，桂树于今大几围。老忆旧时灯火伴，青山何处望霏微。

罗山徵君隐居

曹邺

扫叶煎茶摘叶书，心闲无梦夜窗虚。只因光武恩波晚，岂是严君恋钓鱼。

梅仙观

孟宾于

仙界路遥云缥缈，古坛风冷叶萧骚。后来岂合言淹滞，一尉升腾道最高。

梅仙坛

吴大防

封事悠悠即挂冠，苍烟古木锁空坛。当时不识蓬莱客，只作南昌一尉看。

梅先生故居

黄庭坚

吴门不作南昌尉，上疏归来朝市空。笑拂岩花问尘土，故人子是国师公。

过丰城

杨时

清江渺渺绿浮天，博物无人继昔贤。应有斗间灵气在，谁能更与劚龙泉。

广慈院

汪藻

春风何事独多情，伴我江山万里行。我为忘机身到此，沙鸥相见不须惊。

宝气亭

胡铨

俗尘不逐江流静，酒力都从雪压消。斗下只今无剑气，年来牛犊在人腰。

访盛温如至盛家洲

朱子

昔年闻说盛家洲，今日从容过此游。万顷波光涵宇宙，数椽茅犀老春秋。

经赤冈望远山

朱子

晓起清江弄小舟，晚风吹过赤冈头。远峰自作修眉敛，万里那知客子愁。

次林择之韵

朱子

万里烟波一叶舟，三年已是两经游。今朝又过丰城县，依旧长江直北流。

盛家洲四景

盛燧

堤边杨柳鸟声啼，花醉春风分外奇。一段清香随物好，无边光景满庭闱。

湖上阑干百尺台，台边水殿倚云开。虹桥人隔荷花语，玉碗冰盘进雪来。

苍松翠竹映斜晖，野菊花开过客稀。叶底黄虫作寒蛩，雨余蛱蝶满园飞。

梅花树下三间屋，挂壁孤桐尽日闲。有客过门弹一曲，暮云残雪满空山。

清都观

于革

石坛雨洗月华新，白帢青藤曳履行。老桧不知仙驭远，屋头犹带玉箫声。

感山寺探雪樵诗僧不遇，入旃檀寮，见几上有江南春诗，询之为真半颠，虽未识面，亦合寄以诗

姚勉

欲听茶鼎转松风，何事云房白昼封。应在山中采樵去，云深何处问行踪。

读君霜苇疏篱句，知得犹存用世心。拄杖借将来解虎，不须坚卧白云深。

白鹤观

白玉蟾

蕊珠殿里诵《黄庭》，诵罢《黄庭》月正明。腰佩青蛇三尺剑，一声铁篴鬼神惊。

诗书阁

范仲武

面面山光接水光，落花暗度砚屏香。当轩飞白云拖练，对酒长吟月在觞。

梅仙坛

况志宁

上疏归来事可叹，岭头谁为筑星坛。先生不食炎刘禄，自拾松花当晚餐。

过丰城

傅若金

石泉滟滟照晴晖，山崦茸茸带夕霏。忆得年时松下路，儿童相逐采樵归。
隔溪篁竹似吾庐，竹里人家夜读书。一去故园如昨日，春来频梦带经锄。

乌石观

强立

道人夜诵大洞经，露冷平池双龙听。经罢龙归窗月落，寒风瑟瑟吹松扃。

城南书屋

胡俨

谢病归来上草堂，城南亭馆枕荷塘。莫言性僻耽幽隐，自古丰城即豫章。

金埚朝阳

孙曰恭

旭日初升百物华，云林开处见人家。茅斋有客无营系，自起篱边看菊花。

过丰城

刘同升

细雨顺风樯亦斜，岸移百丈过江沙。水边一树垂垂白，春晚棠梨尚着花。

泊龙头山

史垂誉

闲步江村踏浅沙，疏篱茅店野人家。春风依旧生青草，指点斜阳数暮鸦。

楂村望超山

史万育

幽崖叠叠几多重，松树枝头有路通。樵担入云穿石壁，不知何处觅仙踪。

凤山口占

熊履廷

饭后寻凉到凤山，荒岩古木老藤蟠。石头为枕苔为席，卧听松风十里滩。

题始丰山仙林观

徐绍文

江右名山题玉蟾，到今石壁字依然。云根古迹苔封厚，鹤老松鳞洞里仙。
崖幽嶂峭日无红，未识文吴何路通。樵子穿云狝挂树，叶遮药臼拂仙风。
几种岩花绣殿前，春归雪点色尤妍。林深鹿过声声细，丹井香流莫问年。

始丰山和句

丁猷骏

好句曾留白鹤观，仙风又度始丰山。赤文绿字云封久，剑迹依稀石壁间。

老去年来欲驻颜，仙林有路隔重山。彩鸾写韵归南浦，云白山青自往还。

福地曾名七十二，红尘未许到岩泉。先生往与烟霞近，偏惹诗人入洞天。

平丰堤

邱士毅

临流高筑令公堤，畏垒真成乐不支。祠下甘棠新长就，露华清沁万年枝。

题寿昌寺

揭傒斯

窗前修修数竿竹，殿后凛凛双青松。倦客游此供茗事，焚香更读洗心经。

送熊士选侍御

徐祯〔正〕卿

羡君鞍马速流星，予亦孤帆下洞庭。塞北荆南天万里，佩刀长揖向都亭。

访徐孺子读书台，归捡思贤集，重加校刊，即集集中句书后

姚敏德

汉家人物百千载，今日初登孺子台。贫贱不荒三径业，春风几度碧桃开（台傍有桃花岩。王臣、罗洪先、陈嘉谟、黄翰）

斗牛精气接银湾，高卧孤云懒出山。却是先生明到骨，案头经史自消闲。（韩雍、徐銮、王相、韩杨）

苔色封阶户屡扃，清标卓行总超伦。谁悬木榻延高士，孤冢年年碧草春台旁有孺子祖墓。（曾一本、李奎、曾棨、陈述）

惨淡炎精遂不光，驱原逐鹿亦随亡。东都人物从头数，陈窦何曾纪太常。（罗伦、邹轩、陈琦、林光和）

八窗临岸柳如烟，此守方能重此贤。党锢几人能免祸，高风一片曲江镌。（袁尚友、洪性、陈述、陈琦）

鸿飞冥海肯弹冠，一代人才万代看。千载有怀寻故迹，重磨碑碣写心肝。（范浹、张元卓、徐銮、陈宪章）

赠鲍春霆爵帅

徐士縠

韬钤岂必借干戈，几度西江唱凯歌。谈笑封侯年最少，杀人偏少受降多。

忠孝通天岂为名（督抚请为爵帅建忠孝坊，坚辞不允），天怜忠孝绩方成。丹青早绘凌烟上，姓字何劳绰楔旌。

夔府当年忆采风，山川奇险出英雄。武侯八阵图犹在，留与将军建大功。

偶投情分结金兰，白饭青刍意尽欢。寄语渠魁梅岭外，撼山容易撼军难。

狮山文昌阁八景

敖宗瑚

狮山北障

形势昂藏踞此洲，姑苏名胜足为俦。虽然不向悲风吼，却自回头顾虎邱。

枧水南还

屈曲当阳一线通，谁知就里蕴无穷。静观行止随人意，绝胜吴源百亩功。

柳岸莺声

两路垂杨映碧溪，轻烟斜抹绿阴堤。莺雏定为无缯缴，不管阴晴只管啼。

支天宝阁

巨光之阁与云齐，斗柄高悬曲槛西。几度到来闲极目，不知何处是金闺。

射斗龙光

不教神物竟尘埃，矗汉光芒特地开。深夜漫劳长大息，司空曾入此津来。

泥湾古塔

一柱当年曲岸头，于今凭吊只荒丘。月明江上清秋夜，倒影依稀浸碧流。

罗石怒涛

怒喷飞涛积石顽，其中水立欲耸山。物情尚有不平处，何况人生天地间。

枫岑风韵

寒涛一派树头生，石磴层层尽偎行。安得世间聋俗耳，与予同味此中清。

雷公脑堤成志喜

田锡龄

粤古多水灾，咸赖人疏治。况是卫民生，能不谋建置。叔敖起芍陂，惟楚受其庇。希文筑海堤，惟杨享其利。三策思贾让，兴废两全备。防川如防口，奏言妙取譬。瓠子溯王尊，殚尽过人智。沉马欲捐躯，主簿尚知义。或伐淇园竹，为楗堵泥渍。畚土筑登登，层累亟覆篑。或编作络笼，圆长尺丈记。盛以磷磷石，投沉压实地。此外堆破艘，劈水两相比。亦有塞芦秸，搏沙不可弃。铸铁锁钩锚，挂柱用鍱寄。穿木架横梁，拉橛合棒植。良匠巧呈材，曾无有轩轾。不日经营成，终古都尽识。去夏雷公脑，冯夷肆横恣。章贡袁吉临，五水汇洊至。昏垫浰田庐，民逃无所避。三日炊烟断，邑宰洵心悸。飞驰羽檄文，陈情上大吏。筹画急江防，入奏修筑议。颁发公府帑，勿令度支匮。方伯申谕严，命我一介使。到此七月中，役车已广积。策力收群工，自秋徂春季。碣堑而栽桩，似鳌矢赑屃。磊落重砌石，增高不复坠。延袤〔袤〕数百丈，其崇如云被。熙熙众小民，藉藉诩攸塈。覆帱资天眷，恩恤荷帝畀。一劳千载逸，胥安居粒食。我与邑令尹，差免督修迟。岂敢伐其功，聊复珥笔志。

卷之二十八　杂类志

仙释　茔墓　祥异　杂说

志书体裁，与史无二。
别类分门，具有义例。
类不胜收，则归杂记。
释氏焚修，神仙游戏。
幻迹奇踪，悉为编次。
休征咎征，为祥为异。
克感天心，在修政治。
先哲茔墓，前贤轶事。
吊墓征文，低徊不置。
汇为一篇，体制以备。

——作《杂类志》。

仙释

晋

甘战，邑人。有孝行，喜神仙术。往从许逊，逊异其才，授以奥文秘诀，令左右驱除蛟蜃。逊上升，战归丰城，住白鹤观，益精其术。陈大建元年正月七日，驾麟车，乘云去。宋封“精行真人”。相传战飞升日，有青篁一枝，飞堕其地，遂生焉。每临风而啸，韵若箫管，后人因建飞篁观，今清都观即其遗址也。时泗水曾亨，遇异人曰：“子骨秀精行，必作霄外人。”乃隐居丰城，与战善。亨少为道士，博学多能，逆知来物。从许逊游，得其秘箓。与逊同日飞升，其宅为真阳观。

黄仁览，字紫庭，邑西人。神采秀异，许逊妻以女，传授秘箓。常为青州从事，夜辄还家，比明，取竹杖抚之，化为青龙，乘之而去（省志作高安人）。

范登云，字若虚，槎村人。母梦电光绕室，觉而有娠，怀十三月，始生。少遇异人，授以大丹、紫龙杖，跨之，瞬息千里。平居尝敷陈忠义，讽时政。晋孝武时，尸解。墓在超山，著灵槎之异。妻李氏，子二，女三，俱有仙术。

隋

瞿夫人，洪州黄元仙妻也。隋末，元仙弃官，同隐罗山。贫甚，为人佣织以养姑。十年，谓元仙曰："昨闻帝命，当与汝别。"俄顷，化青气数丈，腾空而去。

宋

黄中黄，名元吉，字希文，邑人。年十二，求道术，入玉隆万寿宫，师王月航，后师刘玉真。玉真去世，传其教。一日谓弟子陈天和等曰："今夜吾当返玉真之虚，明日净吾骨，有风南来者，吾报汝也。"已，果然。

徐慧，字子奇，邑人，寄家庐陵，师黄元吉，得都仙净明之道。又参蓝真人于长春宫，尽究元旨，赐号"净明配道格神昭效法师"。尝自赞曰："生前我即汝，死后汝即我。于是二中间，谁会识真我？"五月望日，别乡友云："这个臭皮袋，撇了无挂碍。烈焰红炉中，明月清风外。"掷笔端坐逝，鼻流玉箸尺余。

范脉，上郊人。少与二兄腾、胜，读书古寺。遇异人谷化，授仙术，二兄遂遁去。脉觅兄至嵋山，遇谷，引入鸡足洞，见壁上诗，知兄在，与俱归。炼真邑之连珠岭。一旦偕遁去。徐经孙于岭寺，获脉所遗锦囊，自叙得仙，并言徐异日事，果验。宝庆二年，救旱熄火，屡著灵异。徐以其事上闻，封"连珠三仙"。明永乐初，加封"灵感"。

明

鄢崇宝，故里柳溪人。生时，母梦金衣仙借宿其家，稍长，好吐纳术。所居室尝有云气，人异之。求言祸福，无不验。年十九，忽语家人曰："上帝召我于玉京，我将返。"是夜，箫管浮空，羽葆集户，众趋视，已趺坐尸解矣。嗣欲镂其像，工弗识，倏所居楼上，堕香木一段，彩云团护，工恍若有见，刻之宛肖。因共庙祀，多灵异。

晋

慧恭，豫章丰城人。与僧光慧、堪慧、兰同志为学，光等学力不逮恭，而于净土，则系想过之。兰谓恭曰："君虽力学博闻，岂不知经云：'如聋奏音乐，悦彼不自闻。'"恭曰："学不可已，孰能未死昧昧如痴哉！"后七年，兰等先逝去，又五年，恭病且笃，曰："大道沿回，何时可止。死生去来，吾何归哉。"于是叩头雨泣，誓安心养念，不少间。忽见无量寿佛，以金台前迎，恭乘其上，见兰等于台上光明中，而告之曰："长老受生已居上品，但恨五浊淹留，相依之晚耳。"乃于是日，欣然奋迅，告众而灭，义熙十一年也。(《莲社高贤传》)

唐

法达，邑人。虔诵《法华》，一日礼六祖，头不至地。祖呵曰："礼不投地，何如不礼！汝蕴习何事？”法达曰：“念《法华经》。”祖曰：“怪汝心中，负此一物。”法达悔谢，请祖说经义。祖曰：“汝试诵一过，当为汝说法。”法达朗诵，至《方便品》，祖曰：“止此经元来，以因缘出世为宗，汝当信佛，知见只汝自心，更无别佛法。”达曰：“但得解义，不劳诵经耶？”祖曰：“口诵心行，即是转经。口诵心不行，即是被经转。”因说偈云：“心迷《法华》转，心悟转《法华》。诵经久不明，与义作仇家。无念念即正，有念念成邪。有无俱不计，长御白云车。”法达遂契旨。祖曰：“汝今方是念经僧。”（前《志》误作宋人）

宋

云卧，名晓莹，罗湖人，住海慧寺，戒律精严。尝作经藏，甘露降寺，多蚁丛集几案，云卧作文驱之。今方丈无蚁迹，著《罗湖野录》，入释藏。

明

蒲庵禅师，牯牛背人，黄姓，名来复，字见心。元乱，祝发，入普庵堂，避地会稽，主慈溪定水院，又主鄞天宁、杭灵隐。洪武初，征至京师。上赐食内庭，慰劳优渥。来复精通内典，善诗文，与宗泐齐名。学士宋濂序其集，谓复公之作，秾丽而演迤、整暇而森严。发为声歌，清朗横逸，无流俗尘土之状。置诸古人篇中，几不可辨，盖极其许可云。

国朝

休休，邑郭范氏子。壮年，妻子俱亡，因剃发白衣庵。遇异人，挈游罗浮、衡岳诸名胜，有所得而归。以酒肉自晦，咸目为颠。尝醉卧斗门桥，吟云：“醉卧沙堤看野凫，人人笑我是酒徒。几番欲往西天去，又怕西天没酒沽。”善画达摩《面壁》《渡江》二像，挥洒数笔，神致如生。殁数年，或传有自江北见之者，始知为尸解云。

犊如，初居庐山，后结茅枣栗冈，邑人构水草园居之。工书，能诗，与知县高岑及邑贤结诗社。一日，高摘“应如何住”四字题匾，犊如书二绝云：“应如何住必如何？只向如何细揣摩。忽到如何无住处，浑然忘却即为他。”“于事无心风过树，于心无事月澄波。尘根清浮无声臭，更用如何做甚么？”

巨山，名空有，戒行行脚半天下。杭之白岩、衢之云峰、闽之普贤，皆延主法席。康熙间，自福州来尧峰，后居净住，尝作偈云：“自笑年来百不知，境缘顺逆了无为。偶携短杖梅溪上，又着渔蓑坐钓矶。”著《语录》四卷。

乘吼，南昌游溪万氏子。年几壮，入净住寺祝发，精通内典。主讲席十有七期，作偈有慧语。晚游衡岳、天竺诸名胜，益豁然有悟。归，日以轩顽石搬运自娱。或问师何事，答曰：“聊以转法轮耳。”能诗，尝清秋卧月吟云：“月在池中水在天，水天相隔亦相连。等闲识破浮沉事，都让高眠一榻禅。”与都人游，叩以将来事，莫不奇中。高安诸生傅铎者，未遇时，以终身求判，即判云“鸡声听铎鸣”，果于乙酉中式。

雪竹，梧冈黄氏子。幼丧母，随父耕作。父垂老，病笃，祷神，愿以身代。卒不起，庐墓三年，讫即庐为庵，居其中，供大士像，日焚香礼拜，毕即向父墓礼拜，每进食，如生时。晚于释典有悟，圆寂先三日，戒其徒曰："我于某日还真。"至期，沐浴趺坐逝，今呼其所筑庐为"孝子庵"。

晓澄，故县塔建下人，杨姓，十岁出家，住持二坊三峰寺。日勤诵《金刚经》，严戒律，能诗工书，晚通慧性。一日，谓其徒慧悟曰："旌幢迎我西归矣。"遂合掌坐化。

茔墓

汉

徐孺子祖墓，在槠山读书台侧。

吴

吴主权孙孙志墓，在同造里大迪坑。

吴主权曾孙孙法墓，在同造里敷山。旧《志》孙志、孙法，皆作富春王。考吴主权五子，传长子，早卒。次子封侯，惟三子和，封南阳王；四子霸，封鲁王；五子奋，封齐王，其孙皆无封王者。奋，旧《志》据《孙氏家谱》录入，恐误，今酌更正。

吴王墓，在钟城山。旧《志》云，按此，当是孙吴后裔，如孙志、孙法之类，失其名，无从考据。《豫章续职方乘》引《幽冥录》孙钟设瓜事，且云钟城相去五里，有鹤山，即化鹤地，是因钟城山，钟字附会为孙钟，并附会鹤山地名作证，殊属谬妄。前《志》援《吴志》，孙坚家富春，及《广舆记》"钟墓在富春"，以驳之，其说是。但未甚了晰，考钟墓固在杭州之富春，即孙钟祖墓所谓"鹤仙指示葬母"者，亦在严州之桐庐乌石山，则此处之吴王墓，与彼原不相涉。《职方乘》好为附会，自不可从。但考《孙氏家乘》，钟常以避地，故流寓于丰，仍董家徒种瓜饷客，人因目所居曰"瓜埂"。逮吴灭于晋，其后裔复自建业徙居之数世，葬钟城山，则此吴王墓，必非乌有，特莫能指其名耳。

晋

新吴侯涂钦墓。钦仕晋，以功封新吴侯，墓在本邑三十四都侯墓冈。旧失所在，至康熙己酉，土人开山，获墓砖，乃知为侯墓。

范登云墓，在超山北，世传登云尸解，家舁柩至此，雷雨暴作，弃归。明日，遂白石掩棺成墓，因号曰"白石墓"，白玉蟾有诗，见《艺文》。

唐

王季友墓，在槠山。

常觉仙墓，石埒，有铭。旧葬斗门闸，开闸时，举埒迁葬磨盘洲，至今人不敢犯。上有祠，祀其像。

赠司空李承鼒墓，在杨梓洲。

中丞王子邳墓，在集灵观北，墓碑字画完善，今其地樵牧不敢犯。旧《志》疑为王仲舒之墓者，误。

宋

少卿范应铃墓，在槎村，敕葬。

尚书黄畴若墓，在沇江里，敕葬。

侍郎徐鹿卿墓，在桂村，敕葬。

尚书徐经孙墓，在觉溪，敕葬。

尚书雷宜中墓。

杰士盛温如墓，在曲江市尾。

杰士于革墓，在邑西城下。

杰士刘充墓，在曲江。

元

处士熊靖逸墓，在富城乡，揭傒斯志铭。

二八居士墓，明中山王徐达祖，在同造水南乡。正德、嘉靖间，其子孙魏国公屡遣宗人祭扫。

贞文先生揭来成墓，在查山，墓碑在杜家围西，程钜夫撰文，赵孟頫书丹，奉敕建，今存。

孝子廖立孙墓，在长安乡东牢，揭傒斯题其碑。

豫章郡公揭傒斯墓，在富陂，欧阳玄〔元〕志铭，黄溍撰神道碑。

潜峰朱隐老墓，在潜峰下，宋濂志铭。

修职郎雷昇墓，虞集志铭。

明

文渊阁大学士朱善墓，在归德乡雷坊山，聂铉志铭。

尚书黄宗载墓，在梨园冈，敕葬。

郎中史安墓，在城西龙窟。安死难交趾，招魂以葬，杨士奇表其墓。

御史孙曰良墓，在敷山，敕葬。

尚书丁铉墓，在熊墓桥。铉死土木难，敕葬衣冠。

封御史李端明墓，在文冈郑溪，敕葬。

尚书李裕墓，在文冈桥，裕配罗夫人祔。

副使涂昇墓，在县南兴隆冈，张昇志铭。

侍郎熊怀墓，在长安溪，敕葬。

尚书杨廉墓，在铜湖，敕葬。

尚书雷礼墓，在范塘，敕葬。

封侍郎杜士希暨配淑人游氏墓，在港西揭坪，敕葬。

廉使杨瑄墓，在大路里。

灵台郎杨忠怀源墓，在羊埂上，招魂葬。

侍郎孙世祐墓，在水南乡。

尚书李遂墓，在东山，敕葬。

都御史李材墓，在扳山湖茫窝。

尚书李玑墓，在山溪峡。

宪副范庆墓，在屯陂。

尚书范谦暨元配夫人杨氏墓，在罗湖。

都督邓子龙墓，在落星桥。子龙战殁朝鲜，失其元。先时，子龙渡鸭绿江，得沉香木，甚珍之。至是，刻作首，酷肖。遂合以殓，久乃归葬。

赠尚书唐良臣墓，在堑头啸天龙，敕葬。

尚书唐大章暨配夫人徐氏、李氏墓，在堑头邹家山，敕葬，迁啸天龙。

尚书邱士毅墓，在雷家埠，敕葬。

国朝

光禄卿甘文奎墓，在浔塘塘梅山，奉敕葬。

祥异

晋

永熙初年，紫气见斗牛间，获宝剑。(《龙光志》)

按《晋书》:“吴未灭，斗牛间常有紫气，当时皆以吴方强盛，未可图也，惟张华以为不然。吴平后，紫气愈明。华闻豫章人雷焕妙达象纬，乃要焕宿。屏人曰："可共寻天文，占将来吉凶。"因登楼仰观，焕曰："仆察之久矣。惟斗牛之间颇有异气。"华曰："是何祥也？"焕曰："宝剑之精，上彻于天耳。"华曰："君言得之。"因问曰："在何部？"焕曰："在豫章之丰城。"因补焕为丰城令。焕到县，掘狱，获双剑，一曰龙泉，一曰太阿。是夕，斗牛间气不复见。

昇平四年，凤凰将九雏于丰城（今苦竹为凤舞里梧桐冈）。冬十一月，凤凰复见，群鸟随之。（旧《志》）

按，前府《志》辨之曰：《宋书·符瑞志》云："昇平四年，凤凰将九雏子，见郧乡之丰城。"考穆帝昇平五年，分苍梧，立永平郡，有郧乡县。宋元嘉时，立丰城县。丰城本吴县，属苍梧郡。宋永和，并入安沂，元嘉复立，故曰郧乡之丰城。合晋、宋邑名，言之最为明晰。《通考》但曰丰城，遂转相抄袭，误为豫章郡之丰城，而不知其远不相及也。按府《志》所辨殊误。考《晋书·穆帝纪》："昇平四年二月，凤凰将九雏见于丰城。十一月，凤凤复见于丰城，群鸟随之。"《通考》所记，是本《晋书》，确凿可据。又《晋书·地理志》，豫章郡有丰城，苍梧郡无丰城，即分立承平郡之郧乡，亦俱未载，《太平寰宇记》同，则《通考》但曰"丰城"，并非脱误。且即《宋书》，前后考之《符瑞志》，载凤凰见在昇平四年，州郡《志》载郧乡立在昇平五年，是凤凰见尚在郧乡未立之先，当时纪载者，尤不应遂直书郧乡也。若云丰城，本吴县。宋永和，并安沂，元嘉复立，则丰城较郧乡为旧县。丰城一邑，郧乡又自一邑，判然两地，凤凰究见何处，安得牵合以为郧乡之丰城乎？《日知录》谓《宋书》载广陵郡肥如县，一卷之中，自相违舛，其误大抵此类。而谓《符瑞志》之尽促据耶？

南朝宋

元嘉二十七年夏四月乙卯，甘露降。戊午，天气清明，有彩云掩覆。南昌郡邑，甘露自云中降。太守刘孝思以闻。（《豫章书》）

唐

武德六年，庆云见洪州（《安志》）。

贞元元年，嘉禾生洪州（《省志》）。

元和二年秋，洪州大旱（《省志》）。

长庆三年秋，洪州螟蝗害稼八百顷（《豫章书》）。

太和四年，大水，鼠害稼。

八年，秋水害禾（《豫章书》）。

宋

大中祥符四年秋七月，大水伤稼，漂民庐舍（旧《志》）。

治平元年，洪州大水。(《安志》)。

元丰二年秋，洪州稻已获，再生，皆实。(《安志》)。

大观二年，龙雾洲获古钟，大小九具，有篆文，诏令进上。(《安志》)。

绍兴四年，洪州大水，圮民庐。自夏至秋，江西二十七县皆水。(旧《志》)。

乾道三年秋八月，江东水溢于山，隆兴四县为甚。(旧《志》)。

按，省《志》"隆兴三年秋八月，积潦，至九月，禾稼皆腐，隆兴四县为甚"，与此互异。考《宋史》，孝宗隆兴止二年，九月〔年〕改元乾道。

淳熙元年，饥赈，以常平义廪。五年大水，决观巷堤。

七年夏五月，至秋七月，不雨。九年，甘露降于曲江海慧寺。十四年，旱。十五年，大水（旧《志》）。

嘉泰四年春，大饥。令发常平仓赈之，部使者益以绵粟（《豫章书》）。

端平元年夏六月朔，昼晦，大风雨雹，吹滨江庐舍入水，人多溺死。县治鼓、角二楼尽毁，折梁椽，飘掷一空。帅守陈靴自劾（朱、安《志》）。

元

元贞七年春二月，龙兴路饥（《府志》）。

大德元年夏五月，龙兴路水。七年夏五月，龙兴路饥。八年，龙兴路水。九年夏六月，龙兴路水。十年夏六月，龙兴路蝗（《豫章书》）。

皇庆元年夏四月，龙兴路雨，害稼（《豫章书》）。

延祐元年秋八月，龙兴路水（《江西通志》）。

泰定二年，龙兴路饥（《府志》）。

至顺元年，江西饥，有田之家，尽为饿殍（《府志》）。

至元元年春三月，龙兴路饥。二十七年秋，龙兴路水溢（《府志》）。

至正三年，大疫。十年夏五月，龙兴路大水。十三年夏，大旱。十四年冬，龙兴路雨，木冰（《豫章书》）。

明

永乐十一年春二月，饥（《豫章书》）。

十二年，大水。十三年夏四月，南昌府属大雨，江水泛溢，坏庐舍，没禾。命户部遣人抚恤（《府志》）。

洪熙元年夏五月，南昌府属久雨，水潦伤稼。命行在户部，蠲其租（《府志》）。

宣德八年夏六月，南昌府属大雨，江水溢。巡抚赵新，奏蠲租。巡按尹镗，奏免工部坐派诸色颜料、竹木、铸钱等项，俟丰稔征输。十年，大饥（《府志》）。

正统五年春夏，南昌府属淫雨江涨，淹没早禾。六月，亢旱，晚禾枯死。布政使司以闻，命户部抚恤。十二年，南昌府属水，民乏食。巡抚芮钊，奏允赈济。十四年，大水（《府志》）。

景泰七年夏四月，南昌府属淫雨，自五月至秋七月旱，伤禾稼。巡抚韩雍，奏豁秋粮，从之（《府志》）。

天顺二年，南昌府属久雨，大水决民舍，损禾稼。四年夏四月，江水溢，民饥，免秋粮（旧《志》）。

成化元年，南昌府属旱，减税粮三分（《府志》）。秋七月大水，诏户部勘实以闻。三年夏，南昌府属自四月不雨。至六月，禾尽枯。四年，大水，决堤五十余丈，漂民居十余家。十年春三月，大风拔木，治南栋椽，有飘飞郊外者，压死人畜无算。次日，树间挂巨鳞长鬣，或疑为龙。方伯陈炜莅县赈恤。十三年夏四月，大雨雹。夏六月，芝草产于学宫堂东楹。二十年春三月，大雨雹。二十年夏五月，大水，决堤，漂民居（旧《志》）。

弘治七年冬十月，甘露降于梅仙坛（李冢宰《记》）。

正德四年，大雨雹。夏六月，大水。五年夏五月，大饥。八年夏六月壬戌，邑西南陨火星如斗，光赤。明日火起，焚官民庐舍二万余间，死于火者三十余人。已而复陨火星如盆，火复起。至七月二日方熄，户部疏请，行巡抚查勘被火之家，分别赈恤，从之。

是年，水复旱，蠲税九分。冬雨，木冰。九年八月朔，昼晦，星见。十二年夏四月，地震，御史范辂上其事。十五年正月至三月，恒雨。夏四月，大水，决堤，漂民居二十余家，大伤稼。五月，三龙见于枫林桥。暴风坏屋，御史唐龙疏请赈恤（旧《志》）。

嘉靖元年夏五月，大水，饥。决堤共一千七百余丈，坏田庐，漂男女数十人。五年夏五月，大水。十二年夏六月，大雷雹。秋七月，蝗。冬十二月，雷。十二年夏四月，大水。十六年春正月，雨木冰。夏五月，大水，决马湖堤五十丈。十九年，大水，饥，蠲税。二十年，甘露降于密岭。二十二年春正月朔，庆云见。二十三年，旱，大饥。二十四年，大饥。是时，黄源出土曰“仙米”，饥民锄食之，多病。二十九年夏四月，黄雾三日。三十五年夏四月，大水，决堤，漂民居十数家。四十年春正月，雨木冰。三月，大雨，雹大者如鸡子，小者如桃李。九月，邑西桐叶皆生虫，状如武弁。四十一年夏四月至六月，大水，城圮百二十丈，决堤二百三十余丈，大伤稼。四十三年，水，免税粮有差。四十四年饥（旧《志》）。

隆庆二年，饥。巡抚刘公光济，奏免秋粮及改折南京仓米（《安志》）。

万历三年，地震，且旱。十四年，大水，蠲赈有差。十六年，旱，饥，蠲免存留粮银有差。三十二年冬十二月，龙见田中，身长四十余丈，头似麟，七日后飞翔，挟风雨而去。三十四年，旱灾，免正官觐。三十七年夏，大水，巡抚卫公承芳、巡按顾公造，奏请蠲恤。四十二年，水倾二王庙堤七十丈。四十四年夏五月，大水决马湖堤三百余丈，漂民庐舍，坏洪桥（旧《志》）。

天启元年春，雨木冰。四年，芝草产于学宫（旧《志》）。

崇祯四年秋七月十八日，地震。九月十六日，天鼓鸣冬。十月十六日，地震。六年夏，雨黑粟，人种之，生两叶，如剑状。九年，大饥，邑绅士倡义捐赈于连珠寺。十一年夏，大水。十四年春正月，雨木冰。五月，大水，饥。十五年，大疫。十六年春三月，菊花开（旧《志》）。

国朝

顺治三年春，芝草产于登仙门外民舍。夏，大旱。四年春，恒雨。夏五月，水，大饥，斗粟银七钱，民啮草啖土，饿殍载道。八年春三月，大风霾。治前石坊坏，木多拔，屋瓦飘掷。九年夏四月，长乐乡水暴作，崩山裂石，溺男女，漂庐舍，决田数百余亩，土人传为金牛怪出云。十四年，甘露降于县署。十六年，旱，巡抚张公、按院李公，奏蠲税粮十之三。十八年春二月，雨雹，大风拔木。五月，大水，坏鸡婆堤，漂民庐舍、坟墓，塞田百余顷，溺男女三十余人。巡抚张公奏，蠲税粮十之三（旧《志》）。

康熙元年，芝草丛生于感山寺。夏，大旱。总督张公、巡抚董公奏，蠲税粮十之三。二年夏，旱。秋七月，水。三年秋，大旱。九月，甘露降于治东景福观。十一年春，大饥。巡抚董公卫国，奏蠲税粮，发仓赈济。十八年，旱，巡抚安公世鼎赈恤。二十一年夏，水，巡抚佟公康年蠲赈。二十六年，大水决堤。二十七年，旱。二十九年，大水决堤。三十二年，旱。四十一年，大水决堤。四十三年，大水。四十四年夏五月，水决堤，巡抚郎公廷极蠲赈。四十五年五月，大水决堤。四十八年，大稔。五十二年夏五月，大水决堤千余丈，城市水深五六尺，民居低洼者没户。五十三年冬十二月，雨冰，积地数尺。五十九年大稔。六十年，有星大如杯，昼见，数月始没（旧《志》）。

雍正四年八月，大水决堤，秋禾灾，奉恩蠲赈。十年，大水决堤。冬十一月，火延烧数百家（旧《志》）。

乾隆二年六月，大水决堤。四年十月，火灾，延烧数百家。六年十二月，火灾。七年夏五月，甘露降于学宫。八年夏四月，水，决堤，大饥。时淖塘出土，细腻如赤石脂，乡人掘取，和糠秕作食，日六七千人。冬，彗星见，至次年春始没。十年秋七月，火，延烧数百家。冬十一月，雨木冰。十一年春正月，雨木冰，树折，古樟多枯死。十三年疫，冬无雪。十四年疫，冬少雪。十六年春正月二十六日，大风，河西雨黑雪。驿前渡船覆，溺死八十余人。邑绅士倡捐募船，沿河捞尸。清明日，知县满，为文亲诣河干，招魂以祭。夏四月，水。五月，旱，民饥。馆驿前新砌石岸陷。闰五月，旧土岸裂，无风，水涌，倾陷数十丈。上宪召龙虎山提点书符镇怪。七月，岸复陷。十七年春，恒雨，大饥，民多采树皮、草根作食。夏四月，大水，漂麦伤稼，决熊家廒土堤十七丈，邱家廒土堤三丈九尺（旧《志》）。

乾隆二十二年秋九月十六日，地震。二十五年，大旱。二十九年夏五月，大水决堤，舟入市。冬十月，痘疫，小儿伤者无算。四十五年夏四月，大雨雹。四十九年，大水。五十一年，大旱，饥。五十四年，大旱。五十七年夏四月，大雨水，二黄垱堤决，漂没庐舍无算，田多沙塞（前《志》）。

嘉庆七年，大饥，巡抚奏请缓征。八年，民饥，谷腾贵。十年冬十一月，地震。十一年，大有年。十二年，大旱，自五月至七月，不雨。十三年夏五月，大雨水。十四年，水。十五年，水。十七年夏，大水，雷公脑堤决。十八年，大水。十九年，水。二十一年夏五月，旱。二十三年夏五月，大水，螺蛳街堤决，北城及学宫墙皆冲圮。二十五年夏，大旱，河竭（前《志》）。

道光二年春正月，雪深数尺。夏四月，大水，汤家巷、螺蛳街、雷公脑堤俱决。三年夏，霪雨，大水，山乡田庐，皆没。十年，大水，伤稼，饥。知县武，请发积谷平粜。十二年，大水，饥。五月，大疫。十三年，水。十四年夏，大水，堤决殆尽，漂没庐舍无算。岁大饥。五月，大疫。十五年，旱。六月，蝗，大饥，民啮草啖土，饿殍载道。十六年，水，雷公脑石堤决。十七年，大稔。二十年冬十一月，雨木冰，树多折。二十四年夏，大水，决堤殆尽，城市水深数尺，民居低洼者没户。冬十月，梨花开，疫起。二十六年，水。秋七月，大雨，丰水骤涨，剑池乡田多淤塞。澄山麓，有巨石飞山巅。二十七年，水。二十九年，水。

咸丰三年夏，大水，六月淫雨不止，稻尽腐。冬十月，雷，复淫雨，秋获腐，民大饥。四年，水。七年春，水。八年夏四月，大水，堤决千余丈。八月，蝗。九年春正月十五日，大雨雹。八月，大疫。十一年夏五月五日，忽疾风暴雨，龙见于荥塘。冬十二月，雨木冰，老樟多枯死。

同治元年夏，大水，合掌街、马湖垱等堤皆决，田多淤塞。二年春，大水。三年春，正月大雪，连旬不止，积数尺，螺蛳街堤圮。四年春三月，夜大风，木多拔，屋瓦飘掷。五年春，大水。夏五月，复大涨，官湖堤决，漂庐舍无算。冬十二月，大雷，疫起。八年夏四月夜，大雷、暴雨，比晓不止。邑南诸山猝崩陷，水涌出，高丈余，田多淤塞。长安、长乐两乡尤甚。有小山，一夕徙田中，木石如故。九年春二月，大雨雹，小者如拳，大者如盂，色晶莹，有棱晕，坏庐舍无算，居民有压死者。三月，山水暴涨，长安、长乐两乡，田多淤塞。十一年春，夜鬼磷遍途。秋后，疫起，河西尤甚。

杂说

黄舜举《秋日渡江诗》云：“雁落平沙一雨收，淡烟斜月荻花洲。凭谁与作王摩诘，为写江南水墨秋。”“江南山水只供愁，紫蓼黄芦满岸秋。斜日半边归骑晚，一声渔笛过沧洲。”又《惜春》诗曰：“修竹疏篱夕照斜，山环流水两三家。春归欲觅浑无路，把酒凭君问落花。绿阴满岸杜鹃啼，落尽残红蝶倦飞。我欲留春春不住，半随风雨五更归。”殊婉恻有风致。

曾元明光，为房州守。归丰，没为神，祀于灵槎庙，今传曾、熊、傅者，此其一也，然不知所自始。尝读其《淮西从军跋记》，娓娓数百言，精义伟词，意标象外。又《牵衣亭》诗，如“当时手足真情义，留在孤亭草色鲜”，亦清娟可诵，乃知人之所不见闻者何限，即百里且然，何况耳目外哉。

孙奇与祖发、叔褒，号“三孙先生”。陈北山肤仲，序《三孙诗集》云：“考三先生，皆笃学博洽，而俱不显。其稍达者，不过邑宰。然见于政事，已卓卓可观。今玩其诗趣，盖江西之流派，不肯道人所常道。”

黄尚书畴若，宰庐陵，周益公、杨诚斋同在籍，畴若以文谒之。益公称曰：“用意高远，属辞清新。摹写物象，莫能遁形。”诚斋题其诗卷云：“句法何曾问外人，单传山谷当家春。”（旧《志》）

徐深甫璿，尝著《美芹策》，欲献于朝。吏部见之曰：“策甚奇，然子骨寒，不宜求仕。”遂不果上。

后村刘克庄序《李义山集》云：“后林诗如三春花卉，红红白白，不以剪彩刻楮为巧；如大将旗鼓，堂堂正正，不以翘关挟辀为勇。清绝如挥王谢之麈尾，正大如坐关洛之皋比。”

姚雪坡《邹夫人墓志铭》云：“梅庄夫人邹氏，讳妙庄，字美文，丰城邹舍人，春谷先生一龙之女，知武冈县李侯恕己之外孙。癸丑进士第一，秘书省正字高安姚勉之妻，元夫之母也。绍定庚寅六月辛酉朔生，宝祐丙辰二月丁丑归，丁巳三月丙午殁，戊午三月壬辰葬在邹舍当溪，姊竹堂夫人之墓左。竹堂，勉先妻，妹继也。呜呼！千秋万古后，陵谷易位，或此石出见者，其曰：“此古贤女也，是尝劝其夫以谏去官者，尚掩之。勉识。”

源岭围地近清江，昔朱子访张洽过此，悦其林壑秀美、溪涧潆洄，因就民家索笔，书“源头活水”四字于板而去，笔法遒劲，至今宝之。

熊天慵子朋来，尝作前后二《瑟赋》，前《瑟赋》序有云：“尝叹嵇叔夜赋《琴》，铺张窈窕，然前四百余字，仅言桐，几若博士驴券。其叙古遗周孔，列鹿鸣于荆秦巴曲之下、广陵东武之末，有感于余心，余以瑟虽风雅，好与俗违，因为《瑟赋》。”

天慵子《咏铁柱宫井铁柱》云：“九牧失贡金，司空不行水。蛟龙弄波涛，魑魅入城市。吁嗟清谈者，万事谩不理。遂令千载人，稽首旌阳子。”正言反应，词简意高。

揭车，字子舟，学士傒斯从孙。生平慷慨有担负，富州淘金，久为民累。车再三鸣之，当事始获蠲。诗才亦著名乡国，柳道传作《查广居墓表》，谓当时诗名与广居上下颉颃，而余最善者，危素太〔大〕朴、王渐元翰、揭车子舟，四人为江右后来之秀，惜其集不传。

洪武中，黄德文构“杏阴小隐”，朱善记云：“豫章郡庠东，有杏村，中多隐君子。昔有陈先生仲易，以经学作《学者指南》，而黄氏昆季伯善、仲美，复为贵游重，皆丰产也。伯善弃世，其子文德乃辟一室，曰‘杏阴小隐’。”

洪武庚戌，诏以八月开乡试。明年二月，礼部会试，所试文尚仍元制。至甲子，定科举程序，大学士朱善为待诏，命主乙丑会试，得黄公子澄、练公子宁。靖难兵起，二公皆以忠节著。

《江西通志》载，朱善于洪武初年廷试第一，《郡志》亦然。陆文裕《外集》纪太祖开科事，详辨之。今据《明史》本传云："洪武八年，廷对第一，授修撰。"特属召试，未开科耳。且其官阶，于洪武十八年擢文渊阁大学士，但洪武初，丞相以李善长、胡惟庸为之。后胡入叛党，遂废丞相，事归六部。而大学士，已备相体，是江西进阁学者，实自善始。

朱阁学《述神记》：善官修撰时，东宫命编《春秋诸国本末》，已完未进，适以事忤旨，下诏狱。偶病疡，剧甚。医方进药，令寝而伏受之。恍惚睹神人执《春秋》一卷曰："此子所编书，与予对读。"一日之间，医换药者三，神授书者三，遂愈。自纪其事曰："斯神也，盖在我四体之中，而统摄乎四体者，即此亦可觇其正心之学云。"

释来复送《李宗远归广东》诗云："三山木落雁啼霜，虎踞关头买小航。明日相思望南斗，水流不尽楚天长。"又云："太平身退更何忧，归老南山问故丘。一色梅花三万树，夜和明月醉罗浮。"又云："闻说高侯气胆狂，校诗多在白云窗。秋来椰子甘如蜜，寄我须缄五百双。"又云："鹦鹉杯深泛紫霞，风凉浑讶谪仙家。锦袍留客催春燕，开遍东园豆蔻花。"胸次潇洒出尘，溢为诗章类如此。后因谢高皇《赐食诗》云："琪园花雨晓吹香，手挽袈裟近御床。阙下彩云生雉尾，座中红芾动龙光。金盘苏合来殊域，玉碗醍醐出上方。稠叠滥承天上赐，自惭无德颂陶唐。"上见诗大怒曰："汝诗用'殊'字，谓我为'歹朱'也！又言'无德颂陶唐'，是谓朕无德，虽欲以陶唐颂而不能也！"遂杀之。来复乃鼻垂玉箸于丹墀之下。

东里杨文贞跋《揭文安集》云："尝见公文集刻本有二，考之，皆为授经郎以前所作。余家所录文二册，传于蒋立恭家。比闻僧录溥洽，有公文字十册，询之，已失其一，所存九册，其徒持归四明，不及见。《元史》揭公传载，公上《太平政要》四十九策，而无其文。凡余见公文集数本，皆然。独此本旧录于蒋立恭家者有之，固当为善本也。"

前明时，邑科第甲江右，一科两解，凡再见。嘉靖壬子，李贵本省解元；孙溥，应天解元。万历乙酉，熊尚文本省解元；萧重望贵州解元。

邑人郑温，以松陵驿丞，中正统辛酉顺天榜，明年壬戌登进士；徐清，亦以驿丞，中丁卯山东榜，末秩而猎科名，亦从来所仅见者。

李颎中乡试第九名，父材、伯栻，皆乡试第九。而栻与颎，前后俱以丙午中式，事尤奇。

万历乙酉，邑令吴达可集诸生决科。熊司空尚文，时为诸生，与焉。临文构思逾时，稿未脱，令揶揄之曰："若亦欲与试乎？"司空笑曰："生不去，谁当元者？"令曰："若获隽，吾即备礼，诣龙山迓汝矣。"闻报，果元。尹曰："士之不可轻如此。"是科，丰隽十三人。雷郎中暎，中顺天榜。李推官景春，中应天榜。萧御史重望，又夺贵州解。其以本籍中者，尚十人。尹闻其归，具花红酒礼十副，至龙山迓之，揖曰："礼贤，令分内事。继此贤令，谅踵行之，以示鼓舞。"后遂沿为故事，终明世，无或改者。

郭中允希颜，在京邸，其子与邻争墙，数寄书言其事。中允付一札云："纸纸书来只为墙，让他几尺有何妨。长城原是秦王筑，今见长城那见王？"邻人疑其致书当事，要于途夺之，见诗惭服，遂释争。

李襄敏遂，尝饮相嵩第。嵩子世蕃，醉呼狎客为马而骑之，周行庭中为戏。狎客，贵臣也，公鄙其人，叱之。世蕃捋公须曰："共为乐耳，何嗔为？"公复叱世蕃，拂衣起。无何，竟以事中公。

世宗政暇，使侍臣各道邑里人物。及丰城大宗伯李玑，应声曰："乡有长安长乐，里有凤舞鸾歌。人有张华、雷焕，物有龙泉、太阿。"世宗嘉其敏括。

《碣石剩谈》云：李冢宰裕，为诸生，春月偶至外家。会妇翁病疫，卧床，梦数鬼私曰："明日吏部尚书至，吾曹盍避之。"一鬼曰："试潜厨下空坛中可耳。"翁觉而异之。次早，李候病，翁延入卧内，求书"吏部尚书"封条数纸，李愕然辞，力强之，如命。书就，令将厨下空坛，重重封讫，抛弃野间，翁疾遂若失。后李果登景泰甲戌进士，成化中仕至吏部尚书。

邓将军武桥，少游宜春瑞牛山，迷路。忽闻崖巅有嗽声，往视，见一道人坐石上，庞眉皓首，杖挂蒲麻。问讯毕，出蒲饭，指石罅流泉饮食之。随授以拳经、阵图、六甲、经世书，诫勿泄。叩姓名，翁曰："予广冲黄道人。"欲复问，忽失所在。武桥自是力可举鼎。一日，祈梦玉笥山，梦神于掌书"邱分"二字，解者谓将来掌握"兵刀"之兆，乃知一代名将，固有神人左右之，不独圯上老人已也。

武桥战功，颇类岳武穆，其诗篇、石刻亦然。《登飞山》云："南来倚剑上岧峣，两眼烽烟坐里销。神器自知无鬼蜮，嫖姚何处有天骄。岩飞瀑气披深洞，风送钟声下远苗。西望六百八十穴，我欲一扫归天朝。"《过大幽山金鸡桥》云："短甲轻兵入武乡，西风吹骨铁衣凉。大幽山下无情水，笑问金鸡旧战场。"《万松岭风雨催军行》云："应怜西事悬民膜，长呼铁甲灯前着。三程两程日夜行，千山万山风雨恶。不妨夷鼓地下来，自有将军天上落。百战红尘社稷安，一怒乾坤星斗错。归来烹象饮天河，何代英雄无卫霍。"《李见罗宅题梅》云："蕊如银，干如铁，一点丹心红似血。不与桃李争春风，撑拄乾坤傲霜雪。"《游西湖吊岳坟》云："西湖吊古漫天雪，寒烟野树添愁切。诸葛虽生蜀亦亡，将军不死宋还灭。元气神炁扫地衰，雕薨大厦邱山裂。年年三月桃花红，六桥长照英雄血。"

云南三宣慰诸苗反，刘少保偕邓武桥平之，纵兵穷追深箐中，获一巨碑，镌"大刀平彝"四字，汉武侯记也。武桥雅自负，谓："何以不能知子龙？"语毕，而石裂，中复有碑，横列"副将邓子龙"五大字，其下凡从征偏裨弁目，莫不有名，而独遗中军陈贵。时诸与名者，人人自荣，颂武侯神明。贵独却立俯首，其部卒怒，推石仆之。所仆石中，又脱出一小碑，文云："陈贵奋力推碑"（《龚少保杂记》）。

李宪副贵，幼颖异。年十四，《咏雪》有"妆成玉树三更雨，老尽青山一夜风"之句。

雍正间，邑郭甘氏塾有狐祟，多移置人物。葛检讨怡然，方幼，在塾。器物经其手者，辄兀然不动。又尝值邑市火，徽人汪店，遭毁，遗金为家人所拾，怡然遽令还之，其公正如此。晚膺荣遇，洵非偶然。

陆廉宪应川，初令吴，试童子，得文湛持卷，年仅十二，欲拔以冠军。吴士夫少之，置第二，曰："文生年虽少，异才也，他日当大魁天下。"壬戌殿试，湛持果第一，世服其藻鉴（摘本传）。

涂方伯旦，父观，伯谦，兄昇，俱以名进士，居显位。成化庚子乡试，有浮薄造蜚语，谓旦必中第八名，及拆卷，果然。监临御史段正，疑而黜之。癸卯复中第八，诸君在场，知庚子事者，抚掌称快，以为数有前定。

《龙光书院志》云：宝剑既掘，匣犹在池。明嘉靖间大旱，里人旧传，掘匣即雨。于是众祷张雷祠，即起池土，果见一匣，底盖相合如故。因取盖上岸，忽雷作，风雨骤至，顷刻泥沙拥穴，不敢复取。后盖徙儒学明伦堂（删订原文）。

唐宗伯大章父良臣，家居，有杜姓者，贷银五十两。后历仕三十余载，未尝问归。偶出郊，猝相值，佯醉詈公。公笑而去，戒仆曰："归毋语诸郎君，恐送官，累受敲扑。"越数月，詈者以斗殴杀人系狱，公复命家人赠以日食资。其人愧悔再三，流涕不止。又除夜有邻人盗，藏屋僻处，公时已年高受封，犹巡门户，见之不惊。俟家人睡熟，揖而出之，取酒对酌，复遗以金。邻感德，改行，家遂小康（旧《志》）。

林淦，字济舟，为丰城尉，善诗。《途中即事》云："十里枫林百里桑，吴头楚尾事茫茫。驱车更向古城下，枳壳有花山路香。"

邑斗门庙，有神曰"陶九舍人"，每附人言祸福，奇中，乡先达甚敬信之。桃源令甘公勋，卜科名，则曰："桃源三日令，姚涞榜中人。"后勋果登姚涞榜进士，出宰桃源，抵任三日，暴卒。又范大宗伯谦父庆卜居，则曰："莫道此间无地脉，他年仍作桂山坊。"桂山坊者，为杨大宗伯廉父崇立也。后谦官爵、赠谥，悉与廉同，如此类者甚多，姑录其一二。近百年来，遂不复著灵异。

《龙洲志》曰：古谶云，"倒地贪狼局，船车多获福；若要状元生，此地多反覆。"又云："龙洲不相连，丰城出地仙；龙洲若相连，丰城出状元。"永乐廷试，初取丰城孙日恭第一，嫌其名近"暴"字，曰："孙暴不如邢宽。"改置第三，恨三洲之未接，致一字之差讹，日恭所由兴叹！

滁州钱副使山，字静夫，成化丙戌进士。擢御史，升江西佥事，行部丰城。会大水，民饥。山不俟请，即发仓粟赈之，全活甚众（旧《志》）。

邑管氏女，适临川刘逵。后逵仕至御史，闽兵至，管被执，厉骂寸伤而死。子年十三，并殉。逵痛妇子俱亡，不逾月，亦卒。

《悬榻编》云：丰城杨氏女，归李氏子为妇。谭兵围南昌，妇为小校王某所得。校，山东人，故有妻，妇曲意事之，甚见昵，已生一子矣。居无何，校家渐落，从军去。妇诡语妻曰："生事萧条，恨不身生羽翼。"妻曰："何也？"妇曰："妾故夫，先世遗赀厚，曾以金珠数斛，瘗密室。今夫死妾掳，室皆烬，重赀埋没，使得徙而之此，何患不富乎！但非妾亲行，不可必。易服往还，且数月，而此呱呱，何堪久掷。"妻大喜曰："第行耳，若子，吾自抚之。"乃释笄剃辫，靴裤腰刀，从两健儿跃马而南。渡章江，去家数十里，止逆旅，以醇酒饮两健儿，皆醉。夜潜起，骈馘之。驰至里，以策挝家门，歇马中堂，坐索故夫。夫出，匍匐不敢仰视。妇趋前抱曰：“妾非他，乃君被掠妇杨氏也。”具述其易妆巧脱状，县官为给牒奖，许绅士歌诗美之，曰“奇女子”云。

南州黄璧，以笔墨擅名，非其人，虽馈以百金，不苟作。偶寓于邑之大正法寺，独重僧如初，戒律精严，为画三大士于壁，并作偈自书，邑令高岑叹为“三绝”。其偈云：“佛说三大士，圆通叵思议。惟今象教行，菩萨宜现示。我于阿兰若，水墨聊游戏。勿拘儒释道，只将粗浅譬。西竺古先生，以觉觉群迷。凡我人中人，见相宜省思。云何大势至，吼动风云随。犹天际会去，乘时以设施。念佛往生众，接引登莲池。曼殊室利尊，经去表初智。孩婴象帝先，草服古创制。不二法门法，天华坠如意。行愿大普贤，颠毛何种种。洗象象愈白，贝多犹诵捧。竭力致其身，仁不违食顷。此相若云实，谁会见真确？若谓非实相，披缨跨毛角。曰空诸所有，塔庙何须作。都去生西方，东南北空着。若皆灭度尽，世界顿萧索。究竟世出世，要言祈领略。儒为君子儒，仁义文礼乐。富贵岂希奇，在不负所学。释灯无尽藏，苦寂安忍弱。棒喝顿悟宗，经律漫扫却。大道贵清浮，无为事寥廓。服食求神仙，旁门误丹药。修己以俟命，解脱真极乐。敬信增福田，行善莫作恶。应作如是观，无上正等觉。”

杯山有金牛塘，约广二三里，泥深没膝。相传内有金牛，为七公真人所制伏。康熙间，猎者试铳塘侧，倏天地昏黑，风雷交作，金光闪铄中，现一牛，大如屋，良久没，水暴涨，淤乐安田二十余亩。

石鼓岭在杯山侧，有石如鼓，叩之，震林木。旁有邃岩洞，径窄暗，鞠身乃可入。抵内，豁然明敞。石空穹若室，上列三台，俨神座。座前岩水下滴，涓涓不绝。西上石孔，外透天光，遥望淦河如带。岁旱，击鼓祈祷辄应。

蒋家楼南门有神鱼井，清洌甘美。鱼大小，以百计，游泳狎人，遇风雨，飞跃数丈，金鳞炫目，尾有火光，若闪电，数百年居民汲饮，无敢钓取者。

富水之东二十里，旧传“八景”，曰钟山胜境，曰斗门福地，曰高陂瀑水，曰挈井清泉，曰冀岩朝晖，曰鄢山暮紫，曰檀溪绿柳，曰杉埂芙蓉。

马非力家，康熙辛丑九月十二日，床下忽吐白气，发火光如球，物遇之不焦。自是屡见，冬夜现无数矮人，最大者三长五寸许，一乘麒麟，一乘羊，一乘兔，皆金冠锦衣，面如傅粉。随从以数百计，少顷，复入床下。非力长孙女，年十一，暨佣奴十一二岁者见之。次夜复出，渐长一二尺许，由夜而日，由房而堂，旋绕不已。遇日光所射，则无踪。行至无日处，仍见。壬寅元宵，女语以迎灯，俄见马字灯笼，前导者二，凡火树银花、鱼龙鸟兽诸灯，毕具。又一日，语以演戏，俄见搭台抬箱，至演《白兔》《彩楼》，非力忧其久不去，因嘱孙女询祸福，女如教，问祸则摇手，问福则点头。因祀以酒筵，列坐食毕而散。又屡杂小儿中，出门外，市果饵，与小女子食，久之，三人仅存其二，谓其一已投胎去。一日，忽见一白须老人，手驱之入地，女呼复出，摇手示，勿复呼，由是遂绝。

雍正元年暮春朔，日方中，北港洲李庆瑞家雨红雨，隔舍则否。凡庭前之缶盎，皆满，其色如硃。越宿，上澄清，水下凝赤不散，族邻聚观，咸异之，家业顿起。

赘园甘纶，家有小怪，尝于所摊衣上书红圈，兼能摄钱物，人诟之，复从空中掷还，以为戏。有劝纶延道士者，纶曰："无庸，古不有'见怪而不怪者乎'。"久之，怪自绝。纶性镇静，业岐黄术，以养亲。俾弟绂，得肆力于学。年未三十丧妻，不再娶，白首与弟同居，无违言。王尹履仁、周学训尚中，暨本邑士夫，多作诗文以赠。

癸亥夏四月，大饥。邑东南五十里淖塘，出土，民掘取作食，时有谣云："一锄荷去力如绵，几处倚门眼欲穿。不是淖塘别有土，谁怜比屋半无烟。"又"雏鸟嗷嗷待母哺，乡城颗粒贵如珠。监门寂坐偏无恙，不许流民自绘图。"（旧《志》）。

回坑在四坊四十四都，嘉庆癸亥，岁大荒。出土细腻，取以和米可食，俗谓"观音土"。里人不忍没其迹，建祠祀之（旧《志》）。

瑞峰山在四坊四十三都，周回数十里，层峦叠嶂，树木丛密。雍正间，猛虎噬人，行者指为畏途。寺僧照方诉于官，给文赍往龙虎山，求符牒焚之，患遂绝。县尹罗，嘉其事，给匾曰"安禅伏虎"，张真人给以匾，曰"慧眼慈心"。

袁黝业南雍，友人莆田林照卒，惟幼子樯在侧，窘甚。黝捐赀代殡，遣己仆与樯扶柩归。后樯登进士，以户曹，左迁浔阳推官。黝官常德，升南都，道浔阳卒。樯复代殡，护送至家，人谓厚德之报。

曹胤昌，号石霞，楚黄亭州人。崇祯癸未进士，甲申国变，隐于黄冠。闲游抵丰，访同年史龙门太史、刘隆初行人。遇李亭叔，异而款之。因数相往来，李门对梅峰，曹得句云："二人相对说梅峰，他日还期一过从。漠漠白云浑是梦，松阴深处有行踪。"越二十余载，李病足，梦曹至，示谒"梅仙可愈"，且自述，以生平忠介，栖神山趾，分庙祀。李如言往谒，于山半小祠，恍有所见，足顿瘳，而"松阴行踪"之句果验。（从《寓贤》移入）

杨介如，字固卿，邑人。宋开禧间，薄游诸边，献策不售，遂弃家，主清江相堂观。一日，诸文士集观唱酬，介如蓬鬓垢衣，坐其侧。句至介如，朗吟曰："酒量春吞海，诗肩夜耸山。"座皆惊服。后入合皂山，著《隐居诗集》。

洞明感山寺僧，精戒律。重兴古刹，寺旁万木森翳，数十年，无敢刈者。后薛令景莹，不喜僧，感山松竹多被戕伐。一日令署降乩题云："明月前川照，洞中人已遥。秋花风里落，秋叶雨中飘。僧洞明稽首，恳祈护持山门，余不饶舌。"薛令使人侦之，已归寂半月，乃为严禁采樵者。

范可群成，槎村人。幼骁果，善技击。顺治间，随施观察愚山，征土寇有功，署游府。旋去官，隐都门寺中，自号"成老道人"。乾隆五十年，族子某，谒选入京，闻寺有异人，知休咎，往叩之。初不答，少顷，瞠视曰："汝非丰城范某耶？吾与汝有桑梓谊。"因具述本末，随质以所作文，屏弗视，而品骘悉当。族子劝之归，不从。复讽以他徙，曰："姑徐之，吾尘劫未满。"计其年，则生明天启乙丑，距遇族子时，已百有七十九岁（《日边涉笔》）。

邹福，富州农家子。幼粗明句读，以贫，佣揭学士傒斯家，随至京师。每入直，令福守舍。福乃尽日闭门读书习字，闲为小诗，抵暮，则质可否于学士，久之，所作渐可观。学士遴其尤者七首，为书之，题其后（《揭文安集》）。

李肖翁教授辽阳，市苇席作障，因作《苇斋记》，吴草庐题其后，有云："庄有蘧庐语，蘧从草，注释为草屋。考《字书》，疑传写误。惟易草从竹，厥名芦蕟。芦蕟，苇也。肖翁斋，正与相类。今《苇斋记》原文，无从觅识，此见名人题跋，非特足阐幽微，益征学者读书，贵能求间（《吴草庐集》）。

丁开明梦阳，性颖慧。七龄即能诗，尝题斋壁云：“月挂青霄富贵，人归画省光华。秾艳翻阶芍药，清香出水荷花。”一时老宿，以其翻用“富贵光华”字，目为奇才。

宋司谏陈莹中瓘，以谏谪合浦。沇江黄彦辅，以书慰之。瓘答曰：“长沙问鹏，不如忠州论药。三复来示，吾无间然。”彦辅尝在京师樊楼，酒酣，赋月词十篇，以《望江南》谱之，狂歌击节，都人观者，诧为谪仙堕世。明日，词闻禁中（摘本传）。

角陂徐光伯，为慈利簿，有廉名。任满，口占云：“来时一行李，归时一行李。俸外无一金，不愧兰江水。”

邱宗伯士毅，少游学丹阳。旅次，疾剧。一夕，梦县宰来谒，亲为抚摩，自顶及踵。明日疾良已，及谒城隍祠，睹神像，俨然梦中所见。后登进士，入翰林，官少詹、礼侍。崇祯初，起用，赋诗云：“岂有纤埃裨庙略，差无半刺问权珰。”（《池北偶谈》）

雍正丙午乡试，邑人士叩紫姑仙，问丰邑解名。乩示曰：“邑中几人赴鹿鸣？解元一半在丰城。三五不是黄阁子，一点灵光照一名。”榜发，额中百四名，解首丁奭。五十二名黄君禄，应“解元”“一半”字。十五名蔡元浣，应“三五”字。佛书有“黄阁守定”之语，隐藏定名。至“灵光独照”，当时谓四人中，将有一远到者。今事迄五十余载，三公早下世，惟定天假之年，岩居养素，岂“灵光所照”，乃在斯乎？老而力学，亦有冥植，岂非厚幸哉！（袁守定《说云诗钞小序》）

丰城乾隆十年，大旱。农民求雨者数十村，忽有异僧，赤体跣足，日食松毛，自称祷雨必验，但得杨维韬至，则雨可立得，然于彼，微有不利。维韬闻之，慨然曰：“以一人而活数十村之命，吾何惜焉！”竟往，大雨如注，僧亦不见。是岁有秋。后果患痢，甚剧。梦中见异僧投以药丸，翼日霍然而起。后阅二十余年乃没。没之日，异香绕室（采《府志》补）。

慈溪丞黄祯，门楼人。嘉靖间，摄令篆，拔姚涞冠童试。姚年少，未知名，众皆哗然。祯批示曰：“姚涞非慈溪之姚涞，乃天下之姚涞也。”后果魁大廷，历显秩。

蒋布衣螃，蒋家楼人，性狷洁，硁硁自喜。苦吟诗，著《雪窗诗冷》四卷，《集古诗》八卷，年八十余卒。自题墓碣曰：“泉台之下，诗人蒋螃。空山无伴，花放水流。”

李右司义山，尝以江东提刑守池州。闻鄂渚被围，预加浚筑。言者劾罢之，后复叙官，主管玉局观。赵次山官隆兴，贺以启，有“直指衣绣，允借威名；曲突徙薪，竟无恩泽。”李回启有云：“凿斯池，筑斯城，类无具甚；锻乃戈，峙乃干，尚窃迟之。”义山纳次山之侄为婿，大合乐，以宴次山，谢之曰：“大齐非偶，肯从郑国之婚；小阮差贤，荣附晋林之饮。”又曰：“孔雀屏，芙蓉褥，盛开李监之门阑；鸬鹚杓，鹦鹉杯，烂醉翰林之风月。”结云：“行行解缆，拟朝飞南浦之云；望望倚楼，但夜看丰城之气。”（《儒林公议》）

故明一代，丰草泽多诗人。吴世鸣锟、孙奉符开，其最著者。吴《月夜有怀》云：“一水美人隔，孤舟独客愁。楚云飞欲尽，残月下西楼。”又咏《李夫人》云：“昆灵池上木兰舟，落叶哀蝉总是愁。惆怅美人难再得，因谁问取玉搔头。”二诗风味颇近摩诘、龙标。至雷儒士邦佐、胡仪宾琏、陆太学应箕、雷太学相、陆太学于磐、李茂才枝、徐茂才鳌、黄布衣坚、熊布衣叔诚、汤布衣九成等，诗录《斗间宝气集》，盖亦一时风雅之士，今士夫罕能举其名。

马半壑以画掩诗名，实则诗优于画。《送友之庐州》云：“君到春花烂，君归大火流。孤帆飞汉水，六月下庐州。野树高含雨，山城迥入秋。武昌鱼总美，慎勿久淹留。”又如“三年居是客，一雨暑无权”“云遮半岭树，犬卧一篱花”，俱不愧古作者。

邹守常，崇祯间，官常熟知县，署昆山。有清节，御下过严，吏没赃，惧觉，密谋置斑猫茶中，常饮，暴卒，停榇寺中。鄱阳某，代官至，夜梦朱衣者揖曰：“余，前令也。与君同乡，有冤乞白。”备述吏某谋害，故翼日检吏名册，得其人，召鞫立服，同谋皆置辟（《说铃》）。

毛炳入庐山，讲经得赀，即市酒。时彭会以《赋》教授生徒，人谑之曰：“彭生说赋茶三片，毛氏传经酒半斤”（采《摭言》及《全唐诗》）。

黄竹坡尚书文集，当时盛称之，今集不传，间有散见，惟《困学纪闻》《贺雪表》摘句，尚炙人口。

阳湖恽子居，嘉庆间，舟过丰城，记云：“《晋书·张华传》，焕为丰城令，掘狱得双剑，并刻题，一曰龙泉，一曰太阿。使送一剑与华，华报书曰：详观剑文，乃干将也。莫邪何以不至？《越绝书》：楚王使欧冶子作剑三，曰龙泉、太阿、工市。《吴越春秋》：吴王使干将作剑二，曰干将、莫邪。《晋书》合之，陋妄乃至于此，此可证史家之失（《大云山房集》）。

杨士奇《跋胡忠简封事稿》云：“予近于内府检志书，见《丰水志》载范浚事云：为户部检详时，欲与胡铨相继论奏和议，胡首抗章，范实怂恿之。胡之迁，又赆其行，未尝云此书范所为也。《丰水志》作于宋南渡后，当得实。不知文安何自而云然也。此条于《范浚传》，可参一说。

涂副使为诸生时，祈梦于九鲤湖仙祠。梦入古寺，花木映帘，泉声满户。壁间有唐诗一绝云：“月华星彩坐来收，岳色江声暗结愁。半夜灯前十年事，一时和雨到心头。”既觉怅然，自分科目绝望矣。越数年，登进士，为御史，以仙祠之梦不足信。后为广东副使，巡海至山中，古寺风景依然，如梦所见。所梦唐诗，浓墨大字，书在壁间，乃惕然惊疑，达旦不寐。次日，乃得罢官之报，盖仙祠之梦，多验于结局也类如此（《东谷集》）。

庠生吴大业，家贫，馆谷为生。年四十余，丧妻，再娶妇，嫠也。比夜，妇面壁泣，吴诘之，妇曰：“适乳胀，因念儿苦。”吴瞿然曰：“汝有子，盍返。”妇曰：“君财礼，尽偿逋矣。”吴曰：“无虑。”亟呼邻众，遣之归，不责偿，且遗以粟。后更娶，生子起渭，幼称奇童。及长，有文名。中嘉庆辛酉举人，人以为阴德之报。

隐溪胡氏，举族皆能符箓。惟恃宅古井水调硃，于作土木镇压，尤验，求者恒数百里外，至归，则汲瓶水作供道，夜宿，符板悬木上，卓地即无效。胡族写符，岁有以自给。乡人道其先世降神事，甚怪，然未可尽斥其诬也。

陆元甲子坚，恬淡好道。顺治时，居教官，一年即弃去。入紫府观为道士，晚修炼益进。一日大悟，自吟云："云飞山不动，花落树长存。"可谓洞识元教宗旨。

李梓芳，字启孝，清溪人。嘉靖间，任河南光山县教谕，挑浙江同考试官。得一卷，以元荐，典试者不可。梓芳力争，谓异日当大魁天下。典试者以为狂，置之。撤棘后，知为茅瓒卷，召而慰之。瓒亦雅自负，已而果以第一人及第，浙人咸服其藻鉴之精。

二坊长乐乡埝上蒋姓，有银杏一株，相传南唐时蒋蕃手植，迄今千有余年，枝叶繁茂。遇蒋姓子孙有登科者，辄开花，光辉灿烂，未之或爽，历代名流题咏甚夥。

李克斋遂为衢州太守，厅有丛冢，相传为郭璞墓，发之，不利于守。公曰："出政之地，岂丘垄可栖，且景纯不没于此。"竟发之，得石笋二，乃唐刺史李邴所树者，讹传云。

李见罗先生，年二十余，时父克斋为淮扬督抚。嘉靖丙辰，倭寇淮阳，见罗上春官，适在署中。见攻围势急，援兵未至，白于父，匹马散服出门，召淮阳城内诸豪问计，发漕司库金，大陈庑下，明赏格，令诸豪缒出。募通、泰沙上敢死士三千，缒入，给兵仗。夜半缒出，自将乘雨后奋击，大败之，斩首五千。诸将追蹙，尽歼之。克斋以此，晋南大司马。见罗驰归，不显其功（见《涌幢小品》）。

邑揭氏多传人，隆庆元年，暹罗国海界，有万里沙、东蛮牛国者，沙外野种也。求婚，暹罗国王拒之峻。东蛮牛大恚，统沙外诸国兵，由万里入围暹罗，三年而城破，王自刭，并席卷其世子，及中朝所赐印以归。次子摄国事，世子屡书，令请印报仇。次子遣使，随通事丰城揭元礼，具金叶表方物入贡，请印。时缙云郑汝璧居仪曹，诘以请印何为？答曰："暹罗受贡数十国，非天朝印，不得请兵耳。"汝璧因奏请，檄广东取旧文，制都统制使印，以予之。揭归，遂不同贡使往。言其风俗甚悉，大都是佛地，代出一僧，称国师，王视朝，必在侧。有不度，即纠立之。国人向背，王以国师为蓍蔡（参郑汝璧《赌记》）。

万历时，范含虚谦掌礼部。部自关西马乾庵自强，以大宗伯入相后，三十年绝响，司官止升太守。又以东封事，至空署逐其余忤旨、迁谪者，尤多。谦故精形家言，部有旧井，已湮，复开新井。谦熟视良久曰："得之矣。辟旧塞新，必有奇验。"果司官稳帖，联擢京堂、吏部，若督学，无复作知府者，而谦乃暴卒。其以大宗伯即家入相者，归德沈龙江鲤、山阴朱金庭赓。又数年，李九我庭机，以左侍郎署印；孙鉴湖如游，以尚书大拜。可见堪舆未尝不验，特不验于起念之人耳（参朱国桢《涌幢小品》）。

李裕总督漕运时，过焦湖山，上有庙，裕祷之。夜梦与朱在政某，入道观，赋诗曰："湖上思亲夜，空庭月上迟。"朱续曰："秋风万里外，草木尽含悲。"一道士捧茶立，裕曰："能诗否？"道士曰："一阳初动处，正是赋归时。"时八月初，裕父去世，十一月，闻讣，盖符是梦云。

陆统驭，字常先，邑郭人。博学能文，不乐仕进，隐居教授，当事常以诗相往来。乾隆己酉，内翰曾寿山奉诏入都，舟中《寄怀》云："布帆坐爱趁良宵，海国苍茫去路遥。秋水狎鸥清人浦，晚风送客冷吹箫。月澄渔火侵江岸，雪点芦花起夜潮。人在五湖思旧好，几时同泛木兰桡。""大半门生老侍臣，高歌茅屋独能贫。休官久作东墙客，特诏难辞上国宾。一檐图书劳驿马，几般箫鼓送行人。花明内苑莺啼晓，回首江南尽是春。"

后记

本书为丰城市党史地方志工作办公室组织整理的丰城历史文献之一。

2022年初，蔡鸿斌主任开始计划组织专业人员点校（同治）《丰城县志》事宜，原丰城中学副校长周明完成10卷约20万字（卷首至卷八，卷十一）后，因身体原因，工作中断。后续各卷改由丰城籍学者毛静接手，共完成19卷约50万字（卷九至卷十，卷十二至卷二十八），并承担全书统稿与校核工作。到2023年3月，全书点校完成，交由出版社出版。

由于时间水平有限，本书可能存在不少疏误，敬请大家批评指正。

2023年